تشرف بالأمر بطباعة هذا المصحف الشريف وترجمة معانيه

خادم الحرمين الشريفين الملك فهد بن عبد العزيز آل سعود

ملك المملكة العربية السعودية

هٰذا المُصْحَفُ الشَّرِيفُ وَتَرْجَمَةُ مَعَانِيهِ

هَدِيَّةٌ مِن خَادِمِ الحَرَمَيْنِ الشَّرِيفَيْنِ المَلِكِ فَهْدِ بِن عَبْدِ العَزِيزِ آلَ سُعُود

Este ejemplar del Corán, con su traducción, es un regalo del Servidor de los dos
Nobles Haram, el rey Fahd b. Abdel Aziz Al Saud.

EL NOBLE CORAN
Y SU TRADUCCION COMENTARIO
EN LENGUA ESPAÑOLA

الترجمة وتفسيرها :

فضيلة الشيخ / عبدالغني ميلارا نابيو

TRADUCCION Y COMENTARIO
ABDEL GHANI MELARA NAVIO

القرآن الكريم

وترجمة معانيه إلى
اللّغة الإسبانيّة

مجمع الملك فهد لطباعة المصحف الشريف

EL NOBLE CORAN

Y SU TRADUCCION–COMENTARIO EN LENGUA ESPAÑOLA

Complejo del Rey Fahd para la Impresión del texto del Corán.

بِسْمِ اللَّهِ الرَّحْمَٰنِ الرَّحِيمِ

مقدمة

بقلم معالي الدكتور : عبد الله بن عبد المحسن التركي
وزير الشـؤون الإسلامية والأوقاف والدعوة والإرشاد
المشـرف العـام على المجمع

الحمد لله رب العالمين ، القائل في كتابه الكريم :

﴿ ... قَدْ جَآءَكُم مِّنَ اللَّهِ نُورٌ وَكِتَٰبٌ مُّبِينٌ ﴾ .

والصلاة والسلام على أشرف الأنبياء والمرسلين ، نبينا محمد ، القائل :
((خيركم من تعلم القرآن وعلَّمه)) .

أما بعد :

فإنفاذاً لتوجيهات خادم الحرمين الشريفين ، الملك فهد بن عبدالعزيز آل سعود ،
حفظه الله ، بالعناية بكتاب الله ، والعمل على تيسير نشره ، وتوزيعه بين المسلمين ، في
مشارق الأرض ومغاربها ، وتفسيره ، وترجمة معانيه إلى مختلف لغات العالم .

وإيماناً من وزارة الشؤون الإسلامية والأوقاف والدعوة والإرشاد بالمملكة العربية
السعودية ، بأهمية ترجمة معاني القرآن الكريم إلى جميع لغات العالم المهمة ، تسهيلاً
لفهمه على المسلمين الناطقين بغير العربية ، وتحقيقاً للبلاغ ، المأمور به في قوله ﷺ :
((بلِّغوا عنِّي ولو آية)) .

وخدمة لإخواننا الناطقين باللغة الإسبانية ، يطيب لمجمع الملك فهد لطباعة
المصحف الشريف بالمدينة المنورة ، أن يقدم للقارئ الكريم هذه الترجمة الإسبانية ، التي
قام بها فضيلة الشيخ عبدالغني ميلارا نابيو ، وراجعها من قبل المجمع فضيلة الشيخين
عمر عبدالله قدورة ، وعيسى عمر كفيدو .

ونحمد الله سبحانه وتعالى ، أن وفق لإنجاز هذا العمل العظيم ، الذي نرجو أن
يكون خالصاً لوجهه الكريم ، وأن ينفع به المسلمين .

إننا لندرك أن ترجمة معاني القرآن الكريم ، مهما بلغت دقتها ، فإنها ستكون قاصرة
عن أداء المعاني العظيمة التي يحويها النص القرآني المعجز ، وأن المعاني التي تؤديها
الترجمة إنما هي حصيلة ما بلغه علم المترجم في فهم كتاب الله الكريم ، وأنه يعتريها ما
يعتري عمل البشر كلّه من خطإ ونقص .

ومن ثم نرجو من كل قارئ لهذه الترجمة أن يوافي مجمع الملك فهد لطباعة
المصحف الشريف بالمدينة النبوية ، بما قد يجده فيها من خطإ أو نقص أو زيادة ،
للاستفادة من هذه الملاحظات في الطبعات القادمة إن شاء الله .

والله الموفق ، وهو الهادي إلى سواء السبيل .

En el nombre de Allah, el Misericordioso, el Compasivo

INTRODUCCION

Por su excelencia el Dr. Abdullah b. Abdel Muhsin at-Turki.
Ministro de Asuntos Islámicos, Awqaf, Propagación y Orientación.
Supervisor general del Complejo.

Las alabanzas a Allah, el Señor de los mundos, Quien dice en Su generoso libro:
(Os ha venido procedente de Allah una luz y un libro claro)

Y que la gracia y la paz sean sobre el más noble de los profetas y mensajeros, nuestro profeta Muhammad, quien dijo: (El mejor de vosotros es el que aprende el Corán y lo enseña.)

Siguiendo las directrices del servidor de los dos nobles Haram, el rey Fahd b. Abdul Aziz Al-Saud, al que Allah guarde, relativas a la preocupación por el libro de Allah y por el trabajo de facilitar su divulgación y distribución entre los musulmanes en oriente y occidente, así como su comentario y la traducción de sus significados a las distintas lenguas del mundo.

Y en la creencia por parte del Ministerio de Asuntos Islámicos, Awqaf, Propa gación y Orientación, en el Reino de Arabia Saudita, de la importancia que tiene la traducción de los significados del Generoso Corán al resto de las lenguas importantes del mundo para facilitar su comprensión a los musulmanes que no hablan árabe y en cumplimiento de la orden del Profeta, que Allah le dé Su gracia y paz, cuando dijo: Transmitid de mí aunque sea una aleya.

Y como servicio a nuestros hermanos de habla hispana:
El Complejo del rey Fahd para la edición del noble Corán en Madina al-Munawwara, tiene a bien presentar al noble lector esta traducción al español realizada por el Sr. Abdel Ghani Melara Navío; la cual ha pasado la correspondiente revisión por parte del Complejo, delegada en los Srs. Omar Kaddoura e Isa Amer Quevedo.

Y las alabanzas a Allah, sea glorificado y exaltado, que nos ha permitido llevar a buen término esta gran obra, la cual esperamos haya sido íntegra y sinceramente por Su Noble faz y en beneficio de los musulmanes.

Por otra parte, somos conscientes de que la traducción de los significados del Noble Corán por muy precisa que ésta sea es incapaz de expresar íntegramente los sublimes significados que encierra el texto del inimitable Corán y que los significados que expresa son el resultado del nivel alcanzado por el conocimiento del traductor en la comprensión del noble libro de Allah y, en este sentido, debe considerarse una obra sujeta a error y carencia, como todas las obras del hombre.

Por ello rogamos a los lectores de la misma que, en el caso de encontrar lo que consideren falta o error, lo remitan al Complejo con el fin de tomarlo en consideración para las próximas ediciones, si Allah quiere.

Y Allah es el que encamina y Quien guía al camino recto.

1. LA SURA QUE ABRE (EL "LIBRO")

En el nombre de Allah, el Misericordioso, el Compasivo*.

*[Esta expresión que encabeza todas las suras del Corán, a excepción de la n° 9, es conocida como "al-basmalah".

Los comentaristas interpretan que debe sobreentenderse: "Comienzo en/con el nombre de Allah..." o: "El comienzo es en el nombre de Allah..."

Hay también quien la interpreta como un juramento, es decir: "Por el nombre de Allah... "y sobreentendiéndose: "que lo que viene a continuación es cierto".

Y se discrepa acerca de si es una aleya del Corán, excepto dentro de la sura de las Hormigas, n° 27, aleya 30, donde no hay duda. Una opinión dice que no es una aleya ni de la sura al-Fatihah (la que abre el Libro) ni de ninguna otra de las que encabeza; y ésta es la opinión del Imam Malik.

Otra dice que es una aleya en cada sura, opinión de Abdullah b. al-Mubarak.

Y una tercera dice que es una aleya en la sura al-Fatihah pero no al principio de las demás; y esta es la opinión del Imam ash-Shafi´.]

(1) Las alabanzas a Allah*, Señor de los mundos*.

> * [Lit. La alabanza pertenece a Allah, es de y para Allah. Esto implica que de El viene y El la merece.]

> *[En árabe "al-´alamin". Designa todo lo existente excepto Allah. Su raiz lingüística está en relación con los nombres "´alam" o "´alámah", que significan signo o señal, aludiendo al hecho de que cada cosa en la existencia es en sí misma una señal, un indicio, que señala a su Creador y Originador.
>
> Hay comentaristas que explican que se refiere a la gente de cada época, basándose en el significado que parece tener en otros lugares del Corán. Y en este sentido también, Ibn ´Abbás dice que son los genios y los hombres. Y Abu Sa´id al-Judri dijo que Allah creó cuarenta mil mundos, uno de los cuales el nuestro.]

(2) El Misericordioso, el Compasivo*.

ٱلرَّحْمَٰنِ ٱلرَّحِيمِ ۝

*[En árabe "rahman" y "rahim", que son dos atributos de Allah que proceden de la raiz "rahima", cuyo sustantivo "Rahmah" significa voluntad de hacer el bien y misericordia. "Rahman" implica que esta voluntad de bien incluye a todas las criaturas sin distinción. En "rahim" es más específica de los creyentes y de la Otra Vida. Además, "rahman" es un nombre exclusivo de Allah, mientras que "rahim" puede aplicarse a un ser humano.]

(3) Rey del Día de la Retribución.

مَٰلِكِ يَوْمِ ٱلدِّينِ ۝

(4) Sólo a Ti te adoramos, sólo en Ti buscamos ayuda*.

إِيَّاكَ نَعْبُدُ وَإِيَّاكَ نَسْتَعِينُ ۝

*[La raíz de lo que traducimos como adorar o adoración, significa en su origen humildad, sumisión, y es sinónimo de obediencia; implica por parte del siervo, el reconocimiento de la unicidad de su Señor, sin asociarle nada, y actuar según aque- llo que Le complace. Este es el sentido que tiene a lo largo de todo el Corán.]

(5) Guíanos por el camino recto,

إِهْدِنَا ٱلصِّرَٰطَ ٱلْمُسْتَقِيمَ ۝

(6) el camino de los que has favorecido,

صِرَٰطَ ٱلَّذِينَ أَنْعَمْتَ عَلَيْهِمْ ۝

(7) no el de los que son motivo de irani el de los extraviados.

غَيْرِ ٱلْمَغْضُوبِ عَلَيْهِمْ وَلَا ٱلضَّآلِّينَ ۝

2. SURA DE LA VACA. سُورَةُ ٱلۡبَقَرَةِ

بِسۡمِ ٱللَّهِ ٱلرَّحۡمَٰنِ ٱلرَّحِيمِ

En el nombre de Allah, el Misericordioso, el Compasivo.

(1) Alif, Lam, Mim. Ese Libro, sin duda, contiene una guía para los temerosos (de su Señor).

أَلَمٓ ذَٰلِكَ ٱلۡكِتَٰبُ لَا رَيۡبَ فِيهِ هُدٗى لِّلۡمُتَّقِينَ ۝

(2) Esos que creen en el No-Visto*, establecen el salat* y de la provisión que les hemos asignado, dan.

*[En árabe "al-ghayb", que significa el hecho de estar ausente, fuera del alcance de los sentidos. Es todo aquello que no está a la vista, aunque esté latente y no sea necesariamente invisible; o todo aquello que no se conoce. Abarca todo lo que es objeto del Iman o creencia: Allah, Sus ángeles, la Otra Vida, etc... No obstante en el contexto en el que aparece aquí cabe también otro sentido según el cual habría que traducir: "Esos que creen cuando nadie los ve."]
*[La oración preceptiva]

ٱلَّذِينَ يُؤۡمِنُونَ بِٱلۡغَيۡبِ وَيُقِيمُونَ ٱلصَّلَوٰةَ وَمِمَّا رَزَقۡنَٰهُمۡ يُنفِقُونَ ۝

(3) Y esos que creen en la Revelación que se hizo descender sobre ti y en la que se hizo descender antes de ti; y de la Otra Vida tienen certeza.

وَٱلَّذِينَ يُؤۡمِنُونَ بِمَآ أُنزِلَ إِلَيۡكَ وَمَآ أُنزِلَ مِن قَبۡلِكَ وَبِٱلۡأٓخِرَةِ هُمۡ يُوقِنُونَ ۝

(4) Ellos son los que van en una dirección de su Señor y son los que tendrán éxito.

أُوْلَٰٓئِكَ عَلَىٰ هُدٗى مِّن رَّبِّهِمۡ وَأُوْلَٰٓئِكَ هُمُ ٱلۡمُفۡلِحُونَ ۝

(5) A los que se niegan a creer, es igual que les adviertas o que no les adviertas, no creerán.

إِنَّ ٱلَّذِينَ كَفَرُواْ سَوَآءٌ عَلَيْهِمْ ءَأَنذَرْتَهُمْ أَمْ لَمْ تُنذِرْهُمْ لاَ يُؤْمِنُونَ ۝

(6) Allah les ha sellado el corazón y el oído y en los ojos tienen un velo. Tendrán un inmenso castigo.

خَتَمَ ٱللَّهُ عَلَىٰ قُلُوبِهِمْ وَعَلَىٰ سَمْعِهِمْ وَعَلَىٰٓ أَبْصَٰرِهِمْ غِشَٰوَةٌ وَلَهُمْ عَذَابٌ عَظِيمٌ ۝

(7) Hay hombres que dicen: Creemos en Allah y en el Ultimo Día, pero no son creyentes.

وَمِنَ ٱلنَّاسِ مَن يَقُولُ ءَامَنَّا بِٱللَّهِ وَبِٱلْيَوْمِ ٱلْأَخِرِ وَمَاهُم بِمُؤْمِنِينَ ۝

(8) Pretenden engañar a Allah y a los que creen, pero sólo se engañan a sí mismos sin darse cuenta.

يُخَٰدِعُونَ ٱللَّهَ وَٱلَّذِينَ ءَامَنُواْ وَمَا يَخْدَعُونَ إِلَّآ أَنفُسَهُمْ وَمَا يَشْعُرُونَ ۝

(9) En sus corazones hay una enfermedad que Allah les acrecienta.

Tendrán un doloroso castigo por lo que tacharon de mentira.

فِى قُلُوبِهِم مَّرَضٌ فَزَادَهُمُ ٱللَّهُ مَرَضًا وَلَهُمْ عَذَابٌ أَلِيمٌ بِمَا كَانُواْ يَكْذِبُونَ ۝

(10) Cuando se les dice: No corrompáis las cosas en la tierra, responden: Pero si sólo las hacemos mejores.

وَإِذَا قِيلَ لَهُمْ لاَ تُفْسِدُواْ فِى ٱلْأَرْضِ قَالُوٓاْ إِنَّمَا نَحْنُ مُصْلِحُونَ ۝

(11) ¿Acaso no son los corruptores, aunque no se den cuenta?

أَلَآ إِنَّهُمْ هُمُ ٱلْمُفْسِدُونَ وَلَٰكِن لاَّ يَشْعُرُونَ ۝

(12) Y cuando se les dice: Creed como han creído los hombres.

Dicen: ¿Es que vamos a creer como los necios?

وَإِذَا قِيلَ لَهُمْ ءَامِنُواْ كَمَآ ءَامَنَ ٱلنَّاسُ قَالُوٓاْ أَنُؤْمِنُ كَمَآ ءَامَنَ ٱلسُّفَهَآءُ أَلَآ إِنَّهُمْ

سُورَةُ الْبَقَرَةِ ــ الْجُزْءُ الأَوَّلُ

هُمُ السُّفَهَآءُ وَلَكِن لَّا يَعْلَمُونَ ۝

¿No son ellos los necios sin saberlo?

(13) Cuando se encuentran con los que creen, les dicen: Creemos. Pero cuando se quedan a solas con sus demonios, les dicen:

La verdad es que estamos con vosotros y sólo queremos burlarnos.

وَإِذَا لَقُواْ الَّذِينَ ءَامَنُواْ قَالُوٓاْ ءَامَنَّا وَإِذَا خَلَوْاْ إِلَى شَيَاطِينِهِمْ قَالُوٓاْ إِنَّا مَعَكُمْ إِنَّمَا نَحْنُ مُسْتَهْزِءُونَ ۝

(14) Allah se burlará de ellos y los dejará vagar errantes fuera de los límites.

اللَّهُ يَسْتَهْزِئُ بِهِمْ وَيَمُدُّهُمْ فِي طُغْيَانِهِمْ يَعْمَهُونَ ۝

(15) Esos son los que han cambiado la guía por el extravío; su negocio no ha prosperado y no están guiados.

أُوْلَٰئِكَ الَّذِينَ اشْتَرَوُاْ الضَّلَالَةَ بِالْهُدَىٰ فَمَا رَبِحَت تِّجَٰرَتُهُمْ وَمَا كَانُواْ مُهْتَدِينَ ۝

(16) Se parecen a quienes encienden un fuego y cuando alumbra en torno a ellos, Allah se lleva la luz y los deja a oscuras, sin ver.

مَثَلُهُمْ كَمَثَلِ الَّذِي اسْتَوْقَدَ نَارًا فَلَمَّآ أَضَآءَتْ مَا حَوْلَهُۥ ذَهَبَ اللَّهُ بِنُورِهِمْ وَتَرَكَهُمْ فِي ظُلُمَٰتٍ لَّا يُبْصِرُونَ ۝

(17) Sordos, mudos y ciegos, no podrán volver (de su extravío).

صُمٌّۢ بُكْمٌ عُمْىٌ فَهُمْ لَا يَرْجِعُونَ ۝

(18) O como el que está en medio de una tormenta donde hay tinieblas, truenos y relámpagos. El estampido del rayo al caer, les hace taparse los oídos por temor a la muerte.

Pero Allah tiene rodeados a los incrédulos.

أَوْ كَصَيِّبٍ مِّنَ السَّمَآءِ فِيهِ ظُلُمَٰتٌ وَرَعْدٌ وَبَرْقٌ يَجْعَلُونَ أَصَٰبِعَهُمْ فِيٓ ءَاذَانِهِم مِّنَ الصَّوَٰعِقِ حَذَرَ الْمَوْتِ وَاللَّهُ مُحِيطٌۢ بِالْكَٰفِرِينَ ۝

(19) A punto está el relámpago de quitarles la vista. Cada vez que les alumbra andan, pero cuando se hace oscuro, se detienen. Si Allah quisiera les quitaría el oído y la vista.

Es verdad que Allah tiene poder sobre todas las cosas.

يَكَادُ ٱلۡبَرۡقُ يَخۡطَفُ أَبۡصَٰرَهُمۡ كُلَّمَآ أَضَآءَ لَهُم مَّشَوۡاْ فِيهِ وَإِذَآ أَظۡلَمَ عَلَيۡهِمۡ قَامُواْ وَلَوۡ شَآءَ ٱللَّهُ لَذَهَبَ بِسَمۡعِهِمۡ وَأَبۡصَٰرِهِمۡ إِنَّ ٱللَّهَ عَلَىٰ كُلِّ شَيۡءٍ قَدِيرٌ ﴿١٩﴾

(20) ¡Hombres! Adorad a vuestro Señor que os ha creado a vosotros y a los que os precedieron. Tal vez así os guardéis.

يَٰٓأَيُّهَا ٱلنَّاسُ ٱعۡبُدُواْ رَبَّكُمُ ٱلَّذِي خَلَقَكُمۡ وَٱلَّذِينَ مِن قَبۡلِكُمۡ لَعَلَّكُمۡ تَتَّقُونَ ﴿٢٠﴾

(21) El ha hecho para vosotros de la tierra un lecho y del cielo un techo, y hace caer agua del cielo y que gracias a ella broten frutos, que son para vosotros provisión.

Así pues, no atribuyáis iguales a Allah una vez que sabéis.

ٱلَّذِي جَعَلَ لَكُمُ ٱلۡأَرۡضَ فِرَٰشًا وَٱلسَّمَآءَ بِنَآءً وَأَنزَلَ مِنَ ٱلسَّمَآءِ مَآءً فَأَخۡرَجَ بِهِۦ مِنَ ٱلثَّمَرَٰتِ رِزۡقًا لَّكُمۡ فَلَا تَجۡعَلُواْ لِلَّهِ أَندَادًا وَأَنتُمۡ تَعۡلَمُونَ ﴿٢١﴾

(22) Y si tenéis alguna duda sobre lo que hemos revelado a Nuestro siervo, venid vosotros con una sura igual; y si decís la verdad, llamad a esos testigos que tenéis en vez de Allah.

وَإِن كُنتُمۡ فِي رَيۡبٍ مِّمَّا نَزَّلۡنَا عَلَىٰ عَبۡدِنَا فَأۡتُواْ بِسُورَةٍ مِّن مِّثۡلِهِۦ وَٱدۡعُواْ شُهَدَآءَكُم مِّن دُونِ ٱللَّهِ إِن كُنتُمۡ صَٰدِقِينَ ﴿٢٢﴾

(23) Mas si no lo hacéis, que no lo haréis, temed al Fuego cuyo combustible son los hombres y las piedras, preparado para los incrédulos.

فَإِن لَّمۡ تَفۡعَلُواْ وَلَن تَفۡعَلُواْ فَٱتَّقُواْ ٱلنَّارَ ٱلَّتِي وَقُودُهَا ٱلنَّاسُ وَٱلۡحِجَارَةُ أُعِدَّتۡ لِلۡكَٰفِرِينَ ﴿٢٣﴾

(24) Y dales la buena noticia a los que creen y practican las acciones de bien, de que tendrán jardines por cuyo suelo corren los ríos.

Cada vez que se les provea con frutos de estos jardines para que se alimenten, dirán: Esto es lo mismo que antes se nos daba.

Sin embargo lo que se les dé, sólo será parecido.

Allí tendrán esposas puras y serán inmortales.

وَبَشِّرِ ٱلَّذِينَ ءَامَنُوا۟ وَعَمِلُوا۟ ٱلصَّٰلِحَٰتِ أَنَّ لَهُمْ جَنَّٰتٍ تَجْرِى مِن تَحْتِهَا ٱلْأَنْهَٰرُ كُلَّمَا رُزِقُوا۟ مِنْهَا مِن ثَمَرَةٍ رِّزْقًا قَالُوا۟ هَٰذَا ٱلَّذِى رُزِقْنَا مِن قَبْلُ وَأُتُوا۟ بِهِۦ مُتَشَٰبِهًا وَلَهُمْ فِيهَآ أَزْوَٰجٌ مُّطَهَّرَةٌ وَهُمْ فِيهَا خَٰلِدُونَ ۝

(25) Allah no se avergüenza de utilizar un ejemplo cualquiera, ya sea un mosquito o algo de más importancia.

Los que creen, reconocerán la verdad procedente de su Señor, pero los que se niegan a creer, dirán: ¿Qué pretende Allah con este ejemplo?

Extraviar con él a muchos y guiar a muchos. Pero sólo los que se apartan de la obediencia se extraviarán.

۞ إِنَّ ٱللَّهَ لَا يَسْتَحْىِۦٓ أَن يَضْرِبَ مَثَلًا مَّا بَعُوضَةً فَمَا فَوْقَهَا فَأَمَّا ٱلَّذِينَ ءَامَنُوا۟ فَيَعْلَمُونَ أَنَّهُ ٱلْحَقُّ مِن رَّبِّهِمْ وَأَمَّا ٱلَّذِينَ كَفَرُوا۟ فَيَقُولُونَ مَاذَآ أَرَادَ ٱللَّهُ بِهَٰذَا مَثَلًا يُضِلُّ بِهِۦ كَثِيرًا وَيَهْدِى بِهِۦ كَثِيرًا وَمَا يُضِلُّ بِهِۦٓ إِلَّا ٱلْفَٰسِقِينَ ۝

(26) Esos que rompen el pacto con Allah después de haberse comprometido. Separan lo que Allah mandó mantener unido y corrompen en la tierra. Esos son los perdidos.

ٱلَّذِينَ يَنقُضُونَ عَهْدَ ٱللَّهِ مِنۢ بَعْدِ مِيثَٰقِهِۦ وَيَقْطَعُونَ مَآ أَمَرَ ٱللَّهُ بِهِۦٓ أَن يُوصَلَ وَيُفْسِدُونَ فِى ٱلْأَرْضِ أُو۟لَٰٓئِكَ هُمُ ٱلْخَٰسِرُونَ ۝

(27) ¿Cómo es que no creéis en Allah si estábais muertos y os dió la

كَيْفَ تَكْفُرُونَ بِٱللَّهِ وَكُنتُمْ أَمْوَٰتًا

vida, luego os hará morir y de nuevo os dará la vida y volveréis a El?

فَأَحْيَاكُمْ ثُمَّ يُمِيتُكُمْ ثُمَّ يُحْيِيكُمْ ثُمَّ إِلَيْهِ تُرْجَعُونَ ۝

(28) El es Quien creó para vosotros todo cuanto hay en la tierra. Luego, dirigió Su voluntad al cielo y conformó siete cielos en perfecto equilibrio.

El conoce todas las cosas.

هُوَ ٱلَّذِى خَلَقَ لَكُم مَّا فِى ٱلْأَرْضِ جَمِيعًا ثُمَّ ٱسْتَوَىٰٓ إِلَى ٱلسَّمَآءِ فَسَوَّىٰهُنَّ سَبْعَ سَمَٰوَٰتٍ وَهُوَ بِكُلِّ شَىْءٍ عَلِيمٌ ۝

(29) Y cuando tu Señor dijo a los ángeles: Voy a poner en la tierra a un representante Mío*.

Dijeron: ¿Vas a poner en ella a quien extienda la corrupción y derrame sangre mientras que nosotros Te glorificamos con la alabanza que Te es debida y declaramos Tu absoluta pureza? Dijo: Yo sé lo que vosotros no sabéis.

*[En árabe "jalifa", de donde viene califa. El hombre es el califa o el representante de Allah en la tierra.]

وَإِذْ قَالَ رَبُّكَ لِلْمَلَٰٓئِكَةِ إِنِّى جَاعِلٌ فِى ٱلْأَرْضِ خَلِيفَةً قَالُوٓا أَتَجْعَلُ فِيهَا مَن يُفْسِدُ فِيهَا وَيَسْفِكُ ٱلدِّمَآءَ وَنَحْنُ نُسَبِّحُ بِحَمْدِكَ وَنُقَدِّسُ لَكَ قَالَ إِنِّىٓ أَعْلَمُ مَا لَا تَعْلَمُونَ ۝

(30) Y enseñó a Adam todos los nombres (de los seres creados) y mostró éstos a los ángeles diciéndoles: ¡Decidme sus nombres si sois veraces!

وَعَلَّمَ ءَادَمَ ٱلْأَسْمَآءَ كُلَّهَا ثُمَّ عَرَضَهُمْ عَلَى ٱلْمَلَٰٓئِكَةِ فَقَالَ أَنۢبِـُٔونِى بِأَسْمَآءِ هَٰٓؤُلَآءِ إِن كُنتُمْ صَٰدِقِينَ ۝

(31) Dijeron: ¡Gloria a Ti! No tenemos más conocimiento que el que Tú nos has enseñado.

Tú eres, en verdad, el Conocedor perfecto, el Sabio.

قَالُوا سُبْحَٰنَكَ لَا عِلْمَ لَنَآ إِلَّا مَا عَلَّمْتَنَآ إِنَّكَ أَنتَ ٱلْعَلِيمُ ٱلْحَكِيمُ ۝

(32) Dijo: ¡Adam! Diles sus nombres.

Y cuando lo hubo hecho, dijo: ¿No os dije que conocía lo desconocido de los cielos y de la tierra, así como lo que mostráis y lo que ocultáis?

فَالَ يَـٰٓـَٔادَمُ أَنۢبِئْهُم بِأَسْمَآئِهِمْ فَلَمَّآ أَنۢبَأَهُم بِأَسْمَآئِهِمْ قَالَ أَلَمْ أَقُل لَّكُمْ إِنِّى أَعْلَمُ غَيْبَ ٱلسَّمَـٰوَٰتِ وَٱلْأَرْضِ وَأَعْلَمُ مَا تُبْدُونَ وَمَا كُنتُمْ تَكْتُمُونَ ۞

(33) Y cuando dijimos a los ángeles: ¡Postraos ante Adam!

Se postraron todos menos Iblis que se negó, se llenó de soberbia y fue de los rebeldes.

۞ وَإِذْ قُلْنَا لِلْمَلَـٰٓئِكَةِ ٱسْجُدُواْ لِـَٔادَمَ فَسَجَدُوٓاْ إِلَّآ إِبْلِيسَ أَبَىٰ وَٱسْتَكْبَرَ وَكَانَ مِنَ ٱلْكَـٰفِرِينَ ۞

(34) Dijimos: ¡Adam! Habita con tu pareja el Jardín y comed sin restricciones de lo que haya en él, pero no os acerquéis a este árbol porque entonces seríais de los injustos*.

*[La raiz del término árabe traducido como "injusto" significa poner algo fuera de su sitio, por lo que se podría traducir también como "transgresores". En el contexto coránico alude a menudo al hecho de asociar con Allah lo que no le corresponde.]

وَقُلْنَا يَـٰٓـَٔادَمُ ٱسْكُنْ أَنتَ وَزَوْجُكَ ٱلْجَنَّةَ وَكُلَا مِنْهَا رَغَدًا حَيْثُ شِئْتُمَا وَلَا تَقْرَبَا هَـٰذِهِ ٱلشَّجَرَةَ فَتَكُونَا مِنَ ٱلظَّـٰلِمِينَ ۞

(35) Pero el Shaytán les hizo caer a causa de él*, sacándolos de donde estaban. Dijimos: ¡Descended!: Unos seréis enemigos de otros*.

Tendréis temporalmente en la tierra un lugar de asentamiento y bienes de los que disfrutar.

*[Es decir, les hizo caer a causa del árbol, por haber comido de él. También se puede entender que el pro-

فَأَزَلَّهُمَا ٱلشَّيْطَـٰنُ عَنْهَا فَأَخْرَجَهُمَا مِمَّا كَانَا فِيهِ وَقُلْنَا ٱهْبِطُواْ بَعْضُكُمْ لِبَعْضٍ عَدُوٌّ وَلَكُمْ فِى ٱلْأَرْضِ مُسْتَقَرٌّ وَمَتَـٰعٌ إِلَىٰ حِينٍ ۞

2. Sura de la Vaca (36 - 41)

nombre se refiere al Jardín, y en este
caso habría que traducir: les hizo caer
o bajar de él, del Jardín.]

*[Adam y Hawá en relación a Shaytán]

(36) Luego Adam, recibió palabras
inspiradas por su Señor, que se
volvió a él; es verdad que El es
el que se vuelve en favor de
Sus siervos, el Compasivo.

فَتَلَقَّىٰٓ ءَادَمُ مِن رَّبِّهِۦ كَلِمَٰتٍ فَتَابَ عَلَيْهِ إِنَّهُۥ
هُوَ ٱلتَّوَّابُ ٱلرَّحِيمُ ۝

(37) Dijimos: Descended todos de
aquí; y si os llega de Mí una
guía, los que la sigan no
tendrán nada que temer ni se
entristecerán.

قُلْنَا ٱهْبِطُوا۟ مِنْهَا جَمِيعًا فَإِمَّا يَأْتِيَنَّكُم
مِّنِّى هُدًى فَمَن تَبِعَ هُدَاىَ فَلَا خَوْفٌ عَلَيْهِمْ وَلَا
هُمْ يَحْزَنُونَ ۝

(38) Pero los que se nieguen a creer y
tachen de mentira Nuestros
signos... Esos serán los
compañeros del Fuego donde
vivirán para siempre.

وَٱلَّذِينَ كَفَرُوا۟ وَكَذَّبُوا۟ بِـَٔايَٰتِنَآ أُو۟لَٰٓئِكَ أَصْحَٰبُ
ٱلنَّارِ هُمْ فِيهَا خَٰلِدُونَ ۝

(39) ¡Hijos de Israel! Recordad los
beneficios con los que os favorecí y cumplid vuestra parte
del pacto que Yo cumpliré la
Mía, y temedme sólo a Mí.

يَٰبَنِىٓ إِسْرَٰٓءِيلَ ٱذْكُرُوا۟ نِعْمَتِىَ ٱلَّتِىٓ
أَنْعَمْتُ عَلَيْكُمْ وَأَوْفُوا۟ بِعَهْدِىٓ أُوفِ بِعَهْدِكُمْ
وَإِيَّٰىَ فَٱرْهَبُونِ ۝

(40) Y creed en lo que he revelado
confirmando lo que ya teníais.
No seáis los primeros en
negarlo. Y no vendáis Mis signos a bajo precio y tenedme en
cuenta sólo a Mí.

وَءَامِنُوا۟ بِمَآ أَنزَلْتُ مُصَدِّقًا لِّمَا مَعَكُمْ
وَلَا تَكُونُوٓا۟ أَوَّلَ كَافِرٍ بِهِۦ وَلَا تَشْتَرُوا۟ بِـَٔايَٰتِى
ثَمَنًا قَلِيلًا وَإِيَّٰىَ فَٱتَّقُونِ ۝

(41) No disfracéis la verdad con falsedad, para ocultarla, después de
lo que sabéis.

وَلَا تَلْبِسُوا۟ ٱلْحَقَّ بِٱلْبَٰطِلِ وَتَكْتُمُوا۟ ٱلْحَقَّ
وَأَنتُمْ تَعْلَمُونَ ۝

(42) Estableced el salat, entregad el zakat e inclinaos con los que se inclinan.

وَأَقِيمُواْ الصَّلَوٰةَ وَءَاتُواْ الزَّكَوٰةَ وَارْكَعُواْ مَعَ الرَّاكِعِينَ ۝

(43) ¿Cómo es que ordenáis a los hombres la virtud y olvidáis incluiros a vosotros mismos que recitáis el Libro? ¿Es que no váis a entender?

أَتَأْمُرُونَ النَّاسَ بِالْبِرِّ وَتَنسَوْنَ أَنفُسَكُمْ وَأَنتُمْ تَتْلُونَ الْكِتَٰبَ أَفَلَا تَعْقِلُونَ ۝

(44) Buscad ayuda en la constancia y en el salat, porque éste* no es un peso para los humildes.

*[A pesar de que el término árabe "salat" es de género femenino, lo transcribímos como masculino por ser el uso más frecuente entre los musulmanes españoles que han incorporado la palabra a su vocabulario cotidiano como si fuera de género masculino.]

وَاسْتَعِينُواْ بِالصَّبْرِ وَالصَّلَوٰةِ وَإِنَّهَا لَكَبِيرَةٌ إِلَّا عَلَى الْخَٰشِعِينَ ۝

(45) Los que creen con certeza que encontrarán a su Señor y que a El han de volver.

الَّذِينَ يَظُنُّونَ أَنَّهُم مُّلَٰقُواْ رَبِّهِمْ وَأَنَّهُمْ إِلَيْهِ رَٰجِعُونَ ۝

(46) ¡Hijos de Israel! Recordad los beneficios con los que os favorecí y recordad cómo os preferí sobre los mundos.

يَٰبَنِىٓ إِسْرَٰٓءِيلَ اذْكُرُواْ نِعْمَتِىَ الَّتِىٓ أَنْعَمْتُ عَلَيْكُمْ وَأَنِّى فَضَّلْتُكُمْ عَلَى الْعَٰلَمِينَ ۝

(47) Guardaos de un día en el que a nadie le valdrá lo que otro haya hecho, ni se aceptará que nadie interceda por nadie, ni habrá posibilidad de pagar ningún rescate, ni habrá ayuda.

وَاتَّقُواْ يَوْمًا لَّا تَجْزِى نَفْسٌ عَن نَّفْسٍ شَيْئًا وَلَا يُقْبَلُ مِنْهَا شَفَٰعَةٌ وَلَا يُؤْخَذُ مِنْهَا عَدْلٌ وَلَا هُمْ يُنصَرُونَ ۝

(48) Y (recordad) cuando os salvamos de la gente de Firaún que os causaban un horrible castigo, degollando a vuestros hijos varones y dejando con vida a vuestras mujeres.

Ahí teníais una enorme prueba que os ponía vuestro Señor.

وَإِذْ نَجَّيْنَاكُم مِّنْ ءَالِ فِرْعَوْنَ يَسُومُونَكُمْ سُوٓءَ ٱلْعَذَابِ يُذَبِّحُونَ أَبْنَآءَكُمْ وَيَسْتَحْيُونَ نِسَآءَكُمْ ۚ وَفِى ذَٰلِكُم بَلَآءٌ مِّن رَّبِّكُمْ عَظِيمٌ ﴿٤٨﴾

(49) Y cuando, por vosotros, hicimos que el mar se abriera en dos y os salvamos, ahogando a las gentes de Firaún ante vuestros propios ojos.

وَإِذْ فَرَقْنَا بِكُمُ ٱلْبَحْرَ فَأَنجَيْنَاكُمْ وَأَغْرَقْنَآ ءَالَ فِرْعَوْنَ وَأَنتُمْ تَنظُرُونَ ﴿٤٩﴾

(50) Y cuando emplazamos a Musa durante cuarenta noches y durante su ausencia, tomásteis el becerro* y fuísteis injustos.

*[Como el objeto de vuestra adoración]

وَإِذْ وَٰعَدْنَا مُوسَىٰٓ أَرْبَعِينَ لَيْلَةً ثُمَّ ٱتَّخَذْتُمُ ٱلْعِجْلَ مِنۢ بَعْدِهِۦ وَأَنتُمْ ظَٰلِمُونَ ﴿٥٠﴾

(51) Luego, a pesar de lo que habíais hecho, os perdonamos para que pudiérais agradecer.

ثُمَّ عَفَوْنَا عَنكُم مِّنۢ بَعْدِ ذَٰلِكَ لَعَلَّكُمْ تَشْكُرُونَ ﴿٥١﴾

(52) Y cuando dimos el Libro a Musa y el discernimiento para que os pudiérais guiar.

وَإِذْ ءَاتَيْنَا مُوسَى ٱلْكِتَٰبَ وَٱلْفُرْقَانَ لَعَلَّكُمْ تَهْتَدُونَ ﴿٥٢﴾

(53) Cuando Musa dijo a sus gentes: ¡Pueblo mío! Habéis sido injustos con vosotros mismos habiendo tomado el becerro; volveos a vuestro Creador y que unos den muerte a los otros*, eso es lo mejor para vosotros ante vuestro Creador.

El os ha aceptado de nuevo,

وَإِذْ قَالَ مُوسَىٰ لِقَوْمِهِۦ يَٰقَوْمِ إِنَّكُمْ ظَلَمْتُمْ أَنفُسَكُم بِٱتِّخَاذِكُمُ ٱلْعِجْلَ فَتُوبُوٓا۟ إِلَىٰ بَارِئِكُمْ فَٱقْتُلُوٓا۟ أَنفُسَكُمْ ذَٰلِكُمْ خَيْرٌ لَّكُمْ عِندَ بَارِئِكُمْ فَتَابَ عَلَيْكُمْ ۚ إِنَّهُۥ هُوَ ٱلتَّوَّابُ ٱلرَّحِيمُ ﴿٥٣﴾

porque Él es el que se vuelve en favor de Sus siervos, el Compasivo.

*[Es decir que los inocentes de vosotros, que no adoraron al becerro, den muerte a los que sí lo hicieron.]

(54) Y cuando dijisteis: ¡Musa! No creeremos en ti hasta que no veamos a Allah abiertamente.

El rayo os fulminó mientras mirabais.

وَإِذْ قُلْتُمْ يَٰمُوسَىٰ لَن نُّؤْمِنَ لَكَ حَتَّىٰ نَرَى ٱللَّهَ جَهْرَةً فَأَخَذَتْكُمُ ٱلصَّٰعِقَةُ وَأَنتُمْ تَنظُرُونَ ﴿٥٤﴾

(55) Luego, después de muertos, os devolvimos a la vida para que pudiérais agradecer.

ثُمَّ بَعَثْنَٰكُم مِّنۢ بَعْدِ مَوْتِكُمْ لَعَلَّكُمْ تَشْكُرُونَ ﴿٥٥﴾

(56) Y os cubrimos con la sombra de la nube e hicimos que bajaran el maná y las codornices: ¡Comed de las cosas buenas con las que os sustentamos! Y no Nos perjudicaron, sino que fueron ellos los perjudicados.

وَظَلَّلْنَا عَلَيْكُمُ ٱلْغَمَامَ وَأَنزَلْنَا عَلَيْكُمُ ٱلْمَنَّ وَٱلسَّلْوَىٰ كُلُوا مِن طَيِّبَٰتِ مَا رَزَقْنَٰكُمْ وَمَا ظَلَمُونَا وَلَٰكِن كَانُوٓا أَنفُسَهُمْ يَظْلِمُونَ ﴿٥٦﴾

(57) Y cuando dijimos: Entrad en esta ciudad* y comed de lo que hay en ella donde queráis y sin limitaciones, pero entrad por la puerta con respeto y decid: ¡Alivia nuestras faltas! y se os perdonarán.

Y a los hombres de excelencia les daremos aún más.

*[Jerusalén]

وَإِذْ قُلْنَا ٱدْخُلُوا هَٰذِهِ ٱلْقَرْيَةَ فَكُلُوا مِنْهَا حَيْثُ شِئْتُمْ رَغَدًا وَٱدْخُلُوا ٱلْبَابَ سُجَّدًا وَقُولُوا حِطَّةٌ نَّغْفِرْ لَكُمْ خَطَٰيَٰكُمْ وَسَنَزِيدُ ٱلْمُحْسِنِينَ ﴿٥٧﴾

(58) Pero los que de ellos eran injustos dijeron otras palabras de

فَبَدَّلَ ٱلَّذِينَ ظَلَمُوا قَوْلًا غَيْرَ ٱلَّذِي قِيلَ لَهُمْ

las que se les había mandado decir, e hicimos que bajara del cielo una plaga contra ellos por no haber cumplido lo mandado.

فَأَنزَلۡنَا عَلَى ٱلَّذِينَ ظَلَمُواْ رِجۡزٗا مِّنَ ٱلسَّمَآءِ بِمَا كَانُواْ يَفۡسُقُونَ ۩

(59) Y cuando Musa pidió que se diera de beber a su pueblo y dijimos: Golpea la piedra con tu vara.

Brotaron de ella doce manantiales y cada uno supo donde debía beber. ¡Comed y bebed de la provisión de Allah y no hagáis el mal en la tierra como corruptores.

۞ وَإِذِ ٱسۡتَسۡقَىٰ مُوسَىٰ لِقَوۡمِهِۦ فَقُلۡنَا ٱضۡرِب بِّعَصَاكَ ٱلۡحَجَرَۖ فَٱنفَجَرَتۡ مِنۡهُ ٱثۡنَتَا عَشۡرَةَ عَيۡنٗاۖ قَدۡ عَلِمَ كُلُّ أُنَاسٖ مَّشۡرَبَهُمۡۖ كُلُواْ وَٱشۡرَبُواْ مِن رِّزۡقِ ٱللَّهِ وَلَا تَعۡثَوۡاْ فِي ٱلۡأَرۡضِ مُفۡسِدِينَ ۩

(60) Y cuando dijisteis: ¡Musa! No soportaremos más comer un único alimento, así que pide a tu Señor que haga salir para nosotros algo de lo que crece en la tierra como legumbres, pepinos, ajos, lentejas y cebollas.

Dijo: ¿Queréis cambiar lo más elevado por lo más bajo? Bajad a Misr* y tendréis lo que habéis pedido.

Se decretó que la vileza y la mezquindad fueran inseparables de ellos.

Y volvieron habiendo incurrido en la cólera de Allah.

Esto les pasó por haber negado los signos de Allah y haber matado a los profetas sin razón, y por haber deso-

وَإِذۡ قُلۡتُمۡ يَٰمُوسَىٰ لَن نَّصۡبِرَ عَلَىٰ طَعَامٖ وَٰحِدٖ فَٱدۡعُ لَنَا رَبَّكَ يُخۡرِجۡ لَنَا مِمَّا تُنۢبِتُ ٱلۡأَرۡضُ مِنۢ بَقۡلِهَا وَقِثَّآئِهَا وَفُومِهَا وَعَدَسِهَا وَبَصَلِهَاۖ قَالَ أَتَسۡتَبۡدِلُونَ ٱلَّذِي هُوَ أَدۡنَىٰ بِٱلَّذِي هُوَ خَيۡرٌۚ ٱهۡبِطُواْ مِصۡرٗا فَإِنَّ لَكُم مَّا سَأَلۡتُمۡۗ وَضُرِبَتۡ عَلَيۡهِمُ ٱلذِّلَّةُ وَٱلۡمَسۡكَنَةُ وَبَآءُو بِغَضَبٖ مِّنَ ٱللَّهِۗ ذَٰلِكَ بِأَنَّهُمۡ كَانُواْ يَكۡفُرُونَ بِـَٔايَٰتِ ٱللَّهِ وَيَقۡتُلُونَ ٱلنَّبِيِّـۧنَ بِغَيۡرِ ٱلۡحَقِّۗ ذَٰلِكَ بِمَا عَصَواْ وَّكَانُواْ يَعۡتَدُونَ ۩

سُورَةُ ٱلْبَقَرَةِ ـ ٱلْجُزْءُ ٱلْأَوَّلُ

bedecido y haber traspasado los límites.

*[Misr era el nombre de una ciudad, probablemente Menfis, que por extensión daría nombre a todo Egipto]

(61) Cierto que los que han creído*, los que siguen el judaísmo, los cristianos y los sabeos, si creen en Allah y en el Ultimo Día y actúan rectamente, tendrán su recompensa ante su Señor y no tendrán que temer ni se entristecerán.

إِنَّ ٱلَّذِينَ ءَامَنُواْ وَٱلَّذِينَ هَادُواْ وَٱلنَّصَٰرَىٰ وَٱلصَّٰبِئِينَ مَنْ ءَامَنَ بِٱللَّهِ وَٱلْيَوْمِ ٱلْأَخِرِ وَعَمِلَ صَٰلِحًا فَلَهُمْ أَجْرُهُمْ عِندَ رَبِّهِمْ وَلَا خَوْفٌ عَلَيْهِمْ وَلَا هُمْ يَحْزَنُونَ ۝

*[En Muhammad, que Allah le dé Su gracia y paz.

Según Ibn ´Abbas, esta aleya estaría abrogada por la que dice: "Y quien desee otra forma de Adoración que no sea el Islam, no le será aceptada y en la Utima Vida será de los perdedores." (aleya 84 de la sura 3).

(62) Y cuando os tomamos el compromiso y elevamos el monte poniéndolo por encima de vuestras cabezas*: ¡Tomad con fuerza lo que os hemos dado y recordad lo que contiene, ojalá os guardéis!

وَإِذْ أَخَذْنَا مِيثَٰقَكُمْ وَرَفَعْنَا فَوْقَكُمُ ٱلطُّورَ خُذُواْ مَآ ءَاتَيْنَٰكُم بِقُوَّةٍ وَٱذْكُرُواْ مَا فِيهِ لَعَلَّكُمْ تَتَّقُونَ ۝

* [Como amenaza disuasoria.]

(63) Luego, a pesar de ello, dísteis la espalda.

Y de no haber sido por el favor de Allah con vosotros y por Su misericordia, habríais estado con los que se pierden.

ثُمَّ تَوَلَّيْتُم مِّنۢ بَعْدِ ذَٰلِكَ فَلَوْلَا فَضْلُ ٱللَّهِ عَلَيْكُمْ وَرَحْمَتُهُ لَكُنتُم مِّنَ ٱلْخَٰسِرِينَ ۝

(64) Ya sabéis lo que les ocurrió a aquéllos de vosotros que transgredieron el sábado* y les dijimos: ¡Convertíos en monos despreciables!

*[El sábado era el único día en el que les estaba prohibido pescar y ese día los peces llegaban hasta la orilla del mar dejándose ver. No pudiendo resistir la prueba, fueron a pescar y Allah los convirtió en monos.].

وَلَقَدْ عَلِمْتُمُ ٱلَّذِينَ ٱعْتَدَوْاْ مِنكُمْ فِى ٱلسَّبْتِ فَقُلْنَا لَهُمْ كُونُواْ قِرَدَةً خَٰسِـِٔينَ ۝

(65) Hicimos esto para que les sirviera de lección a sus contemporáneos y a los que vinieran después.

Y es una llamada de atención para los temerosos (de Allah).

فَجَعَلْنَٰهَا نَكَٰلًا لِّمَا بَيْنَ يَدَيْهَا وَمَا خَلْفَهَا وَمَوْعِظَةً لِّلْمُتَّقِينَ ۝

(66) Cuando dijo Musa a su pueblo: Allah os manda que sacrifiquéis una vaca. Respondieron: ¿Te burlas de nosotros?

Dijo: Que Allah me libre de estar entre los ignorantes.

وَإِذْ قَالَ مُوسَىٰ لِقَوْمِهِۦ إِنَّ ٱللَّهَ يَأْمُرُكُمْ أَن تَذْبَحُواْ بَقَرَةً قَالُوٓاْ أَتَتَّخِذُنَا هُزُوًا قَالَ أَعُوذُ بِٱللَّهِ أَنْ أَكُونَ مِنَ ٱلْجَٰهِلِينَ ۝

(67) Dijeron: Pídele a tu Señor por nosotros que nos aclare cómo ha de ser. Respondió: Dice que sea una vaca que ni esté entrada en años ni sea prematura, sino intermedia.

¡Haced lo que se os ordena!

قَالُواْ ٱدْعُ لَنَا رَبَّكَ يُبَيِّن لَّنَا مَا هِىَ قَالَ إِنَّهُۥ يَقُولُ إِنَّهَا بَقَرَةٌ لَّا فَارِضٌ وَلَا بِكْرٌ عَوَانٌ بَيْنَ ذَٰلِكَ فَٱفْعَلُواْ مَا تُؤْمَرُونَ ۝

(68) Dijeron: Pídele a tu Señor por nosotros que nos aclare de qué color ha de ser. Y respondió: Dice que sea una vaca de color azafranado intenso, que alegre a quien la vea.

قَالُواْ ٱدْعُ لَنَا رَبَّكَ يُبَيِّن لَّنَا مَا لَوْنُهَا قَالَ إِنَّهُۥ يَقُولُ إِنَّهَا بَقَرَةٌ صَفْرَآءُ فَاقِعٌ لَّوْنُهَا تَسُرُّ ٱلنَّٰظِرِينَ ۝

(69) Dijeron: Pídele a tu Señor por nosotros que nos diga cómo ha de ser, pues todas las vacas nos parecen semejantes y de verdad que, si Allah quiere, encontraremos el camino.

قَالُوا ادْعُ لَنَا رَبَّكَ يُبَيِّن لَّنَا مَا هِيَ إِنَّ الْبَقَرَ تَشَابَهَ عَلَيْنَا وَإِنَّا إِن شَاءَ اللَّهُ لَمُهْتَدُونَ ۝

(70) Respondió: Dice que sea una vaca que no haya sido subyugada ni para arar la tierra ni para regar el campo, intacta y sin ninguna marca.

Dijeron: Ahora has traído la certeza. Y la degollaron, aunque poco faltó para que no lo hicieran.

قَالَ إِنَّهُ يَقُولُ إِنَّهَا بَقَرَةٌ لَّا ذَلُولٌ تُثِيرُ الْأَرْضَ وَلَا تَسْقِي الْحَرْثَ مُسَلَّمَةٌ لَّا شِيَةَ فِيهَا قَالُوا الْآنَ جِئْتَ بِالْحَقِّ فَذَبَحُوهَا وَمَا كَادُوا يَفْعَلُونَ ۝

(71) Y cuando matásteis a uno y disputábais acerca de ello; Allah puso al descubierto lo que ocultábais.

وَإِذْ قَتَلْتُمْ نَفْسًا فَادَّارَأْتُمْ فِيهَا وَاللَّهُ مُخْرِجٌ مَّا كُنتُمْ تَكْتُمُونَ ۝

(72) Dijimos: Tocadlo con un miembro de ella*. Así es como Allah hace vivir lo muerto y muestra Sus signos para que podáis comprender.

*[Es decir: Tocad al muerto con un miembro de la vaca sacrificada. Y así hicieron, entonces el muerto volvió a la vida y refirió el nombre de su asesino, volviendo a morir después.]

فَقُلْنَا اضْرِبُوهُ بِبَعْضِهَا كَذَلِكَ يُحْيِ اللَّهُ الْمَوْتَى وَيُرِيكُمْ ءَايَاتِهِ لَعَلَّكُمْ تَعْقِلُونَ ۝

(73) Luego, y a pesar de esto, sus corazones se endurecieron y se volvieron como las piedras o aún más duros, pues hay piedras de las que nacen ríos, pie-

ثُمَّ قَسَتْ قُلُوبُكُم مِّن بَعْدِ ذَلِكَ فَهِيَ كَالْحِجَارَةِ أَوْ أَشَدُّ قَسْوَةً وَإِنَّ مِنَ الْحِجَارَةِ لَمَا يَتَفَجَّرُ مِنْهُ الْأَنْهَارُ وَإِنَّ مِنْهَا لَمَا يَشَّقَّقُ

dras que se quiebran y mana de ellas agua, y piedras que se vienen abajo por temor de Allah. Allah no está descuidado de lo que hacéis.

فَيَخْرُجُ مِنْهُ ٱلْمَآءُ وَإِنَّ مِنْهَا لَمَا يَهْبِطُ مِنْ خَشْيَةِ ٱللَّهِ وَمَا ٱللَّهُ بِغَٰفِلٍ عَمَّا تَعْمَلُونَ ۝

(74) ¿Pretendéis que os crean cuando una parte de ellos* ya habían oído la palabra de Allah y, a pesar de haberla comprendido, la alteraron conscientemente?

*[Los judíos]

أَفَتَطْمَعُونَ أَن يُؤْمِنُوا لَكُمْ وَقَدْ كَانَ فَرِيقٌ مِّنْهُمْ يَسْمَعُونَ كَلَٰمَ ٱللَّهِ ثُمَّ يُحَرِّفُونَهُۥ مِنۢ بَعْدِ مَا عَقَلُوهُ وَهُمْ يَعْلَمُونَ ۝

(75) Cuando se encuentran con los que creen dicen: Creemos; pero cuando se quedan a solas entre ellos dicen: ¿Es que les vais a contar lo que Allah os dió a conocer para que lo utilicen ante vuestro Señor como argumento contra vosotros?

¿Es que no entenderéis?

۞ وَإِذَا لَقُوا ٱلَّذِينَ ءَامَنُوا قَالُوٓا ءَامَنَّا وَإِذَا خَلَا بَعْضُهُمْ إِلَىٰ بَعْضٍ قَالُوٓا أَتُحَدِّثُونَهُم بِمَا فَتَحَ ٱللَّهُ عَلَيْكُمْ لِيُحَآجُّوكُم بِهِۦ عِندَ رَبِّكُمْ أَفَلَا تَعْقِلُونَ ۝

(76) ¿Acaso no saben que Allah conoce lo que guardan en secreto y lo que divulgan?

أَوَلَا يَعْلَمُونَ أَنَّ ٱللَّهَ يَعْلَمُ مَا يُسِرُّونَ وَمَا يُعْلِنُونَ ۝

(77) Los hay que no saben ni leer ni escribir y no conocen el Libro, tan sólo son sus deseos y no hacen sino suponer.

وَمِنْهُمْ أُمِّيُّونَ لَا يَعْلَمُونَ ٱلْكِتَٰبَ إِلَّآ أَمَانِيَّ وَإِنْ هُمْ إِلَّا يَظُنُّونَ ۝

(78) ¡Ay de los que reescriben el Libro con sus propias manos y luego dicen: Esto procede de Allah! Lo hacen vendiéndolo a bajo precio. ¡Ay de ellos por lo

فَوَيْلٌ لِّلَّذِينَ يَكْتُبُونَ ٱلْكِتَٰبَ بِأَيْدِيهِمْ ثُمَّ يَقُولُونَ هَٰذَا مِنْ عِندِ ٱللَّهِ لِيَشْتَرُوا بِهِۦ ثَمَنًا قَلِيلًا فَوَيْلٌ لَّهُم مِّمَّا كَتَبَتْ أَيْدِيهِمْ وَوَيْلٌ لَّهُم

que han escrito sus manos!
¡Ay de ellos por lo que se han
buscado!

مِّمَّا يَكۡسِبُونَ ۩

(79) Dicen: El Fuego sólo nos tocará
un número determinado de
días*. ¿Es que acaso habéis
hecho un pacto con Allah —Y
Allah no falta a Su pacto— o es
que decís sobre Allah lo que no
sabéis?

وَقَالُواْ لَن تَمَسَّنَا ٱلنَّارُ إِلَّآ أَيَّامٗا مَّعۡدُودَةٗ
قُلۡ أَتَّخَذۡتُمۡ عِندَ ٱللَّهِ عَهۡدٗا فَلَن يُخۡلِفَ ٱللَّهُ
عَهۡدَهُۥٓ أَمۡ تَقُولُونَ عَلَى ٱللَّهِ مَا لَا تَعۡلَمُونَ ۩

*[Dicen los comentaristas que el
número que ellos pretendían era cuarenta, los mismos que habían permanecido adorando al becerro de oro.
También se dice que siete.]

(80) Pero no, el que haya adquirido
maldad y esté rodeado por sus
faltas...
Esos son los compañeros
del Fuego, donde serán
inmortales.

بَلَىٰ مَن كَسَبَ سَيِّئَةٗ وَأَحَٰطَتۡ بِهِۦ خَطِيٓـَٔتُهُۥ
فَأُوْلَٰٓئِكَ أَصۡحَٰبُ ٱلنَّارِۖ هُمۡ فِيهَا خَٰلِدُونَ ۩

(81) Y los que crean y practiquen las
acciones de bien...
Esos son los compañeros del
Jardín, donde serán inmortales.

وَٱلَّذِينَ ءَامَنُواْ وَعَمِلُواْ ٱلصَّٰلِحَٰتِ أُوْلَٰٓئِكَ
أَصۡحَٰبُ ٱلۡجَنَّةِۖ هُمۡ فِيهَا خَٰلِدُونَ ۩

(82) Y cuando hicimos que los hijos
de Israel tomaran sobre sí el
Compromiso. Les dijimos: No
adoraréis a otro que Allah,
haréis el bien a vuestros padres
así como a los parientes, a los
huérfanos y a los pobres; hab-
laréis a la gente de buena manera, estableceréis el salat y

وَإِذۡ أَخَذۡنَا مِيثَٰقَ بَنِيٓ إِسۡرَٰٓءِيلَ لَا تَعۡبُدُونَ
إِلَّا ٱللَّهَ وَبِٱلۡوَٰلِدَيۡنِ إِحۡسَانٗا وَذِي ٱلۡقُرۡبَىٰ وَٱلۡيَتَٰمَىٰ
وَٱلۡمَسَٰكِينِ وَقُولُواْ لِلنَّاسِ حُسۡنٗا وَأَقِيمُواْ ٱلصَّلَوٰةَ
وَءَاتُواْ ٱلزَّكَوٰةَ ثُمَّ تَوَلَّيۡتُمۡ إِلَّا قَلِيلٗا مِّنكُمۡ
وَأَنتُم مُّعۡرِضُونَ ۩

entregaréis el zakat.

Luego, exceptuando unos pocos, dísteis la espalda y os desentendísteis.

(83) Y cuando os hicimos tomar el Compromiso: No derramaréis la sangre de ninguno de los vuestros ni lo expulsaréis del lugar donde viva. Lo aceptásteis y sois testigos de ello.

وَإِذۡ أَخَذۡنَا مِيثَٰقَكُمۡ لَا تَسۡفِكُونَ دِمَآءَكُمۡ وَلَا تُخۡرِجُونَ أَنفُسَكُم مِّن دِيَٰرِكُمۡ ثُمَّ أَقۡرَرۡتُمۡ وَأَنتُمۡ تَشۡهَدُونَ ۝

(84) Luego fuisteis de tal condición que os matásteis unos a otros y expulsásteis a una parte de los vuestros de sus hogares, recurriendo para ello al delito y a la injusticia.

Y no obstante, si luego venían a vosotros cautivos de otros, pagabais su rescate* cuando, en contra de la prohibición, habíais sido vosotros mismos quienes los habíais expulsado.

¿Es que vais a creer en una parte del Libro y en otra no?

El pago de los que de vosotros hagan eso será, en esta vida, la humillación, y en el Día del Levantamiento se les someterá al más severo castigo.

Allah no está inadvertido de lo que hacen.

*[Cumpliendo en esto el compromiso]

ثُمَّ أَنتُمۡ هَٰٓؤُلَآءِ تَقۡتُلُونَ أَنفُسَكُمۡ وَتُخۡرِجُونَ فَرِيقٗا مِّنكُم مِّن دِيَٰرِهِمۡ تَظَٰهَرُونَ عَلَيۡهِم بِٱلۡإِثۡمِ وَٱلۡعُدۡوَٰنِ وَإِن يَأۡتُوكُمۡ أُسَٰرَىٰ تُفَٰدُوهُمۡ وَهُوَ مُحَرَّمٌ عَلَيۡكُمۡ إِخۡرَاجُهُمۡ أَفَتُؤۡمِنُونَ بِبَعۡضِ ٱلۡكِتَٰبِ وَتَكۡفُرُونَ بِبَعۡضٖ فَمَا جَزَآءُ مَن يَفۡعَلُ ذَٰلِكَ مِنكُمۡ إِلَّا خِزۡيٞ فِي ٱلۡحَيَوٰةِ ٱلدُّنۡيَا وَيَوۡمَ ٱلۡقِيَٰمَةِ يُرَدُّونَ إِلَىٰٓ أَشَدِّ ٱلۡعَذَابِ وَمَا ٱللَّهُ بِغَٰفِلٍ عَمَّا يَعۡمَلُونَ ۝

(85) Esos son los que han vendido la Otra Vida a cambio de la vida

أُوْلَٰٓئِكَ ٱلَّذِينَ ٱشۡتَرَوُاْ ٱلۡحَيَوٰةَ ٱلدُّنۡيَا بِٱلۡأٓخِرَةِ

de este mundo. No se les aliviará el castigo ni serán auxiliados.

فَلَا يُخَفَّفُ عَنْهُمُ ٱلْعَذَابُ وَلَاهُمْ يُنصَرُونَ ۝

(86) Ya le dimos el Libro a Musa y enviamos, tras él, a otros mensajeros. A Isa, el hijo de Maryam, le dimos las pruebas evidentes y le ayudamos con el Espíritu Puro*.

¿Acaso no os llenábais de soberbia cada vez que venía a vosotros un mensajero trayendo lo que no deseaban vuestras almas? A unos los tomásteis por mentirosos y a otros los matásteis.

*[El ángel Yibril.]

وَلَقَدْ ءَاتَيْنَا مُوسَى ٱلْكِتَٰبَ وَقَفَّيْنَا مِنۢ بَعْدِهِۦ بِٱلرُّسُلِ وَءَاتَيْنَا عِيسَى ٱبْنَ مَرْيَمَ ٱلْبَيِّنَٰتِ وَأَيَّدْنَٰهُ بِرُوحِ ٱلْقُدُسِ أَفَكُلَّمَا جَآءَكُمْ رَسُولٌۢ بِمَا لَا تَهْوَىٰٓ أَنفُسُكُمُ ٱسْتَكْبَرْتُمْ فَفَرِيقًا كَذَّبْتُمْ وَفَرِيقًا تَقْتُلُونَ ۝

(87) Dicen: Nuestros corazones están cerrados.

¡Maldígalos Allah por su incredulidad! ¡Qué poco es lo que creen!

وَقَالُوا۟ قُلُوبُنَا غُلْفٌۢ بَل لَّعَنَهُمُ ٱللَّهُ بِكُفْرِهِمْ فَقَلِيلًا مَّا يُؤْمِنُونَ ۝

(88) Y ahora que les ha llegado un libro de Allah, que es una confirmación de lo que ya tenían, no creen en él, a pesar de reconocerlo y de que en otro tiempo pidieron auxilio contra los incrédulos*.

¡Que la maldición de Allah caiga sobre los incrédulos!

*[Cuando dijeron: ¡Allah, auxílianos con el profeta que ha de venir al final de los tiempos y que hemos encontrado descrito en la Torá!]

وَلَمَّا جَآءَهُمْ كِتَٰبٌ مِّنْ عِندِ ٱللَّهِ مُصَدِّقٌ لِّمَا مَعَهُمْ وَكَانُوا۟ مِن قَبْلُ يَسْتَفْتِحُونَ عَلَى ٱلَّذِينَ كَفَرُوا۟ فَلَمَّا جَآءَهُم مَّا عَرَفُوا۟ كَفَرُوا۟ بِهِۦ فَلَعْنَةُ ٱللَّهِ عَلَى ٱلْكَٰفِرِينَ ۝

(89) ¡Por qué mal precio han vendido sus almas! Haberse negado a creer en lo que Allah ha hecho descender, sólo por envidia de que Allah haya hecho descender parte de Su favor sobre aquel de Sus siervos que ha querido. Y así se han ganado ira tras ira.

Los que se niegan a creer, tendrán un castigo denigrante.

بِئْسَمَا ٱشْتَرَوْاْ بِهِۦٓ أَنفُسَهُمْ أَن يَكْفُرُواْ بِمَآ أَنزَلَ ٱللَّهُ بَغْيًا أَن يُنَزِّلَ ٱللَّهُ مِن فَضْلِهِۦ عَلَىٰ مَن يَشَآءُ مِنْ عِبَادِهِۦۖ فَبَآءُو بِغَضَبٍ عَلَىٰ غَضَبٍۚ وَلِلْكَٰفِرِينَ عَذَابٌ مُّهِينٌ ۝

(90) Y cuando se les dice: ¡Creed en lo que Allah ha hecho descender!

Dicen: Creemos en lo que se nos hizo descender a nosotros antes, pero no en lo que nos ha venido después.

Sin embargo esto último es la verdad que confirma lo que ya tenían.

Di: ¿Por qué entonces mátasteis a los profetas de Allah si erais creyentes?

وَإِذَا قِيلَ لَهُمْ ءَامِنُواْ بِمَآ أَنزَلَ ٱللَّهُ قَالُواْ نُؤْمِنُ بِمَآ أُنزِلَ عَلَيْنَا وَيَكْفُرُونَ بِمَا وَرَآءَهُۥ وَهُوَ ٱلْحَقُّ مُصَدِّقًا لِّمَا مَعَهُمْۗ قُلْ فَلِمَ تَقْتُلُونَ أَنۢبِيَآءَ ٱللَّهِ مِن قَبْلُ إِن كُنتُم مُّؤْمِنِينَ ۝

(91) Ya vino a vosotros Musa trayendo consigo las pruebas claras y a pesar de ello, en su ausencia, tomásteis el becerro y fuisteis injustos.

وَلَقَدْ جَآءَكُم مُّوسَىٰ بِٱلْبَيِّنَٰتِ ثُمَّ ٱتَّخَذْتُمُ ٱلْعِجْلَ مِنۢ بَعْدِهِۦ وَأَنتُمْ ظَٰلِمُونَ ۝

(92) Y cuando pactamos con vosotros la Alianza, levantando el monte y poniéndolo sobre vuestras cabezas: ¡Tomad lo que os damos con fuerza y oíd! Dijeron: Hemos oído y desobedecemos. Sus corazones se

وَإِذْ أَخَذْنَا مِيثَٰقَكُمْ وَرَفَعْنَا فَوْقَكُمُ ٱلطُّورَ خُذُواْ مَآ ءَاتَيْنَٰكُم بِقُوَّةٍ وَٱسْمَعُواْۖ قَالُواْ سَمِعْنَا وَعَصَيْنَا وَأُشْرِبُواْ فِي قُلُوبِهِمُ ٱلْعِجْلَ بِكُفْرِهِمْۚ قُلْ بِئْسَمَا يَأْمُرُكُم بِهِۦٓ إِيمَٰنُكُمْ إِن كُنتُم

habían impregnado del becerro, por pura incredulidad.

Di: ¡Qué malo es lo que os manda vuestra creencia, si fuérais creyentes!

مُّؤْمِنِينَ ۞

(93) Di: Si es verdad que la morada de la Ultima Vida junto a Allah os pertenece en exclusiva sin incluir al resto de los hombres, desead entonces la muerte si sois sinceros.

قُلْ إِن كَانَتْ لَكُمُ الدَّارُ الْآخِرَةُ عِندَ اللَّهِ خَالِصَةً مِّن دُونِ النَّاسِ فَتَمَنَّوُا الْمَوْتَ إِن كُنتُمْ صَادِقِينَ ۞

(94) Pero nunca la desearán por temor a lo que sus manos presentan.

Allah conoce perfectamente a los injustos.

وَلَن يَتَمَنَّوْهُ أَبَدًا بِمَا قَدَّمَتْ أَيْدِيهِمْ وَاللَّهُ عَلِيمٌ بِالظَّالِمِينَ ۞

(95) Encontrarás que son los hombres con más apego a la vida, como les ocurre a algunos idólatras, que desearían vivir mil años. Pero aunque los vivieran, eso no les salvaría del castigo... Allah ve lo que hacen.

وَلَتَجِدَنَّهُمْ أَحْرَصَ النَّاسِ عَلَى حَيَوةٍ وَمِنَ الَّذِينَ أَشْرَكُوا يَوَدُّ أَحَدُهُمْ لَوْ يُعَمَّرُ أَلْفَ سَنَةٍ وَمَا هُوَ بِمُزَحْزِحِهِ مِنَ الْعَذَابِ أَن يُعَمَّرَ وَاللَّهُ بَصِيرٌ بِمَا يَعْمَلُونَ ۞

(96) Di: Quien sea enemigo de Yibril...

Ha sido él quien, con permiso de Allah, lo ha traído* hasta tu corazón, con la autorización de Allah, como una confirmación de lo que ya había y como guía y buena nueva para los creyentes.

*[El Corán]

قُلْ مَن كَانَ عَدُوًّا لِّجِبْرِيلَ فَإِنَّهُ نَزَّلَهُ عَلَى قَلْبِكَ بِإِذْنِ اللَّهِ مُصَدِّقًا لِّمَا بَيْنَ يَدَيْهِ وَهُدًى وَبُشْرَى لِلْمُؤْمِنِينَ ۞

(97) Quien sea enemigo de Allah, de Sus ángeles, de Sus mensajeros y de Yibril y Mikail...
Allah es enemigo de los incrédulos.

مَن كَانَ عَدُوًّا لِّلَّهِ وَمَلَٰٓئِكَتِهِۦ وَرُسُلِهِۦ وَجِبْرِيلَ وَمِيكَىٰلَ فَإِنَّ ٱللَّهَ عَدُوٌّ لِّلْكَٰفِرِينَ ۝

(98) Hemos hecho que te descendieran signos clarificadores que sólo los descarriados niegan

وَلَقَدْ أَنزَلْنَآ إِلَيْكَ ءَايَٰتٍ بَيِّنَٰتٍ وَمَا يَكْفُرُ بِهَآ إِلَّا ٱلْفَٰسِقُونَ ۝

(99) ¿Es que cada vez que se comprometan con un pacto, habrá una parte de ellos que lo rompa?
Ciertamente, la mayoría de ellos no creen.

أَوَكُلَّمَا عَٰهَدُواْ عَهْدًا نَّبَذَهُۥ فَرِيقٌ مِّنْهُم بَلْ أَكْثَرُهُمْ لَا يُؤْمِنُونَ ۝

(100) Y ahora que les ha llegado un mensajero de Allah confirmando lo que ya tenían, hay algunos de los que recibieron el Libro que se desentienden del libro de Allah, dándole la espalda como si no supieran.

وَلَمَّا جَآءَهُمْ رَسُولٌ مِّنْ عِندِ ٱللَّهِ مُصَدِّقٌ لِّمَا مَعَهُمْ نَبَذَ فَرِيقٌ مِّنَ ٱلَّذِينَ أُوتُواْ ٱلْكِتَٰبَ كِتَٰبَ ٱللَّهِ وَرَآءَ ظُهُورِهِمْ كَأَنَّهُمْ لَا يَعْلَمُونَ ۝

(101) Siguen lo que practicaron los demonios en el reinado de Sulayman. Pero no fue Sulayman quien cayó en incredulidad, sino que fueron los demonios al enseñar a los hombres la magia que le había sido revelada a los dos ángeles Harut y Marut en Babil*.
Estos no enseñaban a nadie sin antes advertirle: Somos una prueba, no caigas en la

وَٱتَّبَعُواْ مَا تَتْلُواْ ٱلشَّيَٰطِينُ عَلَىٰ مُلْكِ سُلَيْمَٰنَ وَمَا كَفَرَ سُلَيْمَٰنُ وَلَٰكِنَّ ٱلشَّيَٰطِينَ كَفَرُواْ يُعَلِّمُونَ ٱلنَّاسَ ٱلسِّحْرَ وَمَآ أُنزِلَ عَلَى ٱلْمَلَكَيْنِ بِبَابِلَ هَٰرُوتَ وَمَٰرُوتَ وَمَا يُعَلِّمَانِ مِنْ أَحَدٍ حَتَّىٰ يَقُولَآ إِنَّمَا نَحْنُ فِتْنَةٌ فَلَا تَكْفُرْ فَيَتَعَلَّمُونَ مِنْهُمَا مَا يُفَرِّقُونَ بِهِۦ بَيْنَ ٱلْمَرْءِ وَزَوْجِهِۦ وَمَا هُم بِضَآرِّينَ بِهِۦ مِنْ أَحَدٍ

incredulidad.

Así aprendieron de ellos cómo separar al hombre de su esposa.* Pero no perjudicaron a nadie sin permiso de Allah.

Aprendieron lo que les perjudicaba y no les beneficiaba y ciertamente supieron que quien adquiriera ese conocimiento no tendría parte en la Ultima Vida. ¡Ojalá hubieran sabido cuán malo era el precio por el que vendieron sus almas!

*[Babilonia]

*[Transformando el amor en odio]

(102) ¡Ojalá hubieran creído, hubieran temido (a Allah) y hubieran sabido que lo que Allah da es mejor!

(103) ¡Vosotros que creéis! No digáis: "Raina"*, decid mejor: "Espéranos" y prestad atención.

Los que se niegan a creer, tendrán un doloroso castigo.

*[La expresión "raina" tenía doble sentido, pues mientras que en árabe era una llamada de atención equivalente a "atiéndenos", en hebreo era un insulto, y por esto, los judíos la usaban con doble sentido para llamar al Profeta, que Allah le dé Su gracia y paz.]

(104) La gente del Libro que ha caído en incredulidad y los asociadores, no desean que os baje ningun bien procedente de

vuestro Señor, pero Allah distingue con Su misericordia a quien quiere.

Allah es Dueño del Gran Favor.

رَّبِّكُمْ وَٱللَّهُ يَخْتَصُّ بِرَحْمَتِهِۦ مَن يَشَآءُ وَٱللَّهُ ذُو ٱلْفَضْلِ ٱلْعَظِيمِ ۝

(105) No hay signo que suprimamos o hagamos olvidar sin traer en su lugar algo similar o mejor.

¿Acaso no sabes que Allah es Poderoso sobre todas las cosas?

۞ مَا نَنسَخْ مِنْ ءَايَةٍ أَوْ نُنسِهَا نَأْتِ بِخَيْرٍ مِّنْهَآ أَوْ مِثْلِهَآ أَلَمْ تَعْلَمْ أَنَّ ٱللَّهَ عَلَىٰ كُلِّ شَىْءٍ قَدِيرٌ ۝

(106) ¿No sabes que a Allah Le pertenece el dominio de los cielos y de la tierra y que fuera de El no tenéis quien os proteja ni os auxilie?

أَلَمْ تَعْلَمْ أَنَّ ٱللَّهَ لَهُۥ مُلْكُ ٱلسَّمَٰوَٰتِ وَٱلْأَرْضِ وَمَا لَكُم مِّن دُونِ ٱللَّهِ مِن وَلِيٍّ وَلَا نَصِيرٍ ۝

(107) ¿O es que queréis poner en cuestión a vuestro Mensajero como ya hicieron con Musa? Quien toma la incredulidad en lugar de la creencia, se ha extraviado del camino llano.

أَمْ تُرِيدُونَ أَن تَسْـَٔلُوا۟ رَسُولَكُمْ كَمَا سُئِلَ مُوسَىٰ مِن قَبْلُ وَمَن يَتَبَدَّلِ ٱلْكُفْرَ بِٱلْإِيمَٰنِ فَقَدْ ضَلَّ سَوَآءَ ٱلسَّبِيلِ ۝

(108) Muchos de la Gente del Libro desearían que renegarais después de haber creído y una vez que la verdad se les ha hecho patente, por la envidia que sienten sus almas.

No obstante perdonad y pasad por alto hasta que Allah traiga Su mandato; ciertamente Allah tiene poder sobre todas las cosas.

وَدَّ كَثِيرٌ مِّنْ أَهْلِ ٱلْكِتَٰبِ لَوْ يَرُدُّونَكُم مِّنۢ بَعْدِ إِيمَٰنِكُمْ كُفَّارًا حَسَدًا مِّنْ عِندِ أَنفُسِهِم مِّنۢ بَعْدِ مَا تَبَيَّنَ لَهُمُ ٱلْحَقُّ فَٱعْفُوا۟ وَٱصْفَحُوا۟ حَتَّىٰ يَأْتِيَ ٱللَّهُ بِأَمْرِهِۦٓ إِنَّ ٱللَّهَ عَلَىٰ كُلِّ شَىْءٍ قَدِيرٌ ۝

(109) Estableced el salat y entregad el zakat; y todo el bien que adelantéis en beneficio de vuestras almas, lo encontraréis junto a Allah; es verdad que Allah ve lo que hacéis.

وَأَقِيمُواْ ٱلصَّلَوٰةَ وَءَاتُواْ ٱلزَّكَوٰةَ وَمَا تُقَدِّمُواْ لِأَنفُسِكُم مِّنۡ خَيۡرٍ تَجِدُوهُ عِندَ ٱللَّهِ إِنَّ ٱللَّهَ بِمَا تَعۡمَلُونَ بَصِيرٌ ﴿﴾

(110) Dicen: Sólo entrará en el Jardín quien sea judío o cristiano.

Esas son sus falsas pretensiones.

Di: Si es verdad lo que decís, traed la prueba que lo demuestre.

وَقَالُواْ لَن يَدۡخُلَ ٱلۡجَنَّةَ إِلَّا مَن كَانَ هُودًا أَوۡ نَصَٰرَىٰ تِلۡكَ أَمَانِيُّهُمۡ قُلۡ هَاتُواْ بُرۡهَٰنَكُمۡ إِن كُنتُمۡ صَٰدِقِينَ ﴿﴾

(111) ¡Pero no! Sino que aquel que humille su rostro ante Allah y actúe rectamente, no tendrá que temer ni se entristecerá.

بَلَىٰ مَنۡ أَسۡلَمَ وَجۡهَهُۥ لِلَّهِ وَهُوَ مُحۡسِنٌ فَلَهُۥٓ أَجۡرُهُۥ عِندَ رَبِّهِۦ وَلَا خَوۡفٌ عَلَيۡهِمۡ وَلَا هُمۡ يَحۡزَنُونَ ﴿﴾

(112) Dicen los judíos: Los cristianos no tienen fundamento.

Y dicen los cristianos: Los judíos no tienen fundamento.

Pero ambos leen el Libro. También los que no saben dicen algo similar*. Allah juzgará entre ellos el Día del Levantamiento sobre lo que discrepaban.

* [Acerca de Muhammad.]

وَقَالَتِ ٱلۡيَهُودُ لَيۡسَتِ ٱلنَّصَٰرَىٰ عَلَىٰ شَيۡءٍ وَقَالَتِ ٱلنَّصَٰرَىٰ لَيۡسَتِ ٱلۡيَهُودُ عَلَىٰ شَيۡءٍ وَهُمۡ يَتۡلُونَ ٱلۡكِتَٰبَ كَذَٰلِكَ قَالَ ٱلَّذِينَ لَا يَعۡلَمُونَ مِثۡلَ قَوۡلِهِمۡ فَٱللَّهُ يَحۡكُمُ بَيۡنَهُمۡ يَوۡمَ ٱلۡقِيَٰمَةِ فِيمَا كَانُواْ فِيهِ يَخۡتَلِفُونَ ﴿﴾

(113) ¿Y quién es más injusto que aquel que impide que se recuerde el nombre de Allah en los lugares dedicados a Su adoración y se esfuerza por arruinarlos?

وَمَنۡ أَظۡلَمُ مِمَّن مَّنَعَ مَسَٰجِدَ ٱللَّهِ أَن يُذۡكَرَ فِيهَا ٱسۡمُهُۥ وَسَعَىٰ فِي خَرَابِهَآ أُوْلَٰٓئِكَ مَا كَانَ لَهُمۡ أَن يَدۡخُلُوهَآ إِلَّا خَآئِفِينَ لَهُمۡ فِي

No deben entrar en ellos si no es en actitud de temor. Serán rebajados en esta vida, y en la Otra recibirán un castigo inmenso.

ٱلدُّنۡيَا خِزۡىٌ وَلَهُمۡ فِى ٱلۡأَخِرَةِ عَذَابٌ عَظِيمٌ ۝

(114) De Allah son el oriente y el occidente; donde quiera que os volváis, allí (encontraréis) la faz de Allah.

Es cierto que Allah lo abarca todo y no hay nada que escape a Su conocimiento.

وَلِلَّهِ ٱلۡمَشۡرِقُ وَٱلۡمَغۡرِبُ فَأَيۡنَمَا تُوَلُّوا۟ فَثَمَّ وَجۡهُ ٱللَّهِ إِنَّ ٱللَّهَ وَٰسِعٌ عَلِيمٌ ۝

(115) Y dicen: Allah ha tomado para sí un hijo. ¡Sea glorificado por encima de eso!

¡Si suyo es cuanto hay en los cielos y en la tierra y todos están sometidos a El!

وَقَالُوا۟ ٱتَّخَذَ ٱللَّهُ وَلَدًا سُبۡحَٰنَهُۥ بَل لَّهُۥ مَا فِى ٱلسَّمَٰوَٰتِ وَٱلۡأَرۡضِ كُلٌّ لَّهُۥ قَٰنِتُونَ ۝

(116) Aquel que dio principio a los cielos y a la tierra. Cuando decreta algo, le basta con decir: ¡Sé! Y es.

بَدِيعُ ٱلسَّمَٰوَٰتِ وَٱلۡأَرۡضِ وَإِذَا قَضَىٰٓ أَمۡرًا فَإِنَّمَا يَقُولُ لَهُۥ كُن فَيَكُونُ ۝

(117) Y dicen los que no saben: ¿Por qué no nos habla Allah o nos trae una señal? Algo parecido dijeron sus predecesores; sus corazones se asemejan.

Hemos aclarado los signos para los que tienen certeza.

وَقَالَ ٱلَّذِينَ لَا يَعۡلَمُونَ لَوۡلَا يُكَلِّمُنَا ٱللَّهُ أَوۡ تَأۡتِينَآ ءَايَةٌ كَذَٰلِكَ قَالَ ٱلَّذِينَ مِن قَبۡلِهِم مِّثۡلَ قَوۡلِهِمۡ تَشَٰبَهَتۡ قُلُوبُهُمۡ قَدۡ بَيَّنَّا ٱلۡأٓيَٰتِ لِقَوۡمٍ يُوقِنُونَ ۝

(118) Es cierto que te hemos enviado con la verdad y como portador de buenas noticias y de advertencias; pero no preguntes* por

إِنَّآ أَرۡسَلۡنَٰكَ بِٱلۡحَقِّ بَشِيرًا وَنَذِيرًا وَلَا تُسۡـَٔلُ عَنۡ أَصۡحَٰبِ ٱلۡجَحِيمِ ۝

los compañeros del Yahim.

*[En otra lectura sería: "y no serás preguntado por los compañeros del "Yahim", es decir no serás responsable.]

(119) Los judíos y los cristianos no estarán satisfechos contigo hasta que no sigas sus creencias*

Di: La guía de Allah es la Guía.

Si siguieras sus deseos después del conocimiento que te ha venido, no tendrías ante Allah quien te protegiera ni auxiliara.* [En árabe "mil-lah". Este término abarca la idea que se tiene de la vida, del mundo, y de la felicidad, lo cual es el factor determinante en el modo de vivir y actuar. En otras ocasiones a lo largo del Corán ha sido traducido por "religión", en expresiones tales como: "la religión de Ibrahim".]

وَلَن تَرْضَىٰ عَنكَ ٱلْيَهُودُ وَلَا ٱلنَّصَرَىٰ حَتَّىٰ تَتَّبِعَ مِلَّتَهُمْ قُلْ إِنَّ هُدَى ٱللَّهِ هُوَ ٱلْهُدَىٰ وَلَئِنِ ٱتَّبَعْتَ أَهْوَآءَهُم بَعْدَ ٱلَّذِى جَآءَكَ مِنَ ٱلْعِلْمِ مَا لَكَ مِنَ ٱللَّهِ مِن وَلِيٍّ وَلَا نَصِيرٍ ۝

(120) Aquéllos a quienes dimos el Libro y lo leen como debe ser leído, creen en él; pero los que lo niegan, esos son los perdidos.

ٱلَّذِينَ ءَاتَيْنَٰهُمُ ٱلْكِتَٰبَ يَتْلُونَهُۥ حَقَّ تِلَاوَتِهِۦٓ أُوْلَٰٓئِكَ يُؤْمِنُونَ بِهِۦ وَمَن يَكْفُرْ بِهِۦ فَأُوْلَٰٓئِكَ هُمُ ٱلْخَٰسِرُونَ ۝

(121) ¡Hijos de Israel! Recordad los beneficios con los que os favorecí y cómo os preferí por encima de todos los mundos.

يَٰبَنِىٓ إِسْرَٰٓءِيلَ ٱذْكُرُوا۟ نِعْمَتِىَ ٱلَّتِىٓ أَنْعَمْتُ عَلَيْكُمْ وَأَنِّى فَضَّلْتُكُمْ عَلَى ٱلْعَٰلَمِينَ ۝

(122) Y guardaos de un día en el que a nadie le sirva nada de lo que

وَٱتَّقُوا۟ يَوْمًا لَّا تَجْزِى نَفْسٌ عَن نَّفْسٍ شَيْـًٔا

haya hecho otro, ni se le acepte ningún precio, ni haya inter-cesión que valga, ni auxilio.

وَلَا يُقْبَلُ مِنْهَا عَدْلٌ وَلَا تَنفَعُهَا شَفَاعَةٌ وَلَاهُمْ يُنصَرُونَ ۝

(123) Y cuando tu Señor puso a prueba a Ibrahim con palabras que éste cumplió, le dijo: Voy a hacer de ti un dirigente y un ejemplo para los hombres.

Dijo: ¿ Y lo harás también con mis descendientes?

Dijo: Mi pacto no alcanza a los injustos.

وَإِذِ ٱبْتَلَىٰٓ إِبْرَٰهِـۧمَ رَبُّهُۥ بِكَلِمَٰتٍ فَأَتَمَّهُنَّ قَالَ إِنِّى جَاعِلُكَ لِلنَّاسِ إِمَامًا قَالَ وَمِن ذُرِّيَّتِى قَالَ لَا يَنَالُ عَهْدِى ٱلظَّٰلِمِينَ ۝

(124) Y cuando hicimos de la Casa* un centro de reunión y un lugar seguro para los hombres que adoptaron la estación de Ibrahim*. Habíamos pactado con Ibrahim e Ismail que man-tuvieran pura Mi casa para los que cumplieran las vueltas en torno a ella, los que allí perma-necieran y los que se inclinaran y postraran.

* [La Ka'ba]

* [Como lugar de oración. La estación de Ibrahim es el lugar desde el que se dirigió la edificación de la Kabaa]

وَإِذْ جَعَلْنَا ٱلْبَيْتَ مَثَابَةً لِّلنَّاسِ وَأَمْنًا وَٱتَّخِذُوا مِن مَّقَامِ إِبْرَٰهِـۧمَ مُصَلًّى وَعَهِدْنَآ إِلَىٰٓ إِبْرَٰهِـۧمَ وَإِسْمَٰعِيلَ أَن طَهِّرَا بَيْتِىَ لِلطَّآئِفِينَ وَٱلْعَٰكِفِينَ وَٱلرُّكَّعِ ٱلسُّجُودِ ۝

(125) Y cuando dijo Ibrahim: ¡Señor mío! Haz de este territorio un lugar seguro y provee de fru-tos a aquéllos de sus habitantes que crean en Allah y en el Ultimo Día.

Dijo: Y al que se niegue a creer, lo dejaré disfrutar un tiempo y

وَإِذْ قَالَ إِبْرَٰهِـۧمُ رَبِّ ٱجْعَلْ هَٰذَا بَلَدًا ءَامِنًا وَٱرْزُقْ أَهْلَهُۥ مِنَ ٱلثَّمَرَٰتِ مَنْ ءَامَنَ مِنْهُم بِٱللَّهِ وَٱلْيَوْمِ ٱلْءَاخِرِ قَالَ وَمَن كَفَرَ فَأُمَتِّعُهُۥ قَلِيلًا ثُمَّ أَضْطَرُّهُۥٓ إِلَىٰ عَذَابِ ٱلنَّارِ وَبِئْسَ ٱلْمَصِيرُ ۝

luego lo llevaré a rastras al castigo del Fuego. ¡Qué mal fin!

(126) Y cuando Ibrahim e Ismail erigieron los fundamentos de la Casa: ¡Señor, acéptanoslo! Tu eres Quien oye, Quien sabe.

وَإِذْ يَرْفَعُ إِبْرَٰهِۦمُ ٱلْقَوَاعِدَ مِنَ ٱلْبَيْتِ وَإِسْمَٰعِيلُ رَبَّنَا تَقَبَّلْ مِنَّآ إِنَّكَ أَنتَ ٱلسَّمِيعُ ٱلْعَلِيمُ ۝

(127) ¡Señor nuestro! Haz que estemos sometidos a Ti* y haz de nuestra descendencia una comunidad sometida a Ti.

Enséñanos a cumplir nuestros ritos de adoración y vuélvete a nosotros, realmente Tú eres Quien se vuelve en favor del siervo, el Compasivo.

*[Es decir, que seamos musulmanes]

رَبَّنَا وَٱجْعَلْنَا مُسْلِمَيْنِ لَكَ وَمِن ذُرِّيَّتِنَآ أُمَّةً مُّسْلِمَةً لَّكَ وَأَرِنَا مَنَاسِكَنَا وَتُبْ عَلَيْنَآ إِنَّكَ أَنتَ ٱلتَّوَّابُ ٱلرَّحِيمُ ۝

(128) ¡Señor nuestro! Envíales un mensajero que sea uno de ellos, para que les recite Tus aleyas (signos), les enseñe el Libro, la Sabiduría y los purifique. Es cierto que Tú eres el Poderoso, el Sabio.

رَبَّنَا وَٱبْعَثْ فِيهِمْ رَسُولًا مِّنْهُمْ يَتْلُواْ عَلَيْهِمْ ءَايَٰتِكَ وَيُعَلِّمُهُمُ ٱلْكِتَٰبَ وَٱلْحِكْمَةَ وَيُزَكِّيهِمْ إِنَّكَ أَنتَ ٱلْعَزِيزُ ٱلْحَكِيمُ ۝

(129) ¿Y quien, sino aquel que se rebaja a sí mismo, puede rechazar la religión de Ibrahim? Lo escogimos en esta vida, y en la Ultima, estará entre los justos.

وَمَن يَرْغَبُ عَن مِّلَّةِ إِبْرَٰهِۦمَ إِلَّا مَن سَفِهَ نَفْسَهُۥ وَلَقَدِ ٱصْطَفَيْنَٰهُ فِي ٱلدُّنْيَا وَإِنَّهُۥ فِي ٱلْءَاخِرَةِ لَمِنَ ٱلصَّٰلِحِينَ ۝

(130) Cuando su Señor le dijo: ¡Sométete! Dijo: Me someto al Señor de los mundos.

إِذْ قَالَ لَهُۥ رَبُّهُۥٓ أَسْلِمْ قَالَ أَسْلَمْتُ لِرَبِّ ٱلْعَٰلَمِينَ ۝

(131) Y esto fue un legado que Ibra-

وَوَصَّىٰ بِهَآ إِبْرَٰهِۦمُ بَنِيهِ وَيَعْقُوبُ يَٰبَنِيَّ إِنَّ ٱللَّهَ

إِصْطَفَى لَكُمُ ٱلدِّينَ فَلَا تَمُوتُنَّ إِلَّا وَأَنتُم مُّسْلِمُونَ ۝

him dejó a sus hijos.

Y lo mismo hizo Yaqub (cuando dijo): ¡Hijos míos! Allah os ha elegido la práctica de Adoración, no muráis pues sin ser musulmanes*.

* [Lit. Sin estar sometidos]

(132) ¿Acaso estabais allí, presentes, cuando le vino la muerte a Yaqub? Cuando dijo a sus hijos: ¿Qué adoraréis cuando yo ya no esté? Dijeron: Adoraremos a tu Dios y al Dios de tus padres: Ibrahim, Ismail e Ishaq, que es un Dios Unico; y a El estaremos sometidos.

أَمْ كُنتُمْ شُهَدَاءَ إِذْ حَضَرَ يَعْقُوبَ ٱلْمَوْتُ إِذْ قَالَ لِبَنِيهِ مَا تَعْبُدُونَ مِنْ بَعْدِي قَالُوا نَعْبُدُ إِلَهَكَ وَإِلَهَ ءَابَآئِكَ إِبْرَٰهِيمَ وَإِسْمَٰعِيلَ وَإِسْحَٰقَ إِلَٰهًا وَٰحِدًا وَنَحْنُ لَهُ مُسْلِمُونَ ۝

(133) Esa es una comunidad que ya pasó, tendrá lo que adquirió y vosotros tendréis lo que hayáis adquirido.

No se os pedirán cuentas por lo que ellos hicieron.

تِلْكَ أُمَّةٌ قَدْ خَلَتْ لَهَا مَا كَسَبَتْ وَلَكُم مَّا كَسَبْتُمْ وَلَا تُسْـَٔلُونَ عَمَّا كَانُوا يَعْمَلُونَ ۝

(134) Y dicen: ¡Tenéis que ser judíos o cristianos! Di: Al contrario, (seguimos) la religión de Ibrahim que era hanif*, y no uno de los asociadores.

* [Hanif significa: El que siente una inclinación natural hacia la forma de adoración verdadera rechazando toda sumisión a otro que no sea el Unico Dios]

وَقَالُوا كُونُوا هُودًا أَوْ نَصَٰرَىٰ تَهْتَدُوا قُلْ بَلْ مِلَّةَ إِبْرَٰهِيمَ حَنِيفًا وَمَا كَانَ مِنَ ٱلْمُشْرِكِينَ ۝

(135) Decir: Creemos en Allah, en lo que se nos ha hecho descender, en lo que se hizo descender a

قُولُوا ءَامَنَّا بِٱللَّهِ وَمَا أُنزِلَ إِلَيْنَا وَمَا أُنزِلَ إِلَىٰ إِبْرَٰهِيمَ وَإِسْمَٰعِيلَ وَإِسْحَٰقَ وَيَعْقُوبَ وَٱلْأَسْبَاطِ

Ibrahim, Ismail, Ishaq, Yaqub y a las Tribus, en lo que le fue dado a Musa e Isa y en lo que le fue dado a los profetas procedente de su Señor.

No hacemos distinciones entre ninguno de ellos* y estamos sometidos a El.

* [En cuanto a creer en unos sí y en otros no]

وَمَا أُوتِيَ مُوسَىٰ وَعِيسَىٰ وَمَا أُوتِيَ النَّبِيُّونَ مِن رَّبِّهِمْ لَا نُفَرِّقُ بَيْنَ أَحَدٍ مِّنْهُمْ وَنَحْنُ لَهُ مُسْلِمُونَ ۝

(136) Si creen en lo mismo que creéis vosotros, habrán seguido la guía, pero si se apartan de ello…(sabe) que están en contra. Allah te basta contra ellos, El es Quien oye y Quien sabe.

فَإِنْ ءَامَنُوا بِمِثْلِ مَا ءَامَنتُم بِهِ فَقَدِ اهْتَدَوا وَّإِن تَوَلَّوْا فَإِنَّمَا هُمْ فِي شِقَاقٍ فَسَيَكْفِيكَهُمُ اللَّهُ وَهُوَ السَّمِيعُ الْعَلِيمُ ۝

(137) El tinte de Allah. ¿Y quién es mejor que Allah tiñendo? Es a El a Quien adoramos.

صِبْغَةَ اللَّهِ وَمَنْ أَحْسَنُ مِنَ اللَّهِ صِبْغَةً وَنَحْنُ لَهُ عَٰبِدُونَ ۝

(138) Di: ¿Acaso nos discutís a Allah, que es tanto vuestro Señor como el nuestro? Lo que hagamos será para nosotros y lo que hagáis será para vosotros. Nosotros somos fieles a El.

قُلْ أَتُحَاجُّونَنَا فِي اللَّهِ وَهُوَ رَبُّنَا وَرَبُّكُمْ وَلَنَا أَعْمَالُنَا وَلَكُمْ أَعْمَالُكُمْ وَنَحْنُ لَهُ مُخْلِصُونَ ۝

(139) ¿Dicen acaso que Ibrahim, Ismail, Ishaq, Yaqub y las Tribus fueron judíos o cristianos?

Di: ¿Quién sabe más, vosotros o Allah?

¿Y quién es más injusto que quien oculta el testimonio que le viene de Allah? Allah no está inadvertido de lo que hacéis.

أَمْ تَقُولُونَ إِنَّ إِبْرَٰهِيمَ وَإِسْمَٰعِيلَ وَإِسْحَٰقَ وَيَعْقُوبَ وَالْأَسْبَاطَ كَانُوا هُودًا أَوْ نَصَٰرَىٰ قُلْ ءَأَنتُمْ أَعْلَمُ أَمِ اللَّهُ وَمَنْ أَظْلَمُ مِمَّن كَتَمَ شَهَٰدَةً عِندَهُ مِنَ اللَّهِ وَمَا اللَّهُ بِغَٰفِلٍ عَمَّا تَعْمَلُونَ ۝

سُورَةُ ٱلْبَقَرَةِ ـ ٱلْجُزْءُ ٱلثَّانِي

(140) Esa es una comunidad que ya pasó, tiene lo que se ganó y vosotros tendréis lo que os ganéis.

Y no se os pedirán explicaciones de lo que hicieron.

تِلْكَ أُمَّةٌ قَدْ خَلَتْ لَهَا مَا كَسَبَتْ وَلَكُم مَّا كَسَبْتُمْ وَلَا تُسْـَٔلُونَ عَمَّا كَانُوا۟ يَعْمَلُونَ ۝

(141) Dirán los hombres necios: ¿Qué les apartó de la dirección hacia la que miraban?*

Di: De Allah son el oriente y el occidente y El es el que guía a quien quiere hacia un camino recto.

* [Se refiere a Jerusalén, que era la dirección —alqibla— hacia la que rezaban los musulmanes antes de establecerse ésta en Meca.]

۞ سَيَقُولُ ٱلسُّفَهَآءُ مِنَ ٱلنَّاسِ مَا وَلَّىٰهُمْ عَن قِبْلَتِهِمُ ٱلَّتِي كَانُوا۟ عَلَيْهَا قُل لِّلَّهِ ٱلْمَشْرِقُ وَٱلْمَغْرِبُ يَهْدِي مَن يَشَآءُ إِلَىٰ صِرَٰطٍ مُّسْتَقِيمٍ ۝

(142) De este modo hemos hecho de vosotros una comunidad de en medio* para que diérais testimonio de los hombres* y para que el Mensajero lo diera de vosotros.

Y la dirección a la que te volvías, la establecimos para saber quién seguiría al Mensajero y quién se volvería atrás. Esto sólo es difícil para aquéllos a los que Allah no ha guiado.

No es propio de Allah haceros perder vuestra creencia, es cierto que Allah es Piadoso y Compasivo con los hombres.

* [Es decir, justa, equilibrada, en el camino del medio.]
* [El Día del Levantamiento sobre su creencia.]

وَكَذَٰلِكَ جَعَلْنَٰكُمْ أُمَّةً وَسَطًا لِّتَكُونُوا۟ شُهَدَآءَ عَلَى ٱلنَّاسِ وَيَكُونَ ٱلرَّسُولُ عَلَيْكُمْ شَهِيدًا وَمَا جَعَلْنَا ٱلْقِبْلَةَ ٱلَّتِي كُنتَ عَلَيْهَآ إِلَّا لِنَعْلَمَ مَن يَتَّبِعُ ٱلرَّسُولَ مِمَّن يَنقَلِبُ عَلَىٰ عَقِبَيْهِ وَإِن كَانَتْ لَكَبِيرَةً إِلَّا عَلَى ٱلَّذِينَ هَدَى ٱللَّهُ وَمَا كَانَ ٱللَّهُ لِيُضِيعَ إِيمَٰنَكُمْ إِنَّ ٱللَّهَ بِٱلنَّاسِ لَرَءُوفٌ رَّحِيمٌ ۝

(143) Te hemos visto mirar al cielo con insistencia y vamos a darte una dirección que te satisfaga: vuelve tu rostro hacia la Mezquita Inviolable y vosotros, dondequiera que estéis, volvedlo en dirección a ella.

Los que recibieron el Libro saben que es la verdad procedente de tu Señor.

Y Allah no está inadvertido de lo que hacen.

فَقَدۡ نَرَىٰ تَقَلُّبَ وَجۡهِكَ فِي ٱلسَّمَآءِ فَلَنُوَلِّيَنَّكَ قِبۡلَةً تَرۡضَىٰهَا فَوَلِّ وَجۡهَكَ شَطۡرَ ٱلۡمَسۡجِدِ ٱلۡحَرَامِ وَحَيۡثُ مَا كُنتُمۡ فَوَلُّواْ وُجُوهَكُمۡ شَطۡرَهُۥ وَإِنَّ ٱلَّذِينَ أُوتُواْ ٱلۡكِتَٰبَ لَيَعۡلَمُونَ أَنَّهُ ٱلۡحَقُّ مِن رَّبِّهِمۡ وَمَا ٱللَّهُ بِغَٰفِلٍ عَمَّا يَعۡمَلُونَ ۝

(144) Los que recibieron el Libro no seguirán la dirección hacia la que miras aunque vayas a ellos con toda clase de signos prodigiosos; ni tú vas a seguir la suya ni ninguno de ellos seguirá la de los otros.

Si siguieras sus deseos después del conocimiento que te ha venido, serías de los injustos.

وَلَئِنۡ أَتَيۡتَ ٱلَّذِينَ أُوتُواْ ٱلۡكِتَٰبَ بِكُلِّ ءَايَةٍ مَّا تَبِعُواْ قِبۡلَتَكَ وَمَآ أَنتَ بِتَابِعٍ قِبۡلَتَهُمۡ وَمَا بَعۡضُهُم بِتَابِعٍ قِبۡلَةَ بَعۡضٍ وَلَئِنِ ٱتَّبَعۡتَ أَهۡوَآءَهُم مِّنۢ بَعۡدِ مَا جَآءَكَ مِنَ ٱلۡعِلۡمِ إِنَّكَ إِذًا لَّمِنَ ٱلظَّٰلِمِينَ ۝

(145) Aquéllos a quienes dimos el Libro, lo conocen como conocen a sus propios hijos, pero hay un grupo de ellos que ocultan la verdad a sabiendas.

ٱلَّذِينَ ءَاتَيۡنَٰهُمُ ٱلۡكِتَٰبَ يَعۡرِفُونَهُۥ كَمَا يَعۡرِفُونَ أَبۡنَآءَهُمۡ وَإِنَّ فَرِيقًا مِّنۡهُمۡ لَيَكۡتُمُونَ ٱلۡحَقَّ وَهُمۡ يَعۡلَمُونَ ۝

(146) La verdad viene de tu Señor, no seas de los que dudan.

ٱلۡحَقُّ مِن رَّبِّكَ فَلَا تَكُونَنَّ مِنَ ٱلۡمُمۡتَرِينَ ۝

(147) Cada uno ha tenido una dirección a la que volverse.

¡Competid en las buenas acciones! Dondequiera que estéis, Allah os reunirá a todos.

وَلِكُلٍّ وِجۡهَةٌ هُوَ مُوَلِّيهَا فَٱسۡتَبِقُواْ ٱلۡخَيۡرَٰتِ أَيۡنَ مَا تَكُونُواْ يَأۡتِ بِكُمُ ٱللَّهُ جَمِيعًا إِنَّ ٱللَّهَ عَلَىٰ كُلِّ شَيۡءٍ قَدِيرٌ ۝

Allah es Poderoso sobre todas las cosas.

(148) En cualquier dirección por la que salgas, vuelve tu rostro hacia la Mezquita Inviolable. Esta es la verdad procedente de tu Señor.

Allah no está inadvertido de lo que hacéis.

وَمِنْ حَيْثُ خَرَجْتَ فَوَلِّ وَجْهَكَ شَطْرَ ٱلْمَسْجِدِ ٱلْحَرَامِ وَإِنَّهُ لَلْحَقُّ مِن رَّبِّكَ وَمَا ٱللَّهُ بِغَٰفِلٍ عَمَّا تَعْمَلُونَ ۝

(149) Y en cualquier dirección por la que salgas, vuelve tu rostro hacia la Mezquita Inviolable.

Y en cualquier lugar que estéis, volved el rostro en dirección a ella, para que los hombres no tengan nada que decir contra vosotros, salvo los que sean injustos; pero a ésos no les temáis, temedme a Mí.

Y para que pueda completar Mi bendición sobre vosotros y podáis ser guiados.

وَمِنْ حَيْثُ خَرَجْتَ فَوَلِّ وَجْهَكَ شَطْرَ ٱلْمَسْجِدِ ٱلْحَرَامِ وَحَيْثُ مَا كُنتُمْ فَوَلُّوا۟ وُجُوهَكُمْ شَطْرَهُۥ لِئَلَّا يَكُونَ لِلنَّاسِ عَلَيْكُمْ حُجَّةٌ إِلَّا ٱلَّذِينَ ظَلَمُوا۟ مِنْهُمْ فَلَا تَخْشَوْهُمْ وَٱخْشَوْنِى وَلِأُتِمَّ نِعْمَتِى عَلَيْكُمْ وَلَعَلَّكُمْ تَهْتَدُونَ ۝

(150) Igualmente os hemos enviado un Mensajero que viene de vosotros mismos y que os recita Nuestros signos, os purifica, os enseña el Libro y la Sabiduría y os enseña lo que no sabíais.

كَمَا أَرْسَلْنَا فِيكُمْ رَسُولًا مِّنكُمْ يَتْلُوا۟ عَلَيْكُمْ ءَايَٰتِنَا وَيُزَكِّيكُمْ وَيُعَلِّمُكُمُ ٱلْكِتَٰبَ وَٱلْحِكْمَةَ وَيُعَلِّمُكُم مَّا لَمْ تَكُونُوا۟ تَعْلَمُونَ ۝

(151) Así pues, recordadme que Yo os recordaré; y agradecedme y no seáis ingratos conmigo.

فَٱذْكُرُونِىٓ أَذْكُرْكُمْ وَٱشْكُرُوا۟ لِى وَلَا تَكْفُرُونِ ۝

(152) ¡Vosotros que creéis! Buscad

يَٰٓأَيُّهَا ٱلَّذِينَ ءَامَنُوا۟ ٱسْتَعِينُوا۟ بِٱلصَّبْرِ وَٱلصَّلَوٰةِ

ayuda a través de la paciencia y de la Oración*; es cierto que Allah está con los pacientes.

* [El salat]

إِنَّ ٱللَّهَ مَعَ ٱلصَّٰبِرِينَ ۝

(153) No digáis de los que han muerto luchando en el camino de Allah que están muertos, porque están vivos aunque no os deis cuenta.

وَلَا تَقُولُوا لِمَن يُقْتَلُ فِي سَبِيلِ ٱللَّهِ أَمْوَٰتٌ بَلْ أَحْيَآءٌ وَلَٰكِن لَّا تَشْعُرُونَ ۝

(154) Y tened por cierto que os pondremos a prueba con temor, hambre, pérdida de riqueza, personas y frutos.

Pero anuncia buenas nuevas a los pacientes.

وَلَنَبْلُوَنَّكُم بِشَىْءٍ مِّنَ ٱلْخَوْفِ وَٱلْجُوعِ وَنَقْصٍ مِّنَ ٱلْأَمْوَٰلِ وَٱلْأَنفُسِ وَٱلثَّمَرَٰتِ وَبَشِّرِ ٱلصَّٰبِرِينَ ۝

(155) Aquéllos que cuando les ocurre alguna desgracia dicen: "De Allah somos y a El hemos de volver"

ٱلَّذِينَ إِذَآ أَصَٰبَتْهُم مُّصِيبَةٌ قَالُوٓا إِنَّا لِلَّهِ وَإِنَّآ إِلَيْهِ رَٰجِعُونَ ۝

(156) Bendiciones de su Señor y misericordia se derramarán sobre ellos.

Son los que están guiados.

أُوْلَٰٓئِكَ عَلَيْهِمْ صَلَوَٰتٌ مِّن رَّبِّهِمْ وَرَحْمَةٌ وَأُوْلَٰٓئِكَ هُمُ ٱلْمُهْتَدُونَ ۝

(157) Safa y Marwa son parte de los ritos de Allah; así pues, quien peregrine a la Casa o la visite*, no incurrirá en falta si hace el recorrido entre ambas (colinas).

El que haga espontáneamente un bien... Allah es Agradecido y Conocedor.

* [Haciendo Umra, la peregrinación menor]

إِنَّ ٱلصَّفَا وَٱلْمَرْوَةَ مِن شَعَآئِرِ ٱللَّهِ فَمَنْ حَجَّ ٱلْبَيْتَ أَوِ ٱعْتَمَرَ فَلَا جُنَاحَ عَلَيْهِ أَن يَطَّوَّفَ بِهِمَا وَمَن تَطَوَّعَ خَيْرًا فَإِنَّ ٱللَّهَ شَاكِرٌ عَلِيمٌ ۝

(158) A los que oculten las evidencias y la guía que hemos hecho descender, después de haberlas hecho claras para los hombres en el Libro, Allah los maldecirá y los maldecirán todos los maldecidores.

إِنَّ ٱلَّذِينَ يَكْتُمُونَ مَآ أَنزَلْنَا مِنَ ٱلْبَيِّنَٰتِ وَٱلْهُدَىٰ مِنۢ بَعْدِ مَا بَيَّنَّٰهُ لِلنَّاسِ فِى ٱلْكِتَٰبِ أُوْلَٰٓئِكَ يَلْعَنُهُمُ ٱللَّهُ وَيَلْعَنُهُمُ ٱللَّٰعِنُونَ ۝

(159) Salvo los que se vuelvan atrás, rectifiquen y lo pongan en claro*; a ésos les devolveré Mi favor, pues Yo soy el que se vuelve sobre el siervo, el Compasivo.

* [Lo que ocultaron y tergiversaron]

إِلَّا ٱلَّذِينَ تَابُوا۟ وَأَصْلَحُوا۟ وَبَيَّنُوا۟ فَأُوْلَٰٓئِكَ أَتُوبُ عَلَيْهِمْ وَأَنَا ٱلتَّوَّابُ ٱلرَّحِيمُ ۝

(160) La maldición de Allah, la de los ángeles y la de los hombres, a la vez, caerá sobre los que se hayan negado a creer y hayan muerto siendo incrédulos.

إِنَّ ٱلَّذِينَ كَفَرُوا۟ وَمَاتُوا۟ وَهُمْ كُفَّارٌ أُوْلَٰٓئِكَ عَلَيْهِمْ لَعْنَةُ ٱللَّهِ وَٱلْمَلَٰٓئِكَةِ وَٱلنَّاسِ أَجْمَعِينَ ۝

(161) Estos serán inmortales en el Fuego y no se les aliviará el castigo ni se les concederá ningún aplazamiento.

خَٰلِدِينَ فِيهَا لَا يُخَفَّفُ عَنْهُمُ ٱلْعَذَابُ وَلَا هُمْ يُنظَرُونَ ۝

(162) Vuestro dios es un Dios Unico, no hay dios sino El, el Misericordioso, el Compasivo.

وَإِلَٰهُكُمْ إِلَٰهٌ وَٰحِدٌ لَّآ إِلَٰهَ إِلَّا هُوَ ٱلرَّحْمَٰنُ ٱلرَّحِيمُ ۝

(163) Ciertamente en la creación de los cielos y de la tierra, en la sucesión de la noche y el día, en la nave que navega en el mar y de la que los hombres se benefician, en el agua que Allah hace descender del cielo con la que vivifica la tierra

إِنَّ فِى خَلْقِ ٱلسَّمَٰوَٰتِ وَٱلْأَرْضِ وَٱخْتِلَٰفِ ٱلَّيْلِ وَٱلنَّهَارِ وَٱلْفُلْكِ ٱلَّتِى تَجْرِى فِى ٱلْبَحْرِ بِمَا يَنفَعُ ٱلنَّاسَ وَمَآ أَنزَلَ ٱللَّهُ مِنَ ٱلسَّمَآءِ مِن مَّآءٍ فَأَحْيَا بِهِ ٱلْأَرْضَ بَعْدَ مَوْتِهَا وَبَثَّ فِيهَا مِن كُلِّ دَآبَّةٍ

después de haber estado muerta, en cómo se han diseminado por ella toda clase de criaturas y en el cambio de dirección de los vientos y de las nubes sometidas entre el cielo y la tierra, hay signos para una gente que entienda.

وَتَصْرِيفِ ٱلرِّيَٰحِ وَٱلسَّحَابِ ٱلْمُسَخَّرِ بَيْنَ ٱلسَّمَآءِ وَٱلْأَرْضِ لَأَيَٰتٍ لِّقَوْمٍ يَعْقِلُونَ ۝

(164) Hay hombres que suplen a Allah con otros a los que aman como se ama a Allah; pero el amor por Allah de los que creen es más fuerte.

Si vieras a los que hayan sido injustos, cuando vean el castigo y que todo el poder es de Allah...Allah es Fuerte castigando.

وَمِنَ ٱلنَّاسِ مَن يَتَّخِذُ مِن دُونِ ٱللَّهِ أَندَادًا يُحِبُّونَهُمْ كَحُبِّ ٱللَّهِ وَٱلَّذِينَ ءَامَنُوٓاْ أَشَدُّ حُبًّا لِّلَّهِ وَلَوْ يَرَى ٱلَّذِينَ ظَلَمُوٓاْ إِذْ يَرَوْنَ ٱلْعَذَابَ أَنَّ ٱلْقُوَّةَ لِلَّهِ جَمِيعًا وَأَنَّ ٱللَّهَ شَدِيدُ ٱلْعَذَابِ ۝

(165) Cuando los que fueron seguidos se desentiendan de los que les siguieron, y vean el castigo y se rompan los lazos entre ellos...

إِذْ تَبَرَّأَ ٱلَّذِينَ ٱتُّبِعُواْ مِنَ ٱلَّذِينَ ٱتَّبَعُواْ وَرَأَوُاْ ٱلْعَذَابَ وَتَقَطَّعَتْ بِهِمُ ٱلْأَسْبَابُ ۝

(166) Dirán los seguidores: ¡Si tuviéramos otra oportunidad, les daríamos la espalda al igual que ellos nos la han dado a nosotros! Allah les mostrará así lo que hicieron, para que les sirva de pesar. No saldrán del Fuego.

وَقَالَ ٱلَّذِينَ ٱتَّبَعُواْ لَوْ أَنَّ لَنَا كَرَّةً فَنَتَبَرَّأَ مِنْهُمْ كَمَا تَبَرَّءُواْ مِنَّا كَذَٰلِكَ يُرِيهِمُ ٱللَّهُ أَعْمَٰلَهُمْ حَسَرَٰتٍ عَلَيْهِمْ وَمَا هُم بِخَٰرِجِينَ مِنَ ٱلنَّارِ ۝

(167) ¡Hombres! Comed lo lícito y bueno que hay en la tierra y no sigáis los pasos del Shaytán; es

يَٰٓأَيُّهَا ٱلنَّاسُ كُلُواْ مِمَّا فِي ٱلْأَرْضِ حَلَٰلًا طَيِّبًا وَلَا تَتَّبِعُواْ خُطُوَٰتِ ٱلشَّيْطَٰنِ إِنَّهُۥ لَكُمْ عَدُوٌّ

سُورَةُ الْبَقَرَةِ ـ الْجُزْءُ الثَّانِي

cierto que él es un claro enemigo vuestro.

مُّبِينٌ ۝

(168) Os manda el mal y la indecencia
y que digáis de Allah lo que no
sabéis.

إِنَّمَا يَأْمُرُكُم بِالسُّوءِ وَالْفَحْشَاءِ وَأَن تَقُولُوا۟
عَلَى اللَّهِ مَا لَا تَعْلَمُونَ ۝

(169) Y cuando se les dice: Seguid lo
que Allah ha hecho descender,
dicen: No, seguiremos aquello
en lo que hemos encontrado a
nuestros padres.

¿Pero y si sus padres no comprendían y no estaban
guiados?

وَإِذَا قِيلَ لَهُمُ اتَّبِعُوا مَا أَنزَلَ اللَّهُ قَالُوا بَلْ نَتَّبِعُ
مَا أَلْفَيْنَا عَلَيْهِ ءَابَاءَنَا أَوَلَوْ كَانَ ءَابَاؤُهُمْ لَا يَعْقِلُونَ
شَيْئًا وَلَا يَهْتَدُونَ ۝

(170) Los que se niegan a creer son
como cuando uno le grita algo
al ganado, éste sólo percibe gritos y voces.

Sordos, mudos y ciegos no
pueden entender.

وَمَثَلُ الَّذِينَ كَفَرُوا كَمَثَلِ الَّذِي يَنْعِقُ بِمَا
لَا يَسْمَعُ إِلَّا دُعَاءً وَنِدَاءً صُمٌّ بُكْمٌ عُمْيٌ فَهُمْ
لَا يَعْقِلُونَ ۝

(171) ¡Creyentes! ¡Comed de las cosas
buenas que os proveemos y
agradeced a Allah, si es verdad que Le adoráis!

يَا أَيُّهَا الَّذِينَ ءَامَنُوا كُلُوا مِن طَيِّبَاتِ مَا رَزَقْنَاكُمْ
وَاشْكُرُوا لِلَّهِ إِن كُنتُمْ إِيَّاهُ تَعْبُدُونَ ۝

(172) Se os prohibe comer la carne del
animal que haya muerto de
muerte natural, la sangre, la
carne de cerdo y la del animal
que se sacrifique en nombre de
otro que Allah; no obstante
quien se vea obligado a hacerlo
en contra de su voluntad y sin
buscar en ello un acto de
desobediencia, no incurrirá en

إِنَّمَا حَرَّمَ عَلَيْكُمُ الْمَيْتَةَ وَالدَّمَ وَلَحْمَ الْخِنزِيرِ
وَمَا أُهِلَّ بِهِ لِغَيْرِ اللَّهِ فَمَنِ اضْطُرَّ غَيْرَ بَاغٍ
وَلَا عَادٍ فَلَا إِثْمَ عَلَيْهِ إِنَّ اللَّهَ غَفُورٌ رَّحِيمٌ ۝

falta.

Es cierto que Allah es Perdonador y Compasivo.

(173) Los que oculten lo que del Libro de Allah se ha hecho descender vendiéndolo a bajo precio, no ingerirán en sus vientres sino el Fuego. Y el Día del Levantamiento, Allah no les hablará ni los purificará. Tienen un doloroso castigo.

إِنَّ ٱلَّذِينَ يَكْتُمُونَ مَآ أَنزَلَ ٱللَّهُ مِنَ ٱلْكِتَٰبِ وَيَشْتَرُونَ بِهِۦ ثَمَنًا قَلِيلًا أُوْلَٰٓئِكَ مَا يَأْكُلُونَ فِى بُطُونِهِمْ إِلَّا ٱلنَّارَ وَلَا يُكَلِّمُهُمُ ٱللَّهُ يَوْمَ ٱلْقِيَٰمَةِ وَلَا يُزَكِّيهِمْ وَلَهُمْ عَذَابٌ أَلِيمٌ ۝

(174) Esos son los que venden la guía a cambio del extravío y el perdón a cambio del castigo. ¡Cómo se buscan el Fuego!

أُوْلَٰٓئِكَ ٱلَّذِينَ ٱشْتَرَوُا۟ ٱلضَّلَٰلَةَ بِٱلْهُدَىٰ وَٱلْعَذَابَ بِٱلْمَغْفِرَةِ فَمَآ أَصْبَرَهُمْ عَلَى ٱلنَّارِ ۝

(175) Todo porque Allah ha hecho que descienda el Libro con la verdad, y ellos, que discuten sobre el Libro, son los que se oponen profundamente a ella.

ذَٰلِكَ بِأَنَّ ٱللَّهَ نَزَّلَ ٱلْكِتَٰبَ بِٱلْحَقِّ وَإِنَّ ٱلَّذِينَ ٱخْتَلَفُوا۟ فِى ٱلْكِتَٰبِ لَفِى شِقَاقٍۭ بَعِيدٍ ۝

(176) La virtud no consiste en volver el rostro hacia Oriente u Occidente; el que tiene virtud es el que cree en Allah, en el Ultimo Día, en los ángeles, en los Libros y en los profetas, el que da de su riqueza, a pesar del apego que siente por ella, a los parientes, huérfanos, necesitados, hijos del camino, mendigos y para liberar esclavos; el que establece el salat y entrega el zakat; el que es fiel a los compromisos cuando los contrae; el paciente en la adver-

۞ لَّيْسَ ٱلْبِرَّ أَن تُوَلُّوا۟ وُجُوهَكُمْ قِبَلَ ٱلْمَشْرِقِ وَٱلْمَغْرِبِ وَلَٰكِنَّ ٱلْبِرَّ مَنْ ءَامَنَ بِٱللَّهِ وَٱلْيَوْمِ ٱلْءَاخِرِ وَٱلْمَلَٰٓئِكَةِ وَٱلْكِتَٰبِ وَٱلنَّبِيِّـۧنَ وَءَاتَى ٱلْمَالَ عَلَىٰ حُبِّهِۦ ذَوِى ٱلْقُرْبَىٰ وَٱلْيَتَٰمَىٰ وَٱلْمَسَٰكِينَ وَٱبْنَ ٱلسَّبِيلِ وَٱلسَّآئِلِينَ وَفِى ٱلرِّقَابِ وَأَقَامَ ٱلصَّلَوٰةَ وَءَاتَى ٱلزَّكَوٰةَ وَٱلْمُوفُونَ بِعَهْدِهِمْ إِذَا عَٰهَدُوا۟ وَٱلصَّٰبِرِينَ فِى ٱلْبَأْسَآءِ وَٱلضَّرَّآءِ وَحِينَ ٱلْبَأْسِ أُوْلَٰٓئِكَ ٱلَّذِينَ صَدَقُوا۟ وَأُوْلَٰٓئِكَ هُمُ

sidad y en la desgracia y en los momentos más duros de la lucha.

Esos son los veraces y ésos son los temerosos.

ٱلْمُتَّقُونَ ۞

(177) ¡Creyentes! Se os prescribe aplicar el talión en caso de asesinato: libre por libre, esclavo por esclavo y hembra por hembra. Pero si a uno* su hermano* le perdona algo* , que éste proceda según lo reconocido* y que él lo entregue buenamente.

Esto es un alivio que Allah os da y una misericordia. Quien vaya más allá de estos límites tendrá un castigo doloroso.*

يَٰٓأَيُّهَا ٱلَّذِينَ ءَامَنُوا۟ كُتِبَ عَلَيْكُمُ ٱلْقِصَاصُ فِى ٱلْقَتْلَى ٱلْحُرُّ بِٱلْحُرِّ وَٱلْعَبْدُ بِٱلْعَبْدِ وَٱلْأُنثَىٰ بِٱلْأُنثَىٰ فَمَنْ عُفِىَ لَهُۥ مِنْ أَخِيهِ شَىْءٌ فَٱتِّبَاعٌۢ بِٱلْمَعْرُوفِ وَأَدَآءٌ إِلَيْهِ بِإِحْسَٰنٍ ذَٰلِكَ تَخْفِيفٌ مِّن رَّبِّكُمْ وَرَحْمَةٌ فَمَنِ ٱعْتَدَىٰ بَعْدَ ذَٰلِكَ فَلَهُۥ عَذَابٌ أَلِيمٌ ۞

* [Que haya matado a alguien.]
* [Es decir, el pariente o el tutor del muerto responsable de reclamar el talión.]
* [Aceptándole el precio de sangre en vez de su vida.]
* [Es decir, sin agobiarlo ni violentarlo.]
* [Existe otra interpretación sostenida por el Imam Malik entre otros, según la cual habría que entender: "Pero si uno (que es el pariente responsable de reclamar el talión por el asesinado) recibe de su hermano (el que lo ha matado) algo (como precio de sangre), que lo acepte según lo reconocido..."]

(178) En el talión tenéis vida* ¡vosotros que sabéis reconocer la esencia de las cosas!

Ojalá os guardéis.

وَلَكُمْ فِى ٱلْقِصَاصِ حَيَوٰةٌ يَٰٓأُو۟لِى ٱلْأَلْبَٰبِ لَعَلَّكُمْ تَتَّقُونَ ۞

* [La expresión "En el talión tenéis

vida" puede entenderse en el sentido de que el hecho de saber que todo el que mate será matado, reprime los impulsos de matar; o en el sentido de que el talión evita más muertes, pues según las leyes y derechos tribales preislámicos, de acuerdo a la tendencia humana, un asesinato podía desencadenar una guerra entre dos tribus.]

(179) Se os ha prescrito que cuando a alguno de vosotros se le presente la muerte dejando bienes, el testamento sea a favor de los padres y de los parientes más próximos según lo reconocido.

Es un deber para los que tienen temor (de Allah)*.

* [Esta aleya está abrogada en su contenido legal por las disposiciones sobre la herencia que aparecen en la sura de las Mujeres, de manera que el testamento queda como algo recomendable en beneficio de aquellos parientes o personas que no entran en la herencia.]

كُتِبَ عَلَيْكُمْ إِذَا حَضَرَ أَحَدَكُمُ ٱلْمَوْتُ إِن تَرَكَ خَيْرًا ٱلْوَصِيَّةُ لِلْوَٰلِدَيْنِ وَٱلْأَقْرَبِينَ بِٱلْمَعْرُوفِ حَقًّا عَلَى ٱلْمُتَّقِينَ ۝

(180) Y quien cambie algo (del testamento) después de haberlo oído...sobre él caerá el mal que pueda derivarse.

Allah es Quien oye y Quien sabe.

فَمَنۢ بَدَّلَهُۥ بَعْدَ مَا سَمِعَهُۥ فَإِنَّمَآ إِثْمُهُۥ عَلَى ٱلَّذِينَ يُبَدِّلُونَهُۥٓ إِنَّ ٱللَّهَ سَمِيعٌ عَلِيمٌ ۝

(181) Pero si alguien teme que haya injusticia o transgresión por parte del que hace testamento e intenta que se llegue a un acuerdo, no incurrirá en falta.

Allah es Perdonador y Compasivo.

فَمَنْ خَافَ مِن مُّوصٍ جَنَفًا أَوْ إِثْمًا فَأَصْلَحَ بَيْنَهُمْ فَلَآ إِثْمَ عَلَيْهِ إِنَّ ٱللَّهَ غَفُورٌ رَّحِيمٌ ۝

(182) ¡Creyentes! Se os ha prescrito el ayuno al igual que se les prescribió a los que os precedieron. ¡Ojalá tengáis temor (de Allah)!

يَٰٓأَيُّهَا ٱلَّذِينَ ءَامَنُوا۟ كُتِبَ عَلَيْكُمُ ٱلصِّيَامُ كَمَا كُتِبَ عَلَى ٱلَّذِينَ مِن قَبْلِكُمْ لَعَلَّكُمْ تَتَّقُونَ ۝

(183) Por un determinado número de días, fijados para ello.

Pero el que esté enfermo o de viaje, podrá hacerlo, en igual número, otros días.

Y los que pudiendo ayunar (no lo hagan o interrumpan su ayuno) que alimenten, como exención, a unos pobres.

Pero quien haga el bien espontáneamente será mejor para él.

Y que ayunéis es mejor para vosotros, si sabéis*.

* [Esta aleya, según la cual habría licencia para romper el ayuno voluntariamente con la simple compensación mencionada, está abrogada por la siguiente. También existe la opinión de que se refiere sólo al caso del anciano, que aun pudiendo ayunar al no estar impedido por enfermedad o viaje, interrumpe su ayuno en consideración a su debilidad; y en este sentido no cabe hablar de abrogación.]

أَيَّامًا مَّعْدُودَٰتٍ فَمَن كَانَ مِنكُم مَّرِيضًا أَوْ عَلَىٰ سَفَرٍ فَعِدَّةٌ مِّنْ أَيَّامٍ أُخَرَ وَعَلَى ٱلَّذِينَ يُطِيقُونَهُۥ فِدْيَةٌ طَعَامُ مِسْكِينٍ فَمَن تَطَوَّعَ خَيْرًا فَهُوَ خَيْرٌ لَّهُۥ وَأَن تَصُومُوا۟ خَيْرٌ لَّكُمْ إِن كُنتُمْ تَعْلَمُونَ ۝

(184) En el mes de Ramadán se hizo descender el Corán, dirección para los hombres y pruebas claras de la Guía y del Discernimiento; así pues, quien de vosotros vea el mes*, que ayune, y el que esté enfermo o de viaje que lo haga en otro

* شَهْرُ رَمَضَانَ ٱلَّذِىٓ أُنزِلَ فِيهِ ٱلْقُرْءَانُ هُدًى لِّلنَّاسِ وَبَيِّنَٰتٍ مِّنَ ٱلْهُدَىٰ وَٱلْفُرْقَانِ فَمَن شَهِدَ مِنكُمُ ٱلشَّهْرَ فَلْيَصُمْهُ وَمَن كَانَ مَرِيضًا أَوْ عَلَىٰ سَفَرٍ فَعِدَّةٌ مِّنْ أَيَّامٍ أُخَرَ يُرِيدُ ٱللَّهُ بِكُمُ ٱلْيُسْرَ وَلَا يُرِيدُ بِكُمُ ٱلْعُسْرَ

momento, por el mismo número de días.

Allah quiere para vosotros lo fácil y no lo difícil, pero quiere que completéis el número (de días) y que proclaméis la grandeza de Allah por haberos guiado.

¡Ojalá seáis agradecidos!

* [Es decir la luna nueva, que indica el comienzo del mes]

وَلِتُكْمِلُوا الْعِدَّةَ وَلِتُكَبِّرُوا اللَّهَ عَلَى مَا هَدَىٰكُمْ وَلَعَلَّكُمْ تَشْكُرُونَ ۝

(185) Y cuando Mis siervos te pregunten sobre Mí...

Yo estoy cerca y respondo al ruego del que pide, cuando Me pide; así pues que ellos Me respondan y crean en Mí, ¡ojalá se guíen rectamente!

وَإِذَا سَأَلَكَ عِبَادِي عَنِّي فَإِنِّي قَرِيبٌ أُجِيبُ دَعْوَةَ الدَّاعِ إِذَا دَعَانِ فَلْيَسْتَجِيبُوا لِي وَلْيُؤْمِنُوا بِي لَعَلَّهُمْ يَرْشُدُونَ ۝

(186) La noche del día de ayuno os está permitido tener relación sexual con vuestras mujeres; ellas son un vestido para vosotros y vosotros sois un vestido para ellas.

Allah supo que os traicionábais a vosotros mismos, se volvió a vosotros con Su favor y os perdonó; así pues, uníos con ellas y buscad lo que Allah os ha ordenado.

Y comed y bebed hasta que, del hilo negro (de la noche), distingáis con claridad el hilo blanco de la aurora; luego completad el ayuno hasta la noche. Pero si hacéis retiro en las mez-

أُحِلَّ لَكُمْ لَيْلَةَ الصِّيَامِ الرَّفَثُ إِلَىٰ نِسَآئِكُمْ هُنَّ لِبَاسٌ لَّكُمْ وَأَنتُمْ لِبَاسٌ لَّهُنَّ عَلِمَ اللَّهُ أَنَّكُمْ كُنتُمْ تَخْتَانُونَ أَنفُسَكُمْ فَتَابَ عَلَيْكُمْ وَعَفَا عَنكُمْ فَالْـَٰنَ بَٰشِرُوهُنَّ وَابْتَغُوا مَا كَتَبَ اللَّهُ لَكُمْ وَكُلُوا وَاشْرَبُوا حَتَّىٰ يَتَبَيَّنَ لَكُمُ الْخَيْطُ الْأَبْيَضُ مِنَ الْخَيْطِ الْأَسْوَدِ مِنَ الْفَجْرِ ثُمَّ أَتِمُّوا الصِّيَامَ إِلَى الَّيْلِ وَلَا تُبَٰشِرُوهُنَّ وَأَنتُمْ عَٰكِفُونَ فِي الْمَسَٰجِدِ تِلْكَ حُدُودُ اللَّهِ فَلَا تَقْرَبُوهَا كَذَٰلِكَ يُبَيِّنُ اللَّهُ ءَايَٰتِهِ لِلنَّاسِ لَعَلَّهُمْ يَتَّقُونَ ۝

quitas, no vayáis a cohabitar con ellas mientras éste dure.

Estos son los límites de Allah, manteneos alejados de ellos.

Así les aclara Allah Sus signos a los hombres. ¡Ojalá se guarden!

(187) No os apropiéis unos de la riqueza de otros, recurriendo a la falsedad, ni recurráis a los jueces para arrebatar algo de la riqueza de otro con delito, sabiendo lo que hacéis.

وَلَا تَأْكُلُوٓا۟ أَمْوَٰلَكُم بَيْنَكُم بِٱلْبَٰطِلِ وَتُدْلُوا۟ بِهَآ إِلَى ٱلْحُكَّامِ لِتَأْكُلُوا۟ فَرِيقًا مِّنْ أَمْوَٰلِ ٱلنَّاسِ بِٱلْإِثْمِ وَأَنتُمْ تَعْلَمُونَ ۝

(188) Te preguntan acerca de las fases de la luna, di: sirven para indicar a los hombres el tiempo* y la Peregrinación.

La virtud no consiste en que entréis en las casas por su parte trasera, sino que tengáis temor (de Allah).

¡Entrad en las casas por sus puertas!

Y temed a Allah para que podáis tener éxito.

* [De las prácticas de adoración como es el caso del ayuno etc...]

۞ يَسْـَٔلُونَكَ عَنِ ٱلْأَهِلَّةِ قُلْ هِىَ مَوَٰقِيتُ لِلنَّاسِ وَٱلْحَجِّ وَلَيْسَ ٱلْبِرُّ بِأَن تَأْتُوا۟ ٱلْبُيُوتَ مِن ظُهُورِهَا وَلَٰكِنَّ ٱلْبِرَّ مَنِ ٱتَّقَىٰ وَأْتُوا۟ ٱلْبُيُوتَ مِنْ أَبْوَٰبِهَا وَٱتَّقُوا۟ ٱللَّهَ لَعَلَّكُمْ تُفْلِحُونَ ۝

(189) Y combatid en el camino de Allah a quienes os combatan a vosotros pero no os propaséis; es cierto que Allah no ama a los que se exceden.

* [Esta aleya está abrogada en su contenido legal por la aleya n.° 5 de la sura 9, conocida como la aleya de la espada.]

وَقَٰتِلُوا۟ فِى سَبِيلِ ٱللَّهِ ٱلَّذِينَ يُقَٰتِلُونَكُمْ وَلَا تَعْتَدُوٓا۟ إِنَّ ٱللَّهَ لَا يُحِبُّ ٱلْمُعْتَدِينَ ۝

(190) Matadlos donde quiera que los encontréis y expulsadlos de donde os hayan expulsado.

La oposición (a vuestra creencia) es más grave que matar.

No luchéis con ellos junto a la "Mezquita Inviolable" si ellos no lo hacen, pero si os atacan, matadlos; esta es la recompensa de los incrédulos.

وَٱقْتُلُوهُمْ حَيْثُ ثَقِفْتُمُوهُمْ وَأَخْرِجُوهُم مِّنْ حَيْثُ أَخْرَجُوكُمْ وَٱلْفِتْنَةُ أَشَدُّ مِنَ ٱلْقَتْلِ وَلَا تُقَٰتِلُوهُمْ عِندَ ٱلْمَسْجِدِ ٱلْحَرَامِ حَتَّىٰ يُقَٰتِلُوكُمْ فِيهِ فَإِن قَٰتَلُوكُمْ فَٱقْتُلُوهُمْ كَذَٰلِكَ جَزَآءُ ٱلْكَٰفِرِينَ ۝

(191) Y si cesan...Allah es Perdonador y Compasivo.

فَإِنِ ٱنتَهَوْاْ فَإِنَّ ٱللَّهَ غَفُورٌ رَّحِيمٌ ۝

(192) Luchad contra ellos hasta que no haya más oposición y la Adoración debida sea sólo para Allah.

Pero si cesan, que no haya entonces hostilidad excepto contra los injustos.

وَقَٰتِلُوهُمْ حَتَّىٰ لَا تَكُونَ فِتْنَةٌ وَيَكُونَ ٱلدِّينُ لِلَّهِ فَإِنِ ٱنتَهَوْاْ فَلَا عُدْوَٰنَ إِلَّا عَلَى ٱلظَّٰلِمِينَ ۝

(193) Mes inviolable por mes inviolable.

Para todo lo inviolable deberá aplicarse el talión.

Y quien se exceda con vosotros, obrad con él en la misma medida.

Guardaos de Allah y sabed que Allah está con los que Le temen.

ٱلشَّهْرُ ٱلْحَرَامُ بِٱلشَّهْرِ ٱلْحَرَامِ وَٱلْحُرُمَٰتُ قِصَاصٌ فَمَنِ ٱعْتَدَىٰ عَلَيْكُمْ فَٱعْتَدُواْ عَلَيْهِ بِمِثْلِ مَا ٱعْتَدَىٰ عَلَيْكُمْ وَٱتَّقُواْ ٱللَّهَ وَٱعْلَمُواْ أَنَّ ٱللَّهَ مَعَ ٱلْمُتَّقِينَ ۝

(194) Gastad en el camino de Allah; que vuestras manos no os echen a perder llevándoos a la perdición, y haced el bien.

وَأَنفِقُواْ فِى سَبِيلِ ٱللَّهِ وَلَا تُلْقُواْ بِأَيْدِيكُمْ إِلَى ٱلتَّهْلُكَةِ وَأَحْسِنُواْ إِنَّ ٱللَّهَ يُحِبُّ

Es verdad que Allah ama a los que hacen el bien.

(195) Y llevad a cabo la Peregrinación y la Visita que hacéis por Allah, en su integridad; pero si algo os impide acabar, sacrificad el animal de ofrenda que os sea más asequible* y no os afeitéis la cabeza hasta que el animal no esté en el lugar donde debe ser sacrificado.

Quien de vosotros esté enfermo o tenga alguna molestia en la cabeza*, deberá compensarlo por medio de ayuno, limosna u ofreciendo un sacrificio.

Cuando estéis libres de impedimento, aquel que junte la Visita con la Peregrinación, deberá buscar un animal que le sea asequible para sacrificarlo como ofrenda; pero quien no encuentre cómo hacerlo, que ayune tres días mientras esté en la Peregrinación y siete una vez haya regresado, de manera que complete un total de diez.

Esto atañe únicamente a aquel cuya familia no resida en la Mezquita Inviolable*.

Temed a Allah y sabed que Allah es Fuerte castigando.

* [Una oveja]

* [Como que tenga piojos y se vea forzado a afeitársela antes de tiempo]

* [Es decir, en Meca]

(196) La Peregrinación debe hacerse dentro de meses determinados; el que, dentro de este periodo de tiempo, se comprometa a peregrinar, deberá abstenerse, mientras dure la Peregrinación, de tener trato sexual, de transgredir y de disputar. El bien que hagáis, Allah lo conoce.

Y llevad provisiones, aunque la mejor provisión es el temor (de Allah). Así pues guardaos, vosotros que entendéis la esencia de las cosas.

ٱلْحَجُّ أَشْهُرٌ مَّعْلُومَٰتٌ فَمَن فَرَضَ فِيهِنَّ ٱلْحَجَّ فَلَا رَفَثَ وَلَا فُسُوقَ وَلَا جِدَالَ فِي ٱلْحَجِّ وَمَا تَفْعَلُواْ مِنْ خَيْرٍ يَعْلَمْهُ ٱللَّهُ وَتَزَوَّدُواْ فَإِنَّ خَيْرَ ٱلزَّادِ ٱلتَّقْوَىٰ وَٱتَّقُونِ يَٰٓأُوْلِي ٱلْأَلْبَٰبِ ﴿١٩٦﴾

(197) No incurrís en falta si buscáis beneficio de vuestro Señor*.

Y cuando, viniendo de Arafat, salgáis al llano, invocad a Allah junto al "Mash'ar al-Haram"*.

Recordad cómo os guió, a pesar de que antes de hacerlo os contabais entre los extraviados.

* [Comerciando durante los días de la Peregrinación.]

* ["El lugar de ritos Inviolable", nombre de una parte de Muzdalifa.]

لَيْسَ عَلَيْكُمْ جُنَاحٌ أَن تَبْتَغُواْ فَضْلًا مِّن رَّبِّكُمْ فَإِذَآ أَفَضْتُم مِّنْ عَرَفَٰتٍ فَٱذْكُرُواْ ٱللَّهَ عِندَ ٱلْمَشْعَرِ ٱلْحَرَامِ وَٱذْكُرُوهُ كَمَا هَدَىٰكُمْ وَإِن كُنتُم مِّن قَبْلِهِۦ لَمِنَ ٱلضَّآلِّينَ ﴿١٩٧﴾

(198) Salid al llano por donde lo hacen todos y pedid perdón a Allah, Allah es Perdonador y Compasivo.

ثُمَّ أَفِيضُواْ مِنْ حَيْثُ أَفَاضَ ٱلنَّاسُ وَٱسْتَغْفِرُواْ ٱللَّهَ إِنَّ ٱللَّهَ غَفُورٌ رَّحِيمٌ ﴿١٩٨﴾

(199) Y cuando hayáis cumplido vuestros ritos, invocad a Allah como recordáis a vuestros

فَإِذَا قَضَيْتُم مَّنَٰسِكَكُمْ فَٱذْكُرُواْ ٱللَّهَ كَذِكْرِكُمْ ءَابَآءَكُمْ أَوْ أَشَدَّ ذِكْرًا فَمِنَ

padres o con un recuerdo aún más fuerte*. Hay hombres que dicen: ¡Señor nuestro, dános lo bueno en esta vida! Pero no tendrán nada de la Ultima.

Y hay otros que dicen; ¡Señor nuestro, dános lo bueno en esta vida y lo bueno en la Ultima, y libranos del castigo del Fuego!

* [Esta aleya, además de su significado más aparente. tiene el sentido de que los árabes en la época preislámica al terminar sus ritos de la Peregrinación solían recordar a sus antepasados rivalizando con jactancia sobra sus méritos.]

أَلنَّاسِ مَن يَقُولُ رَبَّنَآ ءَاتِنَا فِى ٱلدُّنْيَا وَمَا لَهُ فِى ٱلْأَخِرَةِ مِنْ خَلَقٍ وَمِنْهُم مَّن يَقُولُ رَبَّنَآ ءَاتِنَا فِى ٱلدُّنْيَا حَسَنَةً وَفِى ٱلْأَخِرَةِ حَسَنَةً وَقِنَا عَذَابَ ٱلنَّارِ ۝

(200) Estos tendrán su parte por lo que se hayan ganado. Y Allah es Rápido en la cuenta.

أُوْلَٰٓئِكَ لَهُمْ نَصِيبٌ مِّمَّا كَسَبُوا ۚ وَٱللَّهُ سَرِيعُ ٱلْحِسَابِ ۝

(201) Invocad a Allah en días señalados*. El que se apresure haciéndolo en dos días*, no comete falta.

Y el que se retrase* tampoco comete falta, siempre que tenga temor (de Allah). Temed a Allah y sabed que seréis reunidos para volver a El.

* [Es decir, durante los tres días de la fiesta del sacrificio que se celebra después de la Peregrinación.]

* [Sacrificando en Mina el segundo día]

* [Pernoctando en Mina la noche del día tercero]

۞ وَٱذْكُرُوا۟ ٱللَّهَ فِىٓ أَيَّامٍ مَّعْدُودَٰتٍ ۚ فَمَن تَعَجَّلَ فِى يَوْمَيْنِ فَلَآ إِثْمَ عَلَيْهِ وَمَن تَأَخَّرَ فَلَآ إِثْمَ عَلَيْهِ ۚ لِمَنِ ٱتَّقَىٰ ۗ وَٱتَّقُوا۟ ٱللَّهَ وَٱعْلَمُوٓا۟ أَنَّكُمْ إِلَيْهِ تُحْشَرُونَ ۝

(202) Hay hombres cuyas palabras cuando hablan de la vida de

وَمِنَ ٱلنَّاسِ مَن يُعْجِبُكَ قَوْلُهُ فِى ٱلْحَيَوٰةِ ٱلدُّنْيَا

este mundo te fascinan y ponen a Allah como testigo de lo que hay en sus corazones; y sin embargo son los más acérrimos discutidores.

وَيُشۡهِدُ ٱللَّهَ عَلَىٰ مَا فِى قَلۡبِهِۦ وَهُوَ أَلَدُّ ٱلۡخِصَامِ ٢

(203) Y cuando se alejan de ti se dedican a corromper las cosas en la tierra y a destruir las cosechas y todo animal de cría. Allah no ama la corrupción.

وَإِذَا تَوَلَّىٰ سَعَىٰ فِى ٱلۡأَرۡضِ لِيُفۡسِدَ فِيهَا وَيُهۡلِكَ ٱلۡحَرۡثَ وَٱلنَّسۡلَ وَٱللَّهُ لَا يُحِبُّ ٱلۡفَسَادَ ٢

(204) Cuando se les dice: ¡Temed a Allah!, la soberbia se apodera de ellos y les mueve a hacer el mal. Yahannam bastará para ellos. ¡Qué mal lecho!

وَإِذَا قِيلَ لَهُ ٱتَّقِ ٱللَّهَ أَخَذَتۡهُ ٱلۡعِزَّةُ بِٱلۡإِثۡمِ فَحَسۡبُهُۥ جَهَنَّمُ وَلَبِئۡسَ ٱلۡمِهَادُ ٢

(205) Hay hombres que se entregan buscando la complacencia de Allah. Y Allah es Espléndido con los siervos.

وَمِنَ ٱلنَّاسِ مَن يَشۡرِى نَفۡسَهُ ٱبۡتِغَآءَ مَرۡضَاتِ ٱللَّهِ وَٱللَّهُ رَءُوفُۢ بِٱلۡعِبَادِ ٢

(206) ¡Creyentes! Entrad en la Paz* del todo y no sigais los pasos del Shaytán, él es un claro enemigo para vosotros.

* [Entrad en la paz o en la Sumisión, según la lectura de la palabra, que posee dos variantes. Ambos matices se refieren al-Islam, es decir: "Entrad en el Islam del todo".]

يَٰٓأَيُّهَا ٱلَّذِينَ ءَامَنُوا۟ ٱدۡخُلُوا۟ فِى ٱلسِّلۡمِ كَآفَّةً وَلَا تَتَّبِعُوا۟ خُطُوَٰتِ ٱلشَّيۡطَٰنِ إِنَّهُۥ لَكُمۡ عَدُوٌّ مُّبِينٌ ٢

(207) Y si os apartáis después de haber recibido las pruebas evidentes, sabed que Allah es Todopoderoso, Sabio.

فَإِن زَلَلۡتُم مِّنۢ بَعۡدِ مَا جَآءَتۡكُمُ ٱلۡبَيِّنَٰتُ فَٱعۡلَمُوٓا۟ أَنَّ ٱللَّهَ عَزِيزٌ حَكِيمٌ ٢

(208) ¿Es que están esperando que Allah y los ángeles vengan bajo las sombras de las nubes y el asunto quede zanjado?
Todos los asuntos vuelven a Allah.

هَلْ يَنظُرُونَ إِلَّا أَن يَأْتِيَهُمُ ٱللَّهُ فِي ظُلَلٍ مِّنَ ٱلْغَمَامِ وَٱلْمَلَـٰٓئِكَةُ وَقُضِيَ ٱلْأَمْرُ وَإِلَى ٱللَّهِ تُرْجَعُ ٱلْأُمُورُ ۝

(209) Pregunta a los hijos de Israel, cuántos signos claros les dimos.
Aquel que cambie la bendición de Allah, después de haberle llegado... Es cierto que Allah es Fuerte castigando.

سَلْ بَنِىٓ إِسْرَٰٓءِيلَ كَمْ ءَاتَيْنَـٰهُم مِّنْ ءَايَةٍ بَيِّنَةٍ وَمَن يُبَدِّلْ نِعْمَةَ ٱللَّهِ مِنۢ بَعْدِ مَا جَآءَتْهُ فَإِنَّ ٱللَّهَ شَدِيدُ ٱلْعِقَابِ ۝

(210) A los incrédulos se les ha embellecido la vida de este mundo. Ellos se burlan de los que creen, pero el Día del Levantamiento los temerosos (de Allah) estarán por encima de ellos. Allah provee a quien quiere sin limitación.

زُيِّنَ لِلَّذِينَ كَفَرُوا۟ ٱلْحَيَوٰةُ ٱلدُّنْيَا وَيَسْخَرُونَ مِنَ ٱلَّذِينَ ءَامَنُوا۟ وَٱلَّذِينَ ٱتَّقَوْا۟ فَوْقَهُمْ يَوْمَ ٱلْقِيَـٰمَةِ وَٱللَّهُ يَرْزُقُ مَن يَشَآءُ بِغَيْرِ حِسَابٍ ۝

(211) Los hombres eran una única comunidad y Allah envió a los profetas como portadores de buenas nuevas y advertidores. E hizo descender el Libro con la verdad, para que fuera un juicio entre los hombres sobre aquello en lo que discrepaban.
Pero no fue sino después de tener las pruebas claras, cuando aquéllos que lo habían recibido, discreparon sobre él por envidias de unos con otros... Y Allah guió a los que creían a la verdad de la que

كَانَ ٱلنَّاسُ أُمَّةً وَٰحِدَةً فَبَعَثَ ٱللَّهُ ٱلنَّبِيِّـۧنَ مُبَشِّرِينَ وَمُنذِرِينَ وَأَنزَلَ مَعَهُمُ ٱلْكِتَـٰبَ بِٱلْحَقِّ لِيَحْكُمَ بَيْنَ ٱلنَّاسِ فِيمَا ٱخْتَلَفُوا۟ فِيهِ وَمَا ٱخْتَلَفَ فِيهِ إِلَّا ٱلَّذِينَ أُوتُوهُ مِنۢ بَعْدِ مَا جَآءَتْهُمُ ٱلْبَيِّنَـٰتُ بَغْيًۢا بَيْنَهُمْ فَهَدَى ٱللَّهُ ٱلَّذِينَ ءَامَنُوا۟ لِمَا ٱخْتَلَفُوا۟ فِيهِ مِنَ ٱلْحَقِّ بِإِذْنِهِۦ وَٱللَّهُ يَهْدِى مَن يَشَآءُ إِلَىٰ صِرَٰطٍ مُّسْتَقِيمٍ ۝

discrepaban, con Su permiso.
Allah guía a quien quiere al
camino recto.

(212) ¿O acaso contáis con entrar en
el Jardín sin que os suceda algo
similar a lo que les sucedió a
vuestros antepasados?
La desgracia y el daño les gol-
pearon y ellos se estremecieron
hasta el punto de que el mensajero y quienes con él creían
llegaron a decir: ¿Cuándo
vendrá el auxilio de Allah?
¿Pero acaso el auxilio de Allah
no está cercano?

أَمْ حَسِبْتُمْ أَن تَدْخُلُواْ ٱلْجَنَّةَ وَلَمَّا يَأْتِكُم مَّثَلُ
ٱلَّذِينَ خَلَوْاْ مِن قَبْلِكُم مَّسَّتْهُمُ ٱلْبَأْسَاءُ وَٱلضَّرَّاءُ
وَزُلْزِلُواْ حَتَّىٰ يَقُولَ ٱلرَّسُولُ وَٱلَّذِينَ ءَامَنُواْ مَعَهُۥ مَتَىٰ
نَصْرُ ٱللَّهِ أَلَآ إِنَّ نَصْرَ ٱللَّهِ قَرِيبٌ ۝

(213) Te preguntan en qué deben
gastar. Di: el bien que gastéis
que sea para vuestros padres y
parientes, y para los huérfanos,
los pobres y los hijos del
camino.
El bien que hagáis, Allah lo
conoce.

يَسْـَٔلُونَكَ مَاذَا يُنفِقُونَ قُلْ مَآ أَنفَقْتُم مِّنْ خَيْرٍ
فَلِلْوَٰلِدَيْنِ وَٱلْأَقْرَبِينَ وَٱلْيَتَٰمَىٰ وَٱلْمَسَٰكِينِ وَٱبْنِ
ٱلسَّبِيلِ وَمَا تَفْعَلُواْ مِنْ خَيْرٍ فَإِنَّ ٱللَّهَ بِهِۦ عَلِيمٌ ۝

(214) Se os ha prescrito combatir*,
aunque os sea odioso, pero
puede que os disguste algo que
sea un bien para vosotros y
que améis algo que es un mal.
Allah sabe y vosotros no
sabéis.
* [Contra los que se niegan a creer]

كُتِبَ عَلَيْكُمُ ٱلْقِتَالُ وَهُوَ كُرْهٌ لَّكُمْ وَعَسَىٰٓ
أَن تَكْرَهُواْ شَيْـًٔا وَهُوَ خَيْرٌ لَّكُمْ وَعَسَىٰٓ أَن
تُحِبُّواْ شَيْـًٔا وَهُوَ شَرٌّ لَّكُمْ وَٱللَّهُ يَعْلَمُ وَأَنتُمْ
لَا تَعْلَمُونَ ۝

(215) Te preguntan si se puede combatir durante los meses inviolables. Di: Hacerlo es grave,

يَسْـَٔلُونَكَ عَنِ ٱلشَّهْرِ ٱلْحَرَامِ قِتَالٍ فِيهِ قُلْ قِتَالٌ
فِيهِ كَبِيرٌ وَصَدٌّ عَن سَبِيلِ ٱللَّهِ وَكُفْرٌ بِهِۦ

سُورَةُ ٱلْبَقَرَةِ ـ ٱلْجُزْءُ ٱلثَّانِي

pero es aún más grave para Allah, que se aparte a la gente de Su camino, que no se crea en El, (que se impida el acceso a) la Mezquita Inviolable y que se expulse a los que están en ella.

La oposición a la creencia es más grave que matar.

Si pueden, no dejarán de haceros la guerra hasta conseguir que reneguéis de vuestra Práctica de Adoración.

Pero quien de vosotros reniegue de su Práctica de Adoración y muera siendo incrédulo...

Esos habrán hecho inútiles sus acciones en esta vida y en la otra, y serán los compañeros del Fuego en el que serán inmortales.

وَٱلْمَسْجِدِ ٱلْحَرَامِ وَإِخْرَاجُ أَهْلِهِ مِنْهُ أَكْبَرُ عِندَ ٱللَّهِ وَٱلْفِتْنَةُ أَكْبَرُ مِنَ ٱلْقَتْلِ وَلَا يَزَالُونَ يُقَٰتِلُونَكُمْ حَتَّىٰ يَرُدُّوكُمْ عَن دِينِكُمْ إِنِ ٱسْتَطَٰعُوا وَمَن يَرْتَدِدْ مِنكُمْ عَن دِينِهِۦ فَيَمُتْ وَهُوَ كَافِرٌ فَأُو۟لَٰٓئِكَ حَبِطَتْ أَعْمَٰلُهُمْ فِى ٱلدُّنْيَا وَٱلْءَاخِرَةِ وَأُو۟لَٰٓئِكَ أَصْحَٰبُ ٱلنَّارِ هُمْ فِيهَا خَٰلِدُونَ ۝

(216) Los que creen, emigran y luchan en el camino de Allah, esperan la misericordia de Allah. Allah es Perdonador y Compasivo.

إِنَّ ٱلَّذِينَ ءَامَنُوا وَٱلَّذِينَ هَاجَرُوا وَجَٰهَدُوا فِى سَبِيلِ ٱللَّهِ أُو۟لَٰٓئِكَ يَرْجُونَ رَحْمَتَ ٱللَّهِ وَٱللَّهُ غَفُورٌ رَّحِيمٌ ۝

(217) Te preguntan sobre el vino* y el juego de azar. Di: En ambas cosas hay mucho daño para los hombres y algún beneficio, pero el daño es mayor que el beneficio.

Y te preguntan qué deben gastar. Di: Lo superfluo*.

Así os aclara Allah los signos

يَسْـَٔلُونَكَ عَنِ ٱلْخَمْرِ وَٱلْمَيْسِرِ قُلْ فِيهِمَآ إِثْمٌ كَبِيرٌ وَمَنَٰفِعُ لِلنَّاسِ وَإِثْمُهُمَآ أَكْبَرُ مِن نَّفْعِهِمَا وَيَسْـَٔلُونَكَ مَاذَا يُنفِقُونَ قُلِ ٱلْعَفْوَ كَذَٰلِكَ يُبَيِّنُ ٱللَّهُ لَكُمُ ٱلْءَايَٰتِ لَعَلَّكُمْ تَتَفَكَّرُونَ ۝

¡Ojalá reflexionéis!

* [La raíz del término "jamr", vino, significa entre otras cosas cubrir u ocultar, e implica toda sustancia que embriague.]

* [Es decir, lo que excede a las necesidades.]

(218) Acerca de esta vida y de la Ultima.

Y te preguntan sobre los huérfanos. Di: Es bueno que miréis por sus intereses; y si mezcláis (vuestros bienes) con los suyos*... Son vuestros hermanos.

Allah distingue al que corrompe las cosas del que las mejora. Si Allah quisiera os lo haría difícil; es cierto que Allah es Todopoderoso y Sabio.

* [Con intención de beneficiarlos]

فِى ٱلدُّنْيَا وَٱلْأَخِرَةِ وَيَسْـَٔلُونَكَ عَنِ ٱلْيَتَـٰمَىٰ قُلْ إِصْلَاحٌ لَّهُمْ خَيْرٌ وَإِن تُخَالِطُوهُمْ فَإِخْوَٰنُكُمْ وَٱللَّهُ يَعْلَمُ ٱلْمُفْسِدَ مِنَ ٱلْمُصْلِحِ وَلَوْ شَآءَ ٱللَّهُ لَأَعْنَتَكُمْ إِنَّ ٱللَّهَ عَزِيزٌ حَكِيمٌ ﴿٢١٨﴾

(219) No os caséis con las idólatras* hasta que no crean.

Una esclava creyente es mejor que una mujer libre idólatra aunque os guste. Y no caséis (a las mujeres) con los idólatras hasta que no crean. Un esclavo creyente es mejor que un idólatra libre aunque os guste. Ellos (los idólatras) invitan al Fuego mientras que Allah invita al Jardín y al perdón con Su permiso; y aclara Sus signos a los hombres. ¡Ojalá recapaciten!

* [El termino árabe traducido por

وَلَا تَنكِحُوا۟ ٱلْمُشْرِكَـٰتِ حَتَّىٰ يُؤْمِنَّ وَلَأَمَةٌ مُّؤْمِنَةٌ خَيْرٌ مِّن مُّشْرِكَةٍ وَلَوْ أَعْجَبَتْكُمْ وَلَا تُنكِحُوا۟ ٱلْمُشْرِكِينَ حَتَّىٰ يُؤْمِنُوا۟ وَلَعَبْدٌ مُّؤْمِنٌ خَيْرٌ مِّن مُّشْرِكٍ وَلَوْ أَعْجَبَكُمْ أُو۟لَـٰٓئِكَ يَدْعُونَ إِلَى ٱلنَّارِ وَٱللَّهُ يَدْعُوٓا۟ إِلَى ٱلْجَنَّةِ وَٱلْمَغْفِرَةِ بِإِذْنِهِ وَيُبَيِّنُ ءَايَـٰتِهِ لِلنَّاسِ لَعَلَّهُمْ يَتَذَكَّرُونَ ﴿٢١٩﴾

idólatra, significa literalmente asociador, es decir el que asocia algo o
alguien con Allah]

(220) Te preguntan sobre la menstruación*. Di: Es una impureza. Así pues, abstenéos de las
mujeres* mientras dure y no
vayáis a ellas hasta que no
estén puras.

Y una vez que se hayan purificado*, id a ellas por donde
Allah os manda.

Es cierto que Allah ama a los
que se vuelven a El y a los que
se purifican.

* [Es decir, sobre si pueden tener
relación sexual con las mujeres durante
la menstruación]

* [Entiéndase de la relación sexual con
ellas]

* [Tomando un baño al término de su
menstruación]

وَيَسْـَٔلُونَكَ عَنِ ٱلْمَحِيضِ قُلْ هُوَ أَذًى فَٱعْتَزِلُوا۟
ٱلنِّسَآءَ فِى ٱلْمَحِيضِ وَلَا تَقْرَبُوهُنَّ حَتَّىٰ يَطْهُرْنَ فَإِذَا
تَطَهَّرْنَ فَأْتُوهُنَّ مِنْ حَيْثُ أَمَرَكُمُ ٱللَّهُ إِنَّ ٱللَّهَ يُحِبُّ
ٱلتَّوَّٰبِينَ وَيُحِبُّ ٱلْمُتَطَهِّرِينَ ۝

(221) Vuestras mujeres son para vosotros un campo de siembra; id a
vuestro sembrado según
queráis. Y adelantad (buenas
acciones) que os sirvan*.

Temed a Allah y sabed que
con toda certeza os encontraréis con El.

Y anuncia buenas nuevas a los
creyentes.

* [Para la Ultima Vida]

نِسَآؤُكُمْ حَرْثٌ لَّكُمْ فَأْتُوا۟ حَرْثَكُمْ أَنَّىٰ شِئْتُمْ
وَقَدِّمُوا۟ لِأَنفُسِكُمْ وَٱتَّقُوا۟ ٱللَّهَ وَٱعْلَمُوٓا۟ أَنَّكُم مُّلَٰقُوهُ
وَبَشِّرِ ٱلْمُؤْمِنِينَ ۝

(222) No hagais de Allah un pretexto
que os impida hacer el bien,
porque lo hayáis jurado por

وَلَا تَجْعَلُوا۟ ٱللَّهَ عُرْضَةً لِّأَيْمَٰنِكُمْ أَن تَبَرُّوا۟ وَتَتَّقُوا۟
وَتُصْلِحُوا۟ بَيْنَ ٱلنَّاسِ وَٱللَّهُ سَمِيعٌ عَلِيمٌ ۝

El*, temedle y poned paz entre los hombres.

Allah es Quien oye y Quien sabe.

* [Se ha transmitido que la aleya descendió en relación a Abu Bakr Siddiq, que había jurado no ayudar nunca más a un pariente suyo llamado Mustah, al que solía ayudar, al enterarse de que había tomado parte en la difusión de las calumnias contra Aisha, la esposa del Profeta, al que Allah dé su gracia y paz. En este sentido la aleya descendió para indicar la preferencia en este caso, de romper el juramento.]

(223) Allah no os toma en cuenta la vanidad de vuestros juramentos, pero sí lo que queda en vuestros corazones.

Allah es Perdonador e Indulgente.

لَا يُؤَاخِذُكُمُ ٱللَّهُ بِٱللَّغْوِ فِىٓ أَيْمَٰنِكُمْ وَلَٰكِن يُؤَاخِذُكُم بِمَا كَسَبَتْ قُلُوبُكُمْ وَٱللَّهُ غَفُورٌ حَلِيمٌ ۝

(224) Aquéllos que juren no mantener relación sexual con sus mujeres, deberán guardar un plazo de cuatro meses. Y si se vuelven atrás* ...

Ciertamente Allah es Perdonador y Compasivo.

* [Rompiendo el juramento antes del plazo.]

لِّلَّذِينَ يُؤْلُونَ مِن نِّسَآئِهِمْ تَرَبُّصُ أَرْبَعَةِ أَشْهُرٍ فَإِن فَآءُو فَإِنَّ ٱللَّهَ غَفُورٌ رَّحِيمٌ ۝

(225) Y si se deciden por el divorcio*, Allah es Oyente y Conocedor.

* [Una vez transcurrido el plazo de cuatro meses de separación.]

وَإِنْ عَزَمُواْ ٱلطَّلَٰقَ فَإِنَّ ٱللَّهَ سَمِيعٌ عَلِيمٌ ۝

(226) Las divorciadas deberán esperar tres menstruaciones

وَٱلْمُطَلَّقَٰتُ يَتَرَبَّصْنَ بِأَنفُسِهِنَّ ثَلَٰثَةَ قُرُوٓءٍ وَلَا يَحِلُّ

para estar en disposición de volverse a casar y no es lícito que oculten lo que Allah haya creado en sus vientres si creen en Allah y en el Ultimo Día.

Sus esposos tienen más derecho* a volver con ellas dentro de este plazo, si quieren rectificar.

Los derechos de ellas sobre sus esposos son iguales a los derechos de éstos sobre ellas, según lo reconocido; pero los hombres tienen un grado sobre ellas.

Allah es Poderoso y Sabio.

*[Que cualquier otro pretendiente]

لَهُنَّ أَن يَكْتُمْنَ مَا خَلَقَ اللَّهُ فِي أَرْحَامِهِنَّ إِن كُنَّ يُؤْمِنَّ بِاللَّهِ وَالْيَوْمِ الْآخِرِ وَبُعُولَتُهُنَّ أَحَقُّ بِرَدِّهِنَّ فِي ذَٰلِكَ إِنْ أَرَادُوٓاْ إِصْلَٰحًا وَلَهُنَّ مِثْلُ الَّذِي عَلَيْهِنَّ بِالْمَعْرُوفِ وَلِلرِّجَالِ عَلَيْهِنَّ دَرَجَةٌ وَاللَّهُ عَزِيزٌ حَكِيمٌ ۝

(227) El divorcio son dos veces*. Y, o bien la vuelve a tomar según lo reconocido, o la deja ir en buenos términos*.

Y no os está permitido quedaros con nada de lo que hayáis dado. A menos que ambos teman no cumplir los límites de Allah.

Y si teméis no cumplir los límites de Allah, no hay falta para ninguno de los dos si ella ofrece alguna compensación*.

Estos son los límites de Allah, no los traspaséis.

Quien traspase los límites de Allah... Esos son los injustos.

* [Es decir, se puede ejercer dos veces con posibilidad de revocarlo.]

* [La vuelve a tomar antes de cum-

الطَّلَٰقُ مَرَّتَانِ فَإِمْسَاكٌ بِمَعْرُوفٍ أَوْ تَسْرِيحٌ بِإِحْسَٰنٍ وَلَا يَحِلُّ لَكُمْ أَن تَأْخُذُواْ مِمَّآ ءَاتَيْتُمُوهُنَّ شَيْـًٔا إِلَّآ أَن يَخَافَآ أَلَّا يُقِيمَا حُدُودَ اللَّهِ فَإِنْ خِفْتُمْ أَلَّا يُقِيمَا حُدُودَ اللَّهِ فَلَا جُنَاحَ عَلَيْهِمَا فِيمَا افْتَدَتْ بِهِ تِلْكَ حُدُودُ اللَّهِ فَلَا تَعْتَدُوهَا وَمَن يَتَعَدَّ حُدُودَ اللَّهِ فَأُوْلَٰٓئِكَ هُمُ الظَّٰلِمُونَ ۝

plirse el período de espera o la deja ir al cumplirse éste.]

* [A cambio de obtener el divorcio.]

(228) Si vuelve a divorciarla*, ella ya no será lícita para él hasta que, habiéndose casado con otro, éste, a su vez, la divorcie; en cuyo caso no cometen ninguna falta si ambos vuelven (a casarse), siempre que crean poder cumplir con los límites de Allah.

Estos son los límites de Allah que El aclara a gente que sabe.

* [Una tercera vez, después de las dos mencionadas.]

فَإِن طَلَّقَهَا فَلَا تَحِلُّ لَهُۥ مِنۢ بَعْدُ حَتَّىٰ تَنكِحَ زَوْجًا غَيْرَهُۥ فَإِن طَلَّقَهَا فَلَا جُنَاحَ عَلَيْهِمَآ أَن يَتَرَاجَعَآ إِن ظَنَّآ أَن يُقِيمَا حُدُودَ ٱللَّهِ وَتِلْكَ حُدُودُ ٱللَّهِ يُبَيِّنُهَا لِقَوْمٍ يَعْلَمُونَ ۝

(229) Y si divorciáis a las mujeres y llegan al final de su plazo de espera, o bien las conserváis según la forma reconocida de hacerlo, o bien las dejáis del mismo modo; pero no las retengáis a la fuerza trans-grediendo los límites.

Quien lo haga, habrá sido injusto consigo mismo.

No toméis a burla los signos de Allah. Y recordad los favores de Allah con vosotros y la parte del Libro y de la Sab-iduría que os reveló para que con ello tuvierais presente lo que se debe cumplir y lo que se debe evitar.

Temed a Allah y sabed que Allah tiene conocimiento de todas las cosas.

وَإِذَا طَلَّقْتُمُ ٱلنِّسَآءَ فَبَلَغْنَ أَجَلَهُنَّ فَأَمْسِكُوهُنَّ بِمَعْرُوفٍ أَوْ سَرِّحُوهُنَّ بِمَعْرُوفٍ وَلَا تُمْسِكُوهُنَّ ضِرَارًا لِّتَعْتَدُواْ وَمَن يَفْعَلْ ذَٰلِكَ فَقَدْ ظَلَمَ نَفْسَهُۥ وَلَا تَتَّخِذُوٓاْ ءَايَٰتِ ٱللَّهِ هُزُوًا وَٱذْكُرُواْ نِعْمَتَ ٱللَّهِ عَلَيْكُمْ وَمَآ أَنزَلَ عَلَيْكُم مِّنَ ٱلْكِتَٰبِ وَٱلْحِكْمَةِ يَعِظُكُم بِهِۦ وَٱتَّقُواْ ٱللَّهَ وَٱعْلَمُوٓاْ أَنَّ ٱللَّهَ بِكُلِّ شَىْءٍ عَلِيمٌ ۝

سُورَةُ ٱلْبَقَرَةِ ـ ٱلْجُزْءُ ٱلثَّانِي

(230) Y una vez que las mujeres que han sido divorciadas lleguen al final de su período de espera, no les impidáis* que vuelvan a casarse con sus esposos anteriores, si es de mutuo acuerdo, según lo reconocido.

A esto se exhorta a aquéllos de vosotros que crean en Allah y en el Ultimo Día. Y ello es más puro y más limpio para vosotros. Allah sabe y vosotros no sabéis.

* [Vosotros, sus tutores]

وَإِذَا طَلَّقْتُمُ ٱلنِّسَآءَ فَبَلَغْنَ أَجَلَهُنَّ وَلَا تَعْضُلُوهُنَّ أَن يَنكِحْنَ أَزْوَٰجَهُنَّ إِذَا تَرَٰضَوْاْ بَيْنَهُم بِٱلْمَعْرُوفِ ذَٰلِكَ يُوعَظُ بِهِۦ مَن كَانَ مِنكُمْ يُؤْمِنُ بِٱللَّهِ وَٱلْيَوْمِ ٱلْءَاخِرِ ذَٰلِكُمْ أَزْكَىٰ لَكُمْ وَأَطْهَرُ وَٱللَّهُ يَعْلَمُ وَأَنتُمْ لَا تَعْلَمُونَ ۝

(231) Las madres deberán amamantar a sus hijos durante dos años completos, si se desea completar la lactancia.

Sustentarlas y vestirlas es responsabilidad del progenitor, según lo que es reconocido.

A nadie se le obliga sino en la medida de su capacidad.

Ninguna madre deberá ser perjudicada a causa de su hijo ni tampoco ningún padre*.

Y la misma obligación corresponde al heredero*.

No hay falta si ambos, de común acuerdo, desean destetarlo.

Y si queréis que alguien amamante a vuestros hijos*, no hay falta en que paguéis por ello*, según lo que es reconocido.

Temed a Allah y sabed que

۞ وَٱلْوَٰلِدَٰتُ يُرْضِعْنَ أَوْلَٰدَهُنَّ حَوْلَيْنِ كَامِلَيْنِ لِمَنْ أَرَادَ أَن يُتِمَّ ٱلرَّضَاعَةَ وَعَلَى ٱلْمَوْلُودِ لَهُۥ رِزْقُهُنَّ وَكِسْوَتُهُنَّ بِٱلْمَعْرُوفِ لَا تُكَلَّفُ نَفْسٌ إِلَّا وُسْعَهَا لَا تُضَآرَّ وَٰلِدَةٌۢ بِوَلَدِهَا وَلَا مَوْلُودٌ لَّهُۥ بِوَلَدِهِۦ وَعَلَى ٱلْوَارِثِ مِثْلُ ذَٰلِكَ فَإِنْ أَرَادَا فِصَالًا عَن تَرَاضٍ مِّنْهُمَا وَتَشَاوُرٍ فَلَا جُنَاحَ عَلَيْهِمَا وَإِنْ أَرَدتُّمْ أَن تَسْتَرْضِعُوٓاْ أَوْلَٰدَكُمْ فَلَا جُنَاحَ عَلَيْكُمْ إِذَا سَلَّمْتُم مَّآ ءَاتَيْتُم بِٱلْمَعْرُوفِ وَٱتَّقُواْ ٱللَّهَ وَٱعْلَمُوٓاْ أَنَّ ٱللَّهَ بِمَا تَعْمَلُونَ بَصِيرٌ ۝

Allah ve lo que hacéis.

* [Porque el padre le impida amamantarlo o por el contrario, la obligue a hacerlo; o en el caso de ella, por negarse a amamantarlo, etc... Y en general, cualquier perjuicio que uno ocasione al otro a causa de los hijos.]

* [Entiéndase el heredero del padre, es decir, el tutor del huérfano. Y la obligación se refiere a lo que se menciona al principio de la aleya.]

* [Por imposibilidad de la madre.]

* [A una nodriza.]

(232) Los que de vosotros fallezcan y dejen esposas, éstas deberán esperar cuatro meses y diez noches para poder disponer de sí mismas.

Una vez concluido este plazo, no tenéis responsabilidad* en lo que hagan consigo mismas según lo que es reconocido.

Allah conoce al detalle lo que hacéis.

* [Vosotros los tutores.]

(233) Y no hacéis mal si les insinuáis a las mujeres vuestra intención de pedirles matrimonio*, ni tampoco si la ocultáis; Allah sabe que pensáis en ellas.

Pero no os prometáis en secreto, hacedlo con palabras reconocidas. No decidáis el contrato de matrimonio hasta que el periodo de espera prescrito no haya concluido.

Sabed que Allah conoce lo que hay en vuestras almas, así

pues, temedle y sabed que Allah es Perdonador e Indulgente.

* [Antes de que haya concluido el período de espera tras el divorcio.]

(234) No hacéis mal si divorciais a las mujeres a las que no habéis tocado ni asignado dote, pero gratificadlas con algún bien de acuerdo a lo que es reconocido.

El que viva con desahogo que lo haga de acuerdo a su capacidad, y el que viva con estrechez de acuerdo a la suya.

Esto es un deber para los que hacen el bien.

لَّا جُنَاحَ عَلَيْكُمْ إِن طَلَّقْتُمُ ٱلنِّسَآءَ مَا لَمْ تَمَسُّوهُنَّ أَوْ تَفْرِضُواْ لَهُنَّ فَرِيضَةً وَمَتِّعُوهُنَّ عَلَى ٱلْمُوسِعِ قَدَرُهُ وَعَلَى ٱلْمُقْتِرِ قَدَرُهُ مَتَعَا بِٱلْمَعْرُوفِ حَقًّا عَلَى ٱلْمُحْسِنِينَ ﴿٢٣٤﴾

(235) Y si las divorciais antes de haberlas tocado, pero cuando ya les habéis asignado una dote... (Dadles) la mitad de lo que les asignásteis, a no ser que ellas renuncien o renuncie aquél en cuyo poder está el contrato de matrimonio*.

Y renunciar está más cerca del temor (de Allah).

Y no olvidéis favoreceros entre vosotros, es verdad que Allah ve lo que hacéis.

* [La expresión "aquél en cuyo poder está el contrato de matrimonio", se puede entender de dos maneras: La primera, referida al tutor, e implica que éste puede renunciar al derecho de la mujer de recibir la mitad de la dote prometida. Esta es la opinión de Ibn Abbas y del Imam Malik entre otros.

Y la segunda, referida al marido, en

وَإِن طَلَّقْتُمُوهُنَّ مِن قَبْلِ أَن تَمَسُّوهُنَّ وَقَدْ فَرَضْتُمْ لَهُنَّ فَرِيضَةً فَنِصْفُ مَا فَرَضْتُمْ إِلَّا أَن يَعْفُونَ أَوْ يَعْفُوَاْ ٱلَّذِي بِيَدِهِ عُقْدَةُ ٱلنِّكَاحِ وَأَن تَعْفُواْ أَقْرَبُ لِلتَّقْوَىٰ وَلَا تَنسَوُاْ ٱلْفَضْلَ بَيْنَكُمْ إِنَّ ٱللَّهَ بِمَا تَعْمَلُونَ بَصِيرٌ ﴿٢٣٥﴾

cuyo caso hay que entender, contra-
riamente a lo primero, que el marido
puede renunciar, como algo aconsej-
able, a la mitad de la dote con la que él
se quedaría y entregarle a la mujer la
dote completa. Esta es la opinión de
'Alí, el Imam Shafi'i y Abu Hanifa
entre otros.]

(236) Cumplid con las oraciones pre-
scritas*　y con la oración del
medio*, y presentaos ante
Allah con total entrega.

حَٰفِظُواْ عَلَى ٱلصَّلَوَٰتِ وَٱلصَّلَوٰةِ ٱلْوُسْطَىٰ وَقُومُواْ لِلَّهِ قَٰنِتِينَ ۝

*[En otros lugares se ha dejado el tér-
mino salat, que es transcripción de la
expresión árabe y alude a la oración
preceptiva o prescrita]

*[Es decir: "y especialmente con la del
medio". Para el Imam Malik y la gente
de Medina, la oración del medio es la
de la aurora —subh— porque es intermedia entre la noche y el día. Otra
opinión fundamentada es la sostenida
por 'Alí, que la identifica con la
oración de la tarde, al 'asr.]

(237) Si tenéis miedo*, hacedla de
pie* o montados; y cuando
estéis a salvo, invocad a Allah
como os enseñó, una manera
que antes no conocíais.

فَإِنْ خِفْتُمْ فَرِجَالًا أَوْ رُكْبَانًا فَإِذَآ أَمِنتُمْ فَٱذْكُرُواْ ٱللَّهَ كَمَا عَلَّمَكُم مَّا لَمْ تَكُونُواْ تَعْلَمُونَ ۝

* [A un ataque del enemigo o cualquier
otro peligro que amenace]

* [Es decir, haced todos sus movimientos de pie, imitando la inclinación y la postración]

(238) Aquéllos de vosotros que mueran dejando esposas, a sus
esposas les corresponde un
legado de un año de man-
utención sin que tengan que

وَٱلَّذِينَ يُتَوَفَّوْنَ مِنكُمْ وَيَذَرُونَ أَزْوَٰجًا وَصِيَّةً لِّأَزْوَٰجِهِم مَّتَٰعًا إِلَى ٱلْحَوْلِ غَيْرَ إِخْرَاجٍ فَإِنْ خَرَجْنَ فَلَا جُنَاحَ عَلَيْكُمْ فِي مَا فَعَلْنَ فِيٓ أَنفُسِهِنَّ مِن

abandonar la casa familiar*; aunque si ellas la abandonan, no sois responsables de lo que hagan consigo mismas, dentro de lo que es reconocido.

Allah es Poderoso y Sabio.

مَّعْرُوفٍ وَٱللَّهُ عَزِيزٌ حَكِيمٌ ۝

* [Según esta aleya, cuando el hombre moría, a su esposa le pertenecía residir en su casa durante un año, siendo mantenida con sus bienes; posteriormente, la validez jurídica de esta aleya se abrogó, reduciéndose el período de estancia en la casa a cuatro meses y diez días y sustituyéndose el año de manutención por una parte de la herencia del marido que se establece en la aleya 12 de la sura de las Mujeres, n.º 4.]

(239) Y tened alguna atención en favor de las mujeres que divorcieis, según lo que es reconocido como bueno.

Esto es un deber para los que temen (a Allah).

وَلِلْمُطَلَّقَٰتِ مَتَٰعٌۢ بِٱلْمَعْرُوفِ حَقًّا عَلَى ٱلْمُتَّقِينَ ۝

(240) Así os aclara Allah Sus signos, ojalá entendáis.

كَذَٰلِكَ يُبَيِّنُ ٱللَّهُ لَكُمْ ءَايَٰتِهِ لَعَلَّكُمْ تَعْقِلُونَ ۝

(241) ¿No has visto a los que salieron por miles huyendo de sus hogares por temor a la muerte?*

Allah les dijo: ¡Morid! Y después los devolvió a la vida. Es cierto que Allah posee favor para los hombres, sin embargo, la mayoría de ellos no agradecen.

* [En esta aleya se hace alusión a un

أَلَمْ تَرَ إِلَى ٱلَّذِينَ خَرَجُواْ مِن دِيَٰرِهِمْ وَهُمْ أُلُوفٌ حَذَرَ ٱلْمَوْتِ فَقَالَ لَهُمُ ٱللَّهُ مُوتُواْ ثُمَّ أَحْيَٰهُمْ إِنَّ ٱللَّهَ لَذُو فَضْلٍ عَلَى ٱلنَّاسِ وَلَٰكِنَّ أَكْثَرَ ٱلنَّاسِ لَا يَشْكُرُونَ ۝

grupo de los hijos de Israel que huyeron de una epidemia y Allah los mató como castigo. Otra opinión es que huyeron de la lucha. Esto ocurrió en tiempos del profeta Ezequiel. Los que explican lo primero aportan como prueba la existencia de un juicio legal en el Islam por el que se prohíbe abandonar o entrar en las ciudades afectadas por una epidemia; y esto lo consideran una continuidad del juicio primitivo del judaísmo.]

(242) Combatid en el camino de Allah y sabed que Allah es Oyente y Conocedor.

وَقَٰتِلُواْ فِى سَبِيلِ ٱللَّهِ وَٱعْلَمُوٓاْ أَنَّ ٱللَّهَ سَمِيعٌ عَلِيمٌ ۝

(243) ¿Quien ofrecerá a Allah un préstamo generoso para que El se lo devuelva multiplicado?
Allah da la estrechez y el desahogo. A El regresaréis.

مَّن ذَا ٱلَّذِى يُقْرِضُ ٱللَّهَ قَرْضًا حَسَنًا فَيُضَٰعِفَهُۥ لَهُۥٓ أَضْعَافًا كَثِيرَةً وَٱللَّهُ يَقْبِضُ وَيَبْصُۜطُ وَإِلَيْهِ تُرْجَعُونَ ۝

(244) ¿No has visto a aquellos nobles entre los hijos de Israel, después de Musa, cuando dijeron a un profeta que tenían?*: Nombra un rey entre nosotros para que luchemos en el camino de Allah.
Dijo: Pudiera ser que si se os manda ir a luchar no lo hagáis; contestaron: ¿Cómo podríamos dejar de combatir en el camino de Allah cuando nos han expulsado de nuestros hogares y separado de nuestros hijos?
Sin embargo, cuando se les ordenó combatir, todos, excepto unos pocos, se echaron atrás.

أَلَمْ تَرَ إِلَى ٱلْمَلَإِ مِنۢ بَنِىٓ إِسْرَٰٓءِيلَ مِنۢ بَعْدِ مُوسَىٰٓ إِذْ قَالُواْ لِنَبِىٍّ لَّهُمُ ٱبْعَثْ لَنَا مَلِكًا نُّقَٰتِلْ فِى سَبِيلِ ٱللَّهِ قَالَ هَلْ عَسَيْتُمْ إِن كُتِبَ عَلَيْكُمُ ٱلْقِتَالُ أَلَّا تُقَٰتِلُواْ قَالُواْ وَمَا لَنَآ أَلَّا نُقَٰتِلَ فِى سَبِيلِ ٱللَّهِ وَقَدْ أُخْرِجْنَا مِن دِيَٰرِنَا وَأَبْنَآئِنَا فَلَمَّا كُتِبَ عَلَيْهِمُ ٱلْقِتَالُ تَوَلَّوْاْ إِلَّا قَلِيلًا مِّنْهُمْ وَٱللَّهُ عَلِيمٌ بِٱلظَّٰلِمِينَ ۝

Allah conoce a los injustos.

* [El profeta Samuel]

(245) Su profeta les dijo: Allah os ha designado como rey a Talut.

Dijeron: ¿Cómo puede corresponderle a él reinar sobre nosotros, si tenemos más derecho que él y ni siquiera le ha sido dada una gran riqueza?.

Dijo: La verdad es que Allah lo ha elegido a él entre vosotros y le ha dado gran conocimiento y corpulencia. Allah concede Su soberanía a quien quiere.

Allah es Espléndido y Conocedor.

وَقَالَ لَهُمْ نَبِيُّهُمْ إِنَّ ٱللَّهَ قَدْ بَعَثَ لَكُمْ طَالُوتَ مَلِكًا قَالُوٓاْ أَنَّىٰ يَكُونُ لَهُ ٱلْمُلْكُ عَلَيْنَا وَنَحْنُ أَحَقُّ بِٱلْمُلْكِ مِنْهُ وَلَمْ يُؤْتَ سَعَةً مِّنَ ٱلْمَالِ قَالَ إِنَّ ٱللَّهَ ٱصْطَفَىٰهُ عَلَيْكُمْ وَزَادَهُۥ بَسْطَةً فِى ٱلْعِلْمِ وَٱلْجِسْمِ وَٱللَّهُ يُؤْتِى مُلْكَهُۥ مَن يَشَآءُ وَٱللَّهُ وَٰسِعٌ عَلِيمٌ ۝

(246) Su profeta les dijo: La señal de su soberanía, será que os traerá el Arca*, llevada por los ángeles, en la que hay sosiego procedente de vuestro Señor y también una reliquia de la familia de Musa y Harún.

Realmente, ahí tenéis un signo si sois creyentes.

* [El Arca es la llamada "de la Alianza", donde Moisés guardó las tablas de la Torá y la reliquia que dejó la familia de Moisés, que consistía, según los comentaristas, en algunas de las tablas de la Torá; la vara de Musa y sus sandalias; el turbante de Harún y una cierta cantidad de maná.]

وَقَالَ لَهُمْ نَبِيُّهُمْ إِنَّ ءَايَةَ مُلْكِهِۦٓ أَن يَأْتِيَكُمُ ٱلتَّابُوتُ فِيهِ سَكِينَةٌ مِّن رَّبِّكُمْ وَبَقِيَّةٌ مِّمَّا تَرَكَ ءَالُ مُوسَىٰ وَءَالُ هَٰرُونَ تَحْمِلُهُ ٱلْمَلَٰٓئِكَةُ إِنَّ فِى ذَٰلِكَ لَءَايَةً لَّكُمْ إِن كُنتُم مُّؤْمِنِينَ ۝

(247) Y habiendo salido Talut de expedición con el ejército, dijo: Allah va a poneros a prueba

فَلَمَّا فَصَلَ طَالُوتُ بِٱلْجُنُودِ قَالَ إِنَّ ٱللَّهَ مُبْتَلِيكُم بِنَهَرٍ فَمَن شَرِبَ مِنْهُ فَلَيْسَ مِنِّى وَمَن لَّمْ يَطْعَمْهُ فَإِنَّهُ

con un río: el que beba de su agua no será de los míos y el que no la pruebe o tome sólo un poco con la mano será de los míos. Todos, a excepción de unos pocos, bebieron. Y cuando él y los que con él creían, hubieron atravesado el río, dijeron: Hoy no podemos hacer nada ante Yalut* y sus ejércitos.

Y dijeron los que tenían certeza del encuentro con Allah: ¡Cuántos grupos pequeños en número vencieron a ejércitos numerosos con el permiso de Allah! Allah está con los pacientes.

* [Goliat]

(248) Cuando aparecieron en el campo de batalla ante Yalut y sus huestes, dijeron: ¡Señor nuestro, danos paciencia, afirma nuestros pasos y ayúdanos contra la nación de los que no creen!

(249) Y los derrotaron con permiso de Allah. Daud mató a Yalut y Allah le concedió la soberanía y la sabiduría; y le enseñó lo que quiso. Si no fuera porque Allah hace que unos hombres impidan el mal a otros, la tierra se corrompería, pero Allah es Dueño de favor para todos los seres creados.

(250) Estos son los signos de Allah que te contamos con la verdad y tú eres, realmente, uno de los mensajeros.

تِلْكَ ءَايَتُ ٱللَّهِ نَتْلُوهَا عَلَيْكَ بِٱلْحَقِّ وَإِنَّكَ لَمِنَ ٱلْمُرْسَلِينَ ۝

(251) Así son los mensajeros. Hemos favorecido a unos sobre otros: Hubo algunos a los que Allah les habló y a otros los elevó en grados.

A Isa, hijo de Maryam, le dimos pruebas evidentes y lo reforzamos con el Espíritu Puro*. Y si Allah hubiera querido, sus seguidores no habrían luchado entre sí, después de tener las pruebas evidentes; sin embargo entraron en discordia.

Una parte de ellos cree y otra parte no; si Allah quisiera no lucharían entre sí, pero Allah hace lo quiere.

* [El ángel Yibril, según los comentaristas.]

۞ تِلْكَ ٱلرُّسُلُ فَضَّلْنَا بَعْضَهُمْ عَلَىٰ بَعْضٍ مِّنْهُم مَّن كَلَّمَ ٱللَّهُ وَرَفَعَ بَعْضَهُمْ دَرَجَتٍ وَءَاتَيْنَا عِيسَى ٱبْنَ مَرْيَمَ ٱلْبَيِّنَتِ وَأَيَّدْنَهُ بِرُوحِ ٱلْقُدُسِ وَلَوْ شَاءَ ٱللَّهُ مَا ٱقْتَتَلَ ٱلَّذِينَ مِنۢ بَعْدِهِم مِّنۢ بَعْدِ مَا جَاءَتْهُمُ ٱلْبَيِّنَتُ وَلَكِنِ ٱخْتَلَفُوا۟ فَمِنْهُم مَّنْ ءَامَنَ وَمِنْهُم مَّن كَفَرَ وَلَوْ شَاءَ ٱللَّهُ مَا ٱقْتَتَلُوا۟ وَلَكِنَّ ٱللَّهَ يَفْعَلُ مَا يُرِيدُ ۝

(252) ¡Creyentes! Gastad de lo que os damos antes de que llegue un día en el que no haya comercio ni amistad y nadie pueda interceder por nadie.

Los injustos son los que se niegan a creer.

يَٰٓأَيُّهَا ٱلَّذِينَ ءَامَنُوٓا۟ أَنفِقُوا۟ مِمَّا رَزَقْنَٰكُم مِّن قَبْلِ أَن يَأْتِىَ يَوْمٌ لَّا بَيْعٌ فِيهِ وَلَا خُلَّةٌ وَلَا شَفَٰعَةٌ وَٱلْكَٰفِرُونَ هُمُ ٱلظَّٰلِمُونَ ۝

(253) Allah, no hay dios sino El, el Viviente, el Sustentador*.

* [Que se mantiene a Sí mismo y a Su creación.]

ٱللَّهُ لَآ إِلَٰهَ إِلَّا هُوَ ٱلْحَىُّ ٱلْقَيُّومُ ۝

(254) Ni la somnolencia ni el sueño

لَا تَأْخُذُهُۥ سِنَةٌ وَلَا نَوْمٌ لَّهُۥ مَا فِى ٱلسَّمَٰوَٰتِ وَمَا فِى

Le afectan.

Suyo es cuanto hay en los cielos y cuanto hay en la tierra.

¿Quién puede interceder por alguien ante El, si no es con Su permiso? Sabe lo que hay ante ellos y lo que hay tras ellos*, y no abarcan nada de Su conocimiento a menos que El quiera.

El escabel de Su trono abarca los cielos y la tierra y no Le causa fatiga mantenerlos.

El es el Elevado, el Inmenso.

*[Es decir, lo que ha de venir y todo lo que desconocen]

الْأَرْضِ مَن ذَا الَّذِى يَشْفَعُ عِندَهُۥٓ إِلَّا بِإِذْنِهِۦ يَعْلَمُ مَا بَيْنَ أَيْدِيهِمْ وَمَا خَلْفَهُمْ وَلَا يُحِيطُونَ بِشَىْءٍ مِّنْ عِلْمِهِۦٓ إِلَّا بِمَا شَآءَ وَسِعَ كُرْسِيُّهُ السَّمَوَٰتِ وَالْأَرْضَ وَلَا يَـُٔودُهُۥ حِفْظُهُمَا وَهُوَ الْعَلِىُّ الْعَظِيمُ ۝

(255) No hay coacción en la práctica de Adoración*, pues ha quedado claro cual es la buena dirección y cual el extravío.

Quien niegue a los ídolos* y crea en Allah, se habrá aferrado a lo más seguro que uno puede asirse, aquello en lo que no cabe ninguna fisura. Y Allah es Oyente y Conocedor.

* [Hay, entre los comentaristas del Corán, quien considera que esta aleya niega el uso de la fuerza contra la incredulidad, pero en el caso de entenderse así, el juicio legal de la aleya habría sido abrogado por la orden definitiva de combatir la incredulidad, aleya 5 de la Sura 9.

No obstante la opinión es débil ya que las aleyas que hablan de no combatir son mequíes y ésta es medinense, cuando la orden de combatir ya había sido establecida.

En consecuencia, la aleya se refiere

لَا إِكْرَاهَ فِى الدِّينِ قَد تَّبَيَّنَ الرُّشْدُ مِنَ الْغَىِّ فَمَن يَكْفُرْ بِالطَّغُوتِ وَيُؤْمِنۢ بِاللَّهِ فَقَدِ اسْتَمْسَكَ بِالْعُرْوَةِ الْوُثْقَىٰ لَا انفِصَامَ لَهَا وَاللَّهُ سَمِيعٌ عَلِيمٌ ۝

más bien a que no hay nada en el Islam que coaccione debido a su claridad y evidencia.]

* [En árabe "tagut", palabra en cuya raíz está la idea de traspasar los límites y que significa demonio, adivino, dirigente del mal, ídolo... Implica todo aquello que se adora fuera de Allah.]

(256) Allah es Amigo de los que creen; los saca de las tinieblas a la luz. Pero los incrédulos tienen como amigos a los taguts que los sacan de la luz a las tinieblas; ésos son los compañeros del Fuego donde serán inmortales.

ٱللَّهُ وَلِيُّ ٱلَّذِينَ ءَامَنُوا۟ يُخْرِجُهُم مِّنَ ٱلظُّلُمَٰتِ إِلَى ٱلنُّورِ ۖ وَٱلَّذِينَ كَفَرُوٓا۟ أَوْلِيَآؤُهُمُ ٱلطَّٰغُوتُ يُخْرِجُونَهُم مِّنَ ٱلنُّورِ إِلَى ٱلظُّلُمَٰتِ ۗ أُو۟لَٰٓئِكَ أَصْحَٰبُ ٱلنَّارِ ۖ هُمْ فِيهَا خَٰلِدُونَ ۝

(257) ¿No has visto a aquel* que, porque Allah le había dado soberanía, desafió a Ibrahim discutiéndole a su Señor?

Dijo Ibrahim: Mi Señor da la vida y da la muerte.

Dijo él: Yo doy la vida y doy la muerte.

Dijo Ibrahim: Allah trae el sol desde el oriente, tráelo tú desde occidente.

Y quedó confundido el que se negaba a creer.

Allah no guía a los que son injustos.

* [El personaje aludido es Nemrod b. Kanan, uno de los soberanos de más poder en la historia. Tenía pretensiones de divinidad y tras afirmar que daba la vida y la muerte mandó traer a dos hombres; mató a uno y dejó vivo al otro, y entonces dijo: "He dado la muerte a uno y la vida a otro".]

أَلَمْ تَرَ إِلَى ٱلَّذِى حَآجَّ إِبْرَٰهِۦمَ فِى رَبِّهِۦٓ أَنْ ءَاتَىٰهُ ٱللَّهُ ٱلْمُلْكَ إِذْ قَالَ إِبْرَٰهِۦمُ رَبِّىَ ٱلَّذِى يُحْىِۦ وَيُمِيتُ قَالَ أَنَا۠ أُحْىِۦ وَأُمِيتُ ۖ قَالَ إِبْرَٰهِۦمُ فَإِنَّ ٱللَّهَ يَأْتِى بِٱلشَّمْسِ مِنَ ٱلْمَشْرِقِ فَأْتِ بِهَا مِنَ ٱلْمَغْرِبِ فَبُهِتَ ٱلَّذِى كَفَرَ ۗ وَٱللَّهُ لَا يَهْدِى ٱلْقَوْمَ ٱلظَّٰلِمِينَ ۝

(258) O como aquel que pasó por una ciudad en ruinas y dijo: ¿Cómo le devolvería Allah la vida después de muerta?

Entonces Allah lo hizo morir y pasados cien años lo devolvió a la vida. Dijo: ¿Cuánto has estado así? Contestó: Un día o parte de un día. Dijo: No. Has estado cien años; pero mira cómo tu comida y tu bebida no se han estropeado y mira tu asno*.

Todo ha sido para hacer de ti un signo que la gente pudiera ver. Mira cómo componemos de nuevo los huesos y los revestimos de carne.

Y cuando lo vio con claridad, dijo: Es verdad que Allah es Poderoso sobre todas las cosas.

* [Del que por el contrario sólo quedan los huesos.]

أَوْ كَٱلَّذِى مَرَّ عَلَىٰ قَرْيَةٍ وَهِىَ خَاوِيَةٌ عَلَىٰ عُرُوشِهَا قَالَ أَنَّىٰ يُحْىِۦ هَٰذِهِ ٱللَّهُ بَعْدَ مَوْتِهَا فَأَمَاتَهُ ٱللَّهُ مِائَةَ عَامٍ ثُمَّ بَعَثَهُۥ قَالَ كَمْ لَبِثْتَ قَالَ لَبِثْتُ يَوْمًا أَوْ بَعْضَ يَوْمٍ قَالَ بَل لَّبِثْتَ مِائَةَ عَامٍ فَٱنظُرْ إِلَىٰ طَعَامِكَ وَشَرَابِكَ لَمْ يَتَسَنَّهْ وَٱنظُرْ إِلَىٰ حِمَارِكَ وَلِنَجْعَلَكَ ءَايَةً لِّلنَّاسِ وَٱنظُرْ إِلَى ٱلْعِظَامِ كَيْفَ نُنشِزُهَا ثُمَّ نَكْسُوهَا لَحْمًا فَلَمَّا تَبَيَّنَ لَهُۥ قَالَ أَعْلَمُ أَنَّ ٱللَّهَ عَلَىٰ كُلِّ شَىْءٍ قَدِيرٌ ۝

(259) Y cuando Ibrahim dijo: ¡Señor mío! Déjame ver cómo resucitas lo que está muerto.

Dijo: ¿Acaso no crees?

Dijo: Por supuesto que sí, pero es para que mi corazón se tranquilice.

Dijo: Toma, entonces, cuatro pájaros distintos, córtalos en pedazos y, a continuación, pon un pedazo en cada monte y luego llámalos. Vendrán a ti en el acto.

Y sabe que Allah es Poderoso y Sabio.

وَإِذْ قَالَ إِبْرَٰهِۦمُ رَبِّ أَرِنِى كَيْفَ تُحْىِ ٱلْمَوْتَىٰ قَالَ أَوَلَمْ تُؤْمِن قَالَ بَلَىٰ وَلَٰكِن لِّيَطْمَئِنَّ قَلْبِى قَالَ فَخُذْ أَرْبَعَةً مِّنَ ٱلطَّيْرِ فَصُرْهُنَّ إِلَيْكَ ثُمَّ ٱجْعَلْ عَلَىٰ كُلِّ جَبَلٍ مِّنْهُنَّ جُزْءًا ثُمَّ ٱدْعُهُنَّ يَأْتِينَكَ سَعْيًا وَٱعْلَمْ أَنَّ ٱللَّهَ عَزِيزٌ حَكِيمٌ ۝

(260) Los que gastan sus bienes en el camino de Allah se parecen a un grano que produce siete espigas y cada una de las espigas lleva cien granos. Así multiplica Allah a quien El quiere; Allah es Espléndido y Conocedor.

مَّثَلُ الَّذِينَ يُنفِقُونَ أَمْوَالَهُمْ فِي سَبِيلِ اللَّهِ كَمَثَلِ حَبَّةٍ أَنبَتَتْ سَبْعَ سَنَابِلَ فِي كُلِّ سُنبُلَةٍ مِّائَةُ حَبَّةٍ وَاللَّهُ يُضَاعِفُ لِمَن يَشَاءُ وَاللَّهُ وَاسِعٌ عَلِيمٌ ۝

(261) Los que gastan sus bienes en el camino de Allah y luego no lo echan en cara ni lo acompañan de ningún agravio, tendrán su recompensa junto a su Señor y no tendrán que temer ni se entristecerán.

الَّذِينَ يُنفِقُونَ أَمْوَالَهُمْ فِي سَبِيلِ اللَّهِ ثُمَّ لَا يُتْبِعُونَ مَا أَنفَقُوا مَنًّا وَلَا أَذًى لَّهُمْ أَجْرُهُمْ عِندَ رَبِّهِمْ وَلَا خَوْفٌ عَلَيْهِمْ وَلَا هُمْ يَحْزَنُونَ ۝

(262) Una palabra conveniente y perdón, es mejor que una limosna acompañada de agravio.

Allah es Rico e Indulgente.

۞ قَوْلٌ مَّعْرُوفٌ وَمَغْفِرَةٌ خَيْرٌ مِّن صَدَقَةٍ يَتْبَعُهَا أَذًى وَاللَّهُ غَنِيٌّ حَلِيمٌ ۝

(263) ¡Creyentes! No hagáis que vuestras limosnas pierdan su valor porque las echéis en cara o causéis un perjuicio por ellas; como aquél que da de su riqueza por aparentar ante la gente, pero no cree en Allah ni en el Ultimo Día.

Es como una roca sobre la que hay tierra y le cae un aguacero dejándola desnuda. No pueden beneficiarse de nada de lo que obtuvieron.

Y Allah no guía a la gente incrédula.

يَا أَيُّهَا الَّذِينَ آمَنُوا لَا تُبْطِلُوا صَدَقَاتِكُم بِالْمَنِّ وَالْأَذَى كَالَّذِي يُنفِقُ مَالَهُ رِئَاءَ النَّاسِ وَلَا يُؤْمِنُ بِاللَّهِ وَالْيَوْمِ الْآخِرِ فَمَثَلُهُ كَمَثَلِ صَفْوَانٍ عَلَيْهِ تُرَابٌ فَأَصَابَهُ وَابِلٌ فَتَرَكَهُ صَلْدًا لَّا يَقْدِرُونَ عَلَى شَيْءٍ مِّمَّا كَسَبُوا وَاللَّهُ لَا يَهْدِي الْقَوْمَ الْكَافِرِينَ ۝

(264) Los que gastan sus bienes buscando la satisfacción de Allah
y siendo una confirmación procedente de sí mismos, se parecen a un jardín frondoso y elevado sobre el que cae un
aguacero y da sus frutos multi-
plicándose por dos; y si no le
cae el aguacero tiene el rocío.
Allah ve lo que hacéis.

وَمَثَلُ ٱلَّذِينَ يُنفِقُونَ أَمْوَٰلَهُمُ ٱبْتِغَآءَ مَرْضَاتِ ٱللَّهِ
وَتَثْبِيتًا مِّنْ أَنفُسِهِمْ كَمَثَلِ جَنَّةٍۭ بِرَبْوَةٍ أَصَابَهَا
وَابِلٌ فَـَٔاتَتْ أُكُلَهَا ضِعْفَيْنِ فَإِن لَّمْ يُصِبْهَا وَابِلٌ
فَطَلٌّ وَٱللَّهُ بِمَا تَعْمَلُونَ بَصِيرٌ ۝

(265) ¿Acaso le gustaría a uno de
vosotros tener un jardín de palmeras y vides por el que
corrieran ríos y en el que
hubiera toda clase de frutos y
que siendo ya viejo y con una
descendencia aún débil,
viniera un torbellino de fuego
y le quemara el jardín?

Así os aclara Allah los signos;
ojalá reflexionéis.

أَيَوَدُّ أَحَدُكُمْ أَن تَكُونَ لَهُۥ جَنَّةٌ مِّن نَّخِيلٍ
وَأَعْنَابٍ تَجْرِى مِن تَحْتِهَا ٱلْأَنْهَٰرُ لَهُۥ فِيهَا مِن
كُلِّ ٱلثَّمَرَٰتِ وَأَصَابَهُ ٱلْكِبَرُ وَلَهُۥ ذُرِّيَّةٌ ضُعَفَآءُ
فَأَصَابَهَآ إِعْصَارٌ فِيهِ نَارٌ فَٱحْتَرَقَتْ كَذَٰلِكَ يُبَيِّنُ
ٱللَّهُ لَكُمُ ٱلْءَايَٰتِ لَعَلَّكُمْ تَتَفَكَّرُونَ ۝

(266) ¡Vosotros que creéis! Dad de las
cosas buenas que habéis obtenido y de lo que hemos hecho
salir para vosotros de la tierra
y no escojáis inten-
cionadamente lo que, de ello,
sea despreciable para darlo,
cuando vosotros mismos no lo
aceptaríais a no ser con los ojos
cerrados.

Y sabed que Allah es Rico, en
Sí mismo alabado.

يَٰٓأَيُّهَا ٱلَّذِينَ ءَامَنُوٓا۟ أَنفِقُوا۟ مِن طَيِّبَٰتِ مَا كَسَبْتُمْ
وَمِمَّآ أَخْرَجْنَا لَكُم مِّنَ ٱلْأَرْضِ وَلَا تَيَمَّمُوا۟
ٱلْخَبِيثَ مِنْهُ تُنفِقُونَ وَلَسْتُم بِـَٔاخِذِيهِ إِلَّآ أَن
تُغْمِضُوا۟ فِيهِ وَٱعْلَمُوٓا۟ أَنَّ ٱللَّهَ غَنِىٌّ حَمِيدٌ ۝

(267) El Shaytán os infunde temor
con la miseria y os manda la·
avaricia, pero Allah os promete

ٱلشَّيْطَٰنُ يَعِدُكُمُ ٱلْفَقْرَ وَيَأْمُرُكُم بِٱلْفَحْشَآءِ

perdón de Su parte y favor.
Y Allah es Espléndido,
Conocedor.

وَاللّهُ يَعِدُكُم مَّغْفِرَةً مِّنْهُ وَفَضْلًا وَاللّهُ وَاسِعٌ
عَلِيمٌ ۝

(268) Da la Sabiduría a quien quiere,
y a quien se le da la Sabiduría
se le ha dado mucho bien. Pero
no recapacitan sino los que
saben reconocer lo esencial.

يُؤْتِي الْحِكْمَةَ مَن يَشَاءُ وَمَن يُؤْتَ الْحِكْمَةَ فَقَدْ
اوتِيَ خَيْرًا كَثِيرًا وَمَا يَذَّكَّرُ إِلَّا أُوْلُوا الْأَلْبَابِ ۝

(269) Cualquier beneficio que hagáis
o cualquier promesa que os
impongáis, Allah lo conoce.
No habrá quien auxilie a los
injustos.

وَمَا أَنفَقْتُم مِّن نَّفَقَةٍ أَوْ نَذَرْتُم مِّن نَّذْرٍ فَإِنَّ اللّهَ
يَعْلَمُهُ وَمَا لِلظَّالِمِينَ مِنْ أَنصَارٍ ۝

(270) Si dais limosnas públicamente
es bueno, pero si las ocultáis y
se las dais a los necesitados,
será mejor para vosotros; y os
cubriremos parte de vuestras
malas acciones.
Allah está perfectamente informado de lo que hacéis.

إِن تُبْدُوا الصَّدَقَاتِ فَنِعِمَّا هِيَ وَإِن تُخْفُوهَا
وَتُؤْتُوهَا الْفُقَرَاءَ فَهُوَ خَيْرٌ لَّكُمْ وَنُكَفِّرُ
عَنكُم مِّن سَيِّئَاتِكُمْ وَاللّهُ بِمَا تَعْمَلُونَ خَبِيرٌ ۝

(271) No te incumbe a ti guiarlos,
sino que Allah guía a quien
quiere. El bien que déis es para
vosotros mismos. Y no lo
hacéis sino buscando la faz de
Allah.
Lo bueno que gastéis os será
devuelto aumentado y no se os
hará injusticia.

۞ لَّيْسَ عَلَيْكَ هُدَاهُمْ وَلَكِنَّ اللّهَ يَهْدِي مَن
يَشَاءُ وَمَا تُنفِقُوا مِنْ خَيْرٍ فَلِأَنفُسِكُمْ وَمَا تُنفِقُونَ
إِلَّا ابْتِغَاءَ وَجْهِ اللّهِ وَمَا تُنفِقُوا مِنْ خَيْرٍ يُوَفَّ إِلَيْكُمْ
وَأَنتُمْ لَا تُظْلَمُونَ ۝

(272) (Y que sea) para los necesitados
que se encuentran impedidos
en el camino de Allah sin

لِلْفُقَرَاءِ الَّذِينَ أُحْصِرُوا فِي سَبِيلِ اللّهِ لَا يَسْتَطِيعُونَ

poder desplazarse por la tierra.
El ignorante los toma por ricos a causa de su continencia.

Los conocerás por sus señas, ellos no piden a la gente importunándoles.

El bien que gastéis... Allah lo conoce.

(273) Aquellos que dan de sus bienes día y noche, en secreto y en público, tendrán su recompensa junto a su Señor y no tendrán que temer ni se entristecerán.

(274) Los que comen usura no se levantarán* sino como se levanta en un ataque de locura el que ha sido tocado por el Shaytán.

Eso es porque dicen: La usura es como el comercio.

Sin embargo Allah ha hecho lícito el comercio y ha prohibido la usura.

Así pues, al que le llegue el aviso de su Señor y desista, podrá quedarse con lo que esté ya consumido y su caso se remitirá a Allah. Pero quien reincida... Esos son los compañeros del Fuego donde serán inmortales.

* [De sus tumbas, el Día del Levantamiento.]

(275) Allah hace inútil la usura pero da incremento* a lo que se da con generosidad; Allah no ama a ningún renegado, ni a ningún malvado.

* [La palabra que se traduce por usura significa literalmente incremento, y la expresión "da incremento" es la misma raíz pero en forma verbal. Es como si dijera: "Allah hace inútil el incremento que es usura y hace que el auténtico incremento esté en lo que se da generosamente".]

يَمْحَقُ ٱللَّهُ ٱلرِّبَوٰا۟ وَيُرْبِى ٱلصَّدَقَٰتِ وَٱللَّهُ لَا يُحِبُّ كُلَّ كَفَّارٍ أَثِيمٍ ۝

(276) Quienes creen, practican las acciones de bien, establecen el salat y entregan el zakat, tendrán la recompensa que les corresponda junto a su Señor y no tendrán que temer ni se entristecerán.

إِنَّ ٱلَّذِينَ ءَامَنُوا۟ وَعَمِلُوا۟ ٱلصَّٰلِحَٰتِ وَأَقَامُوا۟ ٱلصَّلَوٰةَ وَءَاتَوُا۟ ٱلزَّكَوٰةَ لَهُمْ أَجْرُهُمْ عِندَ رَبِّهِمْ وَلَا خَوْفٌ عَلَيْهِمْ وَلَا هُمْ يَحْزَنُونَ ۝

(277) ¡Vosotros los que creéis! Temed a Allah y renunciad a cualquier beneficio de usura que os quede, si sois creyentes.

يَٰٓأَيُّهَا ٱلَّذِينَ ءَامَنُوا۟ ٱتَّقُوا۟ ٱللَّهَ وَذَرُوا۟ مَا بَقِىَ مِنَ ٱلرِّبَوٰٓا۟ إِن كُنتُم مُّؤْمِنِينَ ۝

(278) Y si no lo hacéis, sabed que Allah y Su Mensajero os han declarado la guerra.
Pero si os volvéis atrás, conservaréis vuestro capital. Y no seréis injustos ni sufriréis injusticia.

فَإِن لَّمْ تَفْعَلُوا۟ فَأْذَنُوا۟ بِحَرْبٍ مِّنَ ٱللَّهِ وَرَسُولِهِ ۖ وَإِن تُبْتُمْ فَلَكُمْ رُءُوسُ أَمْوَٰلِكُمْ لَا تَظْلِمُونَ وَلَا تُظْلَمُونَ ۝

(279) Y si está en dificultad*, concededle un plazo de espera hasta un momento de desahogo, aunque es mejor para vosotros que renunciéis

• وَإِن كَانَ ذُو عُسْرَةٍ فَنَظِرَةٌ إِلَىٰ مَيْسَرَةٍ ۚ وَأَن تَصَدَّقُوا۟ خَيْرٌ لَّكُمْ إِن كُنتُمْ تَعْلَمُونَ ۝

generosamente.

* [Alguien que os debe algo.]

(280) Y temed el día en el que regreséis a Allah.

Entonces cada uno recibirá lo que se haya ganado y nadie será objeto de injusticia.

(281) ¡Vosotros que creéis! Cuando tratéis entre vosotros un préstamo con plazo de devolución, ponedlo por escrito; y que esto lo haga, con equidad, uno de vosotros que sepa escribir.

Que nadie que sepa, se niegue a hacerlo, escribiendo como Allah le enseñó.

Y que le dicte el que contrae la deuda y lo haga con temor de Allah, su Señor, sin omitir nada de ello. Y si el que contrae la deuda fuera deficiente o débil, o no pudiera dictar, que dicte entonces su tutor con equidad.

Y buscad como testigos a dos hombres, pero si no los hubiera, entonces un hombre y dos mujeres cuyo testimonio os satisfaga, de manera que si una de ellas olvida, la otra se lo haga recordar.

Que los testigos que sean solicitados no se nieguen a serlo y no os disguste escribirlo, sea poco o mucho, hasta el final.

Esto es más justo ante Allah,

más seguro como testimonio y más conveniente para que no tengáis duda.

Queda fuera de esto cualquier transacción que hagáis en el acto, pues en ese caso, no hay objeción si no lo ponéis por escrito.

Procuraos testigos en vuestras transacciones y que no se presione a ningún escribano ni a ningún testigo, pues si lo hiciérais, sería una desviación por vuestra parte.

Y temed a Allah, y Allah os enseñará. Allah es Conocedor de cada cosa.

وَٱللَّهُ بِكُلِّ شَيْءٍ عَلِيمٌ ۝

(282) Si estáis de viaje y no encontráis quien escriba, quedaos entonces con una garantía. Y si a alguien le es confiado un depósito, que lo devuelva y que tema a Allah, su Señor.

No ocultéis los testimonios. Quien los oculte...

Es cierto que su corazón es malvado.

Allah sabe lo que hacéis.

۞ وَإِن كُنتُمْ عَلَىٰ سَفَرٍ وَلَمْ تَجِدُوا۟ كَاتِبًا فَرِهَٰنٌ مَّقْبُوضَةٌ فَإِنْ أَمِنَ بَعْضُكُم بَعْضًا فَلْيُؤَدِّ ٱلَّذِى ٱؤْتُمِنَ أَمَٰنَتَهُۥ وَلْيَتَّقِ ٱللَّهَ رَبَّهُۥ وَلَا تَكْتُمُوا۟ ٱلشَّهَٰدَةَ وَمَن يَكْتُمْهَا فَإِنَّهُۥٓ ءَاثِمٌ قَلْبُهُۥ وَٱللَّهُ بِمَا تَعْمَلُونَ عَلِيمٌ ۝

(283) De Allah es cuanto hay en los cielos y en la tierra; tanto si manifestáis lo que hay en vosotros mismos como si lo ocultáis, Allah os pedirá cuentas de ello. Y perdonará a quien quiera y castigará a quien quiera.

لِّلَّهِ مَا فِى ٱلسَّمَٰوَٰتِ وَمَا فِى ٱلْأَرْضِ وَإِن تُبْدُوا۟ مَا فِىٓ أَنفُسِكُمْ أَوْ تُخْفُوهُ يُحَاسِبْكُم بِهِ ٱللَّهُ فَيَغْفِرُ لِمَن يَشَآءُ وَيُعَذِّبُ مَن يَشَآءُ وَٱللَّهُ عَلَىٰ كُلِّ شَيْءٍ قَدِيرٌ ۝

Allah es Poderoso sobre todas
las cosas.

(284) El Mensajero cree en lo que se le
ha hecho descender pro-
cedente de su Señor y los creyentes (con él).

Todos creen en Allah, en Sus
ángeles, en Sus libros y en Sus
mensajeros: "No aceptamos a
unos mensajeros y negamos a
otros".

Y dicen: Oímos y obedecemos,
(danos) Tu perdón Señor nuestro, y hacia Ti es el retorno.

ـ ءَامَنَ ٱلرَّسُولُ بِمَآ أُنزِلَ إِلَيْهِ مِن رَّبِّهِ وَٱلْمُؤْمِنُونَ
كُلٌّ ـ ءَامَنَ بِٱللَّهِ وَمَلَـٰٓئِكَتِهِۦ وَكُتُبِهِۦ
وَرُسُلِهِۦ لَا نُفَرِّقُ بَيْنَ أَحَدٍ مِّن رُّسُلِهِۦ وَقَالُوا۟ سَمِعْنَا
وَأَطَعْنَا غُفْرَانَكَ رَبَّنَا وَإِلَيْكَ ٱلْمَصِيرُ ۝

(285) Allah no impone a nadie sino
en la medida de su capacidad;
tendrá a su favor lo que haya
obtenido y en su contra lo que
se haya buscado.

¡Señor nuestro! No nos tomes
en cuenta si olvidamos o
erramos.

¡Señor nuestro! No pongas
sobre nosotros un peso similar
al que pusiste sobre los que
nos precedieron.

¡Señor nuestro! No nos hagas
llevar lo que no podamos
soportar.

Bórranos las faltas, perdónanos
y ten compasión de nosotros.

Tú eres nuestro Dueño,
auxílianos contra la gente
incrédula.

لَا يُكَلِّفُ ٱللَّهُ نَفْسًا إِلَّا وُسْعَهَا لَهَا مَا كَسَبَتْ
وَعَلَيْهَا مَا ٱكْتَسَبَتْ رَبَّنَا لَا تُؤَاخِذْنَآ إِن نَّسِينَآ
أَوْ أَخْطَأْنَا رَبَّنَا وَلَا تَحْمِلْ عَلَيْنَآ إِصْرًا كَمَا
حَمَلْتَهُۥ عَلَى ٱلَّذِينَ مِن قَبْلِنَا رَبَّنَا وَلَا تُحَمِّلْنَا
مَا لَا طَاقَةَ لَنَا بِهِۦ وَٱعْفُ عَنَّا وَٱغْفِرْ لَنَا
وَٱرْحَمْنَآ أَنتَ مَوْلَىٰنَا فَٱنصُرْنَا عَلَى ٱلْقَوْمِ
ٱلْكَـٰفِرِينَ ۝

3. SURA DE LA FAMILIA DE IMRAN.

En el nombre de Allah, el Misericordioso, el Compasivo.

(1) Alif, Lam, Mim.

Allah, no hay dios sino El, el Viviente, el Sustentador.

الٓمَّ ۝ اللَّهُ لَآ إِلَهَ إِلَّا هُوَ الْحَيُّ الْقَيُّومُ ۝

(2) Ha hecho que descienda sobre ti el Libro con la Verdad confirmando lo que ya había, al igual que hizo descender la Torá y el Inyil*

* [El Inyil es el libro que fue revelado a Isa (Jesús), sobre él la paz. No tuvo expresión escrita, sino que descendió a su corazón y se expresó en sus dichos y hechos. No se corresponde exactamente con lo que se conoce como los Evangelios y por eso se ha mantenido la voz "Inyil".]

نَزَّلَ عَلَيْكَ الْكِتَبَ بِالْحَقِّ مُصَدِّقًا لِّمَا بَيْنَ يَدَيْهِ وَأَنزَلَ التَّوْرَىٰةَ وَالْإِنجِيلَ ۝

(3) Anteriormente como guía para los hombres. Y ha hecho descender el Discernimiento.

مِن قَبْلُ هُدًى لِّلنَّاسِ وَأَنزَلَ الْفُرْقَانَ ۝

(4) Es cierto que los que niegan los signos de Allah tendrán un fuerte castigo.

Allah es Irresistible, Dueño de venganza.

إِنَّ الَّذِينَ كَفَرُوا بِآيَاتِ اللَّهِ لَهُمْ عَذَابٌ شَدِيدٌ وَاللَّهُ عَزِيزٌ ذُو انتِقَامٍ ۝

(5) No hay nada, ni en la tierra ni en el cielo, que se esconda a Allah.

إِنَّ اللَّهَ لَا يَخْفَىٰ عَلَيْهِ شَيْءٌ فِي الْأَرْضِ وَلَا فِي السَّمَاءِ ۝

سُورَةُ اَلِ عِمْرَانَ ــ اَلْجُزْءُ الثَّالِثُ

(6) El es Quien os forma en las matrices como quiere.

No hay dios sino El, el Poderoso, el Sabio.

هُوَ ٱلَّذِى يُصَوِّرُكُمْ فِى ٱلْأَرْحَامِ كَيْفَ يَشَآءُ لَآ إِلَٰهَ إِلَّا هُوَ ٱلْعَزِيزُ ٱلْحَكِيمُ ٦

(7) El es Quien ha hecho descender sobre ti el Libro, en el que hay signos (aleyas) precisos que son la madre del Libro y otros ambiguos.

Los que tienen una desviación en el corazón siguen lo ambiguo, con ánimo de discordia y con pretensión de interpretarlo, pero su interpretación sólo Allah la conoce.

Y los arraigados en el conocimiento dicen : Creemos, en él, todo procede de nuestro Señor.

Pero sólo recapacitan los que saben reconocer lo esencial.

هُوَ ٱلَّذِىٓ أَنزَلَ عَلَيْكَ ٱلْكِتَٰبَ مِنْهُ ءَايَٰتٌ مُّحْكَمَٰتٌ هُنَّ أُمُّ ٱلْكِتَٰبِ وَأُخَرُ مُتَشَٰبِهَٰتٌ فَأَمَّا ٱلَّذِينَ فِى قُلُوبِهِمْ زَيْغٌ فَيَتَّبِعُونَ مَا تَشَٰبَهَ مِنْهُ ٱبْتِغَآءَ ٱلْفِتْنَةِ وَٱبْتِغَآءَ تَأْوِيلِهِۦ وَمَا يَعْلَمُ تَأْوِيلَهُۥٓ إِلَّا ٱللَّهُ وَٱلرَّٰسِخُونَ فِى ٱلْعِلْمِ يَقُولُونَ ءَامَنَّا بِهِۦ كُلٌّ مِّنْ عِندِ رَبِّنَا وَمَا يَذَّكَّرُ إِلَّآ أُو۟لُوا۟ ٱلْأَلْبَٰبِ ٧

(8) ¡Señor nuestro! No desvíes nuestros corazones después de habernos guiado y concédenos misericordia procedente de Ti, ciertamente Tú eres el Dador Generoso.

رَبَّنَا لَا تُزِغْ قُلُوبَنَا بَعْدَ إِذْ هَدَيْتَنَا وَهَبْ لَنَا مِن لَّدُنكَ رَحْمَةً إِنَّكَ أَنتَ ٱلْوَهَّابُ ٨

(9) ¡Señor nuestro! Es verdad que vas a reunir a los hombres en un día sobre el que no hay duda. Allah no falta a la promesa.

رَبَّنَآ إِنَّكَ جَامِعُ ٱلنَّاسِ لِيَوْمٍ لَّا رَيْبَ فِيهِ إِنَّ ٱللَّهَ لَا يُخْلِفُ ٱلْمِيعَادَ ٩

(10) Es cierto que a los que se niegan a creer, de nada les servirán sus riquezas y sus hijos ante

إِنَّ ٱلَّذِينَ كَفَرُوا۟ لَن تُغْنِىَ عَنْهُمْ أَمْوَٰلُهُمْ وَلَآ

Allah; son combustible del Fuego.

أَوْلَـٰدُهُم مِّنَ اللَّهِ شَيْئًا وَأُولَـٰئِكَ هُمْ وَقُودُ النَّارِ ۝

(11) Tal y como ocurrió con la familia de Firaún y con quienes les precedieron: Negaron la verdad de Nuestros signos y Allah los agarró a causa de sus transgresiones. Allah es Fuerte castigando.

كَدَأْبِ ءَالِ فِرْعَوْنَ وَالَّذِينَ مِن قَبْلِهِمْ كَذَّبُوا بِعَايَـٰتِنَا فَأَخَذَهُمُ اللَّهُ بِذُنُوبِهِمْ وَاللَّهُ شَدِيدُ الْعِقَابِ ۝

(12) Di a quienes se niegan a creer: Seréis vencidos y reunidos (para ser llevados) a Yahannam. ¡Qué mal lecho!

قُل لِّلَّذِينَ كَفَرُوا سَتُغْلَبُونَ وَتُحْشَرُونَ إِلَىٰ جَهَنَّمَ وَبِئْسَ الْمِهَادُ ۝

(13) Hubo un signo para vosotros en los dos ejércitos que se enfrentaron. Unos combatían en el camino de Allah y a ojos de los otros, que eran incrédulos, les parecieron el doble que ellos. Allah ayuda con Su auxilio a quien quiere. Y ciertamente esto encierra una enseñanza para los que pueden ver.

قَدْ كَانَ لَكُمْ ءَايَةٌ فِي فِئَتَيْنِ الْتَقَتَا فِئَةٌ تُقَاتِلُ فِي سَبِيلِ اللَّهِ وَأُخْرَىٰ كَافِرَةٌ يَرَوْنَهُم مِّثْلَيْهِمْ رَأْيَ الْعَيْنِ وَاللَّهُ يُؤَيِّدُ بِنَصْرِهِ مَن يَشَاءُ إِنَّ فِي ذَٰلِكَ لَعِبْرَةً لِّأُولِي الْأَبْصَارِ ۝

(14) A los hombres se les ha embellecido el amor por todo lo deseable: las mujeres, los hijos, la acumulación de caudales de oro y plata, los caballos de raza, los animales de rebaño y las tierras de labor.

Ese es el disfrute de la vida de este mundo, pero Allah tiene junto a Sí el lugar de retorno más hemoso.

زُيِّنَ لِلنَّاسِ حُبُّ الشَّهَوَاتِ مِنَ النِّسَاءِ وَالْبَنِينَ وَالْقَنَاطِيرِ الْمُقَنطَرَةِ مِنَ الذَّهَبِ وَالْفِضَّةِ وَالْخَيْلِ الْمُسَوَّمَةِ وَالْأَنْعَامِ وَالْحَرْثِ ذَٰلِكَ مَتَاعُ الْحَيَوٰةِ الدُّنْيَا وَاللَّهُ عِندَهُ حُسْنُ الْمَآبِ ۝

(15) Di: ¿Queréis saber algo mejor que eso?

Quien tenga temor (de Allah), tendrá junto a su Señor jardines por los que corren los ríos; allí serán inmortales, tendrán esposas puras y complacencia de Allah. Allah ve a los siervos.

﴿ قُلْ أَؤُنَبِّئُكُم بِخَيْرٍ مِّن ذَلِكُمْ لِلَّذِينَ ٱتَّقَوْا عِندَ رَبِّهِمْ جَنَّاتٌ تَجْرِى مِن تَحْتِهَا ٱلْأَنْهَارُ خَالِدِينَ فِيهَا وَأَزْوَاجٌ مُّطَهَّرَةٌ وَرِضْوَانٌ مِّنَ ٱللَّهِ وَٱللَّهُ بَصِيرٌ بِٱلْعِبَادِ ﴾

(16) Los que dicen: ¡Señor nuestro! Creemos, perdónanos las faltas y presérvanos del castigo del Fuego.

ٱلَّذِينَ يَقُولُونَ رَبَّنَآ إِنَّنَآ ءَامَنَّا فَٱغْفِرْ لَنَا ذُنُوبَنَا وَقِنَا عَذَابَ ٱلنَّارِ ﴿١٦﴾

(17) Los pacientes, los veraces, los que se entregan, a la obediencia los que dan y los que piden perdón en el tiempo anterior al alba.

ٱلصَّابِرِينَ وَٱلصَّادِقِينَ وَٱلْقَانِتِينَ وَٱلْمُنفِقِينَ وَٱلْمُسْتَغْفِرِينَ بِٱلْأَسْحَارِ ﴿١٧﴾

(18) Allah atestigua que no hay dios sino El, así como los ángeles y los dotados de conocimiento, rigiendo (Su creación) con equidad.

No hay dios sino El, el Inigualable, el Sabio.

شَهِدَ ٱللَّهُ أَنَّهُ لَآ إِلَهَ إِلَّا هُوَ وَٱلْمَلَٰٓئِكَةُ وَأُوْلُوا ٱلْعِلْمِ قَآئِمًا بِٱلْقِسْطِ لَآ إِلَهَ إِلَّا هُوَ ٱلْعَزِيزُ ٱلْحَكِيمُ ﴿١٨﴾

(19) Realmente la práctica de Adoración ante Allah es el Islam*.

Los que recibieron el Libro no discreparon sino después de haberles llegado el conocimiento, por envidias entre ellos.

Y quien niega los signos de Allah... Cierto es que Allah es

إِنَّ ٱلدِّينَ عِندَ ٱللَّهِ ٱلْإِسْلَٰمُ وَمَا ٱخْتَلَفَ ٱلَّذِينَ أُوتُوا ٱلْكِتَٰبَ إِلَّا مِنۢ بَعْدِ مَا جَآءَهُمُ ٱلْعِلْمُ بَغْيًا بَيْنَهُمْ وَمَن يَكْفُرْ بِـَٔايَٰتِ ٱللَّهِ فَإِنَّ ٱللَّهَ سَرِيعُ ٱلْحِسَابِ ﴿١٩﴾

سُورَةُ آلِ عِمْرَانَ ــ الجُزْءُ الثَّالِثُ

Rápido en la cuenta.

* [Es decir, la práctica o forma de adoración que Allah acepta es el Islam, la sumisión.]

(20) Si te cuestionan, di: He sometido mi rostro a Allah, al igual que los que me siguen. Diles a los que recibieron el Libro y a los ignorantes: ¿No os someteréis*? Si se someten habrán sido guiados, pero si se apartan...La verdad es que a ti sólo te incumbe la transmisión. Allah ve a los siervos.

* [Es decir, ¿No os haréis musulmanes?]

فَإِنْ حَاجُّوكَ فَقُلْ أَسْلَمْتُ وَجْهِيَ لِلَّهِ وَمَنِ اتَّبَعَنِ وَقُل لِّلَّذِينَ أُوتُواْ الْكِتَابَ وَالأُمِّيِّينَ ءَأَسْلَمْتُمْ فَإِنْ أَسْلَمُواْ فَقَدِ اهْتَدَواْ وَّإِن تَوَلَّوْاْ فَإِنَّمَا عَلَيْكَ الْبَلاَغُ وَاللَّهُ بَصِيرٌ بِالْعِبَادِ ۩

(21) Realmente los que niegan los signos de Allah y matan a los profetas sin derecho alguno y matan a quienes ordenan la equidad entre los hombres... Anúnciales un castigo doloroso.

إِنَّ الَّذِينَ يَكْفُرُونَ بِآيَاتِ اللَّهِ وَيَقْتُلُونَ النَّبِيِّينَ بِغَيْرِ حَقٍّ وَيَقْتُلُونَ الَّذِينَ يَأْمُرُونَ بِالْقِسْطِ مِنَ النَّاسِ فَبَشِّرْهُم بِعَذَابٍ أَلِيمٍ ۩

(22) Esos son aquéllos cuyas acciones serán inútiles en esta vida y en la Ultima; y no tendrán quien les auxilie.

أُوْلَئِكَ الَّذِينَ حَبِطَتْ أَعْمَالُهُمْ فِي الدُّنْيَا وَالآخِرَةِ وَمَا لَهُم مِّن نَّاصِرِينَ ۩

(23) ¿No has visto cómo los que recibieron una parte del Libro recurren al Libro de Allah para que sirva de juicio entre ellos y cómo luego hay un grupo que da la espalda y se desentiende?

أَلَمْ تَرَ إِلَى الَّذِينَ أُوتُواْ نَصِيبًا مِّنَ الْكِتَابِ يُدْعَوْنَ إِلَى كِتَابِ اللَّهِ لِيَحْكُمَ بَيْنَهُمْ ثُمَّ يَتَوَلَّى فَرِيقٌ مِّنْهُمْ وَهُم مُّعْرِضُونَ ۩

(24) Eso es porque dicen: El Fuego

ذَلِكَ بِأَنَّهُمْ قَالُواْ لَن تَمَسَّنَا النَّارُ إِلاَّ أَيَّامًا

no nos tocará sino días contados. Lo que habían inventado les ha falseado su Práctica de Adoración.

مَّعْدُودَاتٍ وَغَرَّهُمْ فِى دِينِهِم مَّا كَانُوا يَفْتَرُونَ ۝

(25) ¿Y qué ocurrirá cuando un día, sobre el que no cabe duda, los reunamos y a cada uno se le pague por lo que se haya ganado sin que se le trate injustamente?

فَكَيْفَ إِذَا جَمَعْنَهُمْ لِيَوْمٍ لَّا رَيْبَ فِيهِ وَوُفِّيَتْ كُلُّ نَفْسٍ مَّا كَسَبَتْ وَهُمْ لَا يُظْلَمُونَ ۝

(26) Di: ¡Allah, Rey de la Soberanía! Das el Dominio a quien quieres y se lo quitas a quien quieres. Y das poder a quien quieres y humillas a quien quieres. El bien está en Tu mano*. Realmente eres Poderoso sobre todas las cosas.

[También cabe traducir: el bien es por Tu mano]

قُلِ اللَّهُمَّ مَلِكَ الْمُلْكِ تُؤْتِى الْمُلْكَ مَن تَشَاءُ وَتَنزِعُ الْمُلْكَ مِمَّن تَشَاءُ وَتُعِزُّ مَن تَشَاءُ وَتُذِلُّ مَن تَشَاءُ بِيَدِكَ الْخَيْرُ إِنَّكَ عَلَىٰ كُلِّ شَىْءٍ قَدِيرٌ ۝

(27) Haces que la noche entre en el día y que el día entre en la noche. Haces salir lo vivo de lo muerto y lo muerto de lo vivo; y provees a quien quieres sin limitación.

تُولِجُ الَّيْلَ فِى النَّهَارِ وَتُولِجُ النَّهَارَ فِى الَّيْلِ وَتُخْرِجُ الْحَىَّ مِنَ الْمَيِّتِ وَتُخْرِجُ الْمَيِّتَ مِنَ الْحَىِّ وَتَرْزُقُ مَن تَشَاءُ بِغَيْرِ حِسَابٍ ۝

(28) Que los creyentes no tomen por amigos* a los incrédulos en vez de a los que creen. Quien lo haga... no tendrá nada que ver con Allah. A menos que sea para guardaros de ellos.
Allah os advierte que tengáis cuidado con El. Y a Allah habéis de volver.

* [Aliados o protectores]

لَا يَتَّخِذِ الْمُؤْمِنُونَ الْكَافِرِينَ أَوْلِيَاءَ مِن دُونِ الْمُؤْمِنِينَ وَمَن يَفْعَلْ ذَلِكَ فَلَيْسَ مِنَ اللَّهِ فِى شَىْءٍ إِلَّا أَن تَتَّقُوا مِنْهُمْ تُقَيَةً وَيُحَذِّرُكُمُ اللَّهُ نَفْسَهُ وَإِلَى اللَّهِ الْمَصِيرُ ۝

سُورَةُ آلِ عِمْرَانَ ـ الجُزْءُ الثَّالِثُ

(29) Di: Tanto si escondéis lo que hay en vuestros pechos como si lo mostráis, Allah lo sabe. Y conoce lo que hay en los cielos y en la tierra.
Allah es Poderoso sobre todas las cosas.

قُل إِن تُخْفُوا مَا فِي صُدُورِكُمْ أَوْ تُبْدُوهُ يَعْلَمْهُ اللَّهُ وَيَعْلَمُ مَا فِي السَّمَوَٰتِ وَمَا فِي الْأَرْضِ وَاللَّهُ عَلَىٰ كُلِّ شَيْءٍ قَدِيرٌ ۝

(30) El día en que cada uno encuentre ante sí el bien y el mal que haya hecho, deseará que de éste último, le separe una gran distancia.
Allah os advierte que tengáis cuidado con Él.
Allah es Clemente y Misericordioso con los siervos.

يَوْمَ تَجِدُ كُلُّ نَفْسٍ مَّا عَمِلَتْ مِنْ خَيْرٍ مُّحْضَرًا وَمَا عَمِلَتْ مِن سُوءٍ تَوَدُّ لَوْ أَنَّ بَيْنَهَا وَبَيْنَهُ أَمَدَا بَعِيدًا وَيُحَذِّرُكُمُ اللَّهُ نَفْسَهُ وَاللَّهُ رَؤُوفٌ بِالْعِبَادِ ۝

(31) Di: Si amáis a Allah, seguidme, que Allah os amará y perdonará vuestras faltas. Allah es Perdonador y Compasivo.

قُلْ إِن كُنتُمْ تُحِبُّونَ اللَّهَ فَاتَّبِعُونِي يُحْبِبْكُمُ اللَّهُ وَيَغْفِرْ لَكُمْ ذُنُوبَكُمْ وَاللَّهُ غَفُورٌ رَّحِيمٌ ۝

(32) Di: Obedeced a Allah y al Mensajero pero si os apartáis...
Ciertamente Allah no ama a los que reniegan.

قُلْ أَطِيعُوا اللَّهَ وَالرَّسُولَ فَإِن تَوَلَّوْا فَإِنَّ اللَّهَ لَا يُحِبُّ الْكَٰفِرِينَ ۝

(33) Allah eligió a Adam, a Nuh, a la familia de Ibrahim y a la familia de Imrán* por encima de los mundos.
* [La familia de Imrán es la familia de la que procede Maryam y por lo tanto el profeta Isa.]

إِنَّ اللَّهَ اصْطَفَىٰ ءَادَمَ وَنُوحًا وَءَالَ إِبْرَٰهِيمَ وَءَالَ عِمْرَٰنَ عَلَى الْعَٰلَمِينَ ۝

(34) (Los eligió) generación tras generación.
Allah es Oyente y Conocedor.

ذُرِّيَّةً بَعْضُهَا مِنْ بَعْضٍ وَاللَّهُ سَمِيعٌ عَلِيمٌ ۝

(35) Cuando dijo la mujer de Imrán*: ¡Señor mío! Hago la promesa de ofrecerte lo que hay en mi vientre, para que se dedique exclusivamente a Tu servicio, libre de las obligaciones del mundo. Acéptalo de mi; verdaderamente Tu eres Quien oye y Quien sabe.

* [Su nombre era Hannah bint Faqud]

اذْ قَالَتِ ٱمْرَأَتُ عِمْرَنَ رَبِّ إِنِّى نَذَرْتُ لَكَ مَا فِى بَطْنِى مُحَرَّرًا فَتَقَبَّلْ مِنِّى إِنَّكَ أَنتَ ٱلسَّمِيعُ ٱلْعَلِيمُ ۝

(36) Y una vez hubo parido dijo: ¡Señor mío! He dado a luz una hembra —y bien sabía Allah lo que había parido; y no es el varón como la hembra. La he llamado Maryam: A ella y a su descendencia los refugio en Ti del Shaytán lapidado.

فَلَمَّا وَضَعَتْهَا قَالَتْ رَبِّ إِنِّى وَضَعْتُهَآ أُنثَى وَٱللَّهُ أَعْلَمُ بِمَا وَضَعَتْ وَلَيْسَ ٱلذَّكَرُ كَٱلْأُنثَى وَإِنِّى سَمَّيْتُهَا مَرْيَمَ وَإِنِّى أُعِيذُهَا بِكَ وَذُرِّيَّتَهَا مِنَ ٱلشَّيْطَنِ ٱلرَّجِيمِ ۝

(37) Su Señor la aceptó con buena acogida, hizo que se criara bien y la confió a Zakariyya. Cada vez que Zakariyya la visitaba en su lugar de oración, encontraba junto a ella provisión.

Decía: ¡Maryam! ¿Cómo es que tienes esto?

Decía ella: Esto procede de Allah, es cierto que Allah provee a quien quiere sin limitación.

فَتَقَبَّلَهَا رَبُّهَا بِقَبُولٍ حَسَنٍ وَأَنبَتَهَا نَبَاتًا حَسَنًا وَكَفَّلَهَا زَكَرِيَّا كُلَّمَا دَخَلَ عَلَيْهَا زَكَرِيَّا ٱلْمِحْرَابَ وَجَدَ عِندَهَا رِزْقًا قَالَ يَمَرْيَمُ أَنَّى لَكِ هَذَا قَالَتْ هُوَ مِنْ عِندِ ٱللَّهِ إِنَّ ٱللَّهَ يَرْزُقُ مَن يَشَآءُ بِغَيْرِ حِسَابٍ ۝

(38) Entonces Zakariyya suplicó a su Señor y dijo: ¡Señor mío! Concédeme una buena descendencia procedente de Ti; realmente Tú eres el que atiende las súplicas.

هُنَالِكَ دَعَا زَكَرِيَّا رَبَّهُ قَالَ رَبِّ هَبْ لِى مِن لَّدُنكَ ذُرِّيَّةً طَيِّبَةً إِنَّكَ سَمِيعُ ٱلدُّعَآءِ ۝

(39) Y los ángeles lo llamaron mientras permanecía en pie rezando en el lugar de oración: Allah te anuncia la buena noticia (del nacimiento) de Yahya, que será confirmador de una palabra de Allah*, señor, casto, y de entre los justos, profeta.

* [La Palabra de Allah es el profeta Isa, Jesús.]

فَنَادَتْهُ الْمَلَيِكَةُ وَهُوَقَآيِمٌ يُصَلِّي فِي الْمِحْرَابِ أَنَّ اللَّهَ يُبَشِّرُكَ بِيَحْيَى مُصَدِّقَا بِكَلِمَةٍ مِّنَ اللَّهِ وَسَيِّدًا وَحَصُورًا وَنَبِيًّا مِّنَ الصَّالِحِينَ ۝

(40) Dijo: ¡Señor mío! ¿Cómo es que voy a tener un hijo si he alcanzado ya la vejez y mi mujer es estéril?

Dijo: Así es, Allah hace lo que quiere.

قَالَ رَبِّ أَنَّى يَكُونُ لِي غُلَامٌ وَقَدْ بَلَغَنِيَ الْكِبَرُ وَامْرَأَتِي عَاقِرٌ قَالَ كَذَلِكَ اللَّهُ يَفْعَلُ مَا يَشَآءُ ۝

(41) Dijo: ¡Señor mío! Dame una señal.

Dijo: Tu señal será que, durante tres días, no podrás hablar a la gente excepto por señas.

Invoca mucho a tu Señor y ora mañana y tarde.

قَالَ رَبِّ اجْعَل لِّي ءَايَةً قَالَ ءَايَتُكَ أَلَّا تُكَلِّمَ النَّاسَ ثَلَاثَةَ أَيَّامٍ إِلَّا رَمْزًا وَاذْكُر رَّبَّكَ كَثِيرًا وَسَبِّحْ بِالْعَشِيِّ وَالْإِبْكَرِ ۝

(42) Y cuando dijeron los ángeles: ¡Maryam! Allah te ha elegido, te ha purificado y te ha escogido entre todas las mujeres de la creación).

[Lit. de los mundos]

وَإِذْ قَالَتِ الْمَلَيِكَةُ يَمَرْيَمُ إِنَّ اللَّهَ اصْطَفَيكِ وَطَهَّرَكِ وَاصْطَفَيكِ عَلَى نِسَآءِ الْعَلَمِينَ ۝

(43) ¡Maryam! Dedícate por entero al servicio de tu Señor y póstrate e inclínate con los que se inclinan.

يَمَرْيَمُ اقْنُتِي لِرَبِّكِ وَاسْجُدِي وَارْكَعِي مَعَ الرَّكِعِينَ ۝

(44) Estas son noticias del No-Visto que te inspiramos.

Tú* no estabas con ellos cuando echaron a suertes con sus flechas para saber cuál de ellos sería el tutor de Maryam, ni estabas allí cuando discutieron.

* [Muhammad]

ذَٰلِكَ مِنْ أَنۢبَآءِ ٱلْغَيْبِ نُوحِيهِ إِلَيْكَ وَمَا كُنتَ لَدَيْهِمْ إِذْ يُلْقُونَ أَقْلَٰمَهُمْ أَيُّهُمْ يَكْفُلُ مَرْيَمَ وَمَا كُنتَ لَدَيْهِمْ إِذْ يَخْتَصِمُونَ ٤٤

(45) Cuando dijeron los ángeles: ¡Maryam! Allah te anuncia una palabra procedente de El cuyo nombre será el Ungido*, Isa hijo de Maryam; tendrá un alto rango en esta vida y en la Ultima; y será de los que tengan proximidad.

* [En árabe al-Masih, que se corresponde con Mesías]

إِذْ قَالَتِ ٱلْمَلَٰٓئِكَةُ يَٰمَرْيَمُ إِنَّ ٱللَّهَ يُبَشِّرُكِ بِكَلِمَةٍ مِّنْهُ ٱسْمُهُ ٱلْمَسِيحُ عِيسَى ٱبْنُ مَرْيَمَ وَجِيهًا فِي ٱلدُّنْيَا وَٱلْأَخِرَةِ وَمِنَ ٱلْمُقَرَّبِينَ ٤٥

(46) En la cuna y siendo un hombre maduro, hablará a la gente y será de los justos.

وَيُكَلِّمُ ٱلنَّاسَ فِي ٱلْمَهْدِ وَكَهْلًا وَمِنَ ٱلصَّٰلِحِينَ ٤٦

(47) Dijo: ¡Señor mío! ¿Cómo voy a tener un hijo si ningún hombre me ha tocado? Dijo: Así será, Allah crea lo que quiere; cuando decide un asunto le basta decir: ¡Sé! Y es.

قَالَتْ رَبِّ أَنَّىٰ يَكُونُ لِي وَلَدٌ وَلَمْ يَمْسَسْنِي بَشَرٌ قَالَ كَذَٰلِكِ ٱللَّهُ يَخْلُقُ مَا يَشَآءُ إِذَا قَضَىٰٓ أَمْرًا فَإِنَّمَا يَقُولُ لَهُ كُن فَيَكُونُ ٤٧

(48) Y le enseñará la Escritura y la Sabiduría, la Torá y el Inyil. Y será un mensajero para los hijos de Israel (y les dirá): He venido a vosotros con un signo de vuestro Señor.

Voy a crear para vosotros, a

وَيُعَلِّمُهُ ٱلْكِتَٰبَ وَٱلْحِكْمَةَ وَٱلتَّوْرَىٰةَ وَٱلْإِنجِيلَ وَرَسُولًا إِلَىٰ بَنِىٓ إِسْرَٰٓءِيلَ أَنِّي قَدْ جِئْتُكُم بِـَٔايَةٍ مِّن رَّبِّكُمْ أَنِّىٓ أَخْلُقُ لَكُم مِّنَ ٱلطِّينِ كَهَيْـَٔةِ ٱلطَّيْرِ فَأَنفُخُ فِيهِ فَيَكُونُ

partir del barro, algo con forma de ave. Soplaré en ello y será un ave con permiso de Allah.

Y sanaré al ciego y al leproso y daré vida a los muertos con permiso de Allah y os diré (sin verlo) lo que coméis y lo que guardáis en vuestras casas. Y, si sois creyentes, en ello tenéis un signo.

طَيْرًا بِإِذْنِ اللَّهِ وَأُبْرِئُ الْأَكْمَهَ وَالْأَبْرَصَ وَأُحْىِ الْمَوْتَىٰ بِإِذْنِ اللَّهِ وَأُنَبِّئُكُم بِمَا تَأْكُلُونَ وَمَا تَدَّخِرُونَ فِى بُيُوتِكُمْ إِنَّ فِى ذَٰلِكَ لَآيَةً لَّكُمْ إِن كُنتُم مُّؤْمِنِينَ ۝

(49) Soy un confirmador de lo que había antes de mí en la Torá y os haré lícito parte de lo que se os prohibió.

He venido a vosotros con un signo de vuestro Señor, así pues, temed a Allah y obedecedle.

وَمُصَدِّقًا لِّمَا بَيْنَ يَدَىَّ مِنَ التَّوْرَاةِ وَلِأُحِلَّ لَكُم بَعْضَ الَّذِى حُرِّمَ عَلَيْكُمْ وَجِئْتُكُم بِآيَةٍ مِّن رَّبِّكُمْ فَاتَّقُوا اللَّهَ وَأَطِيعُونِ ۝

(50) Allah es mi Señor y el vuestro, ¡Adoradle! Esto es un camino recto.

إِنَّ اللَّهَ رَبِّى وَرَبُّكُمْ فَاعْبُدُوهُ هَٰذَا صِرَاطٌ مُّسْتَقِيمٌ ۝

(51) Y cuando Isa notó rechazo en ellos, dijo: ¿Quién defenderá conmigo la causa de Allah?

Entonces dijeron los más íntimos de los discípulos: Nosotros somos los defensores de Allah, en Allah creemos; da testimonio de que estamos sometidos*.

[Es decir, somos musulmanes]

فَلَمَّا أَحَسَّ عِيسَىٰ مِنْهُمُ الْكُفْرَ قَالَ مَنْ أَنصَارِى إِلَى اللَّهِ قَالَ الْحَوَارِيُّونَ نَحْنُ أَنصَارُ اللَّهِ آمَنَّا بِاللَّهِ وَاشْهَدْ بِأَنَّا مُسْلِمُونَ ۝

(52) ¡Señor nuestro! Creemos en lo que has hecho descender y seguimos al mensajero, incluye

رَبَّنَا آمَنَّا بِمَا أَنزَلْتَ وَاتَّبَعْنَا الرَّسُولَ فَاكْتُبْنَا

nuestro nombre entre los que dan testimonio.

مَعَ ٱلشَّٰهِدِينَ ۞

(53) Y maquinaron, pero Allah también maquinó y Allah es el que mejor maquina.

وَمَكَرُواْ وَمَكَرَ ٱللَّهُ وَٱللَّهُ خَيْرُ ٱلْمَٰكِرِينَ ۞

(54) Cuando dijo Allah: ¡Isa! Voy a llevarte y a elevarte hacia Mí y voy a poner tu pureza a salvo de los que no creen.

Hasta el día del Levantamiento consideraré a los que te hayan seguido por encima de los que se hayan negado a creer, luego volveréis a Mí y juzgaré entre vosotros sobre aquello en lo que discrepábais.

إِذْ قَالَ ٱللَّهُ يَٰعِيسَىٰٓ إِنِّي مُتَوَفِّيكَ وَرَافِعُكَ إِلَيَّ وَمُطَهِّرُكَ مِنَ ٱلَّذِينَ كَفَرُواْ وَجَاعِلُ ٱلَّذِينَ ٱتَّبَعُوكَ فَوْقَ ٱلَّذِينَ كَفَرُوٓاْ إِلَىٰ يَوْمِ ٱلْقِيَٰمَةِ ثُمَّ إِلَيَّ مَرْجِعُكُمْ فَأَحْكُمُ بَيْنَكُمْ فِيمَا كُنتُمْ فِيهِ تَخْتَلِفُونَ ۞

(55) Y a los que no creen, los castigaré con un severo castigo en esta vida y en la Ultima. No tendrán quien les auxilie.

فَأَمَّا ٱلَّذِينَ كَفَرُواْ فَأُعَذِّبُهُمْ عَذَابًا شَدِيدًا فِي ٱلدُّنْيَا وَٱلْأَخِرَةِ وَمَا لَهُم مِّن نَّٰصِرِينَ ۞

(56) Pero a quienes creen y practican las acciones de bien, los recompensaremos cumplidamente. Allah no ama a los injustos.

وَأَمَّا ٱلَّذِينَ ءَامَنُواْ وَعَمِلُواْ ٱلصَّٰلِحَٰتِ فَيُوَفِّيهِمْ أُجُورَهُمْ وَٱللَّهُ لَا يُحِبُّ ٱلظَّٰلِمِينَ ۞

(57) Esto te lo contamos como parte de los signos y del Recuerdo Sabio.

ذَٰلِكَ نَتْلُوهُ عَلَيْكَ مِنَ ٱلْأَيَٰتِ وَٱلذِّكْرِ ٱلْحَكِيمِ ۞

(58) Verdaderamente Isa, ante Allah, es como Adam.

Lo creó de tierra y luego le dijo: ¡Sé! Y fue.

إِنَّ مَثَلَ عِيسَىٰ عِندَ ٱللَّهِ كَمَثَلِ ءَادَمَ خَلَقَهُ مِن تُرَابٍ ثُمَّ قَالَ لَهُ كُن فَيَكُونُ ۞

(59) (Esto es) la verdad procedente de tu Señor, no seas de los que dudan.

ٱلْحَقُّ مِن رَّبِّكَ فَلَا تَكُن مِّنَ ٱلْمُمْتَرِينَ ۝

(60) Y a quien, después del conocimiento que te ha venido, te discuta sobre él, dile: Venid, llamemos a nuestros hijos y a los vuestros, a nuestras mujeres y a las vuestras y llamémonos a nosotros todos y luego pidamos y hagamos que la maldición de Allah caiga sobre los mentirosos.

فَمَنْ حَآجَّكَ فِيهِ مِنۢ بَعْدِ مَا جَآءَكَ مِنَ ٱلْعِلْمِ فَقُلْ تَعَالَوْاْ نَدْعُ أَبْنَآءَنَا وَأَبْنَآءَكُمْ وَنِسَآءَنَا وَنِسَآءَكُمْ وَأَنفُسَنَا وَأَنفُسَكُمْ ثُمَّ نَبْتَهِلْ فَنَجْعَل لَّعْنَتَ ٱللَّهِ عَلَى ٱلْكَٰذِبِينَ ۝

(61) Ciertamente esta es la verdadera historia* y no hay dios sino Allah. Y en verdad que Allah es el Inigualable, el Sabio.

* [De Isa]

إِنَّ هَٰذَا لَهُوَ ٱلْقَصَصُ ٱلْحَقُّ وَمَا مِنْ إِلَٰهٍ إِلَّا ٱللَّهُ وَإِنَّ ٱللَّهَ لَهُوَ ٱلْعَزِيزُ ٱلْحَكِيمُ ۝

(62) Y si vuelven la espalda... Es cierto que Allah conoce a los corruptores.

فَإِن تَوَلَّوْاْ فَإِنَّ ٱللَّهَ عَلِيمٌۢ بِٱلْمُفْسِدِينَ ۝

(63) Di: ¡Gente del Libro! Venid a una palabra común para todos: Adoremos únicamente a Allah, sin asociarle nada y no nos tomemos unos a otros por señores en vez de Allah.

Y si vuelven la espalda, decid: ¡Sed testigos de que somos musulmanes!

قُلْ يَٰٓأَهْلَ ٱلْكِتَٰبِ تَعَالَوْاْ إِلَىٰ كَلِمَةٍ سَوَآءٍۢ بَيْنَنَا وَبَيْنَكُمْ أَلَّا نَعْبُدَ إِلَّا ٱللَّهَ وَلَا نُشْرِكَ بِهِۦ شَيْـًٔا وَلَا يَتَّخِذَ بَعْضُنَا بَعْضًا أَرْبَابًا مِّن دُونِ ٱللَّهِ فَإِن تَوَلَّوْاْ فَقُولُواْ ٱشْهَدُواْ بِأَنَّا مُسْلِمُونَ ۝

(64) Di: ¡Gente del Libro! ¿Por qué disputáis sobre Ibrahim, si la Torá y el Inyil no se hicieron

يَٰٓأَهْلَ ٱلْكِتَٰبِ لِمَ تُحَآجُّونَ فِىٓ إِبْرَٰهِيمَ وَمَآ أُنزِلَتِ ٱلتَّوْرَىٰةُ وَٱلْإِنجِيلُ إِلَّا مِنۢ بَعْدِهِۦٓ

descender sino después de él?
¿Es que no razonaréis?

أَفَلَا تَعْقِلُونَ ۝

(65) Y estáis disputando sobre lo que
no sabéis. ¿Por qué disputáis
sobre aquello de lo que no
tenéis conocimiento?
Allah sabe y vosotros no
sabéis.

هَٰٓأَنتُمْ هَٰٓؤُلَآءِ حَٰجَجْتُمْ فِيمَا لَكُم بِهِۦ عِلْمٌ فَلِمَ
تُحَآجُّونَ فِيمَا لَيْسَ لَكُم بِهِۦ عِلْمٌ وَٱللَّهُ يَعْلَمُ
وَأَنتُمْ لَا تَعْلَمُونَ ۝

(66) Ibrahim no era ni judío ni cristiano, sino hanif y musulmán.
Y no uno de los asociadores.

مَا كَانَ إِبْرَٰهِيمُ يَهُودِيًّا وَلَا نَصْرَانِيًّا وَلَٰكِن
كَانَ حَنِيفًا مُّسْلِمًا وَمَا كَانَ مِنَ ٱلْمُشْرِكِينَ ۝

(67) En verdad los más dignos de (llamar suyo a) Ibrahim, son los
que le siguieron, este Profeta y
los que creen. Y Allah es Protector de los creyentes.

إِنَّ أَوْلَى ٱلنَّاسِ بِإِبْرَٰهِيمَ لَلَّذِينَ ٱتَّبَعُوهُ وَهَٰذَا
ٱلنَّبِيُّ وَٱلَّذِينَ ءَامَنُوا وَٱللَّهُ وَلِيُّ ٱلْمُؤْمِنِينَ ۝

(68) Hay algunos de la gente del
Libro que quisieran extra-
viaros, pero sólo se extravían a
sí mismos sin darse cuenta.

وَدَّت طَّآئِفَةٌ مِّنْ أَهْلِ ٱلْكِتَٰبِ لَوْ يُضِلُّونَكُمْ
وَمَا يُضِلُّونَ إِلَّا أَنفُسَهُمْ وَمَا يَشْعُرُونَ ۝

(69) ¡Gente del Libro! ¿Por qué negáis
los signos de Allah si sois testigos de ellos?

يَٰٓأَهْلَ ٱلْكِتَٰبِ لِمَ تَكْفُرُونَ بِـَٔايَٰتِ ٱللَّهِ وَأَنتُمْ
تَشْهَدُونَ ۝

(70) ¡Gente del Libro! ¿Por qué dis-
frazáis la verdad de falsedad y
ocultáis la verdad a sabiendas?

يَٰٓأَهْلَ ٱلْكِتَٰبِ لِمَ تَلْبِسُونَ ٱلْحَقَّ بِٱلْبَٰطِلِ وَتَكْتُمُونَ
ٱلْحَقَّ وَأَنتُمْ تَعْلَمُونَ ۝

(71) Una parte de la gente del Libro
dijo: Creed en lo que se les ha
hecho descender a los que
creen sólo al principio del día,

وَقَالَت طَّآئِفَةٌ مِّنْ أَهْلِ ٱلْكِتَٰبِ ءَامِنُوا
بِٱلَّذِي أُنزِلَ عَلَى ٱلَّذِينَ ءَامَنُوا وَجْهَ ٱلنَّهَارِ

pero dejad de creer en ello al final; puede que así desistan.

(72) Y no creáis en nadie que no siga vuestra misma forma de Adoración —Di: La guía de Allah es la Guía— ni creáis que se le pueda dar a nadie lo que se os ha dado a vosotros, ni que pueda tener pruebas contra vosotros ante vuestro Señor.

Di: El favor está en manos de Allah, y El lo da a quien quiere.

Allah es Espléndido y Conocedor.

(73) Distingue con Su misericordia a quien quiere; Allah es Poseedor del favor inmenso.

(74) De la gente del Libro hay algunos que si les confías una gran cantidad de dinero, te la devuelven, pero hay otros que aunque les confíes un dinar, sólo te lo devuelven después de pedírselo con insistencia. Eso es porque ellos han dicho: No hay medio de ir contra nosotros por lo que hagamos con los ignorantes*, diciendo una mentira contra Allah a pesar de que saben.

* [El término "ignorantes" es traducción de Ummiyyin que se refiere a los no judíos y equivale a "gentiles", aunque significa literalmente iletrado o analfabeto.

[Sobre esta aleya los comentaristas destacan que los judíos pretendían que Allah les había hecho lícita la riqueza de los que no fueran judíos y como consecuencia podían transgredir las leyes con ellos y obtener sus bienes por medios ilegítimos como la usura.]

(75) ¡Muy al contrario! Quien cumple su compromiso y es temeroso... Allah ama a los que Le temen.

بَلَىٰ مَنْ أَوْفَىٰ بِعَهْدِهِۦ وَاتَّقَىٰ فَإِنَّ اللَّهَ يُحِبُّ الْمُتَّقِينَ ٧٥

(76) La verdad es que los que venden el pacto de Allah y sus juramentos a bajo precio, no tendrán parte en la Ultima Vida.

Allah no les hablará ni los mirará el Día del Levantamiento ni los purificará: Tienen un castigo doloroso.

إِنَّ الَّذِينَ يَشْتَرُونَ بِعَهْدِ اللَّهِ وَأَيْمَانِهِمْ ثَمَنًا قَلِيلًا أُوْلَٰٓئِكَ لَا خَلَاقَ لَهُمْ فِي الْآخِرَةِ وَلَا يُكَلِّمُهُمُ اللَّهُ وَلَا يَنظُرُ إِلَيْهِمْ يَوْمَ الْقِيَٰمَةِ وَلَا يُزَكِّيهِمْ وَلَهُمْ عَذَابٌ أَلِيمٌ ٧٦

(77) Y hay una parte de ellos que tergiversan el Libro con sus lenguas, para que creáis que lo que recitan es parte de él.

Pero no es parte del Libro. Dicen: Esto viene de Allah; pero no es cierto que venga de Allah.

Dicen una mentira contra Allah, a sabiendas.

وَإِنَّ مِنْهُمْ لَفَرِيقًا يَلْوُونَ أَلْسِنَتَهُم بِالْكِتَٰبِ لِتَحْسَبُوهُ مِنَ الْكِتَٰبِ وَمَا هُوَ مِنَ الْكِتَٰبِ وَيَقُولُونَ هُوَ مِنْ عِندِ اللَّهِ وَمَا هُوَ مِنْ عِندِ اللَّهِ وَيَقُولُونَ عَلَى اللَّهِ الْكَذِبَ وَهُمْ يَعْلَمُونَ ٧٧

(78) No cabe en un ser humano a quien Allah le ha dado el Libro, la Sabiduría y la Profecía, que diga a los hombres: Sed siervos míos en vez de

مَا كَانَ لِبَشَرٍ أَن يُؤْتِيَهُ اللَّهُ الْكِتَٰبَ وَالْحُكْمَ وَالنُّبُوَّةَ ثُمَّ يَقُولَ لِلنَّاسِ كُونُوا عِبَادًا لِّي مِن دُونِ اللَّهِ وَلَٰكِن كُونُوا رَبَّٰنِيِّينَ بِمَا كُنتُمْ

سُورَةُ الِعِمْرَنَ ـ الْجُزْءُ الثَّالِثُ

تَعْلَمُونَ الْكِتَبَ وَبِمَا كُنتُمْ تَدْرُسُونَ ﴿٧٩﴾

(siervos de) Allah; sino más bien: Sed maestros, puesto que conocéis el Libro y lo habéis estudiado.

(79) Y no os ordena que toméis a los ángeles y a los profetas como señores. ¿Os iba a ordenar la incredulidad después de haber sido musulmanes?

وَلَا يَأْمُرَكُمْ أَن تَتَّخِذُوا الْمَلَيِكَةَ وَالنَّبِيِّنَ أَرْبَابًا أَيَأْمُرُكُم بِالْكُفْرِ بَعْدَ إِذْ أَنتُم مُّسْلِمُونَ ﴿٨٠﴾

(80) Y (ten presente) el compromiso que Allah pidió a los profetas: Os damos parte de un Libro y de una Sabiduría, luego vendrá a vosotros un mensajero que confirmará lo que tenéis; en él habréis de creer y le habréis de ayudar.
Dijo: ¿Estáis de acuerdo y aceptáis, en estos términos, Mi pacto? Dijeron: Estamos de acuerdo. Dijo: Dad testimonio, que Yo atestiguo con vosotros.

وَإِذْ أَخَذَ اللَّهُ مِيثَقَ النَّبِيِّنَ لَمَا ءَاتَيْتُكُم مِّن كِتَبٍ وَحِكْمَةٍ ثُمَّ جَآءَكُمْ رَسُولٌ مُّصَدِّقٌ لِّمَا مَعَكُمْ لَتُؤْمِنُنَّ بِهِ وَلَتَنصُرُنَّهُ قَالَ ءَأَقْرَرْتُمْ وَأَخَذْتُمْ عَلَى ذَلِكُمْ إِصْرِي قَالُوٓا أَقْرَرْنَا قَالَ فَاشْهَدُوا وَأَنَا مَعَكُم مِّنَ الشَّهِدِينَ ﴿٨١﴾

(81) Quien dé la espalda después de eso...Esos son los que se salen del camino.

فَمَن تَوَلَّى بَعْدَ ذَلِكَ فَأُوْلَيِكَ هُمُ الْفَسِقُونَ ﴿٨٢﴾

(82) ¿Acaso desearéis algo distinto a la Práctica de Adoración aceptada por Allah, cuando todos los que están en los cielos y en la tierra están sometidos a El, de grado o por fuerza, y a El tenéis que volver?*

* [En otra lectura: "Y a El tienen que volver"]

أَفَغَيْرَ دِينِ اللَّهِ يَبْغُونَ وَلَهُ أَسْلَمَ مَن فِي السَّمَوَتِ وَالْأَرْضِ طَوْعًا وَكَرْهًا وَإِلَيْهِ تُرْجَعُونَ ﴿٨٣﴾

(83) Di: Creemos en Allah y en lo que se ha hecho descender para nosotros y en lo que se hizo descender sobre Ibrahim, Ismail, Ishaq, Yaqub y las Tribus, así como lo que le fue dado a Musa, a Isa y a los profetas, procedente de su Señor; no excluimos a unos y aceptamos a otros y a El estamos sometidos.

قُلْ ءَامَنَّا بِاللَّهِ وَمَآ أُنزِلَ عَلَيْنَا وَمَآ أُنزِلَ عَلَىٰٓ إِبْرَٰهِيمَ وَإِسْمَٰعِيلَ وَإِسْحَٰقَ وَيَعْقُوبَ وَالْأَسْبَاطِ وَمَآ أُوتِىَ مُوسَىٰ وَعِيسَىٰ وَالنَّبِيُّونَ مِن رَّبِّهِمْ لَا نُفَرِّقُ بَيْنَ أَحَدٍ مِّنْهُمْ وَنَحْنُ لَهُۥ مُسْلِمُونَ ۝

(84) Y quien desee otra práctica de Adoración que no sea el Islam. no le será aceptada y en la Ultima Vida será de los perdedores.

وَمَن يَبْتَغِ غَيْرَ الْإِسْلَٰمِ دِينًا فَلَن يُقْبَلَ مِنْهُ وَهُوَ فِى الْآخِرَةِ مِنَ الْخَٰسِرِينَ ۝

(85) ¿Cómo guiará Allah a unos que después de haber creído y de haber atestiguado la verdad del Mensajero y después de haberles llegado las pruebas claras han renegado?

Allah no guía a las gentes injustas.

كَيْفَ يَهْدِى اللَّهُ قَوْمًا كَفَرُوا بَعْدَ إِيمَٰنِهِمْ وَشَهِدُوٓا أَنَّ الرَّسُولَ حَقٌّ وَجَآءَهُمُ الْبَيِّنَٰتُ وَاللَّهُ لَا يَهْدِى الْقَوْمَ الظَّٰلِمِينَ ۝

(86) La recompensa de éstos será que la maldición de Allah, la de los ángeles y la de todos los hombres, caerá sobre ellos.

أُو۟لَٰٓئِكَ جَزَآؤُهُمْ أَنَّ عَلَيْهِمْ لَعْنَةَ اللَّهِ وَالْمَلَٰٓئِكَةِ وَالنَّاسِ أَجْمَعِينَ ۝

(87) Inmortales en ello, no se les aliviará el castigo ni se les aplazará.

خَٰلِدِينَ فِيهَا لَا يُخَفَّفُ عَنْهُمُ الْعَذَابُ وَلَا هُمْ يُنظَرُونَ ۝

(88) Salvo aquellos que se vuelvan atrás arrepentidos y se corrijan,

إِلَّا الَّذِينَ تَابُوا۟ مِنۢ بَعْدِ ذَٰلِكَ وَأَصْلَحُوا۟ فَإِنَّ

pues es verdad que Allah es Perdonador, Compasivo.

أَللَّهَ غَفُورٌ رَّحِيمٌ ۝

(89) Ciertamente a los que han renegado después de haber creído y luego han persistido aumentando su incredulidad, no se les aceptará el arrepentimiento. Ellos son los extraviados.

إِنَّ ٱلَّذِينَ كَفَرُواْ بَعْدَ إِيمَٰنِهِمْ ثُمَّ ٱزْدَادُواْ كُفْرًا لَّن تُقْبَلَ تَوْبَتُهُمْ وَأُوْلَٰٓئِكَ هُمُ ٱلضَّآلُّونَ ۝

(90) El que se niegue a creer y muera siendo incrédulo no se le aceptará ningún rescate; aunque diera todo el oro que cabe en la tierra.
Esos tendrán un castigo doloroso y no habrá quien les auxilie.

إِنَّ ٱلَّذِينَ كَفَرُواْ وَمَاتُواْ وَهُمْ كُفَّارٌ فَلَن يُقْبَلَ مِنْ أَحَدِهِم مِّلْءُ ٱلْأَرْضِ ذَهَبًا وَلَوِ ٱفْتَدَىٰ بِهِۦٓ أُوْلَٰٓئِكَ لَهُمْ عَذَابٌ أَلِيمٌ وَمَا لَهُم مِّن نَّٰصِرِينَ ۝

(91) No alcanzaréis la virtud, hasta que no deis de lo que amáis.

۞ لَن تَنَالُواْ ٱلْبِرَّ حَتَّىٰ تُنفِقُواْ مِمَّا تُحِبُّونَ ۝

(92) Y cualquier cosa que deis, Allah la conoce.

وَمَا تُنفِقُواْ مِن شَىْءٍ فَإِنَّ ٱللَّهَ بِهِۦ عَلِيمٌ ۝

(93) Antes de que se hiciera descender la Torá, todos los alimentos eran lícitos para los hijos de Israel salvo los que el propio Israel* se prohibió a sí mismo.
Di: ¡Si es verdad lo que decís, traed la Torá y recitadla!
* [Israel es otro nombre del profeta Yaqub o Jacob.]

كُلُّ ٱلطَّعَامِ كَانَ حِلاًّ لِّبَنِىٓ إِسْرَآءِيلَ إِلَّا مَا حَرَّمَ إِسْرَآءِيلُ عَلَىٰ نَفْسِهِۦ مِن قَبْلِ أَن تُنَزَّلَ ٱلتَّوْرَىٰةُ قُلْ فَأْتُواْ بِٱلتَّوْرَىٰةِ فَٱتْلُوهَآ إِن كُنتُمْ صَٰدِقِينَ ۝

(94) El que invente la mentira contra Allah después de eso... Esos son los injustos.

فَمَنِ ٱفْتَرَىٰ عَلَى ٱللَّهِ ٱلْكَذِبَ مِنۢ بَعْدِ ذَٰلِكَ فَأُوْلَٰٓئِكَ هُمُ ٱلظَّٰلِمُونَ ۝

(95) Di: Allah ha dicho la verdad, seguid pues la religión de Ibrahim, que era hanif y no de los que asocian.

فَقُلْ صَدَقَ اللَّهُ فَاتَّبِعُوا مِلَّةَ إِبْرَٰهِيمَ حَنِيفًا وَمَا كَانَ مِنَ الْمُشْرِكِينَ ۝

(96) Es cierto que la primera casa* que fue erigida para los hombres fue la de Bakka*, bendita y guía para todos los mundos.

* [de adoración]

* [Es una variante de Makka, Meca.]

إِنَّ أَوَّلَ بَيْتٍ وُضِعَ لِلنَّاسِ لَلَّذِي بِبَكَّةَ مُبَارَكًا وَهُدًى لِّلْعَٰلَمِينَ ۝

(97) En ella hay signos claros: La estación de Ibrahim; quien entre en ella, estará a salvo. Los hombres tienen la obligación con Allah de peregrinar a la Casa, si encuentran medio de hacerlo. Y quien se niegue...

Ciertamente Allah es Rico con respecto a todas las criaturas.

فِيهِ ءَايَٰتٌ بَيِّنَٰتٌ مَّقَامُ إِبْرَٰهِيمَ وَمَن دَخَلَهُۥ كَانَ ءَامِنًا وَلِلَّهِ عَلَى النَّاسِ حِجُّ الْبَيْتِ مَنِ اسْتَطَاعَ إِلَيْهِ سَبِيلًا وَمَن كَفَرَ فَإِنَّ اللَّهَ غَنِيٌّ عَنِ الْعَٰلَمِينَ ۝

(98) Di: ¡Gente del Libro! ¿Por qué negáis los signos de Allah cuando Allah es Testigo de lo que hacéis?

قُلْ يَٰأَهْلَ الْكِتَٰبِ لِمَ تَكْفُرُونَ بِـَٔايَٰتِ اللَّهِ وَاللَّهُ شَهِيدٌ عَلَىٰ مَا تَعْمَلُونَ ۝

(99) Di: ¡Gente del Libro! ¿Por qué desviáis de la senda de Allah a quien cree y deseáis que sea tortuosa cuando vosotros mismos sois testigos (de su verdad)?

Allah no está descuidado de lo que hacéis.

قُلْ يَٰأَهْلَ الْكِتَٰبِ لِمَ تَصُدُّونَ عَن سَبِيلِ اللَّهِ مَنْ ءَامَنَ تَبْغُونَهَا عِوَجًا وَأَنتُمْ شُهَدَآءُ وَمَا اللَّهُ بِغَٰفِلٍ عَمَّا تَعْمَلُونَ ۝

(100) ¡Vosotros que creéis! Si obedecéis a algunos de los que

يَٰأَيُّهَا الَّذِينَ ءَامَنُوا إِن تُطِيعُوا فَرِيقًا مِّنَ الَّذِينَ

recibieron el Libro, conseguirán haceros caer en la incredulidad después de que habéis
creído.

ٱوْتُواْ ٱلْكِتَبَ يَرُدُّوكُم بَعْدَ إِيمَنِكُمْ
كَفِرِينَ ۝

(101) ¿Y cómo es que os negáis a
creer, cuando se os recitan los
signos de Allah y tenéis entre
vosotros a Su Mensajero?
Quien se aferre a Allah, será
guiado a un camino recto.

وَكَيْفَ تَكْفُرُونَ وَأَنتُمْ تُتْلَىٰ عَلَيْكُمْ ءَايَتُ
ٱللَّهِ وَفِيكُمْ رَسُولُهُ وَمَن يَعْتَصِم بِٱللَّهِ فَقَدْ
هُدِىَ إِلَىٰ صِرَٰطٍ مُّسْتَقِيمٍ ۝

(102) ¡Vosotros que creéis! Temed a
Allah como debe ser temido y
no muráis sin estar sometidos*.
* [Es decir, no murais sin ser
musulmanes]

يَـٰٓأَيُّهَا ٱلَّذِينَ ءَامَنُواْ ٱتَّقُواْ ٱللَّهَ حَقَّ تُقَاتِهِۦ
وَلَا تَمُوتُنَّ إِلَّا وَأَنتُم مُّسْلِمُونَ ۝

(103) Y aferráos todos juntos a la
cuerda de Allah y no os se-
paréis; y recordad el favor que
Allah ha tenido con vosotros
cuando, habiendo sido enemigos, ha unido vuestros corazones y por Su gracia os habéis
convertido en hermanos.
Estabais al borde de caer en el
Fuego y os salvó de ello.
Así os aclara Allah Sus signos.
Ojalá os guiéis.

وَٱعْتَصِمُواْ بِحَبْلِ ٱللَّهِ جَمِيعًا وَلَا تَفَرَّقُواْ
وَٱذْكُرُواْ نِعْمَتَ ٱللَّهِ عَلَيْكُمْ إِذْ كُنتُمْ
أَعْدَآءً فَأَلَّفَ بَيْنَ قُلُوبِكُمْ فَأَصْبَحْتُم بِنِعْمَتِهِۦٓ
إِخْوَٰنًا وَكُنتُمْ عَلَىٰ شَفَا حُفْرَةٍ مِّنَ ٱلنَّارِ
فَأَنقَذَكُم مِّنْهَا كَذَٰلِكَ يُبَيِّنُ ٱللَّهُ لَكُمْ
ءَايَتِهِۦ لَعَلَّكُمْ تَهْتَدُونَ ۝

(104) Para que de vosotros surja una
comunidad que llame al bien,
ordene lo reconocido e impida
lo reprobable. Esos son los que
cosecharán el éxito.

وَلْتَكُن مِّنكُمْ أُمَّةٌ يَدْعُونَ إِلَى ٱلْخَيْرِ وَيَأْمُرُونَ
بِٱلْمَعْرُوفِ وَيَنْهَوْنَ عَنِ ٱلْمُنكَرِ وَأُوْلَٰٓئِكَ هُمُ
ٱلْمُفْلِحُونَ ۝

(105) Y no seáis como aquéllos* que

وَلَا تَكُونُواْ كَٱلَّذِينَ تَفَرَّقُواْ وَٱخْتَلَفُواْ مِنۢ بَعْدِ

se dividieron y cayeron en discordia, cuando ya les habían llegado las pruebas claras. Esos tendrán un inmenso castigo.

*[Los judíos y los cristianos]

مَا جَاءَهُمُ الْبَيِّنَتُ وَأُوْلَئِكَ لَهُمْ عَذَابٌ عَظِيمٌ ۝

(106) El día en que unos rostros se vuelvan blancos y otros negros. Aquéllos cuyos rostros se ennegrezcan...

¡Renegásteis después de haber creído, gustad pues el castigo porque no creísteis!

يَوْمَ تَبْيَضُّ وُجُوهٌ وَتَسْوَدُّ وُجُوهٌ فَأَمَّا الَّذِينَ اسْوَدَّتْ وُجُوهُهُمْ أَكَفَرْتُم بَعْدَ إِيمَنِكُمْ فَذُوقُوا الْعَذَابَ بِمَا كُنتُمْ تَكْفُرُونَ ۝

(107) Aquéllos cuyos rostros se vuelvan blancos, estarán en la Misericordia de Allah, en ella serán inmortales.

وَأَمَّا الَّذِينَ ابْيَضَّتْ وُجُوهُهُمْ فَفِي رَحْمَةِ اللَّهِ هُمْ فِيهَا خَلِدُونَ ۝

(108) Esos son los signos de Allah que te recitamos con la verdad y Allah no quiere la injusticia para las criaturas.

تِلْكَ ءَايَتُ اللَّهِ نَتْلُوهَا عَلَيْكَ بِالْحَقِّ وَمَا اللَّهُ يُرِيدُ ظُلْمًا لِّلْعَلَمِينَ ۝

(109) A Allah pertenece cuanto hay en los cielos y en la tierra y a Allah se remiten los asuntos.

وَلِلَّهِ مَا فِي السَّمَوَتِ وَمَا فِي الْأَرْضِ وَإِلَى اللَّهِ تُرْجَعُ الْأُمُورُ ۝

(110) Sois la mejor comunidad que ha surgido en bien de los hombres. Ordenáis lo reconocido, impedís lo reprobable y creéis en Allah.

Y a la gente del Libro más les valdría creer.

Los hay creyentes, pero la mayorían se han salido del camino.

كُنتُمْ خَيْرَ أُمَّةٍ أُخْرِجَتْ لِلنَّاسِ تَأْمُرُونَ بِالْمَعْرُوفِ وَتَنْهَوْنَ عَنِ الْمُنكَرِ وَتُؤْمِنُونَ بِاللَّهِ وَلَوْ ءَامَنَ أَهْلُ الْكِتَبِ لَكَانَ خَيْرًا لَّهُم مِّنْهُمُ الْمُؤْمِنُونَ وَأَكْثَرُهُمُ الْفَسِقُونَ ۝

(111) No os harán ningún daño aparte de alguna molestia, y si combaten contra vosotros, volverán la espalda ante vuestra presencia. Y luego no se les prestará auxilio.

لَن يَضُرُّوكُمْ إِلَّآ أَذًى وَإِن يُقَٰتِلُوكُمْ يُوَلُّوكُمُ ٱلْأَدْبَارَ ثُمَّ لَا يُنصَرُونَ ۝

(112) Donde quiera que se encuentren tendrán que soportar la humillación, a menos que hayan hecho algún pacto con Allah o con los hombres.
Se ganaron la ira de Allah y se les impuso el yugo de la mezquindad. Porque negaron los signos de Allah y mataron a los profetas sin razón; y porque desobedecieron y fueron transgresores.

ضُرِبَتْ عَلَيْهِمُ ٱلذِّلَّةُ أَيْنَ مَا ثُقِفُوٓا۟ إِلَّا بِحَبْلٍ مِّنَ ٱللَّهِ وَحَبْلٍ مِّنَ ٱلنَّاسِ وَبَآءُو بِغَضَبٍ مِّنَ ٱللَّهِ وَضُرِبَتْ عَلَيْهِمُ ٱلْمَسْكَنَةُ ذَٰلِكَ بِأَنَّهُمْ كَانُوا۟ يَكْفُرُونَ بِـَٔايَٰتِ ٱللَّهِ وَيَقْتُلُونَ ٱلْأَنۢبِيَآءَ بِغَيْرِ حَقٍّ ذَٰلِكَ بِمَا عَصَوا۟ وَّكَانُوا۟ يَعْتَدُونَ ۝

(113) No todos los de la gente del Libro son iguales, los hay que forman una comunidad recta: recitan los signos de Allah durante la noche y se postran.

۞ لَيْسُوا۟ سَوَآءً مِّنْ أَهْلِ ٱلْكِتَٰبِ أُمَّةٌ قَآئِمَةٌ يَتْلُونَ ءَايَٰتِ ٱللَّهِ ءَانَآءَ ٱلَّيْلِ وَهُمْ يَسْجُدُونَ ۝

(114) Creen en Allah y en el Ultimo Día, ordenan lo reconocido e impiden lo reprobable y compiten en las acciones de bien. Esos son de los justos.

يُؤْمِنُونَ بِٱللَّهِ وَٱلْيَوْمِ ٱلْأَخِرِ وَيَأْمُرُونَ بِٱلْمَعْرُوفِ وَيَنْهَوْنَ عَنِ ٱلْمُنكَرِ وَيُسَٰرِعُونَ فِى ٱلْخَيْرَٰتِ وَأُو۟لَٰٓئِكَ مِنَ ٱلصَّٰلِحِينَ ۝

(115) Y el bien que hagáis... No se os negará. Allah conoce a los que Le temen.

وَمَا يَفْعَلُوا۟ مِنْ خَيْرٍ فَلَن يُكْفَرُوهُ وَٱللَّهُ عَلِيمٌ بِٱلْمُتَّقِينَ ۝

(116) Y realmente a los que se niegan a creer, de nada les servirán frente a Allah ni sus obras ni

إِنَّ ٱلَّذِينَ كَفَرُوا۟ لَن تُغْنِىَ عَنْهُمْ أَمْوَٰلُهُمْ وَلَآ أَوْلَٰدُهُم مِّنَ ٱللَّهِ شَيْـًٔا وَأُو۟لَٰٓئِكَ أَصْحَٰبُ

سُورَةُءَالِعِمْرَانَ ۔ الْجُزْءُالرَّابِعُ

sus hijos. Ellos son los compañeros del Fuego, en el que serán inmortales.

أَلنَّارِهُمْ فِيهَا خَلِدُونَ ۝

(117) Lo que gastan en la vida del mundo es como un viento helado que azota los campos de un pueblo injusto consigo mismo y los arrasa.

Pero no es Allah quien es injusto con ellos, sino que son ellos los injustos consigo mismos.

مَثَلُ مَا يُنفِقُونَ فِى هَذِهِ الْحَيَوٰةِ الدُّنْيَا كَمَثَلِ رِيحٍ فِيهَا صِرٌّ أَصَابَتْ حَرْثَ قَوْمٍ ظَلَمُوٓاْ أَنفُسَهُمْ فَأَهْلَكَتْهُ وَمَا ظَلَمَهُمُ اللَّهُ وَلَٰكِنْ أَنفُسَهُمْ يَظْلِمُونَ ۝

(118) ¡Vosotros que creéis! No toméis por amigos de confianza a quienes no sean de los vuestros, porque no cejarán en el empeño de corromperos; desean vuestro mal. La ira asoma por sus bocas, pero lo que ocultan sus pechos es aún peor.

Y si razonáis, ya se os han aclarado los signos...

يَٰٓأَيُّهَا الَّذِينَ ءَامَنُواْ لَا تَتَّخِذُواْ بِطَانَةً مِّن دُونِكُمْ لَا يَأْلُونَكُمْ خَبَالًا وَدُّواْ مَا عَنِتُّمْ قَدْ بَدَتِ الْبَغْضَآءُ مِنْ أَفْوَٰهِهِمْ وَمَا تُخْفِى صُدُورُهُمْ أَكْبَرُ قَدْ بَيَّنَّا لَكُمُ الْءَايَٰتِ إِن كُنتُمْ تَعْقِلُونَ ۝

(119) ¿Pero cómo es que vosotros, que creéis en todos los libros revelados, los amáis mientras que ellos no os aman?

Cuando se encuentran con vosotros dicen: Creemos.

Pero cuando están a solas se muerden los dedos de rabia contra vosotros. Di: ¡Morid con vuestra rabia!

Realmente Allah conoce lo que hay en los pechos.

هَٰٓأَنتُمْ أُوْلَآءِ تُحِبُّونَهُمْ وَلَا يُحِبُّونَكُمْ وَتُؤْمِنُونَ بِالْكِتَٰبِ كُلِّهِ وَإِذَا لَقُوكُمْ قَالُوٓاْ ءَامَنَّا وَإِذَا خَلَوْاْ عَضُّواْ عَلَيْكُمُ الْأَنَامِلَ مِنَ الْغَيْظِ قُلْ مُوتُواْ بِغَيْظِكُمْ إِنَّ اللَّهَ عَلِيمٌ بِذَاتِ الصُّدُورِ ۝

(120) Si os llega un bien, les duele, y
si os sobreviene un mal, se alegran por ello; pero si tenéis
paciencia y sois temerosos, su
intriga no os dañará en absoluto; es cierto que Allah rodea
lo que hacen.

إِن تَمْسَسْكُمْ حَسَنَةٌ تَسُؤْهُمْ وَإِن تُصِبْكُمْ
سَيِّئَةٌ يَفْرَحُوا بِهَا وَإِن تَصْبِرُوا وَتَتَّقُوا
لَا يَضُرُّكُمْ كَيْدُهُمْ شَيْئًا إِنَّ اللَّهَ بِمَا يَعْمَلُونَ
مُحِيطٌ ۝

(121) Y cuando, a primera hora de la
mañana, te ausentaste de tu
familia para asignar a los creyentes sus puestos de combate... Y
Allah es Oyente, Conocedor.

وَإِذْ غَدَوْتَ مِنْ أَهْلِكَ تُبَوِّئُ الْمُؤْمِنِينَ مَقَاعِدَ
لِلْقِتَالِ وَاللَّهُ سَمِيعٌ عَلِيمٌ ۝

(122) Cuando dos grupos de los vuestros temieron flaquear y Allah
era Su protector. Que en Allah
se confíen los creyentes.

إِذْ هَمَّت طَّائِفَتَانِ مِنكُمْ أَن تَفْشَلَا وَاللَّهُ
وَلِيُّهُمَا وَعَلَى اللَّهِ فَلْيَتَوَكَّلِ الْمُؤْمِنُونَ ۝

(123) Es cierto que Allah os ayudó en
Badr, aunque estábais en infe-
rioridad de condiciones. Así
pues, temed a Allah y podréis
ser agradecidos.

وَلَقَدْ نَصَرَكُمُ اللَّهُ بِبَدْرٍ وَأَنتُمْ أَذِلَّةٌ فَاتَّقُوا اللَّهَ
لَعَلَّكُمْ تَشْكُرُونَ ۝

(124) Cuando dijiste a los creyentes:
¿No os basta con que vuestro
señor os haya fortalecido
haciendo descender tres mil
ángeles?

إِذْ تَقُولُ لِلْمُؤْمِنِينَ أَلَن يَكْفِيَكُمْ أَن يُمِدَّكُمْ رَبُّكُم
بِثَلَاثَةِ آلَافٍ مِّنَ الْمَلَائِكَةِ مُنزَلِينَ ۝

(125) Y si tenéis paciencia y tenéis
temor (de Allah) y vienen a
vosotros de improviso, Allah
os fortalecerá con cinco mil
ángeles designados.

بَلَى إِن تَصْبِرُوا وَتَتَّقُوا وَيَأْتُوكُم مِّن فَوْرِهِمْ
هَذَا يُمْدِدْكُمْ رَبُّكُم بِخَمْسَةِ آلَافٍ مِّنَ
الْمَلَائِكَةِ مُسَوِّمِينَ ۝

(126) Y no lo hizo Allah sino para que
fuera una buena nueva para

وَمَا جَعَلَهُ اللَّهُ إِلَّا بُشْرَى لَكُمْ وَلِتَطْمَئِنَّ قُلُوبُكُم بِهِ

vosotros y para tranquilizar vuestros corazones.

El auxilio sólo viene de Allah, el Irresistible, el Sabio.

وَمَا النَّصْرُ إِلَّا مِنْ عِنْدِ اللَّهِ الْعَزِيزِ الْحَكِيمِ ۝

(127) Y también para destruir a los que se habían negado a creer, o subyugarlos, y que quedaran defraudados.

لِيَقْطَعَ طَرَفًا مِّنَ الَّذِينَ كَفَرُوا أَوْ يَكْبِتَهُمْ فَيَنْقَلِبُوا خَائِبِينَ ۝

(128) No es asunto tuyo si El se vuelve sobre ellos con Su perdón o si los castiga, pues ciertamente ellos son injustos.

لَيْسَ لَكَ مِنَ الْأَمْرِ شَيْءٌ أَوْ يَتُوبَ عَلَيْهِمْ أَوْ يُعَذِّبَهُمْ فَإِنَّهُمْ ظَالِمُونَ ۝

(129) Y a Allah pertenece cuanto hay en los cielos y cuanto hay en la tierra. Perdona a quien quiere y castiga a quien quiere.

Allah es Perdonador y Compasivo.

وَلِلَّهِ مَا فِي السَّمَوَاتِ وَمَا فِي الْأَرْضِ يَغْفِرُ لِمَن يَشَاءُ وَيُعَذِّبُ مَن يَشَاءُ وَاللَّهُ غَفُورٌ رَّحِيمٌ ۝

(130) ¡Vosotros que creéis¡ No os alimentéis de la usura, que se multiplica sin fin, y temed a Allah para que podáis tener éxito.

يَا أَيُّهَا الَّذِينَ ءَامَنُوا لَا تَأْكُلُوا الرِّبَوا أَضْعَافًا مُّضَاعَفَةً وَاتَّقُوا اللَّهَ لَعَلَّكُمْ تُفْلِحُونَ ۝

(131) Guardaos del Fuego que ha sido preparado para los incrédulos.

وَاتَّقُوا النَّارَ الَّتِي أُعِدَّتْ لِلْكَافِرِينَ ۝

(132) Y obedeced a Allah y al Mensajero para que se os dé misericordia.

وَأَطِيعُوا اللَّهَ وَالرَّسُولَ لَعَلَّكُمْ تُرْحَمُونَ ۝

(133) Acudid prestos hacia un perdón

وَسَارِعُوا إِلَى مَغْفِرَةٍ مِّن رَّبِّكُمْ وَجَنَّةٍ عَرْضُهَا

de vuestro Señor y a un Jardín preparado para los temerosos, cuyo ancho son los cielos y la tierra.

ٱلسَّمَوَٰتُ وَٱلْأَرْضُ أُعِدَّتْ لِلْمُتَّقِينَ ۝

(134) Esos que dan en los momentos de desahogo y en los de estrechez, refrenan la ira y perdonan a los hombre. Allah ama a los que hacen el bien.

ٱلَّذِينَ يُنفِقُونَ فِي ٱلسَّرَّآءِ وَٱلضَّرَّآءِ وَٱلْكَٰظِمِينَ ٱلْغَيْظَ وَٱلْعَافِينَ عَنِ ٱلنَّاسِ وَٱللَّهُ يُحِبُّ ٱلْمُحْسِنِينَ ۝

(135) Aquéllos que cuando cometen una indecencia o son injustos consigo mismos, recuerdan a Allah y piden perdón por sus faltas —porque ¿quién perdona las faltas sino Allah?— y no reinciden en lo que hicieron después de saberlo.

وَٱلَّذِينَ إِذَا فَعَلُوا۟ فَٰحِشَةً أَوْ ظَلَمُوٓا۟ أَنفُسَهُمْ ذَكَرُوا۟ ٱللَّهَ فَٱسْتَغْفَرُوا۟ لِذُنُوبِهِمْ وَمَن يَغْفِرُ ٱلذُّنُوبَ إِلَّا ٱللَّهُ وَلَمْ يُصِرُّوا۟ عَلَىٰ مَا فَعَلُوا۟ وَهُمْ يَعْلَمُونَ ۝

(136) Esos tienen como recompensa un perdón de su Señor y jardines por los que corren los ríos. En ellos serán inmortales. ¡Qué excelente recompensa para los que actúan!

أُو۟لَٰٓئِكَ جَزَآؤُهُم مَّغْفِرَةٌ مِّن رَّبِّهِمْ وَجَنَّٰتٌ تَجْرِى مِن تَحْتِهَا ٱلْأَنْهَٰرُ خَٰلِدِينَ فِيهَا وَنِعْمَ أَجْرُ ٱلْعَٰمِلِينَ ۝

(137) Antes que vosotros ya se siguió otras veces un mismo modo de actuar*; así pues, recorred la tierra y mirad cómo acabaron los que negaron la verdad.
* [De Allah con los pueblos que no quisieron creer.]

فَقَدْ خَلَتْ مِن قَبْلِكُمْ سُنَنٌ فَسِيرُوا۟ فِي ٱلْأَرْضِ فَٱنظُرُوا۟ كَيْفَ كَانَ عَٰقِبَةُ ٱلْمُكَذِّبِينَ ۝

(138) Esto es una aclaración para los hombres y una guía y una advertencia para los que temen (a Allah).

هَٰذَا بَيَانٌ لِّلنَّاسِ وَهُدًى وَمَوْعِظَةٌ لِّلْمُتَّقِينَ ۝

(139) No desfallezcáis ni os apenéis, porque, si sois creyentes, seréis superiores.

وَلَا تَهِنُوا وَلَا تَحْزَنُوا وَأَنتُمُ الْأَعْلَوْنَ إِن كُنتُم مُّؤْمِنِينَ ۝

(140) Si sufrís una herida, ellos también sufrieron una herida similar. Así es como alternamos los días entre los hombres para que Allah sepa quienes son los que creen y tome a algunos de entre vosotros para morir dando testimonio.*

Allah no ama a los injustos.

* [Esta aleya se refiere en particular a la victoria de Badr y a la posterior derrota de Uhud.]

إِن يَمْسَسْكُمْ قَرْحٌ فَقَدْ مَسَّ الْقَوْمَ قَرْحٌ مِّثْلُهُ وَتِلْكَ الْأَيَّامُ نُدَاوِلُهَا بَيْنَ النَّاسِ وَلِيَعْلَمَ اللَّهُ الَّذِينَ ءَامَنُوا وَيَتَّخِذَ مِنكُمْ شُهَدَآءَ وَاللَّهُ لَا يُحِبُّ الظَّالِمِينَ ۝

(141) Y para que Allah limpie las malas acciones de los que creen y aniquile a los que se niegan a creer.

وَلِيُمَحِّصَ اللَّهُ الَّذِينَ ءَامَنُوا وَيَمْحَقَ الْكَافِرِينَ ۝

(142) ¿O contáis acaso con entrar en el Jardín sin que Allah sepa quiénes de vosotros han luchado y quiénes son los pacientes?

أَمْ حَسِبْتُمْ أَن تَدْخُلُوا الْجَنَّةَ وَلَمَّا يَعْلَمِ اللَّهُ الَّذِينَ جَهَدُوا مِنكُمْ وَيَعْلَمَ الصَّابِرِينَ ۝

(143) Habíais deseado la muerte antes de tenerla enfrente, pero al verla os quedásteis mirando.*

* [Se refiere a un grupo de musulmanes que al no haber participado en la victoria de Badr, sintieron deseos de luchar para morir mártires, pero en la batalla de Uhud, al ver cómo morían sus compañeros y tras difundirse la falsa noticia de la muerte del Profeta, que Allah le dé Su gracia y paz, y ser

وَلَقَدْ كُنتُمْ تَمَنَّوْنَ الْمَوْتَ مِن قَبْلِ أَن تَلْقَوْهُ فَقَدْ رَأَيْتُمُوهُ وَأَنتُمْ تَنظُرُونَ ۝

incitados por los hipócritas a renegar de su creencia, se quedaron paralizados.]

(144) Pero Muhammad es sólo un mensajero antes del cual ya hubo otros mensajeros. Si muriese o lo mataran, ¿daríais la espalda? Quien da la espalda, no perjudicará a Allah en absoluto.
Y Allah recompensará a los agradecidos.

۞ وَمَا مُحَمَّدٌ إِلَّا رَسُولٌ قَدْ خَلَتْ مِن قَبْلِهِ الرُّسُلُ أَفَإِيْن مَّاتَ أَوْ قُتِلَ انقَلَبْتُمْ عَلَىٰٓ أَعْقَٰبِكُمْ وَمَن يَنقَلِبْ عَلَىٰ عَقِبَيْهِ فَلَن يَضُرَّ اللَّهَ شَيْئًا وَسَيَجْزِي اللَّهُ الشَّٰكِرِينَ ﴿١٤٤﴾

(145) Nadie muere si no es con permiso de Allah, en un plazo escrito de antemano. Quien quiera la recompensa que ofrece esta vida se la daremos en parte, y quien quiera la recompensa de la Ultima se la daremos.
Y recompensaremos a los agradecidos.

وَمَا كَانَ لِنَفْسٍ أَن تَمُوتَ إِلَّا بِإِذْنِ اللَّهِ كِتَٰبًا مُّؤَجَّلًا وَمَن يُرِدْ ثَوَابَ الدُّنْيَا نُؤْتِهِ مِنْهَا وَمَن يُرِدْ ثَوَابَ الْءَاخِرَةِ نُؤْتِهِ مِنْهَا وَسَنَجْزِي الشَّٰكِرِينَ ﴿١٤٥﴾

(146) ¡Cuántos profetas ha habido a cuyo lado murieron multitud de seguidores y no se desanimaron por lo que les afligía en el camino de Allah ni flaquearon ni buscaron descanso! Allah ama a los pacientes.

وَكَأَيِّن مِّن نَّبِيٍّ قَٰتَلَ مَعَهُۥ رِبِّيُّونَ كَثِيرٌ فَمَا وَهَنُوا لِمَآ أَصَابَهُمْ فِي سَبِيلِ اللَّهِ وَمَا ضَعُفُوا وَمَا اسْتَكَانُوا وَاللَّهُ يُحِبُّ الصَّٰبِرِينَ ﴿١٤٦﴾

(147) Tan sólo dijeron: ¡Señor nuestro, perdónanos las faltas y que hayamos ido más allá de los límites en aquello que es de nuestra incumbencia; afirma nuestros pasos y auxílianos contra el pueblo incrédulo!

وَمَا كَانَ قَوْلَهُمْ إِلَّآ أَن قَالُوا رَبَّنَا اغْفِرْ لَنَا ذُنُوبَنَا وَإِسْرَافَنَا فِي أَمْرِنَا وَثَبِّتْ أَقْدَامَنَا وَانصُرْنَا عَلَى الْقَوْمِ الْكَٰفِرِينَ ﴿١٤٧﴾

(148) Y Allah les dió la recompensa de esta vida y la hermosa recompensa de la Ultima. Allah ama a los que hacen el bien.

فَـَٔاتَىٰهُمُ اللَّهُ ثَوَابَ ٱلدُّنْيَا وَحُسْنَ ثَوَابِ ٱلْأَخِرَةِ وَٱللَّهُ يُحِبُّ ٱلْمُحْسِنِينَ ۝

(149) ¡Vosotros que creéis! Si obedecéis a los que no creen harán que os volváis sobre vuestros pasos y os perderéis.

يَـٰٓأَيُّهَا ٱلَّذِينَ ءَامَنُوٓا۟ إِن تُطِيعُوا۟ ٱلَّذِينَ كَفَرُوا۟ يَرُدُّوكُمْ عَلَىٰٓ أَعْقَٰبِكُمْ فَتَنقَلِبُوا۟ خَٰسِرِينَ ۝

(150) Pero Allah es vuestro Señor, y El es el mejor de los que auxilian.

بَلِ ٱللَّهُ مَوْلَىٰكُمْ وَهُوَ خَيْرُ ٱلنَّٰصِرِينَ ۝

(151) Arrojaremos el terror en los corazones de los que no creen por haber equiparado a Allah con aquello sobre lo que no se ha hecho descender ningún poder. Y su refugio será el Fuego.

¡Qué mala morada la de los injustos!

سَنُلْقِى فِى قُلُوبِ ٱلَّذِينَ كَفَرُوا۟ ٱلرُّعْبَ بِمَآ أَشْرَكُوا۟ بِٱللَّهِ مَا لَمْ يُنَزِّلْ بِهِۦ سُلْطَٰنًا وَمَأْوَىٰهُمُ ٱلنَّارُ وَبِئْسَ مَثْوَى ٱلظَّٰلِمِينَ ۝

(152) Ciertamente Allah fue sincero con vosotros en Su promesa cuando, con Su permiso, los estábais venciendo. Sin embargo, cuando Allah os hizo ver lo que amábais, entonces flaqueásteis, discutísteis las órdenes y desobedecísteis, pues entre vosotros hay quien quiere esta vida y hay quien quiere la Ultima.

Y luego* os apartó de ellos para probaros y os perdonó. Allah posee favor para los

وَلَقَدْ صَدَقَكُمُ ٱللَّهُ وَعْدَهُۥٓ إِذْ تَحُسُّونَهُم بِإِذْنِهِۦ حَتَّىٰٓ إِذَا فَشِلْتُمْ وَتَنَٰزَعْتُمْ فِى ٱلْأَمْرِ وَعَصَيْتُم مِّنۢ بَعْدِ مَآ أَرَىٰكُم مَّا تُحِبُّونَ مِنكُم مَّن يُرِيدُ ٱلدُّنْيَا وَمِنكُم مَّن يُرِيدُ ٱلْأَخِرَةَ ثُمَّ صَرَفَكُمْ عَنْهُمْ لِيَبْتَلِيَكُمْ وَلَقَدْ عَفَا عَنكُمْ وَٱللَّهُ ذُو فَضْلٍ عَلَى ٱلْمُؤْمِنِينَ ۝

creyentes*.

* [Cuando ya habíais sido derrotados.]

* [En la batalla de Uhud, el Profeta, que Allah le dé Su gracia y paz, había prometido la victoria a los creyentes, y así ocurría al principio. Había ordenado a un grupo de arqueros situarse en un monte para cubrir a los demás y les había prohibido abandonar la posición, pero ante la victoria inminente, la mayor parte de ellos bajó en busca del botín, de manera que los pocos que permanecieron en su posición fueron sorprendidos y a partir de este momento los musulmanes fueron derrotados.]

(153) Cuando, sin hacer caso de nadie, os alejábais huyendo y el Mensajero os llamaba desde atrás. Así os pagó la aflicción que habíais causado con otra aflicción*. Para que no os entristeciérais por lo que habíais perdido ni por lo que había sucedido. Allah conoce perfectamente lo que hacéis.

* [Es decir, Allah os pagó con la aflicción de la derrota, la aflicción causada por haber desobedecido al Mensajero.]

﴿ إِذْ تُصْعِدُونَ وَلَا تَلْوُنَ عَلَىٰٓ أَحَدٍ وَٱلرَّسُولُ يَدْعُوكُمْ فِىٓ أُخْرَىٰكُمْ فَأَثَٰبَكُمْ غَمًّا بِغَمٍّ لِّكَيْلَا تَحْزَنُوا۟ عَلَىٰ مَا فَاتَكُمْ وَلَآ مَآ أَصَٰبَكُمْ وَٱللَّهُ خَبِيرٌۢ بِمَا تَعْمَلُونَ ۝ ﴾

(154) Luego, tras la aflicción, hizo que descendiera seguridad sobre vosotros: Un sueño que envolvió a una parte de vosotros mientras los demás se preocupaban por sí mismos pensando de Allah, sin razón, como en los tiempos de la ignorancia.

ثُمَّ أَنزَلَ عَلَيْكُم مِّنۢ بَعْدِ ٱلْغَمِّ أَمَنَةً نُّعَاسًا يَغْشَىٰ طَآئِفَةً مِّنكُمْ وَطَآئِفَةٌ قَدْ أَهَمَّتْهُمْ أَنفُسُهُمْ يَظُنُّونَ بِٱللَّهِ غَيْرَ ٱلْحَقِّ ظَنَّ ٱلْجَٰهِلِيَّةِ يَقُولُونَ هَل لَّنَا مِنَ ٱلْأَمْرِ مِن شَىْءٍ قُلْ إِنَّ ٱلْأَمْرَ كُلَّهُۥ لِلَّهِ يُخْفُونَ فِىٓ أَنفُسِهِم مَّا لَا يُبْدُونَ

Decían: ¿Acaso hemos tenido algo que ver en la decisión*?

Di: En verdad, la decisión pertenece enteramente a Allah.

Escondían en sus almas lo que no te mostraban.

Decían: Si hubiéramos tenido parte en la decisión, no habría muerto ninguno de nosotros.

Di: Aunque hubiérais estado en vuestras casas, la muerte habría sorprendido en sus lechos a aquéllos para los que estaba escrita. Fue para que Allah probara lo que había en vuestros pechos y para que reconociera lo que había en vuestros corazones.

Y Allah es Conocedor de lo que encierran los pechos.

* [De salir a luchar]

لَّكِ يَقُولُونَ لَوْ كَانَ لَنَا مِنَ الْأَمْرِ شَيْءٌ مَّا قُتِلْنَا هَهُنَا قُل لَّوْ كُنتُمْ فِي بُيُوتِكُمْ لَبَرَزَ الَّذِينَ كُتِبَ عَلَيْهِمُ الْقَتْلُ إِلَىٰ مَضَاجِعِهِمْ وَلِيَبْتَلِيَ اللَّهُ مَا فِي صُدُورِكُمْ وَلِيُمَحِّصَ مَا فِي قُلُوبِكُمْ وَاللَّهُ عَلِيمٌ بِذَاتِ الصُّدُورِ ۝

(155) A los que de vosotros dieron la espalda el día en el que se encontraron la dos tropas... el Shaytán les hizo tropezar a causa de lo que ellos se habían buscado. Y en verdad que Allah os lo perdonó.

Es cierto que Allah es Perdonador, Indulgente.

إِنَّ الَّذِينَ تَوَلَّوْا مِنكُمْ يَوْمَ الْتَقَى الْجَمْعَانِ إِنَّمَا اسْتَزَلَّهُمُ الشَّيْطَانُ بِبَعْضِ مَا كَسَبُوا وَلَقَدْ عَفَا اللَّهُ عَنْهُمْ إِنَّ اللَّهَ غَفُورٌ حَلِيمٌ ۝

(156) ¡Vosotros que creéis! No seáis como aquéllos que renegaron y decían de sus hermanos cuando éstos salían de expedición por la tierra o hacían incursiones: Si se hubieran

يَا أَيُّهَا الَّذِينَ آمَنُوا لَا تَكُونُوا كَالَّذِينَ كَفَرُوا وَقَالُوا لِإِخْوَانِهِمْ إِذَا ضَرَبُوا فِي الْأَرْضِ أَوْ كَانُوا غُزًّى لَّوْ كَانُوا عِندَنَا مَا مَاتُوا وَمَا قُتِلُوا لِيَجْعَلَ اللَّهُ

quedado con nosotros no habrían muerto ni los habrían matado. (Lo decían) y Allah hacía de ello una angustia para sus corazones.

Allah da la vida y da la muerte. Allah ve lo que hacéis.

ذَٰلِكَ حَسْرَةً فِى قُلُوبِهِمْ وَٱللَّهُ يُحْىِۦ وَيُمِيتُ وَٱللَّهُ بِمَا تَعْمَلُونَ بَصِيرٌ ۝

(157) Y si os matan en el camino de Allah o morís... El perdón de Allah y Su misericordia es mejor que lo que vosotros atesoráis.

وَلَئِن قُتِلْتُمْ فِى سَبِيلِ ٱللَّهِ أَوْ مُتُّمْ لَمَغْفِرَةٌ مِّنَ ٱللَّهِ وَرَحْمَةٌ خَيْرٌ مِّمَّا تَجْمَعُونَ ۝

(158) Si morís u os matan... Tened por cierto que seréis reunidos para volver a Allah.

وَلَئِن مُّتُّمْ أَوْ قُتِلْتُمْ لَإِلَى ٱللَّهِ تُحْشَرُونَ ۝

(159) Por una misericordia de Allah, fuiste suave con ellos; si hubieras sido áspero, de corazón duro, se habrían alejado de tu alrededor. Así pues, perdónalos, pide perdón por ellos y consúltales en las decisiones, y cuando hayas decidido confíate a Allah.

Es verdad que Allah ama a los que ponen su confianza en El.

فَبِمَا رَحْمَةٍ مِّنَ ٱللَّهِ لِنتَ لَهُمْ وَلَوْ كُنتَ فَظًّا غَلِيظَ ٱلْقَلْبِ لَٱنفَضُّوا۟ مِنْ حَوْلِكَ فَٱعْفُ عَنْهُمْ وَٱسْتَغْفِرْ لَهُمْ وَشَاوِرْهُمْ فِى ٱلْأَمْرِ فَإِذَا عَزَمْتَ فَتَوَكَّلْ عَلَى ٱللَّهِ إِنَّ ٱللَّهَ يُحِبُّ ٱلْمُتَوَكِّلِينَ ۝

(160) Si Allah os ayuda... no habrá quien pueda con vosotros, pero si os abandona... ¿Quién sino El os ayudará?

En Allah se confían los creyentes.

إِن يَنصُرْكُمُ ٱللَّهُ فَلَا غَالِبَ لَكُمْ وَإِن يَخْذُلْكُمْ فَمَن ذَا ٱلَّذِى يَنصُرُكُم مِّنۢ بَعْدِهِۦ وَعَلَى ٱللَّهِ فَلْيَتَوَكَّلِ ٱلْمُؤْمِنُونَ ۝

(161) Un profeta no puede cometer fraude.

وَمَا كَانَ لِنَبِىٍّ أَن يَغُلَّ وَمَن يَغْلُلْ يَأْتِ بِمَا

Quien defraude se presentará el Día del Levantamiento cargando con lo que defraudó; luego a cada uno se le pagará cumplidamente lo que se haya ganado y no serán tratados injustamente.

عَلَىٰ يَوْمِ ٱلْقِيَٰمَةِ ثُمَّ تُوَفَّىٰ كُلُّ نَفْسٍ مَّا كَسَبَتْ وَهُمْ لَا يُظْلَمُونَ ۞

(162) ¿Acaso quien busca lo que satisface a Allah es como el que incurre en la ira de Allah y tiene por morada Yahannam?

¡Qué mal lugar de retorno!.

أَفَمَنِ ٱتَّبَعَ رِضْوَٰنَ ٱللَّهِ كَمَنۢ بَآءَ بِسَخَطٍ مِّنَ ٱللَّهِ وَمَأْوَىٰهُ جَهَنَّمُ وَبِئْسَ ٱلْمَصِيرُ ۞

(163) Tienen (diferentes) grados ante a Allah. Allah ve lo que hacen.

هُمْ دَرَجَٰتٌ عِندَ ٱللَّهِ وَٱللَّهُ بَصِيرٌۢ بِمَا يَعْمَلُونَ ۞

(164) Realmente Allah ha concedido una gracia a los creyentes al enviarles un Mensajero salido de ellos mismos que les recita Sus signos, los purifica y les enseña el Libro y la Sabiduría; ya que antes estaban en un extravío evidente.

لَقَدْ مَنَّ ٱللَّهُ عَلَى ٱلْمُؤْمِنِينَ إِذْ بَعَثَ فِيهِمْ رَسُولًا مِّنْ أَنفُسِهِمْ يَتْلُوا۟ عَلَيْهِمْ ءَايَٰتِهِۦ وَيُزَكِّيهِمْ وَيُعَلِّمُهُمُ ٱلْكِتَٰبَ وَٱلْحِكْمَةَ وَإِن كَانُوا۟ مِن قَبْلُ لَفِى ضَلَٰلٍ مُّبِينٍ ۞

(165) ¿Por qué cuando os sobrevino un revés, a pesar de que vosotros habíais causado el doble*, dijísteis: ¿A qué se debe esto? Se debe a vosotros mismos; ciertamente Allah tiene poder sobre todas las cosas.

* [Los setenta muertos en la derrota de Uhud y los setenta muertos y los setenta prisioneros de la victoria de Badr.]

أَوَلَمَّآ أَصَٰبَتْكُم مُّصِيبَةٌ قَدْ أَصَبْتُم مِّثْلَيْهَا قُلْتُمْ أَنَّىٰ هَٰذَا قُلْ هُوَ مِنْ عِندِ أَنفُسِكُمْ إِنَّ ٱللَّهَ عَلَىٰ كُلِّ شَىْءٍ قَدِيرٌ ۞

(166) Y todo lo que os sobrevino el día en que se encontraron las dos tropas fue con permiso de Allah, para que Él supiera quiénes eran los creyentes

وَمَآ أَصَٰبَكُمۡ يَوۡمَ ٱلۡتَقَى ٱلۡجَمۡعَانِ فَبِإِذۡنِ ٱللَّهِ وَلِيَعۡلَمَ ٱلۡمُؤۡمِنِينَ ۝

(167) Y supiera quiénes eran hipócritas.

Se les dijo: Venid a combatir en el camino de Allah o a defender*; dijeron: Si supiéramos combatir, de verdad que os seguiríamos. Ese día estuvieron más cerca de la incredulidad que de la creencia, pues decían con la lengua lo que no estaba en sus corazones.

Y Allah sabe mejor lo que ocultaban.

* [Haciendo número con los creyentes o luchando, si no por Allah, al menos para defender sus propios intereses, sus familias y hacienda.]

وَلِيَعۡلَمَ ٱلَّذِينَ نَافَقُواْ وَقِيلَ لَهُمۡ تَعَالَوۡاْ قَٰتِلُواْ فِي سَبِيلِ ٱللَّهِ أَوِ ٱدۡفَعُواْ قَالُواْ لَوۡ نَعۡلَمُ قِتَالًا لَّٱتَّبَعۡنَٰكُمۡ هُمۡ لِلۡكُفۡرِ يَوۡمَئِذٍ أَقۡرَبُ مِنۡهُمۡ لِلۡإِيمَٰنِ يَقُولُونَ بِأَفۡوَٰهِهِم مَّا لَيۡسَ فِي قُلُوبِهِمۡ وَٱللَّهُ أَعۡلَمُ بِمَا يَكۡتُمُونَ ۝

(168) Ellos son los que, habiéndose quedado sin hacer nada, dijeron a sus hermanos: Si nos hubieran hecho caso no les habrían matado.

Di: Si es verdad lo que decís, haceros inmunes a la muerte.

ٱلَّذِينَ قَالُواْ لِإِخۡوَٰنِهِمۡ وَقَعَدُواْ لَوۡ أَطَاعُونَا مَا قُتِلُواْ قُلۡ فَٱدۡرَءُواْ عَنۡ أَنفُسِكُمُ ٱلۡمَوۡتَ إِن كُنتُمۡ صَٰدِقِينَ ۝

(169) Y no deis por muertos a los que han sido matados en el camino de Allah; están vivos y reciben provisión junto a su Señor.

وَلَا تَحۡسَبَنَّ ٱلَّذِينَ قُتِلُواْ فِي سَبِيلِ ٱللَّهِ أَمۡوَٰتَۢا بَلۡ أَحۡيَآءٌ عِندَ رَبِّهِمۡ يُرۡزَقُونَ ۝

(170) Contentos por lo que Allah les ha dado de Su favor y regocijándose por aquéllos que habrán de venir después y que aún no se les han unido, porque ésos no tendrán que temer ni se entristecerán.

فَرِحِينَ بِمَآ ءَاتَىٰهُمُ ٱللَّهُ مِن فَضْلِهِۦ وَيَسْتَبْشِرُونَ بِٱلَّذِينَ لَمْ يَلْحَقُوا بِهِم مِّنْ خَلْفِهِمْ أَلَّا خَوْفٌ عَلَيْهِمْ وَلَا هُمْ يَحْزَنُونَ ۞

(171) Regocijándose por una gracia de Allah y un favor, y porque Allah no deja que se pierda la recompensa de los creyentes.

۞ يَسْتَبْشِرُونَ بِنِعْمَةٍ مِّنَ ٱللَّهِ وَفَضْلٍ وَأَنَّ ٱللَّهَ لَا يُضِيعُ أَجْرَ ٱلْمُؤْمِنِينَ ۞

(172) Los que respondieron a Allah y al Mensajero, a pesar de las heridas que sufrían, si hicieron el bien y se guardaron, tienen una enorme recompensa*.

ٱلَّذِينَ ٱسْتَجَابُوا لِلَّهِ وَٱلرَّسُولِ مِنۢ بَعْدِ مَآ أَصَابَهُمُ ٱلْقَرْحُ لِلَّذِينَ أَحْسَنُوا مِنْهُمْ وَٱتَّقَوْا أَجْرٌ عَظِيمٌ ۞

[Esta aleya y las siguientes, descendieron acerca de la gazwa de hamrá al-asad. El día siguiente a Uhud, el mensajero de Allah, que El le dé Su gracia y paz, llamó a los que habían tomado parte en la batalla para salir en busca de Abu Sufyán y su gente, con el fin de mostrar fuerza a pesar de la derrota y atemorizarlos. Los musulmanes que respondieron a esta llamada y a pesar de sus heridas, salieron en su compañía hasta llegar a un lugar cercano a Medina llamado hamrá al-asad, donde acamparon.

Por su parte Abu Sufyán, crecido por la victoria, había decidido volver a Medina y aniquilar definitivamente a los musulmanes, pero al recibir la noticia de que éstos habían salido en su busca, la cual le había llegado exagerada a través de un beduíno, de una tribu aliada de los musulmanes, sintió temor y decidió volver a Meca. En esto, se encontró con una caravana de comerciantes que se dirigían a Medina

para abastecerse y les ofreció un cargamento determinado a cambio de entretener a los musulmanes. Cuando la caravana llegó a hamrá al-asad contaron que Abu Sufyán había reunido un gran ejército contra ellos, a lo que el Mensajero de Allah respondió: "Allah es Suficiente para nosotros, qué excelente Guardian".

Pasados tres días los musulmanes regresaron a Medina a salvo]

(173) Aquéllos a los que dijo la gente: Los hombres se han reunido contra vosotros, tenedles miedo.

Pero esto no hizo sino darles más fe y dijeron: ¡Allah es suficiente para nosotros, qué excelente Guardián!

الَّذِينَ قَالَ لَهُمُ ٱلنَّاسُ إِنَّ ٱلنَّاسَ قَدْ جَمَعُوا لَكُمْ فَٱخْشَوْهُمْ فَزَادَهُمْ إِيمَانًا وَقَالُوا حَسْبُنَا ٱللَّهُ وَنِعْمَ ٱلْوَكِيلُ ۝

(174) Y regresaron* con una gracia de Allah y favor, ningún mal les había tocado. Siguieron lo que complace a Allah y Allah es Dueño de un favor inmenso.

* [De Badr]

فَٱنقَلَبُوا بِنِعْمَةٍ مِّنَ ٱللَّهِ وَفَضْلٍ لَّمْ يَمْسَسْهُمْ سُوٓءٌ وَٱتَّبَعُوا رِضْوَانَ ٱللَّهِ وَٱللَّهُ ذُو فَضْلٍ عَظِيمٍ ۝

(175) Así es con vosotros el Shaytán, os atemoriza con sus amigos. Pero, si sois creyentes, no les temáis a ellos, temedme a Mí.

إِنَّمَا ذَٰلِكُمُ ٱلشَّيْطَٰنُ يُخَوِّفُ أَوْلِيَآءَهُۥ فَلَا تَخَافُوهُمْ وَخَافُونِ إِن كُنتُم مُّؤْمِنِينَ ۝

(176) Y que no te entristezcan los que se precipitan a la incredulidad; ellos no perjudicarán a Allah en absoluto. Allah quiere que no tengan parte en la Ultima Vida. Tendrán un castigo inmenso.

وَلَا يَحْزُنكَ ٱلَّذِينَ يُسَٰرِعُونَ فِي ٱلْكُفْرِ إِنَّهُمْ لَن يَضُرُّوا ٱللَّهَ شَيْئًا يُرِيدُ ٱللَّهُ أَلَّا يَجْعَلَ لَهُمْ حَظًّا فِي ٱلْآخِرَةِ وَلَهُمْ عَذَابٌ عَظِيمٌ ۝

(177) Aquéllos que adquirieron la incredulidad a cambio de la creencia no perjudicarán a Allah en absoluto y tendrán un castigo doloroso.

إِنَّ الَّذِينَ اشْتَرَوُا الْكُفْرَ بِالْإِيمَنِ لَن يَضُرُّوا اللَّهَ شَيْئًا وَلَهُمْ عَذَابٌ أَلِيمٌ ۝

(178) Que no piensen los que se niegan a creer que el hecho de que les prolonguemos la vida es un bien para sus almas. Les concedemos este plazo para que aumenten en delito. Tendrán un castigo envilecedor.

وَلَا يَحْسَبَنَّ الَّذِينَ كَفَرُوٓا أَنَّمَا نُمْلِى لَهُمْ خَيْرٌ لِّأَنفُسِهِمْ إِنَّمَا نُمْلِى لَهُمْ لِيَزْدَادُوٓا إِثْمًا وَلَهُمْ عَذَابٌ مُّهِينٌ ۝

(179) Allah no va a dejar a los creyentes tal y como estáis, hasta que no distinga al malo del bueno; y Allah no os va a revelar el No-Visto. Sin embargo Allah elige de entre Sus mensajeros a quien quiere. Así pues, creed en Allah y en Sus mensajeros.

Y si creéis y sois temerosos, tendréis una inmensa recompensa.

مَّا كَانَ اللَّهُ لِيَذَرَ الْمُؤْمِنِينَ عَلَىٰ مَآ أَنتُمْ عَلَيْهِ حَتَّىٰ يَمِيزَ الْخَبِيثَ مِنَ الطَّيِّبِ وَمَا كَانَ اللَّهُ لِيُطْلِعَكُمْ عَلَى الْغَيْبِ وَلَٰكِنَّ اللَّهَ يَجْتَبِي مِن رُّسُلِهِ مَن يَشَآءُ فَـَٔامِنُوا بِاللَّهِ وَرُسُلِهِ وَإِن تُؤْمِنُوا وَتَتَّقُوا فَلَكُمْ أَجْرٌ عَظِيمٌ ۝

(180) Que aquéllos que retienen con avaricia el favor que Allah les ha concedido no piensen que eso es bueno para ellos; porque, por el contrario, es un mal.

Todo lo que escatimaron lo tendrán alrededor del cuello el Día del Levantamiento.

Y la herencia de los cielos y la tierra pertenece a Allah.

وَلَا يَحْسَبَنَّ الَّذِينَ يَبْخَلُونَ بِمَآ ءَاتَىٰهُمُ اللَّهُ مِن فَضْلِهِ هُوَ خَيْرًا لَّهُم بَلْ هُوَ شَرٌّ لَّهُمْ سَيُطَوَّقُونَ مَا بَخِلُوا بِهِ يَوْمَ الْقِيَٰمَةِ وَلِلَّهِ مِيرَٰثُ السَّمَٰوَٰتِ وَالْأَرْضِ وَاللَّهُ بِمَا تَعْمَلُونَ خَبِيرٌ ۝

Allah conoce lo más recóndito de vuestras acciones.

(181) Y así fue como Allah oyó la palabra de quienes dijeron: Allah es pobre y nosotros somos ricos.
Escribiremos lo que dijeron y que mataron a los profetas sin razón, y diremos: ¡Gustad el castigo del Hariq!*

* [Esta aleya descendió en relación a un grupo de judíos que cuando fueron reveladas las palabras: "¿Quién le ofrecerá a Allah un préstamo generoso?"
Reaccionaron diciendo: "Es el pobre el que pide préstamos al rico".]

۞ لَّقَدْ سَمِعَ ٱللَّهُ قَوْلَ ٱلَّذِينَ قَالُوٓاْ إِنَّ ٱللَّهَ فَقِيرٌ وَنَحْنُ أَغْنِيَآءُ سَنَكْتُبُ مَا قَالُواْ وَقَتْلَهُمُ ٱلْأَنۢبِيَآءَ بِغَيْرِ حَقٍّ وَنَقُولُ ذُوقُواْ عَذَابَ ٱلْحَرِيقِ ۝

(182) Eso (será) por lo que sus manos hayan presentado y porque Allah no es en absoluto injusto con los siervos.

ذَٰلِكَ بِمَا قَدَّمَتْ أَيْدِيكُمْ وَأَنَّ ٱللَّهَ لَيْسَ بِظَلَّامٍ لِّلْعَبِيدِ ۝

(183) (Son) los que dijeron: Allah pactó con nosotros que no creyéramos en ningún mensajero hasta que no nos trajera una ofrenda que el fuego consumiera*.
Di: Antes de mí ya vinieron a vosotros mensajeros con las pruebas evidentes y con lo que habéis dicho. Si decís la verdad, ¿Por qué entonces los matásteis?

* [Cuando los judíos querían saber si una ofrenda era aceptada por Allah la depositaban en un lugar señalado y si bajaba un fuego del cielo que la consumía, era señal de aceptación.]

ٱلَّذِينَ قَالُوٓاْ إِنَّ ٱللَّهَ عَهِدَ إِلَيْنَآ أَلَّا نُؤْمِنَ لِرَسُولٍ حَتَّىٰ يَأْتِيَنَا بِقُرْبَانٍ تَأْكُلُهُ ٱلنَّارُ قُلْ قَدْ جَآءَكُمْ رُسُلٌ مِّن قَبْلِي بِٱلْبَيِّنَٰتِ وَبِٱلَّذِي قُلْتُمْ فَلِمَ قَتَلْتُمُوهُمْ إِن كُنتُمْ صَٰدِقِينَ ۝

سُورَةُ ءَالِ عِمْرَانَ - الْجُزْءُ الرَّابِعُ

(184) Y si dicen que mientes... Ya dijeron lo mismo de mensajeros anteriores a ti que habían venido con las pruebas evidentes, las Escrituras y el Libro luminoso.

فَإِن كَذَّبُوكَ فَقَدْ كُذِّبَ رُسُلٌ مِّن قَبْلِكَ جَآءُو بِالْبَيِّنَتِ وَالزُّبُرِ وَالْكِتَبِ الْمُنِيرِ ۝

(185) Toda alma probará la muerte. Y el Día del Levantamiento se os pagará cumplidamente la retribución que os corresponda.

Quien sea alejado del Fuego e introducido en el Jardín, habrá triunfado. La vida de este mundo no es sino el disfrute engañoso de lo que se acaba.

كُلُّ نَفْسٍ ذَآئِقَةُ الْمَوْتِ وَإِنَّمَا تُوَفَّوْنَ أُجُورَكُمْ يَوْمَ الْقِيَمَةِ فَمَن زُحْزِحَ عَنِ النَّارِ وَأُدْخِلَ الْجَنَّةَ فَقَدْ فَازَ وَمَا الْحَيَوٰةُ الدُّنْيَا إِلَّا مَتَعُ الْغُرُورِ ۝

(186) Os pondremos a prueba en lo que afecta a vuestras riquezas y personas. Y por cierto que oiréis mucho mal por parte de los que recibieron el Libro antes que vosotros y por parte de los asociadores; pero si sois pacientes y teméis (a Allah), eso es parte de las cosas para las que se requiere determinación.

لَتُبْلَوُنَّ فِي أَمْوَالِكُمْ وَأَنفُسِكُمْ وَلَتَسْمَعُنَّ مِنَ الَّذِينَ أُوتُوا الْكِتَبَ مِن قَبْلِكُمْ وَمِنَ الَّذِينَ أَشْرَكُوا أَذًى كَثِيرًا وَإِن تَصْبِرُوا وَتَتَّقُوا فَإِنَّ ذَلِكَ مِنْ عَزْمِ الْأُمُورِ ۝

(187) Y cuando Allah exigió el Compromiso a los que habían recibido el Libro: "Lo explicaréis claramente a los hombres y no lo ocultaréis"; pero ellos le dieron la espalda y lo vendieron a bajo precio.
¡Qué malo es lo que adquirieron!

وَإِذْ أَخَذَ اللَّهُ مِيثَقَ الَّذِينَ أُوتُوا الْكِتَبَ لَتُبَيِّنُنَّهُ لِلنَّاسِ وَلَا تَكْتُمُونَهُ فَنَبَذُوهُ وَرَآءَ ظُهُورِهِمْ وَاشْتَرَوْا بِهِ ثَمَنًا قَلِيلًا فَبِئْسَ مَا يَشْتَرُونَ ۝

(188) No pienses que los que se regocijan por lo que han hecho y les gusta que se les alabe por lo que no han hecho, están a salvo del castigo, porque no lo están. Tendrán un castigo doloroso.

لَا تَحْسَبَنَّ الَّذِينَ يَفْرَحُونَ بِمَا أَتَوا وَيُحِبُّونَ أَن يُحْمَدُوا بِمَا لَمْ يَفْعَلُوا فَلَا تَحْسَبَنَّهُم بِمَفَازَةٍ مِّنَ الْعَذَابِ وَلَهُمْ عَذَابٌ أَلِيمٌ ۝

(189) De Allah es la soberanía de los cielos y la tierra y Allah tiene poder sobre todas las cosas.

وَلِلَّهِ مُلْكُ السَّمَوَاتِ وَالْأَرْضِ وَاللَّهُ عَلَى كُلِّ شَيْءٍ قَدِيرٌ ۝

(190) Es cierto que en la creación de los cielos y la tierra y en la sucesión del día y la noche, hay signos para los que saben reconocer la esencia de las cosas.

إِنَّ فِي خَلْقِ السَّمَوَاتِ وَالْأَرْضِ وَاخْتِلَافِ اللَّيْلِ وَالنَّهَارِ لَآيَاتٍ لِّأُولِي الْأَلْبَابِ ۝

(191) Los que recuerdan a Allah de pie, sentados y acostados y reflexionan sobre la creación de los cielos y la tierra: ¡Señor nuestro! No creaste todo esto en vano.

¡Gloria a Ti! Presérvanos del castigo del Fuego.

الَّذِينَ يَذْكُرُونَ اللَّهَ قِيَامًا وَقُعُودًا وَعَلَى جُنُوبِهِمْ وَيَتَفَكَّرُونَ فِي خَلْقِ السَّمَوَاتِ وَالْأَرْضِ رَبَّنَا مَا خَلَقْتَ هَذَا بَاطِلًا سُبْحَانَكَ فَقِنَا عَذَابَ النَّارِ ۝

(192) ¡Señor nuestro! Es cierto que a quien pongas en el Fuego lo habrás degradado. Y no hay quien auxilie a los injustos.

رَبَّنَا إِنَّكَ مَن تُدْخِلِ النَّارَ فَقَدْ أَخْزَيْتَهُ وَمَا لِلظَّالِمِينَ مِنْ أَنْصَارٍ ۝

(193) ¡Señor nuestro! Hemos oído a alguien que llamaba a creer: ¡Creed en vuestro Señor! Y hemos creído.

¡Señor nuestro! Perdónanos

رَبَّنَا إِنَّنَا سَمِعْنَا مُنَادِيًا يُنَادِي لِلْإِيمَانِ أَنْ آمِنُوا بِرَبِّكُمْ فَآمَنَّا رَبَّنَا فَاغْفِرْ لَنَا ذُنُوبَنَا وَكَفِّرْ عَنَّا سَيِّئَاتِنَا وَتَوَفَّنَا مَعَ الْأَبْرَارِ ۝

nuestras faltas, cubre nuestras malas acciones y llévanos, al morir, en compañía de los justos.

(194) ¡Señor nuestro! Danos lo que nos has prometido con Tus mensajeros y no nos desprecies el Día del Levantamiento; es cierto que Tú no faltas a lo prometido.

رَبَّنَا وَءَاتِنَا مَا وَعَدتَّنَا عَلَى رُسُلِكَ وَلَا تُخْزِنَا يَوْمَ الْقِيَمَةِ إِنَّكَ لَا تُخْلِفُ الْمِيعَادَ ۝

(195) Y su Señor les responde: No dejaré que se pierda lo que haya hecho ninguno de vosotros, sea varón o hembra. Unos procedéis de otros.

Y a quienes emigraron, tuvieron que dejar sus casas, fueron perjudicados en Mi camino, combatieron y fueron matados, les cubriré sus malas acciones y los pondré en jardines por cuyo suelo corren los ríos como recompensa de parte de Allah. Y Allah tiene junto a Sí la "hermosa recompensa".

فَاسْتَجَابَ لَهُمْ رَبُّهُمْ أَنِّي لَا أُضِيعُ عَمَلَ عَامِلٍ مِّنكُم مِّن ذَكَرٍ أَوْ أُنثَى بَعْضُكُم مِّن بَعْضٍ فَالَّذِينَ هَاجَرُوا وَأُخْرِجُوا مِن دِيَرِهِمْ وَأُوذُوا فِي سَبِيلِي وَقَتَلُوا وَقُتِلُوا لَأُكَفِّرَنَّ عَنْهُمْ سَيِّئَاتِهِمْ وَلَأُدْخِلَنَّهُمْ جَنَّتٍ تَجْرِي مِن تَحْتِهَا الْأَنْهَرُ ثَوَابًا مِّنْ عِندِ اللَّهِ وَاللَّهُ عِندَهُ حُسْنُ الثَّوَابِ ۝

(196) Que no te llame a engaño la libertad de movimientos* por el país de los que no creen.
* [Que les permite enriquecerse]

لَا يَغُرَّنَّكَ تَقَلُّبُ الَّذِينَ كَفَرُوا فِي الْبِلَدِ ۝

(197) Es un disfrute exiguo y luego su morada será Yahannam.
¡Qué mal lecho!

مَتَعٌ قَلِيلٌ ثُمَّ مَأْوَاهُمْ جَهَنَّمُ وَبِئْسَ الْمِهَادُ ۝

(198) Sin embargo los que teman a su

لَكِنِ الَّذِينَ اتَّقَوْا رَبَّهُمْ لَهُمْ جَنَّتٌ تَجْرِي مِن تَحْتِهَا

سُورَةُ الِعِمْرَانَ ــ الْجُزْءُ الرَّابِعُ

Señor, tendrán jardines por cuyo suelo corren los ríos y en los que serán inmortales, como hospedaje que Allah les dará junto a El.

Pero lo que hay junto Allah es mejor para los justos.

أَلْأَنْهَرُ خَلِدِينَ فِيهَا نُزُلًا مِّنْ عِندِ اللَّهِ وَمَا عِندَ اللَّهِ خَيْرٌ لِّلْأَبْرَارِ ۝

(199) Entre la gente del Libro hay quien cree en Allah, así como en lo que se os ha hecho descender y en lo que se les hizo descender a ellos, son humildes ante Allah y no venden los signos de Allah a bajo precio.

Esos tendrán la recompensa que les corresponda ante su Señor; ciertamente Allah es Rápido en tomar cuenta de las acciones.

وَإِنَّ مِنْ أَهْلِ الْكِتَبِ لَمَن يُؤْمِنُ بِاللَّهِ وَمَا أُنزِلَ إِلَيْكُمْ وَمَا أُنزِلَ إِلَيْهِمْ خَشِعِينَ لِلَّهِ لَا يَشْتَرُونَ بِعَايَتِ اللَّهِ ثَمَنًا قَلِيلًا أُوْلَٰٓئِكَ لَهُمْ أَجْرُهُمْ عِندَ رَبِّهِمْ إِنَّ اللَّهَ سَرِيعُ الْحِسَابِ ۝

(200) ¡Vosotros que creéis! Sed pacientes, tened más aguante*, manteneos firmes* y temed a Allah para que podáis tener éxito*.

* [Que vuestros enemigos.]

* [Y alertas en las posiciones fronterizas preparados para salir a luchar.]

* [Otro sentido de esta aleya, complementario del anterior, es: Sed constantes (en vuestra Práctica de Adoración), tened más aguante (que vuestros enemigos) y manteneos firmes (en la adoración, asiduos a los lugares donde la practicáis.)]

يَٰٓأَيُّهَا الَّذِينَ ءَامَنُوا اصْبِرُوا وَصَابِرُوا وَرَابِطُوا وَاتَّقُوا اللَّهَ لَعَلَّكُمْ تُفْلِحُونَ ۝

4. SURA DE LAS MUJERES.

بِسْمِ اللَّهِ الرَّحْمَنِ الرَّحِيمِ

En el nombre de Allah, el Misericordioso, el Compasivo.

(1) ¡Hombres! Temed a vuestro Señor que os creó a partir de un solo ser, creando de él a su pareja y generando a partir de ambos muchos hombres y mujeres.

Y temed a Allah, por Quien os pedís unos a otros*, y respetad los lazos de sangre. Realmente Allah os está observando.

* [Es decir, en nombre de Quien os pedís, o podéis pediros, unos a otros.]

يَا أَيُّهَا النَّاسُ اتَّقُوا رَبَّكُمُ الَّذِي خَلَقَكُم مِّن نَّفْسٍ وَاحِدَةٍ وَخَلَقَ مِنْهَا زَوْجَهَا وَبَثَّ مِنْهُمَا رِجَالًا كَثِيرًا وَنِسَاءً وَاتَّقُوا اللَّهَ الَّذِي تَسَاءَلُونَ بِهِ وَالْأَرْحَامَ إِنَّ اللَّهَ كَانَ عَلَيْكُمْ رَقِيبًا ۝

(2) Dad a los huérfanos* los bienes que sean suyos y no pongáis lo malo en lugar de lo bueno.

No os aprovechéis de sus bienes juntándolos a los vuestros, porque eso sería una grave injusticia.

* [Cuando hayan llegado a la pubertad.]

وَآتُوا الْيَتَامَى أَمْوَالَهُمْ وَلَا تَتَبَدَّلُوا الْخَبِيثَ بِالطَّيِّبِ وَلَا تَأْكُلُوا أَمْوَالَهُمْ إِلَى أَمْوَالِكُمْ إِنَّهُ كَانَ حُوبًا كَبِيرًا ۝

(3) Y si teméis no ser justos con los huérfanos*... Casaos entonces, de entre las mujeres que sean buenas* para vosotros, con dos, tres o cuatro; pero si os teméis no ser equitativos... entonces con una sóla o las que posea

وَإِنْ خِفْتُمْ أَلَّا تُقْسِطُوا فِي الْيَتَامَى فَانكِحُوا مَا طَابَ لَكُم مِّنَ النِّسَاءِ مَثْنَى وَثُلَاثَ وَرُبَاعَ فَإِنْ خِفْتُمْ أَلَّا تَعْدِلُوا فَوَاحِدَةً أَوْ مَا مَلَكَتْ أَيْمَانُكُمْ ذَلِكَ أَدْنَى أَلَّا تَعُولُوا ۝

vuestra diestra.

Esto se acerca más a que no os
apartéis de la equidad.

* [Sobre esta aleya dijo Aisha, que
Allah esté complacido con ella:
"Descendió refiriéndose a ciertos
tutores que pretendían casarse con
huérfanas y perjudicarlas en sus dotes
sirviéndose de su condición de tutores
y es a ellos a los que se les dice: sed
equitativos en sus dotes y quien tema
no serlo, que se case con otras mujeres,
lícitas o buenas para ellos, con las que
sea más difícil incumplir".

Y dijo Ibn Abbas: "Los árabes se preocupaban de no abusar de los bienes
de los huérfanos pero en cambio
descuidaban la justicia entre sus
mujeres y la aleya descendió refiriéndose a esto; es decir: al igual que os
preocupáis de ser justos con los huérfanos, hacedlo también con las
mujeres".]

*[Es decir, lícitas.]

(4) Dad a las mujeres la dote correspondiente de buen grado,
pero si renuncian vol-
untariamente a parte de ella en
vuestro favor, disfrutadlo con
provecho.

وَءَاتُوا۟ ٱلنِّسَآءَ صَدُقَٰتِهِنَّ نِحْلَةً فَإِن طِبْنَ لَكُمْ
عَن شَىْءٍ مِّنْهُ نَفْسًا فَكُلُوهُ هَنِيٓـًٔا مَّرِيٓـًٔا ۝

(5) No deis a los incapaces la riqueza
que Allah ha dispuesto para
vuestro mantenimiento. Ali-
mentadlos con ella, vestidlos y
habladles con palabras
convenientes.

وَلَا تُؤْتُوا۟ ٱلسُّفَهَآءَ أَمْوَٰلَكُمُ ٱلَّتِى جَعَلَ ٱللَّهُ
لَكُمْ قِيَٰمًا وَٱرْزُقُوهُمْ فِيهَا وَٱكْسُوهُمْ
وَقُولُوا۟ لَهُمْ قَوْلًا مَّعْرُوفًا ۝

(6) Examinad a los huérfanos y
cuando hayan alcanzado la

۞ وَٱبْتَلُوا۟ ٱلْيَتَٰمَىٰ حَتَّىٰٓ إِذَا بَلَغُوا۟ ٱلنِّكَاحَ فَإِنْ ءَانَسْتُم

edad del matrimonio, si encontráis en ellos sensatez y rectitud, entregadles sus bienes. No los malgastéis incurriendo en delito y adelantándoos a que se hagan mayores.

El que sea rico que se abstenga de ellos, y el pobre que gaste según lo reconocido.

Y cuando les entreguéis sus bienes, pedidles que lo testifiquen.

Allah basta para tomar cuenta (de las acciones).

مِنْهُمْ رُشْدًا فَادْفَعُوٓاْ إِلَيْهِمْ أَمْوَٰلَهُمْ وَلَا تَأْكُلُوهَآ إِسْرَافًا وَبِدَارًا أَن يَكْبَرُواْ وَمَن كَانَ غَنِيًّا فَلْيَسْتَعْفِفْ وَمَن كَانَ فَقِيرًا فَلْيَأْكُلْ بِالْمَعْرُوفِ فَإِذَا دَفَعْتُمْ إِلَيْهِمْ أَمْوَٰلَهُمْ فَأَشْهِدُواْ عَلَيْهِمْ وَكَفَىٰ بِاللَّهِ حَسِيبًا ۝

(7) A los hombres les pertenece una parte de lo que dejen los padres y los parientes, y a las mujeres les pertenece una parte de lo que dejen los padres y los parientes sea poco o mucho. Es una parte preceptiva.

لِّلرِّجَالِ نَصِيبٌ مِّمَّا تَرَكَ ٱلْوَٰلِدَانِ وَٱلْأَقْرَبُونَ وَلِلنِّسَآءِ نَصِيبٌ مِّمَّا تَرَكَ ٱلْوَٰلِدَانِ وَٱلْأَقْرَبُونَ مِمَّا قَلَّ مِنْهُ أَوْ كَثُرَ نَصِيبًا مَّفْرُوضًا ۝

(8) Y si en la partición están presentes parientes, huérfanos y pobres, dadles algo de ello como sustento y habladles con palabras convenientes.

وَإِذَا حَضَرَ ٱلْقِسْمَةَ أُوْلُواْ ٱلْقُرْبَىٰ وَٱلْيَتَٰمَىٰ وَٱلْمَسَٰكِينُ فَٱرْزُقُوهُم مِّنْهُ وَقُولُواْ لَهُمْ قَوْلًا مَّعْرُوفًا ۝

(9) Y que tengan* el mismo cuidado que tendrían si fueran a dejar tras de sí una descendencia débil*. Que teman a Allah y digan palabras acertadas.

* [Con los huérfanos.]

* [Hijos de corta edad.]

وَلْيَخْشَ ٱلَّذِينَ لَوْ تَرَكُواْ مِنْ خَلْفِهِمْ ذُرِّيَّةً ضِعَٰفًا خَافُواْ عَلَيْهِمْ فَلْيَتَّقُواْ ٱللَّهَ وَلْيَقُولُواْ قَوْلًا سَدِيدًا ۝

(10) Es cierto que quienes se coman los bienes de los huérfanos injustamente, estarán llenando sus vientres de fuego y entrarán en un Fuego abrasador.

(11) Allah os prescribe acerca de (la herencia de) vuestros hijos: al varón le corresponde la misma parte que a dos hembras.

Si éstos son dos o más mujeres, les corresponde dos tercios de lo que se deje, y si es una sola le corresponde la mitad.

Y a los padres les corresponde, a cada uno de ellos, un sexto de lo que deje si tiene algún hijo; pero si no tiene ninguno y son sus padres los herederos, entonces a su madre le corresponderá un tercio.

Y si tiene hermanos, a su madre le corresponde un sexto, una vez se hayan descontado los legados que deje* o las deudas.

Vuestros padres y vuestros hijos, no sabéis cual de ellos os beneficia más de cerca.

Es un precepto de Allah*, es cierto que Allah es Conocedor y Sabio.

* [En testamento.]

* [La forma de repartir la herencia.]

(12) Y a vosotros os corresponde la mitad de lo que dejen vuestras

esposas, si no tuvieran hijos; pero si los tuvieran, entonces os corresponde un cuarto de lo que dejen, una vez se haya cumplido cualquier legado que hayan dispuesto o el pago de alguna deuda.

Y a ellas les corresponde un cuarto de lo que dejéis si no tuviérais ningún hijo; pero si lo tuviérais, entonces una octava parte de lo que dejéis, una vez se hayan cumplido los legados que hayáis testado y pagado las deudas que tuviérais.

Y si un hombre o una mujer, de los que se puede heredar, muere y no tiene ni padres ni hijos, pero sí un hermano o hermana, entonces a cada uno le corresponde la sexta parte.

Y si fueran más, habrían de compartir un tercio; una vez cumplidos los legados que hubiera dispuesto y pagadas las deudas que tuviera, sin perjuicio de nadie.

Esto es un mandamiento de Allah, y Allah es Conocedor, Sabio.

(13) Estos son los límites establecidos por Allah.

Quien obedezca a Allah y a Su mensajero, El le hará entrar en jardines por cuyo suelo corren los ríos donde serán inmortales.

Ese es el gran triunfo.

سُورَةُ النِّسَاءِ ـ الجُزْءُ الرَّابِعُ

(14) Y quien desobedezca a Allah y a Su mensajero y traspase Sus límites, le hará entrar en un Fuego en el que será inmortal y tendrá un castigo denigrante.

وَمَن يَعْصِ ٱللَّهَ وَرَسُولَهُۥ وَيَتَعَدَّ حُدُودَهُۥ يُدْخِلْهُ نَارًا خَٰلِدًا فِيهَا وَلَهُۥ عَذَابٌ مُّهِينٌ ۝

(15) Aquéllas de vuestras mujeres que se presenten con una indecencia*, buscad cuatro testigos de entre vosotros, y si dan testimonio contra ellas, retenedlas en las casas hasta que la muerte se las lleve o Allah les dé una salida.

وَٱلَّٰتِي يَأْتِينَ ٱلْفَٰحِشَةَ مِن نِّسَآئِكُمْ فَٱسْتَشْهِدُواْ عَلَيْهِنَّ أَرْبَعَةً مِّنكُمْ فَإِن شَهِدُواْ فَأَمْسِكُوهُنَّ فِي ٱلْبُيُوتِ حَتَّىٰ يَتَوَفَّىٰهُنَّ ٱلْمَوْتُ أَوْ يَجْعَلَ ٱللَّهُ لَهُنَّ سَبِيلًا ۝

* [La indecencia alude al adulterio. Esta aleya refiere el primer castigo que existió por adulterio al principio del Islam, hasta que, según algunos, fue abrogada por lo que se menciona en la aleya siguiente, que más tarde quedaría abrogado a su vez por la aleya 2 de la sura de La Luz. Otros dicen que el maltrato del que se habla en la aleya siguiente fue el primer juicio que luego sería abrogado por esta aleya. El Qadi Ibn al Arabi dice que el confinamiento en las casas se tuvo en cuenta al principio del Islam, antes de que se extendiera el número de los delitos, y cuando esto ocurrió, se adoptó la cárcel]

(16) Y a aquellos dos de vosotros* que la cometan, maltratadlos, pero si se arrepienten y se corrigen, dejadlos; es cierto que Allah acepta el arrepentimiento y es Compasivo.

وَٱلَّذَانِ يَأْتِيَٰنِهَا مِنكُمْ فَـَٔاذُوهُمَا فَإِن تَابَا وَأَصْلَحَا فَأَعْرِضُواْ عَنْهُمَآ إِنَّ ٱللَّهَ كَانَ تَوَّابًا رَّحِيمًا ۝

*[Esta expresión puede referirse al hombre y a la mujer solteros, o a los hombres casados y a los hombres solteros]

(17) Allah se compromete a aceptar el arrepentimiento sólo en favor de aquéllos que hacen el mal por ignorancia y luego, al poco, se vuelven atrás arrepentidos. A ésos Allah les devuelve Su favor; Allah es siempre Conocedor y Sabio.

إِنَّمَا ٱلتَّوْبَةُ عَلَى ٱللَّهِ لِلَّذِينَ يَعْمَلُونَ ٱلسُّوٓءَ بِجَهَٰلَةٍ ثُمَّ يَتُوبُونَ مِن قَرِيبٍ فَأُوْلَٰٓئِكَ يَتُوبُ ٱللَّهُ عَلَيْهِمْ وَكَانَ ٱللَّهُ عَلِيمًا حَكِيمًا ۞

(18) Pero no se les aceptará el arrepentimiento a los que habiendo llevado a cabo malas acciones, cuando se les presente la muerte digan: "Ahora me arrepiento"; ni a los que mueran siendo incrédulos.

Para ésos hemos preparado un castigo doloroso.

وَلَيْسَتِ ٱلتَّوْبَةُ لِلَّذِينَ يَعْمَلُونَ ٱلسَّيِّئَاتِ حَتَّىٰٓ إِذَا حَضَرَ أَحَدَهُمُ ٱلْمَوْتُ قَالَ إِنِّي تُبْتُ ٱلْـَٰٔنَ وَلَا ٱلَّذِينَ يَمُوتُونَ وَهُمْ كُفَّارٌ أُوْلَٰٓئِكَ أَعْتَدْنَا لَهُمْ عَذَابًا أَلِيمًا ۞

(19) ¡Vosotros que creéis! No os está permitido heredar las mujeres por la fuerza ni que les pongáis impedimentos para llevaros parte de lo que les dísteis*; excepto que hayan cometido un acto probado de indecencia.

Convivid con ellas según lo reconocido y si os disgustan, tal vez os esté disgustando algo en lo que Allah ha puesto mucho bien.

يَٰٓأَيُّهَا ٱلَّذِينَ ءَامَنُوا لَا يَحِلُّ لَكُمْ أَن تَرِثُوا ٱلنِّسَآءَ كَرْهًا وَلَا تَعْضُلُوهُنَّ لِتَذْهَبُوا بِبَعْضِ مَآ ءَاتَيْتُمُوهُنَّ إِلَّآ أَن يَأْتِينَ بِفَٰحِشَةٍ مُّبَيِّنَةٍ وَعَاشِرُوهُنَّ بِٱلْمَعْرُوفِ فَإِن كَرِهْتُمُوهُنَّ فَعَسَىٰٓ أَن تَكْرَهُوا شَيْـًٔا وَيَجْعَلَ ٱللَّهُ فِيهِ خَيْرًا كَثِيرًا ۞

* [Es decir que les impidáis casarse o las maltratéis para forzarlas a que os compren el divorcio dándoos sus dotes.

La opinión más fundamentada sobre esta aleya es la que hace alusión a la situación de la mujer en la época preislámica, la cual, al morir su marido, pasaba a depender de los

parientes y allegados de éste que tenían derecho a casarse con ellas, sin respetar su voluntad ni darles dote alguna, o que incluso podían impedirles casarse. En este sentido la expresión "heredar" significa pasarse las mujeres de uno a otro. También alude a algunos hombres, que sin cumplir con sus obligaciones conyugales, retenían a las mujeres contra su voluntad y sin permitirles el divorcio, sólo para heredar de ellas.]

(20) Y si queréis cambiar de esposa* y le habéis dado una gran dote, no toméis nada de ello.

¿Seréis capaces de hacerlo con falsedad y cometiendo un delito evidente?

* [Divorciando a la que tenéis para casaros con otra]

وَإِنْ أَرَدتُّمُ اسْتِبْدَالَ زَوْجٍ مَّكَانَ زَوْجٍ وَءَاتَيْتُمْ إِحْدَىٰهُنَّ قِنطَارًا فَلَا تَأْخُذُوا مِنْهُ شَيْئًا أَتَأْخُذُونَهُ بُهْتَٰنًا وَإِثْمًا مُّبِينًا ۝

(21) ¿Y cómo podríais hacerlo después de haber tenido intimidad el uno con el otro y habiendo recibido ellas un compromiso firme por vuestra parte?

وَكَيْفَ تَأْخُذُونَهُ وَقَدْ أَفْضَىٰ بَعْضُكُمْ إِلَىٰ بَعْضٍ وَأَخَذْنَ مِنكُم مِّيثَٰقًا غَلِيظًا ۝

(22) Y no os caséis con aquéllas mujeres con las que vuestros padres hayan estado casados, con la excepción de lo que ya esté hecho.

Ciertamente es algo indecente y detestable, y un mal camino.

وَلَا تَنكِحُوا مَا نَكَحَ ءَابَآؤُكُم مِّنَ النِّسَآءِ إِلَّا مَا قَدْ سَلَفَ إِنَّهُ كَانَ فَٰحِشَةً وَمَقْتًا وَسَآءَ سَبِيلًا ۝

(23) Se os prohiben vuestras madres, hijas, hermanas, tías paternas, tías maternas, las hijas de vues-

حُرِّمَتْ عَلَيْكُمْ أُمَّهَٰتُكُمْ وَبَنَاتُكُمْ وَأَخَوَٰتُكُمْ وَعَمَّٰتُكُمْ وَخَٰلَٰتُكُمْ وَبَنَاتُ

tro hermano, las hijas de vues- tra hermana, vuestras madres de leche que os amamantaron, vuestras hermanas de leche, las madres de vuestras esposas y las hijastras que estén bajo vuestra protección*, que sean hijas de mujeres que hayáis tenido y con las que hayáis lle- gado a cohabitar, porque si son de mujeres que habéis tenido con las que no habéis coha- bitado, entonces no hay inconveniente.

Y las esposas de vuestros hijos de sangre, así como que estéis casados con dos hermanas a un tiempo, a excepción de lo que ya esté hecho.

Es cierto que Allah es Per- donador y Compasivo.

* [La expresión, referida a las hijastras, "que estén bajo vuestra protección" no es una condición, es más bien una extensión enfática porque es lo que es lo normal.]

ٱلْأَخِ وَبَنَاتُ ٱلْأُخْتِ وَأُمَّهَٰتُكُمُ ٱلَّٰتِىٓ أَرْضَعْنَكُمْ وَأَخَوَٰتُكُم مِّنَ ٱلرَّضَٰعَةِ وَأُمَّهَٰتُ نِسَآئِكُمْ وَرَبَٰٓئِبُكُمُ ٱلَّٰتِى فِى حُجُورِكُم مِّن نِّسَآئِكُمُ ٱلَّٰتِى دَخَلْتُم بِهِنَّ فَإِن لَّمْ تَكُونُوا۟ دَخَلْتُم بِهِنَّ فَلَا جُنَاحَ عَلَيْكُمْ وَحَلَٰٓئِلُ أَبْنَآئِكُمُ ٱلَّذِينَ مِنْ أَصْلَٰبِكُمْ وَأَن تَجْمَعُوا۟ بَيْنَ ٱلْأُخْتَيْنِ إِلَّا مَا قَدْ سَلَفَ إِنَّ ٱللَّهَ كَانَ غَفُورًا رَّحِيمًا ۝

(24) Y las mujeres casadas, a excepción de las que posea vuestra diestra*. Es una pres- cripción de Allah para vosotros.

Aparte de esto se os permite que busquéis (esposas) con vuestros bienes como hombres honrados, no como for- nicadores. Y puesto que gozáis de ellas, dadles la dote como está mandado* y más allá de

۞ وَٱلْمُحْصَنَٰتُ مِنَ ٱلنِّسَآءِ إِلَّا مَا مَلَكَتْ أَيْمَٰنُكُمْ كِتَٰبَ ٱللَّهِ عَلَيْكُمْ وَأُحِلَّ لَكُم مَّا وَرَآءَ ذَٰلِكُمْ أَن تَبْتَغُوا۟ بِأَمْوَٰلِكُم مُّحْصِنِينَ غَيْرَ مُسَٰفِحِينَ فَمَا ٱسْتَمْتَعْتُم بِهِۦ مِنْهُنَّ فَـَٔاتُوهُنَّ أُجُورَهُنَّ فَرِيضَةً وَلَا جُنَاحَ عَلَيْكُمْ فِيمَا تَرَٰضَيْتُم بِهِۦ مِنۢ بَعْدِ ٱلْفَرِيضَةِ إِنَّ ٱللَّهَ كَانَ عَلِيمًا حَكِيمًا ۝

este mandato, no incurrís en falta en lo que hagáis de mutuo acuerdo. Es cierto que Allah es Conocedor, Sabio.

* [Se refiere a las cautivas de guerra cuyos maridos quedan en territorio enemigo, por lo que su matrimonio deja de tener validez. Esta eleya en general implica que la dote se hace obligatoria una vez consumado el matrimonio.]

*[Lit. Según lo reconocido.]

(25) Y el que de vosotros no tenga medios suficientes para casarse con mujeres libres creyentes, que lo haga con esclavas creyentes que poseéis. Allah conoce mejor vuestra creencia.

Unos procedéis de otros.

Casaos pues con ellas con el permiso de sus familias y dadles lo que les corresponde tal y como está establecido, como a mujeres decentes, no como si fueran fornicadoras o de las que toman amantes.

Y una vez estén en la protección del matrimonio*, si cometen un acto de indecencia*, tendrán la mitad del castigo* que las mujeres libres. Esto es válido para quien de vosotros tema caer en la fornicación. Pero es mejor para vosotros que tengáis paciencia.

Allah es Perdonador y Compasivo.

*[O "una vez que sean musulmanas";

وَمَن لَّمْ يَسْتَطِعْ مِنكُمْ طَوْلًا أَن يَنكِحَ الْمُحْصَنَاتِ الْمُؤْمِنَاتِ فَمِن مَّا مَلَكَتْ أَيْمَانُكُم مِّن فَتَيَاتِكُمُ الْمُؤْمِنَاتِ وَاللَّهُ أَعْلَمُ بِإِيمَانِكُم بَعْضُكُم مِّنۢ بَعْضٍ فَانكِحُوهُنَّ بِإِذْنِ أَهْلِهِنَّ وَءَاتُوهُنَّ أُجُورَهُنَّ بِالْمَعْرُوفِ مُحْصَنَاتٍ غَيْرَ مُسَافِحَاتٍ وَلَا مُتَّخِذَاتِ أَخْدَانٍ فَإِذَآ أُحْصِنَّ فَإِنْ أَتَيْنَ بِفَاحِشَةٍ فَعَلَيْهِنَّ نِصْفُ مَا عَلَى الْمُحْصَنَاتِ مِنَ الْعَذَابِ ذَٰلِكَ لِمَنْ خَشِىَ الْعَنَتَ مِنكُمْ وَأَن تَصْبِرُوا۟ خَيْرٌ لَّكُمْ وَاللَّهُ غَفُورٌ رَّحِيمٌ ۝

según puede entenderse también la expresión árabe]

* [Adulterio]

* [Se refiere a los latigazos, puesto que la lapidación no puede dividirse. Esto implica que la esclava, aún casada, no es lapidada en caso de adulterio]

(26) Allah quiere aclararos y mostraros los modelos de conducta de los que os precedieron para que os sirvan de guía. Y quiere volverse a vosotros con Su favor. Allah es Conocedor y Sabio.

يُرِيدُ ٱللَّهُ لِيُبَيِّنَ لَكُمْ وَيَهْدِيَكُمْ سُنَنَ ٱلَّذِينَ مِن قَبْلِكُمْ وَيَتُوبَ عَلَيْكُمْ وَٱللَّهُ عَلِيمٌ حَكِيمٌ ۝

(27) Y Allah quiere volverse a vosotros con Su favor pero los que siguen los apetitos quieren que caigáis en una gran desviación.

وَٱللَّهُ يُرِيدُ أَن يَتُوبَ عَلَيْكُمْ وَيُرِيدُ ٱلَّذِينَ يَتَّبِعُونَ ٱلشَّهَوَٰتِ أَن تَمِيلُوا۟ مَيْلًا عَظِيمًا ۝

(28) Allah quiere aliviaros, ya que el hombre fue creado débil.

يُرِيدُ ٱللَّهُ أَن يُخَفِّفَ عَنكُمْ وَخُلِقَ ٱلْإِنسَٰنُ ضَعِيفًا ۝

(29) ¡Vosotros que creéis! No os apropiéis de los bienes de otros por medio de falsedad, sino a través de transacciones que os satisfagan mutuamente.

Y no os matéis a vosotros mismos* pues Allah es siempre Compasivo con vosotros.

* [Esto se ha interpretado generalmente en el sentido de "no os matéis unos a otros", aunque también se ha aceptado su significado más aparente.]

يَٰٓأَيُّهَا ٱلَّذِينَ ءَامَنُوا۟ لَا تَأْكُلُوٓا۟ أَمْوَٰلَكُم بَيْنَكُم بِٱلْبَٰطِلِ إِلَّآ أَن تَكُونَ تِجَٰرَةً عَن تَرَاضٍ مِّنكُمْ وَلَا تَقْتُلُوٓا۟ أَنفُسَكُمْ إِنَّ ٱللَّهَ كَانَ بِكُمْ رَحِيمًا ۝

(30) Quien haga esto, transgrediendo

وَمَن يَفْعَلْ ذَٰلِكَ عُدْوَٰنًا وَظُلْمًا فَسَوْفَ نُصْلِيهِ

y siendo injusto, le haremos entrar en un Fuego. Y eso es fácil para Allah.

نَارًا وَكَانَ ذَٰلِكَ عَلَى ٱللَّهِ يَسِيرًا ۝

(31) Si evitáis las faltas graves que os hemos prohibido, os cubriremos vuestras malas acciones y os haremos entrar por una entrada noble.

إِن تَجْتَنِبُوا۟ كَبَآئِرَ مَا تُنْهَوْنَ عَنْهُ نُكَفِّرْ عَنكُمْ سَيِّـَٔاتِكُمْ وَنُدْخِلْكُم مُّدْخَلًا كَرِيمًا ۝

(32) No ansiéis aquello con lo que Allah ha favorecido a unos sobre otros. Los hombres tendrán una parte de lo que se hayan ganado y las mujeres tendrán una parte de lo que se hayan ganado. Pedidle a Allah Su favor. Realmente Allah es Conocedor de todas las cosas.

وَلَا تَتَمَنَّوْا۟ مَا فَضَّلَ ٱللَّهُ بِهِۦ بَعْضَكُمْ عَلَىٰ بَعْضٍ لِّلرِّجَالِ نَصِيبٌ مِّمَّا ٱكْتَسَبُوا۟ وَلِلنِّسَآءِ نَصِيبٌ مِّمَّا ٱكْتَسَبْنَ وَسْـَٔلُوا۟ ٱللَّهَ مِن فَضْلِهِۦٓ إِنَّ ٱللَّهَ كَانَ بِكُلِّ شَىْءٍ عَلِيمًا ۝

(33) Para todos hemos establecido beneficiarios de lo que dejan los padres y los parientes próximos.

Y a aquéllos con los que hicisteis anteriormente algún pacto jurado, dadles su parte.

Allah es Testigo de todas las cosas*.

وَلِكُلٍّ جَعَلْنَا مَوَٰلِىَ مِمَّا تَرَكَ ٱلْوَٰلِدَانِ وَٱلْأَقْرَبُونَ وَٱلَّذِينَ عَقَدَتْ أَيْمَٰنُكُمْ فَـَٔاتُوهُمْ نَصِيبَهُمْ إِنَّ ٱللَّهَ كَانَ عَلَىٰ كُلِّ شَىْءٍ شَهِيدًا ۝

* [Esta aleya alude al pacto de hermandad con el que el Profeta —que Allah le dé Su gracia y paz— unió a los habitantes de Medina y a los emigrados de Meca y que incluía que unos heredaran de otros. También se refiere a los juramentos de protección hechos en la época anterior al Islam, que además fueron abrogados, quedando la herencia limitada a los parientes.]

سُورَةُ ٱلنِّسَآءِ – ٱلْجُزْءُ ٱلْخَامِسُ

(34) Los hombres están al cargo de las mujeres en virtud de la preferencia que Allah ha dado a unos sobre otros y en virtud de lo que (en ellas) gastan de sus riquezas.

Las habrá que sean rectas, obedientes y que guarden, cuando no las vean, aquello que Allah manda guardar.

Pero aquéllas cuya rebeldía temáis*, amonestadlas, no os acostéis con ellas, pegadles; pero si os obedecen, no busquéis ningún medio contra ellas.

Allah es siempre Excelso, Grande.

* [Esto es interpretado por muchos comentaristas como certeza, es decir: "y aquéllas de las que tengáis certeza de su rebeldía"...]

ٱلرِّجَالُ قَوَّٰمُونَ عَلَى ٱلنِّسَآءِ بِمَا فَضَّلَ ٱللَّهُ بَعْضَهُمْ عَلَىٰ بَعْضٍ وَبِمَآ أَنفَقُوا۟ مِنْ أَمْوَٰلِهِمْ فَٱلصَّٰلِحَٰتُ قَٰنِتَٰتٌ حَٰفِظَٰتٌ لِّلْغَيْبِ بِمَا حَفِظَ ٱللَّهُ وَٱلَّٰتِي تَخَافُونَ نُشُوزَهُنَّ فَعِظُوهُنَّ وَٱهْجُرُوهُنَّ فِى ٱلْمَضَاجِعِ وَٱضْرِبُوهُنَّ فَإِنْ أَطَعْنَكُمْ فَلَا تَبْغُوا۟ عَلَيْهِنَّ سَبِيلًا إِنَّ ٱللَّهَ كَانَ عَلِيًّا كَبِيرًا ۝

(35) Y si teméis una ruptura entre ambos, nombrad un árbitro de la familia de él y otro de la familia de ella.

Y si quieren reconciliarse, Allah propiciará su reconciliación.

Es cierto que Allah es Quien sabe y conoce lo más recóndito.

وَإِنْ خِفْتُمْ شِقَاقَ بَيْنِهِمَا فَٱبْعَثُوا۟ حَكَمًا مِّنْ أَهْلِهِ وَحَكَمًا مِّنْ أَهْلِهَآ إِن يُرِيدَآ إِصْلَٰحًا يُوَفِّقِ ٱللَّهُ بَيْنَهُمَآ إِنَّ ٱللَّهَ كَانَ عَلِيمًا خَبِيرًا ۝

(36) Adorad a Allah sin asociar nada con El y haced el bien a vuestros padres, así como a los parientes, a los huérfanos, a los

وَٱعْبُدُوا۟ ٱللَّهَ وَلَا تُشْرِكُوا۟ بِهِۦ شَيْـًٔا وَبِٱلْوَٰلِدَيْنِ إِحْسَٰنًا وَبِذِى ٱلْقُرْبَىٰ وَٱلْيَتَٰمَىٰ وَٱلْمَسَٰكِينِ

pobres, a los vecinos próximos*, a los vecinos distantes, al compañero, al viajero y a los esclavos que poseéis.

Es cierto que Allah no ama a los engreídos y jactanciosos,

* [Tanto próximos en parentesco como en cercanía física.]

وَٱلْجَارِ ذِي ٱلْقُرْبَىٰ وَٱلْجَارِ ٱلْجُنُبِ وَٱلصَّاحِبِ بِٱلْجَنۢبِ وَٱبْنِ ٱلسَّبِيلِ وَمَا مَلَكَتْ أَيْمَـٰنُكُمْ إِنَّ ٱللَّهَ لَا يُحِبُّ مَن كَانَ مُخْتَالًا فَخُورًا ۝

(37) (ésos) que son avaros, mandan a los hombres la avaricia y ocultan lo que, de Su favor, Allah les ha dado.

Hemos preparado para los incrédulos un castigo denigrante.

ٱلَّذِينَ يَبْخَلُونَ وَيَأْمُرُونَ ٱلنَّاسَ بِٱلْبُخْلِ وَيَكْتُمُونَ مَآ ءَاتَىٰهُمُ ٱللَّهُ مِن فَضْلِهِۦ وَأَعْتَدْنَا لِلْكَـٰفِرِينَ عَذَابًا مُّهِينًا ۝

(38) Los que dan de sus bienes por aparentar ante la gente, pero no creen en Allah ni en el Ultimo Día.

Quien tenga al Shaytán como compañero, ¡ y qué mal compañero!

وَٱلَّذِينَ يُنفِقُونَ أَمْوَٰلَهُمْ رِئَآءَ ٱلنَّاسِ وَلَا يُؤْمِنُونَ بِٱللَّهِ وَلَا بِٱلْيَوْمِ ٱلْءَاخِرِ وَمَن يَكُنِ ٱلشَّيْطَـٰنُ لَهُۥ قَرِينًا فَسَآءَ قَرِينًا ۝

(39) ¿Qué les costaría creer en Allah y en el Ultimo Día y dar de lo que Allah les ha proveído? Allah los conoce bien.

وَمَاذَا عَلَيْهِمْ لَوْ ءَامَنُوا بِٱللَّهِ وَٱلْيَوْمِ ٱلْءَاخِرِ وَأَنفَقُوا مِمَّا رَزَقَهُمُ ٱللَّهُ وَكَانَ ٱللَّهُ بِهِمْ عَلِيمًا ۝

(40) Allah no es injusto ni en el peso de lo más pequeño, y cualquier buena acción la multiplicará, por Su parte, con una enorme recompensa.

إِنَّ ٱللَّهَ لَا يَظْلِمُ مِثْقَالَ ذَرَّةٍ وَإِن تَكُ حَسَنَةً يُضَـٰعِفْهَا وَيُؤْتِ مِن لَّدُنْهُ أَجْرًا عَظِيمًا ۝

(41) ¿Y qué pasará cuando traigamos a un testigo de cada comu-

فَكَيْفَ إِذَا جِئْنَا مِن كُلِّ أُمَّةٍ بِشَهِيدٍ وَجِئْنَا بِكَ

سُورَةُ النِّسَاءِ ـ الجُزْءُ الخَامِس

nidad y te traigamos a ti* como testigo sobre éstos?

* [Muhammad]

عَلَىٰ هَٰٓؤُلَآءِ شَهِيدًا ۝

(42) Ese día, los que se negaron a creer y desobedecieron al Mensajero, desearán que se los trague la tierra, y no le ocultarán a Allah una sola palabra.

يَوۡمَئِذٍ يَوَدُّ ٱلَّذِينَ كَفَرُواْ وَعَصَوُاْ ٱلرَّسُولَ لَوۡ تُسَوَّىٰ بِهِمُ ٱلۡأَرۡضُ وَلَا يَكۡتُمُونَ ٱللَّهَ حَدِيثًا ۝

(43) ¡Vosotros que creéis! No os acerquéis al salat ebrios, hasta que no sepáis lo que decís; ni impuros —salvo que estéis de paso—* hasta que no os lavéis. Y si estáis enfermos o de viaje o viene alguno de vosotros de hacer sus necesidades o habéis tenido relación con las mujeres y no encontráis agua, procuraos tierra limpia y pasáosla por la cara y las manos.

Es cierto que Allah es Indulgente, Perdonador.

* [El comentario más común sobre esto explica que se refiere a la permisividad del tayammum, o ablución con tierra, en caso de impureza, mientras se está de viaje, aunque el Imam Malik lo condiciona a la dificultad de encontrar agua.]

يَٰٓأَيُّهَا ٱلَّذِينَ ءَامَنُواْ لَا تَقۡرَبُواْ ٱلصَّلَوٰةَ وَأَنتُمۡ سُكَٰرَىٰ حَتَّىٰ تَعۡلَمُواْ مَا تَقُولُونَ وَلَا جُنُبًا إِلَّا عَابِرِي سَبِيلٍ حَتَّىٰ تَغۡتَسِلُواْ وَإِن كُنتُم مَّرۡضَىٰٓ أَوۡ عَلَىٰ سَفَرٍ أَوۡ جَآءَ أَحَدٌ مِّنكُم مِّنَ ٱلۡغَآئِطِ أَوۡ لَٰمَسۡتُمُ ٱلنِّسَآءَ فَلَمۡ تَجِدُواْ مَآءً فَتَيَمَّمُواْ صَعِيدًا طَيِّبًا فَٱمۡسَحُواْ بِوُجُوهِكُمۡ وَأَيۡدِيكُمۡ إِنَّ ٱللَّهَ كَانَ عَفُوًّا غَفُورًا ۝

(44) ¿No has visto a los que recibieron una parte del Libro cómo compran el extravío y quieren que te extravíes del camino? Pero Allah conoce mejor a vuestros enemigos.

Allah es Suficiente Aliado y Suficiente Defensor.

أَلَمۡ تَرَ إِلَى ٱلَّذِينَ أُوتُواْ نَصِيبًا مِّنَ ٱلۡكِتَٰبِ يَشۡتَرُونَ ٱلضَّلَٰلَةَ وَيُرِيدُونَ أَن تَضِلُّواْ ٱلسَّبِيلَ وَٱللَّهُ أَعۡلَمُ بِأَعۡدَآئِكُمۡ وَكَفَىٰ بِٱللَّهِ وَلِيًّا وَكَفَىٰ بِٱللَّهِ نَصِيرًا ۝

(45) Algunos de los que practican el judaísmo tergiversan las palabras* y dicen: ¡Oímos y desobedecemos! ¡Oye pero no entiendas! ¡Raina!* Dándole un doble sentido con sus lenguas y ofendiendo la Práctica de Adoración.

Si dijeran: ¡Oímos y obedecemos! ¡Oye! ¡Míranos! Sería mejor para ellos y más justo; pero Allah los maldice por su incredulidad. Son pocos los que creen.

* [De la Torá]

* [Aquí se hace alusión al hecho de que algunos judíos se dirigían al Profeta que Allah le dé Su gracia y paz, y sirviéndose de juegos de palabras o de palabras con doble sentido como "raina" que en hebreo es un insulto mientras que en árabe significa "atiéndenos o míranos"]

مِّنَ ٱلَّذِينَ هَادُواْ يُحَرِّفُونَ ٱلْكَلِمَ عَن مَّوَاضِعِهِ وَيَقُولُونَ سَمِعْنَا وَعَصَيْنَا وَٱسْمَعْ غَيْرَ مُسْمَعٍ وَرَٰعِنَا لَيًّا بِأَلْسِنَتِهِمْ وَطَعْنًا فِى ٱلدِّينِ وَلَوْ أَنَّهُمْ قَالُواْ سَمِعْنَا وَأَطَعْنَا وَٱسْمَعْ وَٱنظُرْنَا لَكَانَ خَيْرًا لَّهُمْ وَأَقْوَمَ وَلَٰكِن لَّعَنَهُمُ ٱللَّهُ بِكُفْرِهِمْ فَلَا يُؤْمِنُونَ إِلَّا قَلِيلًا ۝

(46) ¡Vosotros que habéis recibido el Libro! ¡Creed en lo que hemos hecho descender, que es una confirmación de lo que ya teníais, antes de que os borremos las facciones de la cara y la pongamos del revés u os maldigamos como maldijimos a la gente del sábado*. El mandato de Allah está hecho.

* [La gente del sábado alude al episodio de los judíos que transgredieron el sábado y fueron convertidos en monos y cerdos. Ver aleya 64 de la sura II.]

يَٰأَيُّهَا ٱلَّذِينَ أُوتُواْ ٱلْكِتَٰبَ ءَامِنُواْ بِمَا نَزَّلْنَا مُصَدِّقًا لِّمَا مَعَكُم مِّن قَبْلِ أَن نَّطْمِسَ وُجُوهًا فَنَرُدَّهَا عَلَىٰ أَدْبَارِهَا أَوْ نَلْعَنَهُمْ كَمَا لَعَنَّا أَصْحَٰبَ ٱلسَّبْتِ وَكَانَ أَمْرُ ٱللَّهِ مَفْعُولًا ۝

(47) Es cierto que Allah no perdona que se Le asocie con nada, pero, fuera de eso, perdona a quien quiere. Y quien atribuya asociados a Allah, habrá forjado una falsedad incurriendo en un enorme delito...

إِنَّ ٱللَّهَ لَا يَغْفِرُ أَن يُشْرَكَ بِهِۦ وَيَغْفِرُ مَا دُونَ ذَٰلِكَ لِمَن يَشَآءُ وَمَن يُشْرِكْ بِٱللَّهِ فَقَدِ ٱفْتَرَىٰٓ إِثْمًا عَظِيمًا ۝

(48) ¿No has visto a los que se consideran a sí mismos puros? Sin embargo Allah purifica a quien quiere.

No se les hará ni una brizna de injusticia*

* [Lit. no se les hará injusticia ni en el filamento de la ranura de un hueso de dátil.]

أَلَمْ تَرَ إِلَى ٱلَّذِينَ يُزَكُّونَ أَنفُسَهُم بَلِ ٱللَّهُ يُزَكِّي مَن يَشَآءُ وَلَا يُظْلَمُونَ فَتِيلًا ۝

(49) Mira cómo inventan mentiras sobre Allah. No hace falta un delito más evidente.

ٱنظُرْ كَيْفَ يَفْتَرُونَ عَلَى ٱللَّهِ ٱلْكَذِبَ وَكَفَىٰ بِهِۦٓ إِثْمًا مُّبِينًا ۝

(50) ¿Acaso no has visto a los que se les dio parte del Libro cómo creen en al-Yibt y al-Tagut* y dicen de los que niegan la creencia: estos tienen mejor guía en su camino que los que creen?

* [Al-Yibt y al-Tagut designan a dos idolos y en general representan todo aquello que se adora en lugar de Allah. Según Umar ibn al-Jattab, al-Yibt es la magia y al-Tagut es Shaytán.]

أَلَمْ تَرَ إِلَى ٱلَّذِينَ أُوتُواْ نَصِيبًا مِّنَ ٱلْكِتَٰبِ يُؤْمِنُونَ بِٱلْجِبْتِ وَٱلطَّٰغُوتِ وَيَقُولُونَ لِلَّذِينَ كَفَرُواْ هَٰٓؤُلَآءِ أَهْدَىٰ مِنَ ٱلَّذِينَ ءَامَنُواْ سَبِيلًا ۝

(51) A ésos Allah los ha maldecido y al que Allah maldice no encontrarás quien le auxilie.

أُوْلَٰٓئِكَ ٱلَّذِينَ لَعَنَهُمُ ٱللَّهُ وَمَن يَلْعَنِ ٱللَّهُ فَلَن تَجِدَ لَهُۥ نَصِيرًا ۝

(52) ¿Es que acaso poseen algo de la Soberanía?

Si fuera así, no les darían a los hombres ni un hueso de dátil.

أَمْ لَهُمْ نَصِيبٌ مِّنَ ٱلْمُلْكِ فَإِذًا لَّا يُؤْتُونَ ٱلنَّاسَ نَقِيرًا ۝

(53) ¿O, por el contrario, sienten envidia de los hombres por lo que Allah les ha dado de Su favor? A los descendientes de Ibrahim les dimos el Libro y la Sabiduría y les dimos un gran dominio.

أَمْ يَحْسُدُونَ ٱلنَّاسَ عَلَىٰ مَآ ءَاتَىٰهُمُ ٱللَّهُ مِن فَضْلِهِۦ فَقَدْ ءَاتَيْنَآ ءَالَ إِبْرَٰهِيمَ ٱلْكِتَٰبَ وَٱلْحِكْمَةَ وَءَاتَيْنَٰهُم مُّلْكًا عَظِيمًا ۝

(54) Entre ellos, algunos creen en él y otros se apartan. Yahannam les bastará como fuego abrasador.

فَمِنْهُم مَّنْ ءَامَنَ بِهِۦ وَمِنْهُم مَّن صَدَّ عَنْهُ وَكَفَىٰ بِجَهَنَّمَ سَعِيرًا ۝

(55) A los que se hayan negado a creer en Nuestros signos, los arrojaremos a un Fuego, y cada vez que les queme la piel, se la cambiaremos por otra, para que prueben el castigo.

Allah es siempre Irresistible, Sabio.

إِنَّ ٱلَّذِينَ كَفَرُوا۟ بِـَٔايَٰتِنَا سَوْفَ نُصْلِيهِمْ نَارًا كُلَّمَا نَضِجَتْ جُلُودُهُم بَدَّلْنَٰهُمْ جُلُودًا غَيْرَهَا لِيَذُوقُوا۟ ٱلْعَذَابَ إِنَّ ٱللَّهَ كَانَ عَزِيزًا حَكِيمًا ۝

(56) Y a los que creen y practican las acciones de bien, les haremos entrar en jardines por cuyo suelo corren los ríos; allí serán inmortales para siempre, tendrán esposas puras y les pondremos al amparo de una apacible umbría.

وَٱلَّذِينَ ءَامَنُوا۟ وَعَمِلُوا۟ ٱلصَّٰلِحَٰتِ سَنُدْخِلُهُمْ جَنَّٰتٍ تَجْرِى مِن تَحْتِهَا ٱلْأَنْهَٰرُ خَٰلِدِينَ فِيهَآ أَبَدًا لَّهُمْ فِيهَآ أَزْوَٰجٌ مُّطَهَّرَةٌ وَنُدْخِلُهُمْ ظِلًّا ظَلِيلًا ۝

(57) Allah os ordena devolver los depósitos a sus dueños y que cuando juzguéis entre los hom-

إِنَّ ٱللَّهَ يَأْمُرُكُمْ أَن تُؤَدُّوا۟ ٱلْأَمَٰنَٰتِ إِلَىٰٓ أَهْلِهَا وَإِذَا حَكَمْتُم بَيْنَ ٱلنَّاسِ أَن تَحْكُمُوا۟ بِٱلْعَدْلِ إِنَّ

bres lo hagáis con justicia.

¡Que bueno es aquello a lo que Allah os exhorta!

Es cierto que Allah es Quien oye y Quien ve.

ٱللَّهَ نِعِمَّا يَعِظُكُم بِهِ إِنَّ ٱللَّهَ كَانَ سَمِيعًا بَصِيرًا ۝

(58) ¡Vosotros que creéis! Obedeced a Allah, obedeced al Mensajero y a aquéllos de vosotros que tengan autoridad.

Y si disputáis sobre algo, remitidlo a Allah y al Mensajero, si creéis en Allah y en el Ultimo Día.

Esto es preferible y tiene mejor resultado.

يَٰٓأَيُّهَا ٱلَّذِينَ ءَامَنُوٓاْ أَطِيعُواْ ٱللَّهَ وَأَطِيعُواْ ٱلرَّسُولَ وَأُوْلِى ٱلْأَمْرِ مِنكُمْ فَإِن تَنَٰزَعْتُمْ فِى شَىْءٍ فَرُدُّوهُ إِلَى ٱللَّهِ وَٱلرَّسُولِ إِن كُنتُمْ تُؤْمِنُونَ بِٱللَّهِ وَٱلْيَوْمِ ٱلْأَخِرِ ذَٰلِكَ خَيْرٌ وَأَحْسَنُ تَأْوِيلًا ۝

(59) ¿No has visto a los que dicen creer en lo que se te ha hecho descender y en lo que se hizo descender antes de ti?

Quieren recurrir a ese impostor* a pesar de que se les ha ordenado no creer en él.

El Shaytán quiere que se pierdan en un lejano extravío.

أَلَمْ تَرَ إِلَى ٱلَّذِينَ يَزْعُمُونَ أَنَّهُمْ ءَامَنُواْ بِمَآ أُنزِلَ إِلَيْكَ وَمَآ أُنزِلَ مِن قَبْلِكَ يُرِيدُونَ أَن يَتَحَاكَمُوٓاْ إِلَى ٱلطَّٰغُوتِ وَقَدْ أُمِرُوٓاْ أَن يَكْفُرُواْ بِهِ وَيُرِيدُ ٱلشَّيْطَٰنُ أَن يُضِلَّهُمْ ضَلَٰلًا بَعِيدًا ۝

* [Esta aleya descendió en relación a una disputa entre un hipócrita de Medina y un judío; el hipócrita quiso recurrir a Kab Ibn Asraf, cohen judío y uno de los mayores enemigos del Profeta, que Allah le dé Su gracia y paz, pero el judío sólo aceptó el arbitraje del Profeta que falló en su favor. No contento con el fallo, el hipócrita fue a Abu Bakr que ratificó el fallo y luego a Umar b. al Jattab quien al saber que el hipócrita había rechazado el juicio del Profeta, lo mató.

Desde entonces Umar fue llamado "al-

Faruq": el que distingue la verdad de
la falsedad. La palabra "impostor" que
es traducción de "tagut" alude aquí a
Kab Ibn Asraf.]

(60) Y cuando se les dice: Venid a lo
que Allah ha hecho descender
y al Mensajero, ves a los
hipócritas rehuirte con desdén.

وَإِذَا قِيلَ لَهُمْ تَعَالَوْا إِلَىٰ مَآ أَنزَلَ ٱللَّهُ وَإِلَى ٱلرَّسُولِ رَأَيْتَ ٱلْمُنَٰفِقِينَ يَصُدُّونَ عَنكَ صُدُودًا ۝

(61) ¿Qué harán cuando les ocurra
una desgracia a causa de lo
que sus manos presentan?
Luego vendrán a ti jurando por
Allah: sólo queríamos el bien y
la concordia.

فَكَيْفَ إِذَآ أَصَٰبَتْهُم مُّصِيبَةٌۢ بِمَا قَدَّمَتْ أَيْدِيهِمْ ثُمَّ جَآءُوكَ يَحْلِفُونَ بِٱللَّهِ إِنْ أَرَدْنَآ إِلَّآ إِحْسَٰنًا وَتَوْفِيقًا ۝

(62) De ésos Allah sabe lo que tienen
en el corazón. Así pues, man-
tente apartado de ellos, adviérteles y diles sobre sí mismos
palabras que les lleguen.

أُو۟لَٰٓئِكَ ٱلَّذِينَ يَعْلَمُ ٱللَّهُ مَا فِي قُلُوبِهِمْ فَأَعْرِضْ عَنْهُمْ وَعِظْهُمْ وَقُل لَّهُمْ فِىٓ أَنفُسِهِمْ قَوْلًۢا بَلِيغًا ۝

(63) Y no hemos enviado a ningún
mensajero sino para que fuera
obedecido con el permiso de
Allah.

Si después de haber sido injustos consigo mismos hubieran venido a ti,
hubieran pedido perdón a Allah y
hubiera pedido el Mensajero perdón
por ellos, habrían encontrado a Allah
Favorable hacia ellos, Compasivo.

وَمَآ أَرْسَلْنَا مِن رَّسُولٍ إِلَّا لِيُطَاعَ بِإِذْنِ ٱللَّهِ وَلَوْ أَنَّهُمْ إِذ ظَّلَمُوٓا أَنفُسَهُمْ جَآءُوكَ فَٱسْتَغْفَرُوا ٱللَّهَ وَٱسْتَغْفَرَ لَهُمُ ٱلرَّسُولُ لَوَجَدُوا ٱللَّهَ تَوَّابًا رَّحِيمًا ۝

(64) Pero no, por tu Señor que no
creerán hasta que no te acepten
como árbitro en todo lo que sea
motivo de litigio entre ellos y
luego no encuentren en sí mismos nada que les impida acep-

فَلَا وَرَبِّكَ لَا يُؤْمِنُونَ حَتَّىٰ يُحَكِّمُوكَ فِيمَا شَجَرَ بَيْنَهُمْ ثُمَّ لَا يَجِدُوا فِىٓ أَنفُسِهِمْ حَرَجًا مِّمَّا قَضَيْتَ وَيُسَلِّمُوا تَسْلِيمًا ۝

tar lo que decidas y se sometan
por completo.

(65) Si les hubiéramos ordenado que
se mataran o que abandonaran
sus casas, sólo unos pocos lo
habrían hecho.

Pero hubiera sido mejor para
ellos haber hecho aquello a lo
que se les exhortó y hubiera
sido una afirmación más
fuerte*.

* [De su creencia.]

وَلَوْ أَنَّا كَتَبْنَا عَلَيْهِمْ أَنِ اقْتُلُوٓا أَنفُسَكُمْ
أَوِ اخْرُجُوا مِن دِيَٰرِكُم مَّا فَعَلُوهُ إِلَّا قَلِيلٌ مِّنْهُمْ
وَلَوْ أَنَّهُمْ فَعَلُوا مَا يُوعَظُونَ بِهِۦ لَكَانَ خَيْرًا لَّهُمْ
وَأَشَدَّ تَثْبِيتًا ۝

(66) De ser así les hubiéramos dado
por Nuestra parte una enorme
recompensa

وَإِذًا لَّآتَيْنَٰهُم مِّن لَّدُنَّآ أَجْرًا عَظِيمًا ۝

(67) y los habríamos guiado por un
camino recto.

وَلَهَدَيْنَٰهُمْ صِرَٰطًا مُّسْتَقِيمًا ۝

(68) Quien obedezca a Allah y al
Mensajero, ésos estarán junto a
los que Allah ha favorecido: los
profetas, los veraces, los que
murieron dando testimonio y
los justos. ¡Y qué excelentes
compañeros!

وَمَن يُطِعِ ٱللَّهَ وَٱلرَّسُولَ فَأُوْلَٰٓئِكَ مَعَ ٱلَّذِينَ
أَنْعَمَ ٱللَّهُ عَلَيْهِم مِّنَ ٱلنَّبِيِّـۧنَ وَٱلصِّدِّيقِينَ
وَٱلشُّهَدَآءِ وَٱلصَّٰلِحِينَ وَحَسُنَ أُوْلَٰٓئِكَ رَفِيقًا ۝

(69) Ese es el favor de Allah. Allah
basta como Conocedor.

ذَٰلِكَ ٱلْفَضْلُ مِنَ ٱللَّهِ وَكَفَىٰ بِٱللَّهِ عَلِيمًا ۝

(70) ¡Vosotros que creéis! Tomad
vuestras precauciones y salid a
combatir en grupos o todos
juntos.

يَٰٓأَيُّهَا ٱلَّذِينَ ءَامَنُوا خُذُوا حِذْرَكُمْ فَٱنفِرُوا ثُبَاتٍ
أَوِ ٱنفِرُوا جَمِيعًا ۝

(71) Entre vosotros hay quien se queda atrás, y si os ocurre algún percance dice: Allah me ha agraciado por no haber estado allí con ellos.

وَإِنَّ مِنكُمْ لَمَن لَّيُبَطِّئَنَّ فَإِنْ أَصَابَتْكُم مُّصِيبَةٌ قَالَ قَدْ أَنْعَمَ اللَّهُ عَلَيَّ إِذْ لَمْ أَكُن مَّعَهُمْ شَهِيدًا ۝

(72) Pero si os llega un favor de Allah seguro que dirá, como si ningún afecto os uniera: ¡Ay de mí! Si hubiera estado con ellos habría logrado un gran triunfo.

وَلَئِنْ أَصَابَكُمْ فَضْلٌ مِّنَ اللَّهِ لَيَقُولَنَّ كَأَن لَّمْ يَكُن بَيْنَكُمْ وَبَيْنَهُ مَوَدَّةٌ يَٰلَيْتَنِي كُنتُ مَعَهُمْ فَأَفُوزَ فَوْزًا عَظِيمًا ۝

(73) Que combatan en el camino de Allah aquéllos que dan la vida de este mundo a cambio de la otra. Y a quien combata en el camino de Allah, ya muera o resulte victorioso, le daremos una enorme recompensa.

۞ فَلْيُقَٰتِلْ فِي سَبِيلِ اللَّهِ الَّذِينَ يَشْرُونَ الْحَيَوٰةَ الدُّنْيَا بِالْآخِرَةِ وَمَن يُقَٰتِلْ فِي سَبِيلِ اللَّهِ فَيُقْتَلْ أَوْ يَغْلِبْ فَسَوْفَ نُؤْتِيهِ أَجْرًا عَظِيمًا ۝

(74) ¿Y cómo es que no combatís en el camino de Allah, mientras esos hombres, mujeres y niños oprimidos, dicen: ¡Señor nuestro! Sácanos de esta ciudad* cuyas gentes son injustas y danos, procedente de Ti, un protector y un auxiliador?

* [Meca]

وَمَا لَكُمْ لَا تُقَٰتِلُونَ فِي سَبِيلِ اللَّهِ وَالْمُسْتَضْعَفِينَ مِنَ الرِّجَالِ وَالنِّسَاءِ وَالْوِلْدَانِ الَّذِينَ يَقُولُونَ رَبَّنَا أَخْرِجْنَا مِنْ هَٰذِهِ الْقَرْيَةِ الظَّالِمِ أَهْلُهَا وَاجْعَل لَّنَا مِن لَّدُنكَ وَلِيًّا وَاجْعَل لَّنَا مِن لَّدُنكَ نَصِيرًا ۝

(75) Los que creen, combaten en el camino de Allah, y los que se niegan a creer, combaten en el camino del Rebelde.

¡Combatid a los aliados del Shaytán! Ciertamente la trampa del Shaytán es débil.

الَّذِينَ آمَنُوا يُقَٰتِلُونَ فِي سَبِيلِ اللَّهِ وَالَّذِينَ كَفَرُوا يُقَٰتِلُونَ فِي سَبِيلِ الطَّاغُوتِ فَقَٰتِلُوا أَوْلِيَاءَ الشَّيْطَانِ إِنَّ كَيْدَ الشَّيْطَانِ كَانَ ضَعِيفًا ۝

(76) ¿No has visto a los que se les
dijo: Contened vuestras manos,
estableced el salat y entregad el
zakat?

Y cuando se les mandó combatir, algunos de ellos, temieron a los hombres como se teme
a Allah o aún más y dijeron:
¡Señor nuestro! ¿Por qué nos
mandas combatir? ¿Y si nos
dieras un pequeño plazo?

Di: La posesión en disfrute de
esta vida es poca cosa; la
Ultima Vida es mejor para
quien es temeroso.

No se os hará ni una brizna de
injusticia.

(77) Dondequiera que estéis, incluso
si estáis en torres fortificadas,
os alcanzará la muerte.

Si les ocurre algo bueno dicen:
Esto viene de Allah, pero si les
ocurre algo malo, dicen: Esto
viene de ti*.

Di: Todo viene de Allah. ¿Qué
le pasa a esta gente que apenas
comprende lo que se les dice?

* [Muhammad]

(78) Lo bueno que te ocurre viene de
Allah y lo malo, de ti mismo.

Te hemos enviado a los hombres como Mensajero y Allah
basta como Testigo.

(79) Quien obedece al Mensajero está
obedeciendo a Allah.

Y quien le da la espalda...No te hemos enviado a ellos para que seas su guardián.

أَرْسَلْنَٰكَ عَلَيْهِمْ حَفِيظًا ۩

(80) Y dicen: Obediencia.

Pero cuando se alejan de ti, hay un grupo de ellos que trama por la noche en contra de lo que dices.

Pero Allah escribe lo que traman, así pues, apártate de ellos y confíate a Allah, Allah basta como Protector.

وَيَقُولُونَ طَاعَةٌ فَإِذَا بَرَزُوا مِنْ عِندِكَ بَيَّتَ طَآئِفَةٌ مِّنْهُمْ غَيْرَ الَّذِي تَقُولُ وَاللَّهُ يَكْتُبُ مَا يُبَيِّتُونَ فَأَعْرِضْ عَنْهُمْ وَتَوَكَّلْ عَلَى اللَّهِ وَكَفَىٰ بِاللَّهِ وَكِيلًا ۩

(81) ¿Es que no han reparado en el Corán?

Si procediera de otro que Allah, hallarían en él muchas contradicciones.

أَفَلَا يَتَدَبَّرُونَ الْقُرْءَانَ وَلَوْ كَانَ مِنْ عِندِ غَيْرِ اللَّهِ لَوَجَدُوا فِيهِ اخْتِلَٰفًا كَثِيرًا ۩

(82) Y cuando les llega algún rumor que puede afectar a la seguridad o infundir miedo, lo propagan.

Si lo remitieran al Mensajero o a los que entre ellos tienen mando, lo sabrían los que de ellos están en condiciones de hacer averiguaciones*.

Y si no fuera por el favor que recibís de Allah y por Su misericordia, todos, salvo unos pocos, seguiríais al Shaytán.

وَإِذَا جَآءَهُمْ أَمْرٌ مِّنَ الْأَمْنِ أَوِ الْخَوْفِ أَذَاعُوا بِهِ وَلَوْ رَدُّوهُ إِلَى الرَّسُولِ وَإِلَىٰ أُو۟لِي الْأَمْرِ مِنْهُمْ لَعَلِمَهُ الَّذِينَ يَسْتَنۢبِطُونَهُ مِنْهُمْ وَلَوْلَا فَضْلُ اللَّهِ عَلَيْكُمْ وَرَحْمَتُهُ لَاتَّبَعْتُمُ الشَّيْطَٰنَ إِلَّا قَلِيلًا ۩

* [Y decidir si se debe o no hacer público. También puede entenderse así: "Si lo remitieran al Mensajero...lo sabrían quienes lo averigüasen a través de ellos, es decir, del Mensajero y de la gente con autoridad.]

(83) Combate en el camino de Allah, no te exijas sino a ti mismo y anima a los creyentes; puede ser que Allah detenga la violencia de los que se niegan a creer.

Y Allah tiene más violencia y Su castigo es más intenso.

فَقَاتِلْ فِى سَبِيلِ اللَّهِ لَا تُكَلَّفُ إِلَّا نَفْسَكَ وَحَرِّضِ الْمُؤْمِنِينَ عَسَى اللَّهُ أَن يَكُفَّ بَأْسَ الَّذِينَ كَفَرُوا وَاللَّهُ أَشَدُّ بَأْسًا وَأَشَدُّ تَنكِيلًا ۝

(84) Quien interceda por otro para bien tendrá lo que le corresponda de ello y quien lo haga para mal, tendrá lo que le corresponda de ello.

Allah le da a cada cosa lo que le corresponde.

مَّن يَشْفَعْ شَفَاعَةً حَسَنَةً يَكُن لَّهُ نَصِيبٌ مِّنْهَا وَمَن يَشْفَعْ شَفَاعَةً سَيِّئَةً يَكُن لَّهُ كِفْلٌ مِّنْهَا وَكَانَ اللَّهُ عَلَى كُلِّ شَيْءٍ مُّقِيتًا ۝

(85) Y cuando os dirijan un saludo, corresponded con uno mejor que él o simplemente devolvedlo, es cierto que Allah tiene en cuenta todas las cosas.

وَإِذَا حُيِّيتُم بِتَحِيَّةٍ فَحَيُّوا بِأَحْسَنَ مِنْهَا أَوْ رُدُّوهَا إِنَّ اللَّهَ كَانَ عَلَى كُلِّ شَيْءٍ حَسِيبًا ۝

(86) Allah, no hay dios sino El. Os reunirá para el Día del Levantamiento, del cual no hay duda.

¿Y quién tiene una palabra más verídica que Allah?

اللَّهُ لَا إِلَهَ إِلَّا هُوَ لَيَجْمَعَنَّكُمْ إِلَى يَوْمِ الْقِيَامَةِ لَا رَيْبَ فِيهِ وَمَنْ أَصْدَقُ مِنَ اللَّهِ حَدِيثًا ۝

(87) ¿Por qué os dividís en dos grupos con respecto a los hipócritas? Allah los ha devuelto a su condición primera* a causa de lo que se han ganado.

¿Es que pretendéis guiar a quien Allah ha extraviado?

فَمَا لَكُمْ فِى الْمُنَافِقِينَ فِئَتَيْنِ وَاللَّهُ أَرْكَسَهُم بِمَا كَسَبُوا أَتُرِيدُونَ أَن تَهْدُوا مَنْ أَضَلَّ اللَّهُ وَمَن يُضْلِلِ اللَّهُ فَلَن تَجِدَ لَهُ سَبِيلًا ۝

No encontrarás camino para quien Allah ha extraviado.

* [de incrédulos]

(88) Quisieran que renegáseis como ellos han renegado y que fuéseis iguales. No los toméis como amigos aliados hasta que no hayan emigrado en el camino de Allah.

Y si se desentienden, atrapadlos y matadlos donde quiera que los encontréis y no toméis aliado ni auxiliar de entre ellos.

وَدُّواْ لَوْ تَكْفُرُونَ كَمَا كَفَرُواْ فَتَكُونُونَ سَوَآءً فَلَا تَتَّخِذُواْ مِنْهُمْ أَوْلِيَآءَ حَتَّىٰ يُهَاجِرُواْ فِي سَبِيلِ اللَّهِ فَإِن تَوَلَّوْاْ فَخُذُوهُمْ وَاقْتُلُوهُمْ حَيْثُ وَجَدتُّمُوهُمْ وَلَا تَتَّخِذُواْ مِنْهُمْ وَلِيًّا وَلَا نَصِيرًا ۝

(89) A excepción de aquéllos que se unan a una gente con la que tengáis algún pacto o vengan a vosotros con el pecho encogido por tener que combatir contra vosotros o contra su gente.

Si Allah hubiera querido les habría dado poder sobre vosotros y os habrían combatido. Y si se retiran y no os combaten y os ofrecen la paz... Allah no os da ningún medio de ir contra ellos.

إِلَّا الَّذِينَ يَصِلُونَ إِلَىٰ قَوْمٍ بَيْنَكُمْ وَبَيْنَهُم مِّيثَٰقٌ أَوْ جَآءُوكُمْ حَصِرَتْ صُدُورُهُمْ أَن يُقَٰتِلُوكُمْ أَوْ يُقَٰتِلُواْ قَوْمَهُمْ وَلَوْ شَآءَ اللَّهُ لَسَلَّطَهُمْ عَلَيْكُمْ فَلَقَٰتَلُوكُمْ فَإِنِ اعْتَزَلُوكُمْ فَلَمْ يُقَٰتِلُوكُمْ وَأَلْقَوْاْ إِلَيْكُمُ السَّلَمَ فَمَا جَعَلَ اللَّهُ لَكُمْ عَلَيْهِمْ سَبِيلًا ۝

(90) Encontraréis a otros que quieren estar a salvo de vosotros y a salvo de su gente; cada vez que vuelven a la discordia, caen más profundamente en ella. Pero si no os dejan y os ofrecen la paz y detienen sus manos... Atrapadlos y matadlos dondequiera que los encontréis.

سَتَجِدُونَ ءَاخَرِينَ يُرِيدُونَ أَن يَأْمَنُوكُمْ وَيَأْمَنُواْ قَوْمَهُمْ كُلَّ مَا رُدُّوٓاْ إِلَى الْفِتْنَةِ أُرْكِسُواْ فِيهَا فَإِن لَّمْ يَعْتَزِلُوكُمْ وَيُلْقُوٓاْ إِلَيْكُمُ السَّلَمَ وَيَكُفُّوٓاْ أَيْدِيَهُمْ فَخُذُوهُمْ وَاقْتُلُوهُمْ حَيْثُ ثَقِفْتُمُوهُمْ وَأُوْلَٰئِكُمْ جَعَلْنَا لَكُمْ عَلَيْهِمْ سُلْطَٰنًا مُّبِينًا ۝

Os hemos dado sobre ellos una autoridad evidente.

(91) No es de creyentes que uno mate a otro, a menos que sea por error. Y quien matare a un creyente por error, deberá poner en libertad a un esclavo creyente y pagar el precio de sangre a su familia, a menos que ésta se lo perdone por generosidad. Y si perteneciera a una gente enemiga vuestra pero fuera creyente, o si fuera de una gente con la que tenéis algún pacto, pagad el precio de sangre a su gente y poned en libertad a un esclavo que sea creyente.

Y quien no encuentre manera de hacerlo, que ayune dos meses consecutivos como reparación aceptable por Allah. Allah es Conocedor, Sabio.

وَمَا كَانَ لِمُؤْمِنٍ أَن يَقْتُلَ مُؤْمِنًا إِلَّا خَطَأً وَمَن قَتَلَ مُؤْمِنًا خَطَأً فَتَحْرِيرُ رَقَبَةٍ مُؤْمِنَةٍ وَدِيَةٌ مُسَلَّمَةٌ إِلَىٰ أَهْلِهِ إِلَّا أَن يَصَّدَّقُوا فَإِن كَانَ مِن قَوْمٍ عَدُوٍّ لَّكُمْ وَهُوَ مُؤْمِنٌ فَتَحْرِيرُ رَقَبَةٍ مُؤْمِنَةٍ وَإِن كَانَ مِن قَوْمٍ بَيْنَكُمْ وَبَيْنَهُم مِّيثَاقٌ فَدِيَةٌ مُّسَلَّمَةٌ إِلَىٰ أَهْلِهِ وَتَحْرِيرُ رَقَبَةٍ مُّؤْمِنَةٍ ۖ فَمَن لَّمْ يَجِدْ فَصِيَامُ شَهْرَيْنِ مُتَتَابِعَيْنِ تَوْبَةً مِّنَ اللَّهِ وَكَانَ اللَّهُ عَلِيمًا حَكِيمًا ۝

(92) Y aquel que mate a un creyente intencionadamente, tendrá como recompensa Yahannam donde será inmortal.

Sobre él caerá la ira de Allah, que lo maldecirá y le preparará un castigo inmenso.

وَمَن يَقْتُلْ مُؤْمِنًا مُّتَعَمِّدًا فَجَزَآؤُهُ جَهَنَّمُ خَالِدًا فِيهَا وَغَضِبَ اللَّهُ عَلَيْهِ وَلَعَنَهُ وَأَعَدَّ لَهُ عَذَابًا عَظِيمًا ۝

(93) ¡Vosotros que creéis! Cuando salgáis de expedición* en el camino de Allah, distinguid con claridad y no digáis a quien os ofrezca la rendición*:

يَٰٓأَيُّهَا الَّذِينَ ءَامَنُوٓا إِذَا ضَرَبْتُمْ فِي سَبِيلِ اللَّهِ فَتَبَيَّنُوا وَلَا تَقُولُوا لِمَنْ أَلْقَىٰ إِلَيْكُمُ السَّلَامَ لَسْتَ مُؤْمِنًا تَبْتَغُونَ عَرَضَ الْحَيَوٰةِ الدُّنْيَا فَعِندَ اللَّهِ مَغَانِمُ كَثِيرَةٌ

"Tú no eres creyente", buscando con ello lo que la vida
del mundo ofrece; pues junto a
Allah hay muchos botines. Así
érais también vosotros antes y
Allah os favoreció, de modo
que aseguraos bien.

Es cierto que Allah conoce
hasta lo más recóndito de lo
que hacéis.

* [Para luchar]

* [Mediante el testimonio de creencia:
"No hay dios sino Allah, Muhammad
es el Mensajero de Allah". Existe una
variante en la lectura de la palabra que
se ha traducido como rendición,
"salam", alargando la vocal de la
segunda sílaba, y entonces significaría
saludo de paz. En este caso habría que
entender: "Os ofrecen el saludo de
paz", es decir. As-Salamu alaykum. Sin
embargo, esto no varía la explicación
de la aleya, ya que este saludo precede
o puede equivaler al testimonio de la
creencia cuya afirmación hace inviolable la sangre y los bienes del que la
expresa.]

(94) No son iguales los creyentes, que
sin estar impedidos, permanecen pasivos y los que luchan
en el camino de Allah con sus
bienes y personas. Allah ha
dado un grado de preferencia a
los que luchan con sus bienes y
personas sobre los pasivos. A
ambos les ha prometido lo más
hermoso, pero ha favorecido a
los que luchan sobre los que se
quedan pasivos con una
enorme recompensa.

(95) Grados procedentes de El, perdón y misericordia. Y Allah es Perdonador, Compasivo.

دَرَجَتٍ مِّنْهُ وَمَغْفِرَةً وَرَحْمَةً وَكَانَ اللَّهُ غَفُورًا رَّحِيمًا ۝

(96) A los que se lleven los ángeles habiendo sido injustos consigo mismos les dirán: ¿En qué se os fue la vida?*

Responderán: Estábamos oprimidos en la tierra.

Les dirán: ¿Acaso no era la tierra de Allah lo suficientemente extensa como para emigrar? Esos tendrán por morada Yahannam. ¡Qué mal fin!

* [Lit. ¿En qué estuvisteis?]

إِنَّ الَّذِينَ تَوَفَّاهُمُ الْمَلَائِكَةُ ظَالِمِي أَنفُسِهِمْ قَالُوا فِيمَ كُنتُمْ قَالُوا كُنَّا مُسْتَضْعَفِينَ فِي الْأَرْضِ قَالُوا أَلَمْ تَكُنْ أَرْضُ اللَّهِ وَاسِعَةً فَتُهَاجِرُوا فِيهَا فَأُولَٰئِكَ مَأْوَاهُمْ جَهَنَّمُ وَسَاءَتْ مَصِيرًا ۝

(97) A menos que se trate de hombres, mujeres y niños imposibilitados, que carezcan de recursos y no sepan cómo hacerlo.

إِلَّا الْمُسْتَضْعَفِينَ مِنَ الرِّجَالِ وَالنِّسَاءِ وَالْوِلْدَانِ لَا يَسْتَطِيعُونَ حِيلَةً وَلَا يَهْتَدُونَ سَبِيلًا ۝

(98) A éstos Allah los disculpa. Allah es Indulgente, Perdonador.

فَأُولَٰئِكَ عَسَى اللَّهُ أَن يَعْفُوَ عَنْهُمْ وَكَانَ اللَّهُ عَفُوًّا غَفُورًا ۝

(99) Quien emigre en el camino de Allah encontrará en la tierra muchos lugares donde refugiarse y holgura.

Al que habiendo dejado su casa para emigrar por Allah y Su Mensajero, le sorprenda la muerte, tiene la recompensa asegurada por Allah.

Allah es siempre Perdonador y Compasivo.

وَمَن يُهَاجِرْ فِي سَبِيلِ اللَّهِ يَجِدْ فِي الْأَرْضِ مُرَاغَمًا كَثِيرًا وَسَعَةً وَمَن يَخْرُجْ مِن بَيْتِهِ مُهَاجِرًا إِلَى اللَّهِ وَرَسُولِهِ ثُمَّ يُدْرِكْهُ الْمَوْتُ فَقَدْ وَقَعَ أَجْرُهُ عَلَى اللَّهِ وَكَانَ اللَّهُ غَفُورًا رَّحِيمًا ۝

(100) Y cuando salgáis de expedición por la tierra no hay inconveniente en que acortéis el salat, así como cuando temáis que os ataquen los que se niegan a creer. Es cierto que los incrédulos son para vosotros enemigos declarados.

وَإِذَا ضَرَبْتُمْ فِي ٱلْأَرْضِ فَلَيْسَ عَلَيْكُمْ جُنَاحٌ أَن تَقْصُرُوا۟ مِنَ ٱلصَّلَوٰةِ إِنْ خِفْتُمْ أَن يَفْتِنَكُمُ ٱلَّذِينَ كَفَرُوٓا۟ إِنَّ ٱلْكَـٰفِرِينَ كَانُوا۟ لَكُمْ عَدُوًّا مُّبِينًا ﴿١٠٠﴾

(101) Y cuando estés* con ellos y les dirijas el salat, que una parte permenezca en pie contigo llevando sus armas, y mientras se hacen las postraciones, que permanezcan (los demás) detrás de vosotros; luego que venga la parte que no haya rezado y lo hagan contigo tomando precauciones y estando armados.

Los que se niegan a creer querrían que os descuidárais de vuestras armas y pertrechos para así poder caer sobre vosotros en una sola carga.

No cometéis falta si cuando os moleste la lluvia o estéis enfermos, dejáis las armas, pero tomad precauciones.

Es cierto que Allah ha preparado para los incrédulos un castigo denigrante.

* [Muhammad]

وَإِذَا كُنتَ فِيهِمْ فَأَقَمْتَ لَهُمُ ٱلصَّلَوٰةَ فَلْتَقُمْ طَآئِفَةٌ مِّنْهُم مَّعَكَ وَلْيَأْخُذُوٓا۟ أَسْلِحَتَهُمْ فَإِذَا سَجَدُوا۟ فَلْيَكُونُوا۟ مِن وَرَآئِكُمْ وَلْتَأْتِ طَآئِفَةٌ أُخْرَىٰ لَمْ يُصَلُّوا۟ فَلْيُصَلُّوا۟ مَعَكَ وَلْيَأْخُذُوا۟ حِذْرَهُمْ وَأَسْلِحَتَهُمْ وَدَّ ٱلَّذِينَ كَفَرُوا۟ لَوْ تَغْفُلُونَ عَنْ أَسْلِحَتِكُمْ وَأَمْتِعَتِكُمْ فَيَمِيلُونَ عَلَيْكُم مَّيْلَةً وَٰحِدَةً وَلَا جُنَاحَ عَلَيْكُمْ إِن كَانَ بِكُمْ أَذًى مِّن مَّطَرٍ أَوْ كُنتُم مَّرْضَىٰٓ أَن تَضَعُوٓا۟ أَسْلِحَتَكُمْ وَخُذُوا۟ حِذْرَكُمْ إِنَّ ٱللَّهَ أَعَدَّ لِلْكَـٰفِرِينَ عَذَابًا مُّهِينًا ﴿١٠١﴾

(102) Y cuando hayáis concluido el salat invocad a Allah de pie, sentados y acostados.

Y cuando estéis fuera de peli-

فَإِذَا قَضَيْتُمُ ٱلصَّلَوٰةَ فَٱذْكُرُوا۟ ٱللَّهَ قِيَـٰمًا وَقُعُودًا وَعَلَىٰ جُنُوبِكُمْ فَإِذَا ٱطْمَأْنَنتُمْ فَأَقِيمُوا۟ ٱلصَّلَوٰةَ

gro estableced el salat; ciertamente el salat es para los
creyentes, un precepto en tiempos determinados.

إِنَّ ٱلصَّلَوٰةَ كَانَتْ عَلَى ٱلْمُؤْمِنِينَ كِتَٰبًا مَّوْقُوتًا ۝

(103) No flaqueéis en perseguir a esa
gente. Si os resulta doloroso,
también lo es para ellos, pero
vosotros esperáis de Allah lo
que ellos no esperan.
Y Allah es Conocedor, Sabio.

وَلَا تَهِنُوا فِى ٱبْتِغَآءِ ٱلْقَوْمِ إِن تَكُونُوا تَأْلَمُونَ فَإِنَّهُمْ
يَأْلَمُونَ كَمَا تَأْلَمُونَ وَتَرْجُونَ مِنَ ٱللَّهِ مَا لَا يَرْجُونَ
وَكَانَ ٱللَّهُ عَلِيمًا حَكِيمًا ۝

(104) Es cierto que hicimos que te
descendiera el Libro con la verdad para que juzgaras entre los
hombres con lo que Allah te
hace ver.*
No defiendas a los traidores.

إِنَّا أَنزَلْنَا إِلَيْكَ ٱلْكِتَٰبَ بِٱلْحَقِّ لِتَحْكُمَ بَيْنَ
ٱلنَّاسِ بِمَا أَرَاكَ ٱللَّهُ وَلَا تَكُن لِّلْخَآئِنِينَ
خَصِيمًا ۝

* [Esta aleya y las siguientes se revela-
ron en relación a uno que robó armas y
alimentos a un grupo de los ansar de
Medina y su gente fue al Profeta
declarándolo inocente y culpando a
otro; el Profeta, que Allah Le de su gracia y paz, creyó que decían la verdad y
lo defendió hasta que descendió esta
aleya y se aclaró.]

(105) Pide perdón a Allah, ciertamente Allah es Perdonador,
Compasivo.

وَٱسْتَغْفِرِ ٱللَّهَ إِنَّ ٱللَّهَ كَانَ غَفُورًا رَّحِيمًا ۝

(106) Ni tampoco defiendas a los que
se traicionaron a sí mismos, la
verdad es que Allah no ama a
quien es traidor y malvado.

وَلَا تُجَٰدِلْ عَنِ ٱلَّذِينَ يَخْتَانُونَ أَنفُسَهُمْ إِنَّ ٱللَّهَ
لَا يُحِبُّ مَن كَانَ خَوَّانًا أَثِيمًا ۝

(107) Quieren esconderse de los hombres pero no pueden escon-

يَسْتَخْفُونَ مِنَ ٱلنَّاسِ وَلَا يَسْتَخْفُونَ مِنَ ٱللَّهِ

derse de Allah; El está con ellos cuando, de noche, traman lo que no Le complace. Allah rodea lo que hacen.

وَهُوَ مَعَهُمْ إِذْ يُبَيِّتُونَ مَا لَا يَرْضَىٰ مِنَ الْقَوْلِ وَكَانَ اللَّهُ بِمَا يَعْمَلُونَ مُحِيطًا ۝

(108) ¿Acaso vais a ser vosotros quienes los defiendan en esta vida? ¿Y quién los defenderá ante Allah el Día del Levantamiento o quién será su guardián?

هَا أَنتُمْ هَٰؤُلَاءِ جَادَلْتُمْ عَنْهُمْ فِي الْحَيَوٰةِ الدُّنْيَا فَمَن يُجَادِلُ اللَّهَ عَنْهُمْ يَوْمَ الْقِيَامَةِ أَم مَّن يَكُونُ عَلَيْهِمْ وَكِيلًا ۝

(109) Quien haga un mal o sea injusto consigo mismo y luego pida perdón a Allah, encontrará a Allah Perdonador y Compasivo.

وَمَن يَعْمَلْ سُوءًا أَوْ يَظْلِمْ نَفْسَهُ ثُمَّ يَسْتَغْفِرِ اللَّهَ يَجِدِ اللَّهَ غَفُورًا رَّحِيمًا ۝

(110) Quien contraiga una maldad, lo hará contra sí mismo; Allah es Conocedor y Sabio.

وَمَن يَكْسِبْ إِثْمًا فَإِنَّمَا يَكْسِبُهُ عَلَىٰ نَفْسِهِ وَكَانَ اللَّهُ عَلِيمًا حَكِيمًا ۝

(111) Y quien contraiga una falta o un delito y luego acuse de ello a un inocente, habrá cargado con una calumnia y con un delito evidente.

وَمَن يَكْسِبْ خَطِيئَةً أَوْ إِثْمًا ثُمَّ يَرْمِ بِهِ بَرِيئًا فَقَدِ احْتَمَلَ بُهْتَانًا وَإِثْمًا مُّبِينًا ۝

(112) Si no fuera por el favor de Allah para contigo y por Su misericordia...

Un grupo de ellos se había propuesto extraviarte, pero sólo se extraviarán a sí mismos y no te perjudicarán en nada.

Allah hizo descender sobre ti el Libro y la Sabiduría y te enseñó lo que no sabías. El

وَلَوْلَا فَضْلُ اللَّهِ عَلَيْكَ وَرَحْمَتُهُ لَهَمَّت طَّائِفَةٌ مِّنْهُمْ أَن يُضِلُّوكَ وَمَا يُضِلُّونَ إِلَّا أَنفُسَهُمْ وَمَا يَضُرُّونَكَ مِن شَيْءٍ وَأَنزَلَ اللَّهُ عَلَيْكَ الْكِتَابَ وَالْحِكْمَةَ وَعَلَّمَكَ مَا لَمْ تَكُن تَعْلَمُ وَكَانَ فَضْلُ اللَّهِ عَلَيْكَ عَظِيمًا ۝

favor de Allah para contigo ha
sido inmenso.

(113) Muchas de sus conversaciones
secretas no encierran ningún
bien. Pero no es así quien
manda dar con generosidad,
actuar según lo reconocido o
reconciliar a los hombres. A
quien haga esto, buscando el
beneplácito de Allah, le daremos una recompensa enorme.

﴿لَّا خَيْرَ فِي كَثِيرٍ مِّن نَّجْوَىٰهُمْ إِلَّا مَنْ أَمَرَ بِصَدَقَةٍ
أَوْ مَعْرُوفٍ أَوْ إِصْلَاحٍ بَيْنَ ٱلنَّاسِ وَمَن يَفْعَلْ ذَٰلِكَ
ٱبْتِغَآءَ مَرْضَاتِ ٱللَّهِ فَسَوْفَ نُؤْتِيهِ أَجْرًا عَظِيمًا ﴾

(114) Y quien se oponga al Mensajero
después de haberle sido aclarada la guía y siga otro camino
que el de los creyentes, lo dejaremos con lo que ha elegido y
lo arrojaremos a Yahannam.
¡Qué mal fin!

﴿وَمَن يُشَاقِقِ ٱلرَّسُولَ مِنۢ بَعْدِ مَا تَبَيَّنَ لَهُ ٱلْهُدَىٰ
وَيَتَّبِعْ غَيْرَ سَبِيلِ ٱلْمُؤْمِنِينَ نُوَلِّهِ مَا تَوَلَّىٰ وَنُصْلِهِ
جَهَنَّمَ وَسَآءَتْ مَصِيرًا ﴾

(115) Es cierto que Allah no perdona
que se Le asocie con nada.

Sin embargo, aparte de esto,
perdona a quien quiere.

Quien asocie algo con Allah, se
habrá perdido en un lejano
extravío.

﴿إِنَّ ٱللَّهَ لَا يَغْفِرُ أَن يُشْرَكَ بِهِۦ وَيَغْفِرُ مَا دُونَ
ذَٰلِكَ لِمَن يَشَآءُ وَمَن يُشْرِكْ بِٱللَّهِ فَقَدْ ضَلَّ
ضَلَالًا بَعِيدًا ﴾

(116) En vez de El, sólo invocan a
hembras* y a un demonio
rebelde*.
* [Divinidades femeninas]
* [Iblis]

﴿إِن يَدْعُونَ مِن دُونِهِۦ إِلَّآ إِنَاثًا وَإِن يَدْعُونَ إِلَّا شَيْطَانًا
مَّرِيدًا ﴾

(117) Allah lo maldijo y él contestó:
Tomaré para mí a una determinada parte de Tus siervos.

﴿لَّعَنَهُ ٱللَّهُ وَقَالَ لَأَتَّخِذَنَّ مِنْ عِبَادِكَ نَصِيبًا
مَّفْرُوضًا ﴾

(118) Y en verdad que los extraviaré, les haré tener falsas esperanzas, los instigaré, y harán cortes en las orejas del ganado*, y los instigaré, y cambiarán la creación de Allah.

Y quien tome al Shaytán por amigo aliado, en vez de Allah, habrá caído en una clara perdición.

* [Como se hacía en los ritos idólatras de la ignorancia anterior al Islam]

ولأُضِلَّنَّهُمْ وَلأُمَنِّيَنَّهُمْ وَلآمُرَنَّهُمْ فَلَيُبَتِّكُنَّ ءَاذَانَ الأَنْعَمِ وَلآمُرَنَّهُمْ فَلَيُغَيِّرُنَّ خَلْقَ اللَّهِ وَمَن يَتَّخِذِ الشَّيْطَنَ وَلِيًّا مِّن دُونِ اللَّهِ فَقَدْ خَسِرَ خُسْرَانًا مُّبِينًا ۝

(119) Les promete y les hace tener falsas esperanzas, pero todo lo que el Shaytán les promete no es sino engaño.

يَعِدُهُمْ وَيُمَنِّيهِمْ وَمَا يَعِدُهُمُ الشَّيْطَنُ إِلَّا غُرُورًا ۝

(120) Esos tendrán como morada Yahannam y no encontrarán ninguna salida de él.

أُوْلَئِكَ مَأْوَئهُمْ جَهَنَّمُ وَلاَ يَجِدُونَ عَنْهَا مَحِيصًا ۝

(121) A los que creen y practican las acciones de bien, les haremos fácil entrar en jardines por cuyo suelo corren los ríos; allí serán inmortales para siempre. Promesa verdadera de Allah.

¿Y quién es más veraz que Allah en Su palabra?

وَالَّذِينَ ءَامَنُوا وَعَمِلُوا الصَّلِحَتِ سَنُدْخِلُهُمْ جَنَّتٍ تَجْرِي مِن تَحْتِهَا الأَنْهَرُ خَلِدِينَ فِيهَا أَبَدًا وَعْدَ اللَّهِ حَقًّا وَمَنْ أَصْدَقُ مِنَ اللَّهِ قِيلًا ۝

(122) No se hará según vuestros deseos ni según los deseos de la gente del Libro. Quien haga un mal será pagado por ello y no encontrarás para él, aparte de Allah, nadie que lo proteja ni lo defienda.

لَّيْسَ بِأَمَانِيِّكُمْ وَلاَ أَمَانِيِّ أَهْلِ الْكِتَبِ مَن يَعْمَلْ سُوءًا يُجْزَ بِهِ وَلاَ يَجِدْ لَهُ مِن دُونِ اللَّهِ وَلِيًّا وَلاَ نَصِيرًا ۝

(123) Y quien haga acciones de bien, sea varón o hembra, y sea creyente...esos entrarán en el Jardín y no se les hará ni una brizna de injusticia.

* وَمَن يَعْمَلْ مِنَ ٱلصَّٰلِحَٰتِ مِن ذَكَرٍ أَوْ أُنثَىٰ وَهُوَ مُؤْمِنٌ فَأُوْلَٰٓئِكَ يَدْخُلُونَ ٱلْجَنَّةَ وَلَا يُظْلَمُونَ نَقِيرًا ۝

(124) ¿Y quién es mejor en su Práctica de Adoración que aquel que ha sometido su rostro a Allah, hace el bien y sigue la religión de Ibrahim como hanif? Y Allah tomó a Ibrahim como amigo íntimo.

وَمَنْ أَحْسَنُ دِينًا مِّمَّنْ أَسْلَمَ وَجْهَهُ لِلَّهِ وَهُوَ مُحْسِنٌ وَٱتَّبَعَ مِلَّةَ إِبْرَٰهِيمَ حَنِيفًا وَٱتَّخَذَ ٱللَّهُ إِبْرَٰهِيمَ خَلِيلًا ۝

(125) De Allah es cuanto hay en los cielos y en la tierra. Allah rodea todas las cosas.

وَلِلَّهِ مَا فِي ٱلسَّمَٰوَٰتِ وَمَا فِي ٱلْأَرْضِ وَكَانَ ٱللَّهُ بِكُلِّ شَيْءٍ مُّحِيطًا ۝

(126) Te piden que dictamines en lo referente a las mujeres. Di: Allah os dictamina sobre ellas, como lo que se os dice en el Libro* acerca de las huérfanas con las que deseáis casaros y a las que no dáis lo que está prescrito que les deis. Y sobre los niños que están indefensos. Y sobre que tratéis a los huérfanos con justicia.

El bien que hagáis, realmente Allah lo conoce.

* [Al principio de esta sura]

وَيَسْتَفْتُونَكَ فِي ٱلنِّسَاءِ قُلِ ٱللَّهُ يُفْتِيكُمْ فِيهِنَّ وَمَا يُتْلَىٰ عَلَيْكُمْ فِي ٱلْكِتَٰبِ فِي يَتَٰمَى ٱلنِّسَاءِ ٱلَّٰتِي لَا تُؤْتُونَهُنَّ مَا كُتِبَ لَهُنَّ وَتَرْغَبُونَ أَن تَنكِحُوهُنَّ وَٱلْمُسْتَضْعَفِينَ مِنَ ٱلْوِلْدَٰنِ وَأَن تَقُومُوا لِلْيَتَٰمَىٰ بِٱلْقِسْطِ وَمَا تَفْعَلُوا مِنْ خَيْرٍ فَإِنَّ ٱللَّهَ كَانَ بِهِ عَلِيمًا ۝

(127) Y si una mujer teme que su marido incumpla el deber conyugal o la rehuya, no hay falta para ambos si llegan a un acuerdo de reconciliación*. La

وَإِنِ ٱمْرَأَةٌ خَافَتْ مِنْ بَعْلِهَا نُشُوزًا أَوْ إِعْرَاضًا فَلَا جُنَاحَ عَلَيْهِمَا أَن يُصْلِحَا بَيْنَهُمَا صُلْحًا وَٱلصُّلْحُ خَيْرٌ وَأُحْضِرَتِ ٱلْأَنفُسُ ٱلشُّحَّ

reconciliación es un bien.

La codicia está presente en las almas, pero si hacéis el bien y sois temerosos...Es cierto que Allah conoce hasta lo más recóndito de lo que hacéis.

* [Sobre el descenso de esta aleya, dijo Ibn Abbas que Sauda bint Zamah, una de las esposas del Profeta, al que Allah dé Su gracia y paz, temiendo ser divorciada por él, le dijo: "¡Mensajero de Allah! No me divorcies y que mi día sea para Aishah". Y así lo hizo y entonces descendió esta aleya.

Y sobre esto mismo se ha transmitido en los Sahihayn, de Aishah, que dijo: "Cuando Sauda bint Zamah entró en años, ofreció su día en mi favor."]

(128) No podréis ser equitativos con las mujeres aunque lo intentéis, pero no os inclinéis del todo* dejando a la otra como si estuviera suspensa en el aire. Si rectificáis y sois temerosos...

Es verdad que Allah es Perdonador y Compasivo.

* [Hacia una de ellas]

(129) Y si se separan, Allah los enriquecerá a ambos con parte de Su holgura; Allah es Espléndido, Sabio.

(130) De Allah es cuanto hay en los cielos y cuanto hay en la tierra. Encomendamos a los que recibieron el Libro antes que vosotros, como os hemos encomendado a vosotros mismos,

وَإِن تُحْسِنُواْ وَتَتَّقُواْ فَإِنَّ اللَّهَ كَانَ بِمَا تَعْمَلُونَ خَبِيرًا ۝

وَلَن تَسْتَطِيعُوٓاْ أَن تَعْدِلُواْ بَيْنَ ٱلنِّسَآءِ وَلَوْ حَرَصْتُمْ فَلَا تَمِيلُواْ كُلَّ ٱلْمَيْلِ فَتَذَرُوهَا كَٱلْمُعَلَّقَةِ وَإِن تُصْلِحُواْ وَتَتَّقُواْ فَإِنَّ ٱللَّهَ كَانَ غَفُورًا رَّحِيمًا ۝

۞ وَإِن يَتَفَرَّقَا يُغْنِ ٱللَّهُ كُلًّا مِّن سَعَتِهِۦ وَكَانَ ٱللَّهُ وَٰسِعًا حَكِيمًا ۝

وَلِلَّهِ مَا فِي ٱلسَّمَٰوَٰتِ وَمَا فِي ٱلْأَرْضِ وَلَقَدْ وَصَّيْنَا ٱلَّذِينَ أُوتُواْ ٱلْكِتَٰبَ مِن قَبْلِكُمْ وَإِيَّاكُمْ أَنِ ٱتَّقُواْ ٱللَّهَ وَإِن تَكْفُرُواْ فَإِنَّ لِلَّهِ مَا فِي ٱلسَّمَٰوَٰتِ

que temierais a Allah, pero si dejáis de creer...De Allah es cuanto hay en los cielos y en la tierra.

Allah es Rico y en Sí mismo alabado.

وَمَا فِي الْأَرْضِ وَكَانَ اللَّهُ غَنِيًّا حَمِيدًا ۝

(131) De Allah es lo que hay en los cielos y en la tierra; Allah basta como Guardián.

وَلِلَّهِ مَا فِي السَّمَوَتِ وَمَا فِي الْأَرْضِ وَكَفَى بِاللَّهِ وَكِيلًا ۝

(132) Si quiere, ¡hombres!, os suprimirá y traerá a otros; Allah tiene poder sobre todas las cosas.

إِن يَشَأْ يُذْهِبْكُمْ أَيُّهَا النَّاسُ وَيَأْتِ بِئَاخَرِينَ وَكَانَ اللَّهُ عَلَى ذَلِكَ قَدِيرًا ۝

(133) Quien quiera lo que esta vida ofrece...junto a Allah está la recompensa de esta vida y la de la Ultima. Allah es Quien oye y Quien ve.

مَّن كَانَ يُرِيدُ ثَوَابَ الدُّنْيَا فَعِندَ اللَّهِ ثَوَابُ الدُّنْيَا وَالْآخِرَةِ وَكَانَ اللَّهُ سَمِيعًا بَصِيرًا ۝

(134) ¡Vosotros que creéis! Sed firmes en establecer la justicia dando testimonio por Allah, aunque vaya en contra de vosotros mismos o de vuestros padres o parientes más próximos, tanto si son ricos como si son pobres; Allah es antes que ellos. No sigáis los deseos para que así podáis ser justos. Y si dais falso testimonio u os apartáis...Es cierto que Allah conoce hasta lo más recóndito de lo que hacéis.

يَأَيُّهَا الَّذِينَ ءَامَنُواْ كُونُواْ قَوَّامِينَ بِالْقِسْطِ شُهَدَاءَ لِلَّهِ وَلَوْ عَلَى أَنفُسِكُمْ أَوِ الْوَالِدَيْنِ وَالْأَقْرَبِينَ إِن يَكُنْ غَنِيًّا أَوْ فَقِيرًا فَاللَّهُ أَوْلَى بِهِمَا فَلَا تَتَّبِعُواْ الْهَوَى أَن تَعْدِلُواْ وَإِن تَلْوُواْ أَوْ تُعْرِضُواْ فَإِنَّ اللَّهَ كَانَ بِمَا تَعْمَلُونَ خَبِيرًا ۝

(135) ¡Vosotros que creéis! Creed en Allah y en Su mensajero así

يَأَيُّهَا الَّذِينَ ءَامَنُواْ ءَامِنُواْ بِاللَّهِ وَرَسُولِهِ

como en el Libro que se le ha hecho descender a Su mensajero y en el Libro que se hizo descender antes.

Quien niegue la creencia en Allah, en Sus ángeles, en Sus libros, en Sus mensajeros y en el Ultimo Día, se habrá alejado en un gran extravío.

وَالْكِتَابِ الَّذِي نَزَّلَ عَلَى رَسُولِهِ وَالْكِتَابِ الَّذِي أَنزَلَ مِن قَبْلُ وَمَن يَكْفُرْ بِاللَّهِ وَمَلَائِكَتِهِ وَكُتُبِهِ وَرُسُلِهِ وَالْيَوْمِ الْآخِرِ فَقَدْ ضَلَّ ضَلَالًا بَعِيدًا ۝

(136) Es verdad que a quienes creyeron y luego renegaron, y después volvieron a creer y renegaron de nuevo, siendo mayor aún su incredulidad, Allah no los perdonará ni les mostrará ningún camino.

إِنَّ الَّذِينَ آمَنُوا ثُمَّ كَفَرُوا ثُمَّ آمَنُوا ثُمَّ كَفَرُوا ثُمَّ ازْدَادُوا كُفْرًا لَّمْ يَكُنِ اللَّهُ لِيَغْفِرَ لَهُمْ وَلَا لِيَهْدِيَهُمْ سَبِيلًا ۝

(137) Anuncia a los hipócritas que hay un castigo doloroso para ellos.

بَشِّرِ الْمُنَافِقِينَ بِأَنَّ لَهُمْ عَذَابًا أَلِيمًا ۝

(138) Esos que toman como aliados a los incrédulos, en vez de a los creyentes; ¿Acaso buscan el poder junto a ellos?

Lo cierto es que el poder pertenece por entero a Allah.

الَّذِينَ يَتَّخِذُونَ الْكَافِرِينَ أَوْلِيَاءَ مِن دُونِ الْمُؤْمِنِينَ أَيَبْتَغُونَ عِندَهُمُ الْعِزَّةَ فَإِنَّ الْعِزَّةَ لِلَّهِ جَمِيعًا ۝

(139) Ya se os reveló en el Libro que cuando oyérais los signos de Allah y vierais como ellos los negaban y se burlaban, no os sentaríais en su compañía hasta que no hubieran entrado en otra conversación; pues en verdad que si lo hiciérais, seríais iguales que ellos.

وَقَدْ نَزَّلَ عَلَيْكُمْ فِي الْكِتَابِ أَنْ إِذَا سَمِعْتُمْ آيَاتِ اللَّهِ يُكْفَرُ بِهَا وَيُسْتَهْزَأُ بِهَا فَلَا تَقْعُدُوا مَعَهُمْ حَتَّى يَخُوضُوا فِي حَدِيثٍ غَيْرِهِ إِنَّكُمْ إِذًا مِّثْلُهُمْ إِنَّ اللَّهَ جَامِعُ الْمُنَافِقِينَ وَالْكَافِرِينَ فِي جَهَنَّمَ جَمِيعًا ۝

Es cierto que Allah reunirá a los hipócritas y los incrédulos, todos juntos, en Yahannam.

(140) Esos que están al acecho de lo que os pasa y cuando obtenéis una victoria procedente de Allah, dicen: ¿Acaso no estábamos con vosotros?

Pero si los incrédulos logran algún triunfo parcial, les dicen: ¿Acaso no estábais a nuestra merced y os hemos defendido contra los creyentes?

Allah juzgará entre ellos el Día del Levantamiento.

Allah no dará a los incrédulos ninguna posibilidad contra los creyentes.

الَّذِينَ يَتَرَبَّصُونَ بِكُمْ فَإِن كَانَ لَكُمْ فَتْحٌ مِّنَ اللَّهِ قَالُوٓاْ أَلَمْ نَكُن مَّعَكُمْ وَإِن كَانَ لِلْكَٰفِرِينَ نَصِيبٌ قَالُوٓاْ أَلَمْ نَسْتَحْوِذْ عَلَيْكُمْ وَنَمْنَعْكُم مِّنَ الْمُؤْمِنِينَ فَاللَّهُ يَحْكُمُ بَيْنَكُمْ يَوْمَ الْقِيَٰمَةِ وَلَن يَجْعَلَ اللَّهُ لِلْكَٰفِرِينَ عَلَى الْمُؤْمِنِينَ سَبِيلًا ۝

(141) Los hipócritas pretenden engañar a Allah, pero es Él quien los engaña. Cuando se disponen a hacer el salat, se levantan perezosos y lo hacen para que los demás los vean. Apenas si se acuerdan de Allah.

إِنَّ الْمُنَٰفِقِينَ يُخَٰدِعُونَ اللَّهَ وَهُوَ خَٰدِعُهُمْ وَإِذَا قَامُوٓاْ إِلَى الصَّلَوٰةِ قَامُواْ كُسَالَىٰ يُرَآءُونَ النَّاسَ وَلَا يَذْكُرُونَ اللَّهَ إِلَّا قَلِيلًا ۝

(142) Vacilantes entre una cosa y otra, no están ni con unos ni con otros. A quien Allah extravía no encontrarás manera de encaminarlo.

مُّذَبْذَبِينَ بَيْنَ ذَٰلِكَ لَآ إِلَىٰ هَٰٓؤُلَآءِ وَلَآ إِلَىٰ هَٰٓؤُلَآءِ وَمَن يُضْلِلِ اللَّهُ فَلَن تَجِدَ لَهُۥ سَبِيلًا ۝

(143) ¡Vosotros que creéis! No toméis por aliados a los incrédulos en vez de a los creyentes.

يَٰٓأَيُّهَا الَّذِينَ ءَامَنُواْ لَا تَتَّخِذُواْ الْكَٰفِرِينَ أَوْلِيَآءَ مِن دُونِ الْمُؤْمِنِينَ أَتُرِيدُونَ أَن تَجْعَلُواْ لِلَّهِ

¿Es que queréis dar a Allah una prueba clara contra vosotros?

عَلَيْكُمْ سُلْطَانًا مُّبِينًا ۞

(144) Verdaderamente los hipócritas estarán en el nivel más bajo del Fuego y no encontrarán quien los defienda.

إِنَّ ٱلْمُنَٰفِقِينَ فِي ٱلدَّرْكِ ٱلْأَسْفَلِ مِنَ ٱلنَّارِ وَلَن تَجِدَ لَهُمْ نَصِيرًا ۞

(145) Excepto los que se vuelvan atrás arrepentidos, rectifiquen, se aferren a Allah y dediquen sinceramente a Allah su práctica de Adoración...Esos están con los creyentes y Allah dará a los creyentes una gran recompensa.

إِلَّا ٱلَّذِينَ تَابُوا۟ وَأَصْلَحُوا۟ وَٱعْتَصَمُوا۟ بِٱللَّهِ وَأَخْلَصُوا۟ دِينَهُمْ لِلَّهِ فَأُو۟لَٰٓئِكَ مَعَ ٱلْمُؤْمِنِينَ وَسَوْفَ يُؤْتِ ٱللَّهُ ٱلْمُؤْمِنِينَ أَجْرًا عَظِيمًا ۞

(146) ¿Qué ganaría Allah con castigaros si sois agradecidos y creéis? Allah es Agradecido y Conocedor.

مَّا يَفْعَلُ ٱللَّهُ بِعَذَابِكُمْ إِن شَكَرْتُمْ وَءَامَنتُمْ وَكَانَ ٱللَّهُ شَاكِرًا عَلِيمًا ۞

(147) Allah no ama que se refiera ningún mal en público, a no ser que lo haga alguien que haya sido objeto de injusticia.

Allah es Quien oye y Quien sabe.

لَّا يُحِبُّ ٱللَّهُ ٱلْجَهْرَ بِٱلسُّوٓءِ مِنَ ٱلْقَوْلِ إِلَّا مَن ظُلِمَ وَكَانَ ٱللَّهُ سَمِيعًا عَلِيمًا ۞

(148) Pero una buena acción, tanto si la ponéis de manifiesto como si la ocultáis, o un mal que perdonéis...Allah es Indulgente y Poderoso.

إِن تُبْدُوا۟ خَيْرًا أَوْ تُخْفُوهُ أَوْ تَعْفُوا۟ عَن سُوٓءٍ فَإِنَّ ٱللَّهَ كَانَ عَفُوًّا قَدِيرًا ۞

(149) Aquéllos que niegan a Allah y a Sus mensajeros y quieren

إِنَّ ٱلَّذِينَ يَكْفُرُونَ بِٱللَّهِ وَرُسُلِهِ وَيُرِيدُونَ أَن

hacer distinción entre Allah y
Sus mensajeros; y dicen: Creemos en unos pero no creemos
en otros; queriendo tomar un
camino intermedio.

يُفَرِّقُواْ بَيْنَ ٱللَّهِ وَرُسُلِهِۦ وَيَقُولُونَ نُؤْمِنُ بِبَعْضٍ
وَنَكْفُرُ بِبَعْضٍ وَيُرِيدُونَ أَن يَتَّخِذُواْ بَيْنَ
ذَٰلِكَ سَبِيلًا ۝

(150) Esos son los verdaderos incrédulos. Y hemos preparado
para los incrédulos un castigo
denigrante.

أُوْلَٰٓئِكَ هُمُ ٱلْكَٰفِرُونَ حَقًّا وَأَعْتَدْنَا لِلْكَٰفِرِينَ
عَذَابًا مُّهِينًا ۝

(151) Y a los que creen en Allah y en
Sus mensajeros sin hacer dis-
tinciones entre ellos, a ésos se
les dará su recompensa.
Allah es Perdonador y
Compasivo.

وَٱلَّذِينَ ءَامَنُواْ بِٱللَّهِ وَرُسُلِهِۦ وَلَمْ يُفَرِّقُواْ بَيْنَ أَحَدٍ
مِّنْهُمْ أُوْلَٰٓئِكَ سَوْفَ يُؤْتِيهِمْ أُجُورَهُمْ
وَكَانَ ٱللَّهُ غَفُورًا رَّحِيمًا ۝

(152) La gente del Libro te pedirá que
hagas descender para ellos un
libro del cielo.
Ya le pidieron a Musa cosas
mayores; le dijeron: Haz que
veamos a Allah directamente,
y el rayo los fulminó por su
injusticia. Luego tomaron el
becerro* a pesar de haberles
llegado las evidencias.
Se lo perdonamos y le dimos a
Musa una autoridad clara.

* [Como objeto de adoración]

يَسْـَٔلُكَ أَهْلُ ٱلْكِتَٰبِ أَن تُنَزِّلَ عَلَيْهِمْ كِتَٰبًا
مِّنَ ٱلسَّمَآءِ فَقَدْ سَأَلُواْ مُوسَىٰٓ أَكْبَرَ مِن ذَٰلِكَ
فَقَالُوٓاْ أَرِنَا ٱللَّهَ جَهْرَةً فَأَخَذَتْهُمُ ٱلصَّٰعِقَةُ
بِظُلْمِهِمْ ثُمَّ ٱتَّخَذُواْ ٱلْعِجْلَ مِنۢ بَعْدِ مَا جَآءَتْهُمُ
ٱلْبَيِّنَٰتُ فَعَفَوْنَا عَن ذَٰلِكَ وَءَاتَيْنَا مُوسَىٰ
سُلْطَٰنًا مُّبِينًا ۝

(153) Y les pusimos el monte por
encima para hacerles aceptar la
Alianza* y les dijimos: Entrad
por la puerta* con la cabeza
inclinada. Y les dijimos: No
dejéis de cumplir con el

وَرَفَعْنَا فَوْقَهُمُ ٱلطُّورَ بِمِيثَٰقِهِمْ وَقُلْنَا لَهُمُ
ٱدْخُلُواْ ٱلْبَابَ سُجَّدًا وَقُلْنَا لَهُمْ لَا تَعْدُواْ فِى
ٱلسَّبْتِ وَأَخَذْنَا مِنْهُم مِّيثَٰقًا غَلِيظًا ۝

sábado.

Y les hicimos aceptar un firme compromiso.

* [El compromiso de ser fieles a la Torá]

* [De Jerusalén]

(154) Por haber roto su compromiso, por haber negado los signos de Allah, por haber matado a profetas sin derecho alguno y por haber dicho: Nuestros corazones están cerrados.

Pero no es así; sino que Allah les ha sellado el corazón a causa de su incredulidad y son pocos los que creen.

فَبِمَا نَقْضِهِم مِّيثَٰقَهُمْ وَكُفْرِهِم بِـَٔايَٰتِ ٱللَّهِ وَقَتْلِهِمُ ٱلْأَنۢبِيَآءَ بِغَيْرِ حَقٍّ وَقَوْلِهِمْ قُلُوبُنَا غُلْفٌۢ بَلْ طَبَعَ ٱللَّهُ عَلَيْهَا بِكُفْرِهِمْ فَلَا يُؤْمِنُونَ إِلَّا قَلِيلًا ۝

(155) Y por su incredulidad* y haber dicho contra Maryam una calumnia enorme.

* [Al haber negado a Isa]

وَبِكُفْرِهِمْ وَقَوْلِهِمْ عَلَىٰ مَرْيَمَ بُهْتَٰنًا عَظِيمًا ۝

(156) Y por haber dicho: Nosotros matamos al Ungido*, hijo de Maryam, mensajero de Allah.

Pero, aunque así lo creyeron, no lo mataron ni lo crucificaron.

Y los que discrepan sobre él, tienen dudas y no tienen ningún conocimiento de lo que pasó, sólo siguen conjeturas.

Pues con toda certeza que no lo mataron.

* [Ver nota de la aleya 45 de la sura 3, la Familia de Imrán]

وَقَوْلِهِمْ إِنَّا قَتَلْنَا ٱلْمَسِيحَ عِيسَى ٱبْنَ مَرْيَمَ رَسُولَ ٱللَّهِ وَمَا قَتَلُوهُ وَمَا صَلَبُوهُ وَلَٰكِن شُبِّهَ لَهُمْ وَإِنَّ ٱلَّذِينَ ٱخْتَلَفُوا۟ فِيهِ لَفِى شَكٍّ مِّنْهُ مَا لَهُم بِهِۦ مِنْ عِلْمٍ إِلَّا ٱتِّبَاعَ ٱلظَّنِّ وَمَا قَتَلُوهُ يَقِينًۢا ۝

(157) Sino que Allah lo elevó hacia Sí, Allah es Poderoso y Sabio.

بَل رَّفَعَهُ ٱللَّهُ إِلَيْهِ وَكَانَ ٱللَّهُ عَزِيزًا حَكِيمًا ﴿١٥٧﴾

(158) Y entre la gente del Libro no hay nadie que, antes de su muerte*, no vaya a creer en él. Y el Día del Levantamiento él dará testimonio de ellos.

وَإِن مِّنْ أَهْلِ ٱلْكِتَٰبِ إِلَّا لَيُؤْمِنَنَّ بِهِۦ قَبْلَ مَوْتِهِۦ وَيَوْمَ ٱلْقِيَٰمَةِ يَكُونُ عَلَيْهِمْ شَهِيدًا ﴿١٥٨﴾

* [La expresión "antes de su muerte" puede referirse a la muerte de los que forman parte de la gente del Libro, es decir que no habrá ningún judío que en el momento anterior a la muerte no crea en Jesús, cuando ya no sirva de nada creer. Y puede referirse a la muerte de Jesús, es decir, no habrá nadie de la gente del Libro que no crea en Jesús antes de que éste muera después de haber venido al mundo por segunda vez.]

(159) Y a los judíos, por su propia injusticia y por lo mucho que se desviaron* del camino de Allah, les prohibimos cosas buenas que antes les estaban permitidas.

فَبِظُلْمٍ مِّنَ ٱلَّذِينَ هَادُوا۟ حَرَّمْنَا عَلَيْهِمْ طَيِّبَٰتٍ أُحِلَّتْ لَهُمْ وَبِصَدِّهِمْ عَن سَبِيلِ ٱللَّهِ كَثِيرًا ﴿١٥٩﴾

* [También cabe entender: "Por haber desviado a muchos del camino de Allah"]

(160) Y por haber adoptado la usura que ya les estaba prohibida, y haber usurpado los bienes de los hombres con falsedad.

Hemos preparado para los que de ellos hayan caído en la incredulidad un castigo doloroso.

وَأَخْذِهِمُ ٱلرِّبَوٰا۟ وَقَدْ نُهُوا۟ عَنْهُ وَأَكْلِهِمْ أَمْوَٰلَ ٱلنَّاسِ بِٱلْبَٰطِلِ وَأَعْتَدْنَا لِلْكَٰفِرِينَ مِنْهُمْ عَذَابًا أَلِيمًا ﴿١٦٠﴾

(161) No obstante a los que de ellos están afianzados en el conocimiento, a los que creen en lo que te ha descendido a ti y en lo que descendió antes de ti, a los que establecen el salat, dan el zakat y creen en Allah y en el Ultimo Día; a ésos les daremos una gran recompensa.

لَّٰكِنِ ٱلرَّٰسِخُونَ فِى ٱلْعِلْمِ مِنْهُمْ وَٱلْمُؤْمِنُونَ يُؤْمِنُونَ بِمَآ أُنزِلَ إِلَيْكَ وَمَآ أُنزِلَ مِن قَبْلِكَ وَٱلْمُقِيمِينَ ٱلصَّلَوٰةَ وَٱلْمُؤْتُونَ ٱلزَّكَوٰةَ وَٱلْمُؤْمِنُونَ بِٱللَّهِ وَٱلْيَوْمِ ٱلْءَاخِرِ أُوْلَٰٓئِكَ سَنُؤْتِيهِمْ أَجْرًا عَظِيمًا ﴿١٦١﴾

(162) Es verdad que te hemos inspirado al igual que inspiramos a Nuh y los profetas anteriores a él. Y también le inspiramos a Ibrahim, Ismail, Ishaq, Yaqub, las Tribus, Isa, Ayyub, Yunus y Sulayman. Y a Daud, al que le dimos los Salmos.

إِنَّآ أَوْحَيْنَآ إِلَيْكَ كَمَآ أَوْحَيْنَآ إِلَىٰ نُوحٍ وَٱلنَّبِيِّۦنَ مِنۢ بَعْدِهِۦ وَأَوْحَيْنَآ إِلَىٰٓ إِبْرَٰهِيمَ وَإِسْمَٰعِيلَ وَإِسْحَٰقَ وَيَعْقُوبَ وَٱلْأَسْبَاطِ وَعِيسَىٰ وَأَيُّوبَ وَيُونُسَ وَهَٰرُونَ وَسُلَيْمَٰنَ وَءَاتَيْنَا دَاوُۥدَ زَبُورًا ﴿١٦٢﴾

(163) Hay mensajeros de los que te hemos referido y mensajeros de los que no te hemos contado nada.
Y a Musa le habló Allah directamente.

وَرُسُلًا قَدْ فَصَصْنَٰهُمْ عَلَيْكَ مِن قَبْلُ وَرُسُلًا لَّمْ نَقْصُصْهُمْ عَلَيْكَ وَكَلَّمَ ٱللَّهُ مُوسَىٰ تَكْلِيمًا ﴿١٦٣﴾

(164) Mensajeros portadores de buenas noticias y de advertencias, para que así los hombres, después de su venida, no tuvieran ningún argumento frente Allah. Allah es Poderoso y Sabio.

رُّسُلًا مُّبَشِّرِينَ وَمُنذِرِينَ لِئَلَّا يَكُونَ لِلنَّاسِ عَلَى ٱللَّهِ حُجَّةٌۢ بَعْدَ ٱلرُّسُلِ وَكَانَ ٱللَّهُ عَزِيزًا حَكِيمًا ﴿١٦٤﴾

(165) Sin embargo, Allah atestigua que lo que te ha hecho descender, ha sido con Su conocimiento y los ángeles dan testimonio de ello.
Y Allah basta como testigo.

لَّٰكِنِ ٱللَّهُ يَشْهَدُ بِمَآ أَنزَلَ إِلَيْكَ أَنزَلَهُۥ بِعِلْمِهِۦ وَٱلْمَلَٰٓئِكَةُ يَشْهَدُونَ وَكَفَىٰ بِٱللَّهِ شَهِيدًا ﴿١٦٥﴾

(166) Es cierto que los que se niegan a creer y desvían del camino de Allah, se han alejado en un profundo extravío*.

*[Alusión a los judíos]

اِنَّ الَّذِينَ كَفَرُوا وَصَدُّوا عَن سَبِيلِ اللهِ فَقَدْ ضَلُّوا ضَلَلًا بَعِيدًا ۝

(167) A los que se niegan a creer y son injustos, Allah no los perdonará ni los guiará a ningún camino,

اِنَّ الَّذِينَ كَفَرُوا وَظَلَمُوا لَمْ يَكُنِ اللهُ لِيَغْفِرَ لَهُمْ وَلَا لِيَهْدِيَهُمْ طَرِيقًا ۝

(168) Que no sea el camino de Yahannam, donde serán inmortales para siempre.
Y eso es simple para Allah.

اِلَّا طَرِيقَ جَهَنَّمَ خَالِدِينَ فِيهَا أَبَدًا وَكَانَ ذَلِكَ عَلَى اللهِ يَسِيرًا ۝

(169) ¡Hombres! Ha llegado a vosotros el Mensajero con la verdad de vuestro Señor, así pues, es mejor para vosotros que creáis. Pero si no lo hacéis...Lo cierto es que de Allah es cuanto hay en los cielos y en la tierra. Y Allah es Conocedor, Sabio.

يَا أَيُّهَا النَّاسُ قَدْ جَاءَكُمُ الرَّسُولُ بِالْحَقِّ مِن رَّبِّكُمْ فَآمِنُوا خَيْرًا لَّكُمْ وَإِن تَكْفُرُوا فَإِنَّ لِلهِ مَا فِي السَّمَوَاتِ وَالْأَرْضِ وَكَانَ اللهُ عَلِيمًا حَكِيمًا ۝

(170) ¡Gente del Libro! No saquéis las cosas de quicio en vuestra Práctica de Adoración ni digáis sobre Allah nada que no sea la verdad.

Ciertamente el Ungido, hijo de Maryam, es el mensajero de Allah, Su palabra depositada en Maryam y un espíritu procedente de Él. Creed, pues, en Allah y en Su Mensajero y no digáis tres; es mejor para vosotros que desistáis. La verdad es

يَا أَهْلَ الْكِتَابِ لَا تَغْلُوا فِي دِينِكُمْ وَلَا تَقُولُوا عَلَى اللهِ إِلَّا الْحَقَّ إِنَّمَا الْمَسِيحُ عِيسَى ابْنُ مَرْيَمَ رَسُولُ اللهِ وَكَلِمَتُهُ أَلْقَاهَا إِلَى مَرْيَمَ وَرُوحٌ مِّنْهُ فَآمِنُوا بِاللهِ وَرُسُلِهِ وَلَا تَقُولُوا ثَلَاثَةٌ انتَهُوا خَيْرًا لَّكُمْ إِنَّمَا اللهُ إِلَهٌ وَاحِدٌ سُبْحَانَهُ أَن يَكُونَ لَهُ وَلَدٌ لَّهُ مَا فِي السَّمَوَاتِ وَمَا فِي الْأَرْضِ وَكَفَى بِاللهِ وَكِيلًا ۝

que Allah es un Dios Unico.

¡Está muy por encima en Su gloria de tener un hijo!

Suyo es cuanto hay en los cielos y cuanto hay en la tierra.

Y Allah basta como Guardián.

(171) El Ungido no desprecia ser un siervo de Allah ni los ángeles que están cerca (de El).

Pero aquel que desprecie adorarle y se llene de soberbia...

Todos van a ser reunidos para volver a El.

لَّن يَسْتَنكِفَ ٱلْمَسِيحُ أَن يَكُونَ عَبْدًا لِّلَّهِ وَلَا ٱلْمَلَـٰٓئِكَةُ ٱلْمُقَرَّبُونَ وَمَن يَسْتَنكِفْ عَنْ عِبَادَتِهِۦ وَيَسْتَكْبِرْ فَسَيَحْشُرُهُمْ إِلَيْهِ جَمِيعًا ۝

(172) En cuanto a los que creen y practican las acciones de bien, se les pagará debidamente su recompensa y El les aumentará Su favor.

Pero a los que desprecien y sean soberbios, los castigará con un doloroso castigo y no encontrarán, fuera de Allah, ni quien los proteja ni quien los defienda.

فَأَمَّا ٱلَّذِينَ ءَامَنُوا۟ وَعَمِلُوا۟ ٱلصَّـٰلِحَـٰتِ فَيُوَفِّيهِمْ أُجُورَهُمْ وَيَزِيدُهُم مِّن فَضْلِهِۦ وَأَمَّا ٱلَّذِينَ ٱسْتَنكَفُوا۟ وَٱسْتَكْبَرُوا۟ فَيُعَذِّبُهُمْ عَذَابًا أَلِيمًا وَلَا يَجِدُونَ لَهُم مِّن دُونِ ٱللَّهِ وَلِيًّا وَلَا نَصِيرًا ۝

(173) ¡Hombres! Os ha llegado una prueba de vuestro Señor y hemos hecho que descendiera para vosotros una luz clara.

يَـٰٓأَيُّهَا ٱلنَّاسُ قَدْ جَآءَكُم بُرْهَـٰنٌ مِّن رَّبِّكُمْ وَأَنزَلْنَآ إِلَيْكُمْ نُورًا مُّبِينًا ۝

(174) Los que crean en Allah y se aferren a El...entrarán bajo Su benevolencia y favor y les mostrará la guía de un camino recto.

فَأَمَّا ٱلَّذِينَ ءَامَنُوا۟ بِٱللَّهِ وَٱعْتَصَمُوا۟ بِهِۦ فَسَيُدْخِلُهُمْ فِى رَحْمَةٍ مِّنْهُ وَفَضْلٍ وَيَهْدِيهِمْ إِلَيْهِ صِرَٰطًا مُّسْتَقِيمًا ۝

(175) Te piden que dictamines. Di: Allah os da un juicio sobre el caso en que no se tengan ni padres ni hijos.

Si alguien muere sin dejar hijos, pero tiene una hermana, a ella le corresponderá la mitad de lo que deje. Y si son dos, les corresponderán dos tercios de lo que deje; y si hay hermanos, varones y hembras, entonces a cada varón le corresponderá la parte de dos hembras.

Allah os aclara para que no os extraviéis.

Allah es Conocedor de todas las cosas.

يَسْتَفْتُونَكَ قُلِ ٱللَّهُ يُفْتِيكُمْ فِى ٱلْكَلَٰلَةِ إِنِ ٱمْرُؤٌاْ هَلَكَ لَيْسَ لَهُۥ وَلَدٌ وَلَهُۥٓ أُخْتٌ فَلَهَا نِصْفُ مَا تَرَكَ وَهُوَ يَرِثُهَآ إِن لَّمْ يَكُن لَّهَا وَلَدٌ فَإِن كَانَتَا ٱثْنَتَيْنِ فَلَهُمَا ٱلثُّلُثَانِ مِمَّا تَرَكَ وَإِن كَانُوٓاْ إِخْوَةً رِّجَالًا وَنِسَآءً فَلِلذَّكَرِ مِثْلُ حَظِّ ٱلْأُنثَيَيْنِ يُبَيِّنُ ٱللَّهُ لَكُمْ أَن تَضِلُّواْ وَٱللَّهُ بِكُلِّ شَىْءٍ عَلِيمٌ ۝

5. SURA DE LA MESA SERVIDA.

سُورَةُ ٱلْمَآبِدَةِ

بِسْمِ ٱللَّهِ ٱلرَّحْمَنِ ٱلرَّحِيمِ

En el nombre de Allah, el Misericordioso, el Compasivo.

(1) ¡Vosotros que creéis! ¡Cumplid los contratos!

يَتَأَيُّهَا ٱلَّذِينَ ءَامَنُوٓا۟ أَوْفُوا۟ بِٱلْعُقُودِ ۞

(2) Os están permitidos los animales de rebaño con las excepciones que se os enuncian, pero no os está permitido cazar mientras estéis en estado de inviolabilidad*.
Allah dispone lo que quiere.
* [El Ihram durante la Peregrinación]

أُحِلَّتْ لَكُم بَهِيمَةُ ٱلْأَنْعَمِ إِلَّا مَا يُتْلَىٰ عَلَيْكُمْ غَيْرَ مُحِلِّى ٱلصَّيْدِ وَأَنتُمْ حُرُمٌ إِنَّ ٱللَّهَ يَحْكُمُ مَا يُرِيدُ ۞

(3) ¡Vosotros que creéis! No profanéis los ritos de Allah ni los meses inviolables, ni la ofrenda, ni las guirnaldas*, ni a quienes se dirigen a la Casa Inviolable buscando el favor de su Señor y la aceptación.
Cuando hayáis salido del estado de inviolabilidad, entonces cazad. Y que el odio hacia los que os han separado de la Mezquita Inviolable no pueda más que vosotros haciéndoos transgredir. Y buscad ayuda en la virtud y en el temor (de Allah), no en la desobediencia ni en la transgresión.

يَتَأَيُّهَا ٱلَّذِينَ ءَامَنُوا۟ لَا تُحِلُّوا۟ شَعَٰٓئِرَ ٱللَّهِ وَلَا ٱلشَّهْرَ ٱلْحَرَامَ وَلَا ٱلْهَدْىَ وَلَا ٱلْقَلَٰٓئِدَ وَلَآ ءَآمِّينَ ٱلْبَيْتَ ٱلْحَرَامَ يَبْتَغُونَ فَضْلًا مِّن رَّبِّهِمْ وَرِضْوَٰنًا وَإِذَا حَلَلْتُمْ فَٱصْطَادُوا۟ وَلَا يَجْرِمَنَّكُمْ شَنَآنُ قَوْمٍ أَن صَدُّوكُمْ عَنِ ٱلْمَسْجِدِ ٱلْحَرَامِ أَن تَعْتَدُوا۟ وَتَعَاوَنُوا۟ عَلَى ٱلْبِرِّ وَٱلتَّقْوَىٰ وَلَا تَعَاوَنُوا۟ عَلَى ٱلْإِثْمِ وَٱلْعُدْوَٰنِ وَٱتَّقُوا۟ ٱللَّهَ إِنَّ ٱللَّهَ شَدِيدُ ٱلْعِقَابِ ۞

Y temed a Allah, es cierto que Allah es Fuerte castigando.

* [Es decir, las que se ponen a los animales que van a ser sacrificados como ofrenda a la Casa Inviolable, para que se les reconozca.]

(4) Se os prohíbe la carne del animal muerto por causa natural, la sangre, la carne de cerdo, la del animal que haya sido sacrificado en nombre de otro que Allah, la del que haya muerto por asfixia, golpe, caída, cornada o devorado por una fiera, a menos que lo degolléis*.

Y la del que haya sido sacrificado sobre altares y que consultéis la suerte con las flechas. Hacer esto es salirse del camino.

Hoy los que se niegan a creer han perdido las esperanzas de acabar con vuestra Práctica de Adoración. No los temáis a ellos, temedme a Mí.

Hoy os he completado vuestra Práctica de Adoración, he culminado Mi bendición sobre vosotros y os he aceptado complacido el Islam como Práctica de Adoración.

El que se vea obligado* por hambre, sin ánimo de transgredir...

Ciertamente Allah es Perdonador y Compasivo.

* [Antes de que muera]

* [A quebrantar estas prohibiciones]

حُرِّمَتْ عَلَيْكُمُ ٱلْمَيْتَةُ وَٱلدَّمُ وَلَحْمُ ٱلْخِنزِيرِ وَمَآ أُهِلَّ لِغَيْرِ ٱللَّهِ بِهِ وَٱلْمُنْخَنِقَةُ وَٱلْمَوْقُوذَةُ وَٱلْمُتَرَدِّيَةُ وَٱلنَّطِيحَةُ وَمَآ أَكَلَ ٱلسَّبُعُ إِلَّا مَا ذَكَّيْتُمْ وَمَا ذُبِحَ عَلَى ٱلنُّصُبِ وَأَن تَسْتَقْسِمُوا بِٱلْأَزْلَٰمِ ذَٰلِكُمْ فِسْقٌ ٱلْيَوْمَ يَئِسَ ٱلَّذِينَ كَفَرُوا مِن دِينِكُمْ فَلَا تَخْشَوْهُمْ وَٱخْشَوْنِ ٱلْيَوْمَ أَكْمَلْتُ لَكُمْ دِينَكُمْ وَأَتْمَمْتُ عَلَيْكُمْ نِعْمَتِي وَرَضِيتُ لَكُمُ ٱلْإِسْلَٰمَ دِينًا فَمَنِ ٱضْطُرَّ فِي مَخْمَصَةٍ غَيْرَ مُتَجَانِفٍ لِّإِثْمٍ فَإِنَّ ٱللَّهَ غَفُورٌ رَّحِيمٌ ۝

(5)　Te preguntan qué es lícito para ellos. Di: Las cosas buenas y lo que cacen los animales de presa que hayáis adiestrado para ello, a los que enseñéis parte de lo que Allah os ha enseñado a vosotros.

Comed pues de lo que ellos capturen para vosotros y mencionad el nombre de Allah*.

Y temed a Allah, es cierto que Allah es Rápido en la cuenta.

* [Al soltarlos para que cacen]

يَسْـَٔلُونَكَ مَاذَآ أُحِلَّ لَهُمْ قُلْ أُحِلَّ لَكُمُ ٱلطَّيِّبَٰتُ وَمَا عَلَّمْتُم مِّنَ ٱلْجَوَارِحِ مُكَلِّبِينَ تُعَلِّمُونَهُنَّ مِمَّا عَلَّمَكُمُ ٱللَّهُ فَكُلُوا۟ مِمَّآ أَمْسَكْنَ عَلَيْكُمْ وَٱذْكُرُوا۟ ٱسْمَ ٱللَّهِ عَلَيْهِ وَٱتَّقُوا۟ ٱللَّهَ إِنَّ ٱللَّهَ سَرِيعُ ٱلْحِسَابِ ۝

(6)　Hoy se os hacen lícitas las cosas buenas.

Y es lícito para vosotros el alimento de los que recibieron el Libro, así como el vuestro lo es para ellos.

Y (son lícitas para vosotros) las mujeres libres y honestas que sean creyentes, así como las mujeres libres y honestas de los que recibieron el Libro antes que vosotros, si les dais sus dotes como casados, no como fornicadores ni como los que toman amantes.

Y quien niegue la creencia, habrá perdido sus obras y en la Ultima Vida será de los perdedores.

ٱلْيَوْمَ أُحِلَّ لَكُمُ ٱلطَّيِّبَٰتُ وَطَعَامُ ٱلَّذِينَ أُوتُوا۟ ٱلْكِتَٰبَ حِلٌّ لَّكُمْ وَطَعَامُكُمْ حِلٌّ لَّهُمْ وَٱلْمُحْصَنَٰتُ مِنَ ٱلْمُؤْمِنَٰتِ وَٱلْمُحْصَنَٰتُ مِنَ ٱلَّذِينَ أُوتُوا۟ ٱلْكِتَٰبَ مِن قَبْلِكُمْ إِذَآ ءَاتَيْتُمُوهُنَّ أُجُورَهُنَّ مُحْصِنِينَ غَيْرَ مُسَٰفِحِينَ وَلَا مُتَّخِذِىٓ أَخْدَانٍ وَمَن يَكْفُرْ بِٱلْإِيمَٰنِ فَقَدْ حَبِطَ عَمَلُهُۥ وَهُوَ فِى ٱلْءَاخِرَةِ مِنَ ٱلْخَٰسِرِينَ ۝

(7)　¡Vosotros que creéis! Cuando vayáis a hacer el salat, lavaos la cara y las manos llegando hasta los codos y pasaos las

يَٰٓأَيُّهَا ٱلَّذِينَ ءَامَنُوٓا۟ إِذَا قُمْتُمْ إِلَى ٱلصَّلَوٰةِ فَٱغْسِلُوا۟ وُجُوهَكُمْ وَأَيْدِيَكُمْ إِلَى ٱلْمَرَافِقِ وَٱمْسَحُوا۟

manos por la cabeza y (la mano) por los pies hasta los tobillos*.

Y si estáis impuros, purificaos.

Y si estáis enfermos o no encontrais agua, estando de viaje o viniendo alguno de vosotros de hacer sus necesidades o habiendo tenido relación con las mujeres, procuraos entonces tierra buena y pasáosla por la cara y las manos.

Allah no quiere poneros ninguna dificultad, sólo quiere que os purifiquéis y completar Su bendición sobre vosotros, para que podáis ser agradecidos.

* [Algunos comentaristas consideran que la expresión: "y pasaos las manos (se entiende mojadas) por la cabeza y los pies", debe entenderse: "pasaos las manos por la cabeza y lavaos los pies". Y de hecho existe una variante en la recitación cuya sintaxis implica este último sentido.

Por otra parte la Sunna establece el lavado de los pies, de manera que en este caso la Sunna explica el texto coránico, especificando lo que en éste último es genérico, y corroborando el hecho de que las dos fuentes de la Ley Revelada son el Corán y la Sunna.]

(8) Y recordad la bendición de Allah para con vosotros y el compromiso que adquirísteis con El, al decir: Oímos y obedecemos.

Y temed a Allah, es cierto que

Allah es Conocedor de lo que encierran los pechos.

(9) ¡Vosotros que creéis! Sed firmes en favor de Allah, dando testimonio con equidad. Y que el odio que podáis sentir por unos, no os lleve al extremo de no ser justos. ¡Sed justos! Eso se acerca más a la temerosidad.

Y temed a Allah, es cierto que El conoce perfectamente lo que hacéis.

يَـٰٓأَيُّهَا ٱلَّذِينَ ءَامَنُوا۟ كُونُوا۟ قَوَّٰمِينَ لِلَّهِ شُهَدَآءَ بِٱلْقِسْطِ ۖ وَلَا يَجْرِمَنَّكُمْ شَنَـَٔانُ قَوْمٍ عَلَىٰٓ أَلَّا تَعْدِلُوا۟ ۚ ٱعْدِلُوا۟ هُوَ أَقْرَبُ لِلتَّقْوَىٰ ۖ وَٱتَّقُوا۟ ٱللَّهَ ۚ إِنَّ ٱللَّهَ خَبِيرٌۢ بِمَا تَعْمَلُونَ ٩

(10) Allah ha prometido a los que crean y practiquen las acciones de bien que tendrán perdón y una enorme recompensa.

وَعَدَ ٱللَّهُ ٱلَّذِينَ ءَامَنُوا۟ وَعَمِلُوا۟ ٱلصَّـٰلِحَـٰتِ ۙ لَهُم مَّغْفِرَةٌ وَأَجْرٌ عَظِيمٌ ١٠

(11) Y quienes se niegan a creer y tachan de mentira Nuestros signos, esos son los compañeros del Yahim.

وَٱلَّذِينَ كَفَرُوا۟ وَكَذَّبُوا۟ بِـَٔايَـٰتِنَآ أُو۟لَـٰٓئِكَ أَصْحَـٰبُ ٱلْجَحِيمِ ١١

(12) ¡Vosotros que creéis! Recordad las bendiciones de Allah para con vosotros, cuando algunos pretendían alargar sus manos contra vosotros y El las apartó.

Temed a Allah, en Allah se confían los creyentes.

يَـٰٓأَيُّهَا ٱلَّذِينَ ءَامَنُوا۟ ٱذْكُرُوا۟ نِعْمَتَ ٱللَّهِ عَلَيْكُمْ إِذْ هَمَّ قَوْمٌ أَن يَبْسُطُوٓا۟ إِلَيْكُمْ أَيْدِيَهُمْ فَكَفَّ أَيْدِيَهُمْ عَنكُمْ ۖ وَٱتَّقُوا۟ ٱللَّهَ ۚ وَعَلَى ٱللَّهِ فَلْيَتَوَكَّلِ ٱلْمُؤْمِنُونَ ١٢

(13) Y en verdad que Allah exigió la alianza a los hijos de Israel. Y de ellos erigimos a doce jefes de tribu.

Y dijo Allah: Yo estoy con vosotros. Si establecéis el salat,

۞ وَلَقَدْ أَخَذَ ٱللَّهُ مِيثَـٰقَ بَنِىٓ إِسْرَٰٓءِيلَ وَبَعَثْنَا مِنْهُمُ ٱثْنَىْ عَشَرَ نَقِيبًا ۖ وَقَالَ ٱللَّهُ إِنِّى مَعَكُمْ ۖ لَئِنْ أَقَمْتُمُ ٱلصَّلَوٰةَ وَءَاتَيْتُمُ ٱلزَّكَوٰةَ وَءَامَنتُم بِرُسُلِى

entregáis el zakat*, creéis en Mis mensajeros y estáis con ellos y le hacéis a Allah un hermoso préstamo...

Tened por cierto que ocultaremos vuestras malas acciones y os introduciré en jardines por los que corren los ríos.

Y quien de vosotros, después de esto, reniegue, se habrá extraviado del camino llano.

* [Debe entenderse que el salat y el zakat mencionados en esta aleya no se corresponden a la Oración prescrita y la purificación de la riqueza en la forma última que toman en la Ley Revelada del Islam, aunque tenían el mismo significado.]

وَعَزَّرْتُمُوهُمْ وَأَقْرَضْتُمُ ٱللَّهَ قَرْضًا حَسَنًا
لَّأُكَفِّرَنَّ عَنكُمْ سَيِّئَاتِكُمْ وَلَأُدْخِلَنَّكُمْ
جَنَّاتٍ تَجْرِي مِن تَحْتِهَا ٱلْأَنْهَارُ فَمَن كَفَرَ بَعْدَ
ذَٰلِكَ مِنكُمْ فَقَدْ ضَلَّ سَوَآءَ ٱلسَّبِيلِ ۝

(14) Y porque rompieron su compromiso los maldijimos y endurecimos sus corazones. Tergiversaron las palabras* y olvidaron parte de lo que con ellas se les recordaba.

No cesarás de descubrir traiciones por su parte, a excepción de unos pocos, pero perdónalos y no se lo tomes en cuenta; es cierto que Allah ama a los que hacen el bien.*

* [De la Torá]

* [El juicio legal derivado de la última parte de la aleya quedó abrogado por la "aleya de la espada" la quinta de la sura novena y por el pacto de capitulación y protección que implica el pago de la yizia.]

فَبِمَا نَقْضِهِم مِّيثَاقَهُمْ لَعَنَّاهُمْ وَجَعَلْنَا قُلُوبَهُمْ قَاسِيَةً
يُحَرِّفُونَ ٱلْكَلِمَ عَن مَّوَاضِعِهِ وَنَسُواْ حَظًّا
مِّمَّا ذُكِّرُواْ بِهِ وَلَا تَزَالُ تَطَّلِعُ عَلَىٰ خَآئِنَةٍ مِّنْهُمْ
إِلَّا قَلِيلًا مِّنْهُمْ فَٱعْفُ عَنْهُمْ وَٱصْفَحْ إِنَّ ٱللَّهَ يُحِبُّ
ٱلْمُحْسِنِينَ ۝

(15) Y a algunos de los que dicen: Somos cristianos, les exigimos la alianza, sin embargo olvidaron parte de lo que se les recordaba en ella y sembramos la enemistad y el odio entre ellos hasta el Día del Levantamiento. Ya les hará saber Allah lo que hicieron.

وَمِنَ ٱلَّذِينَ قَالُوٓا۟ إِنَّا نَصَٰرَىٰٓ أَخَذْنَا مِيثَٰقَهُمْ فَنَسُوا۟ حَظًّا مِّمَّا ذُكِّرُوا۟ بِهِۦ فَأَغْرَيْنَا بَيْنَهُمُ ٱلْعَدَاوَةَ وَٱلْبَغْضَآءَ إِلَىٰ يَوْمِ ٱلْقِيَٰمَةِ ۚ وَسَوْفَ يُنَبِّئُهُمُ ٱللَّهُ بِمَا كَانُوا۟ يَصْنَعُونَ ۝

(16) ¡Gente del Libro! Ha venido a vosotros Nuestro mensajero aclarándoos mucho de lo que ocultábais del Libro y perdonando muchas cosas.

يَٰٓأَهْلَ ٱلْكِتَٰبِ قَدْ جَآءَكُمْ رَسُولُنَا يُبَيِّنُ لَكُمْ كَثِيرًا مِّمَّا كُنتُمْ تُخْفُونَ مِنَ ٱلْكِتَٰبِ وَيَعْفُوا۟ عَن كَثِيرٍ ۝

(17) Ha venido a vosotros, procedente de Allah, una luz y un Libro claro.

قَدْ جَآءَكُم مِّنَ ٱللَّهِ نُورٌ وَكِتَٰبٌ مُّبِينٌ ۝

(18) Con el que Allah guía a quien busca Su complacencia por los caminos de la salvación.

Y los saca de las tinieblas a la luz con Su permiso y los guía al camino recto.

يَهْدِي بِهِ ٱللَّهُ مَنِ ٱتَّبَعَ رِضْوَٰنَهُۥ سُبُلَ ٱلسَّلَٰمِ وَيُخْرِجُهُم مِّنَ ٱلظُّلُمَٰتِ إِلَى ٱلنُّورِ بِإِذْنِهِۦ وَيَهْدِيهِمْ إِلَىٰ صِرَٰطٍ مُّسْتَقِيمٍ ۝

(19) Han caído en incredulidad los que dicen que Allah es el Ungido, hijo de Maryam.

Di: ¿Y si Allah quisiera destruir al Ungido, hijo de Maryam, a su madre y a cuantos hay en la tierra, todos a la vez? ¿Quién podría impedírselo? De Allah es el Dominio de los cielos y de la tierra y de lo que hay entre ambos. Crea lo que quiere,

لَّقَدْ كَفَرَ ٱلَّذِينَ قَالُوٓا۟ إِنَّ ٱللَّهَ هُوَ ٱلْمَسِيحُ ٱبْنُ مَرْيَمَ ۚ قُلْ فَمَن يَمْلِكُ مِنَ ٱللَّهِ شَيْـًٔا إِنْ أَرَادَ أَن يُهْلِكَ ٱلْمَسِيحَ ٱبْنَ مَرْيَمَ وَأُمَّهُۥ وَمَن فِى ٱلْأَرْضِ جَمِيعًا ۗ وَلِلَّهِ مُلْكُ ٱلسَّمَٰوَٰتِ وَٱلْأَرْضِ وَمَا بَيْنَهُمَا ۚ يَخْلُقُ مَا يَشَآءُ ۚ وَٱللَّهُ عَلَىٰ كُلِّ شَىْءٍ قَدِيرٌ ۝

Allah es Poderoso sobre todas las cosas.

(20) Y dicen los judíos y los cristianos: Nosotros somos los hijos de Allah y los más amados por El.

Di: ¿Por qué entonces os castiga a causa de vuestras transgresiones? Sólo sois unos más entre los hombres que ha creado.

Perdona a quien quiere y castiga a quien quiere.

De Allah es el Dominio de los cielos y de la tierra y de lo que hay entre ambos. A El se ha de volver.

وَقَالَتِ الْيَهُودُ وَالنَّصَرَى نَحْنُ أَبْنَؤُا اللَّهِ وَأَحِبَّؤُهُ قُلْ فَلِمَ يُعَذِّبُكُم بِذُنُوبِكُم بَلْ أَنتُم بَشَرٌ مِّمَّنْ خَلَقَ يَغْفِرُ لِمَن يَشَآءُ وَيُعَذِّبُ مَن يَشَآءُ وَلِلَّهِ مُلْكُ السَّمَوَتِ وَالْأَرْضِ وَمَا بَيْنَهُمَا وَإِلَيْهِ الْمَصِيرُ ۝

(21) ¡Gente del Libro! Os ha llegado Nuestro mensajero para aclararos las cosas, tras un período de tiempo sin mensajeros, de manera que no pudierais decir: No nos ha llegado nadie que nos trajera buenas noticas y nos advirtiera.

Así pues, ahora ya tenéis un portador de buenas nuevas y un advertidor.

Allah es Poderoso sobre todas las cosas.

يَأَهْلَ الْكِتَبِ قَدْ جَآءَكُمْ رَسُولُنَا يُبَيِّنُ لَكُمْ عَلَى فَتْرَةٍ مِّنَ الرُّسُلِ أَن تَقُولُوا مَا جَآءَنَا مِن بَشِيرٍ وَلَا نَذِيرٍ فَقَدْ جَآءَكُم بَشِيرٌ وَنَذِيرٌ وَاللَّهُ عَلَى كُلِّ شَيْءٍ قَدِيرٌ ۝

(22) Y cuando Musa dijo a su gente: ¡Pueblo mío! Recordad las bendiciones que Allah os dio cuando hizo surgir entre vosotros profetas, os hizo reyes y os

وَإِذْ قَالَ مُوسَى لِقَوْمِهِ يَقَوْمِ اذْكُرُوا نِعْمَةَ اللَّهِ عَلَيْكُمْ إِذْ جَعَلَ فِيكُمْ أَنْبِيَآءَ وَجَعَلَكُم مُّلُوكًا وَءَاتَيكُم مَّا لَمْ يُؤْتِ أَحَدًا مِّنَ

سُورَةُ ٱلْمَآئِدَةِ - ٱلْجُزْءُ ٱلسَّادِسُ

ٱلْعَـٰلَمِينَ ۝

dio lo que a nadie en los mundos le había dado.

(23) ¡Pueblo mío! Entrad en la tierra purificada que Allah ha destinado para vosotros y no retrocedáis, porque entonces estaríais perdidos.

يَـٰقَوْمِ ٱدْخُلُوا ٱلْأَرْضَ ٱلْمُقَدَّسَةَ ٱلَّتِي كَتَبَ ٱللَّهُ لَكُمْ وَلَا تَرْتَدُّوا عَلَىٰٓ أَدْبَارِكُمْ فَتَنقَلِبُوا خَـٰسِرِينَ ۝

(24) Dijeron: ¡Musa! En ella hay un pueblo de gigantes y no vamos a entrar hasta que no salgan de allí; y sólo cuando hayan salido entraremos.

قَالُوا يَـٰمُوسَىٰٓ إِنَّ فِيهَا قَوْمًا جَبَّارِينَ وَإِنَّا لَن نَّدْخُلَهَا حَتَّىٰ يَخْرُجُوا مِنْهَا فَإِن يَخْرُجُوا مِنْهَا فَإِنَّا دَٰخِلُونَ ۝

(25) Dos hombres de los que temían a Allah y a los que El había favorecido, dijeron: Apareced ante ellos por la puerta, y cuando hayais entrado por ella, seréis vencedores.

Y abandonaos en Allah si sois creyentes.

قَالَ رَجُلَانِ مِنَ ٱلَّذِينَ يَخَافُونَ أَنْعَمَ ٱللَّهُ عَلَيْهِمَا ٱدْخُلُوا عَلَيْهِمُ ٱلْبَابَ فَإِذَا دَخَلْتُمُوهُ فَإِنَّكُمْ غَٰلِبُونَ وَعَلَى ٱللَّهِ فَتَوَكَّلُوا إِن كُنتُم مُّؤْمِنِينَ ۝

(26) Dijeron: ¡Musa! Nosotros no vamos a entrar mientras ellos sigan ahí, así que id tú y tu Señor y luchad vosotros, que nosotros nos quedamos aquí.

قَالُوا يَـٰمُوسَىٰٓ إِنَّا لَن نَّدْخُلَهَا أَبَدًا مَّا دَامُوا فِيهَا فَٱذْهَبْ أَنتَ وَرَبُّكَ فَقَٰتِلَا إِنَّا هَـٰهُنَا قَـٰعِدُونَ ۝

(27) Dijo: ¡Señor mío! Yo sólo tengo autoridad sobre mi propia persona y la de mi hermano; apártanos de la gente rebelde.

قَالَ رَبِّ إِنِّي لَا أَمْلِكُ إِلَّا نَفْسِي وَأَخِي فَٱفْرُقْ بَيْنَنَا وَبَيْنَ ٱلْقَوْمِ ٱلْفَـٰسِقِينَ ۝

(28) Dijo: Estará vedada* para ellos, y durante cuarenta años vagarán por la tierra.

قَالَ فَإِنَّهَا مُحَرَّمَةٌ عَلَيْهِمْ أَرْبَعِينَ سَنَةً يَتِيهُونَ فِي ٱلْأَرْضِ فَلَا تَأْسَ عَلَى ٱلْقَوْمِ ٱلْفَـٰسِقِينَ ۝

No te entristezcas por la gente descarriada.

*[Se refiere a la tierra purificada y a la ciudad aludidas en las aleyas anteriores.]

(29) Y cuéntales la verdad de la historia de los dos hijos de Adam, cuando ofrecieron un sacrificio y le fue aceptado a uno pero al otro no.
Dijo: ¡Te mataré!
Contestó: Allah sólo acepta de los que Le temen.

وَٱتْلُ عَلَيْهِمْ نَبَأَ ٱبْنَيْ ءَادَمَ بِٱلْحَقِّ إِذْ قَرَّبَا قُرْبَانًا فَتُقُبِّلَ مِنْ أَحَدِهِمَا وَلَمْ يُتَقَبَّلْ مِنَ ٱلْءَاخَرِ قَالَ لَأَقْتُلَنَّكَ قَالَ إِنَّمَا يَتَقَبَّلُ ٱللَّهُ مِنَ ٱلْمُتَّقِينَ ۝

(30) Si levantas tu mano contra mí para matarme, yo no levantaré la mía para matarte, pues yo temo a Allah, el Señor de los mundos.

لَئِن بَسَطتَ إِلَيَّ يَدَكَ لِتَقْتُلَنِي مَا أَنَا بِبَاسِطٍ يَدِيَ إِلَيْكَ لِأَقْتُلَكَ إِنِّي أَخَافُ ٱللَّهَ رَبَّ ٱلْعَٰلَمِينَ ۝

(31) Prefiero que vuelvas* llevando mi delito además del tuyo y seas de los compañeros del Fuego.
Esa es la recompensa de los injustos.
* [A tu Señor]

إِنِّي أُرِيدُ أَن تَبُوٓأَ بِإِثْمِي وَإِثْمِكَ فَتَكُونَ مِنْ أَصْحَٰبِ ٱلنَّارِ وَذَٰلِكَ جَزَٰٓؤُا۟ ٱلظَّٰلِمِينَ ۝

(32) Su alma le sugirió que matara a su hermano y lo mató, convirtiéndose en uno de los perdidos.

فَطَوَّعَتْ لَهُۥ نَفْسُهُۥ قَتْلَ أَخِيهِ فَقَتَلَهُۥ فَأَصْبَحَ مِنَ ٱلْخَٰسِرِينَ ۝

(33) Entonces Allah envió un cuervo que se puso a escarbar en la tierra para hacerle ver cómo debía ocultar el cadáver de su hermano.

فَبَعَثَ ٱللَّهُ غُرَابًا يَبْحَثُ فِي ٱلْأَرْضِ لِيُرِيَهُۥ كَيْفَ يُوَٰرِي سَوْءَةَ أَخِيهِ قَالَ يَٰوَيْلَتَىٰٓ أَعَجَزْتُ أَنْ أَكُونَ مِثْلَ هَٰذَا ٱلْغُرَابِ فَأُوَٰرِيَ سَوْءَةَ أَخِي فَأَصْبَحَ

مِنَ النَّدِمِينَ ۞

Dijo: ¡Ay de mí! ¿Es que no voy a ser capaz de hacer como este cuervo y enterrar el cadáver de mi hermano?

Y quedó así arrepentido.

(34) Por esto les decretamos a los hijos de Israel que quien matara a alguien, sin ser a cambio de otro o por haber corrompido en la tierra, sería como haber matado a la humanidad entera.

Y quien lo salvara, sería como haber salvado a la humanidad entera.

Y así fue como les llegaron Nuestros mensajeros con las pruebas claras y sin embargo, después, y a pesar de esto, muchos de ellos se excedieron en la tierra.

مِنْ أَجْلِ ذَٰلِكَ كَتَبْنَا عَلَىٰ بَنِي إِسْرَاءِيلَ أَنَّهُۥ مَن قَتَلَ نَفْسًۢا بِغَيْرِ نَفْسٍ أَوْ فَسَادٍ فِي الْأَرْضِ فَكَأَنَّمَا قَتَلَ النَّاسَ جَمِيعًا وَمَنْ أَحْيَاهَا فَكَأَنَّمَا أَحْيَا النَّاسَ جَمِيعًا ۚ وَلَقَدْ جَاءَتْهُمْ رُسُلُنَا بِالْبَيِّنَاتِ ثُمَّ إِنَّ كَثِيرًا مِّنْهُم بَعْدَ ذَٰلِكَ فِي الْأَرْضِ لَمُسْرِفُونَ ۞

(35) El pago para los que hagan la guerra a Allah y a Su Mensajero y se dediquen a corromper en la tierra, será la muerte o la crucifixión o que se les corte la mano y el pie contrario o que se les expulse del país. Esto es para ellos una humillación en esta vida, pero en la Ultima tendrán un inmenso castigo.

إِنَّمَا جَزَاءُ الَّذِينَ يُحَارِبُونَ اللَّهَ وَرَسُولَهُۥ وَيَسْعَوْنَ فِي الْأَرْضِ فَسَادًا أَن يُقَتَّلُوا أَوْ يُصَلَّبُوا أَوْ تُقَطَّعَ أَيْدِيهِمْ وَأَرْجُلُهُم مِّنْ خِلَافٍ أَوْ يُنفَوْا مِنَ الْأَرْضِ ذَٰلِكَ لَهُمْ خِزْيٌ فِي الدُّنْيَا وَلَهُمْ فِي الْآخِرَةِ عَذَابٌ عَظِيمٌ ۞

(36) Excepto los que se vuelvan atrás antes de que os hayáis apoderado de ellos.

إِلَّا الَّذِينَ تَابُوا مِن قَبْلِ أَن تَقْدِرُوا عَلَيْهِمْ ۖ فَاعْلَمُوا أَنَّ اللَّهَ غَفُورٌ رَّحِيمٌ ۞

Sabed que Allah es Per-
donador y Compasivo.

(37) ¡Vosotros que creéis! Temed a
Allah, buscad el medio de acercaros a El y luchad en Su
camino para que así podáis
tener éxito.

يَـٰٓأَيُّهَا ٱلَّذِينَ ءَامَنُوا۟ ٱتَّقُوا۟ ٱللَّهَ وَٱبْتَغُوٓا۟ إِلَيْهِ ٱلْوَسِيلَةَ
وَجَـٰهِدُوا۟ فِى سَبِيلِهِۦ لَعَلَّكُمْ تُفْلِحُونَ ۝

(38) Es cierto que los que se niegan a
creer, aunque tuvieran todo
cuanto hay en la tierra para
ofrecerlo como rescate y
librarse con ello del castigo del
Día del Levantamiento, no se
aceptaría.

إِنَّ ٱلَّذِينَ كَفَرُوا۟ لَوْ أَنَّ لَهُم مَّا فِى ٱلْأَرْضِ جَمِيعًا
وَمِثْلَهُۥ مَعَهُۥ لِيَفْتَدُوا۟ بِهِۦ مِنْ عَذَابِ يَوْمِ ٱلْقِيَـٰمَةِ
مَا تُقُبِّلَ مِنْهُمْ وَلَهُمْ عَذَابٌ أَلِيمٌ ۝

(39) Querrán salir del Fuego, pero no
saldrán. Tendrán un castigo
permanente.

يُرِيدُونَ أَن يَخْرُجُوا۟ مِنَ ٱلنَّارِ وَمَا هُم بِخَـٰرِجِينَ مِنْهَا
وَلَهُمْ عَذَابٌ مُّقِيمٌ ۝

(40) Al ladrón y a la ladrona cor-
tadles la mano en pago por lo
que hicieron. Escarmiento de
Allah; Allah es Poderoso y
Sabio.

وَٱلسَّارِقُ وَٱلسَّارِقَةُ فَٱقْطَعُوٓا۟ أَيْدِيَهُمَا جَزَآءً بِمَا
كَسَبَا نَكَـٰلًا مِّنَ ٱللَّهِ وَٱللَّهُ عَزِيزٌ حَكِيمٌ ۝

(41) Quien se retracte después de la
injusticia que cometió y rectifique, Allah volverá a él.
Es cierto que Allah es Perdonador y Compasivo.

فَمَن تَابَ مِنۢ بَعْدِ ظُلْمِهِۦ وَأَصْلَحَ فَإِنَّ ٱللَّهَ يَتُوبُ
عَلَيْهِ إِنَّ ٱللَّهَ غَفُورٌ رَّحِيمٌ ۝

(42) ¿Acaso no sabes que el dominio
de los cielos y de la tierra pertenece a Allah? Castiga a quien
quiere y perdona a quien
quiere. Allah tiene poder sobre
todas las cosas.

أَلَمْ تَعْلَمْ أَنَّ ٱللَّهَ لَهُۥ مُلْكُ ٱلسَّمَـٰوَٰتِ وَٱلْأَرْضِ
يُعَذِّبُ مَن يَشَآءُ وَيَغْفِرُ لِمَن يَشَآءُ وَٱللَّهُ عَلَىٰ كُلِّ
شَىْءٍ قَدِيرٌ ۝

(43) ¡Mensajero! Que no te entristezcan aquéllos que se precipitan a la incredulidad, de entre los que dicen con la boca "creemos" pero no creen sus corazones; y los que siguen el judaísmo.

Prestan oídos a la mentira y escuchan a otros que no vienen a ti. Tergiversan las palabras* diciendo: Si se juzga de esta manera tomadlo, pero si no, rechazadlo.*

Y aquel cuya perdición es voluntad de Allah, tu no tienes nada que hacer por él ante Allah.

Esos son aquéllos cuyos corazones Allah no quiere que se purifiquen. En esta vida tendrán humillación y en la Ultima un castigo inmenso.

* [De la Torá]

* [Esta aleya descendió en relación a un caso de adulterio entre los judíos de Jaybar, que no queriendo lapidar a los culpables, fueron a consultar el juicio del Profeta, con el argumento de que entre ellos el castigo para el adulterio eran unos azotes y tiznar el rostro, lo cual suponía una alteración del juicio original de la Torá; entonces el Profeta, que Allah le dé Su gracia y paz, mandó traer la Torá y les descubrió el juicio auténtico.]

(44) Prestan oído a la mentira y se comen la ganancia ilícita. Si vienen a ti, juzga entre ellos o abstente de intervenir. Si te

۞ يَـٰٓأَيُّهَا ٱلرَّسُولُ لَا يَحْزُنكَ ٱلَّذِينَ يُسَٰرِعُونَ فِى ٱلْكُفْرِ مِنَ ٱلَّذِينَ قَالُوٓا۟ ءَامَنَّا بِأَفْوَٰهِهِمْ وَلَمْ تُؤْمِن قُلُوبُهُمْ وَمِنَ ٱلَّذِينَ هَادُوا۟ سَمَّٰعُونَ لِلْكَذِبِ سَمَّٰعُونَ لِقَوْمٍ ءَاخَرِينَ لَمْ يَأْتُوكَ يُحَرِّفُونَ ٱلْكَلِمَ مِنۢ بَعْدِ مَوَاضِعِهِ يَقُولُونَ إِنْ أُوتِيتُمْ هَٰذَا فَخُذُوهُ وَإِن لَّمْ تُؤْتَوْهُ فَٱحْذَرُوا۟ وَمَن يُرِدِ ٱللَّهُ فِتْنَتَهُۥ فَلَن تَمْلِكَ لَهُۥ مِنَ ٱللَّهِ شَيْـًٔا أُو۟لَٰٓئِكَ ٱلَّذِينَ لَمْ يُرِدِ ٱللَّهُ أَن يُطَهِّرَ قُلُوبَهُمْ لَهُمْ فِى ٱلدُّنْيَا خِزْىٌ وَلَهُمْ فِى ٱلْءَاخِرَةِ عَذَابٌ عَظِيمٌ ۝

سَمَّٰعُونَ لِلْكَذِبِ أَكَّٰلُونَ لِلسُّحْتِ فَإِن جَآءُوكَ فَٱحْكُم بَيْنَهُمْ أَوْ أَعْرِضْ عَنْهُمْ وَإِن

abstienes, no te perjudicarán en absoluto; y si juzgas, hazlo con ecuanimidad.

Es cierto que Allah ama a los ecuánimes.

(45) ¿Y cómo van a delegar en ti el juicio, si tienen la Torá en la que está el juicio de Allah y, a pesar de ello, se desentienden?

Esos no son los creyentes.

(46) Es cierto que hicimos descender la Torá, en la que hay guía y luz. Con ella emitían juicios los profetas, aquéllos que se sometieron, así como los rabinos y doctores para los que practicaban el judaísmo; siguiendo el mandato de proteger el libro de Allah, del que eran garantes con su testimonio.

Y no temáis a los hombres, temedme a Mí, ni vendáis Mis signos a bajo precio. Aquel que no juzgue según lo que Allah ha hecho descender... Esos son los incrédulos.

(47) En ella les prescribimos: Persona por persona, ojo por ojo, nariz por nariz, oreja por oreja, diente por diente; y por las heridas un castigo compensado.

Quien renuncie por generosidad*, le servirá de remisión. Quien no juzgue según lo que Allah ha hecho

descender... Esos son los injustos.

* [A su derecho de exigir el talión]

(48) E hicimos que tras ellos, siguiendo sus huellas, viniera Isa, hijo de Maryam, confirmando aquello que ya estaba en la Torá.

Y le dimos el Inyil en el que había guía, luz y una confirmación de lo que ya estaba en la Torá, así como guía y amonestación para los temerosos.

وَقَفَّيْنَا عَلَىٰٓ ءَاثَٰرِهِم بِعِيسَى ٱبْنِ مَرْيَمَ مُصَدِّقًا
لِّمَا بَيْنَ يَدَيْهِ مِنَ ٱلتَّوْرَىٰةِ وَءَاتَيْنَٰهُ ٱلْإِنجِيلَ فِيهِ
هُدًى وَنُورٌ وَمُصَدِّقًا لِّمَا بَيْنَ يَدَيْهِ مِنَ ٱلتَّوْرَىٰةِ وَهُدًى
وَمَوْعِظَةً لِّلْمُتَّقِينَ ۞

(49) Que la gente del Inyil juzgue según lo que Allah ha hecho descender en él. Quien no juzgue según lo que Allah ha hecho descender... Esos son los descarriados.

وَلْيَحْكُمْ أَهْلُ ٱلْإِنجِيلِ بِمَآ أَنزَلَ ٱللَّهُ فِيهِ وَمَن لَّمْ
يَحْكُم بِمَآ أَنزَلَ ٱللَّهُ فَأُوْلَٰٓئِكَ هُمُ ٱلْفَٰسِقُونَ ۞

(50) E hicimos que te descendiera el Libro con la verdad, como confirmación de lo que había en el Libro y para preservarlo; así pues, juzga entre ellos según lo que Allah ha hecho descender, y no sigas sus deseos en contra de la verdad que te ha venido.

A cada uno* de vosotros le hemos asignado un camino y un método propio.

Si Allah hubiera querido habría hecho de vosotros una única comunidad; sin embargo lo ha hecho así para poneros a

وَأَنزَلْنَآ إِلَيْكَ ٱلْكِتَٰبَ بِٱلْحَقِّ مُصَدِّقًا لِّمَا بَيْنَ
يَدَيْهِ مِنَ ٱلْكِتَٰبِ وَمُهَيْمِنًا عَلَيْهِ فَٱحْكُم
بَيْنَهُم بِمَآ أَنزَلَ ٱللَّهُ وَلَا تَتَّبِعْ أَهْوَآءَهُمْ عَمَّا
جَآءَكَ مِنَ ٱلْحَقِّ لِكُلٍّ جَعَلْنَا مِنكُمْ شِرْعَةً
وَمِنْهَاجًا وَلَوْ شَآءَ ٱللَّهُ لَجَعَلَكُمْ أُمَّةً وَٰحِدَةً
وَلَٰكِن لِّيَبْلُوَكُمْ فِي مَآ ءَاتَىٰكُمْ فَٱسْتَبِقُواْ
ٱلْخَيْرَٰتِ إِلَى ٱللَّهِ مَرْجِعُكُمْ جَمِيعًا فَيُنَبِّئُكُم
بِمَا كُنتُمْ فِيهِ تَخْتَلِفُونَ ۞

prueba en lo que os ha dado.

Y competid en las buenas acciones.

Todos habéis de volver a Allah que os hará saber la verdad de aquello sobre lo que no estábais de acuerdo.

* [Es decir, a cada comunidad]

(51) Juzga entre ellos según lo que Allah ha hecho descender, no sigas sus deseos y ten cuidado con ellos, no sea que te desvíen de algo de lo que Allah te ha hecho descender.

Y si se apartan... Allah quiere afligirlos a causa de algunas de sus faltas. Realmente muchos de los hombres están descarriados.

وَأَنِ ٱحْكُم بَيْنَهُم بِمَآ أَنزَلَ ٱللَّهُ وَلَا تَتَّبِعْ أَهْوَآءَهُمْ وَٱحْذَرْهُمْ أَن يَفْتِنُوكَ عَنۢ بَعْضِ مَآ أَنزَلَ ٱللَّهُ إِلَيْكَ فَإِن تَوَلَّوْا۟ فَٱعْلَمْ أَنَّمَا يُرِيدُ ٱللَّهُ أَن يُصِيبَهُم بِبَعْضِ ذُنُوبِهِمْ وَإِنَّ كَثِيرًا مِّنَ ٱلنَّاسِ لَفَٰسِقُونَ ۝

(52) ¿Acaso quieren que se juzgue con el juicio de la ignorancia*?

¿Y qué mejor juez sino Allah, para los que saben con certeza?

* [En árabe "yahiliya" que define el estado de ignorancia previo al Islam]

أَفَحُكْمَ ٱلْجَٰهِلِيَّةِ يَبْغُونَ وَمَنْ أَحْسَنُ مِنَ ٱللَّهِ حُكْمًا لِّقَوْمٍ يُوقِنُونَ ۝

(53) ¡Vosotros que creéis! No toméis por aliados a los judíos ni a los cristianos; unos son aliados de otros. Es cierto que Allah no guía a los injustos.

يَٰٓأَيُّهَا ٱلَّذِينَ ءَامَنُوا۟ لَا تَتَّخِذُوا۟ ٱلْيَهُودَ وَٱلنَّصَٰرَىٰٓ أَوْلِيَآءَ بَعْضُهُمْ أَوْلِيَآءُ بَعْضٍ وَمَن يَتَوَلَّهُم مِّنكُمْ فَإِنَّهُۥ مِنْهُمْ إِنَّ ٱللَّهَ لَا يَهْدِي ٱلْقَوْمَ ٱلظَّٰلِمِينَ ۝

(54) Ves cómo los que tienen una enfermedad en el corazón van a ellos corriendo y dicen: Tememos que la suerte nos sea

فَتَرَى ٱلَّذِينَ فِي قُلُوبِهِم مَّرَضٌ يُسَٰرِعُونَ فِيهِمْ يَقُولُونَ نَخْشَىٰٓ أَن تُصِيبَنَا دَآئِرَةٌ فَعَسَى ٱللَّهُ أَن يَأْتِيَ بِٱلْفَتْحِ

سُورَةُ الْمَآئِدَةِ ــ الْجُزْءُ السَّادِسُ

أَوَءَامِرٍ مِّنْ عِندِهِۦ فَيُصْبِحُوا عَلَىٰ مَآ أَسَرُّوا فِى أَنفُسِهِمْ نَـٰدِمِينَ ۝

adversa.

Pero puede ser que Allah te traiga la victoria o una orden Suya y entonces tengan que arrepentirse de lo que guardaron secretamente en su corazones.

(55) Los que creen dicen: ¿Son éstos quienes juraron por Allah con la máxima solemnidad en sus juramentos que estarían con vosotros?
Sus obras serán inútiles y perderán.

يَقُولُ الَّذِينَ ءَامَنُوٓا أَهَـٰٓؤُلَآءِ الَّذِينَ أَقْسَمُوا بِاللَّهِ جَهْدَ أَيْمَـٰنِهِمْ إِنَّهُمْ لَمَعَكُمْ حَبِطَتْ أَعْمَـٰلُهُمْ فَأَصْبَحُوا خَـٰسِرِينَ ۝

(56) ¡Vosotros que creéis! Quien de vosotros reniegue de su Práctica de Adoración... Allah traerá a otros a los que amará y por los que será amado, humildes con los creyentes y altivos con los incrédulos.
Lucharán en el camino de Allah y no temerán la calumnia del maldiciente. Ese es el favor de Allah que El da a quien quiere.
Y Allah es Espléndido, Conocedor.

يَـٰٓأَيُّهَا الَّذِينَ ءَامَنُوا مَن يَرْتَدَّ مِنكُمْ عَن دِينِهِۦ فَسَوْفَ يَأْتِى اللَّهُ بِقَوْمٍ يُحِبُّهُمْ وَيُحِبُّونَهُۥٓ أَذِلَّةٍ عَلَى الْمُؤْمِنِينَ أَعِزَّةٍ عَلَى الْكَـٰفِرِينَ يُجَـٰهِدُونَ فِى سَبِيلِ اللَّهِ وَلَا يَخَافُونَ لَوْمَةَ لَآئِمٍ ذَٰلِكَ فَضْلُ اللَّهِ يُؤْتِيهِ مَن يَشَآءُ وَاللَّهُ وَٰسِعٌ عَلِيمٌ ۝

(57) Realmente vuestro amigo y aliado es Allah, y Su mensajero, y lo son los creyentes, esos que establecen el salat, entregan el zakat y se inclinan*.
* [En el salat]

إِنَّمَا وَلِيُّكُمُ اللَّهُ وَرَسُولُهُۥ وَالَّذِينَ ءَامَنُوا الَّذِينَ يُقِيمُونَ الصَّلَوٰةَ وَيُؤْتُونَ الزَّكَوٰةَ وَهُمْ رَٰكِعُونَ ۝

(58) Y quien toma por aliado a Allah,

وَمَن يَتَوَلَّ اللَّهَ وَرَسُولَهُۥ وَالَّذِينَ ءَامَنُوا فَإِنَّ حِزْبَ

a Su mensajero y a los que creen... Los del partido de Allah serán los vencedores.

ٱللَّهِ هُمُ ٱلْغَٰلِبُونَ ۝

(59) ¡Vosotros que creéis! No toméis como amigos aliados a aquéllos de los que recibieron el Libro antes que vosotros y de los incrédulos que tomen vuestra Práctica de Adoración a burla y juego.

Y temed a Allah, si sois creyentes.

يَٰٓأَيُّهَا ٱلَّذِينَ ءَامَنُوا۟ لَا تَتَّخِذُوا۟ ٱلَّذِينَ ٱتَّخَذُوا۟ دِينَكُمْ هُزُوًا وَلَعِبًا مِّنَ ٱلَّذِينَ أُوتُوا۟ ٱلْكِتَٰبَ مِن قَبْلِكُمْ وَٱلْكُفَّارَ أَوْلِيَآءَ وَٱتَّقُوا۟ ٱللَّهَ إِن كُنتُم مُّؤْمِنِينَ ۝

(60) Cuando llamáis al salat lo toman a burla y juego. Eso es porque son gente que no comprende.

وَإِذَا نَادَيْتُمْ إِلَى ٱلصَّلَوٰةِ ٱتَّخَذُوهَا هُزُوًا وَلَعِبًا ذَٰلِكَ بِأَنَّهُمْ قَوْمٌ لَّا يَعْقِلُونَ ۝

(61) Di: ¡Gente del Libro! ¿Qué es lo que nos reprocháis? ¿Que creamos en Allah, en lo que se nos ha revelado y en lo que fue revelado anteriormente?

La mayoría de vosotros estáis fuera del camino.

قُلْ يَٰٓأَهْلَ ٱلْكِتَٰبِ هَلْ تَنقِمُونَ مِنَّآ إِلَّآ أَنْ ءَامَنَّا بِٱللَّهِ وَمَآ أُنزِلَ إِلَيْنَا وَمَآ أُنزِلَ مِن قَبْلُ وَأَنَّ أَكْثَرَكُمْ فَٰسِقُونَ ۝

(62) Di: ¿Queréis que os diga algo peor que eso?

El pago que tiene reservado Allah para aquellos a quienes maldijo, ésos sobre los que cayó Su ira y de los cuales, hubo unos a los que convirtió en monos y en cerdos y adoraron al Rebelde. Esos tienen un mal lugar y son los que más se han extraviado del camino llano.

قُلْ هَلْ أُنَبِّئُكُم بِشَرٍّ مِّن ذَٰلِكَ مَثُوبَةً عِندَ ٱللَّهِ مَن لَّعَنَهُ ٱللَّهُ وَغَضِبَ عَلَيْهِ وَجَعَلَ مِنْهُمُ ٱلْقِرَدَةَ وَٱلْخَنَازِيرَ وَعَبَدَ ٱلطَّٰغُوتَ أُو۟لَٰٓئِكَ شَرٌّ مَّكَانًا وَأَضَلُّ عَن سَوَآءِ ٱلسَّبِيلِ ۝

(63) Cuando vienen a vosotros dicen: creemos. Pero con incredulidad entraron y con ella salen.

Allah sabe mejor lo que están ocultando.

وَإِذَا جَآءُوكُمْ قَالُوٓاْ ءَامَنَّا وَقَد دَّخَلُواْ بِالْكُفْرِ وَهُمْ قَدْ خَرَجُواْ بِهِۦ ۚ وَٱللَّهُ أَعْلَمُ بِمَا كَانُواْ يَكْتُمُونَ ۝

(64) Verás cómo muchos de ellos se precipitan al delito y a la transgresión y se comen la ganancia ilícita.

¡Qué malo es lo que hacen!

وَتَرَىٰ كَثِيرًا مِّنْهُمْ يُسَٰرِعُونَ فِي ٱلْإِثْمِ وَٱلْعُدْوَٰنِ وَأَكْلِهِمُ ٱلسُّحْتَ ۚ لَبِئْسَ مَا كَانُواْ يَعْمَلُونَ ۝

(65) ¿Por qué no les prohíben los rabinos y los doctores mentir y comerse la ganancia ilícita? ¡Qué malo es lo que hacen!

لَوْلَا يَنْهَىٰهُمُ ٱلرَّبَّٰنِيُّونَ وَٱلْأَحْبَارُ عَن قَوْلِهِمُ ٱلْإِثْمَ وَأَكْلِهِمُ ٱلسُّحْتَ ۚ لَبِئْسَ مَا كَانُواْ يَصْنَعُونَ ۝

(66) Dicen los judíos: La mano de Allah está cerrada.

¡Que se cierren las suyas y sean malditos por lo que dicen!

Por el contrario Sus dos manos están abiertas, (extendidas), y gasta como quiere. Lo que tu Señor ha hecho que te descendiera, a muchos de ellos les aumentará en rebeldía e incredulidad.

Hemos sembrado entre ellos la enemistad y la ira hasta el Día del Levantamiento. Cada vez que enciendan un fuego para la guerra, Allah lo apagará. Se afanan por corromper en la tierra, pero Allah no ama a los corruptores.

وَقَالَتِ ٱلْيَهُودُ يَدُ ٱللَّهِ مَغْلُولَةٌ ۚ غُلَّتْ أَيْدِيهِمْ وَلُعِنُواْ بِمَا قَالُواْ ۘ بَلْ يَدَاهُ مَبْسُوطَتَانِ يُنفِقُ كَيْفَ يَشَآءُ ۚ وَلَيَزِيدَنَّ كَثِيرًا مِّنْهُم مَّآ أُنزِلَ إِلَيْكَ مِن رَّبِّكَ طُغْيَٰنًا وَكُفْرًا ۚ وَأَلْقَيْنَا بَيْنَهُمُ ٱلْعَدَٰوَةَ وَٱلْبَغْضَآءَ إِلَىٰ يَوْمِ ٱلْقِيَٰمَةِ ۚ كُلَّمَآ أَوْقَدُواْ نَارًا لِّلْحَرْبِ أَطْفَأَهَا ٱللَّهُ ۚ وَيَسْعَوْنَ فِي ٱلْأَرْضِ فَسَادًا ۚ وَٱللَّهُ لَا يُحِبُّ ٱلْمُفْسِدِينَ ۝

سُورَةُ ٱلْمَآئِدَةِ ـ ٱلْجُزْءُ ٱلسَّادِسُ

(67) Si la gente del Libro creyera y se guardara, haríamos desaparecer sus malas acciones y les haríamos entrar en los Jardines de la Delicia.

وَلَوْ أَنَّ أَهْلَ ٱلْكِتَبِ ءَامَنُوا۟ وَٱتَّقَوْا۟ لَكَفَّرْنَا عَنْهُمْ سَيِّـَٔاتِهِمْ وَلَأَدْخَلْنَٰهُمْ جَنَّٰتِ ٱلنَّعِيمِ ﴿٦٧﴾

(68) Y si siguieran y pusieran en práctica la Torá y el Inyil y lo que ha descendido para ellos de su Señor, comerían tanto de lo que está por encima de ellos como de lo que tienen bajo los pies.

Los hay que forman una comunidad equilibrada, pero muchos de ellos, ¡qué malo es lo que hacen!

وَلَوْ أَنَّهُمْ أَقَامُوا۟ ٱلتَّوْرَىٰةَ وَٱلْإِنجِيلَ وَمَآ أُنزِلَ إِلَيْهِم مِّن رَّبِّهِمْ لَأَكَلُوا۟ مِن فَوْقِهِمْ وَمِن تَحْتِ أَرْجُلِهِم مِّنْهُمْ أُمَّةٌ مُّقْتَصِدَةٌ وَكَثِيرٌ مِّنْهُمْ سَآءَ مَا يَعْمَلُونَ ﴿٦٨﴾

(69) ¡Mensajero! Haz llegar lo que te ha descendido de tu Señor. Y si no lo haces del todo, entonces no habrás transmitido Su mensaje. Allah te protegerá de los hombres.

Es cierto que Allah no guía a la gente incrédula.

۞ يَٰٓأَيُّهَا ٱلرَّسُولُ بَلِّغْ مَآ أُنزِلَ إِلَيْكَ مِن رَّبِّكَ وَإِن لَّمْ تَفْعَلْ فَمَا بَلَّغْتَ رِسَالَتَهُۥ وَٱللَّهُ يَعْصِمُكَ مِنَ ٱلنَّاسِ إِنَّ ٱللَّهَ لَا يَهْدِي ٱلْقَوْمَ ٱلْكَٰفِرِينَ ﴿٦٩﴾

(70) Di: ¡Gente del Libro! No tendréis nada hasta que no sigáis y pongáis en práctica la Torá y el Inyil y lo que, procedente de vuestro Señor, os ha descendido.

Hay muchos de ellos a quienes lo que tu Señor ha hecho descender, les hace tener más rebeldía e incredulidad. Pero no te entristezcas por la gente injusta.

قُلْ يَٰٓأَهْلَ ٱلْكِتَبِ لَسْتُمْ عَلَىٰ شَىْءٍ حَتَّىٰ تُقِيمُوا۟ ٱلتَّوْرَىٰةَ وَٱلْإِنجِيلَ وَمَآ أُنزِلَ إِلَيْكُم مِّن رَّبِّكُمْ وَلَيَزِيدَنَّ كَثِيرًا مِّنْهُم مَّآ أُنزِلَ إِلَيْكَ مِن رَّبِّكَ طُغْيَٰنًا وَكُفْرًا فَلَا تَأْسَ عَلَى ٱلْقَوْمِ ٱلْكَٰفِرِينَ ﴿٧٠﴾

(71) Es cierto que aquéllos que han creído y los judíos, sabeos y cristianos que crean en Allah y en el Ultimo Día y obren con rectitud, no tendrán que temer ni se entristecerán.

(72) Exigimos la alianza a los hijos de Israel y les enviamos mensajeros. Cada vez que les llegaba un mensajero que traía lo que sus almas no deseaban, lo negaban o lo mataban.

(73) Pensaron que no sufrirían ninguna prueba y se cegaron y ensordecieron. Después Allah volvió a ellos, pero muchos se cegaron de nuevo y se ensordecieron.

Allah ve lo que hacen.

(74) Realmente han caído en incredulidad quienes dicen: Allah es el Ungido, hijo de Maryam. Cuando fue el Ungido quien dijo a los hijos de Israel: ¡Adorad a Allah! Mi Señor y el vuestro.

Quien asocie algo con Allah, Allah le vedará el Jardín y su refugio será el Fuego. No hay quien auxilie a los injustos.

(75) Y han caído en incredulidad los que dicen: Allah es el tercero de tres, cuando no hay sino un Unico Dios.

إِنَّ ٱلَّذِينَ ءَامَنُوا۟ وَٱلَّذِينَ هَادُوا۟ وَٱلصَّٰبِـُٔونَ وَٱلنَّصَٰرَىٰ مَنْ ءَامَنَ بِٱللَّهِ وَٱلْيَوْمِ ٱلْأَخِرِ وَعَمِلَ صَٰلِحًا فَلَا خَوْفٌ عَلَيْهِمْ وَلَا هُمْ يَحْزَنُونَ ۝

لَقَدْ أَخَذْنَا مِيثَٰقَ بَنِىٓ إِسْرَٰٓءِيلَ وَأَرْسَلْنَآ إِلَيْهِمْ رُسُلًا كُلَّمَا جَآءَهُمْ رَسُولٌۢ بِمَا لَا تَهْوَىٰٓ أَنفُسُهُمْ فَرِيقًا كَذَّبُوا۟ وَفَرِيقًا يَقْتُلُونَ ۝

وَحَسِبُوٓا۟ أَلَّا تَكُونَ فِتْنَةٌ فَعَمُوا۟ وَصَمُّوا۟ ثُمَّ تَابَ ٱللَّهُ عَلَيْهِمْ ثُمَّ عَمُوا۟ وَصَمُّوا۟ كَثِيرٌ مِّنْهُمْ وَٱللَّهُ بَصِيرٌۢ بِمَا يَعْمَلُونَ ۝

لَقَدْ كَفَرَ ٱلَّذِينَ قَالُوٓا۟ إِنَّ ٱللَّهَ هُوَ ٱلْمَسِيحُ ٱبْنُ مَرْيَمَ وَقَالَ ٱلْمَسِيحُ يَٰبَنِىٓ إِسْرَٰٓءِيلَ ٱعْبُدُوا۟ ٱللَّهَ رَبِّى وَرَبَّكُمْ إِنَّهُۥ مَن يُشْرِكْ بِٱللَّهِ فَقَدْ حَرَّمَ ٱللَّهُ عَلَيْهِ ٱلْجَنَّةَ وَمَأْوَىٰهُ ٱلنَّارُ وَمَا لِلظَّٰلِمِينَ مِنْ أَنصَارٍ ۝

۞ لَّقَدْ كَفَرَ ٱلَّذِينَ قَالُوٓا۟ إِنَّ ٱللَّهَ ثَالِثُ ثَلَٰثَةٍ وَمَا مِنْ إِلَٰهٍ إِلَّآ إِلَٰهٌ وَٰحِدٌ وَإِن لَّمْ يَنتَهُوا۟ عَمَّا يَقُولُونَ

Si no dejan de decir lo que dicen, ésos que han caído en la incredulidad tendrán un castigo doloroso.

لَيَمَسَّنَّ ٱلَّذِينَ كَفَرُوا مِنْهُمْ عَذَابٌ أَلِيمٌ ۝

(76) ¿Es que no van a volverse hacia Allah y Le van a pedir perdón? Allah es Perdonador y Compasivo.

أَفَلَا يَتُوبُونَ إِلَى ٱللَّهِ وَيَسْتَغْفِرُونَهُ، وَٱللَّهُ غَفُورٌ رَّحِيمٌ ۝

(77) El Ungido, hijo de Maryam, no es mas que un mensajero antes del cual ya hubo otros mensajeros. Su madre era una mujer veraz y ambos comían alimentos.

Mira cómo les hacemos claros los signos y mira cómo luego inventan.

مَّا ٱلْمَسِيحُ ٱبْنُ مَرْيَمَ إِلَّا رَسُولٌ قَدْ خَلَتْ مِن قَبْلِهِ ٱلرُّسُلُ وَأُمُّهُۥ صِدِّيقَةٌ ۖ كَانَا يَأْكُلَانِ ٱلطَّعَامَ ٱنظُرْ كَيْفَ نُبَيِّنُ لَهُمُ ٱلْآيَاتِ ثُمَّ ٱنظُرْ أَنَّىٰ يُؤْفَكُونَ ۝

(78) Di: ¿Adoraréis aparte de Allah lo que no puede traeros ni perjuicio ni beneficio? Allah es Quien oye y Quien sabe.

قُلْ أَتَعْبُدُونَ مِن دُونِ ٱللَّهِ مَا لَا يَمْلِكُ لَكُمْ ضَرًّا وَلَا نَفْعًا وَٱللَّهُ هُوَ ٱلسَّمِيعُ ٱلْعَلِيمُ ۝

(79) Di: ¡Gente del Libro! No deforméis la verdad de las cosas en vuestra Práctica de Adoración; y no sigáis los deseos de unos que se extraviaron antes e hicieron que muchos se extraviaran y se alejaron del camino llano.

قُلْ يَٰٓأَهْلَ ٱلْكِتَٰبِ لَا تَغْلُوا فِي دِينِكُمْ غَيْرَ ٱلْحَقِّ وَلَا تَتَّبِعُوٓا أَهْوَآءَ قَوْمٍ قَدْ ضَلُّوا مِن قَبْلُ وَأَضَلُّوا كَثِيرًا وَضَلُّوا عَن سَوَآءِ ٱلسَّبِيلِ ۝

(80) Los hijos de Israel que cayeron en la incredulidad fueron maldecidos por boca de Daud y de Isa, hijo de Maryam.

لُعِنَ ٱلَّذِينَ كَفَرُوا مِنۢ بَنِىٓ إِسْرَٰٓئِيلَ عَلَىٰ لِسَانِ دَاوُۥدَ وَعِيسَى ٱبْنِ مَرْيَمَ ۚ ذَٰلِكَ بِمَا عَصَوا وَّكَانُوا

سُورَةُ ٱلْمَآئِدَةِ ــ ٱلْجُزْءُ ٱلسَّادِسُ

Esto les pasó porque desobedecieron y fueron más allá
de los límites.

يَعۡتَدُونَ ۝

(81) No se impedían entre ellos ninguna acción reprobable.

¡Qué malo es lo que hacían!

كَانُواْ لَا يَتَنَاهَوۡنَ عَن مُّنكَرٍ فَعَلُوهُۚ لَبِئۡسَ
مَا كَانُواْ يَفۡعَلُونَ ۝

(82) Ves a muchos de ellos intimar
con los incrédulos. ¡Qué malo
es lo que sus almas han
preparado!

Allah se ha enojado con ellos y
serán inmortales en el castigo.

تَرَىٰ كَثِيرٗا مِّنۡهُمۡ يَتَوَلَّوۡنَ ٱلَّذِينَ كَفَرُواْۚ لَبِئۡسَ
مَا قَدَّمَتۡ لَهُمۡ أَنفُسُهُمۡ أَن سَخِطَ ٱللَّهُ عَلَيۡهِمۡ
وَفِي ٱلۡعَذَابِ هُمۡ خَٰلِدُونَ ۝

(83) Si creyeran en Allah, en el Profeta y en lo que se les ha hecho
descender no los tomarían
como aliados, sin embargo
muchos de ellos están fuera del
camino.

وَلَوۡ كَانُواْ يُؤۡمِنُونَ بِٱللَّهِ وَٱلنَّبِيِّ وَمَآ أُنزِلَ إِلَيۡهِ
مَا ٱتَّخَذُوهُمۡ أَوۡلِيَآءَ وَلَٰكِنَّ كَثِيرٗا مِّنۡهُمۡ
فَٰسِقُونَ ۝

(84) Y seguro que encontrarás que la
gente con enemistad más
fuerte hacia los que creen son
los judíos y los que asocian;
mientras que encontrarás que
los que están más próximos en
afecto a los que creen, son los
que dicen: Somos cristianos.

Eso es porque entre ellos hay
sacerdotes y monjes y no son
soberbios.

۞ لَتَجِدَنَّ أَشَدَّ ٱلنَّاسِ عَدَٰوَةٗ لِّلَّذِينَ ءَامَنُواْ ٱلۡيَهُودَ
وَٱلَّذِينَ أَشۡرَكُواْۖ وَلَتَجِدَنَّ أَقۡرَبَهُم مَّوَدَّةٗ لِّلَّذِينَ
ءَامَنُواْ ٱلَّذِينَ قَالُوٓاْ إِنَّا نَصَٰرَىٰۚ ذَٰلِكَ بِأَنَّ مِنۡهُمۡ
قِسِّيسِينَ وَرُهۡبَانٗا وَأَنَّهُمۡ
لَا يَسۡتَكۡبِرُونَ ۝

(85) Cuando oyen lo que se le ha
hecho descender al Mensajero,
ves sus ojos inundados de
lágrimas por la verdad que

وَإِذَا سَمِعُواْ مَآ أُنزِلَ إِلَى ٱلرَّسُولِ تَرَىٰٓ أَعۡيُنَهُمۡ تَفِيضُ
مِنَ ٱلدَّمۡعِ مِمَّا عَرَفُواْ مِنَ ٱلۡحَقِّۖ يَقُولُونَ رَبَّنَآ ءَامَنَّا

reconocen y dicen: ¡Señor nuestro! Creemos, escribe nuestros nombres con los que dan testimonio.

فَٱكْتُبْنَا مَعَ ٱلشَّٰهِدِينَ ۝

(86) ¿Por qué no íbamos a creer en Allah y en la verdad que nos ha llegado si ansiamos que nuestro Señor nos haga entrar en la compañía de los justos?

وَمَا لَنَا لَا نُؤْمِنُ بِٱللَّهِ وَمَا جَآءَنَا مِنَ ٱلْحَقِّ وَنَطْمَعُ أَن يُدْخِلَنَا رَبُّنَا مَعَ ٱلْقَوْمِ ٱلصَّٰلِحِينَ ۝

(87) Allah los recompensará por lo que dicen con jardines por cuyo suelo corren los ríos, donde serán inmortales.

Esa es la recompensa de los bienhechores.

فَأَثَٰبَهُمُ ٱللَّهُ بِمَا قَالُوا۟ جَنَّٰتٍ تَجْرِى مِن تَحْتِهَا ٱلْأَنْهَٰرُ خَٰلِدِينَ فِيهَا وَذَٰلِكَ جَزَآءُ ٱلْمُحْسِنِينَ ۝

(88) Y los que se niegan a creer y tachan de mentira Nuestros signos, ésos son los compañeros del Yahim.

وَٱلَّذِينَ كَفَرُوا۟ وَكَذَّبُوا۟ بِـَٔايَٰتِنَآ أُو۟لَٰٓئِكَ أَصْحَٰبُ ٱلْجَحِيمِ ۝

(89) ¡Vosotros que creéis! No hagáis ilícitas las cosas buenas que Allah os ha permitido y no transgredáis.

Allah no ama a los transgresores.

يَٰٓأَيُّهَا ٱلَّذِينَ ءَامَنُوا۟ لَا تُحَرِّمُوا۟ طَيِّبَٰتِ مَآ أَحَلَّ ٱللَّهُ لَكُمْ وَلَا تَعْتَدُوٓا۟ إِنَّ ٱللَّهَ لَا يُحِبُّ ٱلْمُعْتَدِينَ ۝

(90) Y comed de aquello que Allah os da, lícito y bueno; y temed a Allah en Quien sois creyentes.

وَكُلُوا۟ مِمَّا رَزَقَكُمُ ٱللَّهُ حَلَٰلًا طَيِّبًا وَٱتَّقُوا۟ ٱللَّهَ ٱلَّذِىٓ أَنتُم بِهِۦ مُؤْمِنُونَ ۝

(91) Allah no os toma en cuenta los juramentos frívolos, pero sí os toma en cuenta los juramentos con los que intencionadamente

لَا يُؤَاخِذُكُمُ ٱللَّهُ بِٱللَّغْوِ فِىٓ أَيْمَٰنِكُمْ وَلَٰكِن يُؤَاخِذُكُم بِمَا عَقَّدتُّمُ ٱلْأَيْمَٰنَ فَكَفَّٰرَتُهُۥٓ إِطْعَامُ

os comprometéis.

Como reparación, alimentaréis a diez pobres según el término medio con el que alimentéis a vuestra familia, o los vestiréis o liberaréis a un siervo. Quien no encuentre medio de hacerlo, que ayune tres días. Esta es la reparación por los juramentos que hagáis; y tened cuidado con vuestros juramentos.

Así os explica Allah Sus signos para que podáis agradecer.

عَشَرَةِ مَسَٰكِينَ مِنۡ أَوۡسَطِ مَا تُطۡعِمُونَ أَهۡلِيكُمۡ أَوۡ كِسۡوَتُهُمۡ أَوۡ تَحۡرِيرُ رَقَبَةٖ فَمَن لَّمۡ يَجِدۡ فَصِيَامُ ثَلَٰثَةِ أَيَّامٖ ذَٰلِكَ كَفَّٰرَةُ أَيۡمَٰنِكُمۡ إِذَا حَلَفۡتُمۡ وَٱحۡفَظُوٓاْ أَيۡمَٰنَكُمۡ كَذَٰلِكَ يُبَيِّنُ ٱللَّهُ لَكُمۡ ءَايَٰتِهِۦ لَعَلَّكُمۡ تَشۡكُرُونَ ٨٩

(92) ¡Vosotros que creéis! Ciertamente el vino, el juego de azar, los altares de sacrificio y las flechas adivinatorias son una inmundicia procedente de la actividad del Shaytán; apartaos de todo ello y podréis tener éxito.

يَٰٓأَيُّهَا ٱلَّذِينَ ءَامَنُوٓاْ إِنَّمَا ٱلۡخَمۡرُ وَٱلۡمَيۡسِرُ وَٱلۡأَنصَابُ وَٱلۡأَزۡلَٰمُ رِجۡسٞ مِّنۡ عَمَلِ ٱلشَّيۡطَٰنِ فَٱجۡتَنِبُوهُ لَعَلَّكُمۡ تُفۡلِحُونَ ٩٠

(93) Realmente el Shaytán quiere desencadenar entre vosotros la enemistad y el odio, sirviéndose del vino y del juego de azar, y así apartaros del recuerdo de Allah y del salat. ¿No desistiréis?

إِنَّمَا يُرِيدُ ٱلشَّيۡطَٰنُ أَن يُوقِعَ بَيۡنَكُمُ ٱلۡعَدَٰوَةَ وَٱلۡبَغۡضَآءَ فِي ٱلۡخَمۡرِ وَٱلۡمَيۡسِرِ وَيَصُدَّكُمۡ عَن ذِكۡرِ ٱللَّهِ وَعَنِ ٱلصَّلَوٰةِ فَهَلۡ أَنتُم مُّنتَهُونَ ٩١

(94) Y obedeced a Allah, obedeced al Mensajero y tomad precauciones. Y si os apartáis, sabed que a Nuestro mensajero sólo le incumbe hacer llegar el mensaje con claridad.

وَأَطِيعُواْ ٱللَّهَ وَأَطِيعُواْ ٱلرَّسُولَ وَٱحۡذَرُواْ فَإِن تَوَلَّيۡتُمۡ فَٱعۡلَمُوٓاْ أَنَّمَا عَلَىٰ رَسُولِنَا ٱلۡبَلَٰغُ ٱلۡمُبِينُ ٩٢

سُورَةُ ٱلْمَآئِدَةِ ـ ٱلْجُزْءُ ٱلسَّابِعُ

(95) Y los que creen y practican las acciones de bien, no incurren en falta por lo que hayan probado antes, siempre que se guarden, crean y lleven a cabo las acciones de bien, y luego se guarden y crean, y aún se guarden y hagan el bien.

Allah ama a los que hacen el bien.

لَيْسَ عَلَى ٱلَّذِينَ ءَامَنُوا۟ وَعَمِلُوا۟ ٱلصَّٰلِحَٰتِ جُنَاحٌ فِيمَا طَعِمُوٓا۟ إِذَا مَا ٱتَّقَوا۟ وَّءَامَنُوا۟ وَعَمِلُوا۟ ٱلصَّٰلِحَٰتِ ثُمَّ ٱتَّقَوا۟ وَّءَامَنُوا۟ ثُمَّ ٱتَّقَوا۟ وَّأَحْسَنُوا۟ وَٱللَّهُ يُحِبُّ ٱلْمُحْسِنِينَ ۝

(96) ¡Vosotros que creéis! Allah os pone a prueba con parte de la caza que obtenéis por vuestras manos y lanzas* para que Allah sepa quien, sin verlo, Le teme...

Quien vaya más allá de esto, tendrá un castigo doloroso.

* [La prueba se refiere a la prohibición de cazar en el estado de inviolabilidad de la Peregrinación, puesto que la caza era uno de los principales medios de vida de los árabes.]

يَٰٓأَيُّهَا ٱلَّذِينَ ءَامَنُوا۟ لَيَبْلُوَنَّكُمُ ٱللَّهُ بِشَىْءٍ مِّنَ ٱلصَّيْدِ تَنَالُهُۥٓ أَيْدِيكُمْ وَرِمَاحُكُمْ لِيَعْلَمَ ٱللَّهُ مَن يَخَافُهُۥ بِٱلْغَيْبِ فَمَنِ ٱعْتَدَىٰ بَعْدَ ذَٰلِكَ فَلَهُۥ عَذَابٌ أَلِيمٌ ۝

(97) ¡Vosotros que creéis! No matéis a los animales que se cazan mientras estéis en situación de inviolabilidad.

Y quien de vosotros lo haga a propósito, que lo compense sacrificando una res equivalente al animal que mató, sometiéndolo a la decisión de dos de vosotros que sean justos, como ofrenda dirigida a la Ka'ba; o que lo repare alimentando pobres o ayunando en términos equivalentes para

يَٰٓأَيُّهَا ٱلَّذِينَ ءَامَنُوا۟ لَا تَقْتُلُوا۟ ٱلصَّيْدَ وَأَنتُمْ حُرُمٌ وَمَن قَتَلَهُۥ مِنكُم مُّتَعَمِّدًا فَجَزَآءٌ مِّثْلُ مَا قَتَلَ مِنَ ٱلنَّعَمِ يَحْكُمُ بِهِۦ ذَوَا عَدْلٍ مِّنكُمْ هَدْيًۢا بَٰلِغَ ٱلْكَعْبَةِ أَوْ كَفَّٰرَةٌ طَعَامُ مَسَٰكِينَ أَوْ عَدْلُ ذَٰلِكَ صِيَامًا لِّيَذُوقَ وَبَالَ أَمْرِهِۦ عَفَا ٱللَّهُ عَمَّا سَلَفَ وَمَنْ عَادَ فَيَنتَقِمُ ٱللَّهُ مِنْهُ وَٱللَّهُ عَزِيزٌ ذُو ٱنتِقَامٍ ۝

que así experimente las malas consecuencias de su acto.

Allah os borra lo que hayáis consumido, pero quien reincida, Allah se vengará de él. Y Allah tiene poder y venganza.

(98) Os está permitido pescar y que comáis de lo que hayáis pescado, como disfrute para vosotros y para los viajeros; pero no os está permitido cazar mientras estéis dentro del estado de inviolabilidad.

Y temed a Allah hacia Quien seréis reunidos.

أُحِلَّ لَكُمۡ صَيۡدُ ٱلۡبَحۡرِ وَطَعَامُهُۥ مَتَٰعٗا لَّكُمۡ وَلِلسَّيَّارَةِۖ وَحُرِّمَ عَلَيۡكُمۡ صَيۡدُ ٱلۡبَرِّ مَا دُمۡتُمۡ حُرُمٗاۗ وَٱتَّقُواْ ٱللَّهَ ٱلَّذِيٓ إِلَيۡهِ تُحۡشَرُونَ ٩٨

(99) Allah ha instituido la Ka'ba, la Casa Inviolable, como un pilar para los hombres, así como los meses inviolables, las ofrendas y las guirnaldas. Esto es para que sepáis que Allah conoce lo que hay en los cielos y en la tierra y que Allah es Conocedor de todas las cosas.

۞ جَعَلَ ٱللَّهُ ٱلۡكَعۡبَةَ ٱلۡبَيۡتَ ٱلۡحَرَامَ قِيَٰمٗا لِّلنَّاسِ وَٱلشَّهۡرَ ٱلۡحَرَامَ وَٱلۡهَدۡيَ وَٱلۡقَلَٰٓئِدَۚ ذَٰلِكَ لِتَعۡلَمُوٓاْ أَنَّ ٱللَّهَ يَعۡلَمُ مَا فِي ٱلسَّمَٰوَٰتِ وَمَا فِي ٱلۡأَرۡضِ وَأَنَّ ٱللَّهَ بِكُلِّ شَيۡءٍ عَلِيمٌ ٩٩

(100) Y sabed que Allah es Fuerte en el castigo y que Allah es Perdonador y Compasivo.

ٱعۡلَمُوٓاْ أَنَّ ٱللَّهَ شَدِيدُ ٱلۡعِقَابِ وَأَنَّ ٱللَّهَ غَفُورٞ رَّحِيمٞ ١٠٠

(101) Al Mensajero sólo le incumbe hacer llegar el mensaje; pero Allah sabe lo que mostráis y lo que ocultáis.

مَّا عَلَى ٱلرَّسُولِ إِلَّا ٱلۡبَلَٰغُۗ وَٱللَّهُ يَعۡلَمُ مَا تُبۡدُونَ وَمَا تَكۡتُمُونَ ١٠١

(102) Di: Aunque te asombre su abundancia, lo malo nunca

قُل لَّا يَسۡتَوِي ٱلۡخَبِيثُ وَٱلطَّيِّبُ وَلَوۡ أَعۡجَبَكَ

كَثْرَةُ الْخَبِيثِ فَاتَّقُوا اللَّهَ يَتَأُولِي الْأَلْبَبِ
لَعَلَّكُمْ تُفْلِحُونَ ۞

serán igual que lo bueno.

Y temed a Allah, vosotros que sabéis reconocer lo esencial, para que así podáis tener éxito.

(103) ¡Vosotros que creéis! No preguntéis por cosas que si se os revelaran os harían mal. Pero si preguntáis en el momento en que descienda el Corán a propósito de ellas, entonces se os mostrarán.

Allah os ha perdonado por ellas y Allah es Perdonador e Indulgente.

يَتَأَيُّهَا الَّذِينَ ءَامَنُوا لَا تَسْـَٔلُوا عَنْ أَشْيَآءَ إِن تُبْدَ
لَكُمْ تَسُؤْكُمْ وَإِن تَسْـَٔلُوا عَنْهَا حِينَ يُنَزَّلُ
الْقُرْءَانُ تُبْدَ لَكُمْ عَفَا اللَّهُ عَنْهَا وَاللَّهُ غَفُورٌ
حَلِيمٌ ۞

(104) Ya hubo antes que vosotros quien hizo esas preguntas y después no quisieron aceptarlas.

فَدْ سَأَلَهَا قَوْمٌ مِّن قَبْلِكُمْ ثُمَّ أَصْبَحُوا بِهَا
كَفِرِينَ ۞

(105) Allah no ha dispuesto ninguna Bahira ni Saiba ni Wasila ni Ham*. Sin embargo los que no quieren creer inventan mentiras sobre Allah.

La mayoría de ellos no razona.

* [Estos cuatro nombres se los daban a animales que por sus características especiales eran considerados sagrados.

Bahira llamaban a toda camella que paría en su quinto parto a un macho; le hacían una raja en la oreja y la dedicaban a los ídolos sin que pudiera ser ordeñada ni utilizada como montura etc...

Saiba era una camella dedicada a los ídolos en virtud de alguna promesa. Wasila era una oveja o cabra que en su

مَا جَعَلَ اللَّهُ مِنْ بَحِيرَةٍ وَلَا سَآئِبَةٍ وَلَا وَصِيلَةٍ
وَلَا حَامٍ وَلَكِنَّ الَّذِينَ كَفَرُوا يَفْتَرُونَ عَلَى اللَّهِ
الْكَذِبَ وَأَكْثَرُهُمْ لَا يَعْقِلُونَ ۞

séptimo parto paría a la vez un macho y una hembra y entonces no se la sacrificaba y se la dedicaba a los ídolos.

Ham designaba al camello semental que había producido diez partos y por ello no podía ser utilizado como montura y no se le restringía ni el pasto ni el agua.]

(106) Y cuando se les dice: Venid a lo que Allah ha hecho descender y al Mensajero, dicen: Tenemos bastante con aquello en lo que encontramos a nuestros padres.

¿Y si sus padres no sabían nada y carecían de guía?

وَإِذَا قِيلَ لَهُمْ تَعَالَوْاْ إِلَىٰ مَآ أَنزَلَ ٱللَّهُ وَإِلَى ٱلرَّسُولِ قَالُواْ حَسْبُنَا مَا وَجَدْنَا عَلَيْهِ ءَابَآءَنَآ أَوَلَوْ كَانَ ءَابَآؤُهُمْ لَا يَعْلَمُونَ شَيْئًا وَلَا يَهْتَدُونَ ۝

(107) ¡Vosotros que creéis! Preocupados por guardaros a vosotros mismos. Nadie que se extravíe podrá perjudicaros si estáis guiados. A Allah habréis de volver todos y os hará saber lo que hicísteis.

يَٰٓأَيُّهَا ٱلَّذِينَ ءَامَنُواْ عَلَيْكُمْ أَنفُسَكُمْ لَا يَضُرُّكُم مَّن ضَلَّ إِذَا ٱهْتَدَيْتُمْ إِلَى ٱللَّهِ مَرْجِعُكُمْ جَمِيعًا فَيُنَبِّئُكُم بِمَا كُنتُمْ تَعْمَلُونَ ۝

(108) ¡Vosotros que creéis! Que haya testigos entre vosotros en el momento del testamento cuando a alguno se le presente la muerte.

Dos de los vuestros que sean justos u otros distintos, si estáis de viaje por la tierra y os sobreviene la circunstancia de la muerte. Haced que se queden después del salat y si tenéis dudas, haced que juren por Allah: "No lo venderemos a

يَٰٓأَيُّهَا ٱلَّذِينَ ءَامَنُواْ شَهَٰدَةُ بَيْنِكُمْ إِذَا حَضَرَ أَحَدَكُمُ ٱلْمَوْتُ حِينَ ٱلْوَصِيَّةِ ٱثْنَانِ ذَوَا عَدْلٍ مِّنكُمْ أَوْ ءَاخَرَانِ مِنْ غَيْرِكُمْ إِنْ أَنتُمْ ضَرَبْتُمْ فِى ٱلْأَرْضِ فَأَصَٰبَتْكُم مُّصِيبَةُ ٱلْمَوْتِ تَحْبِسُونَهُمَا مِنۢ بَعْدِ ٱلصَّلَوٰةِ فَيُقْسِمَانِ بِٱللَّهِ إِنِ ٱرْتَبْتُمْ لَا نَشْتَرِى بِهِۦ ثَمَنًا وَلَوْ كَانَ ذَا قُرْبَىٰ وَلَا نَكْتُمُ شَهَٰدَةَ ٱللَّهِ إِنَّآ إِذًا لَّمِنَ ٱلْءَاثِمِينَ ۝

ningún precio ni por nadie, aunque fuera un pariente próximo, y no ocultaremos el testimonio de Allah pues, en ese caso, estaríamos entre los transgresores".

(109) Y si se descubre que son acreedores de alguna maldad, que otros dos, de entre los que tengan más derecho, ocupen su lugar y juren: "Por Allah que nuestro testimonio es más verídico que el de ellos y no hemos transgredido pues, en ese caso, seríamos injustos".

فَإِنْ عُثِرَ عَلَىٰٓ أَنَّهُمَا ٱسْتَحَقَّآ إِثْمًا فَـَٔاخَرَانِ يَقُومَانِ مَقَامَهُمَا مِنَ ٱلَّذِينَ ٱسْتُحِقَّ عَلَيْهِمُ ٱلْأَوْلَيَانِ فَيُقْسِمَانِ بِٱللَّهِ لَشَهَٰدَتُنَآ أَحَقُّ مِن شَهَٰدَتِهِمَا وَمَا ٱعْتَدَيْنَآ إِنَّآ إِذًا لَّمِنَ ٱلظَّٰلِمِينَ ۝

(110) Esto es lo que más se ajusta a que den un testimonio verdadero o teman que vuelva a haber otro juramento después del suyo.

Y temed a Allah y escuchad, Allah no guía a la gente descarriada.

ذَٰلِكَ أَدْنَىٰٓ أَن يَأْتُواْ بِٱلشَّهَٰدَةِ عَلَىٰ وَجْهِهَآ أَوْ يَخَافُوٓاْ أَن تُرَدَّ أَيْمَٰنٌۢ بَعْدَ أَيْمَٰنِهِمْ وَٱتَّقُواْ ٱللَّهَ وَٱسْمَعُواْ وَٱللَّهُ لَا يَهْدِي ٱلْقَوْمَ ٱلْفَٰسِقِينَ ۝

(111) El día que Allah reúna a los Mensajeros y diga: ¿Cómo os respondieron? Dirán: No tenemos conocimiento pues Tú eres el Conocedor de las cosas ocultas.

يَوْمَ يَجْمَعُ ٱللَّهُ ٱلرُّسُلَ فَيَقُولُ مَاذَآ أُجِبْتُمْ قَالُواْ لَا عِلْمَ لَنَآ إِنَّكَ أَنتَ عَلَّٰمُ ٱلْغُيُوبِ ۝

(112) Cuando Allah dijo a Isa hijo de Maryam: Recuerda Mi bendición sobre ti y sobre tu madre cuando te ayudé con el Espíritu Puro* para que habla-

إِذْ قَالَ ٱللَّهُ يَٰعِيسَى ٱبْنَ مَرْيَمَ ٱذْكُرْ نِعْمَتِي عَلَيْكَ وَعَلَىٰ وَٰلِدَتِكَ إِذْ أَيَّدتُّكَ بِرُوحِ ٱلْقُدُسِ تُكَلِّمُ ٱلنَّاسَ فِي ٱلْمَهْدِ وَكَهْلًا وَإِذْ عَلَّمْتُكَ ٱلْكِتَٰبَ

ras a los hombres estando en la cuna; y en la madurez.

Y cuando te enseñé el Libro y la Sabiduría, la Torá y el Inyil y cuando, a partir de barro, creaste algo con forma de ave con Mi permiso y sanaste al ciego de nacimiento y al leproso con Mi permiso.

Y por haberte protegido de los hijos de Israel, cuando fuiste a ellos con las pruebas claras y los que de ellos se habían negado a creer dijeron: Esto no es mas que magia evidente.

* [Se refiere al ángel Yibril]

وَٱلْحِكْمَةَ وَٱلتَّوْرَىٰةَ وَٱلْإِنجِيلَ وَإِذْ تَخْلُقُ مِنَ ٱلطِّينِ كَهَيْـَٔةِ ٱلطَّيْرِ بِإِذْنِي فَتَنفُخُ فِيهَا فَتَكُونُ طَيْرًا بِإِذْنِي وَتُبْرِئُ ٱلْأَكْمَهَ وَٱلْأَبْرَصَ بِإِذْنِي وَإِذْ تُخْرِجُ ٱلْمَوْتَىٰ بِإِذْنِي وَإِذْ كَفَفْتُ بَنِيٓ إِسْرَآءِيلَ عَنكَ إِذْ جِئْتَهُم بِٱلْبَيِّنَٰتِ فَقَالَ ٱلَّذِينَ كَفَرُوا۟ مِنْهُمْ إِنْ هَٰذَآ إِلَّا سِحْرٌ مُّبِينٌ ۝

(113) Y cuando inspiré a los apóstoles a que creyeran en Mí y en Mi mensajero, dijeron: Creemos y atestiguamos que estamos sometidos.

وَإِذْ أَوْحَيْتُ إِلَى ٱلْحَوَارِيِّـۧنَ أَنْ ءَامِنُوا۟ بِى وَبِرَسُولِى قَالُوٓا۟ ءَامَنَّا وَٱشْهَدْ بِأَنَّنَا مُسْلِمُونَ ۝

(114) Y cuando dijeron los apóstoles: ¡Isa, hijo de Maryam!

¿Puede tu Señor bajar del cielo una mesa servida para nosotros?

Dijo: Temed a Allah si sois creyentes.

إِذْ قَالَ ٱلْحَوَارِيُّونَ يَٰعِيسَى ٱبْنَ مَرْيَمَ هَلْ يَسْتَطِيعُ رَبُّكَ أَن يُنَزِّلَ عَلَيْنَا مَآئِدَةً مِّنَ ٱلسَّمَآءِ قَالَ ٱتَّقُوا۟ ٱللَّهَ إِن كُنتُم مُّؤْمِنِينَ ۝

(115) Dijeron: Queremos comer de ella, tranquilizar nuestros cora-zones, saber que nos has dicho la verdad y ser de los que dan testimonio de ello.

قَالُوا۟ نُرِيدُ أَن نَّأْكُلَ مِنْهَا وَتَطْمَئِنَّ قُلُوبُنَا وَنَعْلَمَ أَن قَدْ صَدَقْتَنَا وَنَكُونَ عَلَيْهَا مِنَ ٱلشَّٰهِدِينَ ۝

(116) Dijo Isa, hijo de Maryam: ¡Allah, Señor nuestro! Haz que baje a nosotros una mesa servida procedente del cielo que sea para nosotros una conmemoración desde el primero hasta el último así como un signo procedente de Ti; y provéenos, pues Tú eres el mejor de los que proveen.

قَالَ عِيسَى ٱبْنُ مَرْيَمَ ٱللَّهُمَّ رَبَّنَآ أَنزِلْ عَلَيْنَا مَآئِدَةً مِّنَ ٱلسَّمَآءِ تَكُونُ لَنَا عِيدًا لِّأَوَّلِنَا وَءَاخِرِنَا وَءَايَةً مِّنكَ وَٱرْزُقْنَا وَأَنتَ خَيْرُ ٱلرَّٰزِقِينَ ۝

(117) Dijo Allah: La haré bajar para vosotros, pero al que después de esto reniegue, lo castigaré con un castigo que nadie en los mundos habrá conocido.

قَالَ ٱللَّهُ إِنِّى مُنَزِّلُهَا عَلَيْكُمْ فَمَن يَكْفُرْ بَعْدُ مِنكُمْ فَإِنِّىٓ أُعَذِّبُهُ عَذَابًا لَّآ أُعَذِّبُهُۥٓ أَحَدًا مِّنَ ٱلْعَٰلَمِينَ ۝

(118) Y cuando Allah dijo: ¡Isa, hijo de Maryam! ¿Has dicho tú a los hombres: Tomadme a mi y a mi madre como dioses aparte de Allah?
Dijo: ¡Gloria a Ti! No me pertenece decir aquello a lo que no tengo derecho! Si lo hubiera dicho, Tú ya lo sabrías. Tú sabes lo que hay en mí, pero yo no sé lo que hay en Ti.
Es cierto que Tú eres el Conocedor de lo más recóndito.

وَإِذْ قَالَ ٱللَّهُ يَٰعِيسَى ٱبْنَ مَرْيَمَ ءَأَنتَ قُلتَ لِلنَّاسِ ٱتَّخِذُونِى وَأُمِّىَ إِلَٰهَيْنِ مِن دُونِ ٱللَّهِ قَالَ سُبْحَٰنَكَ مَا يَكُونُ لِىٓ أَنْ أَقُولَ مَا لَيْسَ لِى بِحَقٍّ إِن كُنتُ قُلْتُهُ فَقَدْ عَلِمْتَهُ تَعْلَمُ مَا فِى نَفْسِى وَلَآ أَعْلَمُ مَا فِى نَفْسِكَ إِنَّكَ أَنتَ عَلَّٰمُ ٱلْغُيُوبِ ۝

(119) Sólo les dije lo que me ordenaste: ¡Adorad a Allah, mi Señor y el vuestro! Y he sido testigo de ellos mientras permanecí en su compañía.
Y cuando me llevaste a Ti, Tú eras Quien los observaba, Tú eres Testigo de todas las cosas.

مَا قُلْتُ لَهُمْ إِلَّا مَآ أَمَرْتَنِى بِهِۦٓ أَنِ ٱعْبُدُوا۟ ٱللَّهَ رَبِّى وَرَبَّكُمْ وَكُنتُ عَلَيْهِمْ شَهِيدًا مَّا دُمْتُ فِيهِمْ فَلَمَّا تَوَفَّيْتَنِى كُنتَ أَنتَ ٱلرَّقِيبَ عَلَيْهِمْ وَأَنتَ عَلَىٰ كُلِّ شَىْءٍ شَهِيدٌ ۝

(120) Si los castigas... Son Tus siervos; y si los perdonas... Tú eres ciertamente el Poderoso, el Sabio.

إِن تُعَذِّبْهُمْ فَإِنَّهُمْ عِبَادُكَ وَإِن تَغْفِرْ لَهُمْ فَإِنَّكَ أَنتَ ٱلْعَزِيزُ ٱلْحَكِيمُ ۝

(121) Dijo Allah: Este es el día en que beneficiará a los veraces su veracidad; tendrán jardines por cuyo suelo corren los ríos donde serán inmortales para siempre.

Allah estará satisfecho de ellos y ellos lo estarán de El.

Ese es el gran triunfo.

قَالَ ٱللَّهُ هَٰذَا يَوْمُ يَنفَعُ ٱلصَّٰدِقِينَ صِدْقُهُمْ لَهُمْ جَنَّٰتٌ تَجْرِى مِن تَحْتِهَا ٱلْأَنْهَٰرُ خَٰلِدِينَ فِيهَآ أَبَدًا رَّضِىَ ٱللَّهُ عَنْهُمْ وَرَضُوا۟ عَنْهُ ذَٰلِكَ ٱلْفَوْزُ ٱلْعَظِيمُ ۝

(122) De Allah es la soberanía de los cielos y de la tierra y de lo que hay entre ambos.

El es el que tiene poder sobre todas las cosas.

لِلَّهِ مُلْكُ ٱلسَّمَٰوَٰتِ وَٱلْأَرْضِ وَمَا فِيهِنَّ وَهُوَ عَلَىٰ كُلِّ شَىْءٍ قَدِيرٌ ۝

6. SURA DE LOS REBAÑOS.

بِسْمِ ٱللَّهِ ٱلرَّحْمَٰنِ ٱلرَّحِيمِ

En el nombre de Allah, el Misericordioso, el Compasivo.

(1) Las alabanzas pertenecen a Allah que ha creado los cielos y la tierra y ha hecho las tinieblas y la luz.

(2) Sin embargo los que se niegan a creer equiparan a otros con su Señor.

(3) El es Quien os creó a partir de barro y luego decretó un plazo, y un plazo más fijado junto a El*. Y aún así vosotros dudáis.

* [El primer plazo es el de la muerte y el segundo el del Día del Levantamiento.]

(4) El es Allah en los cielos y en la tierra, conoce vuestro secreto y vuestra manifestación y sabe lo que adquirís.

(5) No hay signo de su Señor que les llegue, del que no se aparten.

(6) Y cuando les ha llegado la verdad, la han negado. Ya tendrán noticias de aquello de lo que se burlaban.

(7) ¿Es que no ven cómo hemos destruido generaciones enteras anteriores a ellos, a las que les dimos una posición en la tierra que no os hemos dado a vosotros?

Enviábamos sobre ellos el cielo con abundantes lluvias y hacíamos correr ríos bajo sus pies, pero los destruimos a causa de sus transgresiones e hicimos surgir después de ellos otras generaciones.

أَلَمۡ يَرَوۡاْ كَمۡ أَهۡلَكۡنَا مِن قَبۡلِهِم مِّن قَرۡنٍ مَّكَّنَّٰهُمۡ فِي ٱلۡأَرۡضِ مَا لَمۡ نُمَكِّن لَّكُمۡ وَأَرۡسَلۡنَا ٱلسَّمَآءَ عَلَيۡهِم مِّدۡرَارًا وَجَعَلۡنَا ٱلۡأَنۡهَٰرَ تَجۡرِي مِن تَحۡتِهِمۡ فَأَهۡلَكۡنَٰهُم بِذُنُوبِهِمۡ وَأَنشَأۡنَا مِنۢ بَعۡدِهِمۡ قَرۡنًا ءَاخَرِينَ ٧

(8) Y aunque te hubiéramos hecho descender un escrito en un pergamino que hubieran podido tocar con sus propias manos, los que se niegan a creer habrían dicho: Esto es sólo magia evidente.

وَلَوۡ نَزَّلۡنَا عَلَيۡكَ كِتَٰبًا فِي قِرۡطَاسٍ فَلَمَسُوهُ بِأَيۡدِيهِمۡ لَقَالَ ٱلَّذِينَ كَفَرُوٓاْ إِنۡ هَٰذَآ إِلَّا سِحۡرٌ مُّبِينٌ ٨

(9) Y dicen: ¿por qué no se le hace descender un ángel?

Si bajara un ángel, el asunto quedaría zanjado y no se les daría ningún plazo de espera.

وَقَالُواْ لَوۡلَآ أُنزِلَ عَلَيۡهِ مَلَكٌ وَلَوۡ أَنزَلۡنَا مَلَكًا لَّقُضِيَ ٱلۡأَمۡرُ ثُمَّ لَا يُنظَرُونَ ٩

(10) Y si lo hubiéramos hecho ángel*, le habríamos dado forma de hombre y entonces les habríamos hecho confundirse como se confunden ahora.

* [Es decir, si hubiéramos hecho que el mensajero fuera un ángel.]

وَلَوۡ جَعَلۡنَٰهُ مَلَكًا لَّجَعَلۡنَٰهُ رَجُلًا وَلَلَبَسۡنَا عَلَيۡهِم مَّا يَلۡبِسُونَ ١٠

(11) Ya se burlaron de los mensajeros anteriores a ti, pero aquello de

وَلَقَدِ ٱسۡتُهۡزِئَ بِرُسُلٍ مِّن قَبۡلِكَ فَحَاقَ بِٱلَّذِينَ

lo que se burlaban rodeó a los que se burlaban.

سَخِرُوا مِنْهُم مَّا كَانُوا بِهِۦ يَسْتَهْزِءُونَ ۝

(12) Di: Id por la tierra y mirad cómo acabaron los que negaron la verdad.

قُلْ سِيرُوا فِي ٱلْأَرْضِ ثُمَّ ٱنظُرُوا كَيْفَ كَانَ عَٰقِبَةُ ٱلْمُكَذِّبِينَ ۝

(13) Di: ¿De quién es cuanto hay en los cielos y en la tierra?

Di: De Allah. Se ha prescrito a Sí mismo la misericordia.

El Día del Levantamiento os reunirá, no hay duda en ello.

Los que se hayan perdido a sí mismos... No creían.

قُل لِّمَن مَّا فِي ٱلسَّمَٰوَٰتِ وَٱلْأَرْضِ قُل لِّلَّهِ كَتَبَ عَلَىٰ نَفْسِهِ ٱلرَّحْمَةَ لَيَجْمَعَنَّكُمْ إِلَىٰ يَوْمِ ٱلْقِيَٰمَةِ لَا رَيْبَ فِيهِ ٱلَّذِينَ خَسِرُوا أَنفُسَهُمْ فَهُمْ لَا يُؤْمِنُونَ ۝

(14) A El pertenece lo que habita en la noche y en el día. El es Quien oye y Quien sabe.

وَلَهُۥ مَا سَكَنَ فِي ٱلَّيْلِ وَٱلنَّهَارِ وَهُوَ ٱلسَّمِيعُ ٱلْعَلِيمُ ۝

(15) Di: ¿Tomaré por aliado a otro que Allah que es el Creador de los cielos y de la tierra? El alimenta, pero no es alimentado.

Di: Se me ha ordenado ser el primero en someterme y que no sea de los asociadores.

قُلْ أَغَيْرَ ٱللَّهِ أَتَّخِذُ وَلِيًّا فَاطِرِ ٱلسَّمَٰوَٰتِ وَٱلْأَرْضِ وَهُوَ يُطْعِمُ وَلَا يُطْعَمُ قُلْ إِنِّي أُمِرْتُ أَنْ أَكُونَ أَوَّلَ مَنْ أَسْلَمَ وَلَا تَكُونَنَّ مِنَ ٱلْمُشْرِكِينَ ۝

(16) Di: Temo, si desobedezco a mi Señor, el castigo de un día terrible.

قُلْ إِنِّي أَخَافُ إِنْ عَصَيْتُ رَبِّي عَذَابَ يَوْمٍ عَظِيمٍ ۝

(17) Quien, en ese día, sea apartado de él, (Allah) habrá tenido misericordia con él. Y ese es el triunfo evidente.

مَّن يُصْرَفْ عَنْهُ يَوْمَئِذٍ فَقَدْ رَحِمَهُۥ وَذَٰلِكَ ٱلْفَوْزُ ٱلْمُبِينُ ۝

(18) Si Allah te toca con un mal, nadie excepto El, podrá apartarlo.
Y si Allah te toca con un bien... El tiene poder sobre todas las cosas.

وَإِن يَمْسَسْكَ ٱللَّهُ بِضُرٍّ فَلَا كَاشِفَ لَهُۥ إِلَّا هُوَ وَإِن يَمْسَسْكَ بِخَيْرٍ فَهُوَ عَلَىٰ كُلِّ شَيْءٍ قَدِيرٌ ۝

(19) El es el Dominante sobre Sus siervos y es el Sabio, el Conocedor de lo más recóndito.

وَهُوَ ٱلْقَاهِرُ فَوْقَ عِبَادِهِۦ وَهُوَ ٱلْحَكِيمُ ٱلْخَبِيرُ ۝

(20) Di: ¿Qué hay más grande como testimonio?
Di: Allah, que es Testigo entre vosotros y yo.
Me ha sido inspirada esta Recitación para con ella advertiros a vosotros y a quien le alcance.
¿Daréis testimonio de que hay otros dioses con Allah?
Di: Yo no atestiguaré.
Di: El es un Dios Unico y yo soy inocente de lo que asocieis.

قُلْ أَيُّ شَيْءٍ أَكْبَرُ شَهَٰدَةً قُلِ ٱللَّهُ شَهِيدٌۢ بَيْنِي وَبَيْنَكُمْ وَأُوحِيَ إِلَيَّ هَٰذَا ٱلْقُرْءَانُ لِأُنذِرَكُم بِهِۦ وَمَنۢ بَلَغَ أَئِنَّكُمْ لَتَشْهَدُونَ أَنَّ مَعَ ٱللَّهِ ءَالِهَةً أُخْرَىٰ قُل لَّآ أَشْهَدُ قُلْ إِنَّمَا هُوَ إِلَٰهٌ وَٰحِدٌ وَإِنَّنِي بَرِيٓءٌ مِّمَّا تُشْرِكُونَ ۝

(21) Aquéllos a quienes dimos el Libro, lo conocen como a sus hijos. Los que se han perdido a sí mismos... No creían.

ٱلَّذِينَ ءَاتَيْنَٰهُمُ ٱلْكِتَٰبَ يَعْرِفُونَهُۥ كَمَا يَعْرِفُونَ أَبْنَآءَهُمُ ٱلَّذِينَ خَسِرُوٓاْ أَنفُسَهُمْ فَهُمْ لَا يُؤْمِنُونَ ۝

(22) ¿Y quién es más injusto que quien inventa mentiras sobre Allah o niega la verdad de Sus signos?
Realmente los injustos no tendrán éxito.

وَمَنْ أَظْلَمُ مِمَّنِ ٱفْتَرَىٰ عَلَى ٱللَّهِ كَذِبًا أَوْ كَذَّبَ بِـَٔايَٰتِهِۦٓ إِنَّهُۥ لَا يُفْلِحُ ٱلظَّٰلِمُونَ ۝

(23) El Día en que los reunamos a todos y luego digamos a los

وَيَوْمَ نَحْشُرُهُمْ جَمِيعًا ثُمَّ نَقُولُ لِلَّذِينَ أَشْرَكُوٓاْ أَيْنَ

asociadores: ¿Dónde están los asociados que afirmabais?

شُرَكَآؤُكُمُ ٱلَّذِينَ كُنتُمْ تَزْعُمُونَ ۝

(24) No tendrán más excusa que decir: Por Allah, nuestro Señor, que no éramos asociadores.

ثُمَّ لَمْ تَكُن فِتْنَتُهُمْ إِلَّآ أَن قَالُواْ وَٱللَّهِ رَبِّنَا مَا كُنَّا مُشْرِكِينَ ۝

(25) Observa cómo mentirán contra sí mismos y los extraviará lo que inventaban.

ٱنظُرْ كَيْفَ كَذَبُواْ عَلَىٰٓ أَنفُسِهِمْ وَضَلَّ عَنْهُم مَّا كَانُواْ يَفْتَرُونَ ۝

(26) De ellos hay quien te presta atención, pero hemos puesto velos en sus corazones para que no lo comprendan y hemos ensordecido sus oídos; y aunque vieran toda clase de signos no creerían en ellos. Hasta el punto de que cuando vienen a ti discutiéndote, los que se niegan a creer llegan a decir: Esto no son más que historias de los antiguos.

وَمِنْهُم مَّن يَسْتَمِعُ إِلَيْكَ وَجَعَلْنَا عَلَىٰ قُلُوبِهِمْ أَكِنَّةً أَن يَفْقَهُوهُ وَفِىٓ ءَاذَانِهِمْ وَقْرًا وَإِن يَرَوْاْ كُلَّ ءَايَةٍ لَّا يُؤْمِنُواْ بِهَا حَتَّىٰٓ إِذَا جَآءُوكَ يُجَٰدِلُونَكَ يَقُولُ ٱلَّذِينَ كَفَرُوٓاْ إِنْ هَٰذَآ إِلَّآ أَسَٰطِيرُ ٱلْأَوَّلِينَ ۝

(27) Reprimen a otros y se alejan de él*, pero sólo se destruyen a sí mismos sin darse cuenta.
* [Del Corán]

* وَهُمْ يَنْهَوْنَ عَنْهُ وَيَنْئَوْنَ عَنْهُ وَإِن يُهْلِكُونَ إِلَّآ أَنفُسَهُمْ وَمَا يَشْعُرُونَ ۝

(28) Si los vieras cuando se detengan ante el Fuego y digan: ¡Ay de nosotros si pudiéramos volver! No negaríamos los signos de nuestro Señor y seríamos creyentes.

وَلَوْ تَرَىٰٓ إِذْ وُقِفُواْ عَلَى ٱلنَّارِ فَقَالُواْ يَٰلَيْتَنَا نُرَدُّ وَلَا نُكَذِّبَ بِـَٔايَٰتِ رَبِّنَا وَنَكُونَ مِنَ ٱلْمُؤْمِنِينَ ۝

(29) Por el contrario se les habrá puesto de manifiesto lo que

بَلْ بَدَا لَهُم مَّا كَانُواْ يُخْفُونَ مِن قَبْلُ وَلَوْ رُدُّواْ

لَعَادُواْ لِمَا نُهُواْ عَنْهُ وَإِنَّهُمْ لَكَٰذِبُونَ ۝

antes ocultaban y aunque volvieran, harían de nuevo lo que se les dijo que no hicieran. Realmente son mentirosos.

وَقَالُوٓاْ إِنْ هِيَ إِلَّا حَيَاتُنَا ٱلدُّنْيَا وَمَا نَحْنُ بِمَبْعُوثِينَ ۝

(30) Decían: Sólo existe esta vida que tenemos y no volveremos a vivir.

وَلَوْ تَرَىٰٓ إِذْ وُقِفُواْ عَلَىٰ رَبِّهِمْ قَالَ أَلَيْسَ هَٰذَا بِٱلْحَقِّ قَالُواْ بَلَىٰ وَرَبِّنَا قَالَ فَذُوقُواْ ٱلْعَذَابَ بِمَا كُنتُمْ تَكْفُرُونَ ۝

(31) Y si vieras cuando estén en pie ante su Señor y les diga:

¿Acaso no es esto verdad?

Dirán: ¡Sí por nuestro Señor!

Dirá: Gustad el castigo porque os negásteis a creer.

قَدْ خَسِرَ ٱلَّذِينَ كَذَّبُواْ بِلِقَآءِ ٱللَّهِ حَتَّىٰٓ إِذَا جَآءَتْهُمُ ٱلسَّاعَةُ بَغْتَةً قَالُواْ يَٰحَسْرَتَنَا عَلَىٰ مَا فَرَّطْنَا فِيهَا وَهُمْ يَحْمِلُونَ أَوْزَارَهُمْ عَلَىٰ ظُهُورِهِمْ أَلَا سَآءَ مَا يَزِرُونَ ۝

(32) Los que tacharon de mentira el encuentro con Allah habrán perdido y en el momento en que les llegue la hora de improviso, dirán: ¡Ay de nosotros por lo que descuidamos!

Y cargarán sus faltas sobre la espalda. ¿No es malo lo que acarrean?

وَمَا ٱلْحَيَوٰةُ ٱلدُّنْيَآ إِلَّا لَعِبٌ وَلَهْوٌ وَلَلدَّارُ ٱلْءَاخِرَةُ خَيْرٌ لِّلَّذِينَ يَتَّقُونَ أَفَلَا تَعْقِلُونَ ۝

(33) La vida de este mundo no es mas que juego y distracción, pero la morada de la Otra Vida es mejor para los que se guardan.

¿No van a razonar?

قَدْ نَعْلَمُ إِنَّهُۥ لَيَحْزُنُكَ ٱلَّذِي يَقُولُونَ فَإِنَّهُمْ لَا يُكَذِّبُونَكَ وَلَٰكِنَّ ٱلظَّٰلِمِينَ بِـَٔايَٰتِ ٱللَّهِ يَجْحَدُونَ ۝

(34) Ya sabemos que te entristece lo que dicen, pero no es a ti a quien niegan los injustos, son los signos de Allah lo que niegan.

(35) Mensajeros anteriores a ti ya fueron tratados de mentirosos pero ellos tuvieron paciencia con esto y con ser perseguidos como lo fueron, hasta que les dimos Nuestro auxilio.

Nadie puede sustituir las palabras de Allah. Es cierto que te han llegado parte de las noticias acerca de los enviados.

وَلَقَدْ كُذِّبَتْ رُسُلٌ مِّن قَبْلِكَ فَصَبَرُواْ عَلَىٰ مَا كُذِّبُواْ وَأُوذُواْ حَتَّىٰٓ أَتَىٰهُمْ نَصْرُنَا وَلَا مُبَدِّلَ لِكَلِمَٰتِ ٱللَّهِ وَلَقَدْ جَآءَكَ مِن نَّبَإِ ٱلْمُرْسَلِينَ ۝

(36) Y si te resulta penoso que se aparten así, hasta el punto de que si pudieras buscarías un túnel en la tierra o una escalera para subir al cielo y poder traerles un signo... Si Allah hubiera querido los habría unificado en la guía.

No seas de los ignorantes.

وَإِن كَانَ كَبُرَ عَلَيْكَ إِعْرَاضُهُمْ فَإِنِ ٱسْتَطَعْتَ أَن تَبْتَغِيَ نَفَقًا فِي ٱلْأَرْضِ أَوْ سُلَّمًا فِي ٱلسَّمَآءِ فَتَأْتِيَهُم بِـَٔايَةٍ وَلَوْ شَآءَ ٱللَّهُ لَجَمَعَهُمْ عَلَى ٱلْهُدَىٰ فَلَا تَكُونَنَّ مِنَ ٱلْجَٰهِلِينَ ۝

(37) Es cierto que sólo responden los que escuchan. Allah devolverá la vida a los muertos, luego a Él regresaréis.

۞ إِنَّمَا يَسْتَجِيبُ ٱلَّذِينَ يَسْمَعُونَ وَٱلْمَوْتَىٰ يَبْعَثُهُمُ ٱللَّهُ ثُمَّ إِلَيْهِ يُرْجَعُونَ ۝

(38) Dicen: ¿Es que no ha bajado a él ningún signo prodigioso de su Señor? Di: Allah es Capaz de hacer que baje cualquier signo, pero la mayoría de ellos no saben.

وَقَالُواْ لَوْلَا نُزِّلَ عَلَيْهِ ءَايَةٌ مِّن رَّبِّهِۦ قُلْ إِنَّ ٱللَّهَ قَادِرٌ عَلَىٰٓ أَن يُنَزِّلَ ءَايَةً وَلَٰكِنَّ أَكْثَرَهُمْ لَا يَعْلَمُونَ ۝

(39) No hay criatura de la tierra ni ave que con sus alas vuele que no forme comunidades parecidas a las vuestras. No hemos omitido nada en el Libro.

وَمَا مِن دَآبَّةٍ فِي ٱلْأَرْضِ وَلَا طَٰٓئِرٍ يَطِيرُ بِجَنَاحَيْهِ إِلَّآ أُمَمٌ أَمْثَالُكُم مَّا فَرَّطْنَا فِي ٱلْكِتَٰبِ مِن شَيْءٍ ثُمَّ إِلَىٰ رَبِّهِمْ يُحْشَرُونَ ۝

Luego serán reunidos para volver a su Señor.

(40) Quienes niegan la verdad de Nuestros signos, están en las tinieblas, sordos y mudos. A quien Allah quiere lo extravía y a quien quiere lo pone en el camino recto.

وَٱلَّذِينَ كَذَّبُواْ بِـَٔايَٰتِنَا صُمٌّ وَبُكْمٌ فِى ٱلظُّلُمَٰتِ مَن يَشَإِ ٱللَّهُ يُضْلِلْهُ وَمَن يَشَأْ يَجْعَلْهُ عَلَىٰ صِرَٰطٍ مُّسْتَقِيمٍ ۝

(41) Di: Decidme: ¿Si os llegara el castigo de Allah u os llegara la Hora, llamaríais a otro que Allah, si sois sinceros?

قُلْ أَرَءَيْتَكُمْ إِنْ أَتَىٰكُمْ عَذَابُ ٱللَّهِ أَوْ أَتَتْكُمُ ٱلسَّاعَةُ أَغَيْرَ ٱللَّهِ تَدْعُونَ إِن كُنتُمْ صَٰدِقِينَ ۝

(42) Lo llamaríais sólo a El y os libraría, si quisiera, de lo que Le pidiérais y olvidaría lo que hubiérais asociado con El.

بَلْ إِيَّاهُ تَدْعُونَ فَيَكْشِفُ مَا تَدْعُونَ إِلَيْهِ إِن شَآءَ وَتَنسَوْنَ مَا تُشْرِكُونَ ۝

(43) Es verdad que hemos mandado enviados a comunidades anteriores a ti, a las que sorprendimos con la desgracia y el infortunio para que así pudieran humillarse.

وَلَقَدْ أَرْسَلْنَآ إِلَىٰٓ أُمَمٍ مِّن قَبْلِكَ فَأَخَذْنَٰهُم بِٱلْبَأْسَآءِ وَٱلضَّرَّآءِ لَعَلَّهُمْ يَتَضَرَّعُونَ ۝

(44) ¡Si se hubieran humillado cuando les llegó Nuestra furia!
Sin embargo sus corazones se endurecieron y el Shaytán hizo que les pareciera hermoso lo que hacían.

فَلَوْلَآ إِذْ جَآءَهُم بَأْسُنَا تَضَرَّعُواْ وَلَٰكِن قَسَتْ قُلُوبُهُمْ وَزَيَّنَ لَهُمُ ٱلشَّيْطَٰنُ مَا كَانُواْ يَعْمَلُونَ ۝

(45) Cuando olvidaron lo que se les había recordado, les abrimos las puertas de todas las cosas y ya que estaban contentos con

فَلَمَّا نَسُواْ مَا ذُكِّرُواْ بِهِۦ فَتَحْنَا عَلَيْهِمْ أَبْوَٰبَ كُلِّ شَىْءٍ حَتَّىٰٓ إِذَا فَرِحُواْ بِمَآ أُوتُوٓاْ أَخَذْنَٰهُم

lo que les habíamos dado, los agarramos de improviso y quedaron desesperados.

بَغْتَةً فَإِذَاهُم مُّبْلِسُونَ ۝

(46) Así fue exterminado hasta el último de la gente injusta. Y las alabanzas pertenecen a Allah, el Señor de los mundos.

فَقُطِعَ دَابِرُ الْقَوْمِ الَّذِينَ ظَلَمُواْ وَالْحَمْدُ لِلَّهِ رَبِّ الْعَالَمِينَ ۝

(47) Di: Decidme: ¿Qué pasaría si Allah os quitara el oído y la vista y sellara vuestros corazones?

¿Qué otro dios fuera de Allah os los podría devolver?

Observa cómo exponemos con claridad los signos y sin embargo, ellos se alejan.

قُلْ أَرَءَيْتُمْ إِنْ أَخَذَ اللَّهُ سَمْعَكُمْ وَأَبْصَارَكُمْ وَخَتَمَ عَلَى قُلُوبِكُم مَّنْ إِلَهٌ غَيْرُ اللَّهِ يَأْتِيكُم بِهِ انظُرْ كَيْفَ نُصَرِّفُ الْآيَاتِ ثُمَّ هُمْ يَصْدِفُونَ ۝

(48) Di: ¿Y qué os parecería si el castigo de Allah os llegara de repente o lo viérais venir? ¿Acaso se permitiría que perecieran otros que no fueran los injustos?

قُلْ أَرَءَيْتَكُمْ إِنْ أَتَاكُمْ عَذَابُ اللَّهِ بَغْتَةً أَوْ جَهْرَةً هَلْ يُهْلَكُ إِلَّا الْقَوْمُ الظَّالِمُونَ ۝

(49) No mandamos a los enviados sino como anunciadores de buenas noticias y advertidores. Todo el que crea y sea recto, no tendrá nada que temer ni se entristecerá.

وَمَا نُرْسِلُ الْمُرْسَلِينَ إِلَّا مُبَشِّرِينَ وَمُنذِرِينَ فَمَنْ ءَامَنَ وَأَصْلَحَ فَلَاخَوْفٌ عَلَيْهِمْ وَلَاهُمْ يَحْزَنُونَ ۝

(50) Y quienes nieguen la verdad de Nuestros signos, por haberse salido del camino, serán alcanzados por el castigo.

وَالَّذِينَ كَذَّبُواْ بِآيَاتِنَا يَمَسُّهُمُ الْعَذَابُ بِمَا كَانُواْ يَفْسُقُونَ ۝

(51) Di: No os digo que tengo en mi poder los tesoros de Allah ni que conozco lo Desconocido, ni os digo que soy un ángel; yo sólo sigo lo que me ha sido inspirado.

Di: ¿Acaso son lo mismo el ciego y el que ve? ¿Es que no vais a reflexionar?

قُل لَّآ أَقُولُ لَكُمْ عِندِى خَزَآئِنُ ٱللَّهِ وَلَآ أَعْلَمُ ٱلْغَيْبَ وَلَآ أَقُولُ لَكُمْ إِنِّى مَلَكٌ إِنْ أَتَّبِعُ إِلَّا مَا يُوحَىٰٓ إِلَىَّ قُلْ هَلْ يَسْتَوِى ٱلْأَعْمَىٰ وَٱلْبَصِيرُ أَفَلَا تَتَفَكَّرُونَ ۝

(52) Advierte por medio de él* a quienes teman el momento de ser reunidos para volver a Allah.

Fuera de El no habrá quien los defienda ni quien interceda por ellos. Tal vez así se guarden.

* [Es decir, del Corán. El pronombre se refiere a la expresión: "lo que me ha sido inspirado" de la aleya anterior.]

وَأَنذِرْ بِهِ ٱلَّذِينَ يَخَافُونَ أَن يُحْشَرُوٓا۟ إِلَىٰ رَبِّهِمْ لَيْسَ لَهُم مِّن دُونِهِۦ وَلِىٌّ وَلَا شَفِيعٌ لَّعَلَّهُمْ يَتَّقُونَ ۝

(53) Y no eches de tu lado a los que invocan a su Señor mañana y tarde anhelando Su faz; no te incumbe pedirles cuentas de nada ni a ellos les incumbe pedírtelas a ti.

Si los echas de tu lado estarás entre los injustos.*

* [Esta aleya y la siguiente descendieron acerca de los pobres y humildes de entre los creyentes y de los ricos y poderosos de entre los asociadores; éstos últimos le dijeron al Profeta, que Allah le dé Su gracia y paz, que sólo acudirían a sus reuniones si no admitía a los primeros, a los que consideraban indignos. Por otro lado el Profeta, que Allah le dé Su gracia y paz, deseaba ardientemente atraer al Islam a estos hombres de influencia.]

وَلَا تَطْرُدِ ٱلَّذِينَ يَدْعُونَ رَبَّهُم بِٱلْغَدَوٰةِ وَٱلْعَشِىِّ يُرِيدُونَ وَجْهَهُۥ مَا عَلَيْكَ مِنْ حِسَابِهِم مِّن شَىْءٍ وَمَا مِنْ حِسَابِكَ عَلَيْهِم مِّن شَىْءٍ فَتَطْرُدَهُمْ فَتَكُونَ مِنَ ٱلظَّالِمِينَ ۝

(54) Y así es como probamos a unos con otros para que digan: ¿Son éstos a quienes Allah ha favorecido de entre nosotros? ¿Es que acaso Allah no conoce mejor a los agradecidos?

وَكَذَٰلِكَ فَتَنَّا بَعْضَهُم بِبَعْضٍ لِّيَقُولُوٓاْ أَهَٰٓؤُلَآءِ مَنَّ ٱللَّهُ عَلَيْهِم مِّنۢ بَيْنِنَآ أَلَيْسَ ٱللَّهُ بِأَعْلَمَ بِٱلشَّٰكِرِينَ ۝

(55) Y cuando vengan a ti quienes creen en Nuestros signos, di: Paz con vosotros, vuestro Señor se ha prescrito a Sí mismo la misericordia. El que de vosotros haya hecho un mal por ignorancia y luego, después de ello, se vuelva atrás y rectifique... Es cierto que El es perdonador y Compasivo.

وَإِذَا جَآءَكَ ٱلَّذِينَ يُؤْمِنُونَ بِـَٔايَٰتِنَا فَقُلْ سَلَٰمٌ عَلَيْكُمْ كَتَبَ رَبُّكُمْ عَلَىٰ نَفْسِهِ ٱلرَّحْمَةَ أَنَّهُۥ مَنْ عَمِلَ مِنكُمْ سُوٓءًۢا بِجَهَٰلَةٍ ثُمَّ تَابَ مِنۢ بَعْدِهِۦ وَأَصْلَحَ فَأَنَّهُۥ غَفُورٌ رَّحِيمٌ ۝

(56) Así explicamos los signos para que se te muestre claro el camino de los que hacen el mal.

وَكَذَٰلِكَ نُفَصِّلُ ٱلْأَيَٰتِ وَلِتَسْتَبِينَ سَبِيلُ ٱلْمُجْرِمِينَ ۝

(57) Di: Se me ha prohibido adorar a quienes invocáis fuera de Allah. Di: No seguiré vuestros deseos para así no extraviarme ni convertirme en uno de los que no están guiados.

قُلْ إِنِّي نُهِيتُ أَنْ أَعْبُدَ ٱلَّذِينَ تَدْعُونَ مِن دُونِ ٱللَّهِ قُل لَّآ أَتَّبِعُ أَهْوَآءَكُمْ قَدْ ضَلَلْتُ إِذًا وَمَآ أَنَا۠ مِنَ ٱلْمُهْتَدِينَ ۝

(58) Di: Yo estoy siguiendo una palabra clara que procede de mi Señor, cuya verdad vosotros negáis. Aquello con lo que me urgís no está en mis manos, el juicio sólo pertenece a Allah, El dictamina la verdad y es el mejor Juez.

قُلْ إِنِّي عَلَىٰ بَيِّنَةٍ مِّن رَّبِّي وَكَذَّبْتُم بِهِۦ مَا عِندِي مَا تَسْتَعْجِلُونَ بِهِۦٓ إِنِ ٱلْحُكْمُ إِلَّا لِلَّهِ يَقُصُّ ٱلْحَقَّ وَهُوَ خَيْرُ ٱلْفَٰصِلِينَ ۝

(59) Di: Si aquello con lo que urgís, estuviera en mi mano, el asunto quedaría zanjado para nosotros. Pero Allah conoce a los injustos.

قُل لَّوْ أَنَّ عِندِى مَا تَسْتَعْجِلُونَ بِهِۦ لَقُضِىَ ٱلْأَمْرُ بَيْنِى وَبَيْنَكُمْ وَٱللَّهُ أَعْلَمُ بِٱلظَّٰلِمِينَ ۝

(60) El tiene las llaves del No-Visto Y sólo El lo conoce; y sabe lo que hay en la tierra y en el mar.

No cae una sóla hoja sin que El no lo sepa, ni hay semilla en la profundidad de la tierra, ni nada húmedo o seco que no esté en un libro claro.

۞ وَعِندَهُۥ مَفَاتِحُ ٱلْغَيْبِ لَا يَعْلَمُهَآ إِلَّا هُوَ وَيَعْلَمُ مَا فِى ٱلْبَرِّ وَٱلْبَحْرِ وَمَا تَسْقُطُ مِن وَرَقَةٍ إِلَّا يَعْلَمُهَا وَلَا حَبَّةٍ فِى ظُلُمَٰتِ ٱلْأَرْضِ وَلَا رَطْبٍ وَلَا يَابِسٍ إِلَّا فِى كِتَٰبٍ مُّبِينٍ ۝

(61) El es Quien os toma en la noche y sabe lo que habéis adquirido durante el día; luego, en él, os devuelve a la vida para que se cumpla un plazo fijado.

Y a El volveréis para que os haga saber lo que hacíais.

وَهُوَ ٱلَّذِى يَتَوَفَّىٰكُم بِٱلَّيْلِ وَيَعْلَمُ مَا جَرَحْتُم بِٱلنَّهَارِ ثُمَّ يَبْعَثُكُمْ فِيهِ لِيُقْضَىٰٓ أَجَلٌ مُّسَمًّى ثُمَّ إِلَيْهِ مَرْجِعُكُمْ ثُمَّ يُنَبِّئُكُم بِمَا كُنتُمْ تَعْمَلُونَ ۝

(62) El es el Dominante sobre Sus siervos. Y os envía guardianes*; y cuando a uno de vosotros le llega la muerte, nuestros emisarios se lo llevan sin ser negligentes.

* [Angeles que escriben las acciones]

وَهُوَ ٱلْقَاهِرُ فَوْقَ عِبَادِهِۦ وَيُرْسِلُ عَلَيْكُمْ حَفَظَةً حَتَّىٰٓ إِذَا جَآءَ أَحَدَكُمُ ٱلْمَوْتُ تَوَفَّتْهُ رُسُلُنَا وَهُمْ لَا يُفَرِّطُونَ ۝

(63) Luego sois devueltos a Allah, vuestro verdadero Dueño.
¿Acaso no es Suyo el juicio? El es el más rápido en llevar la cuenta.

ثُمَّ رُدُّوٓا۟ إِلَى ٱللَّهِ مَوْلَىٰهُمُ ٱلْحَقِّ أَلَا لَهُ ٱلْحُكْمُ وَهُوَ أَسْرَعُ ٱلْحَٰسِبِينَ ۝

(64) Di: ¿Quién os salva de las tinie-

قُلْ مَن يُنَجِّيكُم مِّن ظُلُمَٰتِ ٱلْبَرِّ وَٱلْبَحْرِ

blas de la tierra y del mar? Lo llamáis con humildad y temor: Si nos salvas seremos agradecidos.

تَدْعُونَهُۥ تَضَرُّعًا وَخُفْيَةً لَّئِنْ أَنجَىٰنَا مِنْ هَٰذِهِۦ لَنَكُونَنَّ مِنَ ٱلشَّٰكِرِينَ ۝

(65) Di: Allah es Quien os salva de ellas y de toda aflicción, luego vosotros le atribuís asociados.

قُلِ ٱللَّهُ يُنَجِّيكُم مِّنْهَا وَمِن كُلِّ كَرْبٍ ثُمَّ أَنتُمْ تُشْرِكُونَ ۝

(66) Di: El tiene poder para enviaros un castigo desde lo alto o bajo vuestros pies, o confundiros en sectas y hacer que unos probéis la violencia de otros.

Observa cómo aclaramos los signos para que puedan comprender.

قُلْ هُوَ ٱلْقَادِرُ عَلَىٰٓ أَن يَبْعَثَ عَلَيْكُمْ عَذَابًا مِّن فَوْقِكُمْ أَوْ مِن تَحْتِ أَرْجُلِكُمْ أَوْ يَلْبِسَكُمْ شِيَعًا وَيُذِيقَ بَعْضَكُم بَأْسَ بَعْضٍ ٱنظُرْ كَيْفَ نُصَرِّفُ ٱلْآيَٰتِ لَعَلَّهُمْ يَفْقَهُونَ ۝

(67) Tu gente ha negado su autenticidad, sin embargo es la verdad*.

Di: Yo no soy vuestro guardián. Cada mensaje profético tiene su momento, pero ya sabréis.

* [Se refiere al Corán]

وَكَذَّبَ بِهِۦ قَوْمُكَ وَهُوَ ٱلْحَقُّ قُل لَّسْتُ عَلَيْكُم بِوَكِيلٍ لِّكُلِّ نَبَإٍ مُّسْتَقَرٌّ وَسَوْفَ تَعْلَمُونَ ۝

(68) Y cuando veas a los que se burlan de Nuestros signos, apártate de ellos hasta que entren en otra conversación.

Y si el Shaytán te hace olvidar, cuando recuerdes de nuevo, deja de permanecer sentado con la gente injusta.

وَإِذَا رَأَيْتَ ٱلَّذِينَ يَخُوضُونَ فِىٓ ءَايَٰتِنَا فَأَعْرِضْ عَنْهُمْ حَتَّىٰ يَخُوضُوا۟ فِى حَدِيثٍ غَيْرِهِۦ وَإِمَّا يُنسِيَنَّكَ ٱلشَّيْطَٰنُ فَلَا تَقْعُدْ بَعْدَ ٱلذِّكْرَىٰ مَعَ ٱلْقَوْمِ ٱلظَّٰلِمِينَ ۝

(69) A los que son temerosos, no les incumbe en absoluto las cuen-

وَمَا عَلَى ٱلَّذِينَ يَتَّقُونَ مِنْ حِسَابِهِم مِّن شَىْءٍ وَلَٰكِن

ذِكْرَىٰ لَعَلَّهُمْ يَتَّقُونَ ۝

(70) Y deja a los que toman su Deber de Adoración como juego y distracción y han sido seducidos por la vida del mundo.

Haz recordar con él* que toda alma será entregada a su perdición por lo que se haya ganado y no habrá para ella, fuera de Allah, nadie que la proteja ni interceda en su favor; y aunque quisiera compensarlo con todo tipo de compensación, no se le aceptaría.

Esos son los que serán entregados a su perdición a causa de lo que se ganaron; tendrán una bebida de agua hirviendo y un castigo doloroso por lo que negaron.

* [El Corán]

۞ وَذَرِ ٱلَّذِينَ ٱتَّخَذُوا دِينَهُمْ لَعِبًا وَلَهْوًا وَغَرَّتْهُمُ ٱلْحَيَوٰةُ ٱلدُّنْيَا وَذَكِّرْ بِهِ أَن تُبْسَلَ نَفْسٌ بِمَا كَسَبَتْ لَيْسَ لَهَا مِن دُونِ ٱللَّهِ وَلِيٌّ وَلَا شَفِيعٌ وَإِن تَعْدِلْ كُلَّ عَدْلٍ لَّا يُؤْخَذْ مِنْهَا أُوْلَٰٓئِكَ ٱلَّذِينَ أُبْسِلُوا بِمَا كَسَبُوا لَهُمْ شَرَابٌ مِّنْ حَمِيمٍ وَعَذَابٌ أَلِيمٌ بِمَا كَانُوا يَكْفُرُونَ ۝

(71) Di: ¿Invocaremos fuera de Allah, a lo que no nos beneficia ni perjudica y volveremos sobre nuestros pasos después de que Allah nos ha guiado, siendo como aquel al que se llevan los demonios por los abismos de la tierra y está desorientado?

Tiene compañeros que lo llaman a la buena dirección: ¡Venid a nosotros! Di: La guía de Allah es la Guía, y se nos ha ordenado someternos al Señor de los mundos,

قُلْ أَنَدْعُوا مِن دُونِ ٱللَّهِ مَا لَا يَنفَعُنَا وَلَا يَضُرُّنَا وَنُرَدُّ عَلَىٰٓ أَعْقَابِنَا بَعْدَ إِذْ هَدَىٰنَا ٱللَّهُ كَٱلَّذِي ٱسْتَهْوَتْهُ ٱلشَّيَٰطِينُ فِي ٱلْأَرْضِ حَيْرَانَ لَهُۥ أَصْحَٰبٌ يَدْعُونَهُۥٓ إِلَى ٱلْهُدَى ٱئْتِنَا قُلْ إِنَّ هُدَى ٱللَّهِ هُوَ ٱلْهُدَىٰ وَأُمِرْنَا لِنُسْلِمَ لِرَبِّ ٱلْعَٰلَمِينَ ۝

(72) establecer el salat y temerle. El es Aquel para Quien seréis reunidos.

وَأَنْ أَقِيمُوا۟ ٱلصَّلَوٰةَ وَٱتَّقُوهُ وَهُوَ ٱلَّذِىٓ إِلَيْهِ تُحْشَرُونَ ۝

(73) Y El es Quien ha creado los cielos y la tierra con la verdad, el día en que dice: Sé, es.

وَهُوَ ٱلَّذِى خَلَقَ ٱلسَّمَٰوَٰتِ وَٱلْأَرْضَ بِٱلْحَقِّ وَيَوْمَ يَقُولُ كُن فَيَكُونُ ۝

(74) Su palabra es la Verdad. Suya será la Soberanía el día en que se haga sonar el cuerno. El conoce el No-Visto y lo Aparente y es el Sabio, el Conocedor de lo más recóndito.

قَوْلُهُ ٱلْحَقُّ وَلَهُ ٱلْمُلْكُ يَوْمَ يُنفَخُ فِى ٱلصُّورِ عَٰلِمُ ٱلْغَيْبِ وَٱلشَّهَٰدَةِ وَهُوَ ٱلْحَكِيمُ ٱلْخَبِيرُ ۝

(75) Cuando Ibrahim dijo a su padre Azar: ¿Tomas a unos ídolos por divinidades? En verdad que te veo a ti y a los tuyos en un claro extravío.

وَإِذْ قَالَ إِبْرَٰهِيمُ لِأَبِيهِ ءَازَرَ أَتَتَّخِذُ أَصْنَامًا ءَالِهَةً إِنِّىٓ أَرَىٰكَ وَقَوْمَكَ فِى ضَلَٰلٍ مُّبِينٍ ۝

(76) Así fue como mostramos a Ibrahim el dominio de los cielos y de la tierra para que fuera de los que saben con certeza.

وَكَذَٰلِكَ نُرِىٓ إِبْرَٰهِيمَ مَلَكُوتَ ٱلسَّمَٰوَٰتِ وَٱلْأَرْضِ وَلِيَكُونَ مِنَ ٱلْمُوقِنِينَ ۝

(77) Y cuando cayó sobre él la noche, vio un astro y dijo: Este es mi Señor, pero cuando desapareció, dijo: No amo lo que se desvanece.

فَلَمَّا جَنَّ عَلَيْهِ ٱلَّيْلُ رَءَا كَوْكَبًا قَالَ هَٰذَا رَبِّى فَلَمَّآ أَفَلَ قَالَ لَآ أُحِبُّ ٱلْءَافِلِينَ ۝

(78) Y cuando vio que salía la luna, dijo: Este es mi Señor. Pero al ver que desaparecía, dijo: Si mi Señor no me guía seré de los extraviados.

فَلَمَّا رَءَا ٱلْقَمَرَ بَازِغًا قَالَ هَٰذَا رَبِّى فَلَمَّآ أَفَلَ قَالَ لَئِن لَّمْ يَهْدِنِى رَبِّى لَأَكُونَنَّ مِنَ ٱلْقَوْمِ ٱلضَّآلِّينَ ۝

(79) Y cuando vio el sol naciente, dijo: Este es mi Señor pues es mayor; pero cuando se ocultó, dijo: ¡Gente mía, soy inocente de lo que asociáis!

فَلَمَّا رَءَا ٱلشَّمْسَ بَازِغَةً قَالَ هَـٰذَا رَبِّى هَـٰذَآ أَكْبَرُ فَلَمَّآ أَفَلَتْ قَالَ يَـٰقَوْمِ إِنِّى بَرِىٓءٌ مِّمَّا تُشْرِكُونَ ٧٩

(80) Dirijo mi rostro, como hanif, a Quien ha creado los cielos y la tierra y no soy de los que asocian.

إِنِّى وَجَّهْتُ وَجْهِىَ لِلَّذِى فَطَرَ ٱلسَّمَـٰوَٰتِ وَٱلأَرْضَ حَنِيفًا وَمَآ أَنَا۠ مِنَ ٱلْمُشْرِكِينَ ٨٠

(81) Su gente lo refutó y él dijo: ¿Me discutís sobre Allah cuando El me ha guiado? No temo lo que asociáis con El, excepto lo que mi Señor quiera.
Mi Señor abarca con Su conocimiento todas las cosas. ¿Es que no vais a recapacitar?

وَحَآجَّهُۥ قَوْمُهُۥ قَالَ أَتُحَـٰٓجُّوٓنِّى فِى ٱللَّهِ وَقَدْ هَدَىٰنِ وَلَآ أَخَافُ مَا تُشْرِكُونَ بِهِۦٓ إِلَّآ أَن يَشَآءَ رَبِّى شَيْـًٔا وَسِعَ رَبِّى كُلَّ شَىْءٍ عِلْمًا أَفَلَا تَتَذَكَّرُونَ ٨١

(82) ¿Y cómo habría de temer lo que asociáis, cuando vosotros no teméis asociar con Allah aquéllo con lo que no ha descendido para vosotros ninguna evidencia? ¿Cuál de las dos partes tiene más motivos para estar a salvo, si sabéis?

وَكَيْفَ أَخَافُ مَآ أَشْرَكْتُمْ وَلَا تَخَافُونَ أَنَّكُمْ أَشْرَكْتُم بِٱللَّهِ مَا لَمْ يُنَزِّلْ بِهِۦ عَلَيْكُمْ سُلْطَـٰنًا فَأَىُّ ٱلْفَرِيقَيْنِ أَحَقُّ بِٱلأَمْنِ إِن كُنتُمْ تَعْلَمُونَ ٨٢

(83) Los que creen y no empañan su creencia con ninguna injusticia, ésos tendrán seguridad y serán guiados.

ٱلَّذِينَ ءَامَنُوا۟ وَلَمْ يَلْبِسُوٓا۟ إِيمَـٰنَهُم بِظُلْمٍ أُو۟لَـٰٓئِكَ لَهُمُ ٱلأَمْنُ وَهُم مُّهْتَدُونَ ٨٣

(84) Esta es Nuestra prueba, la que dimos a Ibrahim sobre su gente. A quien queremos, lo elevamos en grados; es cierto que tu Señor es Sabio y Conocedor.

وَتِلْكَ حُجَّتُنَآ ءَاتَيْنَـٰهَآ إِبْرَٰهِيمَ عَلَىٰ قَوْمِهِۦ نَرْفَعُ دَرَجَـٰتٍ مَّن نَّشَآءُ إِنَّ رَبَّكَ حَكِيمٌ عَلِيمٌ ٨٤

(85) Y le concedimos a Ishaq y a Yaqub, a los que guiamos, como antes habíamos guiado a Nuh. Y son descendientes suyos: Daud, Sulayman, Ayyub, Yusuf, Musa y Harún.

Así es como recompensamos a los que hacen el bien.

وَوَهَبْنَا لَهُۥٓ إِسْحَقَ وَيَعْقُوبَ كُلًّا هَدَيْنَا وَنُوحًا هَدَيْنَا مِن قَبْلُ وَمِن ذُرِّيَّتِهِۦ دَاوُۥدَ وَسُلَيْمَنَ وَأَيُّوبَ وَيُوسُفَ وَمُوسَىٰ وَهَرُونَ وَكَذَٰلِكَ نَجْزِي ٱلْمُحْسِنِينَ ۝

(86) Y Zakariyya, Yahya, Isa e Ilyas, todos de entre los justos.

وَزَكَرِيَّا وَيَحْيَىٰ وَعِيسَىٰ وَإِلْيَاسَ كُلٌّ مِّنَ ٱلصَّلِحِينَ ۝

(87) E Ismail, Alyasa'a, Yunus y Lut. A todos los favorecimos por encima de los mundos.

وَإِسْمَعِيلَ وَٱلْيَسَعَ وَيُونُسَ وَلُوطًا وَكُلًّا فَضَّلْنَا عَلَى ٱلْعَلَمِينَ ۝

(88) Y a algunos de sus padres, descendientes y hermanos, también los escogimos y los guiamos por el camino recto.

وَمِنْ ءَابَآئِهِمْ وَذُرِّيَّتِهِمْ وَإِخْوَنِهِمْ وَٱجْتَبَيْنَهُمْ وَهَدَيْنَهُمْ إِلَىٰ صِرَطٍ مُّسْتَقِيمٍ ۝

(89) Esa es la guía de Allah, con la que Él guía a quien quiere de Sus siervos. Si hubieran asociado, todo lo que hicieron habría sido en vano.

ذَٰلِكَ هُدَى ٱللَّهِ يَهْدِي بِهِۦ مَن يَشَآءُ مِنْ عِبَادِهِۦ وَلَوْ أَشْرَكُوا۟ لَحَبِطَ عَنْهُم مَّا كَانُوا۟ يَعْمَلُونَ ۝

(90) A ésos son a los que les dimos el Libro, la Sabiduría y la Profecía; pero si éstos no creen en ello, lo confiaremos a otros que no lo rechazarán.

أُو۟لَٰٓئِكَ ٱلَّذِينَ ءَاتَيْنَهُمُ ٱلْكِتَبَ وَٱلْحُكْمَ وَٱلنُّبُوَّةَ فَإِن يَكْفُرْ بِهَا هَٰٓؤُلَآءِ فَقَدْ وَكَّلْنَا بِهَا قَوْمًا لَّيْسُوا۟ بِهَا بِكَفِرِينَ ۝

(91) Esos son a los que Allah ha guiado: ¡Déjate llevar por su guía! Di: No os pido ningún pago por ello, no es sino un recuerdo para los mundos.

أُو۟لَٰٓئِكَ ٱلَّذِينَ هَدَى ٱللَّهُ فَبِهُدَىٰهُمُ ٱقْتَدِهْ قُل لَّآ أَسْـَٔلُكُمْ عَلَيْهِ أَجْرًا إِنْ هُوَ إِلَّا ذِكْرَىٰ لِلْعَلَمِينَ ۝

(92) No han aprecido a Allah en su verdadera magnitud, al decir: Allah no ha hecho descender nada sobre ningún mortal.

Di: ¿Quién hizo descender el libro que trajo Musa, luz y guía para los hombres? Lo ponéis en pergaminos que mostráis, aunque ocultáis mucho de él; y se os ha enseñado lo que no sabíais ni vosotros ni vuestros padres.

Di: Allah; luego déjalos que jueguen en su inútil palabrería.

۞ وَمَا قَدَرُواْ ٱللَّهَ حَقَّ قَدْرِهِۦٓ إِذْ قَالُواْ مَآ أَنزَلَ ٱللَّهُ عَلَىٰ بَشَرٍ مِّن شَىْءٍ قُلْ مَنْ أَنزَلَ ٱلْكِتَٰبَ ٱلَّذِى جَآءَ بِهِۦ مُوسَىٰ نُورًا وَهُدًى لِّلنَّاسِ تَجْعَلُونَهُۥ قَرَاطِيسَ تُبْدُونَهَا وَتُخْفُونَ كَثِيرًا وَعُلِّمْتُم مَّا لَمْ تَعْلَمُوٓاْ أَنتُمْ وَلَآ ءَابَآؤُكُمْ قُلِ ٱللَّهُ ثُمَّ ذَرْهُمْ فِى خَوْضِهِمْ يَلْعَبُونَ ۝

(93) Este es un Libro bendito que hemos hecho descender, confirmando lo que ya teníais y para advertir a la Madre de las Ciudades* y a quienes están a su alrededor. Los que creen en la Ultima Vida, creen en él y cumplen con el salat.

* [Meca]

وَهَٰذَا كِتَٰبٌ أَنزَلْنَٰهُ مُبَارَكٌ مُّصَدِّقُ ٱلَّذِى بَيْنَ يَدَيْهِ وَلِتُنذِرَ أُمَّ ٱلْقُرَىٰ وَمَنْ حَوْلَهَا وَٱلَّذِينَ يُؤْمِنُونَ بِٱلْءَاخِرَةِ يُؤْمِنُونَ بِهِۦ وَهُمْ عَلَىٰ صَلَاتِهِمْ يُحَافِظُونَ ۝

(94) ¿Y quién es más injusto que quien inventa una mentira sobre Allah o dice: Yo he recibido la inspiración, cuando no se le ha inspirado nada; y dice: Haré descender algo similar a lo que Allah hace descender?

Y si vieras cuando los injustos estén en la agonía de la muerte y los ángeles tiendan la mano: ¡Expulsad vuestras almas!

Hoy se os pagará con el castigo

وَمَنْ أَظْلَمُ مِمَّنِ ٱفْتَرَىٰ عَلَى ٱللَّهِ كَذِبًا أَوْ قَالَ أُوحِىَ إِلَىَّ وَلَمْ يُوحَ إِلَيْهِ شَىْءٌ وَمَن قَالَ سَأُنزِلُ مِثْلَ مَآ أَنزَلَ ٱللَّهُ وَلَوْ تَرَىٰٓ إِذِ ٱلظَّٰلِمُونَ فِى غَمَرَٰتِ ٱلْمَوْتِ وَٱلْمَلَٰٓئِكَةُ بَاسِطُوٓاْ أَيْدِيهِمْ أَخْرِجُوٓاْ أَنفُسَكُمُ ٱلْيَوْمَ تُجْزَوْنَ عَذَابَ ٱلْهُونِ بِمَا كُنتُمْ تَقُولُونَ عَلَى ٱللَّهِ غَيْرَ ٱلْحَقِّ وَكُنتُمْ عَنْ ءَايَٰتِهِۦ تَسْتَكْبِرُونَ ۝

del envilecimiento, por lo que decíais sobre Allah sin ser verdad y porque os llenasteis de soberbia ante Sus signos.

(95) Ciertamente habéis venido a Nosotros, solos, como os creamos la primera vez, y habéis tenido que dejar atrás lo que os habíamos dado.

Y no vemos con vosotros a vuestros intercesores, ésos que pretendíais que eran copartícipes (Míos) en vuestro favor. Vuestro vínculo se ha roto y os ha extraviado aquello que afirmabais.

(96) Es cierto que Allah hiende la semilla y el núcleo, haciendo salir lo vivo de lo muerto y lo muerto de lo vivo.

Ese es Allah. ¿Cómo podéis apartaros?

(97) El hace romper el día, y ha hecho de la noche reposo, y del sol y de la luna dos cómputos.

Ese es el decreto del Irresistible, el Conocedor.

(98) Y El es Quien ha puesto para vosotros las estrellas para que os guiarais por ellas en la oscuridad de la tierra y del mar.

Hemos hecho los signos claros para los que saben.

(99) El es Quien os creó a partir de un solo ser, dándoos un asentamiento y un depósito.

Hemos hecho claros los signos para los que comprenden.

وَهُوَ ٱلَّذِىٓ أَنشَأَكُم مِّن نَّفْسٍ وَٰحِدَةٍ فَمُسْتَقَرٌّ وَمُسْتَوْدَعٌ قَدْ فَصَّلْنَا ٱلْآيَٰتِ لِقَوْمٍ يَفْقَهُونَ ۝

(100) Y El es Quien hace que caiga agua del cielo; con ella hacemos surgir el germen de todo y de ahí hacemos brotar verdor del que sacamos la mies.

Y de la palmera, cuando echa sus brotes, hacemos que salgan racimos de dátiles apretados. Y jardines de vides, olivos y granados, semejantes y distintos. Observad sus frutos cuando fructifican y maduran.

Es cierto que en eso hay signos para los que creen.

وَهُوَ ٱلَّذِىٓ أَنزَلَ مِنَ ٱلسَّمَآءِ مَآءً فَأَخْرَجْنَا بِهِۦ نَبَاتَ كُلِّ شَىْءٍ فَأَخْرَجْنَا مِنْهُ خَضِرًا نُّخْرِجُ مِنْهُ حَبًّا مُّتَرَاكِبًا وَمِنَ ٱلنَّخْلِ مِن طَلْعِهَا قِنْوَانٌ دَانِيَةٌ وَجَنَّٰتٍ مِّنْ أَعْنَابٍ وَٱلزَّيْتُونَ وَٱلرُّمَّانَ مُشْتَبِهًا وَغَيْرَ مُتَشَٰبِهٍ ٱنظُرُوٓا۟ إِلَىٰ ثَمَرِهِۦٓ إِذَآ أَثْمَرَ وَيَنْعِهِۦٓ إِنَّ فِى ذَٰلِكُمْ لَآيَٰتٍ لِّقَوْمٍ يُؤْمِنُونَ ۝

(101) Y han considerado a los genios como asociados de Allah, cuando ha sido El Quien los ha creado.

Y Le han atribuido hijos e hijas sin conocimiento. ¡Glorificado sea y ensalzado sea por encima de todo lo que Le atribuyen!

وَجَعَلُوا۟ لِلَّهِ شُرَكَآءَ ٱلْجِنَّ وَخَلَقَهُمْ وَخَرَقُوا۟ لَهُۥ بَنِينَ وَبَنَٰتٍ بِغَيْرِ عِلْمٍ سُبْحَٰنَهُۥ وَتَعَٰلَىٰ عَمَّا يَصِفُونَ ۝

(102) Originador de los cielos y de la tierra ¿Cómo habría de tener hijos si no tiene compañera y lo ha creado todo?

El es Conocedor de todas las cosas.

بَدِيعُ ٱلسَّمَٰوَٰتِ وَٱلْأَرْضِ أَنَّىٰ يَكُونُ لَهُۥ وَلَدٌ وَلَمْ تَكُن لَّهُۥ صَٰحِبَةٌ وَخَلَقَ كُلَّ شَىْءٍ وَهُوَ بِكُلِّ شَىْءٍ عَلِيمٌ ۝

(103) Ese es Allah, vuestro Señor. No hay dios sino El, el Creador de todo. Adoradle pues.

El es el Guardián de todas las cosas.

ذَٰلِكُمُ ٱللَّهُ رَبُّكُمْ لَآ إِلَٰهَ إِلَّا هُوَ خَٰلِقُ كُلِّ شَىْءٍ فَٱعْبُدُوهُ وَهُوَ عَلَىٰ كُلِّ شَىْءٍ وَكِيلٌ ۝

(104) La vista no Le alcanza pero El abarca toda visión; El es el Sutil, el Conocedor de lo mas recóndito.

لَّا تُدْرِكُهُ ٱلْأَبْصَٰرُ وَهُوَ يُدْرِكُ ٱلْأَبْصَٰرَ وَهُوَ ٱللَّطِيفُ ٱلْخَبِيرُ ۝

(105) Habéis recibido evidencias de vuestro Señor, así pues, quien quiera ver, lo hará en beneficio propio y quien se ciegue, lo hará en perjuicio de sí mismo. Yo no soy vuestro guardián.

قَدْ جَآءَكُم بَصَآئِرُ مِن رَّبِّكُمْ فَمَنْ أَبْصَرَ فَلِنَفْسِهِ وَمَنْ عَمِىَ فَعَلَيْهَا وَمَآ أَنَا۠ عَلَيْكُم بِحَفِيظٍ ۝

(106) Así es como mostramos los signos; para que digan unos: Lo has leído en alguna parte; y para que a los que saben, les quede claro.

وَكَذَٰلِكَ نُصَرِّفُ ٱلْءَايَٰتِ وَلِيَقُولُوا۟ دَرَسْتَ وَلِنُبَيِّنَهُۥ لِقَوْمٍ يَعْلَمُونَ ۝

(107) Sigue aquello que, procedente de tu Señor, se te ha inspirado.

No hay dios sino El. Y apártate de los asociadores.

ٱتَّبِعْ مَآ أُوحِىَ إِلَيْكَ مِن رَّبِّكَ لَآ إِلَٰهَ إِلَّا هُوَ وَأَعْرِضْ عَنِ ٱلْمُشْرِكِينَ ۝

(108) Si Allah hubiera querido no habrían asociado. No te hemos hecho su guardián ni eres el encargado de velar por ellos.

وَلَوْ شَآءَ ٱللَّهُ مَآ أَشْرَكُوا۟ وَمَا جَعَلْنَٰكَ عَلَيْهِمْ حَفِيظًا وَمَآ أَنتَ عَلَيْهِم بِوَكِيلٍ ۝

(109) Y no insultéis a los que ellos, fuera de Allah, invocan; no sea que ellos insulten a Allah por reacción hostil y sin cono-

وَلَا تَسُبُّوا۟ ٱلَّذِينَ يَدْعُونَ مِن دُونِ ٱللَّهِ فَيَسُبُّوا۟ ٱللَّهَ عَدْوًۢا بِغَيْرِ عِلْمٍ كَذَٰلِكَ زَيَّنَّا لِكُلِّ أُمَّةٍ

سُورَةُ الْأَنْعَـٰمِ - الْجُزْءُ السَّابِعُ

cimiento. Así es como hemos hecho que a cada comunidad les parecieran buenas sus acciones, luego habrán de volver a su Señor que les hará saber lo que hacían.

عَمَلَهُمْ ثُمَّ إِلَىٰ رَبِّهِم مَّرْجِعُهُمْ فَيُنَبِّئُهُم بِمَا كَانُوا۟ يَعْمَلُونَ ۝

(110) Y juran por Allah con toda la gravedad, que si les llegara un signo, creerían en él. Di: Los signos están junto a Allah.

¿Pero no os dais cuenta de que, aunque os llegaran, no ibais a creer en ellos?

وَأَقْسَمُوا۟ بِٱللَّهِ جَهْدَ أَيْمَٰنِهِمْ لَئِن جَآءَتْهُمْ ءَايَةٌ لَّيُؤْمِنُنَّ بِهَا قُلْ إِنَّمَا ٱلْءَايَٰتُ عِندَ ٱللَّهِ وَمَا يُشْعِرُكُمْ أَنَّهَآ إِذَا جَآءَتْ لَا يُؤْمِنُونَ ۝

(111) Mudaremos sus corazones y su visión, de la misma manera que no creyeron en ello la primera vez, y los dejaremos errantes en su extravío.

وَنُقَلِّبُ أَفْـِٔدَتَهُمْ وَأَبْصَٰرَهُمْ كَمَا لَمْ يُؤْمِنُوا۟ بِهِۦٓ أَوَّلَ مَرَّةٍ وَنَذَرُهُمْ فِى طُغْيَٰنِهِمْ يَعْمَهُونَ ۝

(112) Y aunque hiciéramos que bajaran a ellos ángeles y que los muertos les hablaran y reuniéramos todas la cosas ante sus ojos, no creerían a menos que Allah quisiera.

Sin embargo la mayor parte de ellos son ignorantes.

وَلَوْ أَنَّنَا نَزَّلْنَآ إِلَيْهِمُ ٱلْمَلَٰٓئِكَةَ وَكَلَّمَهُمُ ٱلْمَوْتَىٰ وَحَشَرْنَا عَلَيْهِمْ كُلَّ شَىْءٍ قُبُلًا مَّا كَانُوا۟ لِيُؤْمِنُوٓا۟ إِلَّآ أَن يَشَآءَ ٱللَّهُ وَلَٰكِنَّ أَكْثَرَهُمْ يَجْهَلُونَ ۝

(113) Y así es como a cada profeta le hemos asignado enemigos: demonios, hombres y genios, que se inspiran unos a otros palabras adornadas con seducción. Si Allah quisiera no lo harían; déjalos pues a ellos y lo que inventan.

وَكَذَٰلِكَ جَعَلْنَا لِكُلِّ نَبِىٍّ عَدُوًّا شَيَٰطِينَ ٱلْإِنسِ وَٱلْجِنِّ يُوحِى بَعْضُهُمْ إِلَىٰ بَعْضٍ زُخْرُفَ ٱلْقَوْلِ غُرُورًا وَلَوْ شَآءَ رَبُّكَ مَا فَعَلُوهُ فَذَرْهُمْ وَمَا يَفْتَرُونَ ۝

(114) Para que se inclinen hacia ello los corazones de quienes no creen en la Ultima Vida y se contenten con ello y obtengan así lo que han de ganar.

وَلِتَصْغَىٰ إِلَيْهِ أَفْئِدَةُ الَّذِينَ لَا يُؤْمِنُونَ بِالْآخِرَةِ وَلِيَرْضَوْهُ وَلِيَقْتَرِفُوا مَا هُم مُّقْتَرِفُونَ ۝

(115) ¿Por qué habría de desear otro juez que Allah cuando es El Quien ha hecho descender para vosotros el Libro clarificador?

Aquéllos a los que les fue dado el Libro saben que éste ha descendido de tu Señor con la verdad; no seas, pues, de los que dudan.

أَفَغَيْرَ اللَّهِ أَبْتَغِى حَكَمًا وَهُوَ الَّذِى أَنزَلَ إِلَيْكُمُ الْكِتَبَ مُفَصَّلًا وَالَّذِينَ ءَاتَيْنَهُمُ الْكِتَبَ يَعْلَمُونَ أَنَّهُ مُنَزَّلٌ مِّن رَّبِّكَ بِالْحَقِّ فَلَا تَكُونَنَّ مِنَ الْمُمْتَرِينَ ۝

(116) Las palabras de tu Señor son de una veracidad y justicia completas, no hay nada que pueda hacer cambiar Sus palabras. El es Quien oye y Quien sabe.

وَتَمَّتْ كَلِمَتُ رَبِّكَ صِدْقًا وَعَدْلًا لَّا مُبَدِّلَ لِكَلِمَتِهِ وَهُوَ السَّمِيعُ الْعَلِيمُ ۝

(117) Si obedecieras a la mayoría de los que están en la tierra, te extraviarían del camino de Allah; ellos no siguen sino suposiciones, tan sólo conjeturan.

وَإِن تُطِعْ أَكْثَرَ مَن فِى الْأَرْضِ يُضِلُّوكَ عَن سَبِيلِ اللَّهِ إِن يَتَّبِعُونَ إِلَّا الظَّنَّ وَإِنْ هُمْ إِلَّا يَخْرُصُونَ ۝

(118) Es cierto que tu Señor sabe mejor quién se extravía de Su camino y sabe mejor quiénes están guiados.

إِنَّ رَبَّكَ هُوَ أَعْلَمُ مَن يَضِلُّ عَن سَبِيلِهِ وَهُوَ أَعْلَمُ بِالْمُهْتَدِينَ ۝

(119) Y comed de aquello sobre lo que se haya mencionado el nombre de Allah, si creéis en Sus signos*.

فَكُلُوا مِمَّا ذُكِرَ اسْمُ اللَّهِ عَلَيْهِ إِن كُنتُم بِآيَاتِهِ مُؤْمِنِينَ ۝

سُورَةُ الْأَنْعَامُ ـ الْجُزْءُ الثَّامِنُ

* [Según Ibn Abbas esta aleya descendió con motivo de que los asociadores dijeron a los musulmanes: "Vosotros afirmáis que adoráis a Allah, luego ¿no será más propio que comáis de lo que El ha matado, refiriéndose a los animales muertos de muerte natural, que no de lo que vosotros matéis?"]

(120) ¿Qué sentido tendría que no comierais de aquello sobre lo que se ha mencionado el nombre de Allah, cuando se os ha explicado claramente qué es lo que, a menos que os veáis forzados, se os prohíbe? Es cierto que muchos se extravían debido a sus deseos, sin conocimiento.

Tu Señor sabe mejor quiénes son los transgresores.

(121) Abandonad la maldad externa e internamente; pues en verdad que quienes cometan alguna maldad, serán pagados por lo que hicieron.

(122) Y no comáis de aquello sobre lo que no haya sido mencionado el nombre de Allah pues es una perversión.

Ciertamente los demonios inspiran a sus aliados para que os confundan.

Si los obedecéis, seréis asociadores*.

* [Esta aleya está en relación con la n.º 119 de esta misma sura]

(123) ¿Acaso quien estaba muerto y lo devolvimos a la vida dándole una luz con la que camina entre la gente, es como quien está en oscuridad y sin salida? Así es como hacemos que a los incrédulos les parezca hermoso lo que hacen.

أَوَمَن كَانَ مَيْتًا فَأَحْيَيْنَهُ وَجَعَلْنَا لَهُۥ نُورًا يَمْشِي بِهِۦ فِي ٱلنَّاسِ كَمَن مَّثَلُهُۥ فِي ٱلظُّلُمَٰتِ لَيْسَ بِخَارِجٍ مِّنْهَا كَذَٰلِكَ زُيِّنَ لِلْكَٰفِرِينَ مَا كَانُوا۟ يَعْمَلُونَ ۝

(124) Y así mismo hemos hecho que en cada ciudad sus mal-hechores fueran algunos de sus hombres más notables para que maquinaran en ellas. Pero sólo maquinan contra sí mismos sin darse cuenta.

وَكَذَٰلِكَ جَعَلْنَا فِي كُلِّ قَرْيَةٍ أَكَٰبِرَ مُجْرِمِيهَا لِيَمْكُرُوا۟ فِيهَا وَمَا يَمْكُرُونَ إِلَّا بِأَنفُسِهِمْ وَمَا يَشْعُرُونَ ۝

(125) Cuando les viene un signo dicen: No creeremos hasta que no tengamos lo mismo que se les ha dado a los mensajeros de Allah. Allah sabe mejor donde pone Su mensaje. Humillación ante Allah y un durísimo castigo les caerá a los que hicieron el mal, por lo que tramaron.

وَإِذَا جَآءَتْهُمْ ءَايَةٌ قَالُوا۟ لَن نُّؤْمِنَ حَتَّىٰ نُؤْتَىٰ مِثْلَ مَآ أُوتِيَ رُسُلُ ٱللَّهِ ٱللَّهُ أَعْلَمُ حَيْثُ يَجْعَلُ رِسَالَتَهُۥ سَيُصِيبُ ٱلَّذِينَ أَجْرَمُوا۟ صَغَارٌ عِندَ ٱللَّهِ وَعَذَابٌ شَدِيدٌۢ بِمَا كَانُوا۟ يَمْكُرُونَ ۝

(126) A quien Allah quiere guiar, le abre el pecho al Islam, pero a quien quiere extraviar, hace que su pecho se haga estrecho y apretado como si estuviera ascendiendo al cielo. Del mismo modo Allah pone lo peor en los que no creen.

فَمَن يُرِدِ ٱللَّهُ أَن يَهْدِيَهُۥ يَشْرَحْ صَدْرَهُۥ لِلْإِسْلَٰمِ وَمَن يُرِدْ أَن يُضِلَّهُۥ يَجْعَلْ صَدْرَهُۥ ضَيِّقًا حَرَجًا كَأَنَّمَا يَصَّعَّدُ فِي ٱلسَّمَآءِ كَذَٰلِكَ يَجْعَلُ ٱللَّهُ ٱلرِّجْسَ عَلَى ٱلَّذِينَ لَا يُؤْمِنُونَ ۝

(127) Este es el camino de tu Señor,

وَهَٰذَا صِرَٰطُ رَبِّكَ مُسْتَقِيمًا قَدْ فَصَّلْنَا ٱلْءَايَٰتِ

que es recto. Hemos explicado con claridad los signos para los que recapacitan.

لِقَوْمٍ يَذَّكَّرُونَ ۝

(128) De ellos será la Morada de la Paz, junto a su Señor. El será su Protector por lo que hacían.

۞ لَهُمْ دَارُ ٱلسَّلَٰمِ عِندَ رَبِّهِمْ وَهُوَ وَلِيُّهُم بِمَا كَانُوا۟ يَعْمَلُونَ ۝

(129) El día en que los reunamos a todos: ¡Comunidad de genios! Llevásteis a la perdición a muchos hombres.

Dirán sus aliados de entre los hombres: ¡Señor nuestro, nos aprovechamos unos de otros y el plazo que nos diste nos ha llegado! El dirá: Vuestro pago es el Fuego donde seréis inmortales, salvo lo que quiera Allah.

Es cierto que tu Señor es Sabio y Conocedor.

وَيَوْمَ نَحْشُرُهُمْ جَمِيعًا يَٰمَعْشَرَ ٱلْجِنِّ قَدِ ٱسْتَكْثَرْتُم مِّنَ ٱلْإِنسِ وَقَالَ أَوْلِيَآؤُهُم مِّنَ ٱلْإِنسِ رَبَّنَا ٱسْتَمْتَعَ بَعْضُنَا بِبَعْضٍ وَبَلَغْنَآ أَجَلَنَا ٱلَّذِىٓ أَجَّلْتَ لَنَا قَالَ ٱلنَّارُ مَثْوَىٰكُمْ خَٰلِدِينَ فِيهَآ إِلَّا مَا شَآءَ ٱللَّهُ إِنَّ رَبَّكَ حَكِيمٌ عَلِيمٌ ۝

(130) Así será como habremos hecho que unos injustos gobiernen sobre otros como consecuencia de lo que éstos últimos se hubieren buscado.

وَكَذَٰلِكَ نُوَلِّى بَعْضَ ٱلظَّٰلِمِينَ بَعْضًۢا بِمَا كَانُوا۟ يَكْسِبُونَ ۝

(131) ¡Comunidad de hombres y de genios! ¿No os llegaron mensajeros surgidos de vosotros que os hablaban de Mis signos y os advertían del encuentro de este día en el que estáis? Dirán: Sí, damos testimonio de ello en contra de nosotros mismos. La vida del mundo los

يَٰمَعْشَرَ ٱلْجِنِّ وَٱلْإِنسِ أَلَمْ يَأْتِكُمْ رُسُلٌ مِّنكُمْ يَقُصُّونَ عَلَيْكُمْ ءَايَٰتِى وَيُنذِرُونَكُمْ لِقَآءَ يَوْمِكُمْ هَٰذَا قَالُوا۟ شَهِدْنَا عَلَىٰٓ أَنفُسِنَا وَغَرَّتْهُمُ ٱلْحَيَوٰةُ ٱلدُّنْيَا وَشَهِدُوا۟ عَلَىٰٓ أَنفُسِهِمْ وَأَنَّهُمْ كَانُوا۟ كَٰفِرِينَ ۝

habrá seducido y atestiguarán en contra de sí mismos que eran incrédulos.

(132) Eso es porque tu Señor no destruirá ninguna ciudad que haya cometido una injusticia hasta que sus habitantes no estén advertidos.

ذَٰلِكَ أَن لَّمْ يَكُن رَّبُّكَ مُهْلِكَ ٱلْقُرَىٰ بِظُلْمٍ وَأَهْلُهَا غَٰفِلُونَ ۝

(133) Cada uno tendrá sus grados en la medida de lo que haya hecho. Tu Señor no está descuidado de lo que hacen.

وَلِكُلٍّ دَرَجَٰتٌ مِّمَّا عَمِلُواْ وَمَا رَبُّكَ بِغَٰفِلٍ عَمَّا يَعْمَلُونَ ۝

(134) Y tu Señor es el Rico, Dueño de misericordia.
Si quiere, os hará desaparecer y hará que después de vosotros, venga lo que El quiera; del mismo modo que os originó a partir de la descendencia de otros.

وَرَبُّكَ ٱلْغَنِىُّ ذُو ٱلرَّحْمَةِ إِن يَشَأْ يُذْهِبْكُمْ وَيَسْتَخْلِفْ مِنۢ بَعْدِكُم مَّا يَشَآءُ كَمَآ أَنشَأَكُم مِّن ذُرِّيَّةِ قَوْمٍ ءَاخَرِينَ ۝

(135) Realmente lo que se os ha prometido llegará sin que podáis impedirlo.

إِنَّ مَا تُوعَدُونَ لَءَاتٍ وَمَآ أَنتُم بِمُعْجِزِينَ ۝

(136) Di: ¡Gente mía! Obrad en consecuencia con vuestra postura que yo también lo haré. Y ya sabréis quién tuvo un buen final en la Ultima Morada.
Es cierto que los injustos no prosperan.

۞ قُلْ يَٰقَوْمِ ٱعْمَلُواْ عَلَىٰ مَكَانَتِكُمْ إِنِّى عَامِلٌ فَسَوْفَ تَعْلَمُونَ مَن تَكُونُ لَهُۥ عَٰقِبَةُ ٱلدَّارِ إِنَّهُۥ لَا يُفْلِحُ ٱلظَّٰلِمُونَ ۝

(137) Reservan para Allah, aunque El lo ha creado, una parte de la

وَجَعَلُواْ لِلَّهِ مِمَّا ذَرَأَ مِنَ ٱلْحَرْثِ وَٱلْأَنْعَٰمِ نَصِيبًا

cosecha del campo y de los animales de rebaño, diciendo según su pretensión: Esto es para Allah y esto es para nuestros dioses asociados a El.

Pero lo que está destinado a sus dioses no llega a Allah y lo que es para Allah sí llega a los dioses que Le asocian.

¡Qué malo es lo que juzgan!*

* [Esta aleya descendió a una tribu árabe idólatra que designaba una parte de sus cosechas para Allah y otra para los dioses que asociaban con El; pero si el viento se llevaba algo de la parte asignada a Allah hasta la parte reservada a sus ídolos la dejaban, mientras que si sucedía lo contrario, la devolvían. Y cuando tenían un año malo consumían la parte reservada a Allah y preservaban la de los ídolos que Le asociaban y a esto se refieren las últimas frases de la aleya.]

فَقَالُواْ هَٰذَا لِلَّهِ بِزَعْمِهِمْ وَهَٰذَا لِشُرَكَآئِنَا فَمَا كَانَ لِشُرَكَآئِهِمْ فَلَا يَصِلُ إِلَى ٱللَّهِ وَمَا كَانَ لِلَّهِ فَهُوَ يَصِلُ إِلَى شُرَكَآئِهِمْ سَآءَ مَا يَحْكُمُونَ ۝

(138) Asímismo hay muchos idólatras a los que los asociados que ellos atribuyen, les hacen que les parezca bueno matar a sus propios hijos, para así destruirlos y confundirlos en su Práctica de Adoración.

Si Allah quisiera no lo harían. ¡Déjalos pues a ellos y a lo que inventan!*

* [En esta aleya se alude a otra práctica pre-islámica según la cual algunos prometían sacrificar a uno de sus hijos si los dioses le concedían una determinada descendencia, como el caso de Abdel-Mutalib o los que enterraban vivas a las hijas.]

وَكَذَٰلِكَ زَيَّنَ لِكَثِيرٍ مِّنَ ٱلْمُشْرِكِينَ قَتْلَ أَوْلَٰدِهِمْ شُرَكَآؤُهُمْ لِيُرْدُوهُمْ وَلِيَلْبِسُواْ عَلَيْهِمْ دِينَهُمْ وَلَوْ شَآءَ ٱللَّهُ مَا فَعَلُوهُ فَذَرْهُمْ وَمَا يَفْتَرُونَ ۝

(139) Y dicen, según sus pretensiones: Este ganado y estas cosechas están vedados y sólo quien queramos será alimentado con ellos. Y hay otros animales de rebaño sobre los que no mencionan el nombre de Allah*, siendo una invención contra El. Pero El les pagará por lo que inventaron.

* [Al sacrificarlos]

وَقَالُواْ هَٰذِهِۦٓ أَنْعَٰمٌ وَحَرْثٌ حِجْرٌ لَّا يَطْعَمُهَآ
إِلَّا مَن نَّشَآءُ بِزَعْمِهِمْ وَأَنْعَٰمٌ حُرِّمَتْ ظُهُورُهَا
وَأَنْعَٰمٌ لَّا يَذْكُرُونَ اسْمَ اللَّهِ عَلَيْهَا افْتِرَآءً عَلَيْهِ
سَيَجْزِيهِم بِمَا كَانُواْ يَفْتَرُونَ ١٣٩

(140) Y dicen: Lo que hay en el vientre de estos animales está reservado a nuestros varones pero está prohibido para nuestras esposas y sólo si nace muerto les estará permitido compartirlo.

El les pagará por la distinción que hacen, pues es cierto que El es Sabio y Conocedor.

وَقَالُواْ مَا فِى بُطُونِ هَٰذِهِ الْأَنْعَٰمِ خَالِصَةٌ لِّذُكُورِنَا
وَمُحَرَّمٌ عَلَىٰٓ أَزْوَٰجِنَا وَإِن يَكُن مَّيْتَةً فَهُمْ فِيهِ
شُرَكَآءُ سَيَجْزِيهِمْ وَصْفَهُمْ إِنَّهُۥ حَكِيمٌ عَلِيمٌ ١٤٠

(141) Se perderán quienes maten a sus hijos por necedad y sin conocimiento y hagan ilícito lo que Allah les ha dado como provisión, inventando contra Allah.

Se habrán extraviado y estarán sin guía.

قَدْ خَسِرَ الَّذِينَ قَتَلُوٓاْ أَوْلَٰدَهُمْ سَفَهًۢا بِغَيْرِ عِلْمٍ وَحَرَّمُواْ
مَا رَزَقَهُمُ اللَّهُ افْتِرَآءً عَلَى اللَّهِ قَدْ ضَلُّواْ وَمَا كَانُواْ
مُهْتَدِينَ ١٤١

(142) El es Quien ha producido jardines emparrados y sin emparrar, palmeras y cereales de variado sabor y aceitunas y granados similares y diversos. Comed del fruto que den cuando fructifiquen, y el día de

وَهُوَ الَّذِىٓ أَنشَأَ جَنَّٰتٍ مَّعْرُوشَٰتٍ وَغَيْرَ مَعْرُوشَٰتٍ
وَالنَّخْلَ وَالزَّرْعَ مُخْتَلِفًا أُكُلُهُۥ وَالزَّيْتُونَ وَالرُّمَّانَ
مُتَشَٰبِهًا وَغَيْرَ مُتَشَٰبِهٍ كُلُواْ مِن ثَمَرِهِۦٓ إِذَآ
أَثْمَرَ وَءَاتُواْ حَقَّهُۥ يَوْمَ حَصَادِهِۦ وَلَا تُسْرِفُوٓاْ إِنَّهُۥ

la recolección entregad lo que corresponda por ello* y no derrochéis.

Es cierto que El no ama a los derrochadores.

* [Es decir, el zakat correspondiente]

لَا يُحِبُّ ٱلْمُسْرِفِينَ ﴿١٤١﴾

(143) Y de los animales de rebaño; de los que unos son de carga y otros para dar leche, carne y lana: Comed de lo que Allah os ha dado como provisión y no sigáis los pasos del Shaytán; porque es un enemigo declarado.

وَمِنَ ٱلْأَنْعَامِ حَمُولَةً وَفَرْشًا كُلُوا۟ مِمَّا رَزَقَكُمُ ٱللَّهُ وَلَا تَتَّبِعُوا۟ خُطُوَٰتِ ٱلشَّيْطَٰنِ إِنَّهُ لَكُمْ عَدُوٌّ مُّبِينٌ ﴿١٤٢﴾

(144) Ocho categorías: La pareja de ovinos y la de cápridos.

Di: ¿Acaso son ilícitos los dos machos o las dos hembras o lo que encierran los úteros de ambas hembras? Decídmelo con conocimiento de causa si sois veraces.

ثَمَٰنِيَةَ أَزْوَٰجٍ مِّنَ ٱلضَّأْنِ ٱثْنَيْنِ وَمِنَ ٱلْمَعْزِ ٱثْنَيْنِ قُلْ ءَآلذَّكَرَيْنِ حَرَّمَ أَمِ ٱلْأُنثَيَيْنِ أَمَّا ٱشْتَمَلَتْ عَلَيْهِ أَرْحَامُ ٱلْأُنثَيَيْنِ نَبِّئُونِي بِعِلْمٍ إِن كُنتُمْ صَٰدِقِينَ ﴿١٤٣﴾

(145) Y la pareja de los camélidos y la de los bovinos.

Di: ¿Son ilícitos los dos machos o las dos hembras, o lo que encierran los úteros de ambas hembras, o estábais presentes como testigos cuando Allah os encomendó esto?

¿Quién es más injusto que el que inventa una mentira sobre Allah para extraviar a los hombres sin tener conocimiento?

Es cierto que Allah no guía a la gente injusta.

وَمِنَ ٱلْإِبِلِ ٱثْنَيْنِ وَمِنَ ٱلْبَقَرِ ٱثْنَيْنِ قُلْ ءَآلذَّكَرَيْنِ حَرَّمَ أَمِ ٱلْأُنثَيَيْنِ أَمَّا ٱشْتَمَلَتْ عَلَيْهِ أَرْحَامُ ٱلْأُنثَيَيْنِ أَمْ كُنتُمْ شُهَدَآءَ إِذْ وَصَّىٰكُمُ ٱللَّهُ بِهَٰذَا فَمَنْ أَظْلَمُ مِمَّنِ ٱفْتَرَىٰ عَلَى ٱللَّهِ كَذِبًا لِّيُضِلَّ ٱلنَّاسَ بِغَيْرِ عِلْمٍ إِنَّ ٱللَّهَ لَا يَهْدِي ٱلْقَوْمَ ٱلظَّٰلِمِينَ ﴿١٤٤﴾

(146) Di: No encuentro en lo que se me ha inspirado ninguna prohibición de comer de todo ello para nadie, a menos que se trate de un animal muerto* o de sangre derramada, o carne de cerdo, pues es una impureza; o que sea una perversión, al haber sido sacrificado en nombre de otro que Allah. Pero quien se vea forzado a ello sin deseo ni ánimo de transgredir...Es cierto que Allah es Perdonador y Compasivo.

* [Se entiende de causa natural, no sacrificado]

فَقُل لَّآ أَجِدُ فِى مَآ أُوحِىَ إِلَىَّ مُحَرَّمًا عَلَىٰ طَاعِمٍ يَطْعَمُهُ إِلَّآ أَن يَكُونَ مَيْتَةً أَوْ دَمًا مَّسْفُوحًا أَوْ لَحْمَ خِنزِيرٍ فَإِنَّهُۥ رِجْسٌ أَوْ فِسْقًا أُهِلَّ لِغَيْرِ ٱللَّهِ بِهِۦ فَمَنِ ٱضْطُرَّ غَيْرَ بَاغٍ وَلَا عَادٍ فَإِنَّ رَبَّكَ غَفُورٌ رَّحِيمٌ ۝

(147) A los que siguen el judaísmo les hicimos ilícito todo lo que tuviera uñas, así como la grasa del ganado bovino y ovino, a excepción de la que tuvieran en el lomo, en las entrañas o mezclada con los huesos.

Así es como les pagamos por su rebeldía. Decimos la verdad.

وَعَلَى ٱلَّذِينَ هَادُواْ حَرَّمْنَا كُلَّ ذِى ظُفُرٍ وَمِنَ ٱلْبَقَرِ وَٱلْغَنَمِ حَرَّمْنَا عَلَيْهِمْ شُحُومَهُمَآ إِلَّا مَا حَمَلَتْ ظُهُورُهُمَآ أَوِ ٱلْحَوَايَآ أَوْ مَا ٱخْتَلَطَ بِعَظْمٍ ذَٰلِكَ جَزَيْنَٰهُم بِبَغْيِهِمْ وَإِنَّا لَصَٰدِقُونَ ۝

(148) Y si tachan de mentira lo que dices, di: Vuestro Señor posee una gran misericordia, pero Su violencia no será apartada de los que hacen el mal.

فَإِن كَذَّبُوكَ فَقُل رَّبُّكُمْ ذُو رَحْمَةٍ وَٰسِعَةٍ وَلَا يُرَدُّ بَأْسُهُۥ عَنِ ٱلْقَوْمِ ٱلْمُجْرِمِينَ ۝

(149) Dirán los que asociaron: Si Allah hubiese querido no habríamos caído en atribuirle asociados ni tampoco nuestros

سَيَقُولُ ٱلَّذِينَ أَشْرَكُواْ لَوْ شَآءَ ٱللَّهُ مَآ أَشْرَكْنَا وَلَآ ءَابَآؤُنَا وَلَا حَرَّمْنَا مِن شَىْءٍ كَذَٰلِكَ كَذَّبَ

padres, ni habríamos prohibido nada de lo que prohibimos.

Del mismo modo negaron la verdad quienes les precedieron hasta que probaron Nuestra violencia. Di: ¿Tenéis acaso algún conocimiento que nos podáis mostrar? Sólo seguís suposiciones y no hacéis sino conjeturas.

ٱلَّذِينَ مِن قَبْلِهِمْ حَتَّىٰ ذَاقُواْ بَأْسَنَا قُلْ هَلْ عِندَكُم مِّنْ عِلْمٍ فَتُخْرِجُوهُ لَنَآ إِن تَتَّبِعُونَ إِلَّا ٱلظَّنَّ وَإِنْ أَنتُمْ إِلَّا تَخْرُصُونَ ﴿﴾

(150) Di: Allah está en posesión de la prueba irrefutable y si quisiera, os guiaría a todos.

قُلْ فَلِلَّهِ ٱلْحُجَّةُ ٱلْبَٰلِغَةُ فَلَوْ شَآءَ لَهَدَىٰكُمْ أَجْمَعِينَ ﴿﴾

(151) Di: Traed aquí a vuestros testigos, ésos que aseguran que Allah prohibió esto; y si dan testimonio, tú no lo des con ellos y no sigas los deseos de los que niegan la verdad de Nuestros signos, no creen en la Ultima Vida y atribuyen semejantes a su Señor.

قُلْ هَلُمَّ شُهَدَآءَكُمُ ٱلَّذِينَ يَشْهَدُونَ أَنَّ ٱللَّهَ حَرَّمَ هَٰذَا فَإِن شَهِدُواْ فَلَا تَشْهَدْ مَعَهُمْ وَلَا تَتَّبِعْ أَهْوَآءَ ٱلَّذِينَ كَذَّبُواْ بِـَٔايَٰتِنَا وَٱلَّذِينَ لَا يُؤْمِنُونَ بِٱلْأَخِرَةِ وَهُم بِرَبِّهِمْ يَعْدِلُونَ ﴿﴾

(152) Di: Venid que os declare lo que vuestro Señor os ha prohibido: Que no asociéis nada con El, que hagáis el bien a vuestros padres y no matéis a vuestros hijos por temor a la miseria.

Nosotros os proveemos a vosotros y a ellos, no os acerquéis a las faltas graves ni externa ni internamente y no matéis a quien Allah ha hecho inviolable excepto por derecho.

۞ قُلْ تَعَالَوْاْ أَتْلُ مَا حَرَّمَ رَبُّكُمْ عَلَيْكُمْ أَلَّا تُشْرِكُواْ بِهِۦ شَيْـًٔا وَبِٱلْوَٰلِدَيْنِ إِحْسَٰنًا وَلَا تَقْتُلُوٓاْ أَوْلَٰدَكُم مِّنْ إِمْلَٰقٍ نَّحْنُ نَرْزُقُكُمْ وَإِيَّاهُمْ وَلَا تَقْرَبُواْ ٱلْفَوَٰحِشَ مَا ظَهَرَ مِنْهَا وَمَا بَطَنَ وَلَا تَقْتُلُواْ ٱلنَّفْسَ ٱلَّتِي حَرَّمَ ٱللَّهُ إِلَّا بِٱلْحَقِّ ذَٰلِكُمْ وَصَّىٰكُم بِهِۦ لَعَلَّكُمْ تَعْقِلُونَ ﴿﴾

Esto es lo que se os encomienda para que tal vez
razonéis.

(153) No os acerquéis a la riqueza del
huérfano, si no es con lo que
más le beneficie, hasta que no
alcance la madurez.

Y cumplid la medida y el peso
con equidad. A nadie le obligamos sino en la medida de su
capacidad. Y cuando habléis,
sed justos, aunque se trate de
un pariente próximo.

Y cumplid el compromiso con
Allah.

Eso es lo que se os encomienda
para que tal vez recordéis.

وَلَا تَقْرَبُواْ مَالَ ٱلْيَتِيمِ إِلَّا بِٱلَّتِي هِيَ أَحْسَنُ حَتَّىٰ
يَبْلُغَ أَشُدَّهُۥ وَأَوْفُواْ ٱلْكَيْلَ وَٱلْمِيزَانَ بِٱلْقِسْطِ
لَا نُكَلِّفُ نَفْسًا إِلَّا وُسْعَهَا وَإِذَا قُلْتُمْ فَٱعْدِلُواْ وَلَوْ
كَانَ ذَا قُرْبَىٰ وَبِعَهْدِ ٱللَّهِ أَوْفُواْ ذَٰلِكُمْ وَصَّىٰكُم
بِهِۦ لَعَلَّكُمْ تَذَكَّرُونَ ۝

(154) Este es Mi camino recto
¡Seguidlo! Y no sigáis los caminos diversos, pues ello os
separaría y os apartaría de
Su camino.

Eso es lo que se os encomienda
para que tal vez os guardéis.

وَأَنَّ هَٰذَا صِرَٰطِي مُسْتَقِيمًا فَٱتَّبِعُوهُ وَلَا تَتَّبِعُواْ
ٱلسُّبُلَ فَتَفَرَّقَ بِكُمْ عَن سَبِيلِهِۦ ذَٰلِكُمْ
وَصَّىٰكُم بِهِۦ لَعَلَّكُمْ تَتَّقُونَ ۝

(155) Luego dimos a Musa el Libro
como culminación para quien
hiciera el bien, aclaración de
todas las cosas y guía y
misericordia. Y para que
tal vez así creyeran en el
encuentro con su Señor.

ثُمَّ ءَاتَيْنَا مُوسَى ٱلْكِتَٰبَ تَمَامًا عَلَى ٱلَّذِيٓ أَحْسَنَ
وَتَفْصِيلًا لِّكُلِّ شَيْءٍ وَهُدًى وَرَحْمَةً لَّعَلَّهُم
بِلِقَآءِ رَبِّهِمْ يُؤْمِنُونَ ۝

(156) Y éste es un Libro que hemos
hecho descender y una ben-

وَهَٰذَا كِتَٰبٌ أَنزَلْنَٰهُ مُبَارَكٌ فَٱتَّبِعُوهُ وَٱتَّقُواْ

dición. Seguidlo y guardaos, para que se os pueda tener misericordia.

لَعَلَّكُمْ تُرْحَمُونَ ۝

(157) Para que no pudierais decir: El Libro descendió únicamente para dos comunidades que son anteriores a nosotros y no se nos advirtió que debiéramos conocerlo.

أَن تَقُولُوٓا۟ إِنَّمَآ أُنزِلَ ٱلْكِتَـٰبُ عَلَىٰ طَآئِفَتَيْنِ مِن قَبْلِنَا وَإِن كُنَّا عَن دِرَاسَتِهِمْ لَغَـٰفِلِينَ ۝

(158) O pudiérais decir: Si se nos hubiera hecho descender el Libro, habríamos tenido mejor guía que ellos.

Os ha llegado una prueba evidente de vuestro Señor, así como una guía y una misericordia.

¿Quién puede ser más injusto que aquel que niega la autenticidad de los signos de Allah y se aparta de ellos?

A quienes se aparten de Nuestros signos les pagaremos, por su desvío, con el peor castigo.

أَوْ تَقُولُوا۟ لَوْ أَنَّآ أُنزِلَ عَلَيْنَا ٱلْكِتَـٰبُ لَكُنَّآ أَهْدَىٰ مِنْهُمْ فَقَدْ جَآءَكُم بَيِّنَةٌ مِّن رَّبِّكُمْ وَهُدًى وَرَحْمَةٌ فَمَنْ أَظْلَمُ مِمَّن كَذَّبَ بِـَٔايَـٰتِ ٱللَّهِ وَصَدَفَ عَنْهَا سَنَجْزِى ٱلَّذِينَ يَصْدِفُونَ عَنْ ءَايَـٰتِنَا سُوٓءَ ٱلْعَذَابِ بِمَا كَانُوا۟ يَصْدِفُونَ ۝

(159) ¿Qué esperan? ¿Que vengan a ellos los ángeles, o venga tu Señor, o vengan algunas señales de tu Señor? El día en que lleguen las señales de tu Señor, a ningún alma le servirá de nada creer, si no lo hizo antes o no alcanzó con su creencia ningún bien. Di: ¡Esperad! Que nosotros también esperamos.

هَلْ يَنظُرُونَ إِلَّآ أَن تَأْتِيَهُمُ ٱلْمَلَـٰٓئِكَةُ أَوْ يَأْتِىَ رَبُّكَ أَوْ يَأْتِىَ بَعْضُ ءَايَـٰتِ رَبِّكَ يَوْمَ يَأْتِى بَعْضُ ءَايَـٰتِ رَبِّكَ لَا يَنفَعُ نَفْسًا إِيمَـٰنُهَا لَمْ تَكُنْ ءَامَنَتْ مِن قَبْلُ أَوْ كَسَبَتْ فِىٓ إِيمَـٰنِهَا خَيْرًا قُلِ ٱنتَظِرُوٓا۟ إِنَّا مُنتَظِرُونَ ۝

(160) Los que se dividieron en su práctica de Adoración y se hicieron sectas…Tú no tienes nada que ver con ellos. Su caso se remite a Allah.

El les hará saber lo que han hecho.

إِنَّ ٱلَّذِينَ فَرَّقُوا دِينَهُمْ وَكَانُوا شِيَعًا لَّسْتَ مِنْهُمْ فِي شَيْءٍ إِنَّمَآ أَمْرُهُمْ إِلَى ٱللَّهِ ثُمَّ يُنَبِّئُهُم بِمَا كَانُوا يَفْعَلُونَ ۞

(161) Quien se presente con buenas acciones tendrá diez como ellas, pero quien se presente con malas acciones, no recibirá más pago que lo que trajo, sin que se le haga injusticia.

مَن جَآءَ بِٱلْحَسَنَةِ فَلَهُ عَشْرُ أَمْثَالِهَا وَمَن جَآءَ بِٱلسَّيِّئَةِ فَلَا يُجْزَىٰٓ إِلَّا مِثْلَهَا وَهُمْ لَا يُظْلَمُونَ ۞

(162) Di: Mi Señor me ha guiado a un camino recto,

قُلْ إِنَّنِي هَدَىٰنِي رَبِّي إِلَىٰ صِرَٰطٍ مُّسْتَقِيمٍ ۞

(163) una práctica de Adoración auténtica, la religión de Ibrahim, hanif*, que no era de los que asocian.

* [Ver nota de la aleya 134, sura 2.]

دِينًا قِيَمًا مِّلَّةَ إِبْرَٰهِيمَ حَنِيفًا وَمَا كَانَ مِنَ ٱلْمُشْرِكِينَ ۞

(164) Di: En verdad mi oración*, el sacrificio que pueda ofrecer, mi vida y mi muerte son para Allah*, el Señor de los mundos.

*[Salat]

*[Son de y para Allah]

قُلْ إِنَّ صَلَاتِي وَنُسُكِي وَمَحْيَايَ وَمَمَاتِي لِلَّهِ رَبِّ ٱلْعَٰلَمِينَ ۞

(165) El no tiene copartícipe. Eso es lo que se me ha ordenado.

Soy el primero de los musulmanes.

لَا شَرِيكَ لَهُۥ وَبِذَٰلِكَ أُمِرْتُ وَأَنَا۠ أَوَّلُ ٱلْمُسْلِمِينَ ۞

(166) Di: ¿Por qué habría de desear a

قُلْ أَغَيْرَ ٱللَّهِ أَبْغِي رَبًّا وَهُوَ رَبُّ كُلِّ شَيْءٍ

otro que Allah como Señor, si El es el Señor de todas las cosas?

Lo que cada alma adquiera sólo podrá perjudicarle a ella misma y nadie cargará con la carga de otro.

Luego habréis de volver a vuestro Señor que os hará ver aquello en lo que teníais diferencias.

وَلَا تَكْسِبُ كُلُّ نَفْسٍ إِلَّا عَلَيْهَا وَلَا تَزِرُ وَازِرَةٌ وِزْرَ أُخْرَىٰ ثُمَّ إِلَىٰ رَبِّكُم مَّرْجِعُكُمْ فَيُنَبِّئُكُم بِمَا كُنتُمْ فِيهِ تَخْتَلِفُونَ ﴿١٦٦﴾

(167) Y El es Quien os ha hecho suceder a otros en la tierra y ha elevado a unos por encima de otros en grados para poneros a prueba en lo que os ha dado.

Es cierto que tu Señor es Rápido en castigar y es cierto que El es el Perdonador y el Compasivo.

وَهُوَ الَّذِي جَعَلَكُمْ خَلَائِفَ الْأَرْضِ وَرَفَعَ بَعْضَكُمْ فَوْقَ بَعْضٍ دَرَجَاتٍ لِّيَبْلُوَكُمْ فِي مَا آتَاكُمْ إِنَّ رَبَّكَ سَرِيعُ الْعِقَابِ وَإِنَّهُ لَغَفُورٌ رَّحِيمٌ ﴿١٦٧﴾

7. SURA AL-'ARAF.
(La altura divisoria entre
el Jardín y el Fuego).

سُورَةُ الأَعْرَافِ

بِسْمِ اللَّهِ الرَّحْمَنِ الرَّحِيمِ

En el nombre de Allah, el Misericordioso, el Compasivo.

(1) Alif, Lam, Mim, Sad.

Es un Libro que se te ha hecho
descender, que no haya pues
ninguna estrechez en tu pecho
por su causa.

Para que adviertas con él y sea
un recuerdo para los creyentes.

المص كِتَابٌ أُنزِلَ إِلَيْكَ فَلَا يَكُن فِي صَدْرِكَ
حَرَجٌ مِّنْهُ لِتُنذِرَ بِهِ وَذِكْرَىٰ لِلْمُؤْمِنِينَ ۝

(2) ¡Seguid lo que os ha descendido
de vuestro Señor y no sigáis a
ningún protector fuera de El!

¡Qué poco recapacitáis!

اتَّبِعُوا مَا أُنزِلَ إِلَيْكُم مِّن رَّبِّكُمْ وَلَا تَتَّبِعُوا مِن
دُونِهِ أَوْلِيَاءَ قَلِيلًا مَّا تَذَكَّرُونَ ۝

(3) ¡Cuántas ciudades hemos
destruido! Nuestra violencia les
sobrevino mientras dormían o
sesteaban.

وَكَم مِّن قَرْيَةٍ أَهْلَكْنَاهَا فَجَاءَهَا بَأْسُنَا بَيَاتًا أَوْ هُمْ
قَائِلُونَ ۝

(4) Y cuando les llegó Nuestra violencia, su única súplica fue
decir: ¡Realmente fuimos
injustos!

فَمَا كَانَ دَعْوَاهُمْ إِذْ جَاءَهُم بَأْسُنَا إِلَّا أَن
قَالُوا إِنَّا كُنَّا ظَالِمِينَ ۝

(5) Preguntaremos a aquéllos a los
que se les mandaron enviados
y preguntaremos a los
enviados.

فَلَنَسْأَلَنَّ الَّذِينَ أُرْسِلَ إِلَيْهِمْ وَلَنَسْأَلَنَّ الْمُرْسَلِينَ ۝

(6) Les hablaremos de lo que hicieron con conocimiento de causa, pues no estábamos Ausentes.

فَلَنَقُصَّنَّ عَلَيْهِم بِعِلْمٍ وَمَا كُنَّا غَآئِبِينَ ۞

(7) Ese día, el peso en la balanza será la verdad. Aquéllos cuyas acciones tengan peso, serán quienes hayan tenido éxito.

وَالْوَزْنُ يَوْمَئِذٍ الْحَقُّ فَمَن ثَقُلَتْ مَوَازِينُهُ فَأُوْلَٰئِكَ هُمُ الْمُفْلِحُونَ ۞

(8) Pero aquéllos cuya acciones apenas pesen, serán quienes se hayan perdido a sí mismos por haber sido injustos con Nuestros signos.

وَمَنْ خَفَّتْ مَوَازِينُهُ فَأُوْلَٰئِكَ الَّذِينَ خَسِرُوٓاْ أَنفُسَهُم بِمَا كَانُواْ بِـَٔايَٰتِنَا يَظْلِمُونَ ۞

(9) Y en verdad que os hemos dado una buena posición en la tierra y os hemos puesto en ella medios de subsistencia. ¡Qué poco es lo que agradecéis!

وَلَقَدْ مَكَّنَّٰكُمْ فِي الْأَرْضِ وَجَعَلْنَا لَكُمْ فِيهَا مَعَٰيِشَ قَلِيلًا مَّا تَشْكُرُونَ ۞

(10) Y os creamos, os dimos una forma y luego dijimos a los ángeles: ¡Postraos ante Adam! Y se postraron todos, menos Iblis, que no estuvo entre ellos.

وَلَقَدْ خَلَقْنَٰكُمْ ثُمَّ صَوَّرْنَٰكُمْ ثُمَّ قُلْنَا لِلْمَلَٰئِكَةِ اسْجُدُواْ لِءَادَمَ فَسَجَدُوٓاْ إِلَّآ إِبْلِيسَ لَمْ يَكُن مِّنَ السَّٰجِدِينَ ۞

(11) Dijo: ¿Qué te impide postrarte habiéndotelo ordenado?
Contestó: Yo soy mejor que él; a mí me creaste de fuego, mientras que a él lo has creado de barro.

قَالَ مَا مَنَعَكَ أَلَّا تَسْجُدَ إِذْ أَمَرْتُكَ قَالَ أَنَا۠ خَيْرٌ مِّنْهُ خَلَقْتَنِي مِن نَّارٍ وَخَلَقْتَهُۥ مِن طِينٍ ۞

(12) Dijo: ¡Desciende de aquí! En este lugar no cabe que seas soberbio. ¡Sal de él! Tú serás de los humillados.

قَالَ فَاهْبِطْ مِنْهَا فَمَا يَكُونُ لَكَ أَن تَتَكَبَّرَ فِيهَا فَاخْرُجْ إِنَّكَ مِنَ الصَّٰغِرِينَ ۞

(13) Dijo: Concédeme un plazo hasta el día en que sean devueltos a la vida.

فَالَ أَنظِرْنِي إِلَىٰ يَوْمِ يُبْعَثُونَ ۝

(14) Dijo: Considérate entre los que esperan.

قَالَ إِنَّكَ مِنَ ٱلْمُنظَرِينَ ۝

(15) Dijo: Puesto que me has extraviado, yo les haré difícil Tu camino recto.

قَالَ فَبِمَا أَغْوَيْتَنِي لَأَقْعُدَنَّ لَهُمْ صِرَٰطَكَ ٱلْمُسْتَقِيمَ ۝

(16) Después los abordaré por delante y por detrás, por la derecha y por la izquierda y a la mayor parte de ellos no los encontrarás agradecidos.

ثُمَّ لَآتِيَنَّهُم مِّنۢ بَيْنِ أَيْدِيهِمْ وَمِنْ خَلْفِهِمْ وَعَنْ أَيْمَٰنِهِمْ وَعَن شَمَآئِلِهِمْ وَلَا تَجِدُ أَكْثَرَهُمْ شَٰكِرِينَ ۝

(17) Dijo: ¡Sal de aquí degradado y despreciado!

Quien de ellos te siga...Llenaré Yahannam con todos vosotros.

قَالَ ٱخْرُجْ مِنْهَا مَذْءُومًا مَّدْحُورًا لَّمَن تَبِعَكَ مِنْهُمْ لَأَمْلَأَنَّ جَهَنَّمَ مِنكُمْ أَجْمَعِينَ ۝

(18) ¡Adam! Habitad tú y tu pareja el Jardín y comed de donde queráis, pero no os acerquéis a este árbol pues seréis de los injustos.

وَيَٰٓـَٔادَمُ ٱسْكُنْ أَنتَ وَزَوْجُكَ ٱلْجَنَّةَ فَكُلَا مِنْ حَيْثُ شِئْتُمَا وَلَا تَقْرَبَا هَٰذِهِ ٱلشَّجَرَةَ فَتَكُونَا مِنَ ٱلظَّٰلِمِينَ ۝

(19) El Shaytán les susurró, por lo que se les hizo manifiesto lo que estaba oculto de sus vergüenzas, diciéndoles: Vuestro Señor os ha prohibido este árbol sólo para evitar que seáis ángeles o que no muráis nunca.

فَوَسْوَسَ لَهُمَا ٱلشَّيْطَٰنُ لِيُبْدِيَ لَهُمَا مَا وُۥرِيَ عَنْهُمَا مِن سَوْءَٰتِهِمَا وَقَالَ مَا نَهَىٰكُمَا رَبُّكُمَا عَنْ هَٰذِهِ ٱلشَّجَرَةِ إِلَّآ أَن تَكُونَا مَلَكَيْنِ أَوْ تَكُونَا مِنَ ٱلْخَٰلِدِينَ ۝

(20) Les aseguró jurándoles: Realmente soy un consejero para vosotros.

۞وَقَاسَمَهُمَآ إِنِّى لَكُمَا لَمِنَ ٱلنَّـٰصِحِينَ ۝

(21) Y los sedujo con engaños, Y una vez hubieron probado del árbol, se les hicieron manifiestas sus vergüenzas y comenzaron a cubrirlas con hojas del Jardín. Entonces su Señor les llamó: ¿No os había prohibido ese árbol y os había dicho que el Shaytán era para vosotros un enemigo declarado?

فَدَلَّىٰهُمَا بِغُرُورٍۚ فَلَمَّا ذَاقَا ٱلشَّجَرَةَ بَدَتۡ لَهُمَا سَوۡءَٰتُهُمَا وَطَفِقَا يَخۡصِفَانِ عَلَيۡهِمَا مِن وَرَقِ ٱلۡجَنَّةِۖ وَنَادَىٰهُمَا رَبُّهُمَآ أَلَمۡ أَنۡهَكُمَا عَن تِلۡكُمَا ٱلشَّجَرَةِ وَأَقُل لَّكُمَآ إِنَّ ٱلشَّيۡطَٰنَ لَكُمَا عَدُوٌّ مُّبِينٌ ۝

(22) Dijeron: ¡Señor nuestro! Hemos sido injustos con nosotros mismos y si no nos perdonas y no tienes misericordia de nosotros, estaremos entre los perdidos.

قَالَا رَبَّنَا ظَلَمۡنَآ أَنفُسَنَا وَإِن لَّمۡ تَغۡفِرۡ لَنَا وَتَرۡحَمۡنَا لَنَكُونَنَّ مِنَ ٱلۡخَٰسِرِينَ ۝

(23) Dijo: Descended todos*. Seréis mutuos enemigos. Tendréis morada en la tierra y posesiones en disfrute por un tiempo.
* [Referido a Adam, Hawa e Iblis.]

قَالَ ٱهۡبِطُوا بَعۡضُكُمۡ لِبَعۡضٍ عَدُوٌّۖ وَلَكُمۡ فِى ٱلۡأَرۡضِ مُسۡتَقَرٌّ وَمَتَٰعٌ إِلَىٰ حِينٍ ۝

(24) Dijo: En ella viviréis, en ella moriréis y de ella se os hará salir.

قَالَ فِيهَا تَحۡيَوۡنَ وَفِيهَا تَمُوتُونَ وَمِنۡهَا تُخۡرَجُونَ ۝

(25) ¡Hijos de Adam! Hice descender para vosotros vestidos que cubrieran vuestras vergüenzas y os sirvieran de adorno, así como el vestido del temor (de

يَٰبَنِىٓ ءَادَمَ قَدۡ أَنزَلۡنَا عَلَيۡكُمۡ لِبَاسًا يُوَٰرِى سَوۡءَٰتِكُمۡ وَرِيشًاۖ وَلِبَاسُ ٱلتَّقۡوَىٰ ذَٰلِكَ خَيۡرٌۚ ذَٰلِكَ مِنۡ ءَايَٰتِ ٱللَّهِ لَعَلَّهُمۡ يَذَّكَّرُونَ ۝

سُورَةُ الأَعْرَافِ ـ الْجُزْءُ الثَّامِنُ

Allah). Y ese es el mejor. Esto forma parte de los signos de Allah para que podáis recapacitar.

(26) ¡Hijos de Adam! Que no os solivante el Shaytán del mismo modo que logró que vuestros padres salieran del Jardín despojándolos de su vestido para que fueran conscientes de sus vergüenzas.

El y los suyos os ven desde donde no los veis. Hemos hecho a los demonios aliados de los que no creen.

يَبَنِى ءَادَمَ لَا يَفْتِنَنَّكُمُ ٱلشَّيْطَٰنُ كَمَآ أَخْرَجَ أَبَوَيْكُم مِّنَ ٱلْجَنَّةِ يَنزِعُ عَنْهُمَا لِبَاسَهُمَا لِيُرِيَهُمَا سَوْءَٰتِهِمَآ إِنَّهُۥ يَرَىٰكُمْ هُوَ وَقَبِيلُهُۥ مِنْ حَيْثُ لَا تَرَوْنَهُمْ إِنَّا جَعَلْنَا ٱلشَّيَٰطِينَ أَوْلِيَآءَ لِلَّذِينَ لَا يُؤْمِنُونَ ٢٦

(27) Y cuando cometen un acto vergonzoso dicen: Encontramos a nuestros padres en ello.

Pero Allah no ordena la indecencia. ¿O es que diréis sobre Allah lo que no sabéis?

وَإِذَا فَعَلُواْ فَٰحِشَةً قَالُواْ وَجَدْنَا عَلَيْهَآ ءَابَآءَنَا وَٱللَّهُ أَمَرَنَا بِهَاۗ قُلْ إِنَّ ٱللَّهَ لَا يَأْمُرُ بِٱلْفَحْشَآءِ أَتَقُولُونَ عَلَى ٱللَّهِ مَا لَا تَعْلَمُونَ ٢٧

(28) Di: Mi Señor ordena la ecuanimidad y que, en cada lugar de oración, dirijáis vuestro rostro y Le invoquéis sinceramente, rindiéndole sólo a El la Adoración. Así como os originó, volveréis.

Habrá un grupo al que habrá guiado, pero para otro se habrá confirmado el extravío. Ellos habían tomado a los demonios como protectores, fuera de Allah, y creyeron que estaban guiados.

قُلْ أَمَرَ رَبِّى بِٱلْقِسْطِ وَأَقِيمُواْ وُجُوهَكُمْ عِندَ كُلِّ مَسْجِدٍ وَٱدْعُوهُ مُخْلِصِينَ لَهُ ٱلدِّينَ كَمَا بَدَأَكُمْ تَعُودُونَ فَرِيقًا هَدَىٰ وَفَرِيقًا حَقَّ عَلَيْهِمُ ٱلضَّلَٰلَةُ إِنَّهُمُ ٱتَّخَذُواْ ٱلشَّيَٰطِينَ أَوْلِيَآءَ مِن دُونِ ٱللَّهِ وَيَحْسَبُونَ أَنَّهُم مُّهْتَدُونَ ٢٨

(29) ¡Hijos de Adam! Poneos vuestros mejores y más puros vestidos en cada lugar de oración; y comed y bebed, pero no os excedáis.

Es cierto que El no ama a los que se exceden.

يَـٰبَنِى ءَادَمَ خُذُوا۟ زِينَتَكُمْ عِندَ كُلِّ مَسْجِدٍ وَكُلُوا۟ وَٱشْرَبُوا۟ وَلَا تُسْرِفُوٓا۟ إِنَّهُۥ لَا يُحِبُّ ٱلْمُسْرِفِينَ ۝

(30) Di: ¿Quién prohibe los adornos de Allah, creados por El para Sus siervos, y las cosas buenas de la provisión?*

Di: Todo esto, el Día del Levantamiento, pertenecerá en exclusiva a quienes en la vida del mundo hayan sido creyentes.

Así es como dejamos claros los signos para los que saben.

* [Los adornos de Allah son los vestidos y los alimentos; y la aleya hace referencia a los asociadores que hacían algunos ritos de la Peregrinación desnudos y se prohibían ciertos alimentos como la leche y la grasa.]

قُلْ مَنْ حَرَّمَ زِينَةَ ٱللَّهِ ٱلَّتِىٓ أَخْرَجَ لِعِبَادِهِۦ وَٱلطَّيِّبَـٰتِ مِنَ ٱلرِّزْقِ قُلْ هِىَ لِلَّذِينَ ءَامَنُوا۟ فِى ٱلْحَيَوٰةِ ٱلدُّنْيَا خَالِصَةً يَوْمَ ٱلْقِيَـٰمَةِ كَذَٰلِكَ نُفَصِّلُ ٱلْءَايَـٰتِ لِقَوْمٍ يَعْلَمُونَ ۝

(31) Di: Lo que de verdad ha prohibido mi Señor son las indecencias, tanto las externas como las que se ocultan, la maldad, el abuso sin razón, que asociéis con Allah aquello sobre lo que no ha descendido ninguna evidencia y que digáis sobre Allah lo que no sabéis.

قُلْ إِنَّمَا حَرَّمَ رَبِّىَ ٱلْفَوَٰحِشَ مَا ظَهَرَ مِنْهَا وَمَا بَطَنَ وَٱلْإِثْمَ وَٱلْبَغْىَ بِغَيْرِ ٱلْحَقِّ وَأَن تُشْرِكُوا۟ بِٱللَّهِ مَا لَمْ يُنَزِّلْ بِهِۦ سُلْطَـٰنًا وَأَن تَقُولُوا۟ عَلَى ٱللَّهِ مَا لَا تَعْلَمُونَ ۝

(32) Para cada comunidad hay un plazo y cuando éste llegue, no se les atrasará ni se les adelantará una sola hora.

وَلِكُلِّ أُمَّةٍ أَجَلٌ فَإِذَا جَآءَ أَجَلُهُمْ لَا يَسْتَأْخِرُونَ سَاعَةً وَلَا يَسْتَقْدِمُونَ ۝

(33) ¡Hijos de Adam! Si os llegan mensajeros, surgidos de vosotros, que os hablan de Mis signos... Quien se guarde y rectifique, no tendrá nada que temer ni se entristecerá.

يَٰبَنِىٓ ءَادَمَ إِمَّا يَأۡتِيَنَّكُمۡ رُسُلٌ مِّنكُمۡ يَقُصُّونَ عَلَيۡكُمۡ ءَايَٰتِى فَمَنِ ٱتَّقَىٰ وَأَصۡلَحَ فَلَا خَوۡفٌ عَلَيۡهِمۡ وَلَا هُمۡ يَحۡزَنُونَ ٣٣

(34) Pero los que tachen de mentira Nuestros signos y sean soberbios ante ellos... Esos son los compañeros del Fuego donde serán inmortales.

وَٱلَّذِينَ كَذَّبُواْ بِـَٔايَٰتِنَا وَٱسۡتَكۡبَرُواْ عَنۡهَآ أُوْلَٰٓئِكَ أَصۡحَٰبُ ٱلنَّارِ هُمۡ فِيهَا خَٰلِدُونَ ٣٤

(35) ¿Y quién es más injusto que quien inventa una mentira sobre Allah o tacha de mentira Sus signos?

A ésos les llegará lo que tengan escrito; así, cuando se les presenten Nuestros emisarios para llevar sus almas y les digan: ¿Dónde están los que invocábais aparte de Allah?

Dirán: Se apartaron de nosotros.

Y atestiguarán en contra de sí mismos que fueron incrédulos.

فَمَنۡ أَظۡلَمُ مِمَّنِ ٱفۡتَرَىٰ عَلَى ٱللَّهِ كَذِبًا أَوۡ كَذَّبَ بِـَٔايَٰتِهِۦٓ أُوْلَٰٓئِكَ يَنَالُهُمۡ نَصِيبُهُم مِّنَ ٱلۡكِتَٰبِ حَتَّىٰٓ إِذَا جَآءَتۡهُمۡ رُسُلُنَا يَتَوَفَّوۡنَهُمۡ قَالُوٓاْ أَيۡنَ مَا كُنتُمۡ تَدۡعُونَ مِن دُونِ ٱللَّهِ قَالُواْ ضَلُّواْ عَنَّا وَشَهِدُواْ عَلَىٰٓ أَنفُسِهِمۡ أَنَّهُمۡ كَانُواْ كَٰفِرِينَ ٣٥

(36) Dirá: Entrad en el Fuego en compañía de las comunidades de hombres y genios que hubo antes que vosotros.

Y Cada que vez que entre una comunidad, maldecirá a su hermana; así, cuando todas hayan coincidido en él, la última de ellas dirá de la primera: ¡Señor Nuestro! Estos son

قَالَ ٱدۡخُلُواْ فِىٓ أُمَمٍ قَدۡ خَلَتۡ مِن قَبۡلِكُم مِّنَ ٱلۡجِنِّ وَٱلۡإِنسِ فِى ٱلنَّارِ كُلَّمَا دَخَلَتۡ أُمَّةٌ لَّعَنَتۡ أُخۡتَهَا حَتَّىٰٓ إِذَا ٱدَّارَكُواْ فِيهَا جَمِيعًا قَالَتۡ أُخۡرَىٰهُمۡ لِأُولَىٰهُمۡ رَبَّنَا هَٰٓؤُلَآءِ أَضَلُّونَا فَـَٔاتِهِمۡ عَذَابًا ضِعۡفًا مِّنَ ٱلنَّارِ ٣٦

los que nos extraviaron, dales un doble castigo en el Fuego.

(37) El dirá: Todos tenéis el doble, pero no sabéis.

فَقَالَ لِكُلٍّ ضِعْفٌ وَلَكِن لَّا تَعْلَمُونَ ۝

(38) Y le dirá la primera de ellas a la última: No tenéis ningún privilegio sobre nosotros.

Gustad el castigo por lo que habéis ganado.

وَقَالَتْ أُولَاهُمْ لِأُخْرَاهُمْ فَمَا كَانَ لَكُمْ عَلَيْنَا مِن فَضْلٍ فَذُوقُوا الْعَذَابَ بِمَا كُنتُمْ تَكْسِبُونَ ۝

(39) Es cierto que a los que tachan de mentira Nuestros signos y se muestran soberbios ante ellos, no se les abrirán las puertas del cielo, ni entrarán en el Jardín hasta que no pase el camello por el ojo de la aguja.

Así es como pagamos a los que hacen el mal.

إِنَّ الَّذِينَ كَذَّبُوا بِآيَاتِنَا وَاسْتَكْبَرُوا عَنْهَا لَا تُفَتَّحُ لَهُمْ أَبْوَابُ السَّمَاءِ وَلَا يَدْخُلُونَ الْجَنَّةَ حَتَّى يَلِجَ الْجَمَلُ فِي سَمِّ الْخِيَاطِ وَكَذَلِكَ نَجْزِي الْمُجْرِمِينَ ۝

(40) Tendrán un lecho de Yahannam y sobre él cobertores de fuego. Así es como pagamos a los injustos.

لَهُم مِّن جَهَنَّمَ مِهَادٌ وَمِن فَوْقِهِمْ غَوَاشٍ وَكَذَلِكَ نَجْزِي الظَّالِمِينَ ۝

(41) Y los que creen y practican las acciones de bien —y no obligamos a nadie sino en la medida de su capacidad— ellos son los compañeros del Jardín donde serán inmortales.

وَالَّذِينَ آمَنُوا وَعَمِلُوا الصَّالِحَاتِ لَا نُكَلِّفُ نَفْسًا إِلَّا وُسْعَهَا أُولَئِكَ أَصْحَابُ الْجَنَّةِ هُمْ فِيهَا خَالِدُونَ ۝

(42) Quitaremos el rencor que pueda haber en sus pechos, los ríos correrán a sus pies y dirán: Las alabanzas a Allah que nos ha

وَنَزَعْنَا مَا فِي صُدُورِهِم مِّنْ غِلٍّ تَجْرِي مِن تَحْتِهِمُ الْأَنْهَارُ وَقَالُوا الْحَمْدُ لِلَّهِ الَّذِي هَدَانَا لِهَذَا

guiado a esto, puesto que si Allah no nos hubiera guiado, nosotros jamás nos habríamos guiado; es cierto que los mensajeros de nuestro Señor vinieron con la verdad.

Y se les proclamará: Aquí tenéis el Jardín, lo habéis heredado por lo que hicisteis.

وَمَا كُنَّا لِنَهۡتَدِيَ لَوۡلَآ أَنۡ هَدَىٰنَا ٱللَّهُ لَقَدۡ جَآءَتۡ رُسُلُ رَبِّنَا بِٱلۡحَقِّ وَنُودُوٓاْ أَن تِلۡكُمُ ٱلۡجَنَّةُ أُورِثۡتُمُوهَا بِمَا كُنتُمۡ تَعۡمَلُونَ ﴿﴾

(43) Y llamarán los compañeros del Jardín a los del Fuego: Hemos encontrado que lo que nuestro Señor nos había prometido era verdad. ¿Habéis encontrado vosotros que lo que vuestro Señor os prometió era verdad? Dirán: Sí. Y una voz pregonará entre ellos: ¡Que la maldición de Allah caiga sobre los injustos!

وَنَادَىٰٓ أَصۡحَٰبُ ٱلۡجَنَّةِ أَصۡحَٰبَ ٱلنَّارِ أَن قَدۡ وَجَدۡنَا مَا وَعَدَنَا رَبُّنَا حَقًّا فَهَلۡ وَجَدتُّم مَّا وَعَدَ رَبُّكُمۡ حَقًّا قَالُواْ نَعَمۡ فَأَذَّنَ مُؤَذِّنُۢ بَيۡنَهُمۡ أَن لَّعۡنَةُ ٱللَّهِ عَلَى ٱلظَّٰلِمِينَ ﴿﴾

(44) Esos que apartan del camino de Allah, procurándolo tortuoso y no creen en la Ultima Vida.

ٱلَّذِينَ يَصُدُّونَ عَن سَبِيلِ ٱللَّهِ وَيَبۡغُونَهَا عِوَجًا وَهُم بِٱلۡأَخِرَةِ كَٰفِرُونَ ﴿﴾

(45) Entre ambos grupos habrá una separación, y sobre las "alturas de reconocimiento", habrá unos hombres que reconocerán a cada uno por sus signos. Cuando llamen a los compañeros del Jardín les dirán: Paz con vosotros. Pero ellos no podrán entrar en él, aunque lo desearán intensamente.

وَبَيۡنَهُمَا حِجَابٌ وَعَلَى ٱلۡأَعۡرَافِ رِجَالٌ يَعۡرِفُونَ كُلَّۢ بِسِيمَىٰهُمۡ وَنَادَوۡاْ أَصۡحَٰبَ ٱلۡجَنَّةِ أَن سَلَٰمٌ عَلَيۡكُمۡ لَمۡ يَدۡخُلُوهَا وَهُمۡ يَطۡمَعُونَ ﴿﴾

(46) Y cuando tengan que volver la mirada a los compañeros del Fuego, dirán: ¡Señor nuestro, no nos pongas junto a las gentes injustas!

• وَإِذَا صُرِفَتۡ أَبۡصَٰرُهُمۡ تِلۡقَآءَ أَصۡحَٰبِ ٱلنَّارِ قَالُواْ رَبَّنَا لَا تَجۡعَلۡنَا مَعَ ٱلۡقَوۡمِ ٱلظَّٰلِمِينَ ۝

(47) Los compañeros de las "alturas" llamarán a unos hombres a los que habrán reconocido por sus signos y les dirán: ¿De qué os sirvió todo lo que acumulásteis y la soberbia que tuvísteis?

وَنَادَىٰٓ أَصۡحَٰبُ ٱلۡأَعۡرَافِ رِجَالٗا يَعۡرِفُونَهُم بِسِيمَىٰهُمۡ قَالُواْ مَآ أَغۡنَىٰ عَنكُمۡ جَمۡعُكُمۡ وَمَا كُنتُمۡ تَسۡتَكۡبِرُونَ ۝

(48) ¿Son éstos de aquí de los que asegurasteis con juramentos que Allah no tendría misericordia con ellos? ¡Entrad en el Jardín, no tenéis nada que temer ni nada por lo que entristeceros!

أَهَٰٓؤُلَآءِ ٱلَّذِينَ أَقۡسَمۡتُمۡ لَا يَنَالُهُمُ ٱللَّهُ بِرَحۡمَةٍ ٱدۡخُلُواْ ٱلۡجَنَّةَ لَا خَوۡفٌ عَلَيۡكُمۡ وَلَآ أَنتُمۡ تَحۡزَنُونَ ۝

(49) Y suplicarán los compañeros del Fuego a los compañeros del Jardín: ¡Derramad sobre nosotros un poco de agua o algo de lo que Allah os ha dado!

Dirán: Allah ha prohibido ambas cosas para los incrédulos.

وَنَادَىٰٓ أَصۡحَٰبُ ٱلنَّارِ أَصۡحَٰبَ ٱلۡجَنَّةِ أَنۡ أَفِيضُواْ عَلَيۡنَا مِنَ ٱلۡمَآءِ أَوۡ مِمَّا رَزَقَكُمُ ٱللَّهُ قَالُوٓاْ إِنَّ ٱللَّهَ حَرَّمَهُمَا عَلَى ٱلۡكَٰفِرِينَ ۝

(50) Esos que tomaron su deber de Adoración como frivolidad y juego y se dejaron seducir por la vida del mundo. Hoy les olvidamos, como ellos olvidaron el encuentro de este día en el que ahora están; y por haber negado Nuestros signos.

ٱلَّذِينَ ٱتَّخَذُواْ دِينَهُمۡ لَهۡوٗا وَلَعِبٗا وَغَرَّتۡهُمُ ٱلۡحَيَوٰةُ ٱلدُّنۡيَا فَٱلۡيَوۡمَ نَنسَىٰهُمۡ كَمَا نَسُواْ لِقَآءَ يَوۡمِهِمۡ هَٰذَا وَمَا كَانُواْ بِـَٔايَٰتِنَا يَجۡحَدُونَ ۝

(51) Y es cierto que les hemos traído un Libro que hemos explicado con precisión en base a un conocimiento; guía y misericordia para gentes que creen.

وَلَقَدْ جِئْنَاهُم بِكِتَابٍ فَصَّلْنَاهُ عَلَىٰ عِلْمٍ هُدًى وَرَحْمَةً لِّقَوْمٍ يُؤْمِنُونَ ﴿٥٢﴾

(52) ¿Qué esperan sino averiguar sus consecuencias? El día que esto ocurra, dirán los que antes lo habían olvidado: Realmente los mensajeros de nuestro Señor vinieron con la verdad.

¿Habrá alguien que interceda por nosotros, o podremos regresar y actuar de forma distinta a como lo hicimos?

Se habrán perdido a sí mismos y no podrán encontrar lo que inventaban.

هَلْ يَنظُرُونَ إِلَّا تَأْوِيلَهُ يَوْمَ يَأْتِي تَأْوِيلُهُ يَقُولُ الَّذِينَ نَسُوهُ مِن قَبْلُ قَدْ جَاءَتْ رُسُلُ رَبِّنَا بِالْحَقِّ فَهَل لَّنَا مِن شُفَعَاءَ فَيَشْفَعُوا لَنَا أَوْ نُرَدُّ فَنَعْمَلَ غَيْرَ الَّذِي كُنَّا نَعْمَلُ قَدْ خَسِرُوا أَنفُسَهُمْ وَضَلَّ عَنْهُم مَّا كَانُوا يَفْتَرُونَ ﴿٥٣﴾

(53) Realmente vuestro Señor es Allah, Quien creó los cielos y la tierra en seis días, luego se asentó en el Trono. La noche cubre al día que le sigue rápidamente y el sol, la luna y las estrellas están, por Su mandato, sometidas.

¿Acaso no Le pertenecen el Mandato y la creación?

Bendito sea Allah, el Señor de los mundos.

إِنَّ رَبَّكُمُ اللَّهُ الَّذِي خَلَقَ السَّمَاوَاتِ وَالْأَرْضَ فِي سِتَّةِ أَيَّامٍ ثُمَّ اسْتَوَىٰ عَلَى الْعَرْشِ يُغْشِي اللَّيْلَ النَّهَارَ يَطْلُبُهُ حَثِيثًا وَالشَّمْسَ وَالْقَمَرَ وَالنُّجُومَ مُسَخَّرَاتٍ بِأَمْرِهِ أَلَا لَهُ الْخَلْقُ وَالْأَمْرُ تَبَارَكَ اللَّهُ رَبُّ الْعَالَمِينَ ﴿٥٤﴾

(54) Pedid a vuestro Señor, humilde y secretamente; es cierto que El no ama a los que se exceden.

ادْعُوا رَبَّكُمْ تَضَرُّعًا وَخُفْيَةً إِنَّهُ لَا يُحِبُّ الْمُعْتَدِينَ ﴿٥٥﴾

سُورَةُ الأَعْرَاف ـ الجُزْءُ الثَّامِنُ

(55) Y no corrompáis las cosas en la tierra después del orden que se ha puesto en ella; e invocadlo con temor y anhelo.
Es verdad que la misericordia de Allah está próxima a los bienhechores.

وَلَا تُفْسِدُوا فِي الأَرْضِ بَعْدَ إِصْلَحِهَا وَادْعُوهُ خَوْفًا وَطَمَعًا إِنَّ رَحْمَتَ اللَّهِ قَرِيبٌ مِّنَ الْمُحْسِنِينَ ۝

(56) El es Quien envía los vientos como anuncio previo a Su misericordia, y cuando forman una nube pesada, la conducimos a una tierra muerta y de ella hacemos caer agua con la que hacemos que broten toda clase de frutos. Del mismo modo haremos salir a los muertos.
Tal vez podáis recapacitar.

• وَهُوَ الَّذِي يُرْسِلُ الرِّيَاحَ بُشْرًا بَيْنَ يَدَيْ رَحْمَتِهِ حَتَّى إِذَا أَقَلَّتْ سَحَابًا ثِقَالًا سُقْنَاهُ لِبَلَدٍ مَّيِّتٍ فَأَنزَلْنَا بِهِ الْمَاءَ فَأَخْرَجْنَا بِهِ مِن كُلِّ الثَّمَرَتِ كَذَلِكَ نُخْرِجُ الْمَوْتَى لَعَلَّكُمْ تَذَكَّرُونَ ۝

(57) Y la buena tierra da sus frutos con permiso de su Señor, pero la mala no da sino escasez. Así es como hacemos claros los signos para los que agradecen.

وَالْبَلَدُ الطَّيِّبُ يَخْرُجُ نَبَاتُهُ بِإِذْنِ رَبِّهِ وَالَّذِي خَبُثَ لَا يَخْرُجُ إِلَّا نَكِدًا كَذَلِكَ نُصَرِّفُ الآيَتِ لِقَوْمٍ يَشْكُرُونَ ۝

(58) Y así fue como enviamos a Nuh a su gente, y les dijo: ¡Gente mía! Adorad a Allah, fuera de El no tenéis otro dios; temo para vosotros el castigo de un día terrible.

لَقَدْ أَرْسَلْنَا نُوحًا إِلَى قَوْمِهِ فَقَالَ يَقَوْمِ اعْبُدُوا اللَّهَ مَا لَكُم مِّنْ إِلَهٍ غَيْرُهُ إِنِّي أَخَافُ عَلَيْكُمْ عَذَابَ يَوْمٍ عَظِيمٍ ۝

(59) Dijeron los ricos y principales de su gente: Te vemos en un claro extravío.

قَالَ الْمَلَأُ مِن قَوْمِهِ إِنَّا لَنَرَاكَ فِي ضَلَلٍ مُّبِينٍ ۝

(60) Dijo: ¡Gente mía! No hay en mí extravío alguno, sino que soy

قَالَ يَقَوْمِ لَيْسَ بِي ضَلَلَةٌ وَلَكِنِّي رَسُولٌ مِّن رَّبِّ

un mensajero del Señor de los
mundos.

ٱلْعَٰلَمِينَ ۝

(61) Os hago llegar los mensajes de
mi Señor y os aconsejo; y sé,
procedente de Allah, lo que no
sabéis.

أُبَلِّغُكُمْ رِسَٰلَٰتِ رَبِّي وَأَنصَحُ لَكُمْ وَأَعْلَمُ مِنَ
ٱللَّهِ مَا لَا تَعْلَمُونَ ۝

(62) ¿Os sorprende que os haya llegado un recuerdo de vuestro
Señor a través de uno de vosotros para advertiros y para que
fuérais temerosos y se pudiera
tener misericordia con
vosotros?

أَوَعَجِبْتُمْ أَن جَآءَكُمْ ذِكْرٌ مِّن رَّبِّكُمْ عَلَىٰ رَجُلٍ
مِّنكُمْ لِيُنذِرَكُمْ وَلِتَتَّقُوا۟ وَلَعَلَّكُمْ تُرْحَمُونَ ۝

(63) Lo tacharon de mentiroso y lo
salvamos en la nave a él y a los
que con él estaban, ahogando a
los que habían negado la verdad de Nuestros signos.

Verdaderamente fueron una
gente ciega.

فَكَذَّبُوهُ فَأَنجَيْنَٰهُ وَٱلَّذِينَ مَعَهُۥ فِى ٱلْفُلْكِ وَأَغْرَقْنَا
ٱلَّذِينَ كَذَّبُوا۟ بِـَٔايَٰتِنَآ إِنَّهُمْ كَانُوا۟ قَوْمًا عَمِينَ ۝

(64) Y a los Ad, a su hermano Hud
que les dijo: ¡Gente mía!
¡Adorad a Allah! Fuera de El
no tenéis otro dios.

¿No os guardaréis?

وَإِلَىٰ عَادٍ أَخَاهُمْ هُودًا قَالَ يَٰقَوْمِ ٱعْبُدُوا۟ ٱللَّهَ
مَا لَكُم مِّنْ إِلَٰهٍ غَيْرُهُۥٓ أَفَلَا تَتَّقُونَ ۝

(65) Dijeron los ricos y principales de
su gente, que no creían: Te
vemos en una insensatez y te
tenemos por uno de los
mentirosos.

قَالَ ٱلْمَلَأُ ٱلَّذِينَ كَفَرُوا۟ مِن قَوْمِهِۦٓ إِنَّا لَنَرَىٰكَ
فِى سَفَاهَةٍ وَإِنَّا لَنَظُنُّكَ مِنَ ٱلْكَٰذِبِينَ ۝

(66) Dijo: ¡Gente mía! No hay en mí
ninguna insensatez, sino que

قَالَ يَٰقَوْمِ لَيْسَ بِى سَفَاهَةٌ وَلَٰكِنِّى رَسُولٌ مِّن رَّبِّ

سُورَةُ الأَعْرَافِ _ الجُزْءُ الثَّامِنُ

soy un mensajero del Señor de los mundos.

ٱلْعَلَمِينَ ۝

(67) Os hago llegar los mensajes de mi Señor y soy un consejero digno de confianza para vosotros.

أُبَلِّغُكُمْ رِسَلَتِ رَبِّي وَأَنَا لَكُمْ نَاصِحٌ أَمِينٌ ۝

(68) ¿Os sorprende que os haya llegado un recuerdo de vuestro Señor a través de uno de vosotros para advertiros? Recordad cuando os hizo sucesores de las gentes de Nuh y os dió una complexión y una fuerza superiores.

Recordad los dones de Allah para que así podáis tener éxito.

أَوَعَجِبْتُمْ أَن جَآءَكُمْ ذِكْرٌ مِّن رَّبِّكُمْ عَلَىٰ رَجُلٍ مِّنكُمْ لِيُنذِرَكُمْ وَٱذْكُرُوٓاْ إِذْ جَعَلَكُمْ خُلَفَآءَ مِنۢ بَعْدِ قَوْمِ نُوحٍ وَزَادَكُمْ فِي ٱلْخَلْقِ بَصْطَةً فَٱذْكُرُوٓاْ ءَالَآءَ ٱللَّهِ لَعَلَّكُمْ تُفْلِحُونَ ۝

(69) Dijeron: ¿Has venido a nosotros para que adoremos únicamente a Allah y abandonemos lo que nuestros padres adoraban?

Tráenos lo que nos has prometido si eres de los veraces.

قَالُوٓاْ أَجِئْتَنَا لِنَعْبُدَ ٱللَّهَ وَحْدَهُۥ وَنَذَرَ مَا كَانَ يَعْبُدُ ءَابَآؤُنَا فَأْتِنَا بِمَا تَعِدُنَآ إِن كُنتَ مِنَ ٱلصَّٰدِقِينَ ۝

(70) Dijo: Un castigo vergonzoso y la ira de vuestro Señor han de caer sobre vosotros. ¿Vais a contradecirme, con argumentos a favor de unos nombres que vosotros y vuestros padres habéis asignado, y con los que Allah no ha hecho descender ningún poder?

Esperad entonces, que yo también espero.

قَالَ قَدْ وَقَعَ عَلَيْكُم مِّن رَّبِّكُمْ رِجْسٌ وَغَضَبٌ أَتُجَٰدِلُونَنِي فِيٓ أَسْمَآءٍ سَمَّيْتُمُوهَآ أَنتُمْ وَءَابَآؤُكُم مَّآ أَنزَلَ ٱللَّهُ بِهَا مِن سُلْطَٰنٍ فَٱنتَظِرُوٓاْ إِنِّي مَعَكُم مِّنَ ٱلْمُنتَظِرِينَ ۝

(71) Y lo salvamos junto a los que con él estaban, por una misericordia Nuestra, exterminando a los que habían negado la verdad de Nuestros signos y no eran creyentes.

فَأَنجَيْنَـٰهُ وَٱلَّذِينَ مَعَهُۥ بِرَحْمَةٍ مِّنَّا وَقَطَعْنَا دَابِرَ ٱلَّذِينَ كَذَّبُوا۟ بِـَٔايَـٰتِنَا وَمَا كَانُوا۟ مُؤْمِنِينَ ۝

(72) Y a los Zamud, a su hermano Salih que les dijo: ¡Gente mía! Adorad a Allah, fuera de El no tenéis otro dios.

Os ha llegado una evidencia de vuestro Señor: La camella de Allah que es un señal para vosotros; dejadla que coma en la tierra de Allah y no la toquéis con ningún daño; porque si lo hicierais, os alcanzaría un doloroso castigo.

وَإِلَىٰ ثَمُودَ أَخَاهُمْ صَـٰلِحًا قَالَ يَـٰقَوْمِ ٱعْبُدُوا۟ ٱللَّهَ مَا لَكُم مِّنْ إِلَـٰهٍ غَيْرُهُۥ قَدْ جَآءَتْكُم بَيِّنَةٌ مِّن رَّبِّكُمْ هَـٰذِهِۦ نَاقَةُ ٱللَّهِ لَكُمْ ءَايَةً فَذَرُوهَا تَأْكُلْ فِىٓ أَرْضِ ٱللَّهِ وَلَا تَمَسُّوهَا بِسُوٓءٍ فَيَأْخُذَكُمْ عَذَابٌ أَلِيمٌ ۝

(73) Y recordad cuando os hizo sucesores de los Ad y os dio una posición en la tierra. Os hacíais palacios en sus llanuras y excavabais casas en las montañas.

Recordad los dones de Allah y no hagáis el mal en la tierra como corruptores.

وَٱذْكُرُوٓا۟ إِذْ جَعَلَكُمْ خُلَفَآءَ مِنۢ بَعْدِ عَادٍ وَبَوَّأَكُمْ فِى ٱلْأَرْضِ تَتَّخِذُونَ مِن سُهُولِهَا قُصُورًا وَتَنْحِتُونَ ٱلْجِبَالَ بُيُوتًا فَٱذْكُرُوٓا۟ ءَالَآءَ ٱللَّهِ وَلَا تَعْثَوْا۟ فِى ٱلْأَرْضِ مُفْسِدِينَ ۝

(74) Los ricos y principales, que eran aquéllos de su gente que se habían llenado de soberbia, dijeron a quienes eran considerados inferiores, que eran los que habían creído: ¿Es que acaso tenéis conocimiento de que Salih es un enviado de

قَالَ ٱلْمَلَأُ ٱلَّذِينَ ٱسْتَكْبَرُوا۟ مِن قَوْمِهِۦ لِلَّذِينَ ٱسْتُضْعِفُوا۟ لِمَنْ ءَامَنَ مِنْهُمْ أَتَعْلَمُونَ أَنَّ صَـٰلِحًا مُّرْسَلٌ مِّن رَّبِّهِۦ قَالُوٓا۟ إِنَّا بِمَآ أُرْسِلَ بِهِۦ مُؤْمِنُونَ ۝

سُوۡرَةُ الاَعۡرَاف ـ الجُزۡءُ الثَّامِنُ

suSeñor?Contestaron:Nosotros creemos realmente en aquello con lo que ha sido enviado.

(75) Dijeron los que se habían llenado de soberbia: Nosotros negamos aquello en lo que creéis.

قَالَ الَّذِينَ اسْتَكْبَرُوٓاْ إِنَّا بِالَّذِىٓ ءَامَنتُم بِهِۦ كَٰفِرُونَ ۝

(76) Y desjarretaron a la camella rebelándose contra la orden de su Señor. Y dijeron: ¡Salih, tráenos los que nos has asegurado si es que eres uno de los enviados!

فَعَقَرُواْ النَّاقَةَ وَعَتَوْاْ عَنْ أَمْرِ رَبِّهِمْ وَقَالُواْ يَٰصَٰلِحُ ائْتِنَا بِمَا تَعِدُنَآ إِن كُنتَ مِنَ الْمُرْسَلِينَ ۝

(77) Entonces los agarró la gran sacudida y amanecieron en sus hogares caídos de bruces*.
* [Según Ibn Yuzay, Allah ordenó a Yibril que gritara y éste dio un enorme grito entre el cielo y la tierra que les causó la muerte. La palabra árabe es "rayfa" y expresa la idea de temblor violento, sacudida y sonido que estremece.]

فَأَخَذَتْهُمُ الرَّجْفَةُ فَأَصْبَحُواْ فِى دَارِهِمْ جَٰثِمِينَ ۝

(78) Se apartó de ellos y dijo: ¡Gente mía! Os hice llegar el mensaje de mi Señor y os aconsejé, pero no amabais a los consejeros.

فَتَوَلَّىٰ عَنْهُمْ وَقَالَ يَٰقَوْمِ لَقَدْ أَبْلَغْتُكُمْ رِسَالَةَ رَبِّى وَنَصَحْتُ لَكُمْ وَلَٰكِن لَّا تُحِبُّونَ النَّٰصِحِينَ ۝

(79) Y Lut, cuando dijo a su gente: ¿Estáis cometiendo la indecencia que nadie antes en los mundos ha cometido?

وَلُوطًا إِذْ قَالَ لِقَوْمِهِۦٓ أَتَأْتُونَ الْفَٰحِشَةَ مَا سَبَقَكُم بِهَا مِنْ أَحَدٍ مِّنَ الْعَٰلَمِينَ ۝

(80) ¿Vais a los hombres con deseo, en vez de a las mujeres? Realmente sois una gente desmesurada.

إِنَّكُمْ لَتَأْتُونَ الرِّجَالَ شَهْوَةً مِّن دُونِ النِّسَآءِ بَلْ أَنتُمْ قَوْمٌ مُّسْرِفُونَ ۝

(81) Pero la única respuesta de su gente fue decir: ¡Expulsadlos de vuestra ciudad, son gentes que se tienen por puros!

وَمَا كَانَ جَوَابَ قَوْمِهِ إِلَّا أَن قَالُوٓاْ أَخْرِجُوهُم مِّن قَرْيَتِكُمْ إِنَّهُمْ أُنَاسٌ يَتَطَهَّرُونَ ٨١

(82) Y lo salvamos a él y a su familia con la excepción de su mujer, que fue de los que se quedaron atrás.

فَأَنجَيْنَٰهُ وَأَهْلَهُۥٓ إِلَّا ٱمْرَأَتَهُۥ كَانَتْ مِنَ ٱلْغَٰبِرِينَ ٨٢

(83) E hicimos que les cayera una lluvia.

¡Mira cómo acabaron los que hicieron el mal!

وَأَمْطَرْنَا عَلَيْهِم مَّطَرًاۖ فَٱنظُرْ كَيْفَ كَانَ عَٰقِبَةُ ٱلْمُجْرِمِينَ ٨٣

(84) Y a los Madyan, su hermano Shuayb, que dijo: ¡Gente mía! Adorad a Allah; no tenéis otro dios que El.

Os ha llegado una evidencia de vuestro Señor; así pues cumplid con la medida y el peso y no menoscabéis a los hombres en sus cosas ni corrompáis en la tierra después del orden que se ha puesto en ella.

Eso es un bien para vosotros si sois creyentes.

وَإِلَىٰ مَدْيَنَ أَخَاهُمْ شُعَيْبًاۚ قَالَ يَٰقَوْمِ ٱعْبُدُواْ ٱللَّهَ مَا لَكُم مِّنْ إِلَٰهٍ غَيْرُهُۥۖ قَدْ جَآءَتْكُم بَيِّنَةٌ مِّن رَّبِّكُمْۖ فَأَوْفُواْ ٱلْكَيْلَ وَٱلْمِيزَانَ وَلَا تَبْخَسُواْ ٱلنَّاسَ أَشْيَآءَهُمْ وَلَا تُفْسِدُواْ فِي ٱلْأَرْضِ بَعْدَ إِصْلَٰحِهَاۚ ذَٰلِكُمْ خَيْرٌ لَّكُمْ إِن كُنتُم مُّؤْمِنِينَ ٨٤

(85) Y no estéis esperando al acecho en cada camino para intimidar, ni desviéis del camino de Allah a quien cree en El, deseando que sea tortuoso.

Recordad cuando érais pocos y El os multiplicó, y mirad cómo han acabado los corruptores.

وَلَا تَقْعُدُواْ بِكُلِّ صِرَٰطٍ تُوعِدُونَ وَتَصُدُّونَ عَن سَبِيلِ ٱللَّهِ مَنْ ءَامَنَ بِهِۦ وَتَبْغُونَهَا عِوَجًاۚ وَٱذْكُرُوٓاْ إِذْ كُنتُمْ قَلِيلًا فَكَثَّرَكُمْۖ وَٱنظُرُواْ كَيْفَ كَانَ عَٰقِبَةُ ٱلْمُفْسِدِينَ ٨٥

(86) Y si hay entre vosotros un grupo que ha creído en aquello con lo que he sido enviado y otro grupo que no ha creído, tened paciencia hasta que Allah juzgue entre nosotros.

El es el mejor de los jueces.

وَإِن كَانَ طَآئِفَةٌ مِّنكُمْ ءَامَنُوا۟ بِالَّذِىٓ أُرْسِلْتُ بِهِۦ وَطَآئِفَةٌ لَّمْ يُؤْمِنُوا۟ فَٱصْبِرُوا۟ حَتَّىٰ يَحْكُمَ ٱللَّهُ بَيْنَنَا ۚ وَهُوَ خَيْرُ ٱلْحَٰكِمِينَ ﴿٨٦﴾

(87) Dijeron los ricos y principales, aquéllos de su gente que se habían llenado de soberbia: ¡Shuayb! Te vamos a expulsar de esta ciudad a ti y a los que están contigo, a menos que volváis a nuestras creencias.

Dijo: ¿Aunque sea en contra de nuestra voluntad?

۞ قَالَ ٱلْمَلَأُ ٱلَّذِينَ ٱسْتَكْبَرُوا۟ مِن قَوْمِهِۦ لَنُخْرِجَنَّكَ يَٰشُعَيْبُ وَٱلَّذِينَ ءَامَنُوا۟ مَعَكَ مِن قَرْيَتِنَآ أَوْ لَتَعُودُنَّ فِى مِلَّتِنَا ۚ قَالَ أَوَلَوْ كُنَّا كَٰرِهِينَ ﴿٨٧﴾

(88) Si volviéramos a vuestras creencias, después de que Allah nos ha salvado de ellas, caeríamos en una mentira inventada contra Allah. Nunca volveremos a ellas a menos que Allah, nuestro Señor, lo quiera. Nuestro Señor abarca todas las cosas con Su conocimiento, en Allah nos confiamos.

¡Señor nuestro! Juzga entre nosotros y nuestra gente con la verdad; Tú eres el mejor de los jueces.

قَدِ ٱفْتَرَيْنَا عَلَى ٱللَّهِ كَذِبًا إِنْ عُدْنَا فِى مِلَّتِكُم بَعْدَ إِذْ نَجَّىٰنَا ٱللَّهُ مِنْهَا ۚ وَمَا يَكُونُ لَنَآ أَن نَّعُودَ فِيهَآ إِلَّآ أَن يَشَآءَ ٱللَّهُ رَبُّنَا ۚ وَسِعَ رَبُّنَا كُلَّ شَىْءٍ عِلْمًا ۚ عَلَى ٱللَّهِ تَوَكَّلْنَا ۚ رَبَّنَا ٱفْتَحْ بَيْنَنَا وَبَيْنَ قَوْمِنَا بِٱلْحَقِّ وَأَنتَ خَيْرُ ٱلْفَٰتِحِينَ ﴿٨٨﴾

(89) Y dijeron los ricos y principales de su gente, los que se habían negado a creer: Si seguís a Shuayb estaréis perdidos.

وَقَالَ ٱلْمَلَأُ ٱلَّذِينَ كَفَرُوا۟ مِن قَوْمِهِۦ لَئِنِ ٱتَّبَعْتُمْ شُعَيْبًا إِنَّكُمْ إِذًا لَّخَٰسِرُونَ ﴿٨٩﴾

(90) Los agarró la gran sacudida y amanecieron en sus hogares caídos de bruces.

فَأَخَذَتْهُمُ الرَّجْفَةُ فَأَصْبَحُوا فِي دَارِهِمْ جَٰثِمِينَ ۝

(91) Fue como si los que habían tachado de mentiroso a Shuayb nunca hubieran habitado en ella.

Y ésos que habían negado a Shuayb fueron los perdedores.

الَّذِينَ كَذَّبُوا شُعَيْبًا كَأَن لَّمْ يَغْنَوْا فِيهَا ۚ الَّذِينَ كَذَّبُوا شُعَيْبًا كَانُوا هُمُ الْخَٰسِرِينَ ۝

(92) Se apartó de ellos y dijo: ¡Gente mía! Os he hecho llegar los mensajes de mi Señor y os he aconsejado.

¿Por qué habría de sentir lo que le sucediera a una gente incrédula?

فَتَوَلَّىٰ عَنْهُمْ وَقَالَ يَٰقَوْمِ لَقَدْ أَبْلَغْتُكُمْ رِسَٰلَٰتِ رَبِّي وَنَصَحْتُ لَكُمْ ۖ فَكَيْفَ ءَاسَىٰ عَلَىٰ قَوْمٍ كَٰفِرِينَ ۝

(93) No hemos enviado a una ciudad ningún profeta sin haber castigado a su gente con la miseria y el padecimiento para que pudieran humillarse.

وَمَا أَرْسَلْنَا فِي قَرْيَةٍ مِّن نَّبِيٍّ إِلَّا أَخَذْنَا أَهْلَهَا بِالْبَأْسَاءِ وَالضَّرَّاءِ لَعَلَّهُمْ يَضَّرَّعُونَ ۝

(94) Y luego les dábamos bienestar en lugar del mal.

Pero cuando se veían prósperos, decían: La fortuna y la adversidad eran cosas que ya afectaban a nuestros padres. Y entonces los agarrábamos de repente sin que hubieran podido darse cuenta.

ثُمَّ بَدَّلْنَا مَكَانَ السَّيِّئَةِ الْحَسَنَةَ حَتَّىٰ عَفَوا وَّقَالُوا قَدْ مَسَّ ءَابَاءَنَا الضَّرَّاءُ وَالسَّرَّاءُ فَأَخَذْنَٰهُم بَغْتَةً وَهُمْ لَا يَشْعُرُونَ ۝

(95) Si las gentes de las ciudades hubieran creído y se hubieran guardado, les habríamos

وَلَوْ أَنَّ أَهْلَ الْقُرَىٰ ءَامَنُوا وَاتَّقَوْا لَفَتَحْنَا عَلَيْهِم بَرَكَٰتٍ مِّنَ السَّمَاءِ وَالْأَرْضِ وَلَٰكِن

كَذَّبُواْ فَأَخَذْنَهُم بِمَا كَانُواْ يَكْسِبُونَ ﴿٩٥﴾

abierto las bendiciones del cielo y de la tierra.

Sin embargo negaron la verdad y los castigamos a causa de lo que adquirieron.

أَفَأَمِنَ أَهْلُ ٱلْقُرَىٰٓ أَن يَأْتِيَهُم بَأْسُنَا بَيَـٰتًا وَهُمْ نَآئِمُونَ ﴿٩٦﴾

(96) ¿Acaso la gente de las ciudades está a salvo de que les llegue Nuestro castigo de noche, mientras duermen?

أَوَأَمِنَ أَهْلُ ٱلْقُرَىٰٓ أَن يَأْتِيَهُم بَأْسُنَا ضُحًى وَهُمْ يَلْعَبُونَ ﴿٩٧﴾

(97) ¿O están a salvo esas mismas gentes de que Nuestro castigo les llegue por la mañana mientras juegan?

أَفَأَمِنُواْ مَكْرَ ٱللَّهِ فَلَا يَأْمَنُ مَكْرَ ٱللَّهِ إِلَّا ٱلْقَوْمُ ٱلْخَـٰسِرُونَ ﴿٩٨﴾

(98) ¿Es que están a salvo de la astucia de Allah?

Sólo la gente perdida se siente a salvo de la astucia de Allah.

۞ أَوَلَمْ يَهْدِ لِلَّذِينَ يَرِثُونَ ٱلْأَرْضَ مِنۢ بَعْدِ أَهْلِهَآ أَن لَّوْ نَشَآءُ أَصَبْنَـٰهُم بِذُنُوبِهِمْ وَنَطْبَعُ عَلَىٰ قُلُوبِهِمْ فَهُمْ لَا يَسْمَعُونَ ﴿٩٩﴾

(99) ¿Acaso a los que han heredado la tierra después de otros que hubo en ella, no les sirve de guía saber que, si quisiéramos, los agarraríamos también a causa de sus transgresiones, sellando sus corazones para que no escucharan?

تِلْكَ ٱلْقُرَىٰ نَقُصُّ عَلَيْكَ مِنْ أَنۢبَآئِهَا وَلَقَدْ جَآءَتْهُمْ رُسُلُهُم بِٱلْبَيِّنَـٰتِ فَمَا كَانُواْ لِيُؤْمِنُواْ بِمَا كَذَّبُواْ مِن قَبْلُ كَذَٰلِكَ يَطْبَعُ ٱللَّهُ عَلَىٰ قُلُوبِ ٱلْكَـٰفِرِينَ ﴿١٠٠﴾

(100) Esas son las ciudades parte de cuyas noticias te contamos.

Les llegaron sus mensajeros con las evidencias, pero no iban a creer en lo que antes habían tachado de mentira.

Así es como Allah sella los corazones de los incrédulos.

(101) En la mayor parte de ellos no
encontramos compromiso
alguno, sólo que se habían
pervertido.

وَمَا وَجَدْنَا لِأَكْثَرِهِم مِّنْ عَهْدٍ وَإِن وَجَدْنَآ
أَكْثَرَهُمْ لَفَٰسِقِينَ ۝

(102) Luego, una vez pasados éstos,
enviamos a Musa con Nuestros
signos a Firaún y los suyos que
los negaron injustamente.

Y mira cómo acabaron los
corruptores.

ثُمَّ بَعَثْنَا مِنۢ بَعْدِهِم مُّوسَىٰ بِـَٔايَٰتِنَآ إِلَىٰ فِرْعَوْنَ
وَمَلَإِيْهِ فَظَلَمُوا بِهَا فَٱنظُرْ كَيْفَ كَانَ عَٰقِبَةُ
ٱلْمُفْسِدِينَ ۝

(103) Dijo Musa: ¡Firaún! Soy un
mensajero del Señor de los
mundos,

وَقَالَ مُوسَىٰ يَٰفِرْعَوْنُ إِنِّي رَسُولٌ مِّن رَّبِّ
ٱلْعَٰلَمِينَ ۝

(104) Y soy verdadero. Tengo la
obligación de no decir sobre
Allah sino la verdad. Habéis
tenido evidencias de vuestro
Señor, así que dejad que vengan conmigo los hijos de Israel.

حَقِيقٌ عَلَىٰٓ أَن لَّآ أَقُولَ عَلَى ٱللَّهِ إِلَّا ٱلْحَقَّ قَدْ
جِئْتُكُم بِبَيِّنَةٍ مِّن رَّبِّكُمْ فَأَرْسِلْ مَعِىَ
إِسْرَٰٓءِيلَ ۝

(105) Dijo: Si has traído un signo,
muéstralo si es que dices la
verdad.

قَالَ إِن كُنتَ جِئْتَ بِـَٔايَةٍ فَأْتِ بِهَآ إِن كُنتَ
مِنَ ٱلصَّٰدِقِينَ ۝

(106) Entonces arrojó su vara y fue
una serpiente claramente
visible.

فَأَلْقَىٰ عَصَاهُ فَإِذَا هِىَ ثُعْبَانٌ مُّبِينٌ ۝

(107) Y se sacó la mano y ésta
apareció blanca ante los
que miraban*.

* [Como una muestra más de lo que
decía, se sacó la mano del interior de
sus vestidos y ésta apareció con una
luz resplandeciente alumbrando el
espacio entre el cielo y la tierra]

وَنَزَعَ يَدَهُ فَإِذَا هِىَ بَيْضَآءُ لِلنَّٰظِرِينَ ۝

(108) Dijeron los principales de la gente de Firaún: Ciertamente es un mago experto

قَالَ الْمَلأُ مِن قَوْمِ فِرْعَوْنَ إِنَّ هَذَا لَسَاحِرٌ عَلِيمٌ ۝

(109) que quiere expulsaros de vuestra tierra. ¿Qué es lo que deliberáis pues?

يُرِيدُ أَن يُخْرِجَكُم مِّنْ أَرْضِكُمْ فَمَاذَا تَأْمُرُونَ ۝

(110) Dijeron: Retenedlos a él y a su hermano y envía reclutadores por las ciudades

قَالُوا أَرْجِهِ وَأَخَاهُ وَأَرْسِلْ فِي الْمَدَائِنِ حَاشِرِينَ ۝

(111) que te traigan a todos los magos expertos.

يَأْتُوكَ بِكُلِّ سَاحِرٍ عَلِيمٍ ۝

(112) Y vinieron los magos de Firaún diciendo: ¿Seremos recompensados si somos los vencedores?

وَجَاءَ السَّحَرَةُ فِرْعَوْنَ قَالُوا إِنَّ لَنَا لَأَجْرًا إِن كُنَّا نَحْنُ الْغَالِبِينَ ۝

(113) Dijo: Sí, y estaréis entre los próximos a mí.

قَالَ نَعَمْ وَإِنَّكُمْ لَمِنَ الْمُقَرَّبِينَ ۝

(114) Dijeron: ¡Musa! Arroja tú o lo haremos nosotros.

قَالُوا يَا مُوسَى إِمَّا أَن تُلْقِيَ وَإِمَّا أَن نَّكُونَ نَحْنُ الْمُلْقِينَ ۝

(115) Dijo: Arrojad vosotros. Y al hacerlo, hechizaron los ojos de la gente, los llenaron de miedo y produjeron una magia prodigiosa.

قَالَ أَلْقُوا فَلَمَّا أَلْقَوْا سَحَرُوا أَعْيُنَ النَّاسِ وَاسْتَرْهَبُوهُمْ وَجَاءُوا بِسِحْرٍ عَظِيمٍ ۝

(116) Pero inspiramos a Musa: ¡Arroja tu vara! Y se tragó lo que habían falseado.

وَأَوْحَيْنَا إِلَى مُوسَى أَنْ أَلْقِ عَصَاكَ فَإِذَا هِيَ تَلْقَفُ مَا يَأْفِكُونَ ۝

(117) Así prevaleció la verdad y se desvaneció lo que habían hecho.

فَوَقَعَ الْحَقُّ وَبَطَلَ مَا كَانُوا يَعْمَلُونَ ۝

(118) Allí fueron vencidos y quedaron empequeñecidos.

فَغُلِبُوا هُنَالِكَ وَانقَلَبُوا صَٰغِرِينَ ۝

(119) Entonces los magos cayeron postrados.

وَأُلْقِىَ ٱلسَّحَرَةُ سَٰجِدِينَ ۝

(120) Y dijeron: Creemos en el Señor de los mundos.

قَالُوٓا ءَامَنَّا بِرَبِّ ٱلْعَٰلَمِينَ ۝

(121) El Señor de Musa y de Harún.

رَبِّ مُوسَىٰ وَهَٰرُونَ ۝

(122) Dijo Firaún: ¿Habéis creído en él sin que yo os haya dado permiso? Realmente se trata de una estratagema que habéis urdido en la ciudad para sacar de ella a sus habitantes, pero vais a saber.

قَالَ فِرْعَوْنُ ءَامَنتُم بِهِۦ قَبْلَ أَنْ ءَاذَنَ لَكُمْ إِنَّ هَٰذَا لَمَكْرٌ مَّكَرْتُمُوهُ فِى ٱلْمَدِينَةِ لِتُخْرِجُوا مِنْهَآ أَهْلَهَا فَسَوْفَ تَعْلَمُونَ ۝

(123) Os cortaré una mano y un pie del lado contrario y luego os crucificaré a todos.

لَأُقَطِّعَنَّ أَيْدِيَكُمْ وَأَرْجُلَكُم مِّنْ خِلَٰفٍ ثُمَّ لَأُصَلِّبَنَّكُمْ أَجْمَعِينَ ۝

(124) Dijeron: Verdaderamente hemos de volver a nuestro Señor.

قَالُوٓا إِنَّآ إِلَىٰ رَبِّنَا مُنقَلِبُونَ ۝

(125) Te vengas de nosotros sólo porque cuando llegaron los signos de nuestro Señor creímos en ellos.

¡Señor nuestro! Derrama sobre nosotros paciencia y llévanos a Ti, estándote sometidos.

وَمَا تَنقِمُ مِنَّآ إِلَّآ أَنْ ءَامَنَّا بِـَٔايَٰتِ رَبِّنَا لَمَّا جَآءَتْنَا رَبَّنَآ أَفْرِغْ عَلَيْنَا صَبْرًا وَتَوَفَّنَا مُسْلِمِينَ ۝

(126) Y dijeron los principales de Firaún: ¿Vas a permitir que

وَقَالَ ٱلْمَلَأُ مِن قَوْمِ فِرْعَوْنَ أَتَذَرُ مُوسَىٰ وَقَوْمَهُۥ

Musa y su gente corrompan la tierra y te abandonen a ti y a tus dioses? Dijo: Mataremos a sus hijos y dejaremos con vida a sus mujeres y en verdad que nos impondremos sobre ellos.

لِيُفْسِدُوا فِى الأَرْضِ وَيَذَرَكَ وَءَالِهَتَكَ قَالَ سَنُقَتِّلُ أَبْنَآءَهُمْ وَنَسْتَحْىِ نِسَآءَهُمْ وَإِنَّا فَوْقَهُمْ قَهِرُونَ ﴿١٢٦﴾

(127) Dijo Musa a su gente: Buscad ayuda en Allah y tened paciencia, pues es cierto que la tierra pertenece a Allah y la heredarán aquellos de Sus siervos que Él quiera.

Y el buen fin es de los que temen (a Allah).

قَالَ مُوسَى لِقَوْمِهِ اسْتَعِينُوا بِاللَّهِ وَاصْبِرُوا إِنَّ الأَرْضَ لِلَّهِ يُورِثُهَا مَن يَشَآءُ مِنْ عِبَادِهِ وَالْعَٰقِبَةُ لِلْمُتَّقِينَ ﴿١٢٧﴾

(128) Dijeron: Hemos sufrido antes de que tú vinieras a nosotros y también después.

Dijo: Puede que vuestro Señor destruya a vuestros enemigos y haga que les sucedáis en la tierra para ver cómo actuáis.

قَالُوا أُوذِينَا مِن قَبْلِ أَن تَأْتِيَنَا وَمِنْ بَعْدِ مَا جِئْتَنَا قَالَ عَسَى رَبُّكُمْ أَن يُهْلِكَ عَدُوَّكُمْ وَيَسْتَخْلِفَكُمْ فِى الأَرْضِ فَيَنظُرَ كَيْفَ تَعْمَلُونَ ﴿١٢٨﴾

(129) Y castigamos a la familia de Firaún con los años de sequía y esterilidad y la falta de frutos para que tal vez recapacitaran.

وَلَقَدْ أَخَذْنَا ءَالَ فِرْعَوْنَ بِالسِّنِينَ وَنَقْصٍ مِّنَ الثَّمَرَٰتِ لَعَلَّهُمْ يَذَّكَّرُونَ ﴿١٢٩﴾

(130) Y cuando les venía un bien decían: Esto es por nosotros; pero si les sobrevenía algún mal, lo atribuían al mal agüero de Musa y a los que con él estaban.

¿Acaso su mal agüero no estaba junto a Allah?

فَإِذَا جَآءَتْهُمُ الْحَسَنَةُ قَالُوا لَنَا هَٰذِهِ وَإِن تُصِبْهُمْ سَيِّئَةٌ يَطَّيَّرُوا بِمُوسَى وَمَن مَّعَهُ أَلَآ إِنَّمَا طَٰٓئِرُهُمْ عِندَ اللَّهِ وَلَٰكِنَّ أَكْثَرَهُمْ لَا يَعْلَمُونَ ﴿١٣٠﴾

Sin embargo, la mayoría de ellos no sabía.

(131) Y dijeron: Sea cual sea el signo que nos traigas para hechizarnos con él, no te vamos a creer.

وَقَالُواْ مَهْمَا تَأْتِنَا بِهِ مِنْ ءَايَةٍ لِّتَسْحَرَنَا بِهَا فَمَا نَحْنُ لَكَ بِمُؤْمِنِينَ ۞

(132) Y enviamos contra ellos el diluvio, la langosta, los piojos, las ranas y la sangre como signos claros, pero se llenaron de soberbia y fueron gente de mal.

فَأَرْسَلْنَا عَلَيْهِمُ ٱلطُّوفَانَ وَٱلْجَرَادَ وَٱلْقُمَّلَ وَٱلضَّفَادِعَ وَٱلدَّمَ ءَايَٰتٍ مُّفَصَّلَٰتٍ فَٱسْتَكْبَرُواْ وَكَانُواْ قَوْمًا مُّجْرِمِينَ ۞

(133) Pero cuando hubo caído sobre ellos el castigo, dijeron: ¡Musa!: Ruega por nosotros a tu Señor según lo que acordó contigo.
Si apartas de nosotros este castigo, te creeremos y dejaremos ir contigo a los hijos de Israel.

وَلَمَّا وَقَعَ عَلَيْهِمُ ٱلرِّجْزُ قَالُواْ يَٰمُوسَى ٱدْعُ لَنَا رَبَّكَ بِمَا عَهِدَ عِندَكَ لَئِن كَشَفْتَ عَنَّا ٱلرِّجْزَ لَنُؤْمِنَنَّ لَكَ وَلَنُرْسِلَنَّ مَعَكَ بَنِى إِسْرَآءِيلَ ۞

(134) Pero cuando los libramos del castigo durante un tiempo fijado y el plazo cumplió, ellos no cumplieron.

فَلَمَّا كَشَفْنَا عَنْهُمُ ٱلرِّجْزَ إِلَىٰ أَجَلٍ هُم بَٰلِغُوهُ إِذَا هُمْ يَنكُثُونَ ۞

(135) Nos vengamos de ellos y los ahogamos en el mar por haber tachado de mentira Nuestros signos y haber sido insensibles a ellos.

فَٱنتَقَمْنَا مِنْهُمْ فَأَغْرَقْنَٰهُمْ فِى ٱلْيَمِّ بِأَنَّهُمْ كَذَّبُواْ بِـَٔايَٰتِنَا وَكَانُواْ عَنْهَا غَٰفِلِينَ ۞

(136) Así hicimos que los que habían sido subyugados antes, heredaran los orientes y los occidentes de la tierra que habíamos bendecido.

وَأَوْرَثْنَا ٱلْقَوْمَ ٱلَّذِينَ كَانُواْ يُسْتَضْعَفُونَ مَشَٰرِقَ ٱلْأَرْضِ وَمَغَٰرِبَهَا ٱلَّتِى بَٰرَكْنَا فِيهَا وَتَمَّتْ كَلِمَتُ رَبِّكَ ٱلْحُسْنَىٰ عَلَىٰ بَنِى إِسْرَآءِيلَ ۞

Y la hermosa palabra que tu Señor había dado a los hijos de Israel se cumplió

(137) Porque fueron pacientes. Y destruimos lo que Firaún y su gente habían hecho, así como lo que habían erigido.

بِمَا صَبَرُواْ وَدَمَّرْنَا مَاكَانَ يَصْنَعُ فِرْعَوْنُ وَقَوْمُهُ وَمَا كَانُواْ يَعْرِشُونَ ۞

(138) E hicimos que los hijos de Israel cruzaran el mar. Hasta que llegaron a una gente entregada a la devoción de unos ídolos que tenían.

Dijeron: ¡Musa! Queremos que nos busques un dios, igual que ellos tienen dioses.

Dijo: Realmente sois gente ignorante.

وَجَوَزْنَا بِبَنِي إِسْرَٰٓءِيلَ ٱلْبَحْرَ فَأَتَوْاْ عَلَىٰ قَوْمٍ يَعْكُفُونَ عَلَىٰٓ أَصْنَامٍ لَّهُمْ قَالُواْ يَٰمُوسَى ٱجْعَل لَّنَآ إِلَٰهًا كَمَا لَهُمْ ءَالِهَةٌ قَالَ إِنَّكُمْ قَوْمٌ تَجْهَلُونَ ۞

(139) La verdad es que aquello a lo que están dedicados es perecedero y es inútil lo que hacen.

إِنَّ هَٰٓؤُلَآءِ مُتَبَّرٌ مَّا هُمْ فِيهِ وَبَٰطِلٌ مَّا كَانُواْ يَعْمَلُونَ ۞

(140) Dijo: ¿Deseáis tener otro dios que Allah cuando El os ha favorecido sobre todos los mundos?

قَالَ أَغَيْرَ ٱللَّهِ أَبْغِيكُمْ إِلَٰهًا وَهُوَ فَضَّلَكُمْ عَلَى ٱلْعَٰلَمِينَ ۞

(141) ¿Y cuando os salvó de la gente de Firaún que os atormentaba con el peor de los castigos al matar a vuestros hijos y dejar con vida a vuestras mujeres? Ahí sí que teníais una gran prueba que vuestro Señor os ponía.

وَإِذْ أَنجَيْنَٰكُم مِّنْ ءَالِ فِرْعَوْنَ يَسُومُونَكُمْ سُوٓءَ ٱلْعَذَابِ يُقَتِّلُونَ أَبْنَآءَكُمْ وَيَسْتَحْيُونَ نِسَآءَكُمْ وَفِي ذَٰلِكُم بَلَآءٌ مِّن رَّبِّكُمْ عَظِيمٌ ۞

(142) Emplazamos a Musa durante treinta noches que completamos con diez más, de manera que el tiempo que determinó su Señor fueron cuarenta noches.

Dijo Musa a su hermano Harún: Ocupa mi lugar entre mi gente, pon orden y no sigas el camino de los corruptores.

وَوَاعَدْنَا مُوسَىٰ ثَلَٰثِينَ لَيْلَةً وَأَتْمَمْنَٰهَا بِعَشْرٍ فَتَمَّ مِيقَٰتُ رَبِّهِۦٓ أَرْبَعِينَ لَيْلَةً ۚ وَقَالَ مُوسَىٰ لِأَخِيهِ هَٰرُونَ ٱخْلُفْنِى فِى قَوْمِى وَأَصْلِحْ وَلَا تَتَّبِعْ سَبِيلَ ٱلْمُفْسِدِينَ ۝

(143) Y cuando Musa vino a Nuestra cita y su Señor le habló, dijo: ¡Señor mío! Muéstrate ante mí para que pueda verte; dijo: No Me verás, pero mira el monte y si permanece en su sitio entonces Me verás.

Y cuando su Señor se manifestó al monte lo pulverizó y Musa cayó fulminado. Al volver en sí, dijo: ¡Gloria a Ti! A Ti me vuelvo y soy el primero de los creyentes.

وَلَمَّا جَآءَ مُوسَىٰ لِمِيقَٰتِنَا وَكَلَّمَهُۥ رَبُّهُۥ قَالَ رَبِّ أَرِنِىٓ أَنظُرْ إِلَيْكَ ۚ قَالَ لَن تَرَىٰنِى وَلَٰكِنِ ٱنظُرْ إِلَى ٱلْجَبَلِ فَإِنِ ٱسْتَقَرَّ مَكَانَهُۥ فَسَوْفَ تَرَىٰنِى ۚ فَلَمَّا تَجَلَّىٰ رَبُّهُۥ لِلْجَبَلِ جَعَلَهُۥ دَكًّا وَخَرَّ مُوسَىٰ صَعِقًا ۚ فَلَمَّآ أَفَاقَ قَالَ سُبْحَٰنَكَ تُبْتُ إِلَيْكَ وَأَنَا۠ أَوَّلُ ٱلْمُؤْمِنِينَ ۝

(144) Dijo: ¡Musa! Verdaderamente te he escogido por encima de los hombres, dándote Mi mensaje y Mi palabra, así que toma lo que te he dado y sé de los agradecidos.

قَالَ يَٰمُوسَىٰٓ إِنِّى ٱصْطَفَيْتُكَ عَلَى ٱلنَّاسِ بِرِسَٰلَٰتِى وَبِكَلَٰمِى فَخُذْ مَآ ءَاتَيْتُكَ وَكُن مِّنَ ٱلشَّٰكِرِينَ ۝

(145) Y escribimos para él, en las Tablas, una exhortación para todo y una explicación de todo. ¡Tómalo con fuerza! Y ordena a tu gente que tomen lo mejor de ellas.

وَكَتَبْنَا لَهُۥ فِى ٱلْأَلْوَاحِ مِن كُلِّ شَىْءٍ مَّوْعِظَةً وَتَفْصِيلًا لِّكُلِّ شَىْءٍ فَخُذْهَا بِقُوَّةٍ وَأْمُرْ قَوْمَكَ يَأْخُذُوا۟ بِأَحْسَنِهَا ۚ سَأُو۟رِيكُمْ دَارَ ٱلْفَٰسِقِينَ ۝

سُورَةُ الأَعْرَافِ ـ الجُزْءُ التَّاسِعُ

Os mostraré la morada de los pervertidos.

(146) Alejaré de Mis signos a quienes se llenan de soberbia en la tierra sin razón; ésos que aunque vean todo tipo de signos, no creen en ellos y aunque vean el camino de la guía recta no lo toman como camino, pero que si, en cambio, ven el camino de la perdición, lo toman como camino.

Eso es porque han negado la verdad de Nuestros signos y son indiferentes a ellos.

سَأَصْرِفُ عَنْ ءَايَتِيَ ٱلَّذِينَ يَتَكَبَّرُونَ فِى ٱلأَرْضِ بِغَيْرِ ٱلْحَقِّ وَإِن يَرَوْاْ كُلَّ ءَايَةٍ لَّا يُؤْمِنُواْ بِهَا وَإِن يَرَوْاْ سَبِيلَ ٱلرُّشْدِ لَا يَتَّخِذُوهُ سَبِيلًا وَإِن يَرَوْاْ سَبِيلَ ٱلْغَيِّ يَتَّخِذُوهُ سَبِيلًا ذَلِكَ بِأَنَّهُمْ كَذَّبُواْ بِآيَتِنَا وَكَانُواْ عَنْهَا غَفِلِينَ ١٤٦

(147) Y los que niegan la verdad de Nuestros signos y el encuentro de la Ultima Vida, sus obras serán inútiles.

¿Y es que acaso se les pagará por otra cosa que no sea lo que hayan hecho?

وَٱلَّذِينَ كَذَّبُواْ بِآيَتِنَا وَلِقَآءِ ٱلآخِرَةِ حَبِطَتْ أَعْمَلُهُمْ هَلْ يُجْزَوْنَ إِلَّا مَا كَانُواْ يَعْمَلُونَ ١٤٧

(148) Pero durante la ausencia de Musa, su gente se hizo, a partir de las joyas que tenían, el cuerpo de un becerro que mugía.

¿Pero es que no veían que ni les hablaba ni les guiaba por ningún camino? Lo tomaron (como dios) y fueron injustos.

وَٱتَّخَذَ قَوْمُ مُوسَى مِنْ بَعْدِهِ مِنْ حُلِيِّهِمْ عِجْلًا جَسَدًا لَّهُ خُوَارٌ أَلَمْ يَرَوْاْ أَنَّهُ لَا يُكَلِّمُهُمْ وَلَا يَهْدِيهِمْ سَبِيلًا ٱتَّخَذُوهُ وَكَانُواْ ظَلِمِينَ ١٤٨

(149) Y cuando se echaron atrás y vieron que se habían extraviado dijeron: Si nuestro Señor no

وَلَمَّا سُقِطَ فِى أَيْدِيهِمْ وَرَأَوْاْ أَنَّهُمْ قَدْ ضَلُّواْ قَالُواْ لَئِن لَّمْ يَرْحَمْنَا رَبُّنَا وَيَغْفِرْ لَنَا لَنَكُونَنَّ مِنَ

tiene compasión de nosotros y no nos perdona, estaremos perdidos.

ٱلْخَٰسِرِينَ ۝

(150) Entonces Musa regresó a su gente, enojado y entristecido y dijo: ¡Que mal me habéis sustituido en mi ausencia!

¿Queríais apremiar el mandato de vuestro Señor?

Y arrojó las Tablas, agarró de la cabeza a su hermano y lo arrastró atrayéndolo hacia sí, y éste dijo: ¡Hijo de mi madre! La verdad es que pudieron conmigo y casi me matan, no hagas que se alegren por mí los enemigos ni me tengas por injusto.

وَلَمَّا رَجَعَ مُوسَىٰٓ إِلَىٰ قَوْمِهِۦ غَضْبَٰنَ أَسِفًا قَالَ بِئْسَمَا خَلَفْتُمُونِى مِنۢ بَعْدِىٓ أَعَجِلْتُمْ أَمْرَ رَبِّكُمْ وَأَلْقَى ٱلْأَلْوَاحَ وَأَخَذَ بِرَأْسِ أَخِيهِ يَجُرُّهُۥ إِلَيْهِ قَالَ ٱبْنَ أُمَّ إِنَّ ٱلْقَوْمَ ٱسْتَضْعَفُونِى وَكَادُوا۟ يَقْتُلُونَنِى فَلَا تُشْمِتْ بِىَ ٱلْأَعْدَآءَ وَلَا تَجْعَلْنِى مَعَ ٱلْقَوْمِ ٱلظَّٰلِمِينَ ۝

(151) Dijo: ¡Señor mío! Perdónanos a mí y a mi hermano y haznos entrar en Tu misericordia, pues Tú eres el más Misericordioso de los misericordiosos.

قَالَ رَبِّ ٱغْفِرْ لِى وَلِأَخِى وَأَدْخِلْنَا فِى رَحْمَتِكَ وَأَنتَ أَرْحَمُ ٱلرَّٰحِمِينَ ۝

(152) En verdad que a quienes tomaron el becerro, les alcanzará la cólera de su Señor y una humillación en este mundo. Así es como pagamos a los que inventan.

إِنَّ ٱلَّذِينَ ٱتَّخَذُوا۟ ٱلْعِجْلَ سَيَنَالُهُمْ غَضَبٌ مِّن رَّبِّهِمْ وَذِلَّةٌ فِى ٱلْحَيَوٰةِ ٱلدُّنْيَا وَكَذَٰلِكَ نَجْزِى ٱلْمُفْتَرِينَ ۝

(153) Y los que hagan el mal y luego, después de haberlo hecho, se echen atrás y crean; es cierto que tu Señor, a pesar de lo que hicieron, es Perdonador y Compasivo.

وَٱلَّذِينَ عَمِلُوا۟ ٱلسَّيِّـَٔاتِ ثُمَّ تَابُوا۟ مِنۢ بَعْدِهَا وَءَامَنُوٓا۟ إِنَّ رَبَّكَ مِنۢ بَعْدِهَا لَغَفُورٌ رَّحِيمٌ ۝

(154) Y cuando se hubo calmado el enojo de Musa, tomó de nuevo las Tablas en cuya escritura hay guía y misericordia para los que temen a su Señor.

وَلَمَّا سَكَتَ عَن مُّوسَى الْغَضَبُ أَخَذَ الْأَلْوَاحَ وَفِي نُسْخَتِهَا هُدًى وَرَحْمَةٌ لِّلَّذِينَ هُمْ لِرَبِّهِمْ يَرْهَبُونَ ۝

(155) Musa había elegido a setenta hombres de su gente para la cita fijada con Nosotros. Y después de haber sido arrebatados por el temblor fulminante, dijo: ¡Señor mío! Si hubieras querido los habrías destruído anteriormente incluyéndome a mí.

¿Nos vas a destruir por lo que han hecho los ignorantes de entre nosotros? Esto no es sino Tu prueba con la que extravías a quien quieres y guías a quien quieres. Tú eres Nuestro Protector, perdónanos y ten compasión de nosotros.

Tú eres el mejor de los perdonadores.

وَاخْتَارَ مُوسَى قَوْمَهُ سَبْعِينَ رَجُلًا لِّمِيقَاتِنَا فَلَمَّا أَخَذَتْهُمُ الرَّجْفَةُ قَالَ رَبِّ لَوْ شِئْتَ أَهْلَكْتَهُم مِّن قَبْلُ وَإِيَّايَ أَتُهْلِكُنَا بِمَا فَعَلَ السُّفَهَاءُ مِنَّا إِنْ هِيَ إِلَّا فِتْنَتُكَ تُضِلُّ بِهَا مَن تَشَاءُ وَتَهْدِي مَن تَشَاءُ أَنتَ وَلِيُّنَا فَاغْفِرْ لَنَا وَارْحَمْنَا وَأَنتَ خَيْرُ الْغَافِرِينَ ۝

(156) Y escribe para nosotros lo bueno en esta vida y en la Última pues hemos sido guiados a Ti. Dijo: Aflijo con Mi castigo a quien quiero y Mi misericordia abarca todas las cosas y la escribiré para los que sean temerosos, para los que entreguen el zakat (la purificación de sus bienes) y para los que crean en Nuestros signos.

وَاكْتُبْ لَنَا فِي هَٰذِهِ الدُّنْيَا حَسَنَةً وَفِي الْآخِرَةِ إِنَّا هُدْنَا إِلَيْكَ قَالَ عَذَابِي أُصِيبُ بِهِ مَنْ أَشَاءُ وَرَحْمَتِي وَسِعَتْ كُلَّ شَيْءٍ فَسَأَكْتُبُهَا لِلَّذِينَ يَتَّقُونَ وَيُؤْتُونَ الزَّكَاةَ وَالَّذِينَ هُم بِآيَاتِنَا يُؤْمِنُونَ ۝

(157) Esos que siguen al Mensajero, el Profeta iletrado, al que encuentran descrito en la Torá y en el Inyil, y que les ordena lo reconocido y les prohíbe lo reprobable, les hace lícitas las cosas buenas e ilícitas las malas y los libera de las cargas y de las cadenas que pesaban sobre ellos.

Y aquéllos que creen en él, le honran, le ayudan y siguen la luz que fue descendida con él; ésos son los afortunados.

ٱلَّذِينَ يَتَّبِعُونَ ٱلرَّسُولَ ٱلنَّبِيَّ ٱلْأُمِّيَّ ٱلَّذِي يَجِدُونَهُ مَكْتُوبًا عِندَهُمْ فِي ٱلتَّوْرَىٰةِ وَٱلْإِنجِيلِ يَأْمُرُهُم بِٱلْمَعْرُوفِ وَيَنْهَىٰهُمْ عَنِ ٱلْمُنكَرِ وَيُحِلُّ لَهُمُ ٱلطَّيِّبَٰتِ وَيُحَرِّمُ عَلَيْهِمُ ٱلْخَبَٰٓئِثَ وَيَضَعُ عَنْهُمْ إِصْرَهُمْ وَٱلْأَغْلَٰلَ ٱلَّتِي كَانَتْ عَلَيْهِمْ فَٱلَّذِينَ ءَامَنُوا بِهِ وَعَزَّرُوهُ وَنَصَرُوهُ وَٱتَّبَعُوا ٱلنُّورَ ٱلَّذِي أُنزِلَ مَعَهُۥٓ أُوْلَٰٓئِكَ هُمُ ٱلْمُفْلِحُونَ ۝

(158) Di: ¡Hombres! Es cierto que yo soy para vosotros el Mensajero de Allah, a Quien pertenece la soberanía de los cielos y la tierra.

No hay dios sino El, da la vida y da la muerte; así que creed en El y en Su Mensajero, el Profeta iletrado que cree en Allah y en Sus palabras y seguidle para que tal vez os guiéis.

قُلْ يَٰٓأَيُّهَا ٱلنَّاسُ إِنِّي رَسُولُ ٱللَّهِ إِلَيْكُمْ جَمِيعًا ٱلَّذِي لَهُۥ مُلْكُ ٱلسَّمَٰوَٰتِ وَٱلْأَرْضِ لَآ إِلَٰهَ إِلَّا هُوَ يُحْيِۦ وَيُمِيتُ فَـَٔامِنُوا بِٱللَّهِ وَرَسُولِهِ ٱلنَّبِيِّ ٱلْأُمِّيِّ ٱلَّذِي يُؤْمِنُ بِٱللَّهِ وَكَلِمَٰتِهِۦ وَٱتَّبِعُوهُ لَعَلَّكُمْ تَهْتَدُونَ ۝

(159) De la gente de Musa hay una comunidad que guía de acuerdo a la verdad y con ella hacen justicia.

وَمِن قَوْمِ مُوسَىٰٓ أُمَّةٌ يَهْدُونَ بِٱلْحَقِّ وَبِهِۦ يَعْدِلُونَ ۝

(160) Y los dividimos en doce tribus.

Y cuando Musa pidió dar de beber a su gente, le inspiramos: ¡Golpea la piedra con tu vara! Y brotaron de ella doce fuentes.

Cada uno supo de dónde debía beber.

وَقَطَّعْنَٰهُمُ ٱثْنَتَيْ عَشْرَةَ أَسْبَاطًا أُمَمًا وَأَوْحَيْنَآ إِلَىٰ مُوسَىٰٓ إِذِ ٱسْتَسْقَىٰهُ قَوْمُهُۥٓ أَنِ ٱضْرِب بِّعَصَاكَ ٱلْحَجَرَ فَٱنبَجَسَتْ مِنْهُ ٱثْنَتَا عَشْرَةَ عَيْنًا قَدْ عَلِمَ كُلُّ أُنَاسٍ مَّشْرَبَهُمْ وَظَلَّلْنَا

عَلَيْهِمُ الْغَمَامَ وَأَنزَلْنَا عَلَيْهِمُ الْمَنَّ وَالسَّلْوَىٰ كُلُوا۟ مِن طَيِّبَٰتِ مَا رَزَقْنَٰكُمْ وَمَا ظَلَمُونَا وَلَٰكِن كَانُوٓا۟ أَنفُسَهُمْ يَظْلِمُونَ ﴿﴾

Y extendimos sobre ellos la sombra de la nube y les bajamos el maná y las codornices: ¡Comed de lo bueno que os proveemos!

Pero no Nos perjudicaron, sino que se perjudicaron a sí mismos.

وَإِذْ قِيلَ لَهُمُ اسْكُنُوا۟ هَٰذِهِ الْقَرْيَةَ وَكُلُوا۟ مِنْهَا حَيْثُ شِئْتُمْ وَقُولُوا۟ حِطَّةٌ وَادْخُلُوا۟ الْبَابَ سُجَّدًا نَّغْفِرْ لَكُمْ خَطِيٓـَٰتِكُمْ سَنَزِيدُ الْمُحْسِنِينَ ﴿١٦١﴾

(161) Y cuando se les dijo: Habitad esta ciudad* y comed de (lo que haya en) ella donde queráis, y rogad: ¡Alivio (para nuestras faltas)! Y entrad por la puerta en postración, que así vuestras faltas se os perdonarán.

Y a los que hagan el bien les daremos aún más.

* [Jerusalén]

فَبَدَّلَ الَّذِينَ ظَلَمُوا۟ مِنْهُمْ قَوْلًا غَيْرَ الَّذِى قِيلَ لَهُمْ فَأَرْسَلْنَا عَلَيْهِمْ رِجْزًا مِّنَ السَّمَآءِ بِمَا كَانُوا۟ يَظْلِمُونَ ﴿﴾

(162) Pero los que de ellos eran injustos dijeron otras palabras de las que se les había ordenado decir y les mandamos un castigo del cielo a causa de la injusticia que habían cometido.

* وَسْـَٔلْهُمْ عَنِ الْقَرْيَةِ الَّتِى كَانَتْ حَاضِرَةَ الْبَحْرِ إِذْ يَعْدُونَ فِى السَّبْتِ إِذْ تَأْتِيهِمْ حِيتَانُهُمْ يَوْمَ سَبْتِهِمْ شُرَّعًا وَيَوْمَ لَا يَسْبِتُونَ لَا تَأْتِيهِمْ كَذَٰلِكَ نَبْلُوهُم بِمَا كَانُوا۟ يَفْسُقُونَ ﴿﴾

(163) Y pregúntales por la ciudad que se encontraba a orillas del mar, cuando transgredieron el sábado, siendo el sábado cuando los peces acudían y se dejaban ver, mientras que, por el contrario, los días en los que no debían guardar descanso no acudían.

Así fue como los probamos por haberse pervertido.

(164) Y cuando un grupo de ellos dijo: ¿Por qué amonestar a una gente a la que Allah va a destruir o a castigar con un severo castigo?*

Dijeron: Es para tener una justificación ante vuestro Señor y por si acaso temen.

* [Según explica Ibn Kathir, la gente de esa ciudad se había dividido en tres grupos: Uno, el de los que violaron el sábado al pescar en él. Otro el de los que se opusieron a ello, advirtieron a los primeros y se alejaron de ellos. Y un tercer grupo que calló aunque no participó, y éstos últimos son los que hablan en la aleya.]

وَإِذْ قَالَتْ أُمَّةٌ مِّنْهُمْ لِمَ تَعِظُونَ قَوْمًا ٱللَّهُ مُهْلِكُهُمْ أَوْ مُعَذِّبُهُمْ عَذَابًا شَدِيدًا قَالُواْ مَعْذِرَةً إِلَىٰ رَبِّكُمْ وَلَعَلَّهُمْ يَتَّقُونَ ۝

(165) Y cuando olvidaron lo que se les había recordado, salvamos a quienes se oponían al mal y agarramos a los que habían sido injustos con un castigo implacable a causa de su perversión.

فَلَمَّا نَسُواْ مَا ذُكِّرُواْ بِهِ أَنجَيْنَا ٱلَّذِينَ يَنْهَوْنَ عَنِ ٱلسُّوءِ وَأَخَذْنَا ٱلَّذِينَ ظَلَمُواْ بِعَذَابٍ بِيسٍ بِمَا كَانُواْ يَفْسُقُونَ ۝

(166) De manera que cuando traspasaron los límites de lo que se les había prohibido, les dijimos: ¡Convertíos en monos despreciables!

فَلَمَّا عَتَوْاْ عَن مَّا نُهُواْ عَنْهُ قُلْنَا لَهُمْ كُونُواْ قِرَدَةً خَٰسِئِينَ ۝

(167) Y cuando tu Señor anunció que hasta el Día del Levantamiento estaría enviando contra ellos a quien les inflingiera el peor castigo. Es cierto que tu Señor es Rápido en la cuenta y que Él es Perdonador y Compasivo.

وَإِذْ تَأَذَّنَ رَبُّكَ لَيَبْعَثَنَّ عَلَيْهِمْ إِلَىٰ يَوْمِ ٱلْقِيَٰمَةِ مَن يَسُومُهُمْ سُوءَ ٱلْعَذَابِ إِنَّ رَبَّكَ لَسَرِيعُ ٱلْعِقَابِ وَإِنَّهُ لَغَفُورٌ رَّحِيمٌ ۝

سُورَةُ الأَعْرَافِ ــ الجُزْءُ التَّاسِعُ

(168) En la tierra, los dividimos en comunidades: Unos rectos y otros no. Y los pusimos a prueba con bienes y males por si acaso volvían.

وَقَطَّعْنَهُمْ فِى ٱلْأَرْضِ أُمَمًا مِّنْهُمُ ٱلصَّلِحُونَ وَمِنْهُمْ دُونَ ذَٰلِكَ وَبَلَوْنَهُم بِٱلْحَسَنَتِ وَٱلسَّيِّئَاتِ لَعَلَّهُمْ يَرْجِعُونَ ۝

(169) Después de ellos vino una generación que heredó el Libro.

Tomaban lo que les ofrecía la vida inmediata de aquí y decían: Ya se nos perdonará. Y si se les presentaba de nuevo algo semejante lo volvían a tomar.

¿Acaso Allah no les exigió el compromiso de no decir sobre Allah nada que no fuera verdad y no estudiaron su contenido?

La morada de la Ultima Vida es preferible para los que tienen temor (de Allah). ¿Es que no van a razonar?

فَخَلَفَ مِنۢ بَعْدِهِمْ خَلْفٌ وَرِثُوا۟ ٱلْكِتَبَ يَأْخُذُونَ عَرَضَ هَٰذَا ٱلْأَدْنَىٰ وَيَقُولُونَ سَيُغْفَرُ لَنَا وَإِن يَأْتِهِمْ عَرَضٌ مِّثْلُهُۥ يَأْخُذُوهُ أَلَمْ يُؤْخَذْ عَلَيْهِم مِّيثَقُ ٱلْكِتَبِ أَن لَّا يَقُولُوا۟ عَلَى ٱللَّهِ إِلَّا ٱلْحَقَّ وَدَرَسُوا۟ مَا فِيهِ وَٱلدَّارُ ٱلْأَخِرَةُ خَيْرٌ لِّلَّذِينَ يَتَّقُونَ أَفَلَا تَعْقِلُونَ ۝

(170) Y los que se aferran al Libro y establecen la oración prescrita... Es cierto que no vamos a dejar que se pierda la recompensa.

وَٱلَّذِينَ يُمَسِّكُونَ بِٱلْكِتَبِ وَأَقَامُوا۟ ٱلصَّلَوٰةَ إِنَّا لَا نُضِيعُ أَجْرَ ٱلْمُصْلِحِينَ ۝

(171) Y cuando sacudimos el monte por encima de ellos como si fuera un entoldado y creyeron que les iba a caer encima.

Tomad con fuerza lo que os hemos dado y recordad lo que contiene, tal vez os guardéis.

وَإِذْ نَتَقْنَا ٱلْجَبَلَ فَوْقَهُمْ كَأَنَّهُۥ ظُلَّةٌ وَظَنُّوا۟ أَنَّهُۥ وَاقِعٌ بِهِمْ خُذُوا۟ مَا ءَاتَيْنَكُم بِقُوَّةٍ وَٱذْكُرُوا۟ مَا فِيهِ لَعَلَّكُمْ تَتَّقُونَ ۝

(172) Y cuando tu Señor sacó de las espaldas de los hijos de Adam a su propia descendencia y les hizo que dieran testimonio: ¿Acaso no soy Yo vuestro Señor? Contestaron: Sí, lo atestiguamos. Para que el Día del Levantamiento no pudiérais decir: Nadie nos había advertido de esto.

وَإِذۡ أَخَذَ رَبُّكَ مِنۢ بَنِىٓ ءَادَمَ مِن ظُهُورِهِمۡ ذُرِّيَّتَهُمۡ وَأَشۡهَدَهُمۡ عَلَىٰٓ أَنفُسِهِمۡ أَلَسۡتُ بِرَبِّكُمۡ قَالُواْ بَلَىٰ شَهِدۡنَآ أَن تَقُولُواْ يَوۡمَ ٱلۡقِيَٰمَةِ إِنَّا كُنَّا عَنۡ هَٰذَا غَٰفِلِينَ ۝

(173) Ni pudiérais decir: Nuestros padres eran ya asociadores idólatras y nosotros hemos sido una generación consecuente. ¿Vas a castigarnos por lo que hicieron los falsos?

أَوۡ تَقُولُوٓاْ إِنَّمَآ أَشۡرَكَ ءَابَآؤُنَا مِن قَبۡلُ وَكُنَّا ذُرِّيَّةً مِّنۢ بَعۡدِهِمۡ أَفَتُهۡلِكُنَا بِمَا فَعَلَ ٱلۡمُبۡطِلُونَ ۝

(174) Así es como explicamos los signos por si se vuelven atrás.

وَكَذَٰلِكَ نُفَصِّلُ ٱلۡأٓيَٰتِ وَلَعَلَّهُمۡ يَرۡجِعُونَ ۝

(175) Cuéntales el caso de aquel a quien habíamos dado Nuestros signos y se despojó de ellos, entonces el Shaytán fue tras él y estuvo entre los desviados.*

وَٱتۡلُ عَلَيۡهِمۡ نَبَأَ ٱلَّذِىٓ ءَاتَيۡنَٰهُ ءَايَٰتِنَا فَٱنسَلَخَ مِنۡهَا فَأَتۡبَعَهُ ٱلشَّيۡطَٰنُ فَكَانَ مِنَ ٱلۡغَاوِينَ ۝

* [Sobre esto cuenta Ibn Mas'ud, que hubo un hombre entre los hijos de Israel al que Musa envió al rey de los Madyan para que le llamara a la adoración de Allah, pero el rey lo sobornó ofreciéndole poder a cambio de que abandonara la religión de Musa y siguiera la suya; y lo hizo, extraviando con ello a mucha gente.

Por otro lado Ibn Abbas dice que se refiere a un hombre de la tribu de los cananeos llamado Bal'am b. Baura que tenía conocimiento del nombre supremo de Allah. Y cuando Musa quiso luchar contra los cananeos, éstos

سُورَةُ الأَعْرَافِ ـ الجُزْءُ التَّاسِعُ

le pidieron a Bal'am que rogara a Allah utilizando Su nombre supremo contra Musa y su ejército, a lo que él se negó. Pero le presionaron y accedió y rogó a Allah que Musa no pudiera entrar en la ciudad, y entonces Musa también rogó a Allah en contra suya. Y en este caso los signos de los que se desprendió serían su conocimiento del nombre supremo de Allah.]

(176) Si hubiéramos querido, habríamos hecho que éstos le sirvieran para elevarle de rango, pero él se inclinó hacia lo terrenal y siguió su deseo.

Es como el perro, que si lo ahuyentas jadea y si lo dejas también; así es como son los que niegan la verdad de Nuestros signos. Cuéntales la historia por si acaso reflexionan.

وَلَوْ شِئْنَا لَرَفَعْنَهُ بِهَا وَلَكِنَّهُۥٓ أَخْلَدَ إِلَى ٱلْأَرْضِ وَٱتَّبَعَ هَوَىٰهُ فَمَثَلُهُۥ كَمَثَلِ ٱلْكَلْبِ إِن تَحْمِلْ عَلَيْهِ يَلْهَثْ أَوْ تَتْرُكْهُ يَلْهَث ذَّٰلِكَ مَثَلُ ٱلْقَوْمِ ٱلَّذِينَ كَذَّبُوا۟ بِـَٔايَٰتِنَا فَٱقْصُصِ ٱلْقَصَصَ لَعَلَّهُمْ يَتَفَكَّرُونَ ﴿١٧٦﴾

(177) ¡Qué mal ejemplo el de los que niegan la verdad de Nuestros signos! Ellos mismos son los perjudicados.

سَآءَ مَثَلًا ٱلْقَوْمُ ٱلَّذِينَ كَذَّبُوا۟ بِـَٔايَٰتِنَا وَأَنفُسَهُمْ كَانُوا۟ يَظْلِمُونَ ﴿١٧٧﴾

(178) A quien Allah guía es el que está guiado y a quien extravía... Esos son los perdidos.

مَن يَهْدِ ٱللَّهُ فَهُوَ ٱلْمُهْتَدِى وَمَن يُضْلِلْ فَأُو۟لَٰٓئِكَ هُمُ ٱلْخَٰسِرُونَ ﴿١٧٨﴾

(179) Hemos creado para Yahannam muchos genios y hombres. Tienen corazones con los que no comprenden, ojos con los que no ven y oídos con los que no oyen. Son como animales de rebaño o peor aún en su

وَلَقَدْ ذَرَأْنَا لِجَهَنَّمَ كَثِيرًا مِّنَ ٱلْجِنِّ وَٱلْإِنسِ لَهُمْ قُلُوبٌ لَّا يَفْقَهُونَ بِهَا وَلَهُمْ أَعْيُنٌ لَّا يُبْصِرُونَ بِهَا وَلَهُمْ ءَاذَانٌ لَّا يَسْمَعُونَ بِهَآ أُو۟لَٰٓئِكَ كَٱلْأَنْعَٰمِ بَلْ هُمْ أَضَلُّ أُو۟لَٰٓئِكَ هُمُ

extravío. Esos son los indiferentes.

ٱلْغَٰفِلُونَ ۝

(180) Y Allah posee los nombres más hermosos. Llamadlo con ellos y dejad a los que cometen aberraciones con Sus nombres. Se les pagará por lo que hicieron.

وَلِلَّهِ ٱلْأَسْمَآءُ ٱلْحُسْنَىٰ فَٱدْعُوهُ بِهَا وَذَرُوا۟ ٱلَّذِينَ يُلْحِدُونَ فِىٓ أَسْمَٰٓئِهِۦ سَيُجْزَوْنَ مَا كَانُوا۟ يَعْمَلُونَ ۝

(181) Entre quienes hemos creado hay una comunidad que guía por medio de la verdad y con ella hace justicia.

وَمِمَّنْ خَلَقْنَآ أُمَّةٌ يَهْدُونَ بِٱلْحَقِّ وَبِهِۦ يَعْدِلُونَ ۝

(182) Y a los que niegan la verdad de Nuestros signos los llevaremos a la perdición gradualmente, de una manera que no adviertan.

وَٱلَّذِينَ كَذَّبُوا۟ بِـَٔايَٰتِنَا سَنَسْتَدْرِجُهُم مِّنْ حَيْثُ لَا يَعْلَمُونَ ۝

(183) Les daré un tiempo de plazo. Es cierto que Mi estratagema es sólida.

وَأُمْلِى لَهُمْ إِنَّ كَيْدِى مَتِينٌ ۝

(184) ¿Es que no van a reflexionar? Vuestro compañero no está poseído por ningún genio. El no es sino un advertidor.

أَوَلَمْ يَتَفَكَّرُوا۟ مَا بِصَاحِبِهِم مِّن جِنَّةٍ إِنْ هُوَ إِلَّا نَذِيرٌ مُّبِينٌ ۝

(185) ¿Es que no se paran a considerar el dominio de los cielos y la tierra y las cosas que Allah creó, así como el hecho de que tal vez su plazo de vida esté próximo a cumplirse? ¿En qué otro relato pueden creer?

أَوَلَمْ يَنظُرُوا۟ فِى مَلَكُوتِ ٱلسَّمَٰوَٰتِ وَٱلْأَرْضِ وَمَا خَلَقَ ٱللَّهُ مِن شَىْءٍ وَأَنْ عَسَىٰٓ أَن يَكُونَ قَدِ ٱقْتَرَبَ أَجَلُهُمْ فَبِأَىِّ حَدِيثٍ بَعْدَهُۥ يُؤْمِنُونَ ۝

(186) A quien Allah extravía no hay

مَن يُضْلِلِ ٱللَّهُ فَلَا هَادِىَ لَهُۥ وَيَذَرُهُمْ فِى طُغْيَٰنِهِمْ

quien lo guíe. Y los deja vagando errantes, fuera de los límites.

(187) Te preguntan acerca de la Hora, de cuando llegará. Di: La verdad es que el conocimiento sobre ello está junto a mi Señor y sólo El; en su momento, la hará aparecer.

Pesa en los cielos y en la tierra y no os llegará sino de repente.

Te preguntan como si estuvieras al tanto de ella; di: Sólo Allah sabe de ella, sin embargo la mayor parte de los hombres no saben.

(188) Di: No soy dueño de beneficiarme o de perjudicarme más de lo que Allah quiera. Si yo conociera el No-Visto habría tenido mucho bien y el mal nunca me habría tocado.

Pero no soy mas que un advertidor y alguien que anuncia buenas noticias a la gente que cree.

(189) El es Quien os creó a partir de un sólo ser del que hizo a su pareja para que encontrara sosiego e intimidad en ella.

Y después de cubrirla, quedó embarazada de una carga ligera que llevó adelante hasta que se hizo pesada y entonces ambos pidieron a Allah, su

Señor: Si nos das un hijo recto estaremos siempre agradecidos.

(190) Pero cuando les dió uno recto, Le atribuyeron copartícipes (a Allah) en lo que les había dado.

فَلَمَّآ ءَاتَلهُمَا صَلِحًا جَعَلَا لَهُ شُرَكَآءَ فِيمَآ ءَاتَلهُمَا فَتَعَلَى ٱللَّهُ عَمَّا يُشْرِكُونَ ۝

¡Sea ensalzado Allah por encima de lo que Le asocian!*

* [Sobre esta aleya existen básicamente dos explicaciones. La primera es la que se refiere al nombre que Adam y Hawá pusieron a su hijo. Iblis habría forzado a Hawá para que llamara a su hijo Abdul-Hariz, el siervo del Hariz, que era uno de los nombres de Iblis; y como también le habían llamado Abdul-lah, siervo de Allah, la expresión: "Le dieron copartícipes en lo que les había dado" aludiría a esto.

Pero otra explicación seguida por Ibn Yuzay, recurre a explicar que el sujeto de la acción de atribuir copartícipes a Allah no son Adam y Hawá sino sus descendientes.]

(191) ¿Le asocian a aquellos que no han creado nada sino que han sido creados?

أَيُشْرِكُونَ مَا لَا يَخْلُقُ شَيْئًا وَهُمْ يُخْلَقُونَ ۝

(192) ¿Y que no pueden dar ayuda ni ayudarse a sí mismos?

وَلَا يَسْتَطِيعُونَ لَهُمْ نَصْرًا وَلَا أَنفُسَهُمْ يَنصُرُونَ ۝

(193) Si los invitáis a la guía no os seguirán. Es igual para ellos que los llaméis o que os quedéis callados.

وَإِن تَدْعُوهُمْ إِلَى ٱلْهُدَى لَا يَتَّبِعُوكُمْ سَوَآءٌ عَلَيْكُمْ أَدَعَوْتُمُوهُمْ أَمْ أَنتُمْ صَمِتُونَ ۝

(194) Realmente aquellos a los que

إِنَّ ٱلَّذِينَ تَدْعُونَ مِن دُونِ ٱللَّهِ عِبَادٌ أَمْثَالُكُمْ

invocáis fuera de Allah son siervos como vosotros. ¡Llamadlos y esperad que os respondan si sois sinceros!

فَٱدْعُوهُمْ فَلْيَسْتَجِيبُوا۟ لَكُمْ إِن كُنتُمْ صَـٰدِقِينَ ۝

(195) ¿Tienen acaso piernas con las que caminan?, ¿o manos con las que toman?, ¿u ojos con los que ven?, ¿u oídos con los que oyen? Di: Llamad a los que asociáis y luego tramad contra mí sin más demora.

أَلَهُمْ أَرْجُلٌ يَمْشُونَ بِهَآ أَمْ لَهُمْ أَيْدٍ يَبْطِشُونَ بِهَآ أَمْ لَهُمْ أَعْيُنٌ يُبْصِرُونَ بِهَآ أَمْ لَهُمْ ءَاذَانٌ يَسْمَعُونَ بِهَا قُلِ ٱدْعُوا۟ شُرَكَآءَكُمْ ثُمَّ كِيدُونِ فَلَا تُنظِرُونِ ۝

(196) En verdad mi Protector es Allah, Quien hizo que descendiera el Libro.
Y El es Quien se cuida de los justos.

إِنَّ وَلِيِّـۧ ٱللَّهُ ٱلَّذِى نَزَّلَ ٱلْكِتَـٰبَ وَهُوَ يَتَوَلَّى ٱلصَّـٰلِحِينَ ۝

(197) Y ésos que invocáis fuera de El no pueden auxiliaros a vosotros ni pueden auxiliarse a sí mismos.

وَٱلَّذِينَ تَدْعُونَ مِن دُونِهِۦ لَا يَسْتَطِيعُونَ نَصْرَكُمْ وَلَآ أَنفُسَهُمْ يَنصُرُونَ ۝

(198) Y si los llamáis a la guía no escuchan. Y los ves que te miran, pero no ven.

وَإِن تَدْعُوهُمْ إِلَى ٱلْهُدَىٰ لَا يَسْمَعُوا۟ وَتَرَىٰهُمْ يَنظُرُونَ إِلَيْكَ وَهُمْ لَا يُبْصِرُونَ ۝

(199) ¡Adopta la indulgencia como conducta, ordena lo reconocido y apártate de los ignorantes!

خُذِ ٱلْعَفْوَ وَأْمُرْ بِٱلْعُرْفِ وَأَعْرِضْ عَنِ ٱلْجَـٰهِلِينَ ۝

(200) Y si te solivianta una incitación del Shaytán, busca refugio en Allah, es cierto que El es Quien oye y Quien sabe.

وَإِمَّا يَنزَغَنَّكَ مِنَ ٱلشَّيْطَـٰنِ نَزْغٌ فَٱسْتَعِذْ بِٱللَّهِ إِنَّهُۥ سَمِيعٌ عَلِيمٌ ۝

(201) En verdad los que tienen temor

إِنَّ ٱلَّذِينَ ٱتَّقَوْا۟ إِذَا مَسَّهُمْ طَـٰٓئِفٌ مِّنَ ٱلشَّيْطَـٰنِ

سُورَةُ الْأَعْرَافِ ــ الْجُزْءُ التَّاسِعُ

(de Allah), cuando una instig-
ación del Shaytán los tienta,
recuerdan y entonces ven con
claridad.

تَذَكَّرُوا فَإِذَا هُم مُّبْصِرُونَ ۝

(202) Pero a sus hermanos los mantienen* en el error sin
descuido.

* [Es decir, a los hermanos de los
demonios; éstos los mantienen en el
error.]

وَإِخْوَٰنُهُمْ يَمُدُّونَهُمْ فِي ٱلْغَيِّ ثُمَّ لَا يُقْصِرُونَ ۝

(203) Y cuando no les traes ningún
signo dicen: ¿Por qué no se te
ha ocurrido ninguno? Di: Sólo
sigo lo que procedente de mi
Señor se me inspira. Estas son
evidencias de vuestro Señor,
guía y misericordia para gente
que cree.

وَإِذَا لَمْ تَأْتِهِم بِـَٔايَةٍ قَالُوا لَوْلَا ٱجْتَبَيْتَهَا قُلْ
إِنَّمَآ أَتَّبِعُ مَا يُوحَىٰ إِلَيَّ مِن رَّبِّي هَٰذَا بَصَآئِرُ
مِن رَّبِّكُمْ وَهُدًى وَرَحْمَةٌ لِّقَوْمٍ يُؤْمِنُونَ ۝

(204) Y mientras el Corán se esté recitando, prestad atención y callad, tal vez obtengáis
misericordia.

وَإِذَا قُرِئَ ٱلْقُرْءَانُ فَٱسْتَمِعُوا لَهُۥ وَأَنصِتُوا
لَعَلَّكُمْ تُرْحَمُونَ ۝

(205) Y recuerda a tu Señor en ti
mismo, humilde, con temor de
El y sin subir la voz, al comen-
zar y al terminar el día. Y no
seas de los negligentes.

وَٱذْكُر رَّبَّكَ فِي نَفْسِكَ تَضَرُّعًا وَخِيفَةً
وَدُونَ ٱلْجَهْرِ مِنَ ٱلْقَوْلِ بِٱلْغُدُوِّ وَٱلْآصَالِ
وَلَا تَكُن مِّنَ ٱلْغَٰفِلِينَ ۝

(206) Es verdad que los que están
junto a tu Señor no sienten ninguna soberbia que les impida
adorarle; Le glorifican y se
postran ente El.

إِنَّ ٱلَّذِينَ عِندَ رَبِّكَ لَا يَسْتَكْبِرُونَ عَنْ عِبَادَتِهِۦ
وَيُسَبِّحُونَهُۥ وَلَهُۥ يَسْجُدُونَ ۩ ۝

8. SURA DE LOS BOTINES DE GUERRA.

سُورَةُ الْأَنْفَالِ

بِسْمِ اللهِ الرَّحْمَنِ الرَّحِيمِ

En el nombre de Allah, el Misericordioso, el Compasivo.

(1) Te preguntan acerca de los botines de guerra.

Di: Los botines de guerra pertenecen a Allah y al Mensajero, así pues, temed a Allah, poned orden entre vosotros y obedeced a Allah y a Su mensajero si sois creyentes.

يَسْئَلُونَكَ عَنِ ٱلْأَنفَالِ قُلِ ٱلْأَنفَالُ لِلَّهِ وَٱلرَّسُولِ فَٱتَّقُوا۟ ٱللَّهَ وَأَصْلِحُوا۟ ذَاتَ بَيْنِكُمْ وَأَطِيعُوا۟ ٱللَّهَ وَرَسُولَهُۥٓ إِن كُنتُم مُّؤْمِنِينَ ۝

(2) Los creyentes son aquéllos que cuando se recuerda a Allah, se les estremece el corazón y que cuando se les recitan Sus signos les aumenta la creencia y en Su Señor se confían.

إِنَّمَا ٱلْمُؤْمِنُونَ ٱلَّذِينَ إِذَا ذُكِرَ ٱللَّهُ وَجِلَتْ قُلُوبُهُمْ وَإِذَا تُلِيَتْ عَلَيْهِمْ ءَايَٰتُهُۥ زَادَتْهُمْ إِيمَٰنًا وَعَلَىٰ رَبِّهِمْ يَتَوَكَّلُونَ ۝

(3) Son los que establecen el salat y gastan de la provisión que les damos.

ٱلَّذِينَ يُقِيمُونَ ٱلصَّلَوٰةَ وَمِمَّا رَزَقْنَٰهُمْ يُنفِقُونَ ۝

(4) Esos son los creyentes de verdad, tendrán grados junto a su Señor, perdón y una generosa provisión.

أُو۟لَٰٓئِكَ هُمُ ٱلْمُؤْمِنُونَ حَقًّا لَّهُمْ دَرَجَٰتٌ عِندَ رَبِّهِمْ وَمَغْفِرَةٌ وَرِزْقٌ كَرِيمٌ ۝

(5) Como cuando tu Señor te hizo salir de tu casa por la verdad, mientras que a una parte de los creyentes les disgustó.

كَمَآ أَخْرَجَكَ رَبُّكَ مِنۢ بَيْتِكَ بِٱلْحَقِّ وَإِنَّ فَرِيقًا مِّنَ ٱلْمُؤْمِنِينَ لَكَٰرِهُونَ ۝

(6) Te discuten sobre la verdad, después de haber sido aclarada, como si les llevaran a la muerte mientras miran.

يُجَٰدِلُونَكَ فِي ٱلْحَقِّ بَعْدَ مَا تَبَيَّنَ كَأَنَّمَا يُسَاقُونَ إِلَى ٱلْمَوْتِ وَهُمْ يَنظُرُونَ ۝

(7) Y cuando Allah os prometió que uno de los dos grupos sería vuestro y pretendíais que fuera el que no tenía armas; pero Allah quería hacer prevalecer la verdad con Sus palabras y aniquilar a los renegados.

وَإِذْ يَعِدُكُمُ ٱللَّهُ إِحْدَى ٱلطَّآئِفَتَيْنِ أَنَّهَا لَكُمْ وَتَوَدُّونَ أَنَّ غَيْرَ ذَاتِ ٱلشَّوْكَةِ تَكُونُ لَكُمْ وَيُرِيدُ ٱللَّهُ أَن يُحِقَّ ٱلْحَقَّ بِكَلِمَٰتِهِۦ وَيَقْطَعَ دَابِرَ ٱلْكَٰفِرِينَ ۝

(8) Para hacer prevalecer la verdad y suprimir la falsedad, aunque les disguste a los malhechores.

لِيُحِقَّ ٱلْحَقَّ وَيُبْطِلَ ٱلْبَٰطِلَ وَلَوْ كَرِهَ ٱلْمُجْرِمُونَ ۝

(9) Cuando pedísteis auxilio a vuestro Señor y os respondió que os ayudaría con mil ángeles en turnos sucesivos.

إِذْ تَسْتَغِيثُونَ رَبَّكُمْ فَٱسْتَجَابَ لَكُمْ أَنِّي مُمِدُّكُم بِأَلْفٍ مِّنَ ٱلْمَلَٰٓئِكَةِ مُرْدِفِينَ ۝

(10) Allah no lo hizo sino como buena nueva y para que con ello se tranquilizaran vuestros corazones. Porque la ayuda victoriosa sólo viene de Allah. Allah es Poderoso y Sabio.

وَمَا جَعَلَهُ ٱللَّهُ إِلَّا بُشْرَىٰ وَلِتَطْمَئِنَّ بِهِۦ قُلُوبُكُمْ وَمَا ٱلنَّصْرُ إِلَّا مِنْ عِندِ ٱللَّهِ إِنَّ ٱللَّهَ عَزِيزٌ حَكِيمٌ ۝

(11) Cuando os cubrió como protección un sueño que venía de Él e hizo caer sobre vosotros agua del cielo para con ella purificaros, quitaros la suciedad del Shaytán, dar firmeza a vuestros corazones y afianzar así vuestros pasos.

إِذْ يُغَشِّيكُمُ ٱلنُّعَاسَ أَمَنَةً مِّنْهُ وَيُنَزِّلُ عَلَيْكُم مِّنَ ٱلسَّمَآءِ مَآءً لِّيُطَهِّرَكُم بِهِۦ وَيُذْهِبَ عَنكُمْ رِجْزَ ٱلشَّيْطَٰنِ وَلِيَرْبِطَ عَلَىٰ قُلُوبِكُمْ وَيُثَبِّتَ بِهِ ٱلْأَقْدَامَ ۝

(12) Cuando tu Señor inspiró a los ángeles: Estoy con vosotros, dad firmeza a los que creen; Yo arrojaré el terror en los corazones de los que no creen. Por lo tanto golpead las nucas y golpeadles en los dedos.

إِذْ يُوحِى رَبُّكَ إِلَى ٱلْمَلَٰٓئِكَةِ أَنِّى مَعَكُمْ فَثَبِّتُوا۟ ٱلَّذِينَ ءَامَنُوا۟ سَأُلْقِى فِى قُلُوبِ ٱلَّذِينَ كَفَرُوا۟ ٱلرُّعْبَ فَٱضْرِبُوا۟ فَوْقَ ٱلْأَعْنَاقِ وَٱضْرِبُوا۟ مِنْهُمْ كُلَّ بَنَانٍ ﴿١٢﴾

(13) Eso es porque se han opuesto a Allah y a Su mensajero.
Y quien se opone a Allah y a Su mensajero...Es cierto que Allah es Fuerte castigando.

ذَٰلِكَ بِأَنَّهُمْ شَاۤقُّوا۟ ٱللَّهَ وَرَسُولَهُۥ وَمَن يُشَاقِقِ ٱللَّهَ وَرَسُولَهُۥ فَإِنَّ ٱللَّهَ شَدِيدُ ٱلْعِقَابِ ﴿١٣﴾

(14) Ahí lo tenéis, gustadlo. Pero además de eso, los que se niegan a creer tendrán el castigo del Fuego.

ذَٰلِكُمْ فَذُوقُوهُ وَأَنَّ لِلْكَٰفِرِينَ عَذَابَ ٱلنَّارِ ﴿١٤﴾

(15) ¡Vosotros que creéis! Cuando encontréis a los que no creen en formación de batalla, no les deis la espalda.

يَٰٓأَيُّهَا ٱلَّذِينَ ءَامَنُوٓا۟ إِذَا لَقِيتُمُ ٱلَّذِينَ كَفَرُوا۟ زَحْفًا فَلَا تُوَلُّوهُمُ ٱلْأَدْبَارَ ﴿١٥﴾

(16) Y quien les dé la espalda ese día, a no ser que sea para cambiar de puesto de combate o para unirse a otra tropa, volverá con el enojo de Allah y su refugio será Yahannam. ¡Que mal retorno!

وَمَن يُوَلِّهِمْ يَوْمَئِذٍ دُبُرَهُۥٓ إِلَّا مُتَحَرِّفًا لِّقِتَالٍ أَوْ مُتَحَيِّزًا إِلَىٰ فِئَةٍ فَقَدْ بَآءَ بِغَضَبٍ مِّنَ ٱللَّهِ وَمَأْوَىٰهُ جَهَنَّمُ وَبِئْسَ ٱلْمَصِيرُ ﴿١٦﴾

(17) Y no los matásteis vosotros, Allah los mató. Ni tirabas tú cuando tirabas sino que era Allah quien tiraba. Para probar a los creyentes con una hermosa prueba procedente de El.

فَلَمْ تَقْتُلُوهُمْ وَلَٰكِنَّ ٱللَّهَ قَتَلَهُمْ وَمَا رَمَيْتَ إِذْ رَمَيْتَ وَلَٰكِنَّ ٱللَّهَ رَمَىٰ وَلِيُبْلِىَ ٱلْمُؤْمِنِينَ مِنْهُ بَلَآءً حَسَنًا إِنَّ ٱللَّهَ سَمِيعٌ عَلِيمٌ ﴿١٧﴾

Es cierto que Allah es Quien oye y Quien sabe.

(18) Ahí lo tenéis. Allah deshace la estratagema de los incrédulos.

ذَٰلِكُمْ وَأَنَّ ٱللَّهَ مُوهِنُ كَيْدِ ٱلْكَٰفِرِينَ ﴿١٨﴾

(19) Si buscábais vencer, ya habéis tenido vuestra victoria; sin embargo será mejor para vosotros que desistáis; y si volvéis, volveremos y vuestras tropas no os servirán de nada aunque sean numerosas.

Allah está con los creyentes.

إِن تَسْتَفْتِحُوا۟ فَقَدْ جَآءَكُمُ ٱلْفَتْحُ وَإِن تَنتَهُوا۟ فَهُوَ خَيْرٌ لَّكُمْ وَإِن تَعُودُوا۟ نَعُدْ وَلَن تُغْنِىَ عَنكُمْ فِئَتُكُمْ شَيْئًا وَلَوْ كَثُرَتْ وَأَنَّ ٱللَّهَ مَعَ ٱلْمُؤْمِنِينَ ﴿١٩﴾

(20) ¡Vosotros que creéis! Obedeced a Allah y a Su mensajero y, puesto que podéis oir no os desentendáis de él.

يَٰٓأَيُّهَا ٱلَّذِينَ ءَامَنُوٓا۟ أَطِيعُوا۟ ٱللَّهَ وَرَسُولَهُۥ وَلَا تَوَلَّوْا۟ عَنْهُ وَأَنتُمْ تَسْمَعُونَ ﴿٢٠﴾

(21) No seáis como ésos que dicen: Hemos oído; y sin embargo no escuchan.

وَلَا تَكُونُوا۟ كَٱلَّذِينَ قَالُوا۟ سَمِعْنَا وَهُمْ لَا يَسْمَعُونَ ﴿٢١﴾

(22) Es cierto que las peores bestias ante Allah son los mudos y los sordos que no tienen discernimiento.

إِنَّ شَرَّ ٱلدَّوَآبِّ عِندَ ٱللَّهِ ٱلصُّمُّ ٱلْبُكْمُ ٱلَّذِينَ لَا يَعْقِلُونَ ﴿٢٢﴾

(23) Si Allah hubiera sabido de algún bien en ellos, les habría hecho escuchar, pero aunque les hubiera hecho escuchar, se habrían desentendido y se habrían apartado.

وَلَوْ عَلِمَ ٱللَّهُ فِيهِمْ خَيْرًا لَّأَسْمَعَهُمْ وَلَوْ أَسْمَعَهُمْ لَتَوَلَّوا۟ وَّهُم مُّعْرِضُونَ ﴿٢٣﴾

(24) ¡Vosotros que creéis! Responded a Allah y al Mensajero cuando

يَٰٓأَيُّهَا ٱلَّذِينَ ءَامَنُوا۟ ٱسْتَجِيبُوا۟ لِلَّهِ وَلِلرَّسُولِ إِذَا

os llamen a lo que os da vida, y sabed que Allah está en medio del hombre y su corazón y que seréis reunidos para volver a El.

دَعَاكُمْ لِمَا يُحْيِيكُمْ وَاعْلَمُوٓاْ أَنَّ ٱللَّهَ يَحُولُ بَيْنَ ٱلْمَرْءِ وَقَلْبِهِۦ وَأَنَّهُۥٓ إِلَيْهِ تُحْشَرُونَ ۝

(25) Y guardaos de una prueba que no sólo afligirá a los que de vosotros sean injustos.

Y sabed que Allah es Fuerte en el castigo.

وَٱتَّقُواْ فِتْنَةً لَّا تُصِيبَنَّ ٱلَّذِينَ ظَلَمُواْ مِنكُمْ خَآصَّةً وَٱعْلَمُوٓاْ أَنَّ ٱللَّهَ شَدِيدُ ٱلْعِقَابِ ۝

(26) Recordad cuando érais pocos, en situación de debilidad en la tierra, temiendo que los hombres cayeran sobre vosotros de repente y El os dio cobijo, os ayudó con Su auxilio y os dio como provisión cosas buenas para que pudierais ser agradecidos.

وَٱذْكُرُوٓاْ إِذْ أَنتُمْ قَلِيلٌ مُّسْتَضْعَفُونَ فِي ٱلْأَرْضِ تَخَافُونَ أَن يَتَخَطَّفَكُمُ ٱلنَّاسُ فَـَٔاوَىٰكُمْ وَأَيَّدَكُم بِنَصْرِهِۦ وَرَزَقَكُم مِّنَ ٱلطَّيِّبَٰتِ لَعَلَّكُمْ تَشْكُرُونَ ۝

(27) ¡Vosotros que creéis! No traicionéis a Allah y a Su Mensajero ni traicionéis lo que se os ha confiado después de lo que sabéis.

يَـٰٓأَيُّهَا ٱلَّذِينَ ءَامَنُواْ لَا تَخُونُواْ ٱللَّهَ وَٱلرَّسُولَ وَتَخُونُوٓاْ أَمَٰنَٰتِكُمْ وَأَنتُمْ تَعْلَمُونَ ۝

(28) Y sabed que realmente vuestras riquezas y vuestros hijos son una prueba y que Allah tiene junto a Si una inmensa recompensa.

وَٱعْلَمُوٓاْ أَنَّمَآ أَمْوَٰلُكُمْ وَأَوْلَٰدُكُمْ فِتْنَةٌ وَأَنَّ ٱللَّهَ عِندَهُۥٓ أَجْرٌ عَظِيمٌ ۝

(29) ¡Vosotros que creéis! Si teméis a Allah, El os dará discernimiento, ocultará vuestras malas acciones y os perdonará.

يَـٰٓأَيُّهَا ٱلَّذِينَ ءَامَنُوٓاْ إِن تَتَّقُواْ ٱللَّهَ يَجْعَل لَّكُمْ فُرْقَانًا وَيُكَفِّرْ عَنكُمْ سَيِّـَٔاتِكُمْ وَيَغْفِرْ لَكُمْ

Y Allah es el del favor inmenso.

وَاللَّهُ ذُو الْفَضْلِ الْعَظِيمِ ۞

(30) Y cuando los que se niegan a creer urdieron contra ti para capturarte, matarte o expulsarte. Ellos maquinaron y Allah también maquinó, pero Allah es el mejor de los que maquinan.

وَإِذْ يَمْكُرُ بِكَ الَّذِينَ كَفَرُوا لِيُثْبِتُوكَ أَوْ يَقْتُلُوكَ أَوْ يُخْرِجُوكَ وَيَمْكُرُونَ وَيَمْكُرُ اللَّهُ وَاللَّهُ خَيْرُ الْمَاكِرِينَ ۞

(31) Y cuando se les recitan Nuestros signos dicen: Ya hemos oído y si quisiéramos podríamos decir algo semejante a esto; sólo son historias de los primitivos.

۞ وَإِذَا تُتْلَى عَلَيْهِمْ ءَايَاتُنَا قَالُوا قَدْ سَمِعْنَا لَوْ نَشَاءُ لَقُلْنَا مِثْلَ هَذَا إِنْ هَذَا إِلَّا أَسَاطِيرُ الْأَوَّلِينَ ۞

(32) Y cuando dijeron: ¡Oh Allah! Si esto es la verdad que viene de Ti, haz que nos lluevan piedras del cielo o inflíngenos un doloroso castigo.

وَإِذْ قَالُوا اللَّهُمَّ إِن كَانَ هَذَا هُوَ الْحَقَّ مِنْ عِندِكَ فَأَمْطِرْ عَلَيْنَا حِجَارَةً مِّنَ السَّمَاءِ أَوِ ائْتِنَا بِعَذَابٍ أَلِيمٍ ۞

(33) Pero Allah no los castigaría mientras tú estuvieras entre ellos ni tampoco tendría por qué castigarlos mientras pidieran perdón.

وَمَا كَانَ اللَّهُ لِيُعَذِّبَهُمْ وَأَنتَ فِيهِمْ وَمَا كَانَ اللَّهُ مُعَذِّبَهُمْ وَهُمْ يَسْتَغْفِرُونَ ۞

(34) ¿Mas por qué no habría de castigarles Allah si ellos prohíben entrar en la Mezquita Inviolable sin ser sus protectores?
Sólo son sus protectores los que temen (a Allah); sin embargo la mayor parte de los hombres no sabe.

وَمَا لَهُمْ أَلَّا يُعَذِّبَهُمُ اللَّهُ وَهُمْ يَصُدُّونَ عَنِ الْمَسْجِدِ الْحَرَامِ وَمَا كَانُوا أَوْلِيَاءَهُ إِنْ أَوْلِيَاؤُهُ إِلَّا الْمُتَّقُونَ وَلَكِنَّ أَكْثَرَهُمْ لَا يَعْلَمُونَ ۞

(35) Y sus rezos junto a la Casa no
son sino silbidos y palmadas.

¡Gustad pues el castigo por lo
que negásteis!

وَمَا كَانَ صَلَاتُهُمْ عِندَ الْبَيْتِ إِلَّا مُكَآءً
وَتَصْدِيَةً فَذُوقُوا الْعَذَابَ بِمَا كُنتُمْ تَكْفُرُونَ ۝

(36) Es cierto que los que se niegan a
creer gastan sus riquezas para
apartar del camino de Allah.

Las gastarán y después se
tendrán que lamentar por ello,
siendo además vencidos.
Los que se niegan a creer serán
reunidos para ir a Yahannam.

إِنَّ الَّذِينَ كَفَرُوا يُنفِقُونَ أَمْوَالَهُمْ لِيَصُدُّوا عَن
سَبِيلِ اللَّهِ فَسَيُنفِقُونَهَا ثُمَّ تَكُونُ عَلَيْهِمْ
حَسْرَةً ثُمَّ يُغْلَبُونَ وَالَّذِينَ كَفَرُوا إِلَى جَهَنَّمَ
يُحْشَرُونَ ۝

(37) Para que Allah distinga al malo
del bueno y ponga a los malos
unos sobre otros, los amontone
a todos y los ponga en
Yahannam.

Esos son los perdedores.

لِيَمِيزَ اللَّهُ الْخَبِيثَ مِنَ الطَّيِّبِ وَيَجْعَلَ الْخَبِيثَ
بَعْضَهُ عَلَى بَعْضٍ فَيَرْكُمَهُ جَمِيعًا فَيَجْعَلَهُ فِي
جَهَنَّمَ أُوْلَٰئِكَ هُمُ الْخَاسِرُونَ ۝

(38) Di a los que se niegan a creer
que si cesan, les será perdonado lo que hayan hecho y
esté consumado, pero si reinciden... Ya hay precedentes de
cuál fue la práctica acostumbrada con los antiguos.

قُل لِّلَّذِينَ كَفَرُوا إِن يَنتَهُوا يُغْفَرْ لَهُم مَّا قَدْ سَلَفَ
وَإِن يَعُودُوا فَقَدْ مَضَتْ سُنَّتُ الْأَوَّلِينَ ۝

(39) Y combátelos hasta que no haya
más oposición y la práctica de
Adoración se dedique por
completo a Allah.

Y si cesan...Es cierto que Allah
ve perfectamente lo que hacen.

وَقَاتِلُوهُمْ حَتَّى لَا تَكُونَ فِتْنَةٌ وَيَكُونَ الدِّينُ
كُلُّهُ لِلَّهِ فَإِنِ انتَهَوْا فَإِنَّ اللَّهَ بِمَا يَعْمَلُونَ بَصِيرٌ ۝

(40) Y si se alejan, sabed que Allah es
vuestro Protector.

وَإِن تَوَلَّوْا فَاعْلَمُوا أَنَّ اللَّهَ مَوْلَاكُمْ نِعْمَ الْمَوْلَى

¡Y qué excelente Protector! ¡Y qué excelente Defensor!

وَنِعْمَ ٱلنَّصِيرُ ۝

(41) Y sabed, que del botín de guerra que os llevéis, un quinto pertenece a Allah y a Su mensajero; y a los parientes próximos, a los huérfanos, a los pobres y a los viajeros; si es que creéis en Allah y en lo que hizo que bajara sobre Su siervo el día de la Distinción*, el día en el que se encontraron las dos tropas.

Y Allah tiene poder sobre todas las cosas.

* [Se refiere al día de Badr.]

۞ وَٱعْلَمُوٓاْ أَنَّمَا غَنِمْتُم مِّن شَىْءٍ فَأَنَّ لِلَّهِ خُمُسَهُۥ وَلِلرَّسُولِ وَلِذِى ٱلْقُرْبَىٰ وَٱلْيَتَٰمَىٰ وَٱلْمَسَٰكِينِ وَٱبْنِ ٱلسَّبِيلِ إِن كُنتُمْ ءَامَنتُم بِٱللَّهِ وَمَآ أَنزَلْنَا عَلَىٰ عَبْدِنَا يَوْمَ ٱلْفُرْقَانِ يَوْمَ ٱلْتَقَى ٱلْجَمْعَانِ وَٱللَّهُ عَلَىٰ كُلِّ شَىْءٍ قَدِيرٌ ۝

(42) Cuando os encontrábais en la vertiente más próxima* y ellos en las más alejada, quedando la caravana debajo de vosotros.

Si hubiérais querido acordar una cita, no os habríais puesto de acuerdo sobre el lugar de encuentro; sin embargo fue así para que Allah llevara a término un mandato que ya estaba decidido.

* [Más próxima a Medina.]

إِذْ أَنتُم بِٱلْعُدْوَةِ ٱلدُّنْيَا وَهُم بِٱلْعُدْوَةِ ٱلْقُصْوَىٰ وَٱلرَّكْبُ أَسْفَلَ مِنكُمْ وَلَوْ تَوَاعَدتُّمْ لَٱخْتَلَفْتُمْ فِى ٱلْمِيعَٰدِ وَلَٰكِن لِّيَقْضِىَ ٱللَّهُ أَمْرًا كَانَ مَفْعُولًا ۝

(43) Para que muriera quien murió justificadamente y viviera quien vivió también justificadamente.

Y es cierto que Allah es Quien oye y Quien sabe.

لِّيَهْلِكَ مَنْ هَلَكَ عَن بَيِّنَةٍ وَيَحْيَىٰ مَنْ حَىَّ عَنۢ بَيِّنَةٍ وَإِنَّ ٱللَّهَ لَسَمِيعٌ عَلِيمٌ ۝

(44) Cuando Allah hizo que, en tu sueño, los vieras poco numerosos. Porque si te los hubiera hecho ver muy numerosos, habrías perdido el valor y habrías discutido el mandato. Pero Allah os salvó.

Realmente Él conoce lo que hay en los pechos.

اِذْ يُرِيكَهُمُ اللَّهُ فِى مَنَامِكَ قَلِيلًا وَلَوْ أَرَىكَهُمْ كَثِيرًا لَّفَشِلْتُمْ وَلَتَنَزَعْتُمْ فِى الأَمْرِ وَلَكِنَّ اللَّهَ سَلَّمَ إِنَّهُ عَلِيمٌ بِذَاتِ الصُّدُورِ ۝

(45) Y cuando, al encontraros con ellos, los hizo parecer pocos a vuestros ojos e hizo asímismo que vosotros les pareciérais pocos a ellos, para que así se cumpliera una orden de Allah que ya estaba decidida.

Y a Allah vuelven los asuntos.

وَإِذْ يُرِيكُمُوهُمْ إِذِ الْتَقَيْتُمْ فِى أَعْيُنِكُمْ قَلِيلًا وَيُقَلِّلُكُمْ فِى أَعْيُنِهِمْ لِيَقْضِىَ اللَّهُ أَمْرًا كَانَ مَفْعُولًا وَإِلَى اللَّهِ تُرْجَعُ الأُمُورُ ۝

(46) ¡Vosotros que creéis! Cuando tengáis algún encuentro con una tropa, sed firmes y recordad mucho a Allah para que así podáis tener éxito.

يَأَيُّهَا الَّذِينَ ءَامَنُوا إِذَا لَقِيتُمْ فِئَةً فَاثْبُتُوا وَاذْكُرُوا اللَّهَ كَثِيرًا لَّعَلَّكُمْ تُفْلِحُونَ ۝

(47) Y obedeced a Allah y a Su Mensajero y no disputéis, porque entonces os acobardaríais y perderíais vuestro ímpetu.

Y tened paciencia, pues ciertamente Allah está con los pacientes.

وَأَطِيعُوا اللَّهَ وَرَسُولَهُ وَلَا تَنَزَعُوا فَتَفْشَلُوا وَتَذْهَبَ رِيحُكُمْ وَاصْبِرُوا إِنَّ اللَّهَ مَعَ الصَّابِرِينَ ۝

(48) No seáis como ésos que salieron de sus casas con arrogancia y haciendo ostentación ante la gente, mientras apartaban del camino de Allah.*

وَلَا تَكُونُوا كَالَّذِينَ خَرَجُوا مِن دِيَٰرِهِم بَطَرًا وَرِئَآءَ النَّاسِ وَيَصُدُّونَ عَن سَبِيلِ اللَّهِ وَاللَّهُ بِمَا يَعْمَلُونَ مُحِيطٌ ۝

Allah rodea lo que hacen.

* [Alude a la salida de los Quraysh de
Meca hacia Badr para combatir contra
los musulmanes.]

(49) Y cuando el Shaytán les embelleció sus acciones y les
dijo: Hoy no habrá entre
los hombres quien pueda
venceros, de verdad que soy
para vosotros un protector.
Pero cuando las dos tropas se
avistaron, se echó atrás y dijo:
Me desentiendo de vosotros
porque veo lo que no veis.
Yo temo en verdad a Allah,
pues Allah es Fuerte
castigando.

﴿ وَإِذْ زَيَّنَ لَهُمُ ٱلشَّيْطَٰنُ أَعْمَٰلَهُمْ وَقَالَ لَا غَالِبَ
لَكُمُ ٱلْيَوْمَ مِنَ ٱلنَّاسِ وَإِنِّي جَارٌ لَّكُمْ فَلَمَّا تَرَآءَتِ
ٱلْفِئَتَانِ نَكَصَ عَلَىٰ عَقِبَيْهِ وَقَالَ إِنِّي بَرِيٓءٌ
مِّنكُمْ إِنِّيٓ أَرَىٰ مَا لَا تَرَوْنَ إِنِّيٓ أَخَافُ ٱللَّهَ
وَٱللَّهُ شَدِيدُ ٱلْعِقَابِ ﴾

(50) Cuando los hipócritas y los que
tenían una enfermedad en el
corazón, decían: Su creencia les
ha engañado.
Pero quien se apoya en
Allah...Realmente Allah es
Invencible, Sabio.

إِذْ يَقُولُ ٱلْمُنَٰفِقُونَ وَٱلَّذِينَ فِي قُلُوبِهِم مَّرَضٌ غَرَّ
هَٰٓؤُلَآءِ دِينُهُمْ وَمَن يَتَوَكَّلْ عَلَى ٱللَّهِ فَإِنَّ ٱللَّهَ عَزِيزٌ
حَكِيمٌ ﴾

(51) Y si vieras cuando sean arre-
batadas las almas de los que se
niegan a creer y los ángeles les
golpeen en la cara y en la
espalda y prueben el castigo
del Hariq...

وَلَوْ تَرَىٰٓ إِذْ يَتَوَفَّى ٱلَّذِينَ كَفَرُوا۟ ٱلْمَلَٰٓئِكَةُ
يَضْرِبُونَ وُجُوهَهُمْ وَأَدْبَٰرَهُمْ وَذُوقُوا۟ عَذَابَ
ٱلْحَرِيقِ ﴾

(52) Eso es por lo que sus manos presentaron y porque Allah no es
injusto con Sus siervos.

ذَٰلِكَ بِمَا قَدَّمَتْ أَيْدِيكُمْ وَأَنَّ ٱللَّهَ لَيْسَ بِظَلَّٰمٍ
لِّلْعَبِيدِ ﴾

(53) Como les pasó a la familia de
Firaún y a los que hubo antes

كَدَأْبِ ءَالِ فِرْعَوْنَ وَٱلَّذِينَ مِن قَبْلِهِمْ كَفَرُوا۟

que ellos. Negaron los signos de Allah y Allah los castigó por sus transgresiones; es cierto que Allah es Fuerte y Severo cuando castiga.

بِـَٔايَـٰتِ ٱللَّهِ فَأَخَذَهُمُ ٱللَّهُ بِذُنُوبِهِمْ إِنَّ ٱللَّهَ قَوِىٌّ شَدِيدُ ٱلْعِقَابِ ۝

(54) Eso es porque Allah no cambia el favor que ha concedido a una gente mientras ellos no cambien lo que hay en sí mismos.
Y Allah es Quien oye y Quien sabe.

ذَٰلِكَ بِأَنَّ ٱللَّهَ لَمْ يَكُ مُغَيِّرًا نِّعْمَةً أَنْعَمَهَا عَلَىٰ قَوْمٍ حَتَّىٰ يُغَيِّرُواْ مَا بِأَنفُسِهِمْ وَأَنَّ ٱللَّهَ سَمِيعٌ عَلِيمٌ ۝

(55) Como lo que pasó con la familia de Firaún y los que les precedieron; tacharon de mentira los signos de su Señor y les hicimos perecer a causa de sus transgresiones. Ahogamos a la gente de Firaún, pues todos eran injustos.

كَدَأْبِ ءَالِ فِرْعَوْنَ وَٱلَّذِينَ مِن قَبْلِهِمْ كَذَّبُواْ بِـَٔايَـٰتِ رَبِّهِمْ فَأَهْلَكْنَـٰهُم بِذُنُوبِهِمْ وَأَغْرَقْنَآ ءَالَ فِرْعَوْنَ وَكُلٌّ كَانُواْ ظَـٰلِمِينَ ۝

(56) Verdaderamente las peores criaturas ante Allah son los que niegan y no creen.

إِنَّ شَرَّ ٱلدَّوَآبِّ عِندَ ٱللَّهِ ٱلَّذِينَ كَفَرُواْ فَهُمْ لَا يُؤْمِنُونَ ۝

(57) Esos con los que pactas y luego, a la menor ocasión, rompen el pacto y no sienten temor (de Allah).

ٱلَّذِينَ عَـٰهَدتَّ مِنْهُمْ ثُمَّ يَنقُضُونَ عَهْدَهُمْ فِى كُلِّ مَرَّةٍ وَهُمْ لَا يَتَّقُونَ ۝

(58) Si das con ellos en situación de guerra, haz que sirvan de escarmiento a los que vengan detrás; quizás así recapaciten.

فَإِمَّا تَثْقَفَنَّهُمْ فِى ٱلْحَرْبِ فَشَرِّدْ بِهِم مَّنْ خَلْفَهُمْ لَعَلَّهُمْ يَذَّكَّرُونَ ۝

(59) Y si temes traición por parte de

وَإِمَّا تَخَافَنَّ مِن قَوْمٍ خِيَانَةً فَٱنۢبِذْ إِلَيْهِمْ عَلَىٰ سَوَآءٍ

alguna gente, rompe con ellos en igualdad de condiciones; pues es cierto que Allah no ama a los traidores.

إِنَّ ٱللَّهَ لَا يُحِبُّ ٱلْخَآئِنِينَ ۝

(60) Y no pienses que los que se niegan a creer han tomado ninguna ventaja porque no podrán escapar.

وَلَا تَحْسَبَنَّ ٱلَّذِينَ كَفَرُوا۟ سَبَقُوٓا۟ إِنَّهُمْ لَا يُعْجِزُونَ ۝

(61) Preparad contra ellos todas las fuerzas y guarniciones de caballos que podáis; así atemorizaréis a los enemigos de Allah, que son también los vuestros, aparte de otros que no conocéis pero que Allah sí conoce. Lo que gastéis en el camino de Allah se os pagará con creces y no sufriréis ningún menoscabo.

وَأَعِدُّوا۟ لَهُم مَّا ٱسْتَطَعْتُم مِّن قُوَّةٍ وَمِن رِّبَاطِ ٱلْخَيْلِ تُرْهِبُونَ بِهِۦ عَدُوَّ ٱللَّهِ وَعَدُوَّكُمْ وَءَاخَرِينَ مِن دُونِهِمْ لَا تَعْلَمُونَهُمُ ٱللَّهُ يَعْلَمُهُمْ وَمَا تُنفِقُوا۟ مِن شَىْءٍ فِى سَبِيلِ ٱللَّهِ يُوَفَّ إِلَيْكُمْ وَأَنتُمْ لَا تُظْلَمُونَ ۝

(62) Pero si se inclinan por la paz, inclínate tú también y confíate a Allah. El es Quien oye y Quien sabe.

وَإِن جَنَحُوا۟ لِلسَّلْمِ فَٱجْنَحْ لَهَا وَتَوَكَّلْ عَلَى ٱللَّهِ إِنَّهُۥ هُوَ ٱلسَّمِيعُ ٱلْعَلِيمُ ۝

(63) Y si quieren engañarte…Allah te basta. El es Quien te ayudó con Su auxilio y con los creyentes.

وَإِن يُرِيدُوٓا۟ أَن يَخْدَعُوكَ فَإِنَّ حَسْبَكَ ٱللَّهُ هُوَ ٱلَّذِىٓ أَيَّدَكَ بِنَصْرِهِۦ وَبِٱلْمُؤْمِنِينَ ۝

(64) Y unió sus corazones. Aunque hubieras gastado todo cuanto hay en la tierra no habrías conseguido unir sus corazones, sin embargo Allah los unió.

Verdaderamente El es Irresistible, Sabio.

وَأَلَّفَ بَيْنَ قُلُوبِهِمْ لَوْ أَنفَقْتَ مَا فِى ٱلْأَرْضِ جَمِيعًا مَّآ أَلَّفْتَ بَيْنَ قُلُوبِهِمْ وَلَٰكِنَّ ٱللَّهَ أَلَّفَ بَيْنَهُمْ إِنَّهُۥ عَزِيزٌ حَكِيمٌ ۝

(65) ¡Profeta! Allah es Suficiente para ti junto con los creyentes que te sigan.

يَا أَيُّهَا النَّبِيُّ حَسْبُكَ اللَّهُ وَمَنِ اتَّبَعَكَ مِنَ الْمُؤْمِنِينَ ﴿٦٥﴾

(66) ¡Profeta! Anima a los creyentes para que luchen. Si hay veinte de vosotros constantes podrán vencer a doscientos; y cien, vencerán a mil de los que no creen; porque ellos son gente que no comprende.

يَا أَيُّهَا النَّبِيُّ حَرِّضِ الْمُؤْمِنِينَ عَلَى الْقِتَالِ إِن يَكُن مِّنكُمْ عِشْرُونَ صَابِرُونَ يَغْلِبُوا مِائَتَيْنِ وَإِن يَكُن مِّنكُم مِّائَةٌ يَغْلِبُوا أَلْفًا مِّنَ الَّذِينَ كَفَرُوا بِأَنَّهُمْ قَوْمٌ لَّا يَفْقَهُونَ ﴿٦٦﴾

(67) Pero Allah os alivia ahora, pues sabe que en vosotros hay debilidad, de manera que si hay cien de vosotros constantes, venceréis a doscientos y si sois mil, venceréis a dos mil, con permiso de Allah.
Allah está con los constantes.

الآنَ خَفَّفَ اللَّهُ عَنكُمْ وَعَلِمَ أَنَّ فِيكُمْ ضَعْفًا فَإِن يَكُن مِّنكُم مِّائَةٌ صَابِرَةٌ يَغْلِبُوا مِائَتَيْنِ وَإِن يَكُن مِّنكُمْ أَلْفٌ يَغْلِبُوا أَلْفَيْنِ بِإِذْنِ اللَّهِ وَاللَّهُ مَعَ الصَّابِرِينَ ﴿٦٧﴾

(68) No es propio de un profeta tomar prisioneros antes de haber combatido con insistencia en la tierra. Queréis los bienes de este mundo, pero Allah quiere la Ultima Vida.
Y Allah es Poderoso, Sabio.

مَا كَانَ لِنَبِيٍّ أَن يَكُونَ لَهُ أَسْرَى حَتَّى يُثْخِنَ فِي الْأَرْضِ تُرِيدُونَ عَرَضَ الدُّنْيَا وَاللَّهُ يُرِيدُ الْآخِرَةَ وَاللَّهُ عَزِيزٌ حَكِيمٌ ﴿٦٨﴾

(69) De no haber sido por una prescripción previa de Allah, os habría alcanzado un gran castigo por lo que hubiérais tomado*.
*[Es decir, por los rescates que hubiérais pedido por los prisioneros.]

لَّوْلَا كِتَابٌ مِّنَ اللَّهِ سَبَقَ لَمَسَّكُمْ فِيمَا أَخَذْتُمْ عَذَابٌ عَظِيمٌ ﴿٦٩﴾

(70) Sin embargo, beneficiaros de lo que hayáis obtenido como

فَكُلُوا مِمَّا غَنِمْتُمْ حَلَالًا طَيِّبًا وَاتَّقُوا اللَّهَ إِنَّ

botín de guerra que sea lícito y
bueno; y temed a Allah.

Es cierto que Allah es Perdonador y Compasivo.

اللَّهَ غَفُورٌ رَّحِيمٌ ۝

(71) ¡Profeta! Di a los prisioneros que
tengáis en vuestras manos: Si
Allah sabe de algún bien en
vuestros corazones, os concederá también algún bien de
aquello que se os quitó y os
perdonará.

Allah es Perdonador y
Compasivo.

يَٰٓأَيُّهَا ٱلنَّبِيُّ قُل لِّمَن فِىٓ أَيْدِيكُم مِّنَ ٱلْأَسْرَىٰٓ إِن
يَعْلَمِ ٱللَّهُ فِى قُلُوبِكُمْ خَيْرًا يُؤْتِكُمْ خَيْرًا مِّمَّآ
أُخِذَ مِنكُمْ وَيَغْفِرْ لَكُمْ وَٱللَّهُ غَفُورٌ رَّحِيمٌ ۝

(72) Pero si quieren traicionarte...Ya
traicionaron antes a Allah y
(te) dio poder sobre ellos.

Allah es Conocedor y Sabio.

۞ وَإِن يُرِيدُواْ خِيَانَتَكَ فَقَدْ خَانُواْ ٱللَّهَ مِن قَبْلُ
فَأَمْكَنَ مِنْهُمْ وَٱللَّهُ عَلِيمٌ حَكِيمٌ ۝

(73) Verdaderamente los que creen y
emigraron y lucharon con sus
bienes y personas en el camino
de Allah y los que les dieron
refugio y les auxiliaron, ésos
son Mis amigos aliados y son
amigos aliados entre sí.

Y los que creen y no emigraron,
no debéis protegerlos hasta que
no emigren.

Pero si os piden ayuda en
defensa de la práctica de
Adoración, entonces sí tenéis la
obligación de ayudarles, a no
ser que sea contra una gente
con la que hayáis hecho algún
pacto.

Allah ve lo que hacéis.

إِنَّ ٱلَّذِينَ ءَامَنُواْ وَهَاجَرُواْ وَجَٰهَدُواْ بِأَمْوَٰلِهِمْ
وَأَنفُسِهِمْ فِى سَبِيلِ ٱللَّهِ وَٱلَّذِينَ ءَاوَواْ
وَّنَصَرُوٓاْ أُوْلَٰٓئِكَ بَعْضُهُمْ أَوْلِيَآءُ بَعْضٍ وَٱلَّذِينَ
ءَامَنُواْ وَلَمْ يُهَاجِرُواْ مَا لَكُم مِّن وَلَٰيَتِهِم مِّن شَىْءٍ
حَتَّىٰ يُهَاجِرُواْ وَإِنِ ٱسْتَنصَرُوكُمْ فِى ٱلدِّينِ
فَعَلَيْكُمُ ٱلنَّصْرُ إِلَّا عَلَىٰ قَوْمٍ بَيْنَكُمْ
وَبَيْنَهُم مِّيثَٰقٌ وَٱللَّهُ بِمَا تَعْمَلُونَ بَصِيرٌ ۝

(74) Los que no creen son amigos aliados unos de otros. Si no lo hacéis habrá conflicto en la tierra y una gran corrupción.

وَالَّذِينَ كَفَرُواْ بَعْضُهُمْ أَوْلِيَاءُ بَعْضٍ إِلَّا تَفْعَلُوهُ تَكُن فِتْنَةٌ فِي الأَرْضِ وَفَسَادٌ كَبِيرٌ ۝

(75) Y los que hayan creído y hayan emigrado y luchado en el camino de Allah, así como los que les hayan dado refugio y auxilio, éstos son los creyentes de verdad.

Tendrán perdón y una generosa provisión.

وَالَّذِينَ ءَامَنُواْ وَهَاجَرُواْ وَجَهَدُواْ فِي سَبِيلِ اللَّهِ وَالَّذِينَ ءَاوَواْ وَّنَصَرُواْ أُوْلَئِكَ هُمُ الْمُؤْمِنُونَ حَقًّا لَّهُم مَّغْفِرَةٌ وَرِزْقٌ كَرِيمٌ ۝

(76) Y los que creyeron después, emigraron y lucharon con vosotros, ésos son de los vuestros.

Y los que tienen lazos de consaguinidad, tienen más derecho los unos con respecto a los otros en el Libro de Allah.

Ciertamente Allah es Conocedor de cada cosa.

وَالَّذِينَ ءَامَنُواْ مِن بَعْدُ وَهَاجَرُواْ وَجَهَدُواْ مَعَكُمْ فَأُوْلَئِكَ مِنكُمْ وَأُوْلُواْ الأَرْحَامِ بَعْضُهُمْ أَوْلَى بِبَعْضٍ فِي كِتَابِ اللَّهِ إِنَّ اللَّهَ بِكُلِّ شَيْءٍ عَلِيمٌ ۝

9. SURA AT-TAWBA
(La Retractación)*.

* Esta sura es la única del Corán que no está encabezada por la "basmala", es decir por la expresión "En el nombre de Allah, el Misericordioso, el Compasivo".

En cuanto a los motivos de la ausencia de la "basmala" Uzmán b. Affan dijo que su contenido está conectado al de la sura anterior "los Botines de Guerra" y en los tiempos del Mensajero de Allah —al que Allah bendiga y dé paz— eran llamadas "las dos que van juntas" "al-Qarinatan", hasta el punto de que había discrepancia sobre si eran dos suras o una; y por ello se dejó de incluir la "basmala" al principio de ella.

Pero según Alí b. Abi Talib, la "basmala" es una garantía de seguridad y esta sura descendió con la espada, es decir con las aleyas concernientes a la lucha; y por ello no comienza con la "basmala".

(1) Allah y Su Mensajero quedan exentos de responsabilidad frente a aquellos asociadores con los que hayáis hecho un pacto.

بَرَآءَةٞ مِّنَ ٱللَّهِ وَرَسُولِهِۦٓ إِلَى ٱلَّذِينَ عَٰهَدتُّم مِّنَ ٱلۡمُشۡرِكِينَ ۝

(2) Andad pues seguros por el territorio durante cuatro meses, pero sabed que no podréis escapar de Allah y que Allah será Quien afrente a los incrédulos.

فَسِيحُواْ فِي ٱلۡأَرۡضِ أَرۡبَعَةَ أَشۡهُرٖ وَٱعۡلَمُوٓاْ أَنَّكُمۡ غَيۡرُ مُعۡجِزِي ٱللَّهِ وَأَنَّ ٱللَّهَ مُخۡزِي ٱلۡكَٰفِرِينَ ۝

(3) Y se anuncia de parte de Allah y de Su mensajero a los hombres, en el día de la Peregrinación Mayor, que Allah queda libre de responsabilidad frente a los asociadores, así como Su mensajero.

De manera que si os retractáis será mejor para vosotros, pero si os apartáis, sabed que no vais a escapar de Allah.

وَأَذَٰنٞ مِّنَ ٱللَّهِ وَرَسُولِهِۦٓ إِلَى ٱلنَّاسِ يَوۡمَ ٱلۡحَجِّ ٱلۡأَكۡبَرِ أَنَّ ٱللَّهَ بَرِيٓءٞ مِّنَ ٱلۡمُشۡرِكِينَ وَرَسُولُهُۥ فَإِن تُبۡتُمۡ فَهُوَ خَيۡرٞ لَّكُمۡ وَإِن تَوَلَّيۡتُمۡ فَٱعۡلَمُوٓاْ أَنَّكُمۡ غَيۡرُ مُعۡجِزِي ٱللَّهِ وَبَشِّرِ ٱلَّذِينَ كَفَرُواْ بِعَذَابٍ أَلِيمٍ ۝

Y a los que no creen anunciáles un castigo doloroso.

* [En el año noveno de la Hégira, y ante la continua ruptura por parte de los asociadores idólatras de los pactos que hacían con los musulmanes, el Mensajero de Allah —que Allah le dé Su gracia y paz— envió a Abu Bakr para que presidiera los ritos de la Peregrinación y a continuación envió a Alí como portavoz suyo para que anunciara a la gente el contenido de estas aleyas que él expresó en cuatro puntos: Que ningún incrédulo entraría en el Jardín, que nadie volvería jamás a circunvalar la Casa de Allah desnudo, como se solía hacer hasta entonces desde los tiempos de la Ignorancia anterior al Islam, que quien hubiera hecho un pacto con el Mensajero de Allah, éste duraría sólo cuatro meses más y después de este plazo, Allah y Su mensajero quedaban libres de responsabilidad, y que después de ese año ningún asociador idólatra volvería a peregrinar.]

(4) A excepción de aquellos asociadores con los que hayáis hecho un pacto y no hayan faltado en nada ni hayan apoyado a nadie contra vosotros.

Con ellos cumpliréis el pacto hasta su conclusión, es cierto que Allah ama a los que Le temen.

إِلَّا ٱلَّذِينَ عَٰهَدتُّم مِّنَ ٱلْمُشْرِكِينَ ثُمَّ لَمْ يَنقُصُوكُمْ شَيْـًٔا وَلَمْ يُظَٰهِرُوا۟ عَلَيْكُمْ أَحَدًا فَأَتِمُّوٓا۟ إِلَيْهِمْ عَهْدَهُمْ إِلَىٰ مُدَّتِهِمْ ۚ إِنَّ ٱللَّهَ يُحِبُّ ٱلْمُتَّقِينَ ۞

(5) Y cuando hayan pasado los meses inviolables, matad a los asociadores donde quiera que los halléis.

Capturadlos, sitiadlos y ten-

۞ فَإِذَا ٱنسَلَخَ ٱلْأَشْهُرُ ٱلْحُرُمُ فَٱقْتُلُوا۟ ٱلْمُشْرِكِينَ حَيْثُ وَجَدتُّمُوهُمْ وَخُذُوهُمْ وَٱحْصُرُوهُمْ وَٱقْعُدُوا۟ لَهُمْ كُلَّ مَرْصَدٍ ۚ فَإِن تَابُوا۟ وَأَقَامُوا۟

سُورَةُ ٱلتَّوْبَةِ ـ ٱلْجُزْءُ ٱلْعَاشِرُ

dedles toda clase de embos-
cadas; pero si se retractan, establecen el salat y entregan el
zakat, dejad que sigan su
camino.

ٱلصَّلَوٰةَ وَءَاتَوُا ٱلزَّكَوٰةَ فَخَلُّواْ سَبِيلَهُمْ إِنَّ ٱللَّهَ
غَفُورٌ رَّحِيمٌ ۝

Verdaderamente Allah es Perdonador y Compasivo.

* [Esta es la aleya conocida con el nombre de "ayatus-saif" (aleya de la
espada) que abroga todas las disposiciones anteriores concernientes a
las relaciones con los no musulmanes.]

(6) Y si alguno de los asociadores
busca tu protección, recíbelo
hasta que haya escuchado la
palabra de Allah y luego hazlo
llegar hasta un lugar en el que
esté seguro.

وَإِنْ أَحَدٌ مِّنَ ٱلْمُشْرِكِينَ ٱسْتَجَارَكَ فَأَجِرْهُ
حَتَّىٰ يَسْمَعَ كَلَٰمَ ٱللَّهِ ثُمَّ أَبْلِغْهُ مَأْمَنَهُ ذَٰلِكَ
بِأَنَّهُمْ قَوْمٌ لَّا يَعْلَمُونَ ۝

Eso es porque ellos son gente
que no sabe.

* [Esta aleya está considerada por algunos abrogada en su juicio legal.]

(7) ¿Cómo podría ser tenido en
cuenta un pacto con los asociadores por parte de Allah y Su
mensajero, a excepción de
aquéllos con los que pactasteis
junto a la Mezquita Inviolable,
cuando ellos no cumplen
correctamente con vosotros
mientras que vosotros sí
cumplís con ellos?

كَيْفَ يَكُونُ لِلْمُشْرِكِينَ عَهْدٌ عِندَ ٱللَّهِ وَعِندَ
رَسُولِهِ إِلَّا ٱلَّذِينَ عَٰهَدتُّمْ عِندَ ٱلْمَسْجِدِ ٱلْحَرَامِ
فَمَا ٱسْتَقَٰمُواْ لَكُمْ فَٱسْتَقِيمُواْ لَهُمْ إِنَّ ٱللَّهَ
يُحِبُّ ٱلْمُتَّقِينَ ۝

Es cierto que Allah ama a los
que Le temen.

(8) ¿Cómo podría ser si cuando obtie-

كَيْفَ وَإِن يَظْهَرُواْ عَلَيْكُمْ لَا يَرْقُبُواْ فِيكُمْ

nen alguna victoria sobre vosotros no respetan ningún pacto ni tratado? Intentan complaceros con sus bocas pero sus corazones rechazan.

La mayoría de ellos están pervertidos.

إِلَّا وَلَا ذِمَّةً يُرْضُونَكُم بِأَفْوَهِهِمْ وَتَأْبَى قُلُوبُهُمْ وَأَكْثَرُهُمْ فَسِقُونَ ۝

(9) Venden los signos de Allah a bajo precio y desvían de Su camino.

¡Qué malo es lo que hacen!

ٱشْتَرَوْاْ بِـَٔايَتِ ٱللَّهِ ثَمَنًا قَلِيلًا فَصَدُّواْ عَن سَبِيلِهِۦٓ إِنَّهُمْ سَآءَ مَا كَانُواْ يَعْمَلُونَ ۝

(10) Con el creyente no respetan ningún pacto ni tratado.

Esos son los transgresores.

لَا يَرْقُبُونَ فِي مُؤْمِنٍ إِلًّا وَلَا ذِمَّةً وَأُوْلَٰٓئِكَ هُمُ ٱلْمُعْتَدُونَ ۝

(11) Y si se retractan, establecen el salat y entregan el zakat... Son vuestros hermanos en la Práctica de Adoración.

Explicamos claramente los signos para la gente que sabe.

فَإِن تَابُواْ وَأَقَامُواْ ٱلصَّلَوٰةَ وَءَاتَوُاْ ٱلزَّكَوٰةَ فَإِخْوَٰنُكُمْ فِي ٱلدِّينِ وَنُفَصِّلُ ٱلْءَايَٰتِ لِقَوْمٍ يَعْلَمُونَ ۝

(12) Pero si rompen algún juramento después de haberse comprometido e injurian vuestra práctica de Adoración... Entonces combatid a los dirigentes de la incredulidad.

Realmente para ellos no existen juramentos. Tal vez desistan.

وَإِن نَّكَثُوٓاْ أَيْمَٰنَهُم مِّنۢ بَعْدِ عَهْدِهِمْ وَطَعَنُواْ فِي دِينِكُمْ فَقَٰتِلُوٓاْ أَئِمَّةَ ٱلْكُفْرِ إِنَّهُمْ لَآ أَيْمَٰنَ لَهُمْ لَعَلَّهُمْ يَنتَهُونَ ۝

(13) ¿No lucharéis contra una gente que rompe sus juramentos y que se ha propuesto expulsar

أَلَا تُقَٰتِلُونَ قَوْمًا نَّكَثُوٓاْ أَيْمَٰنَهُمْ وَهَمُّواْ بِإِخْرَاجِ ٱلرَّسُولِ وَهُم بَدَءُوكُمْ أَوَّلَ مَرَّةٍ أَتَخْشَوْنَهُمْ

al Mensajero y fueron ellos los
primeros en combatiros?

¿Vais a temerlos? Allah es más
digno de ser temido si sois
creyentes.

فَاللَّهُ أَحَقُّ أَن تَخْشَوْهُ إِن كُنتُم مُّؤْمِنِينَ ۝

(14) ¡Combatidlos! Allah los castigará
por medio de vuestras manos y
los humillará, os dará la victoria sobre ellos y curará los
pechos de una gente creyente.

قَاتِلُوهُمْ يُعَذِّبْهُمُ اللَّهُ بِأَيْدِيكُمْ وَيُخْزِهِمْ
وَيَنصُرْكُمْ عَلَيْهِمْ وَيَشْفِ صُدُورَ قَوْمٍ
مُّؤْمِنِينَ ۝

(15) Y apartará la ira de sus
corazones.

Allah se vuelve sobre quien El
quiere y Allah es Conocedor y
Sabio.

وَيُذْهِبْ غَيْظَ قُلُوبِهِمْ وَيَتُوبُ اللَّهُ عَلَى مَن يَشَآءُ
وَاللَّهُ عَلِيمٌ حَكِيمٌ ۝

(16) ¿O acaso pensáis que Allah os va
a dejar y que Allah no sabrá
quienes de vosotros lucharon y
no tomaron ningún partidario
fuera de Allah, de Su mensajero y de los creyentes?

Allah está perfectamente informado de lo que hacéis.

أَمْ حَسِبْتُمْ أَن تُتْرَكُوا وَلَمَّا يَعْلَمِ اللَّهُ الَّذِينَ
جَهَدُوا مِنكُمْ وَلَمْ يَتَّخِذُوا مِن دُونِ اللَّهِ وَلَا
رَسُولِهِ وَلَا الْمُؤْمِنِينَ وَلِيجَةً وَاللَّهُ خَبِيرٌ بِمَا
تَعْمَلُونَ ۝

(17) No procede que los asociadores
permanezcan en las mezquitas
de Allah dando testimonio de
incredulidad contra sí mismos.

Sus acciones serán vanas y
ellos serán inmortales en el
Fuego.

مَا كَانَ لِلْمُشْرِكِينَ أَن يَعْمُرُوا مَسَاجِدَ اللَّهِ شَهِدِينَ
عَلَى أَنفُسِهِم بِالْكُفْرِ أُوْلَئِكَ حَبِطَتْ أَعْمَالُهُمْ وَفِي
النَّارِ هُمْ خَالِدُونَ ۝

(18) Sólo quien crea en Allah y en el

إِنَّمَا يَعْمُرُ مَسَاجِدَ اللَّهِ مَنْ ءَامَنَ بِاللَّهِ وَالْيَوْمِ

Ultimo Día, establezca el salat,
entregue el zakat y no tema
sino a Allah, permanecerá en
las mezquitas de Allah.

Y así podrán ser de los que
están guiados.

ٱلْأَخِرِ وَأَقَامَ ٱلصَّلَوٰةَ وَءَاتَى ٱلزَّكَوٰةَ وَلَمْ يَخْشَ إِلَّا ٱللَّهَ فَعَسَىٰٓ أُوْلَٰٓئِكَ أَن يَكُونُوا۟ مِنَ ٱلْمُهْتَدِينَ ﴿١٨﴾

(19) ¿Consideráis que proveer el agua
durante la Peregrinación y ser
guardián de la Mezquita Inviolable es igual que creer en
Allah y en la Ultima Vida y
luchar en el camino de Allah?*

No es igual ante Allah.

Allah no guía a gente injusta.

* [Alusión a los asociadores idólatras
de entre los Quraysh que se jactaban
de su condición de guardianes de la
Mezquita Inviolable y de ser los que se
ocupaban de proveer el agua a los
peregrinos]

۞ أَجَعَلْتُمْ سِقَايَةَ ٱلْحَآجِّ وَعِمَارَةَ ٱلْمَسْجِدِ ٱلْحَرَامِ كَمَنْ ءَامَنَ بِٱللَّهِ وَٱلْيَوْمِ ٱلْأَخِرِ وَجَٰهَدَ فِى سَبِيلِ ٱللَّهِ لَا يَسْتَوُۥنَ عِندَ ٱللَّهِ وَٱللَّهُ لَا يَهْدِى ٱلْقَوْمَ ٱلظَّٰلِمِينَ ﴿١٩﴾

(20) Los que creen, emigraron y
lucharon en el camino de Allah
con sus bienes y personas, tienen el máximo grado ante
Allah y ésos son los
triunfadores.

ٱلَّذِينَ ءَامَنُوا۟ وَهَاجَرُوا۟ وَجَٰهَدُوا۟ فِى سَبِيلِ ٱللَّهِ بِأَمْوَٰلِهِمْ وَأَنفُسِهِمْ أَعْظَمُ دَرَجَةً عِندَ ٱللَّهِ وَأُوْلَٰٓئِكَ هُمُ ٱلْفَآئِزُونَ ﴿٢٠﴾

(21) Su Señor les anuncia la buena
noticia de una misericordia de
Su parte, beneplácito y jardines
para ellos donde tendrán un
deleite permanente.

يُبَشِّرُهُمْ رَبُّهُم بِرَحْمَةٍ مِّنْهُ وَرِضْوَٰنٍ وَجَنَّٰتٍ لَّهُمْ فِيهَا نَعِيمٌ مُّقِيمٌ ﴿٢١﴾

(22) Allí serán inmortales para siempre; es cierto que Allah tiene

خَٰلِدِينَ فِيهَآ أَبَدًا إِنَّ ٱللَّهَ عِندَهُۥٓ أَجْرٌ عَظِيمٌ ﴿٢٢﴾

junto a Él una hermosa
recompensa.

(23) ¡Vosotros que creéis! No toméis a
vuestros padres y hermanos
como aliados si eligen la incredulidad en vez de la creencia.
Quien de vosotros los tome por
aliados, ésos son los injustos.

يَـٰٓأَيُّهَا ٱلَّذِينَ ءَامَنُواْ لَا تَتَّخِذُوٓاْ ءَابَآءَكُمْ
وَإِخْوَٰنَكُمْ أَوْلِيَآءَ إِنِ ٱسْتَحَبُّواْ ٱلْكُفْرَ عَلَى
ٱلْإِيمَٰنِ وَمَن يَتَوَلَّهُم مِّنكُمْ فَأُوْلَـٰٓئِكَ هُمُ
ٱلظَّـٰلِمُونَ ٢٣

(24) Di: Si vuestros padres, hijos, hermanos, esposas, vuestro clan
familiar, los bienes que habéis
obtenido, el negocio cuya falta
de beneficio temeis, las moradas que os satisfacen, os son
más queridos que Allah, Su
mensajero y la lucha en Su
camino... Esperad hasta que
Allah llegue con Su orden.
Allah no guía a gente
descarriada.

قُلْ إِن كَانَ ءَابَآؤُكُمْ وَأَبْنَآؤُكُمْ وَإِخْوَٰنُكُمْ
وَأَزْوَٰجُكُمْ وَعَشِيرَتُكُمْ وَأَمْوَٰلٌ ٱقْتَرَفْتُمُوهَا
وَتِجَٰرَةٌ تَخْشَوْنَ كَسَادَهَا وَمَسَٰكِنُ تَرْضَوْنَهَآ أَحَبَّ
إِلَيْكُم مِّنَ ٱللَّهِ وَرَسُولِهِ وَجِهَادٍ فِى سَبِيلِهِ
فَتَرَبَّصُواْ حَتَّىٰ يَأْتِىَ ٱللَّهُ بِأَمْرِهِ وَٱللَّهُ لَا يَهْدِى ٱلْقَوْمَ
ٱلْفَٰسِقِينَ ٢٤

(25) Allah os ha ayudado en numerosas ocasiones.
Y en el día de Hunayn, cuando
os asombraba vuestro gran
número y sin embargo no os
sirvió de nada.
La tierra, a pesar de su ampli-
tud, se os hizo estrecha y
luego, dando la espalda, os
volvísteis.

لَقَدْ نَصَرَكُمُ ٱللَّهُ فِى مَوَاطِنَ كَثِيرَةٍ وَيَوْمَ حُنَيْنٍ
إِذْ أَعْجَبَتْكُمْ كَثْرَتُكُمْ فَلَمْ تُغْنِ عَنكُمْ شَيْـًٔا
وَضَاقَتْ عَلَيْكُمُ ٱلْأَرْضُ بِمَا رَحُبَتْ ثُمَّ وَلَّيْتُم
مُّدْبِرِينَ ٢٥

(26) Y Allah hizo bajar Su sosiego
sobre Su mensajero y los creyentes e hizo bajar ejércitos que

ثُمَّ أَنزَلَ ٱللَّهُ سَكِينَتَهُ عَلَىٰ رَسُولِهِ وَعَلَى
ٱلْمُؤْمِنِينَ وَأَنزَلَ جُنُودًا لَّمْ تَرَوْهَا وَعَذَّبَ ٱلَّذِينَ

no veíais; y así castigó a los que no creían.

Esa es la recompensa de los incrédulos.

كَفَرُواْ وَذَٰلِكَ جَزَآءُ ٱلْكَٰفِرِينَ ۝

(27) Luego Allah, después de ello, se volvió sobre quien quiso.

Allah es Perdonador y Compasivo.

ثُمَّ يَتُوبُ ٱللَّهُ مِنۢ بَعْدِ ذَٰلِكَ عَلَىٰ مَن يَشَآءُ وَٱللَّهُ غَفُورٌ رَّحِيمٌ ۝

(28) ¡Vosotros que creéis! Es cierto que los asociadores son impuros; que no se acerquen a la Mezquita Inviolable a partir de este año en el que están*.

Si teméis la penuria... Allah os enriquecerá con parte de Su favor, si quiere.

Verdaderamente Allah es Conocedor y Sabio.

* [El año noveno de la Hégira]

يَٰٓأَيُّهَا ٱلَّذِينَ ءَامَنُوٓاْ إِنَّمَا ٱلْمُشْرِكُونَ نَجَسٌ فَلَا يَقْرَبُواْ ٱلْمَسْجِدَ ٱلْحَرَامَ بَعْدَ عَامِهِمْ هَٰذَا وَإِنْ خِفْتُمْ عَيْلَةً فَسَوْفَ يُغْنِيكُمُ ٱللَّهُ مِن فَضْلِهِۦٓ إِن شَآءَ إِنَّ ٱللَّهَ عَلِيمٌ حَكِيمٌ ۝

(29) Combatid contra aquéllos, de los que recibieron el Libro, que no crean en Allah ni en el Ultimo Día, no hagan ilícito lo que Allah y Su mensajero han hecho ilícito y no sigan la verdadera práctica de Adoración, hasta que paguen la yizia* con sumisión y aceptando estar por debajo.

* [La yizia es el impuesto que han de pagar los dhimmíes, que son aquéllos de la gente del Libro que establecen un pacto con los musulmanes que les permite vivir bajo la protección de éstos,

قَٰتِلُواْ ٱلَّذِينَ لَا يُؤْمِنُونَ بِٱللَّهِ وَلَا بِٱلْيَوْمِ ٱلْأَخِرِ وَلَا يُحَرِّمُونَ مَا حَرَّمَ ٱللَّهُ وَرَسُولُهُۥ وَلَا يَدِينُونَ دِينَ ٱلْحَقِّ مِنَ ٱلَّذِينَ أُوتُواْ ٱلْكِتَٰبَ حَتَّىٰ يُعْطُواْ ٱلْجِزْيَةَ عَن يَدٍ وَهُمْ صَٰغِرُونَ ۝

quedando exentos de las obligaciones de los musulmanes y siendo respetadas sus propias leyes, pero teniendo que pagar, a cambio, un tributo y aceptar un estatuto determinado.]

(30) Y dicen los judíos: Uzayr es el hijo de Allah.

Y dicen los cristianos: El Ungido es el hijo de Allah.

Eso es lo que dicen con sus bocas repitiendo las palabras de los que anteriormente cayeron en la incredulidad.

¡Que Allah los destruya! ¡Cómo falsean!

وَقَالَتِ ٱلۡيَهُودُ عُزَيۡرٌ ٱبۡنُ ٱللَّهِ وَقَالَتِ ٱلنَّصَرَى ٱلۡمَسِيحُ ٱبۡنُ ٱللَّهِ ذَٰلِكَ قَوۡلُهُم بِأَفۡوَٰهِهِمۡ يُضَٰهِـُٔونَ قَوۡلَ ٱلَّذِينَ كَفَرُواْ مِن قَبۡلُ قَٰتَلَهُمُ ٱللَّهُ أَنَّىٰ يُؤۡفَكُونَ ۝

(31) Han tomado a sus doctores y sacerdotes como señores en vez de Allah, igual que al Ungido, hijo de Maryam; cuando solamente se les ordenó que adoraran a un Unico Dios. No hay dios sino El. ¡Glorificado sea por encima de lo que Le asocian!

ٱتَّخَذُوٓاْ أَحۡبَارَهُمۡ وَرُهۡبَٰنَهُمۡ أَرۡبَابٗا مِّن دُونِ ٱللَّهِ وَٱلۡمَسِيحَ ٱبۡنَ مَرۡيَمَ وَمَآ أُمِرُوٓاْ إِلَّا لِيَعۡبُدُوٓاْ إِلَٰهٗا وَٰحِدٗا لَّآ إِلَٰهَ إِلَّا هُوَ سُبۡحَٰنَهُۥ عَمَّا يُشۡرِكُونَ ۝

(32) Quieren apagar con sus bocas la luz de Allah, pero Allah rechaza todo lo que no sea completar Su luz, aunque les repugne a los incrédulos.

يُرِيدُونَ أَن يُطۡفِـُٔواْ نُورَ ٱللَّهِ بِأَفۡوَٰهِهِمۡ وَيَأۡبَى ٱللَّهُ إِلَّآ أَن يُتِمَّ نُورَهُۥ وَلَوۡ كَرِهَ ٱلۡكَٰفِرُونَ ۝

(33) El es Quien envió a Su Mensajero con la guía y con la práctica de Adoración verdadera para hacerla prevalecer sobre todas las demás formas de Adora-

هُوَ ٱلَّذِىٓ أَرۡسَلَ رَسُولَهُۥ بِٱلۡهُدَىٰ وَدِينِ ٱلۡحَقِّ لِيُظۡهِرَهُۥ عَلَى ٱلدِّينِ كُلِّهِۦ وَلَوۡ كَرِهَ ٱلۡمُشۡرِكُونَ ۝

ción, aunque les repugne a los incrédulos.

(34) ¡Vosotros que creéis! Es cierto que muchos de los doctores y sacerdotes se comen la riqueza de los hombres por medio de falsedades, y apartan del camino de Allah.

A los que atesoran el oro y la plata y no los gastan en el camino de Allah, anúnciales un castigo doloroso:

﴿يَـٰٓأَيُّهَا ٱلَّذِينَ ءَامَنُوٓاْ إِنَّ كَثِيرًا مِّنَ ٱلۡأَحۡبَارِ وَٱلرُّهۡبَانِ لَيَأۡكُلُونَ أَمۡوَٰلَ ٱلنَّاسِ بِٱلۡبَـٰطِلِ وَيَصُدُّونَ عَن سَبِيلِ ٱللَّهِ وَٱلَّذِينَ يَكۡنِزُونَ ٱلذَّهَبَ وَٱلۡفِضَّةَ وَلَا يُنفِقُونَهَا فِي سَبِيلِ ٱللَّهِ فَبَشِّرۡهُم بِعَذَابٍ أَلِيمٍ ٣٤﴾

(35) El día en que, en el fuego de Yahannam, sean puestos al rojo* y con ellos se les queme la frente, los costados y la espalda: "Esto es lo que habíais atesorado en beneficio de vuestras almas, gustad lo que atesorábais".

*[Se refiere al oro y la plata]

يَوۡمَ يُحۡمَىٰ عَلَيۡهَا فِي نَارِ جَهَنَّمَ فَتُكۡوَىٰ بِهَا جِبَاهُهُمۡ وَجُنُوبُهُمۡ وَظُهُورُهُمۡ هَـٰذَا مَا كَنَزۡتُمۡ لِأَنفُسِكُمۡ فَذُوقُواْ مَا كُنتُمۡ تَكۡنِزُونَ ٣٥

(36) El número de meses para Allah es doce, en el Libro de Allah, el día en que creó los cielos y la tierra. De ellos, cuatro son inviolables. Esta es la práctica de Adoración recta.

No seáis injustos con vosotros mismos durante estos meses y combatid a los asociadores por entero, al igual que ellos os combaten por entero.

Y sabed que Allah está con los que Le temen.

إِنَّ عِدَّةَ ٱلشُّهُورِ عِندَ ٱللَّهِ ٱثۡنَا عَشَرَ شَهۡرًا فِي كِتَـٰبِ ٱللَّهِ يَوۡمَ خَلَقَ ٱلسَّمَـٰوَٰتِ وَٱلۡأَرۡضَ مِنۡهَآ أَرۡبَعَةٌ حُرُمٌ ذَٰلِكَ ٱلدِّينُ ٱلۡقَيِّمُ فَلَا تَظۡلِمُواْ فِيهِنَّ أَنفُسَكُمۡ وَقَـٰتِلُواْ ٱلۡمُشۡرِكِينَ كَآفَّةً كَمَا يُقَـٰتِلُونَكُمۡ كَآفَّةً وَٱعۡلَمُوٓاْ أَنَّ ٱللَّهَ مَعَ ٱلۡمُتَّقِينَ ٣٦

(37) Realmente, diferir la inviolabilidad de un mes a otro, es
un acto más de incredulidad
con el que se extravían los que
no creen. Un año lo declaran
lícito y otro inviolable, para
hacerlo coincidir con el
número de meses que Allah ha
establecido como inviolables.

Y así hacen lícito lo que Allah
hizo inviolable.

Se les ha embellecido la maldad de sus acciones, pero
Allah no guía a la gente
incrédula.

إِنَّمَا النَّسِيٓءُ زِيَادَةٌ فِي الْكُفْرِ يُضَلُّ بِهِ الَّذِينَ
كَفَرُوا يُحِلُّونَهُۥ عَامًا وَيُحَرِّمُونَهُۥ عَامًا لِّيُوَاطِـُٔوا
عِدَّةَ مَا حَرَّمَ اللَّهُ فَيُحِلُّوا مَا حَرَّمَ اللَّهُ زُيِّنَ لَهُمْ سُوٓءُ
أَعْمَالِهِمْ وَاللَّهُ لَا يَهْدِي الْقَوْمَ الْكَافِرِينَ ۝

(38) ¡Vosotros que creéis! ¿Qué os
pasa que cuando se os dice:
Salid a luchar en el camino de
Allah, os aferráis a la tierra?

¿Acaso os complace más la
vida de este mundo que la
Ultima? El disfrute de la vida
de este mundo es poca cosa en
comparación con la Ultima.

يَٰٓأَيُّهَا الَّذِينَ ءَامَنُوا مَا لَكُمْ إِذَا قِيلَ لَكُمُ انفِرُوا
فِي سَبِيلِ اللَّهِ اثَّاقَلْتُمْ إِلَى الْأَرْضِ أَرَضِيتُم بِالْحَيَوٰةِ
الدُّنْيَا مِنَ الْآخِرَةِ فَمَا مَتَٰعُ الْحَيَوٰةِ الدُّنْيَا فِي
الْآخِرَةِ إِلَّا قَلِيلٌ ۝

(39) Si no salís a luchar, El os castigará con un doloroso castigo
y os reemplazará por otros, sin
que Le perjudiquéis en nada.

Allah tiene poder sobre todas
las cosas.

إِلَّا تَنفِرُوا يُعَذِّبْكُمْ عَذَابًا أَلِيمًا وَيَسْتَبْدِلْ قَوْمًا
غَيْرَكُمْ وَلَا تَضُرُّوهُ شَيْـًٔا وَاللَّهُ عَلَىٰ كُلِّ شَيْءٍ
قَدِيرٌ ۝

(40) Si vosotros no le ayudáis, ya le
ayudó Allah cuando le habían
echado los que no creían y
había otro con él*.

Y estando ambos en la cueva,

* إِلَّا تَنصُرُوهُ فَقَدْ نَصَرَهُ اللَّهُ إِذْ أَخْرَجَهُ الَّذِينَ
كَفَرُوا ثَانِيَ اثْنَيْنِ إِذْ هُمَا فِي الْغَارِ إِذْ يَقُولُ
لِصَاحِبِهِۦ لَا تَحْزَنْ إِنَّ اللَّهَ مَعَنَا فَأَنزَلَ اللَّهُ

سُورَةُ التَّوْبَةِ ـ الجُزْءُ الْعَاشِرُ

le dijo a su compañero: No te entristezcas porque en verdad Allah está con nosotros. Allah hizo descender sobre él Su sosiego, le ayudó con ejércitos que no veíais e hizo que la palabra de los que se negaban a creer fuera la más baja; puesto que la palabra de Allah es la más alta. Allah es Irresistible y Sabio.

* [Alusión a Abu Bakr al-Siddiq]

سَكِينَتَهُۥ عَلَيْهِ وَأَيَّدَهُۥ بِجُنُودٍ لَّمْ تَرَوْهَا وَجَعَلَ كَلِمَةَ ٱلَّذِينَ كَفَرُواْ ٱلسُّفْلَىٰ وَكَلِمَةُ ٱللَّهِ هِىَ ٱلْعُلْيَا وَٱللَّهُ عَزِيزٌ حَكِيمٌ ۝

(41) Ligeros o no, salid de incursión y luchad con vuestros bienes y personas en el camino de Allah.

Eso es mejor para vosotros si sabéis.

ٱنفِرُواْ خِفَافًا وَثِقَالًا وَجَٰهِدُواْ بِأَمْوَٰلِكُمْ وَأَنفُسِكُمْ فِى سَبِيلِ ٱللَّهِ ذَٰلِكُمْ خَيْرٌ لَّكُمْ إِن كُنتُمْ تَعْلَمُونَ ۝

(42) Si hubiera sido por una ganancia muy asequible o un viaje a media distancia te habrían seguido, pero les pareció lejos*.

* [Alude a los que no quisieron ir a la expedición de Tabuk]

(42) Y jurarán por Allah: Si hubiéramos podido, habríamos salido con vosotros. Se perderán a sí mismos y Allah sabe que mienten.

لَوْ كَانَ عَرَضًا قَرِيبًا وَسَفَرًا قَاصِدًا لَّٱتَّبَعُوكَ وَلَٰكِنۢ بَعُدَتْ عَلَيْهِمُ ٱلشُّقَّةُ وَسَيَحْلِفُونَ بِٱللَّهِ لَوِ ٱسْتَطَعْنَا لَخَرَجْنَا مَعَكُمْ يُهْلِكُونَ أَنفُسَهُمْ وَٱللَّهُ يَعْلَمُ إِنَّهُمْ لَكَٰذِبُونَ ۝

(43) ¡Que Allah te disculpe! ¿Por qué les diste dispensa antes de que se te hiciera claro quiénes eran los sinceros y antes de saber quiénes eran los que mentían?

عَفَا ٱللَّهُ عَنكَ لِمَ أَذِنتَ لَهُمْ حَتَّىٰ يَتَبَيَّنَ لَكَ ٱلَّذِينَ صَدَقُواْ وَتَعْلَمَ ٱلْكَٰذِبِينَ ۝

سُورَةُ التَّوْبَةِ ـ الْجُزْءُ الْعَاشِرُ

(44) Los que creían en Allah y en el
Ultimo Día no te pidieron dispensa para no luchar con sus
bienes y personas.
Allah conoce a los que Le
temen.

لَا يَسْتَـٔذِنُكَ ٱلَّذِينَ يُؤْمِنُونَ بِٱللَّهِ وَٱلْيَوْمِ ٱلْآخِرِ
أَن يُجَهِدُواْ بِأَمْوَٰلِهِمْ وَأَنفُسِهِمْ وَٱللَّهُ عَلِيمٌ
بِٱلْمُتَّقِينَ ﴿٤٤﴾

(45) Fueron, por el contrario, los que
no creían en Allah ni en el
Ultimo Día, quienes te pideron
dispensa, ésos cuyos corazones
dudaron y, en su duda,
vacilaron.

إِنَّمَا يَسْتَـٔذِنُكَ ٱلَّذِينَ لَا يُؤْمِنُونَ بِٱللَّهِ وَٱلْيَوْمِ
ٱلْآخِرِ وَٱرْتَابَتْ قُلُوبُهُمْ فَهُمْ فِى رَيْبِهِمْ
يَتَرَدَّدُونَ ﴿٤٥﴾

(46) Si hubieran querido salir, se
habrían preparado para ello.
Pero a Allah le desagradó
enviarlos y los detuvo; y se les
dijo: ¡Permaneced con los que
se quedan!

وَلَوْ أَرَادُواْ ٱلْخُرُوجَ لَأَعَدُّواْ لَهُۥ عُدَّةً وَلَٰكِن كَرِهَ
ٱللَّهُ ٱنبِعَاثَهُمْ فَثَبَّطَهُمْ وَقِيلَ ٱقْعُدُواْ مَعَ ٱلْقَٰعِدِينَ ﴿٤٦﴾

(47) Si hubieran salido con vosotros,
no habrían hecho sino añadir
confusión, se hubieran precipitado en difundir rumores
entre vosotros buscando la discordia y algunos les habrían
escuchado.
Allah conoce a los injustos.

لَوْ خَرَجُواْ فِيكُم مَّا زَادُوكُمْ إِلَّا خَبَالًا
وَلَأَوْضَعُواْ خِلَٰلَكُمْ يَبْغُونَكُمُ ٱلْفِتْنَةَ وَفِيكُمْ
سَمَّٰعُونَ لَهُمْ وَٱللَّهُ عَلِيمٌ بِٱلظَّٰلِمِينَ ﴿٤٧﴾

(48) Ya habían buscado antes la discordia creándote todo tipo de
conflictos hasta que vino la
verdad, el argumento de Allah
prevaleció, y ellos lo
detestaron.

لَقَدِ ٱبْتَغَوُاْ ٱلْفِتْنَةَ مِن قَبْلُ وَقَلَّبُواْ لَكَ ٱلْأُمُورَ حَتَّىٰ
جَآءَ ٱلْحَقُّ وَظَهَرَ أَمْرُ ٱللَّهِ وَهُمْ كَٰرِهُونَ ﴿٤٨﴾

(49) Los hay que dicen: Dame dis-

وَمِنْهُم مَّن يَقُولُ ٱئْذَن لِّى وَلَا تَفْتِنِّىٓ أَلَا فِى ٱلْفِتْنَةِ

pensa y no me pongas a prueba ¿Acaso no han caído en la discordia?*

Es cierto que Yahannam rodea a los incrédulos.

*[En árabe "fitna"]

سَقَطُوا وَإِنَّ جَهَنَّمَ لَمُحِيطَةٌ بِالْكَافِرِينَ ۝

(50) Si te sucede un bien les duele, y si te ocurre un contratiempo dicen: Ya habíamos tomado una determinación, y se alejan alegrándose.

إِن تُصِبْكَ حَسَنَةٌ تَسُؤْهُمْ وَإِن تُصِبْكَ مُصِيبَةٌ يَقُولُوا قَدْ أَخَذْنَآ أَمْرَنَا مِن قَبْلُ وَيَتَوَلَّوْا وَهُمْ فَرِحُونَ ۝

(51) Di: No nos ocurre sino lo que Allah ha escrito para nosotros.

El es Quien vela por nosotros y en Allah se confían los creyentes.

قُل لَّن يُصِيبَنَآ إِلَّا مَا كَتَبَ اللَّهُ لَنَا هُوَ مَوْلَىٰنَا وَعَلَى اللَّهِ فَلْيَتَوَكَّلِ الْمُؤْمِنُونَ ۝

(52) Di: ¿Qué esperáis que nos pase, si sólo nos puede ocurrir uno de los dos bienes*, mientras que nosotros, en lo que se refiere a vosotros, esperamos que Allah os aflija con un castigo directo Suyo o por medio de nuestras manos?

Así pues, esperad que nosotros también esperamos.

* [Es decir, la victoria o morir dando testimonio.]

قُلْ هَلْ تَرَبَّصُونَ بِنَآ إِلَّا إِحْدَى الْحُسْنَيَيْنِ وَنَحْنُ نَتَرَبَّصُ بِكُمْ أَن يُصِيبَكُمُ اللَّهُ بِعَذَابٍ مِّنْ عِندِهِ أَوْ بِأَيْدِينَا فَتَرَبَّصُوٓا إِنَّا مَعَكُم مُّتَرَبِّصُونَ ۝

(53) Di: Gastad de buen grado o a disgusto porque no se os aceptará, sois gente que se ha salido de la obediencia.

قُلْ أَنفِقُوا طَوْعًا أَوْ كَرْهًا لَّن يُتَقَبَّلَ مِنكُمْ إِنَّكُمْ كُنتُمْ قَوْمًا فَاسِقِينَ ۝

(54) ¿Qué impide que les sea aceptado lo que gastan, excepto que

وَمَا مَنَعَهُمْ أَن تُقْبَلَ مِنْهُمْ نَفَقَاتُهُمْ إِلَّآ أَنَّهُمْ

no creen en Allah ni en Su mensajero, no acuden al salat sino con pereza y sólo gastan a disgusto?

كَفَرُواْ بِٱللَّهِ وَبِرَسُولِهِۦ وَلَا يَأۡتُونَ ٱلصَّلَوٰةَ إِلَّا وَهُمۡ كُسَالَىٰ وَلَا يُنفِقُونَ إِلَّا وَهُمۡ كَٰرِهُونَ ٥٤

(55) Y que ni sus riquezas ni sus hijos te admiren. Allah quiere castigarlos a través de ello en esta vida y que les llegue el momento de entregar sus almas siendo incrédulos.

۞ فَلَا تُعۡجِبۡكَ أَمۡوَٰلُهُمۡ وَلَآ أَوۡلَٰدُهُمۡۚ إِنَّمَا يُرِيدُ ٱللَّهُ لِيُعَذِّبَهُم بِهَا فِي ٱلۡحَيَوٰةِ ٱلدُّنۡيَا وَتَزۡهَقَ أَنفُسُهُمۡ وَهُمۡ كَٰفِرُونَ ٥٥

(56) Y juran por Allah que son de los vuestros, pero no es cierto, sólo son gente que actúa por miedo.

وَيَحۡلِفُونَ بِٱللَّهِ إِنَّهُمۡ لَمِنكُمۡ وَمَا هُم مِّنكُمۡ وَلَٰكِنَّهُمۡ قَوۡمٌ يَفۡرَقُونَ ٥٦

(57) Si encontraran algún refugio, alguna gruta o algún lugar donde poder entrar, irían hacia él apresuradamente.

لَوۡ يَجِدُونَ مَلۡجَـًٔا أَوۡ مَغَٰرَٰتٍ أَوۡ مُدَّخَلًا لَّوَلَّوۡاْ إِلَيۡهِ وَهُمۡ يَجۡمَحُونَ ٥٧

(58) Algunos de ellos te difaman a causa de la repartición de las dádivas; si se les da una parte de ello, se quedan satisfechos; pero si no, se enfadan.

وَمِنۡهُم مَّن يَلۡمِزُكَ فِي ٱلصَّدَقَٰتِ فَإِنۡ أُعۡطُواْ مِنۡهَا رَضُواْ وَإِن لَّمۡ يُعۡطَوۡاْ مِنۡهَآ إِذَا هُمۡ يَسۡخَطُونَ ٥٨

(59) Si hubieran estado satisfechos con lo que Allah y Su mensajero les daban, hubieran dicho: Allah nos basta, Allah nos dará parte de Su favor y también Su mensajero, verdaderamente anhelamos a Allah.

وَلَوۡ أَنَّهُمۡ رَضُواْ مَآ ءَاتَىٰهُمُ ٱللَّهُ وَرَسُولُهُۥ وَقَالُواْ حَسۡبُنَا ٱللَّهُ سَيُؤۡتِينَا ٱللَّهُ مِن فَضۡلِهِۦ وَرَسُولُهُۥٓ إِنَّآ إِلَى ٱللَّهِ رَٰغِبُونَ ٥٩

(60) Realmente las dádivas* han de ser para los necesitados, los

إِنَّمَا ٱلصَّدَقَٰتُ لِلۡفُقَرَآءِ وَٱلۡمَسَٰكِينِ وَٱلۡعَٰمِلِينَ عَلَيۡهَا

mendigos, los que trabajan en recogerlas y repartirlas, para los que tienen sus corazones amansados*, para rescatar esclavos, para los indigentes, para la causa en el camino de Allah y para el hijo del camino. Esto es una prescripción de Allah y Allah es Conocedor y Sabio.

وَالْمُؤَلَّفَةِ قُلُوبُهُمْ وَفِي الرِّقَابِ وَالْغَارِمِينَ وَفِي سَبِيلِ اللَّهِ وَابْنِ السَّبِيلِ فَرِيضَةً مِنَ اللَّهِ وَاللَّهُ عَلِيمٌ حَكِيمٌ ۝

* [Aquí la expresión dádivas, "sadaqat", alude específicamente al zakat.]

* [Es decir, los que están a punto de entrar en el Islam o los musulmanes muy recientes.]

(61) Y entre ellos los hay que hacen daño al Profeta y dicen: Es uno que da oído a todo; di: Es alguien que da oído al bien para vosotros y que cree en Allah y confía en los creyentes; y es una misericordia para aquéllos de vosotros que creen.

Los que hacen mal al Mensajero de Allah, tendrán un castigo doloroso.

۞ وَمِنْهُمُ الَّذِينَ يُؤْذُونَ النَّبِيَّ وَيَقُولُونَ هُوَ أُذُنٌ قُلْ أُذُنُ خَيْرٍ لَكُمْ يُؤْمِنُ بِاللَّهِ وَيُؤْمِنُ لِلْمُؤْمِنِينَ وَرَحْمَةٌ لِلَّذِينَ ءَامَنُوا مِنكُمْ وَالَّذِينَ يُؤْذُونَ رَسُولَ اللَّهِ لَهُمْ عَذَابٌ أَلِيمٌ ۝

(62) Os juran por Allah para complaceros, pero Allah y Su mensajero son más dignos de que se les complazca, si sois creyentes.

يَحْلِفُونَ بِاللَّهِ لَكُمْ لِيُرْضُوكُمْ وَاللَّهُ وَرَسُولُهُ أَحَقُّ أَن يُرْضُوهُ إِن كَانُوا مُؤْمِنِينَ ۝

(63) ¿Es que no saben que al que se opone a Allah y a Su mensajero le corresponde el fuego de Yahannam donde será inmortal? Esa es la gran degradación.

أَلَمْ يَعْلَمُوا أَنَّهُ مَن يُحَادِدِ اللَّهَ وَرَسُولَهُ فَأَنَّ لَهُ نَارَ جَهَنَّمَ خَالِدًا فِيهَا ذَلِكَ الْخِزْيُ الْعَظِيمُ ۝

(64) Los hipócritas temen que se haga descender para ellos una sura que les anuncie lo que hay en sus corazones.

Di: Burlaos, que en verdad Allah hará que se manifieste aquello de lo que os guardáis.

يَحۡذَرُ ٱلۡمُنَٰفِقُونَ أَن تُنَزَّلَ عَلَيۡهِمۡ سُورَةٌ تُنَبِّئُهُم بِمَا فِى قُلُوبِهِمۡ قُلِ ٱسۡتَهۡزِءُوٓاۡ إِنَّ ٱللَّهَ مُخۡرِجٌ مَّا تَحۡذَرُونَ ٦٤

(65) Y si les preguntáis, con toda seguridad dirán: En realidad estábamos bromeando y jugando.

Di: ¿Os burlabais de Allah, de Sus signos y de Su Mensajero?

وَلَئِن سَأَلۡتَهُمۡ لَيَقُولُنَّ إِنَّمَا كُنَّا نَخُوضُ وَنَلۡعَبُ قُلۡ أَبِٱللَّهِ وَءَايَٰتِهِ وَرَسُولِهِ كُنتُمۡ تَسۡتَهۡزِءُونَ ٦٥

(66) No os excuséis puesto que renegasteis después de haber creído. Si uno de vuestros grupos queda eximido, otro será castigado por hacer el mal.

لَا تَعۡتَذِرُواۡ قَدۡ كَفَرۡتُم بَعۡدَ إِيمَٰنِكُمۡ إِن نَّعۡفُ عَن طَآئِفَةٍ مِّنكُمۡ نُعَذِّبۡ طَآئِفَةَ بِأَنَّهُمۡ كَانُواۡ مُجۡرِمِينَ ٦٦

(67) Los hipócritas y las hipócritas son los unos para los otros, ordenan lo reprobable, impiden lo reconocido y cierran sus manos.

Olvidan a Allah Y Él les olvida a ellos.

Realmente los hipócritas son los que están fuera del camino.

ٱلۡمُنَٰفِقُونَ وَٱلۡمُنَٰفِقَٰتُ بَعۡضُهُم مِّنۢ بَعۡضٍ يَأۡمُرُونَ بِٱلۡمُنكَرِ وَيَنۡهَوۡنَ عَنِ ٱلۡمَعۡرُوفِ وَيَقۡبِضُونَ أَيۡدِيَهُمۡ نَسُواۡ ٱللَّهَ فَنَسِيَهُمۡ إِنَّ ٱلۡمُنَٰفِقِينَ هُمُ ٱلۡفَٰسِقُونَ ٦٧

(68) Allah les ha prometido a los hipócritas y a los que se niegan a creer el fuego de Yahannam donde serán inmortales.

Con él tendrán bastante; Allah los maldecirá y tendrán un castigo permanente.

وَعَدَ ٱللَّهُ ٱلۡمُنَٰفِقِينَ وَٱلۡمُنَٰفِقَٰتِ وَٱلۡكُفَّارَ نَارَ جَهَنَّمَ خَٰلِدِينَ فِيهَا هِىَ حَسۡبُهُمۡ وَلَعَنَهُمُ ٱللَّهُ وَلَهُمۡ عَذَابٌ مُّقِيمٌ ٦٨

(69) Igual que los que hubo antes que vosotros, eran más fuertes en poder, riquezas e hijos y gozaron de la suerte que les tocó. Y vosotros estáis gozando de la suerte que os ha tocado como los que os antecedieron gozaron de la suya; y os habéis entregado a la frivolidad del mismo modo que ellos lo hicieron. Esos son aquéllos cuyas obras son inútiles en esta vida y en la Otra. Esos son los perdedores.

(70) ¿Es que no les han llegado las noticias de sus antecesores, la gente de Nuh, los Ad, los Zamud;

(71) y la gente de Ibrahim, los compañeros de Madyan y las ciudades que fueron puestas del revés*? Vinieron a ellos los mensajeros con las pruebas claras y Allah no fue injusto con ellos en nada, sino que ellos mismos fueron injustos consigo mismos.

* [Las ciudades de Lut.]

(72) Los creyentes y las creyentes son amigos aliados unos de otros, ordenan lo reconocido como bueno y prohíben lo reprobable, establecen el salat, entregan el zakat y obedecen a Allah y a Su mensajero.

A ésos Allah les hará entrar en

سُورَةُ التَّوْبَةِ ـ الْجُزْءُ الْعَاشِرُ

Su misericordia; es cierto que Allah es Poderoso, Sabio.

حَكِيمٌ ۝

(73) Allah ha prometido a los creyentes y a las creyentes jardines por cuyo suelo corren los ríos, donde serán inmortales; así como hermosas estancias en los jardines de Adn*.

Pero la aceptación de Allah es más importante, ése es el inmenso triunfo.

* [Se dice que significa residencia o estancia, de la raíz "adana"; porque en esos jardines está el lugar de la eternidad. Y se corresponde con el término Edén.]

وَعَدَ ٱللَّهُ ٱلْمُؤْمِنِينَ وَٱلْمُؤْمِنَٰتِ جَنَّٰتٍ تَجْرِى مِن تَحْتِهَا ٱلْأَنْهَٰرُ خَٰلِدِينَ فِيهَا وَمَسَٰكِنَ طَيِّبَةً فِى جَنَّٰتِ عَدْنٍ وَرِضْوَٰنٌ مِّنَ ٱللَّهِ أَكْبَرُ ذَٰلِكَ هُوَ ٱلْفَوْزُ ٱلْعَظِيمُ ۝

(74) ¡Profeta! Esfuérzate en la lucha contra los incrédulos y los hipócritas y sé duro con ellos, su refugio será Yahannam. ¡Qué mal porvenir!

يَٰٓأَيُّهَا ٱلنَّبِىُّ جَٰهِدِ ٱلْكُفَّارَ وَٱلْمُنَٰفِقِينَ وَٱغْلُظْ عَلَيْهِمْ وَمَأْوَىٰهُمْ جَهَنَّمُ وَبِئْسَ ٱلْمَصِيرُ ۝

(75) Juran por Allah lo que dijeron, cuando fueron sus palabras la afirmación de la incredulidad, manifestando su incredulidad después de su Islam. Ansiaron lo que no pudieron lograr.

No reprocharon otra cosa sino que Allah los enriqueció, y Su mensajero, con Su favor. Si se retractaran, arrepentidos, sería mejor para ellos, pero si se apartan... Allah los castigará en esta vida y en la Otra con un doloroso castigo, y no tendrán en la tierra ni protector ni auxiliador.

يَحْلِفُونَ بِٱللَّهِ مَا قَالُوا۟ وَلَقَدْ قَالُوا۟ كَلِمَةَ ٱلْكُفْرِ وَكَفَرُوا۟ بَعْدَ إِسْلَٰمِهِمْ وَهَمُّوا۟ بِمَا لَمْ يَنَالُوا۟ وَمَا نَقَمُوٓا۟ إِلَّآ أَنْ أَغْنَىٰهُمُ ٱللَّهُ وَرَسُولُهُۥ مِن فَضْلِهِۦ فَإِن يَتُوبُوا۟ يَكُ خَيْرًا لَّهُمْ وَإِن يَتَوَلَّوْا۟ يُعَذِّبْهُمُ ٱللَّهُ عَذَابًا أَلِيمًا فِى ٱلدُّنْيَا وَٱلْءَاخِرَةِ وَمَا لَهُمْ فِى ٱلْأَرْضِ مِن وَلِىٍّ وَلَا نَصِيرٍ ۝

سُورَةُ ٱلتَّوۡبَةِ ـ ٱلجُزۡءُ ٱلعَاشِرُ

(76) Los hay que pactaron con Allah: Si nos da de Su favor, daremos con generosidad y seremos rectos.

﴿ وَمِنۡهُم مَّنۡ عَٰهَدَ ٱللَّهَ لَئِنۡ ءَاتَىٰنَا مِن فَضۡلِهِۦ لَنَصَّدَّقَنَّ وَلَنَكُونَنَّ مِنَ ٱلصَّٰلِحِينَ ۝ ﴾

(77) Pero cuando les dio de Su favor, se aferraron a él con avaricia y dieron la espalda desentendiéndose.

﴿ فَلَمَّآ ءَاتَىٰهُم مِّن فَضۡلِهِۦ بَخِلُواْ بِهِۦ وَتَوَلَّواْ وَّهُم مُّعۡرِضُونَ ۝ ﴾

(78) La hipocresía persistirá en sus corazones hasta el día en que se encuentren con El, porque faltaron a Allah en lo que Le habían prometido y mintieron.

﴿ فَأَعۡقَبَهُمۡ نِفَاقًا فِي قُلُوبِهِمۡ إِلَىٰ يَوۡمِ يَلۡقَوۡنَهُۥ بِمَآ أَخۡلَفُواْ ٱللَّهَ مَا وَعَدُوهُ وَبِمَا كَانُواْ يَكۡذِبُونَ ۝ ﴾

(79) ¿Es que no sabían que Allah conocía sus secretos y confidencias y que Allah es Quien conoce perfectamente las cosas que no se ven?

﴿ أَلَمۡ يَعۡلَمُوٓاْ أَنَّ ٱللَّهَ يَعۡلَمُ سِرَّهُمۡ وَنَجۡوَىٰهُمۡ وَأَنَّ ٱللَّهَ عَلَّٰمُ ٱلۡغُيُوبِ ۝ ﴾

(80) Quienes hablan mal de los creyentes que dan espontáneamente y de los que no cuentan sino con el límite de su capacidad y se burlan de ellos, Allah se burlará a su vez de ellos y tendrán un castigo doloroso.

﴿ ٱلَّذِينَ يَلۡمِزُونَ ٱلۡمُطَّوِّعِينَ مِنَ ٱلۡمُؤۡمِنِينَ فِي ٱلصَّدَقَٰتِ وَٱلَّذِينَ لَا يَجِدُونَ إِلَّا جُهۡدَهُمۡ فَيَسۡخَرُونَ مِنۡهُمۡ سَخِرَ ٱللَّهُ مِنۡهُمۡ وَلَهُمۡ عَذَابٌ أَلِيمُ ۝ ﴾

(81) Pidas o no pidas perdón por ellos, aunque lo pidieras setenta veces, Allah no los perdonaría. Eso es porque han renegado de Allah y de Su ensajero y Allah no guía a la gente pervertida.

﴿ ٱسۡتَغۡفِرۡ لَهُمۡ أَوۡ لَا تَسۡتَغۡفِرۡ لَهُمۡ إِن تَسۡتَغۡفِرۡ لَهُمۡ سَبۡعِينَ مَرَّةً فَلَن يَغۡفِرَ ٱللَّهُ لَهُمۡ ذَٰلِكَ بِأَنَّهُمۡ كَفَرُواْ بِٱللَّهِ وَرَسُولِهِۦ وَٱللَّهُ لَا يَهۡدِي ٱلۡقَوۡمَ ٱلۡفَٰسِقِينَ ۝ ﴾

(82) Los que se quedaron atrás* se alegraron de haberse quedado oponiéndose al Mensajero de Allah, detestaron luchar en el camino de Allah con sus personas y riquezas y dijeron: No salgáis de expedición con el calor.

Di: Más calor hay en el fuego de Yahannam, si entendierais.

* [Sin ir a la expedición de Tabuk]

فَرِحَ ٱلْمُخَلَّفُونَ بِمَقْعَدِهِمْ خِلَٰفَ رَسُولِ ٱللَّهِ وَكَرِهُوٓاْ أَن يُجَٰهِدُواْ بِأَمْوَٰلِهِمْ وَأَنفُسِهِمْ فِى سَبِيلِ ٱللَّهِ وَقَالُواْ لَا تَنفِرُواْ فِى ٱلْحَرِّ قُلْ نَارُ جَهَنَّمَ أَشَدُّ حَرًّا لَّوْ كَانُواْ يَفْقَهُونَ ۝

(83) Así pues, que rían un poco que ya llorarán mucho en pago por lo que adquirieron.

فَلْيَضْحَكُواْ قَلِيلًا وَلْيَبْكُواْ كَثِيرًا جَزَآءًۢ بِمَا كَانُواْ يَكْسِبُونَ ۝

(84) Y si Allah te lleva de nuevo a un grupo de ellos y te piden permiso para salir, di: No saldréis conmigo, ni lucharéis contra el enemigo junto a mí; estuvisteis satisfechos de haberos quedado la primera vez, así que quedaos tambien ahora con los que se quedan.

فَإِن رَّجَعَكَ ٱللَّهُ إِلَىٰ طَآئِفَةٍ مِّنْهُمْ فَٱسْتَـْٔذَنُوكَ لِلْخُرُوجِ فَقُل لَّن تَخْرُجُواْ مَعِىَ أَبَدًا وَلَن تُقَٰتِلُواْ مَعِىَ عَدُوًّا إِنَّكُمْ رَضِيتُم بِٱلْقُعُودِ أَوَّلَ مَرَّةٍ فَٱقْعُدُواْ مَعَ ٱلْخَٰلِفِينَ ۝

(85) No reces nunca por ninguno de ellos que haya muerto ni permanezcas en pie ante su tumba, ellos renegaron de Allah y de Su mensajero y murieron fuera de Su obediencia.

وَلَا تُصَلِّ عَلَىٰٓ أَحَدٍ مِّنْهُم مَّاتَ أَبَدًا وَلَا تَقُمْ عَلَىٰ قَبْرِهِۦٓ إِنَّهُمْ كَفَرُواْ بِٱللَّهِ وَرَسُولِهِۦ وَمَاتُواْ وَهُمْ فَٰسِقُونَ ۝

(86) Y que ni sus riquezas ni sus hijos te admiren, Allah sólo quiere castigarlos a través de ellos en

وَلَا تُعْجِبْكَ أَمْوَٰلُهُمْ وَأَوْلَٰدُهُمْ إِنَّمَا يُرِيدُ ٱللَّهُ أَن يُعَذِّبَهُم بِهَا فِى ٱلدُّنْيَا وَتَزْهَقَ أَنفُسُهُمْ وَهُمْ كَٰفِرُونَ ۝

esta vida y que sus almas los dejen en estado de incredulidad.

(87) Y cuando se hace descender una sura: ¡Creed en Allah y esforzaos en luchar junto a Su mensajero!, los acomodados de entre ellos te piden dispensa y dicen: Déjanos estar con los que se quedan.

وَإِذَآ أُنزِلَتْ سُورَةٌ أَنْ ءَامِنُوا بِاللَّهِ وَجَٰهِدُوا مَعَ رَسُولِهِ ٱسْتَـْٔذَنَكَ أُو۟لُوا۟ ٱلطَّوْلِ مِنْهُمْ وَقَالُوا۟ ذَرْنَا نَكُن مَّعَ ٱلْقَٰعِدِينَ ۝

(88) Están satisfechos de estar con los que se tienen que quedar.
Sus corazones han sido marcados y no comprenden.

رَضُوا۟ بِأَن يَكُونُوا۟ مَعَ ٱلْخَوَالِفِ وَطُبِعَ عَلَىٰ قُلُوبِهِمْ فَهُمْ لَا يَفْقَهُونَ ۝

(89) Sin embargo, el Mensajero y los que con él creen, se esfuerzan en luchar con sus bienes y personas.
Esos tendrán los mejores dones y serán los prósperos.

لَٰكِنِ ٱلرَّسُولُ وَٱلَّذِينَ ءَامَنُوا۟ مَعَهُۥ جَٰهَدُوا۟ بِأَمْوَٰلِهِمْ وَأَنفُسِهِمْ وَأُو۟لَٰٓئِكَ لَهُمُ ٱلْخَيْرَٰتُ وَأُو۟لَٰٓئِكَ هُمُ ٱلْمُفْلِحُونَ ۝

(90) Allah les ha preparado jardines por cuyo suelo corren los ríos y en los que serán inmortales, ese es el gran triunfo.

أَعَدَّ ٱللَّهُ لَهُمْ جَنَّٰتٍ تَجْرِي مِن تَحْتِهَا ٱلْأَنْهَٰرُ خَٰلِدِينَ فِيهَا ذَٰلِكَ ٱلْفَوْزُ ٱلْعَظِيمُ ۝

(91) Vinieron aquellos beduinos que se excusaban para que se les diera dispensa y así los que mienten a Allah y a Su mensajero permanecieron sin ir a luchar.
A los que de ellos mienten les alcanzará un doloroso castigo.

وَجَآءَ ٱلْمُعَذِّرُونَ مِنَ ٱلْأَعْرَابِ لِيُؤْذَنَ لَهُمْ وَقَعَدَ ٱلَّذِينَ كَذَبُوا۟ ٱللَّهَ وَرَسُولَهُۥ سَيُصِيبُ ٱلَّذِينَ كَفَرُوا۟ مِنْهُمْ عَذَابٌ أَلِيمٌ ۝

(92) No hay falta en los débiles, ni en los enfermos ni en los que no encuentren nada que gastar, si son sinceros con Allah y Su mensajero.

No hay medio de ir contra los bienhechores y Allah es Perdonador, Compasivo.

لَيْسَ عَلَى الضُّعَفَاءِ وَلَا عَلَى الْمَرْضَى وَلَا عَلَى الَّذِينَ لَا يَجِدُونَ مَا يُنفِقُونَ حَرَجٌ إِذَا نَصَحُوا لِلّهِ وَرَسُولِهِ مَا عَلَى الْمُحْسِنِينَ مِن سَبِيلٍ وَاللّهُ غَفُورٌ رَّحِيمٌ ۝

(93) Ni tampoco contra aquéllos que acuden a ti para que los lleves contigo, y les dices: No tengo medio de llevaros y se alejan con los ojos inundados de lágrimas por la tristeza de no tener nada que dar.

وَلَا عَلَى الَّذِينَ إِذَا مَا أَتَوْكَ لِتَحْمِلَهُمْ قُلْتَ لَا أَجِدُ مَا أَحْمِلُكُمْ عَلَيْهِ تَوَلَّوْا وَّأَعْيُنُهُمْ تَفِيضُ مِنَ الدَّمْعِ حَزَنًا أَلَّا يَجِدُوا مَا يُنفِقُونَ ۝

(94) Sin embargo sí hay razón para ir contra quienes te piden dispensa siendo ricos. Están satisfechos de estar con los que se tienen que quedar.

Allah ha marcado sus corazones y no saben.

۞ إِنَّمَا السَّبِيلُ عَلَى الَّذِينَ يَسْتَأْذِنُونَكَ وَهُمْ أَغْنِيَاءُ رَضُوا بِأَن يَكُونُوا مَعَ الْخَوَالِفِ وَطَبَعَ اللّهُ عَلَى قُلُوبِهِمْ فَهُمْ لَا يَعْلَمُونَ ۝

(95) Cuando volváis a ellos, se excusarán ante vosotros, di: No nos deis excusas, no os creemos. Allah nos ha contado de vosotros. Y Allah verá vuestros actos así como Su mensajero; y luego seréis devueltos a Quien conoce el No-Visto y lo Aparente y os dirá lo que hacíais.

يَعْتَذِرُونَ إِلَيْكُمْ إِذَا رَجَعْتُمْ إِلَيْهِمْ قُل لَّا تَعْتَذِرُوا لَن نُّؤْمِنَ لَكُمْ قَدْ نَبَّأَنَا اللّهُ مِنْ أَخْبَارِكُمْ وَسَيَرَى اللّهُ عَمَلَكُمْ وَرَسُولُهُ ثُمَّ تُرَدُّونَ إِلَى عَالِمِ الْغَيْبِ وَالشَّهَادَةِ فَيُنَبِّئُكُم بِمَا كُنتُمْ تَعْمَلُونَ ۝

(96) Os jurarán por Allah cuando hayáis regresado para que los dejéis. ¡Apartaos de ellos! Son

سَيَحْلِفُونَ بِاللّهِ لَكُمْ إِذَا انقَلَبْتُمْ إِلَيْهِمْ لِتُعْرِضُوا عَنْهُمْ فَأَعْرِضُوا عَنْهُمْ إِنَّهُمْ رِجْسٌ

suciedad y su refugio será Yahannam en pago por lo que adquirieron.

وَمَأۡوَىٰهُمۡ جَهَنَّمُ جَزَآءَۢ بِمَا كَانُواْ يَكۡسِبُونَ ۝

(97) Es cierto que Allah no se complace con la gente que se sale de la obediencia.

يَحۡلِفُونَ لَكُمۡ لِتَرۡضَوۡاْ عَنۡهُمۡ فَإِن تَرۡضَوۡاْ عَنۡهُمۡ فَإِنَّ ٱللَّهَ لَا يَرۡضَىٰ عَنِ ٱلۡقَوۡمِ ٱلۡفَٰسِقِينَ ۝

(98) Los beduinos son los más recalcitrantes en incredulidad e hipocresía y en los que más procede que no conozcan los límites que Allah ha hecho descender a Su mensajero.

Allah es Conocedor y Sabio.

ٱلۡأَعۡرَابُ أَشَدُّ كُفۡرًا وَنِفَاقًا وَأَجۡدَرُ أَلَّا يَعۡلَمُواْ حُدُودَ مَآ أَنزَلَ ٱللَّهُ عَلَىٰ رَسُولِهِۦۚ وَٱللَّهُ عَلِيمٌ حَكِيمٌ ۝

(99) Y de entre los beduinos los hay que toman lo que dan como una imposición y os acechan en los reveses de fortuna. ¡Que se vuelva contra ellos la mala fortuna!

Allah es Quien oye y Quien sabe.

وَمِنَ ٱلۡأَعۡرَابِ مَن يَتَّخِذُ مَا يُنفِقُ مَغۡرَمًا وَيَتَرَبَّصُ بِكُمُ ٱلدَّوَآئِرَۚ عَلَيۡهِمۡ دَآئِرَةُ ٱلسَّوۡءِۗ وَٱللَّهُ سَمِيعٌ عَلِيمٌ ۝

(100) Y de entre los beduinos los hay que creen en Allah y en el Ùtimo Día y toman lo que dan como acercamiento a Allah y oraciones del Mensajero en su favor.

¿Acaso no es esto una aproximación para ellos?

Allah les hará entrar en Su misericordia, verdaderamente Allah es Perdonador, Compasivo.

وَمِنَ ٱلۡأَعۡرَابِ مَن يُؤۡمِنُ بِٱللَّهِ وَٱلۡيَوۡمِ ٱلۡأَخِرِ وَيَتَّخِذُ مَا يُنفِقُ قُرُبَٰتٍ عِندَ ٱللَّهِ وَصَلَوَٰتِ ٱلرَّسُولِۚ أَلَآ إِنَّهَا قُرۡبَةٌ لَّهُمۡۚ سَيُدۡخِلُهُمُ ٱللَّهُ فِي رَحۡمَتِهِۦٓۚ إِنَّ ٱللَّهَ غَفُورٌ رَّحِيمٌ ۝

(101) Y de los primeros precursores, tanto de los que emigraron como de los que les auxiliaron, y de los que les siguieron en hacer el bien, Allah está satisfecho de ellos y ellos lo están de El. Les ha preparado jardines por cuyo suelo corren los ríos y en los que serán inmortales para siempre. Ese es el gran triunfo.

وَالسَّٰبِقُونَ ٱلْأَوَّلُونَ مِنَ ٱلْمُهَٰجِرِينَ وَٱلْأَنصَارِ وَٱلَّذِينَ ٱتَّبَعُوهُم بِإِحْسَٰنٍ رَّضِيَ ٱللَّهُ عَنْهُمْ وَرَضُوا۟ عَنْهُ وَأَعَدَّ لَهُمْ جَنَّٰتٍ تَجْرِى تَحْتَهَا ٱلْأَنْهَٰرُ خَٰلِدِينَ فِيهَآ أَبَدًا ذَٰلِكَ ٱلْفَوْزُ ٱلْعَظِيمُ ۝

(102) Entre los beduinos de vuestros alrededores hay hipócritas y hay también gente de Medina que se mantiene en la hipocresía sin que los conozcáis. Nosotros sí los conocemos.

Los castigaremos dos veces, luego serán llevados a un castigo inmenso.

۞ وَمِمَّنْ حَوْلَكُم مِّنَ ٱلْأَعْرَابِ مُنَٰفِقُونَ وَمِنْ أَهْلِ ٱلْمَدِينَةِ مَرَدُوا۟ عَلَى ٱلنِّفَاقِ لَا تَعْلَمُهُمْ نَحْنُ نَعْلَمُهُمْ سَنُعَذِّبُهُم مَّرَّتَيْنِ ثُمَّ يُرَدُّونَ إِلَىٰ عَذَابٍ عَظِيمٍ ۝

(103) Y hay otros que reconocen sus faltas y juntan una obra buena a otra mala. Puede que Allah se vuelva sobre ellos, es cierto que Allah es Perdonador, Compasivo.

وَءَاخَرُونَ ٱعْتَرَفُوا۟ بِذُنُوبِهِمْ خَلَطُوا۟ عَمَلًا صَٰلِحًا وَءَاخَرَ سَيِّئًا عَسَى ٱللَّهُ أَن يَتُوبَ عَلَيْهِمْ إِنَّ ٱللَّهَ غَفُورٌ رَّحِيمٌ ۝

(104) Exígeles que den dádivas de sus riquezas y con ellos los limpiarás y los purificarás. Y pide por ellos, pues realmente tus oraciones son para ellos una garantía.

Y Allah es Quien oye y Quien sabe.

خُذْ مِنْ أَمْوَٰلِهِمْ صَدَقَةً تُطَهِّرُهُمْ وَتُزَكِّيهِم بِهَا وَصَلِّ عَلَيْهِمْ إِنَّ صَلَوٰتَكَ سَكَنٌ لَّهُمْ وَٱللَّهُ سَمِيعٌ عَلِيمٌ ۝

(105) ¿Es que no saben que Allah acepta la vuelta, en arrepentimiento, de Sus siervos y que toma en cuenta lo que se da con generosidad y que Allah es Quien se vuelve con Su favor y es el Compasivo?

أَلَمْ يَعْلَمُوٓاْ أَنَّ ٱللَّهَ هُوَ يَقْبَلُ ٱلتَّوْبَةَ عَنْ عِبَادِهِۦ وَيَأْخُذُ ٱلصَّدَقَٰتِ وَأَنَّ ٱللَّهَ هُوَ ٱلتَّوَّابُ ٱلرَّحِيمُ ۝

(106) Di: Actuad que Allah verá vuestros actos así como Su mensajero y los creyentes. Y seréis llevados de vuelta al Conocedor del No-Visto y de lo Aparente que os dirá lo que hacíais.

وَقُلِ ٱعْمَلُواْ فَسَيَرَى ٱللَّهُ عَمَلَكُمْ وَرَسُولُهُۥ وَٱلْمُؤْمِنُونَ وَسَتُرَدُّونَ إِلَىٰ عَٰلِمِ ٱلْغَيْبِ وَٱلشَّهَٰدَةِ فَيُنَبِّئُكُم بِمَا كُنتُمْ تَعْمَلُونَ ۝

(107) Hay otros que están a la espera de lo que Allah ordene: si los castigará o se volverá a ellos. Y Allah es Conocedor, Sabio.

وَءَاخَرُونَ مُرْجَوْنَ لِأَمْرِ ٱللَّهِ إِمَّا يُعَذِّبُهُمْ وَإِمَّا يَتُوبُ عَلَيْهِمْ وَٱللَّهُ عَلِيمٌ حَكِيمٌ ۝

(108) Y los hay que tomaron una mezquita como perjuicio, incredulidad, división entre los creyentes y lugar de acecho al servicio de quien anteriormente había hecho la guerra a Allah y a Su mensajero.
Jurarán con seguridad: "No queríamos sino el bien". Allah atestigua que son mentirosos.

وَٱلَّذِينَ ٱتَّخَذُواْ مَسْجِدًا ضِرَارًا وَكُفْرًا وَتَفْرِيقًۢا بَيْنَ ٱلْمُؤْمِنِينَ وَإِرْصَادًا لِّمَنْ حَارَبَ ٱللَّهَ وَرَسُولَهُۥ مِن قَبْلُ وَلَيَحْلِفُنَّ إِنْ أَرَدْنَآ إِلَّا ٱلْحُسْنَىٰ وَٱللَّهُ يَشْهَدُ إِنَّهُمْ لَكَٰذِبُونَ ۝

(109) No permanezcas nunca en ella, pues verdaderamente una mezquita cimentada sobre el temor (de Allah) desde el primer día, es más digna de que permanezcas en ella.

لَا تَقُمْ فِيهِ أَبَدًا لَّمَسْجِدٌ أُسِّسَ عَلَى ٱلتَّقْوَىٰ مِنْ أَوَّلِ يَوْمٍ أَحَقُّ أَن تَقُومَ فِيهِ فِيهِ رِجَالٌ يُحِبُّونَ أَن يَتَطَهَّرُواْ وَٱللَّهُ يُحِبُّ ٱلْمُطَّهِّرِينَ ۝

Allí hay hombres que aman purificarse y Allah ama a los que se purifican.

(110) ¿Quién es mejor, quien cimienta su edificio sobre el temor de Allah y Su beneplácito o quien lo cimienta al borde de una pendiente, a punto de desplomarse, y es arrastrado por ello al fuego de Yahannam?

Allah no guía a la gente injusta.

أَفَمَنْ أَسَّسَ بُنْيَنَهُ عَلَى تَقْوَىٰ مِنَ اللَّهِ وَرِضْوَانٍ خَيْرٌ أَم مَّنْ أَسَّسَ بُنْيَنَهُ عَلَىٰ شَفَا جُرُفٍ هَارٍ فَانْهَارَ بِهِ فِى نَارِ جَهَنَّمَ وَاللَّهُ لَا يَهْدِى الْقَوْمَ الظَّالِمِينَ ۝

(111) El edificio que han construido, no dejará de ser una duda en sus corazones a menos que éstos se rompan.

Allah es Conocedor y Sabio.

لَا يَزَالُ بُنْيَنُهُمُ الَّذِى بَنَوْاْ رِيبَةً فِى قُلُوبِهِمْ إِلَّا أَن تَقَطَّعَ قُلُوبُهُمْ وَاللَّهُ عَلِيمٌ حَكِيمٌ ۝

(112) Es cierto que Allah les ha comprado a los creyentes sus personas y bienes a cambio de tener el Jardín, combaten en el camino de Allah , matan y mueren.

Es una promesa verdadera que Él asumió en la Torá, en el Inyil y en el Corán.

¿Y quién cumple su pacto mejor que Allah?

Así pues regocijaos por el pacto que habéis estipulado. Este es el gran triunfo.

إِنَّ اللَّهَ اشْتَرَىٰ مِنَ الْمُؤْمِنِينَ أَنفُسَهُمْ وَأَمْوَٰلَهُم بِأَنَّ لَهُمُ الْجَنَّةَ يُقَٰتِلُونَ فِى سَبِيلِ اللَّهِ فَيَقْتُلُونَ وَيُقْتَلُونَ وَعْدًا عَلَيْهِ حَقًّا فِى التَّوْرَىٰةِ وَالْإِنجِيلِ وَالْقُرْءَانِ وَمَنْ أَوْفَىٰ بِعَهْدِهِ مِنَ اللَّهِ فَاسْتَبْشِرُواْ بِبَيْعِكُمُ الَّذِى بَايَعْتُم بِهِ وَذَٰلِكَ هُوَ الْفَوْزُ الْعَظِيمُ ۝

(113) Los que se vuelven después del

التَّٰٓئِبُونَ الْعَٰبِدُونَ الْحَٰمِدُونَ السَّٰٓئِحُونَ

error, los que adoran, los que alaban, los que ayunan, los que se inclinan, los que se postran, los que ordenan lo reconocido como bueno y los que impiden lo reprobable y los que guardan los límites de Allah.

Da buenas noticias a los creyentes.

(114) No es propio del Profeta ni de los creyentes pedir perdón por los asociadores, aunque sean parientes próximos, después de haberles aclarado que éstos son los compañeros del Yahim.

(115) Y la petición de perdón que Ibrahim hizo en favor de su padre fue sólo por una promesa que le había hecho.
Pero cuando vio con claridad que era un enemigo de Allah, se apartó de él. Verdaderamente Ibrahim era suplicante y paciente.

(116) Allah no va a extraviar a una gente después de haberla guiado hasta que no se les haya explicado claramente qué deben evitar; es cierto que Allah es Conocedor de todas las cosas.

(117) Verdaderamente a Allah pertenece la soberanía de los cielos y de la tierra, El da la vida y da la muerte, aparte de Allah

no tenéis nadie que os proteja
ni que os auxilie.

(118) Allah se ha vuelto en favor del
Profeta, de los que emigraron y
de quienes les auxiliaron,
aquéllos que le siguieron en las
horas difíciles después de que
los corazones de una parte de
ellos habían estado a punto de
desviarse y Allah se volvió a
ellos... Es cierto que fue Clemente y Compasivo.

• لَّقَد تَّابَ اللَّهُ عَلَى النَّبِيِّ وَالْمُهَاجِرِينَ وَالْأَنصَارِ
الَّذِينَ اتَّبَعُوهُ فِي سَاعَةِ الْعُسْرَةِ مِنۢ بَعْدِ مَاكَادَ
تَزِيغُ قُلُوبُ فَرِيقٍ مِّنْهُمْ ثُمَّ تَابَ عَلَيْهِمْ إِنَّهُۥ بِهِمْ
رَءُوفٌ رَّحِيمٌ ۝

(119) Y también lo hizo con los tres
que se habían quedado atrás y
llegó un momento en el que la
tierra se les hizo estrecha y sus
propias almas les parecían
estrechas y pensaron que no
habría refugio ante Allah
excepto en El mismo, y El se
volvió sobre ellos para que
pudieran retractarse de su
error, verdaderamente Allah es
El que se vuelve en favor de
Sus siervos, el Compasivo.*

* [Esta aleya descendió acerca de tres
hombres, Ka'b b. Málik, Hilál b.
Umaya y Marara b. Rabi', que sin tener
ninguna disculpa no fueron a la expedición de Tabuk, aunque tampoco
hubo en ellos ni hipocresía ni intención
de oposición. Cuando el Profeta, que
Allah le dé Su gracia y paz, volvió, los
censuró y mandó a la gente que no les
hablaran ni tuvieran relación con ellos
y así estuvieron hasta que descendió
esta aleya.]

وَعَلَى الثَّلَٰثَةِ الَّذِينَ خُلِّفُوا حَتَّىٰٓ إِذَا ضَاقَتْ عَلَيْهِمُ
الْأَرْضُ بِمَا رَحُبَتْ وَضَاقَتْ عَلَيْهِمْ أَنفُسُهُمْ وَظَنُّوٓا
أَن لَّا مَلْجَأَ مِنَ اللَّهِ إِلَّآ إِلَيْهِ ثُمَّ تَابَ عَلَيْهِمْ لِيَتُوبُوٓا
إِنَّ اللَّهَ هُوَ التَّوَّابُ الرَّحِيمُ ۝

(120) ¡Vosotros que creéis! Temed a

يَٰٓأَيُّهَا الَّذِينَ ءَامَنُوا اتَّقُوا اللَّهَ وَكُونُوا مَعَ

الصَّدِقِينَ ۞

Allah y permeneced con los veraces.

(121) No es propio de la gente de Medina ni de los beduinos que hay a su alrededor, que se queden atrás cuando salga el Mensajero de Allah, ni que se prefieran a sí mismos antes que a él. Eso es porque ellos no van a sufrir sed, fatiga o hambre en el camino de Allah ni van a dar ningún paso que irrite a los incrédulos, ni van a obtener ningún logro del enemigo sin que por ello no se les escriba una buena acción.
Es cierto que Allah no deja que se pierda la recompensa de los que hacen el bien.

مَاكَانَ لِأَهْلِ الْمَدِينَةِ وَمَنْ حَوْلَهُم مِّنَ الْأَعْرَابِ أَن يَتَخَلَّفُوا۟ عَن رَّسُولِ اللَّهِ وَلَا يَرْغَبُوا۟ بِأَنفُسِهِمْ عَن نَّفْسِهِۦ ذَٰلِكَ بِأَنَّهُمْ لَا يُصِيبُهُمْ ظَمَأٌ وَلَا نَصَبٌ وَلَا مَخْمَصَةٌ فِى سَبِيلِ اللَّهِ وَلَا يَطَؤُونَ مَوْطِئًا يَغِيظُ الْكُفَّارَ وَلَا يَنَالُونَ مِنْ عَدُوٍّ نَّيْلًا إِلَّا كُتِبَ لَهُم بِهِۦ عَمَلٌ صَٰلِحٌ إِنَّ اللَّهَ لَا يُضِيعُ أَجْرَ الْمُحْسِنِينَ ۞

(122) Y no dan nada, pequeño o grande, ni cruzan ningún valle, que no se les escriba, para que Allah los recompense por lo mejor que hayan hecho.

وَلَا يُنفِقُونَ نَفَقَةً صَغِيرَةً وَلَا كَبِيرَةً وَلَا يَقْطَعُونَ وَادِيًا إِلَّا كُتِبَ لَهُمْ لِيَجْزِيَهُمُ اللَّهُ أَحْسَنَ مَا كَانُوا۟ يَعْمَلُونَ ۞

(123) No conviene a los creyentes que salgan de expedición todos a la vez, es mejor que de cada grupo salga una parte, para que así haya otros que puedan instruirse en la práctica de Adoración y puedan advertir a su gente cuando regresen, tal vez así se guarden.

وَمَا كَانَ الْمُؤْمِنُونَ لِيَنفِرُوا۟ كَآفَّةً فَلَوْلَا نَفَرَ مِن كُلِّ فِرْقَةٍ مِّنْهُمْ طَآئِفَةٌ لِّيَتَفَقَّهُوا۟ فِى الدِّينِ وَلِيُنذِرُوا۟ قَوْمَهُمْ إِذَا رَجَعُوا۟ إِلَيْهِمْ لَعَلَّهُمْ يَحْذَرُونَ ۞

(124) ¡Vosotros que creéis! Combatid contra los incrédulos que

يَٰٓأَيُّهَا الَّذِينَ ءَامَنُوا۟ قَٰتِلُوا۟ الَّذِينَ يَلُونَكُم مِّنَ

tengáis al alcance, y que encuentren dureza en vosotros. Y sabed que Allah está con los que Le temen.

الْكُفَّارِ وَلْيَجِدُوا فِيكُمْ غِلْظَةً وَاعْلَمُوا أَنَّ اللَّهَ مَعَ الْمُتَّقِينَ ۝

(125) Y cuando se hace descender una sura, los hay entre ellos que dicen: ¿A cuál de vosotros les aumenta la creencia?

A los que creen les hace creer más y se regocijan.

وَإِذَا مَا أُنزِلَتْ سُورَةٌ فَمِنْهُم مَّن يَقُولُ أَيُّكُمْ زَادَتْهُ هَٰذِهِ إِيمَانًا ۚ فَأَمَّا الَّذِينَ ءَامَنُوا فَزَادَتْهُمْ إِيمَانًا وَهُمْ يَسْتَبْشِرُونَ ۝

(126) Pero a los que tienen en sus corazones una enfermedad les añade suciedad a su suciedad y mueren en estado de incredulidad.

وَأَمَّا الَّذِينَ فِي قُلُوبِهِم مَّرَضٌ فَزَادَتْهُمْ رِجْسًا إِلَىٰ رِجْسِهِمْ وَمَاتُوا وَهُمْ كَافِرُونَ ۝

(127) ¿Es que no ven que cada año se les pone a prueba una o dos veces y sin embargo ellos no se vuelven de su error ni recapacitan?

أَوَلَا يَرَوْنَ أَنَّهُمْ يُفْتَنُونَ فِي كُلِّ عَامٍ مَّرَّةً أَوْ مَرَّتَيْنِ ثُمَّ لَا يَتُوبُونَ وَلَا هُمْ يَذَّكَّرُونَ ۝

(128) Y cuando se hace descender una sura se miran unos a otros: ¿Os ve alguien? Y luego se alejan. ¡Que Allah aleje sus corazones! Porque ellos son gente que no comprende.

وَإِذَا مَا أُنزِلَتْ سُورَةٌ نَّظَرَ بَعْضُهُمْ إِلَىٰ بَعْضٍ هَلْ يَرَاكُم مِّنْ أَحَدٍ ثُمَّ انصَرَفُوا ۚ صَرَفَ اللَّهُ قُلُوبَهُم بِأَنَّهُمْ قَوْمٌ لَّا يَفْقَهُونَ ۝

(129) En verdad que os ha llegado un Mensajero salido de vosotros mismos; es penoso para él que sufráis algún mal, está empeñado en vosotros y con los creyentes es benévolo y compasivo.

لَقَدْ جَآءَكُمْ رَسُولٌ مِّنْ أَنفُسِكُمْ عَزِيزٌ عَلَيْهِ مَا عَنِتُّمْ حَرِيصٌ عَلَيْكُم بِالْمُؤْمِنِينَ رَءُوفٌ رَّحِيمٌ ۝

(130) Pero si te dan la espalda, di:
¡Allah me basta, no hay dios
sino El, a El me confío y El es el
Señor del Trono inmenso!

فَإِن تَوَلَّوْا۟ فَقُلْ حَسْبِىَ ٱللَّهُ لَآ إِلَٰهَ إِلَّا هُوَ عَلَيْهِ تَوَكَّلْتُ وَهُوَ رَبُّ ٱلْعَرْشِ ٱلْعَظِيمِ ۞

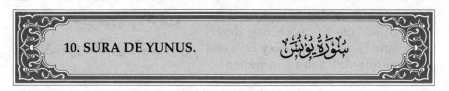

En el nombre de Allah, el Misericordioso, el Compasivo.

(1) Alif, Lam, Ra. Estos son los signos del Libro Sabio.

(2) ¿Les resulta sorprendente a los hombres que hayamos inspirado a uno de ellos: Advierte a la gente y anuncia a quienes creen que tienen un precedente verdadero* junto a su Señor?

Los incrédulos dicen: Este es, en verdad, un mago evidente.

* [Según Ibn Abbas se refiere a la felicidad predestinada para ellos en la Tabla Protegida. Por lo demás, los comentaristas explican generalmente que alude a las obras correctas de los creyentes, las cuales constituyen un precedente para obtener la recompensa de Allah.]

(3) Vuestro Señor es Allah que creó los cielos y la tierra en seis días y luego se asentó en el Trono dirigiendo el Mandato. No hay intercesor sino después de haber sido autorizado por El. Ese es Allah, vuestro Señor; así pues, adoradle.

¿Es que no vais a recapacitar?

(4) A El retornaréis todos.

La promesa de Allah es verídica. El empieza la creación y luego la repite, para recompensar con equidad a quienes han creido y han llevado a cabo las acciones de bien.

Pero los que se hayan negado a creer, tendrán una bebida de agua hirviente y un doloroso castigo por haber negado.

إِلَيْهِ مَرْجِعُكُمْ جَمِيعًا وَعْدَ اللَّهِ حَقًّا إِنَّهُ
يَبْدَؤُا الْخَلْقَ ثُمَّ يُعِيدُهُ لِيَجْزِيَ الَّذِينَ ءَامَنُوا
وَعَمِلُوا الصَّالِحَاتِ بِالْقِسْطِ وَالَّذِينَ كَفَرُوا لَهُمْ
شَرَابٌ مِّنْ حَمِيمٍ وَعَذَابٌ أَلِيمٌ بِمَا كَانُوا
يَكْفُرُونَ ۞

(5) El es Quien hizo el sol iluminación y la luna luz y decretó fases para que pudierais conocer el múmero de años y el cómputo. No creó Allah todo esto sino con la verdad.

Detallamos los signos para gente que sabe.

هُوَ الَّذِي جَعَلَ الشَّمْسَ ضِيَاءً وَالْقَمَرَ نُورًا
وَقَدَّرَهُ مَنَازِلَ لِتَعْلَمُوا عَدَدَ السِّنِينَ وَالْحِسَابَ
مَا خَلَقَ اللَّهُ ذَلِكَ إِلَّا بِالْحَقِّ يُفَصِّلُ الْآيَاتِ لِقَوْمٍ
يَعْلَمُونَ ۞

(6) Verdaderamente en la sucesión de la noche y el día y en lo que Allah ha creado en el cielo y en la tierra, hay signos para gente que teme (a Allah).

إِنَّ فِي اخْتِلَافِ اللَّيْلِ وَالنَّهَارِ وَمَا خَلَقَ اللَّهُ فِي
السَّمَوَاتِ وَالْأَرْضِ لَآيَاتٍ لِقَوْمٍ يَتَّقُونَ ۞

(7) Aquéllos que no esperan encontrarse con Nosotros y se satisfacen con la vida de aquí, acallando su inquietud con ella; así como aquéllos a los que les tienen sin cuidado Nuestros signos;

إِنَّ الَّذِينَ لَا يَرْجُونَ لِقَاءَنَا وَرَضُوا بِالْحَيَاةِ الدُّنْيَا
وَاطْمَأَنُّوا بِهَا وَالَّذِينَ هُمْ عَنْ ءَايَاتِنَا غَافِلُونَ ۞

(8) ésos tendrán como refugio el

أُوْلَئِكَ مَأْوَاهُمُ النَّارُ بِمَا كَانُوا يَكْسِبُونَ ۞

Fuego a causa de lo que adquirieron.

(9) En verdad los que creen y practican las acciones de bien; a ésos, a causa de su creencia, su Señor los guiará y en los Jardines de las Delicias los ríos correrán por debajo de ellos.

إِنَّ الَّذِينَ ءَامَنُواْ وَعَمِلُواْ الصَّلِحَتِ يَهْدِيهِمْ رَبُّهُم بِإِيمَنِهِمْ تَجْرِى مِن تَحْتِهِمُ الْأَنْهَرُ فِى جَنَّتِ النَّعِيمِ ۝

(10) Allí, su oración será: ¡Gloria a Ti, Allah! Y su saludo: ¡Paz!

Y el final de su oración: ¡Las alabanzas a Allah, Señor de los mundos!

دَعْوَىٰهُمْ فِيهَا سُبْحَنَكَ اللَّهُمَّ وَتَحِيَّتُهُمْ فِيهَا سَلَمٌ وَءَاخِرُ دَعْوَىٰهُمْ أَنِ الْحَمْدُ لِلَّهِ رَبِّ الْعَلَمِينَ ۝

(11) Y si Allah precipitara el mal a los hombres como ellos quieren precipitar el bien, el plazo se les habría cumplido; sin embargo, a los que no esperan que han de encontrarse con Nosotros, los dejamos errantes en su extravío.

وَلَوْ يُعَجِّلُ اللَّهُ لِلنَّاسِ الشَّرَّ اسْتِعْجَالَهُم بِالْخَيْرِ لَقُضِىَ إِلَيْهِمْ أَجَلُهُمْ فَنَذَرُ الَّذِينَ لَا يَرْجُونَ لِقَآءَنَا فِى طُغْيَنِهِمْ يَعْمَهُونَ ۝

(12) Y cuando el hombre es tocado por el mal, Nos suplica acostado, sentado o de pie; pero cuando lo libramos de él, sigue como antes, como si no Nos hubiera suplicado por un mal que le tocó.

Así es como hacemos que a los que se exceden les parezcan hermosas sus acciones.

وَإِذَا مَسَّ الْإِنسَنَ الضُّرُّ دَعَانَا لِجَنبِهِۦ أَوْ قَاعِدًا أَوْ قَآئِمًا فَلَمَّا كَشَفْنَا عَنْهُ ضُرَّهُۥ مَرَّ كَأَن لَّمْ يَدْعُنَا إِلَىٰ ضُرٍّ مَّسَّهُۥ كَذَٰلِكَ زُيِّنَ لِلْمُسْرِفِينَ مَا كَانُواْ يَعْمَلُونَ ۝

(13) Ya destruimos a las generaciones anteriores a vosotros

وَلَقَدْ أَهْلَكْنَا الْقُرُونَ مِن قَبْلِكُمْ لَمَّا ظَلَمُواْ

cuando fueron injustas.

Les habían llegado sus mensajeros con las pruebas claras, pero ellos no quisieron creer.

Así es como recompensamos a la gente que hace el mal.

وَجَاءَتْهُمْ رُسُلُهُم بِالْبَيِّنَتِ وَمَا كَانُوا لِيُؤْمِنُوا كَذَلِكَ نَجْزِي الْقَوْمَ الْمُجْرِمِينَ ﴿١٣﴾

(14) Luego, después de ellos, os hicimos sucesores en la tierra para ver cómo actuábais.

ثُمَّ جَعَلْنَكُمْ خَلَئِفَ فِي الْأَرْضِ مِنْ بَعْدِهِمْ لِنَنظُرَ كَيْفَ تَعْمَلُونَ ﴿١٤﴾

(15) Y cuando se les recitan Nuestros signos claros, aquéllos que no esperan que han de encontrarse con Nosotros, dicen: Tráenos un Corán distinto o cámbialo por otro.

Di: No me pertenece modificarlo por iniciativa propia, yo sólo digo lo que se me inspira, pues temo, en verdad, si desobedezco a mi Señor, el castigo de un día terrible.

وَإِذَا تُتْلَى عَلَيْهِمْ ءَايَاتُنَا بَيِّنَتٍ قَالَ الَّذِينَ لَا يَرْجُونَ لِقَاءَنَا ائْتِ بِقُرْءَانٍ غَيْرِ هَذَا أَوْ بَدِّلْهُ قُلْ مَا يَكُونُ لِي أَنْ أُبَدِّلَهُ مِن تِلْقَائِ نَفْسِي إِنْ أَتَّبِعُ إِلَّا مَا يُوحَى إِلَيَّ إِنِّي أَخَافُ إِنْ عَصَيْتُ رَبِّي عَذَابَ يَوْمٍ عَظِيمٍ ﴿١٥﴾

(16) Di: Si Allah quisiera, no os lo recitaría ni os enseñaría con él. Pero ahí tenéis el hecho de que antes de él, he permanecido entre vosotros una vida. ¿No vais a razonar?

قُل لَّوْ شَاءَ اللَّهُ مَا تَلَوْتُهُ عَلَيْكُمْ وَلَا أَدْرَىكُم بِهِ فَقَدْ لَبِثْتُ فِيكُمْ عُمُرًا مِّن قَبْلِهِ أَفَلَا تَعْقِلُونَ ﴿١٦﴾

(17) ¿Y quién es más injusto que quien inventa una mentira sobre Allah o niega la verdad de sus signos?

Es cierto que los que hacen el mal no prosperarán.

فَمَنْ أَظْلَمُ مِمَّنِ افْتَرَى عَلَى اللَّهِ كَذِبًا أَوْ كَذَّبَ بِآيَاتِهِ إِنَّهُ لَا يُفْلِحُ الْمُجْرِمُونَ ﴿١٧﴾

(18) Adoran fuera de Allah lo que ni les daña ni les beneficia y dicen: Estos son nuestros inter-cesores ante Allah.

Di: ¿Vais a decirle a Allah algo que El no sepa en los cielos y en la tierra? ¡Lejos está en Su gloria de lo que Le asocian!

وَيَعْبُدُونَ مِن دُونِ ٱللَّهِ مَا لَا يَضُرُّهُمْ وَلَا يَنفَعُهُمْ وَيَقُولُونَ هَٰٓؤُلَآءِ شُفَعَٰٓؤُنَا عِندَ ٱللَّهِ قُلْ أَتُنَبِّـُٔونَ ٱللَّهَ بِمَا لَا يَعْلَمُ فِى ٱلسَّمَٰوَٰتِ وَلَا فِى ٱلْأَرْضِ سُبْحَٰنَهُ وَتَعَٰلَىٰ عَمَّا يُشْرِكُونَ ۝

(19) Los hombres eran una única comunidad pero entraron en discordia; y si no hubiera sido por una palabra previa de tu Señor, se habría decidido entonces entre ellos con respecto a lo que discrepaban.

وَمَا كَانَ ٱلنَّاسُ إِلَّآ أُمَّةً وَٰحِدَةً فَٱخْتَلَفُوا۟ وَلَوْلَا كَلِمَةٌ سَبَقَتْ مِن رَّبِّكَ لَقُضِىَ بَيْنَهُمْ فِيمَا فِيهِ يَخْتَلِفُونَ ۝

(20) Y dicen: ¿Cómo es que se le ha hecho descender un signo de su Señor?

Di: Realmente el No-Visto per-tenece a Allah, esperad pues que yo también soy con voso-tros de los que esperan.

وَيَقُولُونَ لَوْلَآ أُنزِلَ عَلَيْهِ ءَايَةٌ مِّن رَّبِّهِ فَقُلْ إِنَّمَا ٱلْغَيْبُ لِلَّهِ فَٱنتَظِرُوٓا۟ إِنِّى مَعَكُم مِّنَ ٱلْمُنتَظِرِينَ ۝

(21) Y cuando les hacemos probar a los hombres una misericordia después de haberles tocado el mal, intentan burlar Nuestros signos.

Di: Allah es más Rápido en tramar.

En verdad, Nuestros emisarios escriben lo que tramáis.

وَإِذَآ أَذَقْنَا ٱلنَّاسَ رَحْمَةً مِّنۢ بَعْدِ ضَرَّآءَ مَسَّتْهُمْ إِذَا لَهُم مَّكْرٌ فِىٓ ءَايَاتِنَا قُلِ ٱللَّهُ أَسْرَعُ مَكْرًا إِنَّ رُسُلَنَا يَكْتُبُونَ مَا تَمْكُرُونَ ۝

(22) El es Quien os hace viajar por la tierra y el mar. Y cuando os encontráis en las naves y éstas

هُوَ ٱلَّذِى يُسَيِّرُكُمْ فِى ٱلْبَرِّ وَٱلْبَحْرِ حَتَّىٰٓ إِذَا كُنتُمْ فِى ٱلْفُلْكِ وَجَرَيْنَ بِهِم بِرِيحٍ طَيِّبَةٍ وَفَرِحُوا۟ بِهَا جَآءَتْهَا

navegan con viento favorable, se regocijan* por ello; pero cuando les llega un viento tempestuoso y las olas se alzan por todas partes y se sienten rodeados, invocan a Allah con sincero reconocimiento y sumisión: Si nos salvas de ésta, seremos de los agradecidos.

* [Aquí hay un cambio de segunda persona (encontráis) a tercera (se regocijan), recurso llamado "iltifat", que se utiliza en retórica para llamar la atención del que lee o escucha y que aparece en ciertos momentos a lo largo del Corán.]

رِيحٌ عَاصِفٌ وَجَاءَهُمُ ٱلْمَوْجُ مِن كُلِّ مَكَانٍ وَظَنُّوٓا۟ أَنَّهُمْ أُحِيطَ بِهِمْ دَعَوُا۟ ٱللَّهَ مُخْلِصِينَ لَهُ ٱلدِّينَ لَئِنْ أَنجَيْتَنَا مِنْ هَٰذِهِۦ لَنَكُونَنَّ مِنَ ٱلشَّٰكِرِينَ ۝

(23) Pero una vez que han sido salvados por El, cometen actos de desobediencia en la tierra sin derecho.
¡Hombres! Toda la injusticia que cometáis será en contra de vosotros mismos. Tendréis el disfrute de la vida de este mundo pero luego habréis de volver a Nosotros y entonces os haremos saber lo que hacíais.

فَلَمَّآ أَنجَىٰهُمْ إِذَا هُمْ يَبْغُونَ فِى ٱلْأَرْضِ بِغَيْرِ ٱلْحَقِّ يَٰٓأَيُّهَا ٱلنَّاسُ إِنَّمَا بَغْيُكُمْ عَلَىٰٓ أَنفُسِكُم مَّتَٰعَ ٱلْحَيَوٰةِ ٱلدُّنْيَا ثُمَّ إِلَيْنَا مَرْجِعُكُمْ فَنُنَبِّئُكُم بِمَا كُنتُمْ تَعْمَلُونَ ۝

(24) La vida del mundo se parece al agua que hacemos caer del cielo y se mezcla con las plantas de la tierra de las que comen hombres y ganado.
Y cuando la tierra ha florecido, se ha embellecido y sus habitantes se creen con poder sobre ella, viene entonces Nuestra orden de noche o de

إِنَّمَا مَثَلُ ٱلْحَيَوٰةِ ٱلدُّنْيَا كَمَآءٍ أَنزَلْنَٰهُ مِنَ ٱلسَّمَآءِ فَٱخْتَلَطَ بِهِۦ نَبَاتُ ٱلْأَرْضِ مِمَّا يَأْكُلُ ٱلنَّاسُ وَٱلْأَنْعَٰمُ حَتَّىٰٓ إِذَآ أَخَذَتِ ٱلْأَرْضُ زُخْرُفَهَا وَٱزَّيَّنَتْ وَظَنَّ أَهْلُهَآ أَنَّهُمْ قَٰدِرُونَ عَلَيْهَآ أَتَىٰهَآ أَمْرُنَا لَيْلًا أَوْ نَهَارًا فَجَعَلْنَٰهَا حَصِيدًا كَأَن لَّمْ تَغْنَ بِٱلْأَمْسِ كَذَٰلِكَ نُفَصِّلُ ٱلْءَايَٰتِ لِقَوْمٍ

día y la dejamos lisa como si el día anterior no hubiera sido fértil.

Así es como explicamos los signos a la gente que reflexiona.

يَتَفَكَّرُونَ ۞

(25) Y Allah invita a la Morada de la Paz y guía a quien quiere al camino recto.

وَاللَّهُ يَدْعُوٓا۟ إِلَىٰ دَارِ ٱلسَّلَٰمِ وَيَهْدِى مَن يَشَآءُ إِلَىٰ صِرَٰطٍ مُّسْتَقِيمٍ ۞

(26) Los que hicieron el bien tendrán lo más hermoso* y aún más. No cubrirá sus rostros ni la negrura ni la humillación; ésos son los compañeros del Jardín, allí serán inmortales.

* [De acuerdo con los comentaristas, lo más hermoso (al-husná) es el Jardín y el "aún más" es la visión de la faz de Allah.]

لِّلَّذِينَ أَحْسَنُوا۟ ٱلْحُسْنَىٰ وَزِيَادَةٌ وَلَا يَرْهَقُ وُجُوهَهُمْ قَتَرٌ وَلَا ذِلَّةٌ أُو۟لَٰٓئِكَ أَصْحَٰبُ ٱلْجَنَّةِ هُمْ فِيهَا خَٰلِدُونَ ۞

(27) Pero los que adquirieron las malas acciones tendrán como pago un mal equivalente y la humillación les cubrirá y no tendrán quien pueda impedirlo frente a Allah. Será como si un fragmento de noche oscura les cubriera el rostro.

Esos son los compañeros del Fuego donde serán inmortales.

وَٱلَّذِينَ كَسَبُوا۟ ٱلسَّيِّـَٔاتِ جَزَآءُ سَيِّئَةٍۭ بِمِثْلِهَا وَتَرْهَقُهُمْ ذِلَّةٌ مَّا لَهُم مِّنَ ٱللَّهِ مِنْ عَاصِمٍ كَأَنَّمَآ أُغْشِيَتْ وُجُوهُهُمْ قِطَعًا مِّنَ ٱلَّيْلِ مُظْلِمًا أُو۟لَٰٓئِكَ أَصْحَٰبُ ٱلنَّارِ هُمْ فِيهَا خَٰلِدُونَ ۞

(28) Y el día en que los reunamos a todos y a continuación les digamos a los que fueron asociadores: Quedaos en vuestro sitio vosotros y aquéllos a los que asociásteis. Entonces se hará distinción entre ellos.

وَيَوْمَ نَحْشُرُهُمْ جَمِيعًا ثُمَّ نَقُولُ لِلَّذِينَ أَشْرَكُوا۟ مَكَانَكُمْ أَنتُمْ وَشُرَكَآؤُكُمْ فَزَيَّلْنَا بَيْنَهُمْ وَقَالَ شُرَكَآؤُهُم مَّا كُنتُمْ إِيَّانَا تَعْبُدُونَ ۞

Dirán los asociados: No nos adorabais...

(29) Allah es suficiente Testigo entre nosotros dos, de que éramos indiferentes a vuestra adoración.

فَكَفَى بِاللَّهِ شَهِيدًا بَيْنَنَا وَبَيْنَكُمْ إِن كُنَّا عَنْ عِبَادَتِكُمْ لَغَـٰفِلِينَ ﴿٢٩﴾

(30) Allí cada alma experimentará lo que hizo antes y serán devueltos a Allah, su Señor verdadero, y no podrán encontrar lo que inventaron.

هُنَالِكَ تَبْلُواْ كُلُّ نَفْسٍ مَّآ أَسْلَفَتْ وَرُدُّوٓاْ إِلَى اللَّهِ مَوْلَىٰهُمُ الْحَقِّ وَضَلَّ عَنْهُم مَّا كَانُواْ يَفْتَرُونَ ﴿٣٠﴾

(31) Di: ¿Quién os provee desde el cielo y la tierra? ¿Quién tiene en Su poder el oído y la vista? ¿Quien hace salir lo vivo de lo muerto y lo muerto de lo vivo? ¿Quien rige el mandato?
Dirán: Allah. Di entonces: ¿Es que no vais a temer?

قُلْ مَن يَرْزُقُكُم مِّنَ السَّمَآءِ وَالْأَرْضِ أَمَّن يَمْلِكُ السَّمْعَ وَالْأَبْصَـٰرَ وَمَن يُخْرِجُ الْحَىَّ مِنَ الْمَيِّتِ وَيُخْرِجُ الْمَيِّتَ مِنَ الْحَىِّ وَمَن يُدَبِّرُ الْأَمْرَ فَسَيَقُولُونَ اللَّهُ فَقُلْ أَفَلَا تَتَّقُونَ ﴿٣١﴾

(32) Ese es Allah vuestro Señor, la Verdad.
¿Y qué hay más allá de la verdad sino el extravío?, ¿cómo es que os apartáis?

فَذَٰلِكُمُ اللَّهُ رَبُّكُمُ الْحَقُّ فَمَاذَا بَعْدَ الْحَقِّ إِلَّا الضَّلَـٰلُ فَأَنَّىٰ تُصْرَفُونَ ﴿٣٢﴾

(33) Así se cumplirán las palabras de tu Señor contra los que se salieron de la obediencia. Ellos no creían.

كَذَٰلِكَ حَقَّتْ كَلِمَتُ رَبِّكَ عَلَى الَّذِينَ فَسَقُوٓاْ أَنَّهُمْ لَا يُؤْمِنُونَ ﴿٣٣﴾

(34) Di: ¿Hay alguien entre ésos que asociáis que haya originado la creación y la repita de nuevo?
Di: Allah origina la creación y

قُلْ هَلْ مِن شُرَكَآئِكُم مَّن يَبْدَؤُاْ الْخَلْقَ ثُمَّ يُعِيدُهُ قُلِ اللَّهُ يَبْدَؤُاْ الْخَلْقَ ثُمَّ يُعِيدُهُ فَأَنَّىٰ تُؤْفَكُونَ ﴿٣٤﴾

despúes la repite. ¿Cómo podéis apartaros?

(35) Di: ¿Hay alguno de ésos que asociáis que guíe a la verdad?

Di: Allah guía a la verdad. ¿Acaso quien guía a la verdad no es más digno de ser seguido que quien, lejos de guiar, es él el guiado? ¿Qué os pasa?, ¿cómo juzgáis?

قُلْ هَلْ مِن شُرَكَآئِكُم مَّن يَهْدِىٓ إِلَى ٱلْحَقِّ قُلِ ٱللَّهُ يَهْدِى لِلْحَقِّ أَفَمَن يَهْدِىٓ إِلَى ٱلْحَقِّ أَحَقُّ أَن يُتَّبَعَ أَمَّن لَّا يَهِدِّىٓ إِلَّآ أَن يُهْدَىٰ فَمَا لَكُمْ كَيْفَ تَحْكُمُونَ ٣٥

(36) La mayor parte de ellos no siguen sino suposiciones. Y la suposición carece de valor ante la verdad. Allah sabe lo que hacen.

وَمَا يَتَّبِعُ أَكْثَرُهُمْ إِلَّا ظَنًّا إِنَّ ٱلظَّنَّ لَا يُغْنِى مِنَ ٱلْحَقِّ شَيْئًا إِنَّ ٱللَّهَ عَلِيمٌ بِمَا يَفْعَلُونَ ٣٦

(37) Este Corán no ha sido inventado fuera de Allah en nada, sino que es una confirmación de lo que ya había antes de él y una aclaración precisa del Libro, en el que no hay duda, procedente del Señor de los mundos.

۞ وَمَا كَانَ هَٰذَا ٱلْقُرْءَانُ أَن يُفْتَرَىٰ مِن دُونِ ٱللَّهِ وَلَٰكِن تَصْدِيقَ ٱلَّذِى بَيْنَ يَدَيْهِ وَتَفْصِيلَ ٱلْكِتَٰبِ لَا رَيْبَ فِيهِ مِن رَّبِّ ٱلْعَٰلَمِينَ ٣٧

(38) Dicen: Lo ha inventado.

Di: Traed una sura como él y llamad a quien podáis fuera de Allah si sois veraces.

أَمْ يَقُولُونَ ٱفْتَرَىٰهُ قُلْ فَأْتُوا۟ بِسُورَةٍ مِّثْلِهِ وَٱدْعُوا۟ مَنِ ٱسْتَطَعْتُم مِّن دُونِ ٱللَّهِ إِن كُنتُمْ صَٰدِقِينَ ٣٨

(39) Por el contrario niegan la verdad de aquello que no abarcan con su conocimiento y cuya interpretación no les ha sido dada. Así mismo negaron la verdad los que hubo antes que ellos y

بَلْ كَذَّبُوا۟ بِمَا لَمْ يُحِيطُوا۟ بِعِلْمِهِۦ وَلَمَّا يَأْتِهِمْ تَأْوِيلُهُۥ كَذَٰلِكَ كَذَّبَ ٱلَّذِينَ مِن قَبْلِهِمْ فَٱنظُرْ كَيْفَ كَانَ عَٰقِبَةُ ٱلظَّٰلِمِينَ ٣٩

سُورَةُ يُونُسَ ــ الْجُزْءُ الْحَادِى عَشَرَ

mira cuál fue el final de los injustos.

(40) Algunos de ellos creen en él y otros no creen.

Tu Señor es Quien mejor conoce a los corruptores.

وَمِنْهُم مَّن يُؤْمِنُ بِهِۦ وَمِنْهُم مَّن لَّا يُؤْمِنُ بِهِۦ وَرَبُّكَ أَعْلَمُ بِٱلْمُفْسِدِينَ ۞

(41) Y si te tachan de mentiroso, di: Para mí serán mis obras y para vosotros las vuestras.

Vosotros no seréis responsables de lo que yo haga ni yo seré responsable de lo que vosotros hagáis.

وَإِن كَذَّبُوكَ فَقُل لِّى عَمَلِى وَلَكُمْ عَمَلُكُمْ أَنتُم بَرِيٓـُٔونَ مِمَّآ أَعْمَلُ وَأَنَا۠ بَرِىٓءٌ مِّمَّا تَعْمَلُونَ ۞

(42) Y hay algunos de ellos que te prestan atención. ¿Pero acaso puedes hacer que los sordos oigan aunque no razonen?

وَمِنْهُم مَّن يَسْتَمِعُونَ إِلَيْكَ أَفَأَنتَ تُسْمِعُ ٱلصُّمَّ وَلَوْ كَانُوا۟ لَا يَعْقِلُونَ ۞

(43) Y los hay que te miran.

¿Podrías tú acaso guiar a los ciegos aunque no vean?

وَمِنْهُم مَّن يَنظُرُ إِلَيْكَ أَفَأَنتَ تَهْدِى ٱلْعُمْىَ وَلَوْ كَانُوا۟ لَا يُبْصِرُونَ ۞

(44) Realmente Allah no perjudica en nada a los hombres, sino que son los hombres los injustos consigo mismos.

إِنَّ ٱللَّهَ لَا يَظْلِمُ ٱلنَّاسَ شَيْـًٔا وَلَكِنَّ ٱلنَّاسَ أَنفُسَهُمْ يَظْلِمُونَ ۞

(45) El día en que los reunamos, como si sólo hubieran permanecido* una hora del día, se reconocerán entre ellos; y los que negaron la verdad del encuentro con Allah se habrán perdido. No estaban guiados.

* [En las tumbas]

وَيَوْمَ نَحْشُرُهُمْ كَأَن لَّمْ يَلْبَثُوٓا۟ إِلَّا سَاعَةً مِّنَ ٱلنَّهَارِ يَتَعَارَفُونَ بَيْنَهُمْ قَدْ خَسِرَ ٱلَّذِينَ كَذَّبُوا۟ بِلِقَآءِ ٱللَّهِ وَمَا كَانُوا۟ مُهْتَدِينَ ۞

(46) Y tanto si te mostramos parte de lo que les hemos prometido como si te llevamos con Nosotros, ellos volverán a Nosotros. Después...Allah era Testigo de lo que hacían.

وَإِمَّا نُرِيَنَّكَ بَعْضَ الَّذِي نَعِدُهُمْ أَوْ نَتَوَفَّيَنَّكَ فَإِلَيْنَا مَرْجِعُهُمْ ثُمَّ اللَّهُ شَهِيدٌ عَلَى مَا يَفْعَلُونَ ۝

(47) Cada comunidad tiene un mensajero. Y una vez que su mensajero les llega, se decide entre ellos con ecuanimidad y no son tratados injustamente.

وَلِكُلِّ أُمَّةٍ رَّسُولٌ فَإِذَا جَاءَ رَسُولُهُمْ قُضِيَ بَيْنَهُم بِالْقِسْطِ وَهُمْ لَا يُظْلَمُونَ ۝

(48) Y dicen: ¿Cuándo se cumplirá esta promesa si decís la verdad?

وَيَقُولُونَ مَتَى هَذَا الْوَعْدُ إِن كُنتُمْ صَادِقِينَ ۝

(49) Di: No tengo poder ni de dañarme ni de beneficiarme, es sólo lo que Allah quiera.

Cada comunidad tiene un plazo y cuando les llega su plazo no se les retrasa ni adelanta una hora.

قُل لَّا أَمْلِكُ لِنَفْسِي ضَرًّا وَلَا نَفْعًا إِلَّا مَا شَاءَ اللَّهُ لِكُلِّ أُمَّةٍ أَجَلٌ إِذَا جَاءَ أَجَلُهُمْ فَلَا يَسْتَأْخِرُونَ سَاعَةً وَلَا يَسْتَقْدِمُونَ ۝

(50) Di: ¿Y si os llegara Su castigo por la noche o de día? ¿Qué pueden querer apresurar de él los que hacen el mal?

قُلْ أَرَأَيْتُمْ إِنْ أَتَاكُمْ عَذَابُهُ بَيَاتًا أَوْ نَهَارًا مَّاذَا يَسْتَعْجِلُ مِنْهُ الْمُجْرِمُونَ ۝

(51) ¿Es que vais a creer en él después, cuando ya haya ocurrido, o ahora, cuando queréis apresurarlo?

أَثُمَّ إِذَا مَا وَقَعَ آمَنتُم بِهِ آلْآنَ وَقَدْ كُنتُم بِهِ تَسْتَعْجِلُونَ ۝

(52) Luego se les dirá a los que fueron injustos: ¡Gustad el castigo de la eternidad! ¿Acaso se os

ثُمَّ قِيلَ لِلَّذِينَ ظَلَمُوا ذُوقُوا عَذَابَ الْخُلْدِ هَلْ تُجْزَوْنَ إِلَّا بِمَا كُنتُمْ تَكْسِبُونَ ۝

paga por algo que no sea lo que habéis adquirido?

(53) Te piden que les hagas saber si es verdad. Di: Sí, por mi Señor que es verdad y vosotros no podréis escapar.

وَيَسْتَنْبِئُونَكَ أَحَقٌّ هُوَ قُلِ إِى وَرَبِّى إِنَّهُ لَحَقٌّ وَمَآ أَنتُم بِمُعْجِزِينَ ۝

(54) Y aunque cada alma injusta fuera dueña de todo cuanto hay en la tierra, lo daría para rescatarse de él. Cuando vean el castigo mantendrán en secreto su arrepentimiento y se decidirá entre ellos con equidad sin que sean tratados injustamente.

وَلَوْ أَنَّ لِكُلِّ نَفْسٍ ظَلَمَتْ مَا فِى الْأَرْضِ لَافْتَدَتْ بِهِ وَأَسَرُّوا النَّدَامَةَ لَمَّا رَأَوُا الْعَذَابَ وَقُضِىَ بَيْنَهُم بِالْقِسْطِ وَهُمْ لَا يُظْلَمُونَ ۝

(55) ¿Acaso no es de Allah cuanto hay en los cielos y en la tierra? ¿No es la promesa de Allah verdadera?
Sin embargo la mayor parte de los hombres no saben.

أَلَا إِنَّ لِلَّهِ مَا فِى السَّمَوَاتِ وَالْأَرْضِ أَلَا إِنَّ وَعْدَ اللَّهِ حَقٌّ وَلَكِنَّ أَكْثَرَهُمْ لَا يَعْلَمُونَ ۝

(56) El da la vida y da la muerte y a El volveréis.

هُوَ يُحْىِ وَيُمِيتُ وَإِلَيْهِ تُرْجَعُونَ ۝

(57) ¡Hombres! Os ha llegado una exhortación de vuestro Señor, una cura para lo que hay en los pechos y una guía y una misericordia para los creyentes.

يَا أَيُّهَا النَّاسُ قَدْ جَاءَتْكُم مَوْعِظَةٌ مِن رَّبِّكُمْ وَشِفَاءٌ لِمَا فِى الصُّدُورِ وَهُدًى وَرَحْمَةٌ لِلْمُؤْمِنِينَ ۝

(58) Di: Que con el favor de Allah y con Su misericordia se regocijen, ello es mejor que cuanto reúnen.

قُلْ بِفَضْلِ اللَّهِ وَبِرَحْمَتِهِ فَبِذَلِكَ فَلْيَفْرَحُوا هُوَ خَيْرٌ مِمَّا يَجْمَعُونَ ۝

(59) Di: ¿Veis la provisión que Allah ha hecho descender para vosotros? ¿Y habéis decidido no obstante qué es lo lícito y qué es lo ilícito?

Di: ¿Os ha dado Allah autorización o es que estáis inventando sobre Allah?

فَلْ أَرَءَيْتُم مَّآ أَنزَلَ ٱللَّهُ لَكُم مِّن رِّزْقٍ فَجَعَلْتُم مِّنْهُ حَرَامًا وَحَلَالًا فَلْ ءَآللَّهُ أَذِنَ لَكُمْ أَمْ عَلَى ٱللَّهِ تَفْتَرُونَ ٥٩

(60) ¿Y qué pensarán el Día del Levantamiento los que inventaron mentiras sobre Allah? Es verdad que Allah posee favor para los hombres, sin embargo la mayoría de ellos no agradecen.

وَمَا ظَنُّ ٱلَّذِينَ يَفْتَرُونَ عَلَى ٱللَّهِ ٱلْكَذِبَ يَوْمَ ٱلْقِيَٰمَةِ إِنَّ ٱللَّهَ لَذُو فَضْلٍ عَلَى ٱلنَّاسِ وَلَٰكِنَّ أَكْثَرَهُمْ لَا يَشْكُرُونَ ٦٠

(61) Y no hay situación en la que os encontréis ni recitación que de él* hagáis ni acción alguna que llevéis a cabo que no estemos siendo Testigos de ello cuando la emprendéis.

A tu Señor no le pasa desapercibido en la tierra y en el cielo ni el peso de una partícula de polvo, ni algo aún más pequeño o mayor que eso, sin que esté en un libro claro.

* [El Corán]

وَمَا تَكُونُ فِي شَأْنٍ وَمَا تَتْلُوا۟ مِنْهُ مِن قُرْءَانٍ وَلَا تَعْمَلُونَ مِنْ عَمَلٍ إِلَّا كُنَّا عَلَيْكُمْ شُهُودًا إِذْ تُفِيضُونَ فِيهِ وَمَا يَعْزُبُ عَن رَّبِّكَ مِن مِّثْقَالِ ذَرَّةٍ فِي ٱلْأَرْضِ وَلَا فِي ٱلسَّمَآءِ وَلَآ أَصْغَرَ مِن ذَٰلِكَ وَلَآ أَكْبَرَ إِلَّا فِي كِتَٰبٍ مُّبِينٍ ٦١

(62) ¿No es cierto que los amigos de Allah no tendrán que temer ni se entristecerán?

أَلَآ إِنَّ أَوْلِيَآءَ ٱللَّهِ لَا خَوْفٌ عَلَيْهِمْ وَلَا هُمْ يَحْزَنُونَ ٦٢

(63) Esos que creyeron y tuvieron temor de Él.

ٱلَّذِينَ ءَامَنُوا۟ وَكَانُوا۟ يَتَّقُونَ ٦٣

(64) Para ellos hay buenas noticias en esta vida y en la Ultima.

No hay nada que pueda sustituir las palabras de Allah.

Ese es el gran triunfo.

لَهُمُ ٱلْبُشْرَىٰ فِى ٱلْحَيَوٰةِ ٱلدُّنْيَا وَفِى ٱلْآخِرَةِ لَا تَبْدِيلَ لِكَلِمَٰتِ ٱللَّهِ ذَٰلِكَ هُوَ ٱلْفَوْزُ ٱلْعَظِيمُ ﴿٦٤﴾

(65) Y que no te entristezcan sus palabras, porque en verdad el poder pertenece del todo a Allah.

El es Quien oye y Quien sabe.

وَلَا يَحْزُنكَ قَوْلُهُمْ إِنَّ ٱلْعِزَّةَ لِلَّهِ جَمِيعًا هُوَ ٱلسَّمِيعُ ٱلْعَلِيمُ ﴿٦٥﴾

(66) ¿Acaso no son de Allah quienes están en los cielos y en la tierra? ¿Y qué siguen ésos que invocan fuera de Allah dioses que ellos Le asocian?

Sólo siguen suposiciones y no hacen sino conjeturar.

أَلَا إِنَّ لِلَّهِ مَن فِى ٱلسَّمَٰوَٰتِ وَمَن فِى ٱلْأَرْضِ وَمَا يَتَّبِعُ ٱلَّذِينَ يَدْعُونَ مِن دُونِ ٱللَّهِ شُرَكَآءَ إِن يَتَّبِعُونَ إِلَّا ٱلظَّنَّ وَإِنْ هُمْ إِلَّا يَخْرُصُونَ ﴿٦٦﴾

(67) El es Quien hizo para vosotros la noche para que en ella descansárais y el día para que vierais; ciertamente en ello hay signos para la gente que escucha.

هُوَ ٱلَّذِى جَعَلَ لَكُمُ ٱلَّيْلَ لِتَسْكُنُوا۟ فِيهِ وَٱلنَّهَارَ مُبْصِرًا إِنَّ فِى ذَٰلِكَ لَآيَٰتٍ لِّقَوْمٍ يَسْمَعُونَ ﴿٦٧﴾

(68) Dicen: Allah ha tomado para Sí un hijo. ¡Lejos de eso en Su gloria! El es el Rico, Suyo es cuanto hay en los cielos y en la tierra. No tenéis ninguna prueba de lo que decís. ¿Es que vais a decir sobre Allah lo que no sabéis?

قَالُوا۟ ٱتَّخَذَ ٱللَّهُ وَلَدًا سُبْحَٰنَهُ هُوَ ٱلْغَنِىُّ لَهُ مَا فِى ٱلسَّمَٰوَٰتِ وَمَا فِى ٱلْأَرْضِ إِنْ عِندَكُم مِّن سُلْطَٰنٍ بِهَٰذَآ أَتَقُولُونَ عَلَى ٱللَّهِ مَا لَا تَعْلَمُونَ ﴿٦٨﴾

(69) Di: Es cierto que los que inven-

قُلْ إِنَّ ٱلَّذِينَ يَفْتَرُونَ عَلَى ٱللَّهِ ٱلْكَذِبَ لَا يُفْلِحُونَ ﴿٦٩﴾

tan la mentira sobre Allah no prosperan.

(70) Un disfrute en este mundo; y después tendrán su regreso a Nosotros; y luego les haremos probar el duro castigo por haber negado.

مَتَٰعٌ فِى ٱلدُّنْيَا ثُمَّ إِلَيْنَا مَرْجِعُهُمْ ثُمَّ نُذِيقُهُمُ ٱلْعَذَابَ ٱلشَّدِيدَ بِمَا كَانُوا۟ يَكْفُرُونَ ۝

(71) Recítales la historia de Nuh cuando dijo a su gente:

¡Gente mía! Si no podéis soportar mi posición y que os llame al recuerdo con los signos de Allah...en Allah me apoyo.

Decidid lo que vayáis a hacer encomendándoos a los dioses que asociáis (con Allah), hacedlo abiertamente y llevadlo a cabo en mí sin más demora.

۞ وَٱتْلُ عَلَيْهِمْ نَبَأَ نُوحٍ إِذْ قَالَ لِقَوْمِهِۦ يَٰقَوْمِ إِن كَانَ كَبُرَ عَلَيْكُم مَّقَامِى وَتَذْكِيرِى بِـَٔايَٰتِ ٱللَّهِ فَعَلَى ٱللَّهِ تَوَكَّلْتُ فَأَجْمِعُوٓا۟ أَمْرَكُمْ وَشُرَكَآءَكُمْ ثُمَّ لَا يَكُنْ أَمْرُكُمْ عَلَيْكُمْ غُمَّةً ثُمَّ ٱقْضُوٓا۟ إِلَىَّ وَلَا تُنظِرُونِ ۝

(72) Y si os apartáis...Yo no os pedí ningún pago, mi recompensa incumbe únicamente a Allah.

Se me ha ordenado ser de los que están sometidos.

فَإِن تَوَلَّيْتُمْ فَمَا سَأَلْتُكُم مِّنْ أَجْرٍ إِنْ أَجْرِىَ إِلَّا عَلَى ٱللَّهِ وَأُمِرْتُ أَنْ أَكُونَ مِنَ ٱلْمُسْلِمِينَ ۝

(73) Lo tacharon de mentiroso y lo salvamos en la nave junto a los que con él estaban, dejándolos como sucesores y ahogando a los que habían negado la verdad de Nuestros signos.

Y mira cual fue el fin de los que habían sido advertidos.

فَكَذَّبُوهُ فَنَجَّيْنَٰهُ وَمَن مَّعَهُۥ فِى ٱلْفُلْكِ وَجَعَلْنَٰهُمْ خَلَٰٓئِفَ وَأَغْرَقْنَا ٱلَّذِينَ كَذَّبُوا۟ بِـَٔايَٰتِنَا فَٱنظُرْ كَيْفَ كَانَ عَٰقِبَةُ ٱلْمُنذَرِينَ ۝

(74) Después, tras él, enviamos mensajeros a su gente y fueron a ellos con las pruebas claras pero no creyeron lo que ya antes habían tachado de mentira.

Así es como marcamos los corazones de los transgresores.

ثُمَّ بَعَثْنَا مِنْ بَعْدِهِ رُسُلًا إِلَىٰ قَوْمِهِمْ فَجَآءُوهُم بِٱلْبَيِّنَٰتِ فَمَا كَانُوا۟ لِيُؤْمِنُوا۟ بِمَا كَذَّبُوا۟ بِهِۦ مِن قَبْلُ كَذَٰلِكَ نَطْبَعُ عَلَىٰ قُلُوبِ ٱلْمُعْتَدِينَ ۝

(75) Luego, después de éstos, enviamos a Musa y a Harún, con Nuestros signos, a Firaún y a su élite; pero se llenaron de soberbia y fueron gente de mal.

ثُمَّ بَعَثْنَا مِنۢ بَعْدِهِم مُّوسَىٰ وَهَٰرُونَ إِلَىٰ فِرْعَوْنَ وَمَلَإِيْهِ بِـَٔايَٰتِنَا فَٱسْتَكْبَرُوا۟ وَكَانُوا۟ قَوْمًا مُّجْرِمِينَ ۝

(76) Y cuando les vino la verdad de Nuestra parte, dijeron: En verdad esto es magia declarada.

فَلَمَّا جَآءَهُمُ ٱلْحَقُّ مِنْ عِندِنَا قَالُوٓا۟ إِنَّ هَٰذَا لَسِحْرٌ مُّبِينٌ ۝

(77) Dijo Musa: ¿Es esto lo que decís de la verdad cuando os llega? ¿Cómo puede ser magia esto? Los magos no prosperan.

قَالَ مُوسَىٰٓ أَتَقُولُونَ لِلْحَقِّ لَمَّا جَآءَكُمْ أَسِحْرٌ هَٰذَا وَلَا يُفْلِحُ ٱلسَّٰحِرُونَ ۝

(78) ¿Dijeron: Has venido a nosotros para apartarnos de aquello en lo que encontramos a nuestros padres y conseguir para vosotros dos* la supremacía en la tierra?

Nosotros no os creemos.

* [Es decir, tú, Musa, y tu hermano Harún.]

قَالُوٓا۟ أَجِئْتَنَا لِتَلْفِتَنَا عَمَّا وَجَدْنَا عَلَيْهِ ءَابَآءَنَا وَتَكُونَ لَكُمَا ٱلْكِبْرِيَآءُ فِى ٱلْأَرْضِ وَمَا نَحْنُ لَكُمَا بِمُؤْمِنِينَ ۝

(79) Y dijo Firaún: ¡Traedme a todos los magos expertos!

وَقَالَ فِرْعَوْنُ ٱئْتُونِى بِكُلِّ سَٰحِرٍ عَلِيمٍ ۝

(80) Y cuando vinieron los magos, Musa les dijo: ¡Echad lo que echáis!

فَلَمَّا جَآءَ ٱلسَّحَرَةُ قَالَ لَهُم مُّوسَىٰٓ أَلْقُواْ مَآ أَنتُم مُّلْقُونَ ۝

(81) Y cuando hubieron echado, dijo Musa: Lo que habéis traido es magia y Allah lo hará desaparecer, Allah no pone bien en la acción de los que corrompen.

فَلَمَّآ أَلْقَوْاْ قَالَ مُوسَىٰ مَا جِئْتُم بِهِ ٱلسِّحْرُ إِنَّ ٱللَّهَ سَيُبْطِلُهُۥٓ إِنَّ ٱللَّهَ لَا يُصْلِحُ عَمَلَ ٱلْمُفْسِدِينَ ۝

(82) Y Allah confirma la verdad con Sus palabras aunque les disguste a los que hacen el mal.

وَيُحِقُّ ٱللَّهُ ٱلْحَقَّ بِكَلِمَٰتِهِۦ وَلَوْ كَرِهَ ٱلْمُجْرِمُونَ ۝

(83) Pero sólo una parte de la descendencia de su pueblo creyó en Musa por miedo a que Firaún y su gente los persiguieran; realmente Firaún fue altivo en la tierra y fue de los que exceden (todo límite).

۞ فَمَآ ءَامَنَ لِمُوسَىٰٓ إِلَّا ذُرِّيَّةٌ مِّن قَوْمِهِۦ عَلَىٰ خَوْفٍ مِّن فِرْعَوْنَ وَمَلَإِيْهِمْ أَن يَفْتِنَهُمْ وَإِنَّ فِرْعَوْنَ لَعَالٍ فِي ٱلْأَرْضِ وَإِنَّهُۥ لَمِنَ ٱلْمُسْرِفِينَ ۝

(84) Y dijo Musa: ¡Gente mía! Si creéis en Allah confiaros a El, si es que sois sumisos.

وَقَالَ مُوسَىٰ يَٰقَوْمِ إِن كُنتُمْ ءَامَنتُم بِٱللَّهِ فَعَلَيْهِ تَوَكَّلُوٓاْ إِن كُنتُم مُّسْلِمِينَ ۝

(85) Y dijeron: En Allah nos confiamos. ¡Señor nuestro! No pongas a prueba, a través de nosotros, a la gente injusta.

فَقَالُواْ عَلَى ٱللَّهِ تَوَكَّلْنَا رَبَّنَا لَا تَجْعَلْنَا فِتْنَةً لِّلْقَوْمِ ٱلظَّٰلِمِينَ ۝

(86) Y sálvanos, por tu Misericordia, de la gente incrédula.

وَنَجِّنَا بِرَحْمَتِكَ مِنَ ٱلْقَوْمِ ٱلْكَٰفِرِينَ ۝

(87) E inspiramos a Musa y a su hermano: Procurad casas en Misr* para vuestra gente, hacedlas lugares de adoración y esta-

وَأَوْحَيْنَآ إِلَىٰ مُوسَىٰ وَأَخِيهِ أَن تَبَوَّءَا لِقَوْمِكُمَا بِمِصْرَ بُيُوتًا وَٱجْعَلُواْ بُيُوتَكُمْ قِبْلَةً وَأَقِيمُواْ

bleced la oración.
Y da buenas noticias a los creyentes.

* [Véase nota de la aleya 60, sura 2]

ٱلصَّلَوٰةَ وَبَشِّرِ ٱلْمُؤْمِنِينَ ۝

(88) Y dijo Musa: ¡Señor nuestro! En verdad le has dado a Firaún y a su élite, lujo y riquezas en la vida de este mundo. ¡Señor nuestro! para que se extraviaran de Tu camino. ¡Señor nuestro! Destruye sus riquezas y endurece sus corazones, porque no van a creer hasta que no vean el castigo doloroso.

وَقَالَ مُوسَىٰ رَبَّنَآ إِنَّكَ ءَاتَيْتَ فِرْعَوْنَ وَمَلَأَهُۥ
زِينَةً وَأَمْوَٰلًا فِى ٱلْحَيَوٰةِ ٱلدُّنْيَا رَبَّنَا لِيُضِلُّواْ
عَن سَبِيلِكَ رَبَّنَا ٱطْمِسْ عَلَىٰٓ أَمْوَٰلِهِمْ
وَٱشْدُدْ عَلَىٰ قُلُوبِهِمْ فَلَا يُؤْمِنُواْ حَتَّىٰ يَرَوُاْ
ٱلْعَذَابَ ٱلْأَلِيمَ ۝

(89) Dijo: Vuestra petición ha sido ya respondida, sed pues rectos y no sigáis el camino de los que no saben.

قَالَ قَدْ أُجِيبَت دَّعْوَتُكُمَا فَٱسْتَقِيمَا وَلَا تَتَّبِعَآنِّ
سَبِيلَ ٱلَّذِينَ لَا يَعْلَمُونَ ۝

(90) Hicimos que los hijos de Israel cruzaran el mar y Firaún y sus ejércitos los persiguieron con hostilidad e injusticia, hasta que al ver que las aguas lo ahogaban, dijo: Creo que no hay otro dios sino Aquel en el que creen los hijos de Israel y soy de los que se someten.

وَجَٰوَزْنَا بِبَنِىٓ إِسْرَٰٓءِيلَ ٱلْبَحْرَ فَأَتْبَعَهُمْ فِرْعَوْنُ وَجُنُودُهُۥ
بَغْيًا وَعَدْوًا حَتَّىٰٓ إِذَآ أَدْرَكَهُ ٱلْغَرَقُ قَالَ ءَامَنتُ
أَنَّهُۥ لَآ إِلَٰهَ إِلَّا ٱلَّذِىٓ ءَامَنَتْ بِهِۦ بَنُوٓاْ إِسْرَٰٓءِيلَ
وَأَنَا۠ مِنَ ٱلْمُسْلِمِينَ ۝

(91) ¿Ahora?, ¿cuando antes desobedecías y eras de los corruptores?

ءَآلْـَٰٔنَ وَقَدْ عَصَيْتَ قَبْلُ وَكُنتَ مِنَ ٱلْمُفْسِدِينَ ۝

(92) Hoy arrojaremos tu cuerpo a tierra firme con el fin de que sea un signo para los que vengan después de ti.

فَٱلْيَوْمَ نُنَجِّيكَ بِبَدَنِكَ لِتَكُونَ لِمَنْ خَلْفَكَ
ءَايَةً وَإِنَّ كَثِيرًا مِّنَ ٱلنَّاسِ عَنْ ءَايَٰتِنَا لَغَٰفِلُونَ ۝

Pero es cierto que muchos de los hombres son indiferentes a Nuestros signos.

(93) Y establecimos a los hijos de Israel en un lugar para vivir verdadero y les proveímos de las cosas buenas. Y no entraron en discordia sino después de haberles llegado el conocimiento.

Realmente tu Señor decidirá entre ellos el Día del Levantamiento acerca de aquello en lo que discrepaban.

۞ وَلَقَدْ بَوَّأْنَا بَنِىٓ إِسْرَٰٓءِيلَ مُبَوَّأَ صِدْقٍ وَرَزَقْنَٰهُم مِّنَ ٱلطَّيِّبَٰتِ فَمَا ٱخْتَلَفُوا۟ حَتَّىٰ جَآءَهُمُ ٱلْعِلْمُ إِنَّ رَبَّكَ يَقْضِى بَيْنَهُمْ يَوْمَ ٱلْقِيَٰمَةِ فِيمَا كَانُوا۟ فِيهِ يَخْتَلِفُونَ ۝

(94) Y si estás en duda de lo que te hemos hecho descender, pregunta a los que leían el Libro antes de ti.

Te ha llegado la verdad de tu Señor; no seas de los escépticos.

فَإِن كُنتَ فِى شَكٍّ مِّمَّآ أَنزَلْنَآ إِلَيْكَ فَسْـَٔلِ ٱلَّذِينَ يَقْرَءُونَ ٱلْكِتَٰبَ مِن قَبْلِكَ لَقَدْ جَآءَكَ ٱلْحَقُّ مِن رَّبِّكَ فَلَا تَكُونَنَّ مِنَ ٱلْمُمْتَرِينَ ۝

(95) Ni seas tampoco de los que niegan la verdad de los signos de Allah, porque entonces estarías entre los perdidos.

وَلَا تَكُونَنَّ مِنَ ٱلَّذِينَ كَذَّبُوا۟ بِـَٔايَٰتِ ٱللَّهِ فَتَكُونَ مِنَ ٱلْخَٰسِرِينَ ۝

(96) Aquéllos en cuya contra se han hecho realidad las palabras de tu Señor, no creerán

إِنَّ ٱلَّذِينَ حَقَّتْ عَلَيْهِمْ كَلِمَتُ رَبِّكَ لَا يُؤْمِنُونَ ۝

(97) aunque se les presenten todos los signos, hasta que no vean el doloroso castigo.

وَلَوْ جَآءَتْهُمْ كُلُّ ءَايَةٍ حَتَّىٰ يَرَوُا۟ ٱلْعَذَابَ ٱلْأَلِيمَ ۝

(98) ¿Por qué no hubo ninguna ciudad que creyera y se beneficiara de su creencia?

فَلَوْلَا كَانَتْ قَرْيَةٌ ءَامَنَتْ فَنَفَعَهَآ إِيمَٰنُهَآ

سُورَةُ يُونُسَ ـ الْجُزْءُ الْحَادِىَ عَشَرَ

Sólo la gente de Yunus, a los que en cuanto creyeron, les levantamos el denigrante castigo en esta vida dejándolos disfrutar por un tiempo.

إِلَّا قَوْمَ يُونُسَ لَمَّآ ءَامَنُواْ كَشَفْنَا عَنْهُمْ عَذَابَ الْخِزْيِ فِي الْحَيَوٰةِ الدُّنْيَا وَمَتَّعْنَاهُمْ إِلَىٰ حِينٍ ۝

(99) Y si tu Señor quisiera creerían todos los que están en la tierra.

¿Acaso puedes tú obligar a los hombres a que sean creyentes?

وَلَوْ شَآءَ رَبُّكَ لَءَامَنَ مَن فِي الْأَرْضِ كُلُّهُمْ جَمِيعاً أَفَأَنتَ تُكْرِهُ النَّاسَ حَتَّىٰ يَكُونُواْ مُؤْمِنِينَ ۝

(100) Ningún alma puede creer si no es con permiso de Allah y El impondrá el vil castigo a quienes no razonen.

وَمَا كَانَ لِنَفْسٍ أَن تُؤْمِنَ إِلَّا بِإِذْنِ اللَّهِ وَيَجْعَلُ الرِّجْسَ عَلَى الَّذِينَ لَا يَعْقِلُونَ ۝

(101) Di: Observad lo que hay en los cielos y en la tierra.

Sin embargo a la gente que no cree no les sirven de nada los signos ni las advertencias.

قُلِ انظُرُواْ مَاذَا فِي السَّمَٰوَٰتِ وَالْأَرْضِ وَمَا تُغْنِي الْآيَٰتُ وَالنُّذُرُ عَن قَوْمٍ لَّا يُؤْمِنُونَ ۝

(102) ¿Qué esperan sino algo similar a los días de sus antecesores?

Di: Esperad entonces, que yo estaré con vosotros entre los que esperan.

فَهَلْ يَنتَظِرُونَ إِلَّا مِثْلَ أَيَّامِ الَّذِينَ خَلَوْاْ مِن قَبْلِهِمْ قُلْ فَانتَظِرُواْ إِنِّي مَعَكُم مِّنَ الْمُنتَظِرِينَ ۝

(103) Y siempre, después de ello, salvamos a Nuestros mensajeros y a los que han creído. Así es; salvar a los creyentes es un deber que nos hemos impuesto.

ثُمَّ نُنَجِّي رُسُلَنَا وَالَّذِينَ ءَامَنُواْ كَذَٰلِكَ حَقّاً عَلَيْنَا نُنجِ الْمُؤْمِنِينَ ۝

(104) Di: ¡Hombres! Si estáis en duda acerca de la creencia que practico... No adoro a quienes voso-

قُلْ يَٰٓأَيُّهَا النَّاسُ إِن كُنتُمْ فِي شَكٍّ مِّن دِينِي فَلَا أَعْبُدُ الَّذِينَ تَعْبُدُونَ مِن دُونِ اللَّهِ وَلَٰكِنْ أَعْبُدُ

tros adoráis aparte de Allah, sino que adoro a Allah, Aquel que hará que vuestro plazo se cumpla.

Y se me ha ordenado que sea de los creyentes.

اللَّهَ الَّذِى يَتَوَفَّىٰكُمْ وَأُمِرْتُ أَنْ أَكُونَ مِنَ الْمُؤْمِنِينَ ۝

(105) Así como (me ha sido ordenado): Dirige tu rostro a la práctica de Adoración como hanif y no seas uno de los asociadores.

وَأَنْ أَقِمْ وَجْهَكَ لِلدِّينِ حَنِيفًا وَلَا تَكُونَنَّ مِنَ الْمُشْرِكِينَ ۝

(106) Y no invoques fuera de Allah aquello que ni te beneficia ni te perjudica, porque si lo hicieras, serías de los injustos.

وَلَا تَدْعُ مِن دُونِ اللَّهِ مَا لَا يَنفَعُكَ وَلَا يَضُرُّكَ فَإِن فَعَلْتَ فَإِنَّكَ إِذًا مِّنَ الظَّالِمِينَ ۝

(107) Y si Allah te toca con un daño, nadie, sino El, te librará de ello.

Y si te concede un bien... No hay quien pueda impedir Su favor. El lo hace llegar a quien quiere de Sus siervos. Y El es el Perdonador, el Compasivo.

وَإِن يَمْسَسْكَ اللَّهُ بِضُرٍّ فَلَا كَاشِفَ لَهُ إِلَّا هُوَ وَإِن يُرِدْكَ بِخَيْرٍ فَلَا رَادَّ لِفَضْلِهِ يُصِيبُ بِهِ مَن يَشَاءُ مِنْ عِبَادِهِ وَهُوَ الْغَفُورُ الرَّحِيمُ ۝

(108) Di: ¡Hombres! Os ha llegado la verdad procedente de vuestro Señor; quien se guíe, lo hará en beneficio de sí mismo y quien se extravíe sólo se perderá a sí mismo.

Yo no soy un guardián para vosotros.

قُلْ يَا أَيُّهَا النَّاسُ قَدْ جَاءَكُمُ الْحَقُّ مِن رَّبِّكُمْ فَمَنِ اهْتَدَىٰ فَإِنَّمَا يَهْتَدِي لِنَفْسِهِ وَمَن ضَلَّ فَإِنَّمَا يَضِلُّ عَلَيْهَا وَمَا أَنَا عَلَيْكُم بِوَكِيلٍ ۝

(109) Sigue lo que se te ha inspirado y ten paciencia hasta que Allah juzgue. El es el mejor de los jueces.

وَاتَّبِعْ مَا يُوحَىٰ إِلَيْكَ وَاصْبِرْ حَتَّىٰ يَحْكُمَ اللَّهُ وَهُوَ خَيْرُ الْحَاكِمِينَ ۝

11. SURA DE HUD.   سُورَةُ هُودٍ

بِسْمِ اللَّهِ الرَّحْمَنِ الرَّحِيمِ

En el nombre de Allah, el Misericordioso, el Compasivo.

(1) Alif, Lam, Ra.

Un Libro cuyos signos se han hecho con perfección y además han sido clarificados por un Sabio, Conocedor de lo más recóndito

الٓرۚ كِتَٰبٌ أُحْكِمَتْ ءَايَٰتُهُۥ ثُمَّ فُصِّلَتْ مِن لَّدُنْ حَكِيمٍ خَبِيرٍ ۝

(2) No adoréis sino a Allah; es cierto que yo soy para vosotros un advertidor de Su parte y un portador de buenas noticias.

أَلَّا تَعْبُدُوٓاْ إِلَّا ٱللَّهَ إِنَّنِي لَكُم مِّنْهُ نَذِيرٌ وَبَشِيرٌ ۝

(3) Pedid perdón a vuestro Señor y luego volveos a El. Os hará gozar de un buen disfrute hasta un plazo determinado y a todo el que tenga algún merito le dará Su favor.

Pero si os apartáis, temo para vosotros el castigo de un día terrible.

وَأَنِ ٱسْتَغْفِرُواْ رَبَّكُمْ ثُمَّ تُوبُوٓاْ إِلَيْهِ يُمَتِّعْكُم مَّتَٰعًا حَسَنًا إِلَىٰٓ أَجَلٍ مُّسَمًّى وَيُؤْتِ كُلَّ ذِي فَضْلٍ فَضْلَهُۥ وَإِن تَوَلَّوْاْ فَإِنِّيٓ أَخَافُ عَلَيْكُمْ عَذَابَ يَوْمٍ كَبِيرٍ ۝

(4) A Allah habéis de regresar y El tiene poder sobre todas las cosas.

إِلَى ٱللَّهِ مَرْجِعُكُمْ وَهُوَ عَلَىٰ كُلِّ شَيْءٍ قَدِيرٌ ۝

(5) ¿Acaso no disimulan su aversión queriendo esconderse de El?

¿Es que cuando se cubren con

أَلَآ إِنَّهُمْ يَثْنُونَ صُدُورَهُمْ لِيَسْتَخْفُواْ مِنْهُ

sus vestidos no sabe El lo que
guardan en secreto y lo que
divulgan?

El conoce en verdad lo que hay
en los pechos.

أَلَا حِينَ يَسْتَغْشُونَ ثِيَابَهُمْ يَعْلَمُ مَا يُسِرُّونَ
وَمَا يُعْلِنُونَ إِنَّهُ عَلِيمٌ بِذَاتِ ٱلصُّدُورِ ۝

(6) No hay ninguna criatura en la
tierra cuya provisión no
recaiga sobre Allah y de la que
El no sepa su morada y su
depósito. Todo está en un libro
claro.

۞ وَمَا مِن دَآبَّةٍ فِي ٱلْأَرْضِ إِلَّا عَلَى ٱللَّهِ رِزْقُهَا
وَيَعْلَمُ مُسْتَقَرَّهَا وَمُسْتَوْدَعَهَا كُلٌّ فِي
كِتَٰبٍ مُّبِينٍ ۝

(7) El es Quien creó los cielos y la
tierra en seis días, y Su trono
estaba sobre el agua, para probar cuál de vosotros sería
mejor en obras.

Y si les dices que serán devueltos a la vida después de la
muerte, te dirán los que no
creen: Esto es magia declarada.

وَهُوَ ٱلَّذِي خَلَقَ ٱلسَّمَٰوَٰتِ وَٱلْأَرْضَ فِي سِتَّةِ أَيَّامٍ
وَكَانَ عَرْشُهُ عَلَى ٱلْمَآءِ لِيَبْلُوَكُمْ أَيُّكُمْ
أَحْسَنُ عَمَلًا وَلَئِن قُلْتَ إِنَّكُم مَّبْعُوثُونَ مِنْ بَعْدِ
ٱلْمَوْتِ لَيَقُولَنَّ ٱلَّذِينَ كَفَرُوٓا۟ إِنْ هَٰذَآ إِلَّا سِحْرٌ
مُّبِينٌ ۝

(8) Y si les retrasamos el castigo hasta
un plazo determinado, seguro
que dirán: ¿Qué es lo que lo
impide?

¿Pero no es verdad que el día
que les llegue no podrá ser
apartado de ellos?

Se les vendrá encima aquello
de lo que se burlaban.

وَلَئِنْ أَخَّرْنَا عَنْهُمُ ٱلْعَذَابَ إِلَىٰٓ أُمَّةٍ مَّعْدُودَةٍ
لَّيَقُولُنَّ مَا يَحْبِسُهُ أَلَا يَوْمَ يَأْتِيهِمْ لَيْسَ مَصْرُوفًا
عَنْهُمْ وَحَاقَ بِهِم مَّا كَانُوا۟ بِهِ يَسْتَهْزِءُونَ ۝

(9) Si le hacemos probar al hombre
una misericordia procedente
de Nosotros y luego se la quitamos, se queda desesperado y
es ingrato.

وَلَئِنْ أَذَقْنَا ٱلْإِنسَٰنَ مِنَّا رَحْمَةً ثُمَّ نَزَعْنَٰهَا مِنْهُ
إِنَّهُ لَيَـُٔوسٌ كَفُورٌ ۝

(10) Pero si le hacemos probar la dicha depués de la desdicha que le tocó, seguro que dice: Los males se han ido de mí. Y está contento, jactancioso.

وَلَئِنْ أَذَقْنَاهُ نَعْمَاءَ بَعْدَ ضَرَّاءَ مَسَّتْهُ لَيَقُولَنَّ ذَهَبَ السَّيِّئَاتُ عَنِّي إِنَّهُ لَفَرِحٌ فَخُورٌ ۞

(11) Pero no es así para los que tienen paciencia y llevan a cabo las acciones de bien.

Esos tienen perdón y una gran recompensa.

إِلَّا الَّذِينَ صَبَرُوا وَعَمِلُوا الصَّالِحَاتِ أُولَٰئِكَ لَهُم مَّغْفِرَةٌ وَأَجْرٌ كَبِيرٌ ۞

(12) Pudiera ser que renunciaras a parte de lo que se te ha inspirado y que tu pecho se angustiara porque dicen: ¿Cómo es que no se ha hecho descender con él algún tesoro o ha venido con él un ángel? Tu no eres sino un advertidor y Allah es Guardián de todas las cosas.

فَلَعَلَّكَ تَارِكٌ بَعْضَ مَا يُوحَىٰ إِلَيْكَ وَضَائِقٌ بِهِ صَدْرُكَ أَن يَقُولُوا لَوْلَا أُنزِلَ عَلَيْهِ كَنزٌ أَوْ جَاءَ مَعَهُ مَلَكٌ إِنَّمَا أَنتَ نَذِيرٌ وَاللَّهُ عَلَىٰ كُلِّ شَيْءٍ وَكِيلٌ ۞

(13) O dicen: Lo ha inventado.

Di: Traed diez suras inventadas semejantes y llamad a quien podáis fuera de Allah si decís la verdad.

أَمْ يَقُولُونَ افْتَرَاهُ قُلْ فَأْتُوا بِعَشْرِ سُوَرٍ مِّثْلِهِ مُفْتَرَيَاتٍ وَادْعُوا مَنِ اسْتَطَعْتُم مِّن دُونِ اللَّهِ إِن كُنتُمْ صَادِقِينَ ۞

(14) Pero si no os responden, sabed entonces que se ha hecho descender con el conocimiento de Allah y que no hay dios sino El. ¿Estaréis sometidos?

فَإِلَّمْ يَسْتَجِيبُوا لَكُمْ فَاعْلَمُوا أَنَّمَا أُنزِلَ بِعِلْمِ اللَّهِ وَأَن لَّا إِلَٰهَ إِلَّا هُوَ فَهَلْ أَنتُم مُّسْلِمُونَ ۞

(15) Los que quieran la vida del mundo y su esplendor les pagaremos en ella por sus obras y no tendrán menoscabo en ella.

مَن كَانَ يُرِيدُ الْحَيَاةَ الدُّنْيَا وَزِينَتَهَا نُوَفِّ إِلَيْهِمْ أَعْمَالَهُمْ فِيهَا وَهُمْ فِيهَا لَا يُبْخَسُونَ ۞

(16) Esos son los que en la Otra Vida no tendrán sino el Fuego.

Allí, lo que hicieron será vano y sus obras serán inútiles.

أُوْلَٰٓئِكَ ٱلَّذِينَ لَيْسَ لَهُمْ فِى ٱلْءَاخِرَةِ إِلَّا ٱلنَّارُ ۖ وَحَبِطَ مَا صَنَعُوا۟ فِيهَا وَبَٰطِلٌ مَّا كَانُوا۟ يَعْمَلُونَ ۝

(17) ¿Son acaso como aquel que se basa en una prueba clara procedente de su Señor que un testigo* le recita de Su parte?

Antes de él hubo el libro de Musa que era una dirección y misericordia. Estos creen en él; pero aquéllos de los coligados que no crean en él... El Fuego será su lugar de encuentro.

No tengas ninguna duda acerca de ello pues ciertamente es la verdad que procede de tu Señor.

Sin embargo la mayoría de los hombres no creen.

* [El ángel Yibril]

أَفَمَن كَانَ عَلَىٰ بَيِّنَةٍ مِّن رَّبِّهِۦ وَيَتْلُوهُ شَاهِدٌ مِّنْهُ وَمِن قَبْلِهِۦ كِتَٰبُ مُوسَىٰٓ إِمَامًا وَرَحْمَةً ۚ أُوْلَٰٓئِكَ يُؤْمِنُونَ بِهِۦ ۚ وَمَن يَكْفُرْ بِهِۦ مِنَ ٱلْأَحْزَابِ فَٱلنَّارُ مَوْعِدُهُۥ ۚ فَلَا تَكُ فِى مِرْيَةٍ مِّنْهُ ۚ إِنَّهُ ٱلْحَقُّ مِن رَّبِّكَ وَلَٰكِنَّ أَكْثَرَ ٱلنَّاسِ لَا يُؤْمِنُونَ ۝

(18) ¿Y quién es más injusto que quien inventa una mentira sobre Allah? Esos serán mostrados ante su Señor y dirán los testigos: Estos son los que mintieron sobre su Señor. ¿No es cierto que la maldición de Allah caerá sobre los injustos

وَمَنْ أَظْلَمُ مِمَّنِ ٱفْتَرَىٰ عَلَى ٱللَّهِ كَذِبًا ۚ أُوْلَٰٓئِكَ يُعْرَضُونَ عَلَىٰ رَبِّهِمْ وَيَقُولُ ٱلْأَشْهَٰدُ هَٰٓؤُلَآءِ ٱلَّذِينَ كَذَبُوا۟ عَلَىٰ رَبِّهِمْ ۚ أَلَا لَعْنَةُ ٱللَّهِ عَلَى ٱلظَّٰلِمِينَ ۝

(19) que desvían del camino de Allah deseándolo tortuoso y no creen en la Ultima Vida?

ٱلَّذِينَ يَصُدُّونَ عَن سَبِيلِ ٱللَّهِ وَيَبْغُونَهَا عِوَجًا وَهُم بِٱلْءَاخِرَةِ هُمْ كَٰفِرُونَ ۝

(20) Esos no tendrán escape en la tierra ni tendrán fuera de Allah

أُوْلَٰٓئِكَ لَمْ يَكُونُوا۟ مُعْجِزِينَ فِى ٱلْأَرْضِ

سُورَةُ هُودٍ – الْجُزْءُ الثَّانِىَ عَشَرَ

protectores. Les será doblado el castigo. Ellos no pudieron oír ni ver.

وَمَا كَانَ لَهُم مِّن دُونِ اللَّهِ مِنْ أَوْلِيَاءَ يُضَاعَفُ لَهُمُ الْعَذَابُ مَا كَانُوا يَسْتَطِيعُونَ السَّمْعَ وَمَا كَانُوا يُبْصِرُونَ ۝

(21) Esos son los que se perdieron a sí mismos y se les extravió lo que habían inventado.

أُوْلَٰئِكَ الَّذِينَ خَسِرُوا أَنفُسَهُمْ وَضَلَّ عَنْهُم مَّا كَانُوا يَفْتَرُونَ ۝

(22) No hay duda de que ellos en la Ultima Vida serán los que más pierdan.

لَا جَرَمَ أَنَّهُمْ فِي الْآخِرَةِ هُمُ الْأَخْسَرُونَ ۝

(23) Es cierto que los que creen, llevan a cabo las acciones de bien y se humillan ante su Señor, ésos serán los compañeros del Jardín; allí serán inmortales.

إِنَّ الَّذِينَ آمَنُوا وَعَمِلُوا الصَّالِحَاتِ وَأَخْبَتُوا إِلَىٰ رَبِّهِمْ أُوْلَٰئِكَ أَصْحَابُ الْجَنَّةِ هُمْ فِيهَا خَالِدُونَ ۝

(24) El parecido de ambos grupos es el que tienen un ciego y un sordo con uno que ve y uno que oye. ¿Son iguales en comparación? ¿Es que no vais a recapacitar?

مَثَلُ الْفَرِيقَيْنِ كَالْأَعْمَىٰ وَالْأَصَمِّ وَالْبَصِيرِ وَالسَّمِيعِ هَلْ يَسْتَوِيَانِ مَثَلًا أَفَلَا تَذَكَّرُونَ ۝

(25) Enviamos a Nuh a su gente: "Es verdad que yo soy para vosotros un claro advertidor".

وَلَقَدْ أَرْسَلْنَا نُوحًا إِلَىٰ قَوْمِهِ إِنِّي لَكُمْ نَذِيرٌ مُّبِينٌ ۝

(26) Adorad sólo a Allah pues temo para vosotros el castigo de un día doloroso.

أَن لَّا تَعْبُدُوا إِلَّا اللَّهَ إِنِّي أَخَافُ عَلَيْكُمْ عَذَابَ يَوْمٍ أَلِيمٍ ۝

(27) Y dijeron los magnates, aquellos de su gente que no creían: No vemos en ti sino a un ser humano como nosotros y

فَقَالَ الْمَلَأُ الَّذِينَ كَفَرُوا مِن قَوْمِهِ مَا نَرَاكَ إِلَّا بَشَرًا مِّثْلَنَا وَمَا نَرَاكَ اتَّبَعَكَ إِلَّا الَّذِينَ

vemos que sólo te siguen los más bajos de nosotros, sin ninguna reflexión; y tampoco vemos que tengáis ningún mérito sobre nosotros, sino que por el contrario os tenemos por mentirosos.

هُمْ أَرَاذِلُنَا بَادِيَ ٱلرَّأْيِ وَمَا نَرَىٰ لَكُمْ عَلَيْنَا مِن فَضْلٍ بَلْ نَظُنُّكُمْ كَٰذِبِينَ ۝

(28) Dijo: ¡Gente mía! Decidme: Si estoy basado en una prueba clara de mi Señor y El me ha concedido una misericordia de junto a Sí que a vosotros se os ha ocultado. ¿Es que vamos a obligaros a aceptarla si os produce aversión?

قَالَ يَٰقَوْمِ أَرَءَيْتُمْ إِن كُنتُ عَلَىٰ بَيِّنَةٍ مِّن رَّبِّي وَءَاتَىٰنِي رَحْمَةً مِّنْ عِندِهِۦ فَعُمِّيَتْ عَلَيْكُمْ أَنُلْزِمُكُمُوهَا وَأَنتُمْ لَهَا كَٰرِهُونَ ۝

(29) ¡Gente mía! No os pido a cambio ninguna riqueza pues mi recompensa sólo incumbe a Allah y no pienso despreciar a los que creen porque ellos encontrarán a su Señor; sin embargo os veo gente ignorante.

وَيَٰقَوْمِ لَآ أَسْـَٔلُكُمْ عَلَيْهِ مَالًا إِنْ أَجْرِيَ إِلَّا عَلَى ٱللَّهِ وَمَآ أَنَا۠ بِطَارِدِ ٱلَّذِينَ ءَامَنُوٓا۟ إِنَّهُم مُّلَٰقُوا۟ رَبِّهِمْ وَلَٰكِنِّيٓ أَرَىٰكُمْ قَوْمًا تَجْهَلُونَ ۝

(30) ¡Gente mía! ¿Quién me defendería de Allah si los desprecio? ¿Es que no váis a recapacitar?

وَيَٰقَوْمِ مَن يَنصُرُنِي مِنَ ٱللَّهِ إِن طَرَدتُّهُمْ أَفَلَا تَذَكَّرُونَ ۝

(31) Y no os digo que poseo los tesoros de Allah ni que conozco el No-Visto, ni digo que sea un ángel ni les voy a decir a aquéllos que vuestros ojos desprecian, que Allah no les va a dar ningún bien, pues Allah sabe mejor lo que hay en sus almas, y en ese caso yo sería de los injustos.

وَلَآ أَقُولُ لَكُمْ عِندِي خَزَآئِنُ ٱللَّهِ وَلَآ أَعْلَمُ ٱلْغَيْبَ وَلَآ أَقُولُ إِنِّي مَلَكٌ وَلَآ أَقُولُ لِلَّذِينَ تَزْدَرِيٓ أَعْيُنُكُمْ لَن يُؤْتِيَهُمُ ٱللَّهُ خَيْرًا ٱللَّهُ أَعْلَمُ بِمَا فِيٓ أَنفُسِهِمْ إِنِّيٓ إِذًا لَّمِنَ ٱلظَّٰلِمِينَ ۝

سُورَةُ هُودٍ – الْجُزْءُ الثَّانِى عَشَر

(32) Dijeron: ¡Nuh! Nos has refutado y has aumentado la disputa entre nosotros; haz que venga a nosotros la amenaza que aseguras, si eres de los que dicen la verdad.

۞ قَالُوا يَٰنُوحُ قَدْ جَٰدَلْتَنَا فَأَكْثَرْتَ جِدَالَنَا فَأْتِنَا بِمَا تَعِدُنَآ إِن كُنتَ مِنَ ٱلصَّٰدِقِينَ ۝

(33) Dijo: Allah hará que os llegue si El quiere y no podréis impedirlo.

قَالَ إِنَّمَا يَأْتِيكُم بِهِ ٱللَّهُ إِن شَآءَ وَمَآ أَنتُم بِمُعْجِزِينَ ۝

(34) Si Allah quiere desviaros, mi consejo, aunque quiera aconsejaros, no os servirá de nada.
El es vuestro Señor y a El habéis de regresar.

وَلَا يَنفَعُكُمْ نُصْحِىٓ إِنْ أَرَدتُّ أَنْ أَنصَحَ لَكُمْ إِن كَانَ ٱللَّهُ يُرِيدُ أَن يُغْوِيَكُمْ هُوَ رَبُّكُمْ وَإِلَيْهِ تُرْجَعُونَ ۝

(35) O dicen: Lo ha inventado. Di: Si lo he inventado, sobre mí recaerá el mal que haya hecho, pero soy inocente del mal que vosotros hagáis.

أَمْ يَقُولُونَ ٱفْتَرَىٰهُ قُلْ إِنِ ٱفْتَرَيْتُهُ فَعَلَىَّ إِجْرَامِى وَأَنَا۠ بَرِىٓءٌ مِّمَّا تُجْرِمُونَ ۝

(36) Y le fue inspirado a Nuh que excepto los que habían creído, nadie más de su gente creería.
¡No te entristezcas por lo que hacen!

وَأُوحِىَ إِلَىٰ نُوحٍ أَنَّهُۥ لَن يُؤْمِنَ مِن قَوْمِكَ إِلَّا مَن قَدْ ءَامَنَ فَلَا تَبْتَئِسْ بِمَا كَانُوا۟ يَفْعَلُونَ ۝

(37) ¡Construye la nave bajo Nuestros ojos e inspiración y no me hables de los que han sido injustos pues realmente ellos van a ser ahogados!

وَٱصْنَعِ ٱلْفُلْكَ بِأَعْيُنِنَا وَوَحْيِنَا وَلَا تُخَٰطِبْنِى فِى ٱلَّذِينَ ظَلَمُوٓا۟ إِنَّهُم مُّغْرَقُونَ ۝

(38) Y mientras construía la nave, cada vez que pasaban por delante algunos de los prin-

وَيَصْنَعُ ٱلْفُلْكَ وَكُلَّمَا مَرَّ عَلَيْهِ مَلَأٌ مِّن قَوْمِهِۦ سَخِرُوا۟ مِنْهُ قَالَ إِن تَسْخَرُوا۟ مِنَّا فَإِنَّا نَسْخَرُ مِنكُمْ

cipales de su gente, se burlaban de él.

Dijo: Si os burlais de nosotros,
ya nos burlaremos nosotros de
vosotros como os burlais
ahora.

كَمَا تَسْخَرُونَ ۝

(39) Y ya sabréis a quién va a llegarle
un castigo que le humillará y
sobre quién se desatará un castigo permanente.

فَسَوْفَ تَعْلَمُونَ مَن يَأْتِيهِ عَذَابٌ يُخْزِيهِ وَيَحِلُّ عَلَيْهِ عَذَابٌ مُّقِيمٌ ۝

(40) Así hasta que llegó Nuestro mandato y el horno* rebosó, dijimos: Sube en ella una pareja de
cada especie y a tu familia,
exceptuando aquel contra el
que ya haya precedido la palabra, y a los que crean; pero sólo
eran unos pocos los que con él
creían.

حَتَّى إِذَا جَاءَ أَمْرُنَا وَفَارَ التَّنُّورُ قُلْنَا احْمِلْ فِيهَا مِن كُلٍّ زَوْجَيْنِ اثْنَيْنِ وَأَهْلَكَ إِلَّا مَن سَبَقَ عَلَيْهِ الْقَوْلُ وَمَنْ ءَامَنَ وَمَا ءَامَنَ مَعَهُ إِلَّا قَلِيلٌ ۝

* [Según los comentaristas se refiere a
la superficie de la tierra que los árabes
llamaban a veces "el horno de la
tierra", o también puede referirse al
horno de Nuh cuyo desbordamiento
sería una señal que indicaría el
momento de embarcar en la nave;
además de otras posibles
interpretaciones]

(41) Y dijo: ¡Embarcad en ella! Y que
sean en el nombre de Allah su
rumbo y su llegada. Es cierto
que mi Señor es Perdonador y
Compasivo.

* وَقَالَ ارْكَبُوا فِيهَا بِسْمِ اللَّهِ مَجْرِيهَا وَمُرْسَيهَا إِنَّ رَبِّي لَغَفُورٌ رَّحِيمٌ ۝

(42) Y navegaba con ellos entre olas
como montañas. Entonces Nuh
llamó a su hijo que estaba

وَهِيَ تَجْرِي بِهِمْ فِي مَوْجٍ كَالْجِبَالِ وَنَادَى نُوحٌ ابْنَهُ وَكَانَ فِي مَعْزِلٍ يَبُنَيَّ ارْكَب مَّعَنَا

aparte. ¡Hijo mío! Sube con nosotros y no estés con los incrédulos.

وَلَا تَكُن مَّعَ ٱلْكَٰفِرِينَ ۝

(43) Dijo: Me refugiaré en una montaña que me librará del agua.

Dijo: Hoy no habrá nada que libre del mandato de Allah excepto para aquel del que tenga misericordia. Y las olas se interpusieron entre ambos quedando entre los ahogados.

قَالَ سَـَٔاوِىٓ إِلَىٰ جَبَلٍ يَعْصِمُنِى مِنَ ٱلْمَآءِ قَالَ لَا عَاصِمَ ٱلْيَوْمَ مِنْ أَمْرِ ٱللَّهِ إِلَّا مَن رَّحِمَ وَحَالَ بَيْنَهُمَا ٱلْمَوْجُ فَكَانَ مِنَ ٱلْمُغْرَقِينَ ۝

(44) Y se dijo: ¡Tierra, absorbe tu agua! ¡Cielo, detente!

Y el agua decreció, el mandato se cumplió y (la nave) se posó sobre el Yudi*. Y se dijo: ¡Fuera la gente injusta!

* [Monte cercano a la ciudad de Mosul en Iraq]

وَقِيلَ يَٰٓأَرْضُ ٱبْلَعِى مَآءَكِ وَيَٰسَمَآءُ أَقْلِعِى وَغِيضَ ٱلْمَآءُ وَقُضِىَ ٱلْأَمْرُ وَٱسْتَوَتْ عَلَى ٱلْجُودِىِّ وَقِيلَ بُعْدًا لِّلْقَوْمِ ٱلظَّٰلِمِينَ ۝

(45) Y Nuh llamó a su Señor y dijo: ¡Señor mío! Mi hijo es parte de mi familia, Tu promesa es verdadera y Tú eres el más justo de los jueces.

وَنَادَىٰ نُوحٌ رَّبَّهُۥ فَقَالَ رَبِّ إِنَّ ٱبْنِى مِنْ أَهْلِى وَإِنَّ وَعْدَكَ ٱلْحَقُّ وَأَنتَ أَحْكَمُ ٱلْحَٰكِمِينَ ۝

(46) Dijo: ¡Nuh! El no es de tu familia y sus obras no son rectas; no me preguntes por aquello de lo que no tienes conocimiento.

Te advierto para que no estés entre los ignorantes.

قَالَ يَٰنُوحُ إِنَّهُۥ لَيْسَ مِنْ أَهْلِكَ إِنَّهُۥ عَمَلٌ غَيْرُ صَٰلِحٍ فَلَا تَسْـَٔلْنِ مَا لَيْسَ لَكَ بِهِۦ عِلْمٌ إِنِّىٓ أَعِظُكَ أَن تَكُونَ مِنَ ٱلْجَٰهِلِينَ ۝

(47) Dijo: ¡Señor mío!, verdaderamente me refugio en Ti

قَالَ رَبِّ إِنِّىٓ أَعُوذُ بِكَ أَنْ أَسْـَٔلَكَ مَا لَيْسَ لِى بِهِۦ

de preguntarte aquello de lo que no tengo conocimiento, y si no me perdonas y tienes misericordia de mí estaré entre los perdidos.

(48) Se dijo: ¡Nuh!, desembarca a salvo con una seguridad procedente de Nosotros y con bendiciones sobre ti y sobre las comunidades de los que están contigo y las comunidades a las que dejaremos disfrutar; y luego les alcanzará de Nuestra parte un castigo doloroso.

(49) Esto forma parte de las noticias del No-Visto que te inspiramos; antes de esto ni tú ni tu gente las conocíais.

Así pues, ten paciencia porque el buen fin es para los que se guardan.

(50) Y a los Ad, su hermano Hud que dijo: ¡Gente mía! Adorad a Allah, no tenéis otro dios que El; y si no, es que sois mentirosos.

(51) ¡Gente mía! No os pido ningún pago a cambio, mi recompensa sólo incumbe a Aquel que me creó. ¿Es que no vais a razonar?

(52) ¡Gente mía! Pedid perdón a vuestro Señor y dirigíos a El;

enviará el cielo sobre vosotros con abundantes lluvias y añadirá fuerza a vuestra fuerza. No os apartéis como los que hacen el mal.

ٱلسَّمَآءَ عَلَيْكُم مِّدْرَارًا وَيَزِدْكُمْ قُوَّةً إِلَىٰ قُوَّتِكُمْ وَلَا تَتَوَلَّوْا۟ مُجْرِمِينَ ۝

(53) Dijeron: ¡Hud! No nos has traído ninguna prueba clara y no vamos a abandonar a nuestros dioses por lo que tú digas, ni te creemos.

قَالُوا۟ يَٰهُودُ مَا جِئْتَنَا بِبَيِّنَةٍ وَمَا نَحْنُ بِتَارِكِىٓ ءَالِهَتِنَا عَن قَوْلِكَ وَمَا نَحْنُ لَكَ بِمُؤْمِنِينَ ۝

(54) Lo que decimos es que alguno de nuestros dioses te ha trastornado.

Dijo: Pongo a Allah como testigo y sedlo vosotros, de que soy inocente de lo que asociáis aparte de El; así pues tramad contra mí todos sin más espera.

إِن نَّقُولُ إِلَّا ٱعْتَرَىٰكَ بَعْضُ ءَالِهَتِنَا بِسُوٓءٍ قَالَ إِنِّىٓ أُشْهِدُ ٱللَّهَ وَٱشْهَدُوٓا۟ أَنِّى بَرِىٓءٌ مِّمَّا تُشْرِكُونَ مِن دُونِهِۦ فَكِيدُونِى جَمِيعًا ثُمَّ لَا تُنظِرُونِ ۝

(55) Verdaderamente yo me apoyo en Allah, mi Señor y el vuestro.

No hay ninguna criatura* que el no tenga asida del mechón de su frente*; es cierto que mi Señor actúa según un camino recto.

*[La expresión árabe "dabbah" implica todo animal que se mueve por la tierra.]

*[Es decir, no hay criatura cuyo destino no esté en Sus manos.]

إِنِّى تَوَكَّلْتُ عَلَى ٱللَّهِ رَبِّى وَرَبِّكُم مَّا مِن دَآبَّةٍ إِلَّا هُوَ ءَاخِذٌۢ بِنَاصِيَتِهَآ إِنَّ رَبِّى عَلَىٰ صِرَٰطٍ مُّسْتَقِيمٍ ۝

(56) Y si os apartáis... Yo os he transmitido aquello con lo que fui enviado a vosotros. Mi Señor os sustituirá por otra gente y

فَإِن تَوَلَّوْا۟ فَقَدْ أَبْلَغْتُكُم مَّآ أُرْسِلْتُ بِهِۦٓ إِلَيْكُمْ وَيَسْتَخْلِفُ رَبِّى قَوْمًا غَيْرَكُمْ

no Le perjudicaréis en nada. Es verdad que mi Señor es Protector de todas las cosas.

وَلَا تَضُرُّونَهُ شَيْئًا إِنَّ رَبِّي عَلَىٰ كُلِّ شَيْءٍ حَفِيظٌ ۝

(57) Cuando Nuestra orden llegó, salvamos a Hud y a quienes junto a él habían creído gracias a una misericordia que vino de Nosotros y los libramos de un severo castigo.

وَلَمَّا جَاءَ أَمْرُنَا نَجَّيْنَا هُودًا وَالَّذِينَ ءَامَنُوا مَعَهُ بِرَحْمَةٍ مِّنَّا وَنَجَّيْنَاهُم مِّنْ عَذَابٍ غَلِيظٍ ۝

(58) Esos son los Ad; negaron los signos de su Señor y desobedecieron a sus mensajeros siguiendo el mandato de todo soberbio y contumaz.

وَتِلْكَ عَادٌ جَحَدُوا بِآيَاتِ رَبِّهِمْ وَعَصَوْا رُسُلَهُ وَاتَّبَعُوا أَمْرَ كُلِّ جَبَّارٍ عَنِيدٍ ۝

(59) En este mundo les siguió una maldición y así será en el Día del Levantamiento. ¿Acaso no renegaron los Ad de su Señor?

¡Fuera con los Ad, la gente de Hud!

وَأُتْبِعُوا فِي هَٰذِهِ الدُّنْيَا لَعْنَةً وَيَوْمَ الْقِيَامَةِ أَلَا إِنَّ عَادًا كَفَرُوا رَبَّهُمْ أَلَا بُعْدًا لِّعَادٍ قَوْمِ هُودٍ ۝

(60) Y a los Zamud, su hermano Salih, que dijo: ¡Gente mía! Adorad a Allah, no tenéis otro dios que El; os creó a partir de la tierra e hizo que vivierais en ella. Pedidle pues perdón y volveos a El, es cierto que mi Señor está Cercano y responde.

وَإِلَىٰ ثَمُودَ أَخَاهُمْ صَٰلِحًا قَالَ يَٰقَوْمِ اعْبُدُوا اللَّهَ مَا لَكُم مِّنْ إِلَٰهٍ غَيْرُهُ هُوَ أَنشَأَكُم مِّنَ الْأَرْضِ وَاسْتَعْمَرَكُمْ فِيهَا فَاسْتَغْفِرُوهُ ثُمَّ تُوبُوا إِلَيْهِ إِنَّ رَبِّي قَرِيبٌ مُّجِيبٌ ۝

(61) Dijeron: ¡Salih! Antes de esto eras una esperanza entre nosotros. ¿Vas a prohibirnos que adoremos lo que adoraban nuestros padres?

قَالُوا يَٰصَٰلِحُ قَدْ كُنتَ فِينَا مَرْجُوًّا قَبْلَ هَٰذَا أَتَنْهَانَا أَن نَّعْبُدَ مَا يَعْبُدُ ءَابَاؤُنَا وَإِنَّنَا لَفِي شَكٍّ مِّمَّا تَدْعُونَا إِلَيْهِ مُرِيبٍ ۝

Realmente eso a lo que nos llamas nos resulta muy sospechoso.

(62) Dijo: ¡Gente mía! Decidme: Si me atengo a una prueba clara que mi Señor me ha dado y he recibido una gracia Suya.

¿Quién iba a defenderme de Allah si desobedezco?

No me aportáis sino perdición.

فَالَ يَـٰقَوْمِ أَرَءَيْتُمْ إِن كُنتُ عَلَىٰ بَيِّنَةٍ مِّن رَّبِّى وَءَاتَىٰنِى مِنْهُ رَحْمَةً فَمَن يَنصُرُنِى مِنَ ٱللَّهِ إِنْ عَصَيْتُهُۥ فَمَا تَزِيدُونَنِى غَيْرَ تَخْسِيرٍ ۝

(63) ¡Gente mía! Aquí tenéis a la camella de Allah que es un signo para vosotros; dejadla que coma en la tierra de Allah y no le hagáis ningún daño para que no os sorprenda un castigo próximo.

وَيَـٰقَوْمِ هَـٰذِهِۦ نَاقَةُ ٱللَّهِ لَكُمْ ءَايَةً فَذَرُوهَا تَأْكُلْ فِى أَرْضِ ٱللَّهِ وَلَا تَمَسُّوهَا بِسُوٓءٍ فَيَأْخُذَكُمْ عَذَابٌ قَرِيبٌ ۝

(64) Pero la desjarretaron. Dijo: Disfrutad en vuestro hogar durante tres días; esta es una promesa sin engaño.

فَعَقَرُوهَا فَقَالَ تَمَتَّعُوا۟ فِى دَارِكُمْ ثَلَـٰثَةَ أَيَّامٍ ذَٰلِكَ وَعْدٌ غَيْرُ مَكْذُوبٍ ۝

(65) Y cuando Nuestro mandato llegó, salvamos a Salih y a los que junto a él creían gracias a una misericordia de Nuestra parte, librándolos de la humillación de aquel día.

Es cierto que tu Señor es el Fuerte, el Irresistible.

فَلَمَّا جَآءَ أَمْرُنَا نَجَّيْنَا صَـٰلِحًا وَٱلَّذِينَ ءَامَنُوا۟ مَعَهُۥ بِرَحْمَةٍ مِّنَّا وَمِنْ خِزْىِ يَوْمِئِذٍ إِنَّ رَبَّكَ هُوَ ٱلْقَوِىُّ ٱلْعَزِيزُ ۝

(66) El grito sorprendió a los injustos y amanecieron en sus casas caídos de bruces.

وَأَخَذَ ٱلَّذِينَ ظَلَمُوا۟ ٱلصَّيْحَةُ فَأَصْبَحُوا۟ فِى دِيَـٰرِهِمْ جَـٰثِمِينَ ۝

(67) Como si nunca hubieran vivido en ellas. ¿Acaso los Zamud no renegaron de su Señor? ¡Fuera con los Zamud!

كَأَن لَّمْ يَغْنَوْاْ فِيهَآ أَلَآ إِنَّ ثَمُودَاْ كَفَرُواْ رَبَّهُمْ أَلَا بُعْدٗا لِّثَمُودَ ۝

(68) Y fueron Nuestros mensajeros a Ibrahim a llevarle las buenas noticias y dijeron: Paz, contestó: Paz; y no tardó en venir con un becerro asado.

وَلَقَدْ جَآءَتْ رُسُلُنَآ إِبْرَٰهِيمَ بِالْبُشْرَىٰ قَالُواْ سَلَٰمٗا قَالَ سَلَٰمٞ فَمَا لَبِثَ أَن جَآءَ بِعِجْلٍ حَنِيذٖ ۝

(69) Pero al ver que no tendían sus manos hacia él, le pareció extraño y sintió miedo de ellos. Dijeron: No temas, hemos sido enviados a la gente de Lut.

فَلَمَّا رَءَآ أَيْدِيَهُمْ لَا تَصِلُ إِلَيْهِ نَكِرَهُمْ وَأَوْجَسَ مِنْهُمْ خِيفَةٗ قَالُواْ لَا تَخَفْ إِنَّآ أُرْسِلْنَآ إِلَىٰ قَوْمِ لُوطٖ ۝

(70) Y su mujer, que estaba de pie, se rió y le anunciamos a Ishaq y después de Ishaq a Yaqub.

وَٱمْرَأَتُهُۥ قَآئِمَةٞ فَضَحِكَتْ فَبَشَّرْنَٰهَا بِإِسْحَٰقَ وَمِن وَرَآءِ إِسْحَٰقَ يَعْقُوبَ ۝

(71) Dijo: ¡Ay de mí! ¿Cómo voy a parir si soy vieja y éste mi marido es un anciano? ¡Realmente esto es algo asombroso!

قَالَتْ يَٰوَيْلَتَىٰٓ ءَأَلِدُ وَأَنَا۠ عَجُوزٞ وَهَٰذَا بَعْلِي شَيْخًا إِنَّ هَٰذَا لَشَىْءٌ عَجِيبٞ ۝

(72) Dijeron: ¿Te asombras del mandato de Allah? ¡Que la misericordia de Allah y Su bendición sean con vosotros, gente de la casa! Cierto que Él es Digno de alabanza, Glorioso.

۞ قَالُوٓاْ أَتَعْجَبِينَ مِنْ أَمْرِ ٱللَّهِ رَحْمَتُ ٱللَّهِ وَبَرَكَٰتُهُۥ عَلَيْكُمْ أَهْلَ ٱلْبَيْتِ إِنَّهُۥ حَمِيدٞ مَّجِيدٞ ۝

(73) Y cuando el miedo se fue de Ibrahim y le hubo llegado la buena noticia, Nos habló a favor de la gente de Lut.

فَلَمَّا ذَهَبَ عَنْ إِبْرَٰهِيمَ ٱلرَّوْعُ وَجَآءَتْهُ ٱلْبُشْرَىٰ يُجَٰدِلُنَا فِي قَوْمِ لُوطٍ ۝

سُورَةُ هُودٍ ـ الْجُزْءُ الثَّانِي عَشَرَ

(74) Es cierto que era indulgente, movido a la compasión y siempre se volvía (a Allah).

إِنَّ إِبْرَٰهِيمَ لَحَلِيمٌ أَوَّٰهٌ مُّنِيبٌ ۝

(75) ¡Ibrahim! Apártate de esto. El Mandato de tu Señor ha venido y ciertamente les alcanzará un castigo irrevocable.

يَٰٓإِبْرَٰهِيمُ أَعْرِضْ عَنْ هَٰذَآ إِنَّهُۥ قَدْ جَآءَ أَمْرُ رَبِّكَ وَإِنَّهُمْ ءَاتِيهِمْ عَذَابٌ غَيْرُ مَرْدُودٍ ۝

(76) Y cuando Nuestros mensajeros llegaron a Lut, éste se apenó por su causa, su pecho se estrechó y dijo: Este es un día crítico.

وَلَمَّا جَآءَتْ رُسُلُنَا لُوطًا سِيٓءَ بِهِمْ وَضَاقَ بِهِمْ ذَرْعًا وَقَالَ هَٰذَا يَوْمٌ عَصِيبٌ ۝

(77) Su gente, que antes había estado cometiendo maldades, acudió a él apresuradamente; dijo: ¡Gente mía! Aquí tenéis a mis hijas, ellas son más puras para vosotros*, así pues temed a Allah y no me causéis tristeza con mis huéspedes.

¿Es que no hay entre vosotros ni un sólo hombre rectamente guiado?

* [Es decir, aquí tenéis a mis hijas para casaros con ellas, en vez de ir a los hombres. Según algunos comentaristas los profetas se consideraban padres de su pueblo y en este sentido podría referirse a las mujeres de su pueblo en general.]

وَجَآءَهُۥ قَوْمُهُۥ يُهْرَعُونَ إِلَيْهِ وَمِن قَبْلُ كَانُوا۟ يَعْمَلُونَ ٱلسَّيِّـَٔاتِ قَالَ يَٰقَوْمِ هَٰٓؤُلَآءِ بَنَاتِي هُنَّ أَطْهَرُ لَكُمْ فَٱتَّقُوا۟ ٱللَّهَ وَلَا تُخْزُونِ فِي ضَيْفِىٓ أَلَيْسَ مِنكُمْ رَجُلٌ رَّشِيدٌ ۝

(78) Dijeron: Ya sabes que no tenemos ninguna necesidad de tus hijas y sabes lo que realmente queremos.

قَالُوا۟ لَقَدْ عَلِمْتَ مَا لَنَا فِي بَنَاتِكَ مِنْ حَقٍّ وَإِنَّكَ لَتَعْلَمُ مَا نُرِيدُ ۝

(79) Dijo: Ojalá tuviera fuerza contra vosotros o un fuerte apoyo al que recurrir.

فَالَ لَوْأَنَّ لِى بِكُمْ قُوَّةً أَوْءَاوِىٓ إِلَىٰ رُكْنٍ شَدِيدٍ ۝

(80) Dijeron: ¡Lut! Somos mensajeros de tu Señor y no podrán acceder a ti. Sal con tu familia en el seno de la noche y que ninguno de vosotros se vuelva a mirar; sólo lo hará tu mujer, pues a ella le va a suceder lo que a ellos; y su cita es el alba.

¿Acaso no está el alba cercana?

قَالُوا۟ يَٰلُوطُ إِنَّا رُسُلُ رَبِّكَ لَن يَصِلُوٓا۟ إِلَيْكَ فَأَسْرِ بِأَهْلِكَ بِقِطْعٍ مِّنَ ٱلَّيْلِ وَلَا يَلْتَفِتْ مِنكُمْ أَحَدٌ إِلَّا ٱمْرَأَتَكَ إِنَّهُۥ مُصِيبُهَا مَآ أَصَابَهُمْ إِنَّ مَوْعِدَهُمُ ٱلصُّبْحُ أَلَيْسَ ٱلصُّبْحُ بِقَرِيبٍ ۝

(81) Cuando llegó Nuestro mandato pusimos lo de arriba abajo e hicimos llover sobre ellos piedras de arcilla

فَلَمَّا جَآءَ أَمْرُنَا جَعَلْنَا عَٰلِيَهَا سَافِلَهَا وَأَمْطَرْنَا عَلَيْهَا حِجَارَةً مِّن سِجِّيلٍ ۝

(82) una sobre otra, asignadas junto a tu Señor. Y no están lejos de los injustos.

مَّنضُودٍ مُّسَوَّمَةً عِندَ رَبِّكَ وَمَا هِىَ مِنَ ٱلظَّٰلِمِينَ بِبَعِيدٍ ۝

(83) Y a los Madyan, a su hermano Shuayb que dijo: ¡Gente mía! Adorad a Allah, no tenéis otro dios que El, no quitéis en la medida ni en el peso.

Ciertamente os veo con bienestar y temo para vosotros el castigo de un día al que nadie escapará.

۞ وَإِلَىٰ مَدْيَنَ أَخَاهُمْ شُعَيْبًا قَالَ يَٰقَوْمِ ٱعْبُدُوا۟ ٱللَّهَ مَا لَكُم مِّنْ إِلَٰهٍ غَيْرُهُۥ وَلَا تَنقُصُوا۟ ٱلْمِكْيَالَ وَٱلْمِيزَانَ إِنِّىٓ أَرَىٰكُم بِخَيْرٍ وَإِنِّىٓ أَخَافُ عَلَيْكُمْ عَذَابَ يَوْمٍ مُّحِيطٍ ۝

(84) ¡Gente mía! Cumplid con la medida y el peso según la equidad.

No desvaloricéis las cosas de los hombres ni cometáis maldades en la tierra como corruptores.

وَيَٰقَوْمِ أَوْفُوا۟ ٱلْمِكْيَالَ وَٱلْمِيزَانَ بِٱلْقِسْطِ وَلَا تَبْخَسُوا۟ ٱلنَّاسَ أَشْيَآءَهُمْ وَلَا تَعْثَوْا۟ فِى ٱلْأَرْضِ مُفْسِدِينَ ۝

(85) Las cosas de Allah que permanecen, son mejores para vosotros si sois creyentes.

بَقِيَّتُ اللَّهِ خَيْرٌ لَّكُمْ إِن كُنتُم مُّؤْمِنِينَ ۝

(86) Yo no soy un protector para vosotros.

وَمَآ أَنَا عَلَيْكُم بِحَفِيظٍ ۝

(87) Dijeron: ¡Shuayb! ¿Es que tus creencias* te ordenan que abandonemos lo que nuestros padres adoraban o que hagamos con nuestras riquezas lo que queramos?
¡Oh! entonces tú eres el comprensivo, el rectamente guiado.
*[En árabe "din". Traducido en otros contextos como práctica o forma de Adoración, o como deber de Adoración...]

قَالُوا يَشُعَيْبُ أَصَلَوَٰتُكَ تَأْمُرُكَ أَن نَّتْرُكَ مَا يَعْبُدُ ءَابَآؤُنَآ أَوْ أَن نَّفْعَلَ فِيٓ أَمْوَٰلِنَا مَا نَشَٰٓؤُاْ إِنَّكَ لَأَنتَ ٱلْحَلِيمُ ٱلرَّشِيدُ ۝

(88) Dijo: ¡Gente mía! ¿Pero es que no veis que me baso en una prueba clara de mi Señor que me provee con una buena provisión Suya y que no quiero ser distinto de vosotros en los que os prohíbo sino tan sólo corregir aquellos que pueda?
Yo no puedo estar bien encauzado si no es por Allah, en El me apoyo y a El me vuelvo.

قَالَ يَقَوْمِ أَرَءَيْتُمْ إِن كُنتُ عَلَىٰ بَيِّنَةٍ مِّن رَّبِّي وَرَزَقَنِي مِنْهُ رِزْقًا حَسَنًا وَمَآ أُرِيدُ أَنْ أُخَالِفَكُمْ إِلَىٰ مَآ أَنْهَىٰكُمْ عَنْهُ إِنْ أُرِيدُ إِلَّا ٱلْإِصْلَٰحَ مَا ٱسْتَطَعْتُ وَمَا تَوْفِيقِي إِلَّا بِٱللَّهِ عَلَيْهِ تَوَكَّلْتُ وَإِلَيْهِ أُنِيبُ ۝

(89) ¡Gente mía! Que no os pueda vuestra oposición contra mí para que no os suceda lo mismo que le sucedió a la gente de Nuh, a la de Hud o a la de Salih. Y no queda muy lejos de vosotros la gente de Lut.

وَيَقَوْمِ لَا يَجْرِمَنَّكُمْ شِقَاقِيٓ أَن يُصِيبَكُم مِّثْلُ مَآ أَصَابَ قَوْمَ نُوحٍ أَوْ قَوْمَ هُودٍ أَوْ قَوْمَ صَٰلِحٍ وَمَا قَوْمُ لُوطٍ مِّنكُم بِبَعِيدٍ ۝

(90) Y pedid perdón a vuestro Señor y volveos a El, pues es cierto que mi Señor es Compasivo, Amable.

وَٱسْتَغْفِرُوا۟ رَبَّكُمْ ثُمَّ تُوبُوٓا۟ إِلَيْهِ إِنَّ رَبِّى رَحِيمٌ وَدُودٌ ۝

(91) Dijeron: ¡Shuayb! No comprendemos mucho de lo que dices y realmente te vemos débil entre nosotros; de no haber sido por tu clan te habríamos apedreado, no eres importante para nosotros.

قَالُوا۟ يَٰشُعَيْبُ مَا نَفْقَهُ كَثِيرًا مِّمَّا تَقُولُ وَإِنَّا لَنَرَىٰكَ فِينَا ضَعِيفًا وَلَوْلَا رَهْطُكَ لَرَجَمْنَٰكَ وَمَآ أَنتَ عَلَيْنَا بِعَزِيزٍ ۝

(92) Dijo: ¡Gente mía! ¿Acaso mi clan es más importante para vosotros que Allah y por ello lo habéis dejado a El a un lado?

En verdad mi Señor rodea lo que hacéis.

قَالَ يَٰقَوْمِ أَرَهْطِىٓ أَعَزُّ عَلَيْكُم مِّنَ ٱللَّهِ وَٱتَّخَذْتُمُوهُ وَرَآءَكُمْ ظِهْرِيًّا إِنَّ رَبِّى بِمَا تَعْمَلُونَ مُحِيطٌ ۝

(93) ¡Gente mía! Actuad en consecuencia con vuestra posición que yo también lo haré y ya sabréis a quién le habrá llegado un castigo que lo rebajará y quién es mentiroso.

Y vigilad que yo también vigilo.

وَيَٰقَوْمِ ٱعْمَلُوا۟ عَلَىٰ مَكَانَتِكُمْ إِنِّى عَٰمِلٌ سَوْفَ تَعْلَمُونَ مَن يَأْتِيهِ عَذَابٌ يُخْزِيهِ وَمَنْ هُوَ كَٰذِبٌ وَٱرْتَقِبُوٓا۟ إِنِّى مَعَكُمْ رَقِيبٌ ۝

(94) Y cuando Nuestra orden llegó, salvamos a Shuayb y a los que junto a él creían gracias a una misericordia procedente de Nosotros, y el Grito sorprendió a los injustos, que amanecieron en sus hogares caídos de bruces.

وَلَمَّا جَآءَ أَمْرُنَا نَجَّيْنَا شُعَيْبًا وَٱلَّذِينَ ءَامَنُوا۟ مَعَهُۥ بِرَحْمَةٍ مِّنَّا وَأَخَذَتِ ٱلَّذِينَ ظَلَمُوا۟ ٱلصَّيْحَةُ فَأَصْبَحُوا۟ فِى دِيَٰرِهِمْ جَٰثِمِينَ ۝

سُورَةُ هُودٍ ــ الجُزْءُ الثَّانِيَ عَشَرَ

(95) Como si jamás hubieran vivido con prosperidad en ellos.

¡Fuera con los Madyan! Igual que quedaron fuera* los Zamud

* [De la misericordia de Allah]

كَأَن لَّمْ يَغْنَوْاْ فِيهَآ أَلَا بُعْدًا لِّمَدْيَنَ كَمَا بَعِدَتْ ثَمُودُ ۝

(96) Y enviamos a Musa con Nuestros signos y con una autoridad evidente

وَلَقَدْ أَرْسَلْنَا مُوسَىٰ بِـَٔايَٰتِنَا وَسُلْطَٰنٍ مُّبِينٍ ۝

(97) a Firaún y a su consejo, y ellos siguieron las órdenes de Firaún. Sin embargo las órdenes de Firaún no estaban dirigidas con rectitud.

إِلَىٰ فِرْعَوْنَ وَمَلَإِيْهِ فَٱتَّبَعُوٓاْ أَمْرَ فِرْعَوْنَ وَمَآ أَمْرُ فِرْعَوْنَ بِرَشِيدٍ ۝

(98) El Día del Levantamiento irá delante de su gente y les hará entrar en el Fuego. ¡Y por qué mala entrada entrarán!

يَقْدُمُ قَوْمَهُۥ يَوْمَ ٱلْقِيَٰمَةِ فَأَوْرَدَهُمُ ٱلنَّارَ وَبِئْسَ ٱلْوِرْدُ ٱلْمَوْرُودُ ۝

(99) En esta vida fueron alcanzados por una maldición y así mismo sucederá en el Día del Levantamiento. ¡Qué mal socorro el que recibirán!

وَأُتْبِعُواْ فِى هَٰذِهِۦ لَعْنَةً وَيَوْمَ ٱلْقِيَٰمَةِ بِئْسَ ٱلرِّفْدُ ٱلْمَرْفُودُ ۝

(100) Esto forma parte de las noticias de las ciudades que te contamos, algunas de ellas siguen en pie y otras fueron arrasadas.

ذَٰلِكَ مِنْ أَنۢبَآءِ ٱلْقُرَىٰ نَقُصُّهُۥ عَلَيْكَ مِنْهَا قَآئِمٌ وَحَصِيدٌ ۝

(101) Y no es que fuéramos injustos con ellos, sino que ellos mismos fueron injustos consigo mismos y sus dioses, los que adoraban fuera de Allah, no les

وَمَا ظَلَمْنَٰهُمْ وَلَٰكِن ظَلَمُوٓاْ أَنفُسَهُمْ فَمَآ أَغْنَتْ عَنْهُمْ ءَالِهَتُهُمُ ٱلَّتِى يَدْعُونَ مِن دُونِ ٱللَّهِ مِن شَىْءٍ لَّمَّا جَآءَ أَمْرُ رَبِّكَ وَمَا زَادُوهُمْ غَيْرَ

sirvieron de nada cuando el mandato de tu Señor llegó; no hicieron sino causarles más ruina.

(102) Así es como tu Señor reprende cuando castiga a una ciudad que es injusta. Es cierto que Su castigo es doloroso y severo.

(103) Verdaderamente ahí hay un signo para quien teme el castigo de la Ultima Vida, ese será un día para el cual los hombres serán reunidos, será un día del que todos serán testigos.

(104) Solo lo retrasamos hasta un plazo fijado.

(105) El día que se cumpla, nadie hablará a no ser con Su permiso y habrá quien sea desgraciado y quien sea feliz.

(106) Los desgraciados estarán en el Fuego y allí, suspiros y sollozos.

(107) En él serán inmortales lo que duren los cielos y la tierra, exceptuando lo que tu Señor quiera pues es cierto que tu Señor hace lo que quiere.

(108) Los felices estarán en el Jardín, inmortales en él, lo que duren

مَا دَامَتِ ٱلسَّمَوَٰتُ وَٱلْأَرْضُ إِلَّا مَا شَآءَ رَبُّكَ عَطَآءً غَيْرَ مَجْذُوذٍ ۝

los cielos y la tierra exceptuando lo que tu Señor quiera.
Será un regalo sin cese.

فَلَا تَكُ فِى مِرْيَةٍ مِّمَّا يَعْبُدُ هَٰٓؤُلَآءِ مَا يَعْبُدُونَ إِلَّا كَمَا يَعْبُدُ ءَابَآؤُهُم مِّن قَبْلُ وَإِنَّا لَمُوَفُّوهُمْ نَصِيبَهُمْ غَيْرَ مَنقُوصٍ ۝

(109) No tengas ninguna duda sobre
lo que éstos adoran, pues lo
que adoran no es sino lo
mismo que antes adoraban sus
padres y por cierto que les
pagaremos lo que les
corresponda sin quitar nada.

وَلَقَدْ ءَاتَيْنَا مُوسَى ٱلْكِتَٰبَ فَٱخْتُلِفَ فِيهِ وَلَوْلَا كَلِمَةٌ سَبَقَتْ مِن رَّبِّكَ لَقُضِىَ بَيْنَهُمْ وَإِنَّهُمْ لَفِى شَكٍّ مِّنْهُ مُرِيبٍ ۝

(110) Ya le dimos el Libro a Musa y
hubo oposición a él. Y si no
hubiera sido por una palabra
previa de tu Señor se habría
sentenciado entre ellos.
Realmente estaban en una
duda profunda sobre él.

وَإِنَّ كُلًّا لَّمَّا لَيُوَفِّيَنَّهُمْ رَبُّكَ أَعْمَٰلَهُمْ إِنَّهُۥ بِمَا يَعْمَلُونَ خَبِيرٌ ۝

(111) Y por cierto que a todos les
pagará tu Señor por sus obras.
El conoce perfectamente lo que
hacen.

فَٱسْتَقِمْ كَمَآ أُمِرْتَ وَمَن تَابَ مَعَكَ وَلَا تَطْغَوْا۟ إِنَّهُۥ بِمَا تَعْمَلُونَ بَصِيرٌ ۝

(112) Así pues, sé recto tal y como te
he mandado, en compañía de
los que se han vuelto atrás de
su error junto a ti; y no vayáis
más allá de los límites, pues
en verdad El conoce per-
fectamente lo que hacéis.

وَلَا تَرْكَنُوٓا۟ إِلَى ٱلَّذِينَ ظَلَمُوا۟ فَتَمَسَّكُمُ ٱلنَّارُ وَمَا لَكُم مِّن دُونِ ٱللَّهِ مِنْ أَوْلِيَآءَ ثُمَّ لَا تُنصَرُونَ ۝

(113) Y no os inclinéis del lado de los
que son injustos pues en ese
caso el Fuego os alcanzaría y
no tendríais fuera de Allah a
quien os protegiera ni seríais
auxiliados después.

(114) Y establece el salat en los dos extremos del día y en las primeras horas de la noche, es cierto que las bondades anulan las maldades.

Esto es un recuerdo para los que recapacitan.

وَأَقِمِ ٱلصَّلَوٰةَ طَرَفِي ٱلنَّهَارِ وَزُلَفًا مِّنَ ٱلَّيْلِ إِنَّ ٱلْحَسَنَٰتِ يُذْهِبْنَ ٱلسَّيِّئَاتِ ذَٰلِكَ ذِكْرَىٰ لِلذَّاكِرِينَ ۝

(115) Y sé paciente, pues en verdad Allah no deja que se pierda la recompensa de los que hacen el bien.

وَٱصْبِرْ فَإِنَّ ٱللَّهَ لَا يُضِيعُ أَجْرَ ٱلْمُحْسِنِينَ ۝

(116) ¿Por qué no hubo entre las generaciones que os precedieron gente de arrestos y discernimiento que hubieran impedido la corrupción en la tierra, de la que sólo unos pocos de los que de ellos salvamos estuvieron libres; mientras que los injustos siguieron la vida fácil en la que se habían corrompido, siendo de los que hacen el mal?

فَلَوْلَا كَانَ مِنَ ٱلْقُرُونِ مِن قَبْلِكُمْ أُوْلُواْ بَقِيَّةٍ يَنْهَوْنَ عَنِ ٱلْفَسَادِ فِي ٱلْأَرْضِ إِلَّا قَلِيلًا مِّمَّنْ أَنجَيْنَا مِنْهُمْ وَٱتَّبَعَ ٱلَّذِينَ ظَلَمُواْ مَآ أُتْرِفُواْ فِيهِ وَكَانُواْ مُجْرِمِينَ ۝

(117) Y tu Señor no iba a destruir una ciudad a causa de ninguna injusticia mientras sus habitantes fueran de los que ponen orden.

۞ وَمَا كَانَ رَبُّكَ لِيُهْلِكَ ٱلْقُرَىٰ بِظُلْمٍ وَأَهْلُهَا مُصْلِحُونَ ۝

(118) Si tu Señor hubiera querido habría hecho que los hombres fueran una única comunidad. Sin embargo no dejarán de ser contrarios unos a otros.

A excepción de aquel a quien

وَلَوْ شَآءَ رَبُّكَ لَجَعَلَ ٱلنَّاسَ أُمَّةً وَٰحِدَةً وَلَا يَزَالُونَ مُخْتَلِفِينَ إِلَّا مَن رَّحِمَ رَبُّكَ وَلِذَٰلِكَ خَلَقَهُمْ وَتَمَّتْ كَلِمَةُ رَبِّكَ لَأَمْلَأَنَّ جَهَنَّمَ

tu Señor le conceda mise-ricordia. Y para eso los creó.

Se cumplirá la palabra de tu Señor: "Voy a llenar Yahan-nam de hombres y genios a la vez."

مِنَ الْجِنَّةِ وَالنَّاسِ أَجْمَعِينَ ﴿﴾

(119) Todo esto te lo contamos como parte de las noticias de los mensajeros para con ello afir-mar tu corazón.

Con ellas te ha llegado la ver-dad, una amonestación y un recuerdo para los creyentes.

وَكُلًّا نَّقُصُّ عَلَيْكَ مِنْ أَنبَآءِ الرُّسُلِ مَا نُثَبِّتُ بِهِ فُؤَادَكَ وَجَآءَكَ فِي هَٰذِهِ الْحَقُّ وَمَوْعِظَةٌ وَذِكْرَىٰ لِلْمُؤْمِنِينَ ﴿﴾

(120) Y diles a los que no creen: ¡Actuad en consecuencia con vuestra posición que nosotros también lo haremos! Y por cierto que Nosotros esperamos.

وَقُل لِّلَّذِينَ لَا يُؤْمِنُونَ اعْمَلُوا عَلَىٰ مَكَانَتِكُمْ إِنَّا عَامِلُونَ وَانتَظِرُوا إِنَّا مُنتَظِرُونَ ﴿﴾

(121) A Allah pertenece lo que no se ve de los cielos y de la tierra.

De El proceden todas las órdenes, así pues, adórale y confíate a El. Tu Señor no está inadvertido de lo que hacéis.

وَلِلَّهِ غَيْبُ السَّمَٰوَٰتِ وَالْأَرْضِ وَإِلَيْهِ يُرْجَعُ الْأَمْرُ كُلُّهُ فَاعْبُدْهُ وَتَوَكَّلْ عَلَيْهِ وَمَا رَبُّكَ بِغَٰفِلٍ عَمَّا تَعْمَلُونَ ﴿﴾

12. SURA DE YUSUF.

سُورَةُ يُوسُف

بِسْمِ ٱللَّهِ ٱلرَّحْمَنِ ٱلرَّحِيمِ

En el nombre de Allah, el Misericordioso, el Compasivo.

(1) Alif, Lam, Ra.

Esos son los signos del Libro claro.

الٓرۚ تِلْكَ ءَايَتُ ٱلْكِتَبِ ٱلْمُبِينِ ۞

(2) Lo hemos hecho descender como una recitación* árabe para que quizás razonéis.

* [En árabe, "Qur´an", de donde viene la voz " Corán"]

إِنَّآ أَنزَلْنَهُ قُرْءَٰنًا عَرَبِيًّا لَّعَلَّكُمْ تَعْقِلُونَ ۞

(3) Vamos a contarte la más hermosa de las historias al inspirarte esta Recitación, antes de la cual estabas inadvertido.

نَحْنُ نَقُصُّ عَلَيْكَ أَحْسَنَ ٱلْقَصَصِ بِمَآ أَوْحَيْنَآ إِلَيْكَ هَذَا ٱلْقُرْءَانَ وَإِن كُنتَ مِن قَبْلِهِۦ لَمِنَ ٱلْغَفِلِينَ ۞

(4) Cuando Yusuf dijo a su padre: ¡Padre mío! He visto once estrellas, al sol y a la luna; y los he visto postrados ante mí.

إِذْ قَالَ يُوسُفُ لِأَبِيهِ يَٰٓأَبَتِ إِنِّى رَأَيْتُ أَحَدَ عَشَرَ كَوْكَبًا وَٱلشَّمْسَ وَٱلْقَمَرَ رَأَيْتُهُمْ لِى سَٰجِدِينَ ۞

(5) Dijo: ¡Hijo mío! No cuentes tu visión a tus hermanos porque si lo haces tramarán algo contra ti, verdaderamente el Shaytán es un claro enemigo para el hombre.

قَالَ يَٰبُنَىَّ لَا تَقْصُصْ رُءْيَاكَ عَلَىٰٓ إِخْوَتِكَ فَيَكِيدُوا۟ لَكَ كَيْدًا إِنَّ ٱلشَّيْطَٰنَ لِلْإِنسَٰنِ عَدُوٌّ مُّبِينٌ ۞

(6) Así es como tu Señor te ha escogido y te enseñará parte de la

وَكَذَلِكَ يَجْتَبِيكَ رَبُّكَ وَيُعَلِّمُكَ

interpretación de los relatos, completando Su bendición sobre ti y sobre la familia de Yaqub, como ya hizo anteriormente con tus abuelos Ibrahim e Ishaq. Es cierto que tu Señor es Conocedor y Sabio.

مِن تَأْوِيلِ ٱلْأَحَادِيثِ وَيُتِمُّ نِعْمَتَهُۥ عَلَيْكَ وَعَلَىٰٓ ءَالِ يَعْقُوبَ كَمَآ أَتَمَّهَا عَلَىٰٓ أَبَوَيْكَ مِن قَبْلُ إِبْرَٰهِيمَ وَإِسْحَٰقَ إِنَّ رَبَّكَ عَلِيمٌ حَكِيمٌ ۝

(7) Y ciertamente que en Yusuf y sus hermanos hay signos para los que preguntan.

لَّقَدْ كَانَ فِى يُوسُفَ وَإِخْوَتِهِۦٓ ءَايَٰتٌ لِّلسَّآئِلِينَ ۝

(8) Cuando dijeron: Yusuf y su hermano son más amados para nuestro padre que nosotros a pesar de que somos todo un clan; nuestro padre está en un claro error.

إِذْ قَالُوا۟ لَيُوسُفُ وَأَخُوهُ أَحَبُّ إِلَىٰٓ أَبِينَا مِنَّا وَنَحْنُ عُصْبَةٌ إِنَّ أَبَانَا لَفِى ضَلَٰلٍ مُّبِينٍ ۝

(9) Matad a Yusuf o abandonadlo en una tierra cualquiera para que así el rostro de vuestro padre se vuelva únicamente a vosotros. Y una vez que lo hayáis hecho podréis ser gente recta*.

* [Es como si dijera: Y una vez lo hayáis hecho podréis arrepentiros y volver a ser gente recta.]

ٱقْتُلُوا۟ يُوسُفَ أَوِ ٱطْرَحُوهُ أَرْضًا يَخْلُ لَكُمْ وَجْهُ أَبِيكُمْ وَتَكُونُوا۟ مِنۢ بَعْدِهِۦ قَوْمًا صَٰلِحِينَ ۝

(10) Y dijo uno de ellos: ¡No matéis a Yusuf! Arrojadlo al fondo del aljibe y así podrá recogerlo algún viajero, ya que estáis decididos a hacerlo.

قَالَ قَآئِلٌ مِّنْهُمْ لَا تَقْتُلُوا۟ يُوسُفَ وَأَلْقُوهُ فِى غَيَٰبَتِ ٱلْجُبِّ يَلْتَقِطْهُ بَعْضُ ٱلسَّيَّارَةِ إِن كُنتُمْ فَٰعِلِينَ ۝

(11) Dijeron: ¡Padre! ¿Qué te ocurre que no nos confías a Yusuf cuando nosotros somos para él buenos consejeros?

قَالُوا۟ يَٰٓأَبَانَا مَا لَكَ لَا تَأْمَنَّا عَلَىٰ يُوسُفَ وَإِنَّا لَهُۥ لَنَٰصِحُونَ ۝

(12) Mándalo mañana con nosotros, pastoreará y jugará y estaremos al cuidado de él.

أَرْسِلْهُ مَعَنَا غَدًا يَرْتَعْ وَيَلْعَبْ وَإِنَّا لَهُ لَحَافِظُونَ ۝

(13) Dijo: Me entristece que os lo llevéis y temo que se lo coma el lobo mientras estáis descuidados de él.

قَالَ إِنِّي لَيَحْزُنُنِي أَن تَذْهَبُوا بِهِ وَأَخَافُ أَن يَأْكُلَهُ الذِّئْبُ وَأَنتُمْ عَنْهُ غَافِلُونَ ۝

(14) Dijeron: Si el lobo se lo comiera siendo, como somos, todo un clan, sería nuestra perdición.

قَالُوا لَئِنْ أَكَلَهُ الذِّئْبُ وَنَحْنُ عُصْبَةٌ إِنَّا إِذًا لَّخَاسِرُونَ ۝

(15) Y una vez que se lo hubieron llevado y hubieron acordado que lo arrojarían al fondo del aljibe, le inspiramos: "Algún día les harás saber lo que han hecho y no se darán cuenta."

فَلَمَّا ذَهَبُوا بِهِ وَأَجْمَعُوا أَن يَجْعَلُوهُ فِي غَيَابَتِ الْجُبِّ وَأَوْحَيْنَا إِلَيْهِ لَتُنَبِّئَنَّهُم بِأَمْرِهِمْ هَذَا وَهُمْ لَا يَشْعُرُونَ ۝

(16) Al anochecer se presentaron ante su padre llorando.

وَجَاءُوا أَبَاهُمْ عِشَاءً يَبْكُونَ ۝

(17) Dijeron: ¡Padre! Nos fuimos a hacer carreras y dejamos a Yusuf junto a nuestras cosas y el lobo se lo comió y aunque no nos vas a creer, decimos la verdad.

قَالُوا يَا أَبَانَا إِنَّا ذَهَبْنَا نَسْتَبِقُ وَتَرَكْنَا يُوسُفَ عِندَ مَتَاعِنَا فَأَكَلَهُ الذِّئْبُ وَمَا أَنتَ بِمُؤْمِنٍ لَّنَا وَلَوْ كُنَّا صَادِقِينَ ۝

(18) Y enseñaron una túnica con sangre falsa. Dijo: ¡No! Vuestras almas os han inducido a algo, pero hermosa paciencia y en Allah es en Quien hay que buscar ayuda contra lo que contáis.

وَجَاءُوا عَلَى قَمِيصِهِ بِدَمٍ كَذِبٍ قَالَ بَلْ سَوَّلَتْ لَكُمْ أَنفُسُكُمْ أَمْرًا فَصَبْرٌ جَمِيلٌ وَاللَّهُ الْمُسْتَعَانُ عَلَى مَا تَصِفُونَ ۝

سُورَةُ يُوسُفَ ــ الْجُزْءُ الثَّانِى عَشَر

(19) Y llegaron unos viajeros que enviaron por agua a su aguador, y cuando éste descolgó su cubo, exclamó: ¡Albricias! Aquí hay un muchacho. Y lo ocultaron como mercancía. Pero Allah sabía lo que hacían.

وَجَآءَتْ سَيَّارَةٌ فَأَرْسَلُواْ وَارِدَهُمْ فَأَدْلَىٰ دَلْوَهُ قَالَ يَبُشْرَىٰ هَذَا غُلَمٌ وَأَسَرُّوهُ بِضَعَةً وَاللَّهُ عَلِيمٌ بِمَا يَعْمَلُونَ ۝

(20) Y lo vendieron a bajo precio, unos cuantos dirhams, para deshacerse de él.

وَشَرَوْهُ بِثَمَنٍ بَخْسٍ دَرَاهِمَ مَعْدُودَةٍ وَكَانُواْ فِيهِ مِنَ الزَّاهِدِينَ ۝

(21) Y el que lo había comprado, que era de Misr, le dijo a su mujer: Hónralo mientras permanezca entre nosotros porque tal vez nos beneficie o quizás lo adoptemos como hijo. Y así fue como le dimos una posición a Yusuf en la tierra y se hizo propicio que le enseñáramos la interpretación de los relatos. Allah es Invencible en Su mandato, sin embargo la mayoría de los hombres no lo saben.

وَقَالَ الَّذِى اشْتَرَىٰهُ مِن مِّصْرَ لِامْرَأَتِهِ أَكْرِمِى مَثْوَىٰهُ عَسَىٰٓ أَن يَنفَعَنَآ أَوْ نَتَّخِذَهُ وَلَدًا وَكَذَٰلِكَ مَكَّنَّا لِيُوسُفَ فِى الْأَرْضِ وَلِنُعَلِّمَهُ مِن تَأْوِيلِ الْأَحَادِيثِ وَاللَّهُ غَالِبٌ عَلَىٰٓ أَمْرِهِ وَلَٰكِنَّ أَكْثَرَ النَّاسِ لَا يَعْلَمُونَ ۝

(22) Y cuando hubo alcanzado la madurez, le dimos sabiduría y conocimiento. Así es como recompensamos a los que hacen el bien.

وَلَمَّا بَلَغَ أَشُدَّهُ ءَاتَيْنَٰهُ حُكْمًا وَعِلْمًا وَكَذَٰلِكَ نَجْزِى الْمُحْسِنِينَ ۝

(23) Entonces aquélla en cuya casa estaba lo requirió, cerró las puertas y le dijo: Ven aquí. El contestó: ¡Que Allah me proteja! Mi Señor es el mejor refugio. Es cierto que los injustos no tienen éxito.

وَرَٰوَدَتْهُ الَّتِى هُوَ فِى بَيْتِهَا عَن نَّفْسِهِ وَغَلَّقَتِ الْأَبْوَٰبَ وَقَالَتْ هَيْتَ لَكَ قَالَ مَعَاذَ اللَّهِ إِنَّهُ رَبِّى أَحْسَنَ مَثْوَاىَ إِنَّهُ لَا يُفْلِحُ الظَّٰلِمُونَ ۝

(24) Ella lo deseaba y él la deseó, pero vio que era una prueba de su Señor. Fue así para apartar de él el mal y la indecencia.

En verdad es uno de Nuestros siervos elegidos.

وَلَقَدْ هَمَّتْ بِهِ وَهَمَّ بِهَا لَوْلَآ أَن رَّءَا بُرْهَٰنَ رَبِّهِ كَذَٰلِكَ لِنَصْرِفَ عَنْهُ ٱلسُّوٓءَ وَٱلْفَحْشَآءَ إِنَّهُ مِنْ عِبَادِنَا ٱلْمُخْلَصِينَ ۝

(25) Ambos corrieron hacia la puerta y entonces ella le rasgó la túnica por detrás; y en esto se encontraron a su marido junto a la puerta.

Dijo ella: ¿Qué pago merece aquel que quiere mal para tu familia sino ser ser encerrado o recibir un doloroso castigo?

وَٱسْتَبَقَا ٱلْبَابَ وَقَدَّتْ قَمِيصَهُ مِن دُبُرٍ وَأَلْفَيَا سَيِّدَهَا لَدَا ٱلْبَابِ قَالَتْ مَا جَزَآءُ مَنْ أَرَادَ بِأَهْلِكَ سُوٓءًا إِلَّآ أَن يُسْجَنَ أَوْ عَذَابٌ أَلِيمٌ ۝

(26) Dijo él: Ella me requirió. Y un testigo de la familia de ella sugirió: Si la túnica está rasgada por delante es que ella dice la verdad y él es de los que mienten,

قَالَ هِيَ رَٰوَدَتْنِي عَن نَّفْسِي وَشَهِدَ شَاهِدٌ مِّنْ أَهْلِهَآ إِن كَانَ قَمِيصُهُ قُدَّ مِن قُبُلٍ فَصَدَقَتْ وَهُوَ مِنَ ٱلْكَٰذِبِينَ ۝

(27) pero si la túnica está rasgada por detrás, entonces es ella la que miente y él es de los que dicen la verdad.

وَإِن كَانَ قَمِيصُهُ قُدَّ مِن دُبُرٍ فَكَذَبَتْ وَهُوَ مِنَ ٱلصَّٰدِقِينَ ۝

(28) Y cuando vió que la túnica estaba rasgada por detrás, dijo: Esta es una de vuestras artimañas (mujeres) pues es cierto que vuestra astucia es enorme.

فَلَمَّا رَءَا قَمِيصَهُ قُدَّ مِن دُبُرٍ قَالَ إِنَّهُ مِن كَيْدِكُنَّ إِنَّ كَيْدَكُنَّ عَظِيمٌ ۝

(29) ¡Yusuf! Apártate de esto y tú (mujer) pide perdón por tu

يُوسُفُ أَعْرِضْ عَنْ هَٰذَا وَٱسْتَغْفِرِي لِذَنۢبِكِ

falta pues realmente has sido de las que cometen faltas.

(30) Y dijo un grupo de mujeres en la ciudad: La mujer del Aziz* ha pretendido a su criado, el amor por él la ha llegado a lo más hondo y la vemos claramente perdida.

* [El Aziz, lit. poderoso, era el responsable de los graneros del reino, un cargo de gran influencia en el reino de Misr —probablemente la antigua ciudad de Menfis en Egipto.]

(31) Cuando ella se enteró de sus maquinaciones las mandó llamar y les preparó acomodo. Les dió a cada una un cuchillo* y dijo: ¡Sal ahora ante ellas! Y cuando lo vieron, se quedaron maravilladas y se cortaron en las manos sin darse cuenta.

Dijeron: ¡Válganos Allah! Esto no es un ser humano sino un ángel noble.

* [Para cortar unas naranjas que les había ofrecido.]

(32) Dijo: Aquí tenéis a aquel por quien me habéis censurado, yo lo solicité, pero él se guardó; sin embargo, si no hace lo que le ordeno lo encarcelarán y quedará entre los humillados.

(33) Dijo: ¡Señor mío! Prefiero la cárcel antes que aquello a lo que me invitan, pero si no ale-

jas de mí sus artimañas cederé ante ellas y seré de los ignorantes.

(34) Su Señor le respondió y lo apartó de sus astucias, es cierto que Él es Quien oye y Quien sabe.

(35) Luego, a pesar de haber visto los signos, les pareció conveniente encarcelarlo por un tiempo.

(36) Y con él entraron en la cárcel dos jóvenes criados. Uno de ellos dijo: Me he visto (en sueños) haciendo vino. Y dijo el otro: Me he visto llevando sobre la cabeza un pan del que comían los pájaros.

Dínos cual es su interpretación pues ciertamente vemos que eres de los que hacen el bien.

(37) Dijo: No os llegará ninguna comida que sea parte de vuestra provisión sin que antes de que os haya llegado no os haya dicho en qué consiste, eso es parte de lo que mi Señor me ha enseñado.

Realmente abandoné la forma de Adoración de una gente que no creía en Allah y negaba la Ultima Vida.

(38) Y seguí la forma de Adoración de mis padres Ibrahim, Ishaq y Yaqub. No cabía en nosotros

أَلْجَٰهِلِينَ ۝

فَٱسْتَجَابَ لَهُۥ رَبُّهُۥ فَصَرَفَ عَنْهُ كَيْدَهُنَّ إِنَّهُۥ هُوَ ٱلسَّمِيعُ ٱلْعَلِيمُ ۝

ثُمَّ بَدَا لَهُم مِّنۢ بَعْدِ مَا رَأَوُاْ ٱلْءَايَٰتِ لَيَسْجُنُنَّهُۥ حَتَّىٰ حِينٍ ۝

وَدَخَلَ مَعَهُ ٱلسِّجْنَ فَتَيَانِ قَالَ أَحَدُهُمَآ إِنِّىٓ أَرَىٰنِىٓ أَعْصِرُ خَمْرًا وَقَالَ ٱلْءَاخَرُ إِنِّىٓ أَرَىٰنِىٓ أَحْمِلُ فَوْقَ رَأْسِى خُبْزًا تَأْكُلُ ٱلطَّيْرُ مِنْهُ نَبِّئْنَا بِتَأْوِيلِهِۦٓ إِنَّا نَرَىٰكَ مِنَ ٱلْمُحْسِنِينَ ۝

قَالَ لَا يَأْتِيكُمَا طَعَامٌ تُرْزَقَانِهِۦٓ إِلَّا نَبَّأْتُكُمَا بِتَأْوِيلِهِۦ قَبْلَ أَن يَأْتِيَكُمَا ذَٰلِكُمَا مِمَّا عَلَّمَنِى رَبِّىٓ إِنِّى تَرَكْتُ مِلَّةَ قَوْمٍ لَّا يُؤْمِنُونَ بِٱللَّهِ وَهُم بِٱلْءَاخِرَةِ هُمْ كَٰفِرُونَ ۝

وَٱتَّبَعْتُ مِلَّةَ ءَابَآءِى إِبْرَٰهِيمَ وَإِسْحَٰقَ وَيَعْقُوبَ مَا كَانَ لَنَآ أَن نُّشْرِكَ بِٱللَّهِ مِن شَىْءٍ ذَٰلِكَ مِن

que asociáramos nada con Allah, eso es parte del favor de Allah para con nosotros y para los hombres; sin embargo la mayoría de ellos no son agradecidos.

فَضْلِ ٱللَّهِ عَلَيْنَا وَعَلَى ٱلنَّاسِ وَلَٰكِنَّ أَكْثَرَ ٱلنَّاسِ لَا يَشْكُرُونَ ﴿٣٨﴾

(39) ¡Compañeros de cárcel! ¿Qué es mejor, (adorar a) señores distintos, o a Allah, el Unico, el Dominante?

يَٰصَٰحِبَيِ ٱلسِّجْنِ ءَأَرْبَابٌ مُّتَفَرِّقُونَ خَيْرٌ أَمِ ٱللَّهُ ٱلْوَٰحِدُ ٱلْقَهَّارُ ﴿٣٩﴾

(40) Lo que adorais fuera de El no son sino nombres que vosotros y vuestros padres habéis dado y en los que Allah no ha hecho descender ningún poder. El juicio sólo pertenece a Allah que ha ordenado que lo adoréis únicamente a El.
Esa es la Adoración recta, sin embargo la mayoría de los hombres no saben.

مَا تَعْبُدُونَ مِن دُونِهِ إِلَّا أَسْمَآءً سَمَّيْتُمُوهَآ أَنتُمْ وَءَابَآؤُكُم مَّآ أَنزَلَ ٱللَّهُ بِهَا مِن سُلْطَٰنٍ إِنِ ٱلْحُكْمُ إِلَّا لِلَّهِ أَمَرَ أَلَّا تَعْبُدُوٓا۟ إِلَّآ إِيَّاهُ ذَٰلِكَ ٱلدِّينُ ٱلْقَيِّمُ وَلَٰكِنَّ أَكْثَرَ ٱلنَّاسِ لَا يَعْلَمُونَ ﴿٤٠﴾

(41) ¡Compañeros de cárcel! Uno de vosotros escanciará vino a su señor mientras que el otro será crucificado y los pájaros comerán de su cabeza. El asunto sobre el que me habéis consultado ha sido decretado.

يَٰصَٰحِبَيِ ٱلسِّجْنِ أَمَّآ أَحَدُكُمَا فَيَسْقِي رَبَّهُۥ خَمْرًا وَأَمَّا ٱلْءَاخَرُ فَيُصْلَبُ فَتَأْكُلُ ٱلطَّيْرُ مِن رَّأْسِهِۦ قُضِيَ ٱلْأَمْرُ ٱلَّذِي فِيهِ تَسْتَفْتِيَانِ ﴿٤١﴾

(42) Le dijo al que de los dos suponía salvado: Háblale de mí a tu señor. Pero el Shaytán hizo que se olvidara de mencionarlo*. Y permaneció en la cárcel varios años.

* [También puede entenderse: "que se olvidara de recordarlo" y en este caso

وَقَالَ لِلَّذِي ظَنَّ أَنَّهُۥ نَاجٍ مِّنْهُمَا ٱذْكُرْنِي عِندَ رَبِّكَ فَأَنسَىٰهُ ٱلشَّيْطَٰنُ ذِكْرَ رَبِّهِۦ فَلَبِثَ فِي ٱلسِّجْنِ بِضْعَ سِنِينَ ﴿٤٢﴾

se referiría a Allah. Es decir, que Yusuf olvidó el recuerdo de su Señor confiando en que el criado del rey intercedería por él. Según esta posibilidad la traducción de la frase quedaría como sigue: pero el Shaytán hizo que (Yusuf) olvidara el recuerdo(de su Señor).]

(43) Y dijo el rey: He visto siete vacas gordas a las que comían siete flacas y siete espigas verdes y otras tantas secas.

¡Nobles! Dad un juicio sobre mi visión si podéis interpretar las visiones.

وَقَالَ الْمَلِكُ إِنِّي أَرَى سَبْعَ بَقَرَاتٍ سِمَانٍ يَأْكُلُهُنَّ سَبْعٌ عِجَافٌ وَسَبْعَ سُنْبُلَاتٍ خُضْرٍ وَأُخَرَ يَابِسَاتٍ يَتَأَيُّهَا الْمَلَأُ أَفْتُونِي فِي رُؤْيَايَ إِن كُنتُمْ لِلرُّؤْيَا تَعْبُرُونَ ۝

(44) Dijeron: Es una maraña de ensueños y nosotros no conocemos la interpretación de los ensueños.

قَالُوا أَضْغَاثُ أَحْلَامٍ وَمَا نَحْنُ بِتَأْوِيلِ الْأَحْلَامِ بِعَالِمِينَ ۝

(45) El que de los dos se había salvado, acordándose después, pasado un tiempo, dijo: Yo os diré su interpretación, dejadmè ir.

وَقَالَ الَّذِي نَجَا مِنْهُمَا وَادَّكَرَ بَعْدَ أُمَّةٍ أَنَا أُنَبِّئُكُم بِتَأْوِيلِهِ فَأَرْسِلُونِ ۝

(46) ¡Yusuf! Tú que eres veraz, danos un juicio sobre siete vacas gordas a las que comen siete flacas y siete espigas verdes y otras tantas secas, para que regrese a la gente y puedan saber.

يُوسُفُ أَيُّهَا الصِّدِّيقُ أَفْتِنَا فِي سَبْعِ بَقَرَاتٍ سِمَانٍ يَأْكُلُهُنَّ سَبْعٌ عِجَافٌ وَسَبْعِ سُنْبُلَاتٍ خُضْرٍ وَأُخَرَ يَابِسَاتٍ لَّعَلِّي أَرْجِعُ إِلَى النَّاسِ لَعَلَّهُمْ يَعْلَمُونَ ۝

(47) Dijo: Sembraréis como de costumbre siete años. La cosecha que recojáis dejadla en sus espigas a excepción de un poco de lo que comeréis.

فَالَ تَزْرَعُونَ سَبْعَ سِنِينَ دَأَبًا فَمَا حَصَدتُّمْ فَذَرُوهُ فِي سُنْبُلِهِ إِلَّا قَلِيلًا مِّمَّا تَأْكُلُونَ ۝

(48) Luego vendrán siete años difíciles que agotarán lo que hayáis acopiado para ellos a excepción de un poco que guardéis.

ثُمَّ يَأْتِي مِنْ بَعْدِ ذَٰلِكَ سَبْعٌ شِدَادٌ يَأْكُلْنَ مَا قَدَّمْتُمْ لَهُنَّ إِلَّا قَلِيلًا مِمَّا تُحْصِنُونَ ۝

(49) Luego vendrá un año en el que los hombres serán socorridos y en el que prensarán.

ثُمَّ يَأْتِي مِنْ بَعْدِ ذَٰلِكَ عَامٌ فِيهِ يُغَاثُ النَّاسُ وَفِيهِ يَعْصِرُونَ ۝

(50) Y dijo el rey: ¡Traedlo ante mí! Y cuando el mensajero llegó a él*, éste le dijo: Vuelve a tu Señor y pregúntale cómo fue que aquéllas mujeres se cortaron en las manos, ciertamente el rey conoce su artimaña.

* [Es decir, a Yusuf]

وَقَالَ الْمَلِكُ ائْتُونِي بِهِ فَلَمَّا جَاءَهُ الرَّسُولُ قَالَ ارْجِعْ إِلَىٰ رَبِّكَ فَاسْأَلْهُ مَا بَالُ النِّسْوَةِ اللَّاتِي قَطَّعْنَ أَيْدِيَهُنَّ إِنَّ رَبِّي بِكَيْدِهِنَّ عَلِيمٌ ۝

(51) Dijo: ¿Qué pasó cuando pretendísteis a Yusuf? Dijeron: ¡Allah nos libre! No supimos nada malo de él.

La mujer del Aziz dijo: Ahora se muestra la verdad, yo lo pretendí y ciertamente él es sincero.

قَالَ مَا خَطْبُكُنَّ إِذْ رَاوَدْتُنَّ يُوسُفَ عَنْ نَفْسِهِ قُلْنَ حَاشَ لِلَّهِ مَا عَلِمْنَا عَلَيْهِ مِنْ سُوءٍ قَالَتِ امْرَأَتُ الْعَزِيزِ الْآنَ حَصْحَصَ الْحَقُّ أَنَا رَاوَدْتُهُ عَنْ نَفْسِهِ وَإِنَّهُ لَمِنَ الصَّادِقِينَ ۝

(52) Esto es para que se sepa que yo no lo traicioné en su ausencia y que Allah no guía la astucia de los traidores*.

* [Palabras de Yusuf refiriéndose al Aziz]

ذَٰلِكَ لِيَعْلَمَ أَنِّي لَمْ أَخُنْهُ بِالْغَيْبِ وَأَنَّ اللَّهَ لَا يَهْدِي كَيْدَ الْخَائِنِينَ ۝

(53) Y yo no digo que mi alma sea inocente pues es cierto que el alma ordena insistentemente el

وَمَا أُبَرِّئُ نَفْسِي إِنَّ النَّفْسَ لَأَمَّارَةٌ بِالسُّوءِ إِلَّا مَا رَحِمَ رَبِّي إِنَّ رَبِّي غَفُورٌ رَحِيمٌ ۝

mal, excepto cuando mi Señor tiene misericordia.

Es verdad que mi Señor es Perdonador y Compasivo.

(54) Y dijo el rey: ¡Traédmelo! que lo he elegido para mí.

Y al ver cómo le hablaba, le dijo: En verdad, hoy gozas de posición ante nos y estás seguro.

وَقَالَ ٱلْمَلِكُ ٱئْتُونِي بِهِۦٓ أَسْتَخْلِصْهُ لِنَفْسِى فَلَمَّا كَلَّمَهُۥ قَالَ إِنَّكَ ٱلْيَوْمَ لَدَيْنَا مَكِينٌ أَمِينٌ ۝

(55) Dijo: Ponme al cargo de las despensas del país, pues ciertamente soy buen guardián y conocedor.

قَالَ ٱجْعَلْنِي عَلَىٰ خَزَآئِنِ ٱلْأَرْضِ إِنِّي حَفِيظٌ عَلِيمٌ ۝

(56) Así es como dimos una posición a Yusuf en la tierra, en la que podía residir donde quisiera. Llegamos con Nuestra misericordia a quien queremos y no dejamos que se pierda la recompensa de los que hacen el bien.

وَكَذَٰلِكَ مَكَّنَّا لِيُوسُفَ فِى ٱلْأَرْضِ يَتَبَوَّأُ مِنْهَا حَيْثُ يَشَآءُ نُصِيبُ بِرَحْمَتِنَا مَن نَّشَآءُ وَلَا نُضِيعُ أَجْرَ ٱلْمُحْسِنِينَ ۝

(57) Pero la recompensa de la Ultima Vida es mejor para los que creen y tienen temor (de Allah).

وَلَأَجْرُ ٱلْءَاخِرَةِ خَيْرٌ لِّلَّذِينَ ءَامَنُوا۟ وَكَانُوا۟ يَتَّقُونَ ۝

(58) Y vinieron los hermanos de Yusuf, se presentaron ante él y él los reconoció aunque ellos no lo reconocieron.

وَجَآءَ إِخْوَةُ يُوسُفَ فَدَخَلُوا۟ عَلَيْهِ فَعَرَفَهُمْ وَهُمْ لَهُۥ مُنكِرُونَ ۝

(59) Cuando les había suministrado sus provisiones les dijo:

وَلَمَّا جَهَّزَهُم بِجَهَازِهِمْ قَالَ ٱئْتُونِي بِأَخٍ لَّكُم مِّنْ

traedme a vuestro hermano de padre, ya veis que doy la medida cumplida (en el grano) y soy el mejor de los anfitriones.

أَبِيكُمْ أَلَا تَرَوْنَ أَنِّى أُوفِى الْكَيْلَ وَأَنَا خَيْرُ الْمُنزِلِينَ ۞

(60) Si no me lo traéis, no podréis abasteceros de mí, ni acercaros.

فَإِن لَّمْ تَأْتُونِى بِهِۦ فَلَا كَيْلَ لَكُمْ عِندِى وَلَا تَقْرَبُونِ ۞

(61) Dijeron: Persuadiremos a su padre para que nos lo deje; eso es lo que haremos.

قَالُوا سَنُرَٰوِدُ عَنْهُ أَبَاهُ وَإِنَّا لَفَٰعِلُونَ ۞

(62) Y les dijo a sus criados: Ponedles las mercancías que trajeron en las alforjas, para que las reconozcan al llegar a su gente y les haga regresar.*

* [Es decir, Yusuf devolvió a sus hermanos las mercancías que éstos habían traído para cambiarlas por grano como una muestra de generosidad que les hiciera desear volver de nuevo, al descubrirlo.]

وَقَالَ لِفِتْيَٰنِهِ اجْعَلُوا بِضَٰعَتَهُمْ فِى رِحَالِهِمْ لَعَلَّهُمْ يَعْرِفُونَهَا إِذَا انقَلَبُوا إِلَىٰ أَهْلِهِمْ لَعَلَّهُمْ يَرْجِعُونَ ۞

(63) Y cuando volvieron a su padre le dijeron: ¡Padre! Nos han dicho que no nos abastecerán más, permite que venga con nosotros nuestro hermano para que así nos abastezcan; y de verdad que cuidaremos de él.

فَلَمَّا رَجَعُوا إِلَىٰ أَبِيهِمْ قَالُوا يَٰٓأَبَانَا مُنِعَ مِنَّا الْكَيْلُ فَأَرْسِلْ مَعَنَا أَخَانَا نَكْتَلْ وَإِنَّا لَهُۥ لَحَٰفِظُونَ ۞

(64) Dijo: ¿Acaso os lo he de confiar como os confié antes a su hermano? Allah es mejor protección y El es el más Misericordioso de los misericordiosos.

قَالَ هَلْ ءَامَنُكُمْ عَلَيْهِ إِلَّا كَمَآ أَمِنتُكُمْ عَلَىٰٓ أَخِيهِ مِن قَبْلُ فَاللَّهُ خَيْرٌ حَٰفِظًا وَهُوَ أَرْحَمُ الرَّٰحِمِينَ ۞

(65) Y cuando abrieron sus alforjas descubrieron que se les habían devuelto las mercancías y dijeron: ¡Padre! ¿Qué más podemos desear? Nos han devuelto las mercancías. Aprovisionaremos a nuestras familias, cuidaremos de nuestro hermano y tendremos la carga de un camello más. Eso es fácil.

وَلَمَّا فَتَحُوا مَتَاعَهُمْ وَجَدُوا بِضَاعَتَهُمْ رُدَّتْ إِلَيْهِمْ قَالُوا يَا أَبَانَا مَا نَبْغِي هَذِهِ بِضَاعَتُنَا رُدَّتْ إِلَيْنَا وَنَمِيرُ أَهْلَنَا وَنَحْفَظُ أَخَانَا وَنَزْدَادُ كَيْلَ بَعِيرٍ ذَلِكَ كَيْلٌ يَسِيرٌ ۝

(66) Dijo: No lo enviaré con vosotros hasta que no os comprometáis jurando por Allah que me lo vais a traer, excepto que puedan con todos vosotros.

Y cuando hubieron dado su promesa, les dijo: Allah es Guardián de lo que decimos.

۞ قَالَ لَنْ أُرْسِلَهُ مَعَكُمْ حَتَّى تُؤْتُونِ مَوْثِقًا مِنَ اللَّهِ لَتَأْتُنَّنِي بِهِ إِلَّا أَنْ يُحَاطَ بِكُمْ فَلَمَّا آتَوْهُ مَوْثِقَهُمْ قَالَ اللَّهُ عَلَى مَا نَقُولُ وَكِيلٌ ۝

(67) Y dijo: ¡Hijos míos! No entréis por una sóla puerta, entrad por puertas distintas*. Yo no puedo hacer nada por vosotros frente a Allah.
En verdad el juicio sólo pertenece a Allah, en El me confío y que en El se confíen los que confían.

وَقَالَ يَا بَنِيَّ لَا تَدْخُلُوا مِنْ بَابٍ وَاحِدٍ وَادْخُلُوا مِنْ أَبْوَابٍ مُتَفَرِّقَةٍ وَمَا أُغْنِي عَنكُم مِنَ اللَّهِ مِن شَيْءٍ إِنِ الْحُكْمُ إِلَّا لِلَّهِ عَلَيْهِ تَوَكَّلْتُ وَعَلَيْهِ فَلْيَتَوَكَّلِ الْمُتَوَكِّلُونَ ۝

* [Este consejo de Yaqub a sus hijos tenía el propósito de evitar el mal de ojo, ya que eran once hermanos de aspecto hermoso y noble y Yaqub temía que al verlos entrar juntos, alguien sintiera envidia de ellos y pudieran ser víctimas del mal de ojo. La ciudad de Misr (Menfis) tenía cuatro puertas.]

(68) Y entraron por donde su padre

وَلَمَّا دَخَلُوا مِنْ حَيْثُ أَمَرَهُمْ أَبُوهُم مَّا كَانَ يُغْنِي

les había ordenado. Aunque no les habría servido de nada ante Allah, pues no fue sino para que Yaqub satisfaciera una necesidad de su alma; y es cierto que él tenía un conocimiento procedente de lo que le habíamos enseñado.

Sin embargo la mayoría de los hombres no saben.

عَنْهُم مِّنَ ٱللَّهِ مِن شَيْءٍ إِلَّا حَاجَةً فِي نَفْسِ يَعْقُوبَ قَضَىٰهَا وَإِنَّهُ لَذُو عِلْمٍ لِّمَا عَلَّمْنَٰهُ وَلَٰكِنَّ أَكْثَرَ ٱلنَّاسِ لَا يَعْلَمُونَ ٦٨

(69) Y cuando se presentaron ante Yusuf, éste llamó aparte a su hermano y le dijo: Yo soy tu hermano, no desesperes por lo que hicieron.

وَلَمَّا دَخَلُوا عَلَىٰ يُوسُفَ ءَاوَىٰ إِلَيْهِ أَخَاهُ قَالَ إِنِّي أَنَا۠ أَخُوكَ فَلَا تَبْتَئِسْ بِمَا كَانُوا۟ يَعْمَلُونَ ٦٩

(70) Y al abastecerles las provisiones puso una copa en la alforja de su hermano. Luego alguien exclamó: ¡Caravaneros, sois unos ladrones!

فَلَمَّا جَهَّزَهُم بِجَهَازِهِمْ جَعَلَ ٱلسِّقَايَةَ فِي رَحْلِ أَخِيهِ ثُمَّ أَذَّنَ مُؤَذِّنٌ أَيَّتُهَا ٱلْعِيرُ إِنَّكُمْ لَسَٰرِقُونَ ٧٠

(71) Dijeron volviéndose a ellos: ¿Qué habéis perdido?

قَالُوا۟ وَأَقْبَلُوا۟ عَلَيْهِم مَّاذَا تَفْقِدُونَ ٧١

(72) Dijeron: Hemos perdido la copa del rey. Quien la encuentre tendrá la carga de un camello, lo garantizo.

قَالُوا۟ نَفْقِدُ صُوَاعَ ٱلْمَلِكِ وَلِمَن جَآءَ بِهِۦ حِمْلُ بَعِيرٍ وَأَنَا۠ بِهِۦ زَعِيمٌ ٧٢

(73) Dijeron: ¡Por Allah! Sabéis perfectamente que no hemos venido a traer corrupción en la tierra ni somos ladrones.

قَالُوا۟ تَٱللَّهِ لَقَدْ عَلِمْتُم مَّا جِئْنَا لِنُفْسِدَ فِي ٱلْأَرْضِ وَمَا كُنَّا سَٰرِقِينَ ٧٣

(74) Dijeron: Y si estáis mintiendo, ¿qué castigo os damos?

قَالُوا۟ فَمَا جَزَٰٓؤُهُۥٓ إِن كُنتُمْ كَٰذِبِينَ ٧٤

سُورَةُ يُوسُفَ ـ الْجُزْءُ الثَّالِثَ عَشَرَ

(75) Contestaron: Que el castigo de aquel en cuyas alforjas se encuentre sea su propia persona. Así pagamos a los injustos.

فَالُوۤاْ جَزَآؤُهُ مَن وُجِدَ فِى رَحْلِهِۦ فَهُوَ جَزَآؤُهُۥ كَذَٰلِكَ نَجْزِى الظَّٰلِمِينَ ﴿٧٥﴾

(76) Y comenzó por las alforjas de ellos antes que por la de su hermano para después sacar las alforjas de su hermano.

Así fue como le enseñamos a Yusuf el ardid del que se sirvió.

No podía prender a su hermano según la ley* del rey, a menos que Allah quisiera.

Elevamos en grados a quien queremos, y por encima de todo poseedor de conocimiento hay un Conocedor.

*[En árabe "din"]

فَبَدَأَ بِأَوْعِيَتِهِمْ قَبْلَ وِعَآءِ أَخِيهِ ثُمَّ اسْتَخْرَجَهَا مِن وِعَآءِ أَخِيهِ كَذَٰلِكَ كِدْنَا لِيُوسُفَ مَا كَانَ لِيَأْخُذَ أَخَاهُ فِى دِينِ الْمَلِكِ إِلَّآ أَن يَشَآءَ اللَّهُ نَرْفَعُ دَرَجَٰتٍ مَّن نَّشَآءُ وَفَوْقَ كُلِّ ذِى عِلْمٍ عَلِيمٌ ﴿٧٦﴾

(77) Dijeron: Si ha robado, ya robó antes un hermano suyo.
Y Yusuf, sin mostrárselo a ellos, dijo para sí mismo: Vosotros estáis en peor situación y Allah conoce lo que atribuís.

۞ قَالُوۤاْ إِن يَسْرِقْ فَقَدْ سَرَقَ أَخٌ لَّهُۥ مِن قَبْلُ فَأَسَرَّهَا يُوسُفُ فِى نَفْسِهِۦ وَلَمْ يُبْدِهَا لَهُمْ قَالَ أَنتُمْ شَرٌّ مَّكَانًا وَاللَّهُ أَعْلَمُ بِمَا تَصِفُونَ ﴿٧٧﴾

(78) Dijeron: ¡Mi aziz!, él tiene un padre muy anciano, toma en su lugar a uno de nosotros, ciertamente vemos que eres de los que hacen el bien.

قَالُوۤاْ يَٰٓأَيُّهَا الْعَزِيزُ إِنَّ لَهُۥٓ أَبًا شَيْخًا كَبِيرًا فَخُذْ أَحَدَنَا مَكَانَهُۥٓ إِنَّا نَرَىٰكَ مِنَ الْمُحْسِنِينَ ﴿٧٨﴾

(79) Dijo: Nos refugiamos en Allah de quedarnos con nadie que no sea aquel en cuyo poder encon-

قَالَ مَعَاذَ اللَّهِ أَن نَّأْخُذَ إِلَّا مَن وَجَدْنَا مَتَٰعَنَا عِندَهُۥٓ إِنَّآ إِذًا لَّظَٰلِمُونَ ﴿٧٩﴾

tramos nuestra propiedad, pues en ese caso seríamos injustos.

(80) Y cuando hubieron perdido la esperanza se retiraron a delibe-rar. Dijo el mayor de ellos: ¿Es que no sabéis que nuestro padre recibió de nosotros un compromiso ante Allah, además del descuido que antes tuvisteis con Yusuf?

No saldré de esta tierra mien-tras no me lo permita mi padre o Allah juzgue a mi favor. Y El es el mejor de los jueces.

فَلَمَّا ٱسْتَيْـَٔسُوا۟ مِنْهُ خَلَصُوا۟ نَجِيًّا قَالَ كَبِيرُهُمْ أَلَمْ تَعْلَمُوٓا۟ أَنَّ أَبَاكُمْ قَدْ أَخَذَ عَلَيْكُم مَّوْثِقًا مِّنَ ٱللَّهِ وَمِن قَبْلُ مَا فَرَّطتُمْ فِى يُوسُفَ فَلَنْ أَبْرَحَ ٱلْأَرْضَ حَتَّىٰ يَأْذَنَ لِىٓ أَبِىٓ أَوْ يَحْكُمَ ٱللَّهُ لِى وَهُوَ خَيْرُ ٱلْحَٰكِمِينَ ۝

(81) Regresad a vuestro padre y decidle: ¡Padre! Tu hijo ha robado, sólo damos fe de lo que cono-cemos y no estamos al cuidado de lo desconocido.

ٱرْجِعُوٓا۟ إِلَىٰٓ أَبِيكُمْ فَقُولُوا۟ يَٰٓأَبَانَآ إِنَّ ٱبْنَكَ سَرَقَ وَمَا شَهِدْنَآ إِلَّا بِمَا عَلِمْنَا وَمَا كُنَّا لِلْغَيْبِ حَٰفِظِينَ ۝

(82) Pregunta en la ciudad en la que hemos estado y a la caravana con la que hemos venido. Es cierto que decimos la verdad.

وَسْـَٔلِ ٱلْقَرْيَةَ ٱلَّتِى كُنَّا فِيهَا وَٱلْعِيرَ ٱلَّتِىٓ أَقْبَلْنَا فِيهَا وَإِنَّا لَصَٰدِقُونَ ۝

(83) Dijo: ¡No! Vuestras almas os han incitado a algo, pero hermosa paciencia. Puede que Allah me los traiga a todos a la vez, ver-daderamente El es el Conoce-dor y el Sabio.

قَالَ بَلْ سَوَّلَتْ لَكُمْ أَنفُسُكُمْ أَمْرًا فَصَبْرٌ جَمِيلٌ عَسَى ٱللَّهُ أَن يَأْتِيَنِى بِهِمْ جَمِيعًا إِنَّهُۥ هُوَ ٱلْعَلِيمُ ٱلْحَكِيمُ ۝

(84) Se apartó de ellos y dijo: ¡Qué pena siento por Yusuf! y sus ojos, de tristeza, se volvieron

وَتَوَلَّىٰ عَنْهُمْ وَقَالَ يَٰٓأَسَفَىٰ عَلَىٰ يُوسُفَ وَٱبْيَضَّتْ عَيْنَاهُ مِنَ ٱلْحُزْنِ فَهُوَ كَظِيمٌ ۝

blancos mientras reprimía la ira de su dolor.

(85) Dijeron: ¡Por Allah que no vas a dejar de recordar a Yusuf hasta consumirte o llegar a perecer!

فَالُوا تَاللَّهِ تَفْتَؤُا تَذْكُرُ يُوسُفَ حَتَّىٰ تَكُونَ حَرَضًا أَوْ تَكُونَ مِنَ ٱلْهَـٰلِكِينَ ۝

(86) Dijo: Yo sólo me lamento de mi dolor y de mi pena ante Allah y sé de Allah lo que no sabéis.

قَالَ إِنَّمَآ أَشْكُوا۟ بَثِّي وَحُزْنِيٓ إِلَى ٱللَّهِ وَأَعْلَمُ مِنَ ٱللَّهِ مَا لَا تَعْلَمُونَ ۝

(87) ¡Hijos míos! Id e indagad acerca de Yusuf y de su hermano y no desesperéis de la misericordia de Allah, pues sólo desespera de la misericordia de Allah la gente que se niega a creer.

يَـٰبَنِىَّ ٱذْهَبُوا۟ فَتَحَسَّسُوا۟ مِن يُوسُفَ وَأَخِيهِ وَلَا تَا۟يْـَٔسُوا۟ مِن رَّوْحِ ٱللَّهِ إِنَّهُ لَا يَا۟يْـَٔسُ مِن رَّوْحِ ٱللَّهِ إِلَّا ٱلْقَوْمُ ٱلْكَـٰفِرُونَ ۝

(88) Y cuando se presentaron ante él, le dijeron: ¡Aziz! Hemos sido tocados por la desgracia nosotros y nuestra familia y traemos una mercancia exigua; abastécenos dándonos la medida completa y sé generoso con nosotros. Es cierto que Allah recompensa a los que dan con generosidad.

فَلَمَّا دَخَلُوا۟ عَلَيْهِ قَالُوا۟ يَـٰٓأَيُّهَا ٱلْعَزِيزُ مَسَّنَا وَأَهْلَنَا ٱلضُّرُّ وَجِئْنَا بِبِضَـٰعَةٍ مُّزْجَىٰةٍ فَأَوْفِ لَنَا ٱلْكَيْلَ وَتَصَدَّقْ عَلَيْنَآ إِنَّ ٱللَّهَ يَجْزِى ٱلْمُتَصَدِّقِينَ ۝

(89) Dijo: ¿Sabéis lo que hicisteis con Yusuf y con su hermano mientras erais ignorantes?

قَالَ هَلْ عَلِمْتُم مَّا فَعَلْتُم بِيُوسُفَ وَأَخِيهِ إِذْ أَنتُمْ جَـٰهِلُونَ ۝

(90) Dijeron: ¿Tú eres Yusuf? Dijo: Yo soy Yusuf y éste es mi hermano. Allah nos ha favorecido. Quien tiene temor (de Allah) y tiene paciencia...es verdad que

قَالُوٓا۟ أَءِنَّكَ لَأَنتَ يُوسُفُ قَالَ أَنَا۠ يُوسُفُ وَهَـٰذَآ أَخِى قَدْ مَنَّ ٱللَّهُ عَلَيْنَآ إِنَّهُۥ مَن يَتَّقِ وَيَصْبِرْ فَإِنَّ ٱللَّهَ لَا يُضِيعُ أَجْرَ ٱلْمُحْسِنِينَ ۝

Allah no deja que se pierda la recompensa de los que hacen el bien.

(91) Dijeron: ¡Por Allah! que Allah te ha preferido sobre nosotros y es cierto que hemos cometido maldades.

فَالُوا۟ تَاللَّهِ لَقَدۡ ءَاثَرَكَ ٱللَّهُ عَلَيۡنَا وَإِن كُنَّا لَخَٰطِـِٔينَ ۝

(92) Dijo: No hay ningún reproche contra vosotros; hoy Allah os ha perdonado y El es el más Misericordioso de los misericordiosos.

قَالَ لَا تَثۡرِيبَ عَلَيۡكُمُ ٱلۡيَوۡمَ يَغۡفِرُ ٱللَّهُ لَكُمۡ وَهُوَ أَرۡحَمُ ٱلرَّٰحِمِينَ ۝

(93) Marchad llevándoos esta túnica mía y echadla sobre el rostro de mi padre que así volverá a ver y traedme a toda vuestra familia.

ٱذۡهَبُوا۟ بِقَمِيصِى هَٰذَا فَأَلۡقُوهُ عَلَىٰ وَجۡهِ أَبِى يَأۡتِ بَصِيرًا وَأۡتُونِى بِأَهۡلِكُمۡ أَجۡمَعِينَ ۝

(94) Y cuando la caravana hubo partido, dijo su padre: Percibo el olor de Yusuf, aunque penséis que estoy desvariando.

وَلَمَّا فَصَلَتِ ٱلۡعِيرُ قَالَ أَبُوهُمۡ إِنِّى لَأَجِدُ رِيحَ يُوسُفَ لَوۡلَآ أَن تُفَنِّدُونِ ۝

(95) Dijeron*: ¡Por Allah! que has vuelto a tu antigua perdición*.

* [Sus nietos o quienes estaban con él]

* [Aquí el término traducido como perdición tiene el sentido de amor, perdición de amor, como en una de las interpretaciones de la aleya 7 de la sura 93.]

قَالُوا۟ تَٱللَّهِ إِنَّكَ لَفِى ضَلَٰلِكَ ٱلۡقَدِيمِ ۝

(96) Y cuando llegó el portador de las buenas noticias; se la echó sobre la cara* y recuperó la vista.

فَلَمَّآ أَن جَآءَ ٱلۡبَشِيرُ أَلۡقَىٰهُ عَلَىٰ وَجۡهِهِ فَٱرۡتَدَّ بَصِيرًا قَالَ أَلَمۡ أَقُل لَّكُمۡ إِنِّىٓ أَعۡلَمُ مِنَ ٱللَّهِ مَا لَا تَعۡلَمُونَ ۝

Y dijo: ¿No os dije que sabía de Allah lo que no sabéis?

*[La túnica]

(97) Dijeron: ¡Padre! Perdona nuestras faltas, realmente hemos cometido maldades.

فَالُوا۟ يَـٰٓأَبَانَا ٱسْتَغْفِرْ لَنَا ذُنُوبَنَآ إِنَّا كُنَّا خَـٰطِـِٔينَ ۝

(98) Dijo: Pediré perdón por vosotros a mi Señor pues es verdad que El es el Perdonador, el Compasivo.

قَالَ سَوْفَ أَسْتَغْفِرُ لَكُمْ رَبِّىٓ إِنَّهُۥ هُوَ ٱلْغَفُورُ ٱلرَّحِيمُ ۝

(99) Y cuando se presentaron ante Yusuf, éste abrazó a sus padres y dijo: Entrad en Misr, si Allah quiere, seguros.

فَلَمَّا دَخَلُوا۟ عَلَىٰ يُوسُفَ ءَاوَىٰٓ إِلَيْهِ أَبَوَيْهِ وَقَالَ ٱدْخُلُوا۟ مِصْرَ إِن شَآءَ ٱللَّهُ ءَامِنِينَ ۝

(100) Subió a sus padres sobre el trono y cayeron postrados en (reverencia) ante él, dijo: ¡Padre mío! Esta es la interpretación de mi visión anterior, mi Señor ha hecho que se realizara y me favoreció al sacarme de la prisión y al haberos traído a mí desde el desierto después de que el Shaytán hubiera sembrado la discordia entre mí y mis hermanos.

Realmente mi Señor es Benévolo en lo que quiere y es cierto que es el Conocedor, el Sabio.

وَرَفَعَ أَبَوَيْهِ عَلَى ٱلْعَرْشِ وَخَرُّوا۟ لَهُۥ سُجَّدًا وَقَالَ يَـٰٓأَبَتِ هَـٰذَا تَأْوِيلُ رُءْيَـٰىَ مِن قَبْلُ قَدْ جَعَلَهَا رَبِّى حَقًّا وَقَدْ أَحْسَنَ بِىٓ إِذْ أَخْرَجَنِى مِنَ ٱلسِّجْنِ وَجَآءَ بِكُم مِّنَ ٱلْبَدْوِ مِنۢ بَعْدِ أَن نَّزَغَ ٱلشَّيْطَـٰنُ بَيْنِى وَبَيْنَ إِخْوَتِىٓ إِنَّ رَبِّى لَطِيفٌ لِّمَا يَشَآءُ إِنَّهُۥ هُوَ ٱلْعَلِيمُ ٱلْحَكِيمُ ۝

(101) ¡Señor mío! Me has dado soberanía y me has enseñado a interpretar los relatos.

* رَبِّ قَدْ ءَاتَيْتَنِى مِنَ ٱلْمُلْكِ وَعَلَّمْتَنِى مِن تَأْوِيلِ ٱلْأَحَادِيثِ فَاطِرَ ٱلسَّمَـٰوَٰتِ وَٱلْأَرْضِ أَنتَ وَلِىِّۦ فِى

Tú que creaste los cielos y la tierra, eres mi Protector en esta vida y en la Ultima. Haz que muera sometido a Ti y reúneme con los justos.

الَّذُنْيَا وَالْآخِرَةِ تَوَفَّنِي مُسْلِمًا وَأَلْحِقْنِي بِالصَّالِحِينَ ۝

(102) Eso forma parte de las noticias del No-Visto que te inspiramos, tú no estabas junto a ellos cuando decidieron y tramaron su asunto.

ذَلِكَ مِنْ أَنبَاءِ الْغَيْبِ نُوحِيهِ إِلَيْكَ وَمَا كُنتَ لَدَيْهِمْ إِذْ أَجْمَعُوا أَمْرَهُمْ وَهُمْ يَمْكُرُونَ ۝

(103) Pero la mayor parte de los hombres, aunque tú* lo ansíes, no son creyentes.

*[Muhammad]

وَمَا أَكْثَرُ النَّاسِ وَلَوْ حَرَصْتَ بِمُؤْمِنِينَ ۝

(104) Y no les pides ningún pago a cambio. No es sino un recuerdo para los mundos.

وَمَا تَسْأَلُهُمْ عَلَيْهِ مِنْ أَجْرٍ إِنْ هُوَ إِلَّا ذِكْرٌ لِّلْعَالَمِينَ ۝

(105) ¡Cuántos signos hay en los cielos y en la tierra! Pasan delante de ellos y se apartan.

وَكَأَيِّن مِّنْ ءَايَةٍ فِي السَّمَوَتِ وَالْأَرْضِ يَمُرُّونَ عَلَيْهَا وَهُمْ عَنْهَا مُعْرِضُونَ ۝

(106) La mayoría de ellos no creen en Allah y son asociadores.

وَمَا يُؤْمِنُ أَكْثَرُهُم بِاللَّهِ إِلَّا وَهُم مُّشْرِكُونَ ۝

(107) ¿Acaso están libres de que les llegue algo del castigo de Allah que los envuelva; o de que les llegue la hora de repente sin darse cuenta?

أَفَأَمِنُوا أَن تَأْتِيَهُمْ غَشِيَةٌ مِّنْ عَذَابِ اللَّهِ أَوْ تَأْتِيَهُمُ السَّاعَةُ بَغْتَةً وَهُمْ لَا يَشْعُرُونَ ۝

(108) Di: Este mi camino. Llamo a (la adoración) de Allah basado en una clara visión, tanto yo como los que me siguen.

قُلْ هَذِهِ سَبِيلِي أَدْعُوا إِلَى اللَّهِ عَلَى بَصِيرَةٍ أَنَا وَمَنِ اتَّبَعَنِي وَسُبْحَنَ اللَّهِ وَمَا أَنَا مِنَ الْمُشْرِكِينَ ۝

Y ¡Gloria a Allah! Yo no soy de los que asocian.

(109) Antes de ti no hemos envido sino hombres, sacados de la gente de las ciudades, a los que se les inspiró.

¿Es que no han ido por la tierra y han visto cómo terminaron los que hubo antes de ellos?

Realmente la Morada de la Ultima Vida es mejor para aquéllos que tienen temor (de Allah). ¿Es que no vais a razonar?

وَمَآ أَرْسَلْنَا مِن قَبْلِكَ إِلَّا رِجَالًا يُوحَىٰ إِلَيْهِم مِّنْ أَهْلِ ٱلْقُرَىٰ أَفَلَمْ يَسِيرُوا۟ فِى ٱلْأَرْضِ فَيَنظُرُوا۟ كَيْفَ كَانَ عَٰقِبَةُ ٱلَّذِينَ مِن قَبْلِهِمْ وَلَدَارُ ٱلْءَاخِرَةِ خَيْرٌ لِّلَّذِينَ ٱتَّقَوْا۟ أَفَلَا تَعْقِلُونَ ۝

(110) Incluso cuando Nuestros mensajeros habían ya desesperado, creyendo que habían sido negados definitivamente, llegó a ellos Nuestro auxilio y salvamos a quien quisimos.

Nuestro castigo no se aparta de la gente que hace el mal.

حَتَّىٰٓ إِذَا ٱسْتَيْـَٔسَ ٱلرُّسُلُ وَظَنُّوٓا۟ أَنَّهُمْ قَدْ كُذِبُوا۟ جَآءَهُمْ نَصْرُنَا فَنُجِّىَ مَن نَّشَآءُ وَلَا يُرَدُّ بَأْسُنَا عَنِ ٱلْقَوْمِ ٱلْمُجْرِمِينَ ۝

(111) En su historia hay una lección para los que saben reconocer lo esencial.

Y no es un relato inventado, sino una confirmación de lo que ya tenían, una aclaración precisa de cada cosa y una guía y una misericordia para gente que cree.

۞ لَقَدْ كَانَ فِى قَصَصِهِمْ عِبْرَةٌ لِّأُو۟لِى ٱلْأَلْبَٰبِ مَا كَانَ حَدِيثًا يُفْتَرَىٰ وَلَٰكِن تَصْدِيقَ ٱلَّذِى بَيْنَ يَدَيْهِ وَتَفْصِيلَ كُلِّ شَىْءٍ وَهُدًى وَرَحْمَةً لِّقَوْمٍ يُؤْمِنُونَ ۝

13. SURA DEL TRUENO.

سُورَةُ الرَّعْدِ

بِسْمِ اللهِ الرَّحْمَنِ الرَّحِيمِ

En el nombre de Allah, el Misericordioso, el Compasivo.

(1) Alif, Lam , Ra.

Esos son los signos del Libro.

Lo que te ha descendido desde tu Señor es la verdad, sin embargo la mayoría de los hombres no creen.

الٓمٓرۚ تِلْكَ ءَايَٰتُ ٱلْكِتَٰبِۗ وَٱلَّذِىٓ أُنزِلَ إِلَيْكَ مِن رَّبِّكَ ٱلْحَقُّ وَلَٰكِنَّ أَكْثَرَ ٱلنَّاسِ لَا يُؤْمِنُونَ ۝

(2) Allah es Quien elevó los cielos sin soporte que pudiérais ver y luego se asentó en el Trono. Y sometió al sol y a la luna, que discurren hasta un plazo fijado.

Dispone el Mandato. Aclara con precisión los signos (aleyas) para que así podáis tener certeza del encuentro con vuestro Señor.

ٱللَّهُ ٱلَّذِى رَفَعَ ٱلسَّمَٰوَٰتِ بِغَيْرِ عَمَدٍ تَرَوْنَهَاۖ ثُمَّ ٱسْتَوَىٰ عَلَى ٱلْعَرْشِۖ وَسَخَّرَ ٱلشَّمْسَ وَٱلْقَمَرَۖ كُلٌّ يَجْرِى لِأَجَلٍ مُّسَمًّىۚ يُدَبِّرُ ٱلْأَمْرَ يُفَصِّلُ ٱلْآيَٰتِ لَعَلَّكُم بِلِقَآءِ رَبِّكُمْ تُوقِنُونَ ۝

(3) Y El es Quien ha extendido la tierra y ha puesto en ella cordilleras y ríos; y de cada fruto ha hecho su par.

La noche cubre al día y ciertamente en eso hay signos para gente que reflexiona.

وَهُوَ ٱلَّذِى مَدَّ ٱلْأَرْضَ وَجَعَلَ فِيهَا رَوَٰسِىَ وَأَنْهَٰرًاۖ وَمِن كُلِّ ٱلثَّمَرَٰتِ جَعَلَ فِيهَا زَوْجَيْنِ ٱثْنَيْنِۖ يُغْشِى ٱلَّيْلَ ٱلنَّهَارَۚ إِنَّ فِى ذَٰلِكَ لَآيَٰتٍ لِّقَوْمٍ يَتَفَكَّرُونَ ۝

(4) Y en la tierra hay terrenos distintos que son colindantes, jar-

وَفِى ٱلْأَرْضِ قِطَعٌ مُّتَجَٰوِرَٰتٌ وَجَنَّٰتٌ مِّنْ أَعْنَٰبٍ

dines de vides, cereales y palmeras de tronco múltiple o simple; todo ello regado por una misma agua.

Y hemos hecho que unos (frutos) tuvieran mejor sabor que otros. Es cierto que en eso hay signos para gente que razona.

وَزَرْعٌ وَنَخِيلٌ صِنْوَانٌ وَغَيْرُ صِنْوَانٍ تُسْقَىٰ بِمَآءٍ وَحِدٍ وَنُفَضِّلُ بَعْضَهَا عَلَىٰ بَعْضٍ فِي ٱلْأُكُلِ إِنَّ فِي ذَٰلِكَ لَآيَٰتٍ لِّقَوْمٍ يَعْقِلُونَ ٤

(5) Y si te sorprendes...más sorprendente es que digan: ¿Cómo es que cuando seamos polvo vamos a ser creados de nuevo?

۞ وَإِن تَعْجَبْ فَعَجَبٌ قَوْلُهُمْ أَءِذَا كُنَّا تُرَٰبًا أَءِنَّا لَفِي خَلْقٍ جَدِيدٍ ٥

(6) Esos son los que niegan a su Señor; tendrán cadenas en el cuello y serán los compañeros del Fuego donde serán inmortales.

أُوْلَٰٓئِكَ ٱلَّذِينَ كَفَرُوا۟ بِرَبِّهِمْ وَأُوْلَٰٓئِكَ ٱلْأَغْلَٰلُ فِيٓ أَعْنَاقِهِمْ وَأُوْلَٰٓئِكَ أَصْحَٰبُ ٱلنَّارِ هُمْ فِيهَا خَٰلِدُونَ ٦

(7) Y te instan a que les llegue lo malo en vez de lo bueno, a pesar de que (pueblos) semejantes a ellos ya fueron castigados anteriormente.

Es cierto que tu Señor tiene un perdón para los hombres superior a la injusticia de la que son capaces, pero (también) es cierto que tu Señor es Severo cuando castiga.

وَيَسْتَعْجِلُونَكَ بِٱلسَّيِّئَةِ قَبْلَ ٱلْحَسَنَةِ وَقَدْ خَلَتْ مِن قَبْلِهِمُ ٱلْمَثُلَٰتُ وَإِنَّ رَبَّكَ لَذُو مَغْفِرَةٍ لِّلنَّاسِ عَلَىٰ ظُلْمِهِمْ وَإِنَّ رَبَّكَ لَشَدِيدُ ٱلْعِقَابِ ٧

(8) Y dicen los que no creen: ¿Por qué no desciende sobre él una señal de su Señor? Tú sólo eres un advertidor, y para cada gente hay un guía.

وَيَقُولُ ٱلَّذِينَ كَفَرُوا۟ لَوْلَآ أُنزِلَ عَلَيْهِ ءَايَةٌ مِّن رَّبِّهِۦٓ إِنَّمَآ أَنتَ مُنذِرٌ وَلِكُلِّ قَوْمٍ هَادٍ ٨

(9) Allah sabe lo que cada hembra lleva en su vientre y lo que no llega a completarse en los úteros así como lo que excede.

Cada cosa, junto a El, es según una medida.

اللَّهُ يَعْلَمُ مَا تَحْمِلُ كُلُّ أُنثَى وَمَا تَغِيضُ الْأَرْحَامُ وَمَا تَزْدَادُ وَكُلُّ شَيْءٍ عِندَهُۥ بِمِقْدَارٍ ۝

(10) Conocedor del No-visto y de lo Aparente, es el Grande, el que está por encima de todo.

عَٰلِمُ الْغَيْبِ وَالشَّهَٰدَةِ الْكَبِيرُ الْمُتَعَالِ ۝

(11) Es igual el que de vosotros habla en secreto o el que lo hace en público, así como el que se oculta en la noche o el que se mueve a la luz del día.

سَوَآءٌ مِّنكُم مَّنْ أَسَرَّ الْقَوْلَ وَمَن جَهَرَ بِهِۦ وَمَنْ هُوَ مُسْتَخْفٍ بِالَّيْلِ وَسَارِبٌ بِالنَّهَارِ ۝

(12) (El hombre) tiene (ángeles) que se van turnando delante y detrás suyo guardándolo por el mandato de Allah.

Cierto que Allah no cambia lo que una gente tiene hasta que ellos no han cambiado lo que hay en sí mismos y cuando Allah quiere un mal para una gente, no hay forma de evitarlo y no tienen, fuera de El, nadie que los proteja.

لَهُۥ مُعَقِّبَٰتٌ مِّنۢ بَيْنِ يَدَيْهِ وَمِنْ خَلْفِهِۦ يَحْفَظُونَهُۥ مِنْ أَمْرِ اللَّهِ إِنَّ اللَّهَ لَا يُغَيِّرُ مَا بِقَوْمٍ حَتَّىٰ يُغَيِّرُوا مَا بِأَنفُسِهِمْ وَإِذَآ أَرَادَ اللَّهُ بِقَوْمٍ سُوٓءًا فَلَا مَرَدَّ لَهُۥ وَمَا لَهُم مِّن دُونِهِۦ مِن وَالٍ ۝

(13) El es Quien os hace ver el relámpago con temor y anhelo y Quien produce las nubes cargadas.

هُوَ الَّذِى يُرِيكُمُ الْبَرْقَ خَوْفًا وَطَمَعًا وَيُنشِئُ السَّحَابَ الثِّقَالَ ۝

(14) Y el trueno Le glorifica por medio de Su alabanza así como los ángeles por temor de El. El

وَيُسَبِّحُ الرَّعْدُ بِحَمْدِهِۦ وَالْمَلَٰٓئِكَةُ مِنْ خِيفَتِهِۦ وَيُرْسِلُ الصَّوَٰعِقَ فَيُصِيبُ بِهَا مَن يَشَآءُ

manda los rayos con los que alcanza a quien quiere.

Y sin embargo ellos discuten en relación a Allah. Pero El es Fuerte en Su habilidad para castigar.

وَهُمْ يُجَٰدِلُونَ فِى ٱللَّهِ وَهُوَ شَدِيدُ ٱلْمِحَالِ ﴿﴾

(15) A El se dirige la invocación verdadera. Por el contrario, ésos que son invocados, fuera de El, no les responden en nada. Es como el que alarga sus manos hacia el agua queriendo que ésta llegue a su boca pero no llega. La invocación de los que se niegan a creer sólo cae en un extravío.

لَهُۥ دَعْوَةُ ٱلْحَقِّ وَٱلَّذِينَ يَدْعُونَ مِن دُونِهِۦ لَا يَسْتَجِيبُونَ لَهُم بِشَىْءٍ إِلَّا كَبَٰسِطِ كَفَّيْهِ إِلَى ٱلْمَآءِ لِيَبْلُغَ فَاهُ وَمَا هُوَ بِبَٰلِغِهِۦ وَمَا دُعَآءُ ٱلْكَٰفِرِينَ إِلَّا فِى ضَلَٰلٍ ﴿﴾

(16) Y ante Allah se postran cuantos están en los cielos y en la tierra, de buen grado o a la fuerza, así como sus sombras, mañana y tarde.

وَلِلَّهِ يَسْجُدُ مَن فِى ٱلسَّمَٰوَٰتِ وَٱلْأَرْضِ طَوْعًا وَكَرْهًا وَظِلَٰلُهُم بِٱلْغُدُوِّ وَٱلْءَاصَالِ ۩ ﴿﴾

(17) Di: ¿Quién es el Señor de los cielos y de la tierra? Di: Allah. Di: ¿Vais a tomar fuera de El protectores que nisiquiera son dueños que de su propio daño o beneficio? Di: ¿Es que son iguales el ciego y el que ve?

¿O son iguales las tinieblas y la luz?

قُلْ مَن رَّبُّ ٱلسَّمَٰوَٰتِ وَٱلْأَرْضِ قُلِ ٱللَّهُ قُلْ أَفَٱتَّخَذْتُم مِّن دُونِهِۦٓ أَوْلِيَآءَ لَا يَمْلِكُونَ لِأَنفُسِهِمْ نَفْعًا وَلَا ضَرًّا قُلْ هَلْ يَسْتَوِى ٱلْأَعْمَىٰ وَٱلْبَصِيرُ أَمْ هَلْ تَسْتَوِى ٱلظُّلُمَٰتُ وَٱلنُّورُ ﴿﴾

(18) ¿O es que Le atribuyen a Allah asociados que han creado como El lo ha hecho y esa creación les parece semejante? Di: Allah es el Creador de

أَمْ جَعَلُوا۟ لِلَّهِ شُرَكَآءَ خَلَقُوا۟ كَخَلْقِهِۦ فَتَشَٰبَهَ ٱلْخَلْقُ عَلَيْهِمْ قُلِ ٱللَّهُ خَٰلِقُ كُلِّ شَىْءٍ وَهُوَ ٱلْوَٰحِدُ ٱلْقَهَّٰرُ ﴿﴾

todas las cosas y El es el Unico, el Dominante.

(19) Hace descender agua del cielo y corre por los cauces de los valles según su capacidad, arrastrando espuma flotante.

Y de lo que queman en el fuego para obtener adornos o utensilios sale una espuma similar.

Así ejemplifica Allah la verdad y la falsedad: La espuma se va, siendo un deshecho y lo que aprovecha a los hombres permanece en la tierra.

Así es como Allah pone los ejemplos.

أَنزَلَ مِنَ ٱلسَّمَآءِ مَآءً فَسَالَتْ أَوْدِيَةُۢ بِقَدَرِهَا فَٱحْتَمَلَ ٱلسَّيْلُ زَبَدًا رَّابِيًا ۚ وَمِمَّا تُوقِدُونَ عَلَيْهِ فِى ٱلنَّارِ ٱبْتِغَآءَ حِلْيَةٍ أَوْ مَتَٰعٍ زَبَدٌ مِّثْلُهُۥ ۚ كَذَٰلِكَ يَضْرِبُ ٱللَّهُ ٱلْحَقَّ وَٱلْبَٰطِلَ ۚ فَأَمَّا ٱلزَّبَدُ فَيَذْهَبُ جُفَآءً ۖ وَأَمَّا مَا يَنفَعُ ٱلنَّاسَ فَيَمْكُثُ فِى ٱلْأَرْضِ ۚ كَذَٰلِكَ يَضْرِبُ ٱللَّهُ ٱلْأَمْثَالَ ۝

(20) Los que respondan a su Señor tendrán lo más hermoso y quienes no Le respondan, aunque tuvieran todo lo que hay en la tierra y otro tanto, no podrían pagar con ello su rescate.

Esos tienen la peor cuenta y su morada es Yahannam. ¡Qué mal lugar de descanso!

لِلَّذِينَ ٱسْتَجَابُوا۟ لِرَبِّهِمُ ٱلْحُسْنَىٰ ۚ وَٱلَّذِينَ لَمْ يَسْتَجِيبُوا۟ لَهُۥ لَوْ أَنَّ لَهُم مَّا فِى ٱلْأَرْضِ جَمِيعًا وَمِثْلَهُۥ مَعَهُۥ لَٱفْتَدَوْا۟ بِهِۦٓ ۚ أُو۟لَٰٓئِكَ لَهُمْ سُوٓءُ ٱلْحِسَابِ وَمَأْوَىٰهُمْ جَهَنَّمُ ۖ وَبِئْسَ ٱلْمِهَادُ ۝

(21) ¿Acaso el que sabe que lo que te ha descendido de tu Señor es la verdad, es como el ciego? Realmente sólo recapacitan los que saben reconocer lo esencial.

أَفَمَن يَعْلَمُ أَنَّمَآ أُنزِلَ إِلَيْكَ مِن رَّبِّكَ ٱلْحَقُّ كَمَنْ هُوَ أَعْمَىٰٓ ۚ إِنَّمَا يَتَذَكَّرُ أُو۟لُوا۟ ٱلْأَلْبَٰبِ ۝

(22) Esos que cumplen con el pacto de Allah y no rompen el compromiso.

ٱلَّذِينَ يُوفُونَ بِعَهْدِ ٱللَّهِ وَلَا يَنقُضُونَ ٱلْمِيثَٰقَ ۝

(23) Y esos que mantienen unido lo que Allah ordenó que se mantuviera unido, temen a su Señor y tienen miedo de que su cuenta sea negativa.

وَٱلَّذِينَ يَصِلُونَ مَآ أَمَرَ ٱللَّهُ بِهِۦٓ أَن يُوصَلَ وَيَخْشَوْنَ رَبَّهُمْ وَيَخَافُونَ سُوٓءَ ٱلْحِسَابِ ۞

(24) Y los que tienen paciencia buscando con ello la faz de su Señor, establecen el salat, gastan de lo que les damos, en secreto y en público y responden al mal con el bien. Esos tendrán la Morada del Buen Final.

وَٱلَّذِينَ صَبَرُوا۟ ٱبْتِغَآءَ وَجْهِ رَبِّهِمْ وَأَقَامُوا۟ ٱلصَّلَوٰةَ وَأَنفَقُوا۟ مِمَّا رَزَقْنَٰهُمْ سِرًّا وَعَلَانِيَةً وَيَدْرَءُونَ بِٱلْحَسَنَةِ ٱلسَّيِّئَةَ أُو۟لَٰٓئِكَ لَهُمْ عُقْبَى ٱلدَّارِ ۞

(25) Los jardines de Adn en los que entrarán en compañía de aquellos de sus padres, esposas y descendencia que hayan obrado rectamente.

Y los ángeles saldrán a ellos por cada puerta: ¡Paz con vosotros! porque tuvísteis paciencia. ¡Y qué excelente la Morada del Buen Final!

جَنَّٰتُ عَدْنٍ يَدْخُلُونَهَا وَمَن صَلَحَ مِنْ ءَابَآئِهِمْ وَأَزْوَٰجِهِمْ وَذُرِّيَّٰتِهِمْ وَٱلْمَلَٰٓئِكَةُ يَدْخُلُونَ عَلَيْهِم مِّن كُلِّ بَابٍ سَلَٰمٌ عَلَيْكُم بِمَا صَبَرْتُمْ فَنِعْمَ عُقْبَى ٱلدَّارِ ۞

(26) Pero aquellos que rompen el pacto con Allah después de haberse comprometido, cortan lo que Allah mandó que estuviera unido y corrompen en la tierra; ésos tendrán la maldición y la mala morada.

وَٱلَّذِينَ يَنقُضُونَ عَهْدَ ٱللَّهِ مِنۢ بَعْدِ مِيثَٰقِهِۦ وَيَقْطَعُونَ مَآ أَمَرَ ٱللَّهُ بِهِۦٓ أَن يُوصَلَ وَيُفْسِدُونَ فِى ٱلْأَرْضِ أُو۟لَٰٓئِكَ لَهُمُ ٱللَّعْنَةُ وَلَهُمْ سُوٓءُ ٱلدَّارِ ۞

(27) Allah hace extensa la provisión a quien quiere y también la limita. Se contentan con la vida de aquí, pero en relación a la

ٱللَّهُ يَبْسُطُ ٱلرِّزْقَ لِمَن يَشَآءُ وَيَقْدِرُ وَفَرِحُوا۟ بِٱلْحَيَوٰةِ ٱلدُّنْيَا وَمَا ٱلْحَيَوٰةُ ٱلدُّنْيَا فِى ٱلْءَاخِرَةِ

إِلَّا ٱلْمَتَٰعُ ۝

Ultima; esta vida no es más que un disfrute efímero.

(28) Y dicen los que no creen: ¿Por qué no se le desciende un signo de su Señor?

Di: Es cierto que Allah extravía a quien quiere y guía hacia El a quien a El se vuelve.

وَيَقُولُ ٱلَّذِينَ كَفَرُواْ لَوْلَآ أُنزِلَ عَلَيْهِ ءَايَةٌ مِّن رَّبِّهِۦ قُلْ إِنَّ ٱللَّهَ يُضِلُّ مَن يَشَآءُ وَيَهْدِىٓ إِلَيْهِ مَنْ أَنَابَ ۝

(29) Los que creen y tranquilizan sus corazones por medio del recuerdo de Allah.

¿Pues no es acaso con el recuerdo de Allah con lo que se tranquilizan los corazones?

ٱلَّذِينَ ءَامَنُواْ وَتَطْمَئِنُّ قُلُوبُهُم بِذِكْرِ ٱللَّهِ أَلَا بِذِكْرِ ٱللَّهِ تَطْمَئِنُّ ٱلْقُلُوبُ ۝

(30) Los que creen y llevan a cabo las acciones rectas tendrán todo lo bueno* y un hermoso lugar de retorno (a Allah).

* [En árabe "Tuba" que también designa el nombre de un río del Jardín.]

ٱلَّذِينَ ءَامَنُواْ وَعَمِلُواْ ٱلصَّٰلِحَٰتِ طُوبَىٰ لَهُمْ وَحُسْنُ مَـَٔابٍ ۝

(31) Así es como te hemos enviado a una comunidad antes de la que hubo otras comunidades que ya pasaron y sin embargo ellos niegan al Misericordioso. Di: El es mi Señor, no hay dios sino El, en El me confío y a El habré de volver.

كَذَٰلِكَ أَرْسَلْنَٰكَ فِىٓ أُمَّةٍ قَدْ خَلَتْ مِن قَبْلِهَآ أُمَمٌ لِّتَتْلُوَاْ عَلَيْهِمُ ٱلَّذِىٓ أَوْحَيْنَآ إِلَيْكَ وَهُمْ يَكْفُرُونَ بِٱلرَّحْمَٰنِ قُلْ هُوَ رَبِّى لَآ إِلَٰهَ إِلَّا هُوَ عَلَيْهِ تَوَكَّلْتُ وَإِلَيْهِ مَتَابِ ۝

(32) ¿Por qué no es una recitación* que hace que las montañas anden o que la tierra se abra o hablen los muertos?

وَلَوْ أَنَّ قُرْءَانًا سُيِّرَتْ بِهِ ٱلْجِبَالُ أَوْ قُطِّعَتْ بِهِ ٱلْأَرْضُ أَوْ كُلِّمَ بِهِ ٱلْمَوْتَىٰ بَل لِّلَّهِ ٱلْأَمْرُ جَمِيعًا أَفَلَمْ يَا۟يْـَٔسِ

Por el contrario, Allah tiene el mando de todo.

¿Acaso no saben los que creen que si Allah quisiera guiaría a todos los hombres?

La desgracia no dejará de golpear a los que se niegan a creer o de rondar sus hogares a causa de lo que hicieron, hasta que la promesa de Allah llegue; pues ciertamente Allah no falta a lo prometido.

*[Se refiere al Corán]

الَّذِينَ ءَامَنُوٓاْ أَن لَّوۡ يَشَآءُ ٱللَّهُ لَهَدَى ٱلنَّاسَ جَمِيعاً وَلَا يَزَالُ ٱلَّذِينَ كَفَرُواْ تُصِيبُهُم بِمَا صَنَعُواْ قَارِعَةٌ أَوۡ تَحُلُّ قَرِيباً مِّن دَارِهِمۡ حَتَّىٰ يَأۡتِيَ وَعۡدُ ٱللَّهِۚ إِنَّ ٱللَّهَ لَا يُخۡلِفُ ٱلۡمِيعَادَ ۝

(33) Ya se burlaron de los mensajeros que hubo antes de ti.

Pero dejé por un tiempo a los que no creían y luego los agarré.

¡Y como fue Mi escarmiento!

وَلَقَدِ ٱسۡتُهۡزِئَ بِرُسُلٍ مِّن قَبۡلِكَ فَأَمۡلَيۡتُ لِلَّذِينَ كَفَرُواْ ثُمَّ أَخَذۡتُهُمۡۖ فَكَيۡفَ كَانَ عِقَابِ ۝

(34) ¿Acaso Quien está sobre cada alma, atento a lo que adquiere...*? Pero atribuyen asociados a Allah.

Di: Nombradlos. ¿Es que le vais a decir a Allah algo que no sepa en la tierra, o no son mas que palabras? Por el contrario, hemos hecho que a quienes no creen su maquinación les parezca hermosa y son los que desvían del camino.

A quien Allah extravía no hay quien lo guíe.

* [Esta frase queda sin conclusión y hay que sobreentender algo como esto: "¿...No es más digno de que se Le adore?"]

أَفَمَنۡ هُوَ قَآئِمٌ عَلَىٰ كُلِّ نَفۡسِۢ بِمَا كَسَبَتۡۗ وَجَعَلُواْ لِلَّهِ شُرَكَآءَ قُلۡ سَمُّوهُمۡۚ أَمۡ تُنَبِّئُونَهُۥ بِمَا لَا يَعۡلَمُ فِي ٱلۡأَرۡضِ أَم بِظَٰهِرٍ مِّنَ ٱلۡقَوۡلِۗ بَلۡ زُيِّنَ لِلَّذِينَ كَفَرُواْ مَكۡرُهُمۡ وَصُدُّواْ عَنِ ٱلسَّبِيلِۗ وَمَن يُضۡلِلِ ٱللَّهُ فَمَا لَهُۥ مِنۡ هَادٍ ۝

(35) Tienen un castigo en la vida del mundo, pero es verdad que el castigo de la Ultima es más penoso. No tendrán frente a Allah ningún defensor.

لَهُمْ عَذَابٌ فِى الْحَيَوٰةِ الدُّنْيَا ۖ وَلَعَذَابُ الْآخِرَةِ أَشَقُّ ۖ وَمَا لَهُم مِّنَ اللَّهِ مِن وَاقٍ ۞

(36) La descripción del Jardín que ha sido prometido a los que temen (a Allah); son ríos corriendo por su suelo, comida permanente y sombra también permanente.

Así es como acabarán los temerosos (de Allah). Pero el final de los que se niegan a creer es el Fuego.

۞ مَّثَلُ الْجَنَّةِ الَّتِي وُعِدَ الْمُتَّقُونَ ۖ تَجْرِى مِن تَحْتِهَا الْأَنْهَٰرُ ۖ أُكُلُهَا دَآئِمٌ وَظِلُّهَا ۚ تِلْكَ عُقْبَى الَّذِينَ اتَّقَوا ۖ وَّعُقْبَى الْكَٰفِرِينَ النَّارُ ۞

(37) Aquellos a los que hemos dado el Libro se regocijan por lo que se te ha hecho descender, pero algunos de los coligados* niegan parte de él.

Di: Sólo se me ha ordenado que adore a Allah y no Le atribuya copartícipes; a El os llamo y a El me vuelvo.

وَالَّذِينَ ءَاتَيْنَٰهُمُ الْكِتَٰبَ يَفْرَحُونَ بِمَآ أُنزِلَ إِلَيْكَ ۖ وَمِنَ الْأَحْزَابِ مَن يُنكِرُ بَعْضَهُ ۚ قُلْ إِنَّمَا أُمِرْتُ أَنْ أَعْبُدَ اللَّهَ وَلَآ أُشْرِكَ بِهِ ۚ إِلَيْهِ أَدْعُوا۟ وَإِلَيْهِ مَآبِ ۞

* [Puede referirse a las tribus de los Quraysh, o también a las demás tribus árabes que no aceptaron el Islam; o a los judíos y a los cristianos, puesto que reconocían algunas de las historias mencionadas en el Corán pero no creían en otra parte de él.]

(38) Así lo hemos hecho descender como un juicio en árabe.

Si siguieras sus deseos después del conocimiento que te ha venido no tendrías ante Allah ningún aliado ni defensor.

وَكَذَٰلِكَ أَنزَلْنَٰهُ حُكْمًا عَرَبِيًّا ۚ وَلَئِنِ اتَّبَعْتَ أَهْوَآءَهُم بَعْدَ مَا جَآءَكَ مِنَ الْعِلْمِ مَا لَكَ مِنَ اللَّهِ مِن وَلِىٍّ وَلَا وَاقٍ ۞

(39) Ya enviamos mensajeros anteriores a ti a los que dimos esposas y descendencia y no cupo en ningún mensajero traer signo alguno excepto con el permiso de Allah.

Para cada término fijado hay un escrito.

وَلَقَدْ أَرْسَلْنَا رُسُلًا مِّن قَبْلِكَ وَجَعَلْنَا لَهُمْ أَزْوَٰجًا وَذُرِّيَّةً وَمَا كَانَ لِرَسُولٍ أَن يَأْتِيَ بِآيَةٍ إِلَّا بِإِذْنِ اللَّهِ لِكُلِّ أَجَلٍ كِتَابٌ ۝

(40) Allah anula lo que quiere y confirma lo que quiere y junto a El está la madre del Libro.

يَمْحُوا اللَّهُ مَا يَشَاءُ وَيُثْبِتُ وَعِندَهُ أُمُّ الْكِتَابِ ۝

(41) Tanto si te hacemos ver parte de lo que te prometemos como si te llevamos con Nos...a ti sólo te incumbe transmitir y a Nosotros pedir cuentas.

وَإِن مَّا نُرِيَنَّكَ بَعْضَ الَّذِي نَعِدُهُمْ أَوْ نَتَوَفَّيَنَّكَ فَإِنَّمَا عَلَيْكَ الْبَلَاغُ وَعَلَيْنَا الْحِسَابُ ۝

(42) ¿Es que no ven que Nos dirigimos a la tierra reduciéndola por sus extremos?*

Y Allah decide y no hay aplazamiento para Su decisión. El es Rápido en llevar la cuenta.

أَوَلَمْ يَرَوْا أَنَّا نَأْتِي الْأَرْضَ نَنقُصُهَا مِنْ أَطْرَافِهَا وَاللَّهُ يَحْكُمُ لَا مُعَقِّبَ لِحُكْمِهِ وَهُوَ سَرِيعُ الْحِسَابِ ۝

* [Según los comentaristas, esta aleya se puede entender en dos sentidos. Por un lado, referida a la expansión y avance de los musulmanes y a la progresiva reducción del territorio de los asociadores idólatras.

Por otro, y atendiendo al significado del término "atraf" (extremos), singular "tarf", en su acepción de "hombre ilustre", "noble", o "preeminente", podría referirse a la pérdida de estos hombres y cabría traducir: "¿Acaso no ven cómo nos dirigimos a la tierra reduciendo el número de sus hombres preeminentes?"]

(43) Ya tramaron quienes hubo antes que ellos pero Allah es a Quien pertenece toda la capacidad de tramar y conoce lo que cada alma adquiere.

Y ya sabrá, quien se niega a creer, de quién va a ser la Morada del Buen Fin.

وَقَدْ مَكَرَ ٱلَّذِينَ مِن قَبْلِهِمْ فَلِلَّهِ ٱلْمَكْرُ جَمِيعًا يَعْلَمُ مَا تَكْسِبُ كُلُّ نَفْسٍ وَسَيَعْلَمُ ٱلْكُفَّارُ لِمَنْ عُقْبَى ٱلدَّارِ ۝

(44) Y dicen los que no creen: Tú no eres un enviado.

Di: Allah me basta como Testigo entre vosotros y yo, así como todo aquel que tenga conocimiento del Libro.

وَيَقُولُ ٱلَّذِينَ كَفَرُوا لَسْتَ مُرْسَلًا قُلْ كَفَى بِٱللَّهِ شَهِيدًا بَيْنِي وَبَيْنَكُمْ وَمَنْ عِندَهُۥ عِلْمُ ٱلْكِتَٰبِ ۝

14. SURA DE IBRAHIM.

سُورَةُ إِبْرَاهِيمَ

بِسْمِ اللَّهِ الرَّحْمَنِ الرَّحِيمِ

En el nombre de Allah, el Misericordioso, el Compasivo.

(1) Alif, Lam, Ra.

Es un libro que se te ha hecho descender para que saques a los hombres de las tinieblas a la luz

الٓرۚ كِتَٰبٌ أَنزَلۡنَٰهُ إِلَيۡكَ لِتُخۡرِجَ ٱلنَّاسَ مِنَ ٱلظُّلُمَٰتِ إِلَى ٱلنُّورِ ۝

(2) con el permiso de su Señor, hacia el camino del Poderoso, el Digno de Alabanza.

بِإِذۡنِ رَبِّهِمۡ إِلَىٰ صِرَٰطِ ٱلۡعَزِيزِ ٱلۡحَمِيدِ ۝

(3) Allah es a Quien pertenece lo que hay en los cielos y en la tierra.

¡Ay de los que se niegan a creer, qué durísimo castigo!

ٱللَّهِ ٱلَّذِي لَهُۥ مَا فِي ٱلسَّمَٰوَٰتِ وَمَا فِي ٱلۡأَرۡضِ وَوَيۡلٌ لِّلۡكَٰفِرِينَ مِنۡ عَذَابٍ شَدِيدٍ ۝

(4) Los que prefieren esta vida a la Ultima y desvían del camino de Allah, deseándolo tortuoso, ésos están en un extravío; muy lejos.

ٱلَّذِينَ يَسۡتَحِبُّونَ ٱلۡحَيَوٰةَ ٱلدُّنۡيَا عَلَى ٱلۡأٓخِرَةِ وَيَصُدُّونَ عَن سَبِيلِ ٱللَّهِ وَيَبۡغُونَهَا عِوَجًا أُوْلَٰٓئِكَ فِي ضَلَٰلٍ بَعِيدٍ ۝

(5) No hemos enviado ningún mensajero que no (hablara) la lengua de su gente para hacerles claro (el mensaje), pero Allah extravía a quien quiere y guía a quien quiere. El es el Irresistible, el Sabio.

وَمَآ أَرۡسَلۡنَا مِن رَّسُولٍ إِلَّا بِلِسَانِ قَوۡمِهِۦ لِيُبَيِّنَ لَهُمۡ فَيُضِلُّ ٱللَّهُ مَن يَشَآءُ وَيَهۡدِي مَن يَشَآءُ وَهُوَ ٱلۡعَزِيزُ ٱلۡحَكِيمُ ۝

(6) Ya habíamos enviado a Musa con Nuestros signos: ¡Saca a tu gente de las tinieblas a la luz

وَلَقَدْ أَرْسَلْنَا مُوسَىٰ بِآيَٰتِنَآ أَنْ أَخْرِجْ قَوْمَكَ مِنَ الظُّلُمَٰتِ إِلَى النُّورِ ۞

(7) y recuérdales los dones de Allah! Verdaderamente en eso hay signos para todo el que sea paciente, agradecido.

وَذَكِّرْهُم بِأَيَّىٰمِ اللَّهِ إِنَّ فِى ذَٰلِكَ لَءَايَٰتٍ لِّكُلِّ صَبَّارٍ شَكُورٍ ۞

(8) Y cuando Musa le dijo a su gente: "¡Recordad las bendiciones de Allah con vosotros cuando os salvó de la gente de Firaún que os inflingía el peor de los castigos y degollaban a vuestros hijos dejando vivir a vuestras mujeres! Con ello érais sometidos a una enorme prueba por parte de vuestro Señor".

وَإِذْ قَالَ مُوسَىٰ لِقَوْمِهِ اذْكُرُواْ نِعْمَةَ اللَّهِ عَلَيْكُمْ إِذْ أَنجَىٰكُم مِّنْ ءَالِ فِرْعَوْنَ يَسُومُونَكُمْ سُوٓءَ الْعَذَابِ وَيُذَبِّحُونَ أَبْنَآءَكُمْ وَيَسْتَحْيُونَ نِسَآءَكُمْ وَفِى ذَٰلِكُم بَلَآءٌ مِّن رَّبِّكُمْ عَظِيمٌ ۞

(9) Y cuando os anunció vuestro Señor: Si sois agradecidos, os daré aún más, pero si sois desagradecidos...Es cierto que Mi castigo es intenso.

وَإِذْ تَأَذَّنَ رَبُّكُمْ لَئِن شَكَرْتُمْ لَأَزِيدَنَّكُمْ وَلَئِن كَفَرْتُمْ إِنَّ عَذَابِى لَشَدِيدٌ ۞

(10) Y dijo Musa: Aunque vosotros y cuantos están en la tierra no creyérais...Allah es Rico, en Sí mismo alabado.

وَقَالَ مُوسَىٰٓ إِن تَكْفُرُوٓاْ أَنتُمْ وَمَن فِى الْأَرْضِ جَمِيعًا فَإِنَّ اللَّهَ لَغَنِىٌّ حَمِيدٌ ۞

(11) ¿Es que no han llegado las noticias de los que hubo antes de vosotros, la gente de Nuh, los Ad, los Zamud

أَلَمْ يَأْتِكُمْ نَبَؤُاْ الَّذِينَ مِن قَبْلِكُمْ قَوْمِ نُوحٍ وَعَادٍ وَثَمُودَ ۞

(12) y los que vinieron después de ellos que sólo Allah conoce?

وَالَّذِينَ مِنۢ بَعْدِهِمْ لَا يَعْلَمُهُمْ إِلَّا اللَّهُ جَآءَتْهُمْ

Les llegaron sus corres-
pondientes mensajeros con las
pruebas claras pero ellos se
llevaron la mano a la boca y
dijeron: Negamos (el mensaje)
con el que habéis sido enviados y tenemos dudas y sos-
pechas de aquello a lo que nos
llamáis.

رُسُلُهُم بِالْبَيِّنَتِ فَرَدُّوٓا أَيْدِيَهُمْ فِىٓ أَفْوَهِهِمْ
وَقَالُوٓا إِنَّا كَفَرْنَا بِمَآ أُرْسِلْتُم بِهِۦ وَإِنَّا لَفِى شَكٍّ
مِّمَّا تَدْعُونَنَآ إِلَيْهِ مُرِيبٍ ۝

(13) Dijeron sus mensajeros: ¿Acaso
puede haber duda acerca de
Allah, el Creador de los cielos
y de la tierra que os invita al
perdón de vuestras faltas y os
da plazo hasta un término
fijado?

Dijeron: Vosotros sólo sois
hombres como nosotros que
queréis desviarnos de lo que
adoraban nuestros padres.
Traednos una prueba clara.

۞ قَالَتْ رُسُلُهُمْ أَفِى اللَّهِ شَكٌّ فَاطِرِ السَّمَوَتِ
وَالْأَرْضِ يَدْعُوكُمْ لِيَغْفِرَ لَكُم مِّن ذُنُوبِكُمْ
وَيُؤَخِّرَكُمْ إِلَىٰٓ أَجَلٍ مُّسَمًّى قَالُوٓا إِنْ أَنتُمْ
إِلَّا بَشَرٌ مِّثْلُنَا تُرِيدُونَ أَن تَصُدُّونَا عَمَّا كَانَ
يَعْبُدُ ءَابَآؤُنَا فَأْتُونَا بِسُلْطَنٍ مُّبِينٍ ۝

(14) Les dijeron los mensajeros: No
somos mas que seres humanos
como vosotros, sin embargo
Allah favorece a quien quiere
de Sus siervos y no nos pertenece traeros ninguna prueba
clara si no es con permiso de
Allah. Que en Allah se confíen
los creyentes.

قَالَتْ لَهُمْ رُسُلُهُمْ إِن نَّحْنُ إِلَّا بَشَرٌ مِّثْلُكُمْ
وَلَكِنَّ اللَّهَ يَمُنُّ عَلَىٰ مَن يَشَآءُ مِنْ عِبَادِهِۦ وَمَا كَانَ
لَنَآ أَن نَّأْتِيَكُم بِسُلْطَنٍ إِلَّا بِإِذْنِ اللَّهِ وَعَلَى اللَّهِ
فَلْيَتَوَكَّلِ الْمُؤْمِنُونَ ۝

(15) ¿Cómo no habríamos de con-
fiarnos en Allah cuando ha
sido El Quien nos ha guiado al
camino?

Tendremos paciencia con el

وَمَا لَنَآ أَلَّا نَتَوَكَّلَ عَلَى اللَّهِ وَقَدْ هَدَىٰنَا سُبُلَنَا
وَلَنَصْبِرَنَّ عَلَىٰ مَآ ءَاذَيْتُمُونَا وَعَلَى اللَّهِ فَلْيَتَوَكَّلِ
الْمُتَوَكِّلُونَ ۝

perjuicio que nos hacéis. ¡Que en Allah se confíen los que confían!

(16) Dijeron los que no creían a sus mensajeros: Os echaremos de nuestra tierra a menos que volváis a nuestra forma de adoración.

Pero su Señor les inspiró: Vamos a destruir a los injustos

وَقَالَ ٱلَّذِينَ كَفَرُواْ لِرُسُلِهِمْ لَنُخْرِجَنَّكُم مِّنْ أَرْضِنَا أَوْ لَتَعُودُنَّ فِي مِلَّتِنَا فَأَوْحَىٰٓ إِلَيْهِمْ رَبُّهُمْ لَنُهْلِكَنَّ ٱلظَّالِمِينَ ۝

(17) y os haremos habitar la tierra después de ellos.

Eso es para quien tema que tendrá que comparecer ante Mí y tema Mi promesa.

وَلَنُسْكِنَنَّكُمُ ٱلْأَرْضَ مِنۢ بَعْدِهِمْ ذَٰلِكَ لِمَنْ خَافَ مَقَامِي وَخَافَ وَعِيدِ ۝

(18) Pidieron auxilio. Pero todo el que es un tirano rebelde fracasa.

وَٱسْتَفْتَحُواْ وَخَابَ كُلُّ جَبَّارٍ عَنِيدٍ ۝

(19) Tendrá detrás de sí a Yahannam y se le dará de beber de un agua de pus.

مِّن وَرَآئِهِۦ جَهَنَّمُ وَيُسْقَىٰ مِن مَّآءٍ صَدِيدٍ ۝

(20) La beberá a tragos pero apenas podrá tragarla. La muerte le llegará por todas partes pero no morirá y tendrá tras de sí un castigo continuo.

يَتَجَرَّعُهُۥ وَلَا يَكَادُ يُسِيغُهُۥ وَيَأْتِيهِ ٱلْمَوْتُ مِن كُلِّ مَكَانٍ وَمَا هُوَ بِمَيِّتٍ وَمِن وَرَآئِهِۦ عَذَابٌ غَلِيظٌ ۝

(21) Las obras de los que niegan a su Señor son como cenizas que se lleva el viento en un día huracanado, no tienen poder sobre nada de lo que adquirieron. Ese es el extravío profundo.

مَّثَلُ ٱلَّذِينَ كَفَرُواْ بِرَبِّهِمْ أَعْمَالُهُمْ كَرَمَادٍ ٱشْتَدَّتْ بِهِ ٱلرِّيحُ فِي يَوْمٍ عَاصِفٍ لَّا يَقْدِرُونَ مِمَّا كَسَبُواْ عَلَىٰ شَيْءٍ ذَٰلِكَ هُوَ ٱلضَّلَٰلُ ٱلْبَعِيدُ ۝

سُورَةُ إِبْرَٰهِيمَ ـ الجُزْءُ الثَّالِثَ عَشَرَ

(22) ¿Es que no ves que Allah ha creado los cielos y la tierra con la verdad? Si quiere os suprimirá y traerá una nueva creación. Eso no es difícil para Allah.

• أَلَمْ تَرَ أَنَّ ٱللَّهَ خَلَقَ ٱلسَّمَٰوَٰتِ وَٱلْأَرْضَ بِٱلْحَقِّ إِن يَشَأْ يُذْهِبْكُمْ وَيَأْتِ بِخَلْقٍ جَدِيدٍ وَمَا ذَٰلِكَ عَلَى ٱللَّهِ بِعَزِيزٍ ۝

(23) Y todos aparecerán ante Allah. Dirán los débiles a los que se ensoberbecieron: Fuimos vuestros seguidores. ¿Podéis sernos de alguna utilidad frente al castigo de Allah?

Dirán: Si Allah nos hubiera guiado, os habríamos guiado, es igual para nosotros que nos angustiemos o que tengamos paciencia, no hay escape para nosotros.

وَبَرَزُوا۟ لِلَّهِ جَمِيعًا فَقَالَ ٱلضُّعَفَٰٓؤُا۟ لِلَّذِينَ ٱسْتَكْبَرُوٓا۟ إِنَّا كُنَّا لَكُمْ تَبَعًا فَهَلْ أَنتُم مُّغْنُونَ عَنَّا مِنْ عَذَابِ ٱللَّهِ مِن شَىْءٍ قَالُوا۟ لَوْ هَدَىٰنَا ٱللَّهُ لَهَدَيْنَٰكُمْ سَوَآءٌ عَلَيْنَآ أَجَزِعْنَآ أَمْ صَبَرْنَا مَا لَنَا مِن مَّحِيصٍ ۝

(24) Y dirá el Shaytan cuando el asunto esté ya decidido: Allah os hizo la promesa verdadera mientras que yo os prometí y no cumplí con vosotros.

No tenía sobre vosotros ninguna autoridad excepto que os llamé y me respondisteis; así pues no me culpéis a mí sino a vosotros mismos. Yo no os puedo salvar ni vosotros me podéis salvar a mí. He renegado de que antes me asociarais (con Allah).

Ciertamente los injustos tendrán un castigo doloroso.

وَقَالَ ٱلشَّيْطَٰنُ لَمَّا قُضِىَ ٱلْأَمْرُ إِنَّ ٱللَّهَ وَعَدَكُمْ وَعْدَ ٱلْحَقِّ وَوَعَدتُّكُمْ فَأَخْلَفْتُكُمْ وَمَا كَانَ لِىَ عَلَيْكُم مِّن سُلْطَٰنٍ إِلَّآ أَن دَعَوْتُكُمْ فَٱسْتَجَبْتُمْ لِى فَلَا تَلُومُونِى وَلُومُوٓا۟ أَنفُسَكُم مَّآ أَنَا۠ بِمُصْرِخِكُمْ وَمَآ أَنتُم بِمُصْرِخِىَّ إِنِّى كَفَرْتُ بِمَآ أَشْرَكْتُمُونِ مِن قَبْلُ إِنَّ ٱلظَّٰلِمِينَ لَهُمْ عَذَابٌ أَلِيمٌ ۝

(25) Y los que creen y practican las

وَأُدْخِلَ ٱلَّذِينَ ءَامَنُوا۟ وَعَمِلُوا۟ ٱلصَّٰلِحَٰتِ جَنَّٰتٍ

تَجْرِى مِن تَحْتِهَا الْأَنْهَارُ خَالِدِينَ فِيهَا بِإِذْنِ رَبِّهِمْ تَحِيَّتُهُمْ فِيهَا سَلَامٌ ۞

acciones de rectitud, serán introducidos en jardines por cuyo suelo corren los ríos, donde serán inmortales con permiso de su Señor.

El saludo que allí tendrán será: Paz.

(26) ¿Acaso no ves cómo Allah compara la buena palabra con un árbol bueno cuya raíz es firme y cuyas ramas están en el cielo?

أَلَمْ تَرَ كَيْفَ ضَرَبَ اللَّهُ مَثَلًا كَلِمَةً طَيِّبَةً كَشَجَرَةٍ طَيِّبَةٍ أَصْلُهَا ثَابِتٌ وَفَرْعُهَا فِي السَّمَاءِ ۞

(27) Da su fruto en cada época con permiso de su Señor. Allah pone ejemplos a los hombres para que así recuerden.

تُؤْتِى أُكُلَهَا كُلَّ حِينٍ بِإِذْنِ رَبِّهَا وَيَضْرِبُ اللَّهُ الْأَمْثَالَ لِلنَّاسِ لَعَلَّهُمْ يَتَذَكَّرُونَ ۞

(28) Pero una mala palabra se parece a un árbol malo que está desenraizado sobre la tierra, sin estabilidad.

وَمَثَلُ كَلِمَةٍ خَبِيثَةٍ كَشَجَرَةٍ خَبِيثَةٍ اجْتُثَّتْ مِن فَوْقِ الْأَرْضِ مَا لَهَا مِن قَرَارٍ ۞

(29) Allah da firmeza a los que creen por medio de la palabra firme en la vida de este mundo y en la Ultima. Y Allah extravía a los injustos.

Allah hace lo que quiere.

يُثَبِّتُ اللَّهُ الَّذِينَ ءَامَنُوا بِالْقَوْلِ الثَّابِتِ فِي الْحَيَوٰةِ الدُّنْيَا وَفِي الْأَخِرَةِ وَيُضِلُّ اللَّهُ الظَّالِمِينَ وَيَفْعَلُ اللَّهُ مَا يَشَاءُ ۞

(30) ¿Es que no has visto a quienes han reemplazado el regalo de Allah por ingratitud* y han situado a su gente en la morada de la perdición?

* [La palabra árabe es "Kufr", que significa también incredulidad, negación]

أَلَمْ تَرَ إِلَى الَّذِينَ بَدَّلُوا نِعْمَتَ اللَّهِ كُفْرًا وَأَحَلُّوا قَوْمَهُمْ دَارَ الْبَوَارِ ۞

(31) Entrarán en Yahannam y qué pésimo lugar de permanencia.

جَهَنَّمَ يَصْلَوْنَهَا وَبِئْسَ ٱلْقَرَارُ ۝

(32) Le atribuyen rivales a Allah para así desviar de Su camino.

Di: Disfrutad por un tiempo. En verdad vuestro destino es el Fuego.

وَجَعَلُوا لِلَّهِ أَندَادًا لِّيُضِلُّوا عَن سَبِيلِهِۦ قُلْ تَمَتَّعُوا فَإِنَّ مَصِيرَكُمْ إِلَى ٱلنَّارِ ۝

(33) Di a Mis siervos que crean, establezcan el salat y gasten de lo que les damos como provisión, en secreto y en público, antes de que llegue un día en que no habrá ni comercio ni amistad.

قُل لِّعِبَادِيَ ٱلَّذِينَ ءَامَنُوا يُقِيمُوا ٱلصَّلَوٰةَ وَيُنفِقُوا مِمَّا رَزَقْنَاهُمْ سِرًّا وَعَلَانِيَةً مِّن قَبْلِ أَن يَأْتِيَ يَوْمٌ لَّا بَيْعٌ فِيهِ وَلَا خِلَالٌ ۝

(34) Allah es El que ha creado los cielos y la tierra y hace caer agua del cielo con la que hace que salgan frutos que os sirven de provisión.

Y os ha subordinado la nave que navega en el mar gracias a Su mandato, y los ríos.

ٱللَّهُ ٱلَّذِي خَلَقَ ٱلسَّمَوَٰتِ وَٱلْأَرْضَ وَأَنزَلَ مِنَ ٱلسَّمَاءِ مَاءً فَأَخْرَجَ بِهِۦ مِنَ ٱلثَّمَرَٰتِ رِزْقًا لَّكُمْ وَسَخَّرَ لَكُمُ ٱلْفُلْكَ لِتَجْرِيَ فِي ٱلْبَحْرِ بِأَمْرِهِۦ وَسَخَّرَ لَكُمُ ٱلْأَنْهَٰرَ ۝

(35) Y os ha subordinado al sol y a la luna, incesantes; y a la noche y al día.

وَسَخَّرَ لَكُمُ ٱلشَّمْسَ وَٱلْقَمَرَ دَآئِبَيْنِ وَسَخَّرَ لَكُمُ ٱلَّيْلَ وَٱلنَّهَارَ ۝

(36) Y os ha dado de todo lo que habéis pedido. Si tratáis de contar las bendiciones de Allah, no podréis enumerarlas; es cierto que el hombre es injusto, ingrato.

وَءَاتَىٰكُم مِّن كُلِّ مَا سَأَلْتُمُوهُ وَإِن تَعُدُّوا نِعْمَتَ ٱللَّهِ لَا تُحْصُوهَآ إِنَّ ٱلْإِنسَٰنَ لَظَلُومٌ كَفَّارٌ ۝

(37) Y cuando Ibrahim dijo: ¡Señor mío! Haz esta tierra segura y

وَإِذْ قَالَ إِبْرَاهِيمُ رَبِّ ٱجْعَلْ هَٰذَا ٱلْبَلَدَ ءَامِنًا

وَاجْنُبْنِي وَبَنِيَّ أَن نَّعْبُدَ الْأَصْنَامَ ۝

apártanos a mí y a mis hijos de la adoración de los ídolos.

رَبِّ إِنَّهُنَّ أَضْلَلْنَ كَثِيرًا مِّنَ النَّاسِ فَمَن تَبِعَنِي فَإِنَّهُ مِنِّي وَمَنْ عَصَانِي فَإِنَّكَ غَفُورٌ رَّحِيمٌ ۝

(38) ¡Señor mío! Es cierto que ellos extravían a muchos hombres. Quien me siga será de los míos pero quien me desobedezca... Realmente Tú eres Perdonador, Compasivo.

رَّبَّنَا إِنِّي أَسْكَنتُ مِن ذُرِّيَّتِي بِوَادٍ غَيْرِ ذِي زَرْعٍ عِندَ بَيْتِكَ الْمُحَرَّمِ رَبَّنَا لِيُقِيمُوا الصَّلَوٰةَ فَاجْعَلْ أَفْئِدَةً مِّنَ النَّاسِ تَهْوِي إِلَيْهِمْ وَارْزُقْهُم مِّنَ الثَّمَرَاتِ لَعَلَّهُمْ يَشْكُرُونَ ۝

(39) ¡Señor nuestro! He hecho habitar a parte de mi descendencia en un valle en el que no hay cereales, junto a tu Casa Inviolable; para que, Señor, establezcan la Oración; así pues haz que los corazones de la gente se vuelquen hacia ellos y provéeles de frutos para que puedan agradecer.

رَبَّنَا إِنَّكَ تَعْلَمُ مَا نُخْفِي وَمَا نُعْلِنُ وَمَا يَخْفَىٰ عَلَى اللَّهِ مِن شَيْءٍ فِي الْأَرْضِ وَلَا فِي السَّمَاءِ ۝

(40) ¡Señor nuestro! Tú conoces lo que escondemos y lo que manifestamos. No hay nada que pase desapercibido para Allah ni en la tierra ni en el cielo.

الْحَمْدُ لِلَّهِ الَّذِي وَهَبَ لِي عَلَى الْكِبَرِ إِسْمَاعِيلَ وَإِسْحَاقَ إِنَّ رَبِّي لَسَمِيعُ الدُّعَاءِ ۝

(41) Las alabanzas a Allah que me ha concedido en la vejez a Ismail e Ishaq; es cierto que mi Señor atiende las súplicas.

رَبِّ اجْعَلْنِي مُقِيمَ الصَّلَوٰةِ وَمِن ذُرِّيَّتِي رَبَّنَا وَتَقَبَّلْ دُعَاءِ ۝

(42) ¡Señor mío! Hazme establecer la Oración a mí y a alguien de mi descendencia. ¡Señor nuestro! Acepta mi súplica.

رَبَّنَا اغْفِرْ لِي وَلِوَالِدَيَّ وَلِلْمُؤْمِنِينَ يَوْمَ يَقُومُ

(43) ¡Señor nuestro! Perdónanos a mí,

a mis padres y a los creyentes el día en que tenga lugar la Rendición de cuentas.

ٱلْحِسَابُ ۝

(44) Y no contéis con que Allah está descuidado de lo que hacen los injustos. Simplemente los aplaza hasta un día en el que las miradas se quedarán fijas.

وَلَا تَحْسَبَنَّ ٱللَّهَ غَٰفِلًا عَمَّا يَعْمَلُ ٱلظَّٰلِمُونَ إِنَّمَا يُؤَخِّرُهُمْ لِيَوْمٍ تَشْخَصُ فِيهِ ٱلْأَبْصَٰرُ ۝

(45) Se moverán apresuradamente con la cabeza hacia arriba, sin poder pestañear y con los corazones vacíos.

مُهْطِعِينَ مُقْنِعِي رُءُوسِهِمْ لَا يَرْتَدُّ إِلَيْهِمْ طَرْفُهُمْ وَأَفْـِٔدَتُهُمْ هَوَآءٌ ۝

(46) Y advierte a los hombres del día en que les llegue el castigo y digan los que fueron injustos: ¡Señor nuestro! Concédenos un breve aplazamiento para que respondamos a Tu llamada y sigamos a los mensajeros.

¿No jurásteis anteriormente que no íbais a pasar a otra vida?

وَأَنذِرِ ٱلنَّاسَ يَوْمَ يَأْتِيهِمُ ٱلْعَذَابُ فَيَقُولُ ٱلَّذِينَ ظَلَمُوا رَبَّنَآ أَخِّرْنَآ إِلَىٰٓ أَجَلٍ قَرِيبٍ نُّجِبْ دَعْوَتَكَ وَنَتَّبِعِ ٱلرُّسُلَ أَوَلَمْ تَكُونُوٓا أَقْسَمْتُم مِّن قَبْلُ مَا لَكُم مِّن زَوَالٍ ۝

(47) Habéis habitado en las moradas de los que fueron injustos consigo mismos y ha quedado claro para vosotros cómo actuamos con ellos; os hemos puesto ejemplos.

وَسَكَنتُمْ فِي مَسَٰكِنِ ٱلَّذِينَ ظَلَمُوٓا أَنفُسَهُمْ وَتَبَيَّنَ لَكُمْ كَيْفَ فَعَلْنَا بِهِمْ وَضَرَبْنَا لَكُمُ ٱلْأَمْثَالَ ۝

(48) Ya urdieron su trama, y junto a Allah queda, pero su trama no es como para hacer que se muevan las montañas.

وَقَدْ مَكَرُوا مَكْرَهُمْ وَعِندَ ٱللَّهِ مَكْرُهُمْ وَإِن كَانَ مَكْرُهُمْ لِتَزُولَ مِنْهُ ٱلْجِبَالُ ۝

(49) No pienses que Allah faltará a la promesa hecha a Sus mensajeros, es cierto que Allah es Irresistible, Dueño de venganza.

فَلَا تَحْسَبَنَّ اللَّهَ مُخْلِفَ وَعْدِهِ رُسُلَهُ إِنَّ اللَّهَ عَزِيزٌ ذُو انتِقَامٍ ۝

(50) El día en que la tierra se sustituya por otra tierra, así como los cielos, y se les haga comparecer ante Allah, el Unico, el Dominante.

يَوْمَ تُبَدَّلُ الْأَرْضُ غَيْرَ الْأَرْضِ وَالسَّمَوَاتُ وَبَرَزُوا لِلَّهِ الْوَاحِدِ الْقَهَّارِ ۝

(51) Y verás ese día a los que hicieron el mal unidos por las cadenas.

وَتَرَى الْمُجْرِمِينَ يَوْمَئِذٍ مُّقَرَّنِينَ فِي الْأَصْفَادِ ۝

(52) Sus túnicas serán de alquitrán y el fuego cubrirá sus rostros.

سَرَابِيلُهُم مِّن قَطِرَانٍ وَتَغْشَى وُجُوهَهُمُ النَّارُ ۝

(53) Para que Allah recompense a cada uno según lo que haya adquirido; es cierto que Allah es Rápido en la cuenta.

لِيَجْزِيَ اللَّهُ كُلَّ نَفْسٍ مَّا كَسَبَتْ إِنَّ اللَّهَ سَرِيعُ الْحِسَابِ ۝

(54) Esto es una comunicación dirigida a los hombres para advertir con ella y para que sepan que El es un dios Unico; y los que saben reconocer lo esencial recuerden.

هَذَا بَلَاغٌ لِّلنَّاسِ وَلِيُنذَرُوا بِهِ وَلِيَعْلَمُوا أَنَّمَا هُوَ إِلَهٌ وَاحِدٌ وَلِيَذَّكَّرَ أُولُوا الْأَلْبَابِ ۝

15. SURA DE AL-HIYR.

سُورَةُ الْحِجْرِ

بِسْمِ اللَّهِ الرَّحْمَٰنِ الرَّحِيمِ

En el nombre de Allah, el Misericordioso, el Compasivo.

(1) Alif, Lam, Ra. Esos son los signos del Libro y de una Recitación clara.

الٓرَ تِلْكَ ءَايَٰتُ الْكِتَٰبِ وَقُرْءَانٍ مُّبِينٍ ١

(2) ¡Cómo desearán los que se negaron a creer haber sido musulmanes!

رُّبَمَا يَوَدُّ الَّذِينَ كَفَرُوا لَوْ كَانُوا مُسْلِمِينَ ٢

(3) Déjalos que coman y disfruten mientras les distrae la falsa esperanza. Ya sabrán.

ذَرْهُمْ يَأْكُلُوا وَيَتَمَتَّعُوا وَيُلْهِهِمُ الْأَمَلُ فَسَوْفَ يَعْلَمُونَ ٣

(4) No hemos destruido ninguna ciudad que no tuviera un término escrito conocido.

وَمَا أَهْلَكْنَا مِن قَرْيَةٍ إِلَّا وَلَهَا كِتَابٌ مَّعْلُومٌ ٤

(5) Ninguna comunidad puede adelantar ni retrasar su plazo.

مَّا تَسْبِقُ مِنْ أُمَّةٍ أَجَلَهَا وَمَا يَسْتَـْٔخِرُونَ ٥

(6) Y han dicho: Tú, a quien le ha descendido el Recuerdo, realmente eres un poseso.

وَقَالُوا يَٰٓأَيُّهَا الَّذِي نُزِّلَ عَلَيْهِ الذِّكْرُ إِنَّكَ لَمَجْنُونٌ ٦

(7) ¿Por qué no has venido a nosotros con los ángeles si dices la verdad?

لَّوْ مَا تَأْتِينَا بِالْمَلَٰٓئِكَةِ إِن كُنتَ مِنَ الصَّٰدِقِينَ ٧

(8) Los ángeles no descienden si no es

مَا نُنَزِّلُ الْمَلَٰٓئِكَةَ إِلَّا بِالْحَقِّ وَمَا كَانُوا

سُورَةُ الْحِجْرِ ـ الْجُزْءُ الرَّابِعَ عَشَرَ

إِذًا أَمَّنظَرِينَ ۝

con la verdad y en ese caso ya no habría nada más que esperar con vosotros.

(9) Nosotros hemos hecho descender el Recuerdo y somos sus guardianes.

إِنَّا نَحْنُ نَزَّلْنَا الذِّكْرَ وَإِنَّا لَهُ لَحَافِظُونَ ۝

(10) Ya habíamos enviado (mensajeros) antes de ti a las comunidades de los antiguos.

وَلَقَدْ أَرْسَلْنَا مِن قَبْلِكَ فِى شِيَعِ الْأَوَّلِينَ ۝

(11) Pero no había mensajero que les llegara del que no se burlaran.

وَمَا يَأْتِيهِم مِّن رَّسُولٍ إِلَّا كَانُوا بِهِ يَسْتَهْزِءُونَ ۝

(12) Así lo imbuimos en los corazones de los malhechores.

كَذَلِكَ نَسْلُكُهُ فِى قُلُوبِ الْمُجْرِمِينَ ۝

(13) No creerán en ello a pesar de tener el ejemplo de lo que siempre pasó con los antiguos.

لَا يُؤْمِنُونَ بِهِ وَقَدْ خَلَتْ سُنَّةُ الْأَوَّلِينَ ۝

(14) Incluso si les abriéramos una parte del cielo por la que pudieran subir.

وَلَوْ فَتَحْنَا عَلَيْهِم بَابًا مِّنَ السَّمَاءِ فَظَلُّوا فِيهِ يَعْرُجُونَ ۝

(15) dirían: Nos están haciendo ver visiones, nos han hechizado.

لَقَالُوا إِنَّمَا سُكِّرَتْ أَبْصَارُنَا بَلْ نَحْنُ قَوْمٌ مَّسْحُورُونَ ۝

(16) Hemos colocado constelaciones en el cielo y las hemos hecho hermosas para los que las miran.

وَلَقَدْ جَعَلْنَا فِى السَّمَاءِ بُرُوجًا وَزَيَّنَّاهَا لِلنَّاظِرِينَ ۝

(17) Y las hemos protegido de todos los demonios lapidados.

وَحَفِظْنَاهَا مِن كُلِّ شَيْطَانٍ رَّجِيمٍ ۝

سورة الحجر ـ الجزء الرابع عشر

(18) Pero excepcionalmente hay quien se introduce a escondidas para escuchar y es perseguido por una estrella fugaz visible.

الاَّ مَنِ استَرَقَ السَّمعَ فَأَتبَعَهُ شِهَابٌ مُّبِينٌ ۝

(19) Y hemos extendido la tierra poniendo en ella cordilleras.
Y hemos hecho que cada cosa creciera con una medida.

وَالاَرضَ مَدَدنَاهَا وَأَلقَينَا فِيهَا رَوَاسِيَ وَأَنبَتنَا فِيهَا مِن كُلِّ شَيءٍ مَّوزُونٍ ۝

(20) Y hemos puesto en ella medios de vida para vosotros y para aquéllos a quien vosotros no proveéis.

وَجَعَلنَا لَكُم فِيهَا مَعَايِشَ وَمَن لَّستُم لَهُ بِرَازِقِينَ ۝

(21) No hay nada cuyas despensas no estén junto a Nos y lo hacemos descender en una cantidad precisa.

وَإِن مِّن شَيءٍ إِلاَّ عِندَنَا خَزَائِنُهُ وَمَا نُنَزِّلُهُ إِلاَّ بِقَدَرٍ مَّعلُومٍ ۝

(22) Y enviamos los vientos fecundadores, hacemos que caiga agua del cielo y con ella os damos de beber, pero vosotros no tenéis sus depósitos.

وَأَرسَلنَا الرِّيَاحَ لَوَاقِحَ فَأَنزَلنَا مِنَ السَّمَاءِ مَاءً فَأَسقَينَاكُمُوهُ وَمَا أَنتُم لَهُ بِخَازِنِينَ ۝

(23) Damos la vida y la muerte y somos los Herederos.

وَإِنَّا لَنَحنُ نُحيِي وَنُمِيتُ وَنَحنُ الوَارِثُونَ ۝

(24) Conocemos a aquéllos de vosotros que pasaron y a los que han de venir.

وَلَقَد عَلِمنَا المُستَقدِمِينَ مِنكُم وَلَقَد عَلِمنَا المُستَأخِرِينَ ۝

(25) Y es cierto que tu Señor los reunirá.
El es el Sabio, el Conocedor.

وَإِنَّ رَبَّكَ هُوَ يَحشُرُهُم إِنَّهُ حَكِيمٌ عَلِيمٌ ۝

(26) Hemos creado al hombre de barro seco sacado de un barro negro moldeable.

وَلَقَدْ خَلَقْنَا ٱلْإِنسَٰنَ مِن صَلْصَٰلٍ مِّنْ حَمَإٍ مَّسْنُونٍ ۝

(27) Y a los genios los habíamos creado con anterioridad a partir del fuego del samún*.

وَٱلْجَآنَّ خَلَقْنَٰهُ مِن قَبْلُ مِن نَّارِ ٱلسَّمُومِ ۝

* [En palabras de Ibn Abbas, el samún o simún, es un viento ardiente que destruye; también dijo que es un fuego sin humo. Y según Ibn Mas'ud es una de las setenta partes del fuego de Yahannam.]

(28) Y cuando tu Señor dijo a los ángeles: Voy a crear a un ser humano a partir de barro seco procedente de barro negro moldeable.

وَإِذْ قَالَ رَبُّكَ لِلْمَلَٰٓئِكَةِ إِنِّى خَٰلِقٌۢ بَشَرًا مِّن صَلْصَٰلٍ مِّنْ حَمَإٍ مَّسْنُونٍ ۝

(29) Y cuando lo haya completado y le haya insuflado parte de Mi espíritu, caeréis postrados ante él.

فَإِذَا سَوَّيْتُهُۥ وَنَفَخْتُ فِيهِ مِن رُّوحِى فَقَعُوا۟ لَهُۥ سَٰجِدِينَ ۝

(30) Todos los ángeles se postraron.

فَسَجَدَ ٱلْمَلَٰٓئِكَةُ كُلُّهُمْ أَجْمَعُونَ ۝

(31) Pero no así Iblis que se negó a ser de los que se postraban.

إِلَّآ إِبْلِيسَ أَبَىٰٓ أَن يَكُونَ مَعَ ٱلسَّٰجِدِينَ ۝

(32) Dijo: ¡Iblis! ¿Qué te ocurre que no estás con los que se postran?

قَالَ يَٰٓإِبْلِيسُ مَا لَكَ أَلَّا تَكُونَ مَعَ ٱلسَّٰجِدِينَ ۝

(33) Dijo: No me postraré ante un ser humano al que has creado de barro seco procedente de barro negro moldeable.

قَالَ لَمْ أَكُن لِّأَسْجُدَ لِبَشَرٍ خَلَقْتَهُۥ مِن صَلْصَٰلٍ مِّنْ حَمَإٍ مَّسْنُونٍ ۝

سورة الحِجْر ـ الجزء الرابع عشر

(34) Dijo: ¡Sal! Estás lapidado.

* [Lit. ¡Sal de él!, es decir, del Jardín]

قَالَ فَاخْرُجْ مِنْهَا فَإِنَّكَ رَجِيمٌ ۝

(35) La maldición caerá sobre ti hasta el Día de la Rendición de cuentas.

وَإِنَّ عَلَيْكَ ٱللَّعْنَةَ إِلَىٰ يَوْمِ ٱلدِّينِ ۝

(36) Dijo: ¡Mi Señor! Dame tiempo hasta el día en que se les devuelva a la vida.

قَالَ رَبِّ فَأَنظِرْنِى إِلَىٰ يَوْمِ يُبْعَثُونَ ۝

(37) Dijo: Tienes un plazo de espera

قَالَ فَإِنَّكَ مِنَ ٱلْمُنظَرِينَ ۝

(38) hasta el día cuyo momento es conocido.

إِلَىٰ يَوْمِ ٱلْوَقْتِ ٱلْمَعْلُومِ ۝

(39) Dijo: ¡Mi Señor! Puesto que me has perdido... Los seduciré en la tierra y los extraviaré a todos.

قَالَ رَبِّ بِمَآ أَغْوَيْتَنِى لَأُزَيِّنَنَّ لَهُمْ فِى ٱلْأَرْضِ وَلَأُغْوِيَنَّهُمْ أَجْمَعِينَ ۝

(40) A excepción de aquellos siervos Tuyos que sean sinceros.

إِلَّا عِبَادَكَ مِنْهُمُ ٱلْمُخْلَصِينَ ۝

(41) Dijo: Este es un camino recto hacia Mí.

قَالَ هَٰذَا صِرَٰطٌ عَلَىَّ مُسْتَقِيمٌ ۝

(42) Realmente no tienes ninguna autoridad sobre Mis siervos a excepción de los extraviados que te sigan.

إِنَّ عِبَادِى لَيْسَ لَكَ عَلَيْهِمْ سُلْطَٰنٌ إِلَّا مَنِ ٱتَّبَعَكَ مِنَ ٱلْغَاوِينَ ۝

(43) Y en verdad Yahannam es vuestra cita común.

وَإِنَّ جَهَنَّمَ لَمَوْعِدُهُمْ أَجْمَعِينَ ۝

(44) Tiene siete puertas y a cada puerta le corresponde una parte, ya designada, de ellos.

لَهَا سَبْعَةُ أَبْوَٰبٍ لِّكُلِّ بَابٍ مِّنْهُمْ جُزْءٌ مَّقْسُومٌ ۝

سُورَةُ الْحِجْرِ ـ الْجُزْءُ الرَّابِعَ عَشَرَ

(45) Verdaderamente los temerosos (de Allah) estarán en jardines y manantiales.

إِنَّ ٱلْمُتَّقِينَ فِى جَنَّٰتٍ وَعُيُونٍ ۝

(46) ¡Entrad en ellos! En paz y a salvo.

ٱدْخُلُوهَا بِسَلَٰمٍ ءَامِنِينَ ۝

(47) Les quitaremos el odio que pueda haber en sus pechos y estarán, como hermanos, recostados en lechos unos enfrente de otros.

وَنَزَعْنَا مَا فِى صُدُورِهِم مِّنْ غِلٍّ إِخْوَٰنًا عَلَىٰ سُرُرٍ مُّتَقَٰبِلِينَ ۝

(48) Allí no les alcanzará ningún tipo de aflicción y no tendrán que salir.

لَا يَمَسُّهُمْ فِيهَا نَصَبٌ وَمَا هُم مِّنْهَا بِمُخْرَجِينَ ۝

(49) Anuncia a Mis siervos que Yo soy el Perdonador, el Compasivo.

نَبِّئْ عِبَادِى أَنِّى أَنَا ٱلْغَفُورُ ٱلرَّحِيمُ ۝

(50) Pero que Mi castigo es el castigo doloroso.

وَأَنَّ عَذَابِى هُوَ ٱلْعَذَابُ ٱلْأَلِيمُ ۝

(51) Y háblales de los huéspedes de Ibrahim.

وَنَبِّئْهُمْ عَن ضَيْفِ إِبْرَٰهِيمَ ۝

(52) Cuando llegaron a él y dijeron: Paz. Dijo: Realmente sentimos recelo de vosotros.

إِذْ دَخَلُوا عَلَيْهِ فَقَالُوا سَلَٰمًا قَالَ إِنَّا مِنكُمْ وَجِلُونَ ۝

(53) Dijeron: No temas, estamos aquí para anunciarte un muchacho sabio.

قَالُوا لَا تَوْجَلْ إِنَّا نُبَشِّرُكَ بِغُلَٰمٍ عَلِيمٍ ۝

(54) Dijo: ¿Me traéis buenas nuevas a pesar de que me ha llegado la

قَالَ أَبَشَّرْتُمُونِى عَلَىٰ أَن مَّسَّنِىَ ٱلْكِبَرُ فَبِمَ تُبَشِّرُونَ ۝

vejez?

¿Cómo podéis traérmelas?

(55) Dijeron: Te anunciamos buenas nuevas con la verdad, no seas de los que han perdido la esperanza.

قَالُوا بَشَّرْنَاكَ بِالْحَقِّ فَلَا تَكُن مِّنَ الْقَانِطِينَ ۝

(56) Dijo: ¿Y quién puede desesperar de la misericordia de su Señor sino los extraviados?

قَالَ وَمَن يَقْنَطُ مِن رَّحْمَةِ رَبِّهِ إِلَّا الضَّالُّونَ ۝

(57) Dijo: ¿Y cuál es vuestra misión, mensajeros?

قَالَ فَمَا خَطْبُكُمْ أَيُّهَا الْمُرْسَلُونَ ۝

(58) Dijeron: Se nos ha enviado a una gente que hace el mal.

قَالُوا إِنَّا أُرْسِلْنَا إِلَىٰ قَوْمٍ مُّجْرِمِينَ ۝

(59) Con la excepción de la familia de Lut a los que salvaremos a todos,

إِلَّا آلَ لُوطٍ إِنَّا لَمُنَجُّوهُمْ أَجْمَعِينَ ۝

(60) menos a su mujer contra la que hemos decretado que sea de los que se queden atrás.

إِلَّا امْرَأَتَهُ قَدَّرْنَا إِنَّهَا لَمِنَ الْغَابِرِينَ ۝

(61) Y cuando llegaron los mensajeros a la familia de Lut.

فَلَمَّا جَاءَ آلَ لُوطٍ الْمُرْسَلُونَ ۝

(62) Dijo: Sois unos desconocidos.

قَالَ إِنَّكُمْ قَوْمٌ مُّنكَرُونَ ۝

(63) Dijeron: Por el contrario venimos a ti con lo que ellos ponen en duda.

قَالُوا بَلْ جِئْنَاكَ بِمَا كَانُوا فِيهِ يَمْتَرُونَ ۝

(64) Te hemos traído la verdad y somos ciertamente veraces.

وَأَتَيْنَاكَ بِالْحَقِّ وَإِنَّا لَصَادِقُونَ ۝

(65) Así pues, sal durante la noche con tu familia y guárdales la espalda y que ninguno de vosotros se vuelva a mirar. Id a donde se os mande.

فَأَسْرِ بِأَهْلِكَ بِقِطْعٍ مِّنَ الَّيْلِ وَاتَّبِعْ أَدْبَرَهُمْ وَلَا يَلْتَفِتْ مِنكُمْ أَحَدٌ وَامْضُوا حَيْثُ تُؤْمَرُونَ ۝

(66) Y le inspiramos este mandato: Cuando amanezcan será eliminado hasta el último de ellos.

وَقَضَيْنَا إِلَيْهِ ذَلِكَ الْأَمْرَ أَنَّ دَابِرَ هَٰؤُلَاءِ مَقْطُوعٌ مُّصْبِحِينَ ۝

(67) Y llegaron los habitantes de la ciudad alborozados.

وَجَاءَ أَهْلُ الْمَدِينَةِ يَسْتَبْشِرُونَ ۝

(68) Dijo: Estos son mis huéspedes, no me deshonréis.

قَالَ إِنَّ هَٰؤُلَاءِ ضَيْفِي فَلَا تَفْضَحُونِ ۝

(69) Temed a Allah y no me entristezcáis.

وَاتَّقُوا اللَّهَ وَلَا تُخْزُونِ ۝

(70) Dijeron: ¿Acaso no te hemos prohibido que hospedes a nadie?

قَالُوا أَوَلَمْ نَنْهَكَ عَنِ الْعَالَمِينَ ۝

(71) Dijo: Aquí tenéis a mis hijas si habéis de hacerlo.*
* [Es decir, si queréis satisfacer vuestro deseo, aquí tenéis a mis hijas para casaros con ellas. La expresión "mis hijas" puede referirse a todas las mujeres del pueblo de Lut.]

قَالَ هَٰؤُلَاءِ بَنَاتِي إِن كُنتُمْ فَاعِلِينَ ۝

(72) ¡Por tu vida! que estaban perdidos en su ceguera.

لَعَمْرُكَ إِنَّهُمْ لَفِي سَكْرَتِهِمْ يَعْمَهُونَ ۝

(73) Y el grito los agarró a la salida del sol.

فَأَخَذَتْهُمُ الصَّيْحَةُ مُشْرِقِينَ ۝

(74) Pusimos lo de abajo arriba e hicimos que cayera sobre ellos una lluvia de piedras de arcilla.

فَجَعَلْنَا عَالِيَهَا سَافِلَهَا وَأَمْطَرْنَا عَلَيْهِمْ حِجَارَةً مِّن سِجِّيلٍ ۝

(75) Realmente en eso hay signos para los que observan.

اِنَّ فِي ذَٰلِكَ لَآيَٰتٍ لِّلْمُتَوَسِّمِينَ ۝

(76) Y ella* se hallaba en un camino que aún subsiste.

* [La ciudad]

وَإِنَّهَا لَبِسَبِيلٍ مُّقِيمٍ ۝

(77) En eso hay un signo para los creyentes.

اِنَّ فِي ذَٰلِكَ لَآيَةً لِّلْمُؤْمِنِينَ ۝

(78) Es cierto que los dueños de la Espesura* fueron injustos.

* [Se refiere a la gente de Shuayb que vivía en un lugar de abundante vegetación y frutos.]

وَإِن كَانَ أَصْحَٰبُ الْأَيْكَةِ لَظَٰلِمِينَ ۝

(79) Y nos vengamos de ellos. Ambos están en un camino que se puede ver.

فَانتَقَمْنَا مِنْهُمْ وَإِنَّهُمَا لَبِإِمَامٍ مُّبِينٍ ۝

(80) Y es cierto que los dueños de al-Hiyr* negaron la verdad de los enviados.

* [Al-Hiyr es el nombre del valle que habitaron los Zamud, la gente de Salih. Este lugar se hallaba entre Medina y el Sham, la Gran Siria.]

وَلَقَدْ كَذَّبَ أَصْحَٰبُ الْحِجْرِ الْمُرْسَلِينَ ۝

(81) Les dimos Nuestros signos y los rechazaron.

وَءَاتَيْنَٰهُمْ ءَايَٰتِنَا فَكَانُوا عَنْهَا مُعْرِضِينَ ۝

(82) Excavaban casas en las montañas sintiéndose seguros.

وَكَانُوا يَنْحِتُونَ مِنَ الْجِبَالِ بُيُوتًا ءَامِنِينَ ۝

(83) El grito los agarró al amanecer.

فَأَخَذَتْهُمُ الصَّيْحَةُ مُصْبِحِينَ ۝

(84) Y de nada les sirvió lo que habían adquirido.

فَمَا أَغْنَىٰ عَنْهُم مَّا كَانُوا يَكْسِبُونَ ۝

سُورَةُ الْحِجْرِ ــ الْجُزْءُ الرَّابِعَ عَشَرَ

(85) No hemos creado los cielos, la tierra y lo que hay entre ambos sino con la Verdad y con toda seguridad que la Hora ha de venir. Así pues practica el buen perdón.

وَمَا خَلَقْنَا ٱلسَّمَٰوَٰتِ وَٱلْأَرْضَ وَمَا بَيْنَهُمَآ إِلَّا بِٱلْحَقِّ وَإِنَّ ٱلسَّاعَةَ لَءَاتِيَةٌ فَٱصْفَحِ ٱلصَّفْحَ ٱلْجَمِيلَ ۝

(86) Verdaderamente tu Señor es el Creador, el Conocedor.

إِنَّ رَبَّكَ هُوَ ٱلْخَلَّٰقُ ٱلْعَلِيمُ ۝

(87) Y realmente te hemos dado siete de las más repetidas* y el Corán grandioso.

* [Probable alusión a las siete aleyas de la sura al-Fatiha.]

وَلَقَدْ ءَاتَيْنَٰكَ سَبْعًا مِّنَ ٱلْمَثَانِي وَٱلْقُرْءَانَ ٱلْعَظِيمَ ۝

(88) No dirijas tu mirada hacia aquello que hemos dado como disfrute a algunos grupos de ellos ni te entristezcas por causa suya. Y baja tus alas (con ternura)* hacia los creyentes.

*[La metáfora procede de la imagen del ave que cubre con las alas a su cría, extendiéndolas y cerrándolas después sobre ella.]

لَا تَمُدَّنَّ عَيْنَيْكَ إِلَىٰ مَا مَتَّعْنَا بِهِۦٓ أَزْوَٰجًا مِّنْهُمْ وَلَا تَحْزَنْ عَلَيْهِمْ وَٱخْفِضْ جَنَاحَكَ لِلْمُؤْمِنِينَ ۝

(89) Y di: Yo soy el advertidor claro.

وَقُلْ إِنِّىٓ أَنَا ٱلنَّذِيرُ ٱلْمُبِينُ ۝

(90) Así también hicimos que descendiera el castigo sobre los que se dividieron

كَمَآ أَنزَلْنَا عَلَى ٱلْمُقْتَسِمِينَ ۝

(91) Los que partieron el Corán*.

* [Al creer en unas partes y en otras no]

ٱلَّذِينَ جَعَلُوا ٱلْقُرْءَانَ عِضِينَ ۝

(92) Y por tu Señor que les pediremos explicaciones a todos

فَوَرَبِّكَ لَنَسْـَٔلَنَّهُمْ أَجْمَعِينَ ۝

(93) sobre sus actos.

عَمَّا كَانُواْ يَعْمَلُونَ ۝

(94) Declara pues lo que se te ordena y apártate de los que asocian.

فَاصْدَعْ بِمَا تُؤْمَرُ وَأَعْرِضْ عَنِ الْمُشْرِكِينَ ۝

(95) Ciertamente te bastamos frente a los que se burlan.

إِنَّا كَفَيْنَاكَ الْمُسْتَهْزِءِينَ ۝

(96) Los que ponen otros dioses junto a Allah. Pero ya sabrán.

الَّذِينَ يَجْعَلُونَ مَعَ اللَّهِ إِلَهًا ءَاخَرَ فَسَوْفَ يَعْلَمُونَ ۝

(97) Supimos que tu pecho se encogía por lo que ellos dicen.

وَلَقَدْ نَعْلَمُ أَنَّكَ يَضِيقُ صَدْرُكَ بِمَا يَقُولُونَ ۝

(98) ¡Pero glorifica a tu Señor con Su alabanza y sé de los que se postran!

فَسَبِّحْ بِحَمْدِ رَبِّكَ وَكُنْ مِّنَ السَّاجِدِينَ ۝

(99) Y adora a tu Señor hasta que te llegue la certeza*.

*[La certeza se refiere a la muerte, según el comentario más común.]

وَاعْبُدْ رَبَّكَ حَتَّىٰ يَأْتِيَكَ الْيَقِينُ ۝

16. SURA DE LA ABEJA.

En el nombre de Allah, el Misericordioso, el Compasivo.

(1) La orden de Allah llega, no queráis precipitarla.

Gloria a El y sea ensalzado por encima de lo que Le asocian.

(2) Hace que los ángeles bajen con el espíritu que viene de Su orden a quien quiere de Sus siervos: "Advertid que no hay dios sino Yo". Temedme pues.

(3) Ha creado los cielos y la tierra con la verdad.

¡Ensalzado sea por encima de lo que Le asocian!

(4) Ha creado al hombre a partir de un gota de esperma y sin embargo él es un indudable discutidor.

(5) Y los animales de rebaño los ha creado para vosotros, en ellos tenéis con qué calentaros, beneficios y comida.

(6) Es hermoso para vosotros cuando los recogéis al atardecer y

cuando los lleváis a pastar por la mañana.

تَشْرَحُونَ ۞

(7) Y transportan vuestros fardos hasta tierras a los que no podríais llegar sino a costa de extenuaros; es cierto que vuestro Señor es Benévolo, Compasivo.

وَتَحْمِلُ أَثْقَالَكُمْ إِلَىٰ بَلَدٍ لَّمْ تَكُونُواْ بَٰلِغِيهِ إِلَّا بِشِقِّ ٱلْأَنفُسِ إِنَّ رَبَّكُمْ لَرَءُوفٌ رَّحِيمٌ ۞

(8) Y los caballos, mulos y asnos para que montéis en ellos y para que sean un adorno. Y crea lo que no conocéis.

وَٱلْخَيْلَ وَٱلْبِغَالَ وَٱلْحَمِيرَ لِتَرْكَبُوهَا وَزِينَةً وَيَخْلُقُ مَا لَا تَعْلَمُونَ ۞

(9) A Allah corresponde mostrar el camino acertado pero hay caminos que se desvían, si quisiera os guiaría a todos.

وَعَلَى ٱللَّهِ قَصْدُ ٱلسَّبِيلِ وَمِنْهَا جَآئِرٌ وَلَوْ شَآءَ لَهَدَىٰكُمْ أَجْمَعِينَ ۞

(10) El es Quien hace que caiga agua del cielo para vosotros, de ella tenéis de qué beber y arbustos en los que apacentáis.

هُوَ ٱلَّذِىٓ أَنزَلَ مِنَ ٱلسَّمَآءِ مَآءً لَّكُم مِّنْهُ شَرَابٌ وَمِنْهُ شَجَرٌ فِيهِ تُسِيمُونَ ۞

(11) Con ella hace que crezcan para vosotros cereales, aceitunas, palmeras, vides y todo tipo de frutos; es cierto que en eso hay un signo para gente que reflexiona.

يُنۢبِتُ لَكُم بِهِ ٱلزَّرْعَ وَٱلزَّيْتُونَ وَٱلنَّخِيلَ وَٱلْأَعْنَٰبَ وَمِن كُلِّ ٱلثَّمَرَٰتِ إِنَّ فِى ذَٰلِكَ لَءَايَةً لِّقَوْمٍ يَتَفَكَّرُونَ ۞

(12) Y ha puesto para vuestro servicio la noche y el día, el sol y la luna, así como las estrellas están sometidas por Su mandato; es cierto que en ello hay signos para gente que razona.

وَسَخَّرَ لَكُمُ ٱلَّيْلَ وَٱلنَّهَارَ وَٱلشَّمْسَ وَٱلْقَمَرَ وَٱلنُّجُومُ مُسَخَّرَٰتٌ بِأَمْرِهِ إِنَّ فِى ذَٰلِكَ لَءَايَٰتٍ لِّقَوْمٍ يَعْقِلُونَ ۞

(13) Y todo lo que para vosotros ha producido en la tierra con distintos colores; verdaderamente en ello hay un signo para la gente que recapacita.

وَمَا ذَرَأَ لَكُمْ فِي ٱلْأَرْضِ مُخْتَلِفًا أَلْوَٰنُهُۥٓ إِنَّ فِى ذَٰلِكَ لَءَايَةً لِّقَوْمٍ يَذَّكَّرُونَ ۝

(14) Y Él es Quien ha hecho accesible el mar para que comáis de él carne fresca y os procuréis adornos que vestir —y ves cómo la nave navega en él— y para que busquéis Su favor, quizás podáis agradecer.

وَهُوَ ٱلَّذِى سَخَّرَ ٱلْبَحْرَ لِتَأْكُلُوا۟ مِنْهُ لَحْمًا طَرِيًّا وَتَسْتَخْرِجُوا۟ مِنْهُ حِلْيَةً تَلْبَسُونَهَا وَتَرَى ٱلْفُلْكَ مَوَاخِرَ فِيهِ وَلِتَبْتَغُوا۟ مِن فَضْلِهِۦ وَلَعَلَّكُمْ تَشْكُرُونَ ۝

(15) Ha puesto en la tierra macizos montañosos para que no se moviera con vosotros, y ríos y caminos para que os orientárais.

وَأَلْقَىٰ فِى ٱلْأَرْضِ رَوَٰسِىَ أَن تَمِيدَ بِكُمْ وَأَنْهَٰرًا وَسُبُلًا لَّعَلَّكُمْ تَهْتَدُونَ ۝

(16) Y señales. Y por medio de las estrellas se guían.

وَعَلَٰمَٰتٍ وَبِٱلنَّجْمِ هُمْ يَهْتَدُونَ ۝

(17) ¿Acaso Quien crea es como el que no crea?
¿Es que no vais a recapacitar?

أَفَمَن يَخْلُقُ كَمَن لَّا يَخْلُقُ أَفَلَا تَذَكَّرُونَ ۝

(18) Si tratáis de enumerar los dones de Allah no podréis contarlos, es cierto que Allah es Perdonador, Compasivo.

وَإِن تَعُدُّوا۟ نِعْمَةَ ٱللَّهِ لَا تُحْصُوهَآ إِنَّ ٱللَّهَ لَغَفُورٌ رَّحِيمٌ ۝

(19) Y Allah conoce lo que guardáis en secreto y lo que manifestáis.

وَٱللَّهُ يَعْلَمُ مَا تُسِرُّونَ وَمَا تُعْلِنُونَ ۝

(20) Y aquellos que invocáis fuera de Allah no crean nada, son ellos los creados.

وَٱلَّذِينَ تَدْعُونَ مِن دُونِ ٱللَّهِ لَا يَخْلُقُونَ شَيْـًٔا وَهُمْ يُخْلَقُونَ ۝

(21) Muertos, que no vivos, no se darán cuenta cuando sean levantados.

أَمْوَاتٌ غَيْرُ أَحْيَاءٍ وَمَا يَشْعُرُونَ أَيَّانَ يُبْعَثُونَ ۝

(22) Vuestro dios es un Dios Unico.

Los que no creen en la Ultima Vida tienen corazones negados y están llenos de soberbia.

إِلَٰهُكُمْ إِلَٰهٌ وَاحِدٌ فَالَّذِينَ لَا يُؤْمِنُونَ بِالْآخِرَةِ قُلُوبُهُم مُّنكِرَةٌ وَهُم مُّسْتَكْبِرُونَ ۝

(23) No hay duda de que Allah conoce lo que guardáis en secreto y lo que publicáis, realmente El no ama a quien se llena de soberbia.

لَا جَرَمَ أَنَّ اللَّهَ يَعْلَمُ مَا يُسِرُّونَ وَمَا يُعْلِنُونَ إِنَّهُ لَا يُحِبُّ الْمُسْتَكْبِرِينَ ۝

(24) Y cuando se les dice: ¿Qué es lo que vuestro Señor ha hecho descender? Dicen: Leyendas de los antiguos.

وَإِذَا قِيلَ لَهُم مَّاذَا أَنزَلَ رَبُّكُمْ قَالُوا أَسَاطِيرُ الْأَوَّلِينَ ۝

(25) Así cargarán el Día del Levantamiento con todas sus responsabilidades y con parte de las responsabilidades de aquellos a quienes extraviaron sin conocimiento.

¿Acaso no es malo lo que pesa sobre ellos?

لِيَحْمِلُوا أَوْزَارَهُمْ كَامِلَةً يَوْمَ الْقِيَامَةِ وَمِنْ أَوْزَارِ الَّذِينَ يُضِلُّونَهُم بِغَيْرِ عِلْمٍ أَلَا سَاءَ مَا يَزِرُونَ ۝

(26) Ya maquinaron otros antes que ellos pero Allah acometió contra lo que habían edificado* por los cimientos y el techo les cayó encima viniéndoles el castigo por donde no lo esperaban.

* [Se refiere a la torre de Babel. El rey Numrud ibn Kanan——Nemrod— y su

فَقَدْ مَكَرَ الَّذِينَ مِن قَبْلِهِمْ فَأَتَى اللَّهُ بُنْيَانَهُم مِّنَ الْقَوَاعِدِ فَخَرَّ عَلَيْهِمُ السَّقْفُ مِن فَوْقِهِمْ وَأَتَاهُمُ الْعَذَابُ مِنْ حَيْثُ لَا يَشْعُرُونَ ۝

pueblo pretendieron subir al cielo para matar a quien encontraran en él. Con este fin construyeron una torre de dimensiones gigantescas que Allah destruyó por medio de un viento, haciendo que una parte de ella les cayera encima. El terror que esto produjo hizo que la lengua que hablaban se confundiera hasta el punto de que llegaron a hablar sesenta y tres lenguas distintas. El nombre de Babel se relaciona con la de la raiz "balbala" que significa confusión.]

(27) Luego, el Día del Levantamiento, los humillará y les dirá:

¿Donde están ésos que Me asociabais y por cuya causa os opusísteis?
Dirán aquellos a los que les fue dado el conocimiento: Hoy la humillación y el mal son para los incrédulos.

ثُمَّ يَوْمَ ٱلْقِيَٰمَةِ يُخْزِيهِمْ وَيَقُولُ أَيْنَ شُرَكَآءِىَ ٱلَّذِينَ كُنتُمْ تُشَٰٓقُّونَ فِيهِمْ قَالَ ٱلَّذِينَ أُوتُوا۟ ٱلْعِلْمَ إِنَّ ٱلْخِزْىَ ٱلْيَوْمَ وَٱلسُّوٓءَ عَلَى ٱلْكَٰفِرِينَ ٢٧

(28) Aquellos a los que se lleven los ángeles y hayan sido injustos consigo mismos. Ofrecerán la rendición: "No hacíamos ningún mal".
Por el contrario Allah conoce lo que hacéis.

ٱلَّذِينَ تَتَوَفَّىٰهُمُ ٱلْمَلَٰٓئِكَةُ ظَالِمِىٓ أَنفُسِهِمْ فَأَلْقَوُا۟ ٱلسَّلَمَ مَا كُنَّا نَعْمَلُ مِن سُوٓءٍ بَلَىٰٓ إِنَّ ٱللَّهَ عَلِيمٌۢ بِمَا كُنتُمْ تَعْمَلُونَ ٢٨

(29) Entrad por las puertas de Yahannam donde seréis inmortales.
¡Qué mal lugar de estancia el de los soberbios!

فَٱدْخُلُوٓا۟ أَبْوَٰبَ جَهَنَّمَ خَٰلِدِينَ فِيهَا فَلَبِئْسَ مَثْوَى ٱلْمُتَكَبِّرِينَ ٢٩

(30) Y se les dirá a los que fueron temerosos (de Allah): ¿Qué

۞ وَقِيلَ لِلَّذِينَ ٱتَّقَوْا۟ مَاذَآ أَنزَلَ رَبُّكُمْ قَالُوا۟ خَيْرًا

hizo descender vuestro Señor? Dirán: Bien.

Los que hayan hecho el bien tendrán beneficio en esta vida inmediata, pero la morada de la Ultima es mejor. ¡Y qué excelente morada la de los temerosos (de Allah)!

لِّلَّذِينَ أَحْسَنُوا۟ فِي هَٰذِهِ ٱلدُّنْيَا حَسَنَةٌ وَلَدَارُ ٱلْءَاخِرَةِ خَيْرٌ وَلَنِعْمَ دَارُ ٱلْمُتَّقِينَ ۝

(31) Los jardines de Adn, en los que entrarán y por cuyo suelo corren los ríos. Allí tendrán lo que quieran; así es como paga Allah a los que Le temen.

جَنَّٰتُ عَدْنٍ يَدْخُلُونَهَا تَجْرِي مِن تَحْتِهَا ٱلْأَنْهَٰرُ لَهُمْ فِيهَا مَا يَشَآءُونَ كَذَٰلِكَ يَجْزِي ٱللَّهُ ٱلْمُتَّقِينَ ۝

(32) Aquellos a los que se lleven los ángeles en estado de bondad... (Los ángeles) les dirán: Paz con vosotros: Entrad en el Jardín por vuestras obras.

ٱلَّذِينَ تَتَوَفَّىٰهُمُ ٱلْمَلَٰٓئِكَةُ طَيِّبِينَ يَقُولُونَ سَلَٰمٌ عَلَيْكُمُ ٱدْخُلُوا۟ ٱلْجَنَّةَ بِمَا كُنتُمْ تَعْمَلُونَ ۝

(33) ¿Qué esperan sino que vengan a ellos los ángeles o venga a ellos la orden de tu Señor? Eso es lo que hicieron quienes les predecedieron y Allah no fue injusto con ellos sino que ellos fueron injustos consigo mismos.

هَلْ يَنظُرُونَ إِلَّآ أَن تَأْتِيَهُمُ ٱلْمَلَٰٓئِكَةُ أَوْ يَأْتِيَ أَمْرُ رَبِّكَ كَذَٰلِكَ فَعَلَ ٱلَّذِينَ مِن قَبْلِهِمْ وَمَا ظَلَمَهُمُ ٱللَّهُ وَلَٰكِن كَانُوٓا۟ أَنفُسَهُمْ يَظْلِمُونَ ۝

(34) Y les vinieron encima las malas acciones que habían llevado a cabo. Aquello de lo que se burlaban los rodeó.

فَأَصَابَهُمْ سَيِّئَاتُ مَا عَمِلُوا۟ وَحَاقَ بِهِم مَّا كَانُوا۟ بِهِۦ يَسْتَهْزِءُونَ ۝

(35) Dirán los que fueron asociadores: Si Allah hubiera querido no habríamos adorado

وَقَالَ ٱلَّذِينَ أَشْرَكُوا۟ لَوْ شَآءَ ٱللَّهُ مَا عَبَدْنَا مِن دُونِهِۦ مِن شَىْءٍ نَّحْنُ وَلَآ ءَابَآؤُنَا وَلَا حَرَّمْنَا مِن دُونِهِۦ

nada aparte de El, ni nosotros ni nuestros padres, ni tampoco hubiéramos hecho nada ilícito prescindiendo de El. Así es como actuaron quienes les precedieron.

¿Y qué otra cosa corresponde a los mensajeros sino transmitir con claridad?

مِن شَىْءٍ كَذَٰلِكَ فَعَلَ ٱلَّذِينَ مِن قَبْلِهِمْ فَهَلْ عَلَى ٱلرُّسُلِ إِلَّا ٱلْبَلَٰغُ ٱلْمُبِينُ ﴿٣٥﴾

(36) Hemos enviado un mensajero a cada comunidad: "Adorad a Allah y apartaos de los Tagut."*

Y hubo entre ellos a quien Allah guió, pero hubo en quien se hizo realidad el extravío.

Recorred pues la tierra y ved cómo acabaron los que negaron la verdad.

* [El término tagut designa a los ídolos y a los demonios y en general todo lo que se adora fuera de Allah. Ver aleya 256 de la sura 2.]

وَلَقَدْ بَعَثْنَا فِى كُلِّ أُمَّةٍ رَّسُولًا أَنِ ٱعْبُدُواْ ٱللَّهَ وَٱجْتَنِبُواْ ٱلطَّٰغُوتَ فَمِنْهُم مَّنْ هَدَى ٱللَّهُ وَمِنْهُم مَّنْ حَقَّتْ عَلَيْهِ ٱلضَّلَٰلَةُ فَسِيرُواْ فِى ٱلْأَرْضِ فَٱنظُرُواْ كَيْفَ كَانَ عَٰقِبَةُ ٱلْمُكَذِّبِينَ ﴿٣٦﴾

(37) Si te empeñas en guiar-los…Realmente Allah no guía a quién extravía y no tienen quien les auxilie.

إِن تَحْرِصْ عَلَىٰ هُدَىٰهُمْ فَإِنَّ ٱللَّهَ لَا يَهْدِى مَن يُضِلُّ وَمَا لَهُم مِّن نَّٰصِرِينَ ﴿٣٧﴾

(38) Y juran por Allah con jura-mentos solemnes: Allah no resucitará a quien haya muerto. Al contrario, es una promesa que se ha impuesto, sin embargo la mayor parte de los hombres no saben.

وَأَقْسَمُواْ بِٱللَّهِ جَهْدَ أَيْمَٰنِهِمْ لَا يَبْعَثُ ٱللَّهُ مَن يَمُوتُ بَلَىٰ وَعْدًا عَلَيْهِ حَقًّا وَلَٰكِنَّ أَكْثَرَ ٱلنَّاسِ لَا يَعْلَمُونَ ﴿٣٨﴾

سُورَةُ ٱلنَّحْلِ ـ ٱلْجُزْءُ ٱلرَّابِعَ عَشَرَ

(39) Para hacerles claro aquello en lo que discrepaban y para que los incrédulos sepan que mentían.

لِيُبَيِّنَ لَهُمُ ٱلَّذِى يَخْتَلِفُونَ فِيهِ وَلِيَعْلَمَ ٱلَّذِينَ كَفَرُوٓاْ أَنَّهُمْ كَانُواْ كَٰذِبِينَ ۝

(40) Ciertamente cuando queremos que algo sea, simplemente le decimos: Sé, y es.

إِنَّمَا قَوْلُنَا لِشَىْءٍ إِذَآ أَرَدْنَٰهُ أَن نَّقُولَ لَهُۥ كُن فَيَكُونُ ۝

(41) A los que emigraron por Allah después de haber sido tratados injustamente les prepararemos en esta vida una hermosa recompensa, y la recompensa de la Ultima es mejor, si supieran.

وَٱلَّذِينَ هَاجَرُواْ فِى ٱللَّهِ مِنۢ بَعْدِ مَا ظُلِمُواْ لَنُبَوِّئَنَّهُمْ فِى ٱلدُّنْيَا حَسَنَةً وَلَأَجْرُ ٱلْءَاخِرَةِ أَكْبَرُ لَوْ كَانُواْ يَعْلَمُونَ ۝

(42) Ellos son los que tienen paciencia y se confían en su Señor.

ٱلَّذِينَ صَبَرُواْ وَعَلَىٰ رَبِّهِمْ يَتَوَكَّلُونَ ۝

(43) Antes de ti, no habíamos enviado sino a hombres con Nuestra inspiración —preguntad a la gente del Recuerdo si vosotros no sabéis—

وَمَآ أَرْسَلْنَا مِن قَبْلِكَ إِلَّا رِجَالًا نُّوحِىٓ إِلَيْهِمْ فَسْـَٔلُوٓاْ أَهْلَ ٱلذِّكْرِ إِن كُنتُمْ لَا تَعْلَمُونَ ۝

(44) que traían las evidencias y las escrituras.
E hicimos que te descendiera a ti el Recuerdo para que pusieras en claro a los hombres lo que se les había hecho descender y para que pudieran reflexionar.

بِٱلْبَيِّنَٰتِ وَٱلزُّبُرِ وَأَنزَلْنَآ إِلَيْكَ ٱلذِّكْرَ لِتُبَيِّنَ لِلنَّاسِ مَا نُزِّلَ إِلَيْهِمْ وَلَعَلَّهُمْ يَتَفَكَّرُونَ ۝

(45) ¿Acaso los que han maquinado maldades están a salvo de que Allah no haga que se los trague la tierra o les traiga el castigo por donde no lo esperen?

أَفَأَمِنَ ٱلَّذِينَ مَكَرُواْ ٱلسَّيِّـَٔاتِ أَن يَخْسِفَ ٱللَّهُ بِهِمُ ٱلْأَرْضَ أَوْ يَأْتِيَهُمُ ٱلْعَذَابُ مِنْ حَيْثُ لَا يَشْعُرُونَ ۝

(46) ¿O de que los alcance en sus idas y venidas sin que puedan hacer nada para impedirlo?

أَوْ يَأْخُذَهُمْ فِى تَقَلُّبِهِمْ فَمَاهُم بِمُعْجِزِينَ ۝

(47) ¿O de que los alcance mientras están atemorizados?*

Realmente vuestro Señor es Clemente, Compasivo.

* [También puede entenderse. "¿O de que los alcance mermándolos poco a poco?"]

أَوْ يَأْخُذَهُمْ عَلَىٰ تَخَوُّفٍ فَإِنَّ رَبَّكُمْ لَرَءُوفٌ رَّحِيمٌ ۝

(48) ¿Es que no ves las cosas que Allah ha creado y cómo su sombra se desplaza a la derecha y a la izquierda postrándose ante Allah y es insignificante?

أَوَلَمْ يَرَوْا إِلَىٰ مَا خَلَقَ ٱللَّهُ مِن شَىْءٍ يَتَفَيَّؤُا۟ ظِلَٰلُهُۥ عَنِ ٱلْيَمِينِ وَٱلشَّمَآئِلِ سُجَّدًا لِّلَّهِ وَهُمْ دَٰخِرُونَ ۝

(49) Ante Allah se postra todo ser viviente que hay en los cielos y en la tierra, así como los ángeles; y ellos no se muestran soberbios.

وَلِلَّهِ يَسْجُدُ مَا فِى ٱلسَّمَٰوَٰتِ وَمَا فِى ٱلْأَرْضِ مِن دَآبَّةٍ وَٱلْمَلَٰٓئِكَةُ وَهُمْ لَا يَسْتَكْبِرُونَ ۝

(50) Temen a su Señor que está por encima de ellos y hacen lo que se les ordena.

يَخَافُونَ رَبَّهُم مِّن فَوْقِهِمْ وَيَفْعَلُونَ مَا يُؤْمَرُونَ ۩ ۝

(51) Y dice Allah: "No toméis dos dioses, El, (vuestro dios) es un Dios Unico. Temedme sólo a Mí".

وَقَالَ ٱللَّهُ لَا تَتَّخِذُوٓا۟ إِلَٰهَيْنِ ٱثْنَيْنِ إِنَّمَا هُوَ إِلَٰهٌ وَٰحِدٌ فَإِيَّٰىَ فَٱرْهَبُونِ ۝

(52) A El Le pertenece cuanto hay en los cielos y en la tierra y a El Le es debida la Adoración siempre...¿Acaso temeréis a otro que Allah?

وَلَهُۥ مَا فِى ٱلسَّمَٰوَٰتِ وَٱلْأَرْضِ وَلَهُ ٱلدِّينُ وَاصِبًا أَفَغَيْرَ ٱللَّهِ تَتَّقُونَ ۝

سُورَةُ ٱلنَّحْلِ – ٱلْجُزْءُ ٱلرَّابِعَ عَشَرَ

(53) Los dones que tenéis vienen de Allah. Sin embargo, cuando os toca algún mal, es cuando Le imploráis.

وَمَا بِكُم مِّن نِّعْمَةٍ فَمِنَ ٱللَّهِ ثُمَّ إِذَا مَسَّكُمُ ٱلضُّرُّ فَإِلَيْهِ تَجْـَٔرُونَ ۝

(54) Y después, una vez que se os ha librado del mal, hay una parte de vosotros que asocian a su Señor

ثُمَّ إِذَا كَشَفَ ٱلضُّرَّ عَنكُمْ إِذَا فَرِيقٌ مِّنكُم بِرَبِّهِمْ يُشْرِكُونَ ۝

(55) siendo ingratos con lo que les dimos. Pero disfrutad que ya sabréis.

لِيَكْفُرُوا۟ بِمَآ ءَاتَيْنَٰهُمْ فَتَمَتَّعُوا۟ فَسَوْفَ تَعْلَمُونَ ۝

(56) Destinan una parte de la provisión que les damos a lo que no conocen. ¡Por Allah que seréis preguntados acerca de lo que inventasteis!

وَيَجْعَلُونَ لِمَا لَا يَعْلَمُونَ نَصِيبًا مِّمَّا رَزَقْنَٰهُمْ تَٱللَّهِ لَتُسْـَٔلُنَّ عَمَّا كُنتُمْ تَفْتَرُونَ ۝

(57) Y conciben que Allah tenga hijas, ¡Glorificado sea!; mientras que para sí mismos sólo conciben lo que desean.

وَيَجْعَلُونَ لِلَّهِ ٱلْبَنَٰتِ سُبْحَٰنَهُۥ وَلَهُم مَّا يَشْتَهُونَ ۝

(58) Y cuando a alguno de ellos se le anuncia el nacimiento de una hembra su rostro se ensombrece y tiene que contener la ira.

وَإِذَا بُشِّرَ أَحَدُهُم بِٱلْأُنثَىٰ ظَلَّ وَجْهُهُۥ مُسْوَدًّا وَهُوَ كَظِيمٌ ۝

(59) Se esconde de la gente a causa del mal de lo que se le anunció pensando si se quedará con ello a pesar de la vergüenza o lo enterrará. ¿Acaso no es malo lo que juzgan?

يَتَوَٰرَىٰ مِنَ ٱلْقَوْمِ مِن سُوٓءِ مَا بُشِّرَ بِهِۦٓ أَيُمْسِكُهُۥ عَلَىٰ هُونٍ أَمْ يَدُسُّهُۥ فِى ٱلتُّرَابِ أَلَا سَآءَ مَا يَحْكُمُونَ ۝

سُورَةُ ٱلنَّحْلِ ــ ٱلْجُزْءُ ٱلرَّابِعَ عَشَرَ

(60) A los que no creen en la Ultima Vida les corresponde la peor descripción y a Allah Le corresponde la descripción más alta; El es el Irresistible, el Sabio.

لِلَّذِينَ لَا يُؤْمِنُونَ بِٱلْأَخِرَةِ مَثَلُ ٱلسَّوْءِ وَلِلَّهِ ٱلْمَثَلُ ٱلْأَعْلَىٰ وَهُوَ ٱلْعَزِيزُ ٱلْحَكِيمُ ۝

(61) Y si Allah tomara en cuenta a los hombres por sus injusticias no dejaría sobre ella* ningún ser viviente. Sin embargo los deja hasta un plazo fijado.

Pero cuando les llega su plazo no se les retrasa ni se les adelanta una sola hora.
* [Es decir, la tierra]

وَلَوْ يُؤَاخِذُ ٱللَّهُ ٱلنَّاسَ بِظُلْمِهِم مَّا تَرَكَ عَلَيْهَا مِن دَآبَّةٍ وَلَٰكِن يُؤَخِّرُهُمْ إِلَىٰ أَجَلٍ مُّسَمًّى فَإِذَا جَآءَ أَجَلُهُمْ لَا يَسْتَخِرُونَ سَاعَةً وَلَا يَسْتَقْدِمُونَ ۝

(62) Atribuyen a Allah lo que ellos detestan mientras sus lenguas declaran la mentira de que ellos tendrán lo más hermoso*. Sin ninguna duda tendrán el Fuego y en él serán abandonados.
* [Alusión al Jardín]

وَيَجْعَلُونَ لِلَّهِ مَا يَكْرَهُونَ وَتَصِفُ أَلْسِنَتُهُمُ ٱلْكَذِبَ أَنَّ لَهُمُ ٱلْحُسْنَىٰ لَا جَرَمَ أَنَّ لَهُمُ ٱلنَّارَ وَأَنَّهُم مُّفْرَطُونَ ۝

(63) ¡Por Allah que mandamos enviados a comunidades de antes de ti y el Shaytán les embelleció lo que hacían!
Hoy, él es su protector y tendrán un doloroso castigo.

تَٱللَّهِ لَقَدْ أَرْسَلْنَآ إِلَىٰٓ أُمَمٍ مِّن قَبْلِكَ فَزَيَّنَ لَهُمُ ٱلشَّيْطَٰنُ أَعْمَٰلَهُمْ فَهُوَ وَلِيُّهُمُ ٱلْيَوْمَ وَلَهُمْ عَذَابٌ أَلِيمٌ ۝

(64) Y no hicimos que descendiera a ti el Libro sino para que les hicieras claro aquello en lo que discrepaban y como guía y misericordia para gente que cree.

وَمَآ أَنزَلْنَا عَلَيْكَ ٱلْكِتَٰبَ إِلَّا لِتُبَيِّنَ لَهُمُ ٱلَّذِي ٱخْتَلَفُوا فِيهِ وَهُدًى وَرَحْمَةً لِّقَوْمٍ يُؤْمِنُونَ ۝

سُورَةُ النَّحْلِ ــ الْجُزْءُ الرَّابِعَ عَشَرَ

(65) Y Allah hace que caiga agua del cielo con la que vivifica la tierra después de muerta, realmente en eso hay un signo para la gente que escucha.

وَٱللَّهُ أَنزَلَ مِنَ ٱلسَّمَاءِ مَاءً فَأَحْيَا بِهِ ٱلْأَرْضَ بَعْدَ مَوْتِهَآ إِنَّ فِي ذَٰلِكَ لَآيَةً لِّقَوْمٍ يَسْمَعُونَ ۝

(66) Y por cierto que en los animales de rebaño tenéis un ejemplo.

Os damos de beber de lo que hay en sus vientres, entre quimo y sangre: una leche pura, fácil de ingerir para quien la bebe.

وَإِنَّ لَكُمْ فِي ٱلْأَنْعَامِ لَعِبْرَةً نُّسْقِيكُم مِّمَّا فِي بُطُونِهِ مِنۢ بَيْنِ فَرْثٍ وَدَمٍ لَّبَنًا خَالِصًا سَآئِغًا لِّلشَّارِبِينَ ۝

(67) Y de los frutos de las palmeras y de las vides sacáis un embriagante* y buena provisión. En eso hay un signo para gente que razona.

* [Según el qadi Ibn al-Arabi si el término "sakar" se refiere al vino, como explica Ibn Abbas, entonces la aleya estaría abrogada, pues esta aleya es mequí y anterior por lo tanto a la prohibición del vino que es de Medina.]

وَمِن ثَمَرَٰتِ ٱلنَّخِيلِ وَٱلْأَعْنَٰبِ تَتَّخِذُونَ مِنْهُ سَكَرًا وَرِزْقًا حَسَنًا إِنَّ فِي ذَٰلِكَ لَآيَةً لِّقَوْمٍ يَعْقِلُونَ ۝

(68) Y tu Señor le inspiró a la abeja: Toma en las montañas morada y en los árboles y en lo que construyen*.

* [Es decir, en lo que construyen los hombres, como los panales]

وَأَوْحَىٰ رَبُّكَ إِلَى ٱلنَّحْلِ أَنِ ٱتَّخِذِي مِنَ ٱلْجِبَالِ بُيُوتًا وَمِنَ ٱلشَّجَرِ وَمِمَّا يَعْرِشُونَ ۝

(69) Luego, come de todo tipo de frutos y ve por los senderos de tu Señor dócilmente. De su vientre sale un jarabe de color diverso que contiene una cura

ثُمَّ كُلِي مِن كُلِّ ٱلثَّمَرَٰتِ فَٱسْلُكِي سُبُلَ رَبِّكِ ذُلُلًا يَخْرُجُ مِنۢ بُطُونِهَا شَرَابٌ مُّخْتَلِفٌ أَلْوَٰنُهُ فِيهِ شِفَآءٌ لِّلنَّاسِ إِنَّ فِي ذَٰلِكَ لَآيَةً لِّقَوْمٍ

para los hombres.

Es cierto que en eso hay un signo para gente que reflexiona.

(70) Allah os creó y os llamará a El; y habrá de vosotros a quien se le alargue la vida hasta que llegue a la edad más decrépita para que después de haber sabido algo no sepa nada. Verdaderamente Allah es Conocedor, Poderoso.

(71) Y Allah ha favorecido a unos sobre otros en cuanto a la provisión. ¿Es que acaso aquéllos a los que se les ha dado una posición de favor comparten su provisión con los esclavos que poseen sus diestras hasta el punto de que no haya distinción entre ellos? ¿Vais a renegar de los dones de Allah?

(72) Y Allah os ha dado esposas, hijos y nietos y os provee con cosas buenas. ¿Es que van a creer en lo falso negando las bendiciones de Allah?

(73) Pero adoran, fuera de Allah, a quienes no tienen poder para darles ninguna provisión ni procedente del cielo ni de la tierra y nada pueden.

(74) Y no atribuyáis a nada seme-janzas con Allah , realmente Allah sabe y vosotros no sabéis.

فَلَا تَضْرِبُوا لِلَّهِ الْأَمْثَالَ إِنَّ اللَّهَ يَعْلَمُ وَأَنتُمْ لَا تَعْلَمُونَ ۝

(75) Allah pone como ejemplo a un siervo que pertenece por com-pleto a otro y no tiene ningún poder, y a uno al que le hemos dado procedente de Nos una buena provisión de la que gasta en secreto y públicamente.

¿Son iguales acaso? Las ala-banzas pertenecen a Allah; sin embargo la mayoría de ellos no saben.

ضَرَبَ اللَّهُ مَثَلًا عَبْدًا مَّمْلُوكًا لَّا يَقْدِرُ عَلَى شَيْءٍ وَمَن رَّزَقْنَاهُ مِنَّا رِزْقًا حَسَنًا فَهُوَ يُنفِقُ مِنْهُ سِرًّا وَجَهْرًا هَلْ يَسْتَوُونَ الْحَمْدُ لِلَّهِ بَلْ أَكْثَرُهُمْ لَا يَعْلَمُونَ ۝

(76) Y Allah pone el ejemplo de dos hombres, uno de ellos es mudo y no tiene ninguna capacidad, siendo una carga para su amo; donde quiera que lo manda no le trae nada bien.

¿Son iguales éste y aquel que ordena la justicia y está en el camino recto?

وَضَرَبَ اللَّهُ مَثَلًا رَّجُلَيْنِ أَحَدُهُمَا أَبْكَمُ لَا يَقْدِرُ عَلَى شَيْءٍ وَهُوَ كَلٌّ عَلَى مَوْلَاهُ أَيْنَمَا يُوَجِّههُّ لَا يَأْتِ بِخَيْرٍ هَلْ يَسْتَوِي هُوَ وَمَن يَأْمُرُ بِالْعَدْلِ وَهُوَ عَلَى صِرَاطٍ مُّسْتَقِيمٍ ۝

(77) A Allah pertenece lo descono-cido de los cielos y de la tierra.

La orden de la Hora no será sino un abrir y cerrar de ojos o aún más breve, verdaderamente Allah es Poderoso sobre todas las cosas.

وَلِلَّهِ غَيْبُ السَّمَوَاتِ وَالْأَرْضِ وَمَا أَمْرُ السَّاعَةِ إِلَّا كَلَمْحِ الْبَصَرِ أَوْ هُوَ أَقْرَبُ إِنَّ اللَّهَ عَلَى كُلِّ شَيْءٍ قَدِيرٌ ۝

(78) Allah os hizo salir del vientre de

وَاللَّهُ أَخْرَجَكُم مِّن بُطُونِ أُمَّهَاتِكُمْ لَا تَعْلَمُونَ

شَيْـًٔا وَجَعَلَ لَكُمُ ٱلسَّمْعَ وَٱلْأَبْصَـٰرَ وَٱلْأَفْـِٔدَةَ لَعَلَّكُمْ تَشْكُرُونَ ۝

vuestras madres y no sabíais nada. Y os dio el oído, la vista y un corazón para que pudiérais agradecer.

(79) ¿Es que no ven a las aves subordinadas en el aire del cielo?

Sólo Allah las sostiene. Realmente en eso hay signos para gente que cree.

۞ أَلَمْ يَرَوْا۟ إِلَى ٱلطَّيْرِ مُسَخَّرَٰتٍ فِى جَوِّ ٱلسَّمَآءِ مَا يُمْسِكُهُنَّ إِلَّا ٱللَّهُ إِنَّ فِى ذَٰلِكَ لَـَٔايَـٰتٍ لِّقَوْمٍ يُؤْمِنُونَ ۝

(80) Y Allah ha hecho de vuestras casas descanso para vosotros.

Y ha hecho que con las pieles de los animales de rebaño podáis haceros casas que os resultan ligeras el día que tenéis que partir y el día que acampáis; y de sus lanas, pieles y pelo, obtenéis enseres y disfrute hasta un tiempo.

وَٱللَّهُ جَعَلَ لَكُم مِّنۢ بُيُوتِكُمْ سَكَنًا وَجَعَلَ لَكُم مِّن جُلُودِ ٱلْأَنْعَـٰمِ بُيُوتًا تَسْتَخِفُّونَهَا يَوْمَ ظَعْنِكُمْ وَيَوْمَ إِقَامَتِكُمْ وَمِنْ أَصْوَافِهَا وَأَوْبَارِهَا وَأَشْعَارِهَآ أَثَـٰثًا وَمَتَـٰعًا إِلَىٰ حِينٍ ۝

(81) Y de lo que ha creado hay cosas que os proporcionan sombra, refugios en las montañas, vestidos que os protegen del calor y vestidos que os protegen de vuestra propia violencia.

Así es como Allah completa Sus bendiciones con vosotros para que podáis someteros.

وَٱللَّهُ جَعَلَ لَكُم مِّمَّا خَلَقَ ظِلَـٰلًا وَجَعَلَ لَكُم مِّنَ ٱلْجِبَالِ أَكْنَـٰنًا وَجَعَلَ لَكُمْ سَرَٰبِيلَ تَقِيكُمُ ٱلْحَرَّ وَسَرَٰبِيلَ تَقِيكُم بَأْسَكُمْ كَذَٰلِكَ يُتِمُّ نِعْمَتَهُۥ عَلَيْكُمْ لَعَلَّكُمْ تُسْلِمُونَ ۝

(82) Pero si os apartáis...A ti sólo te corresponde dar el mensaje con claridad.

فَإِن تَوَلَّوْا۟ فَإِنَّمَا عَلَيْكَ ٱلْبَلَـٰغُ ٱلْمُبِينُ ۝

(83) Reconocen las bendiciones de Allah pero después las niegan.

يَعْرِفُونَ نِعْمَتَ ٱللَّهِ ثُمَّ يُنكِرُونَهَا وَأَكْثَرُهُمُ

La mayoría de ellos son ingratos.

ٱلْكَٰفِرُونَ ﴿٨٣﴾

(84) El día en que hagamos que salga un testigo de cada comunidad; a los que no creyeron no se les dará posibilidad de excusarse ni de recuperar el beneplácito (de Allah).

وَيَوْمَ نَبْعَثُ مِن كُلِّ أُمَّةٍ شَهِيدًا ثُمَّ لَا يُؤْذَنُ لِلَّذِينَ كَفَرُوا وَلَا هُمْ يُسْتَعْتَبُونَ ﴿٨٤﴾

(85) Y cuando los que fueron injustos vean el castigo, no se les aliviará ni se les dará espera.

وَإِذَا رَءَا ٱلَّذِينَ ظَلَمُوا ٱلْعَذَابَ فَلَا يُخَفَّفُ عَنْهُمْ وَلَا هُمْ يُنظَرُونَ ﴿٨٥﴾

(86) Y cuando los que asociaron vean a quienes ellos habían asociado (con Allah) dirán: ¡Señor nuestro! Estos son los que asociábamos, los que adorábamos aparte de Ti. Y se les espetará: Es cierto que sois mentirosos.

وَإِذَا رَءَا ٱلَّذِينَ أَشْرَكُوا شُرَكَاءَهُمْ قَالُوا رَبَّنَا هَٰؤُلَاءِ شُرَكَاؤُنَا ٱلَّذِينَ كُنَّا نَدْعُوا مِن دُونِكَ فَأَلْقَوْا إِلَيْهِمُ ٱلْقَوْلَ إِنَّكُمْ لَكَٰذِبُونَ ﴿٨٦﴾

(87) Ese día ellos ofrecerán a Allah la rendición y les desaparecerá lo que inventaban.

وَأَلْقَوْا إِلَى ٱللَّهِ يَوْمَئِذٍ ٱلسَّلَمَ وَضَلَّ عَنْهُم مَّا كَانُوا يَفْتَرُونَ ﴿٨٧﴾

(88) A los que no creyeron y desviaron del camino de Allah les daremos aún más castigo por haber corrompido.

ٱلَّذِينَ كَفَرُوا وَصَدُّوا عَن سَبِيلِ ٱللَّهِ زِدْنَٰهُمْ عَذَابًا فَوْقَ ٱلْعَذَابِ بِمَا كَانُوا يُفْسِدُونَ ﴿٨٨﴾

(89) El día en que en cada comunidad levantemos un testigo que sea uno de ellos y te hagamos venir a ti como testigo sobre éstos.

Hemos hecho que te descen-

وَيَوْمَ نَبْعَثُ فِي كُلِّ أُمَّةٍ شَهِيدًا عَلَيْهِم مِّنْ أَنفُسِهِمْ وَجِئْنَا بِكَ شَهِيدًا عَلَىٰ هَٰؤُلَاءِ وَنَزَّلْنَا عَلَيْكَ ٱلْكِتَٰبَ تِبْيَٰنًا لِّكُلِّ شَيْءٍ وَهُدًى وَرَحْمَةً وَبُشْرَىٰ

diera a ti el Libro que es una aclaración para cada cosa y una guía, misericordia y buenas noticias para los que se someten (los musulmanes).

لِلْمُسْلِمِينَ ۝

(90) Es verdad Allah ordena la justicia, la excelencia* y dar a los parientes próximos; y prohibe la indecencia, lo reprobable y la injusticia. Os exhorta para que podáis recapacitar.

*[En árabe Ihsan, cuyo significado genérico es hacer el bien.]

۞ إِنَّ اللَّهَ يَأْمُرُ بِالْعَدْلِ وَالْإِحْسَانِ وَإِيتَاءِ ذِي الْقُرْبَىٰ وَيَنْهَىٰ عَنِ الْفَحْشَاءِ وَالْمُنكَرِ وَالْبَغْيِ يَعِظُكُمْ لَعَلَّكُمْ تَذَكَّرُونَ ۝

(91) Cumplid el compromiso con Allah cuando lo hayáis contraído y no rompáis los juramentos después de haberlos hecho y de haber puesto a Allah como garante sobre vosotros; es cierto que Allah sabe lo que hacéis.

وَأَوْفُوا بِعَهْدِ اللَّهِ إِذَا عَاهَدتُّمْ وَلَا تَنقُضُوا الْأَيْمَٰنَ بَعْدَ تَوْكِيدِهَا وَقَدْ جَعَلْتُمُ اللَّهَ عَلَيْكُمْ كَفِيلًا إِنَّ اللَّهَ يَعْلَمُ مَا تَفْعَلُونَ ۝

(92) No seáis como la que deshacía lo que había hilado con fuerza y toméis los juramentos entre vosotros como engaño porque una comunidad sea mayor que otra.

Allah sólo quiere probaros con ello, y el Día del Levantamiento haceros claro aquello sobre lo que discrepábais.

وَلَا تَكُونُوا كَالَّتِي نَقَضَتْ غَزْلَهَا مِن بَعْدِ قُوَّةٍ أَنكَٰثًا تَتَّخِذُونَ أَيْمَٰنَكُمْ دَخَلًا بَيْنَكُمْ أَن تَكُونَ أُمَّةٌ هِيَ أَرْبَىٰ مِنْ أُمَّةٍ إِنَّمَا يَبْلُوكُمُ اللَّهُ بِهِ وَلَيُبَيِّنَنَّ لَكُمْ يَوْمَ الْقِيَٰمَةِ مَا كُنتُمْ فِيهِ تَخْتَلِفُونَ ۝

(93) Si Allah hubiera querido os habría hecho una comunidad única, pero Él extravía a quien quiere y guía a quien quiere.

وَلَوْ شَاءَ اللَّهُ لَجَعَلَكُمْ أُمَّةً وَٰحِدَةً وَلَٰكِن يُضِلُّ مَن يَشَاءُ وَيَهْدِي مَن يَشَاءُ وَلَتُسْأَلُنَّ عَمَّا كُنتُمْ

Verdaderamente seréis preguntados por lo que hayáis
hecho.

تَعْمَلُونَ ۝

(94) Y no toméis vuestros juramentos
como engaño entre vosotros
pues sería como un pie que
habiendo estado firme resbala,
probaríais el mal a causa de
haberos desviado del camino
de Allah y tendríais un castigo
inmenso.

وَلَا تَتَّخِذُوٓا أَيْمَـٰنَكُمْ دَخَلًۢا بَيْنَكُمْ فَتَزِلَّ قَدَمٌۢ
بَعْدَ ثُبُوتِهَا وَتَذُوقُوا۟ السُّوٓءَ بِمَا صَدَدتُّمْ عَن سَبِيلِ
اللَّهِ وَلَكُمْ عَذَابٌ عَظِيمٌ ۝

(95) Y no vendáis el pacto que habéis
hecho con Allah a bajo precio,
es cierto que lo que hay junto a
Allah es mejor para vosotros si
sabéis.

وَلَا تَشْتَرُوا۟ بِعَهْدِ اللَّهِ ثَمَنًا قَلِيلًا إِنَّمَا عِندَ
اللَّهِ هُوَ خَيْرٌ لَّكُمْ إِن كُنتُمْ تَعْلَمُونَ ۝

(96) Lo que vosotros tenéis se acaba,
pero lo que Allah tiene es permanente. Daremos a los que
hayan sido pacientes la recompensa que les corresponda por
lo mejor que hayan hecho.

مَا عِندَكُمْ يَنفَدُ وَمَا عِندَ اللَّهِ بَاقٍ وَلَنَجْزِيَنَّ الَّذِينَ
صَبَرُوٓا أَجْرَهُم بِأَحْسَنِ مَا كَانُوا۟ يَعْمَلُونَ ۝

(97) A quien haya obrado con rectitud sea varón o hembra,
siendo creyente, le haremos
vivir una buena vida y le daremos la recompensa que le
corresponda por lo mejor
que haya hecho.

مَنْ عَمِلَ صَـٰلِحًا مِّن ذَكَرٍ أَوْ أُنثَىٰ وَهُوَ مُؤْمِنٌ فَلَنُحْيِيَنَّهُۥ
حَيَوٰةً طَيِّبَةً وَلَنَجْزِيَنَّهُمْ أَجْرَهُم بِأَحْسَنِ مَا كَانُوا۟
يَعْمَلُونَ ۝

(98) Y cuando te dispongas a recitar
el Corán pide refugio en Allah
del Shaytán el lapidado.

فَإِذَا قَرَأْتَ الْقُرْءَانَ فَاسْتَعِذْ بِاللَّهِ مِنَ الشَّيْطَـٰنِ
الرَّجِيمِ ۝

سُورَةُ النَّحْل – الْجُزْءُ الرَّابِعَ عَشَرَ

(99) Realmente él no tiene poder sobre los que creen y se confían en su Señor.

إِنَّهُۥ لَيْسَ لَهُۥ سُلْطَٰنٌ عَلَى ٱلَّذِينَ ءَامَنُوا۟ وَعَلَىٰ رَبِّهِمْ يَتَوَكَّلُونَ ۝

(100) Su poder sólo existe sobre los que lo toman como protector y son, por él, asociadores.

إِنَّمَا سُلْطَٰنُهُۥ عَلَى ٱلَّذِينَ يَتَوَلَّوْنَهُۥ وَٱلَّذِينَ هُم بِهِۦ مُشْرِكُونَ ۝

(101) Cuando quitamos un signo y ponemos otro —y Allah sabe lo que hace descender— dicen: Tú lo inventas. No obstante la mayoría de ellos no sabe.

وَإِذَا بَدَّلْنَآ ءَايَةً مَّكَانَ ءَايَةٍ وَٱللَّهُ أَعْلَمُ بِمَا يُنَزِّلُ قَالُوٓا۟ إِنَّمَآ أَنتَ مُفْتَرٍ بَلْ أَكْثَرُهُمْ لَا يَعْلَمُونَ ۝

(102) Di: Lo ha hecho descender el Espíritu Puro*, desde tu Señor, con la verdad para dar firmeza a los que creen y como una guía y buenas noticias para los sometidos (los musulmanes).

* [El ángel Yibril]

قُلْ نَزَّلَهُۥ رُوحُ ٱلْقُدُسِ مِن رَّبِّكَ بِٱلْحَقِّ لِيُثَبِّتَ ٱلَّذِينَ ءَامَنُوا۟ وَهُدًى وَبُشْرَىٰ لِلْمُسْلِمِينَ ۝

(103) Ya sabemos que dicen: En realidad es un ser humano el que le enseña. La lengua de aquel a quien se refieren no es árabe mientras que ésta es una lengua árabe clara*.

* [Parece referirse a un esclavo cristiano que se hizo musulmán. Y hay quien dice que eran dos que tenian por oficio hacer espadas y solian recitar laTorá y el Inyil y el Profeta, que Allah le dé Su gracia y paz, se sentaba a veces con ellos para atraerlos al Islam y por ello los Quraysh dijeron: Ellos son los que enseñan a Muhammad.]

وَلَقَدْ نَعْلَمُ أَنَّهُمْ يَقُولُونَ إِنَّمَا يُعَلِّمُهُۥ بَشَرٌ لِّسَانُ ٱلَّذِى يُلْحِدُونَ إِلَيْهِ أَعْجَمِيٌّ وَهَٰذَا لِسَانٌ عَرَبِيٌّ مُّبِينٌ ۝

(104) Es cierto que a los que no creen en los signos de Allah, Allah

إِنَّ ٱلَّذِينَ لَا يُؤْمِنُونَ بِـَٔايَٰتِ ٱللَّهِ لَا يَهْدِيهِمُ ٱللَّهُ

no los guiará y tendrán un doloroso castigo.

وَلَهُمْ عَذَابٌ أَلِيمٌ ۝

(105) Sólo los que no creen en los signos de Allah inventan mentiras. Ellos son los mentirosos.

إِنَّمَا يَفْتَرِى ٱلْكَذِبَ ٱلَّذِينَ لَا يُؤْمِنُونَ بِـَٔايَٰتِ ٱللَّهِ وَأُوْلَٰٓئِكَ هُمُ ٱلْكَٰذِبُونَ ۝

(106) Quien reniegue de Allah después de haber creído, —salvo que haya sido coaccionado mientras su corazón permanezca tranquilo en la creencia, y abra su pecho a la incredulidad... La cólera de Allah caerá sobre ellos y tendrán un enorme castigo.

مَن كَفَرَ بِٱللَّهِ مِنۢ بَعْدِ إِيمَٰنِهِۦٓ إِلَّا مَنْ أُكْرِهَ وَقَلْبُهُۥ مُطْمَئِنٌّۢ بِٱلْإِيمَٰنِ وَلَٰكِن مَّن شَرَحَ بِٱلْكُفْرِ صَدْرًا فَعَلَيْهِمْ غَضَبٌ مِّنَ ٱللَّهِ وَلَهُمْ عَذَابٌ عَظِيمٌ ۝

(107) Eso es porque ellos habrán preferido la vida del mundo a la Ultima y porque Allah no guía a la gente incrédula.

ذَٰلِكَ بِأَنَّهُمُ ٱسْتَحَبُّوا۟ ٱلْحَيَوٰةَ ٱلدُّنْيَا عَلَى ٱلْـَٔاخِرَةِ وَأَنَّ ٱللَّهَ لَا يَهْدِى ٱلْقَوْمَ ٱلْكَٰفِرِينَ ۝

(108) Esos son a los que Allah les ha sellado el corazón, el oído y la vista y son los indiferentes.

أُوْلَٰٓئِكَ ٱلَّذِينَ طَبَعَ ٱللَّهُ عَلَىٰ قُلُوبِهِمْ وَسَمْعِهِمْ وَأَبْصَٰرِهِمْ وَأُوْلَٰٓئِكَ هُمُ ٱلْغَٰفِلُونَ ۝

(109) No hay ninguna duda de que ellos en la Ultima Vida serán los perdedores.

لَا جَرَمَ أَنَّهُمْ فِى ٱلْـَٔاخِرَةِ هُمُ ٱلْخَٰسِرُونَ ۝

(110) Y luego, es cierto que tu Señor, con los que hayan emigrado tras haber sido perseguidos y después hayan luchado y hayan tenido paciencia...Tu Señor, después de todo eso, es realmente Perdonador y Compasivo.

ثُمَّ إِنَّ رَبَّكَ لِلَّذِينَ هَاجَرُوا۟ مِنۢ بَعْدِ مَا فُتِنُوا۟ ثُمَّ جَٰهَدُوا۟ وَصَبَرُوٓا۟ إِنَّ رَبَّكَ مِنۢ بَعْدِهَا لَغَفُورٌ رَّحِيمٌ ۝

(111) El día en que cada uno venga arguyendo a favor de sí mismo, se le pagará cumplidamente según sus obras. Y a nadie se le hará injusticia.

۞ يَوْمَ تَأْتِى كُلُّ نَفْسٍ تُجَٰدِلُ عَن نَّفْسِهَا وَتُوَفَّىٰ كُلُّ نَفْسٍ مَّا عَمِلَتْ وَهُمْ لَا يُظْلَمُونَ ۝

(112) Allah pone el ejemplo de una ciudad que estaba segura y tranquila y a la que la provisión le llegaba profusamente y sin restricciones por todas partes, pero fue desagradecida con los dones de Allah y Allah la hizo probar el vestido del hambre y del miedo a causa de lo que habían hecho.

وَضَرَبَ ٱللَّهُ مَثَلًا قَرْيَةً كَانَتْ ءَامِنَةً مُّطْمَئِنَّةً يَأْتِيهَا رِزْقُهَا رَغَدًا مِّن كُلِّ مَكَانٍ فَكَفَرَتْ بِأَنْعُمِ ٱللَّهِ فَأَذَٰقَهَا ٱللَّهُ لِبَاسَ ٱلْجُوعِ وَٱلْخَوْفِ بِمَا كَانُوا۟ يَصْنَعُونَ ۝

(113) Vino a ellos un mensajero que era de los suyos y lo tacharon de mentiroso. El castigo los sorprendió mientras eran injustos.

وَلَقَدْ جَآءَهُمْ رَسُولٌ مِّنْهُمْ فَكَذَّبُوهُ فَأَخَذَهُمُ ٱلْعَذَابُ وَهُمْ ظَٰلِمُونَ ۝

(114) Y comed de lo bueno y lícito que Allah os da como provisión y agradeced los dones de Allah si es a El a quien adoráis.

فَكُلُوا۟ مِمَّا رَزَقَكُمُ ٱللَّهُ حَلَٰلًا طَيِّبًا وَٱشْكُرُوا۟ نِعْمَتَ ٱللَّهِ إِن كُنتُمْ إِيَّاهُ تَعْبُدُونَ ۝

(115) Se os prohíbe lo mortecino, la sangre, la carne de cerdo y lo que haya sido sacrificado en nombre de otro que Allah; sin embargo quien se vea forzado sin que sea por propio deseo ni por transgredir...
Es cierto que Allah es Perdonador, Compasivo.

إِنَّمَا حَرَّمَ عَلَيْكُمُ ٱلْمَيْتَةَ وَٱلدَّمَ وَلَحْمَ ٱلْخِنزِيرِ وَمَآ أُهِلَّ لِغَيْرِ ٱللَّهِ بِهِۦ فَمَنِ ٱضْطُرَّ غَيْرَ بَاغٍ وَلَا عَادٍ فَإِنَّ ٱللَّهَ غَفُورٌ رَّحِيمٌ ۝

(116) Y no digáis con una mentira que salga de vuestras bocas: Esto es lícito y esto es ilícito para inventar mentiras contra Allah. Cierto que los que inventan mentiras contra Allah, no prosperarán.

وَلَا تَقُولُوا لِمَا تَصِفُ أَلْسِنَتُكُمُ ٱلْكَذِبَ هَٰذَا حَلَٰلٌ وَهَٰذَا حَرَامٌ لِّتَفْتَرُوا عَلَى ٱللَّهِ ٱلْكَذِبَ إِنَّ ٱلَّذِينَ يَفْتَرُونَ عَلَى ٱللَّهِ ٱلْكَذِبَ لَا يُفْلِحُونَ ۝

(117) Un disfrute exiguo y tendrán un doloroso castigo.

مَتَٰعٌ قَلِيلٌ وَلَهُمْ عَذَابٌ أَلِيمٌ ۝

(118) A los judíos les hicimos ilícito lo que te hemos relatado anteriormente y no fuimos injustos con ellos, sino que ellos mismos fueron injustos consigo mismos.

وَعَلَى ٱلَّذِينَ هَادُوا حَرَّمْنَا مَا قَصَصْنَا عَلَيْكَ مِن قَبْلُ وَمَا ظَلَمْنَٰهُمْ وَلَٰكِن كَانُوا أَنفُسَهُمْ يَظْلِمُونَ ۝

(119) Luego, con aquellos que hayan hecho el mal por ignorancia, tu Señor es Perdonador, Compasivo.

ثُمَّ إِنَّ رَبَّكَ لِلَّذِينَ عَمِلُوا ٱلسُّوٓءَ بِجَهَٰلَةٍ ثُمَّ تَابُوا مِنۢ بَعْدِ ذَٰلِكَ وَأَصْلَحُوٓا إِنَّ رَبَّكَ مِنۢ بَعْدِهَا لَغَفُورٌ رَّحِيمٌ ۝

(120) Es cierto que Ibrahim reunía en sí todo lo bueno*, era obediente a Allah y tenía una tendencia innata hacia la verdadera creencia* sin haber sido nunca uno de los que asocian).
* [Lit. era una "umma"]
*[Dicho de otro modo: era "hanif"]

إِنَّ إِبْرَٰهِيمَ كَانَ أُمَّةً قَانِتًا لِّلَّهِ حَنِيفًا وَلَمْ يَكُ مِنَ ٱلْمُشْرِكِينَ ۝

(121) Agradecido con Sus dones, El lo escogió y lo guió a un camino recto.

شَاكِرًا لِّأَنْعُمِهِ ٱجْتَبَٰهُ وَهَدَىٰهُ إِلَىٰ صِرَٰطٍ مُّسْتَقِيمٍ ۝

(122) Y le dimos en esta vida favor y ciertamente en la Ultima estará con los justos.

وَءَاتَيْنَٰهُ فِي ٱلدُّنْيَا حَسَنَةً وَإِنَّهُ فِي ٱلْأَخِرَةِ لَمِنَ ٱلصَّٰلِحِينَ ۝

سُورَةُ ٱلنَّحْلِ ــ ٱلْجُزْءُ ٱلرَّابِعَ عَشَرَ

(123) Luego te inspiramos a ti para que siguieras la forma de Adoración de Ibrahim como hanif sin ser de los que asocian.

ثُمَّ أَوْحَيْنَا إِلَيْكَ أَنِ ٱتَّبِعْ مِلَّةَ إِبْرَٰهِيمَ حَنِيفًا وَمَا كَانَ مِنَ ٱلْمُشْرِكِينَ ﴿١٢٣﴾

(124) Realmente el sábado se les impuso a los que discrepaban sobre él y de cierto que tu Señor juzgará entre ellos el Día del Levantamiento sobre aquello en lo que discrepaban.

إِنَّمَا جُعِلَ ٱلسَّبْتُ عَلَى ٱلَّذِينَ ٱخْتَلَفُوا۟ فِيهِ وَإِنَّ رَبَّكَ لَيَحْكُمُ بَيْنَهُمْ يَوْمَ ٱلْقِيَٰمَةِ فِيمَا كَانُوا۟ فِيهِ يَخْتَلِفُونَ ﴿١٢٤﴾

(125) Llama al camino de tu Señor por medio de la Sabiduría, la buena exhortación y convenciéndolos de la mejor manera, verdaderamente tu Señor conoce a quien se extravía de Su camino y conoce a los guiados.*

ٱدْعُ إِلَىٰ سَبِيلِ رَبِّكَ بِٱلْحِكْمَةِ وَٱلْمَوْعِظَةِ ٱلْحَسَنَةِ وَجَٰدِلْهُم بِٱلَّتِي هِيَ أَحْسَنُ إِنَّ رَبَّكَ هُوَ أَعْلَمُ بِمَن ضَلَّ عَن سَبِيلِهِۦ وَهُوَ أَعْلَمُ بِٱلْمُهْتَدِينَ ﴿١٢٥﴾

* [Esta aleya descendió en Meca, en el tiempo en el que al Profeta, que Allah le dé Su gracia y paz, se le había ordenado llamar a la gente al Islam en los términos que aconseja la aleya. En este sentido, y a pesar de haber sido abrogada por la aleya de la espada, la n.°5 de la sura 9, que contiene la orden definitiva de combatir a los incrédulos, podría ser válida en el caso de los musulmanes rebeldes y de aquellos incrédulos con lo que sirviera de algo lo que se menciona en la aleya.]

(126) Y si castigáis, hacedlo en la misma medida en que fuisteis dañados, pero si tenéis paciencia, esto es mejor para los que la tienen*.

وَإِنْ عَاقَبْتُمْ فَعَاقِبُوا۟ بِمِثْلِ مَا عُوقِبْتُم بِهِۦ وَلَئِن صَبَرْتُمْ لَهُوَ خَيْرٌ لِّلصَّٰبِرِينَ ﴿١٢٦﴾

* [Muchos comentaristas explican que

esta aleya descendió acerca del caso de Hamza, cuando una vez muerto en Uhud le abrieron el vientre y el Profeta dijo: Si Allah me da victoria sobre ellos haré un escarmiento con setenta de sus hombres y entonces descendió la aleya y el Profeta, que Allah le dé Su gracia y paz, renunció a su juramento.]

(127) Y sé paciente pues tu paciencia no es sino por Allah. Y no te entristezcas por ellos ni estés en estrechez por lo que traman.

وَٱصْبِرْ وَمَا صَبْرُكَ إِلَّا بِٱللَّهِ وَلَا تَحْزَنْ عَلَيْهِمْ وَلَا تَكُ فِى ضَيْقٍ مِّمَّا يَمْكُرُونَ ۝

(128) Es cierto que Allah está con los que Le temen y con los que hacen el bien.

إِنَّ ٱللَّهَ مَعَ ٱلَّذِينَ ٱتَّقَوا وَّٱلَّذِينَ هُم مُّحْسِنُونَ ۝

---

17. SURA DEL VIAJE NOCTURNO.

سُورَةُ ٱلْإِسْرَاءِ

بِسْمِ ٱللَّهِ ٱلرَّحْمَٰنِ ٱلرَّحِيمِ

En el nombre de Allah, el Misericordioso, el Compasivo.

(1) ¡Gloria a Quien una noche hizo viajar a Su siervo desde la Mezquita Inviolable hasta la Mezquita más lejana, aquella cuyos alrededores hemos bendecido, para mostrarle parte de Nuestros signos!.
Verdaderamente Él es Quien oye y Quien ve.

سُبْحَٰنَ ٱلَّذِىٓ أَسْرَىٰ بِعَبْدِهِۦ لَيْلًا مِّنَ ٱلْمَسْجِدِ ٱلْحَرَامِ إِلَى ٱلْمَسْجِدِ ٱلْأَقْصَا ٱلَّذِى بَٰرَكْنَا حَوْلَهُۥ لِنُرِيَهُۥ مِنْ ءَايَٰتِنَآ إِنَّهُۥ هُوَ ٱلسَّمِيعُ ٱلْبَصِيرُ ۝

(2) A Musa le dimos el Libro y lo hicimos una guía para los hijos de Israel: No toméis aparte de Mí nadie a quien encomendaros.

وَءَاتَيْنَا مُوسَى ٱلْكِتَٰبَ وَجَعَلْنَٰهُ هُدًى لِّبَنِىٓ إِسْرَٰٓءِيلَ أَلَّا تَتَّخِذُوا۟ مِن دُونِى وَكِيلًا ۝

(3) ¡Descendientes de aquellos que llevamos con Nuh realmente Nuh era un siervo agradecido!

ذُرِّيَّةَ مَنْ حَمَلْنَا مَعَ نُوحٍ إِنَّهُۥ كَانَ عَبْدًا شَكُورًا ۝

(4) Y en el Libro decretamos para los hijos de Israel: Por dos veces corromperéis en la tierra y os llenaréis de una gran soberbia.

وَقَضَيْنَآ إِلَىٰ بَنِىٓ إِسْرَٰٓءِيلَ فِى ٱلْكِتَٰبِ لَتُفْسِدُنَّ فِى ٱلْأَرْضِ مَرَّتَيْنِ وَلَتَعْلُنَّ عُلُوًّا كَبِيرًا ۝

(5) Y cuando llegó lo prometido en relación a la primera de ellas, enviamos contra ellos siervos Nuestros de una gran violencia que penetraron en el interior de

فَإِذَا جَآءَ وَعْدُ أُولَىٰهُمَا بَعَثْنَا عَلَيْكُمْ عِبَادًا لَّنَآ أُو۟لِى بَأْسٍ شَدِيدٍ فَجَاسُوا۟ خِلَٰلَ ٱلدِّيَارِ وَكَانَ وَعْدًا مَّفْعُولًا ۝

las casas y fue una promesa cumplida.

(6) Luego os dimos el turno contra ellos y os dimos abundancia de riqueza e hijos y os hicimos más numerosos en tropas.

ثُمَّ رَدَدْنَا لَكُمُ ٱلْكَرَّةَ عَلَيْهِمْ وَأَمْدَدْنَٰكُم بِأَمْوَٰلٍ وَبَنِينَ وَجَعَلْنَٰكُمْ أَكْثَرَ نَفِيرًا ۝

(7) Si hacéis el bien, lo haréis para vosotros mismos; y si hacéis el mal lo haréis en vuestra contra.

Y cuando llegó lo prometido en relación a la última de las veces, fue para que os humillaran y para que entraran en la Mezquita como lo habían hecho la primera vez y arrasaran todo lo que conquistasen.

إِنْ أَحْسَنتُمْ أَحْسَنتُمْ لِأَنفُسِكُمْ وَإِنْ أَسَأْتُمْ فَلَهَا فَإِذَا جَآءَ وَعْدُ ٱلْءَاخِرَةِ لِيَسُوٓءُوا۟ وُجُوهَكُمْ وَلِيَدْخُلُوا۟ ٱلْمَسْجِدَ كَمَا دَخَلُوهُ أَوَّلَ مَرَّةٍ وَلِيُتَبِّرُوا۟ مَا عَلَوْا۟ تَتْبِيرًا ۝

(8) Tal vez vuestro Señor se apiade de vosotros. Pero si reincidís, reincidiremos. Hemos hecho que Yahannam sea una prisión para los que se niegan a creer.

عَسَىٰ رَبُّكُمْ أَن يَرْحَمَكُمْ وَإِنْ عُدتُّمْ عُدْنَا وَجَعَلْنَا جَهَنَّمَ لِلْكَٰفِرِينَ حَصِيرًا ۝

(9) Es cierto que esta Recitación* guía a la vía más recta y trae para los creyentes que practican las acciones de rectitud las buenas nuevas de que tendrán una enorme recompensa.

* [Corán]

إِنَّ هَٰذَا ٱلْقُرْءَانَ يَهْدِى لِلَّتِى هِىَ أَقْوَمُ وَيُبَشِّرُ ٱلْمُؤْمِنِينَ ٱلَّذِينَ يَعْمَلُونَ ٱلصَّٰلِحَٰتِ أَنَّ لَهُمْ أَجْرًا كَبِيرًا ۝

(10) Y a los que no creen en la Ultima Vida (les anuncia) que les hemos preparado un doloroso castigo.

وَأَنَّ ٱلَّذِينَ لَا يُؤْمِنُونَ بِٱلْءَاخِرَةِ أَعْتَدْنَا لَهُمْ عَذَابًا أَلِيمًا ۝

(11) El hombre pide el mal de la misma manera que pide el bien, el hombre es siempre precipitado.

﴿ وَيَدْعُ ٱلْإِنسَٰنُ بِٱلشَّرِّ دُعَآءَهُۥ بِٱلْخَيْرِ وَكَانَ ٱلْإِنسَٰنُ عَجُولًا ﴾

(12) Y hemos hecho de la noche y del día dos signos, el signo de la noche lo hemos borrado y el del día lo hemos hecho de forma que en él fuera posible ver, para que así pudiérais buscar el favor de vuestro Señor y saber el número de años y el cálculo. Hemos explicado cada cosa con precisión.

وَجَعَلْنَا ٱلَّيْلَ وَٱلنَّهَارَ ءَايَتَيْنِ فَمَحَوْنَآ ءَايَةَ ٱلَّيْلِ وَجَعَلْنَآ ءَايَةَ ٱلنَّهَارِ مُبْصِرَةً لِّتَبْتَغُواْ فَضْلًا مِّن رَّبِّكُمْ وَلِتَعْلَمُواْ عَدَدَ ٱلسِّنِينَ وَٱلْحِسَابَ وَكُلَّ شَيْءٍ فَصَّلْنَٰهُ تَفْصِيلًا ﴾

(13) A todo ser humano le hemos atado su destino al cuello y el Día del Levantamiento le sacaremos un libro que encontrará abierto.

وَكُلَّ إِنسَٰنٍ أَلْزَمْنَٰهُ طَٰٓئِرَهُۥ فِي عُنُقِهِۦ وَنُخْرِجُ لَهُۥ يَوْمَ ٱلْقِيَٰمَةِ كِتَٰبًا يَلْقَىٰهُ مَنشُورًا ﴾

(14) ¡Lee tu libro! Hoy te bastas a ti mismo para llevar tu cuenta.

ٱقْرَأْ كِتَٰبَكَ كَفَىٰ بِنَفْسِكَ ٱلْيَوْمَ عَلَيْكَ حَسِيبًا ﴾

(15) Quien se guía, lo hace en favor de sí mismo y quien se extravía lo hace en contra de sí mismo. A nadie se le cargará con la carga de otro.
Y no castigamos sin antes haber enviado un mensajero.

مَّنِ ٱهْتَدَىٰ فَإِنَّمَا يَهْتَدِي لِنَفْسِهِۦ وَمَن ضَلَّ فَإِنَّمَا يَضِلُّ عَلَيْهَا وَلَا تَزِرُ وَازِرَةٌ وِزْرَ أُخْرَىٰ وَمَا كُنَّا مُعَذِّبِينَ حَتَّىٰ نَبْعَثَ رَسُولًا ﴾

(16) Y cuando queremos destruir a una ciudad ordenamos a los habitantes que han caído en la molicie de la opulencia para que siembren la corrupción en

وَإِذَآ أَرَدْنَآ أَن نُّهْلِكَ قَرْيَةً أَمَرْنَا مُتْرَفِيهَا فَفَسَقُواْ فِيهَا فَحَقَّ عَلَيْهَا ٱلْقَوْلُ فَدَمَّرْنَٰهَا تَدْمِيرًا ﴾

ella y así es como se cumple la palabra decretada en su contra y la destruimos por completo.

(17) Y cuántas ciudades hemos destruido después de Nuh. Tu Señor se basta para conocer perfectamente y ver las transgresiones de Sus siervos.

وَكَمْ أَهْلَكْنَا مِنَ ٱلْقُرُونِ مِنۢ بَعْدِ نُوحٖ وَكَفَىٰ بِرَبِّكَ بِذُنُوبِ عِبَادِهِۦ خَبِيرَۢا بَصِيرًا ۝

(18) Quien desee la vida efímera...En ella damos a quien queremos lo que queremos y luego lo destinamos a Yahannam donde entrará censurado y despreciado.

مَّن كَانَ يُرِيدُ ٱلْعَاجِلَةَ عَجَّلْنَا لَهُۥ فِيهَا مَا نَشَآءُ لِمَن نُّرِيدُ ثُمَّ جَعَلْنَا لَهُۥ جَهَنَّمَ يَصْلَىٰهَا مَذْمُومٗا مَّدْحُورٗا ۝

(19) Pero quien desee la Ultima Vida y se afane en su esfuerzo hacia ella siendo creyente...A ésos se les agradecerá su esfuerzo.

وَمَنْ أَرَادَ ٱلْءَاخِرَةَ وَسَعَىٰ لَهَا سَعْيَهَا وَهُوَ مُؤْمِنٞ فَأُوْلَٰٓئِكَ كَانَ سَعْيُهُم مَّشْكُورٗا ۝

(20) A todos damos larguεza, a unos y a otros, como parte del favor de tu Señor. el favor de tu Señor no está restringido.

كُلّٗا نُّمِدُّ هَٰٓؤُلَآءِ وَهَٰٓؤُلَآءِ مِنْ عَطَآءِ رَبِّكَۚ وَمَا كَانَ عَطَآءُ رَبِّكَ مَحْظُورًا ۝

(21) Observa cómo hemos favorecido a unos sobre otros. Pero la Ultima Vida es superior en grados y en preferencia.

ٱنظُرْ كَيْفَ فَضَّلْنَا بَعْضَهُمْ عَلَىٰ بَعْضٖۚ وَلَلْءَاخِرَةُ أَكْبَرُ دَرَجَٰتٖ وَأَكْبَرُ تَفْضِيلٗا ۝

(22) No pongas junto a Allah a ningún otro dios pues te quedarías reprobado y abandonado.

لَّا تَجْعَلْ مَعَ ٱللَّهِ إِلَٰهًا ءَاخَرَ فَتَقْعُدَ مَذْمُومٗا مَّخْذُولٗا ۝

(23) Tu Señor ha ordenado que sólo

وَقَضَىٰ رَبُّكَ أَلَّا تَعْبُدُوٓاْ إِلَّآ إِيَّاهُ

Lo adoréis a El y que hagáis el bien con los padres. Y si a alguno de ellos, o a los dos juntos, les llega la vejez junto a ti, no les digas "uff" ni los rechaces, sino que háblales con buenas palabras.

وَبِالْوَالِدَيْنِ إِحْسَانًا إِمَّا يَبْلُغَنَّ عِندَكَ الْكِبَرَ أَحَدُهُمَآ أَوْ كِلَاهُمَا فَلَا تَقُل لَّهُمَآ أُفٍّ وَلَا تَنْهَرْهُمَا وَقُل لَّهُمَا قَوْلًا كَرِيمًا

(24) Baja sobre ellos el ala de la humildad* que viene de la misericordia y di: ¡Señor mío! Ten piedad de ellos, al igual que ellos me criaron cuando era pequeño.

*[Ver la aleya 88 de la sura 15]

وَاخْفِضْ لَهُمَا جَنَاحَ الذُّلِّ مِنَ الرَّحْمَةِ وَقُل رَّبِّ ارْحَمْهُمَا كَمَا رَبَّيَانِي صَغِيرًا ٢٤

(25) Vuestro Señor sabe mejor lo que hay dentro de vosotros mismos. Si sois rectos...Es cierto que El perdona a los que se remiten a El.

رَّبُّكُمْ أَعْلَمُ بِمَا فِي نُفُوسِكُمْ إِن تَكُونُوا صَالِحِينَ فَإِنَّهُ كَانَ لِلْأَوَّابِينَ غَفُورًا

(26) Y da a los parientes próximos lo que les corresponde, así como a los mendigos y al hijo del camino, pero no malgastes en derrochar.

وَءَاتِ ذَا الْقُرْبَى حَقَّهُ وَالْمِسْكِينَ وَابْنَ السَّبِيلِ وَلَا تُبَذِّرْ تَبْذِيرًا

(27) Verdaderamente los derrochadores son hermanos de los demonios y el Shaytán es ingrato con tu Señor.

إِنَّ الْمُبَذِّرِينَ كَانُوا إِخْوَانَ الشَّيَاطِينِ وَكَانَ الشَّيْطَانُ لِرَبِّهِ كَفُورًا

(28) Y si tuvieras que apartarte de ellos para buscar una misericordia de tu Señor que esperas, háblales con palabras suaves.

وَإِمَّا تُعْرِضَنَّ عَنْهُمُ ابْتِغَآءَ رَحْمَةٍ مِّن رَّبِّكَ تَرْجُوهَا فَقُل لَّهُمْ قَوْلًا مَّيْسُورًا

(29) Y no tengas el puño cerrado, asfixiándote, ni lo abras del todo, pues te quedarías reprobado y desnudo.

وَلَا تَجْعَلْ يَدَكَ مَغْلُولَةً إِلَىٰ عُنُقِكَ وَلَا تَبْسُطْهَا كُلَّ ٱلْبَسْطِ فَتَقْعُدَ مَلُومًا مَّحْسُورًا ۝

(30) Es cierto que tu Señor da la provisión con largueza a quien quiere y también la restringe, El está perfectamente informado de Sus siervos y es Quien ve.

إِنَّ رَبَّكَ يَبْسُطُ ٱلرِّزْقَ لِمَن يَشَآءُ وَيَقْدِرُ إِنَّهُۥ كَانَ بِعِبَادِهِۦ خَبِيرًۢا بَصِيرًا ۝

(31) No matéis a vuestros hijos por temor a la miseria, Nosotros los proveemos a ellos y a vosotros. Que los matéis es una falta enorme.

وَلَا تَقْتُلُوٓا۟ أَوْلَٰدَكُمْ خَشْيَةَ إِمْلَٰقٍ نَّحْنُ نَرْزُقُهُمْ وَإِيَّاكُمْ إِنَّ قَتْلَهُمْ كَانَ خِطْـًٔا كَبِيرًا ۝

(32) Y no os acerquéis a la fornicación pues ello es una indecencia y un mal camino.

وَلَا تَقْرَبُوا۟ ٱلزِّنَىٰٓ إِنَّهُۥ كَانَ فَٰحِشَةً وَسَآءَ سَبِيلًا ۝

(33) Y no matéis a nadie que Allah haya hecho inviolable a menos que sea por derecho. Si alguien muere habiendo sido matado injustamente, damos autoridad a su wali*; pero que no cometa ningún exceso en matar pues realmente (su derecho) ha sido amparado.

* [Se refiere al pariente o miembro del clan responsable del derecho del muerto y de aplicar el talión. Según ad-Dahaq, esta aleya es lo primero que descendió del Corán sobre el asesinato, y es de Meca.]

وَلَا تَقْتُلُوا۟ ٱلنَّفْسَ ٱلَّتِى حَرَّمَ ٱللَّهُ إِلَّا بِٱلْحَقِّ وَمَن قُتِلَ مَظْلُومًا فَقَدْ جَعَلْنَا لِوَلِيِّهِۦ سُلْطَٰنًا فَلَا يُسْرِف فِّى ٱلْقَتْلِ إِنَّهُۥ كَانَ مَنصُورًا ۝

(34) Y no os acerquéis a la riqueza

وَلَا تَقْرَبُوا۟ مَالَ ٱلْيَتِيمِ إِلَّا بِٱلَّتِى هِىَ أَحْسَنُ حَتَّىٰ

del huérfano, sino es con lo que más le beneficie, hasta que no haya alcanzado la pubertad. Y cumplid los pactos, pues es cierto que se os pedirán cuentas por ellos.

يَبْلُغَ أَشُدَّهُۥ وَأَوْفُواْ بِالْعَهْدِ إِنَّ الْعَهْدَ كَانَ مَسْـُٔولًا ۝

(35) Cumplid con las medidas cuando las deis y sed justos en el peso, esto es mejor y tiene un final más hermoso.

وَأَوْفُواْ الْكَيْلَ إِذَا كِلْتُمْ وَزِنُواْ بِالْقِسْطَاسِ الْمُسْتَقِيمِ ذَٰلِكَ خَيْرٌ وَأَحْسَنُ تَأْوِيلًا ۝

(36) Y no persigas aquello de lo que no tienes conocimiento pues es cierto que del oído, la vista y el corazón, de todo ello, se pedirán cuentas.

۞ وَلَا تَقْفُ مَا لَيْسَ لَكَ بِهِۦ عِلْمٌ إِنَّ السَّمْعَ وَالْبَصَرَ وَالْفُؤَادَ كُلُّ أُوْلَٰٓئِكَ كَانَ عَنْهُ مَسْـُٔولًا ۝

(37) Y no camines por la tierra con arrogancia porque no podrás traspasar la tierra ni alcanzar la altura de las montañas.

وَلَا تَمْشِ فِي الْأَرْضِ مَرَحًا إِنَّكَ لَن تَخْرِقَ الْأَرْضَ وَلَن تَبْلُغَ الْجِبَالَ طُولًا ۝

(38) Todo esto es una maldad detestable ante tu Señor.

كُلُّ ذَٰلِكَ كَانَ سَيِّئُهُۥ عِندَ رَبِّكَ مَكْرُوهًا ۝

(39) Es parte de lo que tu Señor te ha inspirado de la Sabiduría. Y no pongas a otro dios junto a Allah pues en ese caso serías arrojado a Yahannam, reprobado y despreciado.

ذَٰلِكَ مِمَّآ أَوْحَىٰٓ إِلَيْكَ رَبُّكَ مِنَ الْحِكْمَةِ وَلَا تَجْعَلْ مَعَ اللَّهِ إِلَٰهًا ءَاخَرَ فَتُلْقَىٰ فِي جَهَنَّمَ مَلُومًا مَّدْحُورًا ۝

(40) ¿Cómo podéis pensar que vuestro Señor iba a daros el privilegio de tener hijos varones mientras El tomaba para Sí, de entre los ángeles, hembras?

أَفَأَصْفَىٰكُمْ رَبُّكُم بِالْبَنِينَ وَاتَّخَذَ مِنَ الْمَلَٰٓئِكَةِ إِنَٰثًا إِنَّكُمْ لَتَقُولُونَ قَوْلًا عَظِيمًا ۝

De verdad que es grave lo que decís.

(41) Hemos alternado las aclaraciones en esta Recitación para que recapacitaran, sin embargo su aversión no ha hecho sino ir a más.

وَلَقَدْ صَرَّفْنَا فِي هَذَا الْقُرْءَانِ لِيَذَّكَّرُواْ وَمَا يَزِيدُهُمْ إِلَّا نُفُورًا ﴿٤١﴾

(42) Di: Si hubiera con El otros dioses, como dicen, buscarían el medio de acceder al Dueño del Trono.

قُل لَّوْ كَانَ مَعَهُۥٓ ءَالِهَةٌ كَمَا يَقُولُونَ إِذًا لَّابْتَغَوْاْ إِلَىٰ ذِي الْعَرْشِ سَبِيلًا ﴿٤٢﴾

(43) Sea glorificado y ensalzado, muy por encima y a gran altura de lo que dicen.

سُبْحَٰنَهُۥ وَتَعَٰلَىٰ عَمَّا يَقُولُونَ عُلُوًّا كَبِيرًا ﴿٤٣﴾

(44) Los siete cielos y la tierra Lo glorifican así como quienes en ellos están.

No hay nada que no Lo glorifique alabándolo, sin embargo vosotros no entendéis su glorificación. Es cierto que El es Benévolo, Perdonador.

تُسَبِّحُ لَهُ السَّمَٰوَٰتُ السَّبْعُ وَالْأَرْضُ وَمَن فِيهِنَّ وَإِن مِّن شَيْءٍ إِلَّا يُسَبِّحُ بِحَمْدِهِۦ وَلَٰكِن لَّا تَفْقَهُونَ تَسْبِيحَهُمْ إِنَّهُۥ كَانَ حَلِيمًا غَفُورًا ﴿٤٤﴾

(45) Y siempre que recitas el Corán ponemos entre tú y los que no creen en la Ultima Vida un velo protector.

وَإِذَا قَرَأْتَ الْقُرْءَانَ جَعَلْنَا بَيْنَكَ وَبَيْنَ الَّذِينَ لَا يُؤْمِنُونَ بِالْآخِرَةِ حِجَابًا مَّسْتُورًا ﴿٤٥﴾

(46) Y cubrimos sus corazones para que no comprendan y ponemos sordera en sus oídos. Y cuando en el Corán mencionas la unicidad de tu Señor, vuelven la espalda con desprecio.

وَجَعَلْنَا عَلَىٰ قُلُوبِهِمْ أَكِنَّةً أَن يَفْقَهُوهُ وَفِي ءَاذَانِهِمْ وَقْرًا وَإِذَا ذَكَرْتَ رَبَّكَ فِي الْقُرْءَانِ وَحْدَهُۥ وَلَّوْاْ عَلَىٰٓ أَدْبَٰرِهِمْ نُفُورًا ﴿٤٦﴾

(47) Nosotros sabemos mejor lo que escuchan cuando te escuchan y cuando se hacen confidencias, cuando los injustos dicen: No seguís sino a un hombre que está embrujado.

نَّحْنُ أَعْلَمُ بِمَا يَسْتَمِعُونَ بِهِ إِذْ يَسْتَمِعُونَ إِلَيْكَ وَإِذْ هُمْ نَجْوَى إِذْ يَقُولُ الظَّالِمُونَ إِن تَتَّبِعُونَ إِلَّا رَجُلاً مَّسْحُوراً ۝

(48) Mira con qué te asemejan y se extravían. Y no pueden encontrar ningún camino.

انظُرْ كَيْفَ ضَرَبُوا لَكَ الأَمْثَالَ فَضَلُّوا فَلاَ يَسْتَطِيعُونَ سَبِيلاً ۝

(49) Y dicen: ¿Cuando ya seamos huesos y restos, vamos a ser levantados en una nueva creación?

وَقَالُوا أَإِذَا كُنَّا عِظَاماً وَرُفَاتاً أَإِنَّا لَمَبْعُوثُونَ خَلْقاً جَدِيداً ۝

(50) Di: Sed piedras o hierro.

قُلْ كُونُوا حِجَارَةً أَوْ حَدِيداً ۝

(51) O cualquier cosa creada que en vuestros pechos os imponga mayor respeto. Y dirán: ¿Quién nos va a hacer volver?
Di: Quien os creó por primera vez. Y te dirán volviéndote la cabeza: ¿Cuándo será eso? Di: Puede que sea pronto.

أَوْ خَلْقاً مِّمَّا يَكْبُرُ فِي صُدُورِكُمْ فَسَيَقُولُونَ مَن يُعِيدُنَا قُلِ الَّذِي فَطَرَكُمْ أَوَّلَ مَرَّةٍ فَسَيُنْغِضُونَ إِلَيْكَ رُءُوسَهُمْ وَيَقُولُونَ مَتَى هُوَ قُلْ عَسَى أَن يَكُونَ قَرِيباً ۝

(52) El día que os llame y respondáis con Su alabanza y penséis que sólo permanecísteis (en las tumbas) un poco.

يَوْمَ يَدْعُوكُمْ فَتَسْتَجِيبُونَ بِحَمْدِهِ وَتَظُنُّونَ إِن لَّبِثْتُمْ إِلاَّ قَلِيلاً ۝

(53) Y di a Mis siervos que hablen con las mejores palabras, porque es cierto que el Shaytán siembra discordia entre ellos; realmente el Shaytán es un enemigo declarado del hombre.

وَقُل لِّعِبَادِي يَقُولُوا الَّتِي هِيَ أَحْسَنُ إِنَّ الشَّيْطَانَ يَنزَغُ بَيْنَهُمْ إِنَّ الشَّيْطَانَ كَانَ لِلإِنسَانِ عَدُوّاً مُّبِيناً ۝

(54) Vuestro Señor os conoce y si quiere tendrá misericordia de vosotros y si quiere os castigará. Pero no te hemos enviado a ellos como guardián.

رَّبُّكُمْ أَعْلَمُ بِكُمْ إِن يَشَأْ يَرْحَمْكُمْ أَوْ إِن يَشَأْ يُعَذِّبْكُمْ وَمَا أَرْسَلْنَاكَ عَلَيْهِمْ وَكِيلًا ۝

(55) Tu Señor es Quien mejor conoce a cuantos están en los cielos y en la tierra. Hemos dado preferencia a unos profetas sobre otros.

Y a Daud le dimos los Salmos.

وَرَبُّكَ أَعْلَمُ بِمَن فِي ٱلسَّمَٰوَٰتِ وَٱلْأَرْضِ وَلَقَدْ فَضَّلْنَا بَعْضَ ٱلنَّبِيِّينَ عَلَىٰ بَعْضٍ وَءَاتَيْنَا دَاوُۥدَ زَبُورًا ۝

(56) Di: Llamad a quienes deis realidad aparte de El, ellos no tienen poder ni para libraros del mal ni para cambiarlo.

قُلِ ٱدْعُوا ٱلَّذِينَ زَعَمْتُم مِّن دُونِهِ فَلَا يَمْلِكُونَ كَشْفَ ٱلضُّرِّ عَنكُمْ وَلَا تَحْوِيلًا ۝

(57) Esos a los que invocan buscan ellos mismos el medio de acercarse a su Señor, a cual más cerca.

Esperan Su misericordia y temen Su castigo. Realmente el castigo de tu Señor es digno de ser temido.

أُو۟لَٰٓئِكَ ٱلَّذِينَ يَدْعُونَ يَبْتَغُونَ إِلَىٰ رَبِّهِمُ ٱلْوَسِيلَةَ أَيُّهُمْ أَقْرَبُ وَيَرْجُونَ رَحْمَتَهُ وَيَخَافُونَ عَذَابَهُ إِنَّ عَذَابَ رَبِّكَ كَانَ مَحْذُورًا ۝

(58) No hay ninguna ciudad que no vayamos a destruir antes del Día del Levantamiento o a castigarla con un fuerte castigo. Esto está escrito en el Libro.

وَإِن مِّن قَرْيَةٍ إِلَّا نَحْنُ مُهْلِكُوهَا قَبْلَ يَوْمِ ٱلْقِيَٰمَةِ أَوْ مُعَذِّبُوهَا عَذَابًا شَدِيدًا كَانَ ذَٰلِكَ فِي ٱلْكِتَٰبِ مَسْطُورًا ۝

(59) Y que los antiguos desmintieran es lo que Nos ha impedido enviar los signos*.

Dimos a los Zamud la camella como una prueba clara pero

وَمَا مَنَعَنَا أَن نُّرْسِلَ بِٱلْءَايَٰتِ إِلَّا أَن كَذَّبَ بِهَا ٱلْأَوَّلُونَ وَءَاتَيْنَا ثَمُودَ ٱلنَّاقَةَ مُبْصِرَةً فَظَلَمُوا بِهَا وَمَا نُرْسِلُ بِٱلْءَايَٰتِ إِلَّا تَخْوِيفًا ۝

fueron injustos con ella.

Y no enviamos Nuestros signos sino para infundir temor.

* [Es decir, si os enviáramos a vosotros los prodigios que solicitáis y después de eso no creyerais, tendríais que ser castigados como ya ocurrió con los antiguos cuando desmintieron.]

(60) Y cuando te dijimos (Muhammad): Realmente tu Señor rodea a los hombres.

Y la visión* que te mostramos no fue sino como una prueba para los hombres así como lo es el árbol maldito* en el Corán.

Los atemorizamos, aunque eso no hace sino que se pasen aún más de los límites.

* [Según algunos comentaristas se refiere a lo que vio durante el viaje nocturno y parte de ello fue el Jardín, y el Fuego y el árbol de Zaqqum.]

* [El árbol de Zaqqum. Cuando los Quraysh oyeron que en Yahannam había un árbol se burlaron diciendo: "¿Cómo puede haber un árbol en el fuego, si el Fuego quema los árboles?" Y Abu Yahl dijo: "No conozco más zaqqum que los dátiles con mantequilla"; puesto que zaqqum era como llamaban a los dátiles con mantequilla.]

وَإِذْ قُلْنَا لَكَ إِنَّ رَبَّكَ أَحَاطَ بِالنَّاسِ وَمَا جَعَلْنَا الرُّؤْيَا الَّتِي أَرَيْنَاكَ إِلَّا فِتْنَةً لِّلنَّاسِ وَالشَّجَرَةَ الْمَلْعُونَةَ فِي الْقُرْءَانِ وَنُخَوِّفُهُمْ فَمَا يَزِيدُهُمْ إِلَّا طُغْيَانًا كَبِيرًا ﴿٦٠﴾

(61) Y cuando les dijimos a los ángeles: Postraos ante Adam y se postraron. Sin embargo Iblis dijo: ¿He de postrarme ante quien has creado del barro?

وَإِذْ قُلْنَا لِلْمَلَائِكَةِ اسْجُدُوا لِآدَمَ فَسَجَدُوا إِلَّا إِبْلِيسَ قَالَ ءَأَسْجُدُ لِمَنْ خَلَقْتَ طِينًا ﴿٦١﴾

(62) Dijo: Mira a éste que has honrado por encima de mí. Si me das plazo hasta el Día del Levantamiento pondré bajo mi dominio a toda su descendencia, a excepción de unos pocos.

قَالَ أَرَءَيْتَكَ هَٰذَا ٱلَّذِى كَرَّمْتَ عَلَىَّ لَئِنْ أَخَّرْتَنِ إِلَىٰ يَوْمِ ٱلْقِيَٰمَةِ لَأَحْتَنِكَنَّ ذُرِّيَّتَهُ إِلَّا قَلِيلًا ۝

(63) Dijo: Vete de aquí, y quien de ellos te siga... Yahannam será vuestro pago; cumplida recompensa.

قَالَ ٱذْهَبْ فَمَن تَبِعَكَ مِنْهُمْ فَإِنَّ جَهَنَّمَ جَزَآؤُكُمْ جَزَآءً مَّوْفُورًا ۝

(64) Seduce con tu voz a quien puedas, reúne contra ellos tu caballería e infantería, asóciate a ellos en los bienes e hijos y hazles tener falsas esperanzas. Sin embargo lo que el Shaytán les promete no es sino un engaño.

وَٱسْتَفْزِزْ مَنِ ٱسْتَطَعْتَ مِنْهُم بِصَوْتِكَ وَأَجْلِبْ عَلَيْهِم بِخَيْلِكَ وَرَجِلِكَ وَشَارِكْهُمْ فِى ٱلْأَمْوَٰلِ وَٱلْأَوْلَٰدِ وَعِدْهُمْ وَمَا يَعِدُهُمُ ٱلشَّيْطَٰنُ إِلَّا غُرُورًا ۝

(65) Es cierto que sobre Mis siervos, no tienes ningún poder. Y tu Señor basta como Guardián.

إِنَّ عِبَادِى لَيْسَ لَكَ عَلَيْهِمْ سُلْطَٰنٌ وَكَفَىٰ بِرَبِّكَ وَكِيلًا ۝

(66) Vuestro Señor es el que empuja en vuestro beneficio la nave en el mar para que busquéis parte de Su favor; realmente El es Compasivo con vosotros.

رَّبُّكُمُ ٱلَّذِى يُزْجِى لَكُمُ ٱلْفُلْكَ فِى ٱلْبَحْرِ لِتَبْتَغُوا۟ مِن فَضْلِهِۦ إِنَّهُۥ كَانَ بِكُمْ رَحِيمًا ۝

(67) Y cuando en el mar os alcanza una desgracia desaparecen todos los que invocáis menos El.

Pero una vez os hemos puesto a salvo en tierra firme os apartáis. El hombre es ingrato.

وَإِذَا مَسَّكُمُ ٱلضُّرُّ فِى ٱلْبَحْرِ ضَلَّ مَن تَدْعُونَ إِلَّا إِيَّاهُ فَلَمَّا نَجَّىٰكُمْ إِلَى ٱلْبَرِّ أَعْرَضْتُمْ وَكَانَ ٱلْإِنسَٰنُ كَفُورًا ۝

(68) ¿Acaso estáis libres de que parte de la tierra no se hunda con vosotros o de que se envíe un huracán en vuestra contras?

Después no encontraríais quien os guardara.

أَفَأَمِنتُمْ أَن يَخْسِفَ بِكُمْ جَانِبَ ٱلْبَرِّ أَوْ يُرْسِلَ عَلَيْكُمْ حَاصِبًا ثُمَّ لَا تَجِدُوا۟ لَكُمْ وَكِيلًا ۝

(69) ¿O estáis libres de que de nuevo os devuelva a él* y envíe contra vosotros un viento destructor y os ahoguéis por haber sido desagradecidos?

Después no íbais a encontrar quien Nos persiguiera por ello.

* [El mar]

أَمْ أَمِنتُمْ أَن يُعِيدَكُمْ فِيهِ تَارَةً أُخْرَىٰ فَيُرْسِلَ عَلَيْكُمْ قَاصِفًا مِّنَ ٱلرِّيحِ فَيُغْرِقَكُم بِمَا كَفَرْتُمْ ثُمَّ لَا تَجِدُوا۟ لَكُمْ عَلَيْنَا بِهِۦ تَبِيعًا ۝

(70) Es cierto que hemos honrado a los hijos de Adam.

Los llevamos por la tierra y por el mar, les damos cosas buenas como provisión y les hemos favorecido con gran preferencia por encima de muchas de las criaturas.

وَلَقَدْ كَرَّمْنَا بَنِىٓ ءَادَمَ وَحَمَلْنَٰهُمْ فِى ٱلْبَرِّ وَٱلْبَحْرِ وَرَزَقْنَٰهُم مِّنَ ٱلطَّيِّبَٰتِ وَفَضَّلْنَٰهُمْ عَلَىٰ كَثِيرٍ مِّمَّنْ خَلَقْنَا تَفْضِيلًا ۝

(71) El día en que llamemos a cada grupo de hombres con el libro de sus acciones. Aquel al que se le dé su libro en la mano derecha...Esos leerán su libro y no sufrirán injusticia ni en el filamento de la ranura de un hueso de dátil.

يَوْمَ نَدْعُوا۟ كُلَّ أُنَاسٍ بِإِمَٰمِهِمْ فَمَنْ أُوتِىَ كِتَٰبَهُۥ بِيَمِينِهِۦ فَأُو۟لَٰٓئِكَ يَقْرَءُونَ كِتَٰبَهُمْ وَلَا يُظْلَمُونَ فَتِيلًا ۝

(72) Y quién esta ciego aquí, lo estará también en la Ultima Vida y más extraviado aún del camino.

وَمَن كَانَ فِى هَٰذِهِۦٓ أَعْمَىٰ فَهُوَ فِى ٱلْءَاخِرَةِ أَعْمَىٰ وَأَضَلُّ سَبِيلًا ۝

سُورَةُ الْإِسْرَاءِ ـ الْجُزْءُ الْخَامِسَ عَشَرَ

(73) A punto han estado los asociadores de desviarte de lo que
te hemos inspirado para que
inventaras acerca de Nosotros
otra cosa distinta a ello. Y
entonces sí que te habrían
tomado por amigo fiel.

وَإِن كَادُواْ لَيَفْتِنُونَكَ عَنِ الَّذِىٓ أَوْحَيْنَآ
إِلَيْكَ لِتَفْتَرِىَ عَلَيْنَا غَيْرَهُۥ وَإِذًا لَّاتَّخَذُوكَ
خَلِيلًا ۝

(74) De no haber sido por la firmeza
que te dimos no hubiera faltado mucho para que te hubieras inclinado un poco hacia
ellos

وَلَوْلَآ أَن ثَبَّتْنَٰكَ لَقَدْ كِدتَّ تَرْكَنُ إِلَيْهِمْ
شَيْـًٔا قَلِيلًا ۝

(75) Y en ese caso te habríamos
hecho probar el doble de la
vida y el doble de la muerte* y
después no habrías encontrado
quien te auxiliara de Nosotros.

* [Es decir, el doble castigo de esta vida
y de la Otra]

إِذًا لَّأَذَقْنَٰكَ ضِعْفَ الْحَيَوٰةِ وَضِعْفَ الْمَمَاتِ
ثُمَّ لَاتَجِدُ لَكَ عَلَيْنَا نَصِيرًا ۝

(76) A punto han estado de inti-
midarte y hacer que te fueras
del país. Entonces, sólo
unos pocos hubieran permanecido después de irte.

وَإِن كَادُواْ لَيَسْتَفِزُّونَكَ مِنَ الْأَرْضِ لِيُخْرِجُوكَ
مِنْهَا وَإِذًا لَّا يَلْبَثُونَ خِلَٰفَكَ إِلَّا قَلِيلًا ۝

(77) La práctica acostumbrada en
relación con Nuestros mensajeros enviados antes de ti.

Y no encontrarás en Nuestra
práctica acostumbrada
ninguna alteración.

سُنَّةَ مَن قَدْ أَرْسَلْنَا قَبْلَكَ مِن رُّسُلِنَا وَلَا تَجِدُ
لِسُنَّتِنَا تَحْوِيلًا ۝

(78) Establece el salat desde que el
sol comienza a declinar hasta
la llegada de la oscuridad de la
noche, así como la recitación

أَقِمِ الصَّلَوٰةَ لِدُلُوكِ الشَّمْسِ إِلَىٰ غَسَقِ الَّيْلِ
وَقُرْءَانَ الْفَجْرِ إِنَّ قُرْءَانَ الْفَجْرِ كَانَ

del alba. Es cierto que la recitación del alba queda atestiguada.

* [En esta aleya están implícitas las cinco oraciones preceptivas, pues el sol comienza su declive tras el cénit del mediodía.]

مَّشْهُودًا ۝

(79) Y vela parte de la noche como un acto voluntario para ti, puede que tu Señor te eleve a una estación digna de alabanza*.

* [Uno de los aspectos de esta estación, exclusiva del Profeta, que Allah le dé Su gracia y paz, es la capacidad de intercesión en el Día del Levantamiento.]

وَمِنَ ٱلَّيْلِ فَتَهَجَّدْ بِهِۦ نَافِلَةً لَّكَ عَسَىٰٓ أَن يَبْعَثَكَ رَبُّكَ مَقَامًا مَّحْمُودًا ۝

(80) Y di: Señor mío, hazme entrar por una entrada de sinceridad y hazme salir por una salida de sinceridad y concédeme procedente de Ti un poder que me ayude.

وَقُل رَّبِّ أَدْخِلْنِي مُدْخَلَ صِدْقٍ وَأَخْرِجْنِي مُخْرَجَ صِدْقٍ وَٱجْعَل لِّي مِن لَّدُنكَ سُلْطَٰنًا نَّصِيرًا ۝

(81) Y di: Ha venido la verdad y la falsedad se ha desvanecido, es cierto que la falsedad se desvanece.

وَقُلْ جَآءَ ٱلْحَقُّ وَزَهَقَ ٱلْبَٰطِلُ إِنَّ ٱلْبَٰطِلَ كَانَ زَهُوقًا ۝

(82) Y con el Corán hacemos descender una cura y una misericordia para los creyentes, sin embargo los injustos no hacen sino aumentar su perdición.

وَنُنَزِّلُ مِنَ ٱلْقُرْءَانِ مَا هُوَ شِفَآءٌ وَرَحْمَةٌ لِّلْمُؤْمِنِينَ وَلَا يَزِيدُ ٱلظَّٰلِمِينَ إِلَّا خَسَارًا ۝

(83) Y cuando favorecemos al hombre se aparta y se retira a lo suyo, pero cuando le toca el mal se queda desesperado.

وَإِذَآ أَنْعَمْنَا عَلَى ٱلْإِنسَٰنِ أَعْرَضَ وَنَـَٔا بِجَانِبِهِۦ وَإِذَا مَسَّهُ ٱلشَّرُّ كَانَ يَـُٔوسًا ۝

(84) Di: Que cada uno actúe a su manera, pero vuestro Señor sabe mejor quién está en un camino con mejor guía.

فَقُلْ كُلٌّ يَعْمَلُ عَلَىٰ شَاكِلَتِهِ فَرَبُّكُمْ أَعْلَمُ بِمَنْ هُوَ أَهْدَىٰ سَبِيلًا ۝

(85) Y te preguntan acerca del espíritu. Di: El espíritu procede de la orden de mi Señor y no se os ha dado sino un poco de conocimiento.

وَيَسْأَلُونَكَ عَنِ الرُّوحِ قُلِ الرُّوحُ مِنْ أَمْرِ رَبِّي وَمَا أُوتِيتُم مِّنَ الْعِلْمِ إِلَّا قَلِيلًا ۝

(86) Y si quisiéramos Nos llevaríamos lo que te hemos inspirado, luego no encontrarías a quien recurrir para ello contra Nosotros.

وَلَئِن شِئْنَا لَنَذْهَبَنَّ بِالَّذِي أَوْحَيْنَا إِلَيْكَ ثُمَّ لَا تَجِدُ لَكَ بِهِ عَلَيْنَا وَكِيلًا ۝

(87) No es sino por una misericordia de tu Señor, es cierto que Su favor contigo es grande.

إِلَّا رَحْمَةً مِّن رَّبِّكَ إِنَّ فَضْلَهُ كَانَ عَلَيْكَ كَبِيرًا ۝

(88) Di: Si se juntaran los hombres y los genios para traer algo parecido a este Corán no podrían traer nada como él aunque se ayudaran unos a otros.

قُل لَّئِنِ اجْتَمَعَتِ الْإِنسُ وَالْجِنُّ عَلَىٰ أَن يَأْتُوا بِمِثْلِ هَٰذَا الْقُرْآنِ لَا يَأْتُونَ بِمِثْلِهِ وَلَوْ كَانَ بَعْضُهُمْ لِبَعْضٍ ظَهِيرًا ۝

(89) Hemos mostrado en este Corán a los hombres toda clase de ejemplos, sin embargo la mayoría de ellos ha rehusado todo lo que no fuera negarse a creer.

وَلَقَدْ صَرَّفْنَا لِلنَّاسِ فِي هَٰذَا الْقُرْآنِ مِن كُلِّ مَثَلٍ فَأَبَىٰ أَكْثَرُ النَّاسِ إِلَّا كُفُورًا ۝

(90) Y dicen: No creeremos en ti hasta que no hagas por nosotros que surja un manantial de la tierra.

وَقَالُوا لَن نُّؤْمِنَ لَكَ حَتَّىٰ تَفْجُرَ لَنَا مِنَ الْأَرْضِ يَنبُوعًا ۝

(91) O poseas un jardín de palmeras y vides y hagas nacer entre ellas ríos que fluyan.

أَوْ تَكُونَ لَكَ جَنَّةٌ مِّن نَّخِيلٍ وَعِنَبٍ فَتُفَجِّرَ الْأَنْهَارَ خِلَلَهَا تَفْجِيراً ۝

(92) O que hagas caer el cielo en pedazos sobre nosotros, como afirmas, o traigas a Allah y a los ángeles por delante.

أَوْ تُسْقِطَ السَّمَآءَ كَمَا زَعَمْتَ عَلَيْنَا كِسَفاً أَوْ تَأْتِيَ بِاللَّهِ وَالْمَلَئِكَةِ قَبِيلًا ۝

(93) O poseas una casa de oro o subas al cielo, y aún así no creeríamos en tu ascensión hasta que no hicieras descender sobre nosotros un libro que pudiéramos leer.

Di: Gloria a mi Señor. ¿Acaso soy algo más que un ser humano enviado como mensajero?

أَوْ يَكُونَ لَكَ بَيْتٌ مِّن زُخْرُفٍ أَوْ تَرْقَى فِي السَّمَآءِ وَلَن نُّؤْمِنَ لِرُقِيِّكَ حَتَّى تُنَزِّلَ عَلَيْنَا كِتَاباً نَّقْرَؤُهُ قُلْ سُبْحَانَ رَبِّي هَلْ كُنتُ إِلَّا بَشَراً رَّسُولًا ۝

(94) Y lo que impide a los hombres creer cuando les llega la guía es que dicen: ¿Es que Allah ha mandado como mensajero a un ser humano?

وَمَا مَنَعَ النَّاسَ أَن يُؤْمِنُوا إِذْ جَآءَهُمُ الْهُدَى إِلَّا أَن قَالُوا أَبَعَثَ اللَّهُ بَشَراً رَّسُولًا ۝

(95) Di: Si hubiera en la tierra ángeles que caminaran tranquilamente, haríamos descender desde el cielo un ángel que fuera un mensajero para ellos.

قُل لَّوْ كَانَ فِي الْأَرْضِ مَلَئِكَةٌ يَمْشُونَ مُطْمَئِنِّينَ لَنَزَّلْنَا عَلَيْهِم مِّنَ السَّمَآءِ مَلَكاً رَّسُولًا ۝

(96) Di: Allah es Suficiente como testigo entre vosotros y yo.

Es cierto que Él conoce perfectamente a Sus siervos y los ve.

قُلْ كَفَى بِاللَّهِ شَهِيداً بَيْنِي وَبَيْنَكُمْ إِنَّهُ كَانَ بِعِبَادِهِ خَبِيراً بَصِيراً ۝

(97) Y al que Allah guía es el que está guiado y al que extravía... No encontrarás quien lo proteja fuera de El.

Y el Día del Levantamiento los reunirá boca abajo, ciegos, mudos y sordos.

Su refugio será Yahannam y cada vez que se calme lo avivaremos.

وَمَن يَهْدِ اللَّهُ فَهُوَ الْمُهْتَدِ وَمَن يُضْلِلْ فَلَن تَجِدَ لَهُمْ أَوْلِيَآءَ مِن دُونِهِ وَنَحْشُرُهُمْ يَوْمَ الْقِيَمَةِ عَلَى وُجُوهِهِمْ عُمْيًا وَبُكْمًا وَصُمًّا مَأْوَىٰهُمْ جَهَنَّمُ كُلَّمَا خَبَتْ زِدْنَهُمْ سَعِيرًا ۝

(98) Esta será su recompensa por haber negado Nuestros signos y haber dicho:

¿Acaso cuando ya seamos huesos y polvo vamos a ser levantados, creados de nuevo?

ذَلِكَ جَزَآؤُهُم بِأَنَّهُمْ كَفَرُوا بِآيَتِنَا وَقَالُوٓا أَءِذَا كُنَّا عِظَمًا وَرُفَتًا أَءِنَّا لَمَبْعُوثُونَ خَلْقًا جَدِيدًا ۝

(99) ¿Pero no ven que Allah, que es Quien creó los cielos y la tierra, tiene capacidad para crear otro tanto como ellos y que les ha asignado un término sobre el que no hay duda?

Los injustos rechazan todo lo que no sea negarse a creer.

۞ أَوَلَمْ يَرَوْا أَنَّ اللَّهَ الَّذِي خَلَقَ السَّمَوَتِ وَالْأَرْضَ قَادِرٌ عَلَىٰٓ أَن يَخْلُقَ مِثْلَهُمْ وَجَعَلَ لَهُمْ أَجَلًا لَّا رَيْبَ فِيهِ فَأَبَى الظَّلِمُونَ إِلَّا كُفُورًا ۝

(100) Di: Si fuerais vosotros los dueños de las despensas de la misericordia de mi Señor, la retendríais con avaricia por temor a gastar. El hombre es avaro.

قُل لَّوْ أَنتُمْ تَمْلِكُونَ خَزَآئِنَ رَحْمَةِ رَبِّي إِذًا لَّأَمْسَكْتُمْ خَشْيَةَ الْإِنفَاقِ وَكَانَ الْإِنسَنُ قَتُورًا ۝

(101) Dimos a Musa nueve señales evidentes. Pregunta a los hijos de Israel cuando se presentó ante ellos y dijo Firaún: Real-

وَلَقَدْ ءَاتَيْنَا مُوسَى تِسْعَ ءَايَتٍ بَيِّنَتٍ فَسْئَلْ بَنِي إِسْرَآءِيلَ إِذْ جَآءَهُمْ فَقَالَ لَهُ فِرْعَوْنُ إِنِّي لَأَظُنُّكَ

mente, Musa, te tengo por un embrujado.

يَتَمُوسَى مَسْحُورًا ۝

(102) Dijo: Sabes que estos (signos) no los ha hecho descender sino el Señor de los cielos y de la tierra como evidencias; y en verdad Firaún te tengo por perdido.

قَالَ لَقَدْ عَلِمْتَ مَآ أَنزَلَ هَـٰٓؤُلَآءِ إِلَّا رَبُّ ٱلسَّمَـٰوَٰتِ وَٱلْأَرْضِ بَصَآئِرَ وَإِنِّى لَأَظُنُّكَ يَـٰفِرْعَوْنُ مَثْبُورًا ۝

(103) Quiso hacerlos huir de la tierra y lo anegamos a él y a los que con él estaban sin excepción.

فَأَرَادَ أَن يَسْتَفِزَّهُم مِّنَ ٱلْأَرْضِ فَأَغْرَقْنَـٰهُ وَمَن مَّعَهُۥ جَمِيعًا ۝

(104) Y después les dijimos a los hijos de Israel: Habitad la tierra y cuando llegue la promesa de la Ultima Vida os haremos venir a todos juntos.

وَقُلْنَا مِنۢ بَعْدِهِۦ لِبَنِىٓ إِسْرَآءِيلَ ٱسْكُنُواْ ٱلْأَرْضَ فَإِذَا جَآءَ وَعْدُ ٱلْءَاخِرَةِ جِئْنَا بِكُمْ لَفِيفًا ۝

(105) Con la verdad lo hemos hecho descender y con la verdad ha descendido.

Y no te hemos enviado sino como un portador de buenas noticias y un advertidor.

وَبِٱلْحَقِّ أَنزَلْنَـٰهُ وَبِٱلْحَقِّ نَزَلَ وَمَآ أَرْسَلْنَـٰكَ إِلَّا مُبَشِّرًا وَنَذِيرًا ۝

(106) Es un Corán que hemos dividido en partes para que lo recites a los hombres gradualmente. Y así lo hemos hecho descender en revelaciones sucesivas.

وَقُرْءَانًا فَرَقْنَـٰهُ لِتَقْرَأَهُۥ عَلَى ٱلنَّاسِ عَلَىٰ مُكْثٍ وَنَزَّلْنَـٰهُ تَنزِيلًا ۝

(107) Di: Creed en él o no creáis, es cierto que los que recibieron el conocimiento antes de él,

قُلْ ءَامِنُواْ بِهِۦٓ أَوْ لَا تُؤْمِنُوٓاْ إِنَّ ٱلَّذِينَ أُوتُواْ ٱلْعِلْمَ مِن قَبْلِهِۦٓ إِذَا يُتْلَىٰ عَلَيْهِمْ يَخِرُّونَ لِلْأَذْقَانِ سُجَّدًا

cuando se les recita caen
postrados de bruces.

Y dicen: ¡Gloria a mi Señor!
Verdaderamente la promesa de
nuestro Señor se ha cumplido.

وَيَقُولُونَ سُبْحَٰنَ رَبِّنَا إِن كَانَ وَعْدُ رَبِّنَا
لَمَفْعُولًا ۩

(108) Caen de bruces llorando y les
hace tener más humildad.

وَيَخِرُّونَ لِلْأَذْقَانِ يَبْكُونَ وَيَزِيدُهُمْ خُشُوعًا ۩

(109) Di: Llamad a Allah o llamad
al Misericordioso, como
quiera que Le invoquéis, El
tiene los nombres más
hermosos.

Y no subas la voz en tu oración
ni la silencies* sino que busca
un camino intermedio.

* [Según un comentario bien basado,
esta aleya descendió en relación a que,
en la etapa de Meca, el Profeta, que
Allah le dé Su gracia y paz, al recitar
durante el salat con sus compañeros en
voz alta, era escuchado por los asociadores, que insultaban al Corán y a
Allah. También se dice que descendió
en relación a la oración de súplica. Y
también, que se refiere a las oraciones
preceptivas que se dicen en silencio y
las que se dicen en voz alta. Y también
que se refiere a no subir la voz demasiado en la oración para evitar la ostentación ante la gente ni silenciarla por
miedo a ellos.]

قُلِ ٱدْعُوا۟ ٱللَّهَ أَوِ ٱدْعُوا۟ ٱلرَّحْمَٰنَ أَيًّا مَّا تَدْعُوا۟
فَلَهُ ٱلْأَسْمَآءُ ٱلْحُسْنَىٰ وَلَا تَجْهَرْ بِصَلَاتِكَ
وَلَا تُخَافِتْ بِهَا وَٱبْتَغِ بَيْنَ ذَٰلِكَ سَبِيلًا ۩

(110) Y di: Las alabanzas a Allah que
no ha tomado para Sí ningún
hijo ni tiene copartícipe en la
soberanía ni necesita de nadie
que Lo proteja contra la
humillación. Ensálzalo pro-
clamando Su grandeza.

وَقُلِ ٱلْحَمْدُ لِلَّهِ ٱلَّذِي لَمْ يَتَّخِذْ وَلَدًا وَلَمْ يَكُن
لَّهُ شَرِيكٌ فِي ٱلْمُلْكِ وَلَمْ يَكُن لَّهُ وَلِيٌّ مِّنَ ٱلذُّلِّ
وَكَبِّرْهُ تَكْبِيرًا ۩

18. SURA DE LA CAVERNA.

سُورَةُ ٱلْكَهْفِ

بِسْمِ ٱللَّهِ ٱلرَّحْمَنِ ٱلرَّحِيمِ

En el nombre de Allah, el Misericordioso, el Compasivo.

(1) Las alabanzas a Allah que ha hecho descender a Su siervo el Libro y no ha puesto en él nada que fuera tortuoso.

ٱلْحَمْدُ لِلَّهِ ٱلَّذِىٓ أَنزَلَ عَلَىٰ عَبْدِهِ ٱلْكِتَبَ وَلَمْ يَجْعَل لَّهُۥ عِوَجَا ۜ ۝

(2) Sino que es directo para advertir de una gran violencia de Su parte y anunciar a los creyentes, ésos que practican las acciones de rectitud, que tendrán una hermosa recompensa,

قَيِّمًا لِّيُنذِرَ بَأْسًا شَدِيدًا مِّن لَّدُنْهُ وَيُبَشِّرَ ٱلْمُؤْمِنِينَ ٱلَّذِينَ يَعْمَلُونَ ٱلصَّٰلِحَٰتِ أَنَّ لَهُمْ أَجْرًا حَسَنًا ۝

(3) permaneciendo en ello para siempre.

مَّٰكِثِينَ فِيهِ أَبَدًا ۝

(4) Y para advertir a los que dicen: Allah ha tomado para Sí un hijo.

وَيُنذِرَ ٱلَّذِينَ قَالُوا۟ ٱتَّخَذَ ٱللَّهُ وَلَدًا ۝

(5) Ni ellos ni sus padres tienen conocimiento de eso, es una palabra grave que sale de sus bocas. Lo que dicen es sólo una mentira.

مَّا لَهُم بِهِۦ مِنْ عِلْمٍ وَلَا لِءَابَآئِهِمْ كَبُرَتْ كَلِمَةً تَخْرُجُ مِنْ أَفْوَٰهِهِمْ إِن يَقُولُونَ إِلَّا كَذِبًا ۝

(6) Y tal vez te vayas a consumir de pena en pos de ellos si no creen en este relato.

فَلَعَلَّكَ بَٰخِعٌ نَّفْسَكَ عَلَىٰٓ ءَاثَٰرِهِمْ إِن لَّمْ يُؤْمِنُوا۟ بِهَٰذَا ٱلْحَدِيثِ أَسَفًا ۝

(7) Hemos puesto lo que hay sobre la tierra como un adorno que le es propio para probar cuál de ellos sería mejor en actuar.

إِنَّا جَعَلْنَا مَا عَلَى الْأَرْضِ زِينَةً لَّهَا لِنَبْلُوَهُمْ أَيُّهُمْ أَحْسَنُ عَمَلًا ۝

(8) Y ciertamente haremos que todo lo que hay en ella quede en suelo pelado.

وَإِنَّا لَجَاعِلُونَ مَا عَلَيْهَا صَعِيدًا جُرُزًا ۝

(9) ¿No te has parado a pensar que los compañeros de la Caverna y al-Raqim* fueron parte de los signos sorprendentes de tu Señor?

أَمْ حَسِبْتَ أَنَّ أَصْحَابَ الْكَهْفِ وَالرَّقِيمِ كَانُوا مِنْ ءَايَاتِنَا عَجَبًا ۝

* [Raqim significa inscripción. Los comentaristas difieren en identificar este nombre; algunos dicen que era el nombre del perro que estaba con ellos; otros, un letrero con sus nombres que había en la puerta de la cueva; otros, el nombre de la cueva o de la ciudad que había cerca de la cueva; otros el de un libro donde estaba escrita su religión. E Ibn Abbas dijo: "No sé qué es al-Raqim"]

(10) Cuando los jóvenes se refugiaron en la caverna y dijeron: ¡Señor nuestro, concédenos una misericordia de Tu parte y resuelve nuestra situación dándonos una dirección correcta!

إِذْ أَوَى الْفِتْيَةُ إِلَى الْكَهْفِ فَقَالُوا رَبَّنَا ءَاتِنَا مِن لَّدُنكَ رَحْمَةً وَهَيِّئْ لَنَا مِنْ أَمْرِنَا رَشَدًا ۝

(11) Y los dejamos dormidos dentro de la caverna durante un determinado número de años.

فَضَرَبْنَا عَلَى ءَاذَانِهِمْ فِي الْكَهْفِ سِنِينَ عَدَدًا ۝

(12) Luego los despertamos para saber cual de las dos partes*

ثُمَّ بَعَثْنَاهُمْ لِنَعْلَمَ أَيُّ الْحِزْبَيْنِ أَحْصَى لِمَا لَبِثُوا

podría calcular el límite de
tiempo que habían estado
(dormidos).

* [Según la generalidad de los comentaristas, una de las dos partes serían
los propios jóvenes cuya sensación era
la de haber estado dormidos poco
tiempo, y la otra parte serían los habitantes de la ciudad a la que fueron los
jóvenes después de despertar.]

أَمَدًا ۝

(13) Nosotros vamos a contarte su
historia con la verdad: Eran
unos jóvenes que creían en su
Señor y los habíamos acre-
centado en guía.

نَحْنُ نَقُصُّ عَلَيْكَ نَبَأَهُم بِالْحَقِّ إِنَّهُمْ فِتْيَةٌ
ءَامَنُوا بِرَبِّهِمْ وَزِدْنَاهُمْ هُدًى ۝

(14) Y habíamos puesto firmeza en
sus corazones, de manera que
se levantaron y dijeron: Nuestro Señor es el Señor de los cielos y de la tierra, no invocaremos aparte de El a ningún
dios pues si lo hiciéramos
estaríamos diciendo algo falso.

وَرَبَطْنَا عَلَىٰ قُلُوبِهِمْ إِذْ قَامُوا فَقَالُوا رَبُّنَا رَبُّ
السَّمَوَاتِ وَالْأَرْضِ لَن نَّدْعُوَا۟ مِن دُونِهِ إِلَٰهًا
لَّقَدْ قُلْنَا إِذًا شَطَطًا ۝

(15) Estos, nuestra gente, han
tomado dioses fuera de El a
pesar de que no les aportan un
poder claro. ¿Quién es más
injusto que quien inventa mentiras contra Allah?

هَٰؤُلَاءِ قَوْمُنَا اتَّخَذُوا مِن دُونِهِ ءَالِهَةً لَّوْلَا يَأْتُونَ
عَلَيْهِم بِسُلْطَانٍ بَيِّنٍ فَمَنْ أَظْلَمُ مِمَّنِ افْتَرَىٰ عَلَى اللَّهِ
كَذِبًا ۝

(16) Una vez que os hayáis* apartado
de ellos y de lo que adoran
fuera de Allah, refugiaros en la
caverna y vuestro Señor os
cubrirá con Su misericordia y
resolverá vuestro asunto

وَإِذِ اعْتَزَلْتُمُوهُمْ وَمَا يَعْبُدُونَ إِلَّا اللَّهَ فَأْوُوا
إِلَى الْكَهْفِ يَنشُرْ لَكُمْ رَبُّكُم مِّن رَّحْمَتِهِ
وَيُهَيِّئْ لَكُم مِّنْ أَمْرِكُم مِّرْفَقًا ۝

favorablemente.

* [Los comentaristas explican esta segunda persona del plural referida a uno de ellos que habla a sus propios compañeros.]

(17) Y podías ver cómo el sol naciente se alejaba de la caverna por la derecha dejándolos al ocultarse por la izquierda; mientras ellos permanecían en un espacio abierto.

Esto es parte de los signos de Allah. A quien Allah guía es el que está guiado y a quien extravía, no encontrarás para él ni quien lo proteja ni quien lo guíe rectamente.

۞ وَتَرَى ٱلشَّمْسَ إِذَا طَلَعَت تَّزَٰوَرُ عَن كَهْفِهِمْ ذَاتَ ٱلْيَمِينِ وَإِذَا غَرَبَت تَّقْرِضُهُمْ ذَاتَ ٱلشِّمَالِ وَهُمْ فِى فَجْوَةٍ مِّنْهُ ذَٰلِكَ مِنْ ءَايَٰتِ ٱللَّهِ مَن يَهْدِ ٱللَّهُ فَهُوَ ٱلْمُهْتَدِ وَمَن يُضْلِلْ فَلَن تَجِدَ لَهُ وَلِيًّا مُّرْشِدًا ۝

(18) Te habría parecido que estaban despiertos, sin embargo dormían. Los cambiábamos de posición, a la derecha y a la izquierda, mientras su perro permanecía con las patas extendidas junto a la entrada.

De haberlos descubierto te habrías alejado de ellos huyendo y te habrías llenado de terror.

وَتَحْسَبُهُمْ أَيْقَاظًا وَهُمْ رُقُودٌ وَنُقَلِّبُهُمْ ذَاتَ ٱلْيَمِينِ وَذَاتَ ٱلشِّمَالِ وَكَلْبُهُم بَٰسِطٌ ذِرَاعَيْهِ بِٱلْوَصِيدِ لَوِ ٱطَّلَعْتَ عَلَيْهِمْ لَوَلَّيْتَ مِنْهُمْ فِرَارًا وَلَمُلِئْتَ مِنْهُمْ رُعْبًا ۝

(19) Y entonces los despertamos para que se hicieran preguntas.

Dijo uno de ellos: ¿Cuánto tiempo habéis estado?
Dijeron: Hemos estado un día o parte de un día.
Dijeron: Vuestro Señor sabe

وَكَذَٰلِكَ بَعَثْنَٰهُمْ لِيَتَسَآءَلُوا۟ بَيْنَهُمْ قَالَ قَآئِلٌ مِّنْهُمْ كَمْ لَبِثْتُمْ قَالُوا۟ لَبِثْنَا يَوْمًا أَوْ بَعْضَ يَوْمٍ قَالُوا۟ رَبُّكُمْ أَعْلَمُ بِمَا لَبِثْتُمْ فَٱبْعَثُوٓا۟ أَحَدَكُم بِوَرِقِكُمْ هَٰذِهِۦٓ إِلَى ٱلْمَدِينَةِ فَلْيَنظُرْ أَيُّهَآ أَزْكَىٰ

mejor lo que habéis permanecido, enviad a uno de vosotros a la ciudad con el dinero que tenéis para que mire cuál es el alimento más puro y os traiga provisión de él; pero que actúe con sutileza de manera que no haga notar la presencia de ninguno de vosotros,

طَعَامًا فَلْيَأْتِكُم بِرِزْقٍ مِّنْهُ وَلْيَتَلَطَّفْ وَلَا يُشْعِرَنَّ بِكُمْ أَحَدًا ۝

(20) pues es cierto que si os descubren os apedrearán u os harán volver a su forma de adoración y entonces nunca tendríais éxito.

إِنَّهُمْ إِن يَظْهَرُوا عَلَيْكُمْ يَرْجُمُوكُمْ أَوْ يُعِيدُوكُمْ فِي مِلَّتِهِمْ وَلَن تُفْلِحُوا إِذًا أَبَدًا ۝

(21) Y de este modo hicimos que los descubrieran para que supieran que la promesa de Allah es verdadera y que la Hora es indubitable.

Y discutiendo el caso entre ellos, dijeron: Levantad una edificación encima de donde están. Su Señor los conoce mejor.

Dijeron los que eran mayoría: Haremos un lugar de oración encima de donde están.

وَكَذَٰلِكَ أَعْثَرْنَا عَلَيْهِمْ لِيَعْلَمُوا أَنَّ وَعْدَ اللَّهِ حَقٌّ وَأَنَّ السَّاعَةَ لَا رَيْبَ فِيهَا إِذْ يَتَنَازَعُونَ بَيْنَهُمْ أَمْرَهُمْ فَقَالُوا ابْنُوا عَلَيْهِم بُنْيَانًا رَّبُّهُمْ أَعْلَمُ بِهِمْ قَالَ الَّذِينَ غَلَبُوا عَلَىٰ أَمْرِهِمْ لَنَتَّخِذَنَّ عَلَيْهِم مَّسْجِدًا ۝

(22) Dirán: Eran tres y con el perro cuatro. Y dirán: Cinco y el sexto el perro, haciendo conjeturas sobre lo desconocido.

Y dirán: Siete y su perro el octavo.

Di: Mi Señor sabe mejor su número, que sólo unos pocos conocen.

سَيَقُولُونَ ثَلَاثَةٌ رَّابِعُهُمْ كَلْبُهُمْ وَيَقُولُونَ خَمْسَةٌ سَادِسُهُمْ كَلْبُهُمْ رَجْمًا بِالْغَيْبِ وَيَقُولُونَ سَبْعَةٌ وَثَامِنُهُمْ كَلْبُهُمْ قُل رَّبِّي أَعْلَمُ بِعِدَّتِهِم مَّا يَعْلَمُهُمْ إِلَّا قَلِيلٌ ۝

سُورَةُ ٱلْكَهْفِ ــ ٱلْجُزْءُ ٱلْخَامِسَ عَشَرَ

(23) Y no discutas acerca de ellos si no es con un argumento claro ni consultes a nadie sobre ellos.

۞ فَلَا تُمَارِ فِيهِمْ إِلَّا مِرَآءً ظَٰهِرًا وَلَا تَسْتَفْتِ فِيهِم مِّنْهُمْ أَحَدًا ۝

(24) Y no digas respecto a algo: Lo haré mañana a menos que añadas: Si Allah quiere.

Y recuerda a tu Señor cuando olvides y di: puede ser que mi Señor me guíe a algo que se acerque más que esto a la recta guía.

وَلَا تَقُولَنَّ لِشَاْىْءٍ إِنِّى فَاعِلٌ ذَٰلِكَ غَدًا ۝ إِلَّا أَن يَشَآءَ ٱللَّهُ وَٱذْكُر رَّبَّكَ إِذَا نَسِيتَ وَقُلْ عَسَىٰ أَن يَهْدِيَنِ رَبِّى لِأَقْرَبَ مِنْ هَٰذَا رَشَدًا ۝

(25) Habían estado en su caverna trescientos años y nueve más.

وَلَبِثُوا۟ فِى كَهْفِهِمْ ثَلَٰثَ مِا۟ئَةٍ سِنِينَ وَٱزْدَادُوا۟ تِسْعًا ۝

(26) Di: Allah sabe mejor lo que estuvieron, Suyo es lo desconocido de los cielos y de la tierra, nadie oye y ve como El.

Fuera de El no tienen quien les proteja y a nadie hace copartícipe en Su juicio.

قُلِ ٱللَّهُ أَعْلَمُ بِمَا لَبِثُوا۟ لَهُۥ غَيْبُ ٱلسَّمَٰوَٰتِ وَٱلْأَرْضِ أَبْصِرْ بِهِۦ وَأَسْمِعْ مَا لَهُم مِّن دُونِهِۦ مِن وَلِىٍّ وَلَا يُشْرِكُ فِى حُكْمِهِۦٓ أَحَدًا ۝

(27) Y recita lo que del Libro de tu Señor te ha sido inspirado, no hay quien pueda sustituir Sus palabras y aparte de El no encontrarás ningún refugio.

وَٱتْلُ مَآ أُوحِىَ إِلَيْكَ مِن كِتَابِ رَبِّكَ لَا مُبَدِّلَ لِكَلِمَٰتِهِۦ وَلَن تَجِدَ مِن دُونِهِۦ مُلْتَحَدًا ۝

(28) Y sé constante en la compañía de aquellos que invocan a su Señor mañana y tarde anhelando Su faz, no apartes tus ojos de ellos por deseo de la vida de este mundo ni obedezcas a aquel del que hemos hecho que su corazón esté

وَٱصْبِرْ نَفْسَكَ مَعَ ٱلَّذِينَ يَدْعُونَ رَبَّهُم بِٱلْغَدَوٰةِ وَٱلْعَشِىِّ يُرِيدُونَ وَجْهَهُۥ وَلَا تَعْدُ عَيْنَاكَ عَنْهُمْ تُرِيدُ زِينَةَ ٱلْحَيَوٰةِ ٱلدُّنْيَا وَلَا تُطِعْ مَنْ أَغْفَلْنَا قَلْبَهُۥ عَن ذِكْرِنَا وَٱتَّبَعَ هَوَىٰهُ وَكَانَ أَمْرُهُۥ فُرُطًا ۝

descuidado de Nuestro recuerdo; sigue su pasión y su asunto es pérdida.

(29) Y di: La verdad procede de mi Señor; así pues el que quiera creer, que crea; y el que quiera negarse a creer, que no crea.

Verdaderamente hemos preparado para los injustos un fuego cuya muralla los cercará; y si piden auxilio serán socorridos con un agua como la pez que les quemará la cara. ¡Qué mala bebida y qué mal reposo!

وَقُلِ الْحَقُّ مِن رَّبِّكُمْ فَمَن شَآءَ فَلْيُؤْمِن وَمَن شَآءَ فَلْيَكْفُرْ إِنَّآ أَعْتَدْنَا لِلظَّالِمِينَ نَارًا أَحَاطَ بِهِمْ سُرَادِقُهَا وَإِن يَسْتَغِيثُوا يُغَاثُوا بِمَآءٍ كَالْمُهْلِ يَشْوِي الْوُجُوهَ بِئْسَ الشَّرَابُ وَسَآءَتْ مُرْتَفَقًا ۝

(30) Es cierto que los que creen y llevan a cabo las acciones de bien…No dejaremos que se pierda la recompensa de quien actúe haciendo el bien.

إِنَّ الَّذِينَ ءَامَنُوا وَعَمِلُوا الصَّالِحَاتِ إِنَّا لَا نُضِيعُ أَجْرَ مَنْ أَحْسَنَ عَمَلًا ۝

(31) Esos tendrán los jardines de Adn por cuyo suelo corren los ríos, en ellos se adornarán con pulseras de oro y llevarán vestidos verdes de raso y brocado; recostados en divanes.

¡Qué excelente recompensa y qué hermoso reposo!

أُوْلَٰٓئِكَ لَهُمْ جَنَّاتُ عَدْنٍ تَجْرِي مِن تَحْتِهِمُ الْأَنْهَارُ يُحَلَّوْنَ فِيهَا مِنْ أَسَاوِرَ مِن ذَهَبٍ وَيَلْبَسُونَ ثِيَابًا خُضْرًا مِّن سُندُسٍ وَإِسْتَبْرَقٍ مُّتَّكِئِينَ فِيهَا عَلَى الْأَرَآئِكِ نِعْمَ الثَّوَابُ وَحَسُنَتْ مُرْتَفَقًا ۝

(32) Y ponles el ejemplo de dos hombres: A uno de ellos le habíamos dado dos jardines de vides que habíamos rodeado de palmeras poniendo entre ambos sembrados.

وَاضْرِبْ لَهُم مَّثَلًا رَّجُلَيْنِ جَعَلْنَا لِأَحَدِهِمَا جَنَّتَيْنِ مِنْ أَعْنَابٍ وَحَفَفْنَاهُمَا بِنَخْلٍ وَجَعَلْنَا بَيْنَهُمَا زَرْعًا ۝

(33) Cada uno de los jardines daba su fruto sin ninguna pérdida y habíamos hecho que en medio de ellos manara un río.

كِلۡتَا ٱلۡجَنَّتَيۡنِ ءَاتَتۡ أُكُلَهَا وَلَمۡ تَظۡلِم مِّنۡهُ شَيۡـًٔا وَفَجَّرۡنَا خِلَٰلَهُمَا نَهَرًا ۝

(34) Y tenía abundante riqueza; entonces le dijo a su compañero con réplica: Yo tengo más riquezas que tú y tengo más poder en gente.

وَكَانَ لَهُۥ ثَمَرٌ فَقَالَ لِصَٰحِبِهِۦ وَهُوَ يُحَاوِرُهُۥٓ أَنَا۠ أَكۡثَرُ مِنكَ مَالًا وَأَعَزُّ نَفَرًا ۝

(35) Y entró en su jardín injusto consigo mismo y dijo: No creo que todo esto vaya a desaparecer nunca. Ni creo que la hora vaya a llegar, y en el caso de que sea devuelto a mi Señor seguro que encontraré a cambio, algo mejor que estos dos jardines.

وَدَخَلَ جَنَّتَهُۥ وَهُوَ ظَالِمٌ لِّنَفۡسِهِۦ قَالَ مَآ أَظُنُّ أَن تَبِيدَ هَٰذِهِۦٓ أَبَدًا وَمَآ أَظُنُّ ٱلسَّاعَةَ قَآئِمَةً وَلَئِن رُّدِدتُّ إِلَىٰ رَبِّي لَأَجِدَنَّ خَيۡرًا مِّنۡهَا مُنقَلَبًا ۝

(36) Y su compañero, contestándole, dijo: ¿Eres ingrato con Aquel que te creó de la tierra, luego de una gota de semen y luego te dió forma como hombre?

قَالَ لَهُۥ صَاحِبُهُۥ وَهُوَ يُحَاوِرُهُۥٓ أَكَفَرۡتَ بِٱلَّذِي خَلَقَكَ مِن تُرَابٍ ثُمَّ مِن نُّطۡفَةٍ ثُمَّ سَوَّىٰكَ رَجُلًا ۝

(37) Pero El es Allah, mi Señor y yo no asocio con mi Señor a nadie.

لَّٰكِنَّا۠ هُوَ ٱللَّهُ رَبِّي وَلَآ أُشۡرِكُ بِرَبِّيٓ أَحَدًا ۝

(38) Más te habría valido si al entrar en tu jardín hubieras dicho: Que sea lo que Allah quiera, no hay poder sino por Allah.
Y si ves que tengo menos riquezas e hijos que tú…

وَلَوۡلَآ إِذۡ دَخَلۡتَ جَنَّتَكَ قُلۡتَ مَا شَآءَ ٱللَّهُ لَا قُوَّةَ إِلَّا بِٱللَّهِ إِن تَرَنِ أَنَا۠ أَقَلَّ مِنكَ مَالًا وَوَلَدًا ۝

(39) Puede ser que mi Señor me dé

فَعَسَىٰ رَبِّيٓ أَن يُؤۡتِيَنِ خَيۡرًا مِّن جَنَّتِكَ وَيُرۡسِلَ

algo mejor que tu jardín y mande contra él algún castigo del cielo que lo deje como tierra lisa.

عَلَيْهَا حُسْبَانًا مِّنَ السَّمَاءِ فَتُصْبِحَ صَعِيدًا زَلَقًا ۝

(40) O que su agua se pierda bajo la tierra sin que puedas encontrarla.

أَوْ يُصْبِحَ مَآؤُهَا غَوْرًا فَلَن تَسْتَطِيعَ لَهُ طَلَبًا ۝

(41) Entonces su riqueza fue destruida y amaneció golpeándose las palmas de las manos por lo que se había gastado en él cuando ahora había quedado asolado hasta las raices y dijo: ¡Ojalá y no hubiera asociado a nadie con mi Señor!

وَأُحِيطَ بِثَمَرِهِ فَأَصْبَحَ يُقَلِّبُ كَفَّيْهِ عَلَى مَا أَنفَقَ فِيهَا وَهِيَ خَاوِيَةٌ عَلَى عُرُوشِهَا وَيَقُولُ يَٰلَيْتَنِي لَمْ أُشْرِكْ بِرَبِّي أَحَدًا ۝

(42) Y no tuvo ningún grupo que lo auxiliara aparte de Allah ni él mismo pudo ayudarse.

وَلَمْ تَكُن لَّهُ فِئَةٌ يَنصُرُونَهُ مِن دُونِ اللَّهِ وَمَا كَانَ مُنتَصِرًا ۝

(43) Allí la victoria fue de Allah, la Verdad y El es Quien mejor recompensa y Quien mejor castiga.

هُنَالِكَ الْوَلَٰيَةُ لِلَّهِ الْحَقِّ هُوَ خَيْرٌ ثَوَابًا وَخَيْرٌ عُقْبًا ۝

(44) Compárales la vida del mundo al agua que hacemos caer del cielo, con la que se mezclan las plantas de la tierra y luego se convierten en hierba seca y rota que el viento desparrama. Allah tiene poder sobre todas la cosas.

وَاضْرِبْ لَهُم مَّثَلَ الْحَيَوٰةِ الدُّنْيَا كَمَاءٍ أَنزَلْنَٰهُ مِنَ السَّمَاءِ فَاخْتَلَطَ بِهِ نَبَاتُ الْأَرْضِ فَأَصْبَحَ هَشِيمًا تَذْرُوهُ الرِّيَٰحُ وَكَانَ اللَّهُ عَلَىٰ كُلِّ شَيْءٍ مُّقْتَدِرًا ۝

(45) La riqueza y los hijos son el

الْمَالُ وَالْبَنُونَ زِينَةُ الْحَيَوٰةِ الدُّنْيَا وَالْبَٰقِيَٰتُ

adorno de la vida de este mundo, pero las palabras y acciones rectas que perduran son mejor ante tu Señor en recompensa y esperanza.

ٱلصَّٰلِحَٰتُ خَيْرٌ عِندَ رَبِّكَ ثَوَابًا وَخَيْرٌ أَمَلًا ۝

(46) El día que hagamos que las montañas se desplacen por la superficie de la tierra, veas la tierra al desnudo y los reunamos a todos sin excepción.

وَيَوْمَ نُسَيِّرُ ٱلْجِبَالَ وَتَرَى ٱلْأَرْضَ بَارِزَةً وَحَشَرْنَٰهُمْ فَلَمْ نُغَادِرْ مِنْهُمْ أَحَدًا ۝

(47) Serán presentados ante tu Señor en filas: Habéis venido a Nos y así fue como os creamos la primera vez y sin embargo afirmábais que no os íbamos a dar cita.

وَعُرِضُوا عَلَىٰ رَبِّكَ صَفًّا لَّقَدْ جِئْتُمُونَا كَمَا خَلَقْنَٰكُمْ أَوَّلَ مَرَّةٍ بَلْ زَعَمْتُمْ أَلَّن نَّجْعَلَ لَكُم مَّوْعِدًا ۝

(48) Y se colocará el libro, entonces veréis a los que hayan hecho el mal atemorizados por lo que pueda contener.

Dirán: ¡Ay de nosotros! ¿Qué tiene este libro que no deja nada ni pequeño ni grande sin enumerar? Y encontrarán delante lo que hicieron.

Tu Señor no va a tratar injustamente a nadie.

وَوُضِعَ ٱلْكِتَٰبُ فَتَرَى ٱلْمُجْرِمِينَ مُشْفِقِينَ مِمَّا فِيهِ وَيَقُولُونَ يَٰوَيْلَتَنَا مَالِ هَٰذَا ٱلْكِتَٰبِ لَا يُغَادِرُ صَغِيرَةً وَلَا كَبِيرَةً إِلَّا أَحْصَىٰهَا وَوَجَدُوا مَا عَمِلُوا حَاضِرًا وَلَا يَظْلِمُ رَبُّكَ أَحَدًا ۝

(49) Y cuando dijimos a los ángeles: Postraos ante Adam y se postraron, aunque no Iblis que era de los genios y no quiso obedecer la orden de su Señor.

¿Vais a tomarlo a él y a su descendencia como protectores

وَإِذْ قُلْنَا لِلْمَلَٰٓئِكَةِ ٱسْجُدُوا لِآدَمَ فَسَجَدُوا إِلَّآ إِبْلِيسَ كَانَ مِنَ ٱلْجِنِّ فَفَسَقَ عَنْ أَمْرِ رَبِّهِ أَفَتَتَّخِذُونَهُ وَذُرِّيَّتَهُ أَوْلِيَآءَ مِن دُونِي وَهُمْ لَكُمْ عَدُوٌّ بِئْسَ لِلظَّٰلِمِينَ بَدَلًا ۝

fuera de Mí, cuando ellos son para vosotros enemigos?

¡Qué mal cambio el que hacen los injustos!

(50) No los tomé como testigos de la creación de los cielos y de la tierra ni lo hice de su propia creación; como tampoco tomé a los extraviadores como auxiliares.

مَّآ أَشْهَدتُّهُمْ خَلْقَ ٱلسَّمَٰوَٰتِ وَٱلْأَرْضِ وَلَا خَلْقَ أَنفُسِهِمْ وَمَا كُنتُ مُتَّخِذَ ٱلْمُضِلِّينَ عَضُدًا ۝

(51) Y el día en que diga: Llamad a Mis asociados, ésos que pretendíais. Los llamarán pero no les responderán y pondremos entre ellos una barrera.*

* [La palabra traducida aquí por barrera "mawbiq" es también el nombre de un río de Yahannam de sangre y pus.]

وَيَوْمَ يَقُولُ نَادُواْ شُرَكَآءِيَ ٱلَّذِينَ زَعَمْتُمْ فَدَعَوْهُمْ فَلَمْ يَسْتَجِيبُواْ لَهُمْ وَجَعَلْنَا بَيْنَهُم مَّوْبِقًا ۝

(52) Y los que hayan hecho el mal verán el Fuego y sabrán que irán a caer en él pero no encontrarán cómo escapar.

وَرَءَا ٱلْمُجْرِمُونَ ٱلنَّارَ فَظَنُّوٓاْ أَنَّهُم مُّوَاقِعُوهَا وَلَمْ يَجِدُواْ عَنْهَا مَصْرِفًا ۝

(53) Hemos explicado a lo largo de esta Recitación todo tipo de ejemplos para los hombres, sin embargo el hombre es lo más discutidor que existe.

وَلَقَدْ صَرَّفْنَا فِي هَٰذَا ٱلْقُرْءَانِ لِلنَّاسِ مِن كُلِّ مَثَلٍ وَكَانَ ٱلْإِنسَٰنُ أَكْثَرَ شَيْءٍ جَدَلًا ۝

(54) Y lo que a los hombres les impide creer cuando les llega la guía y pedir perdón a su Señor, no es sino que debe cumplirse en ellos lo que ya ocurrió con las generaciones

وَمَا مَنَعَ ٱلنَّاسَ أَن يُؤْمِنُوٓاْ إِذْ جَآءَهُمُ ٱلْهُدَىٰ وَيَسْتَغْفِرُواْ رَبَّهُمْ إِلَّآ أَن تَأْتِيَهُمْ سُنَّةُ ٱلْأَوَّلِينَ أَوْ يَأْتِيَهُمُ ٱلْعَذَابُ قُبُلًا ۝

primitivas o que tiene que lle-
garles el castigo ante sus propios ojos.

(55) Y no enviamos a los enviados
sino como gente que anuncia
buenas noticias y advierte.
Pero los que no creen, discuten
con falsedad para anular así la
verdad y toman Mis signos y
aquello de lo que se les
advierte a burla...

وَمَا نُرْسِلُ ٱلْمُرْسَلِينَ إِلَّا مُبَشِّرِينَ وَمُنذِرِينَ
وَيُجَٰدِلُ ٱلَّذِينَ كَفَرُواْ بِٱلْبَٰطِلِ لِيُدْحِضُواْ بِهِ
ٱلْحَقَّ وَٱتَّخَذُوٓاْ ءَايَٰتِي وَمَآ أُنذِرُواْ هُزُوًا ٥٥

(56) ¿Y quién es más injusto que
aquel que habiendo sido amo-
nestado con los signos de su
Señor se aparta de ellos y se
olvida de lo que sus manos
tendrán que presentar?

Es cierto que les hemos
cubierto los corazones para
que no puedan comprender y
hemos puesto sordera en sus
oídos de manera que si los llamas a la guía no podrán
seguirla nunca.

وَمَنْ أَظْلَمُ مِمَّن ذُكِّرَ بِـَٔايَٰتِ رَبِّهِۦ فَأَعْرَضَ عَنْهَا
وَنَسِيَ مَا قَدَّمَتْ يَدَاهُ إِنَّا جَعَلْنَا عَلَىٰ قُلُوبِهِمْ أَكِنَّةً
أَن يَفْقَهُوهُ وَفِىٓ ءَاذَانِهِمْ وَقْرًا وَإِن تَدْعُهُمْ
إِلَى ٱلْهُدَىٰ فَلَن يَهْتَدُوٓاْ إِذًا أَبَدًا ٥٦

(57) Y tu Señor es el Perdonador,
Dueño de la misericordia.

Si los tomara en cuenta por
lo que adquirieron les habría
acelerado el castigo; sin
embargo tienen una cita y no
encontrarán fuera de El
ningún refugio.

وَرَبُّكَ ٱلْغَفُورُ ذُو ٱلرَّحْمَةِ لَوْ يُؤَاخِذُهُم بِمَا كَسَبُواْ
لَعَجَّلَ لَهُمُ ٱلْعَذَابَ بَل لَّهُم مَّوْعِدٌ لَّن يَجِدُواْ مِن
دُونِهِۦ مَوْئِلًا ٥٧

(58) Ahí están las ciudades. Los
destruimos cuando fueron

• وَتِلْكَ ٱلْقُرَىٰٓ أَهْلَكْنَٰهُمْ لَمَّا ظَلَمُواْ وَجَعَلْنَا

injustos y pusimos un plazo para su destrucción.

لِمَهْلِكِهِم مَّوْعِدًا ۝

(59) Y cuando Musa le dijo a su criado: No cesaré hasta alcanzar la confluencia de los dos mares o haber andado durante mucho tiempo.

وَإِذْ قَالَ مُوسَىٰ لِفَتَىٰهُ لَآ أَبْرَحُ حَتَّىٰٓ أَبْلُغَ مَجْمَعَ ٱلْبَحْرَيْنِ أَوْ أَمْضِيَ حُقُبًا ۝

(60) Y cuando llegaron a la confluencia de los dos mares se olvidaron del pez que tenían y éste tomó su camino hacia el mar como a través de un túnel.

فَلَمَّا بَلَغَا مَجْمَعَ بَيْنِهِمَا نَسِيَا حُوتَهُمَا فَٱتَّخَذَ سَبِيلَهُ فِى ٱلْبَحْرِ سَرَبًا ۝

(61) Y una vez hubieron cruzado le dijo al criado: Trae nuestra comida pues a causa del viaje nos hallamos fatigados.

فَلَمَّا جَاوَزَا قَالَ لِفَتَىٰهُ ءَاتِنَا غَدَآءَنَا لَقَدْ لَقِينَا مِن سَفَرِنَا هَٰذَا نَصَبًا ۝

(62) Dijo: Mira lo que ha pasado: Al guarecernos en la roca me olvidé del pez, sólo el Shaytán me hizo olvidarme de él, y éste emprendió su camino hacia el mar prodigiosamente.

قَالَ أَرَءَيْتَ إِذْ أَوَيْنَآ إِلَى ٱلصَّخْرَةِ فَإِنِّى نَسِيتُ ٱلْحُوتَ وَمَآ أَنسَىٰنِيهُ إِلَّا ٱلشَّيْطَٰنُ أَنْ أَذْكُرَهُ وَٱتَّخَذَ سَبِيلَهُ فِى ٱلْبَحْرِ عَجَبًا ۝

(63) Dijo: Eso es lo que estábamos buscando y volvieron sobre sus pasos rastreando.

قَالَ ذَٰلِكَ مَا كُنَّا نَبْغِ فَٱرْتَدَّا عَلَىٰٓ ءَاثَارِهِمَا قَصَصًا ۝

(64) Así dieron con uno de Nuestros siervos al que le habíamos concedido una gracia procedente de Nosotros y al que habíamos enseñado un conocimiento de Nuestra parte.

فَوَجَدَا عَبْدًا مِّنْ عِبَادِنَآ ءَاتَيْنَٰهُ رَحْمَةً مِّنْ عِندِنَا وَعَلَّمْنَٰهُ مِن لَّدُنَّا عِلْمًا ۝

(65) Musa le dijo: ¿Puedo seguirte para que me enseñes una guía recta de lo que se te ha enseñado?

قَالَ لَهُۥ مُوسَىٰ هَلۡ أَتَّبِعُكَ عَلَىٰٓ أَن تُعَلِّمَنِ مِمَّا عُلِّمۡتَ رُشۡدٗا ٦٥

(66) Dijo: Realmente no podrás tener paciencia conmigo.

قَالَ إِنَّكَ لَن تَسۡتَطِيعَ مَعِيَ صَبۡرٗا ٦٦

(67) ¿Cómo podrías tener paciencia con algo de lo que no puedes comprender lo que esconde?

وَكَيۡفَ تَصۡبِرُ عَلَىٰ مَا لَمۡ تُحِطۡ بِهِۦ خُبۡرٗا ٦٧

(68) Dijo: Si Allah quiere me hallarás paciente y no te desobedeceré en nada.

قَالَ سَتَجِدُنِيٓ إِن شَآءَ ٱللَّهُ صَابِرٗا وَلَآ أَعۡصِي لَكَ أَمۡرٗا ٦٨

(69) Dijo: Si me sigues no me preguntes por nada si yo no te hago mención de ello.

قَالَ فَإِنِ ٱتَّبَعۡتَنِي فَلَا تَسۡـَٔلۡنِي عَن شَيۡءٍ حَتَّىٰٓ أُحۡدِثَ لَكَ مِنۡهُ ذِكۡرٗا ٦٩

(70) Así partieron hasta que cuando habían subido en una embarcación, le hizo un agujero. Entonces dijo: ¿Lo has hecho para ahogar a los que van en ella?

Realmente has cometido algo grave.

فَٱنطَلَقَا حَتَّىٰٓ إِذَا رَكِبَا فِي ٱلسَّفِينَةِ خَرَقَهَا قَالَ أَخَرَقۡتَهَا لِتُغۡرِقَ أَهۡلَهَا لَقَدۡ جِئۡتَ شَيۡـًٔا إِمۡرٗا ٧٠

(71) Dijo: ¿No te dije que no podrías tener paciencia conmigo?

قَالَ أَلَمۡ أَقُلۡ إِنَّكَ لَن تَسۡتَطِيعَ مَعِيَ صَبۡرٗا ٧١

(72) Dijo: No me tomes en cuenta mi olvido ni me impongas algo difícil.

قَالَ لَا تُؤَاخِذۡنِي بِمَا نَسِيتُ وَلَا تُرۡهِقۡنِي مِنۡ أَمۡرِي عُسۡرٗا ٧٢

(73) Y se pusieron a andar hasta que

فَٱنطَلَقَا حَتَّىٰٓ إِذَا لَقِيَا غُلَٰمٗا فَقَتَلَهُۥ قَالَ أَقَتَلۡتَ

dieron con un muchacho al que mató, dijo: ¿Has matado a un ser puro sin haber sido a cambio de otro? Realmente has cometido un hecho reprobable.

نَفْسًا زَكِيَّةً بِغَيْرِ نَفْسٍ لَّقَدْ جِئْتَ شَيْئًا نُّكْرًا ۝

(74) Dijo: ¿No te dije que no podrías tener paciencia conmigo?

۞ قَالَ أَلَمْ أَقُل لَّكَ إِنَّكَ لَن تَسْتَطِيعَ مَعِىَ صَبْرًا ۝

(75) Dijo: Si en lo sucesivo vuelvo a pedirte explicaciones no dejes que te acompañe más, mis excusas ante ti se han agotado.

قَالَ إِن سَأَلْتُكَ عَن شَىْءٍ بَعْدَهَا فَلَا تُصَاحِبْنِى قَدْ بَلَغْتَ مِن لَّدُنِّى عُذْرًا ۝

(76) Y así partieron hasta que llegaron a la gente de una ciudad a los que pidieron de comer pero ellos se negaron a darles hospitalidad.

Allí encontraron un muro que amenazaba derrumbarse y lo enderezó.

Dijo: Si quisieras podrías pedir un pago por ello.

فَانطَلَقَا حَتَّى إِذَا أَتَيَا أَهْلَ قَرْيَةٍ اسْتَطْعَمَا أَهْلَهَا فَأَبَوْا أَن يُضَيِّفُوهُمَا فَوَجَدَا فِيهَا جِدَارًا يُرِيدُ أَن يَنقَضَّ فَأَقَامَهُ قَالَ لَوْ شِئْتَ لَتَّخَذْتَ عَلَيْهِ أَجْرًا ۝

(77) Dijo: Esta es la diferencia entre tú y yo.

Voy a decirte la interpretación de aquello con lo que no has podido tener paciencia:

قَالَ هَٰذَا فِرَاقُ بَيْنِى وَبَيْنِكَ سَأُنَبِّئُكَ بِتَأْوِيلِ مَا لَمْ تَسْتَطِع عَّلَيْهِ صَبْرًا ۝

(78) En cuanto a la embarcación, pertenecía a unos pobres que trabajaban en el mar y quise estro-

أَمَّا السَّفِينَةُ فَكَانَتْ لِمَسَاكِينَ يَعْمَلُونَ

pearla porque los perseguía un rey que se apropiaba a la fuerza de todas las embarcaciones.

فِى ٱلْبَحْرِ فَأَرَدتُّ أَنْ أَعِيبَهَا وَكَانَ وَرَآءَهُم مَّلِكٌ يَأْخُذُ كُلَّ سَفِينَةٍ غَصْبًا ۝

(79) El muchacho tenía padres creyentes y temíamos que les obligara a la rebelión y a la incredulidad.

وَأَمَّا ٱلْغُلَٰمُ فَكَانَ أَبَوَاهُ مُؤْمِنَيْنِ فَخَشِينَا أَن يُرْهِقَهُمَا طُغْيَٰنًا وَكُفْرًا ۝

(80) Y quisimos que su Señor les diera a cambio uno mejor que él, más puro y más propenso a la compasión.

فَأَرَدْنَا أَن يُبْدِلَهُمَا رَبُّهُمَا خَيْرًا مِّنْهُ زَكَوٰةً وَأَقْرَبَ رُحْمًا ۝

(81) Y en cuanto al muro, era de dos muchachos de la ciudad que eran huérfanos y debajo del mismo había un tesoro que les pertenecía. Su padre había sido de los justos y tu Señor quiso que llegaran a la madurez y pudieran sacar su tesoro como una misericordia de parte de tu Señor; no lo hice por mi cuenta. Esta es la interpretación de aquello con lo que no pudiste tener paciencia.

وَأَمَّا ٱلْجِدَارُ فَكَانَ لِغُلَٰمَيْنِ يَتِيمَيْنِ فِى ٱلْمَدِينَةِ وَكَانَ تَحْتَهُۥ كَنزٌ لَّهُمَا وَكَانَ أَبُوهُمَا صَٰلِحًا فَأَرَادَ رَبُّكَ أَن يَبْلُغَا أَشُدَّهُمَا وَيَسْتَخْرِجَا كَنزَهُمَا رَحْمَةً مِّن رَّبِّكَ وَمَا فَعَلْتُهُۥ عَنْ أَمْرِى ذَٰلِكَ تَأْوِيلُ مَا لَمْ تَسْطِع عَّلَيْهِ صَبْرًا ۝

(82) Y te preguntan sobre Dhul Qarnayn, di: Voy a recitaros una mención sobre él.

وَيَسْـَٔلُونَكَ عَن ذِى ٱلْقَرْنَيْنِ قُلْ سَأَتْلُوا۟ عَلَيْكُم مِّنْهُ ذِكْرًا ۝

(83) Verdaderamente le dimos poder en la tierra y de cada cosa le dimos un medio*.

*[Ibn Abbas dijo comentando esto: un conocimiento de cada cosa con el cual acceder a lo que quería.]

إِنَّا مَكَّنَّا لَهُۥ فِى ٱلْأَرْضِ وَءَاتَيْنَٰهُ مِن كُلِّ شَىْءٍ سَبَبًا ۝

(84) Y siguió uno de ellos. Así cuando hubo alcanzado el poniente del sol, encontró que éste se ponía en un manantial cenagoso y halló junto a él a una gente.

Dijimos: ¡Dhul Qarnayn!: O los castigas o adoptas con ellos una actitud de bien!*

*[Llamándolos a lo correcto]

فَٱتَّبَعَ سَبَبًا حَتَّىٰٓ إِذَا بَلَغَ مَغْرِبَ ٱلشَّمْسِ وَجَدَهَا تَغْرُبُ فِى عَيْنٍ حَمِئَةٍ وَوَجَدَ عِندَهَا قَوْمًا قُلْنَا يَٰذَا ٱلْقَرْنَيْنِ إِمَّآ أَن تُعَذِّبَ وَإِمَّآ أَن تَتَّخِذَ فِيهِمْ حُسْنًا ۝

(85) Dijo: Al que sea injusto lo castigaremos y después volverá a su Señor que lo castigará con un castigo abominable.

فَالَ أَمَّا مَن ظَلَمَ فَسَوْفَ نُعَذِّبُهُ ثُمَّ يُرَدُّ إِلَىٰ رَبِّهِۦ فَيُعَذِّبُهُۥ عَذَابًا نُّكْرًا ۝

(86) Pero quien crea y actúe con rectitud tendrá la recompensa de lo más hermoso, y le decretaremos de Nuestro mandato, lo fácil.

وَأَمَّا مَنْ ءَامَنَ وَعَمِلَ صَٰلِحًا فَلَهُۥ جَزَآءً ٱلْحُسْنَىٰ وَسَنَقُولُ لَهُۥ مِنْ أَمْرِنَا يُسْرًا ۝

(87) Luego siguió un camino. Hasta que llegó a donde nacía el sol y encontró que salía sobre una gente que no tenía nada que los protegiera de él.

ثُمَّ أَتْبَعَ سَبَبًا حَتَّىٰٓ إِذَا بَلَغَ مَطْلِعَ ٱلشَّمْسِ وَجَدَهَا تَطْلُعُ عَلَىٰ قَوْمٍ لَّمْ نَجْعَل لَّهُم مِّن دُونِهَا سِتْرًا ۝

(88) Así fue y teníamos un conocimiento preciso de su situación.

كَذَٰلِكَ وَقَدْ أَحَطْنَا بِمَا لَدَيْهِ خُبْرًا ۝

(89) Luego siguió un camino. Hasta que al alcanzar las barreras de las dos montañas encontró detrás de ellas a una gente que apenas comprendían una palabra.

ثُمَّ أَتْبَعَ سَبَبًا حَتَّىٰٓ إِذَا بَلَغَ بَيْنَ ٱلسَّدَّيْنِ وَجَدَ مِن دُونِهِمَا قَوْمًا لَّا يَكَادُونَ يَفْقَهُونَ قَوْلًا ۝

سُورَةُ ٱلْكَهْفِ ــ ٱلْجُزْءُ ٱلسَّادِسَ عَشَرَ

(90) Dijeron: ¡Dhul Qarnayn! En verdad Yayuy y Mayuy* son corruptores en la tierra. ¿Quieres que te entreguemos un tributo para que hagas entre ellos y nosotros una muralla?

* [Gog y Magog]

قَالُوا يَـٰذَا ٱلْقَرْنَيْنِ إِنَّ يَأْجُوجَ وَمَأْجُوجَ مُفْسِدُونَ فِي ٱلْأَرْضِ فَهَلْ نَجْعَلُ لَكَ خَرْجًا عَلَىٰٓ أَن تَجْعَلَ بَيْنَنَا وَبَيْنَهُمْ سَدًّا ﴿٩٠﴾

(91) Dijo: El poderío que mi Señor me ha dado es mejor. Ayudadme con fuerza física y pondré una barrera entre vosotros y ellos.

قَالَ مَا مَكَّنِّي فِيهِ رَبِّي خَيْرٌ فَأَعِينُونِي بِقُوَّةٍ أَجْعَلْ بَيْنَكُمْ وَبَيْنَهُمْ رَدْمًا ﴿٩١﴾

(92) Traedme lingotes de hierro. Y cuando hubo nivelado las dos vertientes de la montaña dijo: Soplad. Y una vez que había hecho fuego dijo: Traedme cobre fundido para verterlo encima.

ـ ٱتُونِي زُبَرَ ٱلْحَدِيدِ حَتَّىٰٓ إِذَا سَاوَىٰ بَيْنَ ٱلصَّدَفَيْنِ قَالَ ٱنفُخُوا حَتَّىٰٓ إِذَا جَعَلَهُ نَارًا قَالَ ءَاتُونِي أُفْرِغْ عَلَيْهِ قِطْرًا ﴿٩٢﴾

(93) Y no pudieron escalarla ni hacerle ningún socavón.

فَمَا ٱسْطَٰعُوا أَن يَظْهَرُوهُ وَمَا ٱسْتَطَٰعُوا لَهُ نَقْبًا ﴿٩٣﴾

(94) Dijo: Esto es una misericordia de mi Señor, pero cuando la promesa de mi Señor llegue, la reducirá a polvo; la promesa de mi Señor es verdadera.

قَالَ هَـٰذَا رَحْمَةٌ مِّن رَّبِّي فَإِذَا جَآءَ وَعْدُ رَبِّي جَعَلَهُ دَكَّآءَ وَكَانَ وَعْدُ رَبِّي حَقًّا ﴿٩٤﴾

(95) Y ese día dejaremos que unos se mezclen con otros, se soplará en el cuerno y los reuniremos a todos.

وَتَرَكْنَا بَعْضَهُمْ يَوْمَئِذٍ يَمُوجُ فِي بَعْضٍ وَنُفِخَ فِي ٱلصُّورِ فَجَمَعْنَٰهُمْ جَمْعًا ﴿٩٥﴾

(96) Y ese día mostraremos Yahannam a los injustos sin reserva.

وَعَرَضْنَا جَهَنَّمَ يَوْمَئِذٍ لِّلْكَٰفِرِينَ عَرْضًا ﴿٩٦﴾

(97) Esos cuyos ojos estaban velados en relación a Mi recuerdo y no podían prestar atención.

ٱلَّذِينَ كَانَتْ أَعْيُنُهُمْ فِي غِطَاءٍ عَن ذِكْرِي وَكَانُوا۟ لَا يَسْتَطِيعُونَ سَمْعًا ۝

(98) ¿Acaso los incrédulos creen que pueden tomar a siervos Míos como protectores fuera de Mí? Realmente hemos preparado Yahannam como hospedaje para los incrédulos.

أَفَحَسِبَ ٱلَّذِينَ كَفَرُوٓا۟ أَن يَتَّخِذُوا۟ عِبَادِي مِن دُونِيٓ أَوْلِيَآءَ إِنَّآ أَعْتَدْنَا جَهَنَّمَ لِلْكَٰفِرِينَ نُزُلًا ۝

(99) Di: ¿Queréis saber quiénes serán los más perdedores por sus obras?
Aquellos cuyo celo por la vida del mundo los extravió mientras pensaban que hacían el bien con lo que hacían.

قُلْ هَلْ نُنَبِّئُكُم بِٱلْأَخْسَرِينَ أَعْمَٰلًا ٱلَّذِينَ ضَلَّ سَعْيُهُمْ فِي ٱلْحَيَوٰةِ ٱلدُّنْيَا وَهُمْ يَحْسَبُونَ أَنَّهُمْ يُحْسِنُونَ صُنْعًا ۝

(100) Esos serán los que negaron los signos de su Señor y el encuentro con Él, sus obras se hicieron inútiles y el Día del Levantamiento no tendrán ningún peso.

أُو۟لَٰٓئِكَ ٱلَّذِينَ كَفَرُوا۟ بِـَٔايَٰتِ رَبِّهِمْ وَلِقَآئِهِۦ فَحَبِطَتْ أَعْمَٰلُهُمْ فَلَا نُقِيمُ لَهُمْ يَوْمَ ٱلْقِيَٰمَةِ وَزْنًا ۝

(101) Esta será su recompensa: Yahannam, a causa de lo que negaron y por haber tomado Mis signos y Mis mensajeros a burla.

ذَٰلِكَ جَزَآؤُهُمْ جَهَنَّمُ بِمَا كَفَرُوا۟ وَٱتَّخَذُوٓا۟ ءَايَٰتِي وَرُسُلِي هُزُوًا ۝

(102) Es cierto que los que creen y llevan a cabo las acciones de rectitud, tendrán como hospedaje el Jardín del Firdaus.

إِنَّ ٱلَّذِينَ ءَامَنُوا۟ وَعَمِلُوا۟ ٱلصَّٰلِحَٰتِ كَانَتْ لَهُمْ جَنَّٰتُ ٱلْفِرْدَوْسِ نُزُلًا ۝

(103) Allí serán inmortales y no

خَٰلِدِينَ فِيهَا لَا يَبْغُونَ عَنْهَا حِوَلًا ۝

desearán ningún cambio de situación.

(104) Di: Si el mar fuera la tinta para las palabras de mi Señor, se agotaría antes de que las palabras de mi Señor se acabaran, incluso si trajéramos otro tanto.

قُل لَّوْ كَانَ ٱلْبَحْرُ مِدَادًا لِّكَلِمَٰتِ رَبِّي لَنَفِدَ ٱلْبَحْرُ قَبْلَ أَن تَنفَدَ كَلِمَٰتُ رَبِّي وَلَوْ جِئْنَا بِمِثْلِهِۦ مَدَدًا ۝

(105) Di: No soy mas que un ser humano como vosotros, me ha sido inspirado que vuestro dios es un Dios Unico; así pues, el que espere el encuentro con su Señor que actúe con rectitud y que al adorar a su Señor no Le asocie a nadie.

قُلْ إِنَّمَآ أَنَا۠ بَشَرٌ مِّثْلُكُمْ يُوحَىٰٓ إِلَيَّ أَنَّمَآ إِلَٰهُكُمْ إِلَٰهٌ وَٰحِدٌ فَمَن كَانَ يَرْجُوا۟ لِقَآءَ رَبِّهِۦ فَلْيَعْمَلْ عَمَلًا صَٰلِحًا وَلَا يُشْرِكْ بِعِبَادَةِ رَبِّهِۦٓ أَحَدًۢا ۝

19. SURA DE MARYAM.

سُورَةُ مَرْيَمَ

بِسْمِ اللَّهِ الرَّحْمَنِ الرَّحِيمِ

En el nombre de Allah, el Misericordioso, el Compasivo.

(1) Kaf, Ha, Ya, Ayn, Sad. Este es el recuerdo de la misericordia de tu Señor con Su siervo Zakariyya.

كهيعص ذِكْرُ رَحْمَتِ رَبِّكَ عَبْدَهُ زَكَرِيَّا ١

(2) Cuando llamó a su Señor en súplica escondida.

إِذْ نَادَىٰ رَبَّهُ نِدَآءً خَفِيًّا ٢

(3) Dijo: ¡Señor mío! Mis huesos se han debilitado y mi cabello ha encanecido y nunca, Señor, en lo que Te he pedido, he sido decepcionado.

قَالَ رَبِّ إِنِّي وَهَنَ الْعَظْمُ مِنِّي وَاشْتَعَلَ الرَّأْسُ شَيْبًا وَلَمْ أَكُنْ بِدُعَآئِكَ رَبِّ شَقِيًّا ٣

(4) Temo por mis parientes cuando yo no esté; y mi mujer es estéril, concédeme de Tu parte un hijo

وَإِنِّي خِفْتُ الْمَوَالِيَ مِنْ وَرَآءِي وَكَانَتِ امْرَأَتِي عَاقِرًا فَهَبْ لِي مِنْ لَدُنْكَ وَلِيًّا ٤

(5) que sea mi heredero y herede de la familia de Yaqub y hazlo, Señor, complaciente.

يَرِثُنِي وَيَرِثُ مِنْ ءَالِ يَعْقُوبَ وَاجْعَلْهُ رَبِّ رَضِيًّا ٥

(6) ¡Zakariyya! Te anunciamos un hijo cuyo nombre será Yahya, nadie antes de él ha recibido ese nombre.

يَزَكَرِيَّآ إِنَّا نُبَشِّرُكَ بِغُلَامٍ اسْمُهُ يَحْيَىٰ لَمْ نَجْعَلْ لَهُ مِنْ قَبْلُ سَمِيًّا ٦

(7) Dijo: ¡Señor! ¿Y cómo tendré un

قَالَ رَبِّ أَنَّىٰ يَكُونُ لِي غُلَامٌ وَكَانَتِ امْرَأَتِي عَاقِرًا

hijo siendo mi mujer estéril y habiendo llegado yo, a causa de mi edad, a la decrepitud?

وَقَدْ بَلَغْتُ مِنَ ٱلْكِبَرِ عِتِيًّا ۝

(8) Dijo: Así lo ha dicho tu Señor, eso es simple para Mí; igual que una vez te creé y no eras nada.

قَالَ كَذَلِكَ قَالَ رَبُّكَ هُوَ عَلَىَّ هَيِّنٌ وَقَدْ خَلَقْتُكَ مِن قَبْلُ وَلَمْ تَكُ شَيْئًا ۝

(9) Dijo: ¡Señor mío! Dáme un signo. Dijo: Tu signo será que durante tres noches y sin que tengas ningún impedimento para ello, no podrás hablar a la gente.

قَالَ رَبِّ ٱجْعَل لِّىٓ ءَايَةً قَالَ ءَايَتُكَ أَلَّا تُكَلِّمَ ٱلنَّاسَ ثَلَثَ لَيَالٍ سَوِيًّا ۝

(10) Así apareció ante su gente desde el lugar de oración y les dijo por señas que glorificaran mañana y tarde.

فَخَرَجَ عَلَىٰ قَوْمِهِۦ مِنَ ٱلْمِحْرَابِ فَأَوْحَىٰٓ إِلَيْهِمْ أَن سَبِّحُوا بُكْرَةً وَعَشِيًّا ۝

(11) ¡Yahya! ¡Toma el libro con fuerza! Y siendo un niño le dimos el juicio,

يَٰيَحْيَىٰ خُذِ ٱلْكِتَبَ بِقُوَّةٍ وَءَاتَيْنَهُ ٱلْحُكْمَ صَبِيًّا ۝

(12) así como ternura procedente de Nosotros y pureza, y era temeroso (de su Señor).

وَحَنَانًا مِّن لَّدُنَّا وَزَكَوٰةً وَكَانَ تَقِيًّا ۝

(13) Y bueno con sus padres, ni arrogante ni rebelde.

وَبَرًّا بِوَٰلِدَيْهِ وَلَمْ يَكُن جَبَّارًا عَصِيًّا ۝

(14) Paz sobre él el día en que nació, el día de su muerte y el día en que sea devuelto a la vida.

وَسَلَٰمٌ عَلَيْهِ يَوْمَ وُلِدَ وَيَوْمَ يَمُوتُ وَيَوْمَ يُبْعَثُ حَيًّا ۝

(15) Y recuerda en el Libro a Maryam cuando se apartó de su familia retirándose en algún lugar hacia oriente.

وَٱذْكُرْ فِى ٱلْكِتَبِ مَرْيَمَ إِذِ ٱنتَبَذَتْ مِنْ أَهْلِهَا مَكَانًا شَرْقِيًّا ۝

(16) Entonces se ocultó de ellos con un velo y le enviamos a Nuestro espíritu* que tomó la apariencia de un ser humano completo.

* [Yibril]

فَٱتَّخَذَتْ مِن دُونِهِمْ حِجَابًا فَأَرْسَلْنَآ إِلَيْهَا رُوحَنَا فَتَمَثَّلَ لَهَا بَشَرًا سَوِيًّا ۝

(17) Dijo: Me refugio de ti en el Misericordioso, si tienes temor (de El).

قَالَتْ إِنِّىٓ أَعُوذُ بِٱلرَّحْمَٰنِ مِنكَ إِن كُنتَ تَقِيًّا ۝

(18) Dijo: Yo sólo soy el mensajero de tu Señor para concederte un niño puro.

قَالَ إِنَّمَآ أَنَا۠ رَسُولُ رَبِّكِ لِأَهَبَ لَكِ غُلَٰمًا زَكِيًّا ۝

(19) Dijo: ¿Cómo habría de tener un niño si ningún mortal me ha tocado y no soy una fornicadora?

قَالَتْ أَنَّىٰ يَكُونُ لِى غُلَٰمٌ وَلَمْ يَمْسَسْنِى بَشَرٌ وَلَمْ أَكُ بَغِيًّا ۝

(20) Dijo: Así lo ha dicho tu Señor: Eso es simple para Mí, para hacerlo un signo para los hombres y una misericordia de Nuestra parte.

Es un asunto decretado.

قَالَ كَذَٰلِكِ قَالَ رَبُّكِ هُوَ عَلَىَّ هَيِّنٌ وَلِنَجْعَلَهُۥٓ ءَايَةً لِّلنَّاسِ وَرَحْمَةً مِّنَّا وَكَانَ أَمْرًا مَّقْضِيًّا ۝

(21) Así pues lo concibió y se retiró a un lugar apartado.

۞ فَحَمَلَتْهُ فَٱنتَبَذَتْ بِهِۦ مَكَانًا قَصِيًّا ۝

(22) Y le sobrevino el parto junto al tronco de la palmera.

Dijo: ¡Ojalá y hubiera muerto antes de esto desapareciendo en el olvido!

فَأَجَآءَهَا ٱلْمَخَاضُ إِلَىٰ جِذْعِ ٱلنَّخْلَةِ قَالَتْ يَٰلَيْتَنِى مِتُّ قَبْلَ هَٰذَا وَكُنتُ نَسْيًا مَّنسِيًّا ۝

(23) Y la llamó desde abajo: No te

فَنَادَىٰهَا مِن تَحْتِهَآ أَلَّا تَحْزَنِى قَدْ جَعَلَ رَبُّكِ

entristezcas, tu Señor ha puesto un arroyo a tus pies.

تَحْتَكِ سَرِيًّا ۝

(24) Sacude hacia ti el tronco de la palmera y caerán dátiles maduros y frescos.

وَهُزِّى إِلَيْكِ بِجِذْعِ ٱلنَّخْلَةِ تُسَٰقِطْ عَلَيْكِ رُطَبًا جَنِيًّا ۝

(25) Come y bebe, y refresca tus ojos. Y si ves a algún humano dile: He hecho promesa de ayuno al Misericordioso y hoy no puedo hablar con nadie.

فَكُلِى وَٱشْرَبِى وَقَرِّى عَيْنًا ۖ فَإِمَّا تَرَيِنَّ مِنَ ٱلْبَشَرِ أَحَدًا فَقُولِىٓ إِنِّى نَذَرْتُ لِلرَّحْمَٰنِ صَوْمًا فَلَنْ أُكَلِّمَ ٱلْيَوْمَ إِنسِيًّا ۝

(26) Y llegó a su gente llevándolo en sus brazos, dijeron: ¡Maryam! Has traído algo muy grave.

فَأَتَتْ بِهِۦ قَوْمَهَا تَحْمِلُهُۥ ۖ قَالُوا۟ يَٰمَرْيَمُ لَقَدْ جِئْتِ شَيْـًٔا فَرِيًّا ۝

(27) ¡Hermana de Harún! Tu padre no ha sido un hombre de mal ni tu madre una fornicadora.

يَٰٓأُخْتَ هَٰرُونَ مَا كَانَ أَبُوكِ ٱمْرَأَ سَوْءٍ وَمَا كَانَتْ أُمُّكِ بَغِيًّا ۝

(28) Entonces hizo un gesto señalándolo, dijeron: ¿Cómo vamos a hablar con un niño de pecho?

فَأَشَارَتْ إِلَيْهِ ۖ قَالُوا۟ كَيْفَ نُكَلِّمُ مَن كَانَ فِى ٱلْمَهْدِ صَبِيًّا ۝

(29) Dijo: Yo soy el siervo de Allah. El me ha dado el Libro y me ha hecho profeta.

قَالَ إِنِّى عَبْدُ ٱللَّهِ ءَاتَىٰنِىَ ٱلْكِتَٰبَ وَجَعَلَنِى نَبِيًّا ۝

(30) Y me ha hecho bendito dondequiera que esté y me ha encomendado la Oración y la purificación* mientras viva.

* [El salat y el zakat]

وَجَعَلَنِى مُبَارَكًا أَيْنَ مَا كُنتُ وَأَوْصَٰنِى بِٱلصَّلَوٰةِ وَٱلزَّكَوٰةِ مَا دُمْتُ حَيًّا ۝

(31) Y ser bondadoso con mi madre;

وَبَرًّۢا بِوَٰلِدَتِى وَلَمْ يَجْعَلْنِى جَبَّارًا شَقِيًّا ۝

no me ha hecho ni insolente ni
rebelde.

(32) La paz sea sobre mí el día en que
nací, el día de mi muerte y el
día en que sea devuelto a la
vida.

وَٱلسَّلَٰمُ عَلَىَّ يَوْمَ وُلِدتُّ وَيَوْمَ أَمُوتُ وَيَوْمَ أُبْعَثُ
حَيًّا ۝

(33) Ese es Isa, el hijo de Maryam, la
palabra de la Verdad, sobre el
que dudan.

ذَٰلِكَ عِيسَى ٱبْنُ مَرْيَمَ قَوْلَ ٱلْحَقِّ ٱلَّذِى فِيهِ
يَمْتَرُونَ ۝

(34) No es propio de Allah tomar
ningún hijo. ¡Gloria a El!
Cuando decide algo, sólo dice:
Sea, y es.

مَا كَانَ لِلَّهِ أَن يَتَّخِذَ مِن وَلَدٍ سُبْحَٰنَهُ
إِذَا قَضَىٰٓ أَمْرًا فَإِنَّمَا يَقُولُ لَهُۥ كُن فَيَكُونُ ۝

(35) Y verdaderamente Allah es mi
Señor y el vuestro, adoradlo
pues. Este es un camino recto.

وَأَنَّ ٱللَّهَ رَبِّى وَرَبُّكُمْ فَٱعْبُدُوهُ هَٰذَا صِرَٰطٌ
مُّسْتَقِيمٌ ۝

(36) Pero los partidos que había entre
ellos discreparon.
¡Perdición para los que no
creyeron porque habrán de
comparecer en un día
transcendente!

فَٱخْتَلَفَ ٱلْأَحْزَابُ مِنۢ بَيْنِهِمْ فَوَيْلٌ لِّلَّذِينَ
كَفَرُوا۟ مِن مَّشْهَدِ يَوْمٍ عَظِيمٍ ۝

(37) ¡Cómo verán y cómo oirán el día
que vengan a Nos! Pero hoy
los injustos están en un claro
extravío.

أَسْمِعْ بِهِمْ وَأَبْصِرْ يَوْمَ يَأْتُونَنَا لَٰكِنِ ٱلظَّٰلِمُونَ
ٱلْيَوْمَ فِى ضَلَٰلٍ مُّبِينٍ ۝

(38) Y adviérteles del Día de la
Lamentación cuando el asunto
quede decidido. Y sin embargo
ellos están descuidados y
no creen.

وَأَنذِرْهُمْ يَوْمَ ٱلْحَسْرَةِ إِذْ قُضِىَ ٱلْأَمْرُ وَهُمْ فِى
غَفْلَةٍ وَهُمْ لَا يُؤْمِنُونَ ۝

(39) Es cierto que Nosotros here-
daremos la tierra y a quien
haya en ella y a Nosotros
regresarán.

إِنَّا نَحْنُ نَرِثُ ٱلْأَرْضَ وَمَنْ عَلَيْهَا وَإِلَيْنَا يُرْجَعُونَ ۝

(40) Y recuerda en el Libro a Ibrahim,

وَٱذْكُرْ فِي ٱلْكِتَٰبِ إِبْرَٰهِيمَ ۝

(41) él fue realmente sincero y
profeta.

إِنَّهُۥ كَانَ صِدِّيقًا نَّبِيًّا ۝

(42) Cuando dijo a su padre: ¡Padre
mío! ¿Por qué adoras lo que ni
oye ni ve ni te sirve de nada?

إِذْ قَالَ لِأَبِيهِ يَٰٓأَبَتِ لِمَ تَعْبُدُ مَا لَا يَسْمَعُ وَلَا
يُبْصِرُ وَلَا يُغْنِي عَنكَ شَيْـًٔا ۝

(43) ¡Padre! Me ha llegado un conocimiento que no te ha llegado a
ti, sígueme y te guiaré por un
camino llano.

يَٰٓأَبَتِ إِنِّي قَدْ جَآءَنِي مِنَ ٱلْعِلْمِ مَا لَمْ يَأْتِكَ
فَٱتَّبِعْنِي أَهْدِكَ صِرَٰطًا سَوِيًّا ۝

(44) ¡Padre! No adores al Shaytán,
pues ciertamente el Shaytán es
rebelde con el Misericordioso.

يَٰٓأَبَتِ لَا تَعْبُدِ ٱلشَّيْطَٰنَ إِنَّ ٱلشَّيْطَٰنَ كَانَ
لِلرَّحْمَٰنِ عَصِيًّا ۝

(45) ¡Padre! Temo de verdad que te
llegue un castigo del Misericordioso y seas de los que
acompañen al Shaytán.

يَٰٓأَبَتِ إِنِّيٓ أَخَافُ أَن يَمَسَّكَ عَذَابٌ مِّنَ ٱلرَّحْمَٰنِ
فَتَكُونَ لِلشَّيْطَٰنِ وَلِيًّا ۝

(46) Dijo: ¿Acaso desprecias a mis
dioses, Ibrahim? Si no dejas de
hacerlo te lapidaré; aléjate de
mí durante mucho tiempo.

قَالَ أَرَاغِبٌ أَنتَ عَنْ ءَالِهَتِي يَٰٓإِبْرَٰهِيمُ لَئِن لَّمْ
تَنتَهِ لَأَرْجُمَنَّكَ وَٱهْجُرْنِي مَلِيًّا ۝

(47) Dijo: Paz contigo, pediré perdón
por ti a mi Señor, es cierto que
El es Complaciente conmigo.

قَالَ سَلَٰمٌ عَلَيْكَ سَأَسْتَغْفِرُ لَكَ رَبِّيٓ إِنَّهُۥ
كَانَ بِي حَفِيًّا ۝

(48) Me alejaré de vosotros y de lo que adoráis fuera de Allah e invocaré a mi Señor, tal vez no quede decepcionado en mi súplica de El.

وَأَعْتَزِلُكُمْ وَمَا تَدْعُونَ مِن دُونِ اللَّهِ وَأَدْعُواْ رَبِّى عَسَىٰٓ أَلَّآ أَكُونَ بِدُعَآءِ رَبِّى شَقِيًّا ۝

(49) Y cuando los dejó junto a todo lo que adoraban fuera de Allah, le concedimos a Ishaq y a Yaqub y a ambos los hicimos profetas.

فَلَمَّا اعْتَزَلَهُمْ وَمَا يَعْبُدُونَ مِن دُونِ اللَّهِ وَهَبْنَا لَهُۥٓ إِسْحَٰقَ وَيَعْقُوبَ وَكُلًّا جَعَلْنَا نَبِيًّا ۝

(50) Les concedimos parte de Nuestra misericordia y les dimos una lengua de veracidad, sublime.

وَوَهَبْنَا لَهُم مِّن رَّحْمَتِنَا وَجَعَلْنَا لَهُمْ لِسَانَ صِدْقٍ عَلِيًّا ۝

(51) Y recuerda en el Libro a Musa, él estaba entregado y fue mensajero y profeta.

وَاذْكُرْ فِى الْكِتَٰبِ مُوسَىٰٓ إِنَّهُۥ كَانَ مُخْلَصًا وَكَانَ رَسُولًا نَّبِيًّا ۝

(52) Lo llamamos desde la ladera derecha del monte y hablándole en confidencia lo acercamos a Nos.

وَنَٰدَيْنَٰهُ مِن جَانِبِ الطُّورِ الْأَيْمَنِ وَقَرَّبْنَٰهُ نَجِيًّا ۝

(53) Y le concedimos por Nuestra Misericordia a su hermano Harún como profeta.

وَوَهَبْنَا لَهُۥ مِن رَّحْمَتِنَآ أَخَاهُ هَٰرُونَ نَبِيًّا ۝

(54) Y recuerda en el Libro a Ismail, él fue cumplidor de la promesa y fue mensajero y profeta.

وَاذْكُرْ فِى الْكِتَٰبِ إِسْمَٰعِيلَ إِنَّهُۥ كَانَ صَادِقَ الْوَعْدِ وَكَانَ رَسُولًا نَّبِيًّا ۝

(55) Mandaba a su gente la oración y la purificación de la riqueza* y era satisfactorio para su Señor.

* [El salat y el zakat]

وَكَانَ يَأْمُرُ أَهْلَهُۥ بِالصَّلَوٰةِ وَالزَّكَوٰةِ وَكَانَ عِندَ رَبِّهِۦ مَرْضِيًّا ۝

(56) Y recuerda en el Libro a Idris, él fue veraz y profeta.

وَاذْكُرْ فِي الْكِتَابِ إِدْرِيسَ إِنَّهُ كَانَ صِدِّيقًا نَّبِيًّا ۝

(57) Lo elevamos a un alto lugar.

وَرَفَعْنَاهُ مَكَانًا عَلِيًّا ۝

(58) Esos son los que Allah ha favorecido entre los profetas de la descendencia de Adam, los que llevamos con Nuh, la descendencia de Ibrahim e Israil* y los que guiamos y escogimos.

Cuando se les recitaban los signos de Misericordioso caían postrados llorando.

* [Es decir Yaqub, puesto que Israil es otro nombre del profeta Yaqub.]

أُولَئِكَ الَّذِينَ أَنْعَمَ اللَّهُ عَلَيْهِم مِّنَ النَّبِيِّينَ مِن ذُرِّيَّةِ ءَادَمَ وَمِمَّنْ حَمَلْنَا مَعَ نُوحٍ وَمِن ذُرِّيَّةِ إِبْرَاهِيمَ وَإِسْرَاءِيلَ وَمِمَّنْ هَدَيْنَا وَاجْتَبَيْنَا إِذَا تُتْلَى عَلَيْهِمْ ءَايَتُ الرَّحْمَنِ خَرُّوا سُجَّدًا وَبُكِيًّا ۩ ۝

(59) Después les sucedió una generación que abandonó la Oración* y siguió las pasiones; pero ya encontrarán perdición.

* [El salat]

فَخَلَفَ مِن بَعْدِهِمْ خَلْفٌ أَضَاعُوا الصَّلَوَةَ وَاتَّبَعُوا الشَّهَوَاتِ فَسَوْفَ يَلْقَوْنَ غَيًّا ۝

(60) Con la excepción de los que se volvieron atrás, creyeron y obraron con rectitud, pues ellos entrarán en el Jardín y no se les hará injusticia en nada.

إِلَّا مَن تَابَ وَءَامَنَ وَعَمِلَ صَلِحًا فَأُولَئِكَ يَدْخُلُونَ الْجَنَّةَ وَلَا يُظْلَمُونَ شَيْئًا ۝

(61) Los jardines de Adn que el Misericordioso ha prometido a Sus siervos antes de que los hayan visto, verdaderamente Su promesa llegará.

جَنَّتِ عَدْنٍ الَّتِي وَعَدَ الرَّحْمَنُ عِبَادَهُ بِالْغَيْبِ إِنَّهُ كَانَ وَعْدُهُ مَأْتِيًّا ۝

(62) Allí no oirán ninguna frivolidad, sino: Paz. Y en ellos tendrán su sustento mañana y tarde.

لَا يَسْمَعُونَ فِيهَا لَغْوًا إِلَّا سَلَمًا وَلَهُمْ رِزْقُهُمْ فِيهَا بُكْرَةً وَعَشِيًّا ۝

(63) Ese es el Jardín que haremos heredar a quien de Nuestros siervos se guarde.

تِلْكَ الْجَنَّةُ الَّتِي نُورِثُ مِنْ عِبَادِنَا مَن كَانَ تَقِيًّا ۝

(64) Y no bajamos sino por orden de tu Señor*, Suyo es lo que tenemos por delante, lo que tenemos detrás y lo que hay en medio. Y tu Señor no es olvidadizo.

* [Estas son palabras en boca de Yibril]

وَمَا نَتَنَزَّلُ إِلَّا بِأَمْرِ رَبِّكَ لَهُ مَا بَيْنَ أَيْدِينَا وَمَا خَلْفَنَا وَمَا بَيْنَ ذَٰلِكَ وَمَا كَانَ رَبُّكَ نَسِيًّا ۝

(65) El Señor de los cielos y de la tierra y de lo que hay entre ambos. ¡Adoradle pues y sed constantes en vuestra adoración! ¿Conoces a alguien que tenga Su nombre?

رَبُّ السَّمَوَتِ وَالْأَرْضِ وَمَا بَيْنَهُمَا فَاعْبُدْهُ وَاصْطَبِرْ لِعِبَدَتِهِ هَلْ تَعْلَمُ لَهُ سَمِيًّا ۝

(66) Y dice el hombre: ¿Acaso cuando esté muerto seré resucitado?

وَيَقُولُ الْإِنسَنُ أَءِذَا مَا مِتُّ لَسَوْفَ أُخْرَجُ حَيًّا ۝

(67) ¿Es que ya no recuerda el hombre que fue creado antes, cuando no era nada?

أَوَلَا يَذْكُرُ الْإِنسَنُ أَنَّا خَلَقْنَهُ مِن قَبْلُ وَلَمْ يَكُ شَيْئًا ۝

(68) Por tu Señor que los reuniremos, así como a los demonios, y luego los haremos comparecer en torno a Yahannam, arrodillados.

فَوَرَبِّكَ لَنَحْشُرَنَّهُمْ وَالشَّيَطِينَ ثُمَّ لَنُحْضِرَنَّهُمْ حَوْلَ جَهَنَّمَ جِثِيًّا ۝

(69) Después, de cada grupo arrancaremos a los más obstinadamente rebeldes contra el Misericordioso.

ثُمَّ لَنَنزِعَنَّ مِن كُلِّ شِيعَةٍ أَيُّهُمْ أَشَدُّ عَلَى الرَّحْمَنِ عِتِيًّا ۝

(70) Y ciertamente Nosotros sabemos

ثُمَّ لَنَحْنُ أَعْلَمُ بِالَّذِينَ هُمْ أَوْلَى بِهَا صِلِيًّا ۝

mejor quienes son los que merecen más entrar en él.

(71) Y no hay ninguno de vosotros que no vaya a llegar a él, esto es para tu Señor una decisión irrevocable.

وَإِن مِّنكُمْ إِلَّا وَارِدُهَا كَانَ عَلَىٰ رَبِّكَ حَتْمًا مَّقْضِيًّا ۝

(72) Luego salvaremos a los que hayan sido temerosos (de su Señor) y abandonaremos en él a los injustos, arrodillados.

ثُمَّ نُنَجِّى ٱلَّذِينَ ٱتَّقَوا وَّنَذَرُ ٱلظَّٰلِمِينَ فِيهَا جِثِيًّا ۝

(73) Y cuando Nuestros signos claros se les recitan, los que se niegan a creer les dicen a los que creen: ¿Cuál de las dos partes tiene mejor situación y mejor lugar de reunión?

وَإِذَا تُتْلَىٰ عَلَيْهِمْ ءَايَٰتُنَا بَيِّنَٰتٍ قَالَ ٱلَّذِينَ كَفَرُوا لِلَّذِينَ ءَامَنُوٓا أَيُّ ٱلْفَرِيقَيْنِ خَيْرٌ مَّقَامًا وَأَحْسَنُ نَدِيًّا ۝

(74) ¿Cuántas comunidades mejores que ellos en posesiones y en aspecto, destruimos?

وَكَمْ أَهْلَكْنَا قَبْلَهُم مِّن قَرْنٍ هُمْ أَحْسَنُ أَثَٰثًا وَرِءْيًا ۝

(75) Di: A los que están en el extravío, el Misericordioso los dejará así,

۞ قُلْ مَن كَانَ فِى ٱلضَّلَٰلَةِ فَلْيَمْدُدْ لَهُ ٱلرَّحْمَٰنُ مَدًّا ۝

(76) hasta que cuando vean lo que les fue prometido, ya sea el castigo o la Hora, sabrán quién tiene el peor lugar y es más débil en tropas.

حَتَّىٰٓ إِذَا رَأَوْا مَا يُوعَدُونَ إِمَّا ٱلْعَذَابَ وَإِمَّا ٱلسَّاعَةَ فَسَيَعْلَمُونَ مَنْ هُوَ شَرٌّ مَّكَانًا وَأَضْعَفُ جُندًا ۝

(77) Y a aquéllos que hayan seguido la guía, el Misericordioso los incrementará en ella. Y las palabras y acciones per-

وَيَزِيدُ ٱللَّهُ ٱلَّذِينَ ٱهْتَدَوْا هُدًى وَٱلْبَٰقِيَٰتُ ٱلصَّٰلِحَٰتُ خَيْرٌ عِندَ رَبِّكَ ثَوَابًا وَخَيْرٌ مَّرَدًّا ۝

durables y rectas son mejor ante tu Señor en recompensa y en resultado.

(78) ¿No has visto a quien niega Nuestros signos cómo dice: Se me darán riquezas e hijos?

أَفَرَءَيْتَ ٱلَّذِي كَفَرَ بِـَٔايَٰتِنَا وَقَالَ لَأُوتَيَنَّ مَالًا وَوَلَدًا ۝

(79) ¿Es que acaso tiene acceso al No-visto o ha hecho algún pacto con el Misericordioso?

أَطَّلَعَ ٱلْغَيْبَ أَمِ ٱتَّخَذَ عِندَ ٱلرَّحْمَٰنِ عَهْدًا ۝

(80) ¡Pero no! Escribiremos lo que dice y le prolongaremos el castigo.

كَلَّا ۚ سَنَكْتُبُ مَا يَقُولُ وَنَمُدُّ لَهُۥ مِنَ ٱلْعَذَابِ مَدًّا ۝

(81) Le haremos heredero de lo que dice y vendrá a Nosotros solo.

وَنَرِثُهُۥ مَا يَقُولُ وَيَأْتِينَا فَرْدًا ۝

(82) Y han tomado dioses fuera de Allah para que sean un poder para ellos.

وَٱتَّخَذُواْ مِن دُونِ ٱللَّهِ ءَالِهَةً لِّيَكُونُواْ لَهُمْ عِزًّا ۝

(83) ¡Pero no! Estos renegarán de su adoración y se pondrán en su contra.

كَلَّا ۚ سَيَكْفُرُونَ بِعِبَادَتِهِمْ وَيَكُونُونَ عَلَيْهِمْ ضِدًّا ۝

(84) ¿Es que no ves que hemos enviado a los demonios contra los incrédulos y los incitan seduciéndolos?

أَلَمْ تَرَ أَنَّآ أَرْسَلْنَا ٱلشَّيَٰطِينَ عَلَى ٱلْكَٰفِرِينَ تَؤُزُّهُمْ أَزًّا ۝

(85) No te apresures contra ellos, verdaderamente les llevamos una cuenta.

فَلَا تَعْجَلْ عَلَيْهِمْ ۖ إِنَّمَا نَعُدُّ لَهُمْ عَدًّا ۝

(86) El día en que reunamos ante el

يَوْمَ نَحْشُرُ ٱلْمُتَّقِينَ إِلَى ٱلرَّحْمَٰنِ وَفْدًا ۝

Misericordioso a los temerosos en grupos.

(87) Y llevemos a los malhechores a Yahannam como ganado al abrevadero.

وَنَسُوقُ الْمُجْرِمِينَ إِلَى جَهَنَّمَ وِرْدًا ۝

(88) No habrá para ellos ninguna intercesión, a excepción de quien tenga un pacto con el Misericordioso.

لَا يَمْلِكُونَ الشَّفَٰعَةَ إِلَّا مَنِ اتَّخَذَ عِندَ الرَّحْمَٰنِ عَهْدًا ۝

(89) Y dicen: El Misericordioso ha tomado un hijo.

وَقَالُوا اتَّخَذَ الرَّحْمَٰنُ وَلَدًا ۝

(90) Ciertamente traéis una calamidad.

لَّقَدْ جِئْتُمْ شَيْئًا إِدًّا ۝

(91) A punto están los cielos de rasgarse, la tierra de abrirse y las montañas de derrumbarse por su causa.

تَكَادُ السَّمَٰوَٰتُ يَتَفَطَّرْنَ مِنْهُ وَتَنشَقُّ الْأَرْضُ وَتَخِرُّ الْجِبَالُ هَدًّا ۝

(92) Porque atribuyen un hijo al Misericordioso.

أَن دَعَوْا لِلرَّحْمَٰنِ وَلَدًا ۝

(93) Y no es propio del Misericordioso tomar un hijo.

وَمَا يَنبَغِي لِلرَّحْمَٰنِ أَن يَتَّخِذَ وَلَدًا ۝

(94) Todos los que están en los cielos y en la tierra no se presentan ante el Misericordioso sino como siervos.

إِن كُلُّ مَن فِي السَّمَٰوَٰتِ وَالْأَرْضِ إِلَّا آتِي الرَّحْمَٰنِ عَبْدًا ۝

(95) Y es verdad que El conoce su número y los tiene bien contados.

لَّقَدْ أَحْصَىٰهُمْ وَعَدَّهُمْ عَدًّا ۝

(96) Todos vendrán a El por separado el Día del Levantamiento.

وَكُلُّهُمْ ءَاتِيهِ يَوْمَ الْقِيَمَةِ فَرْدًا ۝

(97) Realmente a los que creen y practican las acciones de rectitud, el Misericordioso les dará amor.

إِنَّ الَّذِينَ ءَامَنُوا وَعَمِلُوا الصَّلِحَتِ سَيَجْعَلُ لَهُمُ الرَّحْمَنُ وُدًّا ۝

(98) Y es verdad que lo hemos hecho fácil a tu lengua para que así, al recitarlo, des buenas noticias a los temerosos y adviertas a una gente que se obstina.

فَإِنَّمَا يَسَّرْنَهُ بِلِسَانِكَ لِتُبَشِّرَ بِهِ الْمُتَّقِينَ وَتُنذِرَ بِهِ قَوْمًا لُّدًّا ۝

(99) Y cuántas generaciones hemos destruido antes de ellos. ¿Percibes a alguno de ellos o les escuchas algún murmullo?

وَكَمْ أَهْلَكْنَا قَبْلَهُم مِّن قَرْنٍ هَلْ تُحِسُّ مِنْهُم مِّنْ أَحَدٍ أَوْ تَسْمَعُ لَهُمْ رِكْزًا ۝

20. SURA TA, HA.   سُورَةُ طٰه

بِسْمِ اللَّهِ الرَّحْمَٰنِ الرَّحِيمِ

En el nombre de Allah, el Misericordioso, el Compasivo.

(1) Ta, Ha*. No hemos hecho descender sobre ti el Corán para que te agobies.

طٰهٰ مَآ أَنزَلْنَا عَلَيْكَ ٱلْقُرْءَانَ لِتَشْقَىٰ ١

> * [Según Ibn Abbas estas letras quieren decir: ¡Oh hombre! Pero también indican uno de los nombres del Profeta, que Allah le dé Su gracia y paz.]

(2) Sino como una amonestación para quien se guarde.

إِلَّا تَذْكِرَةً لِّمَن يَخْشَىٰ ٢

(3) Es un descenso de Aquel que ha creado la tierra y los excelsos cielos.

تَنزِيلًا مِّمَّنْ خَلَقَ ٱلْأَرْضَ وَٱلسَّمَٰوَٰتِ ٱلْعُلَى ٣

(4) El Misericordioso que se asentó sobre el trono.

ٱلرَّحْمَٰنُ عَلَى ٱلْعَرْشِ ٱسْتَوَىٰ ٤

(5) Suyo es cuanto hay en los cielos y en la tierra, lo que hay entre ambos y lo que hay bajo el suelo.

لَهُۥ مَا فِي ٱلسَّمَٰوَٰتِ وَمَا فِي ٱلْأَرْضِ وَمَا بَيْنَهُمَا وَمَا تَحْتَ ٱلثَّرَىٰ ٥

(6) Y hables en voz alta…(o no), El conoce lo secreto y aún más que eso.

وَإِن تَجْهَرْ بِٱلْقَوْلِ فَإِنَّهُۥ يَعْلَمُ ٱلسِّرَّ وَأَخْفَى ٦

(7) Allah, no hay dios sino El, Suyos son los nombres más hermosos.

ٱللَّهُ لَآ إِلَٰهَ إِلَّا هُوَ لَهُ ٱلْأَسْمَآءُ ٱلْحُسْنَىٰ ٧

(8) ¿Te ha llegado el relato de Musa?

وَهَلْ أَتَىٰكَ حَدِيثُ مُوسَىٰٓ ۝

(9) Cuando vio un fuego y dijo a su familia: Permaneced aquí, he divisado un fuego y tal vez pueda traeros alguna brasa o encuentre en él alguna guía.

إِذْ رَءَا نَارًا فَقَالَ لِأَهْلِهِ امْكُثُوٓا إِنِّىٓ ءَانَسْتُ نَارًا لَّعَلِّىٓ ءَاتِيكُم مِّنْهَا بِقَبَسٍ أَوْ أَجِدُ عَلَى النَّارِ هُدًى ۝

(10) Y cuando llegó a él, oyó una llamada: ¡Musa!:

فَلَمَّآ أَتَىٰهَا نُودِىَ يَٰمُوسَىٰٓ ۝

(11) Yo soy tu Señor, quítate las sandalias pues estás en el purificado valle de Tuwa.

إِنِّىٓ أَنَا۠ رَبُّكَ فَاخْلَعْ نَعْلَيْكَ إِنَّكَ بِالْوَادِ الْمُقَدَّسِ طُوًى ۝

(12) Te he elegido, así pues pon atención a lo que se inspira:

وَأَنَا اخْتَرْتُكَ فَاسْتَمِعْ لِمَا يُوحَىٰٓ ۝

(13) Yo soy Allah, no hay dios excepto Yo; adórame y establece la Oración para recordarme.

إِنَّنِىٓ أَنَا اللَّهُ لَآ إِلَٰهَ إِلَّآ أَنَا۠ فَاعْبُدْنِى وَأَقِمِ الصَّلَوٰةَ لِذِكْرِىٓ ۝

(14) La Hora vendrá con toda seguridad, y casi la tengo oculta para Mí mismo, para pagar a cada uno en lo que se haya esforzado.

إِنَّ السَّاعَةَ ءَاتِيَةٌ أَكَادُ أُخْفِيهَا لِتُجْزَىٰ كُلُّ نَفْسٍ بِمَا تَسْعَىٰ ۝

(15) Que no te aparte de ella quien no crea en ella y siga sus pasiones, pues te perderías.

فَلَا يَصُدَّنَّكَ عَنْهَا مَن لَّا يُؤْمِنُ بِهَا وَاتَّبَعَ هَوَىٰهُ فَتَرْدَىٰ ۝

(16) ¿Qué tienes en tu mano derecha Musa?

وَمَا تِلْكَ بِيَمِينِكَ يَٰمُوسَىٰ ۝

(17) Dijo: Es mi bastón, en él me

قَالَ هِىَ عَصَاىَ أَتَوَكَّؤُا۟ عَلَيْهَا وَأَهُشُّ بِهَا عَلَىٰ

apoyo, con él vareo los árboles para mi ganado y en él tengo otras utilidades.

غَنَمِى وَلِيَ فِيهَا مَآرِبُ أُخْرَىٰ ۞

(18) Dijo: ¡Tíralo, Musa!

قَالَ أَلْقِهَا يَمُوسَىٰ ۞

(19) Lo tiró y era una serpiente que reptaba con rapidez.

فَأَلْقَىٰهَا فَإِذَا هِىَ حَيَّةٌ تَسْعَىٰ ۞

(20) Dijo: Tómalo y no temas, lo devolveremos a su forma original.

قَالَ خُذْهَا وَلَا تَخَفْ سَنُعِيدُهَا سِيرَتَهَا الْأُولَىٰ ۞

(21) Ponte la mano bajo el brazo y saldrá blanca, sin que sea debido a ningún mal. Será otro signo.

وَاضْمُمْ يَدَكَ إِلَىٰ جَنَاحِكَ تَخْرُجْ بَيْضَآءَ مِنْ غَيْرِ سُوٓءٍ ءَايَةً أُخْرَىٰ ۞

(22) Es para mostrarte parte de Nuestros grandes signos.

لِنُرِيَكَ مِنْ ءَايَٰتِنَا الْكُبْرَىٰ ۞

(23) Ve a Firaún pues realmente él ha sobrepasado todo límite.

اذْهَبْ إِلَىٰ فِرْعَوْنَ إِنَّهُۥ طَغَىٰ ۞

(24) Dijo: Señor mío, abre mi pecho,

قَالَ رَبِّ اشْرَحْ لِى صَدْرِى ۞

(25) haz fácil mi misión

وَيَسِّرْ لِىٓ أَمْرِى ۞

(26) y desata el nudo de mi lengua

وَاحْلُلْ عُقْدَةً مِّن لِّسَانِى ۞

(27) para que puedan comprender lo que digo.

يَفْقَهُوا۟ قَوْلِى ۞

(28) Y dame alguien de mi familia que me asista.

وَاجْعَل لِّى وَزِيرًا مِّنْ أَهْلِى ۞

(29) A mi hermano Harún.

هَٰرُونَ أَخِى ۞

(30) Fortalece mi espalda con él.

اشْدُدْ بِهِۦ أَزْرِى ۝

(31) Y asóciale a mi misión

وَأَشْرِكْهُ فِىٓ أَمْرِى ۝

(32) para que Te glorifiquemos mucho.

كَىْ نُسَبِّحَكَ كَثِيرًا ۝

(33) Y Te recordemos mucho.

وَنَذْكُرَكَ كَثِيرًا ۝

(34) Es cierto que Tú nos ves.

إِنَّكَ كُنتَ بِنَا بَصِيرًا ۝

(35) Dijo: Tu petición te ha sido concedida, Musa.

قَالَ قَدْ أُوتِيتَ سُؤْلَكَ يَٰمُوسَىٰ ۝

(36) Ya te habíamos agraciado en otra ocasión,

وَلَقَدْ مَنَنَّا عَلَيْكَ مَرَّةً أُخْرَىٰٓ ۝

(37) cuando inspiramos a tu madre lo que le fue inspirado:

إِذْ أَوْحَيْنَآ إِلَىٰٓ أُمِّكَ مَا يُوحَىٰٓ ۝

(38) Ponlo en la canasta y déjalo en el río, el río lo arrojará a la orilla y será recogido por un enemigo Mío y suyo.
Deposité en ti amor procedente de Mí

أَنِ اقْذِفِيهِ فِى التَّابُوتِ فَاقْذِفِيهِ فِى الْيَمِّ فَلْيُلْقِهِ الْيَمُّ بِالسَّاحِلِ يَأْخُذْهُ عَدُوٌّ لِّى وَعَدُوٌّ لَّهُۥ وَأَلْقَيْتُ عَلَيْكَ مَحَبَّةً مِّنِّى ۝

(39) para que te criaras bajo Mi mirada.

وَلِتُصْنَعَ عَلَىٰ عَيْنِىٓ ۝

(40) Cuando fue tu hermana y dijo: ¿Queréis que os muestre quién puede criarlo? Y te devolvimos a tu madre para consuelo de sus ojos y para que no se entristeciera.
Y mataste a una persona y te

إِذْ تَمْشِىٓ أُخْتُكَ فَتَقُولُ هَلْ أَدُلُّكُمْ عَلَىٰ مَن يَكْفُلُهُۥ فَرَجَعْنَاكَ إِلَىٰٓ أُمِّكَ كَىْ تَقَرَّ عَيْنُهَا وَلَا تَحْزَنَ وَقَتَلْتَ نَفْسًا فَنَجَّيْنَاكَ مِنَ الْغَمِّ وَفَتَنَّاكَ فُتُونًا فَلَبِثْتَ سِنِينَ فِىٓ أَهْلِ

salvamos del aprieto poniéndote a prueba.

Estuviste unos años entre la gente de Madyan y luego, por un decreto, viniste, Musa.

مَدْيَنَ ثُمَّ جِئْتَ عَلَى فَدَرٍ يَمُوسَى ۝

(41) Y te elegí para Mí. ¡Id tú y tu hermano llevando Mis signos y no flaqueéis en recordarme!

وَاصْطَنَعْتُكَ لِنَفْسِى ۝ إِذْهَبْ أَنتَ وَأَخُوكَ بِعَايَتِى وَلَا تَنِيَا فِى ذِكْرِى ۝

(42) Id los dos a Firaún pues él ha sobrepasado todo límite.

اذْهَبَا إِلَى فِرْعَوْنَ إِنَّهُ طَغَى ۝

(43) Y habladle de manera suave, tal vez recapacite y se guarde.

فَقُولَا لَهُ قَوْلًا لَّيِّنًا لَّعَلَّهُ يَتَذَكَّرُ أَوْ يَخْشَى ۝

(44) Dijeron: Señor nuestro, tememos que se precipite contra nosotros o abuse.

قَالَا رَبَّنَا إِنَّنَا نَخَافُ أَن يَفْرُطَ عَلَيْنَا أَوْ أَن يَطْغَى ۝

(45) Dijo: No temáis, Yo estaré con vosotros oyendo y viendo.

قَالَ لَا تَخَافَا إِنَّنِى مَعَكُمَا أَسْمَعُ وَأَرَى ۝

(46) ¡Id a él! y decidle: Somos mensajeros de tu Señor, deja ir con nosotros a los hijos de Israel y no los castigues, hemos venido a ti con un signo de tu Señor. Y que la paz sea con quien siga la guía.

فَأْتِيَاهُ فَقُولَا إِنَّا رَسُولَا رَبِّكَ فَأَرْسِلْ مَعَنَا بَنِى إِسْرَآءِيلَ وَلَا تُعَذِّبْهُمْ قَدْ جِئْنَاكَ بِعَايَةٍ مِّن رَّبِّكَ وَالسَّلَامُ عَلَى مَنِ اتَّبَعَ الْهُدَى ۝

(47) Verdaderamente se nos ha inspirado que el castigo caerá sobre el que desmienta y se aparte.

إِنَّا قَدْ أُوحِىَ إِلَيْنَا أَنَّ الْعَذَابَ عَلَى مَن كَذَّبَ وَتَوَلَّى ۝

(48) Dijo: ¿Y quién es vuestro Señor, Musa?

قَالَ فَمَن رَّبُّكُمَا يَمُوسَى ۝

(49) Dijo: Nuestro Señor es Aquel que ha dado a cada cosa su creación y luego la ha encaminado.

قَالَ رَبُّنَا الَّذِىٓ أَعْطَىٰ كُلَّ شَىْءٍ خَلْقَهُۥ ثُمَّ هَدَىٰ ۝

(50) Dijo: ¿Y qué me decís de las generaciones anteriores?

قَالَ فَمَا بَالُ الْقُرُونِ الْأُولَىٰ ۝

(51) Dijo: Su conocimiento está junto a mi Señor en un Libro.

A mi Señor no se le escapa nada ni olvida.

قَالَ عِلْمُهَا عِندَ رَبِّى فِى كِتَٰبٍ لَّا يَضِلُّ رَبِّى وَلَا يَنسَى ۝

(52) El os ha puesto la tierra como asiento y os ha trazado en ella caminos. Hace descender agua desde el cielo para que con ella broten especies de plantas diversas.

الَّذِى جَعَلَ لَكُمُ الْأَرْضَ مَهْدًا وَسَلَكَ لَكُمْ فِيهَا سُبُلًا وَأَنزَلَ مِنَ السَّمَآءِ مَآءً فَأَخْرَجْنَا بِهِۦٓ أَزْوَٰجًا مِّن نَّبَاتٍ شَتَّىٰ ۝

(53) ¡Comed y apacentad vuestros rebaños! Es cierto que en ello tenéis signos para los que poseen inteligencia.

كُلُوا۟ وَارْعَوْا۟ أَنْعَٰمَكُمْ إِنَّ فِى ذَٰلِكَ لَءَايَٰتٍ لِّأُو۟لِى النُّهَىٰ ۝

(54) De ella os creamos, a ella os devolveremos y de ella os haremos salir de nuevo.

مِنْهَا خَلَقْنَٰكُمْ وَفِيهَا نُعِيدُكُمْ وَمِنْهَا نُخْرِجُكُمْ تَارَةً أُخْرَىٰ ۝

(55) Y realmente le hicimos ver Nuestros signos todos, pero negó su verdad y no quiso saber nada.

وَلَقَدْ أَرَيْنَٰهُ ءَايَٰتِنَا كُلَّهَا فَكَذَّبَ وَأَبَىٰ ۝

(56) Dijo: ¿Habéis venido a nos para echarnos de nuestra tierra con tu magia, Musa?

قَالَ أَجِئْتَنَا لِتُخْرِجَنَا مِنْ أَرْضِنَا بِسِحْرِكَ يَٰمُوسَىٰ ۝

(57) Vamos a traerte una magia similar, fija una cita entre nosotros a la que ni tú ni nosotros faltemos y que sea en un lugar intermedio.

فَلَنَأْتِيَنَّكَ بِسِحْرٍ مِّثْلِهِ فَاجْعَلْ بَيْنَنَا وَبَيْنَكَ مَوْعِدًا لَّا نُخْلِفُهُ نَحْنُ وَلَا أَنتَ مَكَانًا سُوًى ﴿٥٧﴾

(58) Dijo: La cita que pedís será el día de fiesta; que la gente se reúna por la mañana.

قَالَ مَوْعِدُكُمْ يَوْمُ الزِّينَةِ وَأَن يُحْشَرَ النَّاسُ ضُحًى ﴿٥٨﴾

(59) Firaún dió la espalda y reunió su estratagema, luego acudió.

فَتَوَلَّىٰ فِرْعَوْنُ فَجَمَعَ كَيْدَهُ ثُمَّ أَتَىٰ ﴿٥٩﴾

(60) Musa les dijo: ¡Ay de vosotros! No inventéis ninguna mentira contra Allah pues El os destruiría con un castigo.

Verdaderamente todo el que fabrica falsedades fracasa.

قَالَ لَهُم مُّوسَىٰ وَيْلَكُمْ لَا تَفْتَرُوا عَلَى اللَّهِ كَذِبًا فَيُسْحِتَكُم بِعَذَابٍ وَقَدْ خَابَ مَنِ افْتَرَىٰ ﴿٦٠﴾

(61) Entonces deliberaron entre ellos su plan y guardaron secreto.

فَتَنَازَعُوا أَمْرَهُم بَيْنَهُمْ وَأَسَرُّوا النَّجْوَىٰ ﴿٦١﴾

(62) Dijeron: Realmente estos son dos magos que quieren echaros de vuestra tierra con su magia y acabar así con vuestra forma de vida sin igual.

قَالُوا إِنْ هَٰذَانِ لَسَاحِرَانِ يُرِيدَانِ أَن يُخْرِجَاكُم مِّنْ أَرْضِكُم بِسِحْرِهِمَا وَيَذْهَبَا بِطَرِيقَتِكُمُ الْمُثْلَىٰ ﴿٦٢﴾

(63) Así pues reunid vuestra astucia y luego venid en filas.

Hoy, quien sobresalga, triunfará.

فَأَجْمِعُوا كَيْدَكُمْ ثُمَّ ائْتُوا صَفًّا وَقَدْ أَفْلَحَ الْيَوْمَ مَنِ اسْتَعْلَىٰ ﴿٦٣﴾

(64) Dijeron: ¡Musa! Tira tú o lo haremos nosotros primero.

قَالُوا يَا مُوسَىٰ إِمَّا أَن تُلْقِيَ وَإِمَّا أَن نَّكُونَ أَوَّلَ مَنْ أَلْقَىٰ ﴿٦٤﴾

(65) Dijo: ¡Tirad! Y entonces sus cuerdas y bastones, por la magia que habían utilizado, le crearon la ilusión de que reptaban.

قَالَ بَلْ أَلْقُوا فَإِذَا حِبَالُهُمْ وَعِصِيُّهُمْ يُخَيَّلُ إِلَيْهِ مِن سِحْرِهِمْ أَنَّهَا تَسْعَىٰ ۞

(66) Y Musa sintió miedo en su interior.

فَأَوْجَسَ فِي نَفْسِهِ خِيفَةً مُّوسَىٰ ۞

(67) Dijimos: No tengas miedo, tú eres el más alto.

قُلْنَا لَا تَخَفْ إِنَّكَ أَنتَ الْأَعْلَىٰ ۞

(68) Arroja lo que tienes en la mano derecha y se tragará lo que han manipulado, pues no es más que un truco de mago y el que usa la magia, venga de donde venga, no tendrá éxito.

وَأَلْقِ مَا فِي يَمِينِكَ تَلْقَفْ مَا صَنَعُوا إِنَّمَا صَنَعُوا كَيْدُ سَاحِرٍ وَلَا يُفْلِحُ السَّاحِرُ حَيْثُ أَتَىٰ ۞

(69) Entonces los magos cayeron postrados y dijeron: "Creemos en el Señor de Harún y Musa".

فَأُلْقِيَ السَّحَرَةُ سُجَّدًا قَالُوا آمَنَّا بِرَبِّ هَارُونَ وَمُوسَىٰ ۞

(70) Dijo: ¿Creéis en él sin que yo os haya dado permiso?

Ahora veo que él es vuestro maestro, el que os ha enseñado la magia. Os cortaré una mano y un pie del lado contrario y os crucificaré en un tronco de palmera. Así sabréis de verdad quién de nosotros castiga con más severidad y duración.

قَالَ آمَنتُمْ لَهُ قَبْلَ أَنْ آذَنَ لَكُمْ إِنَّهُ لَكَبِيرُكُمُ الَّذِي عَلَّمَكُمُ السِّحْرَ فَلَأُقَطِّعَنَّ أَيْدِيَكُمْ وَأَرْجُلَكُم مِّنْ خِلَافٍ وَلَأُصَلِّبَنَّكُمْ فِي جُذُوعِ النَّخْلِ وَلَتَعْلَمُنَّ أَيُّنَا أَشَدُّ عَذَابًا وَأَبْقَىٰ ۞

(71) Dijeron: No te preferimos a las evidencias que nos han llegado y a Quien nos creó, decide pues lo que tengas que decidir pues tú sólo decides en esta vida de aquí.

قَالُوا لَن نُّؤْثِرَكَ عَلَىٰ مَا جَاءَنَا مِنَ الْبَيِّنَاتِ وَالَّذِي فَطَرَنَا فَاقْضِ مَا أَنتَ قَاضٍ إِنَّمَا تَقْضِي هَٰذِهِ الْحَيَاةَ الدُّنْيَا ۞

(72) Nosotros creemos en nuestro Señor para que nos perdone las faltas y la magia a la que nos forzaste. Allah es mejor y permanece.

إِنَّآ ءَامَنَّا بِرَبِّنَا لِيَغْفِرَ لَنَا خَطَٰيَٰنَا وَمَآ أَكْرَهْتَنَا عَلَيْهِ مِنَ ٱلسِّحْرِ وَٱللَّهُ خَيْرٌ وَأَبْقَىٰٓ ۝

(73) Es cierto que quien llega hasta su Señor siendo de los que han hecho el mal, tendrá Yahannam donde ni vivirá ni morirá.

إِنَّهُۥ مَن يَأْتِ رَبَّهُۥ مُجْرِمًا فَإِنَّ لَهُۥ جَهَنَّمَ لَا يَمُوتُ فِيهَا وَلَا يَحْيَىٰ ۝

(74) Pero quien llegue a El siendo creyente y habiendo practicado las acciones de rectitud tendrán los grados más altos.

وَمَن يَأْتِهِۦ مُؤْمِنًا قَدْ عَمِلَ ٱلصَّٰلِحَٰتِ فَأُو۟لَٰٓئِكَ لَهُمُ ٱلدَّرَجَٰتُ ٱلْعُلَىٰ ۝

(75) Los jardines de Adn por cuyo suelo corren los ríos, allí serán inmortales. Esa es la recompensa de quien se purifica.

جَنَّٰتُ عَدْنٍ تَجْرِي مِن تَحْتِهَا ٱلْأَنْهَٰرُ خَٰلِدِينَ فِيهَا وَذَٰلِكَ جَزَآءُ مَن تَزَكَّىٰ ۝

(76) Verdaderamente inspiramos a Musa: Vete de noche llevándote a Mis siervos y ábreles un camino seco en el mar y no tengas miedo de que te alcancen ni tengas temor.

وَلَقَدْ أَوْحَيْنَآ إِلَىٰ مُوسَىٰٓ أَنْ أَسْرِ بِعِبَادِي فَٱضْرِبْ لَهُمْ طَرِيقًا فِي ٱلْبَحْرِ يَبَسًا لَّا تَخَٰفُ دَرَكًا وَلَا تَخْشَىٰ ۝

(77) Firaún los siguió con sus ejércitos y ¡cómo los cubrió el mar! Firaún extravió a su gente y no la guió.

فَأَتْبَعَهُمْ فِرْعَوْنُ بِجُنُودِهِۦ فَغَشِيَهُم مِّنَ ٱلْيَمِّ مَا غَشِيَهُمْ وَأَضَلَّ فِرْعَوْنُ قَوْمَهُۥ وَمَا هَدَىٰ ۝

(78) ¡Hijos de Israel! Os salvamos de vuestro enemigo y os dimos cita en la ladera derecha del monte e hicimos que descendiera sobre vosotros el maná y las codornices.

يَٰبَنِىٓ إِسْرَٰٓءِيلَ قَدْ أَنجَيْنَٰكُم مِّنْ عَدُوِّكُمْ وَوَٰعَدْنَٰكُمْ جَانِبَ ٱلطُّورِ ٱلْأَيْمَنَ وَنَزَّلْنَا عَلَيْكُمُ ٱلْمَنَّ وَٱلسَّلْوَىٰ ۝

(79) ¡Comed de las cosas buenas que os damos como provisión y no abuséis de ello, pues entonces se desataría Mi enojo sobre vosotros y aquel sobre quien se desata Mi enojo cae en lo más bajo.

كُلُوا۟ مِن طَيِّبَٰتِ مَا رَزَقْنَٰكُمْ وَلَا تَطْغَوْا۟ فِيهِ فَيَحِلَّ عَلَيْكُمْ غَضَبِى وَمَن يَحْلِلْ عَلَيْهِ غَضَبِى فَقَدْ هَوَىٰ ۝

(80) Y es cierto que Yo soy Indulgente con el que se vuelve a Mí, cree, actúa con rectitud y se guía.

وَإِنِّى لَغَفَّارٌ لِّمَن تَابَ وَءَامَنَ وَعَمِلَ صَٰلِحًا ثُمَّ ٱهْتَدَىٰ ۝

(81) ¿Y qué te hizo adelantarte a tu gente, Musa?

۞ وَمَا أَعْجَلَكَ عَن قَوْمِكَ يَٰمُوسَىٰ ۝

(82) Dijo: Ellos iban siguiendo mis huellas y me adelanté a Tu encuentro, Señor, buscando Tu complacencia.

قَالَ هُمْ أُو۟لَآءِ عَلَىٰ أَثَرِى وَعَجِلْتُ إِلَيْكَ رَبِّ لِتَرْضَىٰ ۝

(83) Dijo: Es cierto que, en tu ausencia, hemos puesto a prueba a tu gente y el Samirí los ha extraviado.

قَالَ فَإِنَّا قَدْ فَتَنَّا قَوْمَكَ مِنۢ بَعْدِكَ وَأَضَلَّهُمُ ٱلسَّامِرِىُّ ۝

(84) Entonces Musa regresó a su gente enojado y dolido, y dijo: ¡Gente mía! ¿Acaso no os hizo vuestro Señor una hermosa promesa?

فَرَجَعَ مُوسَىٰ إِلَىٰ قَوْمِهِۦ غَضْبَٰنَ أَسِفًا قَالَ يَٰقَوْمِ أَلَمْ يَعِدْكُمْ رَبُّكُمْ وَعْدًا حَسَنًا ۝

(85) ¿Se os ha hecho largo el plazo o es que queréis que el enojo de vuestro Señor caiga sobre vosotros?
Habéis incumplido lo que me prometísteis.

أَفَطَالَ عَلَيْكُمُ ٱلْعَهْدُ أَمْ أَرَدتُّمْ أَن يَحِلَّ عَلَيْكُمْ غَضَبٌ مِّن رَّبِّكُمْ فَأَخْلَفْتُم مَّوْعِدِى ۝

(86) Dijeron: No hemos faltado a la promesa que te hicimos por iniciativa propia sino que nos hicieron cargar con el peso de las alhajas de la gente y las arrojamos como hizo el Samirí*.

Y les hizo la figura de un becerro que mugía. Dijeron: Este es vuestro dios y el dios que Musa olvidó.

* [Es decir las arrojaron al fuego para fundirlas y hacer con ello el becerro de oro, animados por el Samirí.]

قَالُوا مَا أَخْلَفْنَا مَوْعِدَكَ بِمَلْكِنَا وَلَٰكِنَّا حُمِّلْنَآ أَوْزَارًا مِّن زِينَةِ ٱلْقَوْمِ فَقَذَفْنَٰهَا فَكَذَٰلِكَ أَلْقَى ٱلسَّامِرِيُّ فَأَخْرَجَ لَهُمْ عِجْلًا جَسَدًا لَّهُۥ خُوَارٌ فَقَالُوا هَٰذَآ إِلَٰهُكُمْ وَإِلَٰهُ مُوسَىٰ فَنَسِىَ ۝

(87) ¿Es que no veían que no les contestaba

أَفَلَا يَرَوْنَ أَلَّا يَرْجِعُ إِلَيْهِمْ قَوْلًا ۝

(88) ni tenía el poder de perjudicarles o beneficiarles?

وَلَا يَمْلِكُ لَهُمْ ضَرًّا وَلَا نَفْعًا ۝

(89) Harún ya les había advertido: ¡Gente mía! Con esto sólo se os está poniendo a prueba, realmente vuestro Señor es Misericordioso, seguidme y obedeced lo que os mando.

وَلَقَدْ قَالَ لَهُمْ هَٰرُونُ مِن قَبْلُ يَٰقَوْمِ إِنَّمَا فُتِنتُم بِهِۦ وَإِنَّ رَبَّكُمُ ٱلرَّحْمَٰنُ فَٱتَّبِعُونِى وَأَطِيعُوٓا أَمْرِى ۝

(90) Dijeron: No vamos a cesar de estar dedicados a su culto hasta que no regrese Musa a nosotros.

قَالُوا لَن نَّبْرَحَ عَلَيْهِ عَٰكِفِينَ حَتَّىٰ يَرْجِعَ إِلَيْنَا مُوسَىٰ ۝

(91) Dijo: ¡Harún! ¿Qué te impidió seguirme al ver que se extraviaban? ¿Es que desobedeciste mi orden?

قَالَ يَٰهَٰرُونُ مَا مَنَعَكَ إِذْ رَأَيْتَهُمْ ضَلُّوٓا أَلَّا تَتَّبِعَنِ أَفَعَصَيْتَ أَمْرِى ۝

(92) Dijo: ¡Hijo de mi madre! No me agarres por la barba ni por la cabeza, de verdad que temí que dijeras: Has creado separación entre los hijos de Israel y no has esperado mi palabra.

قَالَ يَبْنَؤُمَّ لَا تَأْخُذْ بِلِحْيَتِي وَلَا بِرَأْسِي إِنِّي خَشِيتُ أَن تَقُولَ فَرَّقْتَ بَيْنَ بَنِي إِسْرَٰٓءِيلَ وَلَمْ تَرْقُبْ قَوْلِي ۝

(93) Dijo: Y tú Samirí, ¿qué tienes que decir?

قَالَ فَمَا خَطْبُكَ يَٰسَٰمِرِيُّ ۝

(94) Dijo: He visto lo que ellos no ven, así que he tomado un puñado de la tierra en la que dejó sus huellas el mensajero y lo he arrojado. Esto es lo que me ha sugerido mi alma.*

قَالَ بَصُرْتُ بِمَا لَمْ يَبْصُرُوا بِهِ فَقَبَضْتُ قَبْضَةً مِّنْ أَثَرِ الرَّسُولِ فَنَبَذْتُهَا وَكَذَٰلِكَ سَوَّلَتْ لِي نَفْسِي ۝

* [El Samirí vió el caballo de Yibril, que es el mensajero aquí mencionado, y fue inspirado en su ánimo: Si tomas un puñado de tierra de la huella de este caballo y lo arrojas sobre algo se convertirá en lo que quieras. Los judíos habían tomado las joyas de la familia de Firaún y las habían fundido, entonces el Samirí arrojó sobre ello un puñado de tierra de las huellas del caballo de Yibril y tomó la forma de un becerro que mugía.]

(95) Dijo: ¡Vete! Durante toda tu vida tendrás que decir: No me toques*. Y tienes una cita a la que no faltarás.

Mira a tu dios, ése al que te entregaste, lo quemaremos y esparciremos sus cenizas por el mar.

* [Musa le impuso como castigo no poder tocar ni acercarse a nadie.]

قَالَ فَاذْهَبْ فَإِنَّ لَكَ فِي الْحَيَوٰةِ أَن تَقُولَ لَا مِسَاسَ وَإِنَّ لَكَ مَوْعِدًا لَّن تُخْلَفَهُ وَانظُرْ إِلَىٰٓ إِلَٰهِكَ الَّذِي ظَلْتَ عَلَيْهِ عَاكِفًا لَّنُحَرِّقَنَّهُ ثُمَّ لَنَنسِفَنَّهُ فِي الْيَمِّ نَسْفًا ۝

(96) Ciertamente vuestro dios no es sino Allah, no hay más dios que El, abarca todas las cosas con Su conocimiento.

اِنَّمَآ اِلَهُكُمُ اللَّهُ الَّذِى لَآ اِلَهَ اِلَّا هُوَ وَسِعَ كُلَّ شَىْءٍ عِلْمًا ۞

(97) Así es como te contamos algunas de las noticias de lo que pasó antes Te hemos dado un recuerdo procedente de Nos.

كَذَلِكَ نَقُصُّ عَلَيْكَ مِنْ اَنْبَآءِ مَا قَدْ سَبَقَ وَقَدْ اتَيْنَكَ مِنْ لَدُنَّا ذِكْرًا ۞

(98) Quien se aparte de él...El Día del Levantamiento llevará una carga.

مَّنْ اَعْرَضَ عَنْهُ فَاِنَّهُ يَحْمِلُ يَوْمَ الْقِيَمَةِ وِزْرًا ۞

(99) En la que serán inmortales. Y qué mala carga será la suya en el Día del Levantamiento.

خَلِدِينَ فِيهِ وَسَآءَ لَهُمْ يَوْمَ الْقِيَمَةِ حِمْلًا ۞

(100) El día que se soplará en el cuerno y en el que reuniremos a los malhechores que, ese día, tendrán los ojos en blanco y el rostro ennegrecido.

يَوْمَ يُنْفَخُ فِى الصُّورِ وَنَحْشُرُ الْمُجْرِمِينَ يَوْمَئِذٍ زُرْقًا ۞

(101) Hablarán entre ellos en voz baja: Sólo estuvimos diez (días).

يَتَخَفَتُونَ بَيْنَهُمْ اِنْ لَبِثْتُمْ اِلَّا عَشْرًا ۞

(102) Nosotros sabemos mejor lo que van a decir cuando el más certero de ellos diga: Sólo permanecimos un día.

نَحْنُ اَعْلَمُ بِمَا يَقُولُونَ اِذْ يَقُولُ اَمْثَلُهُمْ طَرِيقَةً اِنْ لَبِثْتُمْ اِلَّا يَوْمًا ۞

(103) Y te preguntan acerca de las montañas, di: Mi Señor las pulverizará por completo.

وَيَسْـَٔلُونَكَ عَنِ الْجِبَالِ فَقُلْ يَنْسِفُهَا رَبِّى نَسْفًا ۞

(104) Y las dejará como llanuras lisas,

فَيَذَرُهَا قَاعًا صَفْصَفًا لَّا تَرَى فِيهَا عِوَجًا

sin que veas ningún altibajo en ellas.

وَلَآ أَمْتًا ۞

(105) Ese día seguirán una llamada, que no será posible eludir, y todas las voces se humillarán ante el Misericordioso. Sólo escucharás un murmullo.

يَوْمَئِذٍ يَتَّبِعُونَ الدَّاعِىَ لَاعِوَجَ لَهُۥ وَخَشَعَتِ الْأَصْوَاتُ لِلرَّحْمَٰنِ فَلَا تَسْمَعُ إِلَّا هَمْسًا ۞

(106) Ese día ninguna intercesión servirá de nada a excepción de quien sea autorizado por el Misericordioso y su palabra sea aceptada.

يَوْمَئِذٍ لَّا تَنفَعُ الشَّفَٰعَةُ إِلَّا مَنْ أَذِنَ لَهُ الرَّحْمَٰنُ وَرَضِىَ لَهُۥ قَوْلًا ۞

(107) El conoce lo que tienen por delante y lo que tienen detrás, ellos no pueden abarcarlo con su conocimiento.

يَعْلَمُ مَا بَيْنَ أَيْدِيهِمْ وَمَا خَلْفَهُمْ وَلَا يُحِيطُونَ بِهِۦ عِلْمًا ۞

(108) Todos los rostros se humillarán ante el Viviente, el Sustentador, y habrá perdido quien lleve injusticia.

۞ وَعَنَتِ الْوُجُوهُ لِلْحَىِّ الْقَيُّومِ وَقَدْ خَابَ مَنْ حَمَلَ ظُلْمًا ۞

(109) Pero quien practique las acciones de rectitud y sea creyente que no tema injusticia ni menoscabo.

وَمَن يَعْمَلْ مِنَ الصَّٰلِحَٰتِ وَهُوَ مُؤْمِنٌ فَلَا يَخَافُ ظُلْمًا وَلَا هَضْمًا ۞

(110) Así es como lo hemos hecho descender, como una recitación árabe y hemos reiterado en él promesas amenazantes por si se guardaban o les servía de exhortación.

وَكَذَٰلِكَ أَنزَلْنَٰهُ قُرْءَانًا عَرَبِيًّا وَصَرَّفْنَا فِيهِ مِنَ الْوَعِيدِ لَعَلَّهُمْ يَتَّقُونَ أَوْ يُحْدِثُ لَهُمْ ذِكْرًا ۞

(111) Y exaltado sea Allah, el Rey

فَتَعَٰلَى اللَّهُ الْمَلِكُ الْحَقُّ وَلَا تَعْجَلْ بِالْقُرْءَانِ مِن

سُورَةُ طٰه – الْجُزْءُ السَّادِسَ عَشَرَ

verdadero. Y no te adelantes recitando antes de tiempo aquello del Corán que esté descendiendo sobre tí. Y di: ¡Señor! Concédeme más conocimiento.

فَبِلَ أَن يُقْضَىٰ إِلَيْكَ وَحْيُهُۥ وَقُل رَّبِّ زِدْنِي عِلْمًا ۞

(112) Ya hicimos antes un pacto con Adam, pero olvidó y no le encontramos resolución.

وَلَقَدْ عَهِدْنَا إِلَىٰ ءَادَمَ مِن قَبْلُ فَنَسِىَ وَلَمْ نَجِدْ لَهُۥ عَزْمًا ۞

(113) Y cuando dijimos a los ángeles: Postraos ante Adam, y se postraron. Sin embargo Iblis se negó.

وَإِذْ قُلْنَا لِلْمَلَٰٓئِكَةِ ٱسْجُدُوا۟ لِءَادَمَ فَسَجَدُوٓا۟ إِلَّآ إِبْلِيسَ أَبَىٰ ۞

(114) Y dijimos: ¡Adam! Realmente él es un enemigo para ti y para tu pareja, que no os saque del Jardín pues conocerías la penalidad.

فَقُلْنَا يَٰٓـَٔادَمُ إِنَّ هَٰذَا عَدُوٌّ لَّكَ وَلِزَوْجِكَ فَلَا يُخْرِجَنَّكُمَا مِنَ ٱلْجَنَّةِ فَتَشْقَىٰٓ ۞

(115) Verdaderamente en él no sentirás ni hambre ni desnudez.

إِنَّ لَكَ أَلَّا تَجُوعَ فِيهَا وَلَا تَعْرَىٰ ۞

(116) Ni tampoco sufrirás la sed y el calor.

وَأَنَّكَ لَا تَظْمَؤُا۟ فِيهَا وَلَا تَضْحَىٰ ۞

(117) Pero el Shaytán le susurró diciéndole: ¡Adam! ¿Quieres que te diga cuál es el árbol de la inmortalidad y un dominio que no se acaba?

فَوَسْوَسَ إِلَيْهِ ٱلشَّيْطَٰنُ قَالَ يَٰٓـَٔادَمُ هَلْ أَدُلُّكَ عَلَىٰ شَجَرَةِ ٱلْخُلْدِ وَمُلْكٍ لَّا يَبْلَىٰ ۞

(118) Y ambos comieron de él. Entonces se les mostraron sus partes pudendas y comenzaron a taparse con hojas del Jardín.

فَأَكَلَا مِنْهَا فَبَدَتْ لَهُمَا سَوْءَٰتُهُمَا وَطَفِقَا يَخْصِفَانِ عَلَيْهِمَا مِن وَرَقِ ٱلْجَنَّةِ وَعَصَىٰٓ ءَادَمُ

Adam desobedeció a su Señor y malogró (lo que tenía).

رَبَّهُ فَغَوَىٰ ۞

(119) Luego su Señor lo escogió, se volvió sobre él y lo guió.

ثُمَّ اجْتَبَٰهُ رَبُّهُ فَتَابَ عَلَيْهِ وَهَدَىٰ ۞

(120) Dijo: Descended ambos de él*, seréis mutuos enemigos.

Y si os llega una guía procedente de Mí...

* [Es decir, Iblis por un lado y Adam y Hawá por otro]

قَالَ اهْبِطَا مِنْهَا جَمِيعًا بَعْضُكُمْ لِبَعْضٍ عَدُوٌّ فَإِمَّا يَأْتِيَنَّكُم مِّنِّي هُدًى ۞

(121) Quien siga Mi guía no se extraviará ni será desgraciado.

فَمَنِ اتَّبَعَ هُدَايَ فَلَا يَضِلُّ وَلَا يَشْقَىٰ ۞

(122) Pero quien se aparte de Mi recuerdo...Es cierto que tendrá una vida mísera y el Día del Levantamiento le haremos comparecer ciego.

وَمَنْ أَعْرَضَ عَن ذِكْرِي فَإِنَّ لَهُ مَعِيشَةً ضَنكًا وَنَحْشُرُهُ يَوْمَ الْقِيَامَةِ أَعْمَىٰ ۞

(123) Dirá: Señor mío: ¿Por qué me has hecho comparecer ciego, si antes podía ver.

قَالَ رَبِّ لِمَ حَشَرْتَنِي أَعْمَىٰ وَقَدْ كُنتُ بَصِيرًا ۞

(124) Dirá: Del mismo modo que cuando te llegaron Nuestros signos los olvidastes, así hoy eres tú olvidado.

قَالَ كَذَٰلِكَ أَتَتْكَ ءَايَٰتُنَا فَنَسِيتَهَا وَكَذَٰلِكَ الْيَوْمَ تُنسَىٰ ۞

(125) De esta forma pagaremos a quien se haya excedido y no haya creído en los signos de tu Señor. Y el castigo de la Ultima Vida es realmente más severo y más duradero.

وَكَذَٰلِكَ نَجْزِي مَنْ أَسْرَفَ وَلَمْ يُؤْمِن بِآيَٰتِ رَبِّهِ وَلَعَذَابُ الْآخِرَةِ أَشَدُّ وَأَبْقَىٰ ۞

(126) ¿No les sirve de guía ver cómo antes de ellos destruimos generaciones enteras por cuyas moradas caminan? Es cierto que en ello hay signos para gente dotada de inteligencia.

أَفَلَمْ يَهْدِ لَهُمْ كَمْ أَهْلَكْنَا قَبْلَهُم مِّنَ الْقُرُونِ يَمْشُونَ فِي مَسَكِنِهِمْ إِنَّ فِي ذَلِكَ لَآيَتٍ لِّأُوْلِي النُّهَى ۞

(127) De no haber sido por una palabra previa de tu Señor y por la existencia de un plazo fijado, habría sido inevitable.

وَلَوْلَا كَلِمَةٌ سَبَقَتْ مِن رَّبِّكَ لَكَانَ لِزَامًا وَأَجَلٌ مُّسَمًّى ۞

(128) Ten pues paciencia con lo que dicen y glorifica a tu Señor con la alabanza que Le es debida antes de la salida del sol y antes de su ocaso, así como en parte de las horas de la noche.

Y en los (dos) extremos de la claridad diurna glorifícalo también, tal vez quedes satisfecho.

فَاصْبِرْ عَلَى مَا يَقُولُونَ وَسَبِّحْ بِحَمْدِ رَبِّكَ قَبْلَ طُلُوعِ الشَّمْسِ وَقَبْلَ غُرُوبِهَا وَمِنْ ءَانَاءِ الَّيْلِ فَسَبِّحْ وَأَطْرَافَ النَّهَارِ لَعَلَّكَ تَرْضَى ۞

(129) Y no dirijas tu mirada hacia los placeres que hemos dado a algunos de ellos como flor de la vida de este mundo

وَلَا تَمُدَّنَّ عَيْنَيْكَ إِلَى مَا مَتَّعْنَا بِهِ أَزْوَاجًا مِّنْهُمْ زَهْرَةَ الْحَيَوةِ الدُّنْيَا ۞

(130) para ponerlos a prueba.

Y la provisión de tu Señor es mejor y más duradera.

لِنَفْتِنَهُمْ فِيهِ وَرِزْقُ رَبِّكَ خَيْرٌ وَأَبْقَى ۞

(131) Ordena a tu gente el salat y persevera en él. No te pedimos sustento, Nosotros te sustentamos.

Y el buen fin pertenece al temor (de Allah).

وَأْمُرْ أَهْلَكَ بِالصَّلَوةِ وَاصْطَبِرْ عَلَيْهَا لَا نَسْئَلُكَ رِزْقًا نَّحْنُ نَرْزُقُكَ وَالْعَقِبَةُ لِلتَّقْوَى ۞

(132) Y dicen: ¿Cómo es que no nos
trae un signo de su Señor?

¿Acaso no les llegó la evidencia
de las primeras escrituras?

وَقَالُوا لَوْلَا يَأْتِينَا بِـَٔايَةٍ مِّن رَّبِّهِۦٓ أَوَلَمْ تَأْتِهِم
بَيِّنَةُ مَا فِي الصُّحُفِ الْأُولَىٰ ۝

(133) Si les hubiésemos destruido
por medio de un castigo antes
de su venida, habrían dicho:
¡Señor nuestro! ¿Por qué no
enviaste algún mensajero de
manera que hubiéramos
podido seguir Tus signos antes
de haber caído en la humillación y en la vergüenza?

وَلَوْ أَنَّا أَهْلَكْنَٰهُم بِعَذَابٍ مِّن قَبْلِهِۦ لَقَالُوا
رَبَّنَا لَوْلَا أَرْسَلْتَ إِلَيْنَا رَسُولًا فَنَتَّبِعَ ءَايَٰتِكَ
مِن قَبْلِ أَن نَّذِلَّ وَنَخْزَىٰ ۝

(134) Di: Todos estamos a la espera,
así que seguid esperando que
ya sabréis quiénes serán los
compañeros del camino llano y
quiénes tendrán guía.

قُلْ كُلٌّ مُّتَرَبِّصٌ فَتَرَبَّصُوا فَسَتَعْلَمُونَ مَنْ
أَصْحَٰبُ الصِّرَٰطِ السَّوِيِّ وَمَنِ اهْتَدَىٰ ۝

21. SURA DE LOS PROFETAS.

سُورَةُ الْأَنْبِيَآءِ

بِسْمِ اللَّهِ الرَّحْمَٰنِ الرَّحِيمِ

En el nombre de Allah, el Misericordioso, el Compasivo.

(1) Está cerca para los hombres el momento de rendir cuentas y sin embargo ellos, descuidados, se desentienden.

اقْتَرَبَ لِلنَّاسِ حِسَابُهُمْ وَهُمْ فِي غَفْلَةٍ مُّعْرِضُونَ ۝

(2) No les llega ningún recuerdo nuevo de su Señor que no escuchen mientras juegan,

مَا يَأْتِيهِم مِّن ذِكْرٍ مِّن رَّبِّهِم مُّحْدَثٍ إِلَّا اسْتَمَعُوهُ وَهُمْ يَلْعَبُونَ ۝

(3) con el corazón distraido. Y se dicen en secreto los injustos:

¿Quién es éste sino un ser humano como vosotros?

¿Recurriréis a la magia cuando podéis ver?

لَاهِيَةً قُلُوبُهُمْ وَأَسَرُّوا النَّجْوَى الَّذِينَ ظَلَمُوا هَلْ هَٰذَا إِلَّا بَشَرٌ مِّثْلُكُمْ أَفَتَأْتُونَ السِّحْرَ وَأَنتُمْ تُبْصِرُونَ ۝

(4) Di: Mi Señor sabe lo que se dice en los cielos y en la tierra y El es Quien oye y Quien sabe.

قُلْ رَّبِّي يَعْلَمُ الْقَوْلَ فِي السَّمَاءِ وَالْأَرْضِ وَهُوَ السَّمِيعُ الْعَلِيمُ ۝

(5) No obstante dicen: Son delirios confusos, lo ha inventado, es un poeta. Que venga con una señal como las que se les mandaban a las comunidades primeras.

بَلْ قَالُوا أَضْغَاثُ أَحْلَامٍ بَلِ افْتَرَاهُ بَلْ هُوَ شَاعِرٌ فَلْيَأْتِنَا بِآيَةٍ كَمَا أُرْسِلَ الْأَوَّلُونَ ۝

(6) Antes de ellos ninguna de las ciu-

مَا آمَنَتْ قَبْلَهُم مِّن قَرْيَةٍ أَهْلَكْنَاهَا أَفَهُمْ

dades que destruimos creyó.
¿Van a creer ellos?

يُؤْمِنُونَ ۞

(7) Antes de ti no hemos enviado
sino hombres que recibieron
Nuestra inspiración, pre-
guntad a la gente del Recuerdo
si vosotros no sabéis.

وَمَآ أَرْسَلْنَا قَبْلَكَ إِلَّا رِجَالًا نُّوحِىٓ إِلَيْهِمْ فَسْـَٔلُوٓا۟ أَهْلَ ٱلذِّكْرِ إِن كُنتُمْ لَا تَعْلَمُونَ ۝

(8) No les dimos cuerpos que no
necesitaran alimento ni eran
inmortales.

وَمَا جَعَلْنَٰهُمْ جَسَدًا لَّا يَأْكُلُونَ ٱلطَّعَامَ وَمَا كَانُوا۟ خَٰلِدِينَ ۝

(9) Luego fuimos veraces en lo que
habíamos prometido y los salvamos a ellos y a cuantos quisimos, destruyendo a los
transgresores.

ثُمَّ صَدَقْنَٰهُمُ ٱلْوَعْدَ فَأَنجَيْنَٰهُمْ وَمَن نَّشَآءُ وَأَهْلَكْنَا ٱلْمُسْرِفِينَ ۝

(10) Y es cierto que hemos hecho que
descendiera a vosotros un
Libro en el que está vuestro
recuerdo. ¿No vais a razonar?

لَقَدْ أَنزَلْنَآ إِلَيْكُمْ كِتَٰبًا فِيهِ ذِكْرُكُمْ أَفَلَا تَعْقِلُونَ ۝

(11) ¿Cuántas ciudades que eran
injustas arrasamos, dando origen después a otra gente?

وَكَمْ قَصَمْنَا مِن قَرْيَةٍ كَانَتْ ظَالِمَةً وَأَنشَأْنَا بَعْدَهَا قَوْمًا ءَاخَرِينَ ۝

(12) Cuando sintieron Nuestra furia,
huyeron precipitadamente de
ellos.

فَلَمَّآ أَحَسُّوا۟ بَأْسَنَآ إِذَا هُم مِّنْهَا يَرْكُضُونَ ۝

(13) No huyáis, volved a la vida pla-
centera que llevábais y a vuestras moradas, tal vez se os
pidan explicaciones.

لَا تَرْكُضُوا۟ وَٱرْجِعُوٓا۟ إِلَىٰ مَآ أُتْرِفْتُمْ فِيهِ وَمَسَٰكِنِكُمْ لَعَلَّكُمْ تُسْـَٔلُونَ ۝

(14) Dijeron: ¡Ay de nosotros! Ver-

قَالُوا۟ يَٰوَيْلَنَآ إِنَّا كُنَّا ظَٰلِمِينَ ۝

daderamente hemos sido injustos.

(15) Y ésta fue su continua llamada hasta que los dejamos extintos, como mies segada.

۞ فَمَا زَالَت تِّلْكَ دَعْوَىٰهُمْ حَتَّىٰ جَعَلْنَٰهُمْ حَصِيدًا خَٰمِدِينَ ۝

(16) No hemos creado el cielo, la tierra y lo que entre ambos hay como un juego.

وَمَا خَلَقْنَا ٱلسَّمَآءَ وَٱلْأَرْضَ وَمَا بَيْنَهُمَا لَٰعِبِينَ ۝

(17) Si quisiéramos tomar alguna distracción, de hacerlo, lo haríamos de junto a Nos.

لَوْ أَرَدْنَآ أَن نَّتَّخِذَ لَهْوًا لَّاتَّخَذْنَٰهُ مِن لَّدُنَّآ إِن كُنَّا فَٰعِلِينَ ۝

(18) Sin embargo arrojamos la verdad contra la falsedad para que la derrote y entonces se desvanezca. Tendréis la perdición por lo que decíais.

بَلْ نَقْذِفُ بِٱلْحَقِّ عَلَى ٱلْبَٰطِلِ فَيَدْمَغُهُۥ فَإِذَا هُوَ زَاهِقٌ وَلَكُمُ ٱلْوَيْلُ مِمَّا تَصِفُونَ ۝

(19) De Él son quienes hay en los cielos y en la tierra; y quienes están a Su lado no dejan, por soberbia, de adorarle; ni se cansan.

وَلَهُۥ مَن فِى ٱلسَّمَٰوَٰتِ وَٱلْأَرْضِ وَمَنْ عِندَهُۥ لَا يَسْتَكْبِرُونَ عَنْ عِبَادَتِهِۦ وَلَا يَسْتَحْسِرُونَ ۝

(20) Glorifican día y noche sin decaer.

يُسَبِّحُونَ ٱلَّيْلَ وَٱلنَّهَارَ لَا يَفْتُرُونَ ۝

(21) ¿Acaso los dioses de la tierra que han adoptado son capaces de devolver la vida?

أَمِ ٱتَّخَذُوٓاْ ءَالِهَةً مِّنَ ٱلْأَرْضِ هُمْ يُنشِرُونَ ۝

(22) Si hubiera en ambos* otros dioses que Allah, se corromperían.

لَوْ كَانَ فِيهِمَآ ءَالِهَةٌ إِلَّا ٱللَّهُ لَفَسَدَتَا فَسُبْحَٰنَ ٱللَّهِ رَبِّ ٱلْعَرْشِ عَمَّا يَصِفُونَ ۝

¡Gloria a Allah, el Señor del Trono, por encima de lo que Le atribuyen!

*[En el cielo y en la tierra.]

(23) A El no se le pedirán explicaciones de lo que hace, pero ellos sí serán preguntados.

لَا يُسْـَٔلُ عَمَّا يَفْعَلُ وَهُمْ يُسْـَٔلُونَ ۝

(24) ¿Es que han tomado algún dios fuera de El? Di: Traed la prueba.

Este es el recuerdo de los que están conmigo y el recuerdo de los de antes. Sin embargo la mayoría de ellos no conoce la verdad y están descuidados.

أَمِ اتَّخَذُوا مِن دُونِهِۦٓ ءَالِهَةً قُلْ هَاتُوا بُرْهَٰنَكُمْ هَٰذَا ذِكْرُ مَن مَّعِيَ وَذِكْرُ مَن قَبْلِي بَلْ أَكْثَرُهُمْ لَا يَعْلَمُونَ ٱلْحَقَّ فَهُم مُّعْرِضُونَ ۝

(25) Antes de ti no enviamos ningún mensajero al que no le fuera inspirado: No hay dios excepto Yo. ¡Adoradme!

وَمَآ أَرْسَلْنَا مِن قَبْلِكَ مِن رَّسُولٍ إِلَّا نُوحِىٓ إِلَيْهِ أَنَّهُۥ لَآ إِلَٰهَ إِلَّآ أَنَا۠ فَٱعْبُدُونِ ۝

(26) Han dicho: El Misericordioso ha tomado un hijo.

¡Sea glorificado! Por el contrario son siervos distinguidos.

وَقَالُوا ٱتَّخَذَ ٱلرَّحْمَٰنُ وَلَدًا سُبْحَٰنَهُۥ بَلْ عِبَادٌ مُّكْرَمُونَ ۝

(27) No se Le adelantan en la palabra y actúan siguiendo lo que les manda.

لَا يَسْبِقُونَهُۥ بِٱلْقَوْلِ وَهُم بِأَمْرِهِۦ يَعْمَلُونَ ۝

(28) Sabe lo que tienen delante y lo que tienen detrás.

Sólo quien es aceptado puede interceder por ellos. Y están temerosos por miedo de El.

يَعْلَمُ مَا بَيْنَ أَيْدِيهِمْ وَمَا خَلْفَهُمْ وَلَا يَشْفَعُونَ إِلَّا لِمَنِ ٱرْتَضَىٰ وَهُم مِّنْ خَشْيَتِهِۦ مُشْفِقُونَ ۝

(29) Y quien de ellos diga: Yo soy un dios aparte de El... A ése le pagaremos con Yahannam. Así es como pagamos a los injustos.

وَمَن يَقُلْ مِنْهُمْ إِنِّى إِلَهٌ مِّن دُونِهِ فَذَلِكَ نَجْزِيهِ جَهَنَّمَ كَذَلِكَ نَجْزِى الظَّالِمِينَ ۝

(30) ¿Es que no ven los que se niegan a creer que los cielos y la tierra estaban juntos y los sepa- ramos? ¿Y que hemos hecho a partir del agua toda cosa viviente? ¿No van a creer?

۞ أَوَلَمْ يَرَ الَّذِينَ كَفَرُوا أَنَّ السَّمَوَاتِ وَالأَرْضَ كَانَتَا رَتْقًا فَفَتَقْنَاهُمَا وَجَعَلْنَا مِنَ الْمَاءِ كُلَّ شَيْءٍ حَيٍّ أَفَلَا يُؤْمِنُونَ ۝

(31) Y hemos puesto en la tierra cor- dilleras para que no se moviera con ellos encima. Y des- filaderos como caminos para que pudieran guiarse.

وَجَعَلْنَا فِى الأَرْضِ رَوَاسِىَ أَن تَمِيدَ بِهِمْ وَجَعَلْنَا فِيهَا فِجَاجًا سُبُلًا لَّعَلَّهُمْ يَهْتَدُونَ ۝

(32) E hicimos del cielo un techo pro- tegido. Sin embargo ellos se apartan de Sus signos.

وَجَعَلْنَا السَّمَاءَ سَقْفًا مَّحْفُوظًا وَهُمْ عَنْ ءَايَتِهَا مُعْرِضُونَ ۝

(33) El es Quien creó la noche y el día, el sol y la luna. Cada uno navega en una órbita.

وَهُوَ الَّذِى خَلَقَ الَّيْلَ وَالنَّهَارَ وَالشَّمْسَ وَالْقَمَرَ كُلٌّ فِى فَلَكٍ يَسْبَحُونَ ۝

(34) A ningún hombre anterior a ti le hemos dado la inmortalidad. Si tu has de morir, ¿Por qué iban a ser ellos inmortales?

وَمَا جَعَلْنَا لِبَشَرٍ مِّن قَبْلِكَ الْخُلْدَ أَفَإِيْن مِّتَّ فَهُمُ الْخَالِدُونَ ۝

(35) Toda alma ha de probar la muerte. Os pondremos a prueba con lo bueno y con lo malo y a Nosotros volveréis.

كُلُّ نَفْسٍ ذَائِقَةُ الْمَوْتِ وَنَبْلُوكُم بِالشَّرِّ وَالْخَيْرِ فِتْنَةً وَإِلَيْنَا تُرْجَعُونَ ۝

(36) Y cuando los que se niegan a

وَإِذَا رَءَاكَ الَّذِينَ كَفَرُوا إِن يَتَّخِذُونَكَ

creer te ven, no hacen sino tomarte a burla: ¿Es éste el que se acuerda de nuestros dioses? Mientras ellos reniegan del recuerdo del Misericordioso.

(37) El hombre ha sido creado de precipitación. Os haré ver Mis signos, no Me urjáis.

(38) Y dicen: ¿Cuándo tendrá luguar esta promesa si sois veraces?

(39) Si supieran los que se niegan a creer que llegará un momento en el que no podrán apartar de sus rostros y espaldas el Fuego ni serán socorridos.

(40) Y que por el contrario les llegará de repente, dejándolos desconcertados sin que puedan impedirlo ni se les dé ningún plazo de espera.

(41) Ciertamente se burlaron de los mensajeros anteriores a ti, sin embargo aquello mismo de lo que se burlaban atrapó a los que lo hacían.

(42) Di: ¿Quién os guardará de noche y de día del Misericordioso?

¿Y aún se apartan del recuerdo de su Señor?

(43) ¿Acaso tienen dioses que les puedan defender, fuera de Noso-

tros? Ni siquiera pueden ayudarse a sí mismos y menos aún librarse de Nosotros.

لَا يَسْتَطِيعُونَ نَصْرَ أَنفُسِهِمْ وَلَاهُم مِّنَّا يُصْحَبُونَ ۝

(44) No obstante a éstos les hemos dado cosas de las que disfrutar, así como a sus padres, y han tenido una larga vida.

¿Es que no ven que vamos a la tierra reduciéndola por sus extremos?* ¿Son ellos los vencedores?

* [Ver nota de la aleya 42 de la sura 13, el Trueno.]

بَلْ مَتَّعْنَا هَـٰٓؤُلَاءِ وَءَابَآءَهُمْ حَتَّىٰ طَالَ عَلَيْهِمُ الْعُمُرُ أَفَلَا يَرَوْنَ أَنَّا نَأْتِى الْأَرْضَ نَنقُصُهَا مِنْ أَطْرَافِهَا أَفَهُمُ الْغَـٰلِبُونَ ۝

(45) Di: No hago sino advertiros tal y como se me ha inspirado pero los sordos no oyen la llamada cuando se les advierte.

قُلْ إِنَّمَا أُنذِرُكُم بِالْوَحْىِ وَلَا يَسْمَعُ الصُّمُّ الدُّعَآءَ إِذَا مَا يُنذَرُونَ ۝

(46) Bastaría con un soplo del castigo de tu Señor para que dijeran: ¡Ay de nosotros, realmente hemos sido injustos!

وَلَئِن مَّسَّتْهُمْ نَفْحَةٌ مِّنْ عَذَابِ رَبِّكَ لَيَقُولُنَّ يَـٰوَيْلَتَنَا إِنَّا كُنَّا ظَـٰلِمِينَ ۝

(47) Y pondremos las balanzas justas para el Día del Levantamiento y nadie sufrirá injusticia en nada.

Y aunque sea del peso de un grano de mostaza, lo tendremos en cuenta; Nosotros bastamos para contar.

وَنَضَعُ الْمَوَازِينَ الْقِسْطَ لِيَوْمِ الْقِيَـٰمَةِ فَلَا تُظْلَمُ نَفْسٌ شَيْـًٔا وَإِن كَانَ مِثْقَالَ حَبَّةٍ مِّنْ خَرْدَلٍ أَتَيْنَا بِهَا وَكَفَىٰ بِنَا حَـٰسِبِينَ ۝

(48) Y es verdad que ya les dimos a Musa y a Harún la Distinción y una iluminanción y un recuerdo para los que tuvieran temor (de Allah).

وَلَقَدْ ءَاتَيْنَا مُوسَىٰ وَهَـٰرُونَ الْفُرْقَانَ وَضِيَآءً وَذِكْرًا لِّلْمُتَّقِينَ ۝

(49) Esos que temen a su Señor sin haberle visto y están temerosos de la Hora.

ٱلَّذِينَ يَخْشَوْنَ رَبَّهُم بِٱلْغَيْبِ وَهُم مِّنَ ٱلسَّاعَةِ مُشْفِقُونَ ۝

(50) Esto es un Recuerdo Bendito que hemos hecho descender. ¿Lo negaréis?

وَهَٰذَا ذِكْرٌ مُّبَارَكٌ أَنزَلْنَٰهُ أَفَأَنتُمْ لَهُۥ مُنكِرُونَ ۝

(51) Es verdad que anteriormente le dimos a Ibrahim la dirección correcta para él; y tuvimos conocimiento suyo

۞ وَلَقَدْ ءَاتَيْنَآ إِبْرَٰهِيمَ رُشْدَهُۥ مِن قَبْلُ وَكُنَّا بِهِۦ عَٰلِمِينَ ۝

(52) cuando le dijo a su padre y a su gente: ¿Qué son estas estatuas a las que dedicáis vuestra adoración?

إِذْ قَالَ لِأَبِيهِ وَقَوْمِهِ مَا هَٰذِهِ ٱلتَّمَاثِيلُ ٱلَّتِىٓ أَنتُمْ لَهَا عَٰكِفُونَ ۝

(53) Dijeron: Encontramos a nuestros padres adorándolas.

قَالُوا۟ وَجَدْنَآ ءَابَآءَنَا لَهَا عَٰبِدِينَ ۝

(54) Dijo: Realmente vosotros y vuestros padres estáis en un evidente extravío.

قَالَ لَقَدْ كُنتُمْ أَنتُمْ وَءَابَآؤُكُمْ فِى ضَلَٰلٍ مُّبِينٍ ۝

(55) Dijeron: ¿Nos traes la verdad o eres de los que juegan?

قَالُوٓا۟ أَجِئْتَنَا بِٱلْحَقِّ أَمْ أَنتَ مِنَ ٱللَّٰعِبِينَ ۝

(56) Dijo: Muy al contrario. Vuestro Señor es el Señor de los cielos y de la tierra, Quien los creó.

Y yo soy uno de los que dan testimonio de ello.

قَالَ بَل رَّبُّكُمْ رَبُّ ٱلسَّمَٰوَٰتِ وَٱلْأَرْضِ ٱلَّذِى فَطَرَهُنَّ وَأَنَا۠ عَلَىٰ ذَٰلِكُم مِّنَ ٱلشَّٰهِدِينَ ۝

(57) Y por Allah que he de tramar algo contra vuestros ídolos una vez que hayáis dado la espalda.

وَتَٱللَّهِ لَأَكِيدَنَّ أَصْنَٰمَكُم بَعْدَ أَن تُوَلُّوا۟ مُدْبِرِينَ ۝

(58) Entonces los hizo pedazos con la excepción de uno grande que tenían, para que así pudieran volver su atención hacia él.

فَجَعَلَهُمْ جُذَاذًا إِلَّا كَبِيرًا لَّهُمْ لَعَلَّهُمْ إِلَيْهِ يَرْجِعُونَ ۞

(59) Dijeron: ¿Quién ha hecho esto con nuestros dioses? Ciertamente es un injusto.

قَالُوا مَن فَعَلَ هَذَا بِـَٔالِهَتِنَا إِنَّهُ لَمِنَ ٱلظَّالِمِينَ ۞

(60) Dijeron: Hemos oído a un joven referirse a ellos, le llaman Ibrahim.

قَالُوا سَمِعْنَا فَتًى يَذْكُرُهُمْ يُقَالُ لَهُ إِبْرَاهِيمُ ۞

(61) Dijeron: Traedlo a la vista de todos, quizás pueda atestiguar.

قَالُوا فَأْتُوا بِهِ عَلَى أَعْيُنِ ٱلنَّاسِ لَعَلَّهُمْ يَشْهَدُونَ ۞

(62) Dijeron: ¿Eres tú el que has hecho esto con nuestros dioses, Ibrahim?

قَالُوا ءَأَنتَ فَعَلْتَ هَذَا بِـَٔالِهَتِنَا يَا إِبْرَاهِيمُ ۞

(63) Dijo: No; ha sido éste, el mayor de ellos. Preguntadle, si es que puede hablar.

قَالَ بَلْ فَعَلَهُ كَبِيرُهُمْ هَذَا فَسْـَٔلُوهُمْ إِن كَانُوا يَنطِقُونَ ۞

(64) Volvieron sobre sí mismos y se dijeron entre sí: En verdad sois injustos.

فَرَجَعُوا إِلَى أَنفُسِهِمْ فَقَالُوا إِنَّكُمْ أَنتُمُ ٱلظَّالِمُونَ ۞

(65) Luego, recayendo en su estado anterior, dijeron: ¡Sabes perfectamente que éstos no hablan!

ثُمَّ نُكِسُوا عَلَى رُءُوسِهِمْ لَقَدْ عَلِمْتَ مَا هَؤُلَاءِ يَنطِقُونَ ۞

(66) Dijo: ¿Es que adoráis fuera de Allah lo que ni os beneficia ni os perjudica en nada?

¡Lejos de mí vosotros y lo que

قَالَ أَفَتَعْبُدُونَ مِن دُونِ ٱللَّهِ مَا لَا يَنفَعُكُمْ شَيْـًٔا وَلَا يَضُرُّكُمْ ۞ أُفٍّ لَّكُمْ وَلِمَا تَعْبُدُونَ

adoráis fuera de Allah! ¿Es que no podéis razonar?

مِن دُونِ اللَّهِ أَفَلَا تَعْقِلُونَ ۝

(67) Dijeron: Quemadlo y ayudad así a vuestros dioses, si sois capaces de actuar.

قَالُوا حَرِّقُوهُ وَانصُرُوا ءَالِهَتَكُمْ إِن كُنتُمْ فَاعِلِينَ ۝

(68) Dijimos: Fuego, sé frío e inofensivo para Ibrahim.

قُلْنَا يَانَارُ كُونِي بَرْدًا وَسَلَامًا عَلَى إِبْرَاهِيمَ ۝

(69) Pretendieron con ello hacer una trampa, pero ellos fueron los que más perdieron.

وَأَرَادُوا بِهِ كَيْدًا فَجَعَلْنَاهُمُ الأَخْسَرِينَ ۝

(70) Y a él y a Lut los pusimos a salvo en la tierra que habíamos hecho bendita para todos los mundos.

وَنَجَّيْنَاهُ وَلُوطًا إِلَى الأَرْضِ الَّتِي بَارَكْنَا فِيهَا لِلْعَالَمِينَ ۝

(71) Y le concedimos a Ishaq, y como obsequio a Yaqub; y a ambos los hicimos de los justos.

وَوَهَبْنَا لَهُ إِسْحَاقَ وَيَعْقُوبَ نَافِلَةً وَكُلًّا جَعَلْنَا صَالِحِينَ ۝

(72) Y los hicimos dirigentes que guiaban siguiendo Nuestra orden. Les inspiramos que hicieran buenas acciones, que establecieran la Oración y entregaran el zakat. Y fueron fieles a Nuestra adoración

وَجَعَلْنَاهُمْ أَئِمَّةً يَهْدُونَ بِأَمْرِنَا وَأَوْحَيْنَا إِلَيْهِمْ فِعْلَ الْخَيْرَاتِ وَإِقَامَ الصَّلَوٰةِ وَإِيتَاءَ الزَّكَوٰةِ وَكَانُوا لَنَا عَابِدِينَ ۝

(73) Y a Lut le dimos juicio y conocimiento; y lo salvamos de la ciudad que cometía las obscenidades.

Realmente era gente de mal que se había salido de la obediencia.

وَلُوطًا ءَاتَيْنَاهُ حُكْمًا وَعِلْمًا وَنَجَّيْنَاهُ مِنَ الْقَرْيَةِ الَّتِي كَانَت تَّعْمَلُ الْخَبَائِثَ إِنَّهُمْ كَانُوا قَوْمَ سَوْءٍ فَاسِقِينَ ۝

(74) Y le hicimos entrar en Nuestra misericordia; es cierto que era de los justos.

وَأَدْخَلْنَاهُ فِي رَحْمَتِنَا إِنَّهُ مِنَ الصَّالِحِينَ ۝

(75) Y cuando anteriormente Nuh suplicó y le respondimos salvándolo a él y a su gente de la gran calamidad.

وَنُوحًا إِذْ نَادَىٰ مِن قَبْلُ فَاسْتَجَبْنَا لَهُ فَنَجَّيْنَاهُ وَأَهْلَهُ مِنَ الْكَرْبِ الْعَظِيمِ ۝

(76) Y lo protegimos de la gente que negaba la verdad de Nuestros signos, eran realmente gente de mal e hicimos que todos se ahogaran.

وَنَصَرْنَاهُ مِنَ الْقَوْمِ الَّذِينَ كَذَّبُوا بِآيَاتِنَا إِنَّهُمْ كَانُوا قَوْمَ سَوْءٍ فَأَغْرَقْنَاهُمْ أَجْمَعِينَ ۝

(77) Y Daud y Sulayman cuando juzgaron en relación al sembrado en el que una noche había entrado a pacer el ganado de alguien y fuimos testigos de su juicio.

وَدَاوُودَ وَسُلَيْمَانَ إِذْ يَحْكُمَانِ فِي الْحَرْثِ إِذْ نَفَشَتْ فِيهِ غَنَمُ الْقَوْمِ وَكُنَّا لِحُكْمِهِمْ شَاهِدِينَ ۝

(78) Pero le dimos comprensión de ello a Sulayman*. Y a ambos les dimos juicio y conocimiento. Y subordinamos las montañas a Daud para que le acompañaran en sus cantos de glorificación, así como las aves. Y lo hicimos.

فَفَهَّمْنَاهَا سُلَيْمَانَ وَكُلًّا آتَيْنَا حُكْمًا وَعِلْمًا وَسَخَّرْنَا مَعَ دَاوُودَ الْجِبَالَ يُسَبِّحْنَ وَالطَّيْرَ وَكُنَّا فَاعِلِينَ ۝

* [Dos hombres acudieron a Daud con un litigio, el ganado de uno de ellos había entrado de noche en el sembrado del otro y lo había destrozado. Daud sentenció que el dueño del sembrado se quedara con el ganado del otro. Pero Sulayman, al enterarse, le sugirió a su padre que el dueño del ganado se ocupara de cuidar la tierra hasta devolverla a su estado inicial y mientras

tanto se quedara con el ganado del otro beneficiándose de su leche y lana como compensación por su pérdida, lo cual fue aceptado por Daud que modificó su juicio. Sulayman tenía once años.]

(79) Y le enseñamos a hacer cotas de malla para vuestro beneficio, para que así pudierais protegeros de vuestra agresividad. ¿Estaréis agradecidos?

وَعَلَّمۡنَٰهُ صَنۡعَةَ لَبُوسٖ لَّكُمۡ لِيُحۡصِنَكُم مِّنۢ بَأۡسِكُمۡۖ فَهَلۡ أَنتُمۡ شَٰكِرُونَ ۝

(80) Y a Sulayman (le subordinamos) el viento tempestuoso que corría obedeciendo su mandato hasta la tierra que habíamos bendecido. Fuimos Conocedores de cada cosa.

وَلِسُلَيۡمَٰنَ ٱلرِّيحَ عَاصِفَةٗ تَجۡرِي بِأَمۡرِهِۦٓ إِلَى ٱلۡأَرۡضِ ٱلَّتِي بَٰرَكۡنَا فِيهَاۚ وَكُنَّا بِكُلِّ شَيۡءٍ عَٰلِمِينَ ۝

(81) Y había demonios que buceaban para él* realizando aparte de eso otros trabajos. Eramos sus Guardianes.

* [Buscando perlas y gemas]

وَمِنَ ٱلشَّيَٰطِينِ مَن يَغُوصُونَ لَهُۥ وَيَعۡمَلُونَ عَمَلٗا دُونَ ذَٰلِكَۖ وَكُنَّا لَهُمۡ حَٰفِظِينَ ۝

(82) Y Ayyub cuando imploró a su Señor: El mal me ha tocado pero Tú eres el más Misericordioso de los misericordiosos.

وَأَيُّوبَ إِذۡ نَادَىٰ رَبَّهُۥٓ أَنِّي مَسَّنِيَ ٱلضُّرُّ وَأَنتَ أَرۡحَمُ ٱلرَّٰحِمِينَ ۝

(83) Y le respondimos apartando de él el mal que tenía. Y le devolvimos a su familia dándole además otro tanto, como misericordia de Nuestra parte y recuerdo para los adoradores.

فَٱسۡتَجَبۡنَا لَهُۥ فَكَشَفۡنَا مَا بِهِۦ مِن ضُرّٖۖ وَءَاتَيۡنَٰهُ أَهۡلَهُۥ وَمِثۡلَهُم مَّعَهُمۡ رَحۡمَةٗ مِّنۡ عِندِنَا وَذِكۡرَىٰ لِلۡعَٰبِدِينَ ۝

(84) E Ismail, Idris y Dhul-Kifl*, todos de la gente de constancia.

> * [Se dice que es Ilyas y se dice que Zakariyya. Y se dice que fue un profeta enviado a un solo hombre e incluso que no era un profeta sino un hombre justo. Dhul-Kifl significa: el dotado de suerte procedente de Allah.]

وَإِسْمَٰعِيلَ وَإِدْرِيسَ وَذَا ٱلْكِفْلِ كُلٌّ مِّنَ ٱلصَّٰبِرِينَ ۝

(85) Los pusimos bajo Nuestra misericordia, es cierto que eran de los justos.

وَأَدْخَلْنَٰهُمْ فِى رَحْمَتِنَآ إِنَّهُم مِّنَ ٱلصَّٰلِحِينَ ۝

(86) Y Dhun-Nun* cuando se marchó enfadado sin pensar que lo íbamos a poner en aprietos. Así clamó en las tinieblas*: No hay dios sino Tú, Gloria a Ti. Verdaderamente he sido de los injustos.*

> * [Yunus]
>
> * [La noche, el fondo del mar, el vientre de la ballena].
>
> * [Yunus había sido enviado a la ciudad de Nínive y sus habitantes lo habían negado. Entonces él los amenazó con el castigo y los dejó. Cuando tuvieron certeza de ello, se marcharon todos al desierto con familias y bienes y allí suplicaron a Allah que les levantara el castigo. Yunus mientras tanto había embarcado en el mar y el barco zozobró; sus ocupantes decidieron entonces que uno de ellos debía ser arrojado al mar para poder salvarse. Al echar a suertes le tocó a Yunus por tres veces consecutivas y así fue arrojado al mar donde se lo tragó la ballena.]

۞ وَذَا ٱلنُّونِ إِذ ذَّهَبَ مُغَٰضِبًا فَظَنَّ أَن لَّن نَّقْدِرَ عَلَيْهِ فَنَادَىٰ فِى ٱلظُّلُمَٰتِ أَن لَّآ إِلَٰهَ إِلَّآ أَنتَ سُبْحَٰنَكَ إِنِّى كُنتُ مِنَ ٱلظَّٰلِمِينَ ۝

(87) Y le respondimos y lo libramos de la angustia. Así es como salvamos a los creyentes.

فَٱسْتَجَبْنَا لَهُۥ وَنَجَّيْنَٰهُ مِنَ ٱلْغَمِّ وَكَذَٰلِكَ نُـۨجِى ٱلْمُؤْمِنِينَ ۝

(88) Y Zakariyya cuando llamó a su Señor: ¡Señor mío! No me dejes solo. Y tú eres el mejor de los herederos.

وَزَكَرِيَّآ إِذْ نَادَىٰ رَبَّهُۥ رَبِّ لَا تَذَرْنِي فَرْدًا وَأَنتَ خَيْرُ ٱلْوَٰرِثِينَ ۝

(89) Y le respondimos y le concedimos a Yahya restableciendo para él a su esposa. Todos ellos se apresuraban a las buenas acciones, Nos pedían con anhelo y temor y eran humildes ante Nos.

فَٱسْتَجَبْنَا لَهُۥ وَوَهَبْنَا لَهُۥ يَحْيَىٰ وَأَصْلَحْنَا لَهُۥ زَوْجَهُۥٓ إِنَّهُمْ كَانُوا۟ يُسَٰرِعُونَ فِى ٱلْخَيْرَٰتِ وَيَدْعُونَنَا رَغَبًا وَرَهَبًا وَكَانُوا۟ لَنَا خَٰشِعِينَ ۝

(90) Y aquella que conservó su virginidad*, insuflamos en ella parte de Nuestro espíritu e hicimos de ella y de su hijo un signo para todos los mundos.
* [Maryam]

وَٱلَّتِىٓ أَحْصَنَتْ فَرْجَهَا فَنَفَخْنَا فِيهَا مِن رُّوحِنَا وَجَعَلْنَٰهَا وَٱبْنَهَآ ءَايَةً لِّلْعَٰلَمِينَ ۝

(91) Verdaderamente la nación que formáis es una y Yo soy vuestro Señor, adoradme pues.

إِنَّ هَٰذِهِۦٓ أُمَّتُكُمْ أُمَّةً وَٰحِدَةً وَأَنَا۠ رَبُّكُمْ فَٱعْبُدُونِ ۝

(92) Pero escindieron entre ellos lo que tenían, todos han de volver a Nosotros.

وَتَقَطَّعُوٓا۟ أَمْرَهُم بَيْنَهُمْ كُلٌّ إِلَيْنَا رَٰجِعُونَ ۝

(93) Quien practique las acciones de bien y sea creyente... No habrá ingratitud para su esfuerzo y es verdad que se lo escribiremos.

فَمَن يَعْمَلْ مِنَ ٱلصَّٰلِحَٰتِ وَهُوَ مُؤْمِنٌ فَلَا كُفْرَانَ لِسَعْيِهِۦ وَإِنَّا لَهُۥ كَٰتِبُونَ ۝

(94) Es inexorable para una ciudad que hemos destruído, ya no volverán.

وَحَرَٰمٌ عَلَىٰ قَرْيَةٍ أَهْلَكْنَٰهَآ أَنَّهُمْ لَا يَرْجِعُونَ ۝

(95) Hasta que no se les abra* a Yayuy y Mayuy y aparezcan precipitándose desde cada lugar elevado.

* [Es decir, la barrera que los retiene]

حَتَّىٰٓ إِذَا فُتِحَتْ يَأْجُوجُ وَمَأْجُوجُ وَهُم مِّن كُلِّ حَدَبٍ يَنسِلُونَ ﴿٩٥﴾

(96) La promesa de la verdad se acerca, y cuando llegue, las miradas de los que se negaron a creer se quedarán fijas: ¡Ay de nosotros, estábamos desentendidos de ésto y fuimos injustos!

وَاقْتَرَبَ الْوَعْدُ الْحَقُّ فَإِذَا هِيَ شَٰخِصَةٌ أَبْصَٰرُ الَّذِينَ كَفَرُواْ يَٰوَيْلَنَا قَدْ كُنَّا فِى غَفْلَةٍ مِّنْ هَٰذَا بَلْ كُنَّا ظَٰلِمِينَ ﴿٩٦﴾

(97) Ciertamente que vosotros y lo que adorabais fuera de Allah seréis combustible de Yahannam donde entraréis.

إِنَّكُمْ وَمَا تَعْبُدُونَ مِن دُونِ اللَّهِ حَصَبُ جَهَنَّمَ أَنتُمْ لَهَا وَارِدُونَ ﴿٩٧﴾

(98) Si éstos hubieran sido dioses no habríais entrado en él. Allí serán todos inmortales.

لَوْ كَانَ هَٰٓؤُلَآءِ ءَالِهَةً مَّا وَرَدُوهَا وَكُلٌّ فِيهَا خَٰلِدُونَ ﴿٩٨﴾

(99) En él se lamentarán suspirando y no podrán oír.

لَهُمْ فِيهَا زَفِيرٌ وَهُمْ فِيهَا لَا يَسْمَعُونَ ﴿٩٩﴾

(100) Aquellos para los que hayamos decretado de antemano "lo más hermoso", estarán alejados de él.

۞ إِنَّ الَّذِينَ سَبَقَتْ لَهُم مِّنَّا الْحُسْنَىٰٓ أُوْلَٰٓئِكَ عَنْهَا مُبْعَدُونَ ﴿١٠٠﴾

(101) No oirán su crepitar y serán inmortales en lo que sus almas deseen.

لَا يَسْمَعُونَ حَسِيسَهَا وَهُمْ فِى مَا اشْتَهَتْ أَنفُسُهُمْ خَٰلِدُونَ ﴿١٠١﴾

(102) El Gran Espanto no les afligirá y los ángeles saldrán a su encuentro: Este es el día que se os había prometido.

لَا يَحْزُنُهُمُ الْفَزَعُ الْأَكْبَرُ وَتَتَلَقَّاهُمُ الْمَلَٰٓئِكَةُ هَٰذَا يَوْمُكُمُ الَّذِى كُنتُمْ تُوعَدُونَ ﴿١٠٢﴾

(103) El día en que enrollemos el cielo como un manuscrito.

Igual que comenzamos por vez primera la creación, la repetiremos; es una promesa a la que Nos comprometemos. Es cierto que hacemos las cosas.

يَوْمَ نَطْوِي ٱلسَّمَآءَ كَطَيِّ ٱلسِّجِلِّ لِلْكُتُبِ كَمَا بَدَأْنَآ أَوَّلَ خَلْقٍ نُّعِيدُهُۥ وَعْدًا عَلَيْنَآ إِنَّا كُنَّا فَٰعِلِينَ ۝

(104) Ya habíamos escrito en los Salmos después del Recuerdo* que Mis siervos justos heredarían la tierra.

* [Alusión a la Torá o a la Tabla Protegida.]

وَلَقَدْ كَتَبْنَا فِي ٱلزَّبُورِ مِنۢ بَعْدِ ٱلذِّكْرِ أَنَّ ٱلْأَرْضَ يَرِثُهَا عِبَادِيَ ٱلصَّٰلِحُونَ ۝

(105) Realmente en esto hay suficiente mensaje para la gente de adoración.

إِنَّ فِي هَٰذَا لَبَلَٰغًا لِّقَوْمٍ عَٰبِدِينَ ۝

(106) Y no te hemos enviado sino como misericordia para todos los mundos.

وَمَآ أَرْسَلْنَٰكَ إِلَّا رَحْمَةً لِّلْعَٰلَمِينَ ۝

(107) Di: Se me ha inspirado en verdad que vuestro dios es un Unico Dios. ¿Seréis de los que se someten?*

* [Musulmanes]

قُلْ إِنَّمَا يُوحَىٰٓ إِلَيَّ أَنَّمَآ إِلَٰهُكُمْ إِلَٰهٌ وَٰحِدٌ فَهَلْ أَنتُم مُّسْلِمُونَ ۝

(108) Pero si se apartan, di: Os he dado el mensaje a todos por igual. No sé cuán lejos o cerca está lo que os he prometido.

فَإِن تَوَلَّوْا۟ فَقُلْ ءَاذَنتُكُمْ عَلَىٰ سَوَآءٍ وَإِنْ أَدْرِىٓ أَقَرِيبٌ أَم بَعِيدٌ مَّا تُوعَدُونَ ۝

(109) El sabe de cierto lo que se habla en voz alta y sabe lo que calláis.

إِنَّهُۥ يَعْلَمُ ٱلْجَهْرَ مِنَ ٱلْقَوْلِ وَيَعْلَمُ مَا تَكْتُمُونَ ۝

(110) Y no sé si tal vez se trate de una prueba para vosotros dejándoos disfrutar hasta un tiempo.

وَإِنْ أَدْرِي لَعَلَّهُ فِتْنَةٌ لَّكُمْ وَمَتَـٰعٌ إِلَىٰ حِينٍ ۝

(111) Di: ¡Señor mío! Juzga con la verdad. Nuestro Señor es el Misericordioso, Aquel a Quien recurrir contra lo que atribuís.

قُلْ رَبِّ احْكُم بِالْحَقِّ وَرَبُّنَا الرَّحْمَـٰنُ الْمُسْتَعَانُ عَلَىٰ مَا تَصِفُونَ ۝

22. SURA DE LA PEREGRINACION.

سُورَةُ الْحَجِّ

بِسْمِ اللَّهِ الرَّحْمَٰنِ الرَّحِيمِ

En el nombre de Allah, el Misericordioso, el Compasivo.

(1) ¡Hombres! Temed a vuestro Señor, pues en verdad el temblor de la Hora será algo terrible.

(2) El día que la veáis, las mujeres que estén amamantando se despreocuparán de lo que estén amamantando y las embarazadas darán a luz lo que lleven en sus vientres y verás a los hombres ebrios pero no estarán ebrios, sino que el castigo de Allah será intenso.

(3) Pero hay algunos que te discuten sobre Allah sin conocimiento y siguen a todo demonio rebelde.

(4) Se ha prescrito en relación a él, que quien lo tome por protector, será extraviado y lo conducirá al castigo del Sa'ir.

(5) ¡Hombres! Si estáis en duda sobre la vuelta a la vida... Ciertamente os creamos a partir de tierra, de una gota de esperma, de un coágulo, de carne bien formada o aún sin formar, para

hacéroslo claro.

Y en las matrices vamos conformando lo que queremos hasta que se cumple un plazo determinado y luego hacemos que salgáis siendo niños y que después alcancéis la madurez; y de vosotros hay unos que son llevados y otros a los que dejamos llegar hasta la edad más decrépita de la vida para que después de haber sabido no sepan nada.

Y ves la tierra yerma, pero cuando hacemos caer agua sobre ella se agita, se hincha y da toda clase de espléndidas especies.

وَنُقِرُّ فِي ٱلْأَرْحَامِ مَا نَشَآءُ إِلَىٰٓ أَجَلٍ مُّسَمًّى ثُمَّ نُخْرِجُكُمْ طِفْلًا ثُمَّ لِتَبْلُغُوٓا۟ أَشُدَّكُمْ وَمِنكُم مَّن يُتَوَفَّىٰ وَمِنكُم مَّن يُرَدُّ إِلَىٰٓ أَرْذَلِ ٱلْعُمُرِ لِكَيْلَا يَعْلَمَ مِنۢ بَعْدِ عِلْمٍ شَيْـًٔا وَتَرَى ٱلْأَرْضَ هَامِدَةً فَإِذَآ أَنزَلْنَا عَلَيْهَا ٱلْمَآءَ ٱهْتَزَّتْ وَرَبَتْ وَأَنۢبَتَتْ مِن كُلِّ زَوْجٍۭ بَهِيجٍ ۝

(6) Eso es porque Allah es la Verdad y porque El da vida a lo muerto y tiene poder sobre todas las cosas.

ذَٰلِكَ بِأَنَّ ٱللَّهَ هُوَ ٱلْحَقُّ وَأَنَّهُۥ يُحْىِ ٱلْمَوْتَىٰ وَأَنَّهُۥ عَلَىٰ كُلِّ شَىْءٍ قَدِيرٌ ۝

(7) Y porque la Hora viene, no hay duda en ello, y Allah levantará a los que están en las tumbas.

وَأَنَّ ٱلسَّاعَةَ ءَاتِيَةٌ لَّا رَيْبَ فِيهَا وَأَنَّ ٱللَّهَ يَبْعَثُ مَن فِي ٱلْقُبُورِ ۝

(8) Hay hombres que discuten sobre Allah sin tener conocimiento, ni guía, ni Libro luminoso.

وَمِنَ ٱلنَّاسِ مَن يُجَٰدِلُ فِي ٱللَّهِ بِغَيْرِ عِلْمٍ وَلَا هُدًى وَلَا كِتَٰبٍ مُّنِيرٍ ۝

(9) Dando la espalda con soberbia para extraviarse del camino de Allah. Tendrán deshonra en esta vida, y en el Día del Levantamiento el castigo del Hariq.

ثَانِيَ عِطْفِهِۦ لِيُضِلَّ عَن سَبِيلِ ٱللَّهِ لَهُۥ فِي ٱلدُّنْيَا خِزْىٌ وَنُذِيقُهُۥ يَوْمَ ٱلْقِيَٰمَةِ عَذَابَ ٱلْحَرِيقِ ۝

(10) Esto es por lo que sus manos presenten y porque Allah no es injusto con los siervos.

ذَٰلِكَ بِمَا قَدَّمَتْ يَدَاكَ وَأَنَّ ٱللَّهَ لَيْسَ بِظَلَّٰمٍ لِّلْعَبِيدِ ۝

(11) Y hay hombres que adoran a Allah como al borde de un precipicio; si les viene un bien se tranquilizan con ello pero si les viene una prueba cambian de cara perdiendo esta vida y la otra. Esa es la auténtica perdición.

وَمِنَ ٱلنَّاسِ مَن يَعْبُدُ ٱللَّهَ عَلَىٰ حَرْفٍ فَإِنْ أَصَابَهُۥ خَيْرٌ ٱطْمَأَنَّ بِهِۦ وَإِنْ أَصَابَتْهُ فِتْنَةٌ ٱنقَلَبَ عَلَىٰ وَجْهِهِۦ خَسِرَ ٱلدُّنْيَا وَٱلْءَاخِرَةَ ذَٰلِكَ هُوَ ٱلْخُسْرَانُ ٱلْمُبِينُ ۝

(12) Invocan fuera de Allah lo que ni les daña ni les beneficia.
Ese es el profundo extravío.

يَدْعُواْ مِن دُونِ ٱللَّهِ مَا لَا يَضُرُّهُۥ وَمَا لَا يَنفَعُهُۥ ذَٰلِكَ هُوَ ٱلضَّلَٰلُ ٱلْبَعِيدُ ۝

(13) Invocan a aquel cuyo daño está más próximo que su beneficio. ¡Qué mal protector y qué mal compañero!

يَدْعُواْ لَمَن ضَرُّهُۥٓ أَقْرَبُ مِن نَّفْعِهِۦ لَبِئْسَ ٱلْمَوْلَىٰ وَلَبِئْسَ ٱلْعَشِيرُ ۝

(14) Es cierto que Allah hará entrar a quienes creen y practican las acciones de bien en jardines por cuyo suelo corren los ríos.
Verdaderamente Allah hace lo que quiere.

إِنَّ ٱللَّهَ يُدْخِلُ ٱلَّذِينَ ءَامَنُواْ وَعَمِلُواْ ٱلصَّٰلِحَٰتِ جَنَّٰتٍ تَجْرِى مِن تَحْتِهَا ٱلْأَنْهَٰرُ إِنَّ ٱللَّهَ يَفْعَلُ مَا يُرِيدُ ۝

(15) Quien piense que Allah no va a ayudarle* en esta vida y en la Ultima que eche una cuerda al techo* y se ahorque, y que mire si con esa treta elimina lo que le mortificaba.

مَن كَانَ يَظُنُّ أَن لَّن يَنصُرَهُ ٱللَّهُ فِى ٱلدُّنْيَا وَٱلْءَاخِرَةِ فَلْيَمْدُدْ بِسَبَبٍ إِلَى ٱلسَّمَآءِ ثُمَّ لِيَقْطَعْ فَلْيَنظُرْ هَلْ يُذْهِبَنَّ كَيْدُهُۥ مَا يَغِيظُ ۝

* [Esta aleya tiene dos interpretaciones principales. La primera entiende que el pronombre "le" de "ayudarle" se refiere al Profeta y la segunda que se

refiere a "quien". Esta es la que pre-
fiere Ibn Yuzay por considerar que
sigue el sentido de las aleyas anteriores
y en particular el de la 11.]

* [El término árabe significa literalmente "cielo" que expresa también
cualquier cosa que está encima y de
ahí haber traducido techo; no obstante
y según la primera interpretación
podría traducirse también: "... que
extienda una cuerda al cielo e intente
cortar la ayuda..."]

(16) Así es como lo hemos hecho
descender en signos claros, es
cierto que Allah guía a quien
quiere.

وَكَذَٰلِكَ أَنزَلْنَـٰهُ ءَايَـٰتٍ بَيِّنَـٰتٍ وَأَنَّ ٱللَّهَ
يَهْدِى مَن يُرِيدُ ۝

(17) Los que creen, los que practican
el judaísmo, los sabeos, los cristianos, los adoradores del
fuego y los que asocian... Allah
hará distinciones entre ellos el
Día del Levantamiento, realmente Allah es Testigo de cada
cosa.

إِنَّ ٱلَّذِينَ ءَامَنُوا۟ وَٱلَّذِينَ هَادُوا۟ وَٱلصَّـٰبِـِٔينَ
وَٱلنَّصَـٰرَىٰ وَٱلْمَجُوسَ وَٱلَّذِينَ أَشْرَكُوٓا۟ إِنَّ ٱللَّهَ
يَفْصِلُ بَيْنَهُمْ يَوْمَ ٱلْقِيَـٰمَةِ إِنَّ ٱللَّهَ عَلَىٰ كُلِّ
شَىْءٍ شَهِيدٌ ۝

(18) ¿Es que no ves que ante Allah se
postra cuanto hay en los cielos
y en la tierra, la tierra, el sol, la
luna, las estrellas, los árboles,
las bestias y muchos de los
hombres? Y hay muchos también que deben ser castigados.
A quien Allah envilece no hay
quien lo honre, es cierto que
Allah hace lo que quiere.

أَلَمْ تَرَ أَنَّ ٱللَّهَ يَسْجُدُ لَهُۥ مَن فِى ٱلسَّمَـٰوَٰتِ وَمَن
فِى ٱلْأَرْضِ وَٱلشَّمْسُ وَٱلْقَمَرُ وَٱلنُّجُومُ
وَٱلْجِبَالُ وَٱلشَّجَرُ وَٱلدَّوَآبُّ وَكَثِيرٌ مِّنَ ٱلنَّاسِ
وَكَثِيرٌ حَقَّ عَلَيْهِ ٱلْعَذَابُ وَمَن يُهِنِ ٱللَّهُ
فَمَا لَهُۥ مِن مُّكْرِمٍ إِنَّ ٱللَّهَ يَفْعَلُ مَا يَشَآءُ ۩ ۝

(19) Son dos adversarios que discuten
sobre su Señor.

۞ هَـٰذَانِ خَصْمَانِ ٱخْتَصَمُوا۟ فِى رَبِّهِمْ فَٱلَّذِينَ

A los que no creyeron se les cortarán vestidos de fuego y se les derramará agua hirviendo sobre la cabeza. Con ella se derretirá lo que haya en sus vientres y la piel. Y habrá para ellos mazas de hierro.

كَفَرُوا فُطِّعَتْ لَهُمْ ثِيَابٌ مِّن نَّارٍ يُصَبُّ مِن فَوْقِ رُءُوسِهِمُ الْحَمِيمُ ۝ يُصْهَرُ بِهِ مَا فِي بُطُونِهِمْ وَالْجُلُودُ ۝ وَلَهُم مَّقَامِعُ مِنْ حَدِيدٍ ۝

(20) Cada vez que angustiados quieran salir de allí, serán devueltos. ¡Gustad el castigo del Hariq!

كُلَّمَا أَرَادُوا أَن يَخْرُجُوا مِنْهَا مِنْ غَمٍّ أُعِيدُوا فِيهَا وَذُوقُوا عَذَابَ الْحَرِيقِ ۝

(21) Es cierto que Allah hará que los que creen y practican las acciones de bien entren en jardines por cuyo suelo corren los ríos; allí serán adornados con brazaletes de oro y perlas y su vestido será seda.

إِنَّ اللَّهَ يُدْخِلُ الَّذِينَ آمَنُوا وَعَمِلُوا الصَّالِحَاتِ جَنَّاتٍ تَجْرِي مِن تَحْتِهَا الْأَنْهَارُ يُحَلَّوْنَ فِيهَا مِنْ أَسَاوِرَ مِن ذَهَبٍ وَلُؤْلُؤًا وَلِبَاسُهُمْ فِيهَا حَرِيرٌ ۝

(22) Dirigíos a la palabra buena, dirigíos al camino digno de alabanza.

وَهُدُوا إِلَى الطَّيِّبِ مِنَ الْقَوْلِ وَهُدُوا إِلَى صِرَاطِ الْحَمِيدِ ۝

(23) En verdad que a los que se niegan a creer y apartan del camino de Allah y de la Mezquita Inviolable que hemos establecido para los hombres, tanto para el residente en ella como para el visitante, y a los que busquen en ella cualquier desviación con injusticia, les haremos probar un doloroso castigo.

إِنَّ الَّذِينَ كَفَرُوا وَيَصُدُّونَ عَن سَبِيلِ اللَّهِ وَالْمَسْجِدِ الْحَرَامِ الَّذِي جَعَلْنَاهُ لِلنَّاسِ سَوَاءً الْعَاكِفُ فِيهِ وَالْبَادِ وَمَن يُرِدْ فِيهِ بِإِلْحَادٍ بِظُلْمٍ نُّذِقْهُ مِنْ عَذَابٍ أَلِيمٍ ۝

(24) Y cuando preparamos para Ibra-

وَإِذْ بَوَّأْنَا لِإِبْرَاهِيمَ مَكَانَ الْبَيْتِ أَن لَّا تُشْرِكْ

him el lugar de la Casa: No asocies nada conmigo, purifica Mi casa para los que dan vueltas alrededor de ella y los que rezan en pie, inclinados y postrados.

بِي شَيْئًا وَطَهِّرْ بَيْتِيَ لِلطَّآئِفِينَ وَالْقَآئِمِينَ وَالرُّكَّعِ السُّجُودِ ۝

(25) Y llama a la gente a la Peregrinación, que vengan a ti a pie o sobre cualquier montura, que vengan desde cualquier remoto camino.

وَأَذِّن فِي النَّاسِ بِالْحَجِّ يَأْتُوكَ رِجَالًا وَعَلَى كُلِّ ضَامِرٍ يَأْتِينَ مِن كُلِّ فَجٍّ عَمِيقٍ ۝

(26) Para que den testimonio de los beneficios que han recibido y mencionen el nombre de Allah en días determinados sobre los animales de rebaño que les ha proporcionado. Así pues comed de ellos y alimentad al desvalido y al necesitado.

لِّيَشْهَدُوا مَنَافِعَ لَهُمْ وَيَذْكُرُوا اسْمَ اللَّهِ فِي أَيَّامٍ مَّعْلُومَاتٍ عَلَى مَا رَزَقَهُم مِّن بَهِيمَةِ الْأَنْعَامِ فَكُلُوا مِنْهَا وَأَطْعِمُوا الْبَآئِسَ الْفَقِيرَ ۝

(27) Luego que se limpien de la suciedad, que cumplan sus votos y que den las vueltas a la Casa Antigua.

ثُمَّ لِيَقْضُوا تَفَثَهُمْ وَلْيُوفُوا نُذُورَهُمْ وَلْيَطَّوَّفُوا بِالْبَيْتِ الْعَتِيقِ ۝

(28) Así ha de ser, y quien sea reverente con las cosas inviolables de Allah, será mejor para él ante su Señor.

Son lícitos para vosotros los animales de rebaño con la excepción de los que se os han mencionado. Pero absteneos de la abominación que son los ídolos así como de la palabra falsa.

ذَلِكَ وَمَن يُعَظِّمْ حُرُمَاتِ اللَّهِ فَهُوَ خَيْرٌ لَّهُ عِندَ رَبِّهِ وَأُحِلَّتْ لَكُمُ الْأَنْعَامُ إِلَّا مَا يُتْلَى عَلَيْكُمْ فَاجْتَنِبُوا الرِّجْسَ مِنَ الْأَوْثَانِ وَاجْتَنِبُوا قَوْلَ الزُّورِ ۝

(29) Reconociendo la unidad de Allah* y sin asociarle nada. Quien asocia algo a Allah es como si se cayera del cielo y las aves de rapiña se lo llevaran o el viento lo remontara hasta un lugar lejano.

* [Como hanifes]

حُنَفَآءَ لِلَّهِ غَيْرَ مُشْرِكِينَ بِهِۦ وَمَن يُشْرِكْ بِٱللَّهِ فَكَأَنَّمَا خَرَّ مِنَ ٱلسَّمَآءِ فَتَخْطَفُهُ ٱلطَّيْرُ أَوْ تَهْوِى بِهِ ٱلرِّيحُ فِى مَكَانٍ سَحِيقٍ ۝

(30) Así es; y quien sea reverente con los ritos de Allah... ello es parte del temor de los corazones.

ذَٰلِكَ وَمَن يُعَظِّمْ شَعَٰٓئِرَ ٱللَّهِ فَإِنَّهَا مِن تَقْوَى ٱلْقُلُوبِ ۝

(31) En ellos hay beneficios para vosotros hasta un término fijado, luego su conclusión* tiene lugar en la Casa Antigua.

* [Finalizando el estado de invi-olabilidad y con el tawaf al-Ifada. Esta interpretación es mencionada por el Imam Malik en el Muwata.]

لَكُمْ فِيهَا مَنَٰفِعُ إِلَىٰٓ أَجَلٍ مُّسَمًّى ثُمَّ مَحِلُّهَآ إِلَى ٱلْبَيْتِ ٱلْعَتِيقِ ۝

(32) Para cada comunidad hemos instituido un lugar de ritos, para que mencionen el nombre de Allah sobre las cabezas de ganado que les hemos proporcionado.

Así pues, vuestro dios es un Unico Dios, someteos a El.

Y anuncia las buenas noticias a los sumisos.

وَلِكُلِّ أُمَّةٍ جَعَلْنَا مَنسَكًا لِّيَذْكُرُوا۟ ٱسْمَ ٱللَّهِ عَلَىٰ مَا رَزَقَهُم مِّنۢ بَهِيمَةِ ٱلْأَنْعَٰمِ فَإِلَٰهُكُمْ إِلَٰهٌ وَٰحِدٌ فَلَهُۥٓ أَسْلِمُوا۟ وَبَشِّرِ ٱلْمُخْبِتِينَ ۝

(33) Esos cuyo corazón se estremece cuando el nombre de Allah es mencionado y tienen paciencia con lo que les viene.

Esos que establecen el salat y

ٱلَّذِينَ إِذَا ذُكِرَ ٱللَّهُ وَجِلَتْ قُلُوبُهُمْ وَٱلصَّٰبِرِينَ عَلَىٰ مَآ أَصَابَهُمْ وَٱلْمُقِيمِى ٱلصَّلَوٰةِ وَمِمَّا رَزَقْنَٰهُمْ يُنفِقُونَ ۝

gastan de la provisión que les
damos.

(34) Y hemos hecho para vosotros los
camellos corpulentos como
parte de los ritos de Allah, en
ellos tenéis un bien. Recordad
el nombre de Allah sobre ellos
cuando estén alineados y una
vez hayan caído sobre sus
costados; después comed de
ellos y alimentad a los necesitados y a los mendigos. Así es
como os los hemos subyugado
para que quizás fuérais
agradecidos.

وَالْبُدْنَ جَعَلْنَٰهَا لَكُم مِّن شَعَٰٓئِرِ ٱللَّهِ لَكُمْ
فِيهَا خَيْرٌ فَٱذْكُرُوا۟ ٱسْمَ ٱللَّهِ عَلَيْهَا صَوَآفَّ فَإِذَا
وَجَبَتْ جُنُوبُهَا فَكُلُوا۟ مِنْهَا وَأَطْعِمُوا۟ ٱلْقَانِعَ
وَٱلْمُعْتَرَّ كَذَٰلِكَ سَخَّرْنَٰهَا لَكُمْ لَعَلَّكُمْ
تَشْكُرُونَ ۝

(35) Ni su sangre ni su carne ascienden a Allah, lo que llega a
Allah es vuestro temor de Él.

Así es como os los ha puesto a
vuestro servicio para que
ensalcéis a Allah por haberos
guiado.
Y da las buenas noticias a los
que hacen el bien.

لَن يَنَالَ ٱللَّهَ لُحُومُهَا وَلَا دِمَآؤُهَا وَلَٰكِن يَنَالُهُ
ٱلتَّقْوَىٰ مِنكُمْ كَذَٰلِكَ سَخَّرَهَا لَكُمْ
لِتُكَبِّرُوا۟ ٱللَّهَ عَلَىٰ مَا هَدَىٰكُمْ وَبَشِّرِ
ٱلْمُحْسِنِينَ ۝

(36) Es cierto que Allah defiende a los
que creen. Allah no ama a
ningún traidor, renegado.

۞ إِنَّ ٱللَّهَ يُدَٰفِعُ عَنِ ٱلَّذِينَ ءَامَنُوٓا۟ إِنَّ ٱللَّهَ لَا يُحِبُّ
كُلَّ خَوَّانٍ كَفُورٍ ۝

(37) A quienes luchen por haber sido
víctimas de alguna injusticia,
les está permitido luchar y verdaderamente Allah tiene poder
para ayudarles.*
* [Esta es la primera aleya que
descendió dando autorización para la
lucha y fue revelada en el momento de
la emigración a Medina.]

أُذِنَ لِلَّذِينَ يُقَٰتَلُونَ بِأَنَّهُمْ ظُلِمُوا۟ وَإِنَّ ٱللَّهَ عَلَىٰ
نَصْرِهِمْ لَقَدِيرٌ ۝

(38) Los que fueron expulsados de sus casas sin derecho, sólo porque habían dicho: Nuestro Señor es Allah. Si Allah no se hubiera servido de unos hombres para combatir a otros, habrían sido destruidas ermitas, sinagogas, oratorios y mezquitas, donde se menciona en abundancia el nombre de Allah. Es cierto que Allah ayudará a quien Le ayude.

Verdaderamente Allah es Fuerte y Poderoso.

الَّذِينَ أُخْرِجُوا مِن دِيَارِهِم بِغَيْرِ حَقٍّ إِلَّا أَن يَقُولُوا رَبُّنَا اللَّهُ وَلَوْلَا دَفْعُ اللَّهِ النَّاسَ بَعْضَهُم بِبَعْضٍ لَّهُدِّمَتْ صَوَامِعُ وَبِيَعٌ وَصَلَوَاتٌ وَمَسَاجِدُ يُذْكَرُ فِيهَا اسْمُ اللَّهِ كَثِيرًا وَلَيَنصُرَنَّ اللَّهُ مَن يَنصُرُهُ إِنَّ اللَّهَ لَقَوِيٌّ عَزِيزٌ ۝

(39) Esos que si les damos poder en la tierra establecen el salat, entregan el zakat y ordenan lo reconocido y prohiben lo reprobable.

A Allah pertenece el resultado de los asuntos.

الَّذِينَ إِن مَّكَّنَّاهُمْ فِي الْأَرْضِ أَقَامُوا الصَّلَاةَ وَآتَوُا الزَّكَاةَ وَأَمَرُوا بِالْمَعْرُوفِ وَنَهَوْا عَنِ الْمُنكَرِ وَلِلَّهِ عَاقِبَةُ الْأُمُورِ ۝

(40) Y si niegan la verdad... Ya lo hicieron antes que ellos la gente de Nuh, Ad y Zamud.

وَإِن يُكَذِّبُوكَ فَقَدْ كَذَّبَتْ فَبْلَهُمْ قَوْمُ نُوحٍ وَعَادٌ وَثَمُودُ ۝

(41) Así como la gente de Ibrahim y la gente de Lut.

وَقَوْمُ إِبْرَاهِيمَ وَقَوْمُ لُوطٍ ۝

(42) Y los compañeros de Madyan. Y también Musa fue tachado de mentiroso. Consentí por un tiempo a los que se negaban a creer pero luego los sorprendí. Y cómo fue Mi reprobación.

وَأَصْحَابُ مَدْيَنَ وَكُذِّبَ مُوسَى فَأَمْلَيْتُ لِلْكَافِرِينَ ثُمَّ أَخَذْتُهُمْ فَكَيْفَ كَانَ نَكِيرِ ۝

(43) ¡Cuántas ciudades que eran

فَكَأَيِّن مِّن قَرْيَةٍ أَهْلَكْنَاهَا وَهِيَ ظَالِمَةٌ فَهِيَ

injustas hemos destruido quedando en ruinas sobre sus
cimientos! ¡Y cuántos pozos
quedaron desiertos y cuántos
elevados palacios!

خَاوِيَةٌ عَلَى عُرُوشِهَا وَبِئْرٍ مُّعَطَّلَةٍ وَقَصْرٍ مَّشِيدٍ ۝

(44) ¿Es que no van por la tierra
teniendo corazones con los que
comprender y oídos con los
que escuchar?

Y es verdad que no son los ojos
los que están ciegos sino que
son los corazones que están en
los pechos los que están ciegos.

أَفَلَمْ يَسِيرُوا فِي الْأَرْضِ فَتَكُونَ لَهُمْ قُلُوبٌ يَعْقِلُونَ بِهَا أَوْ ءَاذَانٌ يَسْمَعُونَ بِهَا فَإِنَّهَا لَا تَعْمَى الْأَبْصَارُ وَلَكِن تَعْمَى الْقُلُوبُ الَّتِي فِي الصُّدُورِ ۝

(45) Te apremian con el castigo, pero
Allah no falta a Su promesa.

Es cierto que un día junto a tu
Señor es como mil años de los
que contáis.

وَيَسْتَعْجِلُونَكَ بِالْعَذَابِ وَلَن يُخْلِفَ اللَّهُ وَعْدَهُ وَإِنَّ يَوْمًا عِندَ رَبِّكَ كَأَلْفِ سَنَةٍ مِّمَّا تَعُدُّونَ ۝

(46) A cuántas ciudades que eran
injustas dejamos seguir para
luego castigarlas. Hacía Mí se
ha de volver.

وَكَأَيِّن مِّن قَرْيَةٍ أَمْلَيْتُ لَهَا وَهِيَ ظَالِمَةٌ ثُمَّ أَخَذْتُهَا وَإِلَيَّ الْمَصِيرُ ۝

(47) Di: ¡Hombres! Yo sólo soy para
vosotros un claro advertidor.

۞ قُلْ يَاأَيُّهَا النَّاسُ إِنَّمَا أَنَا لَكُمْ نَذِيرٌ مُّبِينٌ ۝

(48) Los que crean y lleven a cabo las
acciones de bien, tendrán
perdón y una generosa provisión.

فَالَّذِينَ ءَامَنُوا وَعَمِلُوا الصَّالِحَاتِ لَهُم مَّغْفِرَةٌ وَرِزْقٌ كَرِيمٌ ۝

(49) Y quienes se esfuerzan en eliminar Nuestros signos pensando
que ganarán, ésos son los
compañeros del Yahim.

وَالَّذِينَ سَعَوْا فِي ءَايَاتِنَا مُعَاجِزِينَ أُوْلَٰئِكَ أَصْحَابُ الْجَحِيمِ ۝

(50) Antes de ti no hemos enviado ningún mensajero ni profeta al que no le ocurriera que al recitar (lo que le era inspirado), el Shaytán interpusiera algo en su recitación*.
Pero Allah anula lo que el Shaytán inspira.
Luego Allah afirma Sus signos y Allah es Conocedor, Sabio.
* [Este término traducido aquí como "recitacion", significa también "deseo" o "aquello que se espera" por lo que cabría traducir también: "Antes de ti, no hemos enviado ningún mensajero ni profeta que cuando deseaba algo, el shaytan no interpusiera algún susurro en sus deseos".]

(51) Para hacer de lo que infunde el Shaytán una prueba para los que tienen una enfermedad en el corazón y los que lo tienen endurecido.
Es cierto que los injustos están en una profunda oposición.

(52) Y para que sepan aquellos a los que se les ha dado el conocimiento que es la verdad que viene de tu Señor, crean en ello y se tranquilicen así sus corazones. Realmente Allah es el Guía de los que creen y los conduce a un camino recto.

(53) Y los que se niegan a creer no dejarán de dudar acerca de ello hasta que no les llegue de repente la Hora o el castigo de un día sin continuidad.

(54) Ese día el dominio será de Allah que juzgará entre ellos.

Los que hayan creído y llevado a cabo las acciones de bien estarán en los Jardines de la Delicia.

الْمُلْكُ يَوْمَئِذٍ لِلَّهِ يَحْكُمُ بَيْنَهُمْ فَالَّذِينَ ءَامَنُوا وَعَمِلُوا الصَّالِحَاتِ فِي جَنَّاتِ النَّعِيمِ ۝

(55) Y quienes hayan descreído y negado la verdad de Nuestros signos, ésos tendrán un castigo envilecedor.

وَالَّذِينَ كَفَرُوا وَكَذَّبُوا بِئَايَاتِنَا فَأُوْلَئِكَ لَهُمْ عَذَابٌ مُهِينٌ ۝

(56) Y los que hayan emigrado en el camino de Allah y luego los hayan matado o hayan muerto, Allah les dará una hermosa provisión; es cierto que Allah es el mejor en proveer.

وَالَّذِينَ هَاجَرُوا فِي سَبِيلِ اللَّهِ ثُمَّ قُتِلُوا أَوْ مَاتُوا لَيَرْزُقَنَّهُمُ اللَّهُ رِزْقًا حَسَنًا وَإِنَّ اللَّهَ لَهُوَ خَيْرُ الرَّازِقِينَ ۝

(57) Y les hará entrar por una entrada que les complacerá.

Verdaderamente Allah es Conocedor, Benévolo.

لَيُدْخِلَنَّهُم مَّدْخَلًا يَرْضَوْنَهُ وَإِنَّ اللَّهَ لَعَلِيمٌ حَلِيمٌ ۝

(58) Así es. Y quien devuelva una injusticia con otra semejante a la que se le hizo y luego se cometa algún abuso contra él, es cierto que Allah le ayudará. Allah es Indulgente, Perdonador.

۞ ذَلِكَ وَمَنْ عَاقَبَ بِمِثْلِ مَا عُوقِبَ بِهِ ثُمَّ بُغِيَ عَلَيْهِ لَيَنصُرَنَّهُ اللَّهُ إِنَّ اللَّهَ لَعَفُوٌّ غَفُورٌ ۝

(59) Eso es porque Allah es Quien hace que la noche penetre en el día y el día penetre en la noche y porque Allah es Quien oye y Quien ve.

ذَلِكَ بِأَنَّ اللَّهَ يُولِجُ الَّيْلَ فِي النَّهَارِ وَيُولِجُ النَّهَارَ فِي الَّيْلِ وَأَنَّ اللَّهَ سَمِيعٌ بَصِيرٌ ۝

(60) Eso es porque Allah es la Verdad y lo que invocáis aparte de El es lo falso. Allah es el Excelso, el Grande.

ذَٰلِكَ بِأَنَّ ٱللَّهَ هُوَ ٱلْحَقُّ وَأَنَّ مَا تَدْعُونَ مِن دُونِهِ هُوَ ٱلْبَٰطِلُ وَأَنَّ ٱللَّهَ هُوَ ٱلْعَلِيُّ ٱلْكَبِيرُ ۝

(61) ¿Es que no ves que Allah hace que caiga agua del cielo y con ella reverdece la tierra?

Verdaderamente Allah es Benévolo, Conocedor de lo más recóndito.

أَلَمْ تَرَ أَنَّ ٱللَّهَ أَنزَلَ مِنَ ٱلسَّمَآءِ مَآءً فَتُصْبِحُ ٱلْأَرْضُ مُخْضَرَّةً إِنَّ ٱللَّهَ لَطِيفٌ خَبِيرٌ ۝

(62) Suyo es lo que hay en los cielos y en la tierra y realmente El es el Rico, el Digno de alabanza.

لَّهُ مَا فِي ٱلسَّمَٰوَٰتِ وَمَا فِي ٱلْأَرْضِ وَإِنَّ ٱللَّهَ لَهُوَ ٱلْغَنِيُّ ٱلْحَمِيدُ ۝

(63) ¿Es que no ves que Allah ha puesto a vuestro servicio todo lo que hay en la tierra, así como la nave que navega por el mar gracias a Su mandato y que sostiene el cielo para que no caiga sobre la tierra a menos que sea con Su permiso?

Es cierto que Allah es para todos los hombres Clemente y Compasivo.

أَلَمْ تَرَ أَنَّ ٱللَّهَ سَخَّرَ لَكُم مَّا فِي ٱلْأَرْضِ وَٱلْفُلْكَ تَجْرِي فِي ٱلْبَحْرِ بِأَمْرِهِ وَيُمْسِكُ ٱلسَّمَآءَ أَن تَقَعَ عَلَى ٱلْأَرْضِ إِلَّا بِإِذْنِهِ إِنَّ ٱللَّهَ بِٱلنَّاسِ لَرَءُوفٌ رَّحِيمٌ ۝

(64) El es Quien os dio la vida, luego os hará morir y luego os dará la vida. En verdad el hombre es desagradecido.

وَهُوَ ٱلَّذِي أَحْيَاكُمْ ثُمَّ يُمِيتُكُمْ ثُمَّ يُحْيِيكُمْ إِنَّ ٱلْإِنسَٰنَ لَكَفُورٌ ۝

(65) A cada comunidad le hemos dado unos ritos que debe cumplir; que no te discutan las órdenes. Llama (a la gente) a tu

لِّكُلِّ أُمَّةٍ جَعَلْنَا مَنسَكًا هُمْ نَاسِكُوهُ فَلَا يُنَٰزِعُنَّكَ فِي ٱلْأَمْرِ وَٱدْعُ إِلَىٰ رَبِّكَ

Señor.

Y ten la seguridad de que sigues una guía recta.

إِنَّكَ لَعَلَىٰ هُدًى مُّسْتَقِيمٍ ۝

(66) Y si te discuten, di: Allah sabe lo que hacéis.

وَإِن جَٰدَلُوكَ فَقُلِ ٱللَّهُ أَعْلَمُ بِمَا تَعْمَلُونَ ۝

(67) Allah juzgará entre vosotros el Día del Levantamiento, sobre aquello en lo que discrepabais.

ٱللَّهُ يَحْكُمُ بَيْنَكُمْ يَوْمَ ٱلْقِيَٰمَةِ فِيمَا كُنتُمْ فِيهِ تَخْتَلِفُونَ ۝

(68) ¿Es que no sabes que Allah conoce lo que hay en el cielo y en la tierra? Está todo en un Libro; verdaderamente eso es fácil para Allah.

أَلَمْ تَعْلَمْ أَنَّ ٱللَّهَ يَعْلَمُ مَا فِي ٱلسَّمَآءِ وَٱلْأَرْضِ إِنَّ ذَٰلِكَ فِي كِتَٰبٍ إِنَّ ذَٰلِكَ عَلَى ٱللَّهِ يَسِيرٌ ۝

(69) Y adoran, fuera de Allah, aquello sobre lo que no se ha hecho descender ningún poder y sobre lo que carecen de conocimiento. No hay nadie que pueda auxiliar a los injustos.

وَيَعْبُدُونَ مِن دُونِ ٱللَّهِ مَا لَمْ يُنَزِّلْ بِهِ سُلْطَٰنًا وَمَا لَيْسَ لَهُم بِهِ عِلْمٌ وَمَا لِلظَّٰلِمِينَ مِن نَّصِيرٍ ۝

(70) Y cuando se les recitan Nuestros signos claros reconoces la repulsa en el rostro de los que se niegan a creer, poco les falta para abalanzarse contra los que recitan Nuestros signos.

Di: ¿Queréis saber algo peor que eso?: El fuego que Allah ha prometido a los que se nieguen a creer! ¡Qué mal lugar de vuelta!

وَإِذَا تُتْلَىٰ عَلَيْهِمْ ءَايَٰتُنَا بَيِّنَٰتٍ تَعْرِفُ فِي وُجُوهِ ٱلَّذِينَ كَفَرُوا۟ ٱلْمُنكَرَ يَكَادُونَ يَسْطُونَ بِٱلَّذِينَ يَتْلُونَ عَلَيْهِمْ ءَايَٰتِنَا قُلْ أَفَأُنَبِّئُكُم بِشَرٍّ مِّن ذَٰلِكُمُ ٱلنَّارُ وَعَدَهَا ٱللَّهُ ٱلَّذِينَ كَفَرُوا۟ وَبِئْسَ ٱلْمَصِيرُ ۝

(71) ¡Hombres! Se os pone un ejemplo, prestadle atención: Los

يَٰٓأَيُّهَا ٱلنَّاسُ ضُرِبَ مَثَلٌ فَٱسْتَمِعُوا۟ لَهُۥٓ إِنَّ ٱلَّذِينَ

que invocáis fuera de Allah no serían capaces ni de crear una mosca, aunque se juntaran para ello. Y si una mosca les quitara algo no podrían recuperarlo.

¡Qué débil buscador y qué débil buscado!

(72) No han apreciado a Allah en Su verdadera magnitud.

Realmente Allah es Fuerte, Irresistible.

(73) Allah escoge mensajeros entre los ángeles y entre los hombres.

Es verdad que Allah es Quien oye y Quien ve.

(74) Sabe lo que hay por delante y lo que hay por detrás de ellos y a El vuelven todos los asuntos.

(75) ¡Vosotros que creéis!: Inclinaos y postraos, adorad a vuestro Señor y haced el bien para que así podáis tener éxito.

(76) Luchad por Allah como se debe luchar por El.

El os ha elegido y no ha puesto ninguna dificultad en la práctica de Adoración; la religión de vuestro padre Ibrahim, él os llamó antes musulmanes.

El Mensajero es testigo para vosotros de ello así como vosotros lo sois para los hombres.

Así pues, estableced el salat, entregad el zakat y aferraos a Allah. El es vuestro Dueño.

¡Y qué excelente Dueño y qué excelente Protector!

عَلَيْكُمْ وَتَكُونُوا۟ شُهَدَآءَ عَلَى ٱلنَّاسِ فَأَقِيمُوا۟ ٱلصَّلَوٰةَ وَءَاتُوا۟ ٱلزَّكَوٰةَ وَٱعْتَصِمُوا۟ بِٱللَّهِ هُوَ مَوْلَىٰكُمْ فَنِعْمَ ٱلْمَوْلَىٰ وَنِعْمَ ٱلنَّصِيرُ ۝

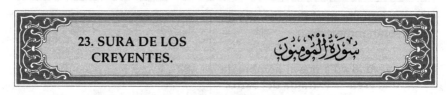

23. SURA DE LOS CREYENTES.

سُورَةُ الْمُومِنُونَ

بِسْمِ اللهِ الرَّحْمَنِ الرَّحِيمِ

En el nombre de Allah, el Misericordioso, el Compasivo.

(1) Habrán triunfado los creyentes.

قَدْ أَفْلَحَ الْمُومِنُونَ ۝

(2) Aquéllos que en su salat están presentes y se humillan.

الَّذِينَ هُمْ فِي صَلاتِهِمْ خَاشِعُونَ ۝

(3) Los que de la frivolidad se apartan.

وَالَّذِينَ هُمْ عَنِ اللَّغْوِ مُعْرِضُونَ ۝

(4) Los que hacen efectivo el zakat.

وَالَّذِينَ هُمْ لِلزَّكَوةِ فَاعِلُونَ ۝

(5) Y preservan sus partes privadas,

وَالَّذِينَ هُمْ لِفُرُوجِهِمْ حَافِظُونَ ۝

(6) excepto con sus esposas o las que poseeen sus diestras, en cuyo caso no son censurables.

إِلَّا عَلَى أَزْوَاجِهِمْ أَوْ مَا مَلَكَتْ أَيْمَانُهُمْ فَإِنَّهُمْ غَيْرُ مَلُومِينَ ۝

(7) Pero quien busque algo más allá de eso... Esos son los transgresores.

فَمَنِ ابْتَغَى وَرَاءَ ذَلِكَ فَأُولَئِكَ هُمُ الْعَادُونَ ۝

(8) Y aquéllos que con lo que se les confía y de sus compromisos son cumplidores.

وَالَّذِينَ هُمْ لِأَمَانَاتِهِمْ وَعَهْدِهِمْ رَاعُونَ ۝

(9) Y los que cumplen sus oraciones*.

* [Preceptivas, los salats]

وَالَّذِينَ هُمْ عَلَى صَلَوَاتِهِمْ يُحَافِظُونَ ۝

(10) Ellos son los herederos,

أُولَئِكَ هُمُ الْوَارِثُونَ ۝

(11) que heredarán el Firdaus, donde serán inmortales.

الَّذِينَ يَرِثُونَ الْفِرْدَوْسَ هُمْ فِيهَا خَالِدُونَ ۝

(12) En verdad creamos al hombre de una esencia extraída del barro.

وَلَقَدْ خَلَقْنَا الْإِنسَانَ مِن سُلَالَةٍ مِّن طِينٍ ۝

(13) Luego hicimos que fuera una gota de esperma dentro de un receptáculo seguro.

ثُمَّ جَعَلْنَاهُ نُطْفَةً فِي قَرَارٍ مَّكِينٍ ۝

(14) Luego transformamos la gota de esperma creando un coágulo de sangre y el coágulo de sangre creando un trozo de carne y el trozo de carne en huesos que revestimos de carne haciendo de ello otra criatura.

Bendito sea Allah, el mejor de los creadores.

ثُمَّ خَلَقْنَا النُّطْفَةَ عَلَقَةً فَخَلَقْنَا الْعَلَقَةَ مُضْغَةً فَخَلَقْنَا الْمُضْغَةَ عِظَامًا فَكَسَوْنَا الْعِظَامَ لَحْمًا ثُمَّ أَنشَأْنَاهُ خَلْقًا ءَاخَرَ فَتَبَارَكَ اللَّهُ أَحْسَنُ الْخَالِقِينَ ۝

(15) Y luego, después de eso, tendréis que morir.

ثُمَّ إِنَّكُم بَعْدَ ذَٰلِكَ لَمَيِّتُونَ ۝

(16) Después, el Día del Levantamiento, seréis devueltos a la vida.

ثُمَّ إِنَّكُمْ يَوْمَ الْقِيَامَةِ تُبْعَثُونَ ۝

(17) Y hemos creado por encima de vosotros siete vías.

No estamos descuidados de la Creación.

وَلَقَدْ خَلَقْنَا فَوْقَكُمْ سَبْعَ طَرَآئِقَ وَمَا كُنَّا عَنِ الْخَلْقِ غَافِلِينَ ۝

(18) Hacemos que caiga agua del cielo en una determinada cantidad y la asentamos en la tierra, pero es cierto que tenemos poder como para llevárnosla.

وَأَنزَلْنَا مِنَ السَّمَاءِ مَاءً بِقَدَرٍ فَأَسْكَنَّاهُ فِي الْأَرْضِ وَإِنَّا عَلَىٰ ذَهَابٍ بِهِ لَقَادِرُونَ ۝

(19) Y por medio de ella originamos para vosotros jardines de palmeras y vides de los que obtenéis muchos frutos y de los que coméis.

فَأَنشَأْنَا لَكُم بِهِۦ جَنَّٰتٍ مِّن نَّخِيلٍ وَأَعْنَٰبٍ لَّكُمْ فِيهَا فَوَٰكِهُ كَثِيرَةٌ وَمِنْهَا تَأْكُلُونَ ۝

(20) Y un árbol que crece en el monte Sinaí que produce grasa y aderezo para disfrute de los que lo comen.

وَشَجَرَةً تَخْرُجُ مِن طُورِ سَيْنَآءَ تَنۢبُتُ بِالدُّهْنِ وَصِبْغٍ لِّلْآكِلِينَ ۝

(21) Y por cierto que en los animales de rebaño tenéis una lección: Os damos de beber de lo que hay en sus vientres y de ellos obtenéis muchos beneficios. De ellos coméis.

وَإِنَّ لَكُمْ فِي الْأَنْعَٰمِ لَعِبْرَةً نُّسْقِيكُم مِّمَّا فِي بُطُونِهَا وَلَكُمْ فِيهَا مَنَٰفِعُ كَثِيرَةٌ وَمِنْهَا تَأْكُلُونَ ۝

(22) Y ellos y las naves o sirven de transporte.

وَعَلَيْهَا وَعَلَى الْفُلْكِ تُحْمَلُونَ ۝

(23) Enviamos a Nuh a su gente y dijo: Gente mía, adorad a Allah, no tenéis otro dios que El. ¿No vais a temerle?

وَلَقَدْ أَرْسَلْنَا نُوحًا إِلَىٰ قَوْمِهِۦ فَقَالَ يَٰقَوْمِ اعْبُدُوا اللَّهَ مَا لَكُم مِّنْ إِلَٰهٍ غَيْرُهُۥٓ أَفَلَا تَتَّقُونَ ۝

(24) Y dijeron los magnates, que eran los que de su pueblo se habían negado a creer: No es más que un hombre como vosotros que busca la supremacía entre vosotros, si Allah hubiera querido habría hecho bajar ángeles.

No habíamos oído nada de esto a nuestros primeros padres.

فَقَالَ الْمَلَأُ الَّذِينَ كَفَرُوا مِن قَوْمِهِۦ مَا هَٰذَآ إِلَّا بَشَرٌ مِّثْلُكُمْ يُرِيدُ أَن يَتَفَضَّلَ عَلَيْكُمْ وَلَوْ شَآءَ اللَّهُ لَأَنزَلَ مَلَٰٓئِكَةً مَّا سَمِعْنَا بِهَٰذَا فِيٓ ءَابَآئِنَا الْأَوَّلِينَ ۝

(25) No es más que un hombre poseso, dadle un tiempo de espera.

إِنْ هُوَ إِلَّا رَجُلٌ بِهِۦ جِنَّةٌ فَتَرَبَّصُوا بِهِۦ حَتَّىٰ حِينٍ ۝

(26) Dijo: ¡Señor mío, ayúdame ya que me tratan de mentiroso!

قَالَ رَبِّ ٱنصُرْنِي بِمَا كَذَّبُونِ ۝

(27) Entonces le inspiramos: Construye una nave bajo Nuestra mirada e inspiración.

Cuando Nuestra orden llegue y el horno se inunde*, embarca en ella a dos ejemplares de cada especie y a tu gente, con la excepción de aquel contra el que se haya decretado una palabra previa.

Y no Me hables en favor de los injustos, pues en verdad han de perecer ahogados.

* [Ver nota de la aleya 40, sura 11, en la pág. 188]

فَأَوْحَيْنَا إِلَيْهِ أَنِ ٱصْنَعِ ٱلْفُلْكَ بِأَعْيُنِنَا وَوَحْيِنَا فَإِذَا جَاءَ أَمْرُنَا وَفَارَ ٱلتَّنُّورُ فَٱسْلُكْ فِيهَا مِن كُلٍّ زَوْجَيْنِ ٱثْنَيْنِ وَأَهْلَكَ إِلَّا مَن سَبَقَ عَلَيْهِ ٱلْقَوْلُ مِنْهُمْ وَلَا تُخَٰطِبْنِي فِي ٱلَّذِينَ ظَلَمُوٓا إِنَّهُم مُّغْرَقُونَ ۝

(28) Cuando tú y quienes están contigo hayáis subido en la nave, di: Las alabanzas a Allah que nos ha salvado de la gente injusta.

فَإِذَا ٱسْتَوَيْتَ أَنتَ وَمَن مَّعَكَ عَلَى ٱلْفُلْكِ فَقُلِ ٱلْحَمْدُ لِلَّهِ ٱلَّذِي نَجَّىٰنَا مِنَ ٱلْقَوْمِ ٱلظَّٰلِمِينَ ۝

(29) Y di: ¡Señor mío! Haz que arribe a un lugar bendito.

Tú eres el mejor en hacer llegar a buen término.

وَقُل رَّبِّ أَنزِلْنِي مُنزَلًا مُّبَارَكًا وَأَنتَ خَيْرُ ٱلْمُنزِلِينَ ۝

(30) Es cierto que en eso hay signos. No hicimos sino ponerlos a prueba.

إِنَّ فِي ذَٰلِكَ لَءَايَٰتٍ وَإِن كُنَّا لَمُبْتَلِينَ ۝

(31) Luego, una vez pasaron, originamos otra generación.

ثُمَّ أَنشَأْنَا مِنۢ بَعْدِهِمْ قَرْنًا ءَاخَرِينَ ۝

(32) Y les enviamos un mensajero que era uno de ellos: Adorad a Allah, no tenéis otro dios que Él.

¿No vais a temerle?

فَأَرْسَلْنَا فِيهِمْ رَسُولًا مِّنْهُمْ أَنِ ٱعْبُدُوا۟ ٱللَّهَ مَا لَكُم مِّنْ إِلَٰهٍ غَيْرُهُۥٓ أَفَلَا تَتَّقُونَ ۝

(33) Dijeron los magnates, que eran los que de su gente no creían y negaban la veracidad del encuentro de la Ultima Vida y a quienes habíamos dado una vida regalada en este mundo:

¿Quien es éste sino un humano como vosotros que come de lo que coméis y bebe de lo que bebéis?

وَقَالَ ٱلْمَلَأُ مِن قَوْمِهِ ٱلَّذِينَ كَفَرُوا۟ وَكَذَّبُوا۟ بِلِقَآءِ ٱلْءَاخِرَةِ وَأَتْرَفْنَٰهُمْ فِى ٱلْحَيَوٰةِ ٱلدُّنْيَا مَا هَٰذَآ إِلَّا بَشَرٌ مِّثْلُكُمْ يَأْكُلُ مِمَّا تَأْكُلُونَ مِنْهُ وَيَشْرَبُ مِمَّا تَشْرَبُونَ ۝

(34) Si obedecéis a un hombre que es como vosotros, estáis perdidos.

وَلَئِنْ أَطَعْتُم بَشَرًا مِّثْلَكُمْ إِنَّكُمْ إِذًا لَّخَٰسِرُونَ ۝

(35) Os asegura que cuando estéis muertos y seáis tierra y huesos se os hará salir (de las tumbas).

أَيَعِدُكُمْ أَنَّكُمْ إِذَا مِتُّمْ وَكُنتُمْ تُرَابًا وَعِظَٰمًا أَنَّكُم مُّخْرَجُونَ ۝

(36) Qué lejos, qué remoto es lo que os asegura.

هَيْهَاتَ هَيْهَاتَ لِمَا تُوعَدُونَ ۝

(37) Sólo existe esta vida nuestra de aquí, vivimos y morimos y no seremos devueltos a la vida.

إِنْ هِىَ إِلَّا حَيَاتُنَا ٱلدُّنْيَا نَمُوتُ وَنَحْيَا وَمَا نَحْنُ بِمَبْعُوثِينَ ۝

(38) No es mas que un hombre que ha inventado una mentira sobre Allah, nosotros no le creemos.

إِنْ هُوَ إِلَّا رَجُلٌ ٱفْتَرَىٰ عَلَى ٱللَّهِ كَذِبًا وَمَا نَحْنُ لَهُۥ بِمُؤْمِنِينَ ۝

(39) Dijo: ¡Señor mío! Auxíliame ya que me tratan de mentiroso.

۞ فَقَالَ رَبِّ انصُرْنِي بِمَا كَذَّبُونِ ۞

(40) Dijo: Pronto os arrepentiréis.

قَالَ عَمَّا قَلِيلٍ لَّيُصْبِحُنَّ نَادِمِينَ ۞

(41) El grito de la verdad los agarró y los dejamos convertidos en despojos. ¡Fuera con la gente injusta!

فَأَخَذَتْهُمُ الصَّيْحَةُ بِالْحَقِّ فَجَعَلْنَاهُمْ غُثَاءً فَبُعْدًا لِّلْقَوْمِ الظَّالِمِينَ ۞

(42) Después, una vez pasaron, originamos otras generaciones.

ثُمَّ أَنشَأْنَا مِن بَعْدِهِمْ قُرُونًا آخَرِينَ ۞

(43) Ninguna comunidad puede adelantar o atrasar su plazo.

مَا تَسْبِقُ مِنْ أُمَّةٍ أَجَلَهَا وَمَا يَسْتَأْخِرُونَ ۞

(44) Luego fuimos enviando sucesivamente a Nuestros mensajeros. Cada vez que uno de los mensajeros llegaba a una comunidad era tachado de mentiroso.

Fueron pasando unas tras otras y las convertimos en casos ejemplares. ¡Fuera con una gente que no cree!

ثُمَّ أَرْسَلْنَا رُسُلَنَا تَتْرَا كُلَّ مَا جَاءَ أُمَّةً رَّسُولُهَا كَذَّبُوهُ فَأَتْبَعْنَا بَعْضَهُم بَعْضًا وَجَعَلْنَاهُمْ أَحَادِيثَ فَبُعْدًا لِّقَوْمٍ لَّا يُؤْمِنُونَ ۞

(45) Después enviamos a Musa y a su hermano Harún

ثُمَّ أَرْسَلْنَا مُوسَى وَأَخَاهُ هَارُونَ ۞

(46) con Nuestros signos y un poder visible;

بِآيَاتِنَا وَسُلْطَانٍ مُّبِينٍ ۞

(47) a Firaún y su corte, pero ellos se llenaron de soberbia y fueron altivos.

إِلَى فِرْعَوْنَ وَمَلَئِهِ فَاسْتَكْبَرُوا وَكَانُوا قَوْمًا عَالِينَ ۞

(48) Dijeron: ¿Cómo vamos a creer en dos seres humanos como nosotros cuyo pueblo es esclavo nuestro?

فَقَالُوٓاْ أَنُؤۡمِنُ لِبَشَرَيۡنِ مِثۡلِنَا وَقَوۡمُهُمَا لَنَا عَٰبِدُونَ ۝

(49) Negaron la verdad que decían y fueron destruídos.

فَكَذَّبُوهُمَا فَكَانُواْ مِنَ ٱلۡمُهۡلَكِينَ ۝

(50) Y le dimos el Libro a Musa para que pudieran guiarse.

وَلَقَدۡ ءَاتَيۡنَا مُوسَى ٱلۡكِتَٰبَ لَعَلَّهُمۡ يَهۡتَدُونَ ۝

(51) E hicimos del hijo de Maryam y de su madre un signo. A ambos les dimos cobijo en una colina fértil con agua corriente.

وَجَعَلۡنَا ٱبۡنَ مَرۡيَمَ وَأُمَّهُۥٓ ءَايَةً وَءَاوَيۡنَٰهُمَآ إِلَىٰ رَبۡوَةٍ ذَاتِ قَرَارٍ وَمَعِينٍ ۝

(52) Mensajeros, comed de las cosas buenas y obrad con rectitud que Yo sé lo que hacéis.

يَٰٓأَيُّهَا ٱلرُّسُلُ كُلُواْ مِنَ ٱلطَّيِّبَٰتِ وَٱعۡمَلُواْ صَٰلِحًاۖ إِنِّي بِمَا تَعۡمَلُونَ عَلِيمٌ ۝

(53) Y realmente vuestra comunidad es una única comunidad y Yo soy vuestro Señor, por lo tanto tened temor de Mí.

وَأَنَّ هَٰذِهِۦٓ أُمَّتُكُمۡ أُمَّةً وَٰحِدَةً وَأَنَا۠ رَبُّكُمۡ فَٱتَّقُونِ ۝

(54) Pero fragmentaron lo que tenían, en escrituras.

Y cada facción quedó contenta con lo suyo.

فَتَقَطَّعُوٓاْ أَمۡرَهُم بَيۡنَهُمۡ زُبُرًاۖ كُلُّ حِزۡبِۭ بِمَا لَدَيۡهِمۡ فَرِحُونَ ۝

(55) Déjalos en su confusión hasta un tiempo.

فَذَرۡهُمۡ فِي غَمۡرَتِهِمۡ حَتَّىٰ حِينٍ ۝

(56) ¿Acaso creen que esas riquezas e hijos que con tanta largueza les concedemos...

أَيَحۡسَبُونَ أَنَّمَا نُمِدُّهُم بِهِۦ مِن مَّالٍ وَبَنِينَ ۝

(57) Son porque Somos solícitos con ellos en darles bienes?

Por el contrario no se dan cuenta.

نُسَارِعُ لَهُمْ فِي الْخَيْرَتِ بَل لَا يَشْعُرُونَ ۝

(58) En verdad los que están estremecidos por temor de su Señor,

إِنَّ الَّذِينَ هُم مِّنْ خَشْيَةِ رَبِّهِم مُّشْفِقُونَ ۝

(59) ésos que creen en los signos de su Señor,

وَالَّذِينَ هُم بِـَٔايَتِ رَبِّهِمْ يُؤْمِنُونَ ۝

(60) y que no asocian a otros con su Señor;

وَالَّذِينَ هُم بِرَبِّهِمْ لَا يُشْرِكُونَ ۝

(61) los que dan de lo que se les da y sienten temor en su corazón porque saben que han de retornar a su Señor.

وَالَّذِينَ يُؤْتُونَ مَآءَاتَوا۟ وَّقُلُوبُهُمْ وَجِلَةٌ أَنَّهُمْ إِلَىٰ رَبِّهِمْ رَجِعُونَ ۝

(62) Esos son los que se apresuran en hacer el bien y son los primeros en ello.

أُو۟لَٰٓئِكَ يُسَٰرِعُونَ فِي الْخَيْرَتِ وَهُمْ لَهَا سَٰبِقُونَ ۝

(63) No obligamos a nadie sino en la medida de su capacidad.

Junto a Nos hay un Libro que dice la verdad y ellos no sufrirán ninguna injusticia.

وَلَا نُكَلِّفُ نَفْسًا إِلَّا وُسْعَهَا وَلَدَيْنَا كِتَٰبٌ يَنطِقُ بِالْحَقِّ وَهُمْ لَا يُظْلَمُونَ ۝

(64) Pero sus corazones están cerrados a él y han de llevar a cabo otras acciones distintas.

بَلْ قُلُوبُهُمْ فِي غَمْرَةٍ مِّنْ هَٰذَا وَلَهُمْ أَعْمَٰلٌ مِّن دُونِ ذَٰلِكَ هُمْ لَهَا عَٰمِلُونَ ۝

(65) Hasta que sorprendamos con el castigo a los que de ellos han caído en la vida fácil, entonces pedirán socorro.

حَتَّىٰٓ إِذَآ أَخَذْنَا مُتْرَفِيهِم بِالْعَذَابِ إِذَا هُمْ يَجْـَٔرُونَ ۝

(66) No pidáis socorro hoy porque no recibiréis auxilio de Nosotros.

لَا تَجْـَٔرُوا الْيَوْمَ إِنَّكُم مِّنَّا لَا تُنصَرُونَ ۝

(67) Ya se os recitaron Mis signos pero os volvísteis sobre vuestros talones.

قَدْ كَانَتْ ءَايَٰتِي تُتْلَىٰ عَلَيْكُمْ فَكُنتُمْ عَلَىٰٓ أَعْقَٰبِكُمْ تَنكِصُونَ ۝

(68) Llenos de soberbia por ello, hablando groseramente en reuniones nocturnas.

مُسْتَكْبِرِينَ بِهِۦ سَٰمِرًا تَهْجُرُونَ ۝

(69) ¿Acaso no han meditado la Palabra? ¿O es que les ha llegado algo que no les llegara ya a sus primeros padres?

أَفَلَمْ يَدَّبَّرُوا الْقَوْلَ أَمْ جَآءَهُم مَّا لَمْ يَأْتِ ءَابَآءَهُمُ الْأَوَّلِينَ ۝

(70) ¿O es que no reconocen a su mensajero y por ello lo niegan?

أَمْ لَمْ يَعْرِفُوا رَسُولَهُمْ فَهُمْ لَهُۥ مُنكِرُونَ ۝

(71) ¿O es que dicen: Está poseído? Por el contrario les ha llegado la verdad pero a la mayoría de ellos la verdad les repugna.

أَمْ يَقُولُونَ بِهِۦ جِنَّةٌۢ بَلْ جَآءَهُم بِالْحَقِّ وَأَكْثَرُهُمْ لِلْحَقِّ كَٰرِهُونَ ۝

(72) Si la verdad siguiera sus deseos, los cielos y la tierra y lo que hay en ellos se corromperían.

Por el contrario les hemos traído su recuerdo, pero ellos se apartan de lo que les hace recordar.

وَلَوِ اتَّبَعَ الْحَقُّ أَهْوَآءَهُمْ لَفَسَدَتِ السَّمَٰوَٰتُ وَالْأَرْضُ وَمَن فِيهِنَّ بَلْ أَتَيْنَٰهُم بِذِكْرِهِمْ فَهُمْ عَن ذِكْرِهِم مُّعْرِضُونَ ۝

(73) ¿O es que les pides un tributo? El tributo de tu Señor es mejor.

El es Quien mejor provee.

أَمْ تَسْـَٔلُهُمْ خَرْجًا فَخَرَاجُ رَبِّكَ خَيْرٌ وَهُوَ خَيْرُ الرَّٰزِقِينَ ۝

(74) Y verdaderamente tú los llamas a un camino recto.

وَإِنَّكَ لَتَدْعُوهُمْ إِلَىٰ صِرَٰطٍ مُّسْتَقِيمٍ ۝

سُورَةُ الْمُؤْمِنُونَ – الْجُزْءُ الثَّامِنَ عَشَرَ

(75) Pero los que no creen en la Otra Vida están desviados del camino.

وَإِنَّ الَّذِينَ لَا يُؤْمِنُونَ بِالْآخِرَةِ عَنِ الصِّرَاطِ لَنَاكِبُونَ ۝

(76) Y aunque tuviéramos misericordia con ellos y los libráramos del mal que les aflige, persistirían en andar errantes fuera de los límites.

وَلَوْ رَحِمْنَاهُمْ وَكَشَفْنَا مَا بِهِم مِّن ضُرٍّ لَّلَجُّوا فِي طُغْيَانِهِمْ يَعْمَهُونَ ۝

(77) Ya les habíamos afligido con el castigo y no se humillaron ni suplicaron ante su Señor.

وَلَقَدْ أَخَذْنَاهُم بِالْعَذَابِ فَمَا اسْتَكَانُوا لِرَبِّهِمْ وَمَا يَتَضَرَّعُونَ ۝

(78) Pero llegará un momento en que les abramos una puerta tras la que haya un castigo intenso y queden en él sin esperanza.

حَتَّىٰ إِذَا فَتَحْنَا عَلَيْهِم بَابًا ذَا عَذَابٍ شَدِيدٍ إِذَا هُمْ فِيهِ مُبْلِسُونَ ۝

(79) El es Quien ha creado para vosotros el oído, la vista, y el corazón. Poco es lo que agradecéis.

وَهُوَ الَّذِي أَنشَأَ لَكُمُ السَّمْعَ وَالْأَبْصَارَ وَالْأَفْئِدَةَ قَلِيلًا مَّا تَشْكُرُونَ ۝

(80) Y El es Quien os ha repartido por la tierra y hacia El iréis a reuniros.

وَهُوَ الَّذِي ذَرَأَكُمْ فِي الْأَرْضِ وَإِلَيْهِ تُحْشَرُونَ ۝

(81) El es Quien os da la vida y os da la muerte y Suya es la alternancia de la noche y el día. ¿No váis a entender?

وَهُوَ الَّذِي يُحْيِي وَيُمِيتُ وَلَهُ اخْتِلَافُ اللَّيْلِ وَالنَّهَارِ أَفَلَا تَعْقِلُونَ ۝

(82) Sin embargo hablan como hablaban los primitivos.

بَلْ قَالُوا مِثْلَ مَا قَالَ الْأَوَّلُونَ ۝

(83) Decían: ¿Acaso cuando hayamos muerto y seamos tierra y huesos se no devolverá a la vida?

قَالُوا أَإِذَا مِتْنَا وَكُنَّا تُرَابًا وَعِظَامًا أَإِنَّا لَمَبْعُوثُونَ ۝

(84) Ya se nos amenazó con esto a nosotros y a nuestros padres antes, pero no son mas que patrañas de los antiguos.

لَقَدْ وُعِدْنَا نَحْنُ وَءَابَآؤُنَا هَٰذَا مِن قَبْلُ إِنْ هَٰذَآ إِلَّآ أَسَاطِيرُ ٱلْأَوَّلِينَ ۝

(85) Di: ¿De quién son la tierra y los que hay en ella si es que sabéis?

قُل لِّمَنِ ٱلْأَرْضُ وَمَن فِيهَآ إِن كُنتُمْ تَعْلَمُونَ ۝

(86) Dirán: De Allah. Di: ¿Es que no vais a recapacitar?

سَيَقُولُونَ لِلَّهِ قُلْ أَفَلَا تَذَكَّرُونَ ۝

(87) Di: ¿Quién es el Señor de los siete cielos y del Trono Inmenso?

قُلْ مَن رَّبُّ ٱلسَّمَٰوَٰتِ ٱلسَّبْعِ وَرَبُّ ٱلْعَرْشِ ٱلْعَظِيمِ ۝

(88) Dirán: Son de Allah. Di: ¿No Le temeréis?

سَيَقُولُونَ لِلَّهِ قُلْ أَفَلَا تَتَّقُونَ ۝

(89) Di: ¿Quién tiene en Sus manos el dominio de todas las cosas y ampara pero no es amparado, si sabéis?

قُلْ مَنۢ بِيَدِهِ مَلَكُوتُ كُلِّ شَىْءٍ وَهُوَ يُجِيرُ وَلَا يُجَارُ عَلَيْهِ إِن كُنتُمْ تَعْلَمُونَ ۝

(90) Dirán: Allah. Di: ¿Por qué entonces estáis hechizados?

سَيَقُولُونَ لِلَّهِ قُلْ فَأَنَّىٰ تُسْحَرُونَ ۝

(91) Pero aunque les hemos traído la verdad ellos mienten.

بَلْ أَتَيْنَٰهُم بِٱلْحَقِّ وَإِنَّهُمْ لَكَٰذِبُونَ ۝

(92) Allah no ha tomado hijo alguno ni hay con El ningún dios.

Porque si así fuera cada dios se llevaría lo que hubiera creado y se dominarían unos a otros.

¡Ensalzado sea Allah por encima de lo que Le puedan atribuir!

مَا ٱتَّخَذَ ٱللَّهُ مِن وَلَدٍ وَمَا كَانَ مَعَهُۥ مِنْ إِلَٰهٍ إِذًا لَّذَهَبَ كُلُّ إِلَٰهٍۭ بِمَا خَلَقَ وَلَعَلَا بَعْضُهُمْ عَلَىٰ بَعْضٍ سُبْحَٰنَ ٱللَّهِ عَمَّا يَصِفُونَ ۝

(93) El conoce el No-Visto y lo Aparente, sea ensalzado por encima de lo que Le asocian.

عَلِمِ الْغَيْبِ وَالشَّهَدَةِ فَتَعَلَىٰ عَمَّا يُشْرِكُونَ ۝

(94) Di: ¡Señor mío! Si me muestras lo que les has prometido

قُل رَّبِّ إِمَّا تُرِيَنِّى مَا يُوعَدُونَ ۝

(95) no me pongas con la gente injusta.

رَبِّ فَلَا تَجْعَلْنِى فِى الْقَوْمِ الظَّالِمِينَ ۝

(96) Verdaderamente tenemos poder para mostrarte lo que les hemos prometido.

وَإِنَّا عَلَىٰ أَن نُّرِيَكَ مَا نَعِدُهُمْ لَقَدِرُونَ ۝

(97) Responde a la maldad de la mejor manera. Nosotros sabemos mejor lo que atribuyen.

ادْفَعْ بِالَّتِى هِىَ أَحْسَنُ السَّيِّئَةَ نَحْنُ أَعْلَمُ بِمَا يَصِفُونَ ۝

(98) Y di: Señor, en Ti me refugio de los susurros de los demonios.

وَقُل رَّبِّ أَعُوذُ بِكَ مِنْ هَمَزَٰتِ الشَّيَٰطِينِ ۝

(99) Y me refugio en Ti de su presencia.

وَأَعُوذُ بِكَ رَبِّ أَن يَحْضُرُونِ ۝

(100) Y cuando le llegue la muerte a uno de ellos, entonces dirá: Señor déjame volver

حَتَّىٰ إِذَا جَاءَ أَحَدَهُمُ الْمَوْتُ قَالَ رَبِّ ارْجِعُونِ ۝

(101) para que pueda actuar con rectitud en lo que descuidé.

Pero no, sólo son palabras que dice.

Ante ellos habrá un período intermedio hasta que llegue el día en que sean devueltos a la vida.

لَعَلِّى أَعْمَلُ صَٰلِحًا فِيمَا تَرَكْتُ كَلَّا إِنَّهَا كَلِمَةٌ هُوَ قَائِلُهَا وَمِن وَرَآئِهِم بَرْزَخٌ إِلَىٰ يَوْمِ يُبْعَثُونَ ۝

(102) Entonces se soplará el cuerno.
Ese día no habrá entre ellos
consanguinidad ni se pre-
guntarán unos a otros.

فَإِذَا نُفِخَ فِى ٱلصُّورِ فَلَآ أَنسَابَ بَيْنَهُمْ يَوْمَئِذٍ وَلَا يَتَسَآءَلُونَ ۞

(103) Aquellos cuyas obras pesen en
la balanza... Esos serán los
afortunados.

فَمَن ثَقُلَتْ مَوَٰزِينُهُۥ فَأُو۟لَٰٓئِكَ هُمُ ٱلْمُفْلِحُونَ ۞

(104) Y aquellos cuyas obras no tengan peso en la balanza... Esos
serán los que se habrán perdido a sí mismos y serán
inmortales en Yahannam.

وَمَنْ خَفَّتْ مَوَٰزِينُهُۥ فَأُو۟لَٰٓئِكَ ٱلَّذِينَ خَسِرُوٓا۟ أَنفُسَهُمْ فِى جَهَنَّمَ خَٰلِدُونَ ۞

(105) El Fuego les abrasará la cara y
quedarán desfigurados.*

* [La expresión árabe sugiere la cara de
un perro cuando enseña los dientes o
cuando se asa la cabeza de un cordero
y quedan los dientes a la vista.]

تَلْفَحُ وُجُوهَهُمُ ٱلنَّارُ وَهُمْ فِيهَا كَٰلِحُونَ ۞

(106) ¿Acaso no se os recitaron Mis
signos y vosotros negasteis su
verdad?

أَلَمْ تَكُنْ ءَايَٰتِى تُتْلَىٰ عَلَيْكُمْ فَكُنتُم بِهَا تُكَذِّبُونَ ۞

(107) Dirán: ¡Señor nuestro! Nuestra
propia desgracia pudo más
que nosotros y fuimos gente
extraviada.

قَالُوا۟ رَبَّنَا غَلَبَتْ عَلَيْنَا شِقْوَتُنَا وَكُنَّا قَوْمًا ضَآلِّينَ ۞

(108) ¡Señor nuestro! Sácanos de él y
si reincidimos, entonces seremos injustos.

رَبَّنَآ أَخْرِجْنَا مِنْهَا فَإِنْ عُدْنَا فَإِنَّا ظَٰلِمُونَ ۞

(109) Dirá: Sed arrojados en él con
desprecio y no Me habléis.

قَالَ ٱخْسَـُٔوا۟ فِيهَا وَلَا تُكَلِّمُونِ ۞

(110) Es cierto que había una parte de Mis siervos que decía:

¡Señor nuestro! Creemos, perdónanos y ten misericordia de nosotros; Tú eres el mejor de los misericordiosos.

إِنَّهُۥ كَانَ فَرِيقٌ مِّنْ عِبَادِى يَقُولُونَ رَبَّنَآ ءَامَنَّا فَٱغْفِرْ لَنَا وَٱرْحَمْنَا وَأَنتَ خَيْرُ ٱلرَّٰحِمِينَ ۝

(111) Los tomasteis a burla hasta el punto de olvidar Mi recuerdo y os reísteis de ellos.

فَٱتَّخَذْتُمُوهُمْ سُخْرِيًّا حَتَّىٰٓ أَنسَوْكُمْ ذِكْرِى وَكُنتُم مِّنْهُمْ تَضْحَكُونَ ۝

(112) Verdaderamente hoy les hemos recompensado porque fueron pacientes y ellos son los que han tenido éxito.

إِنِّى جَزَيْتُهُمُ ٱلْيَوْمَ بِمَا صَبَرُوٓاْ أَنَّهُمْ هُمُ ٱلْفَآئِزُونَ ۝

(113) Dirá: Cuántos años estuvisteis en la tierra?

قَٰلَ كَمْ لَبِثْتُمْ فِى ٱلْأَرْضِ عَدَدَ سِنِينَ ۝

(114) Dirán: Estuvimos un día o parte de un día, pregunta a los que pueden contar.

قَالُواْ لَبِثْنَا يَوْمًا أَوْ بَعْضَ يَوْمٍ فَسْـَٔلِ ٱلْعَآدِّينَ ۝

(115) Dirá: Fue poco lo que estuvísteis, si hubiérais sabido.

قَٰلَ إِن لَّبِثْتُمْ إِلَّا قَلِيلًا لَّوْ أَنَّكُمْ كُنتُمْ تَعْلَمُونَ ۝

(116) ¿Acaso pensásteis que os habíamos creado únicamente como diversión y que no habríais de volver a Nosotros?

أَفَحَسِبْتُمْ أَنَّمَا خَلَقْنَٰكُمْ عَبَثًا وَأَنَّكُمْ إِلَيْنَا لَا تُرْجَعُونَ ۝

(117) ¡Ensalzado sea Allah, el Rey Verdadero, no hay dios sino El, el Señor del noble Trono.

فَتَعَٰلَى ٱللَّهُ ٱلْمَلِكُ ٱلْحَقُّ لَآ إِلَٰهَ إِلَّا هُوَ رَبُّ ٱلْعَرْشِ ٱلْكَرِيمِ ۝

(118) Quien invoque a otro dios junto a Allah sin tener pruebas,

وَمَن يَدْعُ مَعَ ٱللَّهِ إِلَٰهًا ءَاخَرَ لَا بُرْهَٰنَ لَهُۥ بِهِۦ

tendrá que rendir cuentas ante su Señor.

En verdad que los que se niegan a creer no tendrán éxito.

(119) Y di: ¡Señor mío! Perdona y ten misericordia, Tú eres el mejor de los misericordiosos.

فَإِنَّمَا حِسَابُهُۥ عِندَ رَبِّهِۦٓ إِنَّهُۥ لَا يُفۡلِحُ ٱلۡكَٰفِرُونَ ۝

وَقُل رَّبِّ ٱغۡفِرۡ وَٱرۡحَمۡ وَأَنتَ خَيۡرُ ٱلرَّٰحِمِينَ ۝

24. SURA DE LA LUZ.

سُورَةُ النُّورِ

بِسْمِ اللَّهِ الرَّحْمَنِ الرَّحِيمِ

En el nombre de Allah, el Misericordioso, el Compasivo.

(1) Es una sura que hemos hecho descender, haciendo de ella un precepto y revelando en ella signos claros para que podáis recordar.

سُورَةٌ أَنزَلْنَاهَا وَفَرَضْنَاهَا وَأَنزَلْنَا فِيهَآ ءَايَتٍ بَيِّنَتٍ لَّعَلَّكُمْ تَذَكَّرُونَ ۝

(2) A la fornicadora y al fornicador, dadle a cada uno de ellos cien azotes y si creéis en Allah y en el Ultimo Día, que no se apodere de vosotros ninguna compasión por ellos que os impida cumplir el juicio de Allah.

Y que estén presentes siendo testigos de su castigo un grupo de creyentes.

الزَّانِيَةُ وَالزَّانِي فَاجْلِدُوا كُلَّ وَاحِدٍ مِّنْهُمَا مِائَةَ جَلْدَةٍ وَلَا تَأْخُذْكُم بِهِمَا رَأْفَةٌ فِي دِينِ اللَّهِ إِن كُنتُمْ تُؤْمِنُونَ بِاللَّهِ وَالْيَوْمِ الْآخِرِ وَلْيَشْهَدْ عَذَابَهُمَا طَآئِفَةٌ مِّنَ الْمُؤْمِنِينَ ۝

(3) Un hombre que haya fornicado sólo habrá podido hacerlo con una fornicadora o con una asociadora y una mujer que haya fornicado sólo habrá podido hacerlo con un fornicador o un asociador.

Y esto es ilícito para los creyentes.*

الزَّانِي لَا يَنكِحُ إِلَّا زَانِيَةً أَوْ مُشْرِكَةً وَالزَّانِيَةُ لَا يَنكِحُهَآ إِلَّا زَانٍ أَوْ مُشْرِكٌ وَحُرِّمَ ذَلِكَ عَلَى الْمُؤْمِنِينَ ۝

* [La expresión más aparente de esta aleya sería: "El fornicador sólo podrá desposar a una fornicadora o a una asociadora..."; sin embargo la mayor parte

de los comentaristas han interpretado siempre que el término "desposar" significa más bien cohabitar o fornicar, es decir que un fornicador o una fornicadora sólo tendrán relación con alguien que sea de su condición puesto que no es propio de creyentes cometer tal acto. No obstante incluso si la aleya se toma en su significado más aparente, en el sentido de que un fornicador sólo puede desposar a una fornicadora etc…, la aleya habría sido posteriormente abrogada en su juicio legal, según la opinión de una mayoría. Y finalmente, también puede entenderse en el sentido de que no es propio que un fornicador se case excepto con alguien de su condición, aunque lo contrario no esté prohibido.]

(4) Y a los que acusen a las mujeres honradas sin aportar seguidamente cuatro testigos, dadles ochenta azotes y nunca más aceptéis su testimonio. Esos son los descarriados.

وَالَّذِينَ يَرْمُونَ الْمُحْصَنَاتِ ثُمَّ لَمْ يَأْتُوا بِأَرْبَعَةِ شُهَدَآءَ فَاجْلِدُوهُمْ ثَمَنِينَ جَلْدَةً وَلَا تَقْبَلُوا لَهُمْ شَهَدَةً أَبَداً وَأُوْلَٰٓئِكَ هُمُ الْفَٰسِقُونَ ۝

(5) A excepción de los que se retracten después de haberlo hecho y rectifiquen, pues en verdad Allah es Perdonador y Compasivo.

إِلَّا الَّذِينَ تَابُوا مِنۢ بَعْدِ ذَٰلِكَ وَأَصْلَحُوا فَإِنَّ اللَّهَ غَفُورٌ رَّحِيمٌ ۝

(6) Y los que acusen a sus esposas sin tener más testigos que ellos mismos, deberán jurar cuatro veces por Allah que dicen la verdad.

وَالَّذِينَ يَرْمُونَ أَزْوَٰجَهُمْ وَلَمْ يَكُن لَّهُمْ شُهَدَآءُ إِلَّآ أَنفُسُهُمْ فَشَهَدَةُ أَحَدِهِمْ أَرْبَعُ شَهَدَٰتٍۭ بِاللَّهِ إِنَّهُۥ لَمِنَ الصَّٰدِقِينَ ۝

(7) Y una quinta pidiendo que caiga la maldición de Allah sobre él si miente.

وَالْخَٰمِسَةُ أَنَّ لَعْنَتَ اللَّهِ عَلَيْهِ إِن كَانَ مِنَ الْكَٰذِبِينَ ۝

(8) Y ella quedará libre de castigo si atestigua cuatro veces por Allah que él está mintiendo.

وَيَدْرَؤُاْ عَنْهَا ٱلْعَذَابَ أَن تَشْهَدَ أَرْبَعَ شَهَٰدَٰتٍ بِٱللَّهِ إِنَّهُۥ لَمِنَ ٱلْكَٰذِبِينَ ۝

(9) Y una quinta pidiendo que la ira de Allah caiga sobre ella si él dice la verdad.

وَٱلْخَٰمِسَةَ أَنَّ غَضَبَ ٱللَّهِ عَلَيْهَآ إِن كَانَ مِنَ ٱلصَّٰدِقِينَ ۝

(10) Si no fuera por el favor de Allah para con vosotros y por Su misericordia y porque Allah se vuelve al siervo y es Sabio...

وَلَوْلَا فَضْلُ ٱللَّهِ عَلَيْكُمْ وَرَحْمَتُهُۥ وَأَنَّ ٱللَّهَ تَوَّابٌ حَكِيمٌ ۝

(11) En verdad los que vinieron con esa calumnia son un grupo de vosotros, no lo consideréis un mal para vosotros, por el contrario es un bien.

Cada uno de ellos tendrá la parte de delito que haya adquirido y el que de ellos es responsable de lo más grave tendrá un castigo inmenso.*

إِنَّ ٱلَّذِينَ جَآءُو بِٱلْإِفْكِ عُصْبَةٌ مِّنكُمْ لَا تَحْسَبُوهُ شَرًّا لَّكُم بَلْ هُوَ خَيْرٌ لَّكُمْ لِكُلِّ ٱمْرِئٍ مِّنْهُم مَّا ٱكْتَسَبَ مِنَ ٱلْإِثْمِ وَٱلَّذِى تَوَلَّىٰ كِبْرَهُۥ مِنْهُمْ لَهُۥ عَذَابٌ عَظِيمٌ ۝

* [Esta aleya y las siguientes descendieron acerca de la calumnia de la que fue objeto Aishah, esposa del Profeta, y su inocencia. La historia es que Aishah había salido junto al Profeta, que Allah le dé Su gracia y paz, en la expedición de banu Mustalaq, y en un alto en el camino de vuelta perdió su collar quedándose rezagada para buscarlo. La expedición, sin notar su ausencia, partió. Más tarde pasó junto a ella un hombre llamado Safwan b. Mutal que la reconoció y le ofreció su camello para llevarla hasta donde estaba el grueso de la expedición. Al verla llegar en compañía de este hombre, un grupo de hipócritas extendió un rumor calumnioso. Un mes después descen-

dieron estas aleyas declarando la inocencia de Aishah, que Allah esté complacido con ella.]

(12) ¿Por qué los creyentes y las
creyentes, cuando lo oísteis, no
pensaron bien por sí mismos y
dijeron: Está bien claro que es
una calumnia?

لَّوْلَآ إِذْ سَمِعْتُمُوهُ ظَنَّ ٱلْمُؤْمِنُونَ وَٱلْمُؤْمِنَٰتُ
بِأَنفُسِهِمْ خَيْرًا وَقَالُوا هَٰذَآ إِفْكٌ مُّبِينٌ ۝

(13) ¿Por qué no trajeron cuatro testigos de ello?
Puesto que no pudieron traer
ningún testigo, ésos son ante
Allah los mentirosos.

لَّوْلَا جَآءُو عَلَيْهِ بِأَرْبَعَةِ شُهَدَآءَ فَإِذْ لَمْ يَأْتُوا
بِٱلشُّهَدَآءِ فَأُو۟لَٰٓئِكَ عِندَ ٱللَّهِ هُمُ ٱلْكَٰذِبُونَ ۝

(14) De no haber sido por el favor de
Allah sobre vosotros y por Su
misericordia en esta vida y en
la Otra, os habría alcanzado un
inmenso castigo por haberos
enredado en murmuraciones.

وَلَوْلَا فَضْلُ ٱللَّهِ عَلَيْكُمْ وَرَحْمَتُهُ فِي ٱلدُّنْيَا
وَٱلْآخِرَةِ لَمَسَّكُمْ فِي مَآ أَفَضْتُمْ فِيهِ عَذَابٌ
عَظِيمٌ ۝

(15) Cuando lo tomábais unos de
otros con vuestras lenguas
diciendo por vuestra boca algo
de lo que no teníais conocimiento y lo considerábais
poca cosa cuando ante Allah
era grave.

إِذْ تَلَقَّوْنَهُ بِأَلْسِنَتِكُمْ وَتَقُولُونَ بِأَفْوَاهِكُم
مَّا لَيْسَ لَكُم بِهِ عِلْمٌ وَتَحْسَبُونَهُ هَيِّنًا وَهُوَ
عِندَ ٱللَّهِ عَظِيمٌ ۝

(16) ¿Por qué cuando lo escuchásteis
no dijísteis: no es propio de
nosotros hablar de esto?
¡Gloria a Ti! Esto es una
enorme calumnia.

وَلَوْلَآ إِذْ سَمِعْتُمُوهُ قُلْتُم مَّا يَكُونُ لَنَآ أَن
نَّتَكَلَّمَ بِهَٰذَا سُبْحَٰنَكَ هَٰذَا بُهْتَٰنٌ عَظِيمٌ ۝

(17) Allah os exhorta a que no
volváis jamás a algo parecido
si sois creyentes.

يَعِظُكُمُ ٱللَّهُ أَن تَعُودُوا لِمِثْلِهِ أَبَدًا
إِن كُنتُم مُّؤْمِنِينَ ۝

(18) Y Allah os hace claros los signos, y Allah es Conocedor y Sabio.

وَيُبَيِّنُ اللَّهُ لَكُمُ الْآيَاتِ وَاللَّهُ عَلِيمٌ حَكِيمٌ ۝

(19) Verdaderamente aquéllos de entre los que creen que aman que se propague la indecencia, tendrán un castigo doloroso en esta vida y en la Otra.

Allah sabe y vosotros no sabéis.

إِنَّ الَّذِينَ يُحِبُّونَ أَن تَشِيعَ الْفَاحِشَةُ فِي الَّذِينَ آمَنُوا لَهُمْ عَذَابٌ أَلِيمٌ فِي الدُّنْيَا وَالْآخِرَةِ وَاللَّهُ يَعْلَمُ وَأَنتُمْ لَا تَعْلَمُونَ ۝

(20) Y si no fuera por el favor de Allah con vosotros y por Su misericordia y porque Allah es Clemente y Compasivo...

وَلَوْلَا فَضْلُ اللَّهِ عَلَيْكُمْ وَرَحْمَتُهُ وَأَنَّ اللَّهَ رَءُوفٌ رَّحِيمٌ ۝

(21) ¡Vosotros que creéis! No sigáis los pasos del Shaytán. Y quien siga los pasos del Shaytán, él sólo manda la indecencia y lo reprobable. De no haber sido por el favor de Allah con vosotros y por Su misericordia ninguno de vosotros se habría purificado jamás; pero Allah purifica a quien quiere; y Allah es Quien oye y Quien sabe.

۞ يَا أَيُّهَا الَّذِينَ آمَنُوا لَا تَتَّبِعُوا خُطُوَاتِ الشَّيْطَانِ وَمَن يَتَّبِعْ خُطُوَاتِ الشَّيْطَانِ فَإِنَّهُ يَأْمُرُ بِالْفَحْشَاءِ وَالْمُنكَرِ وَلَوْلَا فَضْلُ اللَّهِ عَلَيْكُمْ وَرَحْمَتُهُ مَا زَكَى مِنكُم مِّنْ أَحَدٍ أَبَدًا وَلَكِنَّ اللَّهَ يُزَكِّي مَن يَشَاءُ وَاللَّهُ سَمِيعٌ عَلِيمٌ ۝

(22) Y que no juren, los que de vosotros tengan de sobra y estén holgados, dejar de dar a los parientes*, a los pobres y a los emigrados en el camino de Allah; sino que perdonen y lo pasen por alto. ¿No os gusta que Allah os perdone a vosotros?

وَلَا يَأْتَلِ أُولُو الْفَضْلِ مِنكُمْ وَالسَّعَةِ أَن يُؤْتُوا أُولِي الْقُرْبَى وَالْمَسَاكِينَ وَالْمُهَاجِرِينَ فِي سَبِيلِ اللَّهِ وَلْيَعْفُوا وَلْيَصْفَحُوا أَلَا تُحِبُّونَ أَن يَغْفِرَ اللَّهُ لَكُمْ وَاللَّهُ غَفُورٌ رَّحِيمٌ ۝

Allah es Perdonador y Compasivo.

* [Esta aleya descendió en relación a Abu Bakr as-Siddiq, que Allah esté complacido con él, cuando juró dejar de ayudar a un pariente pobre que tenía llamado Mustah porque había participado en las murmuraciones sobre Aishah.]

(23) En verdad los que acusan a las mujeres creyentes, recatadas y faltas de malicia. serán malditos en esta vida y en la Otra y tendrán un enorme castigo.

اِنَّ الَّذِينَ يَرْمُونَ الْمُحْصَنَتِ الْغَفِلَتِ الْمُؤْمِنَتِ لُعِنُواْ فِي الدُّنْيَا وَالْآخِرَةِ وَلَهُمْ عَذَابٌ عَظِيمٌ ۝

(24) El día en que su lengua, manos y pies den testimonio contra ellos de lo que hicieron,

يَوْمَ تَشْهَدُ عَلَيْهِمْ أَلْسِنَتُهُمْ وَأَيْدِيهِمْ وَأَرْجُلُهُم بِمَا كَانُواْ يَعْمَلُونَ ۝

(25) ese día, Allah les pagará su verdadera cuenta y sabrán que Allah es la Verdad evidente.

يَوْمَئِذٍ يُوَفِّيهِمُ اللَّهُ دِينَهُمُ الْحَقَّ وَيَعْلَمُونَ أَنَّ اللَّهَ هُوَ الْحَقُّ الْمُبِينُ ۝

(26) Las malas para los malos y los malos para las malas. Y las buenas para los buenos y los buenos para las buenas. Esos están libres de lo que digan, tendrán perdón y una generosa provisión.

الْخَبِيثَتُ لِلْخَبِيثِينَ وَالْخَبِيثُونَ لِلْخَبِيثَتِ وَالطَّيِّبَتُ لِلطَّيِّبِينَ وَالطَّيِّبُونَ لِلطَّيِّبَتِ أُوْلَئِكَ مُبَرَّءُونَ مِمَّا يَقُولُونَ لَهُم مَّغْفِرَةٌ وَرِزْقٌ كَرِيمٌ ۝

(27) ¡Vosotros que creéis! No entréis en casas ajenas sin antes haber pedido permiso y haber saludado a su gente.

Eso es mejor para vosotros, para que podáis recapacitar.

يَأَيُّهَا الَّذِينَ ءَامَنُواْ لَا تَدْخُلُواْ بُيُوتًا غَيْرَ بُيُوتِكُمْ حَتَّى تَسْتَأْنِسُواْ وَتُسَلِّمُواْ عَلَى أَهْلِهَا ذَلِكُمْ خَيْرٌ لَّكُمْ لَعَلَّكُمْ تَذَكَّرُونَ ۝

(28) Y si no encontráis a nadie en ellas, no entréis hasta que no se os dé permiso. Y si os dicen: volveos, hacedlo; eso es más puro para vosotros.

Allah sabe lo que hacéis.

فَإِن لَّمْ تَجِدُوا فِيهَا أَحَدًا فَلَا تَدْخُلُوهَا حَتَّىٰ يُؤْذَنَ لَكُمْ وَإِن قِيلَ لَكُمُ ارْجِعُوا فَارْجِعُوا هُوَ أَزْكَىٰ لَكُمْ وَاللَّهُ بِمَا تَعْمَلُونَ عَلِيمٌ ۞

(29) No incurrís en falta si entráis en casas deshabitadas en las que haya algún provecho para vosotros.

Allah sabe lo que mostráis y lo que ocultáis.

لَّيْسَ عَلَيْكُمْ جُنَاحٌ أَن تَدْخُلُوا بُيُوتًا غَيْرَ مَسْكُونَةٍ فِيهَا مَتَاعٌ لَّكُمْ وَاللَّهُ يَعْلَمُ مَا تُبْدُونَ وَمَا تَكْتُمُونَ ۞

(30) Di a los creyentes que bajen la mirada y guarden sus partes privadas, eso es más puro para ellos.

Es cierto que Allah sabe perfectamente lo que hacen.

قُل لِّلْمُؤْمِنِينَ يَغُضُّوا مِنْ أَبْصَارِهِمْ وَيَحْفَظُوا فُرُوجَهُمْ ذَٰلِكَ أَزْكَىٰ لَهُمْ إِنَّ اللَّهَ خَبِيرٌ بِمَا يَصْنَعُونَ ۞

(31) Y di a las creyentes que bajen la mirada y guarden sus partes privadas, y que no muestren sus atractivos a excepción de los que sean externos; y que se dejen caer el tocado sobre el escote y no muestren sus atractivos excepto a sus maridos,

padres, padres de sus maridos, hijos, hijos de sus maridos, hermanos, hijos de sus hermanos, hijos de sus hermanas, sus mujeres*, los esclavos que posean, los hombres subordinados carentes de instinto sexual o los niños a los que aún no se les haya desvelado la desnudez de la mujer.

وَقُل لِّلْمُؤْمِنَاتِ يَغْضُضْنَ مِنْ أَبْصَارِهِنَّ وَيَحْفَظْنَ فُرُوجَهُنَّ وَلَا يُبْدِينَ زِينَتَهُنَّ إِلَّا مَا ظَهَرَ مِنْهَا وَلْيَضْرِبْنَ بِخُمُرِهِنَّ عَلَىٰ جُيُوبِهِنَّ وَلَا يُبْدِينَ زِينَتَهُنَّ إِلَّا لِبُعُولَتِهِنَّ أَوْ آبَائِهِنَّ أَوْ آبَاءِ بُعُولَتِهِنَّ أَوْ أَبْنَائِهِنَّ أَوْ أَبْنَاءِ بُعُولَتِهِنَّ أَوْ إِخْوَانِهِنَّ أَوْ بَنِي إِخْوَانِهِنَّ أَوْ بَنِي أَخَوَاتِهِنَّ أَوْ نِسَائِهِنَّ أَوْ مَا مَلَكَتْ أَيْمَانُهُنَّ أَوِ التَّابِعِينَ غَيْرِ أُولِي الْإِرْبَةِ مِنَ الرِّجَالِ أَوِ الطِّفْلِ الَّذِينَ لَمْ يَظْهَرُوا عَلَىٰ عَوْرَاتِ النِّسَاءِ وَلَا يَضْرِبْنَ بِأَرْجُلِهِنَّ لِيُعْلَمَ مَا يُخْفِينَ مِن زِينَتِهِنَّ وَتُوبُوا إِلَى

Y que al andar no pisen gol-
peando los pies para que no se
reconozcan adornos* que lleven escondidos.

Y volveos a Allah todos, oh
creyentes, para que podáis
tener éxito.

* [Es decir, las demás mujeres
musulmanas.]

* [Aquí se hace referencia en concreto a
las ajorcas que las mujeres llevaban en
los pies y que algunas hacían sonar
para atraer a los hombres.]

(32) Y casad a vuestros solteros y a
vuestros esclavos y esclavas
que sean rectos. Si son pobres,
Allah les enriquecerá con Su
favor.

Allah es Magnánimo,
Conocedor.

(33) Pero los que no encuentren
medios para casarse que se
abstengan hasta que Allah les
enriquezca con Su favor.
Y los esclavos que tengáis que
deseen la escritura de eman-
cipación, si sabéis que en ellos
hay bien, concedédsela.
Y dadles algo de la riqueza que
Allah os dió.
No obliguéis a vuestras esclavas a prostituirse en contra de
su deseo de ser honradas, per-
siguiendo lo que ofrece la vida
de este mundo. Pero si (les
ocurre que) son forzadas... es
cierto que Allah, una vez que

hayan sido forzadas, es Perdonador, Compasivo.

(34) Y es verdad que hemos hecho que descendieran para vosotros signos clarificadores y ejemplos de quienes hubo antes de vosotros, así como una exhortación para los que tienen temor (de Allah).

وَلَقَدْ أَنزَلْنَآ إِلَيْكُمْ ءَايَٰتٍ مُّبَيِّنَٰتٍ وَمَثَلًا مِّنَ ٱلَّذِينَ خَلَوْاْ مِن قَبْلِكُمْ وَمَوْعِظَةً لِّلْمُتَّقِينَ ۝

(35) Allah es la luz de los cielos y la tierra. Su luz es como una hornacina en la que hay una lámpara; la lámpara está dentro de un vidrio y el vidrio es como un astro radiante.

Se enciende gracias a un árbol bendito, un olivo que no es ni oriental ni occidental, cuyo aceite casí alumbra sin que lo toque el fuego. Luz sobre luz. Allah guía hacia Su luz a quien quiere.

Allah llama la atención de los hombres con ejemplos y Allah conoce todas las cosas.

۞ ٱللَّهُ نُورُ ٱلسَّمَٰوَٰتِ وَٱلْأَرْضِ مَثَلُ نُورِهِۦ كَمِشْكَوٰةٍ فِيهَا مِصْبَاحٌ ٱلْمِصْبَاحُ فِي زُجَاجَةٍ ٱلزُّجَاجَةُ كَأَنَّهَا كَوْكَبٌ دُرِّيٌّ يُوقَدُ مِن شَجَرَةٍ مُّبَٰرَكَةٍ زَيْتُونَةٍ لَّا شَرْقِيَّةٍ وَلَا غَرْبِيَّةٍ يَكَادُ زَيْتُهَا يُضِيٓءُ وَلَوْ لَمْ تَمْسَسْهُ نَارٌ نُّورٌ عَلَىٰ نُورٍ يَهْدِي ٱللَّهُ لِنُورِهِۦ مَن يَشَآءُ وَيَضْرِبُ ٱللَّهُ ٱلْأَمْثَٰلَ لِلنَّاسِ وَٱللَّهُ بِكُلِّ شَىْءٍ عَلِيمٌ ۝

(36) En casas que Allah ha permitido que se levanten y se recuerde en ellas Su nombre y en las que Le glorifican mañana y tarde hombres a los que ni el negocio ni el comercio les distraen del recuerdo de Allah, de establecer el salat y de entregar el zakat. Temen un día en el que los corazones y la vista se desencajen*.

*[Sean puestos del revés.]

فِي بُيُوتٍ أَذِنَ ٱللَّهُ أَن تُرْفَعَ وَيُذْكَرَ فِيهَا ٱسْمُهُۥ يُسَبِّحُ لَهُۥ فِيهَا بِٱلْغُدُوِّ وَٱلْآصَالِ رِجَالٌ لَّا تُلْهِيهِمْ تِجَٰرَةٌ وَلَا بَيْعٌ عَن ذِكْرِ ٱللَّهِ وَإِقَامِ ٱلصَّلَوٰةِ وَإِيتَآءِ ٱلزَّكَوٰةِ يَخَافُونَ يَوْمًا تَتَقَلَّبُ فِيهِ ٱلْقُلُوبُ وَٱلْأَبْصَٰرُ ۝

(37) Para que Allah les recompense por lo mejor que hayan hecho y les incremente Su favor. Allah provee a quien quiere fuera de cálculo.

لِيَجْزِيَهُمُ ٱللَّهُ أَحْسَنَ مَا عَمِلُواْ وَيَزِيدَهُم مِّن فَضْلِهِۦ وَٱللَّهُ يَرْزُقُ مَن يَشَآءُ بِغَيْرِ حِسَابٍ ۝

(38) Y los que se niegan a creer, sus acciones son como un espejismo en un llano; el sediento cree que es agua hasta que al llegar a él no encuentra nada, pero sí encontrará a Allah junto a él, que le retribuirá la cuenta que le corresponda. Allah es Rápido en llevar la cuenta.

وَٱلَّذِينَ كَفَرُوٓاْ أَعْمَٰلُهُمْ كَسَرَابٍ بِقِيعَةٍ يَحْسَبُهُ ٱلظَّمْـَٔانُ مَآءً حَتَّىٰٓ إِذَا جَآءَهُۥ لَمْ يَجِدْهُ شَيْـًٔا وَوَجَدَ ٱللَّهَ عِندَهُۥ فَوَفَّىٰهُ حِسَابَهُۥ وَٱللَّهُ سَرِيعُ ٱلْحِسَابِ ۝

(39) O son como tinieblas en un mar profundo al que cubren olas sobre las que hay otras olas que a su vez están cubiertas por nubes. Tinieblas sobre tinieblas. Cuando saca la mano apenas la ve. A quien Allah no le da luz, no tendrá ninguna luz.

أَوْ كَظُلُمَٰتٍ فِى بَحْرٍ لُّجِّىٍّ يَغْشَىٰهُ مَوْجٌ مِّن فَوْقِهِۦ مَوْجٌ مِّن فَوْقِهِۦ سَحَابٌ ظُلُمَٰتٌۢ بَعْضُهَا فَوْقَ بَعْضٍ إِذَآ أَخْرَجَ يَدَهُۥ لَمْ يَكَدْ يَرَىٰهَا وَمَن لَّمْ يَجْعَلِ ٱللَّهُ لَهُۥ نُورًا فَمَا لَهُۥ مِن نُّورٍ ۝

(40) ¿Es que no ves que a Allah Lo glorifican cuantos están en los cielos y en la tierra, así como las aves con sus alas desplegadas en el aire?

Cada uno conoce su propia oración y su forma de glorificar.

Allah sabe lo que hacen.

أَلَمْ تَرَ أَنَّ ٱللَّهَ يُسَبِّحُ لَهُۥ مَن فِى ٱلسَّمَٰوَٰتِ وَٱلْأَرْضِ وَٱلطَّيْرُ صَٰٓفَّٰتٍ كُلٌّ قَدْ عَلِمَ صَلَاتَهُۥ وَتَسْبِيحَهُۥ وَٱللَّهُ عَلِيمٌۢ بِمَا يَفْعَلُونَ ۝

(41) De Allah es la soberanía de los

وَلِلَّهِ مُلْكُ ٱلسَّمَٰوَٰتِ وَٱلْأَرْضِ وَإِلَى ٱللَّهِ ٱلْمَصِيرُ ۝

cielos y de la tierra, hacia Él
hay que volver.

(42) ¿Acaso no ves que Allah empuja
las nubes y las acumula en
capas y ves la lluvia salir de
sus entrañas y hace que del
cielo, de montañas que en él
hay, caiga granizo con el que
daña a quien quiere y del que
libra a quien quiere?
El fulgor de su relámpago casi
los deja sin vista.
Allah hace que se alternen la
noche y el día; es cierto que
en esto hay un motivo de
reflexión para los que tienen
visión.

أَلَمْ تَرَ أَنَّ ٱللَّهَ يُزْجِي سَحَابًا ثُمَّ يُؤَلِّفُ بَيْنَهُ ثُمَّ يَجْعَلُهُ
رُكَامًا فَتَرَى ٱلْوَدْقَ يَخْرُجُ مِنْ خِلَٰلِهِۦ وَيُنَزِّلُ مِنَ
ٱلسَّمَآءِ مِن جِبَالٍ فِيهَا مِنۢ بَرَدٍ فَيُصِيبُ بِهِۦ مَن يَشَآءُ
وَيَصْرِفُهُۥ عَن مَّن يَشَآءُ يَكَادُ سَنَا بَرْقِهِۦ يَذْهَبُ
بِٱلْأَبْصَٰرِ يُقَلِّبُ ٱللَّهُ ٱلَّيْلَ وَٱلنَّهَارَ إِنَّ فِى ذَٰلِكَ
لَعِبْرَةً لِّأُو۟لِى ٱلْأَبْصَٰرِ ٤٣

(43) Y Allah creó todo ser vivo a partir de agua; y de ellos unos
caminan arrastrándose sobre
su vientre, otros sobre dos
patas y otros sobre cuatro;
Allah crea lo que quiere, es
cierto que Allah tiene poder
sobre todas las cosas.

وَٱللَّهُ خَلَقَ كُلَّ دَآبَّةٍ مِّن مَّآءٍ فَمِنْهُم مَّن يَمْشِى عَلَىٰ
بَطْنِهِۦ وَمِنْهُم مَّن يَمْشِى عَلَىٰ رِجْلَيْنِ وَمِنْهُم مَّن يَمْشِى
عَلَىٰٓ أَرْبَعٍ يَخْلُقُ ٱللَّهُ مَا يَشَآءُ إِنَّ ٱللَّهَ عَلَىٰ كُلِّ شَىْءٍ
قَدِيرٌ ٤٣

(44) Es verdad que hemos hecho
descender signos claros, pero
Allah guía a quien quiere hacia
el camino recto.

لَّقَدْ أَنزَلْنَآ ءَايَٰتٍ مُّبَيِّنَٰتٍ وَٱللَّهُ يَهْدِى مَن يَشَآءُ
إِلَىٰ صِرَٰطٍ مُّسْتَقِيمٍ ٤٤

(45) Y dicen: Creemos en Allah y en
el Mensajero y obedecemos.
Pero luego, después de haberlo
dicho, una parte de ellos se
desentiende. Esos no son los
creyentes.

وَيَقُولُونَ ءَامَنَّا بِٱللَّهِ وَبِٱلرَّسُولِ وَأَطَعْنَا ثُمَّ يَتَوَلَّىٰ
فَرِيقٌ مِّنْهُم مِّنۢ بَعْدِ ذَٰلِكَ وَمَآ أُو۟لَٰٓئِكَ بِٱلْمُؤْمِنِينَ ٤٥

(46) Y cuando se les llama a Allah y a Su mensajero para que juzgue entre ellos, hay una parte que se aleja.

وَإِذَا دُعُوٓاْ إِلَى ٱللَّهِ وَرَسُولِهِۦ لِيَحْكُمَ بَيْنَهُمْ إِذَا فَرِيقٌ مِّنْهُم مُّعْرِضُونَ ﴿٤٦﴾

(47) Pero si tuvieran ellos la razón vendrían dóciles a él.

وَإِن يَكُن لَّهُمُ ٱلْحَقُّ يَأْتُوٓاْ إِلَيْهِ مُذْعِنِينَ ﴿٤٧﴾

(48) ¿Es que tienen una enfermedad en el corazón o acaso sienten recelo o temor de que Allah y Su mensajero les opriman? Por el contrario, ellos son los injustos.

أَفِى قُلُوبِهِم مَّرَضٌ أَمِ ٱرْتَابُوٓاْ أَمْ يَخَافُونَ أَن يَحِيفَ ٱللَّهُ عَلَيْهِمْ وَرَسُولُهُۥ بَلْ أُوْلَـٰٓئِكَ هُمُ ٱلظَّـٰلِمُونَ ﴿٤٨﴾

(49) Lo que dicen los creyentes cuando se les llama a Allah y a Su mensajero para que juzgue entre ellos, es: Oímos y obedecemos.

Y ésos son los que cosechan éxito.

إِنَّمَا كَانَ قَوْلَ ٱلْمُؤْمِنِينَ إِذَا دُعُوٓاْ إِلَى ٱللَّهِ وَرَسُولِهِۦ لِيَحْكُمَ بَيْنَهُمْ أَن يَقُولُواْ سَمِعْنَا وَأَطَعْنَا وَأُوْلَـٰٓئِكَ هُمُ ٱلْمُفْلِحُونَ ﴿٤٩﴾

(50) Quien obedece a Allah y a Su mensajero y tiene temor de Allah... Esos son los triunfadores.

وَمَن يُطِعِ ٱللَّهَ وَرَسُولَهُۥ وَيَخْشَ ٱللَّهَ وَيَتَّقْهِ فَأُوْلَـٰٓئِكَ هُمُ ٱلْفَآئِزُونَ ﴿٥٠﴾

(51) Y juran por Allah con los más solemnes juramentos que si tú lo ordenas saldrán (a luchar en el camino de Allah).

Di: No juréis, obedeced como es debido. Realmente Allah está prefectamente informado de lo que hacéis.

وَأَقْسَمُواْ بِٱللَّهِ جَهْدَ أَيْمَـٰنِهِمْ لَئِنْ أَمَرْتَهُمْ لَيَخْرُجُنَّ قُل لَّا تُقْسِمُواْ طَاعَةٌ مَّعْرُوفَةٌ إِنَّ ٱللَّهَ خَبِيرٌۢ بِمَا تَعْمَلُونَ ﴿٥١﴾

(52) Di: Obedeced a Allah y obe-

قُلْ أَطِيعُواْ ٱللَّهَ وَأَطِيعُواْ ٱلرَّسُولَ فَإِن تَوَلَّوْاْ فَإِنَّمَا عَلَيْهِ

deced al Mensajero.

Pero si os apartáis, a él sólo se le pedirán cuentas de aquello que se le ha encomendado, asi como se os pedirán a vosotros de lo que se os ha encomendado. Y si le obedecéis seréis guiados.

Al Mensajero no le corresponde sino transmitir con claridad.

(53) Allah les ha prometido a los que de vosotros crean y practiquen las acciones rectas que les hará sucesores en la tierra como ya hiciera con sus antepasados y que les reafirmará la práctica de Adoración que tienen, que es la que El ha querido para ellos, y que cambiará su miedo por seguridad.
Me adorarán sin asociarme nada. Quien reniegue después de eso...Esos son los descarriados.

(54) Y estableced el salat, entregad el zakat y obedeced al Mensajero para que se os pueda dar misericordia.

(55) No pienses que los que se niegan a creer podrán escapar en la tierra, su refugio es el Fuego. ¡Qué mal lugar de vuelta!

(56) ¡Vosotros que creéis! Que aqué-

llos que poseen vuestras diestras y los que de vosotros no hayan llegado a la pubertad os pidan permiso en tres ocasiones: antes de la oración del alba, cuando al mediodía aligeréis vuestros vestidos y después de la oración de la noche, pues son tres momentos de intimidad que tenéis; fuera de ellos no hay falta si os frecuentáis unos a otros. Así es como os aclara Allah Sus signos.

Y Allah es Conocedor y Sabio.

آيَمَـٰنُكُمْ وَٱلَّذِينَ لَمْ يَبْلُغُوا۟ ٱلْحُلُمَ مِنكُمْ ثَلَـٰثَ مَرَّٰتٍ مِّن قَبْلِ صَلَوٰةِ ٱلْفَجْرِ وَحِينَ تَضَعُونَ ثِيَابَكُم مِّنَ ٱلظَّهِيرَةِ وَمِنۢ بَعْدِ صَلَوٰةِ ٱلْعِشَآءِ ثَلَـٰثُ عَوْرَٰتٍ لَّكُمْ لَيْسَ عَلَيْكُمْ وَلَا عَلَيْهِمْ جُنَاحٌۢ بَعْدَهُنَّ طَوَّٰفُونَ عَلَيْكُم بَعْضُكُمْ عَلَىٰ بَعْضٍ كَذَٰلِكَ يُبَيِّنُ ٱللَّهُ لَكُمُ ٱلْءَايَٰتِ وَٱللَّهُ عَلِيمٌ حَكِيمٌ ۝

(57) Pero cuando vuestros niños hayan alcanzado la pubertad, que pidan permiso como lo han hecho siempre sus antecesores*. Así os aclara Allah Sus signos,

y Allah es Conocedor, Sabio.

* [Es decir, en todo momento.]

وَإِذَا بَلَغَ ٱلْأَطْفَٰلُ مِنكُمُ ٱلْحُلُمَ فَلْيَسْتَـْٔذِنُوا۟ كَمَا ٱسْتَـْٔذَنَ ٱلَّذِينَ مِن قَبْلِهِمْ كَذَٰلِكَ يُبَيِّنُ ٱللَّهُ لَكُمْ ءَايَٰتِهِۦ وَٱللَّهُ عَلِيمٌ حَكِيمٌ ۝

(58) Y las mujeres que hayan llegado a la menopausia y ya no esperan casarse, no hay inconveniente en que relajen su vestimenta sin pretender dejar al descubierto ningún atractivo.

Y que se abstengan es mejor para ellas. Allah es Quien oye y Quien sabe.

وَٱلْقَوَٰعِدُ مِنَ ٱلنِّسَآءِ ٱلَّٰتِى لَا يَرْجُونَ نِكَاحًا فَلَيْسَ عَلَيْهِنَّ جُنَاحٌ أَن يَضَعْنَ ثِيَابَهُنَّ غَيْرَ مُتَبَرِّجَٰتٍۭ بِزِينَةٍ وَأَن يَسْتَعْفِفْنَ خَيْرٌ لَّهُنَّ وَٱللَّهُ سَمِيعٌ عَلِيمٌ ۝

(59) No hay inconveniente para el ciego, el lisiado o el enfermo*, ni para ninguno de vosotros en

لَّيْسَ عَلَى ٱلْأَعْمَىٰ حَرَجٌ وَلَا عَلَى ٱلْأَعْرَجِ حَرَجٌ وَلَا عَلَى ٱلْمَرِيضِ حَرَجٌ وَلَا عَلَىٰٓ أَنفُسِكُمْ أَن تَأْكُلُوا۟

que comáis de lo que haya en vuestras casas, o en las de vuestros padres, o en las de vuestras madres, o en las de vuestros tíos paternos, o en las de vuestras tías paternas, o en la de vuestros tíos maternos, o de las de vuestras tías maternas, o en aquéllas de vuestros amigos cuyas llaves poseáis.

No hay inconveniente en que comáis juntos o por separado.

Pero cuando entréis en las casas saludaos con un saludo de Allah, bendito y bueno. Así es como os aclara Allah los signos para que podáis comprender.

* [Al estar estos tres tipos de personas excusados del yihad, se avergonzaban de comer en las casas de los que habían salido en expedición.]

(60) Realmente los creyentes son los que creen en Allah y en Su mensajero y son aquéllos que cuando están con él por algo que los ha reunido no se retiran sin antes pedirle permiso.

Los que te piden permiso son los que creen en Allah y en Su mensajero.

Y cuando te pidan permiso para algo que les afecte, concédeselo a quien de ellos quieras y pide perdón a Allah por ellos; verdaderamente Allah es Perdonador, Compasivo.

مِنۢ بُيُوتِكُمْ أَوْ بُيُوتِ ءَابَآئِكُمْ أَوْ بُيُوتِ أُمَّهَٰتِكُمْ أَوْ بُيُوتِ إِخْوَٰنِكُمْ أَوْ بُيُوتِ أَخَوَٰتِكُمْ أَوْ بُيُوتِ أَعْمَٰمِكُمْ أَوْ بُيُوتِ عَمَّٰتِكُمْ أَوْ بُيُوتِ أَخْوَٰلِكُمْ أَوْ بُيُوتِ خَٰلَٰتِكُمْ أَوْ مَا مَلَكْتُم مَّفَاتِحَهُۥٓ أَوْ صَدِيقِكُمْ لَيْسَ عَلَيْكُمْ جُنَاحٌ أَن تَأْكُلُواْ جَمِيعًا أَوْ أَشْتَاتًا فَإِذَا دَخَلْتُم بُيُوتًا فَسَلِّمُواْ عَلَىٰٓ أَنفُسِكُمْ تَحِيَّةً مِّنْ عِندِ ٱللَّهِ مُبَٰرَكَةً طَيِّبَةً كَذَٰلِكَ يُبَيِّنُ ٱللَّهُ لَكُمُ ٱلْءَايَٰتِ لَعَلَّكُمْ تَعْقِلُونَ ۝

إِنَّمَا ٱلْمُؤْمِنُونَ ٱلَّذِينَ ءَامَنُواْ بِٱللَّهِ وَرَسُولِهِۦ وَإِذَا كَانُواْ مَعَهُۥ عَلَىٰٓ أَمْرٍ جَامِعٍ لَّمْ يَذْهَبُواْ حَتَّىٰ يَسْتَـْٔذِنُوهُ إِنَّ ٱلَّذِينَ يَسْتَـْٔذِنُونَكَ أُوْلَٰٓئِكَ ٱلَّذِينَ يُؤْمِنُونَ بِٱللَّهِ وَرَسُولِهِۦ فَإِذَا ٱسْتَـْٔذَنُوكَ لِبَعْضِ شَأْنِهِمْ فَأْذَن لِّمَن شِئْتَ مِنْهُمْ وَٱسْتَغْفِرْ لَهُمُ ٱللَّهَ إِنَّ ٱللَّهَ غَفُورٌ رَّحِيمٌ ۝

(61) No llaméis al Mensajero como os llamáis entre vosotros.

Allah conoce a quienes de ellos se retiran con disimulo.

Que se guarden los que se oponen a Su mandato* de que no les venga una prueba o un castigo doloroso.

* [También puede referirse al mandato del (mensajero) de Allah.]

• لَّا تَجْعَلُوا دُعَاءَ ٱلرَّسُولِ بَيْنَكُمْ كَدُعَاءِ بَعْضِكُم بَعْضًا قَدْ يَعْلَمُ ٱللَّهُ ٱلَّذِينَ يَتَسَلَّلُونَ مِنكُمْ لِوَاذًا فَلْيَحْذَرِ ٱلَّذِينَ يُخَالِفُونَ عَنْ أَمْرِهِ أَن تُصِيبَهُمْ فِتْنَةٌ أَوْ يُصِيبَهُمْ عَذَابٌ أَلِيمٌ ۝

(62) ¿Acaso no es de Allah cuanto hay en los cielos y en la tierra?

El sabe aquello en lo que estáis. Y el día en que volváis a El, os hará saber lo que hayáis hecho. Y Allah es Conocedor de cada cosa.

أَلَا إِنَّ لِلَّهِ مَا فِي ٱلسَّمَوَاتِ وَٱلْأَرْضِ قَدْ يَعْلَمُ مَا أَنتُمْ عَلَيْهِ وَيَوْمَ يُرْجَعُونَ إِلَيْهِ فَيُنَبِّئُهُم بِمَا عَمِلُوا وَٱللَّهُ بِكُلِّ شَيْءٍ عَلِيمٌ ۝

25. SURA DEL DISCERNIMIENTO.

سُورَةُ الْفُرْقَانِ

بِسْمِ اللَّهِ الرَّحْمَنِ الرَّحِيمِ

En el nombre de Allah, el Misericordioso, el Compasivo.

(1) ¡Bendito sea Aquel que ha hecho descender a Su siervo el Discernimiento para que fuera una advertencia a todos los mundos!

تَبَارَكَ الَّذِي نَزَّلَ الْفُرْقَانَ عَلَى عَبْدِهِ لِيَكُونَ لِلْعَالَمِينَ نَذِيرًا ۝

(2) Aquel a Quien pertenece la soberanía de los cielos y la tierra y no ha tomado ningún hijo ni comparte la soberanía con nadie. El ha creado cada cosa y la ha determinado en todo.

الَّذِي لَهُ مُلْكُ السَّمَوَاتِ وَالْأَرْضِ وَلَمْ يَتَّخِذْ وَلَدًا وَلَمْ يَكُن لَّهُ شَرِيكٌ فِي الْمُلْكِ وَخَلَقَ كُلَّ شَيْءٍ فَقَدَّرَهُ تَقْدِيرًا ۝

(3) Pero habéis tomado dioses fuera de El que no crean nada, ellos son creados; ni tienen capacidad para dañarse o beneficiarse ni tienen dominio sobre la vida, la muerte y el resurgimiento.

وَاتَّخَذُوا مِن دُونِهِ آلِهَةً لَّا يَخْلُقُونَ شَيْئًا وَهُمْ يُخْلَقُونَ وَلَا يَمْلِكُونَ لِأَنفُسِهِمْ ضَرًّا وَلَا نَفْعًا وَلَا يَمْلِكُونَ مَوْتًا وَلَا حَيَاةً وَلَا نُشُورًا ۝

(4) Dicen los que se niegan a creer: No es más que una mentira que se ha inventado con la ayuda de otros.

Es cierto que éstos vienen con injusticia y falsedad.

وَقَالَ الَّذِينَ كَفَرُوا إِنْ هَذَا إِلَّا إِفْكٌ افْتَرَاهُ وَأَعَانَهُ عَلَيْهِ قَوْمٌ آخَرُونَ فَقَدْ جَاءُوا ظُلْمًا وَزُورًا ۝

(5) Y dicen: Son leyendas de los antiguos que él manda escribir y

وَقَالُوا أَسَاطِيرُ الْأَوَّلِينَ اكْتَتَبَهَا فَهِيَ

تُمْلَىٰ عَلَيْهِ بُكْرَةً وَأَصِيلًا ۞

que le dictan mañana y tarde.

(6) Di: Lo ha hecho descender Aquel que conoce el secreto en los cielos y la tierra; realmente El es Perdonador y Compasivo.

قُلْ أَنزَلَهُ ٱلَّذِى يَعْلَمُ ٱلسِّرَّ فِى ٱلسَّمَٰوَٰتِ وَٱلْأَرْضِ إِنَّهُۥ كَانَ غَفُورًا رَّحِيمًا ۞

(7) Dicen: ¿Cómo es que este Mensajero toma alimentos y anda por los mercados? ¿Por qué no se hace bajar a un ángel que le acompañe en su misión de advertir?

وَقَالُوا۟ مَالِ هَٰذَا ٱلرَّسُولِ يَأْكُلُ ٱلطَّعَامَ وَيَمْشِى فِى ٱلْأَسْوَاقِ لَوْلَآ أُنزِلَ إِلَيْهِ مَلَكٌ فَيَكُونَ مَعَهُۥ نَذِيرًا ۞

(8) ¿O por qué no se hace bajar un tesoro o tiene un jardín del que pueda comer? Dicen los injustos: No estáis siguiendo sino a un hombre hechizado.

أَوْ يُلْقَىٰ إِلَيْهِ كَنزٌ أَوْ تَكُونُ لَهُۥ جَنَّةٌ يَأْكُلُ مِنْهَا وَقَالَ ٱلظَّٰلِمُونَ إِن تَتَّبِعُونَ إِلَّا رَجُلًا مَّسْحُورًا ۞

(9) Mira cómo te ponen ejemplos y se extravían sin poder encontrar el camino.

ٱنظُرْ كَيْفَ ضَرَبُوا۟ لَكَ ٱلْأَمْثَٰلَ فَضَلُّوا۟ فَلَا يَسْتَطِيعُونَ سَبِيلًا ۞

(10) ¡Bendito sea Aquel que si quiere te dará algo mejor que todo eso: Jardines por cuyo suelo corren los ríos. Y alcázares!

تَبَارَكَ ٱلَّذِى إِن شَآءَ جَعَلَ لَكَ خَيْرًا مِّن ذَٰلِكَ جَنَّٰتٍ تَجْرِى مِن تَحْتِهَا ٱلْأَنْهَٰرُ وَيَجْعَل لَّكَ قُصُورًا ۞

(11) Sin embargo niegan la veracidad de la Hora.
Hemos preparado para quien niegue la Hora un fuego encendido.

بَلْ كَذَّبُوا۟ بِٱلسَّاعَةِ وَأَعْتَدْنَا لِمَن كَذَّبَ بِٱلسَّاعَةِ سَعِيرًا ۞

(12) Cuando éste los vea desde lejos lo oirán enfurecido y con rabia.

إِذَا رَأَتْهُم مِّن مَّكَانٍ بَعِيدٍ سَمِعُوا۟ لَهَا تَغَيُّظًا وَزَفِيرًا ۞

(13) Y cuando sean arrojados a él, hacinados en un lugar angustioso, pedirán que se acabe con ellos.

وَإِذَآ أُلْقُوا مِنْهَا مَكَانًا ضَيِّقًا مُّقَرَّنِينَ دَعَوْا هُنَالِكَ ثُبُورًا ۝

(14) Hoy no sólo pediréis perecer una sóla vez sino muchas veces.

لَّا تَدْعُوا الْيَوْمَ ثُبُورًا وَٰحِدًا وَادْعُوا ثُبُورًا كَثِيرًا ۝

(15) Di: ¿Es eso mejor o el Jardín de la inmortalidad que ha sido prometido a los temerosos? Será para ellos recompensa y lugar de regreso.

قُلْ أَذَٰلِكَ خَيْرٌ أَمْ جَنَّةُ الْخُلْدِ الَّتِي وُعِدَ الْمُتَّقُونَ كَانَتْ لَهُمْ جَزَآءً وَمَصِيرًا ۝

(16) En él tendrán cuanto quieran y serán inmortales. Es, para tu Señor, una promesa exigible.

لَّهُمْ فِيهَا مَا يَشَآءُونَ خَٰلِدِينَ كَانَ عَلَىٰ رَبِّكَ وَعْدًا مَّسْئُولًا ۝

(17) El día en que los reunamos con lo que adoraron fuera de Allah y diga: ¿Fuisteis vosotros los que extraviasteis a éstos, Mis siervos, o fueron ellos los que se extraviaron del camino?

وَيَوْمَ يَحْشُرُهُمْ وَمَا يَعْبُدُونَ مِن دُونِ اللَّهِ فَيَقُولُ ءَأَنتُمْ أَضْلَلْتُمْ عِبَادِي هَٰٓؤُلَآءِ أَمْ هُمْ ضَلُّوا السَّبِيلَ ۝

(18) Dirán: ¡Gloria a Ti! No nos pertenecía tomar fuera de Ti protectores, sin embargo los dejaste disfrutar a ellos y a sus padres hasta el punto de que olvidaron el Recuerdo y fueron gente perdida.

قَالُوا سُبْحَٰنَكَ مَا كَانَ يَنۢبَغِي لَنَآ أَن نَّتَّخِذَ مِن دُونِكَ مِنْ أَوْلِيَآءَ وَلَٰكِن مَّتَّعْتَهُمْ وَءَابَآءَهُمْ حَتَّىٰ نَسُوا الذِّكْرَ وَكَانُوا قَوْمًا بُورًا ۝

(19) Así pues, han renegado de lo que dijisteis y no podréis cambiar ni ser auxiliados y a quien de vosotros sea injusto le haremos probar un enorme castigo.

فَقَدْ كَذَّبُوكُم بِمَا تَقُولُونَ فَمَا تَسْتَطِيعُونَ صَرْفًا وَلَا نَصْرًا وَمَن يَظْلِم مِّنكُمْ نُذِقْهُ عَذَابًا كَبِيرًا ۝

(20) Antes de ti no hemos mandado ningún enviado que no comiera alimentos y anduviera por los mercados. Hemos hecho de algunos de vosotros una prueba para los otros.

¿Seréis pacientes? Tu Señor ve.

وَمَآ أَرْسَلْنَا قَبْلَكَ مِنَ ٱلْمُرْسَلِينَ إِلَّآ إِنَّهُمْ لَيَأْكُلُونَ ٱلطَّعَامَ وَيَمْشُونَ فِى ٱلْأَسْوَاقِ وَجَعَلْنَا بَعْضَكُمْ لِبَعْضٍ فِتْنَةً أَتَصْبِرُونَ وَكَانَ رَبُّكَ بَصِيرًا ۝

(21) Y dicen quienes no esperan encontrarse con Nosotros: ¿Por qué no se han hecho descender ángeles o no vemos a nuestro Señor? Se han considerado demasiado grandes a sí mismos y se han llenado de una gran insolencia.

وَقَالَ ٱلَّذِينَ لَا يَرْجُونَ لِقَآءَنَا لَوْلَآ أُنزِلَ عَلَيْنَا ٱلْمَلَٰٓئِكَةُ أَوْ نَرَىٰ رَبَّنَا لَقَدِ ٱسْتَكْبَرُوا۟ فِىٓ أَنفُسِهِمْ وَعَتَوْ عُتُوًّا كَبِيرًا ۝

(22) El día que vean a los ángeles, ese día, no habrá buenas noticias para los malhechores. Y éstos les dirán: Hay una barrera infranqueable.

يَوْمَ يَرَوْنَ ٱلْمَلَٰٓئِكَةَ لَا بُشْرَىٰ يَوْمَئِذٍ لِّلْمُجْرِمِينَ وَيَقُولُونَ حِجْرًا مَّحْجُورًا ۝

(23) Iremos a las acciones que hayan hecho y las convertiremos en polvo disperso.

وَقَدِمْنَآ إِلَىٰ مَا عَمِلُوا۟ مِنْ عَمَلٍ فَجَعَلْنَٰهُ هَبَآءً مَّنثُورًا ۝

(24) Ese día, los compañeros del Jardín tendrán un lugar de permanencia mejor y un reposo más apacible.

أَصْحَٰبُ ٱلْجَنَّةِ يَوْمَئِذٍ خَيْرٌ مُّسْتَقَرًّا وَأَحْسَنُ مَقِيلًا ۝

(25) Y el día en que el cielo se raje con las nubes y se hagan descender los ángeles sucesivamente.

وَيَوْمَ تَشَقَّقُ ٱلسَّمَآءُ بِٱلْغَمَٰمِ وَنُزِّلَ ٱلْمَلَٰٓئِكَةُ تَنزِيلًا ۝

(26) Ese día la verdadera soberanía será del Misericordioso; y será

ٱلْمُلْكُ يَوْمَئِذٍ ٱلْحَقُّ لِلرَّحْمَٰنِ وَكَانَ يَوْمًا عَلَى

un día difícil para los incrédulos.

ٱلْكَٰفِرِينَ عَسِيرًا ۝

(27) Será el día en que el injusto se morderá las manos y dirá: ¡Ojalá y hubiera tomado un camino junto al mensajero!

وَيَوْمَ يَعَضُّ ٱلظَّالِمُ عَلَىٰ يَدَيْهِ يَقُولُ يَٰلَيْتَنِى ٱتَّخَذْتُ مَعَ ٱلرَّسُولِ سَبِيلًا ۝

(28) ¡Ay de mí! Ojalá y no hubiera tomado a fulano por amigo!

يَٰوَيْلَتَىٰ لَيْتَنِى لَمْ أَتَّخِذْ فُلَانًا خَلِيلًا ۝

(29) Me extravió del recuerdo después de haberme venido.

El Shaytán es para el hombre una decepción.

لَّقَدْ أَضَلَّنِى عَنِ ٱلذِّكْرِ بَعْدَ إِذْ جَآءَنِى ۗ وَكَانَ ٱلشَّيْطَٰنُ لِلْإِنسَٰنِ خَذُولًا ۝

(30) Y dirá el mensajero: ¡Señor mío! Mi gente se desentendió de esta Recitación.

وَقَالَ ٱلرَّسُولُ يَٰرَبِّ إِنَّ قَوْمِى ٱتَّخَذُوا۟ هَٰذَا ٱلْقُرْءَانَ مَهْجُورًا ۝

(31) Del mismo modo le pusimos a cada mensajero un enemigo de entre los que hacían el mal. Pero tu Señor es Suficiente como Guía y Protector.

وَكَذَٰلِكَ جَعَلْنَا لِكُلِّ نَبِىٍّ عَدُوًّا مِّنَ ٱلْمُجْرِمِينَ ۗ وَكَفَىٰ بِرَبِّكَ هَادِيًا وَنَصِيرًا ۝

(32) Dicen los que se niegan a creer: ¿Por qué no le ha descendido el Corán de una sóla vez?

Es así para dar firmeza con ello a tu corazón, lo hemos ido dilucidando fragmento a fragmento.

وَقَالَ ٱلَّذِينَ كَفَرُوا۟ لَوْلَا نُزِّلَ عَلَيْهِ ٱلْقُرْءَانُ جُمْلَةً وَٰحِدَةً ۚ كَذَٰلِكَ لِنُثَبِّتَ بِهِۦ فُؤَادَكَ ۖ وَرَتَّلْنَٰهُ تَرْتِيلًا ۝

(33) Y no hay ejemplo con el que te puedan venir que no te traigamos la verdad y una explicación mejor.

وَلَا يَأْتُونَكَ بِمَثَلٍ إِلَّا جِئْنَٰكَ بِٱلْحَقِّ وَأَحْسَنَ تَفْسِيرًا ۝

(34) Aquellos que sean arrastrados a Yahannam de cara, ésos tendrán el peor lugar y el camino más extraviado.

الَّذِينَ يُحْشَرُونَ عَلَى وُجُوهِهِمْ إِلَى جَهَنَّمَ أُوْلَٰٓئِكَ شَرٌّ مَّكَانًا وَأَضَلُّ سَبِيلًا ۞

(35) Es verdad que le dimos a Musa el Libro y le asignamos a su hermano Harún como asistente.

وَلَقَدْ ءَاتَيْنَا مُوسَى الْكِتَٰبَ وَجَعَلْنَا مَعَهُۥ أَخَاهُ هَٰرُونَ وَزِيرًا ۞

(36) Y dijimos: ¡Id a la gente que niega la verdad de Nuestros signos! Los aniquilamos a todos.

فَقُلْنَا اذْهَبَا إِلَى الْقَوْمِ الَّذِينَ كَذَّبُوا بِعَايَٰتِنَا فَدَمَّرْنَٰهُمْ تَدْمِيرًا ۞

(37) Y la gente de Nuh cuando tomaron por mentirosos a los mensajeros; los anegamos e hicimos de ellos un signo para los hombres.

Hemos preparado para los injustos un castigo doloroso.

وَقَوْمَ نُوحٍ لَّمَّا كَذَّبُوا الرُّسُلَ أَغْرَقْنَٰهُمْ وَجَعَلْنَٰهُمْ لِلنَّاسِ ءَايَةً وَأَعْتَدْنَا لِلظَّٰلِمِينَ عَذَابًا أَلِيمًا ۞

(38) Y los Ad y los Zamud y los dueños del pozo y muchas generaciones intermedias.

وَعَادًا وَثَمُودَا۟ وَأَصْحَٰبَ الرَّسِّ وَقُرُونًا بَيْنَ ذَٰلِكَ كَثِيرًا ۞

(39) Todos fueron llamados con ejemplos y a todos los aniquilamos por entero.

وَكُلًّا ضَرَبْنَا لَهُ الْأَمْثَٰلَ وَكُلًّا تَبَّرْنَا تَتْبِيرًا ۞

(40) Ellos pasaban junto a la ciudad* sobre la que se hizo caer la lluvia del mal. ¿Acaso no repararon en ella?

Pero ellos no esperaban ser devueltos a la vida.

*[Se refiere a la ciudad de Sodoma.]

وَلَقَدْ أَتَوْا عَلَى الْقَرْيَةِ الَّتِي أُمْطِرَتْ مَطَرَ السَّوْءِ أَفَلَمْ يَكُونُوا يَرَوْنَهَا بَلْ كَانُوا لَا يَرْجُونَ نُشُورًا ۞

(41) Cuando te ven no te toman sino a burla: ¿Es éste el que Allah ha enviado de mensajero?

وَإِذَا رَأَوْكَ إِن يَتَّخِذُونَكَ إِلَّا هُزُوًا أَهَٰذَا الَّذِى بَعَثَ اللَّهُ رَسُولًا ۝

(42) A punto ha estado de desviarnos de nuestros dioses de no haber sido porque nos hemos mantenido fieles a ellos.

Ya sabrán cuando vean el castigo quién estaba en un camino más extraviado.

إِن كَادَ لَيُضِلُّنَا عَنْ الِهَتِنَا لَوْلَا أَن صَبَرْنَا عَلَيْهَا وَسَوْفَ يَعْلَمُونَ حِينَ يَرَوْنَ الْعَذَابَ مَنْ أَضَلُّ سَبِيلًا ۝

(43) ¿Qué opinión te merece quien hace de su deseo su dios?

¿Vas a ser tú su guardián?

أَرَأَيْتَ مَنِ اتَّخَذَ إِلَٰهَهُ هَوَىٰهُ أَفَأَنتَ تَكُونُ عَلَيْهِ وَكِيلًا ۝

(44) ¿O acaso cuentas con que la mayoría de ellos va a escuchar o a entender cuando no son sino como animales de rebaño o aún más extraviados del camino?

أَمْ تَحْسَبُ أَنَّ أَكْثَرَهُمْ يَسْمَعُونَ أَوْ يَعْقِلُونَ إِنْ هُمْ إِلَّا كَالْأَنْعَٰمِ بَلْ هُمْ أَضَلُّ سَبِيلًا ۝

(45) ¿Es que no ves como tu Señor extiende la sombra y que si hubiera querido la habría hecho inmóvil? Y hemos hecho que el sol la muestre.

أَلَمْ تَرَ إِلَىٰ رَبِّكَ كَيْفَ مَدَّ الظِّلَّ وَلَوْ شَاءَ لَجَعَلَهُ سَاكِنًا ثُمَّ جَعَلْنَا الشَّمْسَ عَلَيْهِ دَلِيلًا ۝

(46) Para luego recogerla hacia Nos suavemente.

ثُمَّ قَبَضْنَٰهُ إِلَيْنَا قَبْضًا يَسِيرًا ۝

(47) El es Quien ha hecho de la noche un vestido para vosotros y del sueño un descanso. Y ha hecho el día como dispersión.

وَهُوَ الَّذِى جَعَلَ لَكُمُ الَّيْلَ لِبَاسًا وَالنَّوْمَ سُبَاتًا وَجَعَلَ النَّهَارَ نُشُورًا ۝

(48) El es Quien envía los vientos como preludio de Su misericordia. Y hacemos descender del cielo un agua pura (y purificante).

وَهُوَ الَّذِىٓ أَرْسَلَ الرِّيَاحَ نُشُرًا بَيْنَ يَدَىْ رَحْمَتِهِ ۚ وَأَنزَلْنَا مِنَ السَّمَآءِ مَآءً طَهُورًا ۝

(49) Para vivificar con ella a una tierra muerta y dar de beber a los animales de rebaño y a muchos seres humanos de los que hemos creado.

لِّنُحْيِۦَ بِهِۦ بَلْدَةً مَّيْتًا وَنُسْقِيَهُ مِمَّا خَلَقْنَآ أَنْعَٰمًا وَأَنَاسِىَّ كَثِيرًا ۝

(50) Lo* hemos dilucidado entre ellos para que pudieran recapacitar; sin embargo la mayoría de los hombres se niegan a todo, menos a ser desagradecidos.

وَلَقَدْ صَرَّفْنَٰهُ بَيْنَهُمْ لِيَذَّكَّرُوا۟ فَأَبَىٰٓ أَكْثَرُ النَّاسِ إِلَّا كُفُورًا ۝

* [El pronombre se refiere al Corán, aunque hay comentaristas que entienden que se refiere al agua, —en árabe de género masculino— mencionada en la aleya anterior; con lo cual cambia por completo el sentido de la aleya y habría que traducir: "La repartimos entre ellos para que recapaciten..."]

(51) Si hubiéramos querido, habríamos hecho surgir un advertidor en cada ciudad.

وَلَوْ شِئْنَا لَبَعَثْنَا فِى كُلِّ قَرْيَةٍ نَّذِيرًا ۝

(52) Así pues, no obedezcas a los incrédulos y combátelos con él* en una lucha sin cuartel.

فَلَا تُطِعِ الْكَٰفِرِينَ وَجَٰهِدْهُم بِهِۦ جِهَادًا كَبِيرًا ۝

* [Con el Corán]

(53) El es Quien ha hecho confluir los dos mares, uno dulce y agradable y otro salado y salobre. Entre ambos puso un espacio

وَهُوَ الَّذِى مَرَجَ الْبَحْرَيْنِ هَٰذَا عَذْبٌ فُرَاتٌ وَهَٰذَا مِلْحٌ أُجَاجٌ وَجَعَلَ بَيْنَهُمَا بَرْزَخًا وَحِجْرًا

intermedio y una barrera infranqueable.

مَّحْجُورًا ۩

(54) Y El es Quién creó un ser humano a partir del agua y le dió linaje y parentesco por matrimonio. Tu Señor es Poderoso.

وَهُوَ الَّذِي خَلَقَ مِنَ الْمَاءِ بَشَرًا فَجَعَلَهُ نَسَبًا وَصِهْرًا وَكَانَ رَبُّكَ قَدِيرًا ۩

(55) Sin embargo adoran fuera de Allah lo que ni les beneficia ni les perjudica. El incrédulo es una ayuda contra su Señor.

وَيَعْبُدُونَ مِن دُونِ اللَّهِ مَا لَا يَنفَعُهُمْ وَلَا يَضُرُّهُمْ وَكَانَ الْكَافِرُ عَلَىٰ رَبِّهِ ظَهِيرًا ۩

(56) No te hemos enviado sino como anunciador de buenas noticias y advertidor.

وَمَا أَرْسَلْنَاكَ إِلَّا مُبَشِّرًا وَنَذِيرًا ۩

(57) Di: No os pido ningún pago por ello, excepto que alguno quiera tomar un camino hacia su Señor.

قُلْ مَا أَسْأَلُكُمْ عَلَيْهِ مِنْ أَجْرٍ إِلَّا مَن شَاءَ أَن يَتَّخِذَ إِلَىٰ رَبِّهِ سَبِيلًا ۩

(58) Y confíate al Viviente, el que no muere, y glorifícalo con Su alabanza. El se basta como Conocedor al detalle de las faltas de Sus siervos.

وَتَوَكَّلْ عَلَى الْحَيِّ الَّذِي لَا يَمُوتُ وَسَبِّحْ بِحَمْدِهِ وَكَفَىٰ بِهِ بِذُنُوبِ عِبَادِهِ خَبِيرًا ۩

(59) El es Quien creó los cielos, la tierra y lo que hay entre ellos en seis días y luego se asentó en el Trono. El Misericordioso, pregunta por El a quien tenga conocimiento.

الَّذِي خَلَقَ السَّمَوَاتِ وَالْأَرْضَ وَمَا بَيْنَهُمَا فِي سِتَّةِ أَيَّامٍ ثُمَّ اسْتَوَىٰ عَلَى الْعَرْشِ الرَّحْمَٰنُ فَاسْأَلْ بِهِ خَبِيرًا ۩

(60) Y cuando se les dice: postraos ante el Misericordioso, dicen:

وَإِذَا قِيلَ لَهُمُ اسْجُدُوا لِلرَّحْمَٰنِ قَالُوا وَمَا

¿Y quién es el Misericordioso? ¿Es que vamos a postrarnos ante quien nos mandéis? Y se alejan aún más.

ٱلرَّحْمَٰنُ أَنَسْجُدُ لِمَا تَأْمُرُنَا وَزَادَهُمْ نُفُورًا ۩

(61) ¡Bendito sea Aquel que puso en el cielo constelaciones y puso una lámpara y una luna luminosa!

۞ تَبَارَكَ ٱلَّذِى جَعَلَ فِى ٱلسَّمَآءِ بُرُوجًا وَجَعَلَ فِيهَا سِرَٰجًا وَقَمَرًا مُّنِيرًا ۝

(62) El es Quien hizo sucederse a la noche y el día para quien quisiera recapacitar o agradecer.

وَهُوَ ٱلَّذِى جَعَلَ ٱلَّيْلَ وَٱلنَّهَارَ خِلْفَةً لِّمَنْ أَرَادَ أَن يَذَّكَّرَ أَوْ أَرَادَ شُكُورًا ۝

(63) Los siervos del Misericordioso son aquéllos que caminan por la tierra humildemente y que cuando los ignorantes les dirigen la palabra, dicen: Paz.

وَعِبَادُ ٱلرَّحْمَٰنِ ٱلَّذِينَ يَمْشُونَ عَلَى ٱلْأَرْضِ هَوْنًا وَإِذَا خَاطَبَهُمُ ٱلْجَٰهِلُونَ قَالُوا۟ سَلَٰمًا ۝

(64) Y los que pasan la noche postrados y en pie, por su Señor.

وَٱلَّذِينَ يَبِيتُونَ لِرَبِّهِمْ سُجَّدًا وَقِيَٰمًا ۝

(65) Y los que dicen: ¡Señor nuestro! Aparta de nosotros el castigo de Yahannam; realmente su castigo es un tormento permanente.

وَٱلَّذِينَ يَقُولُونَ رَبَّنَا ٱصْرِفْ عَنَّا عَذَابَ جَهَنَّمَ إِنَّ عَذَابَهَا كَانَ غَرَامًا ۝

(66) Y es un mal hospedaje y una mala residencia.

إِنَّهَا سَآءَتْ مُسْتَقَرًّا وَمُقَامًا ۝

(67) Y aquéllos que cuando gastan ni derrochan ni son avaros, sino un término medio entre ambas cosas.

وَٱلَّذِينَ إِذَآ أَنفَقُوا۟ لَمْ يُسْرِفُوا۟ وَلَمْ يَقْتُرُوا۟ وَكَانَ بَيْنَ ذَٰلِكَ قَوَامًا ۝

(68) Y los que no invocan junto a Allah a ningún otro dios ni matan a nadie que Allah haya hecho inviolable a menos que sea con derecho; ni fornican, pues quien lo haga, encontrará la consecuencia de su falta.

وَالَّذِينَ لَا يَدْعُونَ مَعَ اللَّهِ إِلَٰهًا ءَاخَرَ وَلَا يَقْتُلُونَ النَّفْسَ الَّتِي حَرَّمَ اللَّهُ إِلَّا بِالْحَقِّ وَلَا يَزْنُونَ وَمَن يَفْعَلْ ذَٰلِكَ يَلْقَ أَثَامًا ۝

(69) El Día del Levantamiento le será doblado el castigo y en él será inmortal, envilecido.

يُضَٰعَفْ لَهُ الْعَذَابُ يَوْمَ الْقِيَٰمَةِ وَيَخْلُدْ فِيهِ مُهَانًا ۝

(70) Excepto quien se vuelva atrás, crea y obre rectamente, a ésos Allah les sustituirá sus malas acciones por buenas. Allah es Perdonador y Compasivo.

إِلَّا مَن تَابَ وَءَامَنَ وَعَمِلَ عَمَلًا صَٰلِحًا فَأُوْلَٰٓئِكَ يُبَدِّلُ اللَّهُ سَيِّئَاتِهِمْ حَسَنَٰتٍ وَكَانَ اللَّهُ غَفُورًا رَّحِيمًا ۝

(71) Y quien se vuelva atrás y actúe rectamente, se habrá vuelto verdaderamente a Allah.

وَمَن تَابَ وَعَمِلَ صَٰلِحًا فَإِنَّهُۥ يَتُوبُ إِلَى اللَّهِ مَتَابًا ۝

(72) Los que no prestan atención a la mentira y cuando pasan junto a la frivolidad lo hacen con nobleza.

وَالَّذِينَ لَا يَشْهَدُونَ الزُّورَ وَإِذَا مَرُّوا بِاللَّغْوِ مَرُّوا كِرَامًا ۝

(73) Y aquéllos que cuando se les mencionan los signos de su Señor no pretenden que ni los oyen ni los ven.

وَالَّذِينَ إِذَا ذُكِّرُوا بِـَٔايَٰتِ رَبِّهِمْ لَمْ يَخِرُّوا عَلَيْهَا صُمًّا وَعُمْيَانًا ۝

(74) Y los que dicen: ¡Señor nuestro! Concédenos en nuestras esposas descendencia y frescura de ojos y haznos un modelo para los que tienen temor (de Allah).

وَالَّذِينَ يَقُولُونَ رَبَّنَا هَبْ لَنَا مِنْ أَزْوَٰجِنَا وَذُرِّيَّٰتِنَا قُرَّةَ أَعْيُنٍ وَاجْعَلْنَا لِلْمُتَّقِينَ إِمَامًا ۝

(75) Esos tendrán como recompensa la Estancia más alta porque fueron pacientes. Y serán recibidos con saludo y paz.

أُوْلَٰٓئِكَ يُجْزَوْنَ الْغُرْفَةَ بِمَا صَبَرُواْ وَيُلَقَّوْنَ فِيهَا تَحِيَّةً وَسَلَٰمًا ۝

(76) Allí serán inmortales. ¡Qué hermosa morada y lugar de permanencia!

خَٰلِدِينَ فِيهَا حَسُنَتْ مُسْتَقَرًّا وَمُقَامًا ۝

(77) Di: ¿Qué atención os iba a prestar Mi Señor de no ser por vuestra súplica?

Pero habéis negado la verdad y (el castigo) será inseparable (de vosotros).

قُلْ مَا يَعْبَؤُاْ بِكُمْ رَبِّى لَوْلَا دُعَاؤُكُمْ فَقَدْ كَذَّبْتُمْ فَسَوْفَ يَكُونُ لِزَامًا ۝

26. SURA DE LOS POETAS.

سُورَةُ ٱلشُّعَرَآءِ

بِسْمِ ٱللَّهِ ٱلرَّحْمَٰنِ ٱلرَّحِيمِ

En el nombre de Allah, el Misericordioso, el Compasivo.

(1) Ta, Sin, Mim. Estos son los signos del Libro explícito.

طسٓمّ تِلْكَ ءَايَٰتُ ٱلْكِتَٰبِ ٱلْمُبِينِ ۝

(2) Tal vez te esté matando el hecho de que no sean creyentes.

لَعَلَّكَ بَٰخِعٌ نَّفْسَكَ أَلَّا يَكُونُوا۟ مُؤْمِنِينَ ۝

(3) Si quisiéramos, haríamos descender sobre ellos un signo del cielo y sus cuellos se quedarían ante él humillados.

إِن نَّشَأْ نُنَزِّلْ عَلَيْهِم مِّنَ ٱلسَّمَآءِ ءَايَةً فَظَلَّتْ أَعْنَٰقُهُمْ لَهَا خَٰضِعِينَ ۝

(4) No les viene ningún nuevo recuerdo del Misericordioso del que no se aparten.

وَمَا يَأْتِيهِم مِّن ذِكْرٍ مِّنَ ٱلرَّحْمَٰنِ مُحْدَثٍ إِلَّا كَانُوا۟ عَنْهُ مُعْرِضِينَ ۝

(5) Han negado la verdad, pero ya les llegarán las noticias de aquello de que se burlaban.

فَقَدْ كَذَّبُوا۟ فَسَيَأْتِيهِمْ أَنۢبَٰٓؤُا۟ مَا كَانُوا۟ بِهِۦ يَسْتَهْزِءُونَ ۝

(6) ¿Es que no ven la tierra y cuántas nobles especies hemos hecho crecer en ella?

أَوَلَمْ يَرَوْا۟ إِلَى ٱلْأَرْضِ كَمْ أَنۢبَتْنَا فِيهَا مِن كُلِّ زَوْجٍ كَرِيمٍ ۝

(7) Es cierto que en eso hay un signo, pero la mayoría de ellos no son creyentes.

إِنَّ فِى ذَٰلِكَ لَءَايَةً وَمَا كَانَ أَكْثَرُهُم مُّؤْمِنِينَ ۝

(8) Y realmente tu Señor es el Irresistible, el Compasivo.

وَإِنَّ رَبَّكَ لَهُوَ ٱلْعَزِيزُ ٱلرَّحِيمُ ۝

(9) Cuando tu Señor llamó a Musa: ¡Ve a donde la gente injusta!

وَإِذْ نَادَىٰ رَبُّكَ مُوسَىٰ أَنِ ٱئْتِ ٱلْقَوْمَ ٱلظَّالِمِينَ ٩

(10) La gente de Firaún. ¿Es que no van a ser temerosos?

قَوْمَ فِرْعَوْنَ أَلَا يَتَّقُونَ ١٠

(11) Dijo: Señor, temo que me tachen de mentiroso

قَالَ رَبِّ إِنِّي أَخَافُ أَن يُكَذِّبُونِ ١١

(12) y mi pecho se estreche y mi lengua no se suelte, envía conmigo a Harún.

وَيَضِيقُ صَدْرِي وَلَا يَنطَلِقُ لِسَانِي فَأَرْسِلْ إِلَىٰ هَٰرُونَ ١٢

(13) Ellos me reclaman un delito y temo que me maten.

وَلَهُمْ عَلَيَّ ذَنۢبٌ فَأَخَافُ أَن يَقْتُلُونِ ١٣

(14) Dijo: En absoluto. Id ambos con Nuestros signos, que estaremos junto a vosotros escuchando.

قَالَ كَلَّا فَٱذْهَبَا بِـَٔايَٰتِنَا إِنَّا مَعَكُم مُّسْتَمِعُونَ ١٤

(15) Presentaos ante Firaún y decidle: Somos portadores de un mensaje del Señor de los mundos

فَأْتِيَا فِرْعَوْنَ فَقُولَا إِنَّا رَسُولُ رَبِّ ٱلْعَٰلَمِينَ ١٥

(16) para que dejes ir con nosotros a los hijos de Israel.

أَنْ أَرْسِلْ مَعَنَا بَنِىٓ إِسْرَآءِيلَ ١٦

(17) Dijo: ¿Acaso no te criamos con nosotros cuando eras niño y permaneciste entre nosotros años de tu vida

قَالَ أَلَمْ نُرَبِّكَ فِينَا وَلِيدًا وَلَبِثْتَ فِينَا مِنْ عُمُرِكَ سِنِينَ ١٧

(18) e hiciste lo que hiciste convirtiéndote en un renegado?

وَفَعَلْتَ فَعْلَتَكَ ٱلَّتِي فَعَلْتَ وَأَنتَ مِنَ ٱلْكَٰفِرِينَ ١٨

(19) Dijo: Cuando lo hice estaba entre los extraviados.

قَالَ فَعَلْتُهَآ إِذًا وَأَنَا۠ مِنَ ٱلضَّآلِّينَ ١٩

(20) Y al sentir miedo huí de vosotros, entonces mi Señor me concedió juicio y me hizo uno de los enviados.

فَفَرَرْتُ مِنكُمْ لَمَّا خِفْتُكُمْ فَوَهَبَ لِى رَبِّى حُكْمًا وَجَعَلَنِى مِنَ ٱلْمُرْسَلِينَ ٢

(21) Y éste es el favor que tu me hiciste: esclavizar a los hijos de Israel.

وَتِلْكَ نِعْمَةٌ تَمُنُّهَا عَلَىَّ أَنْ عَبَّدتَّ بَنِى إِسْرَآءِيلَ ٢

(22) Dijo Firaún: ¿Y quién es el Señor de los mundos?

قَالَ فِرْعَوْنُ وَمَا رَبُّ ٱلْعَٰلَمِينَ ٢

(23) Dijo: El Señor de los cielos y de la tierra y de lo que hay entre ambos, si tuviérais certeza.

قَالَ رَبُّ ٱلسَّمَٰوَٰتِ وَٱلْأَرْضِ وَمَا بَيْنَهُمَآ إِن كُنتُم مُّوقِنِينَ ٢

(24) Dijo a quienes estaban a su alrededor: ¿Habéis oído?

۞ قَالَ لِمَنْ حَوْلَهُ أَلَا تَسْتَمِعُونَ ٢

(25) Dijo: Es vuestro Señor y el Señor de vuestros primeros padres.

قَالَ رَبُّكُمْ وَرَبُّ ءَابَآئِكُمُ ٱلْأَوَّلِينَ ٢

(26) Dijo: Verdaderamente vuestro mensajero, el que os ha sido enviado, es un poseso.

قَالَ إِنَّ رَسُولَكُمُ ٱلَّذِىٓ أُرْسِلَ إِلَيْكُمْ لَمَجْنُونٌ ٢

(27) Dijo: El Señor del oriente y del occidente y de lo que hay entre ambos, si comprendiérais.

قَالَ رَبُّ ٱلْمَشْرِقِ وَٱلْمَغْرِبِ وَمَا بَيْنَهُمَآ إِن كُنتُمْ تَعْقِلُونَ ٢

(28) Dijo: Si tomas otro dios que yo, te dejaré entre los prisioneros.

قَالَ لَئِنِ ٱتَّخَذتَّ إِلَٰهًا غَيْرِى لَأَجْعَلَنَّكَ مِنَ ٱلْمَسْجُونِينَ ٢

(29) Dijo: ¿Incluso si te traigo algo evidente?

قَالَ أَوَلَوْ جِئْتُكَ بِشَىْءٍ مُّبِينٍ ٢

(30) Dijo: Tráelo, si eres de los que dicen la verdad.

قَالَ فَأْتِ بِهِۦٓ إِن كُنتَ مِنَ ٱلصَّٰدِقِينَ ٢

(31) Y arrojó su vara, y entonces fue una serpiente evidente.

فَأَلْقَىٰ عَصَاهُ فَإِذَا هِىَ ثُعْبَانٌ مُّبِينٌ ۝

(32) Sacó su mano y fue blanca* para los que lo presenciaban.

* [Ver nota de la aleya 107 de la sura 7]

وَنَزَعَ يَدَهُ فَإِذَا هِىَ بَيْضَآءُ لِلنَّٰظِرِينَ ۝

(33) Le dijo al consejo de nobles que estaba a su alrededor: Realmente es un mago experto

قَالَ لِلْمَلَإِ حَوْلَهُ إِنَّ هَٰذَا لَسَٰحِرٌ عَلِيمٌ ۝

(34) que quiere haceros salir de vuestra tierra con su magia, ¿qué deliberáis?

يُرِيدُ أَن يُخْرِجَكُم مِّنْ أَرْضِكُم بِسِحْرِهِ فَمَاذَا تَأْمُرُونَ ۝

(35) Dijeron: Dales un plazo a él y a su hermano y manda reclutadores a las ciudades

قَالُوٓا أَرْجِهْ وَأَخَاهُ وَابْعَثْ فِى ٱلْمَدَآئِنِ حَٰشِرِينَ ۝

(36) que te traigan a todo mago experto.

يَأْتُوكَ بِكُلِّ سَحَّارٍ عَلِيمٍ ۝

(37) Y se reunieron los magos en el lugar de la cita, el día fijado.

فَجُمِعَ ٱلسَّحَرَةُ لِمِيقَٰتِ يَوْمٍ مَّعْلُومٍ ۝

(38) Se dijo a la gente: ¿Os reuniréis?

وَقِيلَ لِلنَّاسِ هَلْ أَنتُم مُّجْتَمِعُونَ ۝

(39) Tal vez sigamos a los magos si son los vencedores.

لَعَلَّنَا نَتَّبِعُ ٱلسَّحَرَةَ إِن كَانُوا هُمُ ٱلْغَٰلِبِينَ ۝

(40) Y cuando los magos se presentaron, le dijeron a Firaún: ¿Tendremos alguna recompensa si somos los vencedores?

فَلَمَّا جَآءَ ٱلسَّحَرَةُ قَالُوا لِفِرْعَوْنَ أَئِنَّ لَنَا لَأَجْرًا إِن كُنَّا نَحْنُ ٱلْغَٰلِبِينَ ۝

(41) Dijo: Sí; si es así estaréis entre los próximos (a mí).

قَالَ نَعَمْ وَإِنَّكُمْ إِذًا لَّمِنَ ٱلْمُقَرَّبِينَ ۝

(42) Les dijo Musa: Arrojad lo que arrojáis.

فَقَالَ لَهُم مُّوسَىٰٓ أَلْقُوا مَآ أَنتُم مُّلْقُونَ ۝

(43) Y arrojaron sus cuerdas y varas diciendo: ¡Por el poder de Firaún, seremos los vencedores!

فَأَلْقَوْا حِبَالَهُمْ وَعِصِيَّهُمْ وَقَالُوا بِعِزَّةِ فِرْعَوْنَ إِنَّا لَنَحْنُ ٱلْغَٰلِبُونَ ۝

(44) Y arrojó Musa su bastón y se tragó la mentira que habían creado.

فَأَلْقَىٰ مُوسَىٰ عَصَاهُ فَإِذَا هِىَ تَلْقَفُ مَا يَأْفِكُونَ ۝

(45) Entonces cayeron los magos postrados.

فَأُلْقِىَ ٱلسَّحَرَةُ سَٰجِدِينَ ۝

(46) Dijeron: Creemos en el Señor de los mundos,

قَالُوٓا ءَامَنَّا بِرَبِّ ٱلْعَٰلَمِينَ ۝

(47) el Señor de Musa y de Harún.

رَبِّ مُوسَىٰ وَهَٰرُونَ ۝

(48) Dijo: ¿Creéis en él sin mi permiso? El es, en verdad, vuestro cabecilla, el que os ha enseñado la magia, pero vais a saber:

قَالَ ءَامَنتُمْ لَهُۥ قَبْلَ أَنْ ءَاذَنَ لَكُمْ إِنَّهُۥ لَكَبِيرُكُمُ ٱلَّذِى عَلَّمَكُمُ ٱلسِّحْرَ فَلَسَوْفَ تَعْلَمُونَ ۝

(49) Os cortaré la mano y el pie contrarios y os crucificaré a todos.

لَأُقَطِّعَنَّ أَيْدِيَكُمْ وَأَرْجُلَكُم مِّنْ خِلَٰفٍ وَلَأُصَلِّبَنَّكُمْ أَجْمَعِينَ ۝

(50) Dijeron: No hay mal, pues verdaderamente hemos de volver a nuestro Señor.

قَالُوا لَا ضَيْرَ إِنَّآ إِلَىٰ رَبِّنَا مُنقَلِبُونَ ۝

(51) Realmente esperamos con anhelo que nuestro Señor nos perdone las faltas por haber sido los primeros creyentes.

إِنَّا نَطْمَعُ أَن يَغْفِرَ لَنَا رَبُّنَا خَطَٰيَٰنَآ أَن كُنَّآ أَوَّلَ ٱلْمُؤْمِنِينَ ۝

(52) E inspiramos a Musa: Sal de noche con Mis siervos pues seréis perseguidos.

وَأَوْحَيْنَآ إِلَىٰ مُوسَىٰٓ أَنْ أَسْرِ بِعِبَادِىٓ إِنَّكُم مُّتَّبَعُونَ ۝

(53) Y envió Firaún reclutadores a las ciudades:

فَأَرْسَلَ فِرْعَوْنُ فِى ٱلْمَدَآئِنِ حَٰشِرِينَ ۝

(54) Estos no son mas que un pequeño número,

إِنَّ هَٰٓؤُلَآءِ لَشِرْذِمَةٌ قَلِيلُونَ ۝

(55) y ciertamente nos han enfurecido.

وَإِنَّهُمْ لَنَا لَغَآئِظُونَ ۝

(56) Somos una sociedad que está en guardia.

وَإِنَّا لَجَمِيعٌ حَٰذِرُونَ ۝

(57) Así los sacamos de jardines y manantiales.

فَأَخْرَجْنَٰهُم مِّن جَنَّٰتٍ وَعُيُونٍ ۝

(58) Y de tesoros y de una noble posición.

وَكُنُوزٍ وَمَقَامٍ كَرِيمٍ ۝

(59) Así fue. Y se lo dimos en herencia a los hijos de Israel.

كَذَٰلِكَ وَأَوْرَثْنَٰهَا بَنِىٓ إِسْرَٰٓءِيلَ ۝

(60) Y los persiguieron al salir el sol.

فَأَتْبَعُوهُم مُّشْرِقِينَ ۝

(61) Cuando ambos grupos se divisaron, dijeron los compañeros de Musa: Hemos sido alcanzados.

فَلَمَّا تَرَٰٓءَا ٱلْجَمْعَانِ قَالَ أَصْحَٰبُ مُوسَىٰٓ إِنَّا لَمُدْرَكُونَ ۝

(62) Dijo: No, mi Señor está conmigo y El me guiará.

قَالَ كَلَّآ إِنَّ مَعِىَ رَبِّى سَيَهْدِينِ ۝

(63) E inspiramos a Musa: Golpea con tu vara en el mar.

فَأَوْحَيْنَآ إِلَىٰ مُوسَىٰٓ أَنِ ٱضْرِب بِّعَصَاكَ ٱلْبَحْرَ

Y se abrió, y cada lado era como una enorme montaña.

فَٱنفَلَقَ فَكَانَ كُلُّ فِرْقٍ كَٱلطَّوْدِ ٱلْعَظِيمِ ۝

(64) Y atrajimos allí a los otros.

وَأَزْلَفْنَا ثَمَّ ٱلْءَاخَرِينَ ۝

(65) Salvamos a Musa y a todos los que estaban con él;

وَأَنجَيْنَا مُوسَىٰ وَمَن مَّعَهُۥٓ أَجْمَعِينَ ۝

(66) luego ahogamos a todos los demás.

ثُمَّ أَغْرَقْنَا ٱلْءَاخَرِينَ ۝

(67) Verdaderamente en eso hay un signo. La mayoría de ellos no eran creyentes.

إِنَّ فِي ذَٰلِكَ لَءَايَةً وَمَا كَانَ أَكْثَرُهُم مُّؤْمِنِينَ ۝

(68) Y es cierto que tu Señor es el Irresistible, el Compasivo.

وَإِنَّ رَبَّكَ لَهُوَ ٱلْعَزِيزُ ٱلرَّحِيمُ ۝

(69) Cuéntales la historia de Ibrahim,

وَٱتْلُ عَلَيْهِمْ نَبَأَ إِبْرَٰهِيمَ ۝

(70) cuando le dijo a su padre y a su gente: ¿Qué es lo que adoráis?

إِذْ قَالَ لِأَبِيهِ وَقَوْمِهِۦ مَا تَعْبُدُونَ ۝

(71) Dijeron: Adoramos ídolos a cuyo culto estamos dedicados.

قَالُوا۟ نَعْبُدُ أَصْنَامًا فَنَظَلُّ لَهَا عَٰكِفِينَ ۝

(72) Dijo: ¿Acaso os escuchan cuando los invocáis?

قَالَ هَلْ يَسْمَعُونَكُمْ إِذْ تَدْعُونَ ۝

(73) ¿U os benefician u os perjudican?

أَوْ يَنفَعُونَكُمْ أَوْ يَضُرُّونَ ۝

(74) Dijeron: Sin embargo encontramos a nuestros padres que así hacían.

قَالُوا۟ بَلْ وَجَدْنَا ءَابَآءَنَا كَذَٰلِكَ يَفْعَلُونَ ۝

(75) Dijo: ¿Habéis visto lo que adoráis

قَالَ أَفَرَءَيْتُم مَّا كُنتُمْ تَعْبُدُونَ ۝

(76) vosotros y vuestros padres antiguos?

أَنتُمْ وَءَابَآؤُكُمُ ٱلْأَقْدَمُونَ ۝

(77) Ellos son mis enemigos, al contrario del Señor de los mundos.

فَإِنَّهُمْ عَدُوٌّ لِّيٓ إِلَّا رَبَّ ٱلْعَٰلَمِينَ ۝

(78) Que me creó y me guía.

ٱلَّذِي خَلَقَنِي فَهُوَ يَهْدِينِ ۝

(79) Que me alimenta y me da de beber

وَٱلَّذِي هُوَ يُطْعِمُنِي وَيَسْقِينِ ۝

(80) y que, cuando estoy enfermo, me cura.

وَإِذَا مَرِضْتُ فَهُوَ يَشْفِينِ ۝

(81) Y el que me hará morir y luego me devolverá a la vida.

وَٱلَّذِي يُمِيتُنِي ثُمَّ يُحْيِينِ ۝

(82) Y de Quien espero con anhelo que me perdone las faltas el Día de la Rendición de cuentas.

وَٱلَّذِيٓ أَطْمَعُ أَن يَغْفِرَ لِي خَطِيٓئَتِي يَوْمَ ٱلدِّينِ ۝

(83) ¡Señor mío! Dame juicio y tenme entre los justos.

رَبِّ هَبْ لِي حُكْمًا وَأَلْحِقْنِي بِٱلصَّٰلِحِينَ ۝

(84) Concédeme que los que vengan después hablen de mí con verdad.

وَٱجْعَل لِّي لِسَانَ صِدْقٍ فِي ٱلْءَاخِرِينَ ۝

(85) Hazme de los herederos del Jardín de la Delicia,

وَٱجْعَلْنِي مِن وَرَثَةِ جَنَّةِ ٱلنَّعِيمِ ۝

(86) y perdona a mi padre, él ha sido de los extraviados.

وَٱغْفِرْ لِأَبِيٓ إِنَّهُۥ كَانَ مِنَ ٱلضَّآلِّينَ ۝

(87) Y no me entristezcas el día en que sean devueltos a la vida.

وَلَا تُخْزِنِي يَوْمَ يُبْعَثُونَ ۝

(88) El día en que ni la riqueza ni los hijos servirán de nada.

يَوْمَ لَا يَنفَعُ مَالٌ وَلَا بَنُونَ ۝

(89) Sólo quien venga a Allah con un corazón limpio*.

*[En árabe "salím", que significa sin corrupción ni enfermedad, a salvo.]

إِلَّا مَنْ أَتَى ٱللَّهَ بِقَلْبٍ سَلِيمٍ ۝

(90) El Jardín será acercado a los temerosos.

وَأُزْلِفَتِ ٱلْجَنَّةُ لِلْمُتَّقِينَ ۝

(91) Y el Yahim se mostrará a los extraviados.

وَبُرِّزَتِ ٱلْجَحِيمُ لِلْغَاوِينَ ۝

(92) Y se les dirá: ¿Dónde está lo que adorábais

وَقِيلَ لَهُمْ أَيْنَ مَا كُنتُمْ تَعْبُدُونَ ۝

(93) fuera de Allah? ¿Pueden ayudaros o ayudarse a sí mismos?

مِن دُونِ ٱللَّهِ هَلْ يَنصُرُونَكُمْ أَوْ يَنتَصِرُونَ ۝

(94) Entonces serán arrojados en él unos encima de otros, ellos y los que se extraviaron.

فَكُبْكِبُوا فِيهَا هُمْ وَٱلْغَاوُونَ ۝

(95) Y los ejércitos de Iblis, todos juntos.

وَجُنُودُ إِبْلِيسَ أَجْمَعُونَ ۝

(96) Y dirán, discutiendo en él:

قَالُوا وَهُمْ فِيهَا يَخْتَصِمُونَ ۝

(97) ¡Por Allah que estábamos en un claro extravío!

تَٱللَّهِ إِن كُنَّا لَفِى ضَلَٰلٍ مُّبِينٍ ۝

(98) Cuando Le atribuíamos iguales al Señor de los mundos.

إِذْ نُسَوِّيكُم بِرَبِّ ٱلْعَٰلَمِينَ ۝

(99) No nos extraviaron sino los malhechores.

وَمَا أَضَلَّنَا إِلَّا ٱلْمُجْرِمُونَ ۝

(100) Y no tenemos a nadie que interceda por nosotros;

فَمَا لَنَا مِن شَٰفِعِينَ ۝

(101) ni ningún amigo ferviente.

وَلَا صَدِيقٍ حَمِيمٍ ۝

(102) Ojalá y tuviéramos una oportunidad más para poder ser
creyentes.

فَلَوْ أَنَّ لَنَا كَرَّةً فَنَكُونَ مِنَ ٱلْمُؤْمِنِينَ ۝

(103) Es verdad que en eso hay un
signo, pero la mayoría de los
hombres no son creyentes.

إِنَّ فِى ذَٰلِكَ لَءَايَةً وَمَا كَانَ أَكْثَرُهُم
مُّؤْمِنِينَ ۝

(104) Y es cierto que tu Señor es el
Irresistible, el Compasivo.

وَإِنَّ رَبَّكَ لَهُوَ ٱلْعَزِيزُ ٱلرَّحِيمُ ۝

(105) La gente de Nuh negó a los
enviados,

كَذَّبَتْ قَوْمُ نُوحٍ ٱلْمُرْسَلِينَ ۝

(106) cuando su hermano Nuh les
dijo: ¿No vais a tener temor?

إِذْ قَالَ لَهُمْ أَخُوهُمْ نُوحٌ أَلَا تَتَّقُونَ ۝

(107) Yo soy para vosotros un mensajero fiel.

إِنِّى لَكُمْ رَسُولٌ أَمِينٌ ۝

(108) Así pues temed a Allah y
obedecedme.

فَٱتَّقُوا ٱللَّهَ وَأَطِيعُونِ ۝

(109) No os pido ningún pago por
ello; mi recompensa sólo
incumbe al Señor de los
mundos.

وَمَا أَسْـَٔلُكُمْ عَلَيْهِ مِنْ أَجْرٍ إِنْ أَجْرِىَ إِلَّا عَلَىٰ
رَبِّ ٱلْعَٰلَمِينَ ۝

(110) Así pues, temed a Allah y
obedecedme.

فَٱتَّقُوا ٱللَّهَ وَأَطِيعُونِ ۝

(111) Dijeron: ¿Vamos a creer en ti

فَقَالُوٓا۟ أَنُؤْمِنُ لَكَ وَٱتَّبَعَكَ ٱلْأَرْذَلُونَ ۝

cuando los que te siguen son los más bajos?

(112) Dijo: No me corresponde saber lo que hacen.

قَالَ وَمَا عِلْمِي بِمَا كَانُوا يَعْمَلُونَ ۝

(113) Su cuenta no incumbe sino a mi Señor, si fuerais conscientes.

إِنْ حِسَابُهُمْ إِلَّا عَلَىٰ رَبِّي لَوْ تَشْعُرُونَ ۝

(114) Y yo no voy a rechazar a los creyentes.

وَمَآ أَنَا بِطَارِدِ الْمُؤْمِنِينَ ۝

(115) Yo sólo soy un advertidor explícito.

إِنْ أَنَا إِلَّا نَذِيرٌ مُّبِينٌ ۝

(116) Dijeron: Si no dejas de hacerlo, Nuh, date por lapidado.

فَالُوا لَئِن لَّمْ تَنتَهِ يَٰنُوحُ لَتَكُونَنَّ مِنَ الْمَرْجُومِينَ ۝

(117) Dijo: ¡Señor mío! Realmente mi gente me ha negado.

قَالَ رَبِّ إِنَّ قَوْمِي كَذَّبُونِ ۝

(118) Dicta un juicio entre ellos y yo y sálvame a mí y a los creyentes que están conmigo.

فَافْتَحْ بَيْنِي وَبَيْنَهُمْ فَتْحًا وَنَجِّنِي وَمَن مَّعِيَ مِنَ الْمُؤْمِنِينَ ۝

(119) Y lo salvamos a él y a quien con él estaba en la nave henchida.

فَأَنجَيْنَاهُ وَمَن مَّعَهُ فِي الْفُلْكِ الْمَشْحُونِ ۝

(120) Luego ahogamos a los que quedaron.

ثُمَّ أَغْرَقْنَا بَعْدُ الْبَاقِينَ ۝

(121) Realmente en eso hay un signo. La mayoría de ellos no eran creyentes.

إِنَّ فِي ذَٰلِكَ لَآيَةً وَمَا كَانَ أَكْثَرُهُم مُّؤْمِنِينَ ۝

(122) Es cierto que tu Señor es el Irre-sistible, el Compasivo.

وَإِنَّ رَبَّكَ لَهُوَ الْعَزِيزُ الرَّحِيمُ ۝

(123) Los Ad negaron a los enviados

كَذَّبَتْ عَادُ ٱلْمُرْسَلِينَ ۝

(124) cuando su hermano Hud les dijo: ¿No vais a temer?

إِذْ قَالَ لَهُمْ أَخُوهُمْ هُودٌ أَلَا تَتَّقُونَ ۝

(125) Yo soy para vosotros un mensajero fiel.

إِنِّي لَكُمْ رَسُولٌ أَمِينٌ ۝

(126) Así pues temed a Allah y obedecedme.

فَٱتَّقُوا۟ ٱللَّهَ وَأَطِيعُونِ ۝

(127) No os pido por ello ningún pago, mi recompensa sólo incumbe al Señor de los mundos.

وَمَآ أَسْـَٔلُكُمْ عَلَيْهِ مِنْ أَجْرٍ إِنْ أَجْرِيَ إِلَّا عَلَىٰ رَبِّ ٱلْعَٰلَمِينَ ۝

(128) ¿Cómo es que edificáis señales en los lugares elevados de cada camino por capricho?

أَتَبْنُونَ بِكُلِّ رِيعٍ ءَايَةً تَعْبَثُونَ ۝

(129) ¿Y os construís fortalezas como si fuerais a ser inmortales?

وَتَتَّخِذُونَ مَصَانِعَ لَعَلَّكُمْ تَخْلُدُونَ ۝

(130) ¿Y cuando atacáis, os comportáis como tiranos?

وَإِذَا بَطَشْتُم بَطَشْتُمْ جَبَّارِينَ ۝

(131) ¡Temed a Allah y obedecedme!

فَٱتَّقُوا۟ ٱللَّهَ وَأَطِيعُونِ ۝

(132) ¡Temed a Aquel que os ha agraciado con lo que sabéis!

وَٱتَّقُوا۟ ٱلَّذِىٓ أَمَدَّكُم بِمَا تَعْلَمُونَ ۝

(133) Os ha agraciado con ganado e hijos,

أَمَدَّكُم بِأَنْعَٰمٍ وَبَنِينَ ۝

(134) jardines y manantiales.

وَجَنَّٰتٍ وَعُيُونٍ ۝

(135) De verdad temo para vosotros el castigo de un día grave.

إِنِّىٓ أَخَافُ عَلَيْكُمْ عَذَابَ يَوْمٍ عَظِيمٍ ۝

(136) Dijeron: Nos da igual que nos exhortes o que te quedes sin exhortarnos.

فَالُواْ سَوَآءٌ عَلَيْنَآ أَوَعَظْتَ أَمْ لَمْ تَكُن مِّنَ ٱلْوَٰعِظِينَ ﴿١٣٦﴾

(137) Esto no es sino la manera de ser de los antiguos.

إِنْ هَٰذَآ إِلَّا خُلُقُ ٱلْأَوَّلِينَ ﴿١٣٧﴾

(138) Y no vamos a ser castigados.

وَمَا نَحْنُ بِمُعَذَّبِينَ ﴿١٣٨﴾

(139) Negaron la verdad que traía y los destruimos, es verdad que en eso hay un signo. La mayoría de ellos no eran creyentes.

فَكَذَّبُوهُ فَأَهْلَكْنَٰهُمْ إِنَّ فِي ذَٰلِكَ لَآيَةً وَمَا كَانَ أَكْثَرُهُم مُّؤْمِنِينَ ﴿١٣٩﴾

(140) Realmente tu Señor es el Irresistible, el Compasivo.

وَإِنَّ رَبَّكَ لَهُوَ ٱلْعَزِيزُ ٱلرَّحِيمُ ﴿١٤٠﴾

(141) Los Zamud negaron a los enviados,

كَذَّبَتْ ثَمُودُ ٱلْمُرْسَلِينَ ﴿١٤١﴾

(142) cuando su hermano Salih les dijo: ¿No vais a tener temor?

إِذْ قَالَ لَهُمْ أَخُوهُمْ صَٰلِحٌ أَلَا تَتَّقُونَ ﴿١٤٢﴾

(143) Yo soy para vosotros un mensajero fiel,

إِنِّي لَكُمْ رَسُولٌ أَمِينٌ ﴿١٤٣﴾

(144) así pues, temed a Allah y obedecedme.

فَٱتَّقُواْ ٱللَّهَ وَأَطِيعُونِ ﴿١٤٤﴾

(145) No os pido ningún pago por ello; mi recompensa sólo incumbe al Señor de los mundos.

وَمَآ أَسْـَٔلُكُمْ عَلَيْهِ مِنْ أَجْرٍ إِنْ أَجْرِيَ إِلَّا عَلَىٰ رَبِّ ٱلْعَٰلَمِينَ ﴿١٤٥﴾

(146) ¿Acaso vais a ser dejados a salvo en lo que tenéis?

أَتُتْرَكُونَ فِي مَا هَٰهُنَآ ءَامِنِينَ ﴿١٤٦﴾

(147) ¿En jardines y manantiales,

فِى جَنَّٰتٍ وَعُيُونٍ ۝

(148) cereales y palmeras de tiernos brotes?

وَزُرُوعٍ وَنَخْلٍ طَلْعُهَا هَضِيمٌ ۝

(149) ¿Y esculpís casas en las montañas con arrogancia?

وَتَنْحِتُونَ مِنَ ٱلْجِبَالِ بُيُوتًا فَٰرِهِينَ ۝

(150) Temed a Allah y obedecedme.

فَٱتَّقُوا ٱللَّهَ وَأَطِيعُونِ ۝

(151) Y no obedezcáis lo que os mandan los que sobrepasan los límites.

وَلَا تُطِيعُوٓا أَمْرَ ٱلْمُسْرِفِينَ ۝

(152) Esos que siembran corrupción en la tierra en vez de poner orden.

ٱلَّذِينَ يُفْسِدُونَ فِى ٱلْأَرْضِ وَلَا يُصْلِحُونَ ۝

(153) Dijeron: Tú no eres mas que un hechizado,

قَالُوٓا إِنَّمَآ أَنتَ مِنَ ٱلْمُسَحَّرِينَ ۝

(154) no eres mas que un ser humano como nosotros, trae una señal si eres de los que dicen la verdad.

مَآ أَنتَ إِلَّا بَشَرٌ مِّثْلُنَا فَأْتِ بِـَٔايَةٍ إِن كُنتَ مِنَ ٱلصَّٰدِقِينَ ۝

(155) Dijo: Esta camella tendrá su turno de bebida y vosotros el vuestro, un día fijado.

قَالَ هَٰذِهِۦ نَاقَةٌ لَّهَا شِرْبٌ وَلَكُم شِرْبُ يَوْمٍ مَّعْلُومٍ ۝

(156) No le hagáis ningún daño para que no os sorprenda el castigo de un día grave.

وَلَا تَمَسُّوهَا بِسُوٓءٍ فَيَأْخُذَكُمْ عَذَابُ يَوْمٍ عَظِيمٍ ۝

(157) Pero la desjarretaron y amanecieron arrepentidos.

فَعَقَرُوهَا فَأَصْبَحُوا نَٰدِمِينَ ۝

(158) El castigo los agarró, realmente en esto hay un signo.

La mayoría de ellos no eran creyentes.

فَأَخَذَهُمُ ٱلْعَذَابُ إِنَّ فِي ذَٰلِكَ لَءَايَةً وَمَا كَانَ أَكْثَرُهُم مُّؤْمِنِينَ ۝

(159) Y es verdad que tu Señor es el Irresistible, el Compasivo.

وَإِنَّ رَبَّكَ لَهُوَ ٱلْعَزِيزُ ٱلرَّحِيمُ ۝

(160) La gente de Lut negó a los enviados.

كَذَّبَتْ قَوْمُ لُوطٍ ٱلْمُرْسَلِينَ ۝

(161) Cuando su hermano Lut les dijo: ¿No vais a temer?

إِذْ قَالَ لَهُمْ أَخُوهُمْ لُوطٌ أَلَا تَتَّقُونَ ۝

(162) Yo soy para vosotros un mensajero fiel;

إِنِّي لَكُمْ رَسُولٌ أَمِينٌ ۝

(163) así pues, temed a Allah y obedecedme.

فَٱتَّقُوا ٱللَّهَ وَأَطِيعُونِ ۝

(164) No os pido ningún pago a cambio; mi recompensa sólo incumbe al Señor de los mundos.

وَمَآ أَسْـَٔلُكُمْ عَلَيْهِ مِنْ أَجْرٍ إِنْ أَجْرِيَ إِلَّا عَلَىٰ رَبِّ ٱلْعَٰلَمِينَ ۝

(165) ¿Vais a todos los varones del mundo

أَتَأْتُونَ ٱلذُّكْرَانَ مِنَ ٱلْعَٰلَمِينَ ۝

(166) dejando las esposas que Allah creó para vosotros?

Sois gente que excede los límites.

وَتَذَرُونَ مَا خَلَقَ لَكُمْ رَبُّكُم مِّنْ أَزْوَٰجِكُم بَلْ أَنتُمْ قَوْمٌ عَادُونَ ۝

(167) Dijeron: Si no te detienes, Lut, te encontrarás entre los expulsados.

قَالُوا لَئِن لَّمْ تَنتَهِ يَٰلُوطُ لَتَكُونَنَّ مِنَ ٱلْمُخْرَجِينَ ۝

(168) Dijo: Yo soy de los que aborrecen lo que hacéis.

قَالَ إِنِّي لِعَمَلِكُم مِّنَ ٱلْقَالِينَ ۝

(169) ¡Señor! Líbrame a mí y a mi familia de lo que hacen.

رَبِّ نَجِّنِي وَأَهْلِي مِمَّا يَعْمَلُونَ ۝

(170) Y lo salvamos a él y a su familia, a todos,

فَنَجَّيْنَٰهُ وَأَهْلَهُۥٓ أَجْمَعِينَ ۝

(171) menos a una vieja que fue de los que se quedaron.

إِلَّا عَجُوزًا فِي ٱلْغَٰبِرِينَ ۝

(172) Luego aniquilamos a los demás.

ثُمَّ دَمَّرْنَا ٱلْءَاخَرِينَ ۝

(173) E hicimos caer sobre ellos una lluvia. ¡Qué mala lluvia la de los que han sido advertidos!

وَأَمْطَرْنَا عَلَيْهِم مَّطَرًا فَسَآءَ مَطَرُ ٱلْمُنذَرِينَ ۝

(174) Realmente ahí hay un signo. La mayoría de ellos no eran creyentes.

إِنَّ فِي ذَٰلِكَ لَءَايَةً وَمَا كَانَ أَكْثَرُهُم مُّؤْمِنِينَ ۝

(175) Es verdad que tu Señor es el Irresistible, el Compasivo.

وَإِنَّ رَبَّكَ لَهُوَ ٱلْعَزِيزُ ٱلرَّحِيمُ ۝

(176) Los dueños de al-Ayka* negaron lo que decían los enviados.

  * [Si se lee "Layka" es el nombre de una ciudad, si no, significa el bosque o la espesura.]

كَذَّبَ أَصْحَٰبُ لْـَٔيْكَةِ ٱلْمُرْسَلِينَ ۝

(177) Cuando Shuayb les dijo: ¿No vais a temer?

إِذْ قَالَ لَهُمْ شُعَيْبٌ أَلَا تَتَّقُونَ ۝

(178) Yo soy para vosotros un mensajero fiel,

إِنِّي لَكُمْ رَسُولٌ أَمِينٌ ۝

(179) así pues, temed a Allah y obedecedme.

فَاتَّقُوا اللَّهَ وَأَطِيعُونِ ۝

(180) No os pido ningún pago a cambio; mi recompensa sólo incumbe al Señor de los mundos.

وَمَا أَسْأَلُكُمْ عَلَيْهِ مِنْ أَجْرٍ إِنْ أَجْرِيَ إِلَّا عَلَىٰ رَبِّ الْعَالَمِينَ ۝

(181) Sed justos al medir sin perjudicar a la gente en ello.

أَوْفُوا الْكَيْلَ وَلَا تَكُونُوا مِنَ الْمُخْسِرِينَ ۝

(182) Y pesad con la balanza equilibrada

وَزِنُوا بِالْقِسْطَاسِ الْمُسْتَقِيمِ ۝

(183) sin menguar a la gente sus cosas.
Y no cometáis maldades en la tierra como corruptores.

وَلَا تَبْخَسُوا النَّاسَ أَشْيَاءَهُمْ وَلَا تَعْثَوْا فِي الْأَرْضِ مُفْسِدِينَ ۝

(184) Y temed a Aquel que os ha creado a vosotros y a las generaciones primeras.

وَاتَّقُوا الَّذِي خَلَقَكُمْ وَالْجِبِلَّةَ الْأَوَّلِينَ ۝

(185) Dijeron: No eres mas que uno de esos hechizados.

قَالُوا إِنَّمَا أَنْتَ مِنَ الْمُسَحَّرِينَ ۝

(186) Tan sólo eres un ser humano como nosotros y no te consideramos sino como uno de los que mienten.

وَمَا أَنْتَ إِلَّا بَشَرٌ مِثْلُنَا وَإِنْ نَظُنُّكَ لَمِنَ الْكَاذِبِينَ ۝

(187) Haz que caiga sobre nosotros un trozo de cielo si dices la verdad.

فَأَسْقِطْ عَلَيْنَا كِسَفًا مِنَ السَّمَاءِ إِنْ كُنْتَ مِنَ الصَّادِقِينَ ۝

(188) Dijo: Mi Señor conoce mejor lo que hacéis.

قَالَ رَبِّي أَعْلَمُ بِمَا تَعْمَلُونَ ۝

(189) Y lo negaron y los sorprendió el castigo del día de la nube que les dió sombra*, ciertamente fue el castigo de un día grave.

* [Dicen los comentaristas que Allah les envió un calor terrible que les hizo salir de sus casas huyendo hacia el campo; allí una nube los tapó del sol y entonces se llamaron unos a otros para protegerse bajo la nube, y una vez que estaban debajo de ella, Allah les envió un fuego y murieron todos abrasados.]

فَكَذَّبُوهُ فَأَخَذَهُمْ عَذَابُ يَوْمِ ٱلظُّلَّةِ إِنَّهُۥ كَانَ عَذَابَ يَوْمٍ عَظِيمٍ ۝

(190) Verdaderamente ahí hay un signo. La mayoría de ellos no fueron creyentes.

إِنَّ فِى ذَٰلِكَ لَءَايَةً وَمَا كَانَ أَكْثَرُهُم مُّؤْمِنِينَ ۝

(191) Es cierto que tu Señor es el Poderoso, el Compasivo.

وَإِنَّ رَبَّكَ لَهُوَ ٱلْعَزِيزُ ٱلرَّحِيمُ ۝

(192) Y es cierto que él* es una revelación del Señor de los mundos.

* [El Corán]

وَإِنَّهُۥ لَتَنزِيلُ رَبِّ ٱلْعَٰلَمِينَ ۝

(193) Descendió con él, el espíritu fiel*

* [Yibril]

نَزَلَ بِهِ ٱلرُّوحُ ٱلْأَمِينُ ۝

(194) hasta tu corazón, para que fueras uno de los advertidores

عَلَىٰ قَلْبِكَ لِتَكُونَ مِنَ ٱلْمُنذِرِينَ ۝

(195) en clara lengua árabe.

بِلِسَانٍ عَرَبِىٍّ مُّبِينٍ ۝

(196) Está en las escrituras de las primeras comunidades.

وَإِنَّهُۥ لَفِى زُبُرِ ٱلْأَوَّلِينَ ۝

(197) ¿No les sirve de prueba que lo conozcan los sabios de los hijos de Israel?

أَوَلَمْ يَكُن لَّهُمْ ءَايَةً أَن يَعْلَمَهُۥ عُلَمَٰٓؤُاْ بَنِىٓ إِسْرَٰٓءِيلَ ۝

(198) Si lo hubiéramos hecho descender a uno que no hubiera sido árabe

وَلَوْ نَزَّلْنَهُ عَلَىٰ بَعْضِ ٱلْأَعْجَمِينَ ۝

(199) y lo hubiera recitado para ellos, no habrían creído en él.

فَقَرَأَهُۥ عَلَيْهِم مَّا كَانُوا۟ بِهِۦ مُؤْمِنِينَ ۝

(200) Así es como lo imbuimos en los corazones de los que hacen el mal.

كَذَٰلِكَ سَلَكْنَٰهُ فِى قُلُوبِ ٱلْمُجْرِمِينَ ۝

(201) No creerán en él hasta que no vean el castigo doloroso.

لَا يُؤْمِنُونَ بِهِۦ حَتَّىٰ يَرَوُا۟ ٱلْعَذَابَ ٱلْأَلِيمَ ۝

(202) El cual les llegará de repente sin que se den cuenta.

فَيَأْتِيَهُم بَغْتَةً وَهُمْ لَا يَشْعُرُونَ ۝

(203) Y dirán: ¿Es que se nos va a dar un tiempo de espera?

فَيَقُولُوا۟ هَلْ نَحْنُ مُنظَرُونَ ۝

(204) ¿Acaso quieren acelerar la llegada de Nuestro castigo?

أَفَبِعَذَابِنَا يَسْتَعْجِلُونَ ۝

(205) ¿Qué te parece si los dejamos disfrutar unos años

أَفَرَءَيْتَ إِن مَّتَّعْنَٰهُمْ سِنِينَ ۝

(206) y luego les llega lo que les fue prometido?

ثُمَّ جَآءَهُم مَّا كَانُوا۟ يُوعَدُونَ ۝

(207) Las posesiones de las que hayan disfrutado no les servirán de nada.

مَآ أَغْنَىٰ عَنْهُم مَّا كَانُوا۟ يُمَتَّعُونَ ۝

(208) No hemos destruido ciudad alguna que no haya tenido advertidores

وَمَآ أَهْلَكْنَا مِن قَرْيَةٍ إِلَّا لَهَا مُنذِرُونَ ۝

(209) para hacer recordar. No hemos sido injustos.

ذِكْرَىٰ وَمَا كُنَّا ظَٰلِمِينَ ۝

(210) Y no lo han hecho descender los demonios, ni les corresponde, ni pueden.

۞ وَمَا تَنَزَّلَتْ بِهِ ٱلشَّيَٰطِينُ وَمَا يَنۢبَغِى لَهُمْ وَمَا يَسْتَطِيعُونَ ۝

(211) A ellos no se les permite escuchar.

إِنَّهُمْ عَنِ ٱلسَّمْعِ لَمَعْزُولُونَ ۝

(212) Y no invoques a otro dios junto a Allah porque serías de los que han de sufrir el castigo.

فَلَا تَدْعُ مَعَ ٱللَّهِ إِلَٰهًا ءَاخَرَ فَتَكُونَ مِنَ ٱلْمُعَذَّبِينَ ۝

(213) Y advierte a tu clan, a los que están más próximos a ti.

وَأَنذِرْ عَشِيرَتَكَ ٱلْأَقْرَبِينَ ۝

(214) Y baja tus alas en favor de los creyentes que te siguen.

وَٱخْفِضْ جَنَاحَكَ لِمَنِ ٱتَّبَعَكَ مِنَ ٱلْمُؤْمِنِينَ ۝

(215) Pero si te desobedecen, di: Soy inocente de lo que hacéis.

فَإِنْ عَصَوْكَ فَقُلْ إِنِّى بَرِىٓءٌ مِّمَّا تَعْمَلُونَ ۝

(216) Y confíate al Poderoso, al Compasivo.

وَتَوَكَّلْ عَلَى ٱلْعَزِيزِ ٱلرَّحِيمِ ۝

(217) Aquel que te ve cuando te pones en pie

ٱلَّذِى يَرَاكَ حِينَ تَقُومُ ۝

(218) y en tus distintos movimientos entre los que se postran.

وَتَقَلُّبَكَ فِى ٱلسَّٰجِدِينَ ۝

(219) El es Quien oye y Quien sabe.

إِنَّهُۥ هُوَ ٱلسَّمِيعُ ٱلْعَلِيمُ ۝

(220) ¿Queréis que os diga sobre quién descienden los demonios?

هَلْ أُنَبِّئُكُمْ عَلَىٰ مَن تَنَزَّلُ ٱلشَّيَٰطِينُ ۝

(221) Descienden sobre todo embustero malvado

تَنَزَّلُ عَلَىٰ كُلِّ أَفَّاكٍ أَثِيمٍ ۝

(222) que presta oído. La mayoría de ellos son unos mentirosos.

يُلْقُونَ ٱلسَّمْعَ وَأَكْثَرُهُمْ كَٰذِبُونَ ۝

(223) Así como sobre los poetas a los que siguen los descarriados.

وَٱلشُّعَرَآءُ يَتَّبِعُهُمُ ٱلْغَاوُۥنَ ۝

(224) ¿Es que no ves como divagan en todos los sentidos?

أَلَمْ تَرَ أَنَّهُمْ فِى كُلِّ وَادٍ يَهِيمُونَ ۝

(225) ¿Y que dicen lo que no hacen?

وَأَنَّهُمْ يَقُولُونَ مَا لَا يَفْعَلُونَ ۝

(226) Con la excepción de los que creen, llevan a cabo las acciones rectas, recuerdan mucho a Allah y se defienden cuando han sido vejados.*

Y ya sabrán los que fueron injustos a qué lugar definitivo habrán de volver.

إِلَّا ٱلَّذِينَ ءَامَنُوا۟ وَعَمِلُوا۟ ٱلصَّٰلِحَٰتِ وَذَكَرُوا۟ ٱللَّهَ كَثِيرًا وَٱنتَصَرُوا۟ مِنۢ بَعْدِ مَا ظُلِمُوا۟ وَسَيَعْلَمُ ٱلَّذِينَ ظَلَمُوٓا۟ أَىَّ مُنقَلَبٍ يَنقَلِبُونَ ۝

* [Alusión a las sátiras de algunos poetas musulmanes contra los incrédulos, después de que éstos hubieran satirizado al Profeta, que Allah le dé Su gracia y paz.]

27. SURA DE LAS HORMIGAS.

سُورَةُ ٱلنَّمْلِ

بِسْمِ ٱللَّهِ ٱلرَّحْمَٰنِ ٱلرَّحِيمِ

En el nombre de Allah, el Misericordioso, el Compasivo.

(1) Ta, Sin. Estos son los signos del Corán y de un Libro explícito.

طسٓ تِلْكَ ءَايَٰتُ ٱلْقُرْءَانِ وَكِتَابٍ مُّبِينٍ ۝

(2) Guía y buenas noticias para los creyentes.

هُدًى وَبُشْرَىٰ لِلْمُؤْمِنِينَ ۝

(3) Los que establecen el salat, dan el zakat y tienen certeza de la Ultima Vida.

ٱلَّذِينَ يُقِيمُونَ ٱلصَّلَوٰةَ وَيُؤْتُونَ ٱلزَّكَوٰةَ وَهُم بِٱلْآخِرَةِ هُمْ يُوقِنُونَ ۝

(4) A los que no creen en la Ultima Vida, les hemos embellecido sus acciones y están desorientados.

إِنَّ ٱلَّذِينَ لَا يُؤْمِنُونَ بِٱلْآخِرَةِ زَيَّنَّا لَهُمْ أَعْمَٰلَهُمْ فَهُمْ يَعْمَهُونَ ۝

(5) Esos son los que tendrán el peor castigo y en la Ultima Vida serán los que más pierdan.

أُوْلَٰٓئِكَ ٱلَّذِينَ لَهُمْ سُوٓءُ ٱلْعَذَابِ وَهُمْ فِى ٱلْآخِرَةِ هُمُ ٱلْأَخْسَرُونَ ۝

(6) Verdaderamente te ha descendido el Corán procedente de un Sabio, Conocedor.

وَإِنَّكَ لَتُلَقَّى ٱلْقُرْءَانَ مِن لَّدُنْ حَكِيمٍ عَلِيمٍ ۝

(7) Cuando Musa dijo a su familia: He divisado un fuego, alguna noticia o alguna brasa encendida para que os podáis calentar; os traeré de él.

إِذْ قَالَ مُوسَىٰ لِأَهْلِهِ إِنِّىٓ ءَانَسْتُ نَارًا سَـَٔاتِيكُم مِّنْهَا بِخَبَرٍ أَوْ ءَاتِيكُم بِشِهَابٍ قَبَسٍ لَّعَلَّكُمْ تَصْطَلُونَ ۝

(8) Y cuando llegó a él, una voz lo llamó: ¡Bendito sea todo aquel que esté donde este fuego y quien esté a su alrededor y gloria a Allah el Señor de todos los mundos!

فَلَمَّا جَآءَهَا نُودِىَ أَنْ بُورِكَ مَن فِى النَّارِ وَمَنْ حَوْلَهَا وَسُبْحَٰنَ اللَّهِ رَبِّ الْعَٰلَمِينَ ۝

(9) ¡Musa! Yo soy Allah el Poderoso, el Sabio.

يَٰمُوسَىٰٓ إِنَّهُۥٓ أَنَا اللَّهُ الْعَزِيزُ الْحَكِيمُ ۝

(10) Tira tu vara. Y cuando la vió reptar como si fuera una serpiente se alejó dando la espalda sin volverse.

¡Musa! No temas, los enviados no temen ante Mí.

وَأَلْقِ عَصَاكَ فَلَمَّا رَءَاهَا تَهْتَزُّ كَأَنَّهَا جَآنٌّ وَلَّىٰ مُدْبِرًا وَلَمْ يُعَقِّبْ يَٰمُوسَىٰ لَا تَخَفْ إِنِّى لَا يَخَافُ لَدَىَّ الْمُرْسَلُونَ ۝

(11) Pero sí quien haya sido injusto, a menos que reemplace el mal por bien pues es cierto que Allah es Perdonador y Compasivo.

إِلَّا مَن ظَلَمَ ثُمَّ بَدَّلَ حُسْنًۢا بَعْدَ سُوٓءٍ فَإِنِّى غَفُورٌ رَّحِيمٌ ۝

(12) E introdúcete la mano en el escote y saldrá blanca, sin tener ningún mal, como parte de los nueve signos dirigidos a Firaún y a su gente.

Realmente son gente descarriada.

وَأَدْخِلْ يَدَكَ فِى جَيْبِكَ تَخْرُجْ بَيْضَآءَ مِنْ غَيْرِ سُوٓءٍ فِى تِسْعِ ءَايَٰتٍ إِلَىٰ فِرْعَوْنَ وَقَوْمِهِۦٓ إِنَّهُمْ كَانُوا۟ قَوْمًا فَٰسِقِينَ ۝

(13) Y cuando les llegaron Nuestros signos evidentes dijeron: Esto es pura magia.

فَلَمَّا جَآءَتْهُمْ ءَايَٰتُنَا مُبْصِرَةً قَالُوا۟ هَٰذَا سِحْرٌ مُّبِينٌ ۝

(14) Pero los negaron, en contra de la certeza que sus almas tenían sobre ellos, por injusticia y

وَجَحَدُوا۟ بِهَا وَاسْتَيْقَنَتْهَآ أَنفُسُهُمْ ظُلْمًا

arrogancia. Mira cómo acabaron los corruptores.

وَعَلَوْاْ فَانظُرْ كَيْفَ كَانَ عَٰقِبَةُ ٱلْمُفْسِدِينَ ١٤

(15) Es cierto que a Daud y a Sulayman les dimos conocimiento y
dijeron: Las alabanzas a Allah
que nos ha preferido sobre
muchos de Sus siervos
creyentes.

وَلَقَدْ ءَاتَيْنَا دَاوُۥدَ وَسُلَيْمَٰنَ عِلْمًا وَقَالَا ٱلْحَمْدُ لِلَّهِ
ٱلَّذِى فَضَّلَنَا عَلَىٰ كَثِيرٍ مِّنْ عِبَادِهِ ٱلْمُؤْمِنِينَ ١٥

(16) Y Sulayman fue el heredero de
Daud, dijo: ¡Hombres! Se nos
ha enseñado el lenguaje de las
aves y se nos ha dado de todo,
realmente esto es un favor
evidente.

وَوَرِثَ سُلَيْمَٰنُ دَاوُۥدَ وَقَالَ يَٰٓأَيُّهَا ٱلنَّاسُ عُلِّمْنَا
مَنطِقَ ٱلطَّيْرِ وَأُوتِينَا مِن كُلِّ شَىْءٍ إِنَّ هَٰذَا
لَهُوَ ٱلْفَضْلُ ٱلْمُبِينُ ١٦

(17) Y se reunieron para Sulayman
sus ejércitos de genios, hombres y pájaros, y fueron puestos en orden de batalla.

وَحُشِرَ لِسُلَيْمَٰنَ جُنُودُهُۥ مِنَ ٱلْجِنِّ وَٱلْإِنسِ
وَٱلطَّيْرِ فَهُمْ يُوزَعُونَ ١٧

(18) Así llegaron al valle de las hormigas; entonces dijo una de
ellas: ¡Hormigas! Entrad en
vuestras viviendas no vaya a
ser que Sulayman y sus ejércitos os aplasten sin darse
cuenta.

حَتَّىٰٓ إِذَآ أَتَوْاْ عَلَىٰ وَادِ ٱلنَّمْلِ قَالَتْ نَمْلَةٌ يَٰٓأَيُّهَا
ٱلنَّمْلُ ٱدْخُلُواْ مَسَٰكِنَكُمْ لَا يَحْطِمَنَّكُمْ
سُلَيْمَٰنُ وَجُنُودُهُۥ وَهُمْ لَا يَشْعُرُونَ ١٨

(19) Entonces sonrió risueño por sus
palabras y dijo: ¡Señor! Mué-
veme a agradecerte la merced
con la que me has favorecido a
mí al igual que a mis padres, y
a que actúe con una rectitud
que sea de Tu beneplácito, e
inclúyeme en Tu misericordia,
entre Tus siervos justos.

فَتَبَسَّمَ ضَاحِكًا مِّن قَوْلِهَا وَقَالَ رَبِّ أَوْزِعْنِىٓ أَنْ
أَشْكُرَ نِعْمَتَكَ ٱلَّتِىٓ أَنْعَمْتَ عَلَىَّ وَعَلَىٰ وَٰلِدَىَّ
وَأَنْ أَعْمَلَ صَٰلِحًا تَرْضَىٰهُ وَأَدْخِلْنِى بِرَحْمَتِكَ
فِى عِبَادِكَ ٱلصَّٰلِحِينَ ١٩

(20) Y pasó revista a las aves, entonces dijo: ¿Qué ocurre que no veo a la abubilla?, ¿acaso es uno de los que están ausentes?

وَتَفَقَّدَ ٱلطَّيْرَ فَقَالَ مَا لِيَ لَآ أَرَى ٱلْهُدْهُدَ أَمْ كَانَ مِنَ ٱلْغَآئِبِينَ ۝

(21) La castigaré con un duro castigo o la degollaré a menos que venga con una prueba evidente.

لَأُعَذِّبَنَّهُۥ عَذَابًا شَدِيدًا أَوْ لَأَاْذْبَحَنَّهُۥٓ أَوْ لَيَأْتِيَنِّي بِسُلْطَٰنٍ مُّبِينٍ ۝

(22) Mas había permanecido no muy lejos y entonces dijo: Me he enterado de algo que tu no alcanzas a saber y he venido hasta ti desde Saba con una noticia cierta.

فَمَكَثَ غَيْرَ بَعِيدٍ فَقَالَ أَحَطتُ بِمَا لَمْ تُحِطْ بِهِۦ وَجِئْتُكَ مِن سَبَإٍۭ بِنَبَإٍ يَقِينٍ ۝

(23) He hallado a una mujer que reina sobre ellos y a la que se le ha dado de todo; posee un magnífico trono.

إِنِّي وَجَدتُّ ٱمْرَأَةً تَمْلِكُهُمْ وَأُوتِيَتْ مِن كُلِّ شَىْءٍ وَلَهَا عَرْشٌ عَظِيمٌ ۝

(24) La encontré a ella y a su pueblo postrándose ante el sol en lugar de ante Allah; el Shaytán les ha embellecido sus acciones y les ha desviado del camino, y no tienen guía.

وَجَدتُّهَا وَقَوْمَهَا يَسْجُدُونَ لِلشَّمْسِ مِن دُونِ ٱللَّهِ وَزَيَّنَ لَهُمُ ٱلشَّيْطَٰنُ أَعْمَٰلَهُمْ فَصَدَّهُمْ عَنِ ٱلسَّبِيلِ فَهُمْ لَا يَهْتَدُونَ ۝

(25) ¿Por qué no se postran ante Allah que es Quien hace salir lo que está escondido en los cielos y en la tierra y sabe lo que ocultan y lo que muestran?

أَلَّا يَسْجُدُواْ لِلَّهِ ٱلَّذِى يُخْرِجُ ٱلْخَبْءَ فِى ٱلسَّمَٰوَٰتِ وَٱلْأَرْضِ وَيَعْلَمُ مَا تُخْفُونَ وَمَا تُعْلِنُونَ ۝

(26) Allah, no hay dios excepto Él, el Señor del Trono inmenso.

ٱللَّهُ لَآ إِلَٰهَ إِلَّا هُوَ رَبُّ ٱلْعَرْشِ ٱلْعَظِيمِ ۝

(27) Dijo: Veremos si es verdad lo que dices o si eres de los que mienten.

۞ قَالَ سَنَنظُرُ أَصَدَقْتَ أَمْ كُنتَ مِنَ ٱلْكَٰذِبِينَ ۝

(28) Ve con este escrito mío y déjalo caer sobre ellos, luego retírate y espera su reacción.

ٱذْهَب بِّكِتَٰبِي هَٰذَا فَأَلْقِهْ إِلَيْهِمْ ثُمَّ تَوَلَّ عَنْهُمْ فَٱنظُرْ مَاذَا يَرْجِعُونَ ۝

(29) Dijo ella: ¡Consejo de nobles! Me han arrojado un escrito noble.

قَالَتْ يَٰٓأَيُّهَا ٱلْمَلَؤُاْ إِنِّىٓ أُلْقِىَ إِلَىَّ كِتَٰبٌ كَرِيمٌ ۝

(30) Es de Sulayman y es en el nombre de Allah, el Misericordioso, el Compasivo:

إِنَّهُۥ مِن سُلَيْمَٰنَ وَإِنَّهُۥ بِسْمِ ٱللَّهِ ٱلرَّحْمَٰنِ ٱلرَّحِيمِ ۝

(31) No os levantéis contra mí, venid a mí sometidos.

أَلَّا تَعْلُواْ عَلَىَّ وَأْتُونِى مُسْلِمِينَ ۝

(32) Dijo ella: ¡Consejo de nobles! Dadme un dictamen sobre mi caso, no tomaré ninguna decisión hasta que no os pronunciéis.

قَالَتْ يَٰٓأَيُّهَا ٱلْمَلَؤُاْ أَفْتُونِى فِىٓ أَمْرِى مَا كُنتُ قَاطِعَةً أَمْرًا حَتَّىٰ تَشْهَدُونِ ۝

(33) Dijeron: Nosotros tenemos fuerza y una poderosa ofensiva, pero tuya es la decisión,

قَالُواْ نَحْنُ أُوْلُواْ قُوَّةٍ وَأُوْلُواْ بَأْسٍ شَدِيدٍ ۝

(34) mira pues lo que vas a ordenar.

وَٱلْأَمْرُ إِلَيْكِ فَٱنظُرِى مَاذَا تَأْمُرِينَ ۝

(35) Dijo: Cuando los reyes entran en una ciudad la trastornan por completo humillando a sus habitantes poderosos. Así es como actúan.

قَالَتْ إِنَّ ٱلْمُلُوكَ إِذَا دَخَلُواْ قَرْيَةً أَفْسَدُوهَا وَجَعَلُواْ أَعِزَّةَ أَهْلِهَآ أَذِلَّةً وَكَذَٰلِكَ يَفْعَلُونَ ۝

(36) Voy a enviarles un regalo y esperaré lo que traigan de vuelta los mensajeros.

وَإِنِّى مُرْسِلَةٌ إِلَيْهِم بِهَدِيَّةٍ فَنَاظِرَةٌ بِمَ يَرْجِعُ ٱلْمُرْسَلُونَ ۝

(37) Y cuando llegó a Sulayman dijo: Me tentáis con riquezas cuando lo que Allah me ha dado es mejor de lo que os ha dado a vosotros y no obstante os contentáis con vuestros regalos.

فَلَمَّا جَاءَ سُلَيْمَانَ قَالَ أَتُمِدُّونَنِ بِمَالٍ فَمَآ ءَاتَىٰنِ ٱللَّهُ خَيْرٌ مِّمَّآ ءَاتَىٰكُم بَلْ أَنتُم بِهَدِيَّتِكُمْ تَفْرَحُونَ ۝

(38) Vuelve a ellos, que vamos a ir con ejércitos a los que no podrán enfrentarse, los expulsaremos de ella humillados y quedarán empequeñecidos.

ٱرْجِعْ إِلَيْهِمْ فَلَنَأْتِيَنَّهُم بِجُنُودٍ لَّا قِبَلَ لَهُم بِهَا وَلَنُخْرِجَنَّهُم مِّنْهَآ أَذِلَّةً وَهُمْ صَٰغِرُونَ ۝

(39) Dijo: ¡Mis nobles! ¿Cuál de vosotros me traerá su trono antes de que vengan a mí sometidos (musulmanes)?

قَالَ يَـٰٓأَيُّهَا ٱلْمَلَؤُاْ أَيُّكُمْ يَأْتِينِى بِعَرْشِهَا قَبْلَ أَن يَأْتُونِى مُسْلِمِينَ ۝

(40) Dijo un genio Ifrit: Yo te lo traeré antes de que que te levantes de tu asiento*, yo tengo fuerza para ello y soy digno de confianza.

* [El lugar desde el que juzgaba y en el que permanecía desde la mañana al mediodía]

قَالَ عِفْرِيتٌ مِّنَ ٱلْجِنِّ أَنَا۠ ءَاتِيكَ بِهِۦ قَبْلَ أَن تَقُومَ مِن مَّقَامِكَ وَإِنِّى عَلَيْهِ لَقَوِىٌّ أَمِينٌ ۝

(41) Y dijo el que tenía conocimiento del Libro: Yo te lo traeré antes de que vuelva a ti tu mirada.*
Y cuando lo vió instalado ante él, dijo: Esto es parte del favor de mi Señor para probarme si soy agradecido o ingrato, y quien es agradecido sólo lo es para sí mismo, pero quien es ingrato... Realmente mi Señor es Rico, Generoso.

* [Es decir, en un abrir y cerrar de ojos]

قَالَ ٱلَّذِى عِندَهُۥ عِلْمٌ مِّنَ ٱلْكِتَٰبِ أَنَا۠ ءَاتِيكَ بِهِۦ قَبْلَ أَن يَرْتَدَّ إِلَيْكَ طَرْفُكَ فَلَمَّا رَءَاهُ مُسْتَقِرًّا عِندَهُۥ قَالَ هَٰذَا مِن فَضْلِ رَبِّى لِيَبْلُوَنِىٓ ءَأَشْكُرُ أَمْ أَكْفُرُ وَمَن شَكَرَ فَإِنَّمَا يَشْكُرُ لِنَفْسِهِۦ وَمَن كَفَرَ فَإِنَّ رَبِّى غَنِىٌّ كَرِيمٌ ۝

سُورَةُ ٱلنَّمْلِ - ٱلْجُزْءُ ٱلتَّاسِعَ عَشَر

(42) Dijo: Hacedle irreconocible el trono para que comprobemos si tiene guía o si es de los que no tienen guía.

فَالَ نَكِّرُوا لَهَا عَرْشَهَا نَنظُرْ أَتَهْتَدِىٓ أَمْ تَكُونُ مِنَ ٱلَّذِينَ لَا يَهْتَدُونَ ۝

(43) Y cuando ella vino, le preguntaron: ¿Es así tu trono? Respondió: Parece él. Pero nosotros habíamos recibido el conocimiento antes que ella y éramos musulmanes.*

* [Son palabras de Sulayman]

فَلَمَّا جَآءَتْ قِيلَ أَهَٰكَذَا عَرْشُكِ قَالَتْ كَأَنَّهُ هُوَ وَأُوتِينَا ٱلْعِلْمَ مِن قَبْلِهَا وَكُنَّا مُسْلِمِينَ ۝

(44) Mientras que a ella la había desviado lo que adoraba fuera de Allah, realmente pertenecía a un pueblo de incrédulos.

وَصَدَّهَا مَا كَانَت تَّعْبُدُ مِن دُونِ ٱللَّهِ إِنَّهَا كَانَتْ مِن قَوْمٍ كَٰفِرِينَ ۝

(45) Se le dijo: Entra en el palacio. Y cuando lo vió creyó que era una superficie de agua y se descubrió las piernas.
Dijo: Es un palacio de cristal pulido*.

* [Al parecer los genios no querían que Sulayman desposara a la reina de Saba y le dijeron que su intelecto no regía bien y que tenía las piernas como las patas de un burro. Sulayman la quiso poner a prueba, primeramente transformando su trono para comprobar si era capaz de reconocerlo, y luego haciendo construir un suelo de cristal debajo del cual había agua y peces. Así cuando le mandó entrar, ella pensó que era agua e instintivamente se remangó el vestido.]

قِيلَ لَهَا ٱدْخُلِى ٱلصَّرْحَ فَلَمَّا رَأَتْهُ حَسِبَتْهُ لُجَّةً وَكَشَفَتْ عَن سَاقَيْهَا قَالَ إِنَّهُ صَرْحٌ مُّمَرَّدٌ مِّن قَوَارِيرَ ۝

(46) Dijo ella: ¡Señor mío! He sido injusta conmigo misma pero

قَالَتْ رَبِّ إِنِّى ظَلَمْتُ نَفْسِى وَأَسْلَمْتُ مَعَ سُلَيْمَٰنَ

me someto, junto con Sulayman, a Allah, el Señor de todos
los mundos.

لِلَّهِ رَبِّ ٱلْعَٰلَمِينَ ۝

(47) Y he aquí que a los Zamud les
enviamos a su hermano Salih:
¡Adorad a Allah! Y entonces se
dividieron en dos bandos que
discutían.

وَلَقَدْ أَرْسَلْنَآ إِلَىٰ ثَمُودَ أَخَاهُمْ صَٰلِحًا أَنِ ٱعْبُدُواْ
ٱللَّهَ فَإِذَا هُمْ فَرِيقَانِ يَخْتَصِمُونَ ۝

(48) Dijo: ¡Gente mía! ¿Por qué pedís
que se apresure lo malo antes
que lo bueno? Si pidierais
perdón a Allah podríais ser tratados con misericordia.

قَالَ يَٰقَوْمِ لِمَ تَسْتَعْجِلُونَ بِٱلسَّيِّئَةِ قَبْلَ ٱلْحَسَنَةِ
لَوْلَا تَسْتَغْفِرُونَ ٱللَّهَ لَعَلَّكُمْ تُرْحَمُونَ ۝

(49) Dijeron: Vemos un mal presagio
para ti y para quien está contigo. Dijo: Vuestro presagio
está junto a Allah, sin embargo
sois un pueblo que está siendo
puesto a prueba.

قَالُواْ ٱطَّيَّرْنَا بِكَ وَبِمَن مَّعَكَ قَالَ طَٰٓئِرُكُمْ
عِندَ ٱللَّهِ بَلْ أَنتُمْ قَوْمٌ تُفْتَنُونَ ۝

(50) En la ciudad había nueve indi-
viduos que en vez de mejorar
las cosas sembraban la corrupción en la tierra.

وَكَانَ فِي ٱلْمَدِينَةِ تِسْعَةُ رَهْطٍ يُفْسِدُونَ
فِي ٱلْأَرْضِ وَلَا يُصْلِحُونَ ۝

(51) Dijeron: Hemos de jurarnos por
Allah que le atacaremos de
noche a él y a su familia y que
luego diremos a su deudo que
no fuimos testigos de la
matanza de su familia y que
decimos la verdad.

قَالُواْ تَقَاسَمُواْ بِٱللَّهِ لَنُبَيِّتَنَّهُۥ وَأَهْلَهُۥ ثُمَّ لَنَقُولَنَّ
لِوَلِيِّهِۦ مَا شَهِدْنَا مَهْلِكَ أَهْلِهِۦ وَإِنَّا لَصَٰدِقُونَ ۝

(52) Urdieron un plan y Nosotros
urdimos otro sin que ellos se
dieran cuenta.

وَمَكَرُواْ مَكْرًا وَمَكَرْنَا مَكْرًا وَهُمْ
لَا يَشْعُرُونَ ۝

(53) Mira cómo terminó su plan, en verdad los exterminamos a ellos y a sus familias, a todos.

وَانظُرْ كَيْفَ كَانَ عَٰقِبَةُ مَكْرِهِمْ أَنَّا دَمَّرْنَٰهُمْ وَقَوْمَهُمْ أَجْمَعِينَ ۞

(54) Ahí quedaron sus casas vacías por haber sido injustos.
Es cierto que en eso hay un signo para gente que sabe.

فَتِلْكَ بُيُوتُهُمْ خَاوِيَةًۢ بِمَا ظَلَمُوٓا۟ إِنَّ فِى ذَٰلِكَ لَءَايَةً لِّقَوْمٍ يَعْلَمُونَ ۞

(55) Y salvamos a los que habían creído y tenían temor (de Allah).

وَأَنجَيْنَا الَّذِينَ ءَامَنُوا۟ وَكَانُوا۟ يَتَّقُونَ ۞

(56) Y Lut, cuando le dijo a su gente: ¿Os entregáis a la aberración a pesar de que lo veis?

وَلُوطًا إِذْ قَالَ لِقَوْمِهِۦٓ أَتَأْتُونَ الْفَٰحِشَةَ وَأَنتُمْ تُبْصِرُونَ ۞

(57) ¿Cómo es que buscáis con deseo carnal a los hombres en vez de a las mujeres? Realmente sois un pueblo de ignorantes.

أَئِنَّكُمْ لَتَأْتُونَ الرِّجَالَ شَهْوَةً مِّن دُونِ النِّسَآءِ بَلْ أَنتُمْ قَوْمٌ تَجْهَلُونَ ۞

(58) Pero la única respuesta de su gente fue decir: ¡Expulsad a la familia de Lut de vuestra ciudad! Es gente que se purifica.

فَمَا كَانَ جَوَابَ قَوْمِهِۦٓ إِلَّآ أَن قَالُوٓا۟ أَخْرِجُوٓا۟ ءَالَ لُوطٍ مِّن قَرْيَتِكُمْ إِنَّهُمْ أُنَاسٌ يَتَطَهَّرُونَ ۞

(59) Lo salvamos a él y a su familia con la excepción de su mujer, para la que habíamos decretado que estaría con los que se quedaron atrás.

فَأَنجَيْنَٰهُ وَأَهْلَهُۥٓ إِلَّا امْرَأَتَهُۥ قَدَّرْنَٰهَا مِنَ الْغَٰبِرِينَ ۞

(60) E hicimos caer sobre ellos una lluvia. ¡Qué pésima lluvia la de los que fueron advertidos!

وَأَمْطَرْنَا عَلَيْهِم مَّطَرًا فَسَآءَ مَطَرُ الْمُنذَرِينَ ۞

(61) Di: Las alabanzas a Allah y la paz sea con Sus siervos elegidos. ¿Qué es mejor, Allah o lo que asocian con El?

فَلِ ٱلْحَمْدُ لِلَّهِ وَسَلَٰمٌ عَلَىٰ عِبَادِهِ ٱلَّذِينَ ٱصْطَفَىٰٓ ءَآللَّهُ خَيْرٌ أَمَّا يُشْرِكُونَ ۝

(62) ¿Acaso Quien ha creado los cielos y la tierra y hace que del cielo caiga agua para vosotros y que con ella crezcan jardines espléndidos cuyos árboles vosotros nunca hubiérais podido hacer crecer...? ¿Puede haber otro dios con Allah?
No, sino que son gente que equipara (otras cosas con Allah).

أَمَّنْ خَلَقَ ٱلسَّمَٰوَٰتِ وَٱلْأَرْضَ وَأَنزَلَ لَكُم مِّنَ ٱلسَّمَاءِ مَآءً فَأَنۢبَتْنَا بِهِۦ حَدَائِقَ ذَاتَ بَهْجَةٍ مَّا كَانَ لَكُمْ أَن تُنۢبِتُوا۟ شَجَرَهَآ أَءِلَٰهٌ مَّعَ ٱللَّهِ بَلْ هُمْ قَوْمٌ يَعْدِلُونَ ۝

(63) ¿Acaso Quien ha hecho de la tierra un lugar para vivir y ha intercalado en ella ríos y le ha puesto cordilleras y ha puesto entre los dos mares una barrera...? ¿Es que hay acaso otro dios con Allah?
No, sin embargo la mayoría de ellos no sabe.

أَمَّن جَعَلَ ٱلْأَرْضَ قَرَارًا وَجَعَلَ خِلَٰلَهَآ أَنْهَٰرًا وَجَعَلَ لَهَا رَوَٰسِيَ وَجَعَلَ بَيْنَ ٱلْبَحْرَيْنِ حَاجِزًا أَءِلَٰهٌ مَّعَ ٱللَّهِ بَلْ أَكْثَرُهُمْ لَا يَعْلَمُونَ ۝

(64) ¿Quién responde al que se ve en necesidad librándolo del mal y os ha hecho representantes (Suyos) en la tierra?
¿Puede haber algún dios con Allah? Qué poco recapacitáis.

أَمَّن يُجِيبُ ٱلْمُضْطَرَّ إِذَا دَعَاهُ وَيَكْشِفُ ٱلسُّوٓءَ وَيَجْعَلُكُمْ خُلَفَاءَ ٱلْأَرْضِ أَءِلَٰهٌ مَّعَ ٱللَّهِ قَلِيلًا مَّا تَذَكَّرُونَ ۝

(65) ¿Quién os guía en las tinieblas de la tierra y del mar y Quién envía los vientos como preludio de Su misericordia?
¿Puede haber algún dios con

أَمَّن يَهْدِيكُمْ فِي ظُلُمَٰتِ ٱلْبَرِّ وَٱلْبَحْرِ وَمَن يُرْسِلُ ٱلرِّيَٰحَ بُشْرًۢا بَيْنَ يَدَيْ رَحْمَتِهِۦ أَءِلَٰهٌ مَّعَ ٱللَّهِ تَعَٰلَى ٱللَّهُ عَمَّا يُشْرِكُونَ ۝

Allah? ¡Sea exaltado Allah por encima de lo que Le asocian!

(66) ¿Quién puede crear una vez primera y luego volver a crear, y Quién os provee desde el cielo y la tierra?.
¿Hay algún dios con Allah?
Di: Traed la prueba que tengáis si sois de los que dicen la verdad

أَمَّن يَبْدَؤُاْ ٱلْخَلْقَ ثُمَّ يُعِيدُهُۥ وَمَن يَرْزُقُكُم مِّنَ ٱلسَّمَآءِ وَٱلْأَرْضِ أَءِلَٰهٌ مَّعَ ٱللَّهِ قُلْ هَاتُواْ بُرْهَٰنَكُمْ إِن كُنتُمْ صَٰدِقِينَ ۝

(67) Di: Ninguno de los que están en los cielos y en la tierra conoce el No-Visto, sólo Allah lo conoce, y ni siquiera son conscientes de cuándo serán devueltos a la vida.

قُل لَّا يَعْلَمُ مَن فِى ٱلسَّمَٰوَٰتِ وَٱلْأَرْضِ ٱلْغَيْبَ إِلَّا ٱللَّهُ وَمَا يَشْعُرُونَ أَيَّانَ يُبْعَثُونَ ۝

(68) Por el contrario su conocimiento se completará en la Ultima Vida. Y sin embargo dudan sobre ella y sus corazones están ciegos en relación a ella.

بَلِ ٱدَّٰرَكَ عِلْمُهُمْ فِى ٱلْءَاخِرَةِ بَلْ هُمْ فِى شَكٍّ مِّنْهَا بَلْ هُم مِّنْهَا عَمُونَ ۝

(69) Y dicen los que se niegan a creer: ¿Acaso cuando seamos tierra nosotros y nuestros padres, entonces, se nos hará salir?

وَقَالَ ٱلَّذِينَ كَفَرُوٓاْ أَءِذَا كُنَّا تُرَٰبًا وَءَابَآؤُنَآ أَءِنَّا لَمُخْرَجُونَ ۝

(70) Esto es lo que se nos ha prometido y lo que se prometió a nuestros padres anteriormente y realmente no son mas que leyendas de los antiguos.

لَقَدْ وُعِدْنَا هَٰذَا نَحْنُ وَءَابَآؤُنَا مِن قَبْلُ إِنْ هَٰذَآ إِلَّآ أَسَٰطِيرُ ٱلْأَوَّلِينَ ۝

(71) Di: ¡Id por la tierra y ved cómo acabaron los malhechores!

قُلْ سِيرُواْ فِى ٱلْأَرْضِ فَٱنظُرُواْ كَيْفَ كَانَ عَٰقِبَةُ ٱلْمُجْرِمِينَ ۝

(72) Pero no te entristezcas por ellos ni estés en apuro por lo que traman.

وَلَا تَحْزَنْ عَلَيْهِمْ وَلَا تَكُن فِى ضَيْقٍ مِّمَّا يَمْكُرُونَ ۝

(73) Y dicen: ¿Cuándo se cumplirá esta promesa si es verdad lo que decís?

وَيَقُولُونَ مَتَىٰ هَٰذَا ٱلْوَعْدُ إِن كُنتُمْ صَٰدِقِينَ ۝

(74) Di: Pudiera ser que parte de aquello cuya venida urgís os esté pisando los talones.

قُلْ عَسَىٰ أَن يَّكُونَ رَدِفَ لَكُم بَعْضُ ٱلَّذِى تَسْتَعْجِلُونَ ۝

(75) Verdaderamente tu Señor favorece a los hombres, sin embargo la mayoría de ellos no agradece.

وَإِنَّ رَبَّكَ لَذُو فَضْلٍ عَلَى ٱلنَّاسِ وَلَٰكِنَّ أَكْثَرَهُمْ لَا يَشْكُرُونَ ۝

(76) Y es cierto que tu Señor sabe lo que sus pechos esconden y lo que muestran.

وَإِنَّ رَبَّكَ لَيَعْلَمُ مَا تُكِنُّ صُدُورُهُمْ وَمَا يُعْلِنُونَ ۝

(77) No hay nada oculto en el cielo o en la tierra que no esté en un libro explícito.

وَمَا مِنْ غَآئِبَةٍ فِى ٱلسَّمَآءِ وَٱلْأَرْضِ إِلَّا فِى كِتَٰبٍ مُّبِينٍ ۝

(78) Realmente esta Recitación les refiere a los hijos de Israel la mayor parte de aquello sobre lo que no estaban de acuerdo entre ellos.

إِنَّ هَٰذَا ٱلْقُرْءَانَ يَقُصُّ عَلَىٰ بَنِىٓ إِسْرَآءِيلَ أَكْثَرَ ٱلَّذِى هُمْ فِيهِ يَخْتَلِفُونَ ۝

(79) Y ciertamente es una guía y una misericordia para los creyentes.

وَإِنَّهُ لَهُدًى وَرَحْمَةٌ لِّلْمُؤْمِنِينَ ۝

(80) Tu Señor decidirá entre ellos con Su juicio; El es el Poderoso, el Conocedor.

إِنَّ رَبَّكَ يَقْضِى بَيْنَهُم بِحُكْمِهِۦ وَهُوَ ٱلْعَزِيزُ ٱلْعَلِيمُ ۝

(81) Y confíate a Allah, es cierto que tú estás en la verdad indudable.

فَتَوَكَّلْ عَلَى اللَّهِ إِنَّكَ عَلَى الْحَقِّ الْمُبِينِ ۝

(82) Tú no vas a hacer que los muertos oigan o que los sordos escuchen la llamada cuando se apartan desentendiéndose.

إِنَّكَ لَا تُسْمِعُ الْمَوْتَى وَلَا تُسْمِعُ الصُّمَّ الدُّعَاءَ إِذَا وَلَّوْا مُدْبِرِينَ ۝

(83) Ni vas a guiar a los ciegos sacándolos de su extravío.

Tan sólo conseguirás que escuche aquel que crea en Nuestros signos y los que sean musulmanes (estén sometidos).

وَمَا أَنتَ بِهَادِى الْعُمْىِ عَن ضَلَالَتِهِمْ إِن تُسْمِعُ إِلَّا مَن يُؤْمِنُ بِآيَاتِنَا فَهُم مُّسْلِمُونَ ۝

(84) Cuando se haga realidad la palabra decretada contra ellos, haremos salir para ellos una bestia de la tierra que les hablará*.

Realmente los hombres no tenían certeza de Nuestros signos.

* [La aparición de la bestia es uno de los signos de la Hora.]

۞ وَإِذَا وَقَعَ الْقَوْلُ عَلَيْهِمْ أَخْرَجْنَا لَهُمْ دَابَّةً مِّنَ الْأَرْضِ تُكَلِّمُهُمْ أَنَّ النَّاسَ كَانُوا بِآيَاتِنَا لَا يُوقِنُونَ ۝

(85) Y el día en que reunamos, de cada comunidad, a un grupo de los que negaban la veracidad de Nuestros signos y sean distribuidos...

وَيَوْمَ نَحْشُرُ مِن كُلِّ أُمَّةٍ فَوْجًا مِّمَّن يُكَذِّبُ بِآيَاتِنَا فَهُمْ يُوزَعُونَ ۝

(86) Y al llegar les diga: ¿Negasteis Mis signos sin tener conocimiento de ellos?, ¿qué es lo que hicisteis?

حَتَّى إِذَا جَاءُو قَالَ أَكَذَّبْتُم بِآيَاتِى وَلَمْ تُحِيطُوا بِهَا عِلْمًا أَمَّاذَا كُنتُمْ تَعْمَلُونَ ۝

(87) Y se hará realidad la palabra decretada contra ellos por haber sido injustos y no hablarán.

وَوَقَعَ ٱلۡقَوۡلُ عَلَيۡهِم بِمَا ظَلَمُواْ فَهُمۡ لَا يَنطِقُونَ ۝

(88) ¿Es que no vieron cómo hemos hecho la noche para que descansen en ella y el día como claridad? Realmente en ello hay signos para gente que crea.

أَلَمۡ يَرَوۡاْ أَنَّا جَعَلۡنَا ٱلَّيۡلَ لِيَسۡكُنُواْ فِيهِ وَٱلنَّهَارَ مُبۡصِرًاۚ إِنَّ فِي ذَٰلِكَ لَأٓيَٰتٍ لِّقَوۡمٍ يُؤۡمِنُونَ ۝

(89) Y el día en que se sople en el cuerno y todos cuantos haya en los cielos y en la tierra se queden estremecidos, con la excepción de aquéllos que Allah quiera, y acudan todos a El, sumisos...

وَيَوۡمَ يُنفَخُ فِي ٱلصُّورِ فَفَزِعَ مَن فِي ٱلسَّمَٰوَٰتِ وَمَن فِي ٱلۡأَرۡضِ إِلَّا مَن شَآءَ ٱللَّهُۚ وَكُلٌّ أَتَوۡهُ دَٰخِرِينَ ۝

(90) Y veas a las montañas, que creías sólidas, pasar como pasan las nubes. Es la obra de Allah que ha hecho magistralmente todas las cosas, verdaderamente El conoce perfectamente lo que hacéis.

وَتَرَى ٱلۡجِبَالَ تَحۡسَبُهَا جَامِدَةً وَهِيَ تَمُرُّ مَرَّ ٱلسَّحَابِۚ صُنۡعَ ٱللَّهِ ٱلَّذِيٓ أَتۡقَنَ كُلَّ شَيۡءٍۚ إِنَّهُۥ خَبِيرٌۢ بِمَا تَفۡعَلُونَ ۝

(91) Quien se presente con buenas acciones obtendrá algo aún mejor y estará a salvo del horror de ese día.

مَن جَآءَ بِٱلۡحَسَنَةِ فَلَهُۥ خَيۡرٌ مِّنۡهَا وَهُم مِّن فَزَعٍ يَوۡمَئِذٍ ءَامِنُونَ ۝

(92) Y quien se presente con malas acciones, será arrojado de cara al fuego. ¿Acaso se les pagará por algo que no sea lo que hayan hecho?

وَمَن جَآءَ بِٱلسَّيِّئَةِ فَكُبَّتۡ وُجُوهُهُمۡ فِي ٱلنَّارِ هَلۡ تُجۡزَوۡنَ إِلَّا مَا كُنتُمۡ تَعۡمَلُونَ ۝

(93) No se me ha ordenado sino que adore al Señor de esta tierra que ha hecho inviolable y a Quien todo pertenece; y se me ha ordenado que sea de los que se someten (los musulmanes).

إِنَّمَآ أُمِرۡتُ أَنۡ أَعۡبُدَ رَبَّ هَٰذِهِ ٱلۡبَلۡدَةِ ٱلَّذِي حَرَّمَهَا وَلَهُۥ كُلُّ شَيۡءٖۖ وَأُمِرۡتُ أَنۡ أَكُونَ مِنَ ٱلۡمُسۡلِمِينَ ٩٣

(94) Y que recite el Corán.

Y quien sigue la guía lo hace en su propio beneficio, pero quien se extravía… Di: Yo sólo soy uno de los advertidores.

وَأَنۡ أَتۡلُوَاْ ٱلۡقُرۡءَانَۖ فَمَنِ ٱهۡتَدَىٰ فَإِنَّمَا يَهۡتَدِي لِنَفۡسِهِۦۖ وَمَن ضَلَّ فَقُلۡ إِنَّمَآ أَنَا۠ مِنَ ٱلۡمُنذِرِينَ ٩٤

(95) Y di: Las alabanzas a Allah.

El os mostrará Sus signos y vosotros los reconoceréis.

Y tu Señor no descuidará lo que hacéis.

وَقُلِ ٱلۡحَمۡدُ لِلَّهِ سَيُرِيكُمۡ ءَايَٰتِهِۦ فَتَعۡرِفُونَهَاۚ وَمَا رَبُّكَ بِغَٰفِلٍ عَمَّا تَعۡمَلُونَ ٩٥

28. SURA DEL RELATO.

سُورَةُ الْقَصَصِ

بِسْمِ اللَّهِ الرَّحْمَٰنِ الرَّحِيمِ

En el nombre de Allah, el Misericordioso, el Compasivo.

(1) Ta, Sin, Mim. Estos son los signos del Libro claro.

طسٓمّ ۚ تِلْكَ ءَايَٰتُ الْكِتَٰبِ الْمُبِينِ ۝

(2) Te vamos a contar, con la verdad, parte de las noticias de Musa y de Firaún, para la gente que cree.

نَتْلُوا عَلَيْكَ مِن نَّبَإِ مُوسَىٰ وَفِرْعَوْنَ بِالْحَقِّ لِقَوْمٍ يُؤْمِنُونَ ۝

(3) Realmente Firaún fue un tirano altivo en la tierra.

Dividió a sus habitantes en clases y subyugó a una parte de ellos, degolló a sus hijos y dejó vivir a las mujeres. Era un corruptor.

إِنَّ فِرْعَوْنَ عَلَا فِي الْأَرْضِ وَجَعَلَ أَهْلَهَا شِيَعًا يَسْتَضْعِفُ طَآئِفَةً مِّنْهُمْ يُذَبِّحُ أَبْنَآءَهُمْ وَيَسْتَحْيِۦ نِسَآءَهُمْ ۚ إِنَّهُ كَانَ مِنَ الْمُفْسِدِينَ ۝

(4) Y quisimos favorecer a los que habían sido subyugados en la tierra, hacerlos dirigentes y convertirlos en los herederos.

وَنُرِيدُ أَن نَّمُنَّ عَلَى الَّذِينَ اسْتُضْعِفُوا فِي الْأَرْضِ وَنَجْعَلَهُمْ أَئِمَّةً وَنَجْعَلَهُمُ الْوَٰرِثِينَ ۝

(5) Les dimos sitio en la tierra y en ellos le hicimos ver a Firaún, a Haman* y a sus huestes lo que se temían.

* [Un ministro o un general de Firaún]

وَنُمَكِّنَ لَهُمْ فِي الْأَرْضِ وَنُرِيَ فِرْعَوْنَ وَهَٰمَٰنَ وَجُنُودَهُمَا مِنْهُم مَّا كَانُوا يَحْذَرُونَ ۝

(6) E inspiramos a la madre de Musa:

وَأَوْحَيْنَا إِلَىٰ أُمِّ مُوسَىٰ أَنْ أَرْضِعِيهِ ۖ فَإِذَا

Amamántalo y cuando temas por él, déjalo en el río, y no temas ni te entristezcas porque te lo devolveremos y haremos de él uno de los enviados.

خِفْتِ عَلَيْهِ فَأَلْقِيهِ فِي الْيَمِّ وَلَا تَخَافِي وَلَا تَحْزَنِيٓ إِنَّا رَآدُّوهُ إِلَيْكِ وَجَاعِلُوهُ مِنَ الْمُرْسَلِينَ ۞

(7) Y lo recogió la familia de Firaún para que fuera para ellos un enemigo y un motivo de tristeza; verdaderamente Firaún, Haman y sus ejércitos estaban descarriados.

فَالْتَقَطَهُۥٓ ءَالُ فِرْعَوْنَ لِيَكُونَ لَهُمْ عَدُوًّا وَحَزَنًا إِنَّ فِرْعَوْنَ وَهَامَٰنَ وَجُنُودَهُمَا كَانُوا۟ خَٰطِئِينَ ۞

(8) Y dijo la mujer de Firaún: Será un frescor para mis ojos y para los tuyos, no lo matéis, puede ser que nos beneficie o lo adoptemos como hijo. Pero ellos no se daban cuenta.

وَقَالَتِ ٱمْرَأَتُ فِرْعَوْنَ قُرَّتُ عَيْنٍ لِّى وَلَكَ لَا تَقْتُلُوهُ عَسَىٰٓ أَن يَنفَعَنَآ أَوْ نَتَّخِذَهُۥ وَلَدًا وَهُمْ لَا يَشْعُرُونَ ۞

(9) Y la madre de Musa se quedó vacía en lo más hondo y a punto estuvo de revelarlo de no haber sido porque reconfortamos su corazón para que fuera de los creyentes.

وَأَصْبَحَ فُؤَادُ أُمِّ مُوسَىٰ فَٰرِغًا إِن كَادَتْ لَتُبْدِى بِهِۦ لَوْلَآ أَن رَّبَطْنَا عَلَىٰ قَلْبِهَا لِتَكُونَ مِنَ ٱلْمُؤْمِنِينَ ۞

(10) Le dijo a su hermana: sigue su rastro; y entonces lo vio desde un lugar apartado sin que se dieran cuenta.

وَقَالَتْ لِأُخْتِهِۦ قُصِّيهِ فَبَصُرَتْ بِهِۦ عَن جُنُبٍ وَهُمْ لَا يَشْعُرُونَ ۞

(11) Hasta entonces no habíamos permitido que ninguna nodriza pudiera amamantarlo, entonces dijo: ¿Queréis que os indique una familia que puede cuidarlo para vosotros criándolo bien?

۞ وَحَرَّمْنَا عَلَيْهِ ٱلْمَرَاضِعَ مِن قَبْلُ فَقَالَتْ هَلْ أَدُلُّكُمْ عَلَىٰٓ أَهْلِ بَيْتٍ يَكْفُلُونَهُۥ لَكُمْ وَهُمْ لَهُۥ نَٰصِحُونَ ۞

(12) Y así se lo devolvimos a su madre para consuelo de sus ojos y para que no se entristeciera y supiera que la promesa de Allah es verídica.

Sin embargo la mayoría de ellos no saben.

فَرَدَدْنَٰهُ إِلَىٰٓ أُمِّهِۦ كَىْ تَقَرَّ عَيْنُهَا وَلَا تَحْزَنَ وَلِتَعْلَمَ أَنَّ وَعْدَ ٱللَّهِ حَقٌّ وَلَٰكِنَّ أَكْثَرَهُمْ لَا يَعْلَمُونَ ﴿١٢﴾

(13) Y cuando hubo alcanzado la madurez y tomó su forma, le dimos juicio y conocimiento. Así es como recompensamos a los que hacen el bien.

وَلَمَّا بَلَغَ أَشُدَّهُۥ وَٱسْتَوَىٰٓ ءَاتَيْنَٰهُ حُكْمًا وَعِلْمًا وَكَذَٰلِكَ نَجْزِى ٱلْمُحْسِنِينَ ﴿١٣﴾

(14) Y en un momento de descuido de sus habitantes entró en la ciudad y encontró en ella dos hombres luchando, uno era de los suyos y el otro un enemigo; entonces el que era de los suyos le pidió ayuda contra el que era de sus enemigos y Musa lo golpeó con el puño acabando con él.

Dijo: Esto es un acto del Shaytán, realmente él es un claro enemigo que extravía.

وَدَخَلَ ٱلْمَدِينَةَ عَلَىٰ حِينِ غَفْلَةٍ مِّنْ أَهْلِهَا فَوَجَدَ فِيهَا رَجُلَيْنِ يَقْتَتِلَانِ هَٰذَا مِن شِيعَتِهِۦ وَهَٰذَا مِنْ عَدُوِّهِۦ فَٱسْتَغَٰثَهُ ٱلَّذِى مِن شِيعَتِهِۦ عَلَى ٱلَّذِى مِنْ عَدُوِّهِۦ فَوَكَزَهُۥ مُوسَىٰ فَقَضَىٰ عَلَيْهِ قَالَ هَٰذَا مِنْ عَمَلِ ٱلشَّيْطَٰنِ إِنَّهُۥ عَدُوٌّ مُّضِلٌّ مُّبِينٌ ﴿١٤﴾

(15) Dijo: Señor mío, he sido injusto conmigo mismo, perdóname.

Y lo perdonó, es cierto que El es el Perdonador, el Compasivo.

قَالَ رَبِّ إِنِّى ظَلَمْتُ نَفْسِى فَٱغْفِرْ لِى فَغَفَرَ لَهُۥٓ إِنَّهُۥ هُوَ ٱلْغَفُورُ ٱلرَّحِيمُ ﴿١٥﴾

(16) Dijo: ¡Señor mío, puesto que me has concedido esta gracia no seré más auxiliador de los malhechores!

قَالَ رَبِّ بِمَآ أَنْعَمْتَ عَلَىَّ فَلَنْ أَكُونَ ظَهِيرًا لِّلْمُجْرِمِينَ ﴿١٦﴾

(17) Y amaneció en la ciudad medroso y vigilante.

Entonces el que el día anterior le había pedido ayuda le pidió socorro a voces.

Musa le dijo: Eres un perdido sin ninguna duda.

فَأَصْبَحَ فِي ٱلْمَدِينَةِ خَآئِفًا يَتَرَقَّبُ فَإِذَا ٱلَّذِي ٱسْتَنصَرَهُۥ بِٱلْأَمْسِ يَسْتَصْرِخُهُۥ قَالَ لَهُۥ مُوسَىٰٓ إِنَّكَ لَغَوِيٌّ مُّبِينٌ ۝

(18) Y cuando se disponía a agredir al que era enemigo de ambos, éste dijo: ¡Musa! ¿Acaso quieres matarme como hiciste con uno ayer? ¿Es que únicamente deseas ser un tirano en la tierra en vez de mejorar las cosas?

فَلَمَّآ أَنْ أَرَادَ أَن يَبْطِشَ بِٱلَّذِي هُوَ عَدُوٌّ لَّهُمَا قَالَ يَٰمُوسَىٰٓ أَتُرِيدُ أَن تَقْتُلَنِي كَمَا قَتَلْتَ نَفْسًۢا بِٱلْأَمْسِ إِن تُرِيدُ إِلَّآ أَن تَكُونَ جَبَّارًا فِي ٱلْأَرْضِ وَمَا تُرِيدُ أَن تَكُونَ مِنَ ٱلْمُصْلِحِينَ ۝

(19) Y vino un hombre corriendo desde la parte más alejada de la ciudad, y dijo: ¡Musa! Los magnates están conspirando contra ti, véte pues, yo soy para ti un consejero.

وَجَآءَ رَجُلٌ مِّنْ أَقْصَا ٱلْمَدِينَةِ يَسْعَىٰ قَالَ يَٰمُوسَىٰٓ إِنَّ ٱلْمَلَأَ يَأْتَمِرُونَ بِكَ لِيَقْتُلُوكَ فَٱخْرُجْ إِنِّي لَكَ مِنَ ٱلنَّٰصِحِينَ ۝

(20) Y salió de ella medroso y alerta, dijo: ¡Señor mío! Sálvame de la gente injusta.

فَخَرَجَ مِنْهَا خَآئِفًا يَتَرَقَّبُ قَالَ رَبِّ نَجِّنِي مِنَ ٱلْقَوْمِ ٱلظَّٰلِمِينَ ۝

(21) Y mientras iba en la dirección de los Madyan, dijo: Puede que mi Señor me guíe al camino recto.

وَلَمَّا تَوَجَّهَ تِلْقَآءَ مَدْيَنَ قَالَ عَسَىٰ رَبِّي أَن يَهْدِيَنِي سَوَآءَ ٱلسَّبِيلِ ۝

(22) Y cuando llegó a la aguada de los Madyan encontró a un grupo de gente abrevando a sus rebaños

وَلَمَّا وَرَدَ مَآءَ مَدْيَنَ وَجَدَ عَلَيْهِ أُمَّةً مِّنَ ٱلنَّاسِ يَسْقُونَ ۝

(23) y apartadas de ellos a dos mujeres que mantenían a su ganado alejado, les dijo: ¿Qué os pasa? Dijeron: No podremos abrevar hasta que no se vayan los pastores, nuestro padre es muy anciano.

وَوَجَدَ مِن دُونِهِمُ ٱمْرَأَتَيْنِ تَذُودَانِ قَالَ مَا خَطْبُكُمَا قَالَتَا لَا نَسْقِى حَتَّىٰ يُصْدِرَ ٱلرِّعَآءُ وَأَبُونَا شَيْخٌ كَبِيرٌ ۝

(24) Entonces abrevó para ellas retirándose al terminar a la sombra.

Y dijo: ¡Señor mío! Realmente me hallo en necesidad de que hagas descender algún bien.

فَسَقَىٰ لَهُمَا ثُمَّ تَوَلَّىٰ إِلَى ٱلظِّلِّ فَقَالَ رَبِّ إِنِّى لِمَآ أَنزَلْتَ إِلَىَّ مِنْ خَيْرٍ فَقِيرٌ ۝

(25) Y vino a él una de las dos caminando con pudor, dijo: Mi padre te invita para compensarte que hayas abrevado para nosotras.

Y cuando llegó a su presencia y le contó su historia, dijo: No temas, estás a salvo de la gente injusta.

فَجَآءَتْهُ إِحْدَىٰهُمَا تَمْشِى عَلَى ٱسْتِحْيَآءٍ قَالَتْ إِنَّ أَبِى يَدْعُوكَ لِيَجْزِيَكَ أَجْرَ مَا سَقَيْتَ لَنَا فَلَمَّا جَآءَهُ وَقَصَّ عَلَيْهِ ٱلْقَصَصَ قَالَ لَا تَخَفْ نَجَوْتَ مِنَ ٱلْقَوْمِ ٱلظَّالِمِينَ ۝

(26) Dijo una de ellas: ¡Padre! Tómalo como asalariado pues nadie mejor que él, fuerte y digno de confianza, para contratar sus servicios.

قَالَتْ إِحْدَىٰهُمَا يَٰأَبَتِ ٱسْتَـْٔجِرْهُ إِنَّ خَيْرَ مَنِ ٱسْتَـْٔجَرْتَ ٱلْقَوِىُّ ٱلْأَمِينُ ۝

(27) Dijo: Quiero casarte con una de mis hijas a cambio de que trabajes para mí durante ocho años, aunque si culminas hasta diez será cosa tuya, no quiero hacértelo difícil; si Allah quiere encontrarás que soy justo.

قَالَ إِنِّى أُرِيدُ أَنْ أُنكِحَكَ إِحْدَى ٱبْنَتَىَّ هَٰتَيْنِ عَلَىٰ أَن تَأْجُرَنِى ثَمَٰنِىَ حِجَجٍ فَإِنْ أَتْمَمْتَ عَشْرًا فَمِنْ عِندِكَ وَمَآ أُرِيدُ أَنْ أَشُقَّ عَلَيْكَ سَتَجِدُنِى إِن شَآءَ ٱللَّهُ مِنَ ٱلصَّٰلِحِينَ ۝

(28) Dijo: Esto es algo entre tú y yo; y cualquiera de los dos plazos que cumplas no me causará ningún perjuicio.

Allah es Garante de lo que decimos.

قَالَ ذَٰلِكَ بَيْنِي وَبَيْنَكَ أَيَّمَا ٱلْأَجَلَيْنِ قَضَيْتُ فَلَا عُدْوَٰنَ عَلَيَّ وَٱللَّهُ عَلَىٰ مَا نَقُولُ وَكِيلٌ ۝

(29) Y habiendo Musa concluido el plazo y partido con su familia, distinguió en la ladera del Monte un fuego y dijo a su familia: ¡Esperad! He visto un fuego y quizás pueda volver con alguna noticia o con algún tizón con el que podáis calentaros.

۞ فَلَمَّا قَضَىٰ مُوسَى ٱلْأَجَلَ وَسَارَ بِأَهْلِهِ ءَانَسَ مِن جَانِبِ ٱلطُّورِ نَارًا قَالَ لِأَهْلِهِ ٱمْكُثُوٓا۟ إِنِّيٓ ءَانَسْتُ نَارًا لَّعَلِّيٓ ءَاتِيكُم مِّنْهَا بِخَبَرٍ أَوْ جَذْوَةٍ مِّنَ ٱلنَّارِ لَعَلَّكُمْ تَصْطَلُونَ ۝

(30) Y cuando llegó a él, una voz lo llamó desde el margen derecho del valle en el lugar bendito en la dirección del árbol: ¡Musa, Yo soy Allah el Señor de los mundos!

فَلَمَّآ أَتَىٰهَا نُودِيَ مِن شَٰطِئِ ٱلْوَادِ ٱلْأَيْمَنِ فِى ٱلْبُقْعَةِ ٱلْمُبَٰرَكَةِ مِنَ ٱلشَّجَرَةِ أَن يَٰمُوسَىٰٓ إِنِّيٓ أَنَا ٱللَّهُ رَبُّ ٱلْعَٰلَمِينَ ۝

(31) ¡Tira tu bastón! Y al verlo reptar como una víbora se apartó espantado sin volverse atrás. ¡Musa! Ven y no temas, tú eres de los que están a salvo.

وَأَنْ أَلْقِ عَصَاكَ فَلَمَّا رَءَاهَا تَهْتَزُّ كَأَنَّهَا جَآنٌّ وَلَّىٰ مُدْبِرًا وَلَمْ يُعَقِّبْ يَٰمُوسَىٰٓ أَقْبِلْ وَلَا تَخَفْ إِنَّكَ مِنَ ٱلْءَامِنِينَ ۝

(32) Desliza tu mano por el escote y saldrá blanca* sin que tenga ningún mal. Y apriétate el pecho con la mano para vencer el miedo. Estas son las dos pruebas de tu Señor para Firaún y su corte, realmente son gente corrupta.

* [Ver nota de la aleya 108 de la sura 7.]

ٱسْلُكْ يَدَكَ فِى جَيْبِكَ تَخْرُجْ بَيْضَآءَ مِنْ غَيْرِ سُوٓءٍ وَٱضْمُمْ إِلَيْكَ جَنَاحَكَ مِنَ ٱلرَّهْبِ فَذَٰنِكَ بُرْهَٰنَانِ مِن رَّبِّكَ إِلَىٰ فِرْعَوْنَ وَمَلَإِي۟هِۦٓ إِنَّهُمْ كَانُوا۟ قَوْمًا فَٰسِقِينَ ۝

(33) Dijo: ¡Señor! Maté a uno de ellos y temo que me maten.

فَالَ رَبِّ إِنِّى قَتَلۡتُ مِنۡهُمۡ نَفۡسًا فَأَخَافُ أَن يَقۡتُلُونِ ۝

(34) Y mi hermano Harún se expresa con más soltura y claridad que yo, envíalo conmigo como ayudante que confirme mis palabras, pues realmente temo que me desmientan.

وَأَخِى هَٰرُونُ هُوَ أَفۡصَحُ مِنِّى لِسَانًا فَأَرۡسِلۡهُ مَعِىَ رِدۡءًا يُصَدِّقُنِى إِنِّى أَخَافُ أَن يُكَذِّبُونِ ۝

(35) Dijo: Fortaleceremos tu brazo con tu hermano y os daremos autoridad de manera, que gracias a Nuestros signos, no podrán haceros nada.
Vosotros y quien os siga seréis los vencedores.

فَالَ سَنَشُدُّ عَضُدَكَ بِأَخِيكَ وَنَجۡعَلُ لَكُمَا سُلۡطَٰنًا فَلَا يَصِلُونَ إِلَيۡكُمَا بِـَٔايَٰتِنَآ أَنتُمَا وَمَنِ ٱتَّبَعَكُمَا ٱلۡغَٰلِبُونَ ۝

(36) Y cuando Musa se presentó ante ellos con Nuestros signos evidentes, dijeron: ¿Qué es esto sino magia bien elaborada, no oímos hablar de esto a nuestros primeros padres?

فَلَمَّا جَآءَهُم مُّوسَىٰ بِـَٔايَٰتِنَا بَيِّنَٰتٍ قَالُوا۟ مَا هَٰذَآ إِلَّا سِحۡرٌ مُّفۡتَرًى وَمَا سَمِعۡنَا بِهَٰذَا فِىٓ ءَابَآئِنَا ٱلۡأَوَّلِينَ ۝

(37) Y dijo Musa: Mi Señor sabe mejor quién ha venido con la guía de Su parte y quién obtendrá la Morada Final, verdaderamente los injustos no prosperan.

وَقَالَ مُوسَىٰ رَبِّىٓ أَعۡلَمُ بِمَن جَآءَ بِٱلۡهُدَىٰ مِنۡ عِندِهِۦ وَمَن تَكُونُ لَهُۥ عَٰقِبَةُ ٱلدَّارِ إِنَّهُۥ لَا يُفۡلِحُ ٱلظَّٰلِمُونَ ۝

(38) Y dijo Firaún: ¡Consejo de nobles! No sé que tengáis otro dios que yo, así pues Haman cuece barro para mí y hazme una torre para que pueda subir hasta el dios de Musa,

وَقَالَ فِرۡعَوۡنُ يَٰٓأَيُّهَا ٱلۡمَلَأُ مَا عَلِمۡتُ لَكُم مِّنۡ إِلَٰهٍ غَيۡرِى فَأَوۡقِدۡ لِى يَٰهَٰمَٰنُ عَلَى ٱلطِّينِ فَٱجۡعَل لِّى صَرۡحًا لَّعَلِّىٓ أَطَّلِعُ إِلَىٰٓ إِلَٰهِ مُوسَىٰ

pues realmente lo tengo por mentiroso.

وَإِنِّي لَأَظُنُّهُ مِنَ الْكَاذِبِينَ ۝

(39) Y se llenó de soberbia en la tierra junto con sus ejércitos, fuera de la verdad. Y pensaron que no habrían de volver a Nos.

وَاسْتَكْبَرَ هُوَ وَجُنُودُهُ فِي الْأَرْضِ بِغَيْرِ الْحَقِّ وَظَنُّوا أَنَّهُمْ إِلَيْنَا لَا يُرْجَعُونَ ۝

(40) Entonces lo agarramos a él y a sus ejércitos y los arrojamos al mar; mira cómo acabaron los injustos.

فَأَخَذْنَاهُ وَجُنُودَهُ فَنَبَذْنَاهُمْ فِي الْيَمِّ فَانْظُرْ كَيْفَ كَانَ عَاقِبَةُ الظَّالِمِينَ ۝

(41) Los habíamos hecho dirigentes cuya llamada conducía al Fuego.

وَجَعَلْنَاهُمْ أَئِمَّةً يَدْعُونَ إِلَى النَّارِ وَيَوْمَ الْقِيَامَةِ لَا يُنْصَرُونَ ۝

(42) Y en la vida del mundo hicimos que les siguiera una maldición. El Día del Levantamiento formarán parte de los que serán desfigurados.

وَأَتْبَعْنَاهُمْ فِي هَذِهِ الدُّنْيَا لَعْنَةً وَيَوْمَ الْقِيَامَةِ هُمْ مِنَ الْمَقْبُوحِينَ ۝

(43) Y después de haber destruido a las primeras generaciones le dimos el Libro a Musa para que los hombres pudieran ver, y como guía y misericordia para que pudieran recordar.

وَلَقَدْ آتَيْنَا مُوسَى الْكِتَابَ مِنْ بَعْدِ مَا أَهْلَكْنَا الْقُرُونَ الْأُولَى بَصَائِرَ لِلنَّاسِ وَهُدًى وَرَحْمَةً لَعَلَّهُمْ يَتَذَكَّرُونَ ۝

(44) Y no estabas en la ladera occidental cuando comprometimos a Musa con Nuestro mandato, ni eras uno de los que estaban presentes.

وَمَا كُنْتَ بِجَانِبِ الْغَرْبِيِّ إِذْ قَضَيْنَا إِلَى مُوسَى الْأَمْرَ وَمَا كُنْتَ مِنَ الشَّاهِدِينَ ۝

(45) Sin embargo suscitamos genera-

وَلَكِنَّا أَنْشَأْنَا قُرُونًا فَتَطَاوَلَ عَلَيْهِمُ الْعُمُرُ

ciones que tuvieron larga vida. Y tú no estuviste viviendo entre los Madyan recitándoles Nuestros signos, pero Nosotros te hemos hecho mensajero.

وَمَا كُنتَ ثَاوِيًا فِىٓ أَهْلِ مَدْيَنَ تَتْلُواْ عَلَيْهِمْ ءَايَـٰتِنَا وَلَـٰكِنَّا كُنَّا مُرْسِلِينَ ﴿٤٥﴾

(46) Ni estabas en la ladera del Monte cuando hicimos la llamada, sino que es una misericordia de tu Señor para que adviertas a aquellos a los que no les llegó antes de ti ningún advertidor; tal vez recuerden.

وَمَا كُنتَ بِجَانِبِ ٱلطُّورِ إِذْ نَادَيْنَا وَلَـٰكِن رَّحْمَةً مِّن رَّبِّكَ لِتُنذِرَ قَوْمًا مَّآ أَتَىٰهُم مِّن نَّذِيرٍ مِّن قَبْلِكَ لَعَلَّهُمْ يَتَذَكَّرُونَ ﴿٤٦﴾

(47) Para que no dijeran, si a causa de los que sus manos presentaban les venía alguna desgracia: Señor nuestro ¿Por qué no nos enviaste algún mensajero para que hubiéramos podido seguir Tus signos y haber sido creyentes?

وَلَوْلَآ أَن تُصِيبَهُم مُّصِيبَةٌ بِمَا قَدَّمَتْ أَيْدِيهِمْ فَيَقُولُواْ رَبَّنَا لَوْلَآ أَرْسَلْتَ إِلَيْنَا رَسُولًا فَنَتَّبِعَ ءَايَـٰتِكَ وَنَكُونَ مِنَ ٱلْمُؤْمِنِينَ ﴿٤٧﴾

(48) Pero cuando les ha llegado la verdad procedente de Nos, han dicho: ¿Por qué no se le ha dado algo como lo que se le dió a Musa? ¿Acaso no habían negado antes lo que le fue dado a Musa? Dicen: Son dos magos confabulados, no creemos en ninguno de ellos.*

فَلَمَّا جَآءَهُمُ ٱلْحَقُّ مِنْ عِندِنَا قَالُواْ لَوْلَآ أُوتِىَ مِثْلَ مَآ أُوتِىَ مُوسَىٰٓ أَوَلَمْ يَكْفُرُواْ بِمَآ أُوتِىَ مُوسَىٰ مِن قَبْلُ قَالُواْ سِحْرَانِ تَظَـٰهَرَا وَقَالُوٓاْ إِنَّا بِكُلٍّ كَـٰفِرُونَ ﴿٤٨﴾

* [Es decir, Musa y Muhammad. Se dice que los Quraysh mandaron emisarios para pregundar a los judíos acerca del profeta Muhammad, que Allah le dé Su gracia y paz, y les informaran que se hallaba descrito en la Torá y cuando les llegó la respuesta

dijeron los palabras mencionados en esta aleya. Pero también cabe entender: "¿Acaso no habían negado antes lo que le fue dado a Musa?

Dijeron: son dos magos confabulados, no creemos en ninguno de ellos". Refiriéndose a Musa y a Harún.]

(49) Di: ¡Traed un libro de parte de Allah que contenga más guía que éstos y entonces yo lo seguiré, si es verdad lo que decís.

قُلۡ فَأۡتُواْ بِكِتَٰبٖ مِّنۡ عِندِ ٱللَّهِ هُوَ أَهۡدَىٰ مِنۡهُمَآ أَتَّبِعۡهُ إِن كُنتُمۡ صَٰدِقِينَ ۝

(50) Y si no te responden, sabe que únicamente están siguiendo sus pasiones. ¿Y quién está más extraviado que aquel que sigue sus pasiones sin ninguna guía de Allah?
Es cierto que Allah no guía a la gente injusta.

فَإِن لَّمۡ يَسۡتَجِيبُواْ لَكَ فَٱعۡلَمۡ أَنَّمَا يَتَّبِعُونَ أَهۡوَآءَهُمۡۚ وَمَنۡ أَضَلُّ مِمَّنِ ٱتَّبَعَ هَوَىٰهُ بِغَيۡرِ هُدٗى مِّنَ ٱللَّهِۚ إِنَّ ٱللَّهَ لَا يَهۡدِي ٱلۡقَوۡمَ ٱلظَّٰلِمِينَ ۝

(51) Y realmente les hemos hecho llegar la Palabra para que puedan recordar.

۞ وَلَقَدۡ وَصَّلۡنَا لَهُمُ ٱلۡقَوۡلَ لَعَلَّهُمۡ يَتَذَكَّرُونَ ۝

(52) Los que recibieron el Libro antes, creen en él.

ٱلَّذِينَ ءَاتَيۡنَٰهُمُ ٱلۡكِتَٰبَ مِن قَبۡلِهِۦ هُم بِهِۦ يُؤۡمِنُونَ ۝

(53) Y cuando se les lee, dicen: Creemos en él, es la verdad que procede de nuestro Señor; realmente ya éramos musulmanes.

وَإِذَا يُتۡلَىٰ عَلَيۡهِمۡ قَالُوٓاْ ءَامَنَّا بِهِۦٓ إِنَّهُ ٱلۡحَقُّ مِن رَّبِّنَآ إِنَّا كُنَّا مِن قَبۡلِهِۦ مُسۡلِمِينَ ۝

(54) Esos recibirán su recompensa dos veces por haber sido pacientes, por haber rechazado el mal con bien y haber gas-

أُوْلَٰٓئِكَ يُؤۡتَوۡنَ أَجۡرَهُم مَّرَّتَيۡنِ بِمَا صَبَرُواْ وَيَدۡرَءُونَ بِٱلۡحَسَنَةِ ٱلسَّيِّئَةَ وَمِمَّا رَزَقۡنَٰهُمۡ يُنفِقُونَ ۝

tado de la provisión que les dábamos.

(55) Y porque cuando oían alguna palabra vana se apartaban de ella y decían: Para nosotros serán nuestras acciones y para vosotros las vuestras.

Paz con vosotros, no buscamos a los ignorantes.

وَإِذَا سَمِعُوا اللَّغْوَ أَعْرَضُوا عَنْهُ وَقَالُوا لَنَآ أَعْمَالُنَا وَلَكُمْ أَعْمَالُكُمْ سَلَامٌ عَلَيْكُمْ لَا نَبْتَغِي الْجَاهِلِينَ ۝

(56) Ciertamente tú no guías a quien amas sino que Allah guía a quien quiere y El sabe mejor quiénes pueden seguir la guía.

إِنَّكَ لَا تَهْدِي مَنْ أَحْبَبْتَ وَلَكِنَّ اللَّهَ يَهْدِي مَن يَشَآءُ وَهُوَ أَعْلَمُ بِالْمُهْتَدِينَ ۝

(57) Y dicen: Si seguimos la guía junto a ti seremos arrancados de nuestra tierra. ¿Acaso no hemos establecido para ellos un lugar inviolable donde se hace acopio de frutos de toda clase como sustento de Nuestra parte?

Sin embargo la mayoría de ellos no saben.

وَقَالُوا إِن نَّتَّبِعِ الْهُدَى مَعَكَ نُتَخَطَّفْ مِنْ أَرْضِنَآ أَوَلَمْ نُمَكِّن لَّهُمْ حَرَمًا آمِنًا يُجْبَى إِلَيْهِ ثَمَرَاتُ كُلِّ شَيْءٍ رِّزْقًا لَّدُنَّا وَلَكِنَّ أَكْثَرَهُمْ لَا يَعْلَمُونَ ۝

(58) ¡Cuántas ciudades destruimos por no haber reconocido el favor en el que vivían! Ahí están sus moradas, sólo unas pocas volvieron a ser habitadas después de ellos y fuimos Nosotros los herederos.

وَكَمْ أَهْلَكْنَا مِن قَرْيَةٍ بَطِرَتْ مَعِيشَتَهَا فَتِلْكَ مَسَاكِنُهُمْ لَمْ تُسْكَن مِّن بَعْدِهِمْ إِلَّا قَلِيلًا وَكُنَّا نَحْنُ الْوَارِثِينَ ۝

(59) Tu Señor no destruye ninguna ciudad sin haber enviado antes un mensajero a su comunidad

وَمَا كَانَ رَبُّكَ مُهْلِكَ الْقُرَى حَتَّى يَبْعَثَ فِي أُمِّهَا رَسُولًا يَتْلُوا عَلَيْهِمْ آيَاتِنَا وَمَا كُنَّا

que les recita Nuestros signos.
Y sólo cuando sus habitantes
son injustos destruimos las
ciudades.

مُهْلِكِى ٱلْقُرَىٰٓ إِلَّا وَأَهْلُهَا ظَٰلِمُونَ ۝

(60) Sea lo que sea lo que se os haya
dado en disfrute como parte de
la vida del mundo y su apariencia, lo que hay junto a
Allah es mejor y más permanente. ¿Es que no vais a
entender?

وَمَآ أُوتِيتُم مِّن شَىْءٍ فَمَتَٰعُ ٱلْحَيَوٰةِ ٱلدُّنْيَا وَزِينَتُهَا وَمَا عِندَ ٱللَّهِ خَيْرٌ وَأَبْقَىٰٓ أَفَلَا تَعْقِلُونَ ۝

(61) ¿Acaso aquel al que le hemos
dado una hermosa promesa
que verá realizada es como
aquel a quien le dejamos disfrutar el disfrute de la vida del
mundo pero que luego el Día
del Levantamiento es de los
que tendrán que comparecer?

أَفَمَن وَعَدْنَٰهُ وَعْدًا حَسَنًا فَهُوَ لَٰقِيهِ كَمَن مَّتَّعْنَٰهُ مَتَٰعَ ٱلْحَيَوٰةِ ٱلدُّنْيَا ثُمَّ هُوَ يَوْمَ ٱلْقِيَٰمَةِ مِنَ ٱلْمُحْضَرِينَ ۝

(62) El día en que los llame y les
diga: ¿Dónde están ésos que
según afirmabais eran Mis
asociados?

وَيَوْمَ يُنَادِيهِمْ فَيَقُولُ أَيْنَ شُرَكَآءِىَ ٱلَّذِينَ كُنتُمْ تَزْعُمُونَ ۝

(63) Dirán aquéllos irremediable-
mente sentenciados: Señor
nuestro, a éstos que extraviamos, los extraviamos igual que
nos extraviamos nosotros, nos
declaramos inocentes ante Ti,
no era a nosotros a quienes
adoraban.

قَالَ ٱلَّذِينَ حَقَّ عَلَيْهِمُ ٱلْقَوْلُ رَبَّنَا هَٰٓؤُلَآءِ ٱلَّذِينَ أَغْوَيْنَآ أَغْوَيْنَٰهُمْ كَمَا غَوَيْنَا تَبَرَّأْنَآ إِلَيْكَ مَا كَانُوٓا إِيَّانَا يَعْبُدُونَ ۝

(64) Y se dirá: ¡Llamad a vuestros
asociados! Entonces los

وَقِيلَ ٱدْعُوا شُرَكَآءَكُمْ فَدَعَوْهُمْ فَلَمْ يَسْتَجِيبُوا

llamarán pero no les responderán, y verán el castigo.

¡Si hubieran seguido la guía!

(65) El día en que los llame y diga: ¿Qué respondisteis a los enviados?

وَيَوْمَ يُنَادِيهِمْ فَيَقُولُ مَاذَآ أَجَبْتُمُ الْمُرْسَلِينَ ۝

(66) Ese día las noticias los cegarán y no se harán preguntas entre sí.

فَعَمِيَتْ عَلَيْهِمُ الْأَنْبَآءُ يَوْمَئِذٍ فَهُمْ لَا يَتَسَآءَلُونَ ۝

(67) Quien se haya vuelto de sus faltas, haya creído y haya obrado con bien podrá ser de los que tengan éxito.

فَأَمَّا مَن تَابَ وَءَامَنَ وَعَمِلَ صَٰلِحًا فَعَسَىٰٓ أَن يَكُونَ مِنَ الْمُفْلِحِينَ ۝

(68) Tu Señor crea lo que quiere y elige (a quien quiere) mientras que ellos no tienen elección. ¡Gloria a Allah y ensalzado sea por encima de lo que Le asocian!

وَرَبُّكَ يَخْلُقُ مَا يَشَآءُ وَيَخْتَارُ مَا كَانَ لَهُمُ الْخِيَرَةُ سُبْحَٰنَ اللَّهِ وَتَعَٰلَىٰ عَمَّا يُشْرِكُونَ ۝

(69) Tu Señor sabe lo que esconden los pechos y lo que manifiestan.

وَرَبُّكَ يَعْلَمُ مَا تُكِنُّ صُدُورُهُمْ وَمَا يُعْلِنُونَ ۝

(70) Y El es Allah, no hay dios sino El, Suyas son las alabanzas en la Vida Primera y en la Ultima y Suyo es el juicio. A El habéis de volver.

وَهُوَ اللَّهُ لَآ إِلَٰهَ إِلَّا هُوَ لَهُ الْحَمْدُ فِي الْأُولَىٰ وَالْآخِرَةِ وَلَهُ الْحُكْمُ وَإِلَيْهِ تُرْجَعُونَ ۝

(71) Di: ¿Qué os parecería si Allah hiciera que para vosotros fuera constantemente de noche hasta el Día del Levantamiento, qué

قُلْ أَرَءَيْتُمْ إِن جَعَلَ اللَّهُ عَلَيْكُمُ الَّيْلَ سَرْمَدًا إِلَىٰ يَوْمِ الْقِيَٰمَةِ مَنْ إِلَٰهٌ غَيْرُ اللَّهِ يَأْتِيكُم بِضِيَآءٍ

dios que no fuera Allah podría traeros claridad? ¿Es que no prestáis atención?

أَفَلَا تَسْمَعُونَ ۝

(72) Di: ¿Qué os parecería si Allah hiciera que para vosotros fuera de día constantemente hasta el Día del Levantamiento; qué dios que no fuera Allah os traería de nuevo la noche en la que podéis descansar? ¿Es que no vais a ver?

قُلْ أَرَءَيْتُمْ إِن جَعَلَ اللَّهُ عَلَيْكُمُ النَّهَارَ سَرْمَدًا إِلَىٰ يَوْمِ الْقِيَامَةِ مَنْ إِلَٰهٌ غَيْرُ اللَّهِ يَأْتِيكُم بِلَيْلٍ تَسْكُنُونَ فِيهِ أَفَلَا تُبْصِرُونَ ۝

(73) Como parte de Su misericordia os dió la noche y el día para que en ella descansárais y en él buscárais Su favor; si pudiérais agradecer.

وَمِن رَّحْمَتِهِ جَعَلَ لَكُمُ الَّيْلَ وَالنَّهَارَ لِتَسْكُنُوا فِيهِ وَلِتَبْتَغُوا مِن فَضْلِهِ وَلَعَلَّكُمْ تَشْكُرُونَ ۝

(74) El día en que los llame y diga: ¿Dónde están esos asociados que afirmabais?

وَيَوْمَ يُنَادِيهِمْ فَيَقُولُ أَيْنَ شُرَكَآءِىَ الَّذِينَ كُنتُمْ تَزْعُمُونَ ۝

(75) Y saquemos un testigo de cada comunidad y digamos: Aportad vuestra prueba y sabed que la verdad pertenece a Allah; y entonces no podrán encontrar lo que inventaban.

وَنَزَعْنَا مِن كُلِّ أُمَّةٍ شَهِيدًا فَقُلْنَا هَاتُوا بُرْهَٰنَكُمْ فَعَلِمُوٓا أَنَّ الْحَقَّ لِلَّهِ وَضَلَّ عَنْهُم مَّا كَانُوا يَفْتَرُونَ ۝

(76) Qarún era uno de la gente de Musa que abusó contra ellos. Le habíamos dado tesoros cuyas llaves habrían hecho tambalearse a un grupo de hombres fuertes; entonces le dijo su gente: No te regocijes pues realmente Allah no ama a los que se vanaglorian.

إِنَّ قَارُونَ كَانَ مِن قَوْمِ مُوسَىٰ فَبَغَىٰ عَلَيْهِمْ وَءَاتَيْنَٰهُ مِنَ الْكُنُوزِ مَآ إِنَّ مَفَاتِحَهُ لَتَنُوٓأُ بِالْعُصْبَةِ أُولِي الْقُوَّةِ إِذْ قَالَ لَهُ قَوْمُهُ لَا تَفْرَحْ إِنَّ اللَّهَ لَا يُحِبُّ الْفَرِحِينَ ۝

(77) Busca en lo que Allah te ha dado la morada de la Ultima Vida sin olvidar tu parte en ésta, y haz el bien igual que Allah lo hace contigo y no busques corromper la tierra; es cierto que Allah no ama a los corruptores.

وَٱبْتَغِ فِيمَآ ءَاتَىٰكَ ٱللَّهُ ٱلدَّارَ ٱلْأَخِرَةَ وَلَا تَنسَ نَصِيبَكَ مِنَ ٱلدُّنْيَا وَأَحْسِن كَمَآ أَحْسَنَ ٱللَّهُ إِلَيْكَ وَلَا تَبْغِ ٱلْفَسَادَ فِي ٱلْأَرْضِ إِنَّ ٱللَّهَ لَا يُحِبُّ ٱلْمُفْسِدِينَ ۝

(78) Dijo: Lo que se me ha dado es gracias a un conocimiento que tengo. ¿Acaso no sabía que Allah había destruido a generaciones dentro de las cuales había gente con mayor poderío y más acumulación de riqueza que él? Y no se esperará que los malhechores expliquen sus faltas.

قَالَ إِنَّمَآ أُوتِيتُهُۥ عَلَىٰ عِلْمٍ عِندِىٓ أَوَلَمْ يَعْلَمْ أَنَّ ٱللَّهَ قَدْ أَهْلَكَ مِن قَبْلِهِۦ مِنَ ٱلْقُرُونِ مَنْ هُوَ أَشَدُّ مِنْهُ قُوَّةً وَأَكْثَرُ جَمْعًا وَلَا يُسْـَٔلُ عَن ذُنُوبِهِمُ ٱلْمُجْرِمُونَ ۝

(79) Y apareció ante su pueblo con sus adornos; entonces dijeron los que querían la vida de este mundo: ¡Ojalá y tuviéramos lo mismo que se le ha dado a Qarún, realmente tiene una suerte inmensa!

فَخَرَجَ عَلَىٰ قَوْمِهِۦ فِي زِينَتِهِۦ قَالَ ٱلَّذِينَ يُرِيدُونَ ٱلْحَيَوٰةَ ٱلدُّنْيَا يَٰلَيْتَ لَنَا مِثْلَ مَآ أُوتِىَ قَٰرُونُ إِنَّهُۥ لَذُو حَظٍّ عَظِيمٍ ۝

(80) Y dijeron aquéllos que habían recibido conocimiento: ¡Ay de vosotros! La recompensa de Allah es mejor para el que cree y actúa con rectitud, pero no la consiguen sino los pacientes.

وَقَالَ ٱلَّذِينَ أُوتُوا۟ ٱلْعِلْمَ وَيْلَكُمْ ثَوَابُ ٱللَّهِ خَيْرٌ لِّمَنْ ءَامَنَ وَعَمِلَ صَٰلِحًا وَلَا يُلَقَّىٰهَآ إِلَّا ٱلصَّٰبِرُونَ ۝

(81) Entonces hicimos que la tierra se lo tragara junto con su casa y no hubo ninguna guardia que pudiera socorrerle fuera de

فَخَسَفْنَا بِهِۦ وَبِدَارِهِ ٱلْأَرْضَ فَمَا كَانَ لَهُۥ مِن فِئَةٍ يَنصُرُونَهُۥ مِن دُونِ ٱللَّهِ وَمَا كَانَ مِنَ

Allah ni pudo defenderse a sí mismo.

ٱلْمُنتَصِرِينَ ۝

(82) Los que el día anterior habían ansiado su posición, amanecieron diciendo: ¡Cómo acrecienta Allah la provisión a quien quiere de Sus siervos o la restringe! De no haber sido porque Allah nos agració nos habría tragado la tierra. ¡Qué cierto es que los incrédulos no cosechan éxito!

وَأَصْبَحَ ٱلَّذِينَ تَمَنَّوْا۟ مَكَانَهُۥ بِٱلْأَمْسِ يَقُولُونَ وَيْكَأَنَّ ٱللَّهَ يَبْسُطُ ٱلرِّزْقَ لِمَن يَشَآءُ مِنْ عِبَادِهِۦ وَيَقْدِرُ لَوْلَآ أَن مَّنَّ ٱللَّهُ عَلَيْنَا لَخَسَفَ بِنَا وَيْكَأَنَّهُۥ لَا يُفْلِحُ ٱلْكَٰفِرُونَ ۝

(83) Esa es la Morada de la Ultima Vida que concedemos a quienes no quieren ser altivos en la tierra ni corromper.

Y el buen fin es para los que tienen temor (de Allah).

تِلْكَ ٱلدَّارُ ٱلْءَاخِرَةُ نَجْعَلُهَا لِلَّذِينَ لَا يُرِيدُونَ عُلُوًّا فِي ٱلْأَرْضِ وَلَا فَسَادًا وَٱلْعَٰقِبَةُ لِلْمُتَّقِينَ ۝

(84) Quien venga con buenas acciones tendrá algo mejor que ellas, y quien venga con malas acciones... Los que lleven a cabo las malas acciones no serán recompensados sino por lo que hicieron.

مَن جَآءَ بِٱلْحَسَنَةِ فَلَهُۥ خَيْرٌ مِّنْهَا وَمَن جَآءَ بِٱلسَّيِّئَةِ فَلَا يُجْزَى ٱلَّذِينَ عَمِلُوا۟ ٱلسَّيِّئَاتِ إِلَّا مَا كَانُوا۟ يَعْمَلُونَ ۝

(85) Es cierto que Aquel que te ha mandado el Corán te hará volver a un lugar de regreso*.
Di: Mi Señor sabe mejor quién viene con la guía y quién está en un claro extravío.

إِنَّ ٱلَّذِي فَرَضَ عَلَيْكَ ٱلْقُرْءَانَ لَرَآدُّكَ إِلَىٰ مَعَادٍ قُل رَّبِّي أَعْلَمُ مَن جَآءَ بِٱلْهُدَىٰ وَمَنْ هُوَ فِي ضَلَٰلٍ مُّبِينٍ ۝

*[Se dice que alude a la conquista de Meca y es como si dijera: "Te hará volver a tu lugar de origen, victorioso. También se puede entender que el

lugar de regreso es la muerte, o el Día
del Levantamiento, o el Jardín.]

(86) No esperabas que te fuera revelado el Libro; no es sino una
misericordia de tu Señor, así
pues no seas una ayuda para
los que se niegan a creer.

وَمَا كُنتَ تَرْجُواْ أَن يُلْقَىٰ إِلَيْكَ ٱلْكِتَٰبُ إِلَّا رَحْمَةً

مِّن رَّبِّكَ فَلَا تَكُونَنَّ ظَهِيرًا لِّلْكَٰفِرِينَ ۝

(87) Y que no te aparten de los signos de Allah una vez que se te
han hecho descender, invoca a
tu Señor y no seas de los que
Le asocian.

وَلَا يَصُدُّنَّكَ عَنْ ءَايَٰتِ ٱللَّهِ بَعْدَ إِذْ أُنزِلَتْ

إِلَيْكَ وَٱدْعُ إِلَىٰ رَبِّكَ وَلَا تَكُونَنَّ مِنَ

ٱلْمُشْرِكِينَ ۝

(88) Y no invoques a otro dios junto
a Allah. No hay dios sino Él,
todo perecerá excepto Su faz.
Suyo es el juicio y a Él habéis
de regresar.

وَلَا تَدْعُ مَعَ ٱللَّهِ إِلَٰهًا ءَاخَرَ لَا إِلَٰهَ إِلَّا هُوَ كُلُّ شَيْءٍ

هَالِكٌ إِلَّا وَجْهَهُ لَهُ ٱلْحُكْمُ وَإِلَيْهِ تُرْجَعُونَ ۝

29. SURA DE LA ARAÑA.   سُورَةُ ٱلْعَنكَبُوتِ

بِسْمِ ٱللَّهِ ٱلرَّحْمَنِ ٱلرَّحِيمِ

En el nombre de Allah, el Misericordioso, el Compasivo.

(1) Alif, Lam, Mim. ¿Es que cuentan los hombres con que se les va a dejar decir: creemos y no van a ser puestos a prueba?

أَلَمَّ أَحَسِبَ ٱلنَّاسُ أَن يُتْرَكُوٓا۟ أَن يَقُولُوٓا۟ ءَامَنَّا وَهُمْ لَا يُفْتَنُونَ ۝

(2) Es verdad que ya probamos a los que les precedieron. Para que Allah sepa quiénes son sinceros y quiénes son los falsos.

وَلَقَدْ فَتَنَّا ٱلَّذِينَ مِن قَبْلِهِمْ فَلَيَعْلَمَنَّ ٱللَّهُ ٱلَّذِينَ صَدَقُوا۟ وَلَيَعْلَمَنَّ ٱلْكَٰذِبِينَ ۝

(3) ¿O acaso creen los que hacen el mal que podrán escapar de Nosotros? ¡Qué mal juzgan!

أَمْ حَسِبَ ٱلَّذِينَ يَعْمَلُونَ ٱلسَّيِّـَٔاتِ أَن يَسْبِقُونَا سَآءَ مَا يَحْكُمُونَ ۝

(4) Quien está a la espera del encuentro con Allah... El plazo de Allah llegará y El es Quien oye y Quien sabe.

مَن كَانَ يَرْجُوا۟ لِقَآءَ ٱللَّهِ فَإِنَّ أَجَلَ ٱللَّهِ لَءَاتٍ وَهُوَ ٱلسَّمِيعُ ٱلْعَلِيمُ ۝

(5) Y quien se esfuerce, no lo hará sino en beneficio propio; realmente Allah es Rico y no necesita de las criaturas.

وَمَن جَٰهَدَ فَإِنَّمَا يُجَٰهِدُ لِنَفْسِهِۦٓ إِنَّ ٱللَّهَ لَغَنِىٌّ عَنِ ٱلْعَٰلَمِينَ ۝

(6) Y a los que crean y lleven a cabo las acciones de bien, les cubriremos sus malas acciones y los recompensaremos por lo mejor que hayan hecho.

وَٱلَّذِينَ ءَامَنُوا۟ وَعَمِلُوا۟ ٱلصَّٰلِحَٰتِ لَنُكَفِّرَنَّ عَنْهُمْ سَيِّـَٔاتِهِمْ وَلَنَجْزِيَنَّهُمْ أَحْسَنَ ٱلَّذِى كَانُوا۟ يَعْمَلُونَ ۝

سُورَةُ ٱلْعَنكَبُوتِ – ٱلْجُزْءُ ٱلْعِشْرُونَ

(7) Hemos encomendado al hombre tratar con bondad a sus padres, pero si luchan contra ti para que asocies conmigo algo de lo que no tienes conocimiento, entonces no los obedezcas. Habréis de volver a Mí y os haré saber lo que hayáis hecho.

وَوَصَّيْنَا ٱلْإِنسَٰنَ بِوَٰلِدَيْهِ حُسْنًا وَإِن جَٰهَدَاكَ لِتُشْرِكَ بِى مَا لَيْسَ لَكَ بِهِۦ عِلْمٌ فَلَا تُطِعْهُمَآ إِلَىَّ مَرْجِعُكُمْ فَأُنَبِّئُكُم بِمَا كُنتُمْ تَعْمَلُونَ ۝

(8) Y a los que creen y llevan a cabo las acciones de bien los incluiremos entre los justos.

وَٱلَّذِينَ ءَامَنُوا۟ وَعَمِلُوا۟ ٱلصَّٰلِحَٰتِ لَنُدْخِلَنَّهُمْ فِى ٱلصَّٰلِحِينَ ۝

(9) Hay hombres que dicen: Creemos en Allah, pero cuando sufren algún perjuicio por la causa de Allah, equiparan la prueba de los hombres al castigo de Allah.
Y si viene una victoria gracias a tu Señor, dicen: Realmente estábamos con vosotros.
¿Es que no sabe Allah mejor lo que encierran los pechos de las criaturas?

وَمِنَ ٱلنَّاسِ مَن يَقُولُ ءَامَنَّا بِٱللَّهِ فَإِذَآ أُوذِىَ فِى ٱللَّهِ جَعَلَ فِتْنَةَ ٱلنَّاسِ كَعَذَابِ ٱللَّهِ وَلَئِن جَآءَ نَصْرٌ مِّن رَّبِّكَ لَيَقُولُنَّ إِنَّا كُنَّا مَعَكُمْ أَوَلَيْسَ ٱللَّهُ بِأَعْلَمَ بِمَا فِى صُدُورِ ٱلْعَٰلَمِينَ ۝

(10) Y sabe perfectamente quiénes creen y quiénes son hipócritas.

وَلَيَعْلَمَنَّ ٱللَّهُ ٱلَّذِينَ ءَامَنُوا۟ وَلَيَعْلَمَنَّ ٱلْمُنَٰفِقِينَ ۝

(11) Y dicen los que se niegan a creer a quienes creen: ¡Seguid nuestro camino y cargaremos con vuestras faltas!
Pero ellos no van a cargar con ninguna de sus faltas, son realmente mentirosos.

وَقَالَ ٱلَّذِينَ كَفَرُوا۟ لِلَّذِينَ ءَامَنُوا۟ ٱتَّبِعُوا۟ سَبِيلَنَا وَلْنَحْمِلْ خَطَٰيَٰكُمْ وَمَا هُم بِحَٰمِلِينَ مِنْ خَطَٰيَٰهُم مِّن شَىْءٍ إِنَّهُمْ لَكَٰذِبُونَ ۝

(12) Pero lo que sí es cierto es que

وَلَيَحْمِلُنَّ أَثْقَالَهُمْ وَأَثْقَالًا مَّعَ أَثْقَالِهِمْ وَلَيُسْـَٔلُنَّ

سُورَةُ ٱلْعَنكَبُوتِ ـ ٱلْجُزْءُ ٱلْعِشْرُونَ

tendrán que cargar con sus faltas y con otras además y el Día del Levantamiento se les preguntará por lo que inventaban.

يَوْمَ ٱلْقِيَمَةِ عَمَّا كَانُوا۟ يَفْتَرُونَ ۞

(13) Y he aquí que enviamos a Nuh a su gente y estuvo con ellos mil años menos cincuenta. La inundación los sorprendió mientras eran injustos.

وَلَقَدْ أَرْسَلْنَا نُوحًا إِلَىٰ قَوْمِهِۦ فَلَبِثَ فِيهِمْ أَلْفَ سَنَةٍ إِلَّا خَمْسِينَ عَامًا فَأَخَذَهُمُ ٱلطُّوفَانُ وَهُمْ ظَٰلِمُونَ ۞

(14) Pero a él y a los que iban en la nave los pusimos a salvo, e hicimos de ella un signo para todo el mundo.

فَأَنجَيْنَٰهُ وَأَصْحَٰبَ ٱلسَّفِينَةِ وَجَعَلْنَٰهَآ ءَايَةً لِّلْعَٰلَمِينَ ۞

(15) E Ibrahim cuando le dijo a su gente: ¡Adorad a Allah y temedle, ello es mejor para vosotros si sabéis!

وَإِبْرَٰهِيمَ إِذْ قَالَ لِقَوْمِهِ ٱعْبُدُوا۟ ٱللَّهَ وَٱتَّقُوهُ ذَٰلِكُمْ خَيْرٌ لَّكُمْ إِن كُنتُمْ تَعْلَمُونَ ۞

(16) En realidad lo que adoráis fuera de Allah sólo son ídolos y estáis creando una mentira; ésos que adoráis fuera de Allah no tienen poder para daros sustento; así pues buscad la provisión junto a Allah y adoradlo y agradecedle, porque a El habéis de volver.

إِنَّمَا تَعْبُدُونَ مِن دُونِ ٱللَّهِ أَوْثَٰنًا وَتَخْلُقُونَ إِفْكًا إِنَّ ٱلَّذِينَ تَعْبُدُونَ مِن دُونِ ٱللَّهِ لَا يَمْلِكُونَ لَكُمْ رِزْقًا فَٱبْتَغُوا۟ عِندَ ٱللَّهِ ٱلرِّزْقَ وَٱعْبُدُوهُ وَٱشْكُرُوا۟ لَهُۥٓ إِلَيْهِ تُرْجَعُونَ ۞

(17) Pero si negáis la verdad...Ya lo hicieron naciones anteriores a vosotros.
Al Mensajero sólo le incumbe transmitir con claridad.

وَإِن تُكَذِّبُوا۟ فَقَدْ كَذَّبَ أُمَمٌ مِّن قَبْلِكُمْ وَمَا عَلَى ٱلرَّسُولِ إِلَّا ٱلْبَلَٰغُ ٱلْمُبِينُ ۞

(18) ¿Es que no ven cómo Allah crea

أَوَلَمْ يَرَوْا۟ كَيْفَ يُبْدِئُ ٱللَّهُ ٱلْخَلْقَ ثُمَّ يُعِيدُهُۥٓ

una primera vez y luego lo hace de nuevo? Realmente eso es simple para Allah.

إِنَّ ذَٰلِكَ عَلَى ٱللَّهِ يَسِيرٌ ۝

(19) Di: ¡Id por la tierra y mirad cómo empezó la creación!
Luego Allah hará surgir la última creación, es cierto que Allah tiene poder sobre todas las cosas.

قُلْ سِيرُوا۟ فِى ٱلْأَرْضِ فَٱنظُرُوا۟ كَيْفَ بَدَأَ ٱلْخَلْقَ ثُمَّ ٱللَّهُ يُنشِئُ ٱلنَّشْأَةَ ٱلْءَاخِرَةَ إِنَّ ٱللَّهَ عَلَىٰ كُلِّ شَىْءٍ قَدِيرٌ ۝

(20) Castiga a quien quiere y se apiada de quien quiere.
A El habréis de retornar.

يُعَذِّبُ مَن يَشَآءُ وَيَرْحَمُ مَن يَشَآءُ وَإِلَيْهِ تُقْلَبُونَ ۝

(21) No tendréis escape ni en la tierra ni en cielo, ni tendréis fuera de Allah ni protector ni defensor.

وَمَآ أَنتُم بِمُعْجِزِينَ فِى ٱلْأَرْضِ وَلَا فِى ٱلسَّمَآءِ وَمَا لَكُم مِّن دُونِ ٱللَّهِ مِن وَلِيٍّ وَلَا نَصِيرٍ ۝

(22) Y los que se niegan a creer en los signos de Allah y en el encuentro con El, ésos desesperan de Mi misericordia y tendrán un doloroso castigo.

وَٱلَّذِينَ كَفَرُوا۟ بِـَٔايَٰتِ ٱللَّهِ وَلِقَآئِهِۦٓ أُو۟لَٰٓئِكَ يَئِسُوا۟ مِن رَّحْمَتِى وَأُو۟لَٰٓئِكَ لَهُمْ عَذَابٌ أَلِيمٌ ۝

(23) Y la única respuesta de su gente fueron las palabras: ¡Matadlo o quemadlo! Pero Allah lo salvó del fuego, realmente en eso hay signos para gente que cree.

فَمَا كَانَ جَوَابَ قَوْمِهِۦٓ إِلَّآ أَن قَالُوا۟ ٱقْتُلُوهُ أَوْ حَرِّقُوهُ فَأَنجَىٰهُ ٱللَّهُ مِنَ ٱلنَّارِ إِنَّ فِى ذَٰلِكَ لَءَايَٰتٍ لِّقَوْمٍ يُؤْمِنُونَ ۝

(24) Y dijo: Lo que habéis tomado fuera de Allah, por el amor que existe en vosotros por la vida del mundo, no son mas que ídolos; pero después, el Día del Levantamiento, renegaréis unos de otros y os maldeciréis

وَقَالَ إِنَّمَا ٱتَّخَذْتُم مِّن دُونِ ٱللَّهِ أَوْثَٰنًا مَّوَدَّةَ بَيْنِكُمْ فِى ٱلْحَيَوٰةِ ٱلدُّنْيَا ثُمَّ يَوْمَ ٱلْقِيَٰمَةِ يَكْفُرُ بَعْضُكُم بِبَعْضٍ وَيَلْعَنُ بَعْضُكُم بَعْضًا وَمَأْوَىٰكُمُ ٱلنَّارُ وَمَا لَكُم مِّن نَّٰصِرِينَ ۝

mutuamente.

Vuestro refugio será el Fuego y no tendréis quien os auxilie.

(25) Y Lut creyó en él y dijo: He de emigrar por mi Señor, es cierto que El es el Inigualable, el Sabio.

۞ فَـَٔامَنَ لَهُۥ لُوطٌۘ وَقَالَ إِنِّى مُهَاجِرٌ إِلَىٰ رَبِّىٓ إِنَّهُۥ هُوَ ٱلْعَزِيزُ ٱلْحَكِيمُ ۝

(26) Le concedimos a Ishaq y a Yaqub, y le dimos a su descendencia la Profecía y el Libro, y le dimos a él su recompensa en esta vida.

Verdaderamente en la Otra estará con los justos.

وَوَهَبْنَا لَهُۥٓ إِسْحَٰقَ وَيَعْقُوبَ وَجَعَلْنَا فِى ذُرِّيَّتِهِ ٱلنُّبُوَّةَ وَٱلْكِتَٰبَ وَءَاتَيْنَٰهُ أَجْرَهُۥ فِى ٱلدُّنْيَا وَإِنَّهُۥ فِى ٱلْءَاخِرَةِ لَمِنَ ٱلصَّٰلِحِينَ ۝

(27) Y Lut, cuando dijo a su gente: Estáis cometiendo una indecencia que ninguna criatura ha cometido antes.

وَلُوطًا إِذْ قَالَ لِقَوْمِهِۦٓ إِنَّكُمْ لَتَأْتُونَ ٱلْفَٰحِشَةَ مَا سَبَقَكُم بِهَا مِنْ أَحَدٍ مِّنَ ٱلْعَٰلَمِينَ ۝

(28) ¿Cómo podéis buscar a los hombres, asaltar los caminos

أَئِنَّكُمْ لَتَأْتُونَ ٱلرِّجَالَ وَتَقْطَعُونَ ٱلسَّبِيلَ ۝

(29) y hacer cosas reprobables en vuestras reuniones? Pero la única respuesta de su gente fueron las palabras: Tráenos el castigo de Allah si es verdad lo que dices.

وَتَأْتُونَ فِى نَادِيكُمُ ٱلْمُنكَرَ فَمَا كَانَ جَوَابَ قَوْمِهِۦٓ إِلَّآ أَن قَالُوا۟ ٱئْتِنَا بِعَذَابِ ٱللَّهِ إِن كُنتَ مِنَ ٱلصَّٰدِقِينَ ۝

(30) Dijo: ¡Señor mío! Ayúdame contra la gente corruptora.

قَالَ رَبِّ ٱنصُرْنِى عَلَى ٱلْقَوْمِ ٱلْمُفْسِدِينَ ۝

(31) Y cuando llegaron Nuestros emisarios a Ibrahim llevando

وَلَمَّا جَآءَتْ رُسُلُنَآ إِبْرَٰهِيمَ بِٱلْبُشْرَىٰ قَالُوٓا۟ إِنَّا

la buena noticia, dijeron: Vamos a destruir a los habitantes de esta ciudad puesto que sus habitantes son injustos.

مُهْلِكُوٓاْ أَهْلِ هَٰذِهِ ٱلْقَرْيَةِ إِنَّ أَهْلَهَا كَانُواْ ظَٰلِمِينَ ۝

(32) Dijo: Lut está en ella. Dijeron: Nosotros sabemos mejor quién está en ella. A él y a su familia los salvaremos con la excepción de su mujer, que será uno de los que se queden atrás.

قَالَ إِنَّ فِيهَا لُوطًاۚ قَالُواْ نَحْنُ أَعْلَمُ بِمَن فِيهَاۖ لَنُنَجِّيَنَّهُۥ وَأَهْلَهُۥٓ إِلَّا ٱمْرَأَتَهُۥ كَانَتْ مِنَ ٱلْغَٰبِرِينَ ۝

(33) Y cuando se presentaron Nuestros emisarios, Lut se entristeció a causa de ellos y se angustió.

Le dijeron: No temas ni te entristezcas pues en verdad nosotros vamos a salvarte a ti y a tu familia con la excepción de tu mujer, que será uno de los que se queden atrás.

وَلَمَّآ أَن جَآءَتْ رُسُلُنَا لُوطًا سِيٓءَ بِهِمْ وَضَاقَ بِهِمْ ذَرْعًا وَقَالُواْ لَا تَخَفْ وَلَا تَحْزَنْۖ إِنَّا مُنَجُّوكَ وَأَهْلَكَ إِلَّا ٱمْرَأَتَكَ كَانَتْ مِنَ ٱلْغَٰبِرِينَ ۝

(34) Vamos a hacer que baje un castigo del cielo contra los habitantes de esta ciudad por haberse pervertido.

إِنَّا مُنزِلُونَ عَلَىٰٓ أَهْلِ هَٰذِهِ ٱلْقَرْيَةِ رِجْزًا مِّنَ ٱلسَّمَآءِ بِمَا كَانُواْ يَفْسُقُونَ ۝

(35) Es verdad que hicimos de ella un signo claro para la gente que entendiera.

وَلَقَد تَّرَكْنَا مِنْهَآ ءَايَةًۢ بَيِّنَةً لِّقَوْمٍ يَعْقِلُونَ ۝

(36) Y a los Madyan (les enviamos) a su hermano Shuayb, que dijo: ¡Gente mía! Adorad a Allah y estad a la espera del Ultimo Día, y no hagáis el mal en la tierra como corruptores.

۞ وَإِلَىٰ مَدْيَنَ أَخَاهُمْ شُعَيْبًا فَقَالَ يَٰقَوْمِ ٱعْبُدُواْ ٱللَّهَ وَٱرْجُواْ ٱلْيَوْمَ ٱلْءَاخِرَ وَلَا تَعْثَوْاْ فِي ٱلْأَرْضِ مُفْسِدِينَ ۝

(37) Pero lo negaron y les agarró la Sacudida, y amanecieron en sus hogares caídos de bruces.

فَكَذَّبُوهُ فَأَخَذَتْهُمُ ٱلرَّجْفَةُ فَأَصْبَحُوا۟ فِى دَارِهِمْ جَٰثِمِينَ ۝

(38) Y los Ad y los Zamud. Lo podéis ver con claridad en sus moradas. El Shaytán les embelleció sus acciones y los desvió del camino a pesar de que tenían visión.

وَعَادًا وَثَمُودَا۟ وَقَد تَّبَيَّنَ لَكُم مِّن مَّسَٰكِنِهِمْ وَزَيَّنَ لَهُمُ ٱلشَّيْطَٰنُ أَعْمَٰلَهُمْ فَصَدَّهُمْ عَنِ ٱلسَّبِيلِ وَكَانُوا۟ مُسْتَبْصِرِينَ ۝

(39) Y Qarún, Firaún y Haman. Musa les trajo las pruebas evidentes pero se llenaron de soberbia en la tierra y no pudieron adelantarse (escapar).

وَقَٰرُونَ وَفِرْعَوْنَ وَهَٰمَٰنَ وَلَقَدْ جَآءَهُم مُّوسَىٰ بِٱلْبَيِّنَٰتِ فَٱسْتَكْبَرُوا۟ فِى ٱلْأَرْضِ وَمَا كَانُوا۟ سَٰبِقِينَ ۝

(40) A cada uno le castigamos por sus faltas.

A unos les mandamos un viento huracanado, a otros les agarró el Grito, a otros hicimos que se los tragara la tierra y a otros los ahogamos.

Allah no fue injusto con ellos en nada sino que fueron ellos mismos los injustos.

فَكُلًّا أَخَذْنَا بِذَنۢبِهِۦ فَمِنْهُم مَّنْ أَرْسَلْنَا عَلَيْهِ حَاصِبًا وَمِنْهُم مَّنْ أَخَذَتْهُ ٱلصَّيْحَةُ وَمِنْهُم مَّنْ خَسَفْنَا بِهِ ٱلْأَرْضَ وَمِنْهُم مَّنْ أَغْرَقْنَا وَمَا كَانَ ٱللَّهُ لِيَظْلِمَهُمْ وَلَٰكِن كَانُوٓا۟ أَنفُسَهُمْ يَظْلِمُونَ ۝

(41) Los que han tomado fuera de Allah protectores son como la araña que se ha hecho una casa.

Y sin duda la casa de la araña es la más frágil de las casas, si supieran.

مَثَلُ ٱلَّذِينَ ٱتَّخَذُوا۟ مِن دُونِ ٱللَّهِ أَوْلِيَآءَ كَمَثَلِ ٱلْعَنكَبُوتِ ٱتَّخَذَتْ بَيْتًا وَإِنَّ أَوْهَنَ ٱلْبُيُوتِ لَبَيْتُ ٱلْعَنكَبُوتِ لَوْ كَانُوا۟ يَعْلَمُونَ ۝

(42) Allah conoce lo que invocais fuera de El.

إِنَّ ٱللَّهَ يَعْلَمُ مَا يَدْعُونَ مِن دُونِهِۦ مِن شَىْءٍ

سُورَةُ الْعَنكَبُوتِ ـ الْجُزْءُ الْعِشْرُونَ

El es el Irresistible, el Sabio.

وَهُوَالْعَزِيزُ الْحَكِيمُ ۝

(43) Esas son las semblanzas con las que llamamos la atención de los hombres, pero sólo los que saben las comprenden.

وَتِلْكَ الْأَمْثَلُ نَضْرِبُهَا لِلنَّاسِ وَمَايَعْقِلُهَآ إِلَّا الْعَلِمُونَ ۝

(44) Allah creó los cielos y la tierra con la verdad. Realmente en ello hay un signo para los creyentes.

خَلَقَ اللَّهُ السَّمَوَتِ وَالْأَرْضَ بِالْحَقِّ إِنَّ فِي ذَلِكَ لَآيَةً لِّلْمُؤْمِنِينَ ۝

(45) Recita lo que se te ha inspirado del Libro y establece el salat, es cierto que el salat impide la indecencia y lo reprobable.

Pero el recuerdo de Allah es mayor*, y Allah sabe lo que hacéis.

اتْلُ مَآ أُوحِيَ إِلَيْكَ مِنَ الْكِتَبِ وَأَقِمِ الصَّلَوةَ إِنَّ الصَّلَوةَ تَنْهَى عَنِ الْفَحْشَاءِ وَالْمُنكَرِ وَلَذِكْرُ اللَّهِ أَكْبَرُ وَاللَّهُ يَعْلَمُ مَاتَصْنَعُونَ ۝

* [Según muchos comentaristas esta frase significa: "El recuerdo de Allah por vosotros es mayor que el vuestro de El". Y en este sentido existe un hadiz que lo corrobora. También se dice que significa: "Vuestro recuerdo de Allah en el salat es mejor que todo", y en este sentido el salat sería llamado "recuerdo de Allah". Otro sentido es, que el recuerdo de Allah con continuidad es mejor para impedir lo reprobable que el salat; y otro sentido posible sería que el recuerdo de Allah es mejor que el resto de los actos de adoración incluído el salat.]

(46) Y no discutas con la gente del Libro sino de la mejor manera, a excepción de los que hayan sido injustos.*
Y decid: Creemos en lo que os ha hecho descender a vosotros,

وَلَا تُجَدِلُوا أَهْلَ الْكِتَبِ إِلَّا بِالَّتِي هِيَ أَحْسَنُ إِلَّا الَّذِينَ ظَلَمُوا مِنْهُمْ وَقُولُوا ءَامَنَّا بِالَّذِي أُنزِلَ إِلَيْنَا وَأُنزِلَ إِلَيْكُمْ وَإِلَهُنَا وَإِلَهُكُمْ وَحِدٌ

nuestro Dios y vuestro Dios es Uno y nosotros estamos sometidos a El (somos musulmanes).

وَنَحْنُ لَهُ, مُسْلِمُونَ ۝

* [Esta aleya está abrogada por la aleya n.° 5 de la sura novena, la aleya de la espada, y es por lo tanto anterior al precepto de combatir a los incrédulos.]

(47) Y del mismo modo hemos hecho que te descendiera a ti el Libro; de manera que aquéllos a los que les habíamos dado el Libro creen en él y algunos de éstos también creen en él.

Sólo los que se niegan a creer niegan Nuestros signos.

وَكَذَٰلِكَ أَنزَلْنَآ إِلَيْكَ ٱلْكِتَٰبَ فَٱلَّذِينَ ءَاتَيْنَٰهُمُ ٱلْكِتَٰبَ يُؤْمِنُونَ بِهِۦ وَمِنْ هَٰٓؤُلَآءِ مَن يُؤْمِنُ بِهِۦ وَمَا يَجْحَدُ بِـَٔايَٰتِنَآ إِلَّا ٱلْكَٰفِرُونَ ۝

(48) Antes de él ni leías ni escribía tu mano ningún libro. Si hubiera sido así, los que dicen falsedades habrían tenido dudas.

وَمَا كُنتَ تَتْلُواْ مِن قَبْلِهِۦ مِن كِتَٰبٍ وَلَا تَخُطُّهُۥ بِيَمِينِكَ إِذًا لَّٱرْتَابَ ٱلْمُبْطِلُونَ ۝

(49) Por el contrario, en los pechos de aquéllos a los que se les dio conocimiento, son signos evidentes.

Sólo los injustos niegan Nuestros signos.

بَلْ هُوَ ءَايَٰتُۢ بَيِّنَٰتٌ فِى صُدُورِ ٱلَّذِينَ أُوتُواْ ٱلْعِلْمَ وَمَا يَجْحَدُ بِـَٔايَٰتِنَآ إِلَّا ٱلظَّٰلِمُونَ ۝

(50) Y dicen: ¿Por qué no se le hacen descender signos procedentes de su Señor? Di: Los signos están junto a Allah y yo sólo soy un advertidor claro.

وَقَالُواْ لَوْلَآ أُنزِلَ عَلَيْهِ ءَايَٰتٌ مِّن رَّبِّهِۦ قُلْ إِنَّمَا ٱلْأٓيَٰتُ عِندَ ٱللَّهِ وَإِنَّمَآ أَنَا۠ نَذِيرٌ مُّبِينٌ ۝

(51) ¿Es que no les basta que hayamos hecho que te descendiera

أَوَلَمْ يَكْفِهِمْ أَنَّآ أَنزَلْنَا عَلَيْكَ ٱلْكِتَٰبَ يُتْلَىٰ

el Libro que recitas?
Verdaderamente en él hay misericordia y recuerdo para la gente que cree.

عَلَيْهِمْ إِنَّ فِي ذَٰلِكَ لَرَحْمَةً وَذِكْرَىٰ لِقَوْمٍ يُؤْمِنُونَ ۝

(52) Di: Allah es suficiente Testigo entre vosotros y yo, El conoce lo que hay en los cielos y en la tierra.

Y aquéllos que creen en lo falso y se han negado a creer en Allah, ésos son los perdedores.

قُلْ كَفَىٰ بِاللَّهِ بَيْنِي وَبَيْنَكُمْ شَهِيدًا يَعْلَمُ مَا فِي السَّمَاوَاتِ وَالْأَرْضِ وَالَّذِينَ آمَنُوا بِالْبَاطِلِ وَكَفَرُوا بِاللَّهِ أُولَٰئِكَ هُمُ الْخَاسِرُونَ ۝

(53) Te están pidiendo que te apresures en traerles el castigo; y de no ser porque hay un plazo fijado, el castigo les llegaría y los agarraría de repente sin que lo advirtieran.

وَيَسْتَعْجِلُونَكَ بِالْعَذَابِ وَلَوْلَا أَجَلٌ مُّسَمًّى لَّجَاءَهُمُ الْعَذَابُ وَلَيَأْتِيَنَّهُم بَغْتَةً وَهُمْ لَا يَشْعُرُونَ ۝

(54) Te urgen a que les muestres el castigo cuando en realidad Yahannam rodea a los incrédulos.

يَسْتَعْجِلُونَكَ بِالْعَذَابِ وَإِنَّ جَهَنَّمَ لَمُحِيطَةٌ بِالْكَافِرِينَ ۝

(55) El día en que el castigo los envuelva por arriba y bajo sus pies y diga: ¡Gustad lo que hacíais!

يَوْمَ يَغْشَاهُمُ الْعَذَابُ مِن فَوْقِهِمْ وَمِن تَحْتِ أَرْجُلِهِمْ وَيَقُولُ ذُوقُوا مَا كُنتُمْ تَعْمَلُونَ ۝

(56) ¡Siervos míos que creéis! ¡Ancha es Mi tierra, adoradme sólo a Mí!

يَا عِبَادِيَ الَّذِينَ آمَنُوا إِنَّ أَرْضِي وَاسِعَةٌ فَإِيَّايَ فَاعْبُدُونِ ۝

(57) Toda alma ha de gustar la muerte, luego regresaréis a Nosotros.

كُلُّ نَفْسٍ ذَائِقَةُ الْمَوْتِ ثُمَّ إِلَيْنَا تُرْجَعُونَ ۝

(58) Y a los que hayan creído y llevado a cabo las acciones de bien los hospedaremos en elevadas estancias del Jardín por cuyo suelo corren los ríos y en el que serán inmortales.
¡Qué excelente recompensa la de los que actúan!

وَٱلَّذِينَ ءَامَنُوا۟ وَعَمِلُوا۟ ٱلصَّٰلِحَٰتِ لَنُبَوِّئَنَّهُم مِّنَ ٱلْجَنَّةِ غُرَفًا تَجْرِى مِن تَحْتِهَا ٱلْأَنْهَٰرُ خَٰلِدِينَ فِيهَا نِعْمَ أَجْرُ ٱلْعَٰمِلِينَ ۝

(59) Los que fueron pacientes y se confiaron en su Señor.

ٱلَّذِينَ صَبَرُوا۟ وَعَلَىٰ رَبِّهِمْ يَتَوَكَّلُونَ ۝

(60) ¿A cuántos animales que no llevan consigo su provisión, Allah los provee, al igual que hace con vosotros?
El es Quien oye y Quien sabe.

وَكَأَيِّن مِّن دَآبَّةٍ لَّا تَحْمِلُ رِزْقَهَا ٱللَّهُ يَرْزُقُهَا وَإِيَّاكُمْ وَهُوَ ٱلسَّمِيعُ ٱلْعَلِيمُ ۝

(61) Y si les preguntas quién creó los cielos y la tierra y subordinó al sol y a la luna, sin duda que dirán: Allah.
¿Cómo entonces inventan?

وَلَئِن سَأَلْتَهُم مَّنْ خَلَقَ ٱلسَّمَٰوَٰتِ وَٱلْأَرْضَ وَسَخَّرَ ٱلشَّمْسَ وَٱلْقَمَرَ لَيَقُولُنَّ ٱللَّهُ فَأَنَّىٰ يُؤْفَكُونَ ۝

(62) Allah hace abundante la provisión para quien quiere de Sus siervos y la hace restringida (para quien quiere).
Realmente Allah tiene conocimiento de todas las cosas.

ٱللَّهُ يَبْسُطُ ٱلرِّزْقَ لِمَن يَشَآءُ مِنْ عِبَادِهِۦ وَيَقْدِرُ لَهُۥٓ إِنَّ ٱللَّهَ بِكُلِّ شَىْءٍ عَلِيمٌ ۝

(63) Y si les preguntas quién hace que caiga agua del cielo con la que da vida a la tierra después de haber estado muerta, dirán sin duda: Allah. Di: Las alabanzas pertenecen a Allah, pero la mayor parte de los hombres no entienden.

وَلَئِن سَأَلْتَهُم مَّن نَّزَّلَ مِنَ ٱلسَّمَآءِ مَآءً فَأَحْيَا بِهِ ٱلْأَرْضَ مِنۢ بَعْدِ مَوْتِهَا لَيَقُولُنَّ ٱللَّهُ قُلِ ٱلْحَمْدُ لِلَّهِ بَلْ أَكْثَرُهُمْ لَا يَعْقِلُونَ ۝

(64) La vida del mundo no es sino juego y distracción, la verdadera vida es la morada de la Ultima Vida, si supieran.

وَمَا هَذِهِ ٱلْحَيَوٰةُ ٱلدُّنْيَآ إِلَّا لَهْوٌ وَلَعِبٌ وَإِنَّ ٱلدَّارَ ٱلْآخِرَةَ لَهِىَ ٱلْحَيَوَانُ لَوْ كَانُوا۟ يَعْلَمُونَ ۝

(65) Y cuando embarcan en la nave invocan a Allah con un reconocimiento sincero de que sólo El debe ser adorado; pero cuando los ponemos a salvo en la tierra, Le asocian copartícipes.

فَإِذَا رَكِبُوا۟ فِى ٱلْفُلْكِ دَعَوُا۟ ٱللَّهَ مُخْلِصِينَ لَهُ ٱلدِّينَ فَلَمَّا نَجَّىٰهُمْ إِلَى ٱلْبَرِّ إِذَا هُمْ يُشْرِكُونَ ۝

(66) Pero que renieguen con ingratitud de lo que les damos y disfruten, que ya sabrán.

لِيَكْفُرُوا۟ بِمَآ ءَاتَيْنَٰهُمْ وَلِيَتَمَتَّعُوا۟ فَسَوْفَ يَعْلَمُونَ ۝

(67) ¿Es que no ven que hemos hecho un lugar inviolable y seguro,* fuera del cual la gente alrededor comete todo tipo de fechorías?

¿Van a creer en lo falso negando la merced de Allah?

* [Meca]

أَوَلَمْ يَرَوْا۟ أَنَّا جَعَلْنَا حَرَمًا ءَامِنًا وَيُتَخَطَّفُ ٱلنَّاسُ مِنْ حَوْلِهِمْ أَفَبِٱلْبَٰطِلِ يُؤْمِنُونَ وَبِنِعْمَةِ ٱللَّهِ يَكْفُرُونَ ۝

(68) ¿Hay alguien más injusto que aquel que inventa una mentira contra Allah y niega la verdad cuando le llega?

¿No es Yahannam refugio para los que se niegan a creer?

وَمَنْ أَظْلَمُ مِمَّنِ ٱفْتَرَىٰ عَلَى ٱللَّهِ كَذِبًا أَوْ كَذَّبَ بِٱلْحَقِّ لَمَّا جَآءَهُ ۚ أَلَيْسَ فِى جَهَنَّمَ مَثْوًى لِّلْكَٰفِرِينَ ۝

(69) A los que luchan por Nosotros, les guiaremos a Nuestro camino, es cierto que Allah está con los que hacen el bien.

وَٱلَّذِينَ جَٰهَدُوا۟ فِينَا لَنَهْدِيَنَّهُمْ سُبُلَنَا ۚ وَإِنَّ ٱللَّهَ لَمَعَ ٱلْمُحْسِنِينَ ۝

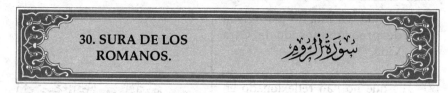

30. SURA DE LOS ROMANOS.

سُورَةُ الرُّومِ

بِسْمِ اللَّهِ الرَّحْمَنِ الرَّحِيمِ

En el nombre de Allah, el Misericordioso, el Compasivo.

(1) Alif, Lam, Mim Los Romanos han sido vencidos*

en la tierra más próxima. Pero ellos, a pesar de su derrota, vencerán*

* [Se refiere a la victoria de Cosroes, rey de los persas, sobre los bizantinos.]

* [Se dice que la victoria tuvo lugar el día de Badr y se dice también que el día de Hudaybiya.]

الٓمٓ ۚ غُلِبَتِ ٱلرُّومُ فِىٓ أَدۡنَى ٱلۡأَرۡضِ وَهُم مِّنۢ بَعۡدِ غَلَبِهِمۡ سَيَغۡلِبُونَ ۝

(2) dentro de algunos años.

فِى بِضۡعِ سِنِينَ ۝

(3) El mandato pertenece a Allah antes y después. Ese día se alegrarán los creyentes*

* [Puesto que los bizantinos eran gente del Libro.]

لِلَّهِ ٱلۡأَمۡرُ مِن قَبۡلُ وَمِنۢ بَعۡدُ ۚ وَيَوۡمَئِذٖ يَفۡرَحُ ٱلۡمُؤۡمِنُونَ ۝

(4) por el auxilio de Allah. El auxilia a quien quiere y El es el Conocedor, el Compasivo.

بِنَصۡرِ ٱللَّهِ ۚ يَنصُرُ مَن يَشَآءُ ۖ وَهُوَ ٱلۡعَزِيزُ ٱلرَّحِيمُ ۝

(5) Promesa de Allah y Allah no falta a Su promesa; sin embargo la mayor parte de los hombres no saben.

وَعۡدَ ٱللَّهِ ۖ لَا يُخۡلِفُ ٱللَّهُ وَعۡدَهُۥ وَلَٰكِنَّ أَكۡثَرَ ٱلنَّاسِ لَا يَعۡلَمُونَ ۝

(6) Conocen una parte superficial de

يَعۡلَمُونَ ظَٰهِرٗا مِّنَ ٱلۡحَيَوٰةِ ٱلدُّنۡيَا وَهُمۡ عَنِ ٱلۡأٓخِرَةِ

la vida del mundo pero viven despreocupados de la Otra Vida.

هُمْ غَٰفِلُونَ ۝

(7) ¿Es que no han reflexionado en su interior?

Allah no ha creado los cielos y la tierra y lo que hay entre ambos sino con la verdad y con un plazo fijado.

Y es cierto que muchos de los hombres niegan que habrán de encontrarse con su Señor.

أَوَلَمْ يَتَفَكَّرُوا۟ فِىٓ أَنفُسِهِم مَّا خَلَقَ ٱللَّهُ ٱلسَّمَٰوَٰتِ وَٱلْأَرْضَ وَمَا بَيْنَهُمَآ إِلَّا بِٱلْحَقِّ وَأَجَلٍ مُّسَمًّى وَإِنَّ كَثِيرًا مِّنَ ٱلنَّاسِ بِلِقَآءِ رَبِّهِمْ لَكَٰفِرُونَ ۝

(8) ¿Es que no han ido por la tierra y han visto cómo acabaron los que les precedieron?

Eran más fuertes que ellos en poderío y cultivaron la tierra y florecieron en ella más de lo que ellos han florecido y vinieron a ellos sus mensajeros con las pruebas claras.

Pero Allah no fue injusto con ellos en nada sino que fueron ellos los injustos consigo mismos.

أَوَلَمْ يَسِيرُوا۟ فِى ٱلْأَرْضِ فَيَنظُرُوا۟ كَيْفَ كَانَ عَٰقِبَةُ ٱلَّذِينَ مِن قَبْلِهِمْ كَانُوٓا۟ أَشَدَّ مِنْهُمْ قُوَّةً وَأَثَارُوا۟ ٱلْأَرْضَ وَعَمَرُوهَآ أَكْثَرَ مِمَّا عَمَرُوهَا وَجَآءَتْهُمْ رُسُلُهُم بِٱلْبَيِّنَٰتِ فَمَا كَانَ ٱللَّهُ لِيَظْلِمَهُمْ وَلَٰكِن كَانُوٓا۟ أَنفُسَهُمْ يَظْلِمُونَ ۝

(9) Luego, aquéllos que habían cometido maldades tuvieron el peor fin, por haber negado la veracidad de los signos de Allah y haberse burlado de ellos.

ثُمَّ كَانَ عَٰقِبَةَ ٱلَّذِينَ أَسَٰٓـُٔوا۟ ٱلسُّوٓأَىٰٓ أَن كَذَّبُوا۟ بِـَٔايَٰتِ ٱللَّهِ وَكَانُوا۟ بِهَا يَسْتَهْزِءُونَ ۝

(10) Allah inicia la creación, luego la repite y luego volvéis a El.

ٱللَّهُ يَبْدَؤُا۟ ٱلْخَلْقَ ثُمَّ يُعِيدُهُۥ ثُمَّ إِلَيْهِ تُرْجَعُونَ ۝

(11) El día que llegue la Hora, ese día los malhechores enmudecerán desesperados.

وَيَوْمَ تَقُومُ ٱلسَّاعَةُ يُبْلِسُ ٱلْمُجْرِمُونَ ۝

(12) No tendrán ningún intercesor entre los que ellos asociaban (a Allah) y renegarán de esos asociados.

وَلَمْ يَكُن لَّهُم مِّن شُرَكَآئِهِمْ شُفَعَٰٓؤُا۟ وَكَانُوا۟ بِشُرَكَآئِهِمْ كَٰفِرِينَ ۝

(13) El día que llegue la Hora, ese día se separarán:

وَيَوْمَ تَقُومُ ٱلسَّاعَةُ يَوْمَئِذٍ يَتَفَرَّقُونَ ۝

(14) Los que creyeron y llevaron a cabo las acciones de bien estarán deleitándose en un vergel.

فَأَمَّا ٱلَّذِينَ ءَامَنُوا۟ وَعَمِلُوا۟ ٱلصَّٰلِحَٰتِ فَهُمْ فِى رَوْضَةٍ يُحْبَرُونَ ۝

(15) Pero los que se negaron a creer y negaron la veracidad de Nuestros signos y del encuentro de la Ultima Vida, estarán permanentemente en el castigo.

وَأَمَّا ٱلَّذِينَ كَفَرُوا۟ وَكَذَّبُوا۟ بِـَٔايَٰتِنَا وَلِقَآءِ ٱلْءَاخِرَةِ فَأُو۟لَٰٓئِكَ فِى ٱلْعَذَابِ مُحْضَرُونَ ۝

(16) Así pues, ¡Glorificado sea Allah! cuando entrais en la tarde y cuando amaneceis.

فَسُبْحَٰنَ ٱللَّهِ حِينَ تُمْسُونَ وَحِينَ تُصْبِحُونَ ۝

(17) Suyas son las alabanzas en los cielos y en la tierra. Y (glorificado sea) al caer la tarde y cuando entráis en el mediodía.

وَلَهُ ٱلْحَمْدُ فِى ٱلسَّمَٰوَٰتِ وَٱلْأَرْضِ وَعَشِيًّا وَحِينَ تُظْهِرُونَ ۝

(18) Hace salir lo vivo de lo muerto y lo muerto de lo vivo y Le da vida a la tierra después de muerta.

Y así será como saldréis vosotros (de las tumbas).

يُخْرِجُ ٱلْحَىَّ مِنَ ٱلْمَيِّتِ وَيُخْرِجُ ٱلْمَيِّتَ مِنَ ٱلْحَىِّ وَيُحْىِ ٱلْأَرْضَ بَعْدَ مَوْتِهَا وَكَذَٰلِكَ تُخْرَجُونَ ۝

(19) Parte de Sus signos es que os creó de tierra y luego llegásteis a ser seres humanos con capacidad para desenvolveros.

وَمِنْ ءَايَتِهِۦٓ أَنْ خَلَقَكُم مِّن تُرَابٍ ثُمَّ إِذَآ أَنتُم بَشَرٌ تَنتَشِرُونَ ۩

(20) Y parte de Sus signos es que os creó esposas sacadas de vosotros mismos para que encontrárais sosiego en ellas y puso entre vosotros amor y misericordia; realmente en eso hay signos para gente que reflexiona.

وَمِنْ ءَايَتِهِۦٓ أَنْ خَلَقَ لَكُم مِّنْ أَنفُسِكُمْ أَزْوَٰجًا لِّتَسْكُنُوٓا۟ إِلَيْهَا وَجَعَلَ بَيْنَكُم مَّوَدَّةً وَرَحْمَةً إِنَّ فِى ذَٰلِكَ لَءَايَٰتٍ لِّقَوْمٍ يَتَفَكَّرُونَ ۩

(21) Y parte de Sus signos es la creación de los cielos y de la tierra y la diversidad de vuestras lenguas y colores.

Realmente en eso hay signos para las criaturas.

وَمِنْ ءَايَتِهِۦ خَلْقُ ٱلسَّمَٰوَٰتِ وَٱلْأَرْضِ وَٱخْتِلَٰفُ أَلْسِنَتِكُمْ وَأَلْوَٰنِكُمْ إِنَّ فِى ذَٰلِكَ لَءَايَٰتٍ لِّلْعَٰلَمِينَ ۩

(22) Y parte de Sus signos es vuestro sueño de noche y de día y vuestra búsqueda de Su favor; realmente en esto hay signos para la gente que escucha.

وَمِنْ ءَايَتِهِۦ مَنَامُكُم بِٱلَّيْلِ وَٱلنَّهَارِ وَٱبْتِغَآؤُكُم مِّن فَضْلِهِۦٓ إِنَّ فِى ذَٰلِكَ لَءَايَٰتٍ لِّقَوْمٍ يَسْمَعُونَ ۩

(23) Y parte de Sus signos es que os hace ver el relámpago con temor y anhelo y hace que caiga agua del cielo con la que vivifica la tierra después de muerta; realmente en eso hay signos para gente que entiende.

وَمِنْ ءَايَتِهِۦ يُرِيكُمُ ٱلْبَرْقَ خَوْفًا وَطَمَعًا وَيُنَزِّلُ مِنَ ٱلسَّمَآءِ مَآءً فَيُحْىِۦ بِهِ ٱلْأَرْضَ بَعْدَ مَوْتِهَآ إِنَّ فِى ذَٰلِكَ لَءَايَٰتٍ لِّقَوْمٍ يَعْقِلُونَ ۩

(24) Y parte de Sus signos es que el cielo y la tierra se sostienen

وَمِنْ ءَايَتِهِۦٓ أَن تَقُومَ ٱلسَّمَآءُ وَٱلْأَرْضُ بِأَمْرِهِۦ

por Su mandato. Luego cuando se os llame una vez desde la tierra, saldréis.

ثُمَّ إِذَا دَعَاكُمْ دَعْوَةً مِّنَ الْأَرْضِ إِذَا أَنتُمْ تَخْرُجُونَ ۝

(25) Suyos son quienes están en los cielos y en la tierra, todos están sujetos a El.

وَلَهُ مَن فِي السَّمَوَاتِ وَالْأَرْضِ كُلٌّ لَّهُ قَانِتُونَ ۝

(26) El es Quien crea al principio y luego vuelve a crear; y esto es aún más fácil para El.

El tiene el más alto parangón en los cielos y en la tierra y El es el Irresistible, el Sabio.

وَهُوَ الَّذِي يَبْدَؤُا الْخَلْقَ ثُمَّ يُعِيدُهُ وَهُوَ أَهْوَنُ عَلَيْهِ وَلَهُ الْمَثَلُ الْأَعْلَى فِي السَّمَوَاتِ وَالْأَرْضِ وَهُوَ الْعَزِيزُ الْحَكِيمُ ۝

(27) Os pone un ejemplo extraído de vosotros mismos: ¿Acaso hay entre aquéllos que poseen vuestras diestras alguno que tenga parte en lo que os damos como provisión, de forma que no hay diferencias y los teméis como os teméis entre vosotros?

Así es como explicamos los signos a una gente que razona.

ضَرَبَ لَكُم مَّثَلًا مِّنْ أَنفُسِكُمْ هَل لَّكُم مِّن مَّا مَلَكَتْ أَيْمَانُكُم مِّن شُرَكَآءَ فِي مَا رَزَقْنَاكُمْ فَأَنتُمْ فِيهِ سَوَآءٌ تَخَافُونَهُمْ كَخِيفَتِكُمْ أَنفُسَكُمْ كَذَلِكَ نُفَصِّلُ الْآيَاتِ لِقَوْمٍ يَعْقِلُونَ ۝

(28) Sin embargo los injustos siguen sus pasiones sin conocimiento. ¿Y quién guiará a quien Allah ha extraviado?

No tendrán quien les auxilie.

بَلِ اتَّبَعَ الَّذِينَ ظَلَمُوا أَهْوَآءَهُم بِغَيْرِ عِلْمٍ فَمَن يَهْدِي مَنْ أَضَلَّ اللَّهُ وَمَا لَهُم مِّن نَّاصِرِينَ ۝

(29) Mantén tu rostro sin apartarlo de la Adoración primigenia, como hanif. La marca original* de Allah, con la que ha marcado a los hombres al crearlos. No se puede reemplazar la creación

فَأَقِمْ وَجْهَكَ لِلدِّينِ حَنِيفًا فِطْرَتَ اللَّهِ الَّتِي فَطَرَ النَّاسَ عَلَيْهَا لَا تَبْدِيلَ لِخَلْقِ اللَّهِ ذَلِكَ الدِّينُ الْقَيِّمُ وَلَكِنَّ أَكْثَرَ النَّاسِ لَا يَعْلَمُونَ ۝

de Allah.

Esa es la forma de Adoración genuina, sin embargo la mayoría de los hombres no saben.

*[En árabe "fitra". Si bien "marca" no traduce exactamente el término árabe, permite mantener la figura etimológica del texto entre las palabras "fitra" y "fatara", "marca" y "marcado". La etimología de fitra, expresa la primera hendidura, el inicio de algo. Su significado más preciso es la naturaleza innata del hombre, la particularidad con la que ha sido creado, su carácter genuino; gracias al cual reconoce a su Señor.]

(30) Vueltos hacia El*.

Y temedle, estableced el salat y no seais de los que asocian.

* [Está conectado con "Mantén tu rostro sin apartarlo de la Adoración primigenia... volviéndoos —tú Muhammad y los creyentes— hacia El"]

مُنِيبِينَ إِلَيْهِ وَاتَّقُوهُ وَأَقِيمُوا الصَّلَوٰةَ وَلَا تَكُونُوا مِنَ الْمُشْرِكِينَ ۝

(31) De ésos que han creado divisiones en su práctica de Adoración y se han fragmentado en sectas. Cada facción está contenta con lo suyo.

مِنَ الَّذِينَ فَرَّقُوا دِينَهُمْ وَكَانُوا شِيَعًا كُلُّ حِزْبٍ بِمَا لَدَيْهِمْ فَرِحُونَ ۝

(32) Y cuando algún perjuicio afecta a los hombres, suplican a su Señor recurriendo a El, pero luego cuando les da a probar una misericordia procedente de El, una parte de ellos asocia a otros con su Señor,

وَإِذَا مَسَّ النَّاسَ ضُرٌّ دَعَوْا رَبَّهُمْ مُنِيبِينَ إِلَيْهِ ثُمَّ إِذَا أَذَاقَهُمْ مِنْهُ رَحْمَةً إِذَا فَرِيقٌ مِنْهُمْ بِرَبِّهِمْ يُشْرِكُونَ ۝

(33) para de esta manera ser ingratos con lo que les dimos.

Pero disfrutad que ya sabréis.

لِيَكْفُرُواْ بِمَآ ءَاتَيْنَهُمْ فَتَمَتَّعُواْ فَسَوْفَ تَعْلَمُونَ ۝

(34) ¿O es que acaso hemos hecho descender sobre ellos alguna prueba que hable a favor de lo que asocian?

أَمْ أَنزَلْنَا عَلَيْهِمْ سُلْطَنًا فَهُوَ يَتَكَلَّمُ بِمَا كَانُواْ بِهِ يُشْرِكُونَ ۝

(35) Cuando les hacemos probar a los hombres una misericordia se alegran con ella, pero si les sobreviene algún mal, a causa de los que sus manos presentan, entonces se desesperan.

وَإِذَآ أَذَقْنَا ٱلنَّاسَ رَحْمَةً فَرِحُواْ بِهَا وَإِن تُصِبْهُمْ سَيِّئَةٌ بِمَا قَدَّمَتْ أَيْدِيهِمْ إِذَا هُمْ يَقْنَطُونَ ۝

(36) ¿Es que no ven que Allah expande la provisión a quien quiere y la restringe (a quien quiere)?

Es cierto que en eso hay signos para gente que cree.

أَوَلَمْ يَرَوْاْ أَنَّ ٱللَّهَ يَبْسُطُ ٱلرِّزْقَ لِمَن يَشَآءُ وَيَقْدِرُ إِنَّ فِى ذَٰلِكَ لَءَايَتٍ لِّقَوْمٍ يُؤْمِنُونَ ۝

(37) Da, pues, el derecho que le corresponde al pariente, al pobre y al viajero. Ello es mejor para los que buscan la faz de Allah.

Y ésos son los que cosecharán éxito.

فَـَٔاتِ ذَا ٱلْقُرْبَىٰ حَقَّهُۥ وَٱلْمِسْكِينَ وَٱبْنَ ٱلسَّبِيلِ ذَٰلِكَ خَيْرٌ لِّلَّذِينَ يُرِيدُونَ وَجْهَ ٱللَّهِ وَأُوْلَٰٓئِكَ هُمُ ٱلْمُفْلِحُونَ ۝

(38) Y lo que deis de más* para que os revierta aumentado en la riqueza de la gente, no crecerá junto a Allah.

Pero lo que deis con generosidad buscando la faz de

وَمَآ ءَاتَيْتُم مِّن رِّبًا لِّيَرْبُوَاْ فِىٓ أَمْوَٰلِ ٱلنَّاسِ فَلَا يَرْبُواْ عِندَ ٱللَّهِ وَمَآ ءَاتَيْتُم مِّن زَكَوٰةٍ تُرِيدُونَ وَجْهَ ٱللَّهِ فَأُوْلَٰٓئِكَ هُمُ ٱلْمُضْعِفُونَ ۝

Allah... A ésos se les multiplicará.

* [En árabe la palabra es "riba", incremento o usura. La aleya se referiría a lo que se da de más esperando un interés usurario por ello; sin embargo para muchos comentaristas, aquí se refiere a un incremento permitido que consiste en que alguien en una transacción, da espontáneamente más de lo que corresponde esperando algún beneficio por ello, o que alguien regale algo esperando algún beneficio a cambio, lo cual si bien no es ilícito, no tiene ante Allah ninguna recompensa.]

(39) Allah es Quien os crea y luego os sustenta, luego os hará morir y luego os devolverá a la vida. ¿Hay alguno de vuestros asociados que pueda hacer algo de eso?

¡Glorificado sea Él y exaltado por encima de lo que asocian!

اللّهُ الَّذِى خَلَقَكُمْ ثُمَّ رَزَقَكُمْ ثُمَّ يُمِيتُكُمْ ثُمَّ يُحْيِيكُمْ هَلْ مِن شُرَكَآئِكُم مَّن يَفْعَلُ مِن ذَلِكُم مِّن شَىْءٍ سُبْحَانَهُ وَتَعَلَى عَمَّا يُشْرِكُونَ ۝

(40) La corrupción se ha hecho patente en la tierra y en el mar a causa de lo que las manos de los hombres han adquirido, para hacerles probar parte de lo que hicieron y para que puedan echarse atrás.

ظَهَرَ الْفَسَادُ فِى الْبَرِّ وَالْبَحْرِ بِمَا كَسَبَتْ أَيْدِى النَّاسِ لِيُذِيقَهُم بَعْضَ الَّذِى عَمِلُوا لَعَلَّهُمْ يَرْجِعُونَ ۝

(41) Di: Id por la tierra y mirad cuál fue el fin de los que hubo antes. La mayoría de ellos eran asociadores.

قُلْ سِيرُوا فِى الْأَرْضِ فَانظُرُوا كَيْفَ كَانَ عَاقِبَةُ الَّذِينَ مِن قَبْلُ كَانَ أَكْثَرُهُم مُّشْرِكِينَ ۝

(42) Dirige tu rostro hacia la práctica de Adoración auténtica, antes

فَأَقِمْ وَجْهَكَ لِلدِّينِ الْقَيِّمِ مِن قَبْلِ أَن يَأْتِىَ يَوْمٌ

لَا مَرَدَّ لَهُ مِنَ اللَّهِ يَوْمَئِذٍ يَصَّدَّعُونَ ۝

de que llegue un día en el que Allah no dará posibilidad de volver. Ese día serán separados.

(43) Quienes se hayan negado a creer, sobre ellos pesará su incredulidad, y quienes hayan obrado con rectitud se habrán preparado el terreno a sí mismos.

مَن كَفَرَ فَعَلَيْهِ كُفْرُهُ ۖ وَمَنْ عَمِلَ صَٰلِحًا فَلِأَنفُسِهِمْ يَمْهَدُونَ ۝

(44) Para que El recompense con Su favor a quienes hayan creído y llevado a cabo las acciones de bien; es cierto que El no ama a los incrédulos.

لِيَجْزِيَ ٱلَّذِينَ ءَامَنُوا۟ وَعَمِلُوا۟ ٱلصَّٰلِحَٰتِ مِن فَضْلِهِۦٓ ۚ إِنَّهُۥ لَا يُحِبُّ ٱلْكَٰفِرِينَ ۝

(45) Y parte de Sus signos es que envía los vientos anunciando buenas noticias para haceros probar parte de Su misericordia, para que navegue la nave gracias a Su mandato y para que busquéis Su favor y podáis ser agradecidos.

وَمِنْ ءَايَٰتِهِۦٓ أَن يُرْسِلَ ٱلرِّيَاحَ مُبَشِّرَٰتٍ وَلِيُذِيقَكُم مِّن رَّحْمَتِهِۦ وَلِتَجْرِيَ ٱلْفُلْكُ بِأَمْرِهِۦ وَلِتَبْتَغُوا۟ مِن فَضْلِهِۦ وَلَعَلَّكُمْ تَشْكُرُونَ ۝

(46) Y he aquí que antes de ti enviamos mensajeros a sus respectivos pueblos. Fueron a ellos con las pruebas evidentes y Nos vengamos de los que hicieron el mal. Era un deber para Nosotros auxiliar a los creyentes.

وَلَقَدْ أَرْسَلْنَا مِن قَبْلِكَ رُسُلًا إِلَىٰ قَوْمِهِمْ فَجَآءُوهُم بِٱلْبَيِّنَٰتِ فَٱنتَقَمْنَا مِنَ ٱلَّذِينَ أَجْرَمُوا۟ ۖ وَكَانَ حَقًّا عَلَيْنَا نَصْرُ ٱلْمُؤْمِنِينَ ۝

(47) Allah es Quien envía los vientos que remueven las nubes a las

ٱللَّهُ ٱلَّذِي يُرْسِلُ ٱلرِّيَٰحَ فَتُثِيرُ سَحَابًا

que extiende en el cielo como quiere y las fragmenta, y ves cómo la lluvia sale de su interior. Y cuando la hace caer sobre aquéllos de Sus siervos que El quiere, se llenan de júbilo.

فَيَبْسُطُهُ فِي السَّمَاءِ كَيْفَ يَشَاءُ وَيَجْعَلُهُ كِسَفًا فَتَرَى الْوَدْقَ يَخْرُجُ مِنْ خِلَالِهِ فَإِذَا أَصَابَ بِهِ مَنْ يَشَاءُ مِنْ عِبَادِهِ إِذَا هُمْ يَسْتَبْشِرُونَ ۝

(48) A pesar de haber perdido ya la esperanza de que la hiciéramos caer sobre ellos.

وَإِنْ كَانُوا مِنْ قَبْلِ أَنْ يُنَزَّلَ عَلَيْهِمْ مِنْ قَبْلِهِ لَمُبْلِسِينَ ۝

(49) Así pues, mira las huellas de la misericordia de Allah: Cómo le da vida a la tierra después de haber estado muerta.

El es Quien devolverá la vida a los muertos y El que tiene poder sobre todas las cosas.

فَانْظُرْ إِلَى آثَارِ رَحْمَتِ اللَّهِ كَيْفَ يُحْيِي الْأَرْضَ بَعْدَ مَوْتِهَا إِنَّ ذَلِكَ لَمُحْيِ الْمَوْتَى وَهُوَ عَلَى كُلِّ شَيْءٍ قَدِيرٌ ۝

(50) Pero si enviamos un viento y ven que todo se pone amarillo, seguramente empezarán a dejar de creer por su causa.

وَلَئِنْ أَرْسَلْنَا رِيحًا فَرَأَوْهُ مُصْفَرًّا لَظَلُّوا مِنْ بَعْدِهِ يَكْفُرُونَ ۝

(51) Y por cierto que tú no vas a hacer que oigan los muertos ni que los sordos escuchen la llamada mientras se alejan dando la espalda.

فَإِنَّكَ لَا تُسْمِعُ الْمَوْتَى وَلَا تُسْمِعُ الصُّمَّ الدُّعَاءَ إِذَا وَلَّوْا مُدْبِرِينَ ۝

(52) Tú no puedes guiar a los ciegos sacándolos de su extravío y sólo puedes hacer que escuchen aquéllos que creen en Nuestros signos y están sometidos (son musulmanes).

وَمَا أَنْتَ بِهَادِ الْعُمْيِ عَنْ ضَلَالَتِهِمْ إِنْ تُسْمِعُ إِلَّا مَنْ يُؤْمِنُ بِآيَاتِنَا فَهُمْ مُسْلِمُونَ ۝

(53) Allah es Quien os ha creado de debilidad y después de ser débiles os ha dado fortaleza y después, tras haberla tenido, os da debilidad de nuevo y vejez. El crea lo que quiere y es el Conocedor, el Poderoso.

(54) El día en que ocurra la Hora, los que hayan hecho el mal jurarán no haber permanecido (en las tumbas) sino una hora.

Del mismo modo mentían.

(55) Y dirán aquéllos a los que se les dió el conocimiento y la creencia: Realmente habéis permanecido, tal y como está en el Libro de Allah, hasta el Día del Resurgimiento y éste es el Día del Resurgimiento; sin embargo vosotros no lo sabíais.

(56) Ese día ninguna excusa les servirá a los que fueron injustos ni tendrán oportunidad de complacer (a su Señor).

(57) Realmente en este Corán le hemos puesto al hombre toda clase de comparaciones; pero aunque fueras a ellos con un prodigio, los que no quieren creer dirían: No sois mas que farsantes.

(58) Así es como Allah marca los corazones de los que no saben.

الله الذي خلقكم من ضعف ثم جعل من بعد ضعف قوة ثم جعل من بعد قوة ضعفا وشيبة يخلق ما يشاء وهو العليم القدير ۝

ويوم تقوم الساعة يقسم المجرمون ما لبثوا غير ساعة كذلك كانوا يؤفكون ۝

وقال الذين أوتوا العلم والإيمان لقد لبثتم في كتاب الله إلى يوم البعث فهذا يوم البعث ولكنكم كنتم لا تعلمون ۝

فيومئذ لا ينفع الذين ظلموا معذرتهم ولا هم يستعتبون ۝

ولقد ضربنا للناس في هذا القرآن من كل مثل ولئن جئتهم بآية ليقولن الذين كفروا إن أنتم إلا مبطلون ۝

كذلك يطبع الله على قلوب الذين لا يعلمون ۝

(59) Ten pues paciencia porque en verdad la promesa de Allah es verídica, que no te inquieten los que no tienen certeza.

فَٱصۡبِرۡ إِنَّ وَعۡدَ ٱللَّهِ حَقٌّ وَلَا يَسۡتَخِفَّنَّكَ ٱلَّذِينَ لَا يُوقِنُونَ ۝

31. SURA DE LUQMAN.　　سُورَةُ لُقْمَنَ

بِسْمِ اللَّهِ الرَّحْمَنِ الرَّحِيمِ

En el nombre de Allah, el Misericordioso, el Compasivo.

(1) Alif, Lam, Mim. Estos son los signos del Libro Sabio.

الٓمٓ ۝ تِلْكَ ءَايَتُ ٱلْكِتَبِ ٱلْحَكِيمِ ۝

(2) Guía y misericordia para los que hacen el bien.

هُدًى وَرَحْمَةً لِّلْمُحْسِنِينَ ۝

(3) Los que establecen el salat, dan el zakat y tienen certeza de la Ultima Vida.

ٱلَّذِينَ يُقِيمُونَ ٱلصَّلَوٰةَ وَيُؤْتُونَ ٱلزَّكَوٰةَ وَهُم بِٱلْءَاخِرَةِ هُمْ يُوقِنُونَ ۝

(4) Esos están afirmados en una guía de su Señor y son los que tendrán éxito.

أُوْلَئِكَ عَلَىٰ هُدًى مِّن رَّبِّهِمْ وَأُوْلَئِكَ هُمُ ٱلْمُفْلِحُونَ ۝

(5) Hay hombres que compran palabras frívolas* para extraviar del camino de Allah sin conocimiento y las toman a burla.*

Esos tendrán un castigo infame.

وَمِنَ ٱلنَّاسِ مَن يَشْتَرِي لَهْوَ ٱلْحَدِيثِ لِيُضِلَّ عَن سَبِيلِ ٱللَّهِ بِغَيْرِ عِلْمٍ وَيَتَّخِذَهَا هُزُوًا أُوْلَئِكَ لَهُمْ عَذَابٌ مُّهِينٌ ۝

* [Se dice que esta aleya descendió en relación a uno de los Quraysh que compró una esclava cantora para que cantara canciones de sátira y de burla contra el Profeta, que Allah le dé Su gracia y paz.]

* [Las aleyas del Corán o el camino de Allah, puesto que en árabe "sabil" —camino— puede ser de género femenino.]

(6) Y cuando se les recitan Nuestros signos se dan la vuelta con soberbia como si no los oyeran, como si tuvieran sordera en los oídos.

Anúnciales un castigo doloroso.

وَإِذَا تُتْلَى عَلَيْهِ ءَايَٰتُنَا وَلَّىٰ مُسْتَكْبِرًا كَأَن لَّمْ يَسْمَعْهَا كَأَنَّ فِي أُذُنَيْهِ وَقْرًا فَبَشِّرْهُ بِعَذَابٍ أَلِيمٍ ۝

(7) Es cierto que los que creen y llevan a cabo las acciones de bien tendrán los Jardines del Deleite

إِنَّ ٱلَّذِينَ ءَامَنُوا۟ وَعَمِلُوا۟ ٱلصَّٰلِحَٰتِ لَهُمْ جَنَّٰتُ ٱلنَّعِيمِ ۝

(8) en los que serán inmortales. Promesa de Allah verdadera, El es el Poderoso, el Sabio.

خَٰلِدِينَ فِيهَا وَعْدَ ٱللَّهِ حَقًّا وَهُوَ ٱلْعَزِيزُ ٱلْحَكِيمُ ۝

(9) Creó los cielos sin pilares que pudierais ver y puso en la tierra cordilleras para que no se moviera con vosotros y repartió por ella todo tipo de seres vivos.

Y hacemos que caiga agua del cielo con la que hacemos crecer todo tipo de especies nobles.

خَلَقَ ٱلسَّمَٰوَٰتِ بِغَيْرِ عَمَدٍ تَرَوْنَهَا وَأَلْقَىٰ فِي ٱلْأَرْضِ رَوَٰسِيَ أَن تَمِيدَ بِكُمْ وَبَثَّ فِيهَا مِن كُلِّ دَآبَّةٍ وَأَنزَلْنَا مِنَ ٱلسَّمَآءِ مَآءً فَأَنۢبَتْنَا فِيهَا مِن كُلِّ زَوْجٍ كَرِيمٍ ۝

(10) Esta es la creación de Allah, mostradme lo que han creado los que (adoráis) fuera de El.

Por el contrario, los injustos están en un claro extravío.

هَٰذَا خَلْقُ ٱللَّهِ فَأَرُونِي مَاذَا خَلَقَ ٱلَّذِينَ مِن دُونِهِ بَلِ ٱلظَّٰلِمُونَ فِي ضَلَٰلٍ مُّبِينٍ ۝

(11) Y he aquí que le dimos a Luqman la Sabiduría: ¡Sé agradecido con Allah! Pues quien agradece, lo hace en beneficio propio, pero quien es ingrato... Realmente Allah es Rico, Digno de alabanza.

وَلَقَدْ ءَاتَيْنَا لُقْمَٰنَ ٱلْحِكْمَةَ أَنِ ٱشْكُرْ لِلَّهِ وَمَن يَشْكُرْ فَإِنَّمَا يَشْكُرُ لِنَفْسِهِۦ وَمَن كَفَرَ فَإِنَّ ٱللَّهَ غَنِيٌّ حَمِيدٌ ۝

(12) Y cuando Luqman le dijo a su hijo aconsejándole: ¡Hijo mío! No asocies nada ni nadie con Allah, pues hacerlo es una enorme injusticia.

وَإِذْ قَالَ لُقْمَنُ لِٱبْنِهِۦ وَهُوَ يَعِظُهُۥ يَبُنَىَّ لَا تُشْرِكْ بِٱللَّهِ إِنَّ ٱلشِّرْكَ لَظُلْمٌ عَظِيمٌ ۝

(13) Hemos encomendado al hombre que trate bien a sus padres. Su madre lo llevó en el vientre fatiga tras fatiga y fue destetado a los dos años. Sé agradecido conmigo y con tus padres. A Mí has de volver.

وَوَصَّيْنَا ٱلْإِنسَنَ بِوَٰلِدَيْهِ حَمَلَتْهُ أُمُّهُۥ وَهْنًا عَلَىٰ وَهْنٍ وَفِصَلُهُۥ فِي عَامَيْنِ أَنِ ٱشْكُرْ لِي وَلِوَٰلِدَيْكَ إِلَيَّ ٱلْمَصِيرُ ۝

(14) Pero si se empeñan en que Me asocies algo de lo que no tienes conocimiento, entonces no los obedezcas.
Pero acompáñalos en este mundo como es debido. Y sigue el camino de los que se vuelven a Mí en todo.
Después habréis de volver a Mí y os haré saber lo que hacíais.

وَإِن جَٰهَدَاكَ عَلَىٰٓ أَن تُشْرِكَ بِي مَا لَيْسَ لَكَ بِهِۦ عِلْمٌ فَلَا تُطِعْهُمَا وَصَاحِبْهُمَا فِي ٱلدُّنْيَا مَعْرُوفًا وَٱتَّبِعْ سَبِيلَ مَنْ أَنَابَ إِلَيَّ ثُمَّ إِلَيَّ مَرْجِعُكُمْ فَأُنَبِّئُكُم بِمَا كُنتُمْ تَعْمَلُونَ ۝

(15) ¡Hijo mío! Incluso el peso de un grano de mostaza dentro de una roca, o en los cielos, o en la tierra, Allah lo traería a colación; es cierto que Allah es Sutil, Penetrante.

يَٰبُنَىَّ إِنَّهَآ إِن تَكُ مِثْقَالَ حَبَّةٍ مِّنْ خَرْدَلٍ فَتَكُن فِي صَخْرَةٍ أَوْ فِي ٱلسَّمَٰوَٰتِ أَوْ فِي ٱلْأَرْضِ يَأْتِ بِهَا ٱللَّهُ إِنَّ ٱللَّهَ لَطِيفٌ خَبِيرٌ ۝

(16) ¡Hijo mío! Establece la Oración, ordena lo reconocido, prohíbe lo reprobable y ten paciencia con lo que venga, es cierto que eso es parte de los asuntos que requieren entereza.

يَٰبُنَىَّ أَقِمِ ٱلصَّلَوٰةَ وَأْمُرْ بِٱلْمَعْرُوفِ وَٱنْهَ عَنِ ٱلْمُنكَرِ وَٱصْبِرْ عَلَىٰ مَآ أَصَابَكَ إِنَّ ذَٰلِكَ مِنْ عَزْمِ ٱلْأُمُورِ ۝

(17) Y no pongas mala cara a la gente ni andes por la tierra con insolencia, pues es verdad que Allah no ama al que es presumido y jactancioso.

وَلَا تُصَعِّرْ خَدَّكَ لِلنَّاسِ وَلَا تَمْشِ فِي ٱلْأَرْضِ مَرَحًا إِنَّ ٱللَّهَ لَا يُحِبُّ كُلَّ مُخْتَالٍ فَخُورٍ ۝

(18) Sé moderado al caminar y baja la voz, pues ciertamente la más desagradable de las voces es la del asno.

وَٱقْصِدْ فِي مَشْيِكَ وَٱغْضُضْ مِن صَوْتِكَ إِنَّ أَنكَرَ ٱلْأَصْوَٰتِ لَصَوْتُ ٱلْحَمِيرِ ۝

(19) ¿Es que no veis que Allah os ha subordinado todo lo que hay en los cielos y en la tierra y os ha colmado de Su favor tanto externa como internamente?

Hay hombres que discuten sobre Allah sin ningún conocimiento, ni guía, ni Libro luminoso.

أَلَمْ تَرَوْاْ أَنَّ ٱللَّهَ سَخَّرَ لَكُم مَّا فِي ٱلسَّمَٰوَٰتِ وَمَا فِي ٱلْأَرْضِ وَأَسْبَغَ عَلَيْكُمْ نِعَمَهُ ظَٰهِرَةً وَبَاطِنَةً وَمِنَ ٱلنَّاسِ مَن يُجَٰدِلُ فِي ٱللَّهِ بِغَيْرِ عِلْمٍ وَلَا هُدًى وَلَا كِتَٰبٍ مُّنِيرٍ ۝

(20) Y cuando se les dice: ¡Seguid lo que Allah ha hecho descender!

Dicen: Seguimos más bien aquello que encontramos haciendo a nuestros padres.

¿Y si el Shaytán los estuviera llamando al castigo del Sair?

وَإِذَا قِيلَ لَهُمُ ٱتَّبِعُواْ مَآ أَنزَلَ ٱللَّهُ قَالُواْ بَلْ نَتَّبِعُ مَا وَجَدْنَا عَلَيْهِ ءَابَآءَنَآ أَوَلَوْ كَانَ ٱلشَّيْطَٰنُ يَدْعُوهُمْ إِلَىٰ عَذَابِ ٱلسَّعِيرِ ۝

(21) Aquel que somete su frente a Allah y hace el bien, se habrá aferrado al asidero más firme. Y en Allah desembocan los asuntos.

۞ وَمَن يُسْلِمْ وَجْهَهُۥٓ إِلَى ٱللَّهِ وَهُوَ مُحْسِنٌ فَقَدِ ٱسْتَمْسَكَ بِٱلْعُرْوَةِ ٱلْوُثْقَىٰ وَإِلَى ٱللَّهِ عَٰقِبَةُ ٱلْأُمُورِ ۝

(22) Y quien se niegue a creer... Que no te entristezca su incredulidad. (Todos) habrán de

وَمَن كَفَرَ فَلَا يَحْزُنكَ كُفْرُهُۥٓ إِلَيْنَا

retornar a Nos y les haremos saber lo que hicieron.

Es cierto que Allah conoce lo que hay dentro de los pechos.

مَرْجِعُهُمْ فَنُنَبِّئُهُم بِمَا عَمِلُوٓاْ إِنَّ ٱللَّهَ عَلِيمٌ بِذَاتِ ٱلصُّدُورِ ۝

(23) Los dejaremos que disfruten un poco y luego los conduciremos forzados al durísimo castigo.

نُمَتِّعُهُمْ قَلِيلًا ثُمَّ نَضْطَرُّهُمْ إِلَىٰ عَذَابٍ غَلِيظٍ ۝

(24) Si les preguntas quién creó los cielos y la tierra, te dirán: Allah. Di: Las alabanzas a Allah.

Sin embargo la mayoría de ellos no saben.

وَلَئِن سَأَلْتَهُم مَّنْ خَلَقَ ٱلسَّمَٰوَٰتِ وَٱلْأَرْضَ لَيَقُولُنَّ ٱللَّهُ قُلِ ٱلْحَمْدُ لِلَّهِ بَلْ أَكْثَرُهُمْ لَا يَعْلَمُونَ ۝

(25) De Allah es cuanto hay en los cielos y en la tierra, Él es el Rico, en Sí mismo alabado.

لِلَّهِ مَا فِي ٱلسَّمَٰوَٰتِ وَٱلْأَرْضِ إِنَّ ٱللَّهَ هُوَ ٱلْغَنِيُّ ٱلْحَمِيدُ ۝

(26) Aunque los árboles de la tierra fueran cálamos y el mar junto con otros siete mares más (tinta), las palabras de Allah no se agotarían. Es cierto que Allah es Poderoso, Sabio.

وَلَوْ أَنَّمَا فِي ٱلْأَرْضِ مِن شَجَرَةٍ أَقْلَٰمٌ وَٱلْبَحْرُ يَمُدُّهُۥ مِنۢ بَعْدِهِۦ سَبْعَةُ أَبْحُرٍ مَّا نَفِدَتْ كَلِمَٰتُ ٱللَّهِ إِنَّ ٱللَّهَ عَزِيزٌ حَكِيمٌ ۝

(27) Crearos a vosotros y haceros resurgir es como crear a uno sólo; es cierto que Allah es Quien oye y Quien ve.

مَّا خَلْقُكُمْ وَلَا بَعْثُكُمْ إِلَّا كَنَفْسٍ وَٰحِدَةٍ إِنَّ ٱللَّهَ سَمِيعٌ بَصِيرٌ ۝

(28) ¿Acaso no ves que Allah hace que la noche penetre en el día y el día en la noche y que ha subordinado al sol y a la luna, de manera que cada uno dis-

أَلَمْ تَرَ أَنَّ ٱللَّهَ يُولِجُ ٱلَّيْلَ فِي ٱلنَّهَارِ وَيُولِجُ ٱلنَّهَارَ فِي ٱلَّيْلِ وَسَخَّرَ ٱلشَّمْسَ وَٱلْقَمَرَ كُلٌّ يَجْرِيٓ إِلَىٰٓ أَجَلٍ مُّسَمًّى وَأَنَّ ٱللَّهَ بِمَا تَعْمَلُونَ خَبِيرٌ ۝

curre con un plazo fijado, y que sabe perfectamente lo que hacéis?

(29) Eso es porque Allah es el Real y aquello que invocáis fuera de El es lo falso, y porque Allah es Excelso, Grande.

ذَٰلِكَ بِأَنَّ ٱللَّهَ هُوَ ٱلْحَقُّ وَأَنَّ مَا تَدْعُونَ مِن دُونِهِ ٱلْبَٰطِلُ وَأَنَّ ٱللَّهَ هُوَ ٱلْعَلِيُّ ٱلْكَبِيرُ ٢٩

(30) ¿Acaso no ves que la nave navega en el mar por la gracia de Allah para mostraros así algunos de Sus signos? En esto hay un signo para todo el que es paciente y agradecido.

أَلَمْ تَرَ أَنَّ ٱلْفُلْكَ تَجْرِي فِي ٱلْبَحْرِ بِنِعْمَتِ ٱللَّهِ لِيُرِيَكُم مِّنْ ءَايَٰتِهِ إِنَّ فِي ذَٰلِكَ لَءَايَٰتٍ لِّكُلِّ صَبَّارٍ شَكُورٍ ٣٠

(31) Y si los cubre una ola como una nube suplican a Allah reconociendo, en un momento de sinceridad, que sólo El debe ser adorado. Pero cuando les ponemos a salvo en tierra sólo algunos de ellos se mantienen fieles a ello.

Y no niega Nuestros signos sino el que es pérfido e ingrato.

وَإِذَا غَشِيَهُم مَّوْجٌ كَٱلظُّلَلِ دَعَوُا۟ ٱللَّهَ مُخْلِصِينَ لَهُ ٱلدِّينَ فَلَمَّا نَجَّىٰهُمْ إِلَى ٱلْبَرِّ فَمِنْهُم مُّقْتَصِدٌ وَمَا يَجْحَدُ بِـَٔايَٰتِنَا إِلَّا كُلُّ خَتَّارٍ كَفُورٍ ٣١

(32) ¡Hombres! Temed a vuestro Señor y temed un día en el que ningún padre podrá pagar por su hijo ni ningún recién nacido pagará por su padre; realmente la promesa de Allah es verdadera, que no te seduzca la vida del mundo ni te seduzca, apartándote de Allah, el Seductor.

يَٰٓأَيُّهَا ٱلنَّاسُ ٱتَّقُوا۟ رَبَّكُمْ وَٱخْشَوْا۟ يَوْمًا لَّا يَجْزِي وَالِدٌ عَن وَلَدِهِ وَلَا مَوْلُودٌ هُوَ جَازٍ عَن وَالِدِهِ شَيْـًٔا إِنَّ وَعْدَ ٱللَّهِ حَقٌّ فَلَا تَغُرَّنَّكُمُ ٱلْحَيَوٰةُ ٱلدُّنْيَا وَلَا يَغُرَّنَّكُم بِٱللَّهِ ٱلْغَرُورُ ٣٢

(33) Allah tiene con El el conocimiento de la Hora y hace que
caiga la buena lluvia y sabe lo
que hay en las matrices.

Nadie sabe lo que le deparará
el mañana ni en qué tierra
morirá, es cierto que Allah
es Conocedor y está per-
fectamente Informado.

إِنَّ ٱللَّهَ عِندَهُ عِلْمُ ٱلسَّاعَةِ وَيُنَزِّلُ ٱلْغَيْثَ وَيَعْلَمُ مَا فِي ٱلْأَرْحَامِ وَمَا تَدْرِي نَفْسٌ مَّاذَا تَكْسِبُ غَدًا وَمَا تَدْرِي نَفْسٌ بِأَيِّ أَرْضٍ تَمُوتُ إِنَّ ٱللَّهَ عَلِيمٌ خَبِيرٌ ۝

32. SURA DE LA POSTRACION.

بِسْمِ ٱللَّهِ ٱلرَّحْمَٰنِ ٱلرَّحِيمِ

En el nombre de Allah, el Misericordioso, el Compasivo.

(1) Alif, Lam, Mim. Es una revelación del Libro en el que no hay duda, procedente del Señor de los mundos.

الٓمّ تَنزِيلُ ٱلْكِتَٰبِ لَا رَيْبَ فِيهِ مِن رَّبِّ ٱلْعَٰلَمِينَ ۝

(2) ¿O es que dicen que se lo ha inventado?

Pero no, es la verdad procedente de tu Señor para que adviertas a unas gentes a las que antes de ti no les había llegado ningún advertidor.

Quizás se puedan guiar.

أَمْ يَقُولُونَ ٱفْتَرَىٰهُ بَلْ هُوَ ٱلْحَقُّ مِن رَّبِّكَ لِتُنذِرَ قَوْمًا مَّآ أَتَىٰهُم مِّن نَّذِيرٍ مِّن قَبْلِكَ لَعَلَّهُمْ يَهْتَدُونَ ۝

(3) Allah es Quien creó los cielos y la tierra y lo que hay entre ellos en seis días, a continuación se asentó en el Trono.

Fuera de El no tenéis quien os proteja ni quien interceda por vosotros. ¿No vais a recapacitar?

ٱللَّهُ ٱلَّذِي خَلَقَ ٱلسَّمَٰوَٰتِ وَٱلْأَرْضَ وَمَا بَيْنَهُمَا فِي سِتَّةِ أَيَّامٍ ثُمَّ ٱسْتَوَىٰ عَلَى ٱلْعَرْشِ مَا لَكُم مِّن دُونِهِۦ مِن وَلِيٍّ وَلَا شَفِيعٍ أَفَلَا تَتَذَكَّرُونَ ۝

(4) Los asuntos que decreta bajan desde el cielo a la tierra y luego ascienden a El en un día que equivale a mil años de los que contáis.

يُدَبِّرُ ٱلْأَمْرَ مِنَ ٱلسَّمَآءِ إِلَى ٱلْأَرْضِ ثُمَّ يَعْرُجُ إِلَيْهِ فِي يَوْمٍ كَانَ مِقْدَارُهُۥ أَلْفَ سَنَةٍ مِّمَّا تَعُدُّونَ ۝

(5) El es Quien conoce el No-Visto y lo Aparente; el Poderoso, el Compasivo.

ذَلِكَ عَلِمُ الْغَيْبِ وَالشَّهَدَةِ الْعَزِيزُ الرَّحِيمُ ۝

(6) Aquel que todo lo que ha creado lo ha hecho bien y comenzó la creación del hombre a partir de barro.

الَّذِى أَحْسَنَ كُلَّ شَىْءٍ خَلَقَهُ وَبَدَأَ خَلْقَ الْانسَنِ مِن طِينٍ ۝

(7) E hizo que su descendencia se produjera a partir de una gota de agua insignificante.

ثُمَّ جَعَلَ نَسْلَهُ مِن سُلَلَةٍ مِّن مَّاءٍ مَّهِينٍ ۝

(8) Luego le dio forma e insufló en él parte de Su espíritu. Y os dio el oído, la vista y el corazón. ¡Qué poco agradecéis!

ثُمَّ سَوَّاهُ وَنَفَخَ فِيهِ مِن رُّوحِهِ وَجَعَلَ لَكُمُ السَّمْعَ وَالْابْصَرَ وَالْافْـِٔدَةَ قَلِيلًا مَّا تَشْكُرُونَ ۝

(9) Y dicen: ¿Acaso cuando hayamos desaparecido bajo la tierra iremos a ser creados de nuevo?

وَقَالُوا أَءِذَا ضَلَلْنَا فِى الْارْضِ أَءِنَّا لَفِى خَلْقٍ جَدِيدٍ ۝

(10) Pero no, ellos se niegan a creer que habrán de encontrarse con su Señor.

بَلْ هُم بِلِقَاءِ رَبِّهِمْ كَفِرُونَ ۝

(11) Di: El ángel de la muerte, que está encargado de vosotros, os tomará, luego volveréis a vuestro Señor.

قُلْ يَتَوَفَّاكُم مَّلَكُ الْمَوْتِ الَّذِى وُكِّلَ بِكُمْ ثُمَّ إِلَى رَبِّكُمْ تُرْجَعُونَ ۝

(12) Y si pudiérais ver cuando los malhechores inclinen la cabeza ante su Señor: ¡Señor nuestro! Míranos, escúchanos y déjanos regresar para que actuemos con rectitud, realmente ahora tenemos certeza.

وَلَوْ تَرَى إِذِ الْمُجْرِمُونَ نَاكِسُوا رُءُوسِهِمْ عِندَ رَبِّهِمْ رَبَّنَا أَبْصَرْنَا وَسَمِعْنَا فَارْجِعْنَا نَعْمَلْ صَلِحًا إِنَّا مُوقِنُونَ ۝

(13) Si hubiéramos querido le habríamos dado a cada uno su guía, sin embargo se ha de cumplir Mi palabra: "Llenaré Yahannam de genios y hombres todos juntos".

وَلَوْ شِئْنَا لَآتَيْنَا كُلَّ نَفْسٍ هُدَىٰهَا وَلَٰكِنْ حَقَّ ٱلْقَوْلُ مِنِّي لَأَمْلَأَنَّ جَهَنَّمَ مِنَ ٱلْجِنَّةِ وَٱلنَّاسِ أَجْمَعِينَ ۝

(14) Así pues, gustad, porque olvidasteis que os íbais a encontrar con este día. Nosotros os hemos olvidado.

¡Gustad el castigo de la inmortalidad por lo que hicísteis!

فَذُوقُوا بِمَا نَسِيتُمْ لِقَآءَ يَوْمِكُمْ هَٰذَآ إِنَّا نَسِينَاكُمْ وَذُوقُوا عَذَابَ ٱلْخُلْدِ بِمَا كُنتُمْ تَعْمَلُونَ ۝

(15) Sólo creen en Nuestros signos aquéllos que cuando se les mencionan caen postrados, glorifican a su Señor con las alabanzas que Le son debidas y no tienen soberbia.

إِنَّمَا يُؤْمِنُ بِـَٔايَٰتِنَا ٱلَّذِينَ إِذَا ذُكِّرُوا بِهَا خَرُّوا سُجَّدًا وَسَبَّحُوا بِحَمْدِ رَبِّهِمْ وَهُمْ لَا يَسْتَكْبِرُونَ ۩ ۝

(16) Levantan su costado de los lechos para invocar a su Señor con temor y anhelo y dan de la provisión que les damos.

تَتَجَافَىٰ جُنُوبُهُمْ عَنِ ٱلْمَضَاجِعِ يَدْعُونَ رَبَّهُمْ خَوْفًا وَطَمَعًا وَمِمَّا رَزَقْنَاهُمْ يُنفِقُونَ ۝

(17) Nadie sabe la frescura de ojos que les espera como recompensa por lo que hicieron.

فَلَا تَعْلَمُ نَفْسٌ مَّآ أُخْفِيَ لَهُم مِّن قُرَّةِ أَعْيُنٍ جَزَآءً بِمَا كَانُوا يَعْمَلُونَ ۝

(18) ¿Acaso el que es creyente es como el descarriado? No son iguales.

أَفَمَن كَانَ مُؤْمِنًا كَمَن كَانَ فَاسِقًا لَّا يَسْتَوُۥنَ ۝

(19) Los que creen y llevan a cabo las acciones de bien, tendrán como hospedaje, por lo que hicieron, los Jardines del Refugio.

أَمَّا ٱلَّذِينَ ءَامَنُوا وَعَمِلُوا ٱلصَّٰلِحَٰتِ فَلَهُمْ جَنَّٰتُ ٱلْمَأْوَىٰ نُزُلًا بِمَا كَانُوا يَعْمَلُونَ ۝

(20) Pero los descarriados tendrán como refugio el Fuego.

Cada vez que quieran salir de él serán devueltos y se les dirá: ¡Gustad el castigo del Fuego cuya realidad negabais!

وَأَمَّا الَّذِينَ فَسَقُوا فَمَأْوَىٰهُمُ النَّارُ كُلَّمَا أَرَادُوا أَن يَخْرُجُوا مِنْهَا أُعِيدُوا فِيهَا وَقِيلَ لَهُمْ ذُوقُوا عَذَابَ النَّارِ الَّذِي كُنتُم بِهِ تُكَذِّبُونَ ۝

(21) Y además del castigo mayor les haremos probar el castigo más inmediato por si pudieran volverse atrás.

وَلَنُذِيقَنَّهُم مِّنَ الْعَذَابِ الْأَدْنَىٰ دُونَ الْعَذَابِ الْأَكْبَرِ لَعَلَّهُمْ يَرْجِعُونَ ۝

(22) ¿Y quién es más injusto que aquél al que se le mencionan los signos de su Señor y se aparta de ellos?

Es cierto que nos vengaremos de los que hagan el mal.

وَمَنْ أَظْلَمُ مِمَّن ذُكِّرَ بِآيَاتِ رَبِّهِ ثُمَّ أَعْرَضَ عَنْهَا إِنَّا مِنَ الْمُجْرِمِينَ مُنتَقِمُونَ ۝

(23) Es verdad que le dimos el Libro a Musa, no tengas ninguna duda del encuentro con Nosotros; y lo hicimos un guía para los hijos de Israel.

وَلَقَدْ آتَيْنَا مُوسَى الْكِتَابَ فَلَا تَكُن فِي مِرْيَةٍ مِّن لِّقَائِهِ وَجَعَلْنَاهُ هُدًى لِّبَنِي إِسْرَائِيلَ ۝

(24) E hicimos de algunos de ellos dirigentes que guiaban según Nuestro mandato, mientras eran pacientes y tenían certeza de Nuestros signos.

وَجَعَلْنَا مِنْهُمْ أَئِمَّةً يَهْدُونَ بِأَمْرِنَا لَمَّا صَبَرُوا وَكَانُوا بِآيَاتِنَا يُوقِنُونَ ۝

(25) Tu Señor resolverá entre ellos el Día del Levantamiento acerca de lo que discrepaban.

إِنَّ رَبَّكَ هُوَ يَفْصِلُ بَيْنَهُمْ يَوْمَ الْقِيَامَةِ فِيمَا كَانُوا فِيهِ يَخْتَلِفُونَ ۝

(26) ¿Es que no les sirven de guía todas las generaciones anteriores a ellos que hemos

أَوَلَمْ يَهْدِ لَهُمْ كَمْ أَهْلَكْنَا مِن قَبْلِهِم مِّنَ الْقُرُونِ

destruido? Caminan por donde vivían.

Realmente en eso hay signos. ¿No prestarán atención?

يَمْشُونَ فِي مَسَاكِنِهِمْ إِنَّ فِي ذَلِكَ لَآيَاتٍ أَفَلَا يَسْمَعُونَ ۝

(27) ¿Acaso no ven que llevamos el agua a una tierra seca y gracias a ella, hacemos que broten semillas de las que come su ganado y ellos mismos? ¿Es que no van a ver?

أَوَلَمْ يَرَوْا أَنَّا نَسُوقُ ٱلْمَآءَ إِلَى ٱلْأَرْضِ ٱلْجُرُزِ فَنُخْرِجُ بِهِ زَرْعًا تَأْكُلُ مِنْهُ أَنْعَامُهُمْ وَأَنفُسُهُمْ أَفَلَا يُبْصِرُونَ ۝

(28) Y dicen: ¿Cuándo tendrá lugar la victoria si es verdad lo que decís?

وَيَقُولُونَ مَتَى هَذَا ٱلْفَتْحُ إِن كُنتُمْ صَادِقِينَ ۝

(29) Di: El día de la victoria, de nada les servirá a los que se negaron a creer que crean ni se les dará un tiempo de espera.

قُلْ يَوْمَ ٱلْفَتْحِ لَا يَنفَعُ ٱلَّذِينَ كَفَرُوٓا إِيمَانُهُمْ وَلَا هُمْ يُنظَرُونَ ۝

(30) Apártate de ellos y espera, que su caso es sólo cuestión de tiempo.*

* [Esta aleya, en su contenido legal, está abrogada por la aleya de la espada, la número 5 de la sura 9.]

فَأَعْرِضْ عَنْهُمْ وَٱنتَظِرْ إِنَّهُم مُّنتَظِرُونَ ۝

33. SURA DE LOS COLIGADOS.

سُورَةُ ٱلْأَحْزَابِ

بِسْمِ ٱللَّهِ ٱلرَّحْمَٰنِ ٱلرَّحِيمِ

En el nombre de Allah, el Misericordioso, el Compasivo.

(1) ¡Profeta! Teme a Allah y no obedezcas a los incrédulos ni a los hipócritas, realmente Allah es Conocedor, Sabio.

يَٰٓأَيُّهَا ٱلنَّبِىُّ ٱتَّقِ ٱللَّهَ وَلَا تُطِعِ ٱلْكَٰفِرِينَ وَٱلْمُنَٰفِقِينَ إِنَّ ٱللَّهَ كَانَ عَلِيمًا حَكِيمًا ١

(2) Sigue lo que se te inspira procedente de tu Señor, es cierto que Allah está perfectamente informado de lo que hacéis.

وَٱتَّبِعْ مَا يُوحَىٰٓ إِلَيْكَ مِن رَّبِّكَ إِنَّ ٱللَّهَ كَانَ بِمَا تَعْمَلُونَ خَبِيرًا ٢

(3) Y abandónate en Allah, Allah basta como Protector.

وَتَوَكَّلْ عَلَى ٱللَّهِ وَكَفَىٰ بِٱللَّهِ وَكِيلًا ٣

(4) Allah no puso dos corazones en el interior del hombre, ni hizo que vuestras esposas repudiadas* fueran vuestras madres, ni que vuestros hijos adoptivos fueran hijos vuestros.

Esas son las palabras que salen de vuestras bocas, pero Allah dice la verdad y guía al camino.

* [A las que divorciéis con la fórmula preislámica e inadmisible: "Tú eres para mí como la espalda de mi madre".]

مَّا جَعَلَ ٱللَّهُ لِرَجُلٍ مِّن قَلْبَيْنِ فِى جَوْفِهِۦ وَمَا جَعَلَ أَزْوَٰجَكُمُ ٱلَّٰٓـِٔى تُظَٰهِرُونَ مِنْهُنَّ أُمَّهَٰتِكُمْ وَمَا جَعَلَ أَدْعِيَآءَكُمْ أَبْنَآءَكُمْ ذَٰلِكُمْ قَوْلُكُم بِأَفْوَٰهِكُمْ وَٱللَّهُ يَقُولُ ٱلْحَقَّ وَهُوَ يَهْدِى ٱلسَّبِيلَ ٤

(5) Es más justo ante Allah que (a vuestros hijos adoptivos) los

ٱدْعُوهُمْ لِءَابَآئِهِمْ هُوَ أَقْسَطُ عِندَ ٱللَّهِ فَإِن لَّمْ

llaméis con los nombres de sus padres, pero si no conociérais a sus padres... Son vuestros hermanos en la Creencia y vuestros compañeros.

No tenéis culpa en aquello que hagáis por error sino en el propósito de vuestro corazón.

Allah es Perdonador, Compasivo.

تَعْلَمُوٓاْ ءَابَآءَهُمْ فَإِخْوَٰنُكُمْ فِى ٱلدِّينِ وَمَوَٰلِيكُمْ وَلَيْسَ عَلَيْكُمْ جُنَاحٌ فِيمَآ أَخْطَأْتُم بِهِۦ وَلَٰكِن مَّا تَعَمَّدَتْ قُلُوبُكُمْ وَكَانَ ٱللَّهُ غَفُورًا رَّحِيمًا ۝

(6) El Profeta, para los creyentes, está antes que ellos mismos; y sus esposas son madres para ellos.

Y aquéllos a los que les unen lazos de consanguinidad son antes los unos para los otros, en el Libro de Allah, que los demás creyentes y los que emigraron, sin excluir lo que de bien hagáis a vuestros amigos. Esto está escrito en el Libro.

ٱلنَّبِىُّ أَوْلَىٰ بِٱلْمُؤْمِنِينَ مِنْ أَنفُسِهِمْ وَأَزْوَٰجُهُۥٓ أُمَّهَٰتُهُمْ وَأُوْلُواْ ٱلْأَرْحَامِ بَعْضُهُمْ أَوْلَىٰ بِبَعْضٍ فِى كِتَٰبِ ٱللَّهِ مِنَ ٱلْمُؤْمِنِينَ وَٱلْمُهَٰجِرِينَ إِلَّآ أَن تَفْعَلُوٓاْ إِلَىٰٓ أَوْلِيَآئِكُم مَّعْرُوفًا كَانَ ذَٰلِكَ فِى ٱلْكِتَٰبِ مَسْطُورًا ۝

(7) Y cuando hicimos que los profetas aceptaran su compromiso.

El tuyo, el de Nuh, el de Ibrahim, el de Musa y el de Isa, hijo de Maryam. Les hicimos aceptar un compromiso firme.

وَإِذْ أَخَذْنَا مِنَ ٱلنَّبِيِّۦنَ مِيثَٰقَهُمْ وَمِنكَ وَمِن نُّوحٍ وَإِبْرَٰهِيمَ وَمُوسَىٰ وَعِيسَى ٱبْنِ مَرْيَمَ وَأَخَذْنَا مِنْهُم مِّيثَٰقًا غَلِيظًا ۝

(8) Para que los veraces respondieran de su veracidad.

Para los incrédulos ha preparado un doloroso castigo.

لِّيَسْـَٔلَ ٱلصَّٰدِقِينَ عَن صِدْقِهِمْ وَأَعَدَّ لِلْكَٰفِرِينَ عَذَابًا أَلِيمًا ۝

(9) ¡Vosotros que creéis! Recordad la gracia de Allah con vosotros

يَٰٓأَيُّهَا ٱلَّذِينَ ءَامَنُواْ ٱذْكُرُواْ نِعْمَةَ ٱللَّهِ عَلَيْكُمْ

cuando vino a vosotros un ejército y mandamos contra ellos un viento y ejércitos que no veíais.*

إِذْ جَآءَتْكُمْ جُنُودٌ فَأَرْسَلْنَا عَلَيْهِمْ رِيحًا وَجُنُودًا لَّمْ تَرَوْهَا وَكَانَ ٱللَّهُ بِمَا تَعْمَلُونَ بَصِيرًا ۝

Allah ve lo que hacéis.

* [Esta aleya y las siguientes se refieren al episodio del Foso. Las tribus de los Quraysh coligadas con las de Gutfan y con los judíos de Quraydha y Banu Nadir, reunieron un ejército de más de diez mil hombres y se dirigieron a Medina para asediarla. El Profeta, que Allah le dé Su gracia y paz, aconsejado por Salmán el Farsi, mandó cavar un foso alrededor de Medina.

Luego salió con tres mil hombres y fijó el campamento de manera que el foso les separaba del enemigo. Los musulmanes al verse asediados tuvieron miedo y empezaron las conjeturas, quedando de manifiesto la hipocresía de los hipócritas. Después Allah envió un viento tempestuoso contra los coligados en una noche fría y oscura que arrancaba las tiendas y tumbaba a los hombres, e hizo descender ángeles que infundieron el terror en sus corazones hasta que se marcharon habiendo fracasado en su intento.]

(10) Cuando os vinieron desde arriba y desde abajo y los ojos se salían de las órbitas, los corazones llegaban hasta la garganta y hacíais suposiciones sobre Allah.

إِذْ جَآءُوكُم مِّن فَوْقِكُمْ وَمِنْ أَسْفَلَ مِنكُمْ وَإِذْ زَاغَتِ ٱلْأَبْصَـٰرُ وَبَلَغَتِ ٱلْقُلُوبُ ٱلْحَنَاجِرَ وَتَظُنُّونَ بِٱللَّهِ ٱلظُّنُونَا۠ ۝

(11) Allí los creyentes fueron puestos a prueba y temblaron intensamente.

هُنَالِكَ ٱبْتُلِىَ ٱلْمُؤْمِنُونَ وَزُلْزِلُوا۟ زِلْزَالًا شَدِيدًا ۝

(12) Cuando los hipócritas y aquéllos

وَإِذْ يَقُولُ ٱلْمُنَـٰفِقُونَ وَٱلَّذِينَ فِى قُلُوبِهِم مَّرَضٌ

en cuyos corazones hay una enfermedad decían: Lo que Allah y Su mensajero nos han prometido es un engaño.

مَا وَعَدَنَا اللَّهُ وَرَسُولُهُ إِلَّا غُرُورًا ۝

(13) Y cuando un grupo de ellos dijo: ¡Gente de Yazrib* no tenéis donde estableceros, volveos!

Hubo algunos que pidieron dispensa al Profeta diciendo: Nuestras casas están desnudas*. Pero no estaban desnudas, sino que querían huir.

* [Medina]

*[Desprotegidas.]

وَإِذْ قَالَت طَّآئِفَةٌ مِّنْهُمْ يَٰٓأَهْلَ يَثْرِبَ لَا مُقَامَ لَكُمْ فَٱرْجِعُوا وَيَسْتَأْذِنُ فَرِيقٌ مِّنْهُمُ ٱلنَّبِيَّ يَقُولُونَ إِنَّ بُيُوتَنَا عَوْرَةٌ وَمَا هِىَ بِعَوْرَةٍ إِن يُرِيدُونَ إِلَّا فِرَارًا ۝

(14) Si les hubieran entrado por los flancos y a continuación les hubieran pedido que renegaran de su creencia, lo habrían hecho sin demasiado reparo.

وَلَوْ دُخِلَتْ عَلَيْهِم مِّنْ أَقْطَارِهَا ثُمَّ سُئِلُوا ٱلْفِتْنَةَ لَأَتَوْهَا وَمَا تَلَبَّثُوا بِهَآ إِلَّا يَسِيرًا ۝

(15) Y sin embargo antes habían pactado con Allah que no volverían la espalda. El compromiso con Allah puede ser exigido.

وَلَقَدْ كَانُوا عَٰهَدُوا ٱللَّهَ مِن قَبْلُ لَا يُوَلُّونَ ٱلْأَدْبَٰرَ وَكَانَ عَهْدُ ٱللَّهِ مَسْئُولًا ۝

(16) Di: Huir no os serviría de nada, si huís de la muerte o de matar; y aún si lo hiciérais, disfrutaríais por poco tiempo.

قُل لَّن يَنفَعَكُمُ ٱلْفِرَارُ إِن فَرَرْتُم مِّنَ ٱلْمَوْتِ أَوِ ٱلْقَتْلِ وَإِذًا لَّا تُمَتَّعُونَ إِلَّا قَلِيلًا ۝

(17) Di: ¿Quién os protegerá de Allah si El quiere un mal para vosotros o si quiere una misericordia?

Fuera de Allah no encontrarán

قُلْ مَن ذَا ٱلَّذِى يَعْصِمُكُم مِّنَ ٱللَّهِ إِنْ أَرَادَ بِكُمْ سُوٓءًا أَوْ أَرَادَ بِكُمْ رَحْمَةً وَلَا يَجِدُونَ لَهُم مِّن دُونِ ٱللَّهِ وَلِيًّا وَلَا نَصِيرًا ۝

quien los proteja ni quien los defienda.

(18) Allah sabe quiénes son los que de entre vosotros ponen obstáculos y les dicen a sus hermanos: ¡Venid a nosotros! Y están poco tiempo en combate.

۞ قَدْ يَعْلَمُ اللَّهُ الْمُعَوِّقِينَ مِنكُمْ وَالْقَائِلِينَ لِإِخْوَانِهِمْ هَلُمَّ إِلَيْنَا وَلَا يَأْتُونَ الْبَأْسَ إِلَّا قَلِيلًا ۝

(19) Son mezquinos con vosotros; y cuando aparece el miedo, los ves que te miran con los ojos dando vueltas como el que está en trance de muerte.

Y cuando el miedo se aleja, os hieren con sus afiladas lenguas codiciosos de los bienes. Esos no han creído y Allah ha hecho que sus acciones sean inútiles. Eso es simple para Allah.

أَشِحَّةً عَلَيْكُمْ فَإِذَا جَاءَ الْخَوْفُ رَأَيْتَهُمْ يَنظُرُونَ إِلَيْكَ تَدُورُ أَعْيُنُهُمْ كَالَّذِي يُغْشَى عَلَيْهِ مِنَ الْمَوْتِ فَإِذَا ذَهَبَ الْخَوْفُ سَلَقُوكُم بِأَلْسِنَةٍ حِدَادٍ أَشِحَّةً عَلَى الْخَيْرِ أُوْلَئِكَ لَمْ يُؤْمِنُوا فَأَحْبَطَ اللَّهُ أَعْمَالَهُمْ وَكَانَ ذَلِكَ عَلَى اللَّهِ يَسِيرًا ۝

(20) No creen que los coligados se hayan marchado. Y si vinieran (de nuevo,) ellos desearían estar en el desierto con los beduinos, preguntando las noticias sobre vosotros.

Y en caso de estar entre vosotros combatirían lo mínimo.

يَحْسَبُونَ الْأَحْزَابَ لَمْ يَذْهَبُوا وَإِن يَأْتِ الْأَحْزَابُ يَوَدُّوا لَوْ أَنَّهُم بَادُونَ فِي الْأَعْرَابِ يَسْأَلُونَ عَنْ أَنبَائِكُمْ وَلَوْ كَانُوا فِيكُم مَّا قَاتَلُوا إِلَّا قَلِيلًا ۝

(21) Realmente en el Mensajero tenéis un hermoso ejemplo para quien tenga esperanza en Allah y en el Ultimo Día y recuerde mucho a Allah.

لَّقَدْ كَانَ لَكُمْ فِي رَسُولِ اللَّهِ إِسْوَةٌ حَسَنَةٌ لِّمَن كَانَ يَرْجُو اللَّهَ وَالْيَوْمَ الْآخِرَ وَذَكَرَ اللَّهَ كَثِيرًا ۝

(22) Y cuando los creyentes vieron a los coligados, dijeron: Esto es

وَلَمَّا رَءَا الْمُؤْمِنُونَ الْأَحْزَابَ قَالُوا هَذَا

lo que Allah y Su mensajero nos habían prometido.

Allah y Su mensajero han dicho la verdad. Y no hizo sino infundirles más creencia y sometimiento.

مَّا وَعَدَنَا ٱللَّهُ وَرَسُولُهُ وَصَدَقَ ٱللَّهُ وَرَسُولُهُ وَمَا زَادَهُمْ إِلَّا إِيمَنَا وَتَسْلِيمًا ۝

(23) Entre los creyentes hay hombres que han sido fieles a su compromiso con Allah, algunos han cumplido ya su compromiso y otros esperan sin haber variado en absoluto.

مِّنَ ٱلْمُؤْمِنِينَ رِجَالٌ صَدَقُوا مَا عَهَدُوا ٱللَّهَ عَلَيْهِ فَمِنْهُم مَّن قَضَىٰ نَحْبَهُ وَمِنْهُم مَّن يَنتَظِرُ وَمَا بَدَّلُوا تَبْدِيلًا ۝

(24) Para que Allah recompense a los veraces por su leatad y castigue a los hipócritas si quiere o les acepte el arrepentimiento, es cierto que Allah es Perdonador, Compasivo.

لِّيَجْزِيَ ٱللَّهُ ٱلصَّـٰدِقِينَ بِصِدْقِهِمْ وَيُعَذِّبَ ٱلْمُنَـٰفِقِينَ إِن شَآءَ أَوْ يَتُوبَ عَلَيْهِمْ إِنَّ ٱللَّهَ كَانَ غَفُورًا رَّحِيمًا ۝

(25) Allah ha devuelto a los que se niegan a creer su propio odio; no han conseguido ningún bien.

Allah les basta a los creyentes en el combate, Allah es Fuerte, Irresistible.

وَرَدَّ ٱللَّهُ ٱلَّذِينَ كَفَرُوا بِغَيْظِهِمْ لَمْ يَنَالُوا خَيْرًا وَكَفَى ٱللَّهُ ٱلْمُؤْمِنِينَ ٱلْقِتَالَ وَكَانَ ٱللَّهُ قَوِيًّا عَزِيزًا ۝

(26) Hizo bajar de sus fortificaciones a aquéllos de la gente del Libro que les habían ayudado, infundiendo terror en sus corazones*.

A unos los mátasteis y a otros los tomásteis cautivos.

وَأَنزَلَ ٱلَّذِينَ ظَـٰهَرُوهُم مِّنْ أَهْلِ ٱلْكِتَـٰبِ مِن صَيَاصِيهِمْ وَقَذَفَ فِي قُلُوبِهِمُ ٱلرُّعْبَ فَرِيقًا تَقْتُلُونَ وَتَأْسِرُونَ فَرِيقًا ۝

* [Se refiere a la tribu judía de los banu Quraydha que habían ayudado a los

asociadores de los Quraysh, rom-
piendo así el pacto que habían contraído con el mensajero de Allah, que
El le dé Su gracia y paz.]

(27) Y os hemos hecho heredar su
tierra, casas y riquezas; además
de una tierra que aún no
habéis pisado. Allah tiene
poder sobre todas las cosas.

وَأَوْرَثَكُمْ أَرْضَهُمْ وَدِيَٰرَهُمْ وَأَمْوَٰلَهُمْ وَأَرْضًا
لَّمْ تَطَـُٔوهَا وَكَانَ ٱللَّهُ عَلَىٰ كُلِّ شَىْءٍ قَدِيرًا ﴿٢٧﴾

(28) ¡Profeta! Di a tus esposas: Si queréis la vida del mundo y sus
apariencias, venid que os dé
algún provecho y os deje ir con
toda delicadeza.

يَـٰٓأَيُّهَا ٱلنَّبِىُّ قُل لِّأَزْوَٰجِكَ إِن كُنتُنَّ تُرِدْنَ ٱلْحَيَوٰةَ
ٱلدُّنْيَا وَزِينَتَهَا فَتَعَالَيْنَ أُمَتِّعْكُنَّ وَأُسَرِّحْكُنَّ
سَرَاحًا جَمِيلًا ﴿٢٨﴾

(29) Pero si queréis a Allah y a Su
mensajero y la Morada de la
Ultima Vida... Es verdad que
Allah ha preparado para aquéllas de vosotras que actúen
con rectitud una inmensa
recompensa.

وَإِن كُنتُنَّ تُرِدْنَ ٱللَّهَ وَرَسُولَهُۥ وَٱلدَّارَ ٱلْأَخِرَةَ
فَإِنَّ ٱللَّهَ أَعَدَّ لِلْمُحْسِنَٰتِ مِنكُنَّ أَجْرًا
عَظِيمًا ﴿٢٩﴾

(30) ¡Oh mujeres del Profeta! La que
de vosotras cometa algún acto
evidente de indecencia, le será
doblado el castigo. Esto es simple para Allah.

يَـٰنِسَآءَ ٱلنَّبِىِّ مَن يَأْتِ مِنكُنَّ بِفَٰحِشَةٍ مُّبَيِّنَةٍ
يُضَٰعَفْ لَهَا ٱلْعَذَابُ ضِعْفَيْنِ وَكَانَ ذَٰلِكَ عَلَى
ٱللَّهِ يَسِيرًا ﴿٣٠﴾

(31) La que de vosotras sea obediente
a Allah y a Su mensajero y
actúe con rectitud, le daremos
su recompensa dos veces y le
prepararemos una generosa
provisión.

۞ وَمَن يَقْنُتْ مِنكُنَّ لِلَّهِ وَرَسُولِهِۦ وَتَعْمَلْ صَٰلِحًا
نُّؤْتِهَآ أَجْرَهَا مَرَّتَيْنِ وَأَعْتَدْنَا لَهَا رِزْقًا كَرِيمًا ﴿٣١﴾

(32) ¡Mujeres del Profeta! No sois

يَـٰنِسَآءَ ٱلنَّبِىِّ لَسْتُنَّ كَأَحَدٍ مِّنَ ٱلنِّسَآءِ إِنِ ٱتَّقَيْتُنَّ

como cualquier otra mujer; si tenéis temor (de Allah).

Así pues no seáis suaves al hablar de manera que aquel en cuyo corazón hay una enfermedad pueda sentir deseo; hablad con palabras adecuadas.

فَلَا تَخْضَعْنَ بِٱلْقَوْلِ فَيَطْمَعَ ٱلَّذِي فِى قَلْبِهِۦ مَرَضٌ وَقُلْنَ قَوْلًا مَّعْرُوفًا ۝

(33) Y permaneced en vuestras casas, no os adornéis con los adornos del tiempo de la ignorancia, estableced el salat y entregad el zakat y obedeced a Allah y a Su mensajero.

Allah sólo quiere que se mantenga alejado de vosotros* lo impuro, ¡Oh gente de la casa!, y purificaros totalmente.

*[Está en masculino porque incluye, además de las esposas del Profeta, que Allah le dé Su gracia y paz, y él mismo, a su hija Fátima, su yerno Ali, y sus nietos Hassan y Hussein.]

وَقَرْنَ فِى بُيُوتِكُنَّ وَلَا تَبَرَّجْنَ تَبَرُّجَ ٱلْجَٰهِلِيَّةِ ٱلْأُولَىٰ وَأَقِمْنَ ٱلصَّلَوٰةَ وَءَاتِينَ ٱلزَّكَوٰةَ وَأَطِعْنَ ٱللَّهَ وَرَسُولَهُۥٓ إِنَّمَا يُرِيدُ ٱللَّهُ لِيُذْهِبَ عَنكُمُ ٱلرِّجْسَ أَهْلَ ٱلْبَيْتِ وَيُطَهِّرَكُمْ تَطْهِيرًا ۝

(34) Y recordad los signos de Allah y la Sabiduría que se mencionan en vuestras casas; es verdad que Allah es Sutil y está perfectamente informado.

وَٱذْكُرْنَ مَا يُتْلَىٰ فِى بُيُوتِكُنَّ مِنْ ءَايَٰتِ ٱللَّهِ وَٱلْحِكْمَةِ إِنَّ ٱللَّهَ كَانَ لَطِيفًا خَبِيرًا ۝

(35) Es verdad que a los musulmanes y a las musulmanas, a los creyentes y a las creyentes, a los obedientes y a las obedientes, a los veraces y a las veraces, a los pacientes y a las pacientes, a los humildes y a las humildes, a los que dan con

إِنَّ ٱلْمُسْلِمِينَ وَٱلْمُسْلِمَٰتِ وَٱلْمُؤْمِنِينَ وَٱلْمُؤْمِنَٰتِ وَٱلْقَٰنِتِينَ وَٱلْقَٰنِتَٰتِ وَٱلصَّٰدِقِينَ وَٱلصَّٰدِقَٰتِ وَٱلصَّٰبِرِينَ وَٱلصَّٰبِرَٰتِ وَٱلْخَٰشِعِينَ وَٱلْخَٰشِعَٰتِ وَٱلْمُتَصَدِّقِينَ وَٱلْمُتَصَدِّقَٰتِ وَٱلصَّٰٓئِمِينَ

وَالصَّٰٓئِمِينَ وَالصَّٰٓئِمَٰتِ وَالْحَٰفِظِينَ فُرُوجَهُمْ وَالْحَٰفِظَٰتِ وَالذَّٰكِرِينَ اللَّهَ كَثِيرًا وَالذَّٰكِرَٰتِ أَعَدَّ اللَّهُ لَهُم مَّغْفِرَةً وَأَجْرًا عَظِيمًا ۝

sinceridad y a las que dan con sinceridad, a los que ayunan y a las que ayunan, a los que guardan sus partes íntimas y a las que las guardan y a los que recuerdan mucho a Allah y a las que recuerdan; Allah les ha preparado un perdón y una enorme recompensa.

وَمَا كَانَ لِمُؤْمِنٍ وَلَا مُؤْمِنَةٍ إِذَا قَضَى اللَّهُ وَرَسُولُهُۥ أَمْرًا أَن تَكُونَ لَهُمُ الْخِيَرَةُ مِنْ أَمْرِهِمْ وَمَن يَعْصِ اللَّهَ وَرَسُولَهُۥ فَقَدْ ضَلَّ ضَلَٰلًا مُّبِينًا ۝

(36) No corresponde a ningún creyente ni a ninguna creyente elegir cuando Allah y Su mensajero han decidido algún asunto.

Quien desobedezca a Allah y a Su mensajero, se habrá extraviado en un extravío indudable.

وَإِذْ تَقُولُ لِلَّذِىٓ أَنْعَمَ اللَّهُ عَلَيْهِ وَأَنْعَمْتَ عَلَيْهِ أَمْسِكْ عَلَيْكَ زَوْجَكَ وَاتَّقِ اللَّهَ وَتُخْفِى فِى نَفْسِكَ مَا اللَّهُ مُبْدِيهِ وَتَخْشَى النَّاسَ وَاللَّهُ أَحَقُّ أَن تَخْشَىٰهُ ۖ فَلَمَّا قَضَىٰ زَيْدٌ مِّنْهَا وَطَرًا زَوَّجْنَٰكَهَا لِكَىْ لَا يَكُونَ عَلَى الْمُؤْمِنِينَ حَرَجٌ فِىٓ أَزْوَٰجِ أَدْعِيَآئِهِمْ إِذَا قَضَوْا مِنْهُنَّ وَطَرًا ۚ وَكَانَ أَمْرُ اللَّهِ مَفْعُولًا ۝

(37) Y cuando le dijiste a aquel a quien Allah había favorecido y al que tú también habías favorecido: quédate con tu esposa y teme a Allah, mientras escondías en tu alma, por temor a los hombres, lo que Allah mostraría después, cuando Allah es más digno de ser temido.

De manera que cuando Zayd hubo terminado con lo que le unía a ella, te la dimos como esposa para que los creyentes no tuvieran ningún impedimento en poder casarse con las mujeres de sus hijos adoptivo, siempre que éstos hubieran terminado lo que les unía a

ellas.

La orden de Allah es un hecho.*

* [Esta aleya se refiere al matrimonio del Profeta, que Allah le dé Su gracia y paz, con Zaynab bint Yahsh, que había sido esposa de su hijo adoptivo Zayd b. Harizah. Zayd quería divorciar a su esposa y el Profeta deseó casarse con ella, pero temiendo lo que pudieran decir los calumniadores por casarse con la mujer de su hijo adoptivo, le impidió a Zayd divorciarla, renunciando a ello. Entonces Allah hizo descender estas aleyas.]

(38) No hay ninguna falta sobre el Profeta en lo que Allah ha hecho preceptivo para él, así ha sido la práctica constante de Allah con los que ya pasaron. El mandato de Allah es un decreto fijado.

مَّاكَانَ عَلَى ٱلنَّبِيِّ مِنْ حَرَجٍ فِيمَا فَرَضَ ٱللَّهُ لَهُ سُنَّةَ ٱللَّهِ فِي ٱلَّذِينَ خَلَوْا۟ مِن قَبْلُ وَكَانَ أَمْرُ ٱللَّهِ قَدَرًا مَّقْدُورًا ۝

(39) Los que transmiten los mensajes de Allah y Le temen, sin temer a nadie excepto a Allah. Y Allah basta para llevar la cuenta.

ٱلَّذِينَ يُبَلِّغُونَ رِسَٰلَٰتِ ٱللَّهِ وَيَخْشَوْنَهُۥ وَلَا يَخْشَوْنَ أَحَدًا إِلَّا ٱللَّهَ وَكَفَىٰ بِٱللَّهِ حَسِيبًا ۝

(40) Muhammad no es el padre de ninguno de vuestros hombres, sino que es el Mensajero de Allah y el sello de los profetas. Y Allah es Conocedor de todas las cosas.

مَّاكَانَ مُحَمَّدٌ أَبَآ أَحَدٍ مِّن رِّجَالِكُمْ وَلَٰكِن رَّسُولَ ٱللَّهِ وَخَاتَمَ ٱلنَّبِيِّـۧنَ وَكَانَ ٱللَّهُ بِكُلِّ شَيْءٍ عَلِيمًا ۝

(41) ¡Vosotros que creéis! Recordad a Allah invocándolo mucho.

يَٰٓأَيُّهَا ٱلَّذِينَ ءَامَنُوا۟ ٱذْكُرُوا۟ ٱللَّهَ ذِكْرًا كَثِيرًا ۝

(42) Y glorificadlo mañana y tarde.

وَسَبِّحُوهُ بُكْرَةً وَأَصِيلًا ۝

(43) El es Quien os bendice, así como Sus ángeles (piden por vosotros) para sacaros de las tinieblas a la luz.

Y con los creyentes es Compasivo.

هُوَ ٱلَّذِى يُصَلِّى عَلَيْكُمْ وَمَلَٰٓئِكَتُهُۥ لِيُخْرِجَكُم مِّنَ ٱلظُّلُمَٰتِ إِلَى ٱلنُّورِ وَكَانَ بِٱلْمُؤْمِنِينَ رَحِيمًا ۝

(44) El día en que se encuentren con El, el saludo que recibirán será: Paz. Y les habrá preparado una generosa recompensa.

تَحِيَّتُهُمْ يَوْمَ يَلْقَوْنَهُۥ سَلَٰمٌ وَأَعَدَّ لَهُمْ أَجْرًا كَرِيمًا ۝

(45) ¡Oh Profeta! Es verdad que te hemos enviado como testigo, anunciador de buenas nuevas y advertidor.

يَٰٓأَيُّهَا ٱلنَّبِىُّ إِنَّآ أَرْسَلْنَٰكَ شَٰهِدًا وَمُبَشِّرًا وَنَذِيرًا ۝

(46) Y para llamar a Allah con Su permiso y como una lámpara luminosa.

وَدَاعِيًا إِلَى ٱللَّهِ بِإِذْنِهِۦ وَسِرَاجًا مُّنِيرًا ۝

(47) Y anuncia a los creyentes la buena noticia de que tendrán procedente de Allah abundante favor.

وَبَشِّرِ ٱلْمُؤْمِنِينَ بِأَنَّ لَهُم مِّنَ ٱللَّهِ فَضْلًا كَبِيرًا ۝

(48) Y no obedezcas a los incrédulos ni a los hipócritas ni hagas caso de sus ofensas* y abandónate en Allah; Allah basta como Protector.

وَلَا تُطِعِ ٱلْكَٰفِرِينَ وَٱلْمُنَٰفِقِينَ وَدَعْ أَذَىٰهُمْ وَتَوَكَّلْ عَلَى ٱللَّهِ وَكَفَىٰ بِٱللَّهِ وَكِيلًا ۝

* [Su contenido como juicio legal está abrogado por la aleya de la espada, la 5 de la sura 9. Además la expresión árabe puede entenderse también como: "Abandona el causarles ningún daño", lo cual también estaría abrogado.]

سُورَةُ الأَحْزَابِ — الْجُزْءُ الثَّانِى وَالْعِشْرُونَ

(49) ¡Vosotros que creéis! Cuando desposéis a las creyentes y luego las divorciéis antes de haberlas tocado, no tenéis que contar ningún periodo de espera.

Dadles algo de provecho y dejadlas ir con delicadeza.

۞ يَٰٓأَيُّهَا ٱلَّذِينَ ءَامَنُوٓا۟ إِذَا نَكَحْتُمُ ٱلْمُؤْمِنَٰتِ ثُمَّ طَلَّقْتُمُوهُنَّ مِن قَبْلِ أَن تَمَسُّوهُنَّ فَمَا لَكُمْ عَلَيْهِنَّ مِنْ عِدَّةٍ تَعْتَدُّونَهَا فَمَتِّعُوهُنَّ وَسَرِّحُوهُنَّ سَرَاحًا جَمِيلًا ۝

(50) ¡Profeta! Te hacemos lícitas tus esposas, a las que diste sus correspondientes dotes, y las que tu diestra posea entre las que Allah te haya dado como botín; y las hijas de tus tíos maternos y las de tus tías maternas que hayan emigrado contigo, y cualquier mujer creyente que se ofrezca al Profeta, si el Profeta quiere tomarla en matrimonio.

Esto es exclusivo para ti, no para los creyentes.

Sabemos lo que les hemos hecho preceptivo a ellos en lo referente a sus esposas y las que sus diestras poseen.

Para que no haya falta sobre ti. Y Allah es Perdonador, Compasivo.

يَٰٓأَيُّهَا ٱلنَّبِىُّ إِنَّآ أَحْلَلْنَا لَكَ أَزْوَٰجَكَ ٱلَّٰتِىٓ ءَاتَيْتَ أُجُورَهُنَّ وَمَا مَلَكَتْ يَمِينُكَ مِمَّآ أَفَآءَ ٱللَّهُ عَلَيْكَ وَبَنَاتِ عَمِّكَ وَبَنَاتِ عَمَّٰتِكَ وَبَنَاتِ خَالِكَ وَبَنَاتِ خَٰلَٰتِكَ ٱلَّٰتِى هَاجَرْنَ مَعَكَ وَٱمْرَأَةً مُّؤْمِنَةً إِن وَهَبَتْ نَفْسَهَا لِلنَّبِىِّ إِنْ أَرَادَ ٱلنَّبِىُّ أَن يَسْتَنكِحَهَا خَالِصَةً لَّكَ مِن دُونِ ٱلْمُؤْمِنِينَ قَدْ عَلِمْنَا مَا فَرَضْنَا عَلَيْهِمْ فِىٓ أَزْوَٰجِهِمْ وَمَا مَلَكَتْ أَيْمَٰنُهُمْ لِكَيْلَا يَكُونَ عَلَيْكَ حَرَجٌ وَكَانَ ٱللَّهُ غَفُورًا رَّحِيمًا ۝

(51) Deja postergada a la que quieras de ellas y une a ti a la que quieras. Y si deseas alguna que hayas mantenido alejada no hay mal en ello para ti. Esto es más conveniente para que sus ojos se refresquen (se con-

تُرْجِى مَن تَشَآءُ مِنْهُنَّ وَتُـْٔوِىٓ إِلَيْكَ مَن تَشَآءُ وَمَنِ ٱبْتَغَيْتَ مِمَّنْ عَزَلْتَ فَلَا جُنَاحَ عَلَيْكَ ذَٰلِكَ أَدْنَىٰٓ أَن تَقَرَّ أَعْيُنُهُنَّ وَلَا يَحْزَنَّ وَيَرْضَيْنَ بِمَآ ءَاتَيْتَهُنَّ كُلُّهُنَّ وَٱللَّهُ يَعْلَمُ مَا فِى

فُلُوبِكُمْ وَكَانَ اللَّهُ عَلِيمًا حَلِيمًا ۝

suelen) y no se entristezcan y estén satisfechas con lo que les des.

Allah conoce lo que hay en vuestros corazones. Allah es Conocedor, Indulgente.*

* [Esta aleya ha sido tradicionalmente entendida en dos sentidos por los comentaristas; según el primero haría referencia a la no obligación, exclusiva para el Profeta, que Allah le dé Su gracia y paz, de repartir su atención por igual entre sus esposas; si bien él fue el modelo en ello. Y según el segundo, se referiría a tomar o a dejar las mujeres que se ofrecieran a él o a divorciar o a conservar las que tenía.]

لَا يَحِلُّ لَكَ النِّسَاءُ مِنْ بَعْدُ وَلَا أَنْ تَبَدَّلَ بِهِنَّ مِنْ أَزْوَاجٍ وَلَوْ أَعْجَبَكَ حُسْنُهُنَّ إِلَّا مَا مَلَكَتْ يَمِينُكَ وَكَانَ اللَّهُ عَلَى كُلِّ شَيْءٍ رَّقِيبًا ۝

(52) Más allá de esto no son lícitas para ti las mujeres*, ni que dejes a una de tus esposas para sustituirla por otra, aunque te admire su belleza, a excepción de las que posea tu diestra.

Allah está Atento a todas las cosas.

* [Según Ibn Yuzay y de acuerdo con Ibn Abbas, esta aleya implica la limitación del número de esposas del Profeta a las que tenía en ese momento, es decir nueve; equivaliendo a las cuatro permitidas para su comunidad. Según esto, sería una aleya que abrogaría la n.°50 de esta misma sura.]

يَا أَيُّهَا الَّذِينَ آمَنُوا لَا تَدْخُلُوا بُيُوتَ النَّبِيِّ إِلَّا أَنْ يُؤْذَنَ لَكُمْ إِلَى طَعَامٍ غَيْرَ نَاظِرِينَ إِنَاهُ وَلَكِنْ إِذَا دُعِيتُمْ فَادْخُلُوا فَإِذَا طَعِمْتُمْ فَانْتَشِرُوا وَلَا مُسْتَأْنِسِينَ لِحَدِيثٍ إِنَّ

(53) ¡Vosotros que creéis! No entréis en las habitaciones del Profeta a menos que os dé permiso y os invite a comer, pero no estéis esperando la ocasión.

No obstante si sois invi-

tados entrad, y una vez hayáis comido retiraos y no os quedéis hablando con familiaridad; realmente esto importuna al Profeta, pero le da vergüenza decíroslo.

Sin embargo Allah no se avergüenza de la verdad.

Y cuando les pidáis a ellas algún menester hacedlo desde detrás de una cortina, esto es más puro para vuestros corazones y para los suyos. No es propio de vosotros causar ningún perjuicio al Mensajero de Allah.

Y cuando él ya no esté, no os caséis jamás con sus esposas, realmente esto es grave ante Allah.

ذَٰلِكُمْ كَانَ يُؤْذِي النَّبِيَّ فَيَسْتَحْىِۦ مِنكُمْ وَاللَّهُ لَا يَسْتَحْىِۦ مِنَ الْحَقِّ وَإِذَا سَأَلْتُمُوهُنَّ مَتَٰعًا فَسْـَٔلُوهُنَّ مِن وَرَآءِ حِجَابٍ ذَٰلِكُمْ أَطْهَرُ لِقُلُوبِكُمْ وَقُلُوبِهِنَّ وَمَا كَانَ لَكُمْ أَن تُؤْذُوا۟ رَسُولَ اللَّهِ وَلَآ أَن تَنكِحُوٓا۟ أَزْوَٰجَهُۥ مِنۢ بَعْدِهِۦٓ أَبَدًا إِنَّ ذَٰلِكُمْ كَانَ عِندَ اللَّهِ عَظِيمًا ۝

(54) Tanto si mostráis algo como si lo mantenéis escondido... Allah es Conocedor de todas las cosas.

إِن تُبْدُوا۟ شَيْـًٔا أَوْ تُخْفُوهُ فَإِنَّ اللَّهَ كَانَ بِكُلِّ شَىْءٍ عَلِيمًا ۝

(55) No hay inconveniente para ellas* en cuanto a sus padres, hijos, hermanos, hijos de sus hermanos y de sus hermanas, las mujeres que sean de las suyas* y los esclavos que posean.

Y que teman a Allah, es cierto que Allah es Testigo de todas las cosas.

*[Se refiere al hecho de no tener que hablar desde detrás de una cortina.]
*[Es decir, las mujeres creyentes, musulmanas.]

لَّا جُنَاحَ عَلَيْهِنَّ فِىٓ ءَابَآئِهِنَّ وَلَآ أَبْنَآئِهِنَّ وَلَآ إِخْوَٰنِهِنَّ وَلَآ أَبْنَآءِ إِخْوَٰنِهِنَّ وَلَآ أَبْنَآءِ أَخَوَٰتِهِنَّ وَلَا نِسَآئِهِنَّ وَلَا مَا مَلَكَتْ أَيْمَٰنُهُنَّ وَاتَّقِينَ اللَّهَ إِنَّ اللَّهَ كَانَ عَلَىٰ كُلِّ شَىْءٍ شَهِيدًا ۝

(56) Es verdad que Allah y Sus ángeles hacen oración por el Profeta*.

¡Vosotros que creéis! Haced oración por él y saludadlo con un saludo de paz.

* [La oración —o Salat— de Allah es Su gracia y misercordia y la de los ángeles es pedir por él]

إِنَّ ٱللَّهَ وَمَلَٰٓئِكَتَهُۥ يُصَلُّونَ عَلَى ٱلنَّبِيِّ ۚ يَٰٓأَيُّهَا ٱلَّذِينَ ءَامَنُوا۟ صَلُّوا۟ عَلَيْهِ وَسَلِّمُوا۟ تَسْلِيمًا ٥٦

(57) Los que ofenden a Allah y a Su mensajero, Allah los maldecirá en esta vida y en la Otra. Ha preparado para ellos un castigo infame.

إِنَّ ٱلَّذِينَ يُؤْذُونَ ٱللَّهَ وَرَسُولَهُۥ لَعَنَهُمُ ٱللَّهُ فِي ٱلدُّنْيَا وَٱلْءَاخِرَةِ وَأَعَدَّ لَهُمْ عَذَابًا مُّهِينًا ٥٧

(58) Y los que ofenden a los creyentes y a las creyentes sin que lo que dicen sea cierto, habrán cargado con una calumnia y un delito indudable.

وَٱلَّذِينَ يُؤْذُونَ ٱلْمُؤْمِنِينَ وَٱلْمُؤْمِنَٰتِ بِغَيْرِ مَا ٱكْتَسَبُوا۟ فَقَدِ ٱحْتَمَلُوا۟ بُهْتَٰنًا وَإِثْمًا مُّبِينًا ٥٨

(59) ¡Profeta! Di a tus esposas e hijas y a las mujeres de los creyentes que se cubran desde arriba con sus vestidos. Esto es lo más adecuado para que se las reconozca y no se las ofenda.

Allah es Perdonador, Compasivo.

يَٰٓأَيُّهَا ٱلنَّبِيُّ قُل لِّأَزْوَٰجِكَ وَبَنَاتِكَ وَنِسَاءِ ٱلْمُؤْمِنِينَ يُدْنِينَ عَلَيْهِنَّ مِن جَلَٰبِيبِهِنَّ ذَٰلِكَ أَدْنَىٰٓ أَن يُعْرَفْنَ فَلَا يُؤْذَيْنَ وَكَانَ ٱللَّهُ غَفُورًا رَّحِيمًا ٥٩

(60) Si los hipócritas, los que tienen una enfermedad en el corazón, los tendenciosos de Medina, no dejan su actitud; te daremos poder sobre ellos y luego, no serán vecinos tuyos en ella por mucho tiempo.

لَّئِن لَّمْ يَنتَهِ ٱلْمُنَٰفِقُونَ وَٱلَّذِينَ فِي قُلُوبِهِم مَّرَضٌ وَٱلْمُرْجِفُونَ فِي ٱلْمَدِينَةِ لَنُغْرِيَنَّكَ بِهِمْ ثُمَّ لَا يُجَاوِرُونَكَ فِيهَا إِلَّا قَلِيلًا ٦٠

(61) Malditos, donde quiera que se dé con ellos serán capturados y matados enérgicamente.

مَلْعُونِينَ أَيْنَمَا ثُقِفُوٓاْ أُخِذُواْ وَقُتِّلُواْ تَقْتِيلًا ۝

(62) Práctica constante de Allah con los que ya pasaron. Y no encontrarás en el modo de actuar de Allah ningún cambio.

سُنَّةَ ٱللَّهِ فِى ٱلَّذِينَ خَلَوْاْ مِن قَبْلُ وَلَن تَجِدَ لِسُنَّةِ ٱللَّهِ تَبْدِيلًا ۝

(63) La gente te pregunta acerca de la Hora, di: Su conocimiento está únicamente junto a Allah; pero, quién sabe si la Hora puede estar cerca.

يَسْـَٔلُكَ ٱلنَّاسُ عَنِ ٱلسَّاعَةِ قُلْ إِنَّمَا عِلْمُهَا عِندَ ٱللَّهِ وَمَا يُدْرِيكَ لَعَلَّ ٱلسَّاعَةَ تَكُونُ قَرِيبًا ۝

(64) Es cierto que Allah ha maldecido a los incrédulos y les ha preparado un Fuego inflamado.

إِنَّ ٱللَّهَ لَعَنَ ٱلْكَٰفِرِينَ وَأَعَدَّ لَهُمْ سَعِيرًا ۝

(65) En él serán para siempre inmortales y no encontrarán quien los proteja o los defienda.

خَٰلِدِينَ فِيهَآ أَبَدًا لَّا يَجِدُونَ وَلِيًّا وَلَا نَصِيرًا ۝

(66) El día en que sus caras sean pasadas por el fuego, dirán: ¡Ojalá y hubiéramos obedecido a Allah y hubiéramos obedecido al Mensajero!

يَوْمَ تُقَلَّبُ وُجُوهُهُمْ فِى ٱلنَّارِ يَقُولُونَ يَٰلَيْتَنَآ أَطَعْنَا ٱللَّهَ وَأَطَعْنَا ٱلرَّسُولَا۠ ۝

(67) Y dirán: ¡Señor nuestro! En realidad nosotros obedecimos a nuestros jefes y superiores y fueron ellos los que nos extraviaron del camino.

وَقَالُواْ رَبَّنَآ إِنَّآ أَطَعْنَا سَادَتَنَا وَكُبَرَآءَنَا فَأَضَلُّونَا ٱلسَّبِيلَا۠ ۝

(68) ¡Señor! Dales a ellos el doble de

رَبَّنَآ ءَاتِهِمْ ضِعْفَيْنِ مِنَ ٱلْعَذَابِ وَٱلْعَنْهُمْ لَعْنًا

castigo y maldícelos con una gran maldición.

كَثِيرًا ۞

(69) ¡Vosotros que creéis! No seáis como los que ofendieron a Musa y Allah manifestó su inocencia frente a lo que decían.*

El tenía ante Allah una posición de mucha estima.

يَٰٓأَيُّهَا ٱلَّذِينَ ءَامَنُوا۟ لَا تَكُونُوا۟ كَٱلَّذِينَ ءَاذَوْا۟ مُوسَىٰ فَبَرَّأَهُ ٱللَّهُ مِمَّا قَالُوا۟ وَكَانَ عِندَ ٱللَّهِ وَجِيهًا ۞

* [Alude a la historia de Musa, cuando su gente, debido a que él tenía un enorme pudor y nunca enseñaba ninguna parte de su cuerpo, empezó a decir que ocultaba alguna enfermedad del tipo de la lepra. Un día fue a lavarse al río y dejó la ropa sobre una piedra; al terminar volvió donde la piedra y ésta se había movido por sí misma de su sitio, por lo que tuvo que andar desnudo buscándola y fue visto por un grupo de principales de su gente que pudo comprobar la integridad de su cuerpo desnudo, quedando desmentido el rumor.]

(70) ¡Vosotros que creéis! Temed a Allah y hablad acertadamente.

يَٰٓأَيُّهَا ٱلَّذِينَ ءَامَنُوا۟ ٱتَّقُوا۟ ٱللَّهَ وَقُولُوا۟ قَوْلًا سَدِيدًا ۞

(71) El hará buenas vuestras acciones y os perdonará las faltas.

Y quien obedece a Allah y a Su mensajero ha triunfado con gran éxito.

يُصْلِحْ لَكُمْ أَعْمَٰلَكُمْ وَيَغْفِرْ لَكُمْ ذُنُوبَكُمْ وَمَن يُطِعِ ٱللَّهَ وَرَسُولَهُ فَقَدْ فَازَ فَوْزًا عَظِيمًا ۞

(72) Es cierto que ofrecimos la responsabilidad* a los cielos, la tierra y las montañas, pero no quisieron asumirla estremecidos por ello. Sin embargo el hombre la asumió.

إِنَّا عَرَضْنَا ٱلْأَمَانَةَ عَلَى ٱلسَّمَٰوَٰتِ وَٱلْأَرْضِ وَٱلْجِبَالِ فَأَبَيْنَ أَن يَحْمِلْنَهَا وَأَشْفَقْنَ مِنْهَا وَحَمَلَهَا ٱلْإِنسَٰنُ إِنَّهُ كَانَ ظَلُومًا جَهُولًا ۞

Realmente él es injusto consigo
mismo e ignorante.

* [En árabe "amana", encomienda, de
la misma raíz que "iman", creencia.

Implica la asunción de las responsabilidades de la sharia y de la capacidad para acceder al conocimiento
divino.]

(73) Para que Allah castigara a los
hipócritas y a las hipócritas y a
los asociadores y a las asociadoras y se volviera con Su
perdón sobre los creyentes y
las creyentes.

Allah siempre es Perdonador,
Compasivo.

لِّيُعَذِّبَ ٱللَّهُ ٱلْمُنَٰفِقِينَ وَٱلْمُنَٰفِقَٰتِ
وَٱلْمُشْرِكِينَ وَٱلْمُشْرِكَٰتِ وَيَتُوبَ ٱللَّهُ عَلَى
ٱلْمُؤْمِنِينَ وَٱلْمُؤْمِنَٰتِ وَكَانَ ٱللَّهُ غَفُورًا
رَّحِيمًا ۝

34. SURA DE SABA.　　　سُورَةُ سَبَإٍ

بِسْمِ اللهِ الرَّحْمَنِ الرَّحِيمِ

En el nombre de Allah, el Misericordioso, el Compasivo.

(1) Las alabanzas a Allah a Quien pertenece cuanto hay en los cielos y cuanto hay en la tierra. Suya es la alabanza en la Ultima Vida y El es el Sabio, el Conocedor de lo más recóndito.

الْحَمْدُ لِلهِ الَّذِي لَهُ مَا فِي السَّمَوَاتِ وَمَا فِي الْأَرْضِ وَلَهُ الْحَمْدُ فِي الْآخِرَةِ وَهُوَ الْحَكِيمُ الْخَبِيرُ ۝

(2) Sabe lo que entra en la tierra y lo que sale de ella, lo que baja desde el cielo y lo que a él asciende. El es el Compasivo, el perdonador.

يَعْلَمُ مَا يَلِجُ فِي الْأَرْضِ وَمَا يَخْرُجُ مِنْهَا وَمَا يَنزِلُ مِنَ السَّمَاءِ وَمَا يَعْرُجُ فِيهَا وَهُوَ الرَّحِيمُ الْغَفُورُ ۝

(3) Y dicen los que se niegan a creer: La Hora no va a llegarnos.

Di: Sí, por mi Señor que os llegará.

El es el Conocedor del No-Visto. No se Le escapa el peso de una brizna ni en los cielos ni en la tierra, ni hay nada que sea menor o mayor que ello que no esté en un Libro explícito.

وَقَالَ الَّذِينَ كَفَرُوا لَا تَأْتِينَا السَّاعَةُ قُلْ بَلَى وَرَبِّي لَتَأْتِيَنَّكُمْ عَالِمِ الْغَيْبِ لَا يَعْزُبُ عَنْهُ مِثْقَالُ ذَرَّةٍ فِي السَّمَوَاتِ وَلَا فِي الْأَرْضِ وَلَا أَصْغَرُ مِن ذَلِكَ وَلَا أَكْبَرُ إِلَّا فِي كِتَابٍ مُّبِينٍ ۝

(4) Para recompensar a los que hayan creído y practicado las acciones de bien. Esos tendrán perdón y una provisión generosa.

لِيَجْزِيَ الَّذِينَ آمَنُوا وَعَمِلُوا الصَّالِحَاتِ أُوْلَئِكَ لَهُم مَّغْفِرَةٌ وَرِزْقٌ كَرِيمٌ ۝

(5) Y los que se esfuerzan en eliminar Nuestros signos pensando que se saldrán con la suya, ésos tendrán un castigo de doloroso tormento.

وَالَّذِينَ سَعَوْ فِي ءَايَتِنَا مُعَجِزِينَ أُوْلَيِكَ لَهُمْ عَذَابٌ مِن رِّجْزٍ أَلِيمٌ ۝

(6) Los que recibieron el conocimiento ven que lo que se te ha hecho descender procedente de tu Señor es la verdad y la guía al camino del Poderoso, el Digno de alabanza.

وَيَرَى الَّذِينَ أُوتُوا الْعِلْمَ الَّذِىٓ أُنزِلَ إِلَيْكَ مِن رَّبِّكَ هُوَ الْحَقَّ وَيَهْدِىٓ إِلَىٰ صِرَاطِ الْعَزِيزِ الْحَمِيدِ ۝

(7) Y dicen los que se niegan a creer: ¿Queréis que os enseñemos a un hombre que os anuncia que cuando os hayáis quedado reducidos a polvo seréis creados de nuevo?

وَقَالَ الَّذِينَ كَفَرُوا هَلْ نَدُلُّكُمْ عَلَىٰ رَجُلٍ يُنَبِّئُكُمْ إِذَا مُزِّقْتُمْ كُلَّ مُمَزَّقٍ إِنَّكُمْ لَفِى خَلْقٍ جَدِيدٍ ۝

(8) ¿Se ha inventado una mentira sobre Allah o es acaso un poseso? Pero no, los que no creen en la Ultima Vida estarán en el castigo y en el extravío profundo.

أَفْتَرَىٰ عَلَى اللَّهِ كَذِبًا أَم بِهِ جِنَّةٌ بَلِ الَّذِينَ لَا يُؤْمِنُونَ بِالْآخِرَةِ فِي الْعَذَابِ وَالضَّلَٰلِ الْبَعِيدِ ۝

(9) ¿Es que no se fijan en el cielo y en la tierra que tienen delante y detrás? Si quisiéramos haríamos que se los tragara la tierra o haríamos caer sobre ellos un trozo de cielo; realmente en eso hay un signo para todo siervo que recurre (a su Señor).

أَفَلَمْ يَرَوْا إِلَىٰ مَا بَيْنَ أَيْدِيهِمْ وَمَا خَلْفَهُم مِّنَ السَّمَآءِ وَالْأَرْضِ إِن نَّشَأْ نَخْسِفْ بِهِمُ الْأَرْضَ أَوْ نُسْقِطْ عَلَيْهِمْ كِسَفًا مِّنَ السَّمَآءِ إِنَّ فِي ذَٰلِكَ لَآيَةً لِّكُلِّ عَبْدٍ مُّنِيبٍ ۝

(10) Y así fue como dimos a Daud una gracia procedente de Nos: ¡Montañas, acompañad su glorificación, y las aves también! E hicimos el hierro blando para él.

۞ وَلَقَدْ ءَاتَيْنَا دَاوُدَ مِنَّا فَضْلًا يَـٰجِبَالُ أَوِّبِى مَعَهُۥ وَالطَّيْرَ وَأَلَنَّا لَهُ الْحَدِيدَ ۞

(11) ¡Haz cotas de malla dándoles su justa proporción!

¡Y obrad con rectitud!, pues es cierto que veo lo que hacéis.

أَنِ اعْمَلْ سَـٰبِغَـٰتٍ وَقَدِّرْ فِى السَّرْدِ وَاعْمَلُوا صَـٰلِحًا إِنِّى بِمَا تَعْمَلُونَ بَصِيرٌ ۞

(12) Y a Sulayman (le subordinamos) el viento, que en una mañana hacía el recorrido de un mes y en una tarde el de otro.

E hicimos que manara para él un manantial de cobre fundido.

Y había genios que trabajaban para él con permiso de su Señor. Y a quien de ellos se apartara de Nuestro mandato le haríamos gustar el castigo del Sair.

وَلِسُلَيْمَٰنَ الرِّيحَ غُدُوُّهَا شَهْرٌ وَرَوَاحُهَا شَهْرٌ وَأَسَلْنَا لَهُۥ عَيْنَ الْقِطْرِ وَمِنَ الْجِنِّ مَن يَعْمَلُ بَيْنَ يَدَيْهِ بِإِذْنِ رَبِّهِۦ وَمَن يَزِغْ مِنْهُمْ عَنْ أَمْرِنَا نُذِقْهُ مِنْ عَذَابِ السَّعِيرِ ۞

(13) Hacían para él lo que quería: Templos escalonados, estatuas, jofainas como aljibes y marmitas que no se podían mover.

¡Familia de Daud! ¡Obrad con agradecimiento!

Son pocos Mis siervos agradecidos.

يَعْمَلُونَ لَهُۥ مَا يَشَآءُ مِن مَّحَـٰرِيبَ وَتَمَـٰثِيلَ وَجِفَانٍ كَالْجَوَابِ وَقُدُورٍ رَّاسِيَـٰتٍ اعْمَلُوا ءَالَ دَاوُدَ شُكْرًا وَقَلِيلٌ مِّنْ عِبَادِىَ الشَّكُورُ ۞

(14) Y cuando decretamos que muriera, lo único que les hizo darse cuenta de su muerte fue que el bicho de la tierra* car-

فَلَمَّا قَضَيْنَا عَلَيْهِ الْمَوْتَ مَا دَلَّهُمْ عَلَىٰ مَوْتِهِۦ إِلَّا دَآبَّةُ الْأَرْضِ تَأْكُلُ مِنسَأَتَهُۥ فَلَمَّا خَرَّ تَبَيَّنَتِ

comió su cetro; así, cuando cayó, se les hizo claro a los genios, que si hubieran conocido el No-Visto no habrían permanecido en el denigrante castigo.

* [La carcoma]

لِلْجِنِّ أَن لَّوْ كَانُوا يَعْلَمُونَ ٱلْغَيْبَ مَا لَبِثُوا فِي ٱلْعَذَابِ ٱلْمُهِينِ ۝

(15) Realmente la gente de Saba tenía un signo en donde habitaba: Dos jardines a ambos lados: derecha e izquierda.

¡Comed de la provisión de vuestro Señor y agradecedle!

Es una buena tierra y El es un Señor Indulgente.

لَقَدْ كَانَ لِسَبَإٍ فِي مَسْكَنِهِمْ ءَايَةٌ جَنَّتَانِ عَن يَمِينٍ وَشِمَالٍ كُلُوا مِن رِّزْقِ رَبِّكُمْ وَٱشْكُرُوا لَهُ بَلْدَةٌ طَيِّبَةٌ وَرَبٌّ غَفُورٌ ۝

(16) Pero se desviaron y enviamos contra ellos la inundación del dique y convertimos los dos jardines en otros con arbustos espinosos y amargos, tamariscos y algún azufaifo.

فَأَعْرَضُوا فَأَرْسَلْنَا عَلَيْهِمْ سَيْلَ ٱلْعَرِمِ وَبَدَّلْنَاهُم بِجَنَّتَيْهِمْ جَنَّتَيْنِ ذَوَاتَىْ أُكُلٍ خَمْطٍ وَأَثْلٍ وَشَيْءٍ مِّن سِدْرٍ قَلِيلٍ ۝

(17) Así les pagamos por haber sido desagradecidos.

¿Acaso recibe ese pago alguien que no sea ingrato?

ذَٰلِكَ جَزَيْنَاهُم بِمَا كَفَرُوا وَهَلْ نُجَزِي إِلَّا ٱلْكَفُورَ ۝

(18) Habíamos dispuesto entre ellos y la ciudades que habíamos bendecido*, ciudades conectadas entre sí de manera que las etapas del viaje venían a la medida.

¡Viajad a salvo, a través de ellas, de noche y de día!

* [Se refiere a las ciudades de Sham, la Gran Siria]

وَجَعَلْنَا بَيْنَهُمْ وَبَيْنَ ٱلْقُرَى ٱلَّتِي بَارَكْنَا فِيهَا قُرًى ظَاهِرَةً وَقَدَّرْنَا فِيهَا ٱلسَّيْرَ سِيرُوا فِيهَا لَيَالِيَ وَأَيَّامًا ءَامِنِينَ ۝

(19) Pero dijeron: ¡Señor nuestro! Haz las distancias de nuestros viajes más largas. Y fueron injustos consigo mismos.

Los convertimos en relato de la gente e hicimos que se dispersaran completamente. Es cierto que en eso hay signos para todo el que sea paciente, agradecido.

فَقَالُوا۟ رَبَّنَا بَـٰعِدْ بَيْنَ أَسْفَارِنَا وَظَلَمُوٓا۟ أَنفُسَهُمْ فَجَعَلْنَـٰهُمْ أَحَادِيثَ وَمَزَّقْنَـٰهُمْ كُلَّ مُمَزَّقٍ إِنَّ فِى ذَٰلِكَ لَـَٔايَـٰتٍ لِّكُلِّ صَبَّارٍ شَكُورٍ ۝

(20) Y así fue que Iblis confirmó en ellos su convicción* y le siguieron, con la excepción de un grupo de creyentes.

* [De que los hombres se dejarían seducir por él]

وَلَقَدْ صَدَّقَ عَلَيْهِمْ إِبْلِيسُ ظَنَّهُۥ فَاتَّبَعُوهُ إِلَّا فَرِيقًا مِّنَ ٱلْمُؤْمِنِينَ ۝

(21) Pero no tenía ningún poder sobre ellos, sólo fue para que distinguiéramos a quien creía en la Ultima Vida de quien estaba en duda sobre ella.

Tu Señor está Atento a todas las cosas.

وَمَا كَانَ لَهُۥ عَلَيْهِم مِّن سُلْطَـٰنٍ إِلَّا لِنَعْلَمَ مَن يُؤْمِنُ بِٱلْـَٔاخِرَةِ مِمَّنْ هُوَ مِنْهَا فِى شَكٍّ وَرَبُّكَ عَلَىٰ كُلِّ شَىْءٍ حَفِيظٌ ۝

(22) Di: ¡Llamad a los que afirmáis aparte de Allah!

No tienen el más mínimo dominio ni en los cielos ni en la tierra, ni tienen participación alguna, ni El tiene entre ellos ningún ayudante.

قُلِ ٱدْعُوا۟ ٱلَّذِينَ زَعَمْتُم مِّن دُونِ ٱللَّهِ لَا يَمْلِكُونَ مِثْقَالَ ذَرَّةٍ فِى ٱلسَّمَـٰوَٰتِ وَلَا فِى ٱلْأَرْضِ وَمَا لَهُمْ فِيهِمَا مِن شِرْكٍ وَمَا لَهُۥ مِنْهُم مِّن ظَهِيرٍ ۝

(23) No habrá intercesión que valga ante El excepto la de quien El autorice. Y cuando el miedo se haya ido de sus corazones y se digan: ¿Qué dice vuestro Señor? Dirán: La verdad.

وَلَا تَنفَعُ ٱلشَّفَـٰعَةُ عِندَهُۥٓ إِلَّا لِمَنْ أَذِنَ لَهُۥ حَتَّىٰٓ إِذَا فُزِّعَ عَن قُلُوبِهِمْ قَالُوا۟ مَاذَا قَالَ رَبُّكُمْ قَالُوا۟ ٱلْحَقَّ وَهُوَ ٱلْعَلِىُّ ٱلْكَبِيرُ ۝

Y Él es el Excelso, el Grande.*

* [Ibn Yuzay dice sobre esta aleya que según se pone de manifiesto en los hadices, se refiere a los ángeles que al oír la revelación se llenan de un gran temor y cuando éste desaparece de sus corazones se dicen unos a otros lo que menciona la aleya. Y la conexión con la frase anterior está en que los árabes creían que los ángeles intercedían por ellos.]

(24) Di: ¿Quién os da la provisión desde los cielos y la tierra?

Di: Allah. Y necesariamente uno de los dos, o nosotros o vosotros, está guiado; mientras que los otros están en un claro extravío.

۞ قُلْ مَن يَرْزُقُكُم مِّنَ ٱلسَّمَٰوَٰتِ وَٱلْأَرْضِ قُلِ ٱللَّهُ وَإِنَّآ أَوْ إِيَّاكُمْ لَعَلَىٰ هُدًى أَوْ فِى ضَلَٰلٍ مُّبِينٍ ۝

(25) Di: No se os preguntará sobre lo que nos hayamos ganado ni a nosotros se nos preguntará por lo que hayáis hecho.*

* [Esta aleya está abrogada en su contenido legal por la aleya de la espada, la n.° 5 de la sura 9.]

قُل لَّا تُسْـَٔلُونَ عَمَّآ أَجْرَمْنَا وَلَا نُسْـَٔلُ عَمَّا تَعْمَلُونَ ۝

(26) Di: Nuestro Señor nos reunirá y luego juzgará entre vosotros con la verdad, Él es el Juez clarificador, el Conocedor.

قُلْ يَجْمَعُ بَيْنَنَا رَبُّنَا ثُمَّ يَفْتَحُ بَيْنَنَا بِٱلْحَقِّ وَهُوَ ٱلْفَتَّاحُ ٱلْعَلِيمُ ۝

(27) Di: Mostradme aquéllos asociados que habéis atribuido. Pero no, Él es el Inigualable, el Sabio.

قُلْ أَرُونِىَ ٱلَّذِينَ أَلْحَقْتُم بِهِۦ شُرَكَآءَ كَلَّا بَلْ هُوَ ٱللَّهُ ٱلْعَزِيزُ ٱلْحَكِيمُ ۝

(28) Y no te hemos enviado sino como anunciador de buenas noticias y advertidor para

وَمَآ أَرْسَلْنَٰكَ إِلَّا كَآفَّةً لِّلنَّاسِ بَشِيرًا وَنَذِيرًا وَلَٰكِنَّ أَكْثَرَ ٱلنَّاسِ لَا يَعْلَمُونَ ۝

todos los hombres; sin embargo la mayor parte de los hombres no sabe.

(29) Y dicen: ¿Cuándo se cumplirá esta promesa si es verdad lo que decís?

وَيَقُولُونَ مَتَىٰ هَٰذَا ٱلْوَعْدُ إِن كُنتُمْ صَٰدِقِينَ ۝

(30) Di: Tenéis una cita un día del que no podréis retrasar o adelantar una sola hora.

قُل لَّكُم مِّيعَادُ يَوْمٍ لَّا تَسْتَـٔخِرُونَ عَنْهُ سَاعَةً وَلَا تَسْتَقْدِمُونَ ۝

(31) Y dicen los que se niegan a creer: No creeremos en esta Recitación ni en lo que había antes.

Pero si pudieran ver los injustos cuando estén de pie ante su Señor haciéndose mutuos reproches.

Dirán los que se dejaron llevar a los que fueron soberbios: De no haber sido por vosotros habríamos sido creyentes.

وَقَالَ ٱلَّذِينَ كَفَرُوا لَن نُّؤْمِنَ بِهَٰذَا ٱلْقُرْءَانِ وَلَا بِٱلَّذِي بَيْنَ يَدَيْهِ وَلَوْ تَرَىٰ إِذِ ٱلظَّٰلِمُونَ مَوْقُوفُونَ عِندَ رَبِّهِمْ يَرْجِعُ بَعْضُهُمْ إِلَىٰ بَعْضٍ ٱلْقَوْلَ يَقُولُ ٱلَّذِينَ ٱسْتُضْعِفُوا لِلَّذِينَ ٱسْتَكْبَرُوا لَوْلَا أَنتُمْ لَكُنَّا مُؤْمِنِينَ ۝

(32) Y dirán los que fueron soberbios a los que se dejaron llevar: ¿Cómo es que nosotros os desviamos de la guía después de haberos llegado?

Por el contrario, fuisteis de los que hacen el mal.

قَالَ ٱلَّذِينَ ٱسْتَكْبَرُوا لِلَّذِينَ ٱسْتُضْعِفُوا أَنَحْنُ صَدَدْنَٰكُمْ عَنِ ٱلْهُدَىٰ بَعْدَ إِذْ جَآءَكُم بَلْ كُنتُم مُّجْرِمِينَ ۝

(33) Y dirán los que se dejaron llevar a quienes fueron soberbios: No, era una maquinación de día y de noche para ordenarnos que no creyéramos en Allah y que Le atribuyéramos

وَقَالَ ٱلَّذِينَ ٱسْتُضْعِفُوا لِلَّذِينَ ٱسْتَكْبَرُوا بَلْ مَكْرُ ٱلَّيْلِ وَٱلنَّهَارِ إِذْ تَأْمُرُونَنَآ أَن نَّكْفُرَ بِٱللَّهِ وَنَجْعَلَ لَهُۥٓ أَندَادًا وَأَسَرُّوا ٱلنَّدَامَةَ لَمَّا رَأَوُا

semejantes. Y mostrarán el arrepentimiento al ver el castigo.

Pondremos argollas en los cuellos de los que se niegan a creer. ¿Acaso se les pagará por algo que no sea lo que hayan hecho?

(34) No hemos enviado a ninguna ciudad un advertidor sin que los que en ella se habían entregado a la vida fácil no dijeran: Nos negamos a creer aquello con lo que se os envía.

(35) Y dijeran: Nosotros tenemos más riquezas e hijos y no vamos a ser castigados.

(36) Di: Es cierto que mi Señor le hace extensa la provisión a quien quiere y se la restringe (a quien quiere); sin embargo la mayor parte de los hombres no saben.

(37) Y no son ni vuestras riquezas ni vuestros hijos lo que os dará proximidad a Nos; sino creer y actuar con rectitud.

Esos tendrán, por lo que hicieron, una recompensa doblada y estarán a salvo en las altas Estancias.

(38) Y aquéllos que se empeñan en eliminar Nuestros signos pen-

sando que lo lograrán, ésos comparecerán en el castigo.

فِي الْعَذَابِ مُحْضَرُونَ ۝

(39) Di: Es cierto que mi Señor le da extensa provisión a quien quiere de Sus siervos y (también) la restringe.

Cualquier cosa que gastéis, El os dará algo a cambio y El es el mejor en proveer.

قُلْ إِنَّ رَبِّي يَبْسُطُ الرِّزْقَ لِمَن يَشَاءُ مِنْ عِبَادِهِ وَيَقْدِرُ لَهُ وَمَا أَنفَقْتُم مِّن شَيْءٍ فَهُوَ يُخْلِفُهُ وَهُوَ خَيْرُ الرَّازِقِينَ ۝

(40) El día en que los reunamos a todos y luego les digamos a los ángeles: ¿Era a vosotros a quienes éstos adoraban?

وَيَوْمَ نَحْشُرُهُمْ جَمِيعًا ثُمَّ نَقُولُ لِلْمَلَائِكَةِ أَهَؤُلَاءِ إِيَّاكُمْ كَانُوا يَعْبُدُونَ ۝

(41) Dirán: Gloria a Ti, Tú eres nuestro Protector, no ellos.

Por el contrario adoraban a los genios y la mayoría tenían fe en ellos.

قَالُوا سُبْحَانَكَ أَنتَ وَلِيُّنَا مِن دُونِهِم بَلْ كَانُوا يَعْبُدُونَ الْجِنَّ أَكْثَرُهُم بِهِم مُّؤْمِنُونَ ۝

(42) Y hoy no podéis ni perjudicaros ni beneficiaros unos a otros.

Diremos a los que hayan sido injustos: ¡Gustad el castigo del Fuego cuya realidad negábais!

فَالْيَوْمَ لَا يَمْلِكُ بَعْضُكُمْ لِبَعْضٍ نَّفْعًا وَلَا ضَرًّا وَنَقُولُ لِلَّذِينَ ظَلَمُوا ذُوقُوا عَذَابَ النَّارِ الَّتِي كُنتُم بِهَا تُكَذِّبُونَ ۝

(43) Y cuando se les recitan Nuestros signos claros, dicen:

¿Quién es éste mas que un hombre que quiere apartaros de lo que vuestros padres adoraban?

Y dicen: Esto no es mas que una mentira inventada.

Y dicen los que se han negado

وَإِذَا تُتْلَى عَلَيْهِمْ ءَايَاتُنَا بَيِّنَاتٍ قَالُوا مَا هَذَا إِلَّا رَجُلٌ يُرِيدُ أَن يَصُدَّكُمْ عَمَّا كَانَ يَعْبُدُ ءَابَاؤُكُمْ وَقَالُوا مَا هَذَا إِلَّا إِفْكٌ مُّفْتَرًى وَقَالَ الَّذِينَ كَفَرُوا لِلْحَقِّ لَمَّا جَاءَهُمْ إِنْ هَذَا إِلَّا سِحْرٌ مُّبِينٌ ۝

a creer en la verdad cuando les ha llegado: Esto no es mas que pura magia.

(44) Y sin embargo antes de ti no les hemos dado ningún libro del que poder aprender ni les hemos enviado ningún advertidor.

وَمَآ ءَاتَيْنَٰهُم مِّن كُتُبٍ يَدْرُسُونَهَا وَمَآ أَرْسَلْنَآ إِلَيْهِمْ قَبْلَكَ مِن نَّذِيرٍ ۞

(45) Los que hubo antes de ellos negaron la verdad y ellos no han llegado a tener ni la décima parte de lo que les dimos a aquéllos.

Desmintieron a Mis mensajeros, y cómo fue Mi reprobación.

وَكَذَّبَ ٱلَّذِينَ مِن قَبْلِهِمْ وَمَا بَلَغُوا مِعْشَارَ مَآ ءَاتَيْنَٰهُمْ فَكَذَّبُوا رُسُلِي فَكَيْفَ كَانَ نَكِيرِ ۞

(46) Di: Sólo os exhorto a una cosa: Que os lo propongáis por Allah, en pares o de uno en uno, y reflexionéis: Vuestro compañero no es un poseso sino que es alguien que viene a advertiros de un terrible castigo.

۞ قُلْ إِنَّمَآ أَعِظُكُم بِوَٰحِدَةٍ أَن تَقُومُوا لِلَّهِ مَثْنَىٰ وَفُرَٰدَىٰ ثُمَّ تَتَفَكَّرُوا مَا بِصَاحِبِكُم مِّن جِنَّةٍ إِنْ هُوَ إِلَّا نَذِيرٌ لَّكُم بَيْنَ يَدَيْ عَذَابٍ شَدِيدٍ ۞

(47) Di: Lo que os pueda pedir como recompensa que sea para vosotros, pues mi recompensa sólo incumbe a Allah y El es Testigo de todas las cosas.

قُلْ مَا سَأَلْتُكُم مِّنْ أَجْرٍ فَهُوَ لَكُمْ إِنْ أَجْرِيَ إِلَّا عَلَى ٱللَّهِ وَهُوَ عَلَىٰ كُلِّ شَىْءٍ شَهِيدٌ ۞

(48) Di: Es cierto que mi Señor impone la verdad, El tiene perfecto conocimiento de las cosas que no están a la vista.

قُلْ إِنَّ رَبِّي يَقْذِفُ بِٱلْحَقِّ عَلَّٰمُ ٱلْغُيُوبِ ۞

سُورَةُ سَبَإٍ ــ الْجُزْءُ الثَّانِي وَالْعِشْرُونَ

(49) Di: La Verdad ha venido y lo falso no puede dar comienzo a nada ni repetirlo.

قُلْ جَآءَ الْحَقُّ وَمَا يُبْدِئُ الْبَٰطِلُ وَمَا يُعِيدُ ۝

(50) Di: Si me extravío, sólo lo haré en perjuicio propio y si me guío es gracias a lo que mi Señor me ha inspirado; es cierto que El es Quien oye y Quien está cercano.

قُلْ إِن ضَلَلْتُ فَإِنَّمَآ أَضِلُّ عَلَىٰ نَفْسِى وَإِنِ اهْتَدَيْتُ فَبِمَا يُوحِىٓ إِلَىَّ رَبِّىٓ إِنَّهُۥ سَمِيعٌ قَرِيبٌ ۝

(51) Si vieras cuando, sin escapatoria, huyan asustados y sean agarrados desde un lugar próximo...

وَلَوْ تَرَىٰٓ إِذْ فَزِعُواْ فَلَا فَوْتَ وَأُخِذُواْ مِن مَّكَانٍ قَرِيبٍ ۝

(52) Y digan: Creemos en él.* Pero ¿cómo podrán acometerlo, fuera de lugar, tan lejos?

*[Es decir, en el Corán o en Muhammad.]

وَقَالُوٓاْ ءَامَنَّا بِهِۦ وَأَنَّىٰ لَهُمُ التَّنَاوُشُ مِن مَّكَانٍ بَعِيدٍ ۝

(53) Antes se negaron a creer en él y hacían conjeturas sobre lo desconocido desde una posición remota.

وَقَدْ كَفَرُواْ بِهِۦ مِن قَبْلُ وَيَقْذِفُونَ بِالْغَيْبِ مِن مَّكَانٍ بَعِيدٍ ۝

(54) Y se les cerró el paso a lo que deseaban, al igual que se hizo anteriormente con los de su clase; realmente estaban indecisos en la duda.

وَحِيلَ بَيْنَهُمْ وَبَيْنَ مَا يَشْتَهُونَ كَمَا فُعِلَ بِأَشْيَاعِهِم مِّن قَبْلُ إِنَّهُمْ كَانُواْ فِى شَكٍّ مُّرِيبٍ ۝

35. SURA AL-FATIR (EL ORIGINADOR).

سُورَةُ فَاطِرٍ

بِسْمِ اللهِ الرَّحْمَنِ الرَّحِيمِ

En el nombre de Allah, el Misericordioso, el Compasivo.

(1) Las alabanzas a Alllah que dio comienzo a los cielos y a la tierra e hizo que hubiera ángeles mensajeros, con alas dobles, triples y cuádruples.

El añade a la creación lo que quiere, es cierto que tiene poder sobre todas las cosas.

الْحَمْدُ لِلَّهِ فَاطِرِ السَّمَوَاتِ وَالْأَرْضِ جَاعِلِ الْمَلَائِكَةِ رُسُلًا أُولِي أَجْنِحَةٍ مَثْنَى وَثُلَاثَ وَرُبَاعَ يَزِيدُ فِي الْخَلْقِ مَا يَشَاءُ إِنَّ اللَّهَ عَلَى كُلِّ شَيْءٍ قَدِيرٌ ۝

(2) La misericordia que Allah dispensa para los hombres no hay quien la impida y la que El retiene no hay, después de El, quien la libere.

El es el Irresistible, el Sabio.

مَا يَفْتَحِ اللَّهُ لِلنَّاسِ مِن رَّحْمَةٍ فَلَا مُمْسِكَ لَهَا وَمَا يُمْسِكْ فَلَا مُرْسِلَ لَهُ مِنْ بَعْدِهِ وَهُوَ الْعَزِيزُ الْحَكِيمُ ۝

(3) ¡Hombres! Recordad la merced de Allah con vosotros.

¿Hay, aparte de Allah, algún creador que os dé provisión desde el cielo y la tierra?

No hay dios sino El. ¿Cómo pues inventáis?

يَا أَيُّهَا النَّاسُ اذْكُرُوا نِعْمَتَ اللَّهِ عَلَيْكُمْ هَلْ مِنْ خَالِقٍ غَيْرُ اللَّهِ يَرْزُقُكُم مِّنَ السَّمَاءِ وَالْأَرْضِ لَا إِلَهَ إِلَّا هُوَ فَأَنَّى تُؤْفَكُونَ ۝

(4) Y si te dicen que es mentira, ya fueron tachados de mentirosos mensajeros anteriores a ti. Pero a Allah vuelven todas las cosas.

وَإِن يُكَذِّبُوكَ فَقَدْ كُذِّبَتْ رُسُلٌ مِّن قَبْلِكَ وَإِلَى اللَّهِ تُرْجَعُ الْأُمُورُ ۝

(5) ¡Hombres! Es cierto que la promesa de Allah es verdadera, que no os seduzca la vida del mundo ni os engañe el seductor apartándoos de Allah.

يَٰٓأَيُّهَا ٱلنَّاسُ إِنَّ وَعْدَ ٱللَّهِ حَقٌّ فَلَا تَغُرَّنَّكُمُ ٱلْحَيَوٰةُ ٱلدُّنْيَا وَلَا يَغُرَّنَّكُم بِٱللَّهِ ٱلْغَرُورُ ۝

(6) Realmente el Shaytán es enemigo vuestro, tomadlo como tal.

El sólo llama a los de su partido a que sean los compañeros del Sair.

إِنَّ ٱلشَّيْطَٰنَ لَكُمْ عَدُوٌّ فَٱتَّخِذُوهُ عَدُوًّا إِنَّمَا يَدْعُواْ حِزْبَهُۥ لِيَكُونُواْ مِنْ أَصْحَٰبِ ٱلسَّعِيرِ ۝

(7) Los que se niegan a creer tendrán un durísimo castigo; pero los que creen y practican las acciones de bien tendrán perdón y una gran recompensa.

ٱلَّذِينَ كَفَرُواْ لَهُمْ عَذَابٌ شَدِيدٌ وَٱلَّذِينَ ءَامَنُواْ وَعَمِلُواْ ٱلصَّٰلِحَٰتِ لَهُم مَّغْفِرَةٌ وَأَجْرٌ كَبِيرٌ ۝

(8) ¿Pero cómo va a ser aquel a quien la maldad de sus acciones le haya sido disfrazada de hermosura...? Es cierto que Allah extravía a quien quiere y guía a quien quiere.

Que tu alma no se consuma en lamentaciones por ellos; verdaderamente Allah sabe lo que hacen.

أَفَمَن زُيِّنَ لَهُۥ سُوٓءُ عَمَلِهِۦ فَرَءَاهُ حَسَنًا فَإِنَّ ٱللَّهَ يُضِلُّ مَن يَشَآءُ وَيَهْدِى مَن يَشَآءُ فَلَا تَذْهَبْ نَفْسُكَ عَلَيْهِمْ حَسَرَٰتٍ إِنَّ ٱللَّهَ عَلِيمٌۢ بِمَا يَصْنَعُونَ ۝

(9) Allah es Quien envía los vientos que mueven las nubes; entonces las conducimos a una región muerta y así, a través de ellas, devolvemos la vida a la tierra después de su muerte.

Así será el Resurgimiento.

وَٱللَّهُ ٱلَّذِىٓ أَرْسَلَ ٱلرِّيَٰحَ فَتُثِيرُ سَحَابًا فَسُقْنَٰهُ إِلَىٰ بَلَدٍ مَّيِّتٍ فَأَحْيَيْنَا بِهِ ٱلْأَرْضَ بَعْدَ مَوْتِهَا كَذَٰلِكَ ٱلنُّشُورُ ۝

(10) Quien quiera el poder…Todo el poder pertenece a Allah.

Hasta El sube la buena palabra y la acción recta la eleva.*

Los que traman maldades tendrán un durísimo castigo, su maquinación será aniquilada.

* [Los comentaristas han entendido esto de tres maneras: La primera es que Allah eleva la acción recta; la segunda que sólo se acepta la acción recta de quien tiene la buena palabra, que según algunos comentarios es el testimonio de que no hay dios sino Allah; y la tercera es que la acción recta eleva a la buena palabra, de manera que no se acepta la palabra excepto de quien tiene acción recta. Y esto último se ha transmitido de Ibn Abbas.]

مَن كَانَ يُرِيدُ الْعِزَّةَ فَلِلَّهِ الْعِزَّةُ جَمِيعًا إِلَيْهِ يَصْعَدُ الْكَلِمُ الطَّيِّبُ وَالْعَمَلُ الصَّالِحُ يَرْفَعُهُ وَالَّذِينَ يَمْكُرُونَ السَّيِّئَاتِ لَهُمْ عَذَابٌ شَدِيدٌ وَمَكْرُ أُوْلَٰئِكَ هُوَ يَبُورُ ۝

(11) Y Allah os creó a partir de tierra y luego a partir de una gota de esperma haciéndoos después en parejas.

No hay hembra preñada ni parturienta que El no lo sepa.

Y no le prolonga la vida a ninguna criatura ni se la acorta sin que esté en un libro; en realidad eso es simple para Allah.

وَاللَّهُ خَلَقَكُم مِّن تُرَابٍ ثُمَّ مِن نُّطْفَةٍ ثُمَّ جَعَلَكُمْ أَزْوَاجًا وَمَا تَحْمِلُ مِنْ أُنثَىٰ وَلَا تَضَعُ إِلَّا بِعِلْمِهِ وَمَا يُعَمَّرُ مِن مُّعَمَّرٍ وَلَا يُنقَصُ مِنْ عُمُرِهِ إِلَّا فِي كِتَابٍ إِنَّ ذَٰلِكَ عَلَى اللَّهِ يَسِيرٌ ۝

(12) Y no son iguales las dos extensiones de agua: una es agradable, dulce y adecuada para beber; mientras que la otra es salada, salobre. Pero de ambas coméis carne fresca y extraéis joyas que os ponéis.

Y ves la nave surcar las olas;

وَمَا يَسْتَوِي الْبَحْرَانِ هَٰذَا عَذْبٌ فُرَاتٌ سَائِغٌ شَرَابُهُ وَهَٰذَا مِلْحٌ أُجَاجٌ وَمِن كُلٍّ تَأْكُلُونَ لَحْمًا طَرِيًّا وَتَسْتَخْرِجُونَ حِلْيَةً تَلْبَسُونَهَا وَتَرَى الْفُلْكَ فِيهِ مَوَاخِرَ لِتَبْتَغُوا مِن فَضْلِهِ وَلَعَلَّكُمْ

تَشْكُرُونَ ﴿١١﴾

para que podáis buscar parte de Su favor y podáis así agradecer.

(13) Hace que la noche penetre en el día y que el día penetre en la noche. Y ha sometido el sol y la luna a Su dominio, cada uno de los cuales gira hasta un término fijado.

Ese es Allah, vuestro Señor, a El Le pertenece la soberanía, mientras que los que invocáis aparte de El no poseen ni la piel de un hueso de dátil.

يُولِجُ ٱلَّيْلَ فِي ٱلنَّهَارِ وَيُولِجُ ٱلنَّهَارَ فِي ٱلَّيْلِ وَسَخَّرَ ٱلشَّمْسَ وَٱلْقَمَرَ كُلٌّ يَجْرِي لِأَجَلٍ مُّسَمًّى ذَٰلِكُمُ ٱللَّهُ رَبُّكُمْ لَهُ ٱلْمُلْكُ وَٱلَّذِينَ تَدْعُونَ مِن دُونِهِۦ مَا يَمْلِكُونَ مِن قِطْمِيرٍ ﴿١٣﴾

(14) Si los llamáis, no oirán vuestra llamada y aunque pudieran oírla no os responderían.

El Día del Levantamiento renegarán de que los hubiérais invocado (asociándolos con Allah). Nadie como Uno que conoce hasta lo más recóndito podrá informarte.

إِن تَدْعُوهُمْ لَا يَسْمَعُوا دُعَآءَكُمْ وَلَوْ سَمِعُوا مَا ٱسْتَجَابُوا لَكُمْ وَيَوْمَ ٱلْقِيَٰمَةِ يَكْفُرُونَ بِشِرْكِكُمْ وَلَا يُنَبِّئُكَ مِثْلُ خَبِيرٍ ﴿١٤﴾

(15) ¡Hombres! Vosotros sois los que necesitáis de Allah mientras que Allah es Rico, en Sí mismo alabado.

يَٰٓأَيُّهَا ٱلنَّاسُ أَنتُمُ ٱلْفُقَرَآءُ إِلَى ٱللَّهِ وَٱللَّهُ هُوَ ٱلْغَنِيُّ ٱلْحَمِيدُ ﴿١٥﴾

(16) Si quiere puede quitaros de en medio y traer nuevas criaturas.

إِن يَشَأْ يُذْهِبْكُمْ وَيَأْتِ بِخَلْقٍ جَدِيدٍ ﴿١٦﴾

(17) Eso no es difícil para Allah.

وَمَا ذَٰلِكَ عَلَى ٱللَّهِ بِعَزِيزٍ ﴿١٧﴾

(18) Nadie cargará con la carga de otro. Y si alguno, agobiado por

وَلَا تَزِرُ وَازِرَةٌ وِزْرَ أُخْرَىٰ وَإِن تَدْعُ مُثْقَلَةٌ إِلَىٰ حِمْلِهَا

el peso de su carga, le pidiera a otro que se la llevara, nadie podría llevarle nada, aunque fuera un pariente cercano.

Tu advertencia sólo le sirve a quien teme a su Señor sin verlo* y cumple la Oración. El que se purifica sólo lo hace por su bien, hacia Allah se ha de volver.

* [También se puede entender: "El que teme a su Señor cuando nadie lo ve"]

لَا يُحْمَلْ مِنْهُ شَىْءٌ وَلَوْ كَانَ ذَا قُرْبَىٰٓ إِنَّمَا تُنذِرُ ٱلَّذِينَ يَخْشَوْنَ رَبَّهُم بِٱلْغَيْبِ وَأَقَامُوا ٱلصَّلَوٰةَ وَمَن تَزَكَّىٰ فَإِنَّمَا يَتَزَكَّىٰ لِنَفْسِهِۦ وَإِلَى ٱللَّهِ ٱلْمَصِيرُ ۝

(19) Y no es el ciego como el que ve,

وَمَا يَسْتَوِي ٱلْأَعْمَىٰ وَٱلْبَصِيرُ ۝

(20) como no son las tinieblas iguales a la luz,

وَلَا ٱلظُّلُمَـٰتُ وَلَا ٱلنُّورُ ۝

(21) ni es la sombra como la solana.

وَلَا ٱلظِّلُّ وَلَا ٱلْحَرُورُ ۝

(22) Ni son iguales los vivos a los muertos.

Es verdad que Allah le hace oír a quien El quiere, pero tú no puedes hacer que los que están en las tumbas oigan.

وَمَا يَسْتَوِي ٱلْأَحْيَآءُ وَلَا ٱلْأَمْوَٰتُ إِنَّ ٱللَّهَ يُسْمِعُ مَن يَشَآءُ وَمَآ أَنتَ بِمُسْمِعٍ مَّن فِي ٱلْقُبُورِ ۝

(23) Tú no eres más que un advertidor.

إِنْ أَنتَ إِلَّا نَذِيرٌ ۝

(24) Es cierto que te hemos enviado con la verdad, para dar buenas noticias y para advertir. No ha habido ninguna comunidad por la que no haya pasado un advertidor.

إِنَّآ أَرْسَلْنَـٰكَ بِٱلْحَقِّ بَشِيرًا وَنَذِيرًا وَإِن مِّنْ أُمَّةٍ إِلَّا خَلَا فِيهَا نَذِيرٌ ۝

(25) Y si dicen que es mentira, ya lo hicieron sus antepasados a quienes llegaron sus mensajeros con las pruebas claras, las escrituras y el Libro luminoso.

وَإِن يُكَذِّبُوكَ فَقَدْ كَذَّبَ ٱلَّذِينَ مِن قَبْلِهِمْ جَاءَتْهُمْ رُسُلُهُم بِٱلْبَيِّنَٰتِ وَبِٱلزُّبُرِ وَبِٱلْكِتَٰبِ ٱلْمُنِيرِ ۝

(26) Después castigué a los que se negaron a creer y ¡cómo fue Mi reprobación!

ثُمَّ أَخَذْتُ ٱلَّذِينَ كَفَرُوا۟ فَكَيْفَ كَانَ نَكِيرِ ۝

(27) ¿Es que no ves que Allah hace que caiga agua del cielo y con ella hacemos que salgan frutos de diferentes colores?

¿Y que hay montañas de vetas blancas y rojas, de matices distintos, y hasta de un negro oscuro?

أَلَمْ تَرَ أَنَّ ٱللَّهَ أَنزَلَ مِنَ ٱلسَّمَاءِ مَاءً فَأَخْرَجْنَا بِهِۦ ثَمَرَٰتٍ مُّخْتَلِفًا أَلْوَٰنُهَا وَمِنَ ٱلْجِبَالِ جُدَدٌ بِيضٌ وَحُمْرٌ مُّخْتَلِفٌ أَلْوَٰنُهَا وَغَرَابِيبُ سُودٌ ۝

(28) ¿Y que los hombres, las bestias y el ganado también son de distintos colores? En realidad sólo temen a Allah aquéllos de Sus siervos que tienen conocimiento; es cierto que Allah es Poderoso, Perdonador.

وَمِنَ ٱلنَّاسِ وَٱلدَّوَابِّ وَٱلْأَنْعَٰمِ مُخْتَلِفٌ أَلْوَٰنُهُۥ كَذَٰلِكَ إِنَّمَا يَخْشَى ٱللَّهَ مِنْ عِبَادِهِ ٱلْعُلَمَٰؤُا۟ إِنَّ ٱللَّهَ عَزِيزٌ غَفُورٌ ۝

(29) Los que leen el libro de Allah, establecen el salat y gastan de lo que les proveemos en secreto y públicamente, esperando un negocio que no tiene pérdida.

إِنَّ ٱلَّذِينَ يَتْلُونَ كِتَٰبَ ٱللَّهِ وَأَقَامُوا۟ ٱلصَّلَوٰةَ وَأَنفَقُوا۟ مِمَّا رَزَقْنَٰهُمْ سِرًّا وَعَلَانِيَةً يَرْجُونَ تِجَٰرَةً لَّن تَبُورَ ۝

(30) Para que les pague la recompensa que les corresponda y les aumente Su favor; es cierto

لِيُوَفِّيَهُمْ أُجُورَهُمْ وَيَزِيدَهُم مِّن فَضْلِهِۦٓ إِنَّهُۥ غَفُورٌ شَكُورٌ ۝

que Él es Perdonador, Agradecido.

(31) Y lo que te hemos inspirado del
Libro es la verdad que confirma lo que había.

Allah tiene pleno conocimiento
de Sus siervos y los ve.

وَالَّذِيٓ أَوْحَيْنَآ إِلَيْكَ مِنَ الْكِتَٰبِ هُوَالْحَقُّ
مُصَدِّقًا لِّمَا بَيْنَ يَدَيْهِ إِنَّ اللَّهَ بِعِبَادِهِۦ
لَخَبِيرٌۢ بَصِيرٌ ۝

(32) Después hemos dado en herencia el Libro a aquéllos de Nuestros siervos que hemos elegido.

Y entre ellos, unos serán injustos consigo mismos, otros se
mantendrán en el término
medio y otros, con permiso de
Allah, se pondrán por delante
en acciones de bien.

Ese es el gran favor.

ثُمَّ أَوْرَثْنَا الْكِتَٰبَ الَّذِينَ اصْطَفَيْنَا مِنْ عِبَادِنَا
فَمِنْهُمْ ظَالِمٌ لِّنَفْسِهِۦ وَمِنْهُم مُّقْتَصِدٌ وَمِنْهُمْ
سَابِقٌۢ بِالْخَيْرَٰتِ بِإِذْنِ اللَّهِ ذَٰلِكَ هُوَالْفَضْلُ
الْكَبِيرُ ۝

(33) Los jardines de Adn en los que
entrarán; allí serán adornados
con brazaletes de oro y perlas y
vestirán de seda.

جَنَّٰتُ عَدْنٍ يَدْخُلُونَهَا يُحَلَّوْنَ فِيهَا مِنْ أَسَاوِرَ
مِن ذَهَبٍ وَلُؤْلُؤًا وَلِبَاسُهُمْ فِيهَا حَرِيرٌ ۝

(34) Y dirán: Las alabanzas a Allah
que nos ha quitado todo pesar,
es verdad que Nuestro Señor
es Perdonador, Agradecido.

وَقَالُوا الْحَمْدُ لِلَّهِ الَّذِيٓ أَذْهَبَ عَنَّا الْحَزَنَ إِنَّ رَبَّنَا
لَغَفُورٌ شَكُورٌ ۝

(35) Quien ha hecho lícita para nosotros la Morada de la Permanencia, gracias a Su favor; en
ella ni la fatiga ni la inca-
pacidad nos afectará.

الَّذِيٓ أَحَلَّنَا دَارَ الْمُقَامَةِ مِن فَضْلِهِۦ لَايَمَسُّنَا
فِيهَا نَصَبٌ وَلَا يَمَسُّنَا فِيهَا لُغُوبٌ ۝

(36) Pero los que se niegan a creer

وَالَّذِينَ كَفَرُوا لَهُمْ نَارُ جَهَنَّمَ لَا يُقْضَىٰ عَلَيْهِمْ

tendrán el fuego de Yahannam. No se acabará con ellos permitiéndoles morir ni se les aliviará su tormento en nada.

Así pagamos a todos los desagradecidos.

بَيَمُوتُوا۟ وَلَا يُخَفَّفُ عَنْهُم مِّنْ عَذَابِهَا ۚ كَذَٰلِكَ نَجْزِى كُلَّ كَفُورٍ ۞

(37) Estando en él gritarán: ¡Señor nuestro! Sácanos y obraremos con rectitud y no como hicimos antes. ¿Acaso no os concedimos una vida larga en la que pudiera recapacitar quien lo hiciere, y acaso no os llegaron advertidores?

¡Así pues, gustad! No habrá nadie que defienda a los injustos.

وَهُمْ يَصْطَرِخُونَ فِيهَا رَبَّنَآ أَخْرِجْنَا نَعْمَلْ صَٰلِحًا غَيْرَ ٱلَّذِى كُنَّا نَعْمَلُ ۚ أَوَلَمْ نُعَمِّرْكُم مَّا يَتَذَكَّرُ فِيهِ مَن تَذَكَّرَ وَجَآءَكُمُ ٱلنَّذِيرُ ۖ فَذُوقُوا۟ فَمَا لِلظَّٰلِمِينَ مِن نَّصِيرٍ ۞

(38) Es cierto que Allah conoce el No-Visto de los cielos y la tierra, realmente El sabe lo que encierran los pechos.

إِنَّ ٱللَّهَ عَٰلِمُ غَيْبِ ٱلسَّمَٰوَٰتِ وَٱلْأَرْضِ ۚ إِنَّهُۥ عَلِيمٌۢ بِذَاتِ ٱلصُّدُورِ ۞

(39) El es Quien os hizo representantes (Suyos) en la tierra*.

Así pues, la incredulidad del que se niegue a creer irá en contra suya, y la incredulidad de los que se nieguen a creer no hará sino hacerlos más despreciables para su Señor, y la incredulidad de los que se nieguen a creer no hará sino aumentarles en perdición.

* [También se puede entender: "El es Quien ha hecho que os sucediérais unos a otros en la tierra".]

هُوَ ٱلَّذِى جَعَلَكُمْ خَلَٰٓئِفَ فِى ٱلْأَرْضِ ۚ فَمَن كَفَرَ فَعَلَيْهِ كُفْرُهُۥ ۖ وَلَا يَزِيدُ ٱلْكَٰفِرِينَ كُفْرُهُمْ عِندَ رَبِّهِمْ إِلَّا مَقْتًا ۖ وَلَا يَزِيدُ ٱلْكَٰفِرِينَ كُفْرُهُمْ إِلَّا خَسَارًا ۞

سُورَةُفَاطِرٍ ـ الجُزْءُالثَّانِىوَالعِشْرُونَ

(40) Di: ¿Os habéis fijado en esos que vosotros habéis asociado, esos que invocáis aparte de Allah?

Mostradme aquello de la tierra que han creado, o si tienen alguna participación en los cielos, o si les hemos dado algún Libro y tienen alguna evidencia de ello. Pero no, los injustos no hacen sino prometerse unos a otros un engaño.

قُلْ أَرَءَيْتُمْ شُرَكَآءَكُمُ ٱلَّذِينَ تَدْعُونَ مِن دُونِ ٱللَّهِ أَرُونِى مَاذَاخَلَقُوا مِنَ ٱلْأَرْضِ أَمْ لَهُمْ شِرْكٌ فِى ٱلسَّمَـٰوَٰتِ أَمْ ءَاتَيْنَـٰهُمْ كِتَـٰبًا فَهُمْ عَلَىٰ بَيِّنَتٍ مِّنْهُ بَلْ إِن يَعِدُ ٱلظَّـٰلِمُونَ بَعْضُهُم بَعْضًا إِلَّا غُرُورًا ۝

(41) En verdad Allah sujeta los cielos y la tierra para que no decaigan y si tuvieran algún declive, nadie, más allá de El, los podría sujetar.

Es cierto que El es el Indulgente, el Perdonador.

۞ إِنَّ ٱللَّهَ يُمْسِكُ ٱلسَّمَـٰوَٰتِ وَٱلْأَرْضَ أَن تَزُولَا وَلَئِن زَالَتَآ إِنْ أَمْسَكَهُمَا مِنْ أَحَدٍ مِّنۢ بَعْدِهِ إِنَّهُۥ كَانَ حَلِيمًا غَفُورًا ۝

(42) Y juran por Allah con los juramentos más solemnes que si les llega algún advertidor seguirán la guía más que cualquier otra comunidad, sin embargo cuando les ha llegado un advertidor no han hecho sino crecer en rechazo.

وَأَقْسَمُوا بِٱللَّهِ جَهْدَ أَيْمَـٰنِهِمْ لَئِن جَآءَهُمْ نَذِيرٌ لَّيَكُونُنَّ أَهْدَىٰ مِنْ إِحْدَى ٱلْأُمَمِ فَلَمَّا جَآءَهُمْ نَذِيرٌ مَّا زَادَهُمْ إِلَّا نُفُورًا ۝

(43) Con soberbia en la tierra y tramando con maldad; sin embargo el mal que traman no hace sino rodear a sus propios autores. ¿Acaso esperan que les ocurra algo distinto a lo que fue la constante de los que les precedieron?

ٱسْتِكْبَارًا فِى ٱلْأَرْضِ وَمَكْرَ ٱلسَّيِّئِ وَلَا يَحِيقُ ٱلْمَكْرُ ٱلسَّيِّئُ إِلَّا بِأَهْلِهِۦ فَهَلْ يَنظُرُونَ إِلَّا سُنَّتَ ٱلْأَوَّلِينَ فَلَن تَجِدَ لِسُنَّتِ ٱللَّهِ تَبْدِيلًا ۝

No encontrarás nada que pueda cambiar la práctica constante de Allah,

(44) ni encontrarás nada que la altere.

وَلَن تَجِدَ لِسُنَّتِ ٱللَّهِ تَحْوِيلًا ۝

(45) ¿Es que no van por la tierra y ven cómo acabaron los que hubo antes de ellos?

Eran más fuertes en poderío, pero no hay nada que se Le resista a Allah ni en los cielos ni en la tierra.

Es cierto que El es Conocedor, Todopoderoso.

أَوَلَمْ يَسِيرُوا۟ فِى ٱلْأَرْضِ فَيَنظُرُوا۟ كَيْفَ كَانَ عَٰقِبَةُ ٱلَّذِينَ مِن قَبْلِهِمْ وَكَانُوٓا۟ أَشَدَّ مِنْهُمْ قُوَّةً وَمَا كَانَ ٱللَّهُ لِيُعْجِزَهُۥ مِن شَىْءٍ فِى ٱلسَّمَٰوَٰتِ وَلَا فِى ٱلْأَرْضِ إِنَّهُۥ كَانَ عَلِيمًا قَدِيرًا ۝

(46) Si Allah tomara en cuenta lo que los hombres se buscan, no dejaría sobre su superficie* un solo ser viviente; sin embargo los demora hasta un plazo fijado.

Pero cuando les llega su plazo...Realmente Allah ve a Sus siervos.

* [La de la tierra]

وَلَوْ يُؤَاخِذُ ٱللَّهُ ٱلنَّاسَ بِمَا كَسَبُوا۟ مَا تَرَكَ عَلَىٰ ظَهْرِهَا مِن دَآبَّةٍ وَلَٰكِن يُؤَخِّرُهُمْ إِلَىٰٓ أَجَلٍ مُّسَمًّى فَإِذَا جَآءَ أَجَلُهُمْ فَإِنَّ ٱللَّهَ كَانَ بِعِبَادِهِۦ بَصِيرًۢا ۝

36. SURA DE YA SIN.

سُورَةُ يسٓ

بِسْــــمِ اللَّهِ الرَّحْمَنِ الرَّحِيـــــمِ

En el nombre de Allah, el Misericordioso, el Compasivo.

(1) Ya, Sin* ¡Por el Corán sabio!

　　* [Según Ibn Abbas, Ibn Mas'ud y otros, significa: ¡Oh hombre!, es decir: "Ya Insan". Otros comentaristas dicen que es uno de los nombres del Profeta, que Allah le dé Su gracia y paz, y según el Imam Malik y otros, es uno de los nombres de Allah.]

يسٓ وَالْقُرْءَانِ الْحَكِيمِ ۝

(2) que tú eres uno de los enviados

إِنَّكَ لَمِنَ الْمُرْسَلِينَ ۝

(3) en un camino recto.

عَلَىٰ صِرَاطٍ مُّسْتَقِيمٍ ۝

(4) Revelación que ha hecho descender el Poderoso, el Compasivo

تَنزِيلَ الْعَزِيزِ الرَّحِيمِ ۝

(5) para que adviertas a una gente cuyos padres no fueron advertidos y están descuidados.

لِتُنذِرَ قَوْمًا مَّا أُنذِرَ ءَابَاؤُهُمْ فَهُمْ غَٰفِلُونَ ۝

(6) Se ha hecho realidad la palabra dictada contra la mayoría de ellos y no creen.

لَقَدْ حَقَّ الْقَوْلُ عَلَىٰ أَكْثَرِهِمْ فَهُمْ لَا يُؤْمِنُونَ ۝

(7) Cierto que les pondremos en el cuello argollas que les llegarán hasta el mentón y no podrán moverse.

إِنَّا جَعَلْنَا فِي أَعْنَاقِهِمْ أَغْلَٰلًا فَهِيَ إِلَى الْأَذْقَانِ فَهُم مُّقْمَحُونَ ۝

(8) Hemos puesto una barrera por delante de ellos y otra por detrás y les hemos velado, no pueden ver.

وَجَعَلْنَا مِنْ بَيْنِ أَيْدِيهِمْ سَدًّا وَمِنْ خَلْفِهِمْ سَدًّا فَأَغْشَيْنَٰهُمْ فَهُمْ لَا يُبْصِرُونَ ۝

(9) Es igual para ellos que les adviertas o que no les adviertas, no creerán.

وَسَوَآءٌ عَلَيْهِمْ ءَأَنذَرْتَهُمْ أَمْ لَمْ تُنذِرْهُمْ لَا يُؤْمِنُونَ ۝

(10) Sólo admite la advertencia quien sigue el Recuerdo y teme al Misericordioso aunque no Lo vea*.

Anúnciale perdón y una generosa recompensa.

* [También puede entenderse: Cuando nadie lo ve, o en aquellas cosas que no se ven.]

إِنَّمَا تُنذِرُ مَنِ ٱتَّبَعَ ٱلذِّكْرَ وَخَشِيَ ٱلرَّحْمَٰنَ بِٱلْغَيْبِ فَبَشِّرْهُ بِمَغْفِرَةٍ وَأَجْرٍ كَرِيمٍ ۝

(11) En verdad Nosotros damos la vida a los muertos y escribimos las obras que adelantaron y las huellas que dejaron.

Cada cosa la recogemos en un registro claro.

إِنَّا نَحْنُ نُحْيِ ٱلْمَوْتَىٰ وَنَكْتُبُ مَا قَدَّمُوا۟ وَءَاثَٰرَهُمْ وَكُلَّ شَىْءٍ أَحْصَيْنَٰهُ فِىٓ إِمَامٍ مُّبِينٍ ۝

(12) Llámales la atención con el ejemplo de los habitantes de la ciudad, cuando llegaron los enviados.*

* [Según los comentaristas, la ciudad es Antioquía y sobre los mensajeros hay dos opiniones, una que se trata de mensajeros enviados por Isa, sobre él la paz, para llamar a la gente a la adoración de Allah y otra que se trata de mensajeros de Allah, cuyos nombres cita al-Qurtubi como Sadiq, Masduq y Shamiun.]

وَٱضْرِبْ لَهُم مَّثَلًا أَصْحَٰبَ ٱلْقَرْيَةِ إِذْ جَآءَهَا ٱلْمُرْسَلُونَ ۝

(13) Cuando enviamos a dos y los negaron; y entonces los reforzamos con un tercero y dijeron: Hemos sido enviados a vosotros.

إِذْ أَرْسَلْنَا إِلَيْهِمُ اثْنَيْنِ فَكَذَّبُوهُمَا فَعَزَّزْنَا بِثَالِثٍ فَقَالُوٓا إِنَّا إِلَيْكُم مُّرْسَلُونَ ۝

(14) Dijeron: No sois sino seres humanos como nosotros y el Misericordioso no ha hecho descender nada, sólo estáis mintiendo.

قَالُوا مَآ أَنتُمْ إِلَّا بَشَرٌ مِّثْلُنَا وَمَآ أَنزَلَ ٱلرَّحْمَٰنُ مِن شَيْءٍ إِنْ أَنتُمْ إِلَّا تَكْذِبُونَ ۝

(15) Dijeron: Nuestro Señor sabe bien que hemos sido enviados a vosotros,

قَالُوا رَبُّنَا يَعْلَمُ إِنَّا إِلَيْكُمْ لَمُرْسَلُونَ ۝

(16) pero no nos corresponde sino hacer llegar el mensaje con claridad.

وَمَا عَلَيْنَآ إِلَّا ٱلْبَلَٰغُ ٱلْمُبِينُ ۝

(17) Dijeron: Realmente tenemos un mal presagio de vosotros, y si no desistís, os lapidaremos y recibiréis de nuestra parte un doloroso castigo.

قَالُوٓا إِنَّا تَطَيَّرْنَا بِكُمْ لَئِن لَّمْ تَنتَهُوا لَنَرْجُمَنَّكُمْ وَلَيَمَسَّنَّكُم مِّنَّا عَذَابٌ أَلِيمٌ ۝

(18) Dijeron: Sea para vosotros vuestro presagio. ¿Es que no vais a recapacitar? Pero no, sois gente que se excede.

قَالُوا طَٰٓئِرُكُم مَّعَكُمْ أَئِن ذُكِّرْتُم بَلْ أَنتُمْ قَوْمٌ مُّسْرِفُونَ ۝

(19) Y desde el extremo de la ciudad vino un hombre corriendo que dijo: ¡Gente mía! ¡Seguid a los enviados!

وَجَآءَ مِنْ أَقْصَا ٱلْمَدِينَةِ رَجُلٌ يَسْعَىٰ قَالَ يَٰقَوْمِ ٱتَّبِعُوا ٱلْمُرْسَلِينَ ۝

(20) ¡Seguid a quienes no os piden nada a cambio y están guiados!

ٱتَّبِعُوا مَن لَّا يَسْـَٔلُكُمْ أَجْرًا وَهُم مُّهْتَدُونَ ۝

(21)   ¿Cómo podría no adorar a Quien me creó y a Quien habéis de volver?

وَمَا لِىَ لَآ أَعۡبُدُ ٱلَّذِى فَطَرَنِى وَإِلَيۡهِ تُرۡجَعُونَ ۞

(22)   ¿Vais a tomar, aparte de Él, dioses, cuya intercesión no me valdría de nada si el Misericordioso quisiera causarme algún daño y que tampoco podrían salvarme?

ءَأَتَّخِذُ مِن دُونِهِۦٓ ءَالِهَةً إِن يُرِدۡنِ ٱلرَّحۡمَٰنُ بِضُرٍّ لَّا تُغۡنِ عَنِّى شَفَٰعَتُهُمۡ شَيۡـًٔا وَلَا يُنقِذُونِ ۞

(23)   Si lo hiciera, estaría claramente extraviado.

إِنِّىٓ إِذًا لَّفِى ضَلَٰلٍ مُّبِينٍ ۞

(24)   Yo creo realmente en vuestro Señor, escuchadme pues.

إِنِّىٓ ءَامَنتُ بِرَبِّكُمۡ فَٱسۡمَعُونِ ۞

(25)   Se dijo: ¡Entra en el Jardín! Dijo: ¡Pobre de mi gente! Si supieran

قِيلَ ٱدۡخُلِ ٱلۡجَنَّةَ قَالَ يَٰلَيۡتَ قَوۡمِى يَعۡلَمُونَ ۞

(26)   que mi Señor me ha perdonado y me ha puesto entre los que Él ha honrado.

بِمَا غَفَرَ لِى رَبِّى وَجَعَلَنِى مِنَ ٱلۡمُكۡرَمِينَ ۞

(27)   Y no mandamos contra ellos, después de él, ningún ejército bajado del cielo, ni lo hemos mandado nunca.

وَمَآ أَنزَلۡنَا عَلَىٰ قَوۡمِهِۦ مِنۢ بَعۡدِهِۦ مِن جُندٍ مِّنَ ٱلسَّمَآءِ وَمَا كُنَّا مُنزِلِينَ ۞

(28)   Bastó con un sólo grito y fueron aniquilados.

إِن كَانَتۡ إِلَّا صَيۡحَةً وَٰحِدَةً فَإِذَا هُمۡ خَٰمِدُونَ ۞

(29)   ¡Qué pena de siervos! No había mensajero que les llegara del que no se burlaran.

يَٰحَسۡرَةً عَلَى ٱلۡعِبَادِ مَا يَأۡتِيهِم مِّن رَّسُولٍ إِلَّا كَانُواْ بِهِۦ يَسۡتَهۡزِءُونَ ۞

(30)　¿Es que no ven cuantas generaciones, que ya no volverán, hemos destruido antes de ellos?

أَلَمْ يَرَوْا كَمْ أَهْلَكْنَا قَبْلَهُم مِّنَ الْقُرُونِ أَنَّهُمْ إِلَيْهِمْ لَا يَرْجِعُونَ ۝

(31)　Todos habrán de comparecer ante Nos.

وَإِن كُلٌّ لَّمَّا جَمِيعٌ لَّدَيْنَا مُحْضَرُونَ ۝

(32)　Tienen un signo en la tierra muerta a la que vivificamos y hacemos que en ella broten semillas de las que coméis.

وَءَايَةٌ لَّهُمُ الْأَرْضُ الْمَيْتَةُ أَحْيَيْنَاهَا وَأَخْرَجْنَا مِنْهَا حَبًّا فَمِنْهُ يَأْكُلُونَ ۝

(33)　En ella hemos puesto jardines de palmeras y vides, y hemos hecho que nacieran manantiales.

وَجَعَلْنَا فِيهَا جَنَّاتٍ مِّن نَّخِيلٍ وَأَعْنَابٍ وَفَجَّرْنَا فِيهَا مِنَ الْعُيُونِ ۝

(34)　Para que pudieran comer de sus frutos y del trabajo de sus manos.* ¿Es que no van a agradecer?

 * [En otra lectura: "Frutos que sus manos no trabajan"]

لِيَأْكُلُوا مِن ثَمَرِهِ وَمَا عَمِلَتْهُ أَيْدِيهِمْ أَفَلَا يَشْكُرُونَ ۝

(35)　¡Gloria a Aquel que creó todas las especies: las de la tierra, ellos mismos y otras que no conocen.

سُبْحَانَ الَّذِي خَلَقَ الْأَزْوَاجَ كُلَّهَا مِمَّا تُنبِتُ الْأَرْضُ وَمِنْ أَنفُسِهِمْ وَمِمَّا لَا يَعْلَمُونَ ۝

(36)　Y tienen un signo en la noche, cuando hacemos desaparecer la luz del día y quedan a oscuras.

وَءَايَةٌ لَّهُمُ الَّيْلُ نَسْلَخُ مِنْهُ النَّهَارَ فَإِذَا هُم مُّظْلِمُونَ ۝

(37)　Y el sol, que corre hacia un lugar de reposo que tiene.
　　　Ese es el decreto del Poderoso, el Sabio.

وَالشَّمْسُ تَجْرِي لِمُسْتَقَرٍّ لَّهَا ذَلِكَ تَقْدِيرُ الْعَزِيزِ الْعَلِيمِ ۝

(38) Y a la luna le hemos fijado casas*, hasta que se hace como una rama de palmera vieja.

* [Veintiocho casas por las que va pasando cada día del mes lunar: Se corresponden con las constelaciones en las que se proyecta. Luego deja de verse un día o dos hasta aparecer de nuevo en el creciente del nuevo mes lunar.]

الْقَمَرَ قَدَّرْنَٰهُ مَنَازِلَ حَتَّىٰ عَادَ كَالْعُرْجُونِ الْقَدِيمِ ۝

(39) No procede que el sol alcance a la luna, ni que la noche se adelante al día. Cada una va en una órbita.

الشَّمْسُ يَنۢبَغِى لَهَآ أَن تُدْرِكَ الْقَمَرَ وَلَا الَّيْلُ سَابِقُ النَّهَارِ وَكُلٌّ فِى فَلَكٍ يَسْبَحُونَ ۝

(40) Y hay un signo para ellos en cómo embarcamos a sus progenitores en la nave henchida.

وَءَايَةٌ لَّهُمْ أَنَّا حَمَلْنَا ذُرِّيَّتَهُمْ فِى الْفُلْكِ الْمَشْحُونِ ۝

(41) Y hemos creado para ellos, otras (naves) semejantes en las que embarcan.

وَخَلَقْنَا لَهُم مِّن مِّثْلِهِۦ مَا يَرْكَبُونَ ۝

(42) Y si queremos podemos hacer que se ahoguen sin que tengan quien les socorra ni sean salvados.

وَإِن نَّشَأْ نُغْرِقْهُمْ فَلَا صَرِيخَ لَهُمْ وَلَا هُمْ يُنقَذُونَ ۝

(43) A no ser por una misericordia de Nuestra parte y para concederles un disfrute por un tiempo.

إِلَّا رَحْمَةً مِّنَّا وَمَتَٰعًا إِلَىٰ حِينٍ ۝

(44) Y cuando se les dice: Temed lo que hay tras vosotros y lo que ha de venir, para que así se os pueda tener misericordia.

وَإِذَا قِيلَ لَهُمُ اتَّقُوا مَا بَيْنَ أَيْدِيكُمْ وَمَا خَلْفَكُمْ لَعَلَّكُمْ تُرْحَمُونَ ۝

(45) No hay ningún signo de los signos de tu Señor que les llegue, del que no se aparten.

۞ وَمَا تَأْتِيهِم مِّنْ ءَايَةٍ مِّنْ ءَايَٰتِ رَبِّهِمْ إِلَّا كَانُوا۟ عَنْهَا مُعْرِضِينَ ۝

(46) Y cuando se les dice: Gastad de la provisión que Allah os ha dado, los que se niegan a creer les dicen a los que creen:

¿Es que vamos a alimentar nosotros a quien Allah, si quisiera, alimentaría? Sólo estáis en un claro extravío.

وَإِذَا قِيلَ لَهُمْ أَنفِقُوا۟ مِمَّا رَزَقَكُمُ ٱللَّهُ قَالَ ٱلَّذِينَ كَفَرُوا۟ لِلَّذِينَ ءَامَنُوٓا۟ أَنُطْعِمُ مَن لَّوْ يَشَآءُ ٱللَّهُ أَطْعَمَهُۥٓ إِنْ أَنتُمْ إِلَّا فِى ضَلَٰلٍ مُّبِينٍ ۝

(47) Y dicen: ¿Cuándo se cumplirá esta promesa si es verdad lo que decís?

وَيَقُولُونَ مَتَىٰ هَٰذَا ٱلْوَعْدُ إِن كُنتُمْ صَٰدِقِينَ ۝

(48) No esperan sino un único grito que los sorprenderá mientras discuten.

مَا يَنظُرُونَ إِلَّا صَيْحَةً وَٰحِدَةً تَأْخُذُهُمْ وَهُمْ يَخِصِّمُونَ ۝

(49) Y no podrán hacer testamento ni volver a su familia.

فَلَا يَسْتَطِيعُونَ تَوْصِيَةً وَلَآ إِلَىٰٓ أَهْلِهِمْ يَرْجِعُونَ ۝

(50) Se soplará en el cuerno, y entonces saldrán rápidamente de los sepulcros, acudiendo a su Señor.

وَنُفِخَ فِى ٱلصُّورِ فَإِذَا هُم مِّنَ ٱلْأَجْدَاثِ إِلَىٰ رَبِّهِمْ يَنسِلُونَ ۝

(51) Dirán: ¡Ay de nosotros! ¿Quién nos ha levantado de nuestros lechos? Esto es lo que había prometido el Misericordioso, los enviados decían la verdad.

قَالُوا۟ يَٰوَيْلَنَا مَنۢ بَعَثَنَا مِن مَّرْقَدِنَا ۗ هَٰذَا مَا وَعَدَ ٱلرَّحْمَٰنُ وَصَدَقَ ٱلْمُرْسَلُونَ ۝

(52) No habrá más que un solo grito y todos comparecerán ante Nos.

إِن كَانَتْ إِلَّا صَيْحَةً وَٰحِدَةً فَإِذَا هُمْ جَمِيعٌ لَّدَيْنَا مُحْضَرُونَ ۝

(53) Ese día nadie será tratado injustamente en nada.
Sólo se os pagará por lo que
hicisteis.

فَٱلْيَوْمَ لَا تُظْلَمُ نَفْسٌ شَيْئًا وَلَا تُجْزَوْنَ
إِلَّا مَا كُنتُمْ تَعْمَلُونَ ۝

(54) Verdaderamente los compañeros del Jardín estarán, ese día,
absortos en lo que les ocupe,
deleitándose.

إِنَّ أَصْحَٰبَ ٱلْجَنَّةِ ٱلْيَوْمَ فِى شُغُلٍ فَٰكِهُونَ ۝

(55) Ellos y sus esposas estarán a
la sombra y sobre lechos
recostados.

هُمْ وَأَزْوَٰجُهُمْ فِى ظِلَٰلٍ عَلَى ٱلْأَرَآئِكِ
مُتَّكِـُٔونَ ۝

(56) En él tendrán fruta y todo lo que
pidan.

لَهُمْ فِيهَا فَٰكِهَةٌ وَلَهُم مَّا يَدَّعُونَ ۝

(57) Paz: Palabra de un Señor
Compasivo.

سَلَٰمٌ قَوْلًا مِّن رَّبٍّ رَّحِيمٍ ۝

(58) Pero los que hicísteis el mal ale-
jaos hoy.

وَٱمْتَٰزُوا۟ ٱلْيَوْمَ أَيُّهَا ٱلْمُجْرِمُونَ ۝

(59) ¿Acaso no hice un pacto con
vosotros, hijos de Adam, de
que no adorárais al Shaytán?
Realmente él es un enemigo
declarado para vosotros.

أَلَمْ أَعْهَدْ إِلَيْكُمْ يَٰبَنِى ءَادَمَ أَن لَّا تَعْبُدُوا۟
ٱلشَّيْطَٰنَ إِنَّهُۥ لَكُمْ عَدُوٌّ مُّبِينٌ ۝

(60) ¿Y que me adorárais a Mí? Esto
es un camino recto.

وَأَنِ ٱعْبُدُونِى هَٰذَا صِرَٰطٌ مُّسْتَقِيمٌ ۝

(61) El ha extraviado a muchas
comunidades de vosotros. ¿No
vais a entender?

وَلَقَدْ أَضَلَّ مِنكُمْ جِبِلًّا كَثِيرًا أَفَلَمْ تَكُونُوا۟
تَعْقِلُونَ ۝

(62) Esto es Yahannam, el que se os
había prometido.

هَٰذِهِۦ جَهَنَّمُ ٱلَّتِى كُنتُمْ تُوعَدُونَ ۝

(63) Entrad hoy en él por haberos negado a creer.

اصْلَوْهَا الْيَوْمَ بِمَا كُنتُمْ تَكْفُرُونَ ۝

(64) Hoy les sellaremos la boca y serán sus manos las que nos hablen y serán sus pies los que den testimonio de lo que se ganaron.

الْيَوْمَ نَخْتِمُ عَلَىٰٓ أَفْوَٰهِهِمْ وَتُكَلِّمُنَآ أَيْدِيهِمْ وَتَشْهَدُ أَرْجُلُهُم بِمَا كَانُوا۟ يَكْسِبُونَ ۝

(65) Si quisiéramos les borraríamos los ojos y aunque acudieran al camino, ¿cómo iban a ver?

وَلَوْ نَشَآءُ لَطَمَسْنَا عَلَىٰٓ أَعْيُنِهِمْ فَاسْتَبَقُوا۟ الصِّرَٰطَ فَأَنَّىٰ يُبْصِرُونَ ۝

(66) Y si quisiéramos los dejaríamos paralizados en el sitio* y no podrían ni avanzar ni retroceder.

* [También puede significar: "Los convertiríamos en animales", según los comentaristas: monos y cerdos, o "Los convertiríamos en piedras o en cualquier cosa inerte".]

وَلَوْ نَشَآءُ لَمَسَخْنَٰهُمْ عَلَىٰ مَكَانَتِهِمْ فَمَا اسْتَطَٰعُوا۟ مُضِيًّا وَلَا يَرْجِعُونَ ۝

(67) Al que le damos una vida larga le disminuimos en su constitución. ¿No vais a entender?

وَمَن نُّعَمِّرْهُ نُنَكِّسْهُ فِى الْخَلْقِ أَفَلَا يَعْقِلُونَ ۝

(68) No le hemos enseñado poesía ni es propio de él; no es sino un Recuerdo y una Recitación clara.

وَمَا عَلَّمْنَٰهُ الشِّعْرَ وَمَا يَنۢبَغِى لَهُۥٓ إِنْ هُوَ إِلَّا ذِكْرٌ وَقُرْءَانٌ مُّبِينٌ ۝

(69) Para advertir al que esté vivo y para que se haga realidad la palabra dictada contra los incrédulos.

لِّيُنذِرَ مَن كَانَ حَيًّا وَيَحِقَّ الْقَوْلُ عَلَى الْكَٰفِرِينَ ۝

(70) ¿Es que no ven que hemos

أَوَلَمْ يَرَوْا۟ أَنَّا خَلَقْنَا لَهُم مِّمَّا عَمِلَتْ أَيْدِينَآ

creado para ellos, como parte de lo que Nuestras manos han hecho, animales de rebaño sobre los que tienen dominio?

أَنْعَٰمًا فَهُمْ لَهَا مَٰلِكُونَ ۝

(71) Se los hemos subordinado y en ellos montan y de ellos comen.

وَذَلَّلْنَٰهَا لَهُمْ فَمِنْهَا رَكُوبُهُمْ وَمِنْهَا يَأْكُلُونَ ۝

(72) Y en ellos tenéis utilidades y bebida. ¿No agradeceréis?

وَلَهُمْ فِيهَا مَنَٰفِعُ وَمَشَارِبُ أَفَلَا يَشْكُرُونَ ۝

(73) Han tomado, aparte de Allah, dioses para que les auxilien.

وَاتَّخَذُوا۟ مِن دُونِ اللَّهِ ءَالِهَةً لَّعَلَّهُمْ يُنصَرُونَ ۝

(74) Pero no pueden auxiliarles, aunque son para ellos un ejército a su disposición*

لَا يَسْتَطِيعُونَ نَصْرَهُمْ وَهُمْ لَهُمْ جُندٌ مُّحْضَرُونَ ۝

*   [También puede entenderse en otro sentido, contrario a éste, es decir: que los ídolos serán para ellos, los asociadores, un ejército presente en su castigo.]

(75) Pero que no te entristezca lo que dicen, realmente sabemos lo que guardan en secreto y lo que declaran.

فَلَا يَحْزُنكَ قَوْلُهُمْ إِنَّا نَعْلَمُ مَا يُسِرُّونَ وَمَا يُعْلِنُونَ ۝

(76) ¿Es que no ve el hombre que lo hemos creado de una gota de esperma? Y sin embargo es un puro discutidor.

أَوَلَمْ يَرَ الْإِنسَٰنُ أَنَّا خَلَقْنَٰهُ مِن نُّطْفَةٍ فَإِذَا هُوَ خَصِيمٌ مُّبِينٌ ۝

(77) Nos pone un ejemplo olvidando que él mismo ha sido creado y dice: ¿Quién dará vida a los huesos cuando ya estén carcomidos?

وَضَرَبَ لَنَا مَثَلًا وَنَسِيَ خَلْقَهُۥ قَالَ مَن يُحْىِ الْعِظَٰمَ وَهِىَ رَمِيمٌ ۝

سُورَةُ يَس ــ الْجُزْءُ الثَّالِثُ وَالْعِشْرُونَ

(78) Di: Les dará vida Quien los originó por primera vez, que es Quien conoce a cada criatura.

قُلْ يُحْيِيهَا الَّذِي أَنشَأَهَا أَوَّلَ مَرَّةٍ وَهُوَ بِكُلِّ خَلْقٍ عَلِيمٌ ۝

(79) El que os da fuego de la madera verde del árbol, haciendo que con ella encendáis*.

* [Alusión al pedernal de los árabes, a partir de ramas verdes de dos árboles llamados maj y afar. De la madera verde que contiene agua sale fuego que es su opuesto...]

الَّذِي جَعَلَ لَكُم مِّنَ الشَّجَرِ الْأَخْضَرِ نَارًا فَإِذَا أَنتُم مِّنْهُ تُوقِدُونَ ۝

(80) ¿Acaso Quien creó los cielos y la tierra no iba a ser Capaz de crear algo como vosotros? Claro que sí, El es el Creador, el Conocedor.

أَوَلَيْسَ الَّذِي خَلَقَ السَّمَوَاتِ وَالْأَرْضَ بِقَادِرٍ عَلَى أَن يَخْلُقَ مِثْلَهُم بَلَى وَهُوَ الْخَلَّاقُ الْعَلِيمُ ۝

(81) Realmente cuando quiere algo Su orden no es sino decirle: Sé, y es.

إِنَّمَا أَمْرُهُ إِذَا أَرَادَ شَيْئًا أَن يَقُولَ لَهُ كُن فَيَكُونُ ۝

(82) ¡Gloria pues, a Aquel en Cuyas manos está el dominio de todas las cosas y a Quien habréis de regresar!

فَسُبْحَانَ الَّذِي بِيَدِهِ مَلَكُوتُ كُلِّ شَيْءٍ وَإِلَيْهِ تُرْجَعُونَ ۝

37. SURA DE LOS QUE SE PONEN EN FILAS.

En el nombre de Allah, el Misericordioso, el Compasivo.

(1) ¡Por los que se ponen en filas,

وَٱلصَّٰفَّٰتِ صَفًّا ۝

(2) e impulsan en una dirección*

قَالزَّٰجِرَٰتِ زَجْرًا ۝

    * [Los ángeles que conducen las nubes.]

(3) y leen un Recuerdo!

فَٱلتَّٰلِيَٰتِ ذِكْرًا ۝

(4) Que realmente vuestro Señor es Uno*.

إِنَّ إِلَٰهَكُمْ لَوَٰحِدٌ ۝

    *[Esta última frase hay que entenderla como el término del juramento anterior, como si dijera: juro por todo lo mencionado que, realmente, vuestro Señor es Uno.]

(5) El Señor de los cielos y de la tierra y de lo que hay entre ambos; y el Señor de los orientes*.

رَّبُّ ٱلسَّمَٰوَٰتِ وَٱلْأَرْضِ وَمَا بَيْنَهُمَا وَرَبُّ ٱلْمَشَٰرِقِ ۝

    *[Según Ibn Abbas alude al punto por el que sale el sol cada día por el que no lo vuelve a hacer hasta pasado un año solar.]

(6) Hemos embellecido el cielo de este mundo con el adorno de los astros.

إِنَّا زَيَّنَّا ٱلسَّمَآءَ ٱلدُّنْيَا بِزِينَةٍ ٱلْكَوَاكِبِ ۝

(7) Y lo hemos protegido contra todo demonio insolente.

وَحِفْظًا مِّن كُلِّ شَيْطَٰنٍ مَّارِدٍ ۝

(8) No pueden escuchar al "Consejo Supremo"*, se les arrojan proyectiles desde todas partes *

*[Los ángeles]

لَا يَسَّمَّعُونَ إِلَى الْمَلَإِ الْأَعْلَى وَيُقْذَفُونَ مِن كُلِّ جَانِبٍ ۞

(9) para ahuyentarlos. Tendrán un castigo perpetuo.

دُحُورًا وَلَهُمْ عَذَابٌ وَاصِبٌ ۞

(10) Aunque alguno consigue arrebatar algo y es perseguido por un lucero fulgurante.

إِلَّا مَنْ خَطِفَ الْخَطْفَةَ فَأَتْبَعَهُۥ شِهَابٌ ثَاقِبٌ ۞

(11) Pregúntales: ¿Han sido ellos más difíciles de crear que quienes hemos creado?

En realidad los hemos creado de barro viscoso.

فَاسْتَفْتِهِمْ أَهُمْ أَشَدُّ خَلْقًا أَم مَّنْ خَلَقْنَا إِنَّا خَلَقْنَهُم مِّن طِينٍ لَّازِبٍ ۞

(12) Pero tú te sorprendes mientras que ellos se burlan.

بَلْ عَجِبْتَ وَيَسْخَرُونَ ۞

(13) Y cuando se les recuerda, no recapacitan.

وَإِذَا ذُكِّرُوا لَا يَذْكُرُونَ ۞

(14) Y cuando ven un signo, intentan burlarse.

وَإِذَا رَأَوْا ءَايَةً يَسْتَسْخِرُونَ ۞

(15) Y dicen: Esto es magia pura:

وَقَالُوٓا إِنْ هَٰذَآ إِلَّا سِحْرٌ مُّبِينٌ ۞

(16) ¿Acaso cuando estemos muertos y seamos tierra y huesos vamos a ser devueltos a la vida?

أَءِذَا مِتْنَا وَكُنَّا تُرَابًا وَعِظَامًا أَءِنَّا لَمَبْعُوثُونَ ۞

(17) ¿Y nuestros primeros padres?

أَوَءَابَآؤُنَا الْأَوَّلُونَ ۞

(18) Di: Así es, y vosotros seréis humillados.

قُلْ نَعَمْ وَأَنتُمْ دَاخِرُونَ ۞

(19) Será un sólo grito y entonces se quedarán mirando.

فَإِنَّمَا هِىَ زَجْرَةٌ وَٰحِدَةٌ فَإِذَا هُمْ يَنظُرُونَ ۝

(20) Y dirán: ¡Ay de nosotros! Este es el día de la Rendición de Cuentas.

وَقَالُوا يَٰوَيْلَنَا هَٰذَا يَوْمُ ٱلدِّينِ ۝

(21) Este es el Día del Juicio cuya realidad habíais negado.

هَٰذَا يَوْمُ ٱلْفَصْلِ ٱلَّذِى كُنتُم بِهِۦ تُكَذِّبُونَ ۝

(22) ¡Reunid a los que fueron injustos, a sus esposas y a los que adoraban

۞ ٱحْشُرُوا ٱلَّذِينَ ظَلَمُوا وَأَزْوَٰجَهُمْ وَمَا كَانُوا يَعْبُدُونَ ۝

(23) fuera de Allah, y conducidlos camino del Yahim!*

    * [Esto son palabras de Allah dirigidas a los ángeles]

مِن دُونِ ٱللَّهِ فَٱهْدُوهُمْ إِلَىٰ صِرَٰطِ ٱلْجَحِيمِ ۝

(24) Y detenedlos que van a ser preguntados.

وَقِفُوهُمْ إِنَّهُم مَّسْـُٔولُونَ ۝

(25) ¿Qué os pasa que no os ayudáis unos a otros?

مَا لَكُمْ لَا تَنَاصَرُونَ ۝

(26) Pero no, ese día estarán rendidos.

بَلْ هُمُ ٱلْيَوْمَ مُسْتَسْلِمُونَ ۝

(27) Irán unos a otros preguntándose.

وَأَقْبَلَ بَعْضُهُمْ عَلَىٰ بَعْضٍ يَتَسَآءَلُونَ ۝

(28) Dirán: Veníais a nosotros por la derecha.*

    * [Es decir, venías a nosotros por el camino del bien para apartarnos de él; o con vuestra fuerza y poder obligándonos a ello o jurando que estabais en la verdad para que os siguiéramos; y en este último caso la palabra "yamin", derecha, se tomaría en su significado de juramento.]

قَالُوا إِنَّكُمْ كُنتُمْ تَأْتُونَنَا عَنِ ٱلْيَمِينِ ۝

(29) Dirán: No, es que vosotros no erais creyentes.

قَالُوا بَل لَّمْ تَكُونُوا مُؤْمِنِينَ ۝

(30) No teníamos ningún poder sobre vosotros, erais gente que se excedía.

وَمَا كَانَ لَنَا عَلَيْكُم مِّن سُلْطَٰنٍ بَلْ كُنتُمْ قَوْمًا طَٰغِينَ ۝

(31) Se hizo realidad la palabra de Nuestro Señor en nuestra contra y ahora lo estamos probando.

فَحَقَّ عَلَيْنَا قَوْلُ رَبِّنَا إِنَّا لَذَائِقُونَ ۝

(32) Y os extraviamos, pues realmente estábamos extraviados.

فَأَغْوَيْنَٰكُمْ إِنَّا كُنَّا غَٰوِينَ ۝

(33) Ese día estarán compartiendo el castigo.

فَإِنَّهُمْ يَوْمَئِذٍ فِي ٱلْعَذَابِ مُشْتَرِكُونَ ۝

(34) Así es como actuamos con los que hacen el mal.

إِنَّا كَذَٰلِكَ نَفْعَلُ بِٱلْمُجْرِمِينَ ۝

(35) Cuando se les decía: No hay dios sino Allah, mostraban su soberbia

إِنَّهُمْ كَانُوا إِذَا قِيلَ لَهُمْ لَا إِلَٰهَ إِلَّا ٱللَّهُ يَسْتَكْبِرُونَ ۝

(36) y decían: ¿Acaso vamos a dejar a nuestros dioses por un poeta poseso?

وَيَقُولُونَ أَئِنَّا لَتَارِكُوٓا ءَالِهَتِنَا لِشَاعِرٍ مَّجْنُونٍ ۝

(37) Pero no, él ha venido con la verdad confirmando a los enviados.

بَلْ جَآءَ بِٱلْحَقِّ وَصَدَّقَ ٱلْمُرْسَلِينَ ۝

(38) Es verdad que gustaréis el doloroso castigo.

إِنَّكُمْ لَذَائِقُوا ٱلْعَذَابِ ٱلْأَلِيمِ ۝

(39) Pero sólo se os pagará por lo que hayáis hecho.

وَمَا تُجْزَوْنَ إِلَّا مَا كُنتُمْ تَعْمَلُونَ ۝

(40) Se exceptúan los siervos sinceros de Allah.

إِلَّا عِبَادَ اللَّهِ الْمُخْلَصِينَ ۞

(41) Esos tendrán una provisión conocida:

أُوْلَٰٓئِكَ لَهُمْ رِزْقٌ مَّعْلُومٌ ۞

(42) Frutos. Y se les honrará

فَوَٰكِهُ وَهُم مُّكْرَمُونَ ۞

(43) en los Jardines del Deleite.

فِي جَنَّٰتِ النَّعِيمِ ۞

(44) Estarán enfrente unos de otros, recostados sobre lechos.

عَلَىٰ سُرُرٍ مُّتَقَٰبِلِينَ ۞

(45) A su alrededor se harán circular copas de un vino de manantial.

يُطَافُ عَلَيْهِم بِكَأْسٍ مِّن مَّعِينٍ ۞

(46) Blanco y dulce para quienes lo beban.

بَيْضَآءَ لَذَّةٍ لِّلشَّٰرِبِينَ ۞

(47) No producirá indisposición ni se embriagarán con él.

لَا فِيهَا غَوْلٌ وَلَا هُمْ عَنْهَا يُنزَفُونَ ۞

(48) A su lado habrá unas que sólo tendrán mirada para ellos, de grandes ojos.

وَعِندَهُمْ قَٰصِرَٰتُ الطَّرْفِ عِينٌ ۞

(49) Como perlas* escondidas.

* [Lit. "como huevos escondidos". Algunos comentaristas entienden una comparación con los huevos de avestruz que ésta esconde para protegerlos; y su color, blanco amarillento, se considera de máxima belleza. También se ha dicho que se refiere a la finísima membrana interior entre la cáscara y el resto, protegida del exterior.]

كَأَنَّهُنَّ بَيْضٌ مَّكْنُونٌ ۞

(50) Y se dirigirán unos a otros preguntándose.

فَأَقْبَلَ بَعْضُهُمْ عَلَىٰ بَعْضٍ يَتَسَآءَلُونَ ۞

(51) Dirá uno de ellos: Yo tenía un compañero inseparable

فَقَالَ قَآئِلٌ مِّنْهُمْ إِنِّى كَانَ لِى قَرِينٌ ۝

(52) que decía: ¿Es que tú eres de los que creen en esas cosas?

يَقُولُ أَءِنَّكَ لَمِنَ ٱلْمُصَدِّقِينَ ۝

(53) ¿Acaso cuando estemos muertos y seamos tierra y huesos se nos van a pedir cuentas?

أَءِذَا مِتْنَا وَكُنَّا تُرَابًا وَعِظَامًا أَءِنَّا لَمَدِينُونَ ۝

(54) Y dirá*: ¿Podéis asomaros?
　　* [El creyente a sus compañeros]

قَالَ هَلْ أَنتُم مُّطَّلِعُونَ ۝

(55) Y se asomará viéndolo en medio del Yahim.

فَٱطَّلَعَ فَرَءَاهُ فِى سَوَآءِ ٱلْجَحِيمِ ۝

(56) Le dirá: ¡Por Allah que estuviste a punto de perderme!

قَالَ تَٱللَّهِ إِن كِدتَّ لَتُرْدِينِ ۝

(57) De no haber sido por una gracia de Mi Señor habría sido de los traídos aquí.

وَلَوْلَا نِعْمَةُ رَبِّى لَكُنتُ مِنَ ٱلْمُحْضَرِينَ ۝

(58) ¿Cómo iba a ser que muriéramos

أَفَمَا نَحْنُ بِمَيِّتِينَ ۝

(59) y todo se redujera a la muerte sin más y no fuéramos castigados?

إِلَّا مَوْتَتَنَا ٱلْأُولَىٰ وَمَا نَحْنُ بِمُعَذَّبِينَ ۝

(60) Realmente esto* es el gran triunfo.
　　* [El Jardín]

إِنَّ هَٰذَا لَهُوَ ٱلْفَوْزُ ٱلْعَظِيمُ ۝

(61) Que para algo así actúen los que lo hagan.

لِمِثْلِ هَٰذَا فَلْيَعْمَلِ ٱلْعَٰمِلُونَ ۝

(62) ¿Qué es mejor hospedaje, ésto o el árbol del Zaqqum?

أَذَٰلِكَ خَيْرٌ نُّزُلًا أَمْ شَجَرَةُ ٱلزَّقُّومِ ۝

(63) Lo hemos hecho como castigo para los injustos.

إِنَّا جَعَلْنَٰهَا فِتْنَةً لِّلظَّٰلِمِينَ ۝

(64) Es un árbol que sale de la raíz misma del Yahim,

إِنَّهَا شَجَرَةٌ تَخْرُجُ فِىٓ أَصْلِ الْجَحِيمِ ۝

(65) cuyos brotes parecen cabezas de demonios.

طَلْعُهَا كَأَنَّهُۥ رُءُوسُ الشَّيَٰطِينِ ۝

(66) De él comerán y se llenarán el estómago.

فَإِنَّهُمْ لَءَاكِلُونَ مِنْهَا فَمَالِـُٔونَ مِنْهَا الْبُطُونَ ۝

(67) Y además tendrán una pócima de agua hirviendo.

ثُمَّ إِنَّ لَهُمْ عَلَيْهَا لَشَوْبًا مِّنْ حَمِيمٍ ۝

(68) Luego, su lugar de destino será el Yahim.

ثُمَّ إِنَّ مَرْجِعَهُمْ لَإِلَى الْجَحِيمِ ۝

(69) Ellos habían encontrado a sus padres extraviados.

إِنَّهُمْ أَلْفَوْا ءَابَآءَهُمْ ضَآلِّينَ ۝

(70) Y se dejaron llevar tras sus huellas.

فَهُمْ عَلَىٰٓ ءَاثَٰرِهِمْ يُهْرَعُونَ ۝

(71) Antes que ellos ya se había extraviado la mayor parte de las primeras comunidades.

وَلَقَدْ ضَلَّ قَبْلَهُمْ أَكْثَرُ الْأَوَّلِينَ ۝

(72) A pesar de que les habíamos enviado advertidores.

وَلَقَدْ أَرْسَلْنَا فِيهِم مُّنذِرِينَ ۝

(73) Pero mira cómo acabaron los que recibieron la advertencia.

فَانظُرْ كَيْفَ كَانَ عَٰقِبَةُ الْمُنذَرِينَ ۝

(74) Sin embargo no es así con los siervos de Allah sinceros.

إِلَّا عِبَادَ اللَّهِ الْمُخْلَصِينَ ۝

(75) Y así fue como Nuh nos llamó. ¡Qué excelentes Respondedores!

وَلَقَدْ نَادَىٰنَا نُوحٌ فَلَنِعْمَ ٱلْمُجِيبُونَ ﴿٧٥﴾

(76) Lo salvamos a él y a su familia de la gran catástrofe.

وَنَجَّيْنَٰهُ وَأَهْلَهُ مِنَ ٱلْكَرْبِ ٱلْعَظِيمِ ﴿٧٦﴾

(77) E hicimos que fueran sus descendientes los que quedaran.

وَجَعَلْنَا ذُرِّيَّتَهُ هُمُ ٱلْبَاقِينَ ﴿٧٧﴾

(78) Y dejamos su memoria para la posteridad.

وَتَرَكْنَا عَلَيْهِ فِي ٱلْآخِرِينَ ﴿٧٨﴾

(79) Paz para Nuh en todos los mundos.

سَلَٰمٌ عَلَىٰ نُوحٍ فِي ٱلْعَٰلَمِينَ ﴿٧٩﴾

(80) Así es como recompensamos a los que hacen el bien.

إِنَّا كَذَٰلِكَ نَجْزِي ٱلْمُحْسِنِينَ ﴿٨٠﴾

(81) El fue uno de Nuestros siervos creyentes.

إِنَّهُ مِنْ عِبَادِنَا ٱلْمُؤْمِنِينَ ﴿٨١﴾

(82) Luego, a los demás, los ahogamos.

ثُمَّ أَغْرَقْنَا ٱلْآخَرِينَ ﴿٨٢﴾

(83) Y por cierto que Ibrahim era de los suyos.

۞ وَإِنَّ مِن شِيعَتِهِ لَإِبْرَٰهِيمَ ﴿٨٣﴾

(84) Cuando se presentó ante su Señor con un corazón puro.

إِذْ جَآءَ رَبَّهُ بِقَلْبٍ سَلِيمٍ ﴿٨٤﴾

(85) Y cuando les dijo a su padre y a su gente:

¿Qué es lo que estáis adorando?

إِذْ قَالَ لِأَبِيهِ وَقَوْمِهِ مَاذَا تَعْبُدُونَ ﴿٨٥﴾

(86) ¿Buscáis dioses fuera de Allah por falsedad?

أَئِفْكًا ءَالِهَةً دُونَ اللَّهِ تُرِيدُونَ ۝

(87) ¿Y qué pensáis del Señor de los mundos?

فَمَا ظَنُّكُم بِرَبِّ الْعَٰلَمِينَ ۝

(88) Y observó las estrellas.

فَنَظَرَ نَظْرَةً فِي النُّجُومِ ۝

(89) Y dijo: Realmente voy a enfermar*.

فَقَالَ إِنِّي سَقِيمٌ ۝

*[Se ha transmitido que su gente tenía una fiesta y le invitaron a que saliera con ellos y les dijo que iba enfermar como excusa para quedarse a solas con los ídolos y destruirlos.

El hecho de que mirara las estrellas alude al conocimiento sobre los astros que existía entre ellos y su uso como predicción, de manera que en este caso les hizo creer que había leído en los astros que se pondría enfermo.]

(90) Entonces se apartaron de él dándole la espalda.

فَتَوَلَّوْا عَنْهُ مُدْبِرِينَ ۝

(91) Se fue para sus dioses y dijo: ¿Es que no coméis?

فَرَاغَ إِلَىٰ ءَالِهَتِهِمْ فَقَالَ أَلَا تَأْكُلُونَ ۝

(92) ¿Qué os pasa que no habláis?

مَا لَكُمْ لَا تَنطِقُونَ ۝

(93) Entonces fue sigilosamente hacia ellos golpeándolos con fuerza.

فَرَاغَ عَلَيْهِمْ ضَرْبًا بِالْيَمِينِ ۝

(94) Y acudieron a él rápidamente.

فَأَقْبَلُوا إِلَيْهِ يَزِفُّونَ ۝

(95) Dijo: ¿Adoráis lo que vosotros mismos habéis esculpido,

قَالَ أَتَعْبُدُونَ مَا تَنْحِتُونَ ۝

(96) cuando Allah os ha creado a vosotros y a lo que hacéis?

وَاللَّهُ خَلَقَكُمْ وَمَا تَعْمَلُونَ ۝

(97) Dijeron: Haced una construcción a propósito para él, para arrojadlo a las llamas.

قَالُوا ابْنُوا لَهُ بُنْيَانًا فَأَلْقُوهُ فِي الْجَحِيمِ ۝

(98) Quisieron tenderle una trampa pero los dejamos reducidos a lo más bajo.

فَأَرَادُوا بِهِ كَيْدًا فَجَعَلْنَاهُمُ الْأَسْفَلِينَ ۝

(99) Y dijo: Me voy hacia mi Señor, El me guiará*.

*[Esto lo dijo después de haber sido salvado del fuego y en este sentido se dice que Ibrahim fue el primero en emigrar por la causa de Allah. También puede entenderse que lo dijo antes de ser arrojado al fuego creyendo que iba a morir.]

وَقَالَ إِنِّي ذَاهِبٌ إِلَى رَبِّي سَيَهْدِينِ ۝

(100) ¡Señor mío! Concédeme una descendencia de justos.

رَبِّ هَبْ لِي مِنَ الصَّالِحِينَ ۝

(101) Y le anunciamos un niño que habría de tener buen juicio.

فَبَشَّرْنَاهُ بِغُلَامٍ حَلِيمٍ ۝

(102) Y cuando éste alcanzó la edad de acompañarle en sus tareas, le dijo: ¡Hijo mío! He visto en sueños que te sacrificaba, considera tu parecer. Dijo: ¡Padre! Haz lo que se te ordena y si Allah quiere, encontrarás en mí a uno de los pacientes.

فَلَمَّا بَلَغَ مَعَهُ السَّعْيَ قَالَ يَا بُنَيَّ إِنِّي أَرَى فِي الْمَنَامِ أَنِّي أَذْبَحُكَ فَانْظُرْ مَاذَا تَرَى قَالَ يَا أَبَتِ افْعَلْ مَا تُؤْمَرُ سَتَجِدُنِي إِن شَاءَ اللَّهُ مِنَ الصَّابِرِينَ ۝

(103) Y cuando ambos lo habían aceptado con sumisión, lo tumbó boca abajo.

فَلَمَّا أَسْلَمَا وَتَلَّهُ لِلْجَبِينِ ۝

(104) Le gritamos: ¡Ibrahim!

وَنَادَيْنَٰهُ أَن يَٰٓإِبْرَٰهِيمُ ۝

(105) Ya has confirmado la visión que tuviste. Realmente así es como recompensamos a los que hacen el bien.

قَدْ صَدَّقْتَ ٱلرُّءْيَآ إِنَّا كَذَٰلِكَ نَجْزِى ٱلْمُحْسِنِينَ ۝

(106) Esta es, de verdad, la prueba evidente.

إِنَّ هَٰذَا لَهُوَ ٱلْبَلَٰٓؤُا۟ ٱلْمُبِينُ ۝

(107) Y lo rescatamos poniendo en su lugar una magnífica ofrenda*

* [Un hermoso carnero del que se dice era del Jardín.]

وَفَدَيْنَٰهُ بِذِبْحٍ عَظِيمٍ ۝

(108) Y dejamos su memoria para la posteridad.

وَتَرَكْنَا عَلَيْهِ فِى ٱلْءَاخِرِينَ ۝

(109) Paz para Ibrahim.

سَلَٰمٌ عَلَىٰٓ إِبْرَٰهِيمَ ۝

(110) Así es como recompensamos a los que hacen el bien.

كَذَٰلِكَ نَجْزِى ٱلْمُحْسِنِينَ ۝

(111) El fue uno de Nuestros siervos creyentes.

إِنَّهُۥ مِنْ عِبَادِنَا ٱلْمُؤْمِنِينَ ۝

(112) Y le anunciamos a Ishaq, profeta de entre los justos.

وَبَشَّرْنَٰهُ بِإِسْحَٰقَ نَبِيًّا مِّنَ ٱلصَّٰلِحِينَ ۝

(113) Y lo bendijimos a él y a Ishaq. Entre su descendencia hubo quien hizo el bien y hubo quien fue claramente injusto consigo mismo.

وَبَٰرَكْنَا عَلَيْهِ وَعَلَىٰٓ إِسْحَٰقَ وَمِن ذُرِّيَّتِهِمَا مُحْسِنٌ وَظَالِمٌ لِّنَفْسِهِۦ مُبِينٌ ۝

(114) Y así fue como favorecimos a Musa y a Harún.

۞ وَلَقَدْ مَنَنَّا عَلَىٰ مُوسَىٰ وَهَٰرُونَ ۝

(115) Y los salvamos a ellos y a su gente de la gran catástrofe.

وَنَجَّيْنَٰهُمَا وَقَوْمَهُمَا مِنَ الْكَرْبِ الْعَظِيمِ ۝

(116) Los auxiliamos y fueron los vencedores.

وَنَصَرْنَٰهُمْ فَكَانُوا هُمُ الْغَٰلِبِينَ ۝

(117) Les dimos el Libro clarificador

وَءَاتَيْنَٰهُمَا الْكِتَٰبَ الْمُسْتَبِينَ ۝

(118) y les guiamos por el camino recto.

وَهَدَيْنَٰهُمَا الصِّرَٰطَ الْمُسْتَقِيمَ ۝

(119) Dejando su memoria para la posteridad.

وَتَرَكْنَا عَلَيْهِمَا فِي الْءَاخِرِينَ ۝

(120) Paz para Musa y Harún.

سَلَٰمٌ عَلَىٰ مُوسَىٰ وَهَٰرُونَ ۝

(121) Así es como recompensamos a los que hacen el bien.

إِنَّا كَذَٰلِكَ نَجْزِي الْمُحْسِنِينَ ۝

(122) Ellos fueron dos de Nuestros siervos creyentes.

إِنَّهُمَا مِنْ عِبَادِنَا الْمُؤْمِنِينَ ۝

(123) El Ilyas, que fue uno de los enviados.

وَإِنَّ إِلْيَاسَ لَمِنَ الْمُرْسَلِينَ ۝

(124) Cuando dijo a su gente: ¿Es que no tenéis temor?

إِذْ قَالَ لِقَوْمِهِ أَلَا تَتَّقُونَ ۝

(125) ¿Invocáis a Baal abandonando al mejor de los creadores?

أَتَدْعُونَ بَعْلًا وَتَذَرُونَ أَحْسَنَ الْخَٰلِقِينَ ۝

(126) Allah es vuestro Señor y el Señor de vuestros primeros padres.

اللَّهَ رَبَّكُمْ وَرَبَّ ءَابَآئِكُمُ الْأَوَّلِينَ ۝

(127) Lo tacharon de mentiroso y se les hará comparecer.

فَكَذَّبُوهُ فَإِنَّهُمْ لَمُحْضَرُونَ ۝

(128) No es así, sin embargo, con los
siervos de Allah sinceros.

إِلَّا عِبَادَ ٱللَّهِ ٱلْمُخْلَصِينَ ۝

(129) Dejamos su memoria para la
posteridad.

وَتَرَكْنَا عَلَيْهِ فِي ٱلْأَخِرِينَ ۝

(130) Paz para la gente de Yasin*.
  *[Ilyas]

سَلَٰمٌ عَلَىٰٓ إِلْ يَاسِينَ ۝

(131) Así es como recompensamos a
los que hacen el bien.

إِنَّا كَذَٰلِكَ نَجْزِي ٱلْمُحْسِنِينَ ۝

(132) Es cierto que era uno de Nuestros siervos creyentes.

إِنَّهُۥ مِنْ عِبَادِنَا ٱلْمُؤْمِنِينَ ۝

(133) Y Lut, que fue uno de Nuestros
enviados

وَإِنَّ لُوطًا لَّمِنَ ٱلْمُرْسَلِينَ ۝

(134) Cuando lo salvamos a él y a
todos los de su familia

إِذْ نَجَّيْنَٰهُ وَأَهْلَهُۥٓ أَجْمَعِينَ ۝

(135) Con la excepción de una vieja
que fue de los que se quedaron
atrás.

إِلَّا عَجُوزًا فِي ٱلْغَٰبِرِينَ ۝

(136) Luego, aniquilamos a los demás.

ثُمَّ دَمَّرْنَا ٱلْأَخَرِينَ ۝

(137) Vosotros pasáis sobre ellos
mañana

وَإِنَّكُمْ لَتَمُرُّونَ عَلَيْهِم مُّصْبِحِينَ ۝

(138) y noche. ¿Es que no vais a
entender?

وَبِٱلَّيْلِ أَفَلَا تَعْقِلُونَ ۝

(139) Y Yunus, que fue uno de los
enviados.

وَإِنَّ يُونُسَ لَمِنَ ٱلْمُرْسَلِينَ ۝

(140) Cuando escapó en la embarcación completamente cargada.

إِذْ أَبَقَ إِلَى الْفُلْكِ الْمَشْحُونِ ۝

(141) Y echaron a suertes y fue de los perdedores.

فَسَاهَمَ فَكَانَ مِنَ الْمُدْحَضِينَ ۝

(142) El pez se lo tragó y fue así reprendido*.

* [Yunus fue enviado a una gente que lo negó y él huyó enfadado; se embarcó en una embarcación que iba muy cargada y al zozobrar ésta en una tormenta decidieron echar a suertes quién debía ser arrojado al mar.]

فَالْتَقَمَهُ الْحُوتُ وَهُوَ مُلِيمٌ ۝

(143) De no haber sido porque era de los que glorificaban,

فَلَوْلَا أَنَّهُ كَانَ مِنَ الْمُسَبِّحِينَ ۝

(144) habría permanecido en su vientre hasta el día en el que todos serán devueltos a la vida.

لَلَبِثَ فِي بَطْنِهِ إِلَى يَوْمِ يُبْعَثُونَ ۝

(145) Así lo arrojamos a un playa desierta, maltrecho*.

* [Se ha transmitido que era como un niño recién nacido a causa de la fragilidad de su piel.]

فَنَبَذْنَاهُ بِالْعَرَاءِ وَهُوَ سَقِيمٌ ۝

(146) E hicimos que creciera sobre él una planta de calabaza*.

* [Esta planta tiene las hojas grandes y da buena sombra, es de tacto suave y repele las moscas, ya que la piel de Yunus no habría podido soportarlo.]

وَأَنْبَتْنَا عَلَيْهِ شَجَرَةً مِّن يَقْطِينٍ ۝

(147) Y lo enviamos a un grupo de cien mil o más.

وَأَرْسَلْنَاهُ إِلَى مِائَةِ أَلْفٍ أَوْ يَزِيدُونَ ۝

(148) Creyeron, y los dejamos disfrutar por un tiempo.

فَآمَنُوا فَمَتَّعْنَاهُمْ إِلَى حِينٍ ۝

(149) Pregúntales cómo es que tu Señor tiene hijas y ellos tienen hijos.

فَٱسْتَفْتِهِمْ أَلِرَبِّكَ ٱلْبَنَاتُ وَلَهُمُ ٱلْبَنُونَ ۝

(150) O si ha creado a los ángeles hembras y ellos son testigos.

أَمْ خَلَقْنَا ٱلْمَلَٰٓئِكَةَ إِنَٰثًا وَهُمْ شَٰهِدُونَ ۝

(151) ¿O es que acaso, basándose en sus patrañas, dirán

أَلَآ إِنَّهُم مِّنْ إِفْكِهِمْ لَيَقُولُونَ ۝

(152) que Allah ha engendrado? Realmente son mentirosos.

وَلَدَ ٱللَّهُ وَإِنَّهُمْ لَكَٰذِبُونَ ۝

(153) ¿Es que ha escogido tener hijas en vez de tener hijos?

أَصْطَفَى ٱلْبَنَاتِ عَلَى ٱلْبَنِينَ ۝

(154) ¿Qué os ocurre?, ¿cómo podéis juzgar así?

مَا لَكُمْ كَيْفَ تَحْكُمُونَ ۝

(155) ¿Es que no recapacitáis?

أَفَلَا تَذَكَّرُونَ ۝

(156) ¿O es que acaso tenéis alguna prueba contundente?

أَمْ لَكُمْ سُلْطَٰنٌ مُّبِينٌ ۝

(157) Traed pues vuestro libro si es verdad lo que decís.

فَأْتُوا بِكِتَٰبِكُمْ إِن كُنتُمْ صَٰدِقِينَ ۝

(158) Y han atribuído relación de parentesco entre El y los genios, cuando los genios saben bien que ellos habrán de comparecer.

وَجَعَلُوا بَيْنَهُ وَبَيْنَ ٱلْجِنَّةِ نَسَبًا وَلَقَدْ عَلِمَتِ ٱلْجِنَّةُ إِنَّهُمْ لَمُحْضَرُونَ ۝

(159) ¡Sea glorificado Allah por encima de lo que (Le) atribuyen!

سُبْحَٰنَ ٱللَّهِ عَمَّا يَصِفُونَ ۝

(160) Pero no son así los siervos de Allah sinceros.

إِلَّا عِبَادَ ٱللَّهِ ٱلۡمُخۡلَصِينَ ۝

(161) Y en verdad vosotros y aquéllos a los que adoráis,

فَإِنَّكُمۡ وَمَا تَعۡبُدُونَ ۝

(162) no podréis extraviar a nadie en contra de Allah.

مَآ أَنتُمۡ عَلَيۡهِ بِفَٰتِنِينَ ۝

(163) Sólo quien haya de entrar en el Yahim.

إِلَّا مَنۡ هُوَ صَالِ ٱلۡجَحِيمِ ۝

(164) Y no hay ninguno de nosotros que no tenga una estación conocida.*

* [Hablan los ángeles]

وَمَا مِنَّآ إِلَّا لَهُۥ مَقَامٌ مَّعۡلُومٌ ۝

(165) Es cierto que vamos en filas.

وَإِنَّا لَنَحۡنُ ٱلصَّآفُّونَ ۝

(166) Y somos glorificadores.

وَإِنَّا لَنَحۡنُ ٱلۡمُسَبِّحُونَ ۝

(167) Y es verdad que han dicho:

وَإِن كَانُواْ لَيَقُولُونَ ۝

(168) Si tuviéramos alguna memoria de los que nos precedieron

لَوۡ أَنَّ عِندَنَا ذِكۡرٗا مِّنَ ٱلۡأَوَّلِينَ ۝

(169) seríamos servidores sinceros de Allah;

لَكُنَّا عِبَادَ ٱللَّهِ ٱلۡمُخۡلَصِينَ ۝

(170) Y sin embargo se han negado a creer en él*. Pero ya sabrán.

* [El Corán.]

فَكَفَرُواْ بِهِۦۖ فَسَوۡفَ يَعۡلَمُونَ ۝

(171) Ya sucedió antes que dimos Nuestra palabra a Nuestos siervos enviados.

وَلَقَدۡ سَبَقَتۡ كَلِمَتُنَا لِعِبَادِنَا ٱلۡمُرۡسَلِينَ ۝

(172) Y fueron auxiliados.

إِنَّهُمْ لَهُمُ الْمَنصُورُونَ ۝

(173) Y es verdad que Nuestros ejércitos fueron vencedores.

وَإِنَّ جُندَنَا لَهُمُ الْغَٰلِبُونَ ۝

(174) Apártate pues de ellos hasta que llegue el momento.

فَتَوَلَّ عَنْهُمْ حَتَّىٰ حِينٍ ۝

(175) Y obsérvalos que ya verán.

وَأَبْصِرْهُمْ فَسَوْفَ يُبْصِرُونَ ۝

(176) ¿Acaso están pidiendo que se acelere el castigo?

أَفَبِعَذَابِنَا يَسْتَعْجِلُونَ ۝

(177) Cuando descienda a sus patios: ¡Qué mal amanecer el de los que fueron advertidos!

فَإِذَا نَزَلَ بِسَاحَتِهِمْ فَسَآءَ صَبَاحُ الْمُنذَرِينَ ۝

(178) Apártate de ellos hasta que llegue el momento.

وَتَوَلَّ عَنْهُمْ حَتَّىٰ حِينٍ ۝

(179) Y observa que ya verán.

وَأَبْصِرْ فَسَوْفَ يُبْصِرُونَ ۝

(180) ¡Gloria a tu Señor!, el Señor del poder por encima de lo que (Le) atribuyen.

سُبْحَٰنَ رَبِّكَ رَبِّ الْعِزَّةِ عَمَّا يَصِفُونَ ۝

(181) Paz sobre los enviados.

وَسَلَٰمٌ عَلَى الْمُرْسَلِينَ ۝

(182) Y las alabanzas a Allah, el Señor de los mundos.

وَالْحَمْدُ لِلَّهِ رَبِّ الْعَٰلَمِينَ ۝

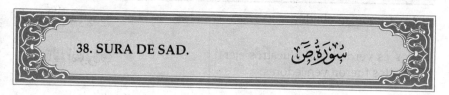

38. SURA DE SAD.

سُورَةُ صٓ

بِسْمِ اللَّهِ الرَّحْمَٰنِ الرَّحِيمِ

En el nombre de Allah, el Misericordioso, el Compasivo.

(1) Sad. ¡Por el Corán que contiene el Recuerdo! Sin embargo los que se niegan a creer muestran arrogancia y oposición.

صٓ وَالْقُرْءَانِ ذِي الذِّكْرِ بَلِ الَّذِينَ كَفَرُوا فِي عِزَّةٍ وَشِقَاقٍ ۝

(2) ¿Cuántas generaciones anteriores a ellos destruimos?

Imploraron cuando ya había pasado el tiempo de salvarse.

كَمْ أَهْلَكْنَا مِن قَبْلِهِم مِّن قَرْنٍ فَنَادَوا وَّلَاتَ حِينَ مَنَاصٍ ۝

(3) Se extrañan de que les haya llegado un advertidor que es uno de ellos; y dicen los que se niegan a creer: Este es un mago farsante.

وَعَجِبُوا أَن جَاءَهُم مُّنذِرٌ مِّنْهُمْ وَقَالَ الْكَافِرُونَ هَٰذَا سَاحِرٌ كَذَّابٌ ۝

(4) ¿Acaso pretende que los dioses sean un único dios? Realmente es algo asombroso.

أَجَعَلَ الْآلِهَةَ إِلَٰهًا وَاحِدًا إِنَّ هَٰذَا لَشَيْءٌ عُجَابٌ ۝

(5) Sus cabecillas han salido diciendo: Id y seguid fieles a vuestros dioses pues en todo esto se persigue algo contra vosotros.

وَانطَلَقَ الْمَلَأُ مِنْهُمْ أَنِ امْشُوا وَاصْبِرُوا عَلَىٰ آلِهَتِكُمْ إِنَّ هَٰذَا لَشَيْءٌ يُرَادُ ۝

(6) No lo habíamos oído en la forma de Adoración anterior, sólo es una invención.

مَا سَمِعْنَا بِهَٰذَا فِي الْمِلَّةِ الْآخِرَةِ إِنْ هَٰذَا إِلَّا اخْتِلَاقٌ ۝

(7) ¿Cómo puede ser que, de entre todos nosotros, se le haya hecho descender el Recuerdo a él?

Pero no es por eso, es que dudan de Mi Recuerdo.

Aún no han probado Mi castigo.

ءَأُنزِلَ عَلَيْهِ ٱلذِّكْرُ مِنۢ بَيْنِنَا ۚ بَلْ هُمْ فِى شَكٍّ مِّن ذِكْرِى ۖ بَل لَّمَّا يَذُوقُوا۟ عَذَابِ ۝

(8) ¿O es que poseen los tesoros de la misericordia de tu Señor, el Irresistible, el Dador?

أَمْ عِندَهُمْ خَزَآئِنُ رَحْمَةِ رَبِّكَ ٱلْعَزِيزِ ٱلْوَهَّابِ ۝

(9) ¿O tienen el dominio de los cielos y de la tierra y de lo que entre ellos hay? Que suban entonces por los accesos (a los cielos).

أَمْ لَهُم مُّلْكُ ٱلسَّمَٰوَٰتِ وَٱلْأَرْضِ وَمَا بَيْنَهُمَا ۖ فَلْيَرْتَقُوا۟ فِى ٱلْأَسْبَٰبِ ۝

(10) Sólo son una tropa más, entre los coligados, que pronto será derrotada.

جُندٌ مَّا هُنَالِكَ مَهْزُومٌ مِّنَ ٱلْأَحْزَابِ ۝

(11) Antes de ellos ya negaron la verdad la gente de Nuh, los Ad y Firaún, el de las estacas.*

كَذَّبَتْ قَبْلَهُمْ قَوْمُ نُوحٍ وَعَادٌ وَفِرْعَوْنُ ذُو ٱلْأَوْتَادِ ۝

* [Según Ibn Abbas se refiere a la perfección y firmeza de sus edificios. Otros dicen que a quien quería atormentar lo ataba en el suelo a cuatro estacas y soltaba escorpiones y serpientes hasta que moría; o lo dejaba morir lentamente. Otros indican que la expresión alude a su fuerza y estabilidad o a sus ejércitos y esto último es una explicación bastante extendida.]

(12) Y los Zamud, la gente de Lut y los compañeros de la Espesura*.

وَثَمُودُ وَقَوْمُ لُوطٍ وَأَصْحَٰبُ لْئَيْكَةِ ۚ أُو۟لَٰٓئِكَ ٱلْأَحْزَابُ ۝

Esos eran realmente los coligados*.

* [Se refiere a la gente del profeta
Shuayb]

* [Es decir, los que tenían fuerza]

(13) No hubo ninguno que no negara
la verdad de los mensajeros y
Mi castigo se hizo realidad.

إِن كُلٌّ إِلَّا كَذَّبَ ٱلرُّسُلَ فَحَقَّ عِقَابِ ۝

(14) Y éstos* sólo tendrán que esperar
un único grito que no tendrá
vuelta atrás.

* [Los asociadores de Meca]

وَمَا يَنظُرُ هَٰٓؤُلَآءِ إِلَّا صَيْحَةً وَٰحِدَةً مَّا لَهَا مِن
فَوَاقٍ ۝

(15) Dicen: ¡Señor nuestro! Adelánta-
nos nuestra parte antes del Día
de la Cuenta.

وَقَالُوا۟ رَبَّنَا عَجِّل لَّنَا قِطَّنَا قَبْلَ يَوْمِ ٱلْحِسَابِ ۝

(16) Ten paciencia con lo que dicen.
Y recuerda a Nuestro siervo
Daud, el que había sido dotado
de fortaleza; es cierto que él se
volvía mucho a su Señor.

ٱصْبِرْ عَلَىٰ مَا يَقُولُونَ وَٱذْكُرْ عَبْدَنَا دَاوُدَ ذَا ٱلْأَيْدِ
إِنَّهُۥٓ أَوَّابٌ ۝

(17) Le subordinamos las montañas
que con él glorificaban al anochecer y al amanecer.

إِنَّا سَخَّرْنَا ٱلْجِبَالَ مَعَهُۥ يُسَبِّحْنَ بِٱلْعَشِيِّ
وَٱلْإِشْرَاقِ ۝

(18) Y las aves reunidas, todas obedientes a él.

وَٱلطَّيْرَ مَحْشُورَةً كُلٌّ لَّهُۥٓ أَوَّابٌ ۝

(19) Fortalecimos su reino y le dimos
sabiduría y un juicio certero.

وَشَدَدْنَا مُلْكَهُۥ وَءَاتَيْنَٰهُ ٱلْحِكْمَةَ وَفَصْلَ
ٱلْخِطَابِ ۝

(20) ¿Te ha llegado el caso de los
litigantes, cuando escalaron
hasta lo más alto del templo?

وَهَلْ أَتَىٰكَ نَبَؤُا۟ ٱلْخَصْمِ إِذْ تَسَوَّرُوا۟
ٱلْمِحْرَابَ ۝

سُورَةُ صٓ ـ الْجُزْءُ الثَّالِثُ وَالْعِشْرُونَ

(21) Y se presentaron ante Daud, que sintió miedo de ellos, entonces dijeron: No temas, somos dos litigantes.

Uno de nosotros ha abusado del otro, así que juzga entre nosotros con la verdad, sin inclinarte por ninguno, y guíanos al camino medio.

إِذْ دَخَلُوا۟ عَلَىٰ دَاوُۥدَ فَفَزِعَ مِنْهُمْ فَقَالُوا۟ لَا تَخَفْ خَصْمَانِ بَغَىٰ بَعْضُنَا عَلَىٰ بَعْضٍ فَٱحْكُم بَيْنَنَا بِٱلْحَقِّ وَلَا تُشْطِطْ وَٱهْدِنَآ إِلَىٰ سَوَآءِ ٱلصِّرَٰطِ ۝

(22) Este es mi hermano, él tiene noventa y nueve ovejas y yo sólo tengo una. El me dijo: Déjala a mi cuidado y luego ha podido más que yo con sus argumentos.

إِنَّ هَٰذَآ أَخِى لَهُۥ تِسْعٌ وَتِسْعُونَ نَعْجَةً وَلِىَ نَعْجَةٌ وَٰحِدَةٌ فَقَالَ أَكْفِلْنِيهَا وَعَزَّنِى فِى ٱلْخِطَابِ ۝

(23) Dijo: El ha sido injusto contigo al pedirte tu oveja para juntarla a las suyas; realmente muchos de los que se asocian con otros cometen abusos, pero no así los que creen y practican las obras de bien.

Sin embargo éstos son pocos.

Y entonces Daud se dió cuenta de que lo habíamos puesto a prueba y pidió perdón a su Señor, cayó postrado y se arrepintió.

قَالَ لَقَدْ ظَلَمَكَ بِسُؤَالِ نَعْجَتِكَ إِلَىٰ نِعَاجِهِۦ وَإِنَّ كَثِيرًا مِّنَ ٱلْخُلَطَآءِ لَيَبْغِى بَعْضُهُمْ عَلَىٰ بَعْضٍ إِلَّا ٱلَّذِينَ ءَامَنُوا۟ وَعَمِلُوا۟ ٱلصَّٰلِحَٰتِ وَقَلِيلٌ مَّا هُمْ وَظَنَّ دَاوُۥدُ أَنَّمَا فَتَنَّٰهُ فَٱسْتَغْفَرَ رَبَّهُۥ وَخَرَّ رَاكِعًا وَأَنَابَ ۩ ۝

(24) Le perdonamos aquello y es cierto que goza de proximidad ante Nos y de un hermoso lugar de destino.

فَغَفَرْنَا لَهُۥ ذَٰلِكَ وَإِنَّ لَهُۥ عِندَنَا لَزُلْفَىٰ وَحُسْنَ مَـَٔابٍ ۝

(25) ¡Daud! Te hemos hecho representante Nuestro en la tierra,

يَٰدَاوُۥدُ إِنَّا جَعَلْنَٰكَ خَلِيفَةً فِى ٱلْأَرْضِ فَٱحْكُم بَيْنَ

juzga pues entre los hombres con la verdad y no sigas los deseos, ya que te extraviarían del camino de Allah; cierto que aquéllos que se extravían del camino de Allah tendrán un violento castigo por haberse olvidado del Día de la Cuenta.

ٱلنَّاسِ بِٱلْحَقِّ وَلَا تَتَّبِعِ ٱلْهَوَىٰ فَيُضِلَّكَ عَن سَبِيلِ ٱللَّهِ إِنَّ ٱلَّذِينَ يَضِلُّونَ عَن سَبِيلِ ٱللَّهِ لَهُمْ عَذَابٌ شَدِيدٌۢ بِمَا نَسُوا۟ يَوْمَ ٱلْحِسَابِ ﴿﴾

(26) Y no hemos creado el cielo, la tierra y lo que entre ambos hay, en vano, ésa es la opinión de los que se niegan a creer.

¡Ay de los que se niegan a creer! ¡Por el Fuego!

وَمَا خَلَقْنَا ٱلسَّمَآءَ وَٱلْأَرْضَ وَمَا بَيْنَهُمَا بَٰطِلًا ذَٰلِكَ ظَنُّ ٱلَّذِينَ كَفَرُوا۟ فَوَيْلٌ لِّلَّذِينَ كَفَرُوا۟ مِنَ ٱلنَّارِ ﴿﴾

(27) ¿Es que vamos a considerar a los que creen y practican las acciones de bien del mismo modo que a los que corrompen en la tierra?

¿O a los temerosos como a los libertinos?

أَمْ نَجْعَلُ ٱلَّذِينَ ءَامَنُوا۟ وَعَمِلُوا۟ ٱلصَّٰلِحَٰتِ كَٱلْمُفْسِدِينَ فِى ٱلْأَرْضِ أَمْ نَجْعَلُ ٱلْمُتَّقِينَ كَٱلْفُجَّارِ ﴿﴾

(28) Es un Libro bendito, que te hemos hecho descender, para que mediten sus signos y para que recuerden los que saben reconocer lo esencial.

كِتَٰبٌ أَنزَلْنَٰهُ إِلَيْكَ مُبَٰرَكٌ لِّيَدَّبَّرُوٓا۟ ءَايَٰتِهِۦ وَلِيَتَذَكَّرَ أُو۟لُوا۟ ٱلْأَلْبَٰبِ ﴿﴾

(29) Y a Daud le concedimos a Sulayman. ¡Qué excelente siervo!

Con qué frecuencia se volvía a su Señor.

وَوَهَبْنَا لِدَاوُۥدَ سُلَيْمَٰنَ نِعْمَ ٱلْعَبْدُ إِنَّهُۥٓ أَوَّابٌ ﴿﴾

(30) Una tarde, que le habían mostrado unos magníficos corceles,

إِذْ عُرِضَ عَلَيْهِ بِٱلْعَشِىِّ ٱلصَّٰفِنَٰتُ ٱلْجِيَادُ ﴿﴾

(31) dijo: He amado lo bueno más que el recuerdo de mi Señor, hasta el punto de que (el sol) se ha ocultado tras el velo (de la noche).*

فَقَالَ إِنِّى أَحْبَبْتُ حُبَّ ٱلْخَيْرِ عَن ذِكْرِ رَبِّى حَتَّىٰ تَوَارَتْ بِٱلْحِجَابِ ۝

* [Se dice que, distraído, se le pasó el tiempo de la oración de la tarde o una oración específica que él solía hacer a esa hora.]

(32) Traédmelos de nuevo.

Y se puso a desjarretarlos y a degollarlos.*

رُدُّوهَا عَلَىَّ فَطَفِقَ مَسْحًا بِٱلسُّوقِ وَٱلْأَعْنَاقِ ۝

* [Es decir que en vez de utilizarlos para montar y para la guerra, los sacrificó y dio su carne a los pobres.]

(33) Y pusimos a prueba a Sulayman colocando una figura en su trono*, después se volvió a su Señor.

وَلَقَدْ فَتَنَّا سُلَيْمَٰنَ وَأَلْقَيْنَا عَلَىٰ كُرْسِيِّهِ جَسَدًا ثُمَّ أَنَابَ ۝

* [Entre las historias acerca del sentido de esta aleya, se cuenta que Sulayman tenía un anillo que le confería su auto-ridad de soberano y en el que tenía grabado el nombre divino, motivo por el cual cuando se retiraba a sus necesi-dades se lo quitaba. En una ocasión se lo confió a una sierva y un genio, tomando la imagen de Sulayman, apareció ante ella y le pidió el anillo.

Entonces el genio usurpó el trono de Sulayman permaneciendo en él durante cuarenta días mientras la gente creía que era Sulayman. Entre tanto Sulayman había tenido que huir. Un día que estaba hambriento pescó un pez y al abrirlo encontró en su inte-rior el anillo que el genio había arro-jado al mar. Y así pudo recuperar su reinado.]

(34) Dijo: Señor mío, perdóname y concédeme un reino que nadie más después de mí pueda tener, realmente Tú eres el Dador.

فَالَ رَبِّ ٱغْفِرْ لِى وَهَبْ لِى مُلْكًا لَّا يَنۢبَغِى لِأَحَدٍ مِّنۢ بَعْدِىٓ إِنَّكَ أَنتَ ٱلْوَهَّابُ ۝

(35) Y le subordinamos el viento que corría, bajo su mandato, dócilmente y a donde él quería.

فَسَخَّرْنَا لَهُ ٱلرِّيحَ تَجْرِى بِأَمْرِهِۦ رُخَآءً حَيْثُ أَصَابَ ۝

(36) Y a todos los demonios, de albañiles y buzos,

وَٱلشَّيَٰطِينَ كُلَّ بَنَّآءٍ وَغَوَّاصٍ ۝

(37) y otros encadenados.

وَءَاخَرِينَ مُقَرَّنِينَ فِى ٱلْأَصْفَادِ ۝

(38) Este es Nuestro don, haz uso de él concediendo o denegando sin ninguna limitación.

هَٰذَا عَطَآؤُنَا فَٱمْنُنْ أَوْ أَمْسِكْ بِغَيْرِ حِسَابٍ ۝

(39) Es cierto que el, junto a Nos, tiene proximidad y un hermoso lugar de retorno.

وَإِنَّ لَهُۥ عِندَنَا لَزُلْفَىٰ وَحُسْنَ مَـَٔابٍ ۝

(40) Y recuerda a Nuestro siervo Ayyub cuando clamó a su Señor: ¡El Shaytán me ha tocado con enfermedad y padecimiento!

وَٱذْكُرْ عَبْدَنَآ أَيُّوبَ إِذْ نَادَىٰ رَبَّهُۥٓ أَنِّى مَسَّنِىَ ٱلشَّيْطَٰنُ بِنُصْبٍ وَعَذَابٍ ۝

(41) Golpea el suelo con tus pies y tendrás agua fresca para lavarte y bebida.

ٱرْكُضْ بِرِجْلِكَ هَٰذَا مُغْتَسَلٌۢ بَارِدٌ وَشَرَابٌ ۝

(42) Y le concedimos que recuperara a su familia y otro tanto más con ellos, como misericordia procedente de Nos y recuerdo

وَوَهَبْنَا لَهُۥٓ أَهْلَهُۥ وَمِثْلَهُم مَّعَهُمْ رَحْمَةً مِّنَّا وَذِكْرَىٰ لِأُولِى ٱلْأَلْبَٰبِ ۝

para los que saben reconocer lo esencial.

(43) Toma en tu mano un haz de ramas y golpea con él para que así no perjures*. Es verdad que lo hallamos paciente.
¡Qué excelente siervo! El se volvía mucho (a su Señor).

* [Ayyub había jurado que cuando sanara le daría a su mujer cien azotes. La razón es que estando ella al cuidado de él, Shaytán la tentó haciéndola desesperar y le propuso decirle a su esposo que si se postraba ante él, le libraría de su enfermedad. Entonces Ayyub se enfadó y juró darle cien azotes. Al sanar, Allah le inspiró que tomara cien ramas, hiciera un haz y le diera un sólo golpe con ellas, aliviándolo a él de su juramento y a ella del castigo.]

وَخُذْبِيَدِكَ ضِغْثًا فَاضْرِب بِّهِ وَلَا تَحْنَثْ إِنَّا وَجَدْنَهُ صَابِرًا نِّعْمَ ٱلْعَبْدُ إِنَّهُۥٓ أَوَّابٌ ۝

(44) Y recuerda a Nuestros siervos Ibrahim, Ishaq y Yaqub, ellos tenían firmeza y sagacidad.

وَٱذْكُرْ عِبَٰدَنَآ إِبْرَٰهِيمَ وَإِسْحَٰقَ وَيَعْقُوبَ أُوْلِى ٱلْأَيْدِى وَٱلْأَبْصَٰرِ ۝

(45) Realmente los escogimos por su entrega al recuerdo de la Morada.

إِنَّآ أَخْلَصْنَٰهُم بِخَالِصَةٍ ذِكْرَى ٱلدَّارِ ۝

(46) Y ellos están, ante Nos, entre los predilectos, los elegidos.

وَإِنَّهُمْ عِندَنَا لَمِنَ ٱلْمُصْطَفَيْنَ ٱلْأَخْيَارِ ۝

(47) Y recuerda a Ismail, al-Yasa y a Dhul Kifl, todos predilectos.

وَٱذْكُرْ إِسْمَٰعِيلَ وَٱلْيَسَعَ وَذَا ٱلْكِفْلِ وَكُلٌّ مِّنَ ٱلْأَخْيَارِ ۝

(48) Esto es un recuerdo y en verdad que para los temerosos hay un hermoso lugar de retorno:

هَٰذَا ذِكْرٌ وَإِنَّ لِلْمُتَّقِينَ لَحُسْنَ مَـَٔابٍ ۝

(49) los Jardines de Adn cuyas puertas estarán abiertas.

جَنَّٰتِ عَدْنٍ مُّفَتَّحَةً لَّهُمُ الْأَبْوَٰبُ ۞

(50) Allí, recostados, pedirán abundante fruta y bebida.

مُتَّكِـِٔينَ فِيهَا يَدْعُونَ فِيهَا بِفَٰكِهَةٍ كَثِيرَةٍ وَشَرَابٍ ۞

(51) A su lado tendrán unas que sólo los mirarán a ellos, de su misma edad.

۞ وَعِندَهُمْ قَٰصِرَٰتُ الطَّرْفِ أَتْرَابٌ ۞

(52) Esto es lo que se os promete para el Día de la Cuenta.

هَٰذَا مَا تُوعَدُونَ لِيَوْمِ الْحِسَابِ ۞

(53) Esta será Nuestra provisión que no tendrá fin.

إِنَّ هَٰذَا لَرِزْقُنَا مَا لَهُۥ مِن نَّفَادٍ ۞

(54) Así es, pero es cierto que los que traspasen los límites tendrán el peor lugar de retorno:

هَٰذَا وَإِنَّ لِلطَّٰغِينَ لَشَرَّ مَـَٔابٍ ۞

(55) Yahannam, cuyo ardor sufrirán dentro de él.

¡Qué mal lugar de descanso!

جَهَنَّمَ يَصْلَوْنَهَا فَبِئْسَ الْمِهَادُ ۞

(56) Así es. Que gusten el agua hirviente y la pus,

هَٰذَا فَلْيَذُوقُوهُ حَمِيمٌ وَغَسَّاقٌ ۞

(57) y otras cosas parecidas del mismo tipo.

وَءَاخَرُ مِن شَكْلِهِۦٓ أَزْوَٰجٌ ۞

(58) Ahí tenéis a un grupo que entrará con vosotros*.

No son bienvenidos; ellos también sufrirán el ardor del Fuego.

* [Alude a los seguidores]

هَٰذَا فَوْجٌ مُّقْتَحِمٌ مَّعَكُمْ لَا مَرْحَبًا بِهِمْ إِنَّهُمْ صَالُوا النَّارِ ۞

(59) Dirán: ¡No, sois vosotros los que no sois bienvenidos, vosotros lo preparásteis para nosotros! ¡Qué mala residencia!

قَالُوا بَلْ أَنتُمْ لَا مَرْحَبَاً بِكُمْ أَنتُمْ قَدَّمْتُمُوهُ لَنَا فَبِئْسَ الْقَرَارُ ٥٩

(60) Dirán: ¡Señor nuestro! Dóblale el castigo en el Fuego, a quien preparó esto para nosotros.

قَالُوا رَبَّنَا مَن قَدَّمَ لَنَا هَٰذَا فَزِدْهُ عَذَابًا ضِعْفًا فِي النَّارِ ٦٠

(61) Y dirán: ¿Cómo es que no vemos a unos hombres que considerábamos de los peores?

وَقَالُوا مَا لَنَا لَا نَرَىٰ رِجَالًا كُنَّا نَعُدُّهُم مِّنَ الْأَشْرَارِ ٦١

(62) Los tomábamos a burla, ¿es que no los puede distinguir la vista?

أَتَّخَذْنَاهُمْ سِخْرِيًّا أَمْ زَاغَتْ عَنْهُمُ الْأَبْصَارُ ٦٢

(63) Cierto que esto es verdad; así será la disputa de la gente del Fuego.

إِنَّ ذَٰلِكَ لَحَقٌّ تَخَاصُمُ أَهْلِ النَّارِ ٦٣

(64) Di: Yo sólo soy un advertidor y no hay dios sino Allah, el Unico, el Dominante.

قُلْ إِنَّمَا أَنَا مُنذِرٌ وَمَا مِنْ إِلَٰهٍ إِلَّا اللَّهُ الْوَاحِدُ الْقَهَّارُ ٦٤

(65) El Señor de los cielos y de la tierra y de lo que hay entre ambos, el Irresistible, el Perdonador.

رَبُّ السَّمَاوَاتِ وَالْأَرْضِ وَمَا بَيْنَهُمَا الْعَزِيزُ الْغَفَّارُ ٦٥

(66) Di: Es un anuncio de enorme transcendencia.

قُلْ هُوَ نَبَأٌ عَظِيمٌ ٦٦

(67) Del que vosotros os apartáis.

أَنتُمْ عَنْهُ مُعْرِضُونَ ٦٧

(68) No he tenido acceso a conocer la discusión del Consejo Supremo*

  * [De los ángeles]

مَا كَانَ لِيَ مِنْ عِلْمٍ بِالْمَلَإِ الْأَعْلَىٰ إِذْ يَخْتَصِمُونَ ٦٨

سُورَةُ صٓ ـ الجُزْءُ الثَّالِثُ وَالْعِشْرُونَ

(69) sino que sólo se me ha inspirado que sea un claro advertidor.

إِن يُوحَىٰٓ إِلَىَّ إِلَّآ أَنَّمَآ أَنَا۠ نَذِيرٌ مُّبِينٌ ﴿٦٩﴾

(70) Cuando dijo tu Señor a los ángeles: Voy a crear un ser humano a partir del barro.

إِذْ قَالَ رَبُّكَ لِلْمَلَٰٓئِكَةِ إِنِّي خَٰلِقٌۢ بَشَرًا مِّن طِينٍ ﴿٧٠﴾

(71) Y cuando le haya dado forma y haya insuflado en él parte de Mi espíritu: ¡Caed postrados ante él!

فَإِذَا سَوَّيْتُهُۥ وَنَفَخْتُ فِيهِ مِن رُّوحِى فَقَعُوا۟ لَهُۥ سَٰجِدِينَ ﴿٧١﴾

(72) Y todos los ángeles se postraron,

فَسَجَدَ ٱلْمَلَٰٓئِكَةُ كُلُّهُمْ أَجْمَعُونَ ﴿٧٢﴾

(73) aunque no así Iblis que se ensoberbeció y fue de los renegados.

إِلَّآ إِبْلِيسَ ٱسْتَكْبَرَ وَكَانَ مِنَ ٱلْكَٰفِرِينَ ﴿٧٣﴾

(74) Dijo: ¡Iblis! ¿Qué es lo que te impide postrarte ante quien he creado con Mis manos? ¿Te consideras demasiado grande para ello o es que estás entre los altivos?

قَالَ يَٰٓإِبْلِيسُ مَا مَنَعَكَ أَن تَسْجُدَ لِمَا خَلَقْتُ بِيَدَىَّ أَسْتَكْبَرْتَ أَمْ كُنتَ مِنَ ٱلْعَالِينَ ﴿٧٤﴾

(75) Dijo: Yo soy mejor que él, a mí me creaste de fuego y a él lo has creado de barro.

قَالَ أَنَا۠ خَيْرٌ مِّنْهُ خَلَقْتَنِى مِن نَّارٍ وَخَلَقْتَهُۥ مِن طِينٍ ﴿٧٥﴾

(76) Dijo: ¡Sal de él*! Realmente estás maldito.
*[El Jardín]

قَالَ فَٱخْرُجْ مِنْهَا فَإِنَّكَ رَجِيمٌ ﴿٧٦﴾

(77) Mi maldición caerá sobre ti hasta el Día de la Rendición de cuentas.

وَإِنَّ عَلَيْكَ لَعْنَتِىٓ إِلَىٰ يَوْمِ ٱلدِّينِ ﴿٧٧﴾

(78) Dijo: ¡Señor mío! Concédeme un tiempo de espera hasta el día en que se les devuelva a la vida.

قَالَ رَبِّ فَأَنظِرْنِيٓ إِلَىٰ يَوْمِ يُبْعَثُونَ ۝

(79) Dijo: Estás entre los que serán esperados

قَالَ فَإِنَّكَ مِنَ ٱلْمُنظَرِينَ ۝

(80) hasta el día cuyo momento es conocido.

إِلَىٰ يَوْمِ ٱلْوَقْتِ ٱلْمَعْلُومِ ۝

(81) Dijo: ¡Por Tu poder que los extraviaré a todos!

قَالَ فَبِعِزَّتِكَ لَأُغْوِيَنَّهُمْ أَجْمَعِينَ ۝

(82) Con la excepción de aquéllos que sean Tus siervos sinceros.

إِلَّا عِبَادَكَ مِنْهُمُ ٱلْمُخْلَصِينَ ۝

(83) Dijo: ¡Y por la verdad! Y es verdad lo que digo, que llenaré Yahannam contigo y con los que de ellos te sigan, todos juntos.

۞ فَالْحَقُّ وَٱلْحَقَّ أَقُولُ لَأَمْلَأَنَّ جَهَنَّمَ مِنكَ وَمِمَّن تَبِعَكَ مِنْهُمْ أَجْمَعِينَ ۝

(84) Di: No os pido ninguna recompensa por ello ni soy un impostor.

قُلْ مَآ أَسْـَٔلُكُمْ عَلَيْهِ مِنْ أَجْرٍ وَمَآ أَنَا مِنَ ٱلْمُتَكَلِّفِينَ ۝

(85) No es sino un recuerdo para todos los mundos.

إِنْ هُوَ إِلَّا ذِكْرٌ لِّلْعَٰلَمِينَ ۝

(86) Y tened por seguro que, pasado un tiempo, conoceréis lo que anuncia.

وَلَتَعْلَمُنَّ نَبَأَهُ بَعْدَ حِينٍ ۝

39. SURA DE LOS GRUPOS.

En el nombre de Allah, el Misericordioso, el Compasivo.

(1) Descenso del Libro procedente de Allah, el Poderoso, el Sabio.

(2) Hemos hecho que te descendiera el Libro con la verdad; adora a Allah con sinceridad, ofreciéndole sólo a El la Adoración.

(3) ¿Acaso no se Le debe a Allah la Adoración exclusiva?

Los que han tomado protectores fuera de El, (dicen):

Sólo los adoramos para que nos den proximidad a Allah.

Allah juzgará entre ellos sobre aquello en lo que tenían diferencias.

(4) Allah no guía a quien es mentiroso e ingrato.

(5) Si Allah hubiera querido tomar para Sí un hijo, habría escogido lo que hubiera querido de entre Su creación.

El es Allah, el Uno, el Dominante. ¡Glorificado sea!

(6) Ha creado los cielos y la tierra con la verdad, hace que la noche se enrolle en el día y que el día se enrolle en la noche y ha sometido a Su mandato al sol y a la luna, que siguen su curso hasta que se cumpla un plazo fijado.

¿Acaso no es El, el Poderoso, el Muy Perdonador?

خَلَقَ ٱلسَّمَٰوَٰتِ وَٱلْأَرْضَ بِٱلْحَقِّ يُكَوِّرُ ٱلَّيْلَ عَلَى ٱلنَّهَارِ وَيُكَوِّرُ ٱلنَّهَارَ عَلَى ٱلَّيْلِ وَسَخَّرَ ٱلشَّمْسَ وَٱلْقَمَرَ كُلٌّ يَجْرِي لِأَجَلٍ مُّسَمًّى أَلَا هُوَ ٱلْعَزِيزُ ٱلْغَفَّٰرُ ١

(7) Os creó a partir de un sólo ser del que hizo a su pareja, e hizo descender para vosotros ocho especies de ganado. Os crea en los vientres de vuestras madres, creación tras creación, a lo largo de tres tinieblas.

Ese es Allah, vuestro Señor, Suya es la Soberanía; no hay dios sino El. ¿Por qué entonces os apartáis?

خَلَقَكُم مِّن نَّفْسٍ وَٰحِدَةٍ ثُمَّ جَعَلَ مِنْهَا زَوْجَهَا وَأَنزَلَ لَكُم مِّنَ ٱلْأَنْعَٰمِ ثَمَٰنِيَةَ أَزْوَٰجٍ يَخْلُقُكُمْ فِي بُطُونِ أُمَّهَٰتِكُمْ خَلْقًا مِّنۢ بَعْدِ خَلْقٍ فِي ظُلُمَٰتٍ ثَلَٰثٍ ذَٰلِكُمُ ٱللَّهُ رَبُّكُمْ لَهُ ٱلْمُلْكُ لَا إِلَٰهَ إِلَّا هُوَ فَأَنَّىٰ تُصْرَفُونَ ٧

(8) Si se niegan a creer... Allah es Rico y no os necesita y no acepta de Sus siervos la incredulidad.

Pero si agradecéis, os lo aceptará complacido.

Nadie cargará con la carga de otro; habréis de regresar a vuestro Señor, que os hará saber lo que hayáis hecho;

realmente El conoce lo que encierran los pechos.

إِن تَكْفُرُوا فَإِنَّ ٱللَّهَ غَنِيٌّ عَنكُمْ وَلَا يَرْضَىٰ لِعِبَادِهِ ٱلْكُفْرَ وَإِن تَشْكُرُوا يَرْضَهُ لَكُمْ وَلَا تَزِرُ وَازِرَةٌ وِزْرَ أُخْرَىٰ ثُمَّ إِلَىٰ رَبِّكُم مَّرْجِعُكُمْ فَيُنَبِّئُكُم بِمَا كُنتُمْ تَعْمَلُونَ إِنَّهُ عَلِيمٌ بِذَاتِ ٱلصُّدُورِ ٨

(9) Cuando al hombre le afecta algún daño, ruega a su Señor y se vuelve a El, pero luego, cuando le concede alguna

وَإِذَا مَسَّ ٱلْإِنسَٰنَ ضُرٌّ دَعَا رَبَّهُ مُنِيبًا إِلَيْهِ ثُمَّ إِذَا خَوَّلَهُ نِعْمَةً مِّنْهُ نَسِيَ مَا كَانَ يَدْعُوا إِلَيْهِ

سُورَةُ الزُّمَرِ ــ الْجُزْءُ الثَّالِثُ وَالْعِشْرُونَ

merced que viene de El, olvida que antes rogaba* y Le atribuye a Allah semejantes, extraviándose de Su camino. Di: Disfruta un poco de tu incredulidad porque tú serás de los compañeros del Fuego.

* [También puede traducirse: "Olvida a Quien antes rogaba", es decir olvida a Allah.]

مِن قَبْلُ وَجَعَلَ لِلَّهِ أَندَادًا لِّيُضِلَّ عَن سَبِيلِهِۦ قُلْ تَمَتَّعْ بِكُفْرِكَ قَلِيلًا إِنَّكَ مِنْ أَصْحَٰبِ ٱلنَّارِ ۞

(10) ¿Acaso quien se entrega a la adoración en las horas de la noche, postrado y en pie, ocupándose de la Ultima Vida y esperando la misericordia de su Señor...? Di: ¿Son iguales los que no actúan y los que sí actúan?

Sólo recapacitarán los que saben reconocer lo esencial.

أَمَّنْ هُوَ قَٰنِتٌ ءَانَآءَ ٱلَّيْلِ سَاجِدًا وَقَآئِمًا يَحْذَرُ ٱلْأَخِرَةَ وَيَرْجُواْ رَحْمَةَ رَبِّهِۦ قُلْ هَلْ يَسْتَوِى ٱلَّذِينَ يَعْلَمُونَ وَٱلَّذِينَ لَا يَعْلَمُونَ إِنَّمَا يَتَذَكَّرُ أُوْلُواْ ٱلْأَلْبَٰبِ ۞

(11) Di: ¡Siervos míos, que creáis y temáis a vuestro Señor! Los que hayan hecho el bien en esta vida, tendrán una hermosa recompensa; la tierra de Allah es ancha y cierto que a los perseverantes se les pagará su recompensa sin límite.

قُلْ يَٰعِبَادِ ٱلَّذِينَ ءَامَنُواْ ٱتَّقُواْ رَبَّكُمْ لِلَّذِينَ أَحْسَنُواْ فِى هَٰذِهِ ٱلدُّنْيَا حَسَنَةٌ وَأَرْضُ ٱللَّهِ وَٰسِعَةٌ إِنَّمَا يُوَفَّى ٱلصَّٰبِرُونَ أَجْرَهُم بِغَيْرِ حِسَابٍ ۞

(12) Di: Se me ha ordenado que adore a Allah con sinceridad, ofreciéndole sólo a El la Adoración. Y se me ha ordenado que sea el primero de los musulmanes (de los sometidos).

قُلْ إِنِّى أُمِرْتُ أَنْ أَعْبُدَ ٱللَّهَ مُخْلِصًا لَّهُ ٱلدِّينَ وَأُمِرْتُ لِأَنْ أَكُونَ أَوَّلَ ٱلْمُسْلِمِينَ ۞

سورة الزمر ــ الجزء الثالث والعشرون

(13) Di: Temo, si desobedezco a mi Señor, el castigo de un día transcendente.

فَلْ إِنِّيَ أَخَافُ إِنْ عَصَيْتُ رَبِّيَ عَذَابَ يَوْمٍ عَظِيمٍ ۞

(14) Di: Yo adoro a Allah con sinceridad, ofreciéndole sólo a El mi adoración. Así pues: ¡Adorad lo que queráis fuera de El!

Di: Los perdedores serán los que se hayan perdido a sí mismos y a sus familias el Día del Levantamiento. ¿No es esa la clara perdición?

فُلِ اللَّهَ أَعْبُدُ مُخْلِصًا لَّهُ دِينِى فَاعْبُدُوا مَا شِئْتُم مِّن دُونِهِ فُلْ إِنَّ الْخَسِرِينَ الَّذِينَ خَسِرُوا أَنفُسَهُمْ وَأَهْلِيهِمْ يَوْمَ الْقِيَمَةِ أَلَا ذَلِكَ هُوَ الْخُسْرَانُ الْمُبِينُ ۞

(15) Tendrán sobre ellos las sombras del Fuego y por debajo aún más sombras. Así es como Allah infunde temor a Sus siervos.

¡Siervos míos, temedme!

لَهُم مِّن فَوْقِهِمْ ظُلَلٌ مِّنَ النَّارِ وَمِن تَحْتِهِمْ ظُلَلٌ ذَلِكَ يُخَوِّفُ اللَّهُ بِهِ عِبَادَهُ يَعِبَادِ فَاتَّقُونِ ۞

(16) Los que se apartan de la adoración de los Taguts* y se vuelven a su Señor, tendrán la buena noticia.

¡Anuncia a Mis siervos la buena nueva!

* [Indica a los ídolos y demonios o cualquier cosa que se adora aparte de Allah.]

وَالَّذِينَ اجْتَنَبُوا الطَّغُوتَ أَن يَعْبُدُوهَا وَأَنَابُوا إِلَى اللَّهِ لَهُمُ الْبُشْرَى فَبَشِّرْ عِبَادِ ۞

(17) Aquéllos que escuchan la Palabra y siguen lo mejor de ella, ésos son los que Allah ha guiado y ésos son los que saben reconocer lo esencial.

الَّذِينَ يَسْتَمِعُونَ الْقَوْلَ فَيَتَّبِعُونَ أَحْسَنَهُ أُوْلَئِكَ الَّذِينَ هَدَىهُمُ اللَّهُ وَأُوْلَئِكَ هُمْ أُوْلُوا الْأَلْبَبِ ۞

(18) ¿Acaso aquel sobre el que ha de cumplirse la palabra del castigo...? ¿Puedes tú salvar al que está en el Fuego?

أَفَمَنْ حَقَّ عَلَيْهِ كَلِمَةُ الْعَذَابِ أَفَأَنْتَ تُنْقِذُ مَن فِي النَّارِ ۝

(19) Sin embargo los que temen a su Señor, tendrán estancias sobre las que habrá otras estancias construidas, por debajo de las cuales correrán los ríos; promesa de Allah.

Y Allah no falta a lo prometido.

لَكِنِ الَّذِينَ اتَّقَوْا رَبَّهُمْ لَهُمْ غُرَفٌ مِّن فَوْقِهَا غُرَفٌ مَّبْنِيَّةٌ تَجْرِي مِن تَحْتِهَا الْأَنْهَارُ وَعْدَ اللَّهِ لَا يُخْلِفُ اللَّهُ الْمِيعَادَ ۝

(20) ¿Es que no has visto que Allah hace que caiga agua del cielo y que se filtre en los manantiales de la tierra y que gracias a ella salgan cereales de color variado que luego se marchitan y los ves amarillentos, convirtiéndolos después en desecho?

Es cierto que en eso hay un recuerdo para los que reconocen lo esencial.

أَلَمْ تَرَ أَنَّ اللَّهَ أَنزَلَ مِنَ السَّمَاءِ مَاءً فَسَلَكَهُ يَنَابِيعَ فِي الْأَرْضِ ثُمَّ يُخْرِجُ بِهِ زَرْعًا مُّخْتَلِفًا أَلْوَانُهُ ثُمَّ يَهِيجُ فَتَرَاهُ مُصْفَرًّا ثُمَّ يَجْعَلُهُ حُطَامًا إِنَّ فِي ذَلِكَ لَذِكْرَى لِأُولِي الْأَلْبَابِ ۝

(21) ¿Acaso aquel a quien Allah le ha abierto el pecho al Islam y se asienta sobre una luz que viene de su Señor...?

¡Perdición para aquéllos cuyos corazones están endurecidos para el recuerdo de Allah; ésos están en un claro extravío!

أَفَمَن شَرَحَ اللَّهُ صَدْرَهُ لِلْإِسْلَامِ فَهُوَ عَلَى نُورٍ مِّن رَّبِّهِ فَوَيْلٌ لِّلْقَاسِيَةِ قُلُوبُهُم مِّن ذِكْرِ اللَّهِ أُولَئِكَ فِي ضَلَالٍ مُّبِينٍ ۝

(22) Allah ha hecho descender el más hermoso de los relatos: Un

اللَّهُ نَزَّلَ أَحْسَنَ الْحَدِيثِ كِتَابًا مُّتَشَابِهًا مَّثَانِيَ

libro homogéneo, reiterativo. A los que temen a su Señor les eriza la piel y ésta y sus corazones se enternecen con el recuerdo de Allah. Esa es la guía de Allah con la que El guía a quien quiere.

Aquel a quien Allah extravía no habrá quien lo guíe.

(23) ¿Acaso quien tema en el Día del Levantamiento el peor de los castigos en su rostro...? Se les dirá a los injustos: ¡Gustad lo que os estábais ganando!

(24) Los que hubo anteriormente a ellos negaron la verdad y el castigo les vino por donde no pudieron percibirlo.

(25) Allah les hizo saborear la humillación en esta vida, aunque el castigo de la Ultima es mayor, si supieran.

(26) Realmente en esta Recitación hemos llamado la atención de los hombres con toda clase de ejemplos para que pudieran ser temerosos.

(27) Es una Recitación árabe en la que no hay confusión, para que puedan temer (a su Señor).

(28) Allah pone como ejemplo un hombre que sirve a distintos

socios y un hombre que pertenece totalmente a otro.

¿Pueden compararse? La alabanza pertenece a Allah, sin embargo la mayoría de ellos no saben.

وَضَرَبَ ٱللَّهُ مَثَلًا رَّجُلَيْنِ سَلَمًا لِّرَجُلٍ هَلْ يَسْتَوِيَانِ مَثَلًا ٱلْحَمْدُ لِلَّهِ بَلْ أَكْثَرُهُمْ لَا يَعْلَمُونَ ۝

(29) Tú morirás y ellos morirán.

إِنَّكَ مَيِّتٌ وَإِنَّهُم مَّيِّتُونَ ۝

(30) Luego, el Día del Levantamiento, disputaréis ante vuestro Señor.

ثُمَّ إِنَّكُمْ يَوْمَ ٱلْقِيَٰمَةِ عِندَ رَبِّكُمْ تَخْتَصِمُونَ ۝

(31) ¿Y quién es más injusto que quien miente sobre Allah y tacha de mentira la verdad cuando le llega?

¿Acaso no hay en Yahannam refugio para los incrédulos?

فَمَنْ أَظْلَمُ مِمَّن كَذَبَ عَلَى ٱللَّهِ وَكَذَّبَ بِٱلصِّدْقِ إِذْ جَآءَهُۥ أَلَيْسَ فِي جَهَنَّمَ مَثْوًى لِّلْكَٰفِرِينَ ۝

(32) Aquel que viene con la verdad y la confirma, ésos son los temerosos (de Allah).

وَٱلَّذِي جَآءَ بِٱلصِّدْقِ وَصَدَّقَ بِهِۦٓ أُوْلَٰٓئِكَ هُمُ ٱلْمُتَّقُونَ ۝

(33) Tendrán lo que quieran junto a su Señor, ésa es la recompensa de los que hacen el bien.

لَهُم مَّا يَشَآءُونَ عِندَ رَبِّهِمْ ذَٰلِكَ جَزَآءُ ٱلْمُحْسِنِينَ ۝

(34) Para que Allah les cubra lo peor que hayan hecho y les dé la recompensa que les corresponda por lo mejor que hayan hecho.

لِيُكَفِّرَ ٱللَّهُ عَنْهُمْ أَسْوَأَ ٱلَّذِي عَمِلُواْ وَيَجْزِيَهُمْ أَجْرَهُم بِأَحْسَنِ ٱلَّذِي كَانُواْ يَعْمَلُونَ ۝

(35) ¿Es que no le basta Allah a Su siervo? ¿Y pretenden asustarte con los que no son El?

Al que Allah extravía no tiene

أَلَيْسَ ٱللَّهُ بِكَافٍ عَبْدَهُۥ وَيُخَوِّفُونَكَ بِٱلَّذِينَ مِن دُونِهِۦ وَمَن يُضْلِلِ ٱللَّهُ فَمَا لَهُۥ مِنْ هَادٍ وَمَن يَهْدِ ٱللَّهُ فَمَا لَهُۥ مِن مُّضِلٍّ أَلَيْسَ ٱللَّهُ بِعَزِيزٍ ذِي ٱنتِقَامٍ ۝

quien lo guíe. Y a quien Allah guía no hay quien lo extravíe.

¿Es que no es Allah Poderoso, Capaz de venganza?

(36) Y si les preguntas: ¿Quién creó los cielos y la tierra? Dirán:

Allah. Di: Decidme qué os parece: Si Allah quiere que sufra yo algún daño, ¿acaso aquéllos que invocáis fuera de Allah podrían evitar Su daño?

¿O si quiere que reciba alguna misericordia? ¿Podrían ellos impedir Su misericordia?

Di: Allah me basta, en El se abandonan los que confían.

وَلَئِن سَأَلْتَهُم مَّنْ خَلَقَ ٱلسَّمَٰوَٰتِ وَٱلْأَرْضَ لَيَقُولُنَّ ٱللَّهُ قُلْ أَفَرَءَيْتُم مَّا تَدْعُونَ مِن دُونِ ٱللَّهِ إِنْ أَرَادَنِيَ ٱللَّهُ بِضُرٍّ هَلْ هُنَّ كَٰشِفَٰتُ ضُرِّهِۦٓ أَوْ أَرَادَنِي بِرَحْمَةٍ هَلْ هُنَّ مُمْسِكَٰتُ رَحْمَتِهِۦ قُلْ حَسْبِيَ ٱللَّهُ عَلَيْهِ يَتَوَكَّلُ ٱلْمُتَوَكِّلُونَ ۝

(37) Di: ¡Gente mía! Actuad de acuerdo a vuestra posición que yo también lo haré. Y ya sabréis a quién le llegará un castigo que lo rebajará y sobre quién se desatará un castigo permanente.

قُلْ يَٰقَوْمِ ٱعْمَلُوا۟ عَلَىٰ مَكَانَتِكُمْ إِنِّي عَٰمِلٌ فَسَوْفَ تَعْلَمُونَ مَن يَأْتِيهِ عَذَابٌ يُخْزِيهِ وَيَحِلُّ عَلَيْهِ عَذَابٌ مُّقِيمٌ ۝

(38) Hemos hecho que te descendiera el Libro para los hombres, con la verdad; quien siga la guía lo hará para su propio bien y quien se extravíe sólo se extraviará en contra de sí mismo.

Tú no eres un guardián para ellos.

إِنَّآ أَنزَلْنَا عَلَيْكَ ٱلْكِتَٰبَ لِلنَّاسِ بِٱلْحَقِّ فَمَنِ ٱهْتَدَىٰ فَلِنَفْسِهِۦ وَمَن ضَلَّ فَإِنَّمَا يَضِلُّ عَلَيْهَا وَمَآ أَنتَ عَلَيْهِم بِوَكِيلٍ ۝

(39) Allah se lleva las almas cuando les llega la muerte y se lleva las

ٱللَّهُ يَتَوَفَّى ٱلْأَنفُسَ حِينَ مَوْتِهَا وَٱلَّتِي لَمْ تَمُتْ فِي

que aún no han muerto durante el sueño, para luego retener a aquéllas cuya muerte decretó y devolver a las demás hasta que cumplan un plazo fijado, realmente en eso hay signos para la gente que reflexiona.

مَنَامِهَا فَيُمۡسِكُ ٱلَّتِي قَضَىٰ عَلَيۡهَا ٱلۡمَوۡتَ وَيُرۡسِلُ ٱلۡأُخۡرَىٰٓ إِلَىٰٓ أَجَلٍ مُّسَمًّى إِنَّ فِي ذَٰلِكَ لَأٓيَٰتٍ لِّقَوۡمٍ يَتَفَكَّرُونَ ۝

(40) ¿O es que han tomado, fuera de Allah intercesores? Di: ¿Y si no tuvieran ningún poder ni fueran capaces de razonar?

أَمِ ٱتَّخَذُوا۟ مِن دُونِ ٱللَّهِ شُفَعَآءَ قُلۡ أَوَلَوۡ كَانُوا۟ لَا يَمۡلِكُونَ شَيۡـًٔا وَلَا يَعۡقِلُونَ ۝

(41) Di: A Allah Le pertenece toda la intercesión.

Suya es la soberanía de los cielos y de la tierra; luego habréis de regresar a El.

قُل لِّلَّهِ ٱلشَّفَٰعَةُ جَمِيعًا لَّهُۥ مُلۡكُ ٱلسَّمَٰوَٰتِ وَٱلۡأَرۡضِ ثُمَّ إِلَيۡهِ تُرۡجَعُونَ ۝

(42) Y cuando es recordado Allah, sin nadie más, los corazones de los que no creen en la Ultima Vida sienten rechazo; sin embargo cuando se recuerda a los que no son El, entonces sus corazones se llenan de gozo.

وَإِذَا ذُكِرَ ٱللَّهُ وَحۡدَهُ ٱشۡمَأَزَّتۡ قُلُوبُ ٱلَّذِينَ لَا يُؤۡمِنُونَ بِٱلۡأٓخِرَةِ وَإِذَا ذُكِرَ ٱلَّذِينَ مِن دُونِهِۦٓ إِذَا هُمۡ يَسۡتَبۡشِرُونَ ۝

(43) Di: ¡Oh Allah! Originador de los cielos y de la tierra, Conocedor del No-Visto y de lo Aparente, Tú juzgarás entre Tus siervos acerca de aquello en lo que discrepaban.

قُلِ ٱللَّهُمَّ فَاطِرَ ٱلسَّمَٰوَٰتِ وَٱلۡأَرۡضِ عَٰلِمَ ٱلۡغَيۡبِ وَٱلشَّهَٰدَةِ أَنتَ تَحۡكُمُ بَيۡنَ عِبَادِكَ فِي مَا كَانُوا۟ فِيهِ يَخۡتَلِفُونَ ۝

(44) Y si todo cuanto hay en la tierra y otro tanto perteneciera a los que son injusto, lo darían para

وَلَوۡ أَنَّ لِلَّذِينَ ظَلَمُوا۟ مَا فِي ٱلۡأَرۡضِ جَمِيعًا وَمِثۡلَهُۥ مَعَهُۥ لَٱفۡتَدَوۡا۟ بِهِۦ مِن سُوٓءِ ٱلۡعَذَابِ يَوۡمَ ٱلۡقِيَٰمَةِ

rescatarse del mal castigo el Día del Levantamiento. Y aparecerá ante ellos, procedente de Allah, lo que no se esperaban.

وَبَدَا لَهُم مِّنَ اللَّهِ مَا لَمْ يَكُونُوا يَحْتَسِبُونَ ﴿٤٧﴾

(45) Las malas acciones que se ganaron se les mostrarán y les rodeará aquéllo de lo que se burlaban.

وَبَدَا لَهُمْ سَيِّئَاتُ مَا كَسَبُوا وَحَاقَ بِهِم مَّا كَانُوا بِهِ يَسْتَهْزِءُونَ ﴿٤٨﴾

(46) Y cuando algún mal afecta al hombre Nos ruega; pero después, si le concedemos alguna merced procedente de Nos, dice: Me ha sido concedida gracias a algún conocimiento.

Pero no, es una prueba; sin embargo la mayoría de los hombres no saben.

فَإِذَا مَسَّ الْإِنسَانَ ضُرٌّ دَعَانَا ثُمَّ إِذَا خَوَّلْنَاهُ نِعْمَةً مِّنَّا قَالَ إِنَّمَا أُوتِيتُهُ عَلَىٰ عِلْمٍ بَلْ هِيَ فِتْنَةٌ وَلَكِنَّ أَكْثَرَهُمْ لَا يَعْلَمُونَ ﴿٤٩﴾

(47) Ya dijeron lo mismo sus antecesores y no les sirvió de nada lo que habían conseguido.

فَذَ فَالَهَا الَّذِينَ مِن قَبْلِهِمْ فَمَا أَغْنَىٰ عَنْهُم مَّا كَانُوا يَكْسِبُونَ ﴿٤٧﴾

(48) Y así fue como se les vinieron encima las malas acciones que se habían ganado, al igual que a los que de éstos sean injustos les caerán encima las malas acciones que tengan en su haber y no podrán escaparse.

فَأَصَابَهُمْ سَيِّئَاتُ مَا كَسَبُوا وَالَّذِينَ ظَلَمُوا مِنْ هَؤُلَاءِ سَيُصِيبُهُمْ سَيِّئَاتُ مَا كَسَبُوا وَمَاهُم بِمُعْجِزِينَ ﴿٤٨﴾

(49) ¿Es que no saben que Allah expande o restringe Su provisión a quien quiere? Realmente en ello hay signos para la gente que cree.

أَوَلَمْ يَعْلَمُوا أَنَّ اللَّهَ يَبْسُطُ الرِّزْقَ لِمَن يَشَاءُ وَيَقْدِرُ إِنَّ فِي ذَلِكَ لَآيَاتٍ لِّقَوْمٍ يُؤْمِنُونَ ﴿٤٩﴾

(50) Di: ¡Siervos míos que os habéis excedido en contra de vosotros mismos, no desesperéis de la misericordia de Allah, es verdad que Allah perdona todas las faltas, pues El es el Perdonador, el Compasivo!

قُلْ يَعِبَادِىَ ٱلَّذِينَ أَسْرَفُواْ عَلَىٰٓ أَنفُسِهِمْ لَا تَقْنَطُواْ مِن رَّحْمَةِ ٱللَّهِ إِنَّ ٱللَّهَ يَغْفِرُ ٱلذُّنُوبَ جَمِيعًا إِنَّهُۥ هُوَ ٱلْغَفُورُ ٱلرَّحِيمُ ۝

(51) Y volveos a vuestro Señor y someteos a El antes de que os llegue el castigo, pues luego no seréis socorridos.

وَأَنِيبُوٓاْ إِلَىٰ رَبِّكُمْ وَأَسْلِمُواْ لَهُۥ مِن قَبْلِ أَن يَأْتِيَكُمُ ٱلْعَذَابُ ثُمَّ لَا تُنصَرُونَ ۝

(52) Y seguid lo mejor de lo que se os ha hecho descender procedente de vuestro Señor antes de que os llegue el castigo de repente sin que os deis cuenta.

وَٱتَّبِعُوٓاْ أَحْسَنَ مَآ أُنزِلَ إِلَيْكُم مِّن رَّبِّكُم مِّن قَبْلِ أَن يَأْتِيَكُمُ ٱلْعَذَابُ بَغْتَةً وَأَنتُمْ لَا تَشْعُرُونَ ۝

(53) Para que nadie tenga que decir: Desgraciado de mí por haber descuidado lo referente a Allah, yo era de los que se burlaban.

أَن تَقُولَ نَفْسٌ يَٰحَسْرَتَىٰ عَلَىٰ مَا فَرَّطتُ فِى جَنۢبِ ٱللَّهِ وَإِن كُنتُ لَمِنَ ٱلسَّٰخِرِينَ ۝

(54) O diga: Si Allah me hubiera guiado habría sido de los temerosos.

أَوْ تَقُولَ لَوْ أَنَّ ٱللَّهَ هَدَىٰنِى لَكُنتُ مِنَ ٱلْمُتَّقِينَ ۝

(55) O diga cuando vea el castigo: Ojalá tuviera otra oportunidad para poder estar entre los que hacen el bien.

أَوْ تَقُولَ حِينَ تَرَى ٱلْعَذَابَ لَوْ أَنَّ لِى كَرَّةً فَأَكُونَ مِنَ ٱلْمُحْسِنِينَ ۝

(56) Sin embargo te llegaron Mis signos y negastes su verdad, te ensoberbecistes y fuiste de los incrédulos.

بَلَىٰ قَدْ جَآءَتْكَ ءَايَٰتِى فَكَذَّبْتَ بِهَا وَٱسْتَكْبَرْتَ وَكُنتَ مِنَ ٱلْكَٰفِرِينَ ۝

(57) El Día del Levantamiento verás a quienes mienten sobre Allah con el rostro ennegrecido.

¿Acaso no hay en Yahannam refugio para los soberbios?

وَيَوْمَ الْقِيَامَةِ تَرَى الَّذِينَ كَذَبُواْ عَلَى اللَّهِ وُجُوهُهُم مُّسْوَدَّةٌ ۚ أَلَيْسَ فِي جَهَنَّمَ مَثْوًى لِّلْمُتَكَبِّرِينَ ۝

(58) Y Allah salvará a los que hayan sido temerosos en virtud de su triunfo, el mal no los tocará ni se entristecerán.

وَيُنَجِّي اللَّهُ الَّذِينَ اتَّقَوْا بِمَفَازَتِهِمْ لَا يَمَسُّهُمُ السُّوٓءُ وَلَا هُمْ يَحْزَنُونَ ۝

(59) Allah es el Creador de todas las cosas y el Protector de todo ello.

اللَّهُ خَالِقُ كُلِّ شَيْءٍ ۖ وَهُوَ عَلَىٰ كُلِّ شَيْءٍ وَكِيلٌ ۝

(60) Suyas son las llaves de los cielos y de la tierra. Y los que se niegan a creer en los signos de Allah, ésos son los perdedores.

لَّهُ مَقَالِيدُ السَّمَاوَاتِ وَالْأَرْضِ ۗ وَالَّذِينَ كَفَرُوا بِآيَاتِ اللَّهِ أُوْلَٰئِكَ هُمُ الْخَاسِرُونَ ۝

(61) Di: ¿Me mandáis que adore a otro que Allah, oh ignorantes?

قُلْ أَفَغَيْرَ اللَّهِ تَأْمُرُونِّي أَعْبُدُ أَيُّهَا الْجَاهِلُونَ ۝

(62) En verdad te he inspirado a ti y a los que te precedieron, que si asocias algo conmigo se harán inútiles tus obras y serás de los perdedores.

وَلَقَدْ أُوحِيَ إِلَيْكَ وَإِلَى الَّذِينَ مِن قَبْلِكَ لَئِنْ أَشْرَكْتَ لَيَحْبَطَنَّ عَمَلُكَ وَلَتَكُونَنَّ مِنَ الْخَاسِرِينَ ۝

(63) Así pues, adora a Allah y sé de los agradecidos.

بَلِ اللَّهَ فَاعْبُدْ وَكُن مِّنَ الشَّاكِرِينَ ۝

(64) No han apreciado a Allah en Su verdadera magnitud, cuando la tierra entera esté en Su puño el Día del Levantamiento y los cielos plegados en Su mano derecha:

وَمَا قَدَرُوا اللَّهَ حَقَّ قَدْرِهِ وَالْأَرْضُ جَمِيعًا قَبْضَتُهُ يَوْمَ الْقِيَامَةِ وَالسَّمَاوَاتُ مَطْوِيَّاتٌ بِيَمِينِهِ ۚ سُبْحَانَهُ وَتَعَالَىٰ عَمَّا يُشْرِكُونَ ۝

¡Gloria a El y sea exaltado por encima de lo que asocian!

(65) Se soplará en el cuerno y quienes haya en los cielos y en la tierra quedarán fulminados con la excepción de quien El quiera, luego soplará en él otra vez y quedarán en pie a la espera.

وَنُفِخَ فِى ٱلصُّورِ فَصَعِقَ مَن فِى ٱلسَّمَٰوَٰتِ وَمَن فِى ٱلْأَرْضِ إِلَّا مَن شَآءَ ٱللَّهُ ثُمَّ نُفِخَ فِيهِ أُخْرَىٰ فَإِذَا هُمْ قِيَامٌ يَنظُرُونَ ۝

(66) Y brillará la tierra con la luz de tu Señor, se colocará el Libro, se hará venir a los profetas y a los testigos y se juzgará entre ellos sin que sufran injusticia.

وَأَشْرَقَتِ ٱلْأَرْضُ بِنُورِ رَبِّهَا وَوُضِعَ ٱلْكِتَٰبُ وَجِا۟ىٓءَ بِٱلنَّبِيِّـۧنَ وَٱلشُّهَدَآءِ وَقُضِىَ بَيْنَهُم بِٱلْحَقِّ وَهُمْ لَا يُظْلَمُونَ ۝

(67) Cada alma será retribuida según sus obras, y El es el que mejor conoce lo que hacen.

وَوُفِّيَتْ كُلُّ نَفْسٍ مَّا عَمِلَتْ وَهُوَ أَعْلَمُ بِمَا يَفْعَلُونَ ۝

(68) Entonces los que se negaron a creer serán conducidos a Yahannam en grupos sucesivos y cuando lleguen a él, se abrirán sus puertas y les dirán sus guardianes: ¿Acaso no os llegaron mensajeros de entre los vuestros que os leían los signos de vuestro Señor y os advertían del encuentro de éste vuestro día?

Dirán: Sí. Sin embargo se habrá hecho realidad la palabra del castigo contra los incrédulos.

وَسِيقَ ٱلَّذِينَ كَفَرُوٓا۟ إِلَىٰ جَهَنَّمَ زُمَرًا حَتَّىٰٓ إِذَا جَآءُوهَا فُتِحَتْ أَبْوَٰبُهَا وَقَالَ لَهُمْ خَزَنَتُهَآ أَلَمْ يَأْتِكُمْ رُسُلٌ مِّنكُمْ يَتْلُونَ عَلَيْكُمْ ءَايَٰتِ رَبِّكُمْ وَيُنذِرُونَكُمْ لِقَآءَ يَوْمِكُمْ هَٰذَا قَالُوا۟ بَلَىٰ وَلَٰكِنْ حَقَّتْ كَلِمَةُ ٱلْعَذَابِ عَلَى ٱلْكَٰفِرِينَ ۝

(69) Se dirá: Entrad por las puertas de Yahannam para ser inmortales en él. ¡Qué mala morada la de los soberbios!

قِيلَ ٱدْخُلُوٓا۟ أَبْوَٰبَ جَهَنَّمَ خَٰلِدِينَ فِيهَا فَبِئْسَ مَثْوَى ٱلْمُتَكَبِّرِينَ ۝

(70) Y los que temieron a su Señor, serán conducidos al Jardín en grupos sucesivos y cuando lleguen a él se abrirán sus puertas y sus guardianes les dirán: "Paz con vosotros", fuisteis buenos, entrad en él para ser inmortales.

وَسِيقَ الَّذِينَ اتَّقَوْا رَبَّهُمْ إِلَى الْجَنَّةِ زُمَرًا حَتَّىٰ إِذَا جَاءُوهَا وَفُتِحَتْ أَبْوَابُهَا وَقَالَ لَهُمْ خَزَنَتُهَا سَلَامٌ عَلَيْكُمْ طِبْتُمْ فَادْخُلُوهَا خَالِدِينَ ۝

(71) Y dirán: Las alabanzas a Allah que ha cumplido Su promesa con nosotros haciéndonos herederos de la tierra.

Nos acomodaremos en el Jardín donde queramos. ¡Qué excelente recompensa la de los que actúan!

وَقَالُوا الْحَمْدُ لِلَّهِ الَّذِي صَدَقَنَا وَعْدَهُ وَأَوْرَثَنَا الْأَرْضَ نَتَبَوَّأُ مِنَ الْجَنَّةِ حَيْثُ نَشَاءُ فَنِعْمَ أَجْرُ الْعَامِلِينَ ۝

(72) Y verás a los ángeles, alrededor del Trono, glorificando a su Señor con alabanzas y se juzgará entre ellos* con la verdad y se dirá: Las alabanzas a Allah el Señor de los mundos.

* [Entre los hombres]

وَتَرَى الْمَلَائِكَةَ حَافِّينَ مِنْ حَوْلِ الْعَرْشِ يُسَبِّحُونَ بِحَمْدِ رَبِّهِمْ وَقُضِيَ بَيْنَهُم بِالْحَقِّ وَقِيلَ الْحَمْدُ لِلَّهِ رَبِّ الْعَالَمِينَ ۝

40. SURA DEL PERDONADOR.
(También llamada "El Creyente")

سُورَةُ غَافِرٍ

بِسْمِ اللهِ الرَّحْمَنِ الرَّحِيمِ

En el nombre de Allah, el Misericordioso, el Compasivo.

(1) Ha, Mim. Revelación del Libro procedente de Allah, el Poderoso, el Conocedor.

حٰم ۚ تَنْزِيلُ الْكِتَبِ مِنَ اللهِ الْعَزِيزِ الْعَلِيمِ ۝

(2) El que perdona las faltas y acepta el arrepentimiento, el Enérgico cuando castiga y El que da con largueza.

No hay dios sino El, a El es el retorno.

غَافِرِ الذَّنْبِ وَقَابِلِ التَّوْبِ شَدِيدِ الْعِقَابِ ذِى الطَّوْلِ ۖ لَآ إِلَهَ إِلَّا هُوَ ۖ إِلَيْهِ الْمَصِيرُ ۝

(3) Sólo los que se niegan a creer discuten los signos de Allah, que no te lleve a engaño su capacidad de desenvolverse por el país.

مَا يُجَدِلُ فِىٓ ءَايَتِ اللهِ إِلَّا الَّذِينَ كَفَرُوا فَلَا يَغْرُرْكَ تَقَلُّبُهُمْ فِى الْبِلَدِ ۝

(4) Antes de ellos ya había negado la verdad las gentes de Nuh y después vinieron los que se confabularon*. Cada comunidad intentó acabar con sus mensajeros. Contestaron con falsedades para refutar con ello la verdad, pero los sorprendí ¡y cómo fue Mi castigo!

* [Se refiere a los pueblos que se aliaron en contra de sus mensajeros como los Ad, los Zamud y demás.]

كَذَّبَتْ قَبْلَهُمْ قَوْمُ نُوحٍ وَالْأَحْزَابُ مِنْ بَعْدِهِمْ ۖ وَهَمَّتْ كُلُّ أُمَّةٍ بِرَسُولِهِمْ لِيَأْخُذُوهُ وَجَدَلُوا بِالْبَطِلِ لِيُدْحِضُوا بِهِ الْحَقَّ فَأَخَذْتُهُمْ ۖ فَكَيْفَ كَانَ عِقَابِ ۝

(5) Y así se hizo realidad la palabra de tu Señor contra los que se habían negado a creer de que serían los compañeros del Fuego.

وَكَذَٰلِكَ حَقَّتْ كَلِمَتُ رَبِّكَ عَلَى الَّذِينَ كَفَرُوٓا۟ أَنَّهُمْ أَصْحَٰبُ النَّارِ ۞

(6) Los que llevan el Trono y están a su alrededor, glorifican a su Señor con alabanzas, creen en El y piden perdón por los que creen: ¡Señor nuestro! Tu misericordia y conocimiento abarcan todas las cosas, perdona pues a los que a Ti se vuelven y siguen Tu sendero y líbralos del castigo del Yahim.

الَّذِينَ يَحْمِلُونَ الْعَرْشَ وَمَنْ حَوْلَهُۥ يُسَبِّحُونَ بِحَمْدِ رَبِّهِمْ وَيُؤْمِنُونَ بِهِۦ وَيَسْتَغْفِرُونَ لِلَّذِينَ ءَامَنُوا۟ رَبَّنَا وَسِعْتَ كُلَّ شَىْءٍ رَّحْمَةً وَعِلْمًا فَاغْفِرْ لِلَّذِينَ تَابُوا۟ وَاتَّبَعُوا۟ سَبِيلَكَ وَقِهِمْ عَذَابَ الْجَحِيمِ ۞

(7) ¡Señor nuestro! Haz que entren en los jardines de Adn que les prometiste a ellos y a todo el que de sus padres, esposas y descendencia fuera recto; realmente tú eres el Poderoso, el Sabio.

رَبَّنَا وَأَدْخِلْهُمْ جَنَّٰتِ عَدْنٍ الَّتِى وَعَدتَّهُمْ وَمَن صَلَحَ مِنْ ءَابَآئِهِمْ وَأَزْوَٰجِهِمْ وَذُرِّيَّٰتِهِمْ إِنَّكَ أَنتَ الْعَزِيزُ الْحَكِيمُ ۞

(8) ¡Líbralos de sus malas acciones! Pues el que, ese día, sea librado de las malas acciones… Habrás tenido misericordia con él; y ése es el gran triunfo.

وَقِهِمُ السَّيِّـَٔاتِ وَمَن تَقِ السَّيِّـَٔاتِ يَوْمَئِذٍ فَقَدْ رَحِمْتَهُۥ وَذَٰلِكَ هُوَ الْفَوْزُ الْعَظِيمُ ۞

(9) Y a los que se hayan negado a creer les gritarán: ¿Acaso no es el desprecio de Allah mayor que vuestro propio desprecio cuando se os llamó a creer y no quisisteis creer?

إِنَّ الَّذِينَ كَفَرُوا۟ يُنَادَوْنَ لَمَقْتُ اللَّهِ أَكْبَرُ مِن مَّقْتِكُمْ أَنفُسَكُمْ إِذْ تُدْعَوْنَ إِلَى الْإِيمَٰنِ فَتَكْفُرُونَ ۞

(10)   Dirán: Señor nuestro, nos diste la muerte dos veces y nos has dado la vida dos veces,* reconocemos nuestras faltas: ¿Hay alguna manera de salir?

* [Estaban muertos antes de ser un embrión y les dió la vida y luego los hizo morir y les volvió a dar la vida en el resurgimiento.]

قَالُوا رَبَّنَا أَمَتَّنَا اثْنَتَيْنِ وَأَحْيَيْتَنَا اثْنَتَيْنِ فَاعْتَرَفْنَا بِذُنُوبِنَا فَهَلْ إِلَىٰ خُرُوجٍ مِّن سَبِيلٍ ﴿١١﴾

(11)   Eso es porque cuando se invocaba a Allah, Solo, os negábais a creer pero cuando se Le atribuía algún asociado creíais.

Pero el juicio pertenece a Allah, el Excelso, el Grande.

ذَٰلِكُم بِأَنَّهُۥ إِذَا دُعِيَ اللَّهُ وَحْدَهُۥ كَفَرْتُمْ وَإِن يُشْرَكْ بِهِۦ تُؤْمِنُوا۟ فَالْحُكْمُ لِلَّهِ الْعَلِيِّ الْكَبِيرِ ﴿١٢﴾

(12)   El es Quien os muestra Sus signos y hace descender para vosotros provisión desde el cielo, pero sólo recuerda quien en todo, se vuelve a El.

هُوَ الَّذِي يُرِيكُمْ ءَايَٰتِهِۦ وَيُنَزِّلُ لَكُم مِّنَ السَّمَآءِ رِزْقًا ۚ وَمَا يَتَذَكَّرُ إِلَّا مَن يُنِيبُ ﴿١٣﴾

(13)   Así pues invocad a Allah ofreciéndole, sinceros, sólo a El la adoración, aunque les repugne a los incrédulos.

فَادْعُوا اللَّهَ مُخْلِصِينَ لَهُ الدِّينَ وَلَوْ كَرِهَ الْكَٰفِرُونَ ﴿١٤﴾

(14)   El es Quien eleva en grados*, el Dueño del Trono, Quien hace caer el espíritu que viene de Su mandato sobre quien quiere de Sus siervos para que se convierta en un advertidor del día del Encuentro.

* [Puede entenderse también: El de elevados grados".]

رَفِيعُ الدَّرَجَٰتِ ذُو الْعَرْشِ يُلْقِي الرُّوحَ مِنْ أَمْرِهِۦ عَلَىٰ مَن يَشَآءُ مِنْ عِبَادِهِۦ لِيُنذِرَ يَوْمَ التَّلَاقِ ﴿١٥﴾

(15)   El día en que se les haga salir

يَوْمَ هُم بَٰرِزُونَ ۖ لَا يَخْفَىٰ عَلَى اللَّهِ مِنْهُمْ شَىْءٌ ۚ لِّمَنِ

الْمُلْكُ الْيَوْمَ لِلَّهِ الْوَاحِدِ الْقَهَّارِ ۝

(de las tumbas); no habrá nada
de ellos que quede oculto para
Allah. ¿Y quién tendrá ese día
la supremacía? Allah, el Unico,
el Dominante.

(16) Hoy cada uno será recompensado por lo que tenga en su
haber.

Y no habrá, hoy, injusticia.

Es cierto que Allah es Rápido
en la cuenta.

الْيَوْمَ تُجْزَىٰ كُلُّ نَفْسٍ بِمَا كَسَبَتْ لَا ظُلْمَ
الْيَوْمَ إِنَّ اللَّهَ سَرِيعُ الْحِسَابِ ۝

(17) Y adviérteles del día inminente
en que los corazones llegarán a
la garganta angustiados.

وَأَنذِرْهُمْ يَوْمَ الْآزِفَةِ إِذِ الْقُلُوبُ لَدَى الْحَنَاجِرِ
كَاظِمِينَ ۝

(18) Los injustos no tendrán ningún
amigo ferviente ni ningún
intercesor que pueda ser
aceptado.

مَا لِلظَّالِمِينَ مِنْ حَمِيمٍ وَلَا شَفِيعٍ يُطَاعُ ۝

(19) El conoce los ojos traicioneros y
lo que encierran los pechos.

يَعْلَمُ خَائِنَةَ الْأَعْيُنِ وَمَا تُخْفِي الصُّدُورُ ۝

(20) Y Allah juzga con la verdad
mientras que los que invocáis
fuera de El no juzgan con
nada.

Es cierto que Allah es El que
Oye y El que Ve.

وَاللَّهُ يَقْضِي بِالْحَقِّ وَالَّذِينَ تَدْعُونَ مِن دُونِهِ
لَا يَقْضُونَ بِشَيْءٍ إِنَّ اللَّهَ هُوَ السَّمِيعُ الْبَصِيرُ ۝

(21) ¿Es que no han ido por la tierra
y han visto cómo acabaron los
que hubo antes de ellos?

Tenían más poderío que ellos y
sus vestigios en la tierra eran

۞ أَوَلَمْ يَسِيرُوا فِي الْأَرْضِ فَيَنظُرُوا كَيْفَ
كَانَ عَاقِبَةُ الَّذِينَ كَانُوا مِن قَبْلِهِمْ كَانُوا هُمْ
أَشَدَّ مِنْهُمْ قُوَّةً وَآثَارًا فِي الْأَرْضِ فَأَخَذَهُمُ اللَّهُ

superiores, pero Allah los agarró a causa de sus transgresiones y no hubo nadie que los protegiera de Allah.

بِذُنُوبِهِمْ وَمَاكَانَ لَهُم مِّنَ ٱللَّهِ مِن وَاقٍ ۝

(22) Eso es porque, habiéndoles llegado sus mensajeros con las pruebas claras, ellos se negaron a creer y entonces Allah los agarró; realmente Él es el Fuerte, el Enérgico cuando castiga.

ذَٰلِكَ بِأَنَّهُمْ كَانَت تَّأْتِيهِمْ رُسُلُهُم بِٱلْبَيِّنَٰتِ فَكَفَرُوا۟ فَأَخَذَهُمُ ٱللَّهُ إِنَّهُۥ قَوِيٌّ شَدِيدُ ٱلْعِقَابِ ۝

(23) Y así fue como enviamos a Musa con Nuestros signos y una autoridad clara.

وَلَقَدْ أَرْسَلْنَا مُوسَىٰ بِـَٔايَٰتِنَا وَسُلْطَٰنٍ مُّبِينٍ ۝

(24) a Firaún, Haman y Qarún. Estos dijeron: Es un mago farsante.

إِلَىٰ فِرْعَوْنَ وَهَٰمَٰنَ وَقَٰرُونَ فَقَالُوا۟ سَٰحِرٌ كَذَّابٌ ۝

(25) Y cuando trajo la verdad que venía de Nuestro lado, dijeron: ¡Matad a los hijos de aquéllos que creen con él dejando vivir a las hembras!
Pero la maquinación de los incrédulos sólo es un fracaso.

فَلَمَّا جَآءَهُم بِٱلْحَقِّ مِنْ عِندِنَا قَالُوا۟ ٱقْتُلُوٓا۟ أَبْنَآءَ ٱلَّذِينَ ءَامَنُوا۟ مَعَهُۥ وَٱسْتَحْيُوا۟ نِسَآءَهُمْ وَمَا كَيْدُ ٱلْكَٰفِرِينَ إِلَّا فِى ضَلَٰلٍ ۝

(26) Y dijo Firaún: ¡Dejadme matar a Musa y que él llame a su Señor, pues temo en verdad que cambie vuestras creencias y haga surgir la corrupción en la tierra.

وَقَالَ فِرْعَوْنُ ذَرُونِىٓ أَقْتُلْ مُوسَىٰ وَلْيَدْعُ رَبَّهُۥٓ إِنِّىٓ أَخَافُ أَن يُبَدِّلَ دِينَكُمْ وَأَن يُظْهِرَ فِى ٱلْأَرْضِ ٱلْفَسَادَ ۝

(27) Y dijo Musa: Me refugio en mi Señor y el vuestro de todo soberbio que no crea en el día de la Cuenta.

وَقَالَ مُوسَىٰٓ إِنِّى عُذْتُ بِرَبِّى وَرَبِّكُم مِّن كُلِّ مُتَكَبِّرٍ لَّا يُؤْمِنُ بِيَوْمِ ٱلْحِسَابِ ۝

(28) Y dijo un hombre creyente de la familia de Firaún que ocultaba su creencia: ¿Vais a matar a un hombre porque os dice: Mi Señor es Allah, cuando os ha traído pruebas claras que vienen de vuestro Señor y que, en caso de que sea un mentiroso, su mentira se volverá contra él, mientras que si dice la verdad, una parte de lo que os asegura os afligirá?

Allah no guía a quien sobrepasa los límites y es un farsante.

(29) ¡Gente mía! Hoy tenéis la supremacía dominando la tierra, pero ¿quién os auxiliará ante la furia de Allah si ésta viene a vosotros? Dijo Firaún: No os hago ver sino lo que veo y únicamente os guío al camino de la recta dirección.

(30) Y dijo el que creía: ¡Gentes! Es verdad que temo para vosotros lo mismo que les ocurrió a todos los que se confabularon*.

* [Contra los profetas]

(31) La misma suerte que corrieron la gente de Nuh, los Ad, los Zamud y los que vinieron después de ellos.

Y Allah no quiere la injusticia para Sus siervos.

وَقَالَ رَجُلٌ مُّؤْمِنٌ مِّنْ ءَالِ فِرْعَوْنَ يَكْتُمُ إِيمَٰنَهُۥٓ أَتَقْتُلُونَ رَجُلًا أَن يَقُولَ رَبِّيَ ٱللَّهُ وَقَدْ جَآءَكُم بِٱلْبَيِّنَٰتِ مِن رَّبِّكُمْ وَإِن يَكُ كَٰذِبًا فَعَلَيْهِ كَذِبُهُۥ وَإِن يَكُ صَادِقًا يُصِبْكُم بَعْضُ ٱلَّذِى يَعِدُكُمْ إِنَّ ٱللَّهَ لَا يَهْدِى مَنْ هُوَ مُسْرِفٌ كَذَّابٌ ٢٨

يَٰقَوْمِ لَكُمُ ٱلْمُلْكُ ٱلْيَوْمَ ظَٰهِرِينَ فِى ٱلْأَرْضِ فَمَن يَنصُرُنَا مِنۢ بَأْسِ ٱللَّهِ إِن جَآءَنَا قَالَ فِرْعَوْنُ مَآ أُرِيكُمْ إِلَّا مَآ أَرَىٰ وَمَآ أَهْدِيكُمْ إِلَّا سَبِيلَ ٱلرَّشَادِ ٢٩

وَقَالَ ٱلَّذِىٓ ءَامَنَ يَٰقَوْمِ إِنِّىٓ أَخَافُ عَلَيْكُم مِّثْلَ يَوْمِ ٱلْأَحْزَابِ ٣٠

مِثْلَ دَأْبِ قَوْمِ نُوحٍ وَعَادٍ وَثَمُودَ وَٱلَّذِينَ مِنۢ بَعْدِهِمْ وَمَا ٱللَّهُ يُرِيدُ ظُلْمًا لِّلْعِبَادِ ٣١

(32) ¡Gentes mías! Temo para vosotros el día en que unos se llamarán a otros.

وَيَٰقَوْمِ إِنِّىٓ أَخَافُ عَلَيْكُمْ يَوْمَ ٱلتَّنَادِ ۝

(33) El día en que os volveréis dando
la espalda y no tendréis quien
os defienda de Allah.

A quien Allah extravía no hay
quien le guíe.

يَوْمَ تُوَلُّونَ مُدْبِرِينَ مَا لَكُم مِّنَ ٱللَّهِ مِنْ عَاصِمٍ وَمَن
يُضْلِلِ ٱللَّهُ فَمَا لَهُۥ مِنْ هَادٍ ۝

(34) Y he aquí que Yusuf os trajo
anteriormente las pruebas
claras, pero os quedásteis
dudando de lo que os había
traído, hasta que cuando él
murió dijisteis: Allah no
enviará ya a ningún otro mensajero después de él. Así es
como Allah extravía a quien
excede los límites y desconfía.

وَلَقَدْ جَآءَكُمْ يُوسُفُ مِن قَبْلُ بِٱلْبَيِّنَٰتِ فَمَا زِلْتُمْ
فِى شَكٍّ مِّمَّا جَآءَكُم بِهِۦ حَتَّىٰٓ إِذَا هَلَكَ قُلْتُمْ لَن
يَبْعَثَ ٱللَّهُ مِنۢ بَعْدِهِۦ رَسُولًا كَذَٰلِكَ يُضِلُّ ٱللَّهُ
مَنْ هُوَ مُسْرِفٌ مُّرْتَابٌ ۝

(35) Aquéllos que discuten los signos
de Allah sin tener ninguna
prueba que les haya venido.

Grande es la repulsa que pro-
vocan en Allah y en los que
creen.

Así marca Allah al corazón
soberbio y arrogante.

ٱلَّذِينَ يُجَٰدِلُونَ فِىٓ ءَايَٰتِ ٱللَّهِ بِغَيْرِ سُلْطَٰنٍ أَتَىٰهُمْ
كَبُرَ مَقْتًا عِندَ ٱللَّهِ وَعِندَ ٱلَّذِينَ ءَامَنُوا۟ كَذَٰلِكَ
يَطْبَعُ ٱللَّهُ عَلَىٰ كُلِّ قَلْبِ مُتَكَبِّرٍ جَبَّارٍ ۝

(36) Y dijo Firaún: Haman, cons-
trúyeme una torre para que
pueda alcanzar los accesos,

وَقَالَ فِرْعَوْنُ يَٰهَٰمَٰنُ ٱبْنِ لِى صَرْحًا لَّعَلِّىٓ أَبْلُغُ
ٱلْأَسْبَٰبَ ۝

(37) los accesos a los cielos, y subir
hasta el dios de Musa, pues
realmente lo tengo por embustero. Así fue como a Firaún se

أَسْبَٰبَ ٱلسَّمَٰوَٰتِ فَأَطَّلِعَ إِلَىٰٓ إِلَٰهِ مُوسَىٰ وَإِنِّى
لَأَظُنُّهُۥ كَٰذِبًا وَكَذَٰلِكَ زُيِّنَ لِفِرْعَوْنَ سُوٓءُ

le embelleció la maldad de su acción y fue desviado del camino.

Sin embargo la estratagema de Firaún no fue sino perdición.

(38) Y dijo el que había creído: ¡Gente mía! Seguidme y os guiaré al camino de la recta dirección.

(39) ¡Gente mía! Esta vida de aquí es simplemente un disfrute pasajero pero la Ultima Vida es el hogar de la Permanencia.

(40) El que haya cometido maldad sólo recibirá el pago equivalente a ella, pero quien haya obrado rectitud, sea varón o hembra, y sea creyente, ésos entrarán en el Jardín donde se les proveerá sin limitación.

(41) ¡Gente mía! ¿Cómo puede ser que yo os esté llamando a la salvación mientras que vosotros me estáis llamando al Fuego?

(42) ¿Me llamáis a que reniegue de Allah y Le asocie aquello de lo que no tengo conocimiento, mientras que yo os llamo al Poderoso, al Perdonador?

(43) No hay duda de que aquello a lo que me llamáis no puede

responder a lo que se le pida, ni en esta vida ni en la Última, y a Allah hemos de retornar. Y los que vayan más allá de los límites serán los compañeros del Fuego.

وَلَا فِي ٱلْأَخِرَةِ وَأَنَّ مَرَدَّنَا إِلَى ٱللَّهِ وَأَنَّ ٱلْمُسْرِفِينَ هُمْ أَصْحَٰبُ ٱلنَّارِ ۝

(44) Os acordaréis de lo que digo. Confío mi asunto a Allah, es cierto que Allah ve a los siervos.

فَسَتَذْكُرُونَ مَآ أَقُولُ لَكُمْ وَأُفَوِّضُ أَمْرِىٓ إِلَى ٱللَّهِ إِنَّ ٱللَّهَ بَصِيرٌۢ بِٱلْعِبَادِ ۝

(45) Allah lo libró de las maldades que tramaron y cayó sobre la gente de Firaún el peor castigo.

فَوَقَىٰهُ ٱللَّهُ سَيِّـَٔاتِ مَا مَكَرُوا۟ وَحَاقَ بِـَٔالِ فِرْعَوْنَ سُوٓءُ ٱلْعَذَابِ ۝

(46) El Fuego, al que serán expuestos mañana y tarde. Y el día que llegue la Hora*: ¡Haced que la gente de Firaún entre en el más duro de los castigos!

* [Se dirá a los ángeles]

ٱلنَّارُ يُعْرَضُونَ عَلَيْهَا غُدُوًّا وَعَشِيًّا وَيَوْمَ تَقُومُ ٱلسَّاعَةُ أَدْخِلُوٓا۟ ءَالَ فِرْعَوْنَ أَشَدَّ ٱلْعَذَابِ ۝

(47) Y cuando en el Fuego se hagan reproches unos a otros, dirán los débiles a los que fueron soberbios: Fuimos vuestros seguidores: ¿Podéis quitarnos algo del Fuego?

وَإِذْ يَتَحَآجُّونَ فِي ٱلنَّارِ فَيَقُولُ ٱلضُّعَفَٰٓؤُا۟ لِلَّذِينَ ٱسْتَكْبَرُوٓا۟ إِنَّا كُنَّا لَكُمْ تَبَعًا فَهَلْ أَنتُم مُّغْنُونَ عَنَّا نَصِيبًا مِّنَ ٱلنَّارِ ۝

(48) Dirán los que habían sido soberbios: Todos estamos en él, Allah ha juzgado ya entre los siervos.

قَالَ ٱلَّذِينَ ٱسْتَكْبَرُوٓا۟ إِنَّا كُلٌّ فِيهَآ إِنَّ ٱللَّهَ قَدْ حَكَمَ بَيْنَ ٱلْعِبَادِ ۝

(49) Y dirán los que están en el Fuego a los encargados de Yahannam: ¡Pedid a vuestro

وَقَالَ ٱلَّذِينَ فِي ٱلنَّارِ لِخَزَنَةِ جَهَنَّمَ ٱدْعُوا۟ رَبَّكُمْ يُخَفِّفْ عَنَّا يَوْمًا مِّنَ ٱلْعَذَابِ ۝

Señor que nos alivie un día del tormento!

(50) Dirán: ¿Acaso no os llegaron vuestros mensajeros trayendo las pruebas claras? Dirán: Sí. ¡Rogad entonces! Sin embargo la súplica de los incrédulos no encontrará ningún camino.

فَالُوٓاْ أَوَلَمْ تَكُ تَأْتِيكُمْ رُسُلُكُم بِالْبَيِّنَتِ قَالُوٓاْ بَلَىٰ قَالُواْ فَادْعُواْ وَمَا دُعَؤُاْ الْكَفِرِينَ إِلَّا فِي ضَلَلٍ ۞

(51) Auxiliaremos a Nuestros mensajeros y a quienes crean, en esta vida y en el día en que se levanten los testigos.

إِنَّا لَنَنصُرُ رُسُلَنَا وَالَّذِينَ ءَامَنُواْ فِي الْحَيَوٰةِ الدُّنْيَا وَيَوْمَ يَقُومُ الْأَشْهَٰدُ ۞

(52) El día en que a los injustos no les servirán de nada sus disculpas y tendrán la maldición y la mala morada.

يَوْمَ لَا يَنفَعُ الظَّلِمِينَ مَعْذِرَتُهُمْ وَلَهُمُ اللَّعْنَةُ وَلَهُمْ سُوٓءُ الدَّارِ ۞

(53) Y así fue como le dimos a Musa la guía y le dimos el Libro en herencia a los hijos de Israel. Como guía y recuerdo para los que supieran reconocer lo esencial.

۞ وَلَقَدْ ءَاتَيْنَا مُوسَى الْهُدَىٰ وَأَوْرَثْنَا بَنِي إِسْرَٰٓءِيلَ الْكِتَٰبَ هُدًى وَذِكْرَىٰ لِأُوْلِي الْأَلْبَٰبِ ۞

(54) Ten pues paciencia porque la promesa de Allah es verdadera y pide perdón por tus faltas y glorifica a tu Señor con las alabanzas que Le son debidas por la tarde y de madrugada.

فَاصْبِرْ إِنَّ وَعْدَ اللَّهِ حَقٌّ وَاسْتَغْفِرْ لِذَنْبِكَ وَسَبِّحْ بِحَمْدِ رَبِّكَ بِالْعَشِيِّ وَالْإِبْكَٰرِ ۞

(55) Realmente los que te discuten los signos de Allah sin que se les haya dado ninguna prueba, sólo tienen orgullo en sus

إِنَّ الَّذِينَ يُجَٰدِلُونَ فِي ءَايَٰتِ اللَّهِ بِغَيْرِ سُلْطَٰنٍ أَتَىٰهُمْ إِن فِي صُدُورِهِمْ إِلَّا كِبْرٌ مَّا هُم بِبَٰلِغِيهِ فَاسْتَعِذْ بِاللَّهِ

pechos y no lo conseguirán.

Busca pues refugio en Allah, El es el que Oye y el que Ve.

إِنَّهُ هُوَ ٱلسَّمِيعُ ٱلْبَصِيرُ ۝

(56) La creación de los cielos y de la tierra sobrepasa a la creación de los hombres; sin embargo la mayoría de los hombres no sabe.

لَخَلْقُ ٱلسَّمَوَٰتِ وَٱلْأَرْضِ أَكْبَرُ مِنْ خَلْقِ ٱلنَّاسِ وَلَكِنَّ أَكْثَرَ ٱلنَّاسِ لَا يَعْلَمُونَ ۝

(57) No son iguales el ciego y el que ve,

وَمَا يَسْتَوِي ٱلْأَعْمَىٰ وَٱلْبَصِيرُ ۝

(58) como no lo son tampoco los que creen y practican las acciones de bien y los que hacen el mal; poco es lo que recapacitan.

وَٱلَّذِينَ ءَامَنُوا۟ وَعَمِلُوا۟ ٱلصَّٰلِحَٰتِ وَلَا ٱلْمُسِيٓءُ قَلِيلًا مَّا تَتَذَكَّرُونَ ۝

(59) La Hora vendrá y no hay duda en ello, sin embargo la mayoría de los hombres no cree.

إِنَّ ٱلسَّاعَةَ لَءَاتِيَةٌ لَّا رَيْبَ فِيهَا وَلَكِنَّ أَكْثَرَ ٱلنَّاسِ لَا يُؤْمِنُونَ ۝

(60) Y vuestro Señor ha dicho: Llamadme y os responderé.

Pero es cierto que aquellos cuya soberbia les impida adorarme, entrarán en Yahannam humillados.

وَقَالَ رَبُّكُمُ ٱدْعُونِيٓ أَسْتَجِبْ لَكُمْ إِنَّ ٱلَّذِينَ يَسْتَكْبِرُونَ عَنْ عِبَادَتِي سَيَدْخُلُونَ جَهَنَّمَ دَاخِرِينَ ۝

(61) Allah es Quien ha hecho para vosotros la noche, para que pudiérais en ella descansar, y el día como claridad.

En verdad Allah posee favor para los hombres, sin embargo la mayoría de los hombres no agradece.

ٱللَّهُ ٱلَّذِي جَعَلَ لَكُمُ ٱلَّيْلَ لِتَسْكُنُوا۟ فِيهِ وَٱلنَّهَارَ مُبْصِرًا إِنَّ ٱللَّهَ لَذُو فَضْلٍ عَلَى ٱلنَّاسِ وَلَكِنَّ أَكْثَرَ ٱلنَّاسِ لَا يَشْكُرُونَ ۝

(62) Ese es Allah, vuestro Señor, el Creador de todas las cosas, no hay dios excepto El. ¿Cómo pues podéis inventar?

ذَٰلِكُمُ ٱللَّهُ رَبُّكُمْ خَٰلِقُ كُلِّ شَىْءٍ لَّآ إِلَٰهَ إِلَّا هُوَ فَأَنَّىٰ تُؤْفَكُونَ ۝

(63) Así es como se apartan de la verdad los que han negado los signos de Allah.

كَذَٰلِكَ يُؤْفَكُ ٱلَّذِينَ كَانُوا۟ بِـَٔايَٰتِ ٱللَّهِ يَجْحَدُونَ ۝

(64) Allah es Quien ha hecho para vosotros la tierra como lugar en el que estar y el cielo como edificación y os ha dado forma haciendo que fuera la mejor, y os ha proveído de cosas buenas; ése es Allah vuestro Señor.

¡Bendito sea Allah el Señor de todos los mundos!

ٱللَّهُ ٱلَّذِى جَعَلَ لَكُمُ ٱلْأَرْضَ قَرَارًا وَٱلسَّمَآءَ بِنَآءً وَصَوَّرَكُمْ فَأَحْسَنَ صُوَرَكُمْ وَرَزَقَكُم مِّنَ ٱلطَّيِّبَٰتِ ذَٰلِكُمُ ٱللَّهُ رَبُّكُمْ فَتَبَارَكَ ٱللَّهُ رَبُّ ٱلْعَٰلَمِينَ ۝

(65) El es el Viviente, no hay dios sino El, invocadlo ofreciéndole con sinceridad, sólo a El, la adoración.

La alabanza pertenece a Allah, el Señor de los mundos.

هُوَ ٱلْحَىُّ لَآ إِلَٰهَ إِلَّا هُوَ فَٱدْعُوهُ مُخْلِصِينَ لَهُ ٱلدِّينَ ٱلْحَمْدُ لِلَّهِ رَبِّ ٱلْعَٰلَمِينَ ۝

(66) Di: Se me ha prohibido adorar a los que invocáis fuera de Allah, pues me han llegado las pruebas claras de mi Señor, y se me ha ordenado someterme al Señor de los mundos.

۞ قُلْ إِنِّى نُهِيتُ أَنْ أَعْبُدَ ٱلَّذِينَ تَدْعُونَ مِن دُونِ ٱللَّهِ لَمَّا جَآءَنِىَ ٱلْبَيِّنَٰتُ مِن رَّبِّى وَأُمِرْتُ أَنْ أُسْلِمَ لِرَبِّ ٱلْعَٰلَمِينَ ۝

(67) El es Quien os ha creado de tierra y luego de una gota de esperma y de un coágulo de sangre.

Luego hace que salgáis como

هُوَ ٱلَّذِى خَلَقَكُم مِّن تُرَابٍ ثُمَّ مِن نُّطْفَةٍ ثُمَّ مِنْ عَلَقَةٍ ثُمَّ يُخْرِجُكُمْ طِفْلًا ثُمَّ لِتَبْلُغُوٓا۟ أَشُدَّكُمْ ثُمَّ لِتَكُونُوا۟ شُيُوخًا وَمِنكُم مَّن

niños para que después alcancéis la madurez y lleguéis a ser
ancianos, habiendo entre vosotros quienes mueren antes, y
cumpláis así un plazo fijado.

Puede que razonéis.

يُتَوَفَّىٰ مِن قَبْلُ وَلِتَبْلُغُوٓا أَجَلًا مُّسَمًّى وَلَعَلَّكُمْ تَعْقِلُونَ ۝

(68) El es Quien da la vida y da la
muerte y si decide algo simplemente dice: Sé, y es.

هُوَ الَّذِى يُحْىِۦ وَيُمِيتُ فَإِذَا قَضَىٰٓ أَمْرًا فَإِنَّمَا يَقُولُ لَهُۥ كُن فَيَكُونُ ۝

(69) ¿Acaso no has visto cómo se
desvían los que discuten los
signos de Allah?

أَلَمْ تَرَ إِلَى الَّذِينَ يُجَٰدِلُونَ فِىٓ ءَايَٰتِ اللَّهِ أَنَّىٰ يُصْرَفُونَ ۝

(70) Los que han tachado de mentira
el Libro y aquello con lo que
hemos enviado a Nuestros
mensajeros. Pero ya sabrán.

الَّذِينَ كَذَّبُوا بِالْكِتَٰبِ وَبِمَآ أَرْسَلْنَا بِهِۦ رُسُلَنَا فَسَوْفَ يَعْلَمُونَ ۝

(71) Cuando tengan argollas en el
cuello y cadenas, serán llevados a rastras

إِذِ الْأَغْلَٰلُ فِىٓ أَعْنَٰقِهِمْ وَالسَّلَٰسِلُ يُسْحَبُونَ ۝

(72) hacia el agua hirviente y luego
serán arrojados al Fuego.

فِى الْحَمِيمِ ثُمَّ فِى النَّارِ يُسْجَرُونَ ۝

(73) Después se les dirá: ¿Dónde
están los que asociábais aparte
de Allah? Dirán: Se han extraviado de nosotros aunque en
realidad lo que invocábamos
antes no era nada.
Así es como Allah extravía a
los incrédulos.

ثُمَّ قِيلَ لَهُمْ أَيْنَ مَا كُنتُمْ تُشْرِكُونَ مِن دُونِ اللَّهِ قَالُوا ضَلُّوا عَنَّا بَل لَّمْ نَكُن نَّدْعُوا مِن قَبْلُ شَيْـًٔا كَذَٰلِكَ يُضِلُّ اللَّهُ الْكَٰفِرِينَ ۝

(74) Esto es por haber actuado alegremente en la tierra sin dere-

ذَٰلِكُم بِمَا كُنتُمْ تَفْرَحُونَ فِى الْأَرْضِ بِغَيْرِ الْحَقِّ

سُورَةُ غَافِرٍ ـ الْجُزْءُ الرَّابِعُ وَالْعِشْرُونَ

cho y por haber sido arrogantes.

وَبِمَا كُنتُمْ تَمْرَحُونَ ۝

(75) Entrad por las puertas de Yahannam para, en él, ser inmortales. ¡Que mal refugio el de los soberbios!

ادْخُلُوٓا أَبْوَٰبَ جَهَنَّمَ خَٰلِدِينَ فِيهَا فَبِئْسَ مَثْوَى الْمُتَكَبِّرِينَ ۝

(76) Y ten paciencia porque la promesa de Allah es verdad y te haremos ver parte de lo que les hemos prometido o bien te llevaremos con Nosotros. A Nos han de regresar.

فَاصْبِرْ إِنَّ وَعْدَ اللَّهِ حَقٌّ فَإِمَّا نُرِيَنَّكَ بَعْضَ الَّذِى نَعِدُهُمْ أَوْ نَتَوَفَّيَنَّكَ فَإِلَيْنَا يُرْجَعُونَ ۝

(77) Es verdad que antes de ti ya habíamos enviado mensajeros; te hemos dado noticias de algunos de ellos y de otros no, a ningún mensajero le correspondió traer ningún signo sin que fuera con el permiso de Allah y cuando la orden de Allah llegaba, se decidía con la verdad, siendo la perdición de los que atribuían falsedades.

وَلَقَدْ أَرْسَلْنَا رُسُلًا مِّن قَبْلِكَ مِنْهُم مَّن قَصَصْنَا عَلَيْكَ وَمِنْهُم مَّن لَّمْ نَقْصُصْ عَلَيْكَ وَمَا كَانَ لِرَسُولٍ أَن يَأْتِىَ بِئَايَةٍ إِلَّا بِإِذْنِ اللَّهِ فَإِذَا جَآءَ أَمْرُ اللَّهِ قُضِىَ بِالْحَقِّ وَخَسِرَ هُنَالِكَ الْمُبْطِلُونَ ۝

(78) Allah es Quien os ha dado los animales de rebaño para que los utilizárais de montura y os sirvieran de alimento.

اللَّهُ الَّذِى جَعَلَ لَكُمُ الْأَنْعَٰمَ لِتَرْكَبُوا مِنْهَا وَمِنْهَا تَأْكُلُونَ ۝

(79) En ellos tenéis beneficios y sobre ellos podéis lograr necesidades que hay en vuestros pechos* y sobre ellos sois transportados al igual que sobre las naves.

وَلَكُمْ فِيهَا مَنَٰفِعُ وَلِتَبْلُغُوا عَلَيْهَا حَاجَةً فِى صُدُورِكُمْ وَعَلَيْهَا وَعَلَى الْفُلْكِ تُحْمَلُونَ ۝

* [Como que se acorten las distancias, y puedan cargar con vuestros fardos, etc...]

(80) Y os muestra Sus signos. ¿Qué signos de Allah podréis negar?

وَيُرِيكُمْ ءَايَٰتِهِۦ فَأَىَّ ءَايَٰتِ ٱللَّهِ تُنكِرُونَ ۝

(81) ¿Es que no han ido por la tierra y no han visto cómo acabaron los que hubo antes de ellos?

Eran más numerosos que ellos, tenían mayor poderío y más vestigios de su presencia en la tierra; pero todo lo que habían conseguido no les sirvió de nada ante Allah.

أَفَلَمْ يَسِيرُواْ فِى ٱلْأَرْضِ فَيَنظُرُواْ كَيْفَ كَانَ عَٰقِبَةُ ٱلَّذِينَ مِن قَبْلِهِمْ كَانُوٓاْ أَكْثَرَ مِنْهُمْ وَأَشَدَّ قُوَّةً وَءَاثَارًا فِى ٱلْأَرْضِ فَمَآ أَغْنَىٰ عَنْهُم مَّا كَانُواْ يَكْسِبُونَ ۝

(82) Cuando llegaron a ellos sus mensajeros con las pruebas claras se contentaron con el conocimiento que tenían y aquello de lo que se habían burlado los rodeó.

فَلَمَّا جَآءَتْهُمْ رُسُلُهُم بِٱلْبَيِّنَٰتِ فَرِحُواْ بِمَا عِندَهُم مِّنَ ٱلْعِلْمِ وَحَاقَ بِهِم مَّا كَانُواْ بِهِۦ يَسْتَهْزِءُونَ ۝

(83) Y al ver Nuestra furia, dijeron: Creemos en Allah, Él sólo, y renegamos de los asociados que Le atribuíamos.

فَلَمَّا رَأَوْاْ بَأْسَنَا قَالُوٓاْ ءَامَنَّا بِٱللَّهِ وَحْدَهُۥ وَكَفَرْنَا بِمَا كُنَّا بِهِۦ مُشْرِكِينَ ۝

(84) Pero no les sirvió de nada creer una vez que ya habían visto Nuestra furia, es la práctica constante de Allah que ya ha aplicado antes a Sus siervos.

Allí perdieron los incrédulos.

فَلَمْ يَكُ يَنفَعُهُمْ إِيمَٰنُهُمْ لَمَّا رَأَوْاْ بَأْسَنَا سُنَّتَ ٱللَّهِ ٱلَّتِى قَدْ خَلَتْ فِى عِبَادِهِۦ وَخَسِرَ هُنَالِكَ ٱلْكَٰفِرُونَ ۝

41. SURA "SE HAN EXPRESADO CON CLARIDAD".

En el nombre de Allah, el Misericordioso, el Compasivo.

(1) Ha, Mim. Revelación descendida por el Misericordioso, el Compasivo.

(2) Un Libro cuyos signos son un claro discernimiento, que ha sido expresado en una Recitación árabe para gente que sabe.

(3) Es portador de buenas noticias y advertidor, pero la mayoría de ellos se han apartado y no escuchan.

(4) Y dicen: Nuestros corazones están cerrados a lo que nos llamas, en nuestros oídos hay sordera y entre nosotros y tú hay un velo, así pues, actúa en consecuencia, que nosotros también lo haremos.

(5) Di: Yo sólo soy un ser humano como vosotros al que le ha sido inspirado que vuestro dios es un Unico Dios, así pues dirigíos a El sin desviaros y pedidle perdón.

Y perdición para los que Le atribuyen asociados.

(6) Los que no dan el zakat y son incrédulos con respecto a la Ultima Vida.

ٱلَّذِينَ لَا يُؤْتُونَ ٱلزَّكَوٰةَ وَهُم بِٱلْءَاخِرَةِ هُمْ كَٰفِرُونَ ۝

(7) Realmente los que crean y practiquen las acciones de bien, tendrán una recompensa sin interrupción.

إِنَّ ٱلَّذِينَ ءَامَنُوا۟ وَعَمِلُوا۟ ٱلصَّٰلِحَٰتِ لَهُمْ أَجْرٌ غَيْرُ مَمْنُونٍ ۝

(8) Di: ¿Cómo es que os negáis a creer en Aquel que creó la tierra en dos días y Le atribuís semejantes?

El es el Señor de los mundos.

۞ قُلْ أَئِنَّكُمْ لَتَكْفُرُونَ بِٱلَّذِى خَلَقَ ٱلْأَرْضَ فِى يَوْمَيْنِ وَتَجْعَلُونَ لَهُۥٓ أَندَادًا ذَٰلِكَ رَبُّ ٱلْعَٰلَمِينَ ۝

(9) Y puso sobre ella cordilleras, la bendijo y repartió con medida sus provisiones, en cuatro días completos, para los que lo quieran saber.

وَجَعَلَ فِيهَا رَوَٰسِىَ مِن فَوْقِهَا وَبَٰرَكَ فِيهَا وَقَدَّرَ فِيهَآ أَقْوَٰتَهَا فِىٓ أَرْبَعَةِ أَيَّامٍ سَوَآءً لِّلسَّآئِلِينَ ۝

(10) Luego dirigió (Su voluntad) al cielo, que era humo, y le dijo junto con la tierra: Venid a Mí de buen grado o a la fuerza; dijeron: Venimos a Ti obedientes.

ثُمَّ ٱسْتَوَىٰٓ إِلَى ٱلسَّمَآءِ وَهِىَ دُخَانٌ فَقَالَ لَهَا وَلِلْأَرْضِ ٱئْتِيَا طَوْعًا أَوْ كَرْهًا قَالَتَآ أَتَيْنَا طَآئِعِينَ ۝

(11) Y en dos días lo culminó en siete cielos, a cada uno de los cuales Le inspiró su cometido.

Hemos embellecido el cielo de este mundo con lámparas y protección; ese es el decreto del Poderoso, el Conocedor.

فَقَضَىٰهُنَّ سَبْعَ سَمَٰوَاتٍ فِى يَوْمَيْنِ وَأَوْحَىٰ فِى كُلِّ سَمَآءٍ أَمْرَهَا وَزَيَّنَّا ٱلسَّمَآءَ ٱلدُّنْيَا بِمَصَٰبِيحَ وَحِفْظًا ذَٰلِكَ تَقْدِيرُ ٱلْعَزِيزِ ٱلْعَلِيمِ ۝

(12) Pero si se apartan, di: Os he advertido de caer fulminados

وَإِنْ أَعْرَضُوا۟ فَقُلْ أَنذَرْتُكُمْ صَٰعِقَةً مِّثْلَ

como cayeron los Ad y los Zamud.

صَٰعِقَةٍ عَادٍ وَثَمُودَ ۝

(13) Cuando antes y después, les llegaron mensajeros diciendo: ¡Adorad únicamente a Allah! Dijeron: Si nuestro Señor quisiera, haría bajar ángeles; así pues nosotros nos negamos a creer en aquello con lo que habéis sido enviados.

إِذْ جَآءَتْهُمُ الرُّسُلُ مِنۢ بَيْنِ أَيْدِيهِمْ وَمِنْ خَلْفِهِمْ أَلَّا تَعْبُدُوٓا۟ إِلَّا ٱللَّهَ قَالُوا۟ لَوْ شَآءَ رَبُّنَا لَأَنزَلَ مَلَٰٓئِكَةً فَإِنَّا بِمَآ أُرْسِلْتُم بِهِۦ كَٰفِرُونَ ۝

(14) Los Ad fueron soberbios en la tierra sin razón, dijeron: ¿Quién tiene más poderío que nosotros? ¿Es que no veían que Allah, que los había creado, tenía más fuerza y poder que ellos?

Negaron sistemáticamente Nuestros signos.

فَأَمَّا عَادٌ فَٱسْتَكْبَرُوا۟ فِى ٱلْأَرْضِ بِغَيْرِ ٱلْحَقِّ وَقَالُوا۟ مَنْ أَشَدُّ مِنَّا قُوَّةً أَوَلَمْ يَرَوْا۟ أَنَّ ٱللَّهَ ٱلَّذِى خَلَقَهُمْ هُوَ أَشَدُّ مِنْهُمْ قُوَّةً وَكَانُوا۟ بِـَٔايَٰتِنَا يَجْحَدُونَ ۝

(15) Entonces enviamos contra ellos un viento gélido a lo largo de días fatales para que probaran así el castigo de la humillación en esta vida.

Sin embargo el castigo de la Ultima será más humillante y nadie los auxilará.

فَأَرْسَلْنَا عَلَيْهِمْ رِيحًا صَرْصَرًا فِىٓ أَيَّامٍ نَّحِسَاتٍ لِّنُذِيقَهُمْ عَذَابَ ٱلْخِزْىِ فِى ٱلْحَيَوٰةِ ٱلدُّنْيَا وَلَعَذَابُ ٱلْأَخِرَةِ أَخْزَىٰ وَهُمْ لَا يُنصَرُونَ ۝

(16) Y a los Zamud les dimos la guía, pero ellos prefirieron la ceguera a la guía y los sorprendimos con un castigo fulminante e infame a causa de lo que se habían buscado.

وَأَمَّا ثَمُودُ فَهَدَيْنَٰهُمْ فَٱسْتَحَبُّوا۟ ٱلْعَمَىٰ عَلَى ٱلْهُدَىٰ فَأَخَذَتْهُمْ صَٰعِقَةُ ٱلْعَذَابِ ٱلْهُونِ بِمَا كَانُوا۟ يَكْسِبُونَ ۝

(17) Y salvamos a los que creían y temían (a su Señor).

وَنَجَّيۡنَا الَّذِينَ ءَامَنُواْ وَكَانُواْ يَتَّقُونَ ۝

(18) El día en que reunamos a los enemigos de Allah de cara al fuego, se les conducirá como al ganado.

وَيَوۡمَ نَحۡشُرُ أَعۡدَآءَ اللَّهِ إِلَى النَّارِ فَهُمۡ يُوزَعُونَ ۝

(19) Y cuando lleguen a él, sus oídos, vista y piel atestiguarán contra ellos por lo que hicieron.

حَتَّىٰٓ إِذَا مَا جَآءُوهَا شَهِدَ عَلَيۡهِمۡ سَمۡعُهُمۡ وَأَبۡصَٰرُهُمۡ وَجُلُودُهُم بِمَا كَانُواْ يَعۡمَلُونَ ۝

(20) Y le dirán a su piel: ¿Por qué das testimonio en nuestra contra? Dirá: Allah, que hace hablar a todas las cosas, es Quien nos hace hablar.

El os creó por primera vez y a El tenéis que volver.

وَقَالُواْ لِجُلُودِهِمۡ لِمَ شَهِدتُّمۡ عَلَيۡنَا قَالُوٓاْ أَنطَقَنَا اللَّهُ الَّذِىٓ أَنطَقَ كُلَّ شَىۡءٍ وَهُوَ خَلَقَكُمۡ أَوَّلَ مَرَّةٍ وَإِلَيۡهِ تُرۡجَعُونَ ۝

(21) No os guardasteis de que vuestro oído, vuestra vista y vuestra piel iban a dar testimonio contra vosotros y pensásteis que Allah no sabría gran parte de lo que hacíais.

وَمَا كُنتُمۡ تَسۡتَتِرُونَ أَن يَشۡهَدَ عَلَيۡكُمۡ سَمۡعُكُمۡ وَلَآ أَبۡصَٰرُكُمۡ وَلَا جُلُودُكُمۡ وَلَٰكِن ظَنَنتُمۡ أَنَّ اللَّهَ لَا يَعۡلَمُ كَثِيرًا مِّمَّا تَعۡمَلُونَ ۝

(22) Y eso que pensásteis sobre vuestro Señor os ha llevado a la ruina y os habéis convertido en perdedores.

وَذَٰلِكُمۡ ظَنُّكُمُ الَّذِى ظَنَنتُم بِرَبِّكُمۡ أَرۡدَىٰكُمۡ فَأَصۡبَحۡتُم مِّنَ الۡخَٰسِرِينَ ۝

(23) Y aunque tengan paciencia...el Fuego será el refugio para ellos.

Y si piden disculpas no serán disculpados.

فَإِن يَصۡبِرُواْ فَالنَّارُ مَثۡوًى لَّهُمۡ وَإِن يَسۡتَعۡتِبُواْ فَمَا هُم مِّنَ الۡمُعۡتَبِينَ ۝

(24) Les habíamos asignado compañeros inseparables que les embellecieron lo que tenían ante ellos y lo que había de venir, y así fue como la Palabra se hizo realidad en su contra, como ya ocurriera con las comunidades anteriores de genios y de hombres. Fueron, en verdad, perdedores.

• وَقَيَّضْنَا لَهُمْ قُرَنَآءَ فَزَيَّنُوا لَهُم مَّا بَيْنَ أَيْدِيهِمْ وَمَا خَلْفَهُمْ وَحَقَّ عَلَيْهِمُ ٱلْقَوْلُ فِي أُمَمٍ قَدْ خَلَتْ مِن قَبْلِهِم مِّنَ ٱلْجِنِّ وَٱلْإِنسِ إِنَّهُمْ كَانُوا خَٰسِرِينَ ۝

(25) Y dicen los que se niegan a creer: no escuchéis esta Recitación, intentad desviar de ella la atención y puede que venzáis.

وَقَالَ ٱلَّذِينَ كَفَرُوا لَا تَسْمَعُوا لِهَٰذَا ٱلْقُرْءَانِ وَٱلْغَوْا فِيهِ لَعَلَّكُمْ تَغْلِبُونَ ۝

(26) A los que se niegan a creer les haremos probar un durísimo castigo y les pagaremos por lo peor que hayan hecho.

فَلَنُذِيقَنَّ ٱلَّذِينَ كَفَرُوا عَذَابًا شَدِيدًا وَلَنَجْزِيَنَّهُمْ أَسْوَأَ ٱلَّذِي كَانُوا يَعْمَلُونَ ۝

(27) Esa es la recompensa de los enemigos de Allah: el Fuego.

En él tendrán la morada de la eternidad como recompensa por haber negado Nuestros signos.

ذَٰلِكَ جَزَآءُ أَعْدَآءِ ٱللَّهِ ٱلنَّارُ لَهُمْ فِيهَا دَارُ ٱلْخُلْدِ جَزَآءً بِمَا كَانُوا بِـَٔايَٰتِنَا يَجْحَدُونَ ۝

(28) Y dirán los que se negaron a creer: ¡Señor nuestro! Muéstranos a aquellos genios y hombres que nos extraviaron para que los pongamos bajo nuestros pies y queden entre los más bajos.

وَقَالَ ٱلَّذِينَ كَفَرُوا رَبَّنَا أَرِنَا ٱلَّذَيْنِ أَضَلَّانَا مِنَ ٱلْجِنِّ وَٱلْإِنسِ نَجْعَلْهُمَا تَحْتَ أَقْدَامِنَا لِيَكُونَا مِنَ ٱلْأَسْفَلِينَ ۝

(29) Realmente los que hayan dicho:

إِنَّ ٱلَّذِينَ قَالُوا رَبُّنَا ٱللَّهُ ثُمَّ ٱسْتَقَٰمُوا تَتَنَزَّلُ عَلَيْهِمُ

Mi Señor es Allah y hayan sido rectos, los ángeles descenderán a ellos: No temáis ni os entristezcáis y alegraos con la buena nueva del Jardín que se os había prometido.

ٱلْمَلَٰٓئِكَةُ أَلَّا تَخَافُوا۟ وَلَا تَحْزَنُوا۟ وَأَبْشِرُوا۟ بِٱلْجَنَّةِ ٱلَّتِى كُنتُمْ تُوعَدُونَ ﴿﴾

(30) Somos vuestros protectores en esta vida y en la Última, allí tendréis lo que deseen vuestras almas y todo cuanto pidáis.

نَحْنُ أَوْلِيَآؤُكُمْ فِى ٱلْحَيَوٰةِ ٱلدُّنْيَا وَفِى ٱلْأَخِرَةِ وَلَكُمْ فِيهَا مَا تَشْتَهِىٓ أَنفُسُكُمْ وَلَكُمْ فِيهَا مَا تَدَّعُونَ ﴿﴾

(31) Hospedaje de un Perdonador, Compasivo.

نُزُلًا مِّنْ غَفُورٍ رَّحِيمٍ ﴿﴾

(32) ¿Y qué mejor palabra que la de aquel que llama (a los demás) a Allah, obra con rectitud y dice: Yo soy de los musulmanes?

وَمَنْ أَحْسَنُ قَوْلًا مِّمَّن دَعَآ إِلَى ٱللَّهِ وَعَمِلَ صَٰلِحًا وَقَالَ إِنَّنِى مِنَ ٱلْمُسْلِمِينَ ﴿﴾

(33) No son iguales la bondad y la maldad; responde con la mejor actitud y aquel con el que tenías enemistad será un amigo ardiente*.

* [Esta aleya, en cuanto al juicio legal que pueda derivarse de ella, está abrogada por la aleya 5 de la sura novena.]

وَلَا تَسْتَوِى ٱلْحَسَنَةُ وَلَا ٱلسَّيِّئَةُ ۚ ٱدْفَعْ بِٱلَّتِى هِىَ أَحْسَنُ فَإِذَا ٱلَّذِى بَيْنَكَ وَبَيْنَهُۥ عَدَٰوَةٌ كَأَنَّهُۥ وَلِىٌّ حَمِيمٌ ﴿﴾

(34) Pero esto no lo consiguen sino los que tienen paciencia, no lo consigue sino el dotado de una suerte inmensa.

وَمَا يُلَقَّىٰهَآ إِلَّا ٱلَّذِينَ صَبَرُوا۟ وَمَا يُلَقَّىٰهَآ إِلَّا ذُو حَظٍّ عَظِيمٍ ﴿﴾

(35) Y si te solivianta una tentación procedente del Shaytán, pide refugio en Allah; es cierto que Él es el que oye y el que sabe.

وَإِمَّا يَنزَغَنَّكَ مِنَ ٱلشَّيْطَٰنِ نَزْغٌ فَٱسْتَعِذْ بِٱللَّهِ ۖ إِنَّهُۥ هُوَ ٱلسَّمِيعُ ٱلْعَلِيمُ ﴿﴾

(36) Entre Sus signos están la noche y el día, el sol y la luna.

No os postréis ni ante el sol ni ante la luna sino postraos ante Allah que es Quien los ha creado, si sólo a El Lo adoráis.

وَمِنْ ءَايَٰتِهِ ٱلَّيْلُ وَٱلنَّهَارُ وَٱلشَّمْسُ وَٱلْقَمَرُ
لَا تَسْجُدُوا۟ لِلشَّمْسِ وَلَا لِلْقَمَرِ وَٱسْجُدُوا۟ لِلَّهِ
ٱلَّذِى خَلَقَهُنَّ إِن كُنتُمْ إِيَّاهُ تَعْبُدُونَ ۝

(37) Y si muestran soberbia... aquéllos que están junto a tu Señor Lo glorifican noche y día y no se hastían.

فَإِنِ ٱسْتَكْبَرُوا۟ فَٱلَّذِينَ عِندَ رَبِّكَ يُسَبِّحُونَ
لَهُۥ بِٱلَّيْلِ وَٱلنَّهَارِ وَهُمْ لَا يَسْـَٔمُونَ ۩ ۝

(38) Y entre Sus signos está cuando ves la tierra humillada y entonces hacemos que caiga agua sobre ella, con la que se estremece y se hincha; realmente Aquel que le da vida es Quien dará vida a los muertos; es verdad que El tiene poder sobre todas las cosas.

وَمِنْ ءَايَٰتِهِ أَنَّكَ تَرَى ٱلْأَرْضَ خَٰشِعَةً فَإِذَآ أَنزَلْنَا
عَلَيْهَا ٱلْمَآءَ ٱهْتَزَّتْ وَرَبَتْ إِنَّ ٱلَّذِىٓ أَحْيَاهَا لَمُحْىِ
ٱلْمَوْتَىٰٓ إِنَّهُۥ عَلَىٰ كُلِّ شَىْءٍ قَدِيرٌ ۝

(39) Es cierto que aquéllos que se apartan de Nuestros signos no se Nos ocultan. ¿Acaso alguien que va a ser arrojado al Fuego es mejor que quien se presente a salvo el Día del Levantamiento? Haced lo que queráis; El ve lo que hacéis.

إِنَّ ٱلَّذِينَ يُلْحِدُونَ فِىٓ ءَايَٰتِنَا لَا يَخْفَوْنَ عَلَيْنَآ
أَفَمَن يُلْقَىٰ فِى ٱلنَّارِ خَيْرٌ أَم مَّن يَأْتِىٓ ءَامِنًا يَوْمَ
ٱلْقِيَٰمَةِ ٱعْمَلُوا۟ مَا شِئْتُمْ إِنَّهُۥ بِمَا تَعْمَلُونَ بَصِيرٌ ۝

(40) Es cierto que los que se han negado a creer en el Recuerdo cuando les ha llegado...Es un Libro sin igual.

إِنَّ ٱلَّذِينَ كَفَرُوا۟ بِٱلذِّكْرِ لَمَّا جَآءَهُمْ وَإِنَّهُۥ
لَكِتَٰبٌ عَزِيزٌ ۝

(41) Al que no le afecta la falsedad por ningún lado. Y es una

لَا يَأْتِيهِ ٱلْبَٰطِلُ مِنۢ بَيْنِ يَدَيْهِ وَلَا مِنْ خَلْفِهِۦ

Revelación cuyo descenso procede de uno que es Sabio, y en Sí mismo Alabado.

تَنزِيلٌ مِّنْ حَكِيمٍ حَمِيدٍ ۝

(42) No se te ha dicho sino lo que se dijo a los mensajeros anteriores a ti, realmente tu Señor es Poseedor de perdón, pero también de un doloroso castigo.

مَّا يُقَالُ لَكَ إِلَّا مَا قَدْ قِيلَ لِلرُّسُلِ مِن قَبْلِكَ إِنَّ رَبَّكَ لَذُو مَغْفِرَةٍ وَذُو عِقَابٍ أَلِيمٍ ۝

(43) Y si hubiéramos hecho que fuera una Recitación en lengua no árabe, habrían dicho: ¿Por qué no se han expresado con claridad sus signos (aleyas)?

¿No es árabe siendo él árabe*? Di: Para los que creen es una guía y una cura, pero los que no creen tienen sordera en sus oídos y es una ceguera para ellos, es como si los llamaran desde muy lejos.

* [Es decir, "¿Un Corán en lengua no árabe y un profeta árabe?"]

وَلَوْ جَعَلْنَٰهُ قُرْءَانًا أَعْجَمِيًّا لَّقَالُوا لَوْلَا فُصِّلَتْ ءَايَٰتُهُۥٓ ءَأَعْجَمِيٌّ وَعَرَبِيٌّ قُلْ هُوَ لِلَّذِينَ ءَامَنُوا هُدًى وَشِفَآءٌ وَالَّذِينَ لَا يُؤْمِنُونَ فِىٓ ءَاذَانِهِمْ وَقْرٌ وَهُوَ عَلَيْهِمْ عَمًى أُوْلَٰٓئِكَ يُنَادَوْنَ مِن مَّكَانٍ بَعِيدٍ ۝

(44) Y en verdad le dimos a Musa el Libro y hubo diferencias sobre él. De no haber sido por una palabra previa de tu Señor se habría decidido entre ellos, que dudaban de él con desconfianza.

وَلَقَدْ ءَاتَيْنَا مُوسَى ٱلْكِتَٰبَ فَٱخْتُلِفَ فِيهِ وَلَوْلَا كَلِمَةٌ سَبَقَتْ مِن رَّبِّكَ لَقُضِىَ بَيْنَهُمْ وَإِنَّهُمْ لَفِى شَكٍّ مِّنْهُ مُرِيبٍ ۝

(45) Quien obre con rectitud lo hará en su propio bien, y quien obre mal lo hará en contra de sí mismo; tu Señor no es injusto con los siervos.

مَّنْ عَمِلَ صَٰلِحًا فَلِنَفْسِهِۦ وَمَنْ أَسَآءَ فَعَلَيْهَا وَمَا رَبُّكَ بِظَلَّٰمٍ لِّلْعَبِيدِ ۝

(46) A El se remite el conocimiento de la Hora. No hay fruto que salga de su envoltura, ni hembra que quede preñada ni que dé a luz, que no sea con Su conocimiento.

El día en que se les llame: ¿Dónde están los que asociábais conmigo? Dirán: Te anunciamos que no tenemos ningún testigo.

۞ إِلَيْهِ يُرَدُّ عِلْمُ السَّاعَةِ وَمَا تَخْرُجُ مِن ثَمَرَٰتٍ مِّنۡ أَكۡمَامِهَا وَمَا تَحۡمِلُ مِنۡ أُنثَىٰ وَلَا تَضَعُ إِلَّا بِعِلۡمِهِۦ وَيَوۡمَ يُنَادِيهِمۡ أَيۡنَ شُرَكَآءِي قَالُوٓاْ ءَاذَنَّٰكَ مَا مِنَّا مِن شَهِيدٍ ۝

(47) Se les habrá extraviado aquello que antes invocaban y sabrán con certeza que no habrá escapatoria para ellos.

وَضَلَّ عَنۡهُم مَّا كَانُواْ يَدۡعُونَ مِن قَبۡلُ وَظَنُّواْ مَا لَهُم مِّن مَّحِيصٍ ۝

(48) El hombre no se cansa de pedir lo bueno, pero si el mal le toca se queda abatido, desesperado.

لَّا يَسۡـَٔمُ الۡإِنسَٰنُ مِن دُعَآءِ الۡخَيۡرِ وَإِن مَّسَّهُ الشَّرُّ فَيَـُٔوسٌ قَنُوطٌ ۝

(49) Y si después del daño que le tocó le hacemos probar una misericordia de Nuestra parte, dice: Esto es cosa mía, no creo que la Hora vaya a llegar y aún en el caso de que volviera a mi Señor, sin duda que tendría junto a El lo más hermoso.

Les haremos saber a los que se negaron a creer lo que hicieron y les haremos gustar parte de un duro castigo.

وَلَئِنۡ أَذَقۡنَٰهُ رَحۡمَةً مِّنَّا مِنۢ بَعۡدِ ضَرَّآءَ مَسَّتۡهُ لَيَقُولَنَّ هَٰذَا لِي وَمَآ أَظُنُّ السَّاعَةَ قَآئِمَةً وَلَئِن رُّجِعۡتُ إِلَىٰ رَبِّيٓ إِنَّ لِي عِندَهُۥ لَلۡحُسۡنَىٰ فَلَنُنَبِّئَنَّ الَّذِينَ كَفَرُواْ بِمَا عَمِلُواْ وَلَنُذِيقَنَّهُم مِّنۡ عَذَابٍ غَلِيظٍ ۝

(50) Y cuando favorecemos al hombre, éste se desentiende y se aleja con arrogancia, pero cuando le toca algún daño se vuelve muy suplicante.

وَإِذَآ أَنۡعَمۡنَا عَلَى الۡإِنسَٰنِ أَعۡرَضَ وَنَـَٔا بِجَانِبِهِۦ وَإِذَا مَسَّهُ الشَّرُّ فَذُو دُعَآءٍ عَرِيضٍ ۝

(51)   Di: ¿Que me diríais si procediera* de junto a Allah y
vosotros os hubiérais negado a
creer en él?

¿Quién está más extraviado
que quien se encuentra en una
profunda oposición?

* [El Corán]

قُلْ أَرَأَيْتُمْ إِن كَانَ مِنْ عِندِ اللَّهِ ثُمَّ كَفَرْتُم بِهِ مَنْ أَضَلُّ مِمَّنْ هُوَ فِي شِقَاقٍ بَعِيدٍ ۝

(52)   Les haremos ver Nuestros signos en el horizonte y en ellos
mismos hasta que se les haga
evidente que es la verdad. ¿Es
que no basta con que tu Señor
es Testigo de todas las cosas?

سَنُرِيهِمْ ءَايَٰتِنَا فِي الْآفَاقِ وَفِي أَنفُسِهِمْ حَتَّىٰ يَتَبَيَّنَ لَهُمْ أَنَّهُ الْحَقُّ أَوَلَمْ يَكْفِ بِرَبِّكَ أَنَّهُ عَلَىٰ كُلِّ شَيْءٍ شَهِيدٌ ۝

(53)   ¿Acaso no ponen en duda el
encuentro con su Señor?

¿Y no rodea Él todas las cosas?

أَلَا إِنَّهُمْ فِي مِرْيَةٍ مِّن لِّقَاءِ رَبِّهِمْ أَلَا إِنَّهُ بِكُلِّ شَيْءٍ مُّحِيطٌ ۝

42. SURA DE LA CONSULTA.

بِسْمِ اللّٰهِ الرَّحْمَٰنِ الرَّحِيمِ

En el nombre de Allah, el Misericordioso, el Compasivo.

(1) Ha, Mim. Ayn, Sin, Qaf.

Así te inspira, como a los que hubo antes de ti, Allah, el Poderoso, el Sabio.

جٓمٓ ۚ عٓسٓقٓ ۚ كَذَٰلِكَ يُوحِىٓ إِلَيْكَ وَإِلَى ٱلَّذِينَ مِن قَبْلِكَ ٱللَّهُ ٱلْعَزِيزُ ٱلْحَكِيمُ ۝

(2) Suyo es cuanto hay en los cielos y en la tierra y es el Excelso, el Inmenso.

لَهُۥ مَا فِى ٱلسَّمَٰوَٰتِ وَمَا فِى ٱلْأَرْضِ ۖ وَهُوَ ٱلْعَلِىُّ ٱلْعَظِيمُ ۝

(3) A punto están de abrirse de arriba abajo los cielos y la tierra, y los ángeles glorifican a su Señor con la alabanza que Le es debida y piden perdón por los que están en la tierra.

¿Acaso no es Allah el Perdonador, el Compasivo?

تَكَادُ ٱلسَّمَٰوَٰتُ يَتَفَطَّرْنَ مِن فَوْقِهِنَّ ۚ وَٱلْمَلَٰٓئِكَةُ يُسَبِّحُونَ بِحَمْدِ رَبِّهِمْ وَيَسْتَغْفِرُونَ لِمَن فِى ٱلْأَرْضِ ۗ أَلَآ إِنَّ ٱللَّهَ هُوَ ٱلْغَفُورُ ٱلرَّحِيمُ ۝

(4) Y a los que han tomado protectores aparte de El; Allah los vigila, tú no eres su guardián.

وَٱلَّذِينَ ٱتَّخَذُوا۟ مِن دُونِهِۦٓ أَوْلِيَآءَ ٱللَّهُ حَفِيظٌ عَلَيْهِمْ وَمَآ أَنتَ عَلَيْهِم بِوَكِيلٍ ۝

(5) Y así es como te hemos inspirado una Recitación árabe para que advirtieras a la madre de las ciudades* y a quien hay a su alrededor y advirtieras del Día de la Concentración sobre el que no hay duda.

وَكَذَٰلِكَ أَوْحَيْنَآ إِلَيْكَ قُرْءَانًا عَرَبِيًّا لِّتُنذِرَ أُمَّ ٱلْقُرَىٰ وَمَنْ حَوْلَهَا وَتُنذِرَ يَوْمَ ٱلْجَمْعِ لَا رَيْبَ فِيهِ ۚ فَرِيقٌ فِى ٱلْجَنَّةِ وَفَرِيقٌ فِى ٱلسَّعِيرِ ۝

Un grupo en el Jardín y un grupo en el Sair.
*[Meca]

(6) Y si Allah hubiera querido habría hecho una sola comunidad, sin embargo El hace entrar en Su misericordia a quien quiere y los injustos no tendrán quien los proteja ni quien los auxilie.

وَلَوْ شَآءَ ٱللَّهُ لَجَعَلَهُمْ أُمَّةً وَٰحِدَةً وَلَٰكِن يُدْخِلُ مَن يَشَآءُ فِى رَحْمَتِهِ ۚ وَٱلظَّٰلِمُونَ مَا لَهُم مِّن وَلِيٍّ وَلَا نَصِيرٍ ۝

(7) ¿O es que han tomado protectores aparte de El? Allah es el Protector, El da la vida y da la muerte y tiene poder sobre todas las cosas.

أَمِ ٱتَّخَذُوا۟ مِن دُونِهِۦٓ أَوْلِيَآءَ ۖ فَٱللَّهُ هُوَ ٱلْوَلِىُّ وَهُوَ يُحْىِ ٱلْمَوْتَىٰ وَهُوَ عَلَىٰ كُلِّ شَىْءٍ قَدِيرٌ ۝

(8) Todo aquello en lo que no estáis de acuerdo, su juicio se remite a Allah. Ese es Allah mi Señor, a El me confío y a El me vuelvo en todo.

وَمَا ٱخْتَلَفْتُمْ فِيهِ مِن شَىْءٍ فَحُكْمُهُۥٓ إِلَى ٱللَّهِ ۚ ذَٰلِكُمُ ٱللَّهُ رَبِّى عَلَيْهِ تَوَكَّلْتُ وَإِلَيْهِ أُنِيبُ ۝

(9) El Originador de los cielos y de la tierra, os ha dado, de vosotros mismos, esposas y ha hecho a los animales de rebaño también en parejas, así es como os multiplica.

No hay nada como El; El es el que oye y el que ve.

فَاطِرُ ٱلسَّمَٰوَٰتِ وَٱلْأَرْضِ ۚ جَعَلَ لَكُم مِّنْ أَنفُسِكُمْ أَزْوَٰجًا وَمِنَ ٱلْأَنْعَٰمِ أَزْوَٰجًا يَذْرَؤُكُمْ فِيهِ ۚ لَيْسَ كَمِثْلِهِۦ شَىْءٌ ۖ وَهُوَ ٱلسَّمِيعُ ٱلْبَصِيرُ ۝

(10) Posee las llaves de los cielos y de la tierra y expande y restringe la provisión a quien quiere.

Realmente El es el Conocedor de todas la cosas.

لَهُۥ مَقَالِيدُ ٱلسَّمَٰوَٰتِ وَٱلْأَرْضِ ۖ يَبْسُطُ ٱلرِّزْقَ لِمَن يَشَآءُ وَيَقْدِرُ ۚ إِنَّهُۥ بِكُلِّ شَىْءٍ عَلِيمٌ ۝

(11)　Os ha legislado, dentro de la Práctica de Adoración, lo que encomendó a Nuh, lo que te hemos inspirado a ti y lo que encomendamos a Ibrahim, Musa e Isa: que establécierais firmemente la Práctica de Adoración y no os dividiérais en ella.

Les resulta excesivo a los asociadores aquello a lo que los llamáis. Allah elige para Sí a quien quiere y guía hacia El a quien a El se vuelve.

۞ شَرَعَ لَكُم مِّنَ ٱلدِّينِ مَا وَصَّىٰ بِهِۦ نُوحًا وَٱلَّذِىٓ أَوۡحَيۡنَآ إِلَيۡكَ وَمَا وَصَّيۡنَا بِهِۦٓ إِبۡرَٰهِيمَ وَمُوسَىٰ وَعِيسَىٰٓ أَنۡ أَقِيمُواْ ٱلدِّينَ وَلَا تَتَفَرَّقُواْ فِيهِ ۚ كَبُرَ عَلَى ٱلۡمُشۡرِكِينَ مَا تَدۡعُوهُمۡ إِلَيۡهِ ۚ ٱللَّهُ يَجۡتَبِىٓ إِلَيۡهِ مَن يَشَآءُ وَيَهۡدِىٓ إِلَيۡهِ مَن يُنِيبُ ﴿١١﴾

(12)　Y no se dividieron sino después de haberles llegado el conocimiento, por envidias entre ellos. Y si no hubiera sido por una palabra previa que establecía un plazo fijo, se habría decidido entre ellos. Y los que, después de ellos, han heredado el Libro están recelosos en la duda.

وَمَا تَفَرَّقُوٓاْ إِلَّا مِنۢ بَعۡدِ مَا جَآءَهُمُ ٱلۡعِلۡمُ بَغۡيَۢا بَيۡنَهُمۡ ۚ وَلَوۡلَا كَلِمَةٌ سَبَقَتۡ مِن رَّبِّكَ إِلَىٰٓ أَجَلٍ مُّسَمًّى لَّقُضِىَ بَيۡنَهُمۡ ۚ وَإِنَّ ٱلَّذِينَ أُورِثُواْ ٱلۡكِتَٰبَ مِنۢ بَعۡدِهِمۡ لَفِى شَكٍّ مِّنۡهُ مُرِيبٍ ﴿١٢﴾

(13)　Por eso, extiende la llamada, sé recto como se te ha ordenado, no sigas sus deseos y di: Creo en los libros que Allah ha hecho descender y me ha sido ordenado hacer justicia entre vosotros. Allah es nuestro Señor y vuestro Señor, para nosotros serán nuestras obras y para vosotros las vuestras, no hay discusión entre nosotros, Allah nos reunirá y el retorno es hacia El.

فَلِذَٰلِكَ فَٱدۡعُ ۖ وَٱسۡتَقِمۡ كَمَآ أُمِرۡتَ ۖ وَلَا تَتَّبِعۡ أَهۡوَآءَهُمۡ ۖ وَقُلۡ ءَامَنتُ بِمَآ أَنزَلَ ٱللَّهُ مِن كِتَٰبٍ ۖ وَأُمِرۡتُ لِأَعۡدِلَ بَيۡنَكُمُ ۖ ٱللَّهُ رَبُّنَا وَرَبُّكُمۡ ۖ لَنَآ أَعۡمَٰلُنَا وَلَكُمۡ أَعۡمَٰلُكُمۡ ۖ لَا حُجَّةَ بَيۡنَنَا وَبَيۡنَكُمُ ۖ ٱللَّهُ يَجۡمَعُ بَيۡنَنَا ۖ وَإِلَيۡهِ ٱلۡمَصِيرُ ﴿١٣﴾

(14) Los que cuestionan a Allah, después de la respuesta que ha tenido*, su argumento no tiene ninguna validez ante su Señor. Sobre ellos caerá la ira y tendrán un violento castigo.

* [Es decir, después de la gente que Le ha respondido y ha entrado en el Islam]

وَالَّذِينَ يُحَاجُّونَ فِي اللَّهِ مِنْ بَعْدِ مَا اسْتُجِيبَ لَهُ حُجَّتُهُمْ دَاحِضَةٌ عِندَ رَبِّهِمْ وَعَلَيْهِمْ غَضَبٌ وَلَهُمْ عَذَابٌ شَدِيدٌ ۝

(15) Allah es Quien ha hecho descender el Libro con la verdad y la Balanza; y ¿quién sabe si la Hora estará próxima?

اللَّهُ الَّذِي أَنزَلَ الْكِتَابَ بِالْحَقِّ وَالْمِيزَانَ وَمَا يُدْرِيكَ لَعَلَّ السَّاعَةَ قَرِيبٌ ۝

(16) Los que no creen en ella están pidiendo que se adelante, pero los que creen están estremecidos por su causa y saben que es verdad. ¿Acaso los que discuten la Hora no están extraviados, muy lejos?

يَسْتَعْجِلُ بِهَا الَّذِينَ لَا يُؤْمِنُونَ بِهَا وَالَّذِينَ آمَنُوا مُشْفِقُونَ مِنْهَا وَيَعْلَمُونَ أَنَّهَا الْحَقُّ أَلَا إِنَّ الَّذِينَ يُمَارُونَ فِي السَّاعَةِ لَفِي ضَلَالٍ بَعِيدٍ ۝

(17) Allah es Sutil con Sus siervos, provee a quien quiere y es el Fuerte, el Irresistible.

اللَّهُ لَطِيفٌ بِعِبَادِهِ يَرْزُقُ مَن يَشَاءُ وَهُوَ الْقَوِيُّ الْعَزِيزُ ۝

(18) Quien quiera cultivar la Ultima Vida, le daremos aumento en su cultivo, y quien quiera cultivar esta vida le daremos algo de ella, pero no tendrá parte en la Ultima.

مَن كَانَ يُرِيدُ حَرْثَ الْآخِرَةِ نَزِدْ لَهُ فِي حَرْثِهِ وَمَن كَانَ يُرِيدُ حَرْثَ الدُّنْيَا نُؤْتِهِ مِنْهَا وَمَا لَهُ فِي الْآخِرَةِ مِن نَّصِيبٍ ۝

(19) ¿O es que tienen asociados* que les han legitimado cosas en la Práctica de Adoración que Allah no ha autorizado?

أَمْ لَهُمْ شُرَكَاءُ شَرَعُوا لَهُم مِّنَ الدِّينِ مَا لَمْ يَأْذَن بِهِ اللَّهُ وَلَوْلَا كَلِمَةُ الْفَصْلِ لَقُضِيَ بَيْنَهُمْ وَإِنَّ الظَّالِمِينَ

Si no fuera por la sentencia definitiva*, se habría decidido ya entre ellos, realmente los injustos tendrán un doloroso castigo.

* [Que ellos asocian, como copartícipes, a Allah]

* [En el Día del Levantamiento]

لَهُمْ عَذَابٌ أَلِيمٌ ۞

(20) Verás a los injustos aterrados a causa de lo que se ganaron; se les vendrá encima.

Y los que creyeron y practicaron las acciones de bien tendrán, en los vergeles de los Jardines, lo que quieran junto a su Señor. Ese es el gran favor.

تَرَى ٱلظَّٰلِمِينَ مُشْفِقِينَ مِمَّا كَسَبُوا۟ وَهُوَ وَاقِعٌۢ بِهِمْ وَٱلَّذِينَ ءَامَنُوا۟ وَعَمِلُوا۟ ٱلصَّٰلِحَٰتِ فِى رَوْضَاتِ ٱلْجَنَّاتِ لَهُم مَّا يَشَآءُونَ عِندَ رَبِّهِمْ ذَٰلِكَ هُوَ ٱلْفَضْلُ ٱلْكَبِيرُ ۞

(21) Estas son las buenas noticias que Allah anuncia a Sus siervos que hayan creído y practicado las acciones de bien. Di: No os pido recompensa alguna por ello, sólo que seáis afectuosos con los parientes próximos.

Quien adquiera en su haber una buena acción se la aumentaremos con un bien mucho mayor; es cierto que Allah es Perdonador, Agradecido.

ذَٰلِكَ ٱلَّذِى يُبَشِّرُ ٱللَّهُ عِبَادَهُ ٱلَّذِينَ ءَامَنُوا۟ وَعَمِلُوا۟ ٱلصَّٰلِحَٰتِ قُل لَّآ أَسْـَٔلُكُمْ عَلَيْهِ أَجْرًا إِلَّا ٱلْمَوَدَّةَ فِى ٱلْقُرْبَىٰ وَمَن يَقْتَرِفْ حَسَنَةً نَّزِدْ لَهُۥ فِيهَا حُسْنًا إِنَّ ٱللَّهَ غَفُورٌ شَكُورٌ ۞

(22) ¿O es que dicen: Ha inventado una mentira sobre Allah? Cuando, si Allah quisiera, sellaría tu corazón. Allah borra lo falso y confirma la verdad con Su palabra; realmente El conoce lo que encierran los pechos.

أَمْ يَقُولُونَ ٱفْتَرَىٰ عَلَى ٱللَّهِ كَذِبًا فَإِن يَشَإِ ٱللَّهُ يَخْتِمْ عَلَىٰ قَلْبِكَ وَيَمْحُ ٱللَّهُ ٱلْبَٰطِلَ وَيُحِقُّ ٱلْحَقَّ بِكَلِمَٰتِهِۦٓ إِنَّهُۥ عَلِيمٌۢ بِذَاتِ ٱلصُّدُورِ ۞

(23) El es Quien se vuelve sobre Sus siervos pasando por alto sus malas acciones. Y sabe lo que hacen.

وَهُوَ ٱلَّذِى يَقْبَلُ ٱلتَّوْبَةَ عَنْ عِبَادِهِ وَيَعْفُوا عَنِ ٱلسَّيِّئَاتِ وَيَعْلَمُ مَا تَفْعَلُونَ ۝

(24) El responde a los que creen y practican las acciones de bien y les aumenta Su favor.

Pero los incrédulos tendrán un violento castigo.

وَيَسْتَجِيبُ ٱلَّذِينَ ءَامَنُوا وَعَمِلُوا ٱلصَّـٰلِحَـٰتِ وَيَزِيدُهُم مِّن فَضْلِهِ وَٱلْكَـٰفِرُونَ لَهُمْ عَذَابٌ شَدِيدٌ ۝

(25) Si Allah les hubiera dado a Sus siervos una provisión sin límites, se habrían excedido en la tierra, sin embargo la hace descender en la proporción que El quiere.

Allah tiene pleno conocimiento de Sus siervos y los ve.

وَلَوْ بَسَطَ ٱللَّهُ ٱلرِّزْقَ لِعِبَادِهِ لَبَغَوْا فِى ٱلْأَرْضِ وَلَـٰكِن يُنَزِّلُ بِقَدَرٍ مَّا يَشَآءُ إِنَّهُ بِعِبَادِهِ خَبِيرٌ بَصِيرٌ ۝

(26) El es Quien hace que caiga la lluvia cuando ellos ya han perdido la esperanza y hace Su misericordia extensa.

El es el Amigo, el Digno de alabanza.

وَهُوَ ٱلَّذِى يُنَزِّلُ ٱلْغَيْثَ مِنۢ بَعْدِ مَا قَنَطُوا وَيَنشُرُ رَحْمَتَهُ وَهُوَ ٱلْوَلِىُّ ٱلْحَمِيدُ ۝

(27) Entre Sus signos está la creación de los cielos y de la tierra y los animales que a lo largo de ella repartió; y El tiene poder para reunirlos a todos cuando quiera.

وَمِنْ ءَايَـٰتِهِ خَلْقُ ٱلسَّمَـٰوَٰتِ وَٱلْأَرْضِ وَمَا بَثَّ فِيهِمَا مِن دَآبَّةٍ وَهُوَ عَلَىٰ جَمْعِهِمْ إِذَا يَشَآءُ قَدِيرٌ ۝

(28) Cualquier dolor que os aflija es a causa de lo que se buscaron vuestras manos, sin embargo El pasa por alto muchas cosas.

وَمَآ أَصَـٰبَكُم مِّن مُّصِيبَةٍ فَبِمَا كَسَبَتْ أَيْدِيكُمْ وَيَعْفُوا عَن كَثِيرٍ ۝

(29) No podréis escaparos de El en la tierra ni tendréis, aparte de Allah, quien os proteja ni defienda.

وَمَا أَنتُم بِمُعْجِزِينَ فِي الْأَرْضِ وَمَا لَكُم مِّن دُونِ اللَّهِ مِن وَلِيٍّ وَلَا نَصِيرٍ ۝

(30) Y entre Sus signos están las naves, como hitos, en el mar. Si quiere cambia los vientos y entonces se quedan inmóviles en la superficie, es cierto que en eso hay signos para todo el que tenga paciencia y sea agradecido.

وَمِنْ ءَايَٰتِهِ الْجَوَارِ فِي الْبَحْرِ كَالْأَعْلَٰمِ إِن يَشَأْ يُسْكِنِ الرِّيحَ فَيَظْلَلْنَ رَوَاكِدَ عَلَىٰ ظَهْرِهِ إِنَّ فِي ذَٰلِكَ لَآيَٰتٍ لِّكُلِّ صَبَّارٍ شَكُورٍ ۝

(31) O las hace naufragar porque ellos se lo buscaron. Pero perdona muchas cosas.

أَوْ يُوبِقْهُنَّ بِمَا كَسَبُوا۟ وَيَعْفُ عَن كَثِيرٍ ۝

(32) Y que sepan los que discuten Nuestros signos que no tendrán escapatoria.

وَيَعْلَمَ الَّذِينَ يُجَٰدِلُونَ فِي ءَايَٰتِنَا مَا لَهُم مِّن مَّحِيصٍ ۝

(33) Las cosas que se os dan son sólo disfrute de la vida de este mundo, pero lo que hay junto a Allah es, para los que creen y se abandonan en su Señor, mejor y más duradero.

فَمَا أُوتِيتُم مِّن شَيْءٍ فَمَتَٰعُ الْحَيَوٰةِ الدُّنْيَا وَمَا عِندَ اللَّهِ خَيْرٌ وَأَبْقَىٰ لِلَّذِينَ ءَامَنُوا۟ وَعَلَىٰ رَبِّهِمْ يَتَوَكَّلُونَ ۝

(34) Los que se apartan de las faltas graves y las indecencias y, cuando se enfandan, perdonan.

وَالَّذِينَ يَجْتَنِبُونَ كَبَٰٓئِرَ الْإِثْمِ وَالْفَوَٰحِشَ وَإِذَا مَا غَضِبُوا۟ هُمْ يَغْفِرُونَ ۝

(35) Y los que responden a su Señor, establecen el salat, se piden consejo en los asuntos y dan de la provisión que les damos.

وَالَّذِينَ اسْتَجَابُوا۟ لِرَبِّهِمْ وَأَقَامُوا۟ الصَّلَوٰةَ وَأَمْرُهُمْ شُورَىٰ بَيْنَهُمْ وَمِمَّا رَزَقْنَٰهُمْ يُنفِقُونَ ۝

(36)　Y aquéllos que cuando son víctimas de algún abuso se defienden.

وَالَّذِينَ إِذَآ أَصَابَهُمُ الْبَغْيُ هُمْ يَنتَصِرُونَ ۝

(37)　La recompensa de una maldad es una maldad semejante a ella, pero quien pasa por alto y se reconcilia...su recompensa incumbe a Allah; es cierto que El no ama a los injustos.

وَجَزَٰٓؤُاْ سَيِّئَةٍ سَيِّئَةٌ مِّثْلُهَا فَمَنْ عَفَا وَأَصْلَحَ فَأَجْرُهُۥ عَلَى اللَّهِ إِنَّهُۥ لَا يُحِبُّ الظَّٰلِمِينَ ۝

(38)　Y quien se defienda después de haber sufrido alguna injusticia...No hay razón para ir contra ellos.

وَلَمَنِ انتَصَرَ بَعْدَ ظُلْمِهِۦ فَأُوْلَٰٓئِكَ مَا عَلَيْهِم مِّن سَبِيلٍ ۝

(39)　Sólo la habrá contra los que abusen de los hombres y se excedan en la tierra sin derecho; ésos tendrán un castigo doloroso.

۞ إِنَّمَا السَّبِيلُ عَلَى الَّذِينَ يَظْلِمُونَ النَّاسَ وَيَبْغُونَ فِي الْأَرْضِ بِغَيْرِ الْحَقِّ أُوْلَٰٓئِكَ لَهُمْ عَذَابٌ أَلِيمٌ ۝

(40)　Pero quien tenga paciencia y perdone...Eso es parte de los asuntos que hay que asumir con resolución.

وَلَمَن صَبَرَ وَغَفَرَ إِنَّ ذَٰلِكَ لَمِنْ عَزْمِ الْأُمُورِ ۝

(41)　A quien Allah extravía no tendrá a nadie que lo proteja aparte de El. Y verás cuando los injustos vean el castigo y digan: ¿Hay alguna forma de volver atrás?

وَمَن يُضْلِلِ اللَّهُ فَمَا لَهُۥ مِن وَلِيٍّ مِّنۢ بَعْدِهِۦ وَتَرَى الظَّٰلِمِينَ لَمَّا رَأَوُا الْعَذَابَ يَقُولُونَ هَلْ إِلَىٰ مَرَدٍّ مِّن سَبِيلٍ ۝

(42)　Verás cómo son expuestos ante él, humillados, con la mirada baja a causa de la humillación. Y dirán los que creyeron: Real-

وَتَرَاهُمْ يُعْرَضُونَ عَلَيْهَا خَٰشِعِينَ مِنَ الذُّلِّ يَنظُرُونَ مِن طَرْفٍ خَفِيٍّ وَقَالَ الَّذِينَ ءَامَنُوٓاْ

mente los perdedores son los que se pierdan a sí mismos y a sus familias el Día del Levantamiento.

¿Acaso los incrédulos no estarán en un castigo permanente?

إِنَّ الْخَاسِرِينَ الَّذِينَ خَسِرُوٓا أَنفُسَهُمْ وَأَهْلِيهِمْ يَوْمَ الْقِيَمَةِ أَلَآ إِنَّ الظَّٰلِمِينَ فِى عَذَابٍ مُّقِيمٍ ۝

(43) No tendrán amigos que los auxilien aparte de Allah.

Y aquel al que Allah extravía no hay camino para él.

وَمَا كَانَ لَهُم مِّنْ أَوْلِيَآءَ يَنصُرُونَهُم مِّن دُونِ اللَّهِ وَمَن يُضْلِلِ اللَّهُ فَمَا لَهُۥ مِن سَبِيلٍ ۝

(44) Responded a vuestro Señor antes de que os llegue un día en el que no haya vuelta atrás de parte de Allah.

Ese día no tendréis ningún refugio ni podréis negar nada.

اِسْتَجِيبُوا لِرَبِّكُم مِّن قَبْلِ أَن يَأْتِىَ يَوْمٌ لَّا مَرَدَّ لَهُۥ مِنَ اللَّهِ مَا لَكُم مِّن مَّلْجَإٍ يَوْمَئِذٍ وَمَا لَكُم مِّن نَّكِيرٍ ۝

(45) Y si se apartan...No te hemos enviado como guardián de ellos, a ti sólo te incumbe transmitir.

Y es verdad que cuando al hombre le damos a probar una misericordia que viene de Nos, se alegra, pero si algún mal le afecta a causa de lo que sus manos hicieron, entonces el hombre es desagradecido.

فَإِنْ أَعْرَضُوا فَمَآ أَرْسَلْنَٰكَ عَلَيْهِمْ حَفِيظًا إِنْ عَلَيْكَ إِلَّا الْبَلَٰغُ وَإِنَّآ إِذَآ أَذَقْنَا الْإِنسَٰنَ مِنَّا رَحْمَةً فَرِحَ بِهَا وَإِن تُصِبْهُمْ سَيِّئَةٌۢ بِمَا قَدَّمَتْ أَيْدِيهِمْ فَإِنَّ الْإِنسَٰنَ كَفُورٌ ۝

(46) De Allah es la soberanía de los cielos y de la tierra.

El crea lo que quiere concediéndole a quien quiere hembras y a quien quiere varones.

لِلَّهِ مُلْكُ السَّمَٰوَٰتِ وَالْأَرْضِ يَخْلُقُ مَا يَشَآءُ يَهَبُ لِمَن يَشَآءُ إِنَٰثًا وَيَهَبُ لِمَن يَشَآءُ الذُّكُورَ ۝

(47) O concediéndole parejas de varones y hembras. Y a quien quiere lo hace estéril.

Realmente El es Conocedor, Poderoso.

أَوْ يُزَوِّجُهُمْ ذُكْرَانًا وَإِنَاثًا وَيَجْعَلُ مَن يَشَاءُ عَقِيمًا إِنَّهُ عَلِيمٌ قَدِيرٌ ۝

(48) No es propio que Allah le hable a ningún ser humano, excepto por inspiración, o a través de un velo, o por medio de enviar a un mensajero que le inspire con Su permiso lo que El quiera.

Verdaderamente El es el Excelso, el Sabio.

وَمَا كَانَ لِبَشَرٍ أَن يُكَلِّمَهُ اللَّهُ إِلَّا وَحْيًا أَوْ مِن وَرَاءِ حِجَابٍ أَوْ يُرْسِلَ رَسُولًا فَيُوحِيَ بِإِذْنِهِ مَا يَشَاءُ إِنَّهُ عَلِيٌّ حَكِيمٌ ۝

(49) Asímismo te hemos inspirado un espíritu que viene de Nuestra orden; antes no sabías qué era el Libro ni qué era creer, pero lo hemos hecho una luz con la que guiar a quien queremos de Nuestros siervos.

Es cierto que tú guias hacia un camino recto.

وَكَذَٰلِكَ أَوْحَيْنَا إِلَيْكَ رُوحًا مِّنْ أَمْرِنَا مَا كُنتَ تَدْرِي مَا الْكِتَابُ وَلَا الْإِيمَانُ وَلَٰكِن جَعَلْنَاهُ نُورًا نَّهْدِي بِهِ مَن نَّشَاءُ مِنْ عِبَادِنَا وَإِنَّكَ لَتَهْدِي إِلَىٰ صِرَاطٍ مُّسْتَقِيمٍ ۝

(50) El camino de Allah, a Quien pertenece cuanto hay en los cielos y en la tierra.

¿Acaso no vuelven a Allah todas las cosas?

صِرَاطِ اللَّهِ الَّذِي لَهُ مَا فِي السَّمَاوَاتِ وَمَا فِي الْأَرْضِ أَلَا إِلَى اللَّهِ تَصِيرُ الْأُمُورُ ۝

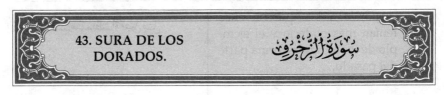

| 43. SURA DE LOS DORADOS. | سُورَةُ الزُّخْرُفِ |

بِسْــــمِ اللَّهِ الرَّحْمَنِ الرَّحِيـــــمِ

En el nombre de Allah, el Misericordioso, el Compasivo.

(1) Ha, Mim. Por el Libro clarificador*

> * [o "Por el Libro claro".]

حٓمٓ وَالْكِتَبِ الْمُبِينِ ١

(2) Lo hemos hecho una Recitación árabe para que pudiérais entender.

إِنَّا جَعَلْنَهُ قُرْءَانًا عَرَبِيًّا لَعَلَّكُمْ تَعْقِلُونَ ٢

(3) Está en la madre del Libro*, ante Nos es sublime, sabio.

> * [Es decir, en la Tabla Protegida, fuente de todos los Libros Revelados y el Libro de la Existencia en el que está escrito el Decreto y el momento de la Hora.]

وَإِنَّهُۥ فِىٓ أُمِّ الْكِتَبِ لَدَيْنَا لَعَلِىٌّ حَكِيمٌ ٣

(4) ¿Acaso íbamos a privaros del Recuerdo* dejándoos de lado porque sois gente que se excede?

> * [El Recuerdo es el Corán, aunque también se puede entender: ¿Acaso íbamos a renunciar a haceros recordar y amonestaros...? y también: ¿Acaso íbamos a dejar de castigaros, perdonándoos...?]

أَفَنَضْرِبُ عَنكُمُ الذِّكْرَ صَفْحًا أَن كُنتُمْ قَوْمًا مُّسْرِفِينَ ٤

(5) Y ¿cuántos profetas enviamos a las primeras comunidades?

وَكَمْ أَرْسَلْنَا مِن نَّبِىٍّ فِى الْأَوَّلِينَ ٥

(6) No les llegó ningún profeta del que no se burlaran.

وَمَا يَأْتِيهِم مِّن نَّبِىٍّ إِلَّا كَانُوا بِهِۦ يَسْتَهْزِءُونَ ٦

(7) Destruimos a los que de ellos tenían más poderío y el ejemplo de los antiguos forma parte del pasado.

فَأَهْلَكْنَا أَشَدَّ مِنْهُم بَطْشًا وَمَضَى مَثَلُ الْأَوَّلِينَ ۝

(8) Y si les preguntas quién creó los cielos y la tierra te dirán que los creó el Poderoso, el Conocedor.

وَلَئِن سَأَلْتَهُم مَّنْ خَلَقَ السَّمَوَاتِ وَالْأَرْضَ لَيَقُولُنَّ خَلَقَهُنَّ الْعَزِيزُ الْعَلِيمُ ۝

(9) El que ha hecho de la tierra un lecho para vosotros y en ella os ha puesto caminos para que pudiérais guiaros.

الَّذِي جَعَلَ لَكُمُ الْأَرْضَ مَهْدًا وَجَعَلَ لَكُمْ فِيهَا سُبُلًا لَّعَلَّكُمْ تَهْتَدُونَ ۝

(10) Y El que hace que caiga agua del cielo en una medida y con ella devolvemos la vida a una tierra muerta.

Así seréis sacados (de las tumbas).

وَالَّذِي نَزَّلَ مِنَ السَّمَاءِ مَاءً بِقَدَرٍ فَأَنشَرْنَا بِهِ بَلْدَةً مَّيْتًا كَذَلِكَ تُخْرَجُونَ ۝

(11) El que ha creado todas las especies y os dado naves y animales en que montar.

وَالَّذِي خَلَقَ الْأَزْوَاجَ كُلَّهَا وَجَعَلَ لَكُم مِّنَ الْفُلْكِ وَالْأَنْعَامِ مَا تَرْكَبُونَ ۝

(12) Para que tomárais asiento sobre sus lomos y luego, una vez asentados, recordárais la merced de vuestro Señor y dijérais: Gloria a Aquel que nos subordinó esto, ya que nosotros no habríamos sido capaces de hacerlo.

لِتَسْتَوُوا عَلَى ظُهُورِهِ ثُمَّ تَذْكُرُوا نِعْمَةَ رَبِّكُمْ إِذَا اسْتَوَيْتُمْ عَلَيْهِ وَتَقُولُوا سُبْحَانَ الَّذِي سَخَّرَ لَنَا هَذَا وَمَا كُنَّا لَهُ مُقْرِنِينَ ۝

(13) Y verdaderamente hemos de retornar a nuestro Señor.

وَإِنَّا إِلَى رَبِّنَا لَمُنقَلِبُونَ ۝

(14) Sin embargo Le han atribuido de Sus siervos una parte*;

realmente el hombre es un ingrato declarado.

* [Alude a quienes creían que los ángeles eran las hijas de Allah. La palabra "parte" es en el sentido de que el hijo es una parte del padre y en árabe se usaba a veces la expresión "parte" para referirse a la hembra.]

وَجَعَلُوا لَهُۥ مِنْ عِبَادِهِۦ جُزْءًا إِنَّ الْإِنسَٰنَ لَكَفُورٌ مُّبِينٌ ۝

(15) ¿O es que iba a tomar, entre Su creación, hijas, escogiendo para vosotros hijos?

أَمِ اتَّخَذَ مِمَّا يَخْلُقُ بَنَاتٍ وَأَصْفَىٰكُم بِالْبَنِينَ ۝

(16) Si cuando a uno de ellos le anuncian (el nacimiento) de lo que atribuye al Misericordioso, se le muda el semblante ensombreciéndose y tiene que contener la ira.

وَإِذَا بُشِّرَ أَحَدُهُم بِمَا ضَرَبَ لِلرَّحْمَٰنِ مَثَلًا ظَلَّ وَجْهُهُۥ مُسْوَدًّا وَهُوَ كَظِيمٌ ۝

(17) ¿O a quien se cria con adornos y no es claro en la discusión?*

* [Muchos comentaristas explican que en esta aleya Allah se refiere a las mujeres, apoyándose en parte, en la conexión con las aleyas anteriores; no obstante, otros opinan que es una alusión a los ídolos que se fabricaban de oro o plata, entendiendo el verbo traducido como "criarse" en el sentido de formarse u originarse, sentido que también tiene. De esta manera, la falta de claridad en la discusión se referiría al hecho de que los ídolos no pueden hablar.]

أَوَمَن يُنَشَّؤُا فِي الْحِلْيَةِ وَهُوَ فِي الْخِصَامِ غَيْرُ مُبِينٍ ۝

(18) Y tienen a los ángeles, que están junto al Misericordioso, por hembras. ¿Han sido acaso tes-

وَجَعَلُوا الْمَلَٰئِكَةَ الَّذِينَ هُمْ عِبَادُ الرَّحْمَٰنِ إِنَاثًا أَشَهِدُوا خَلْقَهُمْ سَتُكْتَبُ

سُورَةُ الزُّخْرُفِ ــ الجُزْءُ الخَامِسُ وَالعِشْرُونَ

tigos de su creación?

Escribiremos su testimonio y serán preguntados.

شَهِدَتْ خَلْقَهُمْ وَيُسْتَلُونَ ۝

(19) Y dicen: si el Misericordioso quisiera no los adoraríamos.

No tienen conocimiento de esto, sólo hacen conjeturas.

وَقَالُوا لَوْ شَاءَ الرَّحْمَنُ مَا عَبَدْنَهُمْ مَّا لَهُم بِذَلِكَ مِنْ عِلْمٍ إِنْ هُمْ إِلَّا يَخْرُصُونَ ۝

(20) ¿O es que les hemos dado un libro anterior a éste en el que se basan con solidez?

أَمْ ءَاتَيْنَهُمْ كِتَبًا مِّن قَبْلِهِ فَهُم بِهِ مُسْتَمْسِكُونَ ۝

(21) Pero no, sino que dicen: Encontramos a nuestros padres siguiendo una determinada forma de vida y nos hemos guiado por sus huellas.

بَلْ قَالُوا إِنَّا وَجَدْنَا ءَابَاءَنَا عَلَى أُمَّةٍ وَإِنَّا عَلَى ءَاثَرِهِم مُّهْتَدُونَ ۝

(22) Así mismo, antes de ti, no enviamos ningún advertidor a una ciudad sin que sus magnates no dijeran: Encontramos a nuestros padres en una determinada forma de vida y nos hemos dejado llevar por sus huellas.

وَكَذَلِكَ مَا أَرْسَلْنَا مِن قَبْلِكَ فِي قَرْيَةٍ مِّن نَّذِيرٍ إِلَّا قَالَ مُتْرَفُوهَا إِنَّا وَجَدْنَا ءَابَاءَنَا عَلَى أُمَّةٍ وَإِنَّا عَلَى ءَاثَرِهِم مُّقْتَدُونَ ۝

(23) Di: ¿Y si yo os hubiera traído una guía mejor que aquélla en la que encontrásteis a vuestros padres? Dicen: No creemos en aquello con lo que habéis sido enviados.

۞ قَلْ أَوَلَوْ جِئْتُكُم بِأَهْدَى مِمَّا وَجَدتُّمْ عَلَيْهِ ءَابَاءَكُمْ قَالُوا إِنَّا بِمَا أُرْسِلْتُم بِهِ كَفِرُونَ ۝

(24) Y nos vengamos de ellos. Mira cómo acabaron los que negaron la verdad.

فَانتَقَمْنَا مِنْهُمْ فَانظُرْ كَيْفَ كَانَ عَقِبَةُ الْمُكَذِّبِينَ ۝

سورة الزخرف ــ الجزء الخامس والعشرون

---

(25) Y cuando Ibrahim les dijo a sus padres y a su gente: Y estoy libre de lo que adoráis.

وَإِذْ قَالَ إِبْرَٰهِيمُ لِأَبِيهِ وَقَوْمِهِۦٓ إِنَّنِي بَرَآءٌ مِّمَّا تَعْبُدُونَ ۝

(26) Pero no de Aquel que me ha creado. El me guiará.

إِلَّا ٱلَّذِي فَطَرَنِي فَإِنَّهُۥ سَيَهْدِينِ ۝

(27) E hizo de ello una palabra que quedó en su posteridad para que pudieran volverse (a Allah).

وَجَعَلَهَا كَلِمَةَۢ بَاقِيَةً فِي عَقِبِهِۦ لَعَلَّهُمْ يَرْجِعُونَ ۝

(28) Sin embargo a éstos los he dejado que disfruten, al igual que a sus padres, hasta que les ha llegado la verdad y un mensajero explícito.

بَلْ مَتَّعْتُ هَٰٓؤُلَآءِ وَءَابَآءَهُمْ حَتَّىٰ جَآءَهُمُ ٱلْحَقُّ وَرَسُولٌ مُّبِينٌ ۝

(29) Pero cuando la verdad les ha llegado, han dicho: Esto es magia, nosotros no nos lo creemos.

وَلَمَّا جَآءَهُمُ ٱلْحَقُّ قَالُوا۟ هَٰذَا سِحْرٌ وَإِنَّا بِهِۦ كَٰفِرُونَ ۝

(30) Y han dicho: ¿Por qué no se le ha hecho descender esta Recitación a un hombre importante de las dos ciudades*?

* [Meca y Taif.]

وَقَالُوا۟ لَوْلَا نُزِّلَ هَٰذَا ٱلْقُرْءَانُ عَلَىٰ رَجُلٍ مِّنَ ٱلْقَرْيَتَيْنِ عَظِيمٍ ۝

(31) ¿Acaso son ellos los que reparten la misericordia de Allah?
Nosotros repartimos entre ellos sus medios de vida en este mundo y hemos elevado en grados a unos sobre otros, para que unos tomaran a su servicio a otros.
Pero la misercordia de tu Señor es mejor que lo que reúnen.

أَهُمْ يَقْسِمُونَ رَحْمَتَ رَبِّكَ نَحْنُ قَسَمْنَا بَيْنَهُم مَّعِيشَتَهُمْ فِي ٱلْحَيَوٰةِ ٱلدُّنْيَا وَرَفَعْنَا بَعْضَهُمْ فَوْقَ بَعْضٍ دَرَجَٰتٍ لِّيَتَّخِذَ بَعْضُهُم بَعْضًا سُخْرِيًّا وَرَحْمَتُ رَبِّكَ خَيْرٌ مِّمَّا يَجْمَعُونَ ۝

(32) Y si no fuera porque los hombres acabarían siendo una única comunidad*, habríamos hecho que las casas de los que niegan al Misericordioso tuvieran techos de plata y escalinatas para subir por ellas.

* [Siendo todos incrédulos]

وَلَوْلَآ أَن يَكُونَ ٱلنَّاسُ أُمَّةً وَٰحِدَةً لَّجَعَلْنَا لِمَن يَكْفُرُ بِٱلرَّحْمَٰنِ لِبُيُوتِهِمْ سُقُفًا مِّن فِضَّةٍ وَمَعَارِجَ عَلَيْهَا يَظْهَرُونَ ۝

(33) Y habríamos hecho que sus casas tuvieran puertas y lechos* sobre los que reclinarse

* [Entiéndanse también de plata]

وَلِبُيُوتِهِمْ أَبْوَٰبًا وَسُرُرًا عَلَيْهَا يَتَّكِـُٔونَ ۝

(34) y adornos de oro. Sin embargo todo esto no es mas que el disfrute de la vida del mundo mientras que la Ultima Vida, junto a tu Señor, será para los que Le teman.

وَزُخْرُفًا وَإِن كُلُّ ذَٰلِكَ لَمَّا مَتَٰعُ ٱلْحَيَوٰةِ ٱلدُّنْيَا وَٱلْأَخِرَةُ عِندَ رَبِّكَ لِلْمُتَّقِينَ ۝

(35) Y al que está ciego para el recuerdo del Misericordioso le asignamos un demonio que se convierte en su compañero inseparable.

وَمَن يَعْشُ عَن ذِكْرِ ٱلرَّحْمَٰنِ نُقَيِّضْ لَهُۥ شَيْطَٰنًا فَهُوَ لَهُۥ قَرِينٌ ۝

(36) Y éstos les apartan del camino mientras ellos se creen guiados.

وَإِنَّهُمْ لَيَصُدُّونَهُمْ عَنِ ٱلسَّبِيلِ وَيَحْسَبُونَ أَنَّهُم مُّهْتَدُونَ ۝

(37) Así cuando llega a Nos, le dice: ¡Ay de mí! Ojalá hubiera entre tú y yo la distancia de los dos orientes* ¡Qué mal compañero!

* [Probablemente se refiere a oriente y occidente, puesto que es habitual en árabe llamar a conceptos emparejados por el nombre de uno de ellos, así por ejemplo: el sol y la luna pueden ser llamados las dos lunas.]

حَتَّىٰٓ إِذَا جَآءَنَا قَالَ يَٰلَيْتَ بَيْنِي وَبَيْنَكَ بُعْدَ ٱلْمَشْرِقَيْنِ فَبِئْسَ ٱلْقَرِينُ ۝

سُورَةُ ٱلزُّخۡرُفِ ـ ٱلۡجُزۡءُ ٱلۡخَامِسُ وَٱلۡعِشۡرُونَ

(38) Hoy no os servirá de nada que estéis asociados en el castigo puesto que fuisteis injustos.

وَلَن يَنفَعَكُمُ ٱلۡيَوۡمَ إِذ ظَّلَمۡتُمۡ أَنَّكُمۡ فِى ٱلۡعَذَابِ مُشۡتَرِكُونَ ۝

(39) ¿Acaso tú puedes hacer que el sordo oiga o puedes guiar al ciego o al que está en un claro extravío?

أَفَأَنتَ تُسۡمِعُ ٱلصُّمَّ أَوۡ تَهۡدِى ٱلۡعُمۡىَ وَمَن كَانَ فِى ضَلَٰلٍ مُّبِينٍ ۝

(40) Y si hacemos que te vayas nos vengaremos de ellos.

فَإِمَّا نَذۡهَبَنَّ بِكَ فَإِنَّا مِنۡهُم مُّنتَقِمُونَ ۝

(41) O te mostraremos lo que les hemos prometido, realmente tenemos poder sobre ellos.

أَوۡ نُرِيَنَّكَ ٱلَّذِى وَعَدۡنَٰهُمۡ فَإِنَّا عَلَيۡهِم مُّقۡتَدِرُونَ ۝

(42) Aférrate pues a lo que te hemos inspirado, es cierto que tú estás en un camino recto.

فَٱسۡتَمۡسِكۡ بِٱلَّذِى أُوحِىَ إِلَيۡكَ إِنَّكَ عَلَىٰ صِرَٰطٍ مُّسۡتَقِيمٍ ۝

(43) Y que él* es un recuerdo para ti y para tu gente.
Seréis preguntados.
* [El Corán]

وَإِنَّهُۥ لَذِكۡرٌ لَّكَ وَلِقَوۡمِكَ وَسَوۡفَ تُسۡـَٔلُونَ ۝

(44) Pregunta a Nuestros mensajeros, a los que enviamos antes de ti. ¿Acaso establecimos que aparte del Misericordioso hubiera otros dioses que adorar?

وَسۡـَٔلۡ مَنۡ أَرۡسَلۡنَا مِن قَبۡلِكَ مِن رُّسُلِنَآ أَجَعَلۡنَا مِن دُونِ ٱلرَّحۡمَٰنِ ءَالِهَةً يُعۡبَدُونَ ۝

(45) Y así fue como enviamos a Musa con Nuestros signos a Firaún y su consejo, y dijo: Yo soy el mensajero del Señor de los mundos.

وَلَقَدۡ أَرۡسَلۡنَا مُوسَىٰ بِـَٔايَٰتِنَآ إِلَىٰ فِرۡعَوۡنَ وَمَلَإِيْهِۦ فَقَالَ إِنِّى رَسُولُ رَبِّ ٱلۡعَٰلَمِينَ ۝

(46) Pero cuando les trajo Nuestros signos, se rieron de ellos.

فَلَمَّا جَآءَهُم بِـَٔايَٰتِنَآ إِذَا هُم مِّنۡهَا يَضۡحَكُونَ ۝

(47) A pesar de que no les mostramos ningún signo que no fuera mayor que su compañero. Y los sorprendimos con el castigo para que pudieran volverse, arrepentidos.

وَمَا نُرِيهِم مِّنۡ ءَايَةٍ إِلَّا هِيَ أَكۡبَرُ مِنۡ أُخۡتِهَا ۖ وَأَخَذۡنَٰهُم بِٱلۡعَذَابِ لَعَلَّهُمۡ يَرۡجِعُونَ ۝

(48) Dijeron: ¡Eh tú, mago!, pide por nosotros a tu Señor en virtud de lo que ha pactado contigo y nosotros seguiremos la guía.

وَقَالُواْ يَٰٓأَيُّهَ ٱلسَّاحِرُ ٱدۡعُ لَنَا رَبَّكَ بِمَا عَهِدَ عِندَكَ إِنَّنَا لَمُهۡتَدُونَ ۝

(49) Pero cuando les levantamos el castigo no cumplieron.

فَلَمَّا كَشَفۡنَا عَنۡهُمُ ٱلۡعَذَابَ إِذَا هُمۡ يَنكُثُونَ ۝

(50) Y llamó Firaún a su gente, dijo: ¡Gente mía! ¿Acaso no me pertenece la soberanía de Misr* y estos ríos que corren a mis pies? ¿Es que no lo véis?
* [Ver nota de la aleya 60, sura 2.]

وَنَادَىٰ فِرۡعَوۡنُ فِي قَوۡمِهِۦ قَالَ يَٰقَوۡمِ أَلَيۡسَ لِي مُلۡكُ مِصۡرَ وَهَٰذِهِ ٱلۡأَنۡهَٰرُ تَجۡرِي مِن تَحۡتِيٓ ۖ أَفَلَا تُبۡصِرُونَ ۝

(51) ¿Acaso no soy yo mejor que éste, que es insignificante

أَمۡ أَنَا۠ خَيۡرٌ مِّنۡ هَٰذَا ٱلَّذِي هُوَ مَهِينٌ ۝

(52) y apenas puede explicarse?

وَلَا يَكَادُ يُبِينُ ۝

(53) ¿Cómo es que no ha recibido ningún brazalete de oro o han venido con él los ángeles en grupo?

فَلَوۡلَآ أُلۡقِيَ عَلَيۡهِ أَسۡوِرَةٌ مِّن ذَهَبٍ أَوۡ جَآءَ مَعَهُ ٱلۡمَلَٰٓئِكَةُ مُقۡتَرِنِينَ ۝

(54) Buscó el punto débil de su pueblo y le obedecieron, realmente eran gente descarriada.

فَٱسۡتَخَفَّ قَوۡمَهُۥ فَأَطَاعُوهُ ۚ إِنَّهُمۡ كَانُواْ قَوۡمًا فَٰسِقِينَ ۝

(55) Y cuando causaron Nuestro enojo, nos vengamos de ellos y los ahogamos a todos.

فَلَمَّآ ءَاسَفُونَا ٱنتَقَمْنَا مِنْهُمْ فَأَغْرَقْنَٰهُمْ أَجْمَعِينَ ۝

(56) E hicimos de ellos un precedente y un ejemplo para los que vinieran después.

فَجَعَلْنَٰهُمْ سَلَفًا وَمَثَلًا لِّلْءَاخِرِينَ ۝

(57) Y cuando se pone como ejemplo al hijo de Maryam, tu gente se aparta de él.

وَلَمَّا ضُرِبَ ٱبْنُ مَرْيَمَ مَثَلًا إِذَا قَوْمُكَ مِنْهُ يَصِدُّونَ ۝

(58) Y dicen: ¿Son mejores nuestros dioses o él? No te ponen esta comparación sino para discutirte, son gente de disputa*.

وَقَالُوٓاْ ءَأَٰلِهَتُنَا خَيْرٌ أَمْ هُوَ مَا ضَرَبُوهُ لَكَ إِلَّا جَدَلًا بَلْ هُمْ قَوْمٌ خَصِمُونَ ۝

* [Estas dos aleyas hacen referencia al momento en el que el Profeta recitó a los Quraysh la aleya: "En verdad vosotros y lo que adoráis aparte de Allah sois pasto de Yahannam". Entonces dijo uno de ellos: "¿Esto se refiere a nosotros y a nuestros dioses o incluye a todas las comunidades?" Y el Profeta le contestó que se refería también a todas las comunidades. Entonces le dijo: "¡Por el Señor de la Ka'ba te he vencido! ¿No afirmas que Isa es un profeta y lo has elogiado a pesar de saber que los cristianos lo adoran? Pues si Isa está en el fuego, nos gustaría estar con él, junto con nuestros dioses"

Entonces los Quraysh se rieron y el Profeta calló hasta que Allah hizo descender la aleya: "Aquellos para los que se ha decretado previamente de Nuestra parte lo más hermoso, el Jardín, serán alejados de él, el Fuego"; y también descendió esta aleya.]

(59) No es sino un siervo al que

إِنْ هُوَ إِلَّا عَبْدٌ أَنْعَمْنَا عَلَيْهِ وَجَعَلْنَٰهُ مَثَلًا لِّبَنِىٓ

favorecimos y al que hicimos un ejemplo para los hijos de Israel.

إِسْرَآءِيلَ ﴿﴾

(60) Y si hubiéramos querido habríamos puesto en la tierra, en vez de vosotros*, ángeles que se sucedieran unos a otros*.

وَلَوۡ نَشَآءُ لَجَعَلۡنَا مِنكُم مَّلَٰٓئِكَةً فِي ٱلۡأَرۡضِ يَخۡلُفُونَ ﴿﴾

* [También puede entenderse: "Habríamos hecho que de vosotros salieran ángeles que os sucedieran —como vuestros hijos os suceden".]

* [O que os sucedieran a vosotros]

(61) Y es cierto que él* es un cono-cimiento de la Hora, así pues no dudéis de ella y seguidme. Esto es un camino recto.

وَإِنَّهُۥ لَعِلۡمٞ لِّلسَّاعَةِ فَلَا تَمۡتَرُنَّ بِهَا وَٱتَّبِعُونِ هَٰذَا صِرَٰطٞ مُّسۡتَقِيمٞ ﴿﴾

* [Este pronombre puede referirse a Isa, a Muhammad, a los que Allah ben-diga y salve, o al Corán; si es a los dos primeros debe entenderse que ellos son un signo de la llegada de la Hora y la palabra "ilm" —conocimiento— puede entenderse como signo; y si se refiere al Corán es porque él transmite el conocimiento de la Hora.]

(62) Y que el Shaytán no os desvíe, él es para vosotros un claro ene-migo.

وَلَا يَصُدَّنَّكُمُ ٱلشَّيۡطَٰنُۖ إِنَّهُۥ لَكُمۡ عَدُوّٞ مُّبِينٞ ﴿﴾

(63) Y cuando vino Isa con las evi-dencias, dijo: He venido a vosotros con la sabiduría y a haceros claro parte de aquello en lo que no estáis de acuerdo; así que temed a Allah y obedecedme.

۞ وَلَمَّا جَآءَ عِيسَىٰ بِٱلۡبَيِّنَٰتِ قَالَ قَدۡ جِئۡتُكُم بِٱلۡحِكۡمَةِ وَلِأُبَيِّنَ لَكُم بَعۡضَ ٱلَّذِي تَخۡتَلِفُونَ فِيهِۖ فَٱتَّقُوا۟ ٱللَّهَ وَأَطِيعُونِ ﴿﴾

(64) Allah es mi Señor y el vuestro, adoradlo; esto es un camino recto.

إِنَّ ٱللَّهَ هُوَ رَبِّي وَرَبُّكُمْ فَٱعْبُدُوهُ هَٰذَا صِرَٰطٌ مُّسْتَقِيمٌ ۝

(65) Pero las distintas facciones que había entre ellos discreparon.

¡Ay de aquéllos que fueron injustos por el castigo de un día doloroso!

فَٱخْتَلَفَ ٱلْأَحْزَابُ مِنۢ بَيْنِهِمْ فَوَيْلٌ لِّلَّذِينَ ظَلَمُوا مِنْ عَذَابِ يَوْمٍ أَلِيمٍ ۝

(66) ¿Qué esperan sino que les llegue la Hora de repente sin que se den cuenta?

هَلْ يَنظُرُونَ إِلَّا ٱلسَّاعَةَ أَن تَأْتِيَهُم بَغْتَةً وَهُمْ لَا يَشْعُرُونَ ۝

(67) Ese día los amigos serán enemigos unos de otros, pero no así los que tengan temor (de Allah).

ٱلْأَخِلَّآءُ يَوْمَئِذٍ بَعْضُهُمْ لِبَعْضٍ عَدُوٌّ إِلَّا ٱلْمُتَّقِينَ ۝

(68) ¡Oh siervos míos! Hoy no tendréis nada que temer ni os entristeceréis.

يَٰعِبَادِ لَا خَوْفٌ عَلَيْكُمُ ٱلْيَوْمَ وَلَا أَنتُمْ تَحْزَنُونَ ۝

(69) Los que creyeron en Nuestros signos y fueron musulmanes.

ٱلَّذِينَ ءَامَنُوا بِـَٔايَٰتِنَا وَكَانُوا مُسْلِمِينَ ۝

(70) Entrad en el Jardín vosotros y vuestras esposas y sed agasajados.

ٱدْخُلُوا ٱلْجَنَّةَ أَنتُمْ وَأَزْوَٰجُكُمْ تُحْبَرُونَ ۝

(71) Circularán entre ellos con platos de oro y copas en las que habrá lo que las almas deseen y les sea dulce a los ojos.

En él seréis inmortales.

يُطَافُ عَلَيْهِم بِصِحَافٍ مِّن ذَهَبٍ وَأَكْوَابٍ وَفِيهَا مَا تَشْتَهِيهِ ٱلْأَنفُسُ وَتَلَذُّ ٱلْأَعْيُنُ وَأَنتُمْ فِيهَا خَٰلِدُونَ ۝

(72) Y este es el Jardín que habréis heredado por lo que hayáis hecho.

وَتِلْكَ الْجَنَّةُ الَّتِي أُورِثْتُمُوهَا بِمَا كُنتُمْ تَعْمَلُونَ ۝

(73) En él hay abundante fruta de la que comeréis.

لَكُمْ فِيهَا فَاكِهَةٌ كَثِيرَةٌ مِّنْهَا تَأْكُلُونَ ۝

(74) Es cierto que los que hayan hecho el mal serán inmortales en el castigo de Yahannam.

إِنَّ الْمُجْرِمِينَ فِي عَذَابِ جَهَنَّمَ خَالِدُونَ ۝

(75) No se les aliviará ni tendrán allí esperanza.

لَا يُفَتَّرُ عَنْهُمْ وَهُمْ فِيهِ مُبْلِسُونَ ۝

(76) Y no habremos sido injustos con ellos, sino que ellos habrán sido injustos consigo mismos.

وَمَا ظَلَمْنَاهُمْ وَلَٰكِن كَانُوا هُمُ الظَّالِمِينَ ۝

(77) Y pedirán a gritos: ¡Oh Malik*, que tu Señor acabe con nosotros! Dirá: Vosotros habéis de permanecer.

* [Malik es el ángel guardián de Yahannam.]

وَنَادَوْا يَا مَالِكُ لِيَقْضِ عَلَيْنَا رَبُّكَ قَالَ إِنَّكُم مَّاكِثُونَ ۝

(78) Os hemos traído la verdad, pero la mayoría de vosotros detesta la verdad.

لَقَدْ جِئْنَاكُم بِالْحَقِّ وَلَٰكِنَّ أَكْثَرَكُمْ لِلْحَقِّ كَارِهُونَ ۝

(79) ¿O acaso se han decidido a hacer algo? Nosotros también Nos hemos decidido*.

* [Esta aleya descendió en relación a la confabulación de los Quraysh para matar al Profeta, que Allah le dé Su gracia y paz. Abu Yahl propuso que tomara parte en el asesinato un miembro de cada tribu para imposibilitar la reclamación de venganza por parte de

أَمْ أَبْرَمُوا أَمْرًا فَإِنَّا مُبْرِمُونَ ۝

سُورَةُ الزُّخْرُفِ ــ الجُزْءُ الخَامِسُ وَالعِشْرُونَ

la tribu de los banu Hashim, a la que el Profeta pertenecía, según establecía la ley tribal. Pero su maquinación fracasó. Más tarde todos morirían en la batalla de Badr.]

(80) ¿O es que creen que no escuchamos su secreto y sus confidencias? Por el contrario, junto a ellos escriben Nuestros mensajeros*.

* [Los ángeles]

أَمْ يَحْسَبُونَ أَنَّا لَا نَسْمَعُ سِرَّهُمْ وَنَجْوَىٰهُم بَلَىٰ وَرُسُلُنَا لَدَيْهِمْ يَكْتُبُونَ ۝

(81) Di: Si el Misericordioso tuviera un hijo, yo sería entonces el primero de los adoradores.

قُلْ إِن كَانَ لِلرَّحْمَٰنِ وَلَدٌ فَأَنَا۠ أَوَّلُ ٱلْعَٰبِدِينَ ۝

(82) ¡Gloria al Señor de los cielos y de la tierra, el Señor del Trono por encima de lo que atribuyen!

سُبْحَٰنَ رَبِّ ٱلسَّمَٰوَٰتِ وَٱلْأَرْضِ رَبِّ ٱلْعَرْشِ عَمَّا يَصِفُونَ ۝

(83) Y déjalos que discutan y jueguen hasta que tengan el encuentro con su día, el que se les ha prometido.

فَذَرْهُمْ يَخُوضُوا۟ وَيَلْعَبُوا۟ حَتَّىٰ يُلَٰقُوا۟ يَوْمَهُمُ ٱلَّذِي يُوعَدُونَ ۝

(84) El es Quien es Dios en el cielo y es Dios en la tierra y es el Sabio, el Conocedor.

وَهُوَ ٱلَّذِي فِي ٱلسَّمَآءِ إِلَٰهٌ وَفِي ٱلْأَرْضِ إِلَٰهٌ وَهُوَ ٱلْحَكِيمُ ٱلْعَلِيمُ ۝

(85) Y bendito sea Aquel a Quien pertenece la soberanía en los cielos y en la tierra y en lo que entre ambos hay; junto a El está el conocimiento de la Hora y a El habréis de regresar.

وَتَبَارَكَ ٱلَّذِي لَهُۥ مُلْكُ ٱلسَّمَٰوَٰتِ وَٱلْأَرْضِ وَمَا بَيْنَهُمَا وَعِندَهُۥ عِلْمُ ٱلسَّاعَةِ وَإِلَيْهِ تُرْجَعُونَ ۝

(86) Los que invocáis fuera de El no

وَلَا يَمْلِكُ ٱلَّذِينَ يَدْعُونَ مِن دُونِهِ

سُورَةُ الزُّخْرُفِ ـ الْجُزْءُ الْخَامِسُ وَالْعِشْرُونَ

tienen poder ninguno de interceder*, sólo quienes atestiguan
la verdad y tienen conocimiento*.

ٱلشَّفَٰعَةَ إِلَّا مَن شَهِدَ بِٱلْحَقِّ وَهُمْ يَعْلَمُونَ ۞

* [Esto puede entenderse de dos maneras: como referido a los que interceden
o a los que son objeto de la intercesión.
Si se considera lo primero aludiría a
Isa y a los ángeles que eran objeto de
adoración.]

(87) Y si les preguntas quién los ha
creado, te dirán: Allah.
¿Cómo entonces se desvían?

وَلَئِن سَأَلْتَهُم مَّنْ خَلَقَهُمْ لَيَقُولُنَّ ٱللَّهُ فَأَنَّىٰ يُؤْفَكُونَ ۞

(88) Y sus palabras*: ¡Señor mío!
Realmente esta es una gente
que no cree.

وَقِيلِهِۦ يَٰرَبِّ إِنَّ هَٰٓؤُلَآءِ قَوْمٌ لَّا يُؤْمِنُونَ ۞

*[Es decir, las del Profeta. Esta aleya se
considera conectada con la n.° 85,
siendo una continuación de ella; como
si dijera: "... junto a El está el conocimiento de la Hora... y el conocimiento de sus palabras..." También
podría estar relacionada con la n.° 80.
Y también podría ir conectada con
"atestiguan la verdad..." —de la aleya
86— y (atestiguan) sus palabras"]

(89) Apártate de ellos y di: Paz. Ya
sabréis.*

فَٱصْفَحْ عَنْهُمْ وَقُلْ سَلَٰمٌ فَسَوْفَ يَعْلَمُونَ ۞

* [Esta aleya está abrogada por la n.° 5
de la sura novena.]

44. SURA DEL HUMO.   سُورَةُ ٱلدُّخَانِ

بِسْمِ ٱللَّهِ ٱلرَّحْمَٰنِ ٱلرَّحِيمِ

En el nombre de Allah, el Misericordioso, el Compasivo.

(1) Ha, Mim. ¡Por el Libro clarificador!

حمٓ وَٱلْكِتَٰبِ ٱلْمُبِينِ ۝

(2) Lo hicimos descender en una noche bendita; en verdad somos advertidores.

إِنَّآ أَنزَلْنَٰهُ فِى لَيْلَةٍ مُّبَٰرَكَةٍ إِنَّا كُنَّا مُنذِرِينَ ۝

(3) En ella se distribuye todo asunto sabio.

فِيهَا يُفْرَقُ كُلُّ أَمْرٍ حَكِيمٍ ۝

(4) Mandato que procede de Nos. Nosotros somos Quienes lo hemos enviado.

أَمْرًا مِّنْ عِندِنَآ إِنَّا كُنَّا مُرْسِلِينَ ۝

(5) Como misericordia de tu Señor, El es Quien oye, Quien sabe.

رَحْمَةً مِّن رَّبِّكَ إِنَّهُۥ هُوَ ٱلسَّمِيعُ ٱلْعَلِيمُ ۝

(6) El Señor de los cielos y de la tierra y de lo que entre ambos hay, si tenéis certeza.

رَبِّ ٱلسَّمَٰوَٰتِ وَٱلْأَرْضِ وَمَا بَيْنَهُمَآ إِن كُنتُم مُّوقِنِينَ ۝

(7) No hay dios excepto El, da la vida y da la muerte, es vuestro Señor y el Señor de vuestros primeros padres.

لَآ إِلَٰهَ إِلَّا هُوَ يُحْىِۦ وَيُمِيتُ رَبُّكُمْ وَرَبُّ ءَابَآئِكُمُ ٱلْأَوَّلِينَ ۝

(8) Sin embargo ellos juegan en la duda.

بَلْ هُمْ فِى شَكٍّ يَلْعَبُونَ ۝

سُورَةُ ٱلدُّخَانِ ــ ٱلْجُزْءُ ٱلْخَامِسُ وَٱلْعِشْرُونَ

(9) Aguarda el día en que el cielo aparezca con un humo evidente

فَٱرْتَقِبْ يَوْمَ تَأْتِي ٱلسَّمَآءُ بِدُخَانٍ مُّبِينٍ ۝

(10) que envolverá a los hombres. Ese será un día doloroso.

يَغْشَى ٱلنَّاسَ هَٰذَا عَذَابٌ أَلِيمٌ ۝

(11) ¡Señor nuestro! Aparta de nosotros el castigo, realmente somos creyentes.

رَّبَّنَا ٱكْشِفْ عَنَّا ٱلْعَذَابَ إِنَّا مُؤْمِنُونَ ۝

(12) Pero cómo recordarán si ya les vino un mensajero explícito

أَنَّىٰ لَهُمُ ٱلذِّكْرَىٰ وَقَدْ جَآءَهُمْ رَسُولٌ مُّبِينٌ ۝

(13) y se apartaron de él y dijeron: Es un poseso que recibe instrucciones.

ثُمَّ تَوَلَّوْاْ عَنْهُ وَقَالُواْ مُعَلَّمٌ مَّجْنُونٌ ۝

(14) Apartaremos el castigo por un tiempo breve, puesto que reincidiréis.

إِنَّا كَاشِفُواْ ٱلْعَذَابِ قَلِيلًا إِنَّكُمْ عَآئِدُونَ ۝

(15) El día en que acometamos con máxima violencia, en verdad que nos vengaremos.

يَوْمَ نَبْطِشُ ٱلْبَطْشَةَ ٱلْكُبْرَىٰ إِنَّا مُنتَقِمُونَ ۝

(16) Ya antes de vosotros habíamos puesto a prueba a la gente de Firaún, a la que le llegó un noble mensajero:

وَلَقَدْ فَتَنَّا قَبْلَهُمْ قَوْمَ فِرْعَوْنَ وَجَآءَهُمْ رَسُولٌ كَرِيمٌ ۝

(17) Dejad marchad conmigo a los siervos de Allah, realmente soy para vosotros un mensajero fiel.

أَنْ أَدُّواْ إِلَيَّ عِبَادَ ٱللَّهِ إِنِّي لَكُمْ رَسُولٌ أَمِينٌ ۝

(18) No os rebeléis contra Allah, os traigo una prueba evidente.

وَأَن لَّا تَعْلُواْ عَلَى ٱللَّهِ إِنِّي ءَاتِيكُم بِسُلْطَٰنٍ مُّبِينٍ ۝

(19) Me refugio en mi Señor y en el vuestro de que me lapidéis.

وَإِنِّى عُذْتُ بِرَبِّى وَرَبِّكُمْ أَن تَرْجُمُونِ ۝

(20) Y si no me creéis, dejadme en paz.

وَإِن لَّمْ تُؤْمِنُوا لِى فَٱعْتَزِلُونِ ۝

(21) Y rogó a su Señor: ¡Estos son gente de mal!

فَدَعَا رَبَّهُۥٓ أَنَّ هَٰٓؤُلَآءِ قَوْمٌ مُّجْرِمُونَ ۝

(22) ¡Sal de noche con Mis siervos porque vais a ser perseguidos!

فَأَسْرِ بِعِبَادِى لَيْلًا إِنَّكُم مُّتَّبَعُونَ ۝

(23) Y deja el mar abierto, porque van a ser un ejército anegado.

وَٱتْرُكِ ٱلْبَحْرَ رَهْوًا إِنَّهُمْ جُندٌ مُّغْرَقُونَ ۝

(24) ¡Cuántos jardines y fuentes dejaron!

كَمْ تَرَكُوا مِن جَنَّٰتٍ وَعُيُونٍ ۝

(25) ¡Cuántos cultivos y qué noble posición!

وَزُرُوعٍ وَمَقَامٍ كَرِيمٍ ۝

(26) ¡Y qué deleites de los que gozaban!

وَنَعْمَةٍ كَانُوا فِيهَا فَٰكِهِينَ ۝

(27) Así fue. Lo dejamos en herencia para otra gente.

كَذَٰلِكَ وَأَوْرَثْنَٰهَا قَوْمًا ءَاخَرِينَ ۝

(28) Ni el cielo ni la tierra lloraron por ellos ni se les esperó.

فَمَا بَكَتْ عَلَيْهِمُ ٱلسَّمَآءُ وَٱلْأَرْضُ وَمَا كَانُوا مُنظَرِينَ ۝

(29) Así fue como salvamos a los hijos de Israel del castigo infame

وَلَقَدْ نَجَّيْنَا بَنِىٓ إِسْرَٰٓءِيلَ مِنَ ٱلْعَذَابِ ٱلْمُهِينِ ۝

(30) de Firaún. En verdad él destacaba entre los que se exceden.

مِن فِرْعَوْنَ إِنَّهُۥ كَانَ عَالِيًا مِّنَ ٱلْمُسْرِفِينَ ۝

(31) Y los elegimos, en virtud de un conocimiento, por encima de todos los mundos*.

   * [Es decir, por encima de la gente de su tiempo.]

وَلَقَدِ ٱخْتَرْنَٰهُمْ عَلَىٰ عِلْمٍ عَلَى ٱلْعَٰلَمِينَ ۝

(32) Y les dimos signos que constituían una evidencia.

وَءَاتَيْنَٰهُم مِّنَ ٱلْءَايَٰتِ مَا فِيهِ بَلَٰٓؤٌا۟ مُّبِينٌ ۝

(33) Y seguro que éstos van a decir: No existe mas que nuestra primera muerte y no se nos devolverá a la vida.

إِنَّ هَٰٓؤُلَآءِ لَيَقُولُونَ إِنْ هِيَ إِلَّا مَوْتَتُنَا ٱلْأُولَىٰ وَمَا نَحْنُ بِمُنشَرِينَ ۝

(34) Haced que vengan nuestros antepasados si es verdad lo que decís.

فَأْتُوا۟ بِـَٔابَآئِنَآ إِن كُنتُمْ صَٰدِقِينَ ۝

(35) ¿Pero es que son acaso mejores que la gente de Tubba'* y sus antecesores a los que destruimos? Ellos hicieron el mal.

   * [Antigua dinastía del Yemen que fue destruida por su incredulidad.]

أَهُمْ خَيْرٌ أَمْ قَوْمُ تُبَّعٍ وَٱلَّذِينَ مِن قَبْلِهِمْ أَهْلَكْنَٰهُمْ إِنَّهُمْ كَانُوا۟ مُجْرِمِينَ ۝

(36) Y no hemos creado los cielos y la tierra y lo que entre ambos hay para jugar.

وَمَا خَلَقْنَا ٱلسَّمَٰوَٰتِ وَٱلْأَرْضَ وَمَا بَيْنَهُمَا لَٰعِبِينَ ۝

(37) No los creamos sino con la verdad, sin embargo la mayoría de ellos no sabe.

مَا خَلَقْنَٰهُمَآ إِلَّا بِٱلْحَقِّ وَلَٰكِنَّ أَكْثَرَهُمْ لَا يَعْلَمُونَ ۝

(38) Es verdad que el Día de la Distinción será el término fijado para todos ellos.

إِنَّ يَوْمَ ٱلْفَصْلِ مِيقَٰتُهُمْ أَجْمَعِينَ ۝

(39) El día en que ningún amigo cer-

يَوْمَ لَا يُغْنِى مَوْلًى عَن مَّوْلًى شَيْـًٔا وَلَا هُمْ

سُورَةُ الدُّخَانِ ـ الْجُزْءُ الْخَامِسُ وَالْعِشْرُونَ

cano podrá hacer nada por el otro ni habrá auxilio.

يُنصَرُونَ ۝

(40) Sólo para aquel de quien Allah tenga misericordia; es cierto que El es Poderoso, Compasivo.

إِلَّا مَن رَّحِمَ ٱللَّهُ إِنَّهُۥ هُوَ ٱلْعَزِيزُ ٱلرَّحِيمُ ۝

(41) Ciertamente el árbol de Zaqqum*, será el alimento del malvado.

إِنَّ شَجَرَتَ ٱلزَّقُّومِ طَعَامُ ٱلْأَثِيمِ ۝

* [Ver nota de la aleya 60 de la sura 17, el Viaje Nocturno.]

(42) Cual metal fundido, se derretirá en sus vientres

كَٱلْمُهْلِ يَغْلِى فِى ٱلْبُطُونِ ۝

(43) como el hervor del agua hirviendo.

كَغَلْىِ ٱلْحَمِيمِ ۝

(44) ¡Agarradlo y llevadlo a rastras en medio del Yahim!

خُذُوهُ فَٱعْتِلُوهُ إِلَىٰ سَوَآءِ ٱلْجَحِيمِ ۝

(45) Luego, verted sobre su cabeza parte del tormento del Yahim.

ثُمَّ صُبُّوا۟ فَوْقَ رَأْسِهِۦ مِنْ عَذَابِ ٱلْحَمِيمِ ۝

(46) ¡Gústalo! Tú que eres el poderoso y noble*.

ذُقْ إِنَّكَ أَنتَ ٱلْعَزِيزُ ٱلْكَرِيمُ ۝

* [Parece ser una alusión a Abu Yahl, y por extensión a todo el que fuere como él.]

(47) Esto es, en verdad, aquello de lo que dudabais.

إِنَّ هَٰذَا مَا كُنتُم بِهِۦ تَمْتَرُونَ ۝

(48) Ciertamente los temerosos (de su Señor) estarán en una situación segura:

إِنَّ ٱلْمُتَّقِينَ فِى مَقَامٍ أَمِينٍ ۝

سُورَةُ الدُّخَانِ ــ الجُزْءُ الخَامِسُ وَالعِشْرُونَ

(49) En jardines y manantiales.

فِى جَنَّتٍ وَعُيُونٍ ۝

(50) Vestirán de raso y brocado y estarán enfrente unos de otros*.

يَلْبَسُونَ مِن سُندُسٍ وَإِسْتَبْرَقٍ مُّتَقَـٰبِلِينَ ۝

* [Es decir, sin darse la espalda, o sin ver unos la espalda de otros.]

(51) Así es. Y los uniremos a unas de piel blanquísima y grandes y hermosos ojos.

كَذَٰلِكَ وَزَوَّجْنَـٰهُم بِحُورٍ عِينٍ ۝

(52) Pedirán toda clase de frutas; a salvo.

يَدْعُونَ فِيهَا بِكُلِّ فَـٰكِهَةٍ ءَامِنِينَ ۝

(53) En ellos no experimentarán la muerte, sólo la que ya conocieron*. Y El los habrá librado del castigo del Yahim.

لَا يَذُوقُونَ فِيهَا الْمَوْتَ إِلَّا الْمَوْتَةَ الْأُولَىٰ وَوَقَىٰهُمْ عَذَابَ الْجَحِيمِ ۝

* [Literalmente: La primera]

(54) Favor de su Señor. Y ese es el gran triunfo.

فَضْلًا مِّن رَّبِّكَ ذَٰلِكَ هُوَ الْفَوْزُ الْعَظِيمُ ۝

(55) Y realmente lo* hemos hecho fácil en tu lengua para que pudieran reflexionar.

فَإِنَّمَا يَسَّرْنَـٰهُ بِلِسَانِكَ لَعَلَّهُمْ يَتَذَكَّرُونَ ۝

* [El Corán]

(56) Así pues, espera porque ellos están en espera.

فَارْتَقِبْ إِنَّهُم مُّرْتَقِبُونَ ۝

45. SURA DE LA ARRODILLADA.

سُورَةُ الْجَاثِيَةِ

بِسْمِ اللَّهِ الرَّحْمَٰنِ الرَّحِيمِ

En el nombre de Allah, el Misericordioso, el Compasivo.

(1) Ha, Mim. Descenso del Libro procedente del Poderoso, el Sabio.

جمٓ تَنزِيلُ الْكِتَٰبِ مِنَ اللَّهِ الْعَزِيزِ الْحَكِيمِ ١

(2) En los cielos y en la tierra hay signos para los creyentes.

إِنَّ فِي السَّمَٰوَٰتِ وَالْأَرْضِ لَآيَٰتٍ لِّلْمُؤْمِنِينَ ٢

(3) Y en vuestra propia creación y en la de las criaturas que ha repartido, hay signos para gente que tenga certeza.

وَفِي خَلْقِكُمْ وَمَا يَبُثُّ مِن دَآبَّةٍ ءَايَٰتٌ لِّقَوْمٍ يُوقِنُونَ ٣

(4) Y en la sucesión de la noche y el día, en la provisión que Allah hace bajar del cielo con la que Le da vida a la tierra después de muerta y en el cambio de los vientos, hay signos para gente que razona.

وَاخْتِلَٰفِ الَّيْلِ وَالنَّهَارِ وَمَا أَنزَلَ اللَّهُ مِنَ السَّمَآءِ مِن رِّزْقٍ فَأَحْيَا بِهِ الْأَرْضَ بَعْدَ مَوْتِهَا وَتَصْرِيفِ الرِّيَٰحِ ءَايَٰتٌ لِّقَوْمٍ يَعْقِلُونَ ٤

(5) Esos son los signos de Allah que te recitamos con la verdad.

¿En qué relato más allá de Allah y de Sus signos creerán?

تِلْكَ ءَايَٰتُ اللَّهِ نَتْلُوهَا عَلَيْكَ بِالْحَقِّ فَبِأَيِّ حَدِيثٍ بَعْدَ اللَّهِ وَءَايَٰتِهِ يُؤْمِنُونَ ٥

(6) ¡Perdición para todo embustero y malvado!

وَيْلٌ لِّكُلِّ أَفَّاكٍ أَثِيمٍ ٦

(7) Que oye los signos de Allah cuando se le recitan y, sin embargo, persiste y se llena de soberbia como si no los hubiera oído. Anúnciale un castigo doloroso.

يَسْمَعُ ءَايَتِ اللَّهِ تُتْلَى عَلَيْهِ ثُمَّ يُصِرُّ مُسْتَكْبِرًا كَأَن لَّمْ يَسْمَعْهَا فَبَشِّرْهُ بِعَذَابٍ أَلِيمٍ ۝

(8) Y cuando llegan a su conocimiento Nuestros signos los toma a burla. Esos tendrán un castigo infame.

وَإِذَا عَلِمَ مِنْ ءَايَتِنَا شَيْئًا اتَّخَذَهَا هُزُوًا أُوْلَٰٓئِكَ لَهُمْ عَذَابٌ مُّهِينٌ ۝

(9) Detrás de ellos tienen Yahannam. No les servirá de nada lo que lograron, ni los protectores que tomaron fuera de Allah. Tendrán un castigo inmenso.

مِّن وَرَآئِهِمْ جَهَنَّمُ وَلَا يُغْنِي عَنْهُم مَّا كَسَبُوا شَيْئًا وَلَا مَا اتَّخَذُوا مِن دُونِ اللَّهِ أَوْلِيَآءَ وَلَهُمْ عَذَابٌ عَظِيمٌ ۝

(10) Esto es una guía; y los que se nieguen a creer en los signos de su Señor tendrán el castigo de un tormento doloroso.

هَٰذَا هُدًى وَالَّذِينَ كَفَرُوا بِـَٔايَٰتِ رَبِّهِمْ لَهُمْ عَذَابٌ مِّن رِّجْزٍ أَلِيمٌ ۝

(11) Allah es Quien os ha sometido el mar para que la nave navegara en él por mandato Suyo y buscárais parte de Su favor. Tal vez así fuerais agradecidos.

اللَّهُ الَّذِي سَخَّرَ لَكُمُ الْبَحْرَ لِتَجْرِيَ الْفُلْكُ فِيهِ بِأَمْرِهِ وَلِتَبْتَغُوا مِن فَضْلِهِ وَلَعَلَّكُمْ تَشْكُرُونَ ۝

(12) Y os ha subordinado lo que hay en los cielos y en la tierra, todo gracias a El. Realmente en eso hay signos para la gente que reflexiona.

وَسَخَّرَ لَكُم مَّا فِي السَّمَٰوَٰتِ وَمَا فِي الْأَرْضِ جَمِيعًا مِّنْهُ إِنَّ فِي ذَٰلِكَ لَـَٔايَٰتٍ لِّقَوْمٍ يَتَفَكَّرُونَ ۝

(13) Di a los que creen que perdonen a aquéllos que no esperan los días de Allah; para que El recompense a una gente por lo que adquirió.

قُل لِّلَّذِينَ ءَامَنُوا يَغْفِرُوا لِلَّذِينَ لَا يَرْجُونَ أَيَّامَ اللَّهِ لِيَجْزِيَ قَوْمًا بِمَا كَانُوا يَكْسِبُونَ ۝

(14) Quien obre con rectitud lo hará para sí mismo y quien obre mal lo hará contra sí mismo, luego regresaréis a vuestro Señor.

مَنْ عَمِلَ صَلِحًا فَلِنَفْسِهِۦ وَمَنْ أَسَآءَ فَعَلَيْهَا ثُمَّ إِلَىٰ رَبِّكُمْ تُرْجَعُونَ ۝

(15) Y a los hijos de Israel les dimos el Libro, el Juicio y la Profecía, les dimos cosas buenas como provisión y los preferimos por encima de los mundos.

وَلَقَدْ ءَاتَيْنَا بَنِىٓ إِسْرَٰٓءِيلَ ٱلْكِتَٰبَ وَٱلْحُكْمَ وَٱلنُّبُوَّةَ وَرَزَقْنَٰهُم مِّنَ ٱلطَّيِّبَٰتِ وَفَضَّلْنَٰهُمْ عَلَى ٱلْعَٰلَمِينَ ۝

(16) Y les dimos pruebas claras de lo que debían asumir. No hubo diferencias entre ellos sino después de haberles llegado el conocimiento, a causa de envidias mutuas.

Tu Señor juzgará entre ellos el Día del Levantamiento sobre lo que discreparon.

وَءَاتَيْنَٰهُم بَيِّنَٰتٍ مِّنَ ٱلْأَمْرِ فَمَا ٱخْتَلَفُوٓا۟ إِلَّا مِنۢ بَعْدِ مَا جَآءَهُمُ ٱلْعِلْمُ بَغْيًۢا بَيْنَهُمْ إِنَّ رَبَّكَ يَقْضِى بَيْنَهُمْ يَوْمَ ٱلْقِيَٰمَةِ فِيمَا كَانُوا۟ فِيهِ يَخْتَلِفُونَ ۝

(17) Luego a ti, dentro de la misma vía, te hemos dado un camino ya trazado*. Síguelo, y no sigas los deseos de los que no saben.

* [Sharia]

ثُمَّ جَعَلْنَٰكَ عَلَىٰ شَرِيعَةٍ مِّنَ ٱلْأَمْرِ فَٱتَّبِعْهَا وَلَا تَتَّبِعْ أَهْوَآءَ ٱلَّذِينَ لَا يَعْلَمُونَ ۝

(18) Ellos no te van a servir de nada ante Allah. Es cierto que los injustos son amigos unos de otros, pero Allah es el Amigo de los que Le temen.

إِنَّهُمْ لَن يُغْنُوا۟ عَنكَ مِنَ ٱللَّهِ شَيْـًٔا وَإِنَّ ٱلظَّٰلِمِينَ بَعْضُهُمْ أَوْلِيَآءُ بَعْضٍ وَٱللَّهُ وَلِىُّ ٱلْمُتَّقِينَ ۝

(19) Esto son evidencias para los hombres y una guía y misericordia para la gente que tiene certeza.

هَٰذَا بَصَٰٓئِرُ لِلنَّاسِ وَهُدًى وَرَحْمَةٌ لِّقَوْمٍ يُوقِنُونَ ۝

(20) ¿O es que piensan los que tienen en su haber malas acciones que los consideraremos como a los que creyeron y practicaron las acciones de bien, y que su vida y su muerte serán iguales? ¡Malo es lo que juzgan!

أَمْ حَسِبَ الَّذِينَ اجْتَرَحُوا السَّيِّئَاتِ أَن نَّجْعَلَهُمْ كَالَّذِينَ ءَامَنُوا وَعَمِلُوا الصَّالِحَاتِ سَوَاءً مَّحْيَاهُمْ وَمَمَاتُهُمْ سَاءَ مَا يَحْكُمُونَ ۝

(21) Allah creó los cielos y la tierra con la verdad.

Y para recompensar a cada alma por lo que adquirió sin ser tratada injustamente.

وَخَلَقَ اللَّهُ السَّمَوَاتِ وَالْأَرْضَ بِالْحَقِّ وَلِتُجْزَى كُلُّ نَفْسٍ بِمَا كَسَبَتْ وَهُمْ لَا يُظْلَمُونَ ۝

(22) ¿Has visto a quien toma por dios a su pasión y Allah lo extravía en virtud de un conocimiento, sella su oído y su corazón y pone un velo sobre su vista? ¿Quién lo guiará fuera de Allah?

¿Es que no vais a recapacitar?

أَفَرَأَيْتَ مَنِ اتَّخَذَ إِلَهَهُ هَوَاهُ وَأَضَلَّهُ اللَّهُ عَلَى عِلْمٍ وَخَتَمَ عَلَى سَمْعِهِ وَقَلْبِهِ وَجَعَلَ عَلَى بَصَرِهِ غِشَاوَةً فَمَن يَهْدِيهِ مِن بَعْدِ اللَّهِ أَفَلَا تَذَكَّرُونَ ۝

(23) Y dicen: Sólo existe esta vida nuestra de aquí, morimos y vivimos y no es sino el tiempo lo que acaba con nosotros.

Pero no tienen conocimiento de eso, no hacen sino conjeturar.

وَقَالُوا مَا هِيَ إِلَّا حَيَاتُنَا الدُّنْيَا نَمُوتُ وَنَحْيَا وَمَا يُهْلِكُنَا إِلَّا الدَّهْرُ وَمَا لَهُم بِذَلِكَ مِنْ عِلْمٍ إِنْ هُمْ إِلَّا يَظُنُّونَ ۝

(24) Y cuando se les recitan Nuestros signos evidentes su único argumento es decir: Traednos a nuestros padres si es verdad lo que decís.

وَإِذَا تُتْلَى عَلَيْهِمْ ءَايَاتُنَا بَيِّنَاتٍ مَّا كَانَ حُجَّتَهُمْ إِلَّا أَن قَالُوا ائْتُوا بِآبَائِنَا إِن كُنتُمْ صَادِقِينَ ۝

(25) Di: Allah os da la vida, luego os

فَلِ اللَّهُ يُحْيِيكُمْ ثُمَّ يُمِيتُكُمْ ثُمَّ

hace morir y luego os reunirá para el Día del Levantamiento acerca del que no hay duda.

Sin embargo la mayoría de los hombres no sabe.

يَجْمَعُكُمْ إِلَىٰ يَوْمِ ٱلْقِيَـٰمَةِ لَا رَيْبَ فِيهِ وَلَـٰكِنَّ أَكْثَرَ ٱلنَّاسِ لَا يَعْلَمُونَ ٢٦

(26) Y a Allah pertenece la soberanía de los cielos y de la tierra; el día que llegue la Hora, ese día perderán los farsantes.

وَلِلَّهِ مُلْكُ ٱلسَّمَـٰوَٰتِ وَٱلْأَرْضِ وَيَوْمَ تَقُومُ ٱلسَّاعَةُ يَوْمَئِذٍ يَخْسَرُ ٱلْمُبْطِلُونَ ٢٧

(27) Y verás a todas las comunidades de rodillas, cada una será llamada a su libro: Hoy se os pagará lo que hicísteis.

وَتَرَىٰ كُلَّ أُمَّةٍ جَاثِيَةً كُلُّ أُمَّةٍ تُدْعَىٰٓ إِلَىٰ كِتَـٰبِهَا ٱلْيَوْمَ تُجْزَوْنَ مَا كُنتُمْ تَعْمَلُونَ ٢٨

(28) Este Libro Nuestro habla en vuestra contra con la verdad, habíamos mandado escribir lo que hacíais.

هَـٰذَا كِتَـٰبُنَا يَنطِقُ عَلَيْكُم بِٱلْحَقِّ إِنَّا كُنَّا نَسْتَنسِخُ مَا كُنتُمْ تَعْمَلُونَ ٢٩

(29) A los que creyeron y practicaron las acciones de bien su Señor los hará entrar en Su misericordia; ése es el triunfo indudable.

فَأَمَّا ٱلَّذِينَ ءَامَنُوا۟ وَعَمِلُوا۟ ٱلصَّـٰلِحَـٰتِ فَيُدْخِلُهُمْ رَبُّهُمْ فِى رَحْمَتِهِۦ ذَٰلِكَ هُوَ ٱلْفَوْزُ ٱلْمُبِينُ ٣٠

(30) Pero a los que se negaron a creer... ¿No se os recitaron Mis signos y sin embargo vosotros os llenásteis de soberbia y fuísteis gente de mal?.

وَأَمَّا ٱلَّذِينَ كَفَرُوٓا۟ أَفَلَمْ تَكُنْ ءَايَـٰتِى تُتْلَىٰ عَلَيْكُمْ فَٱسْتَكْبَرْتُمْ وَكُنتُمْ قَوْمًا مُّجْرِمِينَ ٣١

(31) Y cuando se dijo: La promesa de Allah es verdadera y no hay duda sobre la Hora, dijísteis: No sabemos qué es la Hora, sólo tenemos conjeturas y ninguna certeza.

وَإِذَا قِيلَ إِنَّ وَعْدَ ٱللَّهِ حَقٌّ وَٱلسَّاعَةُ لَا رَيْبَ فِيهَا قُلْتُم مَّا نَدْرِى مَا ٱلسَّاعَةُ إِن نَّظُنُّ إِلَّا ظَنًّا وَمَا نَحْنُ بِمُسْتَيْقِنِينَ ٣٢

(32) Pero han aparecido ante ellos las malas acciones que cometieron y aquéllo de lo que se burlaban los ha rodeado.

وَبَدَا لَهُمْ سَيِّئَاتُ مَا عَمِلُوا۟ وَحَاقَ بِهِم مَّا كَانُوا۟ بِهِۦ يَسْتَهْزِءُونَ ﴿٣٢﴾

(33) Y se dirá: Hoy os olvidamos, al igual que vosotros olvidásteis el encuentro de este día vuestro; vuestra morada será el Fuego y no tendréis quien os auxilie.

وَقِيلَ ٱلْيَوْمَ نَنسَىٰكُمْ كَمَا نَسِيتُمْ لِقَآءَ يَوْمِكُمْ هَٰذَا وَمَأْوَىٰكُمُ ٱلنَّارُ وَمَا لَكُم مِّن نَّٰصِرِينَ ﴿٣٣﴾

(34) Eso es por haber tomado los signos de Allah a burla y porque la vida del mundo os sedujo. Hoy no serán sacados de él ni se les pedirá que busquen el agrado (de su Señor).

ذَٰلِكُم بِأَنَّكُمُ ٱتَّخَذْتُمْ ءَايَٰتِ ٱللَّهِ هُزُوًا وَغَرَّتْكُمُ ٱلْحَيَوٰةُ ٱلدُّنْيَا فَٱلْيَوْمَ لَا يُخْرَجُونَ مِنْهَا وَلَا هُمْ يُسْتَعْتَبُونَ ﴿٣٤﴾

(35) Y las alabanzas pertenecen a Allah, el Señor de los cielos, el Señor de la tierra y el Señor de los mundos.

فَلِلَّهِ ٱلْحَمْدُ رَبِّ ٱلسَّمَٰوَٰتِ وَرَبِّ ٱلْأَرْضِ رَبِّ ٱلْعَٰلَمِينَ ﴿٣٥﴾

(36) Suya es la grandeza en los cielos y en la tierra y El es el Poderoso, el Sabio.

وَلَهُ ٱلْكِبْرِيَآءُ فِى ٱلسَّمَٰوَٰتِ وَٱلْأَرْضِ وَهُوَ ٱلْعَزِيزُ ٱلْحَكِيمُ ﴿٣٦﴾

46. SURA AL-AHQAF
(Las Dunas)

سُورَةُ الْأَحْقَافِ

بِسْمِ اللَّهِ الرَّحْمَنِ الرَّحِيمِ

En el nombre de Allah, el Misericordioso, el Compasivo.

(1) Ha, Mim. Descenso del Libro procedente de Allah, el Poderoso, el Sabio.

حمٓ ۝ تَنزِيلُ ٱلْكِتَٰبِ مِنَ ٱللَّهِ ٱلْعَزِيزِ ٱلْحَكِيمِ ۝

(2) No hemos creado los cielos y la tierra y lo que entre ambos hay, sino con la verdad y por un tiempo determinado. Pero los que se niegan a creer se apartan de lo que se les advierte.

مَا خَلَقْنَا ٱلسَّمَٰوَٰتِ وَٱلْأَرْضَ وَمَا بَيْنَهُمَآ إِلَّا بِٱلْحَقِّ وَأَجَلٍ مُّسَمًّى ۚ وَٱلَّذِينَ كَفَرُوا۟ عَمَّآ أُنذِرُوا۟ مُعْرِضُونَ ۝

(3) Di: ¿Habéis visto lo que invocáis aparte de Allah? Mostradme qué parte de la tierra han creado o si tienen alguna participación en los cielos. Traedme un libro anterior a éste o vestigios de algún conocimiento, si es verdad lo que decís.

قُلْ أَرَءَيْتُم مَّا تَدْعُونَ مِن دُونِ ٱللَّهِ أَرُونِى مَاذَا خَلَقُوا۟ مِنَ ٱلْأَرْضِ أَمْ لَهُمْ شِرْكٌ فِى ٱلسَّمَٰوَٰتِ ۖ ٱئْتُونِى بِكِتَٰبٍ مِّن قَبْلِ هَٰذَآ أَوْ أَثَٰرَةٍ مِّنْ عِلْمٍ إِن كُنتُمْ صَٰدِقِينَ ۝

(4) ¿Y quién está más extraviado que aquél que invoca, fuera de Allah, a quien el Día del Levantamiento no le responderá y se desentenderá de su invocación?

وَمَنْ أَضَلُّ مِمَّن يَدْعُوا۟ مِن دُونِ ٱللَّهِ مَن لَّا يَسْتَجِيبُ لَهُۥ إِلَىٰ يَوْمِ ٱلْقِيَٰمَةِ وَهُمْ عَن دُعَآئِهِمْ غَٰفِلُونَ ۝

(5) Cuando los hombres sean reunidos, ellos serán sus enemigos y

وَإِذَا حُشِرَ ٱلنَّاسُ كَانُوا۟ لَهُمْ أَعْدَآءً وَكَانُوا۟

renegarán de la adoración de la que fueron objeto por su parte.

بِعِبَادَتِهِمْ كَفِرِينَ ۝

(6) Y cuando se les recitan Nuestro signos claros, dicen los que se niegan a creer de la verdad que les llega: Esto es magia evidente.

وَإِذَا تُتْلَىٰ عَلَيْهِمْ ءَايَتُنَا بَيِّنَتٍ قَالَ الَّذِينَ كَفَرُوا۟ لِلْحَقِّ لَمَّا جَآءَهُمْ هَٰذَا سِحْرٌ مُّبِينٌ ۝

(7) O dicen: Lo ha inventado. Di: Si lo hubiera inventado, nada podríais hacer por mí ante Allah. El sabe mejor lo que difundís sobre ello, El basta como Testigo entre vosotros y yo; y El es el Perdonador, el Compasivo.

أَمْ يَقُولُونَ افْتَرَىٰهُ قُلْ إِنِ افْتَرَيْتُهُ فَلَا تَمْلِكُونَ لِى مِنَ اللَّهِ شَيْئًا هُوَ أَعْلَمُ بِمَا تُفِيضُونَ فِيهِ كَفَىٰ بِهِ شَهِيدًا بَيْنِى وَبَيْنَكُمْ وَهُوَ الْغَفُورُ الرَّحِيمُ ۝

(8) Di: No soy una novedad entre los mensajeros y no sé lo que será de mí ni lo que será de vosotros, sólo sigo lo que se me ha inspirado y no soy sino un advertidor explícito.

قُلْ مَا كُنتُ بِدْعًا مِّنَ الرُّسُلِ وَمَآ أَدْرِى مَا يُفْعَلُ بِى وَلَا بِكُمْ إِنْ أَتَّبِعُ إِلَّا مَا يُوحَىٰ إِلَىَّ وَمَآ أَنَا۠ إِلَّا نَذِيرٌ مُّبِينٌ ۝

(9) Di: ¿Y si yo os digo que viene de junto a Allah, y vosotros no habéis querido creer, a pesar de que uno de los hijos de Israel lo ha atestiguado tal y como es y ha creído*, mientras vosotros os llenábais de soberbia?

Es cierto que Allah no guía a la gente injusta.

* [Alude a Abdullah b. Salam, un judío que proclamó entre los suyos que la profecía de Muhammad estaba anunciada en la Torá y se hizo musulmán.]

قُلْ أَرَءَيْتُمْ إِن كَانَ مِنْ عِندِ اللَّهِ وَكَفَرْتُم بِهِ وَشَهِدَ شَاهِدٌ مِّنۢ بَنِىٓ إِسْرَآءِيلَ عَلَىٰ مِثْلِهِ فَ‍َامَنَ وَاسْتَكْبَرْتُمْ إِنَّ اللَّهَ لَا يَهْدِى الْقَوْمَ الظَّالِمِينَ ۝

(10) Y dicen los que se han negado a creer, de los que han creído: Si fuera un bien no se nos habrían adelantado en ello.

Y como no han sido guiados, dicen: Esto es una vieja patraña.

وَقَالَ الَّذِينَ كَفَرُوا لِلَّذِينَ ءَامَنُوا لَوْ كَانَ خَيْرًا مَّا سَبَقُونَا إِلَيْهِ وَإِذْ لَمْ يَهْتَدُوا بِهِ فَسَيَقُولُونَ هَٰذَا إِفْكٌ قَدِيمٌ ۝

(11) Antes de él, fue el Libro de Musa, dirección y misericordia.

Y éste es un Libro que es una confirmación en lengua árabe, para que adviertas a los que son injustos; y con buenas noticias para los que hacen el bien.

وَمِن قَبْلِهِ كِتَابُ مُوسَىٰٓ إِمَامًا وَرَحْمَةً وَهَٰذَا كِتَابٌ مُّصَدِّقٌ لِّسَانًا عَرَبِيًّا لِّيُنذِرَ الَّذِينَ ظَلَمُوا وَبُشْرَىٰ لِلْمُحْسِنِينَ ۝

(12) Los que dicen: Nuestro Señor es Allah y luego se conducen con rectitud, no tendrán qué temer ni se entristecerán.

إِنَّ الَّذِينَ قَالُوا رَبُّنَا اللَّهُ ثُمَّ اسْتَقَامُوا فَلَا خَوْفٌ عَلَيْهِمْ وَلَا هُمْ يَحْزَنُونَ ۝

(13) Esos son los compañeros del Jardín donde serán inmortales como recompensa por lo que hicieron.

أُوْلَٰٓئِكَ أَصْحَابُ الْجَنَّةِ خَالِدِينَ فِيهَا جَزَآءً بِمَا كَانُوا يَعْمَلُونَ ۝

(14) Y le hemos encomendado al hombre que haga el bien a sus padres. Su madre lo llevó en el vientre con fatiga, y con fatiga lo parió, durante su embarazo y la lactancia treinta meses.

Y al alcanzar la madurez, tras haber llegado a los cuarenta años, dice: ¡Señor mío! Infunde en mí que te agradezca el beneficio con el que me has favo-

وَوَصَّيْنَا الْإِنسَٰنَ بِوَٰلِدَيْهِ حُسْنًا حَمَلَتْهُ أُمُّهُ كَرْهًا وَوَضَعَتْهُ كَرْهًا وَحَمْلُهُ وَفِصَٰلُهُ ثَلَٰثُونَ شَهْرًا حَتَّىٰٓ إِذَا بَلَغَ أَشُدَّهُ وَبَلَغَ أَرْبَعِينَ سَنَةً قَالَ رَبِّ أَوْزِعْنِىٓ أَنْ أَشْكُرَ نِعْمَتَكَ الَّتِىٓ أَنْعَمْتَ عَلَىَّ وَعَلَىٰ وَٰلِدَىَّ وَأَنْ أَعْمَلَ صَٰلِحًا تَرْضَىٰهُ وَأَصْلِحْ لِى فِى ذُرِّيَّتِىٓ إِنِّى تُبْتُ إِلَيْكَ وَإِنِّى مِنَ

recido a mí y a mis padres y que lleve a cabo buenas acciones que sean de Tu agrado; y haz mi descendencia recta.

En verdad a Ti me vuelvo y soy de los sometidos.

(15) Esos son a los que se les aceptará lo mejor que hayan hecho y se les pasarán por alto las malas acciones que hayan cometido; junto a los compañeros del Jardín.

Promesa verídica que se les ha hecho.

(16) Y el que le dijo a sus padres: ¡Uf! ¿Acaso me prometéis que se me hará salir de la tumba cuando pasaron antes de mí otras generaciones?

Y ellos pedían auxilio a Allah: ¡Ay de ti! Cree, que la promesa de Allah es cierta.

El decía: ¿Qué es todo esto sino leyendas de los antiguos?

(17) Esos son aquéllos contra los que se hará realidad la Palabra, sumándose así a las comunidades de hombres y genios que hubo antes que ellos.

Realmente estaban perdidos.

(18) Cada uno tiene un grado que le viene de sus acciones. Y para

pagarles como corresponde sus obras sin que se les haga injusticia.

وَهُمْ لَا يُظْلَمُونَ ۝

(19) El día en que los que se negaron a creer sean expuestos al Fuego: Habéis consumido las cosas buenas que tuvísteis en vuestra vida de aquí y os habéis contentado con ésta; así pues, hoy se os pagará con el castigo degradante por haberos llenado de soberbia, sin verdad, en la tierra y por haberos descarriado.

وَيَوْمَ يُعْرَضُ الَّذِينَ كَفَرُوا عَلَى النَّارِ أَذْهَبْتُمْ طَيِّبَاتِكُمْ فِي حَيَاتِكُمُ الدُّنْيَا وَاسْتَمْتَعْتُم بِهَا فَالْيَوْمَ تُجْزَوْنَ عَذَابَ الْهُونِ بِمَا كُنتُمْ تَسْتَكْبِرُونَ فِي الْأَرْضِ بِغَيْرِ الْحَقِّ وَبِمَا كُنتُمْ تَفْسُقُونَ ۝

(20) Y recuerda al hermano de los Ad, cuando advirtió a su gente en las dunas*. Antes de él ya habían venido advertidores, como lo harían después: No adoréis sino a Allah, temo por vosotros el castigo de un día grave.

* [En árabe "Ahqaf" que es el nombre de un valle del Yemen donde habitaban los Ad.]

۞ وَاذْكُرْ أَخَا عَادٍ إِذْ أَنذَرَ قَوْمَهُ بِالْأَحْقَافِ وَقَدْ خَلَتِ النُّذُرُ مِن بَيْنِ يَدَيْهِ وَمِنْ خَلْفِهِ أَلَّا تَعْبُدُوا إِلَّا اللَّهَ إِنِّي أَخَافُ عَلَيْكُمْ عَذَابَ يَوْمٍ عَظِيمٍ ۝

(21) Dijeron: ¿Has venido a nosotros para apartarnos de nuestros dioses? Tráenos aquello con lo que nos amenazas si eres de los que dicen la verdad.

قَالُوا أَجِئْتَنَا لِتَأْفِكَنَا عَنْ آلِهَتِنَا فَأْتِنَا بِمَا تَعِدُنَا إِن كُنتَ مِنَ الصَّادِقِينَ ۝

(22) Dijo: Realmente el conocimiento sólo está junto a Allah, yo no hago sino haceros llegar aquello con lo que he sido enviado; sin embargo os veo gente ignorante.

قَالَ إِنَّمَا الْعِلْمُ عِندَ اللَّهِ وَأُبَلِّغُكُم مَّا أُرْسِلْتُ بِهِ وَلَٰكِنِّي أَرَاكُمْ قَوْمًا تَجْهَلُونَ ۝

(23) Y cuando lo vieron como una nube frente a sus valles, dijeron: Esta es la nube que nos trae lluvia.

Pero no, es aquello cuya venida estabais urgiendo: Un viento que encierra un doloroso castigo.

فَلَمَّا رَأَوْهُ عَارِضًا مُّسْتَقْبِلَ أَوْدِيَتِهِمْ قَالُوا هَٰذَا عَارِضٌ مُّمْطِرُنَا ۚ بَلْ هُوَ مَا ٱسْتَعْجَلْتُم بِهِۦ رِيحٌ فِيهَا عَذَابٌ أَلِيمٌ ۝

(24) Lo arrasó todo por mandato de su Señor; y amanecieron, y sólo podían verse sus moradas. Así es como recompensamos a la gente que hace el mal.

تُدَمِّرُ كُلَّ شَىْءٍ بِأَمْرِ رَبِّهَا فَأَصْبَحُوا لَا يُرَىٰ إِلَّا مَسَٰكِنُهُمْ ۚ كَذَٰلِكَ نَجْزِى ٱلْقَوْمَ ٱلْمُجْرِمِينَ ۝

(25) Les habíamos dado una posición que no os hemos dado a vosotros y les habíamos dado oído, vista y corazón; pero ni su oído, ni su vista ni su corazón les sirvieron de nada cuando negaron los signos de Allah, y aquello de lo que se habían burlado los rodeó.

وَلَقَدْ مَكَّنَّٰهُمْ فِيمَا إِن مَّكَّنَّٰكُمْ فِيهِ وَجَعَلْنَا لَهُمْ سَمْعًا وَأَبْصَٰرًا وَأَفْـِٔدَةً فَمَا أَغْنَىٰ عَنْهُمْ سَمْعُهُمْ وَلَا أَبْصَٰرُهُمْ وَلَا أَفْـِٔدَتُهُم مِّن شَىْءٍ إِذْ كَانُوا يَجْحَدُونَ بِـَٔايَٰتِ ٱللَّهِ وَحَاقَ بِهِم مَّا كَانُوا بِهِۦ يَسْتَهْزِءُونَ ۝

(26) Y es cierto que hemos destruido las ciudades de vuestro alrededor y hemos explicado repetidamente los signos para que pudieran volverse atrás.

وَلَقَدْ أَهْلَكْنَا مَا حَوْلَكُم مِّنَ ٱلْقُرَىٰ وَصَرَّفْنَا ٱلْآيَٰتِ لَعَلَّهُمْ يَرْجِعُونَ ۝

(27) Pero, ¿por qué no les auxiliaron ésos que ellos habían tomado como objeto de adoración y dioses, fuera de Allah?

Ni siquiera pudieron encontrarlos. Y así fue su mentira y lo que habían inventado.

فَلَوْلَا نَصَرَهُمُ ٱلَّذِينَ ٱتَّخَذُوا مِن دُونِ ٱللَّهِ قُرْبَانًا ءَالِهَةً ۖ بَلْ ضَلُّوا عَنْهُمْ ۚ وَذَٰلِكَ إِفْكُهُمْ وَمَا كَانُوا يَفْتَرُونَ ۝

(28) Y cuando te enviamos a un pequeño grupo de genios para que escucharan el Corán y al llegar ante él* se dijeron: ¡Callad!

Y cuando acabó, se volvieron a su gente para advertirles.

* [Ante el Profeta, que Allah le dé Su gracia y paz. Este hecho se vuelve a retomar en la sura de los Genios]

وَإِذْ صَرَفْنَآ إِلَيْكَ نَفَرًا مِّنَ ٱلْجِنِّ يَسْتَمِعُونَ ٱلْقُرْءَانَ فَلَمَّا حَضَرُوهُ قَالُوٓا۟ أَنصِتُوا۟ فَلَمَّا قُضِىَ وَلَّوْا۟ إِلَىٰ قَوْمِهِم مُّنذِرِينَ ۝

(29) Dijeron: ¡Pueblo nuestro! Hemos oído un Libro que ha descendido después de Musa, que confirma lo que había antes de él y guía a la verdad y a un camino recto.

قَالُوا۟ يَٰقَوْمَنَآ إِنَّا سَمِعْنَا كِتَٰبًا أُنزِلَ مِنۢ بَعْدِ مُوسَىٰ مُصَدِّقًا لِّمَا بَيْنَ يَدَيْهِ يَهْدِىٓ إِلَى ٱلْحَقِّ وَإِلَىٰ طَرِيقٍ مُّسْتَقِيمٍ ۝

(30) ¡Pueblo nuestro! Responded al que llama hacia a Allah y creed en él. El os perdonará vuestras faltas y os preservará de un doloroso castigo.

يَٰقَوْمَنَآ أَجِيبُوا۟ دَاعِىَ ٱللَّهِ وَءَامِنُوا۟ بِهِۦ يَغْفِرْ لَكُم مِّن ذُنُوبِكُمْ وَيُجِرْكُم مِّنْ عَذَابٍ أَلِيمٍ ۝

(31) Y quien no responda al que llama hacia a Allah...No tendrá forma de escapar en la tierra y fuera de El no tendrá quien lo proteja. Esos están en un extravío evidente.

وَمَن لَّا يُجِبْ دَاعِىَ ٱللَّهِ فَلَيْسَ بِمُعْجِزٍ فِى ٱلْأَرْضِ وَلَيْسَ لَهُۥ مِن دُونِهِۦٓ أَوْلِيَآءُ أُو۟لَٰٓئِكَ فِى ضَلَٰلٍ مُّبِينٍ ۝

(32) ¿Acaso no han visto que Allah, que creó los cielos y la tierra y no está fatigado por haberlos creado, tiene el poder de dar la vida a los muertos?

Sí, El tiene poder sobre todas las cosas.

۞ أَوَلَمْ يَرَوْا۟ أَنَّ ٱللَّهَ ٱلَّذِى خَلَقَ ٱلسَّمَٰوَٰتِ وَٱلْأَرْضَ وَلَمْ يَعْىَ بِخَلْقِهِنَّ بِقَٰدِرٍ عَلَىٰٓ أَن يُحْۦِىَ ٱلْمَوْتَىٰ بَلَىٰٓ إِنَّهُۥ عَلَىٰ كُلِّ شَىْءٍ قَدِيرٌ ۝

(33) Y el día en que los que se negaron a creer sean expuestos al Fuego...¿Acaso no es esto verdad? Dirán: Sí, por nuestro Señor. Dirá: Gustad pues el castigo por haberos negado a creer.

وَيَوْمَ يُعْرَضُ ٱلَّذِينَ كَفَرُوا عَلَى ٱلنَّارِ أَلَيْسَ هَٰذَا بِٱلْحَقِّ قَالُوا بَلَىٰ وَرَبِّنَا قَالَ فَذُوقُوا ٱلْعَذَابَ بِمَا كُنتُمْ تَكْفُرُونَ ۝

(34) Así pues, ten paciencia, como la tuvieron los mensajeros dotados de resolución. No pidas que se les apresure.

El día en que vean lo que se les prometió, será como si sólo hubieran permanecido* una hora del día.

Esto es una transmisión.

¿Acaso se destruye a alguien sino a la gente descarriada?

* [En la tumba].

فَٱصْبِرْ كَمَا صَبَرَ أُو۟لُوا ٱلْعَزْمِ مِنَ ٱلرُّسُلِ وَلَا تَسْتَعْجِل لَّهُمْ كَأَنَّهُمْ يَوْمَ يَرَوْنَ مَا يُوعَدُونَ لَمْ يَلْبَثُوا إِلَّا سَاعَةً مِّن نَّهَارٍ بَلَٰغٌ فَهَلْ يُهْلَكُ إِلَّا ٱلْقَوْمُ ٱلْفَاسِقُونَ ۝

47. SURA DE MUHAMMAD.

سُورَةُ مُحَمَّدٍ

بِسْمِ ٱللَّهِ ٱلرَّحْمَٰنِ ٱلرَّحِيمِ

En el nombre de Allah, el Misericordioso, el Compasivo.

(1) Los que se niegan a creer y desvían del camino de Allah; El hará que sus obras se pierdan.

ٱلَّذِينَ كَفَرُوا۟ وَصَدُّوا۟ عَن سَبِيلِ ٱللَّهِ أَضَلَّ أَعْمَٰلَهُمْ ۝

(2) Pero los que creen, llevan a cabo las acciones de bien y creen en lo que se le ha hecho descender a Muhammad, que es la verdad que viene de su Señor, El les ocultará sus malas acciones y mejorará lo que surja en sus corazones.

وَٱلَّذِينَ ءَامَنُوا۟ وَعَمِلُوا۟ ٱلصَّٰلِحَٰتِ وَءَامَنُوا۟ بِمَا نُزِّلَ عَلَىٰ مُحَمَّدٍ وَهُوَ ٱلْحَقُّ مِن رَّبِّهِمْ كَفَّرَ عَنْهُمْ سَيِّـَٔاتِهِمْ وَأَصْلَحَ بَالَهُمْ ۝

(3) Eso es porque los que se niegan a creer siguen lo falso, mientras que los que creen, siguen la verdad procedente de su Señor. Así es como Allah llama la atención de los hombres con ejemplos que hablan de ellos mismos.

ذَٰلِكَ بِأَنَّ ٱلَّذِينَ كَفَرُوا۟ ٱتَّبَعُوا۟ ٱلْبَٰطِلَ وَأَنَّ ٱلَّذِينَ ءَامَنُوا۟ ٱتَّبَعُوا۟ ٱلْحَقَّ مِن رَّبِّهِمْ كَذَٰلِكَ يَضْرِبُ ٱللَّهُ لِلنَّاسِ أَمْثَٰلَهُمْ ۝

(4) Y cuando tengáis un encuentro con los que se niegan a creer, golpeadlos en la nuca; y una vez los hayáis dejado fuera de combate, apretad las ligaduras y luego, liberadlos con benevolencia o pedid un rescate. Así

فَإِذَا لَقِيتُمُ ٱلَّذِينَ كَفَرُوا۟ فَضَرْبَ ٱلرِّقَابِ حَتَّىٰٓ إِذَآ أَثْخَنتُمُوهُمْ فَشُدُّوا۟ ٱلْوَثَاقَ فَإِمَّا مَنًّا بَعْدُ وَإِمَّا فِدَآءً حَتَّىٰ تَضَعَ ٱلْحَرْبُ أَوْزَارَهَا ۝

hasta que la guerra deponga sus cargas.

(5) Así es, y si Allah quisiera se defendería de ellos, pero lo hace para poneros a prueba unos con otros. Y los que combaten en el camino de Allah, El no dejará que sus obras se pierdan.

ذَٰلِكَ وَلَوْ يَشَآءُ اللَّهُ لَانتَصَرَ مِنْهُمْ وَلَكِن لِّيَبْلُوَا۟ بَعْضَكُم بِبَعْضٍ وَالَّذِينَ قُتِلُوا۟ فِى سَبِيلِ اللَّهِ فَلَن يُضِلَّ أَعْمَٰلَهُمْ ۝

(6) Los guiará y arreglará su estado.

سَيَهْدِيهِمْ وَيُصْلِحُ بَالَهُمْ ۝

(7) Y les hará entrar en jardines que les ha dado a conocer.

وَيُدْخِلُهُمُ الْجَنَّةَ عَرَّفَهَا لَهُمْ ۝

(8) ¡Vosotros que creéis! Si ayudáis a Allah, El os ayudará a vosotros y dará firmeza a vuestros pies.

يَٰٓأَيُّهَا الَّذِينَ ءَامَنُوٓا۟ إِن تَنصُرُوا۟ اللَّهَ يَنصُرْكُمْ وَيُثَبِّتْ أَقْدَامَكُمْ ۝

(9) Pero los que se niegan a creer, tendrán desprecio y sus acciones se malograrán.

وَالَّذِينَ كَفَرُوا۟ فَتَعْسًا لَّهُمْ وَأَضَلَّ أَعْمَٰلَهُمْ ۝

(10) Eso es porque han aborrecido lo que Allah ha hecho descender y El ha invalidado sus obras.

ذَٰلِكَ بِأَنَّهُمْ كَرِهُوا۟ مَآ أَنزَلَ اللَّهُ فَأَحْبَطَ أَعْمَٰلَهُمْ ۝

(11) ¿Es que no han ido por la tierra viendo cómo acabaron los que hubo antes que ellos? Allah los exterminó.

Los incrédulos tendrán algo similar.

أَفَلَمْ يَسِيرُوا۟ فِى الْأَرْضِ فَيَنظُرُوا۟ كَيْفَ كَانَ عَٰقِبَةُ الَّذِينَ مِن قَبْلِهِمْ دَمَّرَ اللَّهُ عَلَيْهِمْ وَلِلْكَٰفِرِينَ أَمْثَٰلُهَا ۝

(12) Eso es porque Allah es el Defensor de los que creen, mientras

ذَٰلِكَ بِأَنَّ اللَّهَ مَوْلَى الَّذِينَ ءَامَنُوا۟ وَأَنَّ

que los incrédulos no tienen quien les defienda.

ٱلْكَـٰفِرِينَ لَا مَوْلَىٰ لَهُمْ ١١

(13) Allah hará entrar a quienes creen y practican las acciones de bien en jardines por cuyo suelo corren los ríos.

Pero los que se niegan a creer se dan al disfrute y comen como los animales de rebaño; y el Fuego será la morada que tengan.

إِنَّ ٱللَّهَ يُدْخِلُ ٱلَّذِينَ ءَامَنُوا۟ وَعَمِلُوا۟ ٱلصَّـٰلِحَـٰتِ جَنَّـٰتٍ تَجْرِى مِن تَحْتِهَا ٱلْأَنْهَـٰرُ وَٱلَّذِينَ كَفَرُوا۟ يَتَمَتَّعُونَ وَيَأْكُلُونَ كَمَا تَأْكُلُ ٱلْأَنْعَـٰمُ وَٱلنَّارُ مَثْوًى لَّهُمْ ١٢

(14) ¿Cuántas ciudades con un poderío mayor que el de tu ciudad, la que te ha expulsado, destruimos sin que hubiera quien las auxiliara?

وَكَأَيِّن مِّن قَرْيَةٍ هِىَ أَشَدُّ قُوَّةً مِّن قَرْيَتِكَ ٱلَّتِىٓ أَخْرَجَتْكَ أَهْلَكْنَـٰهُمْ فَلَا نَاصِرَ لَهُمْ ١٣

(15) ¿Acaso quien se basa en una evidencia de su Señor es como aquel al que se le ha embellecido el mal de su acción y sigue sus deseos?

أَفَمَن كَانَ عَلَىٰ بَيِّنَةٍ مِّن رَّبِّهِۦ كَمَن زُيِّنَ لَهُۥ سُوٓءُ عَمَلِهِۦ وَٱتَّبَعُوٓا۟ أَهْوَآءَهُم ١٤

(16) Esta es la semblanza del Jardín prometido a los temerosos: Ríos de agua de inalterable olor, ríos de leche siempre del mismo sabor, ríos de vino, dulzor para los que beban, y ríos de miel pura.

En él tendrán toda clase de frutos y perdón de su Señor.

¿Es lo mismo que quien será inmortal en el Fuego y se le dará de beber agua hirviendo que le destrozará los intestinos?

مَّثَلُ ٱلْجَنَّةِ ٱلَّتِى وُعِدَ ٱلْمُتَّقُونَ فِيهَآ أَنْهَـٰرٌ مِّن مَّآءٍ غَيْرِ ءَاسِنٍ وَأَنْهَـٰرٌ مِّن لَّبَنٍ لَّمْ يَتَغَيَّرْ طَعْمُهُۥ وَأَنْهَـٰرٌ مِّنْ خَمْرٍ لَّذَّةٍ لِّلشَّـٰرِبِينَ وَأَنْهَـٰرٌ مِّنْ عَسَلٍ مُّصَفًّى وَلَهُمْ فِيهَا مِن كُلِّ ٱلثَّمَرَٰتِ وَمَغْفِرَةٌ مِّن رَّبِّهِمْ كَمَنْ هُوَ خَـٰلِدٌ فِى ٱلنَّارِ وَسُقُوا۟ مَآءً حَمِيمًا فَقَطَّعَ أَمْعَآءَهُمْ ١٥

(17) Y entre ellos los hay que te escuchan, pero cuando se van de tu lado les dicen a los que han recibido el conocimiento*: ¿Qué dice ahora? Esos son aquéllos a los que Allah les ha marcado el corazón y siguen el deseo.

* [Se refiere a los compañeros del Profeta, que Allah le dé Su gracia y paz, y según algunos comentaristas a alguno de ellos en particular, como Ibn Abbas.]

وَمِنْهُم مَّن يَسْتَمِعُ إِلَيْكَ حَتَّىٰ إِذَا خَرَجُوا مِنْ عِندِكَ قَالُوا لِلَّذِينَ أُوتُوا الْعِلْمَ مَاذَا قَالَ ءَانِفًا أُوْلَٰٓئِكَ الَّذِينَ طَبَعَ اللَّهُ عَلَىٰ قُلُوبِهِمْ وَاتَّبَعُوا أَهْوَآءَهُمْ ۝

(18) Y a los que siguen la guía les aumenta en guía y les infunde Su temor.

وَالَّذِينَ اهْتَدَوْا زَادَهُمْ هُدًى وَءَاتَىٰهُمْ تَقْوَىٰهُمْ ۝

(19) ¿Y qué esperan sino que la Hora les llegue de repente cuando sus indicios ya han llegado? ¿De qué les servirá acordarse una vez que haya llegado?

فَهَلْ يَنظُرُونَ إِلَّا السَّاعَةَ أَن تَأْتِيَهُم بَغْتَةً فَقَدْ جَآءَ أَشْرَاطُهَا فَأَنَّىٰ لَهُمْ إِذَا جَآءَتْهُمْ ذِكْرَىٰهُمْ ۝

(20) Sabe que no hay dios sino Allah y pide perdón por tus faltas y por los creyentes y las creyentes.
Allah conoce vuestro ir y venir y vuestra morada.

فَاعْلَمْ أَنَّهُ لَا إِلَٰهَ إِلَّا اللَّهُ وَاسْتَغْفِرْ لِذَنبِكَ وَلِلْمُؤْمِنِينَ وَالْمُؤْمِنَٰتِ وَاللَّهُ يَعْلَمُ مُتَقَلَّبَكُمْ وَمَثْوَىٰكُمْ ۝

(21) Y dicen los que creen: ¿Por qué no se hace descender una sura? Pero cuando se hace descender una sura con un juicio terminante en el que se menciona la lucha, ves a los que tienen una enfermedad en el corazón mirarte como mira el moribundo. ¡Ay de ellos!

۞ وَيَقُولُ الَّذِينَ ءَامَنُوا لَوْلَا نُزِّلَتْ سُورَةٌ فَإِذَا أُنزِلَتْ سُورَةٌ مُّحْكَمَةٌ وَذُكِرَ فِيهَا الْقِتَالُ رَأَيْتَ الَّذِينَ فِي قُلُوبِهِم مَّرَضٌ يَنظُرُونَ إِلَيْكَ نَظَرَ الْمَغْشِيِّ عَلَيْهِ مِنَ الْمَوْتِ فَأَوْلَىٰ لَهُمْ ۝

(22) (Más les valdría) obedecer y decir lo que está bien.

　　Y si se decide el mandato, sería mejor para ellos que fueran sinceros con Allah.

طَاعَةٌ وَقَوْلٌ مَّعْرُوفٌ فَإِذَا عَزَمَ ٱلْأَمْرُ فَلَوْ صَدَقُوا۟ ٱللَّهَ لَكَانَ خَيْرًا لَّهُمْ ۞

(23) ¿Y no es cierto que si llegárais a gobernar* sembraríais la corrupción en la tierra y cortaríais los lazos de consanguinidad?

*[También se puede entender: "¿Y no es cierto que si os apartárais (de la creencia y del Corán…) sembraríais la corrupción…?"]

فَهَلْ عَسَيْتُمْ إِن تَوَلَّيْتُمْ أَن تُفْسِدُوا۟ فِى ٱلْأَرْضِ وَتُقَطِّعُوٓا۟ أَرْحَامَكُمْ ۞

(24) Esos son aquéllos a los que Allah ha maldecido, ha ensordecido y les ha cegado los ojos.

أُو۟لَـٰٓئِكَ ٱلَّذِينَ لَعَنَهُمُ ٱللَّهُ فَأَصَمَّهُمْ وَأَعْمَىٰٓ أَبْصَـٰرَهُمْ ۞

(25) ¿Acaso no meditan el Corán o es que tienen cerrojos en el corazón?

أَفَلَا يَتَدَبَّرُونَ ٱلْقُرْءَانَ أَمْ عَلَىٰ قُلُوبٍ أَقْفَالُهَآ ۞

(26) Realmente a los que se han echado atrás, después de haberles quedado clara la guía, el Shaytán los ha seducido y les ha dado falsas esperanzas.

إِنَّ ٱلَّذِينَ ٱرْتَدُّوا۟ عَلَىٰٓ أَدْبَـٰرِهِم مِّنۢ بَعْدِ مَا تَبَيَّنَ لَهُمُ ٱلْهُدَى ٱلشَّيْطَـٰنُ سَوَّلَ لَهُمْ وَأَمْلَىٰ لَهُمْ ۞

(27) Eso es porque ellos dijeron a quienes aborrecen lo que Allah ha hecho descender: Os obedeceremos en algunas cosas*.

　　Pero Allah conoce sus secretos.

*[Esto es lo que dicen los hipócritas a los judíos, mostrándoles su odio en contra del Profeta, que Allah le dé Su gracia y paz, y en cosas que no les pusieran en evidencia, como excusarse de ir a combatir, etc…]

ذَٰلِكَ بِأَنَّهُمْ قَالُوا۟ لِلَّذِينَ كَرِهُوا۟ مَا نَزَّلَ ٱللَّهُ سَنُطِيعُكُمْ فِى بَعْضِ ٱلْأَمْرِ وَٱللَّهُ يَعْلَمُ أَسْرَارَهُمْ ۞

سُورَةُ مُحَمَّدٍ ـ الجُزْءُ السَّادِسُ وَالْعِشْرُونَ

(28) ¿Cómo estarán cuando los ángeles se los lleven golpeándoles la cara y la espalda?

فَكَيْفَ إِذَا تَوَفَّتْهُمُ الْمَلَٰٓئِكَةُ يَضْرِبُونَ وُجُوهَهُمْ وَأَدْبَٰرَهُمْ ۝

(29) Eso será porque siguieron lo que enoja a Allah y despreciaron lo que Le complace y Él hizo que sus obras se perdieran.

ذَٰلِكَ بِأَنَّهُمُ اتَّبَعُوا مَا أَسْخَطَ اللَّهَ وَكَرِهُوا رِضْوَٰنَهُ فَأَحْبَطَ أَعْمَٰلَهُمْ ۝

(30) ¿O es que creen los que tienen una enfermedad en su corazón que Allah no hará que afloren sus resentimientos?

أَمْ حَسِبَ الَّذِينَ فِي قُلُوبِهِم مَّرَضٌ أَن لَّن يُخْرِجَ اللَّهُ أَضْغَٰنَهُمْ ۝

(31) Si quisiéramos te los mostraríamos y los reconocerías por sus signos. Y de hecho los reconocerás por el sentido de sus palabras.

Allah conoce sus obras.

وَلَوْ نَشَآءُ لَأَرَيْنَٰكَهُمْ فَلَعَرَفْتَهُم بِسِيمَٰهُمْ وَلَتَعْرِفَنَّهُمْ فِي لَحْنِ الْقَوْلِ وَاللَّهُ يَعْلَمُ أَعْمَٰلَكُمْ ۝

(32) Y os pondremos a prueba hasta saber quiénes de vosotros son los que luchan y son los pacientes y para probar vuestros actos.

وَلَنَبْلُوَنَّكُمْ حَتَّىٰ نَعْلَمَ الْمُجَٰهِدِينَ مِنكُمْ وَالصَّٰبِرِينَ وَنَبْلُوَا۟ أَخْبَارَكُمْ ۝

(33) Los que se han negado a creer; se han desviado del camino de Allah y se han opuesto al Mensajero después de haberles aclarado la guía; no perjudicarán a Allah en nada. Y Él hará inútiles sus obras.

إِنَّ الَّذِينَ كَفَرُوا وَصَدُّوا عَن سَبِيلِ اللَّهِ وَشَآقُّوا الرَّسُولَ مِنۢ بَعْدِ مَا تَبَيَّنَ لَهُمُ الْهُدَىٰ لَن يَضُرُّوا اللَّهَ شَيْـًٔا وَسَيُحْبِطُ أَعْمَٰلَهُمْ ۝

(34) ¡Vosotros que creéis! Obedeced a Allah, obedeced al Mensajero y no echéis a perder vuestras obras.

يَٰٓأَيُّهَا الَّذِينَ ءَامَنُوٓا أَطِيعُوا اللَّهَ وَأَطِيعُوا الرَّسُولَ وَلَا تُبْطِلُوٓا أَعْمَٰلَكُمْ ۝

(35) Los que se hayan negado a creer, hayan desviado del camino de Allah y hayan muerto siendo incrédulos, Allah no los perdonará.

إِنَّ ٱلَّذِينَ كَفَرُواْ وَصَدُّواْ عَن سَبِيلِ ٱللَّهِ ثُمَّ مَاتُواْ وَهُمْ كُفَّارٌ فَلَن يَغْفِرَ ٱللَّهُ لَهُمْ ۝

(36) Y no flaqueéis ofreciendo la paz, porque vosotros estáis por encima y Allah está con vosotros y no os privará de la recompensa de vuestras acciones.

فَلَا تَهِنُواْ وَتَدْعُواْ إِلَى ٱلسَّلْمِ وَأَنتُمُ ٱلْأَعْلَوْنَ وَٱللَّهُ مَعَكُمْ وَلَن يَتِرَكُمْ أَعْمَـٰلَكُمْ ۝

(37) Realmente la vida del mundo no es sino juego y distracción, pero si creéis y os guardáis, El os dará la recompensa que os corresponda y no os pedirá vuestra riqueza.

إِنَّمَا ٱلْحَيَوٰةُ ٱلدُّنْيَا لَعِبٌ وَلَهْوٌ وَإِن تُؤْمِنُواْ وَتَتَّقُواْ يُؤْتِكُمْ أُجُورَكُمْ وَلَا يَسْـَٔلْكُمْ أَمْوَٰلَكُمْ ۝

(38) Pues si os la pidiera y os importunara, seríais avaros y saldrían a la luz vuestros resentimientos.

إِن يَسْـَٔلْكُمُوهَا فَيُحْفِكُمْ تَبْخَلُواْ وَيُخْرِجْ أَضْغَـٰنَكُمْ ۝

(39) Estos sois vosotros: Estáis llamados a gastar en el camino de Allah. De entre vosotros los hay que se resisten, pero el que es avaro, no lo es sino para sí mismo.

Allah es el Rico y vosotros sois los necesitados; si os apartáis, os reemplazará por otra gente y no serán como vosotros.

هَـٰٓأَنتُمْ هَـٰٓؤُلَآءِ تُدْعَوْنَ لِتُنفِقُواْ فِي سَبِيلِ ٱللَّهِ فَمِنكُم مَّن يَبْخَلُ وَمَن يَبْخَلْ فَإِنَّمَا يَبْخَلُ عَن نَّفْسِهِ وَٱللَّهُ ٱلْغَنِيُّ وَأَنتُمُ ٱلْفُقَرَآءُ وَإِن تَتَوَلَّوْاْ يَسْتَبْدِلْ قَوْمًا غَيْرَكُمْ ثُمَّ لَا يَكُونُوٓاْ أَمْثَـٰلَكُم ۝

48. SURA DE LA CONQUISTA.   سُورَةُ ٱلْفَتْحِ

بِسْــــمِ ٱللَّهِ ٱلرَّحْمَنِ ٱلرَّحِيـــــمِ

En el nombre de Allah, el Misericordioso, el Compasivo.

(1) Te hemos dado una clara apertura*

     إِنَّا فَتَحْنَا لَكَ فَتْحًا مُّبِينًا ۝

* [También se podría traducir: "Hemos abierto para ti el camino hacia una victoria indudable. Alusión al pacto de al-Hudaybiya que se concluyó entre el Mensajero de Allah, que El le dé Su gracia y paz, y los Quraysh en el año sexto de la Hégira y que fue el comienzo de lo que luego sería la conquista de Meca, aunque al principio daba la sensación de ser desfavorable para los musulmanes. En el pacto se renunciaba por ambas partes a las hostilidades por un plazo de diez años y los musulmanes se comprometían a no ir ese año a peregrinar a Meca y esperar al siguiente. Y a que todo aquel que huyera de Meca para unirse a ellos sería devuelto, pero no en el caso contrario.]

(2) Para que Allah te perdonara tus faltas pasadas y las que pudieran venir, completara Su gracia contigo y te guiara a un camino recto.

     لِّيَغْفِرَ لَكَ ٱللَّهُ مَا تَقَدَّمَ مِن ذَنبِكَ وَمَا تَأَخَّرَ وَيُتِمَّ نِعْمَتَهُۥ عَلَيْكَ وَيَهْدِيَكَ صِرَٰطًا مُّسْتَقِيمًا ۝

(3) Y para que Allah te auxiliara con un auxilio definitivo.

     وَيَنصُرَكَ ٱللَّهُ نَصْرًا عَزِيزًا ۝

(4) El es Quien hizo descender el sosiego a los corazones de los

     هُوَ ٱلَّذِىٓ أَنزَلَ ٱلسَّكِينَةَ فِى قُلُوبِ ٱلْمُؤْمِنِينَ

creyentes para afianzar su creencia.

Y a Allah pertenecen los ejércitos de los cielos y de la tierra. Allah es Conocedor, Sabio.

لِيَزْدَادُوٓاْ إِيمَٰنًا مَّعَ إِيمَٰنِهِمْ وَلِلَّهِ جُنُودُ ٱلسَّمَٰوَٰتِ وَٱلْأَرْضِ وَكَانَ ٱللَّهُ عَلِيمًا حَكِيمًا ۝

(5) Para hacer entrar a los creyentes y a las creyentes en jardines por cuyo suelo corren los ríos, donde serán inmortales. Y cubrir sus malas acciones. Eso es ante Allah un gran triunfo.

لِّيُدْخِلَ ٱلْمُؤْمِنِينَ وَٱلْمُؤْمِنَٰتِ جَنَّٰتٍ تَجْرِى مِن تَحْتِهَا ٱلْأَنْهَٰرُ خَٰلِدِينَ فِيهَا وَيُكَفِّرَ عَنْهُمْ سَيِّـَٔاتِهِمْ وَكَانَ ذَٰلِكَ عِندَ ٱللَّهِ فَوْزًا عَظِيمًا ۝

(6) Y castigar a los hipócritas y a las hipócritas, a los asociadores y a las asociadoras que piensan mal de Allah. Sobre ellos se cernirá el mal.

Allah se ha enojado con ellos, los ha maldecido y les ha preparado Yahannam. ¡Qué mal lugar de retorno!

وَيُعَذِّبَ ٱلْمُنَٰفِقِينَ وَٱلْمُنَٰفِقَٰتِ وَٱلْمُشْرِكِينَ وَٱلْمُشْرِكَٰتِ ٱلظَّآنِّينَ بِٱللَّهِ ظَنَّ ٱلسَّوْءِ عَلَيْهِمْ دَآئِرَةُ ٱلسَّوْءِ وَغَضِبَ ٱللَّهُ عَلَيْهِمْ وَلَعَنَهُمْ وَأَعَدَّ لَهُمْ جَهَنَّمَ وَسَآءَتْ مَصِيرًا ۝

(7) Y a Allah pertenecen los ejércitos de los cielos y de la tierra; Allah es Conocedor, Sabio.

وَلِلَّهِ جُنُودُ ٱلسَّمَٰوَٰتِ وَٱلْأَرْضِ وَكَانَ ٱللَّهُ عَزِيزًا حَكِيمًا ۝

(8) Es cierto que te hemos enviado como testigo, anunciador de buenas nuevas y advertidor.

إِنَّآ أَرْسَلْنَٰكَ شَٰهِدًا وَمُبَشِّرًا وَنَذِيرًا ۝

(9) Para que creáis en Allah y en Su mensajero y lo asistáis, lo honréis y Lo glorifiquéis mañana y tarde*.

* [Los dos primeros pronombres pueden referirse al Profeta, que Allah le dé Su gracia y paz, mientras que el último sólo puede referirse a Allah.]

لِّتُؤْمِنُواْ بِٱللَّهِ وَرَسُولِهِ وَتُعَزِّرُوهُ وَتُوَقِّرُوهُ وَتُسَبِّحُوهُ بُكْرَةً وَأَصِيلًا ۝

سُورَةُ الْفَتْحِ ــ الْجُزْءُ السَّادِسُ وَالْعِشْرُونَ

(10) Los que te han jurado fidelidad, se la han jurado en realidad a Allah; la mano de Allah estaba sobre sus manos. Y quien falte a su juramento* sólo lo hará en contra de sí mismo.

Pero al que cumpla el compromiso con Allah le daremos una enorme recompensa.

إِنَّ الَّذِينَ يُبَايِعُونَكَ إِنَّمَا يُبَايِعُونَ اللَّهَ يَدُ اللَّهِ فَوْقَ أَيْدِيهِمْ فَمَن نَّكَثَ فَإِنَّمَا يَنكُثُ عَلَىٰ نَفْسِهِ وَمَنْ أَوْفَىٰ بِمَا عَاهَدَ عَلَيْهُ اللَّهَ فَسَيُؤْتِيهِ أَجْرًا عَظِيمًا ﴿١٠﴾

* [Se refiere al juramento de fidelidad de al-Hudaybiya, anterior al pacto que se acordó en el mismo lugar. Los musulmanes habían salido en dirección a Meca con la intención de realizar una peregrinación menor a pesar de la oposición de los Quraysh de Meca. Al llegar a un pozo llamado al-Hudaybiya al norte de Meca, hicieron un alto y el Profeta, que Allah le dé Su gracia y paz, decidió enviar a Uzman b. Affan a parlamentar con los Quraysh por ser un hombre de prestigio entre ellos. Al poco, llegaron rumores de que Uzman había sido asesinado y entonces el Profeta convocó a los musulmanes y les pidió un juramento de fidelidad por el que se comprometían a luchar hasta el final y defender la causa de Allah. Más tarde el rumor se desmintió y los Quraysh enviaron un emisario con el que se concluyó el pacto.]

(11) Y te dirán los beduinos que se quedaron atrás: Tuvimos que ocuparnos de nuestras riquezas y de nuestras familias, pide perdón por nosotros.

Dicen con sus lenguas lo que no hay en sus corazones.

Di: ¿Y quién tiene poder ante Allah si Él quiere perjudicaros

سَيَقُولُ لَكَ الْمُخَلَّفُونَ مِنَ الْأَعْرَابِ شَغَلَتْنَا أَمْوَالُنَا وَأَهْلُونَا فَاسْتَغْفِرْ لَنَا يَقُولُونَ بِأَلْسِنَتِهِم مَّا لَيْسَ فِي قُلُوبِهِمْ قُلْ فَمَن يَمْلِكُ لَكُم مِّنَ اللَّهِ شَيْئًا إِنْ أَرَادَ بِكُمْ ضَرًّا أَوْ أَرَادَ بِكُمْ نَفْعًا بَلْ كَانَ اللَّهُ بِمَا تَعْمَلُونَ خَبِيرًا ﴿١١﴾

o quiere beneficiaros? Allah conoce al detalle lo que hacéis.

(12) Sin embargo pensásteis que el Mensajero y los creyentes no regresarían nunca a sus familias y esto cautivó vuestros corazones y pensásteis mal convirtiéndoos en gente perdida.

بَلْ ظَنَنتُمْ أَن لَّن يَنقَلِبَ ٱلرَّسُولُ وَٱلْمُؤْمِنُونَ إِلَىٰٓ أَهْلِيهِمْ أَبَدًا وَزُيِّنَ ذَٰلِكَ فِى قُلُوبِكُمْ وَظَنَنتُمْ ظَنَّ ٱلسَّوْءِ وَكُنتُمْ قَوْمًۢا بُورًا ۝

(13) Y quien no ha creído en Allah y en Su mensajero...Hemos preparado para los incrédulos un fuego abrasador.

وَمَن لَّمْ يُؤْمِنۢ بِٱللَّهِ وَرَسُولِهِۦ فَإِنَّآ أَعْتَدْنَا لِلْكَٰفِرِينَ سَعِيرًا ۝

(14) Y a Allah Le pertenece la soberanía de los cielos y de la tierra, perdona a quien quiere y castiga a quien quiere.

Allah es Perdonador, Compasivo.

وَلِلَّهِ مُلْكُ ٱلسَّمَٰوَٰتِ وَٱلْأَرْضِ يَغْفِرُ لِمَن يَشَآءُ وَيُعَذِّبُ مَن يَشَآءُ وَكَانَ ٱللَّهُ غَفُورًا رَّحِيمًا ۝

(15) Y cuando hayáis partido a tomar posesión de los botines, dirán los que se quedaron atrás: Dejad que os sigamos.

Querrán cambiar las palabras de Allah. Di: No nos seguiréis; así lo dijo antes Allah.

Y ellos dirán: Estáis recelosos. Sin embargo poco es lo que comprenden.

سَيَقُولُ ٱلْمُخَلَّفُونَ إِذَا ٱنطَلَقْتُمْ إِلَىٰ مَغَانِمَ لِتَأْخُذُوهَا ذَرُونَا نَتَّبِعْكُمْ يُرِيدُونَ أَن يُبَدِّلُوا۟ كَلَٰمَ ٱللَّهِ قُل لَّن تَتَّبِعُونَا كَذَٰلِكُمْ قَالَ ٱللَّهُ مِن قَبْلُ فَسَيَقُولُونَ بَلْ تَحْسُدُونَنَا بَلْ كَانُوا۟ لَا يَفْقَهُونَ إِلَّا قَلِيلًا ۝

(16) Di a los beduinos que se quedaron atrás: Se os llamará para que luchéis contra una gente

قُل لِّلْمُخَلَّفِينَ مِنَ ٱلْأَعْرَابِ سَتُدْعَوْنَ إِلَىٰ قَوْمٍ أُو۟لِى بَأْسٍ شَدِيدٍ تُقَٰتِلُونَهُمْ أَوْ يُسْلِمُونَ فَإِن

de gran coraje o para que se sometan*, y si obedecéis Allah os dará una hermosa recompensa; pero si os echáis atrás, como hicísteis antes, os castigará con un doloroso castigo.

* [Es decir acepten Islam.]

تُطِيعُواْ يُوتِكُمُ ٱللَّهُ أَجْرًا حَسَنًا وَإِن تَتَوَلَّوْاْ كَمَا تَوَلَّيْتُم مِّن قَبْلُ يُعَذِّبْكُمْ عَذَابًا أَلِيمًا ﴿١٦﴾

(17) No hay nada que reprochar al ciego, ni al cojo ni al enfermo.

Quien obedezca a Allah y a Su mensajero lo haremos entrar en jardines por cuyo suelo corren los ríos, pero al que se aparte, lo castigaremos con un doloroso castigo.

لَّيْسَ عَلَى ٱلْأَعْمَىٰ حَرَجٌ وَلَا عَلَى ٱلْأَعْرَجِ حَرَجٌ وَلَا عَلَى ٱلْمَرِيضِ حَرَجٌ وَمَن يُطِعِ ٱللَّهَ وَرَسُولَهُ يُدْخِلْهُ جَنَّٰتٍ تَجْرِي مِن تَحْتِهَا ٱلْأَنْهَٰرُ وَمَن يَتَوَلَّ يُعَذِّبْهُ عَذَابًا أَلِيمًا ﴿١٧﴾

(18) Realmente Allah quedó complacido con los creyentes cuando te juraron fidelidad bajo el árbol y supo lo que había en sus corazones e hizo descender sobre ellos el sosiego y los recompensó con una victoria cercana*.

* [Alusión a la victoria de Jaybar.]

۞ لَّقَدْ رَضِيَ ٱللَّهُ عَنِ ٱلْمُؤْمِنِينَ إِذْ يُبَايِعُونَكَ تَحْتَ ٱلشَّجَرَةِ فَعَلِمَ مَا فِي قُلُوبِهِمْ فَأَنزَلَ ٱلسَّكِينَةَ عَلَيْهِمْ وَأَثَٰبَهُمْ فَتْحًا قَرِيبًا ﴿١٨﴾

(19) Y muchos botines que habrían de conseguir.

Allah es Poderoso, Sabio.

وَمَغَانِمَ كَثِيرَةً يَأْخُذُونَهَا وَكَانَ ٱللَّهُ عَزِيزًا حَكِيمًا ﴿١٩﴾

(20) Allah os ha prometido numerosos botines que obtendréis y os ha anticipado éstos.

Y alejó de vosotros la mano de los hombres para que fuera un signo para los creyentes y para guiaros a un camino recto.

وَعَدَكُمُ ٱللَّهُ مَغَانِمَ كَثِيرَةً تَأْخُذُونَهَا فَعَجَّلَ لَكُمْ هَٰذِهِۦ وَكَفَّ أَيْدِيَ ٱلنَّاسِ عَنكُمْ وَلِتَكُونَ ءَايَةً لِّلْمُؤْمِنِينَ وَيَهْدِيَكُمْ صِرَٰطًا مُّسْتَقِيمًا ﴿٢٠﴾

(21) Y otros que no habríais podido conseguir*, pero Allah os los tiene reservados.

Allah tiene poder sobre todas las cosas.

* [Se refiere a las posteriores conquistas de los musulmanes.]

وَأُخْرَىٰ لَمْ تَقْدِرُوا۟ عَلَيْهَا قَدْ أَحَاطَ ٱللَّهُ بِهَا ۚ وَكَانَ ٱللَّهُ عَلَىٰ كُلِّ شَىْءٍ قَدِيرًا ﴿٢١﴾

(22) Y si os hubieran combatido los que se niegan a creer, habrían dado la espalda y después no habrían encontrado quien les auxiliara ni les defendiera.

وَلَوْ قَٰتَلَكُمُ ٱلَّذِينَ كَفَرُوا۟ لَوَلَّوُا۟ ٱلْأَدْبَٰرَ ثُمَّ لَا يَجِدُونَ وَلِيًّا وَلَا نَصِيرًا ﴿٢٢﴾

(23) Es la constante de Allah que ya sucedió otras veces, no encontrarás en la práctica de Allah ninguna alteración.

سُنَّةَ ٱللَّهِ ٱلَّتِى قَدْ خَلَتْ مِن قَبْلُ ۖ وَلَن تَجِدَ لِسُنَّةِ ٱللَّهِ تَبْدِيلًا ﴿٢٣﴾

(24) Y El es Quien hizo que sus manos se alejaran de vosotros y las vuestras de ellos en la hondonada de Meca*, después de haberos dado la victoria sobre ellos. Allah ve lo que hacéis.

* [Al-Hudaybiya. Se ha transmitido que un grupo de ochenta hombres jóvenes salió de Meca para intentar sorprender a los musulmanes pero el Profeta, que Allah le dé Su gracia y paz, envió contra ellos a un grupo de su gente y los vencieron.

Los cautivos fueron llevados a la presencia del Profeta, que Allah le dé Su gracia y paz, que los liberó y esto fue una de las causas del acuerdo de paz al que llegaron.]

وَهُوَ ٱلَّذِى كَفَّ أَيْدِيَهُمْ عَنكُمْ وَأَيْدِيَكُمْ عَنْهُم بِبَطْنِ مَكَّةَ مِنۢ بَعْدِ أَنْ أَظْفَرَكُمْ عَلَيْهِمْ ۚ وَكَانَ ٱللَّهُ بِمَا تَعْمَلُونَ بَصِيرًا ﴿٢٤﴾

(25) Ellos son los que se negaron a

هُمُ ٱلَّذِينَ كَفَرُوا۟ وَصَدُّوكُمْ عَنِ ٱلْمَسْجِدِ ٱلْحَرَامِ

creer y os apartaron de la Mezquita Inviolable y de las ofrendas, impidiendo que llegaran
al lugar de sacrificio.

Y de no haber sido porque
había hombres y mujeres
creyentes que no conocíais,
habríais atacado* y entonces,
sin saberlo, habríais incurrido
en delito a causa de ellos.

Para que Allah incluyera en Su
misericordia a quien quiso.

Pero si hubieran estado aparte
de ellos, habríamos castigado a
los que de ellos se negaron a
creer con un doloroso castigo.

* [Es decir, Allah os hubiera permitido
atacar dándoos poder para ello, pero
El lo evitó para que no matárais a
musulmanes sin saberlo. Todo ello se
refiere a que en Meca había musulmanes que ocultaban su fe y que no
habían podido emigrar a Medina.]

وَالْهَدْىَ مَعْكُوفًا أَن يَبْلُغَ مَحِلَّهُ وَلَوْلَا رِجَالٌ
مُّؤْمِنُونَ وَنِسَآءٌ مُّؤْمِنَتٌ لَّمْ تَعْلَمُوهُمْ أَن تَطَئُوهُمْ
فَتُصِيبَكُم مِّنْهُم مَّعَرَّةٌ بِغَيْرِ عِلْمٍ لِّيُدْخِلَ اللَّهُ فِى
رَحْمَتِهِ مَن يَشَآءُ لَوْ تَزَيَّلُوا لَعَذَّبْنَا الَّذِينَ كَفَرُوا
مِنْهُمْ عَذَابًا أَلِيمًا ۝

(26) Cuando los que se negaban a
creer pusieron la arrogancia en
su corazón, la arrogancia de la
ignorancia*, y Allah hizo
descender Su sosiego sobre Su
mensajero y sobre los creyentes
y les infundió la palabra* del
temor de El de la que ellos eran
más merecedores y más dignos.

Allah conoce cada cosa.

* [Alusión a la negativa del emisario de
los Quraysh a que el escrito del pacto
de al-Hudaybiya se encabezara con
"En el nombre de Allah..." y se escri-
biera "Muhammad, mensajero de

۞ إِذْ جَعَلَ الَّذِينَ كَفَرُوا فِى قُلُوبِهِمُ الْحَمِيَّةَ
حَمِيَّةَ الْجَاهِلِيَّةِ فَأَنزَلَ اللَّهُ سَكِينَتَهُ
عَلَى رَسُولِهِ وَعَلَى الْمُؤْمِنِينَ وَأَلْزَمَهُمْ كَلِمَةَ التَّقْوَى
وَكَانُوا أَحَقَّ بِهَا وَأَهْلَهَا وَكَانَ اللَّهُ بِكُلِّ شَىْءٍ
عَلِيمًا ۝

سُورَةُ ٱلۡفَتۡحِ ــ ٱلۡجُزۡءُ ٱلسَّادِسُ وَٱلۡعِشۡرُونَ

Allah" por lo que al final se escribió: "En Tu nombre Allah..." y "Muhammad hijo de Abdullah".

También se refiere a la negativa de los Quraysh a que los musulmanes entraran ese año en Meca dejándolo aplazado para el siguiente.]

* [La mayoria de los comentaristas dicen que es el testimonio de que: "No hay dios sino Allah".]

(27) Así fue como Allah le confirmó la visión a Su mensajero con la verdad*: Entraréis en la Mezquita Inviolable si Allah quiere, a salvo, con la cabeza afeitada o los cabellos recortados y no tendréis nada que temer.

El supo lo que vosotros no sabíais y dispuso, además de esto, una conquista cercana.

* [El profeta, que Allah le dé Su gracia y paz, había visto en sueños que entraban en Meca tal y como se menciona en la aleya. Tras el acuerdo de al-Hudaybiya, los hipócritas dudaron de ello y descendió esta aleya confirmando que el sueño era verídico.]

لَّقَدۡ صَدَقَ ٱللَّهُ رَسُولَهُ ٱلرُّءۡيَا بِٱلۡحَقِّ لَتَدۡخُلُنَّ ٱلۡمَسۡجِدَ ٱلۡحَرَامَ إِن شَآءَ ٱللَّهُ ءَامِنِينَ مُحَلِّقِينَ رُءُوسَكُمۡ وَمُقَصِّرِينَ لَا تَخَافُونَ فَعَلِمَ مَا لَمۡ تَعۡلَمُواْ فَجَعَلَ مِن دُونِ ذَٰلِكَ فَتۡحٗا قَرِيبًا ٢٧

(28) El es Quien envió a Su enviado con la guía y la práctica de Adoración verdadera para hacerla prevalecer sobre todas las demás; y Allah basta como Testigo.

هُوَ ٱلَّذِىٓ أَرۡسَلَ رَسُولَهُۥ بِٱلۡهُدَىٰ وَدِينِ ٱلۡحَقِّ لِيُظۡهِرَهُۥ عَلَى ٱلدِّينِ كُلِّهِۦ وَكَفَىٰ بِٱللَّهِ شَهِيدٗا ٢٨

(29) Muhammad es el mensajero de Allah, los que están con él son duros con los incrédulos y compasivos entre ellos, los ves

مُّحَمَّدٌ رَّسُولُ ٱللَّهِ وَٱلَّذِينَ مَعَهُۥٓ أَشِدَّآءُ عَلَى ٱلۡكُفَّارِ رُحَمَآءُ بَيۡنَهُمۡ تَرَىٰهُمۡ رُكَّعٗا سُجَّدٗا

inclinados y postrados buscando favor de Allah y aceptación, y en sus caras llevan la
huella de la postración; así son
descritos en la Torá.

Y su descripción en el Inyil es
que son como una semilla que
echa su brote, lo fortalece,
cobra grosor y toma forma
completa sobre su tallo ma-
ravillando a los sembradores.

Para con ellos* indignar a los
incrédulos. Allah ha prometido
a los que de ellos crean y practiquen las acciones de bien un
perdón y una enorme recompensa.

* [Los compañeros del Profeta.]

يَبْتَغُونَ فَضْلًا مِّنَ اللَّهِ وَرِضْوَٰنًا ۖ سِيمَاهُمْ فِى

وُجُوهِهِم مِّنْ أَثَرِ السُّجُودِ ۚ ذَٰلِكَ مَثَلُهُمْ فِى التَّوْرَىٰةِ ۚ

وَمَثَلُهُمْ فِى الْإِنجِيلِ كَزَرْعٍ أَخْرَجَ شَطْـَٔهُۥ فَـَٔازَرَهُۥ

فَاسْتَغْلَظَ فَاسْتَوَىٰ عَلَىٰ سُوقِهِۦ يُعْجِبُ

الزُّرَّاعَ لِيَغِيظَ بِهِمُ الْكُفَّارَ ۗ وَعَدَ اللَّهُ الَّذِينَ

ءَامَنُوا۟ وَعَمِلُوا۟ الصَّٰلِحَٰتِ مِنْهُم مَّغْفِرَةً وَأَجْرًا

عَظِيمًۢا ۞

49. SURA DE LOS APOSENTOS PRIVADOS.

En el nombre de Allah, el Misericordioso, el Compasivo.

(1) ¡Vosotros que creéis! No os adelantéis a Allah y a Su mensajero y temed a Allah, El es Quien oye y Quien sabe.

(2) ¡Vosotros que creéis! No subáis la voz por encima de la del Profeta ni le habléis a voces como hacéis entre vosotros, no vaya a ser que vuestras obras se malogren sin daros cuenta.

(3) Los que bajan la voz en presencia del Mensajero de Allah, son ésos a los que Allah les ha abierto el corazón a Su temor.

Tendrán perdón y una enorme recompensa.

(4) Esos que te llaman desde la parte de atrás de las habitaciones privadas* en su mayoría no razonan.

* [Se refiere a las habitaciones privadas de las esposas del Profeta, que Allah le dé Su gracia y paz y esté complacido con ellas.

La aleya descendió sobre una delegación de los banu Tamim que vinieron a ver al Profeta y entrando en la

mezquita se pararon cerca de las habitaciones privadas de sus esposas y lo
llamaron a voces]

(5) Más les valdría esperar pacien-
temente a que salieras ante
ellos. Y Allah es Perdonador y
Compasivo.

وَلَوْ أَنَّهُمْ صَبَرُوا حَتَّىٰ تَخْرُجَ إِلَيْهِمْ لَكَانَ
خَيْرًا لَّهُمْ وَاللَّهُ غَفُورٌ رَّحِيمٌ ۝

(6) ¡Vosotros que creéis! Si alguien,
que no es digno de confianza,
os llega con una noticia, aseguraos antes; no vaya a ser
que, por ignorancia, causéis
daño a alguien y tengáis luego
que arrepentiros de lo que
hicísteis.

يَٰٓأَيُّهَا ٱلَّذِينَ ءَامَنُوٓا إِن جَآءَكُمْ فَاسِقٌۢ بِنَبَإٍ
فَتَبَيَّنُوٓا أَن تُصِيبُوا قَوْمًۢا بِجَهَٰلَةٍ فَتُصْبِحُوا عَلَىٰ
مَا فَعَلْتُمْ نَٰدِمِينَ ۝

(7) Y sabed que entre vosotros está el
Mensajero de Allah y que si os
obedeciera en muchos asuntos
ya habríais caído en la perdición. Pero Allah os ha hecho
amar la creencia, haciéndola
hermosa en vuestros cora-
zones, y ha hecho que detestéis
la incredulidad, la perversión y
la desobediencia.

Esos son los rectamente guiados.

وَٱعْلَمُوٓا أَنَّ فِيكُمْ رَسُولَ ٱللَّهِ لَوْ يُطِيعُكُمْ فِي
كَثِيرٍ مِّنَ ٱلْأَمْرِ لَعَنِتُّمْ وَلَٰكِنَّ ٱللَّهَ حَبَّبَ
إِلَيْكُمُ ٱلْإِيمَٰنَ وَزَيَّنَهُۥ فِي قُلُوبِكُمْ وَكَرَّهَ
إِلَيْكُمُ ٱلْكُفْرَ وَٱلْفُسُوقَ وَٱلْعِصْيَانَ
أُوْلَٰٓئِكَ هُمُ ٱلرَّٰشِدُونَ ۝

(8) Favor de Allah y merced. Y Allah
es Conocedor y Sabio.

فَضْلًا مِّنَ ٱللَّهِ وَنِعْمَةً وَٱللَّهُ عَلِيمٌ حَكِيمٌ ۝

(9) Y si dos bandos de creyentes
luchan entre sí, reconciliadlos,
pero si uno de ellos abusa del
otro, combatid al que haya

وَإِن طَآئِفَتَانِ مِنَ ٱلْمُؤْمِنِينَ ٱقْتَتَلُوا فَأَصْلِحُوا
بَيْنَهُمَا فَإِنۢ بَغَتْ إِحْدَىٰهُمَا عَلَى ٱلْأُخْرَىٰ فَقَٰتِلُوا

abusado hasta que vuelva a la orden de Allah; y si lo hace, arreglad las cosas entre ellos con justicia y siendo equitativos. Es cierto que Allah ama a los equitativos.

الَّتِي تَبْغِي حَتَّى تَفِيءَ إِلَى أَمْرِ اللَّهِ فَإِن فَآءَتْ فَأَصْلِحُوا بَيْنَهُمَا بِالْعَدْلِ وَأَقْسِطُوا إِنَّ اللَّهَ يُحِبُّ الْمُقْسِطِينَ ۝

(10) Los creyentes son, en realidad, hermanos; reconciliad pues a vuestros hermanos y temed a Allah para que se os pueda dar misericordia.

إِنَّمَا الْمُؤْمِنُونَ إِخْوَةٌ فَأَصْلِحُوا بَيْنَ أَخَوَيْكُمْ وَاتَّقُوا اللَّهَ لَعَلَّكُمْ تُرْحَمُونَ ۝

(11) ¡Vosotros que creéis! Que no se burlen unos hombres de otros porque pudiera ser que éstos fueran mejores que ellos. Ni unas mujeres de otras, porque pudiera ser que éstas fueran mejores que ellas.

Y no os difaméis unos a otros ni os insultéis con apodos.

Malo es dar un nombre de perversión después de ser creyente.

Y quien no se vuelva en arrepentimiento...Esos son los injustos.

يَا أَيُّهَا الَّذِينَ آمَنُوا لَا يَسْخَرْ قَوْمٌ مِّن قَوْمٍ عَسَى أَن يَكُونُوا خَيْرًا مِّنْهُمْ وَلَا نِسَاءٌ مِّن نِّسَاءٍ عَسَى أَن يَكُنَّ خَيْرًا مِّنْهُنَّ وَلَا تَلْمِزُوا أَنفُسَكُمْ وَلَا تَنَابَزُوا بِالْأَلْقَابِ بِئْسَ الِاسْمُ الْفُسُوقُ بَعْدَ الْإِيمَانِ وَمَن لَّمْ يَتُبْ فَأُولَئِكَ هُمُ الظَّالِمُونَ ۝

(12) ¡Vosotros que creéis! Abandonad muchas de las suposiciones.

Es cierto que algunas de ellas son delito. Y no os espiéis unos a otros ni habléis mal de otros cuando no estén presentes.

¿Acaso le gustaría a uno de vosotros comer la carne de su

يَا أَيُّهَا الَّذِينَ آمَنُوا اجْتَنِبُوا كَثِيرًا مِّنَ الظَّنِّ إِنَّ بَعْضَ الظَّنِّ إِثْمٌ وَلَا تَجَسَّسُوا وَلَا يَغْتَب بَّعْضُكُم بَعْضًا أَيُحِبُّ أَحَدُكُمْ أَن يَأْكُلَ لَحْمَ أَخِيهِ مَيْتًا فَكَرِهْتُمُوهُ وَاتَّقُوا اللَّهَ إِنَّ اللَّهَ تَوَّابٌ رَّحِيمٌ ۝

hermano muerto? Os resultaría horrible.

Y temed a Allah pues realmente Allah acepta a quien se vuelve a El y es Compasivo.

(13) ¡Hombres! Os hemos creado a partir de un varón y de una hembra y os hemos hecho pueblos y tribus distintos para que os reconociérais unos a otros.

Y en verdad que el más noble de vosotros ante Allah es el que más Le teme.

Allah es Conocedor y está perfectamente informado.

يَٰٓأَيُّهَا ٱلنَّاسُ إِنَّا خَلَقْنَٰكُم مِّن ذَكَرٖ وَأُنثَىٰ وَجَعَلْنَٰكُمْ شُعُوبٗا وَقَبَآئِلَ لِتَعَارَفُوٓاْۚ إِنَّ أَكْرَمَكُمْ عِندَ ٱللَّهِ أَتْقَىٰكُمْۚ إِنَّ ٱللَّهَ عَلِيمٌ خَبِيرٞ ۝

(14) Dicen los beduinos: Creemos. Di: No creéis. Decid más bien: Nos hemos sometido* pero aún no ha entrado en vuestros corazones la creencia. Pero si obedecéis a Allah y a Su mensajero, no menoscabará nada de vuestras acciones; es cierto que Allah es Perdonador, Compasivo.

* [Es decir, nos hemos islamizado o hemos aceptado Islam]

۞ قَالَتِ ٱلْأَعْرَابُ ءَامَنَّاۖ قُل لَّمْ تُؤْمِنُواْ وَلَٰكِن قُولُوٓاْ أَسْلَمْنَا وَلَمَّا يَدْخُلِ ٱلْإِيمَٰنُ فِي قُلُوبِكُمْۖ وَإِن تُطِيعُواْ ٱللَّهَ وَرَسُولَهُۥ لَا يَلِتْكُم مِّنْ أَعْمَٰلِكُمْ شَيْـًٔاۚ إِنَّ ٱللَّهَ غَفُورٞ رَّحِيمٌ ۝

(15) Los creyentes son aquellos que, habiendo creído en Allah y en Su mensajero, no dudan después; y luchan con sus bienes y sus personas en el camino de Allah.

Esos son los veraces.

إِنَّمَا ٱلْمُؤْمِنُونَ ٱلَّذِينَ ءَامَنُواْ بِٱللَّهِ وَرَسُولِهِۦ ثُمَّ لَمْ يَرْتَابُواْ وَجَٰهَدُواْ بِأَمْوَٰلِهِمْ وَأَنفُسِهِمْ فِي سَبِيلِ ٱللَّهِۚ أُوْلَٰٓئِكَ هُمُ ٱلصَّٰدِقُونَ ۝

(16) Di: ¿Es que pretendéis enseñarle a Allah cómo debéis adorarlo, cuando Allah sabe lo que hay en los cielos y en la tierra y cuando Allah es Conocedor de cada cosa?

قُلْ أَتُعَلِّمُونَ اللَّهَ بِدِينِكُمْ وَاللَّهُ يَعْلَمُ مَا فِي السَّمَوَٰتِ وَمَا فِي الْأَرْضِ وَاللَّهُ بِكُلِّ شَيْءٍ عَلِيمٌ ۝

(17) Te echan en cara haber entrado en Islam.
Di: No me echéis en cara vuestro Islam, sino que por el contrario es Allah Quien os ha favorecido a vosotros al haberos guiado a la creencia, si sois sinceros.

يَمُنُّونَ عَلَيْكَ أَنْ أَسْلَمُوا قُل لَّا تَمُنُّوا عَلَيَّ إِسْلَٰمَكُم بَلِ اللَّهُ يَمُنُّ عَلَيْكُمْ أَنْ هَدَىٰكُمْ لِلْإِيمَٰنِ إِن كُنتُمْ صَٰدِقِينَ ۝

(18) Es verdad que Allah conoce lo desconocido de los cielos y la tierra. Y Allah ve lo que hacéis.

إِنَّ اللَّهَ يَعْلَمُ غَيْبَ السَّمَٰوَٰتِ وَالْأَرْضِ وَاللَّهُ بَصِيرٌ بِمَا تَعْمَلُونَ ۝

50. SURA DE QAF. سُورَةُ قَ

بِسْمِ اللَّهِ الرَّحْمَنِ الرَّحِيمِ

En el nombre de Allah, el Misericordioso, el Compasivo.

(1) Qaf. ¡Por la gloriosa Recitación!

    * [o "¡Por el glorioso Corán!"]

قٓ وَالْقُرْآنِ الْمَجِيدِ ۝

(2) Mas se sorprenden de que les haya llegado un advertidor que es uno de ellos.

Y dicen los que se niegan a creer. Es una cosa increíble.

بَلْ عَجِبُوٓا أَن جَآءَهُم مُّنذِرٌ مِّنْهُمْ فَقَالَ الْكَافِرُونَ هَٰذَا شَيْءٌ عَجِيبٌ ۝

(3) ¿Acaso cuando hayamos muerto y seamos tierra…? Ese retorno es muy remoto.

أَءِذَا مِتْنَا وَكُنَّا تُرَابًا ذَٰلِكَ رَجْعٌ بَعِيدٌ ۝

(4) Sabemos lo que la tierra consumirá de ellos y junto a Nos hay un libro protegido.

قَدْ عَلِمْنَا مَا تَنقُصُ الْأَرْضُ مِنْهُمْ وَعِندَنَا كِتَابٌ حَفِيظٌ ۝

(5) Sin embargo cuando la verdad ha venido a ellos la han negado y están en absoluta confusión.

بَلْ كَذَّبُوا بِالْحَقِّ لَمَّا جَآءَهُمْ فَهُمْ فِي أَمْرٍ مَّرِيجٍ ۝

(6) ¿Es que no ven sobre ellos el cielo, cómo lo hemos edificado y embellecido, sin que haya en él ninguna grieta?

أَفَلَمْ يَنظُرُوٓا إِلَى السَّمَآءِ فَوْقَهُمْ كَيْفَ بَنَيْنَاهَا وَزَيَّنَّاهَا وَمَا لَهَا مِن فُرُوجٍ ۝

(7) ¿Y la tierra cómo la hemos extendido y cómo hemos puesto en

وَالْأَرْضَ مَدَدْنَاهَا وَأَلْقَيْنَا فِيهَا رَوَاسِيَ وَأَنبَتْنَا فِيهَا

ella cordilleras y hemos hecho crecer toda clase de espléndidas especies?

مِن كُلِّ زَوْجٍ بَهِيجٍ ۝

(8) Que son una evidencia y un recuerdo para todo siervo que sólo se mire en su Señor.

تَبْصِرَةً وَذِكْرَىٰ لِكُلِّ عَبْدٍ مُّنِيبٍ ۝

(9) Y hacemos que del cielo caiga agua bendita con la que hacemos brotar jardines y las semillas que cosechan.

وَنَزَّلْنَا مِنَ ٱلسَّمَآءِ مَآءً مُّبَٰرَكًا فَأَنۢبَتۡنَا بِهِۦ جَنَّٰتٍ وَحَبَّ ٱلۡحَصِيدِ ۝

(10) Y esbeltas palmeras de apretados brotes.

وَٱلنَّخۡلَ بَاسِقَٰتٍ لَّهَا طَلۡعٌ نَّضِيدٌ ۝

(11) Como provisión para los siervos.

Y con ella devolvemos la vida a una tierra muerta.

Así será el resurgir.

رِّزْقًا لِّلۡعِبَادِ وَأَحۡيَيۡنَا بِهِۦ بَلۡدَةً مَّيۡتًا كَذَٰلِكَ ٱلۡخُرُوجُ ۝

(12) Antes de ellos ya negaron la verdad la gente de Nuh, los Dueños del Pozo* y los Zamud.

* [Se trata de un pueblo que tenía un pozo en el que arrojaron a su profeta, obstruyéndolo después.]

كَذَّبَتۡ قَبۡلَهُمۡ قَوۡمُ نُوحٍ وَأَصۡحَٰبُ ٱلرَّسِّ وَثَمُودُ ۝

(13) Así como los Ad, Firaún y los hermanos de Lut.

وَعَادٌ وَفِرۡعَوۡنُ وَإِخۡوَٰنُ لُوطٍ ۝

(14) Y también los Dueños de la Espesura* y la gente de Tubba'*. Todos negaron a los mensajeros y hubo de cumplirse Mi amenaza.

وَأَصۡحَٰبُ ٱلۡأَيۡكَةِ وَقَوۡمُ تُبَّعٍ كُلٌّ كَذَّبَ ٱلرُّسُلَ فَحَقَّ وَعِيدِ ۝

* [La gente de Shuayb]
* [Tubba' era un rey del Yemen que se sometió a Allah y llamó a su pueblo a la adoración de Allah, pero lo desmintieron.]

(15) ¿Acaso no fuimos capaces de crear la primera vez?
Al contrario; sin embargo ellos hablan con asombro de una nueva creación.

أَفَعَيِينَا بِالْخَلْقِ الْأَوَّلِ بَلْ هُمْ فِي لَبْسٍ مِّنْ خَلْقٍ جَدِيدٍ ۝

(16) Hemos creado al hombre y sabemos lo que su alma le susurra. Estamos más cerca de él que su propia vena yugular.

وَلَقَدْ خَلَقْنَا الْإِنسَانَ وَنَعْلَمُ مَا تُوَسْوِسُ بِهِ نَفْسُهُ وَنَحْنُ أَقْرَبُ إِلَيْهِ مِنْ حَبْلِ الْوَرِيدِ ۝

(17) Cuando los ángeles que se ocupan de él escriben, sentados a su derecha y a su izquierda.

إِذْ يَتَلَقَّى الْمُتَلَقِّيَانِ عَنِ الْيَمِينِ وَعَنِ الشِّمَالِ قَعِيدٌ ۝

(18) No hay nada que diga sin que tenga a su lado, presente, un vigilante.

مَّا يَلْفِظُ مِن قَوْلٍ إِلَّا لَدَيْهِ رَقِيبٌ عَتِيدٌ ۝

(19) Y vendrá la embriaguez de la muerte con la verdad.
Eso es de lo que huíais.

وَجَآءَتْ سَكْرَةُ الْمَوْتِ بِالْحَقِّ ذَٰلِكَ مَا كُنتَ مِنْهُ تَحِيدُ ۝

(20) Y se soplará en el cuerno. Ese es el día prometido.

وَنُفِخَ فِي الصُّورِ ذَٰلِكَ يَوْمُ الْوَعِيدِ ۝

(21) Cada alma vendrá acompañada de uno que la conducirá y de un testigo.

وَجَآءَتْ كُلُّ نَفْسٍ مَّعَهَا سَآئِقٌ وَشَهِيدٌ ۝

(22) Habías estado descuidado de esto y ahora te hemos quitado el velo de manera que tu vista, hoy, es aguda.

لَّقَدْ كُنتَ فِي غَفْلَةٍ مِّنْ هَٰذَا فَكَشَفْنَا عَنكَ غِطَآءَكَ فَبَصَرُكَ الْيَوْمَ حَدِيدٌ ۝

(23) Y dirá su acompañante: Lo que me incumbe está dispuesto.

وَقَالَ قَرِينُهُۥ هَٰذَا مَا لَدَىَّ عَتِيدٌ ۝

(24) Que todo desagradecido rebelde sea arrojado a Yahannam;

أَلْقِيَا فِى جَهَنَّمَ كُلَّ كَفَّارٍ عَنِيدٍ ۝

(25) ése que no se desprende de los bienes, transgrede y está en duda.

مَّنَّاعٍ لِّلْخَيْرِ مُعْتَدٍ مُّرِيبٍ ۝

(26) Y pone junto a Allah a otro dios. Arrójalo al castigo inmenso.

ٱلَّذِى جَعَلَ مَعَ ٱللَّهِ إِلَٰهًا ءَاخَرَ فَأَلْقِيَاهُ فِى ٱلْعَذَابِ ٱلشَّدِيدِ ۝

(27) Dirá su acompañante: Señor nuestro no fui yo quien lo extravió, sino que él estaba en un profundo extravío.

۞ قَالَ قَرِينُهُۥ رَبَّنَا مَآ أَطْغَيْتُهُۥ وَلَٰكِن كَانَ فِى ضَلَٰلٍۭ بَعِيدٍ ۝

(28) Dirá: No discutáis ante Mí, pues realmente os advertí por anticipado.

قَالَ لَا تَخْتَصِمُوا لَدَىَّ وَقَدْ قَدَّمْتُ إِلَيْكُم بِٱلْوَعِيدِ ۝

(29) Y la palabra que doy no cambia ni soy injusto con los siervos.

مَا يُبَدَّلُ ٱلْقَوْلُ لَدَىَّ وَمَآ أَنَا۠ بِظَلَّٰمٍ لِّلْعَبِيدِ ۝

(30) El día en que El le diga a Yahannam: ¿Estás lleno? Y éste responda: ¿Hay más?

يَوْمَ نَقُولُ لِجَهَنَّمَ هَلِ ٱمْتَلَأْتِ وَتَقُولُ هَلْ مِن مَّزِيدٍ ۝

(31) Y el Jardín sea acercado a los temerosos, nada lejos.

وَأُزْلِفَتِ ٱلْجَنَّةُ لِلْمُتَّقِينَ غَيْرَ بَعِيدٍ ۝

(32) Esto es lo que se prometió a todo el que de vosotros se volviera (a Allah) y fuera cumplidor,

هَٰذَا مَا تُوعَدُونَ لِكُلِّ أَوَّابٍ حَفِيظٍ ۝

(33) temiera al Misericordioso sin verlo* y se presentara con un corazón obediente.

مَنْ خَشِىَ ٱلرَّحْمَٰنَ بِٱلْغَيْبِ وَجَآءَ بِقَلْبٍ مُّنِيبٍ ۝

* [También puede entenderse: cuando nadie lo veía.]

(34) ¡Entrad en él a salvo! Este es el Día de la Etermidad.

ٱدْخُلُوهَا بِسَلَٰمٍ ذَٰلِكَ يَوْمُ ٱلْخُلُودِ ۝

(35) Allí tendrán lo que quieran y más aún junto a Nos.

لَهُم مَّا يَشَآءُونَ فِيهَا وَلَدَيْنَا مَزِيدٌ ۝

(36) ¿A cuántas generaciones anteriores a ellos hemos destruido?

Tenían mayor poderío que ellos y recorrieron el país intentando huir. ¿Pero hay alguna escapatoria?

وَكَمْ أَهْلَكْنَا قَبْلَهُم مِّن قَرْنٍ هُمْ أَشَدُّ مِنْهُم بَطْشًا فَنَقَّبُواْ فِى ٱلْبِلَٰدِ هَلْ مِن مَّحِيصٍ ۝

(37) Realmente en esto hay un recuerdo para el que tenga corazón o escuche estando presente.

إِنَّ فِى ذَٰلِكَ لَذِكْرَىٰ لِمَن كَانَ لَهُۥ قَلْبٌ أَوْ أَلْقَى ٱلسَّمْعَ وَهُوَ شَهِيدٌ ۝

(38) Y es cierto que creamos los cielos, la tierra y lo que entre ambos hay, en seis días sin que Nos afectara fatiga alguna.

وَلَقَدْ خَلَقْنَا ٱلسَّمَٰوَٰتِ وَٱلْأَرْضَ وَمَا بَيْنَهُمَا فِى سِتَّةِ أَيَّامٍ وَمَا مَسَّنَا مِن لُّغُوبٍ ۝

(39) Así pues, ten paciencia con lo que dicen y glorifica a tu Señor con Su alabanza antes de que salga el sol y antes del ocaso.

فَٱصْبِرْ عَلَىٰ مَا يَقُولُونَ وَسَبِّحْ بِحَمْدِ رَبِّكَ قَبْلَ طُلُوعِ ٱلشَّمْسِ وَقَبْلَ ٱلْغُرُوبِ ۝

(40) Y glorifícalo parte de la noche y después de la postración.*

وَمِنَ ٱلَّيْلِ فَسَبِّحْهُ وَأَدْبَٰرَ ٱلسُّجُودِ ۝

* [Umar ibn al-Jattab y Ali ibn Abi Talib, que Allah esté complacido con

ambos, dijeron que se refiere a los dos rakats después de la oración de Magrib.

Ibn Abbas dijo que son todas las oraciones no preceptivas y se ha dicho también que se refiere a la oración llamada "al-witr"—la impar.]

(41) Y ten presente el día en que el anunciador llamará desde un lugar cercano.

وَٱسْتَمِعْ يَوْمَ يُنَادِ ٱلْمُنَادِ مِن مَّكَانٍ قَرِيبٍ ۝

(42) El día en que oigan el grito con la verdad, así será el Día del Resurgir.

يَوْمَ يَسْمَعُونَ ٱلصَّيْحَةَ بِٱلْحَقِّ ذَلِكَ يَوْمُ ٱلْخُرُوجِ ۝

(43) Nosotros somos Quienes damos la vida y Quienes damos la muerte y a Nosotros es el retorno.

إِنَّا نَحْنُ نُحْيِ وَنُمِيتُ وَإِلَيْنَا ٱلْمَصِيرُ ۝

(44) El día en que la tierra se les abra, acudirán veloces.

Será fácil para Nosotros reunirlos.

يَوْمَ تَشَقَّقُ ٱلْأَرْضُ عَنْهُمْ سِرَاعًا ذَلِكَ حَشْرٌ عَلَيْنَا يَسِيرٌ ۝

(45) Nosotros sabemos mejor lo que dicen.

Tú no tienes poder de coacción sobre ellos, así pues llama con el Corán al recuerdo, a quien tema Mi amenaza.

نَّحْنُ أَعْلَمُ بِمَا يَقُولُونَ وَمَا أَنتَ عَلَيْهِم بِجَبَّارٍ فَذَكِّرْ بِٱلْقُرْءَانِ مَن يَخَافُ وَعِيدِ ۝

51. SURA DE LOS QUE LEVANTAN UN TORBELLINO.

En el nombre de Allah, el Misericordioso, el Compasivo.

(1) ¡Por los que levantan un torbellino!*

* [Los vientos]

وَالذَّرِيَتِ ذَرْوًا ۝

(2) ¡Por las que son portadoras de una carga*.

* [Las nubes]

فَالْحَمِلَتِ وِقْرًا ۝

(3) ¡Por las que se deslizan con facilidad!*

* [Las naves]

فَالْجَرِيَتِ يُسْرًا ۝

(4) ¡Por los que distribuyen un mandato!*

* [Los ángeles]

فَالْمُقَسِّمَتِ أَمْرًا ۝

(5) Que lo que se os ha prometido es verdad.

إِنَّمَا تُوعَدُونَ لَصَادِقٌ ۝

(6) Y la Rendición de Cuentas tendrá lugar.

وَإِنَّ الدِّينَ لَوَاقِعٌ ۝

(7) ¡Por el cielo de caminos hermosos!

وَالسَّمَاءِ ذَاتِ الْحُبُكِ ۝

(8) Que decís cosas contradictorias.

إِنَّكُمْ لَفِي قَوْلٍ مُخْتَلِفٍ ۝

(9) Será apartado quien haya sido apartado*.

يُؤْفَكُ عَنْهُ مَنْ أُفِكَ ۝

* [Será apartado de la creencia quien haya sido apartado de ella previamente en el conocimiento de Allah.]

(10) ¡Que mueran los embusteros!

فُتِلَ ٱلْخَرَّصُونَ ۝

(11) Esos que están inmersos en un abismo.

ٱلَّذِينَ هُمْ فِى غَمْرَةٍ سَاهُونَ ۝

(12) Preguntarán: ¿Cuándo será el Día de la Retribución?

يَسْـَٔلُونَ أَيَّانَ يَوْمُ ٱلدِّينِ ۝

(13) El día en el que ellos serán puestos al Fuego.

يَوْمَ هُمْ عَلَى ٱلنَّارِ يُفْتَنُونَ ۝

(14) ¡Gustad vuestro tormento! Esto es lo que pedíais con urgencia

ذُوقُوا۟ فِتْنَتَكُمْ هَٰذَا ٱلَّذِى كُنتُم بِهِۦ تَسْتَعْجِلُونَ ۝

(15) Los que hayan sido temerosos estarán en jardines y manantiales,

إِنَّ ٱلْمُتَّقِينَ فِى جَنَّٰتٍ وَعُيُونٍ ۝

(16) recibiendo lo que su Señor les dé. Antes habían hecho el bien.

ءَاخِذِينَ مَآ ءَاتَىٰهُمْ رَبُّهُمْ إِنَّهُمْ كَانُوا۟ قَبْلَ ذَٰلِكَ مُحْسِنِينَ ۝

(17) Era poco lo que dormían de noche,

كَانُوا۟ قَلِيلًا مِّنَ ٱلَّيْلِ مَا يَهْجَعُونَ ۝

(18) y en el tiempo anterior al alba pedían perdón.

وَبِٱلْأَسْحَارِ هُمْ يَسْتَغْفِرُونَ ۝

(19) Y de sus bienes, había una parte que era derecho del mendigo y del indigente.

وَفِىٓ أَمْوَٰلِهِمْ حَقٌّ لِّلسَّآئِلِ وَٱلْمَحْرُومِ ۝

(20) En la tierra hay signos para los que tienen certeza.

وَفِى ٱلْأَرْضِ ءَايَٰتٌ لِّلْمُوقِنِينَ ۝

(21) Y en vosotros mismos. ¿Es que no vais a ver?

وَفِىٓ أَنفُسِكُمْ أَفَلَا تُبْصِرُونَ ۝

(22) Y en el cielo está vuestro sustento y lo que se os ha prometido.

وَفِى السَّمَآءِ رِزْقُكُمْ وَمَا تُوعَدُونَ ۝

(23) Y por el Señor del cielo y de la tierra que todo esto es tan cierto como que habláis.

فَوَرَبِّ السَّمَآءِ وَالأَرْضِ إِنَّهُۥ لَحَقٌّ مِّثْلَ مَآ أَنَّكُمْ تَنطِقُونَ ۝

(24) ¿Ha llegado hasta ti el relato de los honorables huéspedes de Ibrahim,

هَلْ أَتَىٰكَ حَدِيثُ ضَيْفِ إِبْرَٰهِيمَ الْمُكْرَمِينَ ۝

(25) cuando se presentaron ante él y dijeron?: Paz.
Contestó: Paz, gente desconocida

إِذْ دَخَلُوا عَلَيْهِ فَقَالُوا سَلَـٰمًا قَالَ سَلَـٰمٌ قَوْمٌ مُّنكَرُونَ ۝

(26) Entonces se retiró a su familia y vino con un hermoso ternero.

فَرَاغَ إِلَىٰٓ أَهْلِهِۦ فَجَآءَ بِعِجْلٍ سَمِينٍ ۝

(27) Lo acercó a ellos diciendo: ¿No vais a comer?

فَقَرَّبَهُۥٓ إِلَيْهِمْ قَالَ أَلَا تَأْكُلُونَ ۝

(28) Entonces sintió recelo de ellos. Dijeron: No temas.
Y le anunciaron un niño sabio.

فَأَوْجَسَ مِنْهُمْ خِيفَةً قَالُوا لَا تَخَفْ وَبَشَّرُوهُ بِغُلَٰمٍ عَلِيمٍ ۝

(29) Y apareció su mujer gritando y dándose palmadas en la cara, y dijo: ¿Una vieja estéril?

فَأَقْبَلَتِ امْرَأَتُهُۥ فِى صَرَّةٍ فَصَكَّتْ وَجْهَهَا وَقَالَتْ عَجُوزٌ عَقِيمٌ ۝

(30) Dijeron: Así lo ha dicho tu Señor, El es el Sabio, el Conocedor.

قَالُوا كَذَٰلِكِ قَالَ رَبُّكِ إِنَّهُۥ هُوَ الْحَكِيمُ الْعَلِيمُ ۝

(31) Dijo: ¿Y cuál es vuestra misión, enviados?

۞فَقَالَ فَمَا خَطْبُكُمْ أَيُّهَا الْمُرْسَلُونَ ۞

(32) Dijeron: Hemos sido enviados a una gente que hace el mal,

قَالُوٓا إِنَّآ أُرْسِلْنَآ إِلَىٰ قَوْمٍ مُّجْرِمِينَ ۞

(33) para mandar contra ellos piedras de arcilla

لِنُرْسِلَ عَلَيْهِمْ حِجَارَةً مِّن طِينٍ ۞

(34) marcadas junto a tu Señor y destinadas a los que excedieron los límites*

* [Se refiere a la gente de Lut.]

مُّسَوَّمَةً عِندَ رَبِّكَ لِلْمُسْرِفِينَ ۞

(35) y para sacar de allí a los creyentes que haya.

فَأَخْرَجْنَا مَن كَانَ فِيهَا مِنَ الْمُؤْمِنِينَ ۞

(36) Aunque sólo hemos encontrado una casa de sometidos*.

* [Los musulmanes]

فَمَا وَجَدْنَا فِيهَا غَيْرَ بَيْتٍ مِّنَ الْمُسْلِمِينَ ۞

(37) Y dejamos en ella un signo para los que temieran el castigo doloroso.

وَتَرَكْنَا فِيهَآ ءَايَةً لِّلَّذِينَ يَخَافُونَ الْعَذَابَ الْأَلِيمَ ۞

(38) Y Musa, cuando lo enviamos a Firaún con una prueba evidente.

وَفِي مُوسَىٰٓ إِذْ أَرْسَلْنَاهُ إِلَىٰ فِرْعَوْنَ بِسُلْطَانٍ مُّبِينٍ ۞

(39) Pero éste, con lo que lo sostenía*, se desentendió y dijo: Es un mago o un poseso.

* [Se refiere a sus ejércitos y a su poder]

فَتَوَلَّىٰ بِرُكْنِهِ وَقَالَ سَاحِرٌ أَوْ مَجْنُونٌ ۞

(40) Lo agarramos a él y a sus ejércitos arrojándolos al mar, y quedó reprobado.

فَأَخَذْنَاهُ وَجُنُودَهُ فَنَبَذْنَاهُمْ فِي الْيَمِّ وَهُوَ مُلِيمٌ ۞

(41) Y los Ad, cuando mandamos contra ellos el viento aciago.

وَفِى عَادٍ إِذْ أَرْسَلْنَا عَلَيْهِمُ ٱلرِّيحَ ٱلْعَقِيمَ ١

(42) Nada de lo que alcanzó quedó sin estar marchito.

مَا تَذَرُ مِن شَىْءٍ أَتَتْ عَلَيْهِ إِلَّا جَعَلَتْهُ كَٱلرَّمِيمِ ٢

(43) Y los Zamud cuando se les dijo: Disfrutad hasta que se cumpla un tiempo fijado.

وَفِى ثَمُودَ إِذْ قِيلَ لَهُمْ تَمَتَّعُوا حَتَّىٰ حِينٍ ٣

(44) Desobedecieron el mandato de su Señor y fueron fulminados mientras miraban.

فَعَتَوْا عَنْ أَمْرِ رَبِّهِمْ فَأَخَذَتْهُمُ ٱلصَّٰعِقَةُ وَهُمْ يَنظُرُونَ ٤

(45) No pudieron levantarse y no tuvieron quien los auxiliara.

فَمَا ٱسْتَطَٰعُوا مِن قِيَامٍ وَمَا كَانُوا مُنتَصِرِينَ ٥

(46) Y antes, la gente de Nuh. Era una gente que se había desviado.

وَقَوْمَ نُوحٍ مِّن قَبْلُ إِنَّهُمْ كَانُوا قَوْمًا فَٰسِقِينَ ٦

(47) Hemos edificado el cielo con solidez. Somos capaces.

وَٱلسَّمَآءَ بَنَيْنَٰهَا بِأَيْدٍ وَإِنَّا لَمُوسِعُونَ ٧

(48) Y la tierra la hemos preparado para vivir en ella.
¡Con qué excelencia la hemos extendido!

وَٱلْأَرْضَ فَرَشْنَٰهَا فَنِعْمَ ٱلْمَٰهِدُونَ ٨

(49) Y hemos creado dos parejas de cada cosa para que tal vez reflexionárais.

وَمِن كُلِّ شَىْءٍ خَلَقْنَا زَوْجَيْنِ لَعَلَّكُمْ تَذَكَّرُونَ ٩

(50) Así pues refugiaos en Allah, pues realmente yo soy, de Su parte, un claro advertidor para vosotros.

فَفِرُّوا إِلَى ٱللَّهِ إِنِّى لَكُم مِّنْهُ نَذِيرٌ مُّبِينٌ ١٠

(51) Y no pongáis junto a Allah a otro dios pues realmente yo soy, de Su parte, un claro advertidor.

وَلَا تَجْعَلُوا مَعَ اللَّهِ إِلَهًا ءَاخَرَ إِنِّي لَكُم مِّنْهُ نَذِيرٌ مُّبِينٌ ۝

(52) Así es. No hubo mensajero de los venidos a los antepasados del que no dijeran: Es un mago o un poseso.

كَذَلِكَ مَآ أَتَى الَّذِينَ مِن قَبْلِهِم مِّن رَّسُولٍ إِلَّا قَالُوا سَاحِرٌ أَوْ مَجْنُونٌ ۝

(53) ¿Es que os lo habéis encomendado unos a otros?

Pero no, sólo son una gente que va más allá de los límites.

أَتَوَاصَوْا بِهِ بَلْ هُمْ قَوْمٌ طَاغُونَ ۝

(54) Apártate de ellos porque tú no serás reprochado.

فَتَوَلَّ عَنْهُمْ فَمَآ أَنتَ بِمَلُومٍ ۝

(55) Y hazles recordar, porque llamar al recuerdo beneficia a los creyentes.

وَذَكِّرْ فَإِنَّ الذِّكْرَى تَنفَعُ الْمُؤْمِنِينَ ۝

(56) Y no he creado a los genios y a los hombres sino para que Me adoren.

وَمَا خَلَقْتُ الْجِنَّ وَالْإِنسَ إِلَّا لِيَعْبُدُونِ ۝

(57) No quiero de ellos provisión ni quiero que Me alimenten.

مَآ أُرِيدُ مِنْهُم مِّن رِّزْقٍ وَمَآ أُرِيدُ أَن يُطْعِمُونِ ۝

(58) Allah es Quien provee, el Dueño del poder, el Fuerte.

إِنَّ اللَّهَ هُوَ الرَّزَّاقُ ذُو الْقُوَّةِ الْمَتِينُ ۝

(59) Los que han sido injustos tendrán una suerte similar a la de sus compañeros. Que no Me apremien.

فَإِنَّ لِلَّذِينَ ظَلَمُوا ذَنُوبًا مِّثْلَ ذَنُوبِ أَصْحَابِهِمْ فَلَا يَسْتَعْجِلُونِ ۝

(60) Y ¡Ay! de los que se niegan a creer por ese día que se les ha prometido.

فَوَيْلٌ لِّلَّذِينَ كَفَرُوا مِن يَوْمِهِمُ الَّذِي يُوعَدُونَ ۝

52. SURA DEL MONTE.　　　سُورَةُ الطُّورِ

بِسْمِ اللَّهِ الرَّحْمَنِ الرَّحِيمِ

En el nombre de Allah, el Misericordioso, el Compasivo.

(1) ¡Por el Monte*! ¡Por un Libro escrito

* [Se refiere al monte en el que Allah le habló a Musa. El término coránico original, "Tur", parece que es una palabra que en siríaco significaba monte y según Ibn Abbas se aplica a un monte con vegetación.]

وَالطُّورِ وَكِتَابٍ مَسْطُورٍ ۝

(2) en un pergamino desenrollado*!

* [Según la mayor parte de los comentaristas se refiere al Corán que los creyentes leen en los pergaminos y los ángeles en la Tabla Protegida.]

فِي رَقٍّ مَنْشُورٍ ۝

(3) ¡Por la Casa Visitada*!

* [Alude a una casa del cielo paralela a la Ka'ba en la que cada día entran setenta mil ángeles.]

وَالْبَيْتِ الْمَعْمُورِ ۝

(4) ¡Por el techo elevado!

وَالسَّقْفِ الْمَرْفُوعِ ۝

(5) ¡Por el mar rebosante!

وَالْبَحْرِ الْمَسْجُورِ ۝

(6) Que el castigo de tu Señor ha de ocurrir

إِنَّ عَذَابَ رَبِّكَ لَوَاقِعٌ ۝

(7) y no habrá quien lo pueda impedir

مَا لَهُ مِنْ دَافِعٍ ۝

(8) El día en que el cielo se agite en sacudidas

يَوْمَ تَمُورُ السَّمَاءُ مَوْرًا ۝

(9) y las montañas echen a andar.

وَتَسِيرُ الْجِبَالُ سَيْرًا ۝

(10) ¡Ay! ese día de los que negaron la verdad.

فَوَيْلٌ يَوْمَئِذٍ لِّلْمُكَذِّبِينَ ۝

(11) Esos que, confundidos, jugaban.

الَّذِينَ هُمْ فِي خَوْضٍ يَلْعَبُونَ ۝

(12) El día que sean empujados al fuego de Yahannam con desprecio: Este es el Fuego cuya realidad negábais.

يَوْمَ يُدَعُّونَ إِلَىٰ نَارِ جَهَنَّمَ دَعًّا هَٰذِهِ النَّارُ الَّتِي كُنتُم بِهَا تُكَذِّبُونَ ۝

(13) ¿Es magia o es que vosotros no veis?

أَفَسِحْرٌ هَٰذَا أَمْ أَنتُمْ لَا تُبْصِرُونَ ۝

(14) Entrad en él, es igual que tengáis o que no tengáis paciencia. Sólo se os pagará por lo que hicísteis.

اصْلَوْهَا فَاصْبِرُوا أَوْ لَا تَصْبِرُوا سَوَاءٌ عَلَيْكُمْ إِنَّمَا تُجْزَوْنَ مَا كُنتُمْ تَعْمَلُونَ ۝

(15) Los temerosos estarán en jardines y deleite,

إِنَّ الْمُتَّقِينَ فِي جَنَّاتٍ وَنَعِيمٍ ۝

(16) disfrutando de lo que su Señor les dé.
Su Señor los habrá librado del castigo del Yahim.

فَاكِهِينَ بِمَا آتَاهُمْ رَبُّهُمْ وَوَقَاهُمْ رَبُّهُمْ عَذَابَ الْجَحِيمِ ۝

(17) ¡Comed y bebed en perfecto bienestar por lo que hicísteis!

كُلُوا وَاشْرَبُوا هَنِيئًا بِمَا كُنتُمْ تَعْمَلُونَ ۝

(18) Estarán reclinados sobre divanes alineados y los desposaremos con las de ojos hermosísimos.

مُتَّكِئِينَ عَلَىٰ سُرُرٍ مَّصْفُوفَةٍ وَزَوَّجْنَاهُم بِحُورٍ عِينٍ ۝

(19) Y a quienes hayan creído y su descendencia los haya seguido

وَالَّذِينَ آمَنُوا وَاتَّبَعَتْهُمْ ذُرِّيَّتُهُم بِإِيمَانٍ أَلْحَقْنَا

en la creencia, los juntaremos con ellos y no habrá ningún menoscabo de sus acciones.

Cada hombre es rehén de lo que se forjó.

بِهِمْ ذُرِّيَّتَهُمْ وَمَآ أَلَتْنَهُم مِّنْ عَمَلِهِم مِّن شَيْءٍ كُلُّ أَمْرِىءٍ بِمَا كَسَبَ رَهِينٌ ۝

(20) Los colmaremos de frutos y carne de la que apetezcan.

وَأَمْدَدْنَهُم بِفَكِهَةٍ وَلَحْمٍ مِّمَّا يَشْتَهُونَ ۝

(21) Allí, se pasarán unos a otros una copa en la que no habrá ni frivolidad ni maldad.

يَتَنَزَعُونَ فِيهَا كَأْسًا لَّا لَغْوٌ فِيهَا وَلَا تَأْثِيمٌ ۝

(22) E irán pasando en torno a ellos mancebos como las perlas semiocultas.

وَيَطُوفُ عَلَيْهِمْ غِلْمَانٌ لَّهُمْ كَأَنَّهُمْ لُؤْلُؤٌ مَّكْنُونٌ ۝

(23) Y se encontrarán frente a frente haciéndose preguntas.

وَأَقْبَلَ بَعْضُهُمْ عَلَى بَعْضٍ يَتَسَآءَلُونَ ۝

(24) Dirán: Antes, cuando estábamos entre los nuestros, fuimos temerosos.

قَالُوٓا إِنَّا كُنَّا قَبْلُ فِىٓ أَهْلِنَا مُشْفِقِينَ ۝

(25) Y Allah nos ha favorecido y nos ha librado del castigo del Simún*.

* [Implica el calor más extremo, es el nombre de un viento caliente del desierto y se dice que es uno de los nombres de Yahannam.]

فَمَنَّ ٱللَّهُ عَلَيْنَا وَوَقَىٰنَا عَذَابَ ٱلسَّمُومِ ۝

(26) Es verdad que antes le rogábamos y que El es el Bondadoso, el Compasivo.

إِنَّا كُنَّا مِن قَبْلُ نَدْعُوهُ إِنَّهُ هُوَ ٱلْبَرُّ ٱلرَّحِيمُ ۝

(27) Así pues, llama al recuerdo que, por el favor de tu Señor, tú no

فَذَكِّرْ فَمَآ أَنتَ بِنِعْمَتِ رَبِّكَ بِكَاهِنٍ

eres ni un adivino ni un poseso.

وَلَا مَجْنُونٍ ۞

(28) ¿O es que acaso dicen? Es un poeta, aguardemos que le llegue su hora.

أَمْ يَقُولُونَ شَاعِرٌ نَّتَرَبَّصُ بِهِ رَيْبَ ٱلْمَنُونِ ۞

(29) Di: Esperad que yo también esperaré con vosotros.

قُلْ تَرَبَّصُوا فَإِنِّي مَعَكُم مِّنَ ٱلْمُتَرَبِّصِينَ ۞

(30) ¿Son sus sueños los que les mandan esto o sólo son gente que se excede?

أَمْ تَأْمُرُهُمْ أَحْلَٰمُهُم بِهَٰذَآ أَمْ هُمْ قَوْمٌ طَاغُونَ ۞

(31) ¿O es que dicen? Se lo ha inventado. Pero no, es que no creen.

أَمْ يَقُولُونَ تَقَوَّلَهُۥ بَل لَّا يُؤْمِنُونَ ۞

(32) Que traigan un relato semejante, si es verdad lo que dicen.

فَلْيَأْتُوا بِحَدِيثٍ مِّثْلِهِۦٓ إِن كَانُوا صَٰدِقِينَ ۞

(33) ¿O es que acaso han sido creados espontáneamente o se han creado a sí mismos?

أَمْ خُلِقُوا مِنْ غَيْرِ شَيْءٍ أَمْ هُمُ ٱلْخَٰلِقُونَ ۞

(34) ¿O han creado los cielos y la tierra?

Por el contrario; no tienen certeza.

أَمْ خَلَقُوا ٱلسَّمَٰوَٰتِ وَٱلْأَرْضَ بَل لَّا يُوقِنُونَ ۞

(35) ¿O es que son los dueños de los tesoros de tu Señor o poseen la soberanía?

أَمْ عِندَهُمْ خَزَآئِنُ رَبِّكَ أَمْ هُمُ ٱلْمُصَيْطِرُونَ ۞

(36) ¿O es que tienen una escalera desde la que escuchan?

El que de ellos lo haga que traiga una prueba clara.

أَمْ لَهُمْ سُلَّمٌ يَسْتَمِعُونَ فِيهِ فَلْيَأْتِ مُسْتَمِعُهُم بِسُلْطَٰنٍ مُّبِينٍ ۞

(37) ¿O acaso tiene Él hijas mientras que los hijos son para vosotros?

أَمْ لَهُ الْبَنَتُ وَلَكُمُ الْبَنُونَ ۝

(38) ¿O es que les pides algún pago y tal impuesto los tiene agobiados?

أَمْ تَسْـَٔلُهُمْ أَجْرًا فَهُم مِّن مَّغْرَمٍ مُّثْقَلُونَ ۝

(39) ¿O tienen delante el No-Visto y pueden tomar nota?

أَمْ عِندَهُمُ الْغَيْبُ فَهُمْ يَكْتُبُونَ ۝

(40) ¿O es que quieren tender una trampa? Porque son los que se niegan a creer los que han caído en una trampa.

أَمْ يُرِيدُونَ كَيْدًا فَالَّذِينَ كَفَرُوا هُمُ الْمَكِيدُونَ ۝

(41) ¿No será que tienen otro dios que no es Allah?

¡Gloria a Allah por encima de lo que Le asocian!

أَمْ لَهُمْ إِلَٰهٌ غَيْرُ اللَّهِ سُبْحَٰنَ اللَّهِ عَمَّا يُشْرِكُونَ ۝

(42) Si vieran un trozo de cielo cayéndose dirían: Es una acumulación de nubes.

وَإِن يَرَوْا كِسْفًا مِّنَ السَّمَاءِ سَاقِطًا يَقُولُوا سَحَابٌ مَّرْكُومٌ ۝

(43) Déjalos hasta que se encuentren con su día, ése en el que han de caer muertos.

فَذَرْهُمْ حَتَّىٰ يُلَاقُوا يَوْمَهُمُ الَّذِي فِيهِ يُصْعَقُونَ ۝

(44) El día en que su maquinación no les sirva de nada ni tengan quien los auxilie.

يَوْمَ لَا يُغْنِي عَنْهُمْ كَيْدُهُمْ شَيْئًا وَلَا هُمْ يُنصَرُونَ ۝

(45) Y por cierto que los que fueron injustos tendrán antes que eso un castigo*, sin embargo la mayoría de ellos no sabe.

وَإِنَّ لِلَّذِينَ ظَلَمُوا عَذَابًا دُونَ ذَٰلِكَ وَلَٰكِنَّ أَكْثَرَهُمْ لَا يَعْلَمُونَ ۝

* [Puede aludir a un castigo en este mundo o al castigo de la tumba.]

(46) Espera con paciencia el juicio de tu Señor porque realmente tu estás bajo Nuestros ojos.

Y glorifica a tu Señor con Su alabanza cuando te levantes.

وَاصْبِرْ لِحُكْمِ رَبِّكَ فَإِنَّكَ بِأَعْيُنِنَا وَسَبِّحْ بِحَمْدِ رَبِّكَ حِينَ تَقُومُ ۞

(47) Y glorifícalo durante parte de la noche, así como al ocultarse las estrellas*.

* [Alusión a los dos rakat de Fayr antes de Subh.]

وَمِنَ الَّيْلِ فَسَبِّحْهُ وَإِدْبَارَ النُّجُومِ ۞

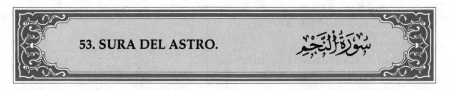

53. SURA DEL ASTRO.

En el nombre de Allah, el Misericordioso, el Compasivo.

(1) ¡Por el Astro cuando desaparece!

وَالنَّجْمِ إِذَاهَوَىٰ ۞

(2) Que vuestro compañero no está extraviado ni en un error.

مَاضَلَّ صَاحِبُكُمْ وَمَاغَوَىٰ ۞

(3) Ni habla movido por el deseo.

وَمَايَنطِقُ عَنِ الْهَوَىٰٓ ۞

(4) No es sino una revelación inspirada.

إِنْ هُوَ إِلَّا وَحْيٌ يُوحَىٰ ۞

(5) Le enseña alguien de gran poder

عَلَّمَهُ شَدِيدُ الْقُوَىٰ ۞

(6) y fortaleza. Que tomó su verdadera forma

ذُومِرَّةٍ فَاسْتَوَىٰ ۞

(7) sobre el horizonte más alto*.

* [Yibril]

وَهُوَ بِالْأُفُقِ الْأَعْلَىٰ ۞

(8) Y se acercó y se humilló*.

* [El profeta, que Allah le dé Su gracia y paz, ante Allah.]

ثُمَّ دَنَا فَتَدَلَّىٰ ۞

(9) Y estuvo de El a la distancia de dos arcos o aún más cerca.

فَكَانَ قَابَ قَوْسَيْنِ أَوْأَدْنَىٰ ۞

(10) Y Le inspiró a Su siervo lo que Le inspiró.

فَأَوْحَىٰٓ إِلَىٰ عَبْدِهِ مَآ أَوْحَىٰ ۞

(11) No mintió el corazón en lo que vio.

مَا كَذَبَ ٱلْفُؤَادُ مَا رَأَىٰ ۝

(12) ¿Podéis acaso negar lo que vio?

أَفَتُمَـٰرُونَهُۥ عَلَىٰ مَا يَرَىٰ ۝

(13) Ya lo había visto en otra revelación

وَلَقَدْ رَءَاهُ نَزْلَةً أُخْرَىٰ ۝

(14) junto al Loto del límite.*

عِندَ سِدْرَةِ ٱلْمُنتَهَىٰ ۝

* [Según el comentario del Qurtubi, se refiere al Profeta Muhammad, que Allah le dé Su gracia y paz, que vio con su corazón a Allah en esta otra ocasión que se menciona aquí.]

(15) A cuyo lado está el jardín del Refugio.

عِندَهَا جَنَّةُ ٱلْمَأْوَىٰ ۝

(16) Cuando al Loto lo cubrió lo que lo cubrió.

إِذْ يَغْشَى ٱلسِّدْرَةَ مَا يَغْشَىٰ ۝

(17) No se desvió la mirada ni se propasó.

مَا زَاغَ ٱلْبَصَرُ وَمَا طَغَىٰ ۝

(18) Y vio algunos de los mayores signos de su Señor.

لَقَدْ رَأَىٰ مِنْ ءَايَـٰتِ رَبِّهِ ٱلْكُبْرَىٰ ۝

(19) ¿Qué opinión os merecen al-Lata y al-Uzza,

أَفَرَءَيْتُمُ ٱللَّـٰتَ وَٱلْعُزَّىٰ ۝

(20) y Manata*, la tercera, la otra?

وَمَنَوٰةَ ٱلثَّالِثَةَ ٱلْأُخْرَىٰ ۝

* [Tres divinidades de la época de la ignorancia anterior al Islam.]

(21) ¿Tenéis vosotros los varones y Él las hembras?

أَلَكُمُ ٱلذَّكَرُ وَلَهُ ٱلْأُنثَىٰ ۝

(22) Eso sería un injusto reparto.

تِلْكَ إِذًا قِسْمَةٌ ضِيزَىٰ ۝

(23) No son sino nombres que vosotros y vuestros padres les
habéis dado. Allah no ha hecho
descender nada que los autorice. No siguen sino suposiciones y deseos de sus almas, a
pesar de que les ha llegado ya
la guía de su Señor.

إِنْ هِيَ إِلَّا أَسْمَاءٌ سَمَّيْتُمُوهَا أَنتُمْ
وَءَابَآؤُكُم مَّا أَنزَلَ ٱللَّهُ بِهَا مِن سُلْطَٰنٍ إِن
يَتَّبِعُونَ إِلَّا ٱلظَّنَّ وَمَا تَهْوَى ٱلْأَنفُسُ وَلَقَدْ
جَآءَهُم مِّن رَّبِّهِمُ ٱلْهُدَىٰٓ ۝

(24) ¿Acaso ha de tener el hombre lo
que él quiera?

أَمْ لِلْإِنسَٰنِ مَا تَمَنَّىٰ ۝

(25) De Allah son la Ultima Vida y la
Primera.

فَلِلَّهِ ٱلْءَاخِرَةُ وَٱلْأُولَىٰ ۝

(26) ¿Cuántos ángeles hay en el cielo
cuya intercesión no sirve de
nada, a menos que Allah lo
autorice en favor de quien
quiera y sea de Su agrado?

۞ وَكَم مِّن مَّلَكٍ فِي ٱلسَّمَٰوَٰتِ لَا تُغْنِى
شَفَٰعَتُهُمْ شَيْـًٔا إِلَّا مِنۢ بَعْدِ أَن يَأْذَنَ ٱللَّهُ لِمَن
يَشَآءُ وَيَرْضَىٰٓ ۝

(27) Los que no creen en la Ultima
Vida le dan a los ángeles nombres femeninos,

إِنَّ ٱلَّذِينَ لَا يُؤْمِنُونَ بِٱلْءَاخِرَةِ لَيُسَمُّونَ ٱلْمَلَٰٓئِكَةَ تَسْمِيَةَ
ٱلْأُنثَىٰ ۝

(28) sin tener conocimiento de ello.
No siguen sino suposiciones y
la suposición carece de valor
frente a la verdad.
Apártate de quien le da la
espalda a Nuestro recuerdo y
sólo quiere la vida de este
mundo.

وَمَا لَهُم بِهِۦ مِنْ عِلْمٍ إِن يَتَّبِعُونَ إِلَّا ٱلظَّنَّ وَإِنَّ
ٱلظَّنَّ لَا يُغْنِى مِنَ ٱلْحَقِّ شَيْـًٔا فَأَعْرِضْ عَن مَّن تَوَلَّىٰ
عَن ذِكْرِنَا وَلَمْ يُرِدْ إِلَّا ٱلْحَيَوٰةَ ٱلدُّنْيَا ۝

(29) Ese es todo el conocimiento al
que llegan. Cierto que tu Señor
sabe mejor quién se extravía de
Su camino y sabe mejor quién
tiene la guía.

ذَٰلِكَ مَبْلَغُهُم مِّنَ ٱلْعِلْمِ إِنَّ رَبَّكَ هُوَ أَعْلَمُ
بِمَن ضَلَّ عَن سَبِيلِهِۦ وَهُوَ أَعْلَمُ بِمَنِ ٱهْتَدَىٰ ۝

(30) De Allah es cuanto hay en los cielos y cuanto hay en la tierra.

Para recompensar a los que hicieron el mal por lo que hicieron y recompensar con lo más hermoso a quienes hicieron el bien.

وَلِلَّهِ مَا فِى ٱلسَّمَوَٰتِ وَمَا فِى ٱلْأَرْضِ لِيَجْزِىَ ٱلَّذِينَ أَسَٰٓءُوا۟ بِمَا عَمِلُوا۟ وَيَجْزِىَ ٱلَّذِينَ أَحْسَنُوا۟ بِٱلْحُسْنَى ۝

(31) Los que no incurren en los delitos graves ni en las indecencias repulsivas, aunque sí lo hagan en faltas leves.

Realmente tu Señor es Magnánimo perdonando y os conoce mejor, pues os creó de la tierra y luego fuísteis embriones en el vientre de vuestras madres. Así pues, no os vanagloriéis.

El sabe mejor quien Le teme.

ٱلَّذِينَ يَجْتَنِبُونَ كَبَٰٓئِرَ ٱلْإِثْمِ وَٱلْفَوَٰحِشَ إِلَّا ٱللَّمَمَ إِنَّ رَبَّكَ وَٰسِعُ ٱلْمَغْفِرَةِ هُوَ أَعْلَمُ بِكُمْ إِذْ أَنشَأَكُم مِّنَ ٱلْأَرْضِ وَإِذْ أَنتُمْ أَجِنَّةٌ فِى بُطُونِ أُمَّهَٰتِكُمْ فَلَا تُزَكُّوٓا۟ أَنفُسَكُمْ هُوَ أَعْلَمُ بِمَنِ ٱتَّقَىٰٓ ۝

(32) ¿Has visto a quien se desentiende,

أَفَرَءَيْتَ ٱلَّذِى تَوَلَّىٰ ۝

(33) ese que da poco y es tacaño?

وَأَعْطَىٰ قَلِيلًا وَأَكْدَىٰٓ ۝

(34) ¿Acaso posee conocimiento del No-Visto y puede ver?

أَعِندَهُۥ عِلْمُ ٱلْغَيْبِ فَهُوَ يَرَىٰٓ ۝

(35) ¿No se le ha dicho lo que contienen las páginas de Musa,

أَمْ لَمْ يُنَبَّأْ بِمَا فِى صُحُفِ مُوسَىٰ ۝

(36) y las de Ibrahim, el fiel cumplidor,

وَإِبْرَٰهِيمَ ٱلَّذِى وَفَّىٰٓ ۝

(37) en cuanto a que nadie cargará con la carga de otro,

أَلَّا تَزِرُ وَازِرَةٌ وِزْرَ أُخْرَىٰ ۝

(38) y que el hombre sólo obtendrá aquello por lo que se esfuerce?

وَأَن لَّيْسَ لِلْإِنسَٰنِ إِلَّا مَا سَعَىٰ ۝

(39) Pero que su esfuerzo se verá.

وَأَنَّ سَعْيَهُۥ سَوْفَ يُرَىٰ ۝

(40) Y luego será recompensado con una recompensa total.

ثُمَّ يُجْزَىٰهُ الْجَزَآءَ الْأَوْفَىٰ ۝

(41) Y que el destino final es hacia tu Señor,

وَأَنَّ إِلَىٰ رَبِّكَ الْمُنتَهَىٰ ۝

(42) y que El hace reir y hace llorar,

وَأَنَّهُۥ هُوَ أَضْحَكَ وَأَبْكَىٰ ۝

(43) da la muerte y da la vida.

وَأَنَّهُۥ هُوَ أَمَاتَ وَأَحْيَا ۝

(44) Y creó a la pareja: macho y hembra,

وَأَنَّهُۥ خَلَقَ الزَّوْجَيْنِ الذَّكَرَ وَالْأُنثَىٰ ۝

(45) de una gota de esperma eyaculada.

مِن نُّطْفَةٍ إِذَا تُمْنَىٰ ۝

(46) Y que a El Le incumbe volver a crear otra vez.

۞ وَأَنَّ عَلَيْهِ النَّشْأَةَ الْأُخْرَىٰ ۝

(47) Y que El es Quien enriquece y Quien empobrece.

وَأَنَّهُۥ هُوَ أَغْنَىٰ وَأَقْنَىٰ ۝

(48) Y es el Señor de Shira.*

    * [Estrella a la que se rendía culto en la época pre-islámica. Probablemente es Sirio.]

وَأَنَّهُۥ هُوَ رَبُّ الشِّعْرَىٰ ۝

(49) Y que El destruyó a los antiguos Ad,

وَأَنَّهُۥ أَهْلَكَ عَادًا الْأُولَىٰ ۝

(50) y a los Zamud, sin dejar a ninguno.

وَثَمُودَاْ فَمَآ أَبْقَىٰ ۝

(51) Y al pueblo de Nuh, antes. Ellos fueron más injustos y transgresores.

وَقَوْمَ نُوحٍ مِّن قَبْلُ إِنَّهُمْ كَانُواْ هُمْ أَظْلَمَ وَأَطْغَىٰ ٥١

(52) Y que hizo que cayeran las ciudades que fueron puestas del revés*.

* [Es decir, las ciudades de Lut a las que Yibril levantó del suelo dejándolas caer después.]

وَٱلْمُؤْتَفِكَةَ أَهْوَىٰ ٥٢

(53) A las que las cubrió lo que las cubrió.

فَغَشَّىٰهَا مَا غَشَّىٰ ٥٣

(54) ¿Qué dones de vuestro Señor pondrás en duda?

فَبِأَىِّ ءَالَآءِ رَبِّكَ تَتَمَارَىٰ ٥٤

(55) Este* es un advertidor del mismo género que los primeros advertidores.

* [Referido al Profeta, que Allah le dé Su gracia y paz, o al Corán.]

هَٰذَا نَذِيرٌ مِّنَ ٱلنُّذُرِ ٱلْأُولَىٰٓ ٥٥

(56) Lo que ha de venir se acerca ya.

أَزِفَتِ ٱلْآزِفَةُ ٥٦

(57) Nadie que no sea Allah podrá revelarlo.

لَيْسَ لَهَا مِن دُونِ ٱللَّهِ كَاشِفَةٌ ٥٧

(58) ¿Acaso os asombráis de lo que se os relata?

أَفَمِنْ هَٰذَا ٱلْحَدِيثِ تَعْجَبُونَ ٥٨

(59) ¿Y reís en vez de llorar,

وَتَضْحَكُونَ وَلَا تَبْكُونَ ٥٩

(60) mientras estáis distraidos?

وَأَنتُمْ سَٰمِدُونَ ٦٠

(61) ¡Postraos ante Allah y adoradlo!

فَٱسْجُدُواْ لِلَّهِ وَٱعْبُدُواْ۩ ٦١

54. SURA DE LA LUNA.

سُورَةُ ٱلْقَمَرِ

بِسْمِ ٱللَّهِ ٱلرَّحْمَٰنِ ٱلرَّحِيمِ

En el nombre de Allah, el Misericordioso, el Compasivo.

(1) La Hora se acerca y la luna se ha partido en dos*.

* [Alude al momento en que los Quraysh le dijeron al Profeta, que Allah le dé Su gracia y paz: Si es verdad lo que dices haz que la luna se parta en dos. Y así sucedió pero, a pesar de haberlo visto con sus propios ojos, dijeron que era magia, a lo que alude la aleya siguiente.]

ٱقْتَرَبَتِ ٱلسَّاعَةُ وَٱنشَقَّ ٱلْقَمَرُ ۝

(2) Si ven un signo se desentienden y dicen: Es magia persistente.*

* [El término árabe puede significar también "pasajera".]

وَإِن يَرَوْاْ ءَايَةً يُعْرِضُواْ وَيَقُولُواْ سِحْرٌ مُّسْتَمِرٌّ ۝

(3) Han negado la verdad siguiendo sus pasiones.

Pero cada asunto conlleva un resultado definitivo.

وَكَذَّبُواْ وَٱتَّبَعُوٓاْ أَهْوَآءَهُمْ وَكُلُّ أَمْرٍ مُّسْتَقِرٌّ ۝

(4) Y lo cierto es que les han llegado ya, del pasado, noticias disuasorias.

وَلَقَدْ جَآءَهُم مِّنَ ٱلْأَنۢبَآءِ مَا فِيهِ مُزْدَجَرٌ ۝

(5) Una sabiduría llevada a su extremo. ¿Pero de qué les han servido las advertencias?

حِكْمَةٌ بَٰلِغَةٌ فَمَا تُغْنِ ٱلنُّذُرُ ۝

(6) Así pues, apártate de ellos. El día

فَتَوَلَّ عَنْهُمْ يَوْمَ يَدْعُ ٱلدَّاعِ إِلَىٰ شَىْءٍ نُّكُرٍ ۝

en que el proclamador anuncie algo espantoso.

(7) La mirada rendida, saldrán de las tumbas como saltamontes desorientados.

خُشَّعًا أَبْصَٰرُهُمْ يَخْرُجُونَ مِنَ ٱلْأَجْدَاثِ كَأَنَّهُمْ جَرَادٌ مُّنتَشِرٌ ۝

(8) Acudiendo apresuradamente hacia quien los llamó, dirán los incrédulos: Este es un día difícil.

مُّهْطِعِينَ إِلَى ٱلدَّاعِ يَقُولُ ٱلْكَٰفِرُونَ هَٰذَا يَوْمٌ عَسِرٌ ۝

(9) Antes que ellos ya había negado la verdad la gente de Nuh. Negaron a Nuestro siervo y dijeron: Es un poseso. Y lo rechazaron con amenazas.

كَذَّبَتْ قَبْلَهُمْ قَوْمُ نُوحٍ فَكَذَّبُوا۟ عَبْدَنَا وَقَالُوا۟ مَجْنُونٌ وَٱزْدُجِرَ ۝

(10) Entonces rogó a su Señor: ¡Me han vencido, auxíliame!

فَدَعَا رَبَّهُۥٓ أَنِّى مَغْلُوبٌ فَٱنتَصِرْ ۝

(11) Y abrimos las puertas del cielo con un agua torrencial,

فَفَتَحْنَآ أَبْوَٰبَ ٱلسَّمَآءِ بِمَآءٍ مُّنْهَمِرٍ ۝

(12) e hicimos que la tierra se abriera en manantiales y se encontraron las aguas por un mandato que había sido decretado.

وَفَجَّرْنَا ٱلْأَرْضَ عُيُونًا فَٱلْتَقَى ٱلْمَآءُ عَلَىٰٓ أَمْرٍ قَدْ قُدِرَ ۝

(13) Y lo llevamos en una embarcación hecha de tablas y clavos

وَحَمَلْنَٰهُ عَلَىٰ ذَاتِ أَلْوَٰحٍ وَدُسُرٍ ۝

(14) que navegó bajo Nuestra mirada. Recompensa para el que había sido negado.

تَجْرِى بِأَعْيُنِنَا جَزَآءً لِّمَن كَانَ كُفِرَ ۝

(15) La hemos dejado como un signo. ¿Hay quien recapacite?

وَلَقَد تَّرَكْنَٰهَآ ءَايَةً فَهَلْ مِن مُّدَّكِرٍ ۝

(16) ¡Y cómo fueron Mi castigo y Mi advertencia!

فَكَيْفَ كَانَ عَذَابِي وَنُذُرِ ۝

(17) Realmente hemos hecho el Corán fácil para recordar.
¿Hay quien recapacite?

وَلَقَدْ يَسَّرْنَا الْقُرْآنَ لِلذِّكْرِ فَهَلْ مِن مُّدَّكِرٍ ۝

(18) Negaron la verdad los Ad y cómo fueron Mi castigo y Mi advertencia.

كَذَّبَتْ عَادٌ فَكَيْفَ كَانَ عَذَابِي وَنُذُرِ ۝

(19) Enviamos contra ellos un viento helado en un día nefasto y sin fin.

إِنَّا أَرْسَلْنَا عَلَيْهِمْ رِيحًا صَرْصَرًا فِي يَوْمِ نَحْسٍ مُّسْتَمِرٍّ ۝

(20) Se llevaba a los hombres como palmeras arrancadas de cuajo.

تَنزِعُ النَّاسَ كَأَنَّهُمْ أَعْجَازُ نَخْلٍ مُّنقَعِرٍ ۝

(21) ¡Y cómo fueron Mi castigo y Mi advertencia!

فَكَيْفَ كَانَ عَذَابِي وَنُذُرِ ۝

(22) Realmente hemos hecho el Corán fácil para recordar.
¿Hay quien recapacite?

وَلَقَدْ يَسَّرْنَا الْقُرْآنَ لِلذِّكْرِ فَهَلْ مِن مُّدَّكِرٍ ۝

(23) Los Zamud no tomaron en serio las advertencias.

كَذَّبَتْ ثَمُودُ بِالنُّذُرِ ۝

(24) Y dijeron: ¿Es que vamos a seguir a quien no es mas que un ser humano, uno de nosotros? Si lo hiciéramos estaríamos en un extravío y en una locura.

فَقَالُوا أَبَشَرًا مِّنَّا وَاحِدًا نَّتَّبِعُهُ إِنَّا إِذًا لَّفِي ضَلَالٍ وَسُعُرٍ ۝

(25) ¿Cómo es que de entre todos

أَؤُلْقِيَ الذِّكْرُ عَلَيْهِ مِن بَيْنِنَا بَلْ هُوَ كَذَّابٌ أَشِرٌ ۝

nosotros ha sido precisamente a él al que se le ha revelado el Recuerdo? Por el contrario no es mas que un embustero con pretensiones.

(26) Ya sabrán el día de mañana quién era el embustero con pretensiones.

سَيَعْلَمُونَ غَدًا مَّنِ ٱلْكَذَّابُ ٱلْأَشِرُ ۝

(27) Y es verdad que enviamos a la camella como una prueba para ellos: Estáte atento a lo que hacen y ten paciencia.

إِنَّا مُرْسِلُوا ٱلنَّاقَةِ فِتْنَةً لَّهُمْ فَٱرْتَقِبْهُمْ وَٱصْطَبِرْ ۝

(28) Y anúnciales que el agua habrá de ser compartida y que cada uno tendrá su turno de bebida.

وَنَبِّئْهُمْ أَنَّ ٱلْمَآءَ قِسْمَةٌ بَيْنَهُمْ كُلُّ شِرْبٍ مُّحْتَضَرٌ ۝

(29) Entonces llamaron a su compañero que tuvo la osadía y la desjarretó.

فَنَادَوْا صَاحِبَهُمْ فَتَعَاطَى فَعَقَرَ ۝

(30) ¡Y cómo fueron Mi castigo y Mi advertencia!

فَكَيْفَ كَانَ عَذَابِي وَنُذُرِ ۝

(31) Enviamos contra ellos un solo grito y quedaron como el ramaje pisoteado por el ganado en un aprisco.

إِنَّا أَرْسَلْنَا عَلَيْهِمْ صَيْحَةً وَٰحِدَةً فَكَانُوا كَهَشِيمِ ٱلْمُحْتَظِرِ ۝

(32) Y es verdad que hemos hecho el Corán fácil para recordar. ¿Hay quien recapacite?

وَلَقَدْ يَسَّرْنَا ٱلْقُرْءَانَ لِلذِّكْرِ فَهَلْ مِن مُّدَّكِرٍ ۝

(33) La gente de Lut no tomó en serio las advertencias.

كَذَّبَتْ قَوْمُ لُوطٍ بِٱلنُّذُرِ ۝

(34) Y enviamos contra ellos una pedrisca de la que fue librada la familia de Lut, a los que salvamos al amanecer

إِنَّآ أَرْسَلْنَا عَلَيْهِمْ حَاصِبًا إِلَّآ ءَالَ لُوطٍ نَّجَّيْنَٰهُم بِسَحَرٍ ۝

(35) como una gracia de Nuestra parte; así es como pagamos a quien es agradecido.

نِّعْمَةً مِّنْ عِندِنَا كَذَٰلِكَ نَجْزِي مَن شَكَرَ ۝

(36) Ya les había advertido de Nuestra furia, pero ellos dudaron de las advertencias.

وَلَقَدْ أَنذَرَهُم بَطْشَتَنَا فَتَمَارَوْا۟ بِالنُّذُرِ ۝

(37) Intentaron seducir a sus huéspedes y cegamos sus ojos.
¡Gustad Mi castigo y Mi advertencia!

وَلَقَدْ رَٰوَدُوهُ عَن ضَيْفِهِۦ فَطَمَسْنَآ أَعْيُنَهُمْ فَذُوقُوا۟ عَذَابِى وَنُذُرِ ۝

(38) Y les llegó por la mañana un castigo permanente.

وَلَقَدْ صَبَّحَهُم بُكْرَةً عَذَابٌ مُّسْتَقِرٌّ ۝

(39) ¡Gustad Mi castigo y Mi advertencia!

فَذُوقُوا۟ عَذَابِى وَنُذُرِ ۝

(40) Hemos hecho el Corán fácil para recordar.
¿Hay quien recapacite?

وَلَقَدْ يَسَّرْنَا الْقُرْءَانَ لِلذِّكْرِ فَهَلْ مِن مُّدَّكِرٍ ۝

(41) Y les llegaron Mis advertencias a la gente de Firaún.

وَلَقَدْ جَآءَ ءَالَ فِرْعَوْنَ النُّذُرُ ۝

(42) Negaron la veracidad de todos Nuestros signos y los agarramos con el castigo de un Irresistible, Todopoderoso.

كَذَّبُوا۟ بِـَٔايَٰتِنَا كُلِّهَا فَأَخَذْنَٰهُمْ أَخْذَ عَزِيزٍ مُّقْتَدِرٍ ۝

(43) ¿Acaso son mejores que ellos los que de vosotros se niegan a creer? ¿O es que aparece en las escrituras alguna inmunidad para vosotros?

أَكُفَّارُكُمْ خَيْرٌ مِّنْ أُوْلَٰٓئِكُمْ أَمْ لَكُم بَرَآءَةٌ فِى ٱلزُّبُرِ ۝

(44) ¿O acaso dicen: Somos un grupo invencible?

أَمْ يَقُولُونَ نَحْنُ جَمِيعٌ مُّنتَصِرٌ ۝

(45) Tal grupo será derrotado y darán la espalda.

سَيُهْزَمُ ٱلْجَمْعُ وَيُوَلُّونَ ٱلدُّبُرَ ۝

(46) Pero la Hora será su cita y ella será aún más terrible y más amarga.

بَلِ ٱلسَّاعَةُ مَوْعِدُهُمْ وَٱلسَّاعَةُ أَدْهَىٰ وَأَمَرُّ ۝

(47) Es cierto que los que hacen el mal están en un extravío y en una locura.

إِنَّ ٱلْمُجْرِمِينَ فِى ضَلَٰلٍ وَسُعُرٍ ۝

(48) El día en que sean arrojados de cara al Fuego: ¡Gustad el tacto de Saqar*!

* [Es un nombre propio que designa a Yahannam.]

يَوْمَ يُسْحَبُونَ فِى ٱلنَّارِ عَلَىٰ وُجُوهِهِمْ ذُوقُوا۟ مَسَّ سَقَرَ ۝

(49) Es cierto que hemos creado cada cosa en una medida.

إِنَّا كُلَّ شَىْءٍ خَلَقْنَٰهُ بِقَدَرٍ ۝

(50) Nuestra orden es como un cerrar y abrir de ojos, una sola vez.

وَمَآ أَمْرُنَآ إِلَّا وَٰحِدَةٌ كَلَمْحٍ بِٱلْبَصَرِ ۝

(51) Y ya destruimos antes a vuestros congéneres. ¿Habrá alguien que recapacite?

وَلَقَدْ أَهْلَكْنَآ أَشْيَاعَكُمْ فَهَلْ مِن مُّدَّكِرٍ ۝

(52) Cada una de las cosas que hicieron está en las escrituras.

وَكُلُّ شَىْءٍ فَعَلُوهُ فِى ٱلزُّبُرِ ۝

(53) Todo, pequeño o grande, está registrado.

وَكُلُّ صَغِيرٍ وَكَبِيرٍ مُّسۡتَطَرٌ ۝

(54) Es cierto que los temerosos estarán en jardines y ríos.

إِنَّ ٱلۡمُتَّقِينَ فِي جَنَّٰتٍ وَنَهَرٍ ۝

(55) En un lugar de reposo verdadero, junto a un Señor Todopoderoso.

فِي مَقۡعَدِ صِدۡقٍ عِندَ مَلِيكٍ مُّقۡتَدِرِۢ ۝

55. SURA DEL MISERICORDIOSO.

En el nombre de Allah, el Misericordioso, el Compasivo.

(1) El Misericordioso, ha enseñado el Corán,

الرَّحْمَنُ عَلَّمَ الْقُرْآنَ ١

(2) ha creado al hombre, le ha enseñado a hablar*.

* [En árabe "al-bayan", que implica la capacidad de expresarse por medio del lenguaje, poder distinguir las cosas y explicarlas.]

خَلَقَ الْإِنسَانَ عَلَّمَهُ الْبَيَانَ ٢

(3) El sol y la luna discurren por dos órbitas precisas.

الشَّمْسُ وَالْقَمَرُ بِحُسْبَانٍ ٣

(4) Y el astro y el árbol se postran.

وَالنَّجْمُ وَالشَّجَرُ يَسْجُدَانِ ٤

(5) Ha elevado el cielo y ha puesto la balanza

وَالسَّمَاءَ رَفَعَهَا وَوَضَعَ الْمِيزَانَ ٥

(6) para que no abusaráis al pesar

أَلَّا تَطْغَوْا فِي الْمِيزَانِ ٦

(7) y cumpliérais el peso con equidad sin menoscabo.

وَأَقِيمُوا الْوَزْنَ بِالْقِسْطِ وَلَا تُخْسِرُوا الْمِيزَانَ ٧

(8) Ha hecho la tierra para las criaturas

وَالْأَرْضَ وَضَعَهَا لِلْأَنَامِ ٨

(9) En ella hay frutas y palmeras con brotes en espatas.

فِيهَا فَاكِهَةٌ وَالنَّخْلُ ذَاتُ الْأَكْمَامِ ٩

(10) Semillas, que se convertirán en paja y arrayanes.

وَالْحَبُّ ذُو الْعَصْفِ وَالرَّيْحَانُ ﴿١٠﴾

(11) ¿Qué dones de vuestro Señor podréis ambos* negar?

* [Referido a los genios y a los hombres.]

فَبِأَيِّ ءَالَاءِ رَبِّكُمَا تُكَذِّبَانِ ﴿١١﴾

(12) Creó al hombre de barro seco cual cerámica

خَلَقَ الْإِنسَانَ مِن صَلْصَالٍ كَالْفَخَّارِ ﴿١٢﴾

(13) y creó a los genios de puro fuego.

وَخَلَقَ الْجَانَّ مِن مَّارِجٍ مِّن نَّارٍ ﴿١٣﴾

(14) ¿Qué dones de vuestro Señor podréis ambos negar?

فَبِأَيِّ ءَالَاءِ رَبِّكُمَا تُكَذِّبَانِ ﴿١٤﴾

(15) Señor de los dos nacientes y de los dos ponientes.*

* [Según los comentaristas, puede referirse a la salida y puesta del sol y a la luna o a las diferencias de la salida y puesta del sol en verano y en invierno.]

رَبُّ الْمَشْرِقَيْنِ وَرَبُّ الْمَغْرِبَيْنِ ﴿١٥﴾

(16) ¿Qué dones de vuestro Señor podréis ambos negar?

فَبِأَيِّ ءَالَاءِ رَبِّكُمَا تُكَذِّبَانِ ﴿١٦﴾

(17) Ha dejado que los dos mares se encuentren libremente.

مَرَجَ الْبَحْرَيْنِ يَلْتَقِيَانِ ﴿١٧﴾

(18) Entre ambos hay un espacio que no traspasan.

بَيْنَهُمَا بَرْزَخٌ لَّا يَبْغِيَانِ ﴿١٨﴾

(19) ¿Qué dones de vuestro Señor podréis ambos negar?

فَبِأَيِّ ءَالَاءِ رَبِّكُمَا تُكَذِّبَانِ ﴿١٩﴾

(20) De ambos se obtienen perlas y coral.

يَخْرُجُ مِنْهُمَا اللُّؤْلُؤُ وَالْمَرْجَانُ ﴿٢٠﴾

(21) ¿Qué dones de vuestro Señor podréis ambos negar?

فَبِأَيِّ ءَالآءِ رَبِّكُمَا تُكَذِّبَانِ ۝

(22) Suyas son las naves cuyas velas se alzan en el mar como picos montañosos.

وَلَهُ الْجَوَارِ الْمُنشَئَاتُ فِي الْبَحْرِ كَالأَعْلَمِ ۝

(23) ¿Qué dones de vuestro Señor podréis ambos negar?

فَبِأَيِّ ءَالآءِ رَبِّكُمَا تُكَذِّبَانِ ۝

(24) Todo cuanto en ella* hay, es perecedero.

* [La tierra]

كُلُّ مَنْ عَلَيْهَا فَانٍ ۝

(25) Pero la faz de tu Señor, Dueño de Majestad y Honor, permanece.

وَيَبْقَى وَجْهُ رَبِّكَ ذُو الْجَلَلِ وَالإِكْرَامِ ۝

(26) ¿Qué dones de vuestro Señor podréis ambos negar?

فَبِأَيِّ ءَالآءِ رَبِّكُمَا تُكَذِّبَانِ ۝

(27) A El le piden todos los que están en los cielos y en la tierra.

Cada día, El está en algún asunto.*

* [En un hadiz transmitido por Abu Dardá, el Profeta, que Allah le dé Su gracia y paz, dijo: "Parte de Su asunto es perdonar una falta, librar de alguna aflicción y elevar a unos rebajando a otros." Según ésto la aleya se entiende en el sentido de que cada día o cada momento, Allah está decidiendo y actuando sobre Su creación.]

يَسْئَلُهُ مَن فِي السَّمَوَاتِ وَالأَرْضِ كُلَّ يَوْمٍ هُوَ فِي شَأْنٍ ۝

(28) ¿Qué dones de vuestro Señor podréis ambos negar?

فَبِأَيِّ ءَالآءِ رَبِّكُمَا تُكَذِّبَانِ ۝

(29) Nos encargaremos de vosotros,

سَنَفْرُغُ لَكُمْ أَيُّهَ الثَّقَلَانِ ۝

los dos que tenéis la responsabilidad*.

* [Lit.: Las dos cargas o los dos pesos.
Hay quien interpreta que el hombre y
los genios son llamados "los dos
pesos" porque pesan sobre la tierra.]

(30) ¿Qué dones de vuestro Señor
podréis ambos negar?

فَبِأَيِّ ءَالَاءِ رَبِّكُمَا تُكَذِّبَانِ ۝

(31) ¡Genios y hombres juntos!

Si podéis saliros de los confines del cielo y de la tierra,
hacedlo... Pero no tendréis
salida si no es con un poder.

يَمَعْشَرَ الْجِنِّ وَالْإِنسِ إِنِ اسْتَطَعْتُمْ أَن تَنفُذُوا مِنْ أَقْطَارِ السَّمَوَتِ وَالْأَرْضِ فَانفُذُوا لَا تَنفُذُونَ إِلَّا بِسُلْطَنِ ۝

(32) ¿Qué dones de vuestro Señor
podréis ambos negar?

فَبِأَيِّ ءَالَاءِ رَبِّكُمَا تُكَذِّبَانِ ۝

(33) Se mandará contra vosotros una
llamarada de fuego

يُرْسَلُ عَلَيْكُمَا شُوَاظٌ مِّن نَّارٍ ۝

(34) y cobre fundido y no os podréis
auxiliar unos a otros.

وَنُحَاسٌ فَلَا تَنتَصِرَانِ ۝

(35) ¿Qué dones de vuestro Señor
podréis ambos negar?

فَبِأَيِّ ءَالَاءِ رَبِّكُمَا تُكَذِّبَانِ ۝

(36) Cuando el cielo se raje y sea
como el cuero rojo.

فَإِذَا انشَقَّتِ السَّمَاءُ فَكَانَتْ وَرْدَةً كَالدِّهَانِ ۝

(37) ¿Qué dones de vuestro Señor
podréis ambos negar?

فَبِأَيِّ ءَالَاءِ رَبِّكُمَا تُكَذِّبَانِ ۝

(38) Ese día a ningún genio ni hombre habrá que preguntarle por
sus faltas.

فَيَوْمَئِذٍ لَّا يُسْئَلُ عَن ذَنبِهِ إِنسٌ وَلَا جَانٌّ ۝

(39) ¿Qué dones de vuestro Señor podréis ambos negar?

فَبِأَيِّ ءَالَآءِ رَبِّكُمَا تُكَذِّبَانِ ۝

(40) Los malhechores serán reconocidos por sus marcas y agarrados por el pelo y los pies.

۞ يُعْرَفُ الْمُجْرِمُونَ بِسِيمَاهُمْ فَيُؤْخَذُ بِالنَّوَاصِى وَالْأَقْدَامِ ۝

(41) ¿Qué dones de vuestro Señor podréis ambos negar?

فَبِأَيِّ ءَالَآءِ رَبِّكُمَا تُكَذِّبَانِ ۝

(42) Este es Yahannam cuya existencia negaban los malhechores.

هَـٰذِهِ جَهَنَّمُ الَّتِى يُكَذِّبُ بِهَا الْمُجْرِمُونَ ۝

(43) Irán y volverán entre su fuego y un agua hirviendo.

يَطُوفُونَ بَيْنَهَا وَبَيْنَ حَمِيمٍ ءَانٍ ۝

(44) ¿Qué dones de vuestro Señor podréis ambos negar?

فَبِأَيِّ ءَالَآءِ رَبِّكُمَا تُكَذِّبَانِ ۝

(45) Y quien haya temido la comparecencia ante su Señor, tendrá dos jardines.

وَلِمَنْ خَافَ مَقَامَ رَبِّهِ جَنَّتَانِ ۝

(46) ¿Qué dones de vuestro Señor podréis ambos negar?

فَبِأَيِّ ءَالَآءِ رَبِّكُمَا تُكَذِّبَانِ ۝

(47) De gran frondosidad.

ذَوَاتَآ أَفْنَانٍ ۝

(48) ¿Qué dones de vuestro Señor podréis ambos negar?

فَبِأَيِّ ءَالَآءِ رَبِّكُمَا تُكَذِّبَانِ ۝

(49) En ellos habrá dos manantiales surtiendo.

فِيهِمَا عَيْنَانِ تَجْرِيَانِ ۝

(50) ¿Qué dones de vuestro Señor podréis ambos negar?

فَبِأَيِّ ءَالَآءِ رَبِّكُمَا تُكَذِّبَانِ ۝

(51) En ellos habrá dos parejas de cada fruto.

فِيهِمَا مِن كُلِّ فَـٰكِهَةٍ زَوْجَانِ ۝

(52) ¿Qué dones de vuestro Señor podréis ambos negar?

فَبِأَىِّ ءَالَآءِ رَبِّكُمَا تُكَذِّبَانِ ۝

(53) Estarán recostados en divanes tapizados de brocado.
Los frutos de ambos jardines estarán al alcance de la mano.

مُتَّكِـِٔينَ عَلَىٰ فُرُشٍ بَطَآئِنُهَا مِنْ إِسْتَبْرَقٍ وَجَنَى ٱلْجَنَّتَيْنِ دَانٍ ۝

(54) ¿Qué dones de vuestro Señor podréis ambos negar?

فَبِأَىِّ ءَالَآءِ رَبِّكُمَا تُكَذِّبَانِ ۝

(55) Allí habrá unas de mirada recatada a las que antes de ellos no habrá tocado hombre ni genio.

فِيهِنَّ قَـٰصِرَٰتُ ٱلطَّرْفِ لَمْ يَطْمِثْهُنَّ إِنسٌ قَبْلَهُمْ وَلَا جَآنٌّ ۝

(56) ¿Qué dones de vuestro Señor podréis ambos negar?

فَبِأَىِّ ءَالَآءِ رَبِّكُمَا تُكَذِّبَانِ ۝

(57) Parecerán rubíes y coral.

كَأَنَّهُنَّ ٱلْيَاقُوتُ وَٱلْمَرْجَانُ ۝

(58) ¿Qué dones de vuestro Señor podréis ambos negar?

فَبِأَىِّ ءَالَآءِ رَبِّكُمَا تُكَذِّبَانِ ۝

(59) ¿No es el bien la recompensa del bien*?

هَلْ جَزَآءُ ٱلْإِحْسَـٰنِ إِلَّا ٱلْإِحْسَـٰنُ ۝

*[En árabe "ihsan". Ibn Abbas contó que el Profeta, que Allah le dé Su gracia y paz, recitó esta aleya y dijo: Allah quiere decir: "¿No es la recompensa de aquel a quien he favorecido con Mi conocimiento (marifa) y con el testimonio de Mi unicidad (tawhid) sino hacerle habitar Mi Jardín y el recinto vedado de Mi pureza por medio de Mi misericordia?"]

(60) ¿Qué dones de vuestro Señor podréis ambos negar?

فَبِأَيِّ ءَالَآءِ رَبِّكُمَا تُكَذِّبَانِ ۝

(61) Y además de ésos habrá dos jardines más.

وَمِن دُونِهِمَا جَنَّتَانِ ۝

(62) ¿Qué dones de vuestro Señor podréis ambos negar?

فَبِأَيِّ ءَالَآءِ رَبِّكُمَا تُكَذِّبَانِ ۝

(63) Tupidos.

مُدْهَآمَّتَانِ ۝

(64) ¿Qué dones de vuestro Señor podréis ambos negar?

فَبِأَيِّ ءَالَآءِ رَبِّكُمَا تُكَذِّبَانِ ۝

(65) En ellos habrá dos fuentes manando.

فِيهِمَا عَيْنَانِ نَضَّاخَتَانِ ۝

(66) ¿Qué dones de vuestro Señor podréis ambos negar?

فَبِأَيِّ ءَالَآءِ رَبِّكُمَا تُكَذِّبَانِ ۝

(67) En ellos habrá frutas, palmeras y granados.

فِيهِمَا فَاكِهَةٌ وَنَخْلٌ وَرُمَّانٌ ۝

(68) ¿Qué dones de vuestro Señor podréis ambos negar?

فَبِأَيِّ ءَالَآءِ رَبِّكُمَا تُكَذِّبَانِ ۝

(69) Habrá unas, elegidas y hermosas.

فِيهِنَّ خَيْرَاتٌ حِسَانٌ ۝

(70) ¿Qué dones de vuestro Señor podréis ambos negar?

فَبِأَيِّ ءَالَآءِ رَبِّكُمَا تُكَذِّبَانِ ۝

(71) De ojos hermosísmos; resguardadas en tiendas.

حُورٌ مَّقْصُورَاتٌ فِي الْخِيَامِ ۝

(72) ¿Qué dones de vuestro Señor podréis ambos negar?

فَبِأَيِّ ءَالَآءِ رَبِّكُمَا تُكَذِّبَانِ ۝

(73) Antes de ellos ningún hombre ni genio las habrá tocado.

لَمْ يَطْمِثْهُنَّ إِنسٌ قَبْلَهُمْ وَلَا جَآنٌّ ۝

(74) ¿Qué dones de vuestro Señor podréis ambos negar?

فَبِأَىِّ ءَالَآءِ رَبِّكُمَا تُكَذِّبَانِ ۝

(75) Estarán recostados sobre verdes cojines y hermosos lechos.

مُتَّكِئِينَ عَلَى رَفْرَفٍ خُضْرٍ وَعَبْقَرِىٍّ حِسَانٍ ۝

(76) ¿Qué dones de vuestro Señor podréis ambos negar?

فَبِأَىِّ ءَالَآءِ رَبِّكُمَا تُكَذِّبَانِ ۝

(77) ¡Bendito sea el nombre de tu Señor, Dueño de la Majestad y del Honor!

تَبَارَكَ ٱسْمُ رَبِّكَ ذِى ٱلْجَلَالِ وَٱلْإِكْرَامِ ۝

56. SURA DE LO QUE HA DE OCURRIR.

En el nombre de Allah, el Misericordioso, el Compasivo.

(1) Cuando tenga lugar lo que ha de ocurrir.

إِذَا وَقَعَتِ الْوَاقِعَةُ ۝

(2) No habrá nadie que pueda negar su acontecer.

لَيْسَ لِوَقْعَتِهَا كَاذِبَةٌ ۝

(3) Rebajará (a unos) y elevará (a otros).

خَافِضَةٌ رَّافِعَةٌ ۝

(4) Cuando la tierra se mueva convulsivamente,

إِذَا رُجَّتِ الْأَرْضُ رَجًّا ۝

(5) las montañas caigan desmoronadas

وَبُسَّتِ الْجِبَالُ بَسًّا ۝

(6) y se conviertan en polvo esparcido;

فَكَانَتْ هَبَاءً مُّنْبَثًّا ۝

(7) y vosotros seáis de tres clases:

وَكُنْتُمْ أَزْوَاجًا ثَلَاثَةً ۝

(8) Los compañeros de la derecha.

فَأَصْحَابُ الْمَيْمَنَةِ ۝

(9) ¡Oh los compañeros de la derecha!

مَا أَصْحَابُ الْمَيْمَنَةِ ۝

(10) Y los compañeros de la izquierda!

وَأَصْحَابُ الْمَشْأَمَةِ ۝

(11) ¡Oh los compañeros de la izquierda!

مَا أَصْحَابُ الْمَشْأَمَةِ ۝

(12) Y los adelantados. ¡Oh los adelantados!

وَالسَّابِقُونَ السَّابِقُونَ ۝

(13) Esos serán los que tengan proximidad

أُوْلَـٰٓئِكَ ٱلْمُقَرَّبُونَ ۝

(14) en los jardines del Deleite.

فِي جَنَّـٰتِ ٱلنَّعِيمِ ۝

(15) Muchos de los primeros

ثُلَّةٌ مِّنَ ٱلْأَوَّلِينَ ۝

(16) y pocos de los últimos*.

* [Los comentaristas entienden en general que se refiere a que los adelantados serán muchos de los primeros musulmanes y pocos de los que vengan después.]

وَقَلِيلٌ مِّنَ ٱلْأَخِرِينَ ۝

(17) Estarán sobre divanes tejidos de oro,

عَلَىٰ سُرُرٍ مَّوْضُونَةٍ ۝

(18) recostados unos frente a otros.

مُّتَّكِئِينَ عَلَيْهَا مُتَقَـٰبِلِينَ ۝

(19) En torno a ellos irán pasando muchachos eternamente jóvenes

يَطُوفُ عَلَيْهِمْ وِلْدَانٌ مُّخَلَّدُونَ ۝

(20) con copas, vasijas

بِأَكْوَابٍ وَأَبَارِيقَ ۝

(21) y vasos de un vino que manará de un manantial

وَكَأْسٍ مِّن مَّعِينٍ ۝

(22) y no les provocará dolor de cabeza ni embriaguez.

لَّا يُصَدَّعُونَ عَنْهَا وَلَا يُنزِفُونَ ۝

(23) Tendrán las frutas que elijan

وَفَـٰكِهَةٍ مِّمَّا يَتَخَيَّرُونَ ۝

(24) y la carne de ave que les apetezca.

وَلَحْمِ طَيْرٍ مِّمَّا يَشْتَهُونَ ۝

(25) Y unas de ojos hermosísimos, parecidas a las perlas semiocultas.

وَحُورٌ عِينٌ ۝ كَأَمْثَـٰلِ ٱللُّؤْلُؤِ ٱلْمَكْنُونِ ۝

(26) Como recompensa por lo que hicieron.

جَزَآءً بِمَا كَانُوا۟ يَعْمَلُونَ ۝

(27) Allí no oirán frivolidad ni incitación al mal,

لَا يَسْمَعُونَ فِيهَا لَغْوًا وَلَا تَأْثِيمًا ۝

(28) tan sólo la palabra: Paz, paz.

إِلَّا قِيلًا سَلَٰمًا سَلَٰمًا ۝

(29) Y los compañeros de la derecha.
¡Oh los compañeros de la
derecha!

وَأَصْحَٰبُ الْيَمِينِ مَا أَصْحَٰبُ الْيَمِينِ ۝

(30) Estarán entre azufaifos sin espi-
nas

فِي سِدْرٍ مَّخْضُودٍ ۝

(31) y exhuberantes árboles de plá-
tano.

وَطَلْحٍ مَّنضُودٍ ۝

(32) En sombras perennes,

وَظِلٍّ مَّمْدُودٍ ۝

(33) agua en continuo fluir

وَمَاءٍ مَّسْكُوبٍ ۝

(34) y abundantes frutas

وَفَٰكِهَةٍ كَثِيرَةٍ ۝

(35) que no dejarán de producirse ni
serán inaccesibles.

لَّا مَقْطُوعَةٍ وَلَا مَمْنُوعَةٍ ۝

(36) En lechos elevados.

وَفُرُشٍ مَّرْفُوعَةٍ ۝

(37) Realmente las habremos creado
de nuevo*.

إِنَّا أَنشَأْنَٰهُنَّ إِنشَاءً ۝

* [Se refiere a las mujeres de este
mundo que serán recreadas jóvenes y
en la forma más hermosa aunque mueran viejas. También puede referirse a
las huríes y en este sentido habría que
entender: "Las habremos creado a
propósito..."]

(38) Y las habremos hecho vírgenes,

فَجَعَلْنَٰهُنَّ أَبْكَارًا ۝

(39) amorosas y de la misma edad*.

عُرُبًا أَتْرَابًا ۝

* [Que sus esposos; es decir, treinta y
tres años.]

(40) Para los compañeros de la derecha.

لِّأَصْحَبِ ٱلْيَمِينِ ۝

(41) Muchos de los primeros

ثُلَّةٌ مِّنَ ٱلْأَوَّلِينَ ۝

(42) y muchos de los últimos.

وَثُلَّةٌ مِّنَ ٱلْأَخِرِينَ ۝

(43) Y los compañeros de la izquierda.

وَأَصْحَبُ ٱلشِّمَالِ ۝

(44) ¡Oh los compañeros de la izquierda!

مَآ أَصْحَبُ ٱلشِّمَالِ ۝

(45) Estarán en un viento ardiente y
agua hirviendo,

فِى سَمُومٍ وَحَمِيمٍ ۝

(46) a la sombra de una humareda
abrasante,

وَظِلٍّ مِّن يَحْمُومٍ ۝

(47) ni fresca ni generosa.

لَّا بَارِدٍ وَلَا كَرِيمٍ ۝

(48) Es cierto que antes habían estado
entregados a la vida fácil,

إِنَّهُمْ كَانُوا قَبْلَ ذَلِكَ مُتْرَفِينَ ۝

(49) aferrados al gran error

وَكَانُوا يُصِرُّونَ عَلَى ٱلْحِنثِ ٱلْعَظِيمِ ۝

(50) y diciendo: ¿Acaso cuando hayamos muerto y seamos tierra y
huesos se nos devolverá a la
vida?

وَكَانُوا يَقُولُونَ أَئِذَا مِتْنَا وَكُنَّا تُرَابًا وَعِظَامًا أَءِنَّا
لَمَبْعُوثُونَ ۝

(51) ¿O lo serán nuestros primeros
padres?

أَوَءَابَآؤُنَا ٱلْأَوَّلُونَ ۝

(52) Di: En verdad que los primeros y
los últimos, serán reunidos

۞ قُلْ إِنَّ ٱلْأَوَّلِينَ وَٱلْأَخِرِينَ لَمَجْمُوعُونَ ۝

(53) en el lugar de encuentro de un
día conocido.

إِلَى مِيقَتِ يَوْمٍ مَّعْلُومٍ ۝

(54) Luego vosotros, los extraviados, los que negásteis la verdad,

ثُمَّ إِنَّكُمْ أَيُّهَا الضَّآلُّونَ الْمُكَذِّبُونَ ۝

(55) comeréis de un árbol de Zaqqum*

* [Ver nota aleya 60 de la sura 17, el Viaje Nocturno.]

لَآكِلُونَ مِن شَجَرٍ مِّن زَقُّومٍ ۝

(56) con el que llenaréis vuestros vientres.

فَمَالِئُونَ مِنْهَا الْبُطُونَ ۝

(57) Y sobre ello beberéis agua hirviendo.

فَشَارِبُونَ عَلَيْهِ مِنَ الْحَمِيمِ ۝

(58) Beberéis como bebe el camello enfermo que no puede calmar su sed.

فَشَارِبُونَ شُرْبَ الْهِيمِ ۝

(59) Este será su hospedaje el día de la Retribución.

هَٰذَا نُزُلُهُمْ يَوْمَ الدِّينِ ۝

(60) ¿No os hemos creado?, ¿por qué entonces no dáis fe?

نَحْنُ خَلَقْنَاكُمْ فَلَوْلَا تُصَدِّقُونَ ۝

(61) ¿Os habéis fijado en lo que eyaculáis?

أَفَرَأَيْتُم مَّا تُمْنُونَ ۝

(62) Sois vosotros los que lo creáis o somos Nosotros los creadores?

ءَأَنتُمْ تَخْلُقُونَهُ أَمْ نَحْنُ الْخَالِقُونَ ۝

(63) Hemos decretado que entre vosotros exista la muerte y no podéis impedirnos

نَحْنُ قَدَّرْنَا بَيْنَكُمُ الْمَوْتَ وَمَا نَحْنُ بِمَسْبُوقِينَ ۝

(64) que pongamos en vuestro lugar a otros semejantes a vosotros ni que os creemos como no conocéis.

عَلَىٰٓ أَن نُّبَدِّلَ أَمْثَالَكُمْ وَنُنشِئَكُمْ فِي مَا لَا تَعْلَمُونَ ۝

سُورَةُ الْوَاقِعَةِ ـ الْجُزْءُ السَّابِعُ وَالْعِشْرُونَ

(65) Ya habéis conocido vuestra primera creación.*

¿No váis a recordar?

* [La segunda creación sería la vuelta a la vida tras la muerte.]

وَلَقَدْ عَلِمْتُمُ النَّشْأَةَ الْأُولَىٰ فَلَوْلَا تَذَكَّرُونَ ۝

(66) ¿Os habéis fijado en lo que cultiváis?

أَفَرَءَيْتُم مَّا تَحْرُثُونَ ۝

(67) ¿Sois vosotros los que hacéis germinar o somos Nosotros los germinadores?

ءَأَنتُمْ تَزْرَعُونَهُ أَمْ نَحْنُ الزَّارِعُونَ ۝

(68) Si quisiéramos lo convertiríamos en rastrojo y os quedaríais lamentándoos:

لَوْ نَشَآءُ لَجَعَلْنَٰهُ حُطَٰماً فَظَلْتُمْ تَفَكَّهُونَ ۝

(69) ¡Hemos sido castigados!

إِنَّا لَمُغْرَمُونَ ۝

(70) Y más aún, hemos caído en desgracia.

بَلْ نَحْنُ مَحْرُومُونَ ۝

(71) ¿Os habéis fijado en el agua que bebéis?

أَفَرَءَيْتُمُ الْمَآءَ الَّذِى تَشْرَبُونَ ۝

(72) ¿Sois vosotros los que la hacéis caer de la nube o somos Nosotros?

ءَأَنتُمْ أَنزَلْتُمُوهُ مِنَ الْمُزْنِ أَمْ نَحْنُ الْمُنزِلُونَ ۝

(73) Si hubiéramos querido la habríamos hecho salobre. ¿Por qué, pues, no agradecéis?

لَوْ نَشَآءُ جَعَلْنَٰهُ أُجَاجاً فَلَوْلَا تَشْكُرُونَ ۝

(74) ¿Os habéis fijado en el fuego que encendéis?

أَفَرَءَيْتُمُ النَّارَ الَّتِى تُورُونَ ۝

(75) ¿Sois vosotros los que habéis creado el árbol que le sirve de leña o somos Nosotros los creadores?

ءَأَنتُمْ أَنشَأْتُمْ شَجَرَتَهَآ أَمْ نَحْنُ الْمُنشِئُونَ ۝

(76) Lo hemos hecho un recuerdo y beneficio para los viajeros.

نَحۡنُ جَعَلۡنَٰهَا تَذۡكِرَةً وَمَتَٰعًا لِّلۡمُقۡوِينَ ﴿٧٣﴾

(77) Así pues glorifica el nombre de tu Señor, el Inmenso.

فَسَبِّحۡ بِٱسۡمِ رَبِّكَ ٱلۡعَظِيمِ ﴿٧٤﴾

(78) Y juro por el ocaso de los astros

۞ فَلَآ أُقۡسِمُ بِمَوَٰقِعِ ٱلنُّجُومِ ﴿٧٥﴾

(79) lo cual, si supiérais es un gran juramento,

وَإِنَّهُۥ لَقَسَمٌ لَّوۡ تَعۡلَمُونَ عَظِيمٌ ﴿٧٦﴾

(80) que es una Recitación noble

إِنَّهُۥ لَقُرۡءَانٌ كَرِيمٌ ﴿٧٧﴾

(81) en un Libro oculto

فِي كِتَٰبٍ مَّكۡنُونٍ ﴿٧٨﴾

(82) que no tocan sino los purificados.

لَّا يَمَسُّهُۥٓ إِلَّا ٱلۡمُطَهَّرُونَ ﴿٧٩﴾

(83) Revelación descendida por el Señor de todos los mundos.

تَنزِيلٌ مِّن رَّبِّ ٱلۡعَٰلَمِينَ ﴿٨٠﴾

(84) ¿Sois capaces de no ser sinceros con este relato?

أَفَبِهَٰذَا ٱلۡحَدِيثِ أَنتُم مُّدۡهِنُونَ ﴿٨١﴾

(85) ¿Y agradecéis negando la verdad?

وَتَجۡعَلُونَ رِزۡقَكُمۡ أَنَّكُمۡ تُكَذِّبُونَ ﴿٨٢﴾

(86) ¿Acaso cuando el aliento vital llega a la garganta

فَلَوۡلَآ إِذَا بَلَغَتِ ٱلۡحُلۡقُومَ ﴿٨٣﴾

(87) y estáis pendientes, mirando,

وَأَنتُمۡ حِينَئِذٍ تَنظُرُونَ ﴿٨٤﴾

(88) no estamos Nos más cerca de él que vosotros, aunque no lo veáis?

وَنَحۡنُ أَقۡرَبُ إِلَيۡهِ مِنكُمۡ وَلَٰكِن لَّا تُبۡصِرُونَ ﴿٨٥﴾

(89) ¿Por qué entonces, si es verdad que no vais a rendir cuentas,

فَلَوۡلَآ إِن كُنتُمۡ غَيۡرَ مَدِينِينَ ﴿٨٦﴾

(90) no lo devolvéis a la vida, si sois veraces?

تَرۡجِعُونَهَآ إِن كُنتُمۡ صَٰدِقِينَ ﴿٨٧﴾

(91) Y si fue de los próximos:

فَأَمَّآ إِن كَانَ مِنَ ٱلْمُقَرَّبِينَ ۝

(92) Alivio, generosa provisión y un jardín de delicias.

فَرَوْحٌ وَرَيْحَانٌ وَجَنَّتُ نَعِيمٍ ۝

(93) Y si fue de los compañeros de la derecha:

وَأَمَّآ إِن كَانَ مِنْ أَصْحَٰبِ ٱلْيَمِينِ ۝

(94) Paz a ti entre los compañeros de la derecha.

فَسَلَٰمٌ لَّكَ مِنْ أَصْحَٰبِ ٱلْيَمِينِ ۝

(95) pero si fue de los que negaron la verdad, de los extraviados:

وَأَمَّآ إِن كَانَ مِنَ ٱلْمُكَذِّبِينَ ٱلضَّآلِّينَ ۝

(96) Un hospedaje de agua hirviendo

فَنُزُلٌ مِّنْ حَمِيمٍ ۝

(97) y abrasarse en el Yahim.

وَتَصْلِيَةُ جَحِيمٍ ۝

(98) Esto es, con certeza, la pura verdad.

إِنَّ هَٰذَا لَهُوَ حَقُّ ٱلْيَقِينِ ۝

(99) Glorifica pues el nombre de tu Señor, el Inmenso.

فَسَبِّحْ بِٱسْمِ رَبِّكَ ٱلْعَظِيمِ ۝

57. SURA DEL HIERRO.

بِسْمِ اللَّهِ الرَّحْمَنِ الرَّحِيمِ

En el nombre de Allah, el Misericordioso, el Compasivo.

(1) Todo lo que hay en los cielos y en la tierra glorifica a Allah y Él es el Poderoso, el Sabio.

سَبَّحَ لِلَّهِ مَا فِي السَّمَوَاتِ وَالْأَرْضِ وَهُوَ الْعَزِيزُ الْحَكِيمُ ۝

(2) Suya es la soberanía de los cielos y de la tierra, da la vida y da la muerte y es Poderoso sobre todas las cosas.

لَهُ مُلْكُ السَّمَوَاتِ وَالْأَرْضِ يُحْيِ وَيُمِيتُ وَهُوَ عَلَى كُلِّ شَيْءٍ قَدِيرٌ ۝

(3) Él es el Primero y el Último, el Manifiesto y el Oculto y es Conocedor de todas las cosas.

هُوَ الْأَوَّلُ وَالْآخِرُ وَالظَّاهِرُ وَالْبَاطِنُ وَهُوَ بِكُلِّ شَيْءٍ عَلِيمٌ ۝

(4) Él es Quien creó los cielos y la tierra en seis días y a continuación se asentó en el Trono. Conoce lo que entra en el seno de la tierra y lo que sale de ella lo que cae del cielo y lo que a él asciende. Y está con vosotros dondequiera que estéis. Allah ve lo que hacéis.

هُوَ الَّذِي خَلَقَ السَّمَوَاتِ وَالْأَرْضَ فِي سِتَّةِ أَيَّامٍ ثُمَّ اسْتَوَى عَلَى الْعَرْشِ يَعْلَمُ مَا يَلِجُ فِي الْأَرْضِ وَمَا يَخْرُجُ مِنْهَا وَمَا يَنْزِلُ مِنَ السَّمَاءِ وَمَا يَعْرُجُ فِيهَا وَهُوَ مَعَكُمْ أَيْنَ مَا كُنْتُمْ وَاللَّهُ بِمَا تَعْمَلُونَ بَصِيرٌ ۝

(5) Suya es la soberanía de los cielos y de la tierra y a Allah regresan los asuntos.

لَهُ مُلْكُ السَّمَوَاتِ وَالْأَرْضِ وَإِلَى اللَّهِ تُرْجَعُ الْأُمُورُ ۝

(6) Hace que la noche penetre en el día y que el día penetre en la noche y es el Conocedor de lo que encierran los pechos.

يُولِجُ اللَّيْلَ فِي النَّهَارِ وَيُولِجُ النَّهَارَ فِي اللَّيْلِ وَهُوَ عَلِيمٌ بِذَاتِ الصُّدُورِ ۝

(7) Creed en Allah y en Su mensajero y gastad de aquello que ha delegado en vosotros porque los que de vosotros crean y den con generosidad tendrán una enorme recompensa.

ءَامِنُوا بِاللَّهِ وَرَسُولِهِ وَأَنفِقُوا مِمَّا جَعَلَكُم مُّسْتَخْلَفِينَ فِيهِ فَالَّذِينَ ءَامَنُوا مِنكُمْ وَأَنفَقُوا لَهُمْ أَجْرٌ كَبِيرٌ ۞

(8) ¿Cómo es que no creéis en Allah cuando el Mensajero os está llamando a que creáis en vuestro Señor y tiene vuestro compromiso, si sois creyentes?

وَمَا لَكُمْ لَا تُؤْمِنُونَ بِاللَّهِ وَالرَّسُولُ يَدْعُوكُمْ لِتُؤْمِنُوا بِرَبِّكُمْ وَقَدْ أَخَذَ مِيثَاقَكُمْ إِن كُنتُم مُّؤْمِنِينَ ۞

(9) El es quien hace descender sobre Su siervo signos clarificadores para sacaros de las tinieblas a la luz.

Allah es Indulgente y Compasivo con vosotros.

هُوَ الَّذِي يُنَزِّلُ عَلَىٰ عَبْدِهِ ءَايَٰتٍ بَيِّنَٰتٍ لِّيُخْرِجَكُم مِّنَ الظُّلُمَٰتِ إِلَى النُّورِ وَإِنَّ اللَّهَ بِكُمْ لَرَءُوفٌ رَّحِيمٌ ۞

(10) Y ¿cómo es que no gastáis en el camino de Allah cuando a Allah Le pertenece la herencia de los cielos y la tierra?

No son iguales los que de vosotros gastaron antes de la conquista y combatieron, pues éstos tienen el mayor grado, y los que gastaron después y combatieron.

A ambos Allah les ha prometido lo más Hermoso.

Allah sabe pefectamente lo que hacéis.

وَمَا لَكُمْ أَلَّا تُنفِقُوا فِي سَبِيلِ اللَّهِ وَلِلَّهِ مِيرَٰثُ السَّمَٰوَٰتِ وَالْأَرْضِ لَا يَسْتَوِي مِنكُم مَّنْ أَنفَقَ مِن قَبْلِ الْفَتْحِ وَقَٰتَلَ أُو۟لَٰئِكَ أَعْظَمُ دَرَجَةً مِّنَ الَّذِينَ أَنفَقُوا مِن بَعْدُ وَقَٰتَلُوا وَكُلًّا وَعَدَ اللَّهُ الْحُسْنَىٰ وَاللَّهُ بِمَا تَعْمَلُونَ خَبِيرٌ ۞

(11) ¿Quién le hará a Allah un hermoso préstamo para que se lo multiplique y obtenga una generosa recompensa?

مَّن ذَا الَّذِي يُقْرِضُ اللَّهَ قَرْضًا حَسَنًا فَيُضَٰعِفَهُ لَهُ وَلَهُ أَجْرٌ كَرِيمٌ ۞

(12) El día en que veas a los creyentes y a las creyentes, y su luz mostrándose por delante de ellos y a su derecha. Hoy vuestras buenas nuevas son jardines por cuyo suelo corren los ríos, en los que serán inmortales. Ese es el inmenso triunfo.

يَوْمَ تَرَى الْمُؤْمِنِينَ وَالْمُؤْمِنَاتِ يَسْعَىٰ نُورُهُم بَيْنَ أَيْدِيهِمْ وَبِأَيْمَانِهِم بُشْرَىٰكُمُ الْيَوْمَ جَنَّاتٌ تَجْرِى مِن تَحْتِهَا الْأَنْهَارُ خَالِدِينَ فِيهَا ذَٰلِكَ هُوَ الْفَوْزُ الْعَظِيمُ ۝

(13) El día en que los hipócritas y las hipócritas les digan a los que creyeron: Esperad que nos podamos iluminar con vuestra luz. Se les dirá: Volveos sobre vuestros pasos y buscad una luz. Y quedarán separados por un muro que tendrá una puerta tras la cual habrá misericordia, mientras que fuera, ante ella, estará el castigo.

Los llamarán: ¿Acaso no estuvimos con vosotros?

Dirán: No, por el contrario. Os traicionásteis a vosotros mismos, estuvísteis esperando y dudásteis; y las falsas esperanzas os sedujeron hasta que llegó la orden de Allah.

Os engañó el Seductor apartándoos de Allah.

يَوْمَ يَقُولُ الْمُنَافِقُونَ وَالْمُنَافِقَاتُ لِلَّذِينَ ءَامَنُوا انظُرُونَا نَقْتَبِسْ مِن نُّورِكُمْ قِيلَ ارْجِعُوا وَرَآءَكُمْ فَالْتَمِسُوا نُوراً فَضُرِبَ بَيْنَهُم بِسُورٍ لَّهُ بَابٌ بَاطِنُهُ فِيهِ الرَّحْمَةُ وَظَاهِرُهُ مِن قِبَلِهِ الْعَذَابُ يُنَادُونَهُمْ أَلَمْ نَكُن مَّعَكُمْ قَالُوا بَلَىٰ وَلَٰكِنَّكُمْ فَتَنتُمْ أَنفُسَكُمْ وَتَرَبَّصْتُمْ وَارْتَبْتُمْ وَغَرَّتْكُمُ الْأَمَانِيُّ حَتَّىٰ جَآءَ أَمْرُ اللَّهِ وَغَرَّكُم بِاللَّهِ الْغَرُورُ ۝

(14) Así pues hoy no se os aceptará ningún rescate, como tampoco se les aceptará a los que se negaron a creer.

Vuestro refugio será el Fuego. El se encargará de vosotros. ¡Qué mal lugar de destino!

فَالْيَوْمَ لَا يُؤْخَذُ مِنكُمْ فِدْيَةٌ وَلَا مِنَ الَّذِينَ كَفَرُوا مَأْوَاكُمُ النَّارُ هِيَ مَوْلَاكُمْ وَبِئْسَ الْمَصِيرُ ۝

(15) ¿Acaso no les ha llegado a los que creen el momento de que sus corazones se sometan al recuerdo de Allah y a lo que ha descendido de la Verdad y no sean como aquéllos a los que se les dio el Libro anteriormente, cuyo tiempo fue largo, y sus corazones se endurecieron, estando muchos de ellos descarriados?

۞ أَلَمْ يَأْنِ لِلَّذِينَ ءَامَنُوٓاْ أَن تَخْشَعَ قُلُوبُهُمْ لِذِكْرِ اللَّهِ وَمَا نَزَلَ مِنَ الْحَقِّ وَلَا يَكُونُواْ كَالَّذِينَ أُوتُواْ الْكِتَٰبَ مِن قَبْلُ فَطَالَ عَلَيْهِمُ الْأَمَدُ فَقَسَتْ قُلُوبُهُمْ وَكَثِيرٌ مِّنْهُمْ فَٰسِقُونَ ۝

(16) Sabed que Allah vivifica la tierra después de muerta.
Os hacemos claros los signos para que podáis entender.

اعْلَمُوٓاْ أَنَّ اللَّهَ يُحْيِ الْأَرْضَ بَعْدَ مَوْتِهَا قَدْ بَيَّنَّا لَكُمُ الْآيَٰتِ لَعَلَّكُمْ تَعْقِلُونَ ۝

(17) A los que den y a las que den con generosidad y le hagan a Allah un hermoso préstamo, éste les será multiplicado y tendrán una generosa recompensa.

إِنَّ الْمُصَّدِّقِينَ وَالْمُصَّدِّقَٰتِ وَأَقْرَضُواْ اللَّهَ قَرْضًا حَسَنًا يُضَٰعَفُ لَهُمْ وَلَهُمْ أَجْرٌ كَرِيمٌ ۝

(18) Y los que creen en Allah y en Su mensajero, ésos son los veraces y los que dan testimonio ante su Señor.
Tendrán su recompensa y su luz.
Pero los que se niegan a creer y niegan la verdad de Nuestros signos, ésos son los compañeros del Yahim.

وَالَّذِينَ ءَامَنُواْ بِاللَّهِ وَرُسُلِهِ أُوْلَٰٓئِكَ هُمُ الصِّدِّيقُونَ وَالشُّهَدَآءُ عِندَ رَبِّهِمْ لَهُمْ أَجْرُهُمْ وَنُورُهُمْ وَالَّذِينَ كَفَرُواْ وَكَذَّبُواْ بِئَايَٰتِنَآ أُوْلَٰٓئِكَ أَصْحَٰبُ الْجَحِيمِ ۝

(19) Sabed que la vida del mundo es en realidad juego y distracción, así como apariencia, jactancia entre vosotros y rivalidad en riqueza e hijos.

اعْلَمُوٓاْ أَنَّمَا الْحَيَوٰةُ الدُّنْيَا لَعِبٌ وَلَهْوٌ وَزِينَةٌ وَتَفَاخُرٌ بَيْنَكُمْ وَتَكَاثُرٌ فِي الْأَمْوَٰلِ وَالْأَوْلَٰدِ كَمَثَلِ غَيْثٍ أَعْجَبَ الْكُفَّارَ نَبَاتُهُ ثُمَّ يَهِيجُ

Es como una lluvia que admira a los sembradores por las plantas que genera, pero que después se secan y las ves amarillentas hasta convertirse en deshecho.

En la Ultima Vida habrá un duro castigo, y también perdón de Allah y beneplácito.

La vida del mundo no es más que el disfrute del engaño.

فَتَرَىٰهُ مُصْفَرًّا ثُمَّ يَكُونُ حُطَٰمًا وَفِى ٱلْءَاخِرَةِ عَذَابٌ شَدِيدٌ وَمَغْفِرَةٌ مِّنَ ٱللَّهِ وَرِضْوَٰنٌ وَمَا ٱلْحَيَوٰةُ ٱلدُّنْيَا إِلَّا مَتَٰعُ ٱلْغُرُورِ ۝

(20) Tomad delantera hacia un perdón de vuestro Señor y un Jardín cuya anchura son los cielos y la tierra, que ha sido preparado para los que crean en Allah y en Su mensajero.

Ese es el favor de Allah que da a quien quiere. Y Allah es Dueño del inmenso favor.

سَابِقُوٓا إِلَىٰ مَغْفِرَةٍ مِّن رَّبِّكُمْ وَجَنَّةٍ عَرْضُهَا كَعَرْضِ ٱلسَّمَآءِ وَٱلْأَرْضِ أُعِدَّتْ لِلَّذِينَ ءَامَنُوا بِٱللَّهِ وَرُسُلِهِۦ ذَٰلِكَ فَضْلُ ٱللَّهِ يُؤْتِيهِ مَن يَشَآءُ وَٱللَّهُ ذُو ٱلْفَضْلِ ٱلْعَظِيمِ ۝

(21) No hay nada que ocurra en la tierra o en vosotros mismos, sin que esté en un libro antes de que lo hayamos causado. Eso es fácil para Allah.

مَآ أَصَابَ مِن مُّصِيبَةٍ فِى ٱلْأَرْضِ وَلَا فِىٓ أَنفُسِكُمْ إِلَّا فِى كِتَٰبٍ مِّن قَبْلِ أَن نَّبْرَأَهَآ إِنَّ ذَٰلِكَ عَلَى ٱللَّهِ يَسِيرٌ ۝

(22) Para que no os desesperéis por lo que perdáis ni os alegréis, arrogantes, por lo que os da.

Allah no ama al que se vanagloria o es jactancioso.

لِّكَيْلَا تَأْسَوْا۟ عَلَىٰ مَا فَاتَكُمْ وَلَا تَفْرَحُوا۟ بِمَآ ءَاتَىٰكُمْ وَٱللَّهُ لَا يُحِبُّ كُلَّ مُخْتَالٍ فَخُورٍ ۝

(23) Esos que escatiman y conminan a la gente a la tacañería.

Y quien se desentienda...Allah es Rico, es Sí mismo alabado.

ٱلَّذِينَ يَبْخَلُونَ وَيَأْمُرُونَ ٱلنَّاسَ بِٱلْبُخْلِ وَمَن يَتَوَلَّ فَإِنَّ ٱللَّهَ هُوَ ٱلْغَنِىُّ ٱلْحَمِيدُ ۝

سُورَةُ الْحَدِيدِ ــ الْجُزْءُ السَّابِعُ وَالْعِشْرُونَ

(24) Y así fue como enviamos a Nuestros mensajeros con las pruebas claras e hicimos descender con ellos el Libro y la Balanza, para que los hombres pudieran establecer la equidad.

E hicimos descender el hierro, que encierra tanto un gran poder de agresión como utilidad para los hombres.

Y para que Allah supiera quiénes, sin verlo, Le ayudaban a El y a Sus mensajeros.

Es cierto que Allah es Fuerte, Irresistible.

لَقَدْ أَرْسَلْنَا رُسُلَنَا بِالْبَيِّنَتِ وَأَنزَلْنَا مَعَهُمُ الْكِتَبَ وَالْمِيزَانَ لِيَقُومَ ٱلنَّاسُ بِالْقِسْطِ وَأَنزَلْنَا الْحَدِيدَ فِيهِ بَأْسٌ شَدِيدٌ وَمَنَافِعُ لِلنَّاسِ وَلِيَعْلَمَ ٱللَّهُ مَن يَنصُرُهُ وَرُسُلَهُ بِالْغَيْبِ إِنَّ ٱللَّهَ قَوِيٌّ عَزِيزٌ ۝

(25) Y así fue como enviamos a Nuh y a Ibrahim y pusimos en su descendencia la Profecía y el Libro.

Entre ellos los hubo que siguieron la guía pero fueron muchos los que se desviaron.

وَلَقَدْ أَرْسَلْنَا نُوحًا وَإِبْرَاهِيمَ وَجَعَلْنَا فِي ذُرِّيَّتِهِمَا ٱلنُّبُوَّةَ وَالْكِتَبَ فَمِنْهُم مُّهْتَدٍ وَكَثِيرٌ مِّنْهُمْ فَسِقُونَ ۝

(26) Luego, a continuación de ellos, hicimos que vinieran Nuestros mensajeros e hicimos venir a Isa, el hijo de Maryam, al que le dimos el Inyil. Y pusimos en los corazones de los que le siguieron piedad, misericordia y el monacato, novedad que ellos instituyeron sin que se lo hubiéramos prescrito, buscando únicamente el beneplácito de Allah.

Pero no lo cumplieron como debía ser cumplido.

ثُمَّ قَفَّيْنَا عَلَىٰٓ ءَاثَٰرِهِم بِرُسُلِنَا وَقَفَّيْنَا بِعِيسَى ٱبْنِ مَرْيَمَ وَءَاتَيْنَٰهُ ٱلْإِنجِيلَ وَجَعَلْنَا فِي قُلُوبِ ٱلَّذِينَ ٱتَّبَعُوهُ رَأْفَةً وَرَحْمَةً وَرَهْبَانِيَّةً ٱبْتَدَعُوهَا مَا كَتَبْنَٰهَا عَلَيْهِمْ إِلَّا ٱبْتِغَآءَ رِضْوَٰنِ ٱللَّهِ فَمَا رَعَوْهَا حَقَّ رِعَايَتِهَا فَـَٔاتَيْنَا ٱلَّذِينَ ءَامَنُوا۟ مِنْهُمْ أَجْرَهُمْ وَكَثِيرٌ مِّنْهُمْ فَسِقُونَ ۝

A los que de ellos creyeron les daremos su recompensa, pero son muchos los perdidos.

(27) ¡Vosotros que creéis! Temed a Allah y creed en Su mensajero y os dará de Su misericordia doblemente, os conferirá una luz con la que caminaréis y os perdonará. Allah es Perdonador, Compasivo.

يَٰٓأَيُّهَا ٱلَّذِينَ ءَامَنُوا۟ ٱتَّقُوا۟ ٱللَّهَ وَءَامِنُوا۟ بِرَسُولِهِۦ يُؤْتِكُمْ كِفْلَيْنِ مِن رَّحْمَتِهِۦ وَيَجْعَل لَّكُمْ نُورًا تَمْشُونَ بِهِۦ وَيَغْفِرْ لَكُمْ وَٱللَّهُ غَفُورٌ رَّحِيمٌ ۝

(28) Para que la gente del Libro sepa que no tiene ningún poder sobre el favor de Allah, sino que el favor está en las manos de Allah y El lo da a quien quiere.

Allah es Dueño del inmenso favor.

لِّئَلَّا يَعْلَمَ أَهْلُ ٱلْكِتَٰبِ أَلَّا يَقْدِرُونَ عَلَىٰ شَىْءٍ مِّن فَضْلِ ٱللَّهِ وَأَنَّ ٱلْفَضْلَ بِيَدِ ٱللَّهِ يُؤْتِيهِ مَن يَشَآءُ وَٱللَّهُ ذُو ٱلْفَضْلِ ٱلْعَظِيمِ ۝

58. SURA DE LA DISCUSION.

سُورَةُ الْمُجَادَلَةِ

بِسْمِ اللَّهِ الرَّحْمَنِ الرَّحِيمِ

En el nombre de Allah, el Misericordioso, el Compasivo.

(1) Allah ha escuchado las palabras de la que recurrió a ti para defenderse de su esposo y en su queja suplicaba a Allah; y Allah esuchaba vuestra discusión.

Realmente Allah es Quien oye y Quien ve.

فَدْ سَمِعَ اللَّهُ قَوْلَ الَّتِي تُجَادِلُكَ فِي زَوْجِهَا وَتَشْتَكِي إِلَى اللَّهِ وَاللَّهُ يَسْمَعُ تَحَاوُرَكُمَا إِنَّ اللَّهَ سَمِيعٌ بَصِيرٌ ۝

* [Esta aleya y las siguientes descendieron acerca de una mujer a la que su marido había divorciado con un procedimiento de divorcio llamado dhihar, que consistía en decirles: "Tú eres para mí como la espalda de mi madre". Este divorcio era practicado en la época de la yahiliya y suponía que la mujer no volvía jamás a ser lícita para el hombre.

Así pues, la mujer fue al Profeta, al que Allah dé Su gracia y paz, y le dijo: Ausa, que era el nombre de su marido, ha consumido mi juventud y le he dado hijos y ahora que he envejecido y mi familia ha muerto me ha repudiado con el dhihar; y el Profeta le dijo: No veo sino que has pasado a ser ilícita para él. Y ella le dijo: No lo hagas, oh Mensajero de Allah, estoy sola y no tengo más familia que él; y entonces descendió esta aleya y el Profeta hizo que su marido la volviera a aceptar.]

(2) Aquéllos de vosotros que repudien a sus mujeres (diciendoles:

الَّذِينَ يُظَاهِرُونَ مِنكُم مِّن نِّسَائِهِم مَّا هُنَّ

تُمَّهَاتِهِمْ إِنْ أُمَّهَاتُهُمْ إِلَّا الَّٰٓئِ وَلَدْنَهُمْ
وَإِنَّهُمْ لَيَقُولُونَ مُنكَرًا مِّنَ الْقَوْلِ وَزُورًا وَإِنَّ
اللَّهَ لَعَفُوٌّ غَفُورٌ ۝

tú eres para mí como la espalda de mi madre...).

Ellas no son vuestras madres. Sus madres son las que los parieron y en verdad que lo que dicen es digno de repulsa y es una falsedad.

Es cierto que Allah es Indulgente, Perdonador.

وَالَّذِينَ يُظَاهِرُونَ مِن نِّسَآئِهِمْ ثُمَّ يَعُودُونَ
لِمَا قَالُوا فَتَحْرِيرُ رَقَبَةٍ مِّن قَبْلِ أَن يَتَمَآسَّا ذَٰلِكُمْ
تُوعَظُونَ بِهِ وَاللَّهُ بِمَا تَعْمَلُونَ خَبِيرٌ ۝

(3) Quienes repudien así a sus mujeres pero luego se retracten de lo que dijeron, deberán liberar a un esclavo antes de volver a tener relación con ellas*.

Así se os exhorta y Allah sabe perfectamente lo que hacéis.

* [Cuando esto descendió, el Profeta, que Allah le dé Su gracia y paz, mandó llamar a Ausa y le dijo: Libera a un esclavo. Y él contestó: No puedo. Y le dijo el Profeta: ¿Ayunarás dos meses consecutivos? Y contestó: Por Allah que no puedo. Y entonces el Profeta le dijo: Alimenta entonces a sesenta pobres; y contestó: No tengo con qué, a menos que el Mensajero de Allah me ayude y pida por mí. Entonces el Profeta le dió alimento y pidió por él; y él compensó haber repudiado a su mujer mediante el dhihar alimentando a sesenta pobres y se quedó con su esposa.]

فَمَن لَّمْ يَجِدْ فَصِيَامُ شَهْرَيْنِ مُتَتَابِعَيْنِ
مِن قَبْلِ أَن يَتَمَآسَّا فَمَن لَّمْ يَسْتَطِعْ فَإِطْعَامُ سِتِّينَ
مِسْكِينًا ذَٰلِكَ لِتُؤْمِنُوا بِاللَّهِ وَرَسُولِهِ وَتِلْكَ
حُدُودُ اللَّهِ وَلِلْكَافِرِينَ عَذَابٌ أَلِيمٌ ۝

(4) Y quien no encuentre, que ayune dos meses consecutivos antes de tener relación, y quien no pueda que dé de comer a sesenta pobres.

Esto es para que creáis en Allah y en Su mensajero.

Esos son los límites de Allah.

Los incrédulos tendrán un castigo doloroso.

(5) Los que se enfrentan a Allah y a Su mensajero serán exterminados como lo fueron los que les precedieron.
Hemos hecho descender signos clarificadores, pero los incrédulos tendrán un castigo infame.

إِنَّ الَّذِينَ يُحَآدُّونَ اللَّهَ وَرَسُولَهُ كُبِتُوا كَمَا كُبِتَ الَّذِينَ مِن قَبْلِهِمْ وَقَدْ أَنزَلْنَآ ءَايَٰتٍ بَيِّنَٰتٍ وَلِلْكَٰفِرِينَ عَذَابٌ مُّهِينٌ ٥

(6) El día en que Allah les haga a todos volver a la vida y les haga saber lo que hicieron...Allah les tomaba cuenta de todo pero ellos lo olvidaron, Allah es Testigo de todas las cosas.

يَوْمَ يَبْعَثُهُمُ اللَّهُ جَمِيعًا فَيُنَبِّئُهُم بِمَا عَمِلُوا أَحْصَىٰهُ اللَّهُ وَنَسُوهُ وَاللَّهُ عَلَىٰ كُلِّ شَىْءٍ شَهِيدٌ ٦

(7) ¿Es que no ves que Allah conoce lo que hay en los cielos y lo que hay en la tierra? No hay confidencia de tres en la que Él no sea el cuarto, o de cinco en la que Él no sea el sexto, ni de menos o más que eso sin que Él no esté con ellos dondequiera que estén.
Luego el Día del Levantamiento les hará saber lo que hicieron. Es cierto que Allah es Conocedor de todas las cosas.

أَلَمْ تَرَ أَنَّ اللَّهَ يَعْلَمُ مَا فِى السَّمَٰوَٰتِ وَمَا فِى الْأَرْضِ مَا يَكُونُ مِن نَّجْوَىٰ ثَلَٰثَةٍ إِلَّا هُوَ رَابِعُهُمْ وَلَا خَمْسَةٍ إِلَّا هُوَ سَادِسُهُمْ وَلَا أَدْنَىٰ مِن ذَٰلِكَ وَلَا أَكْثَرَ إِلَّا هُوَ مَعَهُمْ أَيْنَ مَا كَانُوا ثُمَّ يُنَبِّئُهُم بِمَا عَمِلُوا يَوْمَ الْقِيَٰمَةِ إِنَّ اللَّهَ بِكُلِّ شَىْءٍ عَلِيمٌ ٧

(8) ¿Qué te parecen ésos a los que se les había prohibido hablar en secreto y sin embargo volvieron a hacer lo que se les había prohibido, haciéndolo con maldad, enemistad y

أَلَمْ تَرَ إِلَى الَّذِينَ نُهُوا عَنِ النَّجْوَىٰ ثُمَّ يَعُودُونَ لِمَا نُهُوا عَنْهُ وَيَتَنَٰجَوْنَ بِالْإِثْمِ وَالْعُدْوَٰنِ وَمَعْصِيَتِ الرَّسُولِ وَإِذَا جَآءُوكَ حَيَّوْكَ

rebeldía contra el Mensajero?*

Y cuando vinieron a ti con un saludo que no es el que Allah te da, diciendo para sus adentros: ¿Por qué no nos castiga Allah por lo que decimos? Yahannam bastará para ellos; en él se abrasarán.

¡Qué mal lugar de destino!

* [Esta aleya descendió acerca de los judíos y los hipócritas que se reunían en secreto para hablar mal de los musulmanes]

بِمَا لَمْ يُحَيِّكَ بِهِ اللَّهُ وَيَقُولُونَ فِى أَنفُسِهِمْ لَوْلَا يُعَذِّبُنَا اللَّهُ بِمَا نَقُولُ حَسْبُهُمْ جَهَنَّمُ يَصْلَوْنَهَا فَبِئْسَ الْمَصِيرُ ۝

(9) ¡Vosotros que creéis! Cuando habléis en secreto, no lo hagáis con maldad, enemistad o desobediencia hacia el Mensajero, sino que hacedlo con obediencia y temerosidad.

Y temed a Allah para cuyo encuentro seréis reunidos.

يَـٰٓأَيُّهَا الَّذِينَ ءَامَنُوٓا إِذَا تَنَـٰجَيْتُمْ فَلَا تَتَنَـٰجَوْا بِالْإِثْمِ وَالْعُدْوَٰنِ وَمَعْصِيَتِ الرَّسُولِ وَتَنَـٰجَوْا بِالْبِرِّ وَالتَّقْوَىٰ وَاتَّقُوا اللَّهَ الَّذِىٓ إِلَيْهِ تُحْشَرُونَ ۝

(10) Realmente las habladurías en secreto proceden del Shaytán para entristecer a los que creen, pero éste no les causará ningún daño, si no es con el permiso de Allah.

En Allah se abandonan los creyentes.

إِنَّمَا النَّجْوَىٰ مِنَ الشَّيْطَـٰنِ لِيَحْزُنَ الَّذِينَ ءَامَنُوا وَلَيْسَ بِضَآرِّهِمْ شَيْـًٔا إِلَّا بِإِذْنِ اللَّهِ وَعَلَى اللَّهِ فَلْيَتَوَكَّلِ الْمُؤْمِنُونَ ۝

(11) ¡Vosotros que creéis! Cuando se os diga que hagáis sitio en alguna reunión, hacedlo; y Allah os hará sitio a vosotros.

Y cuando se os diga que os levantéis, hacedlo; Allah elevará en un grado a los que de vosotros crean y a los que han

يَـٰٓأَيُّهَا الَّذِينَ ءَامَنُوٓا إِذَا قِيلَ لَكُمْ تَفَسَّحُوا فِى الْمَجَـٰلِسِ فَافْسَحُوا يَفْسَحِ اللَّهُ لَكُمْ وَإِذَا قِيلَ انشُزُوا فَانشُزُوا يَرْفَعِ اللَّهُ الَّذِينَ ءَامَنُوا مِنكُمْ وَالَّذِينَ أُوتُوا الْعِلْمَ دَرَجَـٰتٍ وَاللَّهُ بِمَا تَعْمَلُونَ خَبِيرٌ ۝

recibido el conocimiento.

Allah sabe perfectamente lo que hacéis.*

* [Toda esta aleya se refiere en particular a la cortesía requerida al sentarse en compañía del Mensajero de Allah, que Él le dé Su gracia y paz, cortesía que los judíos y los hipócritas descuidaban.]

(12) ¡Vosotros que creéis! Cuando queráis hablar en privado con el Mensajero ofreced previamente alguna liberalidad*.

Eso es mejor para vosotros y más puro, pero si no encontráis cómo, Allah es Perdonador, Compasivo.

* [Para los necesitados.]

يَٰٓأَيُّهَا ٱلَّذِينَ ءَامَنُوٓاْ إِذَا نَٰجَيْتُمُ ٱلرَّسُولَ فَقَدِّمُواْ بَيْنَ يَدَيْ نَجْوَىٰكُمْ صَدَقَةً ذَٰلِكَ خَيْرٌ لَّكُمْ وَأَطْهَرُ فَإِن لَّمْ تَجِدُواْ فَإِنَّ ٱللَّهَ غَفُورٌ رَّحِيمٌ ۝

(13) ¿Os asusta tener que ofrecer dádivas antes de vuestras confidencias? Si no lo hacéis, Allah siempre se vuelve a vosotros con Su perdón. Pero estableced el salat, dad el zakat y obedeced a Allah y a Su mensajero.

Allah sabe perfectamente lo que hacéis.

ءَأَشْفَقْتُمْ أَن تُقَدِّمُواْ بَيْنَ يَدَيْ نَجْوَىٰكُمْ صَدَقَٰتٍ فَإِذْ لَمْ تَفْعَلُواْ وَتَابَ ٱللَّهُ عَلَيْكُمْ فَأَقِيمُواْ ٱلصَّلَوٰةَ وَءَاتُواْ ٱلزَّكَوٰةَ وَأَطِيعُواْ ٱللَّهَ وَرَسُولَهُۥ وَٱللَّهُ خَبِيرٌۢ بِمَا تَعْمَلُونَ ۝

(14) ¿Qué te parece ésos que toman como protectores a unos con los que Allah se ha enojado? Esos no son de los vuestros ni de ellos. Juran con mentiras y ellos lo saben*.

* [Esta aleya descendió en relación a unos hipócritas que se aliaron con unos judíos]

أَلَمْ تَرَ إِلَى ٱلَّذِينَ تَوَلَّوْاْ قَوْمًا غَضِبَ ٱللَّهُ عَلَيْهِم مَّا هُم مِّنكُمْ وَلَا مِنْهُمْ وَيَحْلِفُونَ عَلَى ٱلْكَذِبِ وَهُمْ يَعْلَمُونَ ۝

(15) Allah les ha preparado un fuerte
castigo.

¡Qué malo es lo que hacen!

أَعَدَّ ٱللَّهُ لَهُمْ عَذَابًا شَدِيدًا إِنَّهُمْ سَآءَ مَا كَانُوا۟ يَعْمَلُونَ ﴿١٥﴾

(16) Se escudan en sus juramentos
mientras apartan del camino
de Allah. Tendrán un castigo
infame.

ٱتَّخَذُوٓا۟ أَيْمَـٰنَهُمْ جُنَّةً فَصَدُّوا۟ عَن سَبِيلِ ٱللَّهِ فَلَهُمْ عَذَابٌ مُّهِينٌ ﴿١٦﴾

(17) Ni sus riquezas ni sus hijos les
servirán de nada ante Allah.

Esos son los compañeros del
Fuego en el que serán inmortales.

لَّن تُغْنِيَ عَنْهُمْ أَمْوَٰلُهُمْ وَلَآ أَوْلَـٰدُهُم مِّنَ ٱللَّهِ شَيْـًٔا أُو۟لَـٰٓئِكَ أَصْحَـٰبُ ٱلنَّارِ هُمْ فِيهَا خَـٰلِدُونَ ﴿١٧﴾

(18) El día en que Allah les devuelva
a todos a la vida, le jurarán
como os juraban a vosotros y
pensarán que tienen donde
asirse. ¿Acaso no son los que
mienten?

يَوْمَ يَبْعَثُهُمُ ٱللَّهُ جَمِيعًا فَيَحْلِفُونَ لَهُۥ كَمَا يَحْلِفُونَ لَكُمْ وَيَحْسَبُونَ أَنَّهُمْ عَلَىٰ شَىْءٍ أَلَآ إِنَّهُمْ هُمُ ٱلْكَـٰذِبُونَ ﴿١٨﴾

(19) El Shaytán se apoderó de ellos y
les hizo olvidar el recuerdo de
Allah. Ellos son el partido del
Shaytán.

¿Y no son los del partido del
Shaytán los perdedores?

ٱسْتَحْوَذَ عَلَيْهِمُ ٱلشَّيْطَـٰنُ فَأَنسَىٰهُمْ ذِكْرَ ٱللَّهِ أُو۟لَـٰٓئِكَ حِزْبُ ٱلشَّيْطَـٰنِ أَلَآ إِنَّ حِزْبَ ٱلشَّيْطَـٰنِ هُمُ ٱلْخَـٰسِرُونَ ﴿١٩﴾

(20) Los que se enfrentan a Allah y a
Su mensajero... Esos estarán
entre los más bajos.

Allah ha escrito: Yo venceré, y
también Mis mensajeros.

Es cierto que Allah es Fuerte,
Invencible.

إِنَّ ٱلَّذِينَ يُحَآدُّونَ ٱللَّهَ وَرَسُولَهُۥٓ أُو۟لَـٰٓئِكَ فِى ٱلْأَذَلِّينَ كَتَبَ ٱللَّهُ لَأَغْلِبَنَّ أَنَا۠ وَرُسُلِىٓ إِنَّ ٱللَّهَ قَوِىٌّ عَزِيزٌ ﴿٢٠﴾

(21) No encontraréis a nadie que creyendo en Allah y en el Ultimo Día sienta afecto por quien se opone a Allah y a Su mensajero, aunque se trate de sus padres, sus hijos, sus hermanos o los de su tribu.

Ha escrito la creencia en sus corazones, les ha ayudado con un espíritu procedente de El y les hará entrar en jardines por cuyo suelo corren los ríos, donde serán inmortales.

Allah estará satisfecho de ellos y ellos lo estarán de El, ésos son el partido de Allah.

¿Acaso no son los del partido de Allah los triunfadores?

لَّا تَجِدُ قَوْمًا يُؤْمِنُونَ بِٱللَّهِ وَٱلْيَوْمِ ٱلْآخِرِ يُوَآدُّونَ مَنْ حَآدَّ ٱللَّهَ وَرَسُولَهُ وَلَوْ كَانُوٓاْ ءَابَآءَهُمْ أَوْ أَبْنَآءَهُمْ أَوْ إِخْوَٰنَهُمْ أَوْ عَشِيرَتَهُمْ أُوْلَٰٓئِكَ كَتَبَ فِي قُلُوبِهِمُ ٱلْإِيمَٰنَ وَأَيَّدَهُم بِرُوحٍ مِّنْهُ وَيُدْخِلُهُمْ جَنَّٰتٍ تَجْرِي مِن تَحْتِهَا ٱلْأَنْهَٰرُ خَٰلِدِينَ فِيهَا رَضِيَ ٱللَّهُ عَنْهُمْ وَرَضُواْ عَنْهُ أُوْلَٰٓئِكَ حِزْبُ ٱللَّهِ أَلَآ إِنَّ حِزْبَ ٱللَّهِ هُمُ ٱلْمُفْلِحُونَ ۝

59. SURA DE LA CONCENTRACION.

En el nombre de Allah, el Misericordioso, el Compasivo.

* [Esta sura descendió en relación con los judíos de banu Nadir. Habitaban unas for-tificaciones cercanas a Medina y habían hecho un pacto con el Mensajero de Allah, que El le dé Su gracia y paz, pero lo traicionaron y entonces él marchó contra ellos y los sitió durante veintiuna noches hasta que capitularon aceptando el exilio.]

(1) Todo lo que hay en los cielos y en la tierra glorifica a Allah y El es el Poderoso, el Sabio.

(2) El es Quien sacó de sus hogares en la primera concentración*, a aquéllos de la gente del Libro que se habían negado a creer. No pensásteis que iban a salir y ellos pensaron que sus for-talezas los defenderían de Allah, sin embargo Allah les llegó por donde no esperaban y arrojó el miedo en sus cora-zones. Arruinaban sus casas con sus propias manos, además de las de los creyentes*.

Sacad pues una lección de ello, vosotros que tenéis visión.

* [Sobre la expresión: primera con-centración, hay cuatro interpretaciones: Una es que se refiere al hecho al que alude la aleya cuando la tribu judía de los banu Nadir fueron expulsados de sus fortificaciones. Según ésto, la segunda concentración sería la del Día del Levantamiento.

سَبَّحَ لِلَّهِ مَا فِي السَّمَوَاتِ وَمَا فِي الْأَرْضِ وَهُوَ الْعَزِيزُ الْحَكِيمُ ۝

هُوَ الَّذِي أَخْرَجَ الَّذِينَ كَفَرُوا مِنْ أَهْلِ الْكِتَابِ مِنْ دِيَارِهِمْ لِأَوَّلِ الْحَشْرِ مَا ظَنَنْتُمْ أَنْ يَخْرُجُوا وَظَنُّوا أَنَّهُمْ مَانِعَتُهُمْ حُصُونُهُمْ مِنَ اللَّهِ فَأَتَاهُمُ اللَّهُ مِنْ حَيْثُ لَمْ يَحْتَسِبُوا وَقَذَفَ فِي قُلُوبِهِمُ الرُّعْبَ يُخْرِبُونَ بُيُوتَهُمْ بِأَيْدِيهِمْ وَأَيْدِي الْمُؤْمِنِينَ فَاعْتَبِرُوا يَا أُولِي الْأَبْصَارِ ۝

Otra, es que se refiere al lugar donde se reunieron después de ser expulsados, que fue Sham, pues de hecho la mayoría de los banu Nadir fueron a Sham. Y se ha transmitido que la reunión del Día del Levantamiento tendrá lugar precisamente en tierra de Sham.

Otra, es que la primera concentración sería la expulsión mencionada en la aleya, mientras que la segunda sería la posterior expulsión de los judíos de Jaybar.

Y una última, según la cual, la palabra concentración aludiría a que ésa fue la primera vez que los musulmanes formaron una expedición contra una tribu judía.]

(3) De no haber sido porque Allah había escrito el destierro para ellos, los habría castigado en este mundo.

En la Ultima Vida tendrán el castigo del Fuego.

وَلَوْلَا أَن كَتَبَ اللَّهُ عَلَيْهِمُ الْجَلَاءَ لَعَذَّبَهُمْ فِى الدُّنْيَا وَلَهُمْ فِى الْآخِرَةِ عَذَابُ النَّارِ ۞

(4) Eso es por haberse opuesto a Allah y a Su mensajero.

Quien se opone a Allah...Allah es Fuerte castigando.

ذَٰلِكَ بِأَنَّهُمْ شَاقُّوا اللَّهَ وَرَسُولَهُ وَمَن يُشَاقِّ اللَّهَ فَإِنَّ اللَّهَ شَدِيدُ الْعِقَابِ ۞

(5) Las palmeras que cortásteis, como las que dejásteis en pie sobre sus raíces, fue con permiso de Allah y para humillar a los descarriados.*

* [Esto es porque en la expedición contra los Banu Nadir, al llegar a sus fortificaciones, que estaban en un oasis, los musulmanes cortaron algunas de las palmeras y quemaron otras. Los judíos le reprocharon al Profeta, que Allah le dé Su gracia y paz, lo que

مَا قَطَعْتُم مِّن لِّينَةٍ أَوْ تَرَكْتُمُوهَا قَائِمَةً عَلَىٰ أُصُولِهَا فَبِإِذْنِ اللَّهِ وَلِيُخْزِيَ الْفَاسِقِينَ ۞

habían hecho, diciéndole: "¿A qué
viene este daño cuando tú prohíbes la
corrupción?" Y entonces descendió
esta aleya]

(6) Y lo que Allah le dio a Su mensajero en calidad de botín,
procedente de ellos, fue sin
que tuviérais que hacer correr
caballo o camello alguno. Allah
da poder a Sus mensajeros por
encima de quien quiere.

Allah tiene poder sobre todas
las cosas.

وَمَآ أَفَآءَ ٱللَّهُ عَلَىٰ رَسُولِهِۦ مِنْهُمْ فَمَآ أَوْجَفْتُمْ عَلَيْهِ
مِنْ خَيْلٍ وَلَا رِكَابٍ وَلَـٰكِنَّ ٱللَّهَ يُسَلِّطُ رُسُلَهُۥ
عَلَىٰ مَن يَشَآءُ ۚ وَٱللَّهُ عَلَىٰ كُلِّ شَىْءٍ قَدِيرٌ ۝

(7) Lo que Allah le dió a Su mensajero en calidad de botín*,
procedente de los habitantes
de las aldeas, pertenece a Allah
y al Mensajero, a los parientes
y a los huérfanos, a los pobres
y a los viajeros; para que así no
haya privilegios para vuestros
ricos. Y lo que os da el Mensajero tomadlo, pero lo que os
prohíba dejadlo.

Y temed a Allah, es cierto que
Allah es Fuerte castigando.

مَّآ أَفَآءَ ٱللَّهُ عَلَىٰ رَسُولِهِۦ مِنْ أَهْلِ ٱلْقُرَىٰ فَلِلَّهِ
وَلِلرَّسُولِ وَلِذِى ٱلْقُرْبَىٰ وَٱلْيَتَـٰمَىٰ
وَٱلْمَسَـٰكِينِ وَٱبْنِ ٱلسَّبِيلِ كَىْ لَا يَكُونَ دُولَةًۢ
بَيْنَ ٱلْأَغْنِيَآءِ مِنكُمْ ۚ وَمَآ ءَاتَىٰكُمُ ٱلرَّسُولُ فَخُذُوهُ
وَمَا نَهَىٰكُمْ عَنْهُ فَٱنتَهُواْ ۚ وَٱتَّقُواْ ٱللَّهَ ۖ إِنَّ ٱللَّهَ شَدِيدُ
ٱلْعِقَابِ ۝

* [Esta aleya se refiere únicamente al
botín que se obtiene sin combatir, llamado "al-fay" y distinto del "ganima",
que es el que se logra después de combatir; por lo tanto no entra en contra-
dicción con el juicio de la sura de los
Botines —al Anfal— ni se puede
hablar de abrogación a pesar de la
opinión de algunos comentaristas.]

(8) Para los emigrados pobres, los
que se vieron forzados a dejar
sus hogares y sus bienes en

لِلْفُقَرَآءِ ٱلْمُهَـٰجِرِينَ ٱلَّذِينَ أُخْرِجُواْ مِن دِيَـٰرِهِمْ
وَأَمْوَٰلِهِمْ يَبْتَغُونَ فَضْلًا مِّنَ ٱللَّهِ وَرِضْوَٰنًا

وَيَنصُرُونَ ٱللَّهَ وَرَسُولَهُۥٓ أُوْلَٰٓئِكَ هُمُ ٱلصَّٰدِقُونَ ۝

(9) Y los que antes que ellos se habían asentado en la casa* y en la creencia, aman a quienes emigraron a ellos y los prefieren a sí mismos, aun estando en extrema necesidad. El que está libre de su propia avaricia...Esos son los que tendrán éxito.

* [Es decir, Medina]

وَٱلَّذِينَ تَبَوَّءُو ٱلدَّارَ وَٱلْإِيمَٰنَ مِن قَبْلِهِمْ يُحِبُّونَ مَنْ هَاجَرَ إِلَيْهِمْ وَلَا يَجِدُونَ فِى صُدُورِهِمْ حَاجَةً مِّمَّآ أُوتُوا۟ وَيُؤْثِرُونَ عَلَىٰٓ أَنفُسِهِمْ وَلَوْ كَانَ بِهِمْ خَصَاصَةٌ وَمَن يُوقَ شُحَّ نَفْسِهِۦ فَأُوْلَٰٓئِكَ هُمُ ٱلْمُفْلِحُونَ ۝

(10) Y los que han venido después de ellos dicen: ¡Señor nuestro! Perdónanos a nosotros y a nuestros hermanos que nos precedieron en creer y no pongas en nuestros corazones ningún rencor hacia los que creen.

¡Señor nuestro! Realmente Tú eres Clemente y Compasivo.

وَٱلَّذِينَ جَآءُو مِنۢ بَعْدِهِمْ يَقُولُونَ رَبَّنَا ٱغْفِرْ لَنَا وَلِإِخْوَٰنِنَا ٱلَّذِينَ سَبَقُونَا بِٱلْإِيمَٰنِ وَلَا تَجْعَلْ فِى قُلُوبِنَا غِلًّا لِّلَّذِينَ ءَامَنُوا۟ رَبَّنَآ إِنَّكَ رَءُوفٌ رَّحِيمٌ ۝

(11) ¿Acaso no han visto cómo los hipócritas les decían a sus hermanos, los que de la gente del Libro se habían negado a creer: Si sois expulsados, saldremos con vosotros y nunca obedeceremos a nadie en lo que os afecte; y si os combaten, saldremos en vuestra ayuda.

Allah atestigua que son unos mentirosos.

۞ أَلَمْ تَرَ إِلَى ٱلَّذِينَ نَافَقُوا۟ يَقُولُونَ لِإِخْوَٰنِهِمُ ٱلَّذِينَ كَفَرُوا۟ مِنْ أَهْلِ ٱلْكِتَٰبِ لَئِنْ أُخْرِجْتُمْ لَنَخْرُجَنَّ مَعَكُمْ وَلَا نُطِيعُ فِيكُمْ أَحَدًا أَبَدًا وَإِن قُوتِلْتُمْ لَنَنصُرَنَّكُمْ وَٱللَّهُ يَشْهَدُ إِنَّهُمْ لَكَٰذِبُونَ ۝

(12) Si son expulsados no saldrán con ellos y si son combatidos no los ayudarán. Y si lo hicieran, darían la espalda y de nada les serviría su ayuda.

لَئِنْ أُخْرِجُوا لَا يَخْرُجُونَ مَعَهُمْ وَلَئِن قُوتِلُوا لَا يَنصُرُونَهُمْ وَلَئِن نَّصَرُوهُمْ لَيُوَلُّنَّ الْأَدْبَارَ ثُمَّ لَا يُنصَرُونَ ۝

(13) En verdad que vosotros inspiráis más temor en sus pechos que Allah. Eso es porque ellos son gente que no comprende.

لَأَنتُمْ أَشَدُّ رَهْبَةً فِي صُدُورِهِم مِّنَ اللَّهِ ذَٰلِكَ بِأَنَّهُمْ قَوْمٌ لَّا يَفْقَهُونَ ۝

(14) No combatirán juntos contra vosotros a no ser desde aldeas fortificadas o detrás de murallas.

Entre ellos hay una fuerte hostilidad, los crees unidos pero sus corazones están separados.

Eso es porque son gente que no razona.

لَا يُقَٰتِلُونَكُمْ جَمِيعًا إِلَّا فِي قُرًى مُّحَصَّنَةٍ أَوْ مِن وَرَاءِ جُدُرٍ بَأْسُهُم بَيْنَهُمْ شَدِيدٌ تَحْسَبُهُمْ جَمِيعًا وَقُلُوبُهُمْ شَتَّىٰ ذَٰلِكَ بِأَنَّهُمْ قَوْمٌ لَّا يَعْقِلُونَ ۝

(15) Se parecen a sus más cercanos precursores*. Gustaron las malas consecuencias de su asunto y tendrán un doloroso castigo.

* [Posible alusión a los judíos derrotados antes que ellos, los banu Qaynuna o a los mismos Quraysh que fueron derrotados en Badr.]

كَمَثَلِ الَّذِينَ مِن قَبْلِهِمْ قَرِيبًا ذَاقُوا وَبَالَ أَمْرِهِمْ وَلَهُمْ عَذَابٌ أَلِيمٌ ۝

(16) Como el Shaytán cuando le dice al hombre: ¡Niégate a creer! Y cuando se ha negado a creer, le dice: Me desentiendo de ti, yo temo a Allah el Señor de los mundos.

كَمَثَلِ الشَّيْطَٰنِ إِذْ قَالَ لِلْإِنسَٰنِ اكْفُرْ فَلَمَّا كَفَرَ قَالَ إِنِّي بَرِيءٌ مِّنكَ إِنِّي أَخَافُ اللَّهَ رَبَّ الْعَٰلَمِينَ ۝

(17) Pero el final de ambos es el Fuego, donde serán inmor-

فَكَانَ عَٰقِبَتَهُمَا أَنَّهُمَا فِي النَّارِ خَالِدَيْنِ فِيهَا

tales. Ese es el pago de los injustos.

وَذَٰلِكَ جَزَٰٓؤُاْ الظَّٰلِمِينَ ۝

(18) ¡Vosotros que creéis! Temed a
Allah y que cada uno espere
para el mañana lo que él
mismo se haya buscado.

Y temed a Allah, es cierto que
Allah está informado de lo que
hacéis.

يَٰٓأَيُّهَا الَّذِينَ ءَامَنُواْ اتَّقُواْ اللَّهَ وَلْتَنظُرْ نَفْسٌ
مَّا قَدَّمَتْ لِغَدٍ وَاتَّقُواْ اللَّهَ إِنَّ اللَّهَ خَبِيرٌۢ بِمَا
تَعْمَلُونَ ۝

(19) Y no seáis como aquéllos que
olvidaron a Allah y El los hizo
olvidarse de sí mismos. Esos
son los descarriados.

وَلَا تَكُونُواْ كَالَّذِينَ نَسُواْ اللَّهَ فَأَنسَىٰهُمْ أَنفُسَهُمْ
أُوْلَٰٓئِكَ هُمُ الْفَٰسِقُونَ ۝

(20) No son iguales los compañeros
del Fuego y los compañeros
del Jardín.

Los compañeros del Jardín son
los que han triunfado.

لَا يَسْتَوِى أَصْحَٰبُ النَّارِ وَأَصْحَٰبُ الْجَنَّةِ أَصْحَٰبُ الْجَنَّةِ
هُمُ الْفَآئِزُونَ ۝

(21) Si le hubiéramos hecho descender este Corán a una montaña,
la habrías visto humillada y
partida en dos, por temor de
Allah.

Estos son los ejemplos con los
que llamamos la atención de
los hombres para que puedan
reflexionar.

لَوْ أَنزَلْنَا هَٰذَا الْقُرْءَانَ عَلَىٰ جَبَلٍ لَّرَأَيْتَهُۥ خَٰشِعًا
مُّتَصَدِّعًا مِّنْ خَشْيَةِ اللَّهِ وَتِلْكَ الْأَمْثَٰلُ نَضْرِبُهَا
لِلنَّاسِ لَعَلَّهُمْ يَتَفَكَّرُونَ ۝

(22) El es Allah, Quien no hay dios
sino El, el Conocedor del No-
Visto y de lo Aparente.

El es el Misericordioso, el
Compasivo.

هُوَ اللَّهُ الَّذِى لَآ إِلَٰهَ إِلَّا هُوَ عَٰلِمُ الْغَيْبِ وَالشَّهَٰدَةِ
هُوَ الرَّحْمَٰنُ الرَّحِيمُ ۝

(23) El es Allah, Quien no hay dios sino El, el Rey, el Purísimo*, la Paz*, el que da Seguridad*, el Vigilante, el Irresistible, el Compulsivo, el Soberbio*. ¡Gloria a Allah por encima de lo que asocian!

هُوَٱللَّهُ ٱلَّذِى لَآ إِلَٰهَ إِلَّا هُوَٱلْمَلِكُ ٱلْقُدُّوسُ ٱلسَّلَٰمُ ٱلْمُؤْمِنُ ٱلْمُهَيْمِنُ ٱلْعَزِيزُ ٱلْجَبَّارُ ٱلْمُتَكَبِّرُ سُبْحَٰنَ ٱللَّهِ عَمَّا يُشْرِكُونَ ۞

* [Al-Quddus, es decir, el que está libre de atributos e imperfecciones humanas, el inconexo, el absoluto.]

* [As-Salam, el que pone a salvo a Sus siervos o el que está a salvo de imperfecciones.]

* [Al-Mumin, el que da seguridad a Sus siervos y también, el que confirma a Sus siervos en su creencia.]

* [Al-Mutakabbir, el Soberbio. Es un atributo de majestad que carece evidentemente de la connotación negativa que tiene cuando se atribuye al hombre, puesto que a Allah sí le pertenece tal atributo.]

(24) El es Allah, el Creador, el Originador, el Modelador.
Suyos son los nombres más hermosos. A El Lo glorifica cuanto hay en los cielos y en la tierra.
Y El es el Irresistible, el Sabio.

هُوَٱللَّهُ ٱلْخَٰلِقُ ٱلْبَارِئُ ٱلْمُصَوِّرُ لَهُ ٱلْأَسْمَآءُ ٱلْحُسْنَىٰ يُسَبِّحُ لَهُۥ مَا فِى ٱلسَّمَٰوَٰتِ وَٱلْأَرْضِ وَهُوَٱلْعَزِيزُ ٱلْحَكِيمُ ۞

60. SURA DE LA EXAMINADA.

سُورَةُ الْمُمْتَحِنَة

بِسْمِ اللَّهِ الرَّحْمَٰنِ الرَّحِيمِ

En el nombre de Allah, el Misericordioso, el Compasivo.

(1) ¡Vosotros que creéis! No toméis por amigos aliados a los que son enemigos Míos y vuestros —les dais muestras de afecto cuando ellos se han negado a creer en la verdad que os ha llegado y han expulsado al Mensajero y os han expulsado a vosotros porque creíais en Allah vuestro Señor— si habéis salido a luchar en Mi camino buscando Mi beneplácito. Les confiáis secretos por amistad; pero Yo sé lo que escondéis y lo que mostráis. El que de vosotros lo haga, se habrá extraviado del camino llano.

يَـٰٓأَيُّهَا الَّذِينَ ءَامَنُوا لَا تَتَّخِذُوا عَدُوِّي وَعَدُوَّكُمْ أَوْلِيَآءَ تُلْقُونَ إِلَيْهِم بِالْمَوَدَّةِ وَقَدْ كَفَرُوا بِمَا جَآءَكُم مِّنَ الْحَقِّ يُخْرِجُونَ الرَّسُولَ وَإِيَّاكُمْ أَن تُؤْمِنُوا بِاللَّهِ رَبِّكُمْ إِن كُنتُمْ خَرَجْتُمْ جِهَـٰدًا فِي سَبِيلِي وَابْتِغَآءَ مَرْضَاتِي تُسِرُّونَ إِلَيْهِم بِالْمَوَدَّةِ وَأَنَا أَعْلَمُ بِمَآ أَخْفَيْتُمْ وَمَآ أَعْلَنتُمْ وَمَن يَفْعَلْهُ مِنكُمْ فَقَدْ ضَلَّ سَوَآءَ السَّبِيلِ ۝

(2) Si os alcanzan, serán vuestros enemigos y alargarán hacia vosotros sus manos para haceros mal. Querrían que dejárais de creer.

إِن يَثْقَفُوكُمْ يَكُونُوا لَكُمْ أَعْدَآءً وَيَبْسُطُوا إِلَيْكُمْ أَيْدِيَهُمْ وَأَلْسِنَتَهُم بِالسُّوٓءِ وَوَدُّوا لَوْ تَكْفُرُونَ ۝

(3) Ni vuestra consanguinidad ni vuestros hijos os servirán el Día del Levantamiento. Cada uno de vosotros tendrá el juicio que le corresponda. Allah ve lo que hacéis.

لَن تَنفَعَكُمْ أَرْحَامُكُمْ وَلَآ أَوْلَـٰدُكُمْ يَوْمَ الْقِيَـٰمَةِ يَفْصِلُ بَيْنَكُمْ وَاللَّهُ بِمَا تَعْمَلُونَ بَصِيرٌ ۝

(4) En Ibrahim y en los que con él estaban tenéis un hermoso

قَدْ كَانَتْ لَكُمْ أُسْوَةٌ حَسَنَةٌ فِي إِبْرَاهِيمَ

ejemplo, cuando le dijeron a su gente: No respondemos de vosotros y de lo que adoráis fuera de Allah, sino que renegamos de vosotros.

La enemistad y el odio habrán surgido entre nosotros para siempre a menos que creáis en Allah y en nadie más.

Sin embargo Ibrahim le dijo a su padre: Pediré perdón por ti, pero no puedo hacer nada en tu favor ante Allah.

¡Señor nuestro! A Ti nos confiamos, a Ti nos volvemos y a Ti hemos de retornar.

وَٱلَّذِينَ مَعَهُۥٓ إِذْ قَالُوا۟ لِقَوْمِهِمْ إِنَّا بُرَءَٰٓؤُا۟ مِنكُمْ وَمِمَّا تَعْبُدُونَ مِن دُونِ ٱللَّهِ كَفَرْنَا بِكُمْ وَبَدَا بَيْنَنَا وَبَيْنَكُمُ ٱلْعَدَٰوَةُ وَٱلْبَغْضَآءُ أَبَدًا حَتَّىٰ تُؤْمِنُوا۟ بِٱللَّهِ وَحْدَهُۥٓ إِلَّا قَوْلَ إِبْرَٰهِيمَ لِأَبِيهِ لَأَسْتَغْفِرَنَّ لَكَ وَمَآ أَمْلِكُ لَكَ مِنَ ٱللَّهِ مِن شَىْءٍ رَّبَّنَا عَلَيْكَ تَوَكَّلْنَا وَإِلَيْكَ أَنَبْنَا وَإِلَيْكَ ٱلْمَصِيرُ ۝

(5) ¡Señor nuestro! No pongas a prueba a los que se niegan a creer dándoles poder sobre nosotros y perdónanos Señor. Realmente Tú eres el Poderoso, el Sabio.

رَبَّنَا لَا تَجْعَلْنَا فِتْنَةً لِّلَّذِينَ كَفَرُوا۟ وَٱغْفِرْ لَنَا رَبَّنَآ إِنَّكَ أَنتَ ٱلْعَزِيزُ ٱلْحَكِيمُ ۝

(6) En ellos tenéis un hermoso ejemplo para quien tenga esperanza en Allah y en el Ultimo Día. Pero el que se desentienda...Allah es Rico, en Sí mismo alabado.

لَقَدْ كَانَ لَكُمْ فِيهِمْ أُسْوَةٌ حَسَنَةٌ لِّمَن كَانَ يَرْجُوا۟ ٱللَّهَ وَٱلْيَوْمَ ٱلْءَاخِرَ وَمَن يَتَوَلَّ فَإِنَّ ٱللَّهَ هُوَ ٱلْغَنِىُّ ٱلْحَمِيدُ ۝

(7) Puede ser que Allah ponga afecto entre vosotros y los que de ellos hayáis tenido como enemigos. Allah es Poderoso y Allah es Perdonador y Compasivo.

۞ عَسَى ٱللَّهُ أَن يَجْعَلَ بَيْنَكُمْ وَبَيْنَ ٱلَّذِينَ عَادَيْتُم مِّنْهُم مَّوَدَّةً وَٱللَّهُ قَدِيرٌ وَٱللَّهُ غَفُورٌ رَّحِيمٌ ۝

(8) Allah no os prohíbe que tratéis bien y con justicia a los que no os hayan combatido a causa de vuestra creencia ni os hayan hecho abandonar vues-

لَّا يَنْهَىٰكُمُ ٱللَّهُ عَنِ ٱلَّذِينَ لَمْ يُقَٰتِلُوكُمْ فِى ٱلدِّينِ وَلَمْ يُخْرِجُوكُم مِّن دِيَٰرِكُمْ أَن تَبَرُّوهُمْ

tros hogares. Es cierto que Allah ama a los equitativos.

وَتُقْسِطُوٓا إِلَيْهِمْ إِنَّ اللَّهَ يُحِبُّ الْمُقْسِطِينَ ۝

(9) Allah sólo os prohibe que toméis por amigos aliados a los que os hayan combatido a causa de vuestra creencia, os hayan hecho abandonar vuestros hogares o hayan colaborado en vuestra expulsión. Quien los tome como amigos...Esos son los injustos.

إِنَّمَا يَنْهَىٰكُمُ اللَّهُ عَنِ الَّذِينَ قَٰتَلُوكُمْ فِى الدِّينِ وَأَخْرَجُوكُم مِّن دِيَٰرِكُمْ وَظَٰهَرُوا عَلَىٰٓ إِخْرَاجِكُمْ أَن تَوَلَّوْهُمْ وَمَن يَتَوَلَّهُمْ فَأُوْلَٰٓئِكَ هُمُ الظَّٰلِمُونَ ۝

(10) ¡Vosotros que creéis! Cuando vengan a vosotros las creyentes después de haber emigrado, comprobad su situación; Allah conoce su creencia, de manera que si verificáis que son creyentes no las devolváis a los incrédulos. Ellas no son lícitas para ellos ni ellos lo son para ellas.

Dadles a ellos lo que gastaron y no hay impedimento en que os caséis con ellas, siempre que les hagáis entrega de una dote. No mantengáis los lazos conyugales con las no creyentes. Pedid lo que hayáis gastado y que ellos pidan lo que hayan gastado. Este es el jucio que Allah decide entre vosotros. Allah es Conocedor y Sabio.

يَٰٓأَيُّهَا الَّذِينَ ءَامَنُوٓا إِذَا جَآءَكُمُ الْمُؤْمِنَٰتُ مُهَٰجِرَٰتٍ فَامْتَحِنُوهُنَّ اللَّهُ أَعْلَمُ بِإِيمَٰنِهِنَّ فَإِنْ عَلِمْتُمُوهُنَّ مُؤْمِنَٰتٍ فَلَا تَرْجِعُوهُنَّ إِلَى الْكُفَّارِ لَاهُنَّ حِلٌّ لَّهُمْ وَلَاهُمْ يَحِلُّونَ لَهُنَّ وَءَاتُوهُم مَّآ أَنفَقُوا وَلَاجُنَاحَ عَلَيْكُمْ أَن تَنكِحُوهُنَّ إِذَآ ءَاتَيْتُمُوهُنَّ أُجُورَهُنَّ وَلَا تُمْسِكُوا بِعِصَمِ الْكَوَافِرِ وَسْـَٔلُوا مَآ أَنفَقْتُمْ وَلْيَسْـَٔلُوا مَآ أَنفَقُوا ذَٰلِكُمْ حُكْمُ اللَّهِ يَحْكُمُ بَيْنَكُمْ وَاللَّهُ عَلِيمٌ حَكِيمٌ ۝

(11) Y si alguna de vuestras esposas huye hacia los incrédulos y conseguís algún botín, dadles a aquéllos cuyas esposas se marcharon algo similar a lo que gastaron (en sus dotes). Y temed a Allah en Quien creéis.

وَإِن فَاتَكُمْ شَىْءٌ مِّنْ أَزْوَٰجِكُمْ إِلَى الْكُفَّارِ فَعَاقَبْتُمْ فَـَٔاتُوا الَّذِينَ ذَهَبَتْ أَزْوَٰجُهُم مِّثْلَ مَآ أَنفَقُوا وَاتَّقُوا اللَّهَ الَّذِىٓ أَنتُم بِهِۦ مُؤْمِنُونَ ۝

(12) ¡Profeta! Cuando vengan a ti las creyentes para jurarte fidelidad en los términos de no asociar nada a Allah, no robar, no cometer adulterio, no matar a sus hijos, no inventar ninguna falsedad sobre su situación* y no desobedecerte en nada de lo reconocido como bueno, acéptales el juramento y pide perdón por ellas.

Es cierto que Allah es Perdonador, Compasivo.

* [La explicación más generalizada es que se refiere a no atribuir a sus maridos hijos que no fueran suyos.]

يَتَأَيُّهَا ٱلنَّبِيُّ إِذَا جَآءَكَ ٱلْمُؤْمِنَتُ يُبَايِعْنَكَ عَلَىٰٓ أَن لَّا يُشْرِكْنَ بِٱللَّهِ شَيْئًا وَلَا يَسْرِقْنَ وَلَا يَزْنِينَ وَلَا يَقْتُلْنَ أَوْلَٰدَهُنَّ وَلَا يَأْتِينَ بِبُهْتَٰنٍ يَفْتَرِينَهُۥ بَيْنَ أَيْدِيهِنَّ وَأَرْجُلِهِنَّ وَلَا يَعْصِينَكَ فِى مَعْرُوفٍ فَبَايِعْهُنَّ وَٱسْتَغْفِرْ لَهُنَّ ٱللَّهَ إِنَّ ٱللَّهَ غَفُورٌ رَّحِيمٌ ۝

(13) ¡Vosotros que creéis! No toméis por amigos aliados a gente con la que Allah se ha enojado.

Ellos han desesperado de la Ultima Vida al igual que los incrédulos no esperan nada con respecto a los que están en las tumbas*.

* [Esta aleya descendió acerca de un grupo de musulmanes pobres que por intereses materiales frecuentaban el trato con los judíos y les contaban asuntos concernientes a los musulmanes.

En cuanto a la expresión que se ha traducido como: "al igual que los incrédulos no esperan nada con respecto a los que están en las tumbas" puede entenderse, o bien como da a entender la traducción, es decir que los incrédulos no esperan que los que están en los tumbas vuelvan a la vida; o bien en otro sentido, según el cual cabría traducir: "al igual que aquellos incrédulos que han muerto no esperan nada bueno de la otra vida.]

يَتَأَيُّهَا ٱلَّذِينَ ءَامَنُوا لَا تَتَوَلَّوْا قَوْمًا غَضِبَ ٱللَّهُ عَلَيْهِمْ قَدْ يَئِسُوا مِنَ ٱلْآخِرَةِ كَمَا يَئِسَ ٱلْكُفَّارُ مِنْ أَصْحَٰبِ ٱلْقُبُورِ ۝

61. SURA DE LAS FILAS. سُورَةُ الصَّفِّ

بِسْمِ اللَّهِ الرَّحْمَنِ الرَّحِيمِ

En el nombre de Allah, el Misericordioso, el Compasivo.

(1) A Allah glorifican todos los que están en los cielos y en la tierra y El es el Poderoso, el Sabio.

سَبَّحَ لِلَّهِ مَا فِي السَّمَوَاتِ وَمَا فِي الْأَرْضِ وَهُوَ الْعَزِيزُ الْحَكِيمُ ۝

(2) ¡Vosotros que creéis! ¿Por qué decís lo que no hacéis?

يَأَيُّهَا الَّذِينَ ءَامَنُوا لِمَ تَقُولُونَ مَا لَا تَفْعَلُونَ ۝

(3) Es grave ante Allah que digáis lo que no hacéis.

كَبُرَ مَقْتًا عِندَ اللَّهِ أَن تَقُولُوا مَا لَا تَفْعَلُونَ ۝

(4) Es verdad que Allah ama a los que combaten en Su camino en filas, como si fueran un sólido edificio.

إِنَّ اللَّهَ يُحِبُّ الَّذِينَ يُقَاتِلُونَ فِي سَبِيلِهِ صَفًّا كَأَنَّهُم بُنْيَانٌ مَّرْصُوصٌ ۝

(5) Y cuando Musa le dijo a su gente: ¡Gente mía! ¿Por qué me perjudicáis si sabéis que yo soy el mensajero de Allah para vosotros? Y cuando se apartaron, Allah apartó sus corazones. Allah no guía a la gente descarriada.

وَإِذْ قَالَ مُوسَى لِقَوْمِهِ يَقَوْمِ لِمَ تُؤْذُونَنِي وَقَد تَّعْلَمُونَ أَنِّي رَسُولُ اللَّهِ إِلَيْكُمْ فَلَمَّا زَاغُوا أَزَاغَ اللَّهُ قُلُوبَهُمْ وَاللَّهُ لَا يَهْدِي الْقَوْمَ الْفَاسِقِينَ ۝

(6) Y cuando dijo Isa, hijo de Maryam: ¡Hijos de Israel! Yo soy el mensajero de Allah para vosotros, para confirmar la Torá que había antes de mí y para anunciar a un mensajero

وَإِذْ قَالَ عِيسَى ابْنُ مَرْيَمَ يَبَنِي إِسْرَآءِيلَ إِنِّي رَسُولُ اللَّهِ إِلَيْكُم مُّصَدِّقًا لِّمَا بَيْنَ يَدَيَّ مِنَ التَّوْرَاةِ وَمُبَشِّرًا بِرَسُولٍ يَأْتِي مِن بَعْدِي اسْمُهُ أَحْمَدُ

que ha de venir después de mí cuyo nombre es Ahmad*.

Pero cuando fue a ellos con las pruebas evidentes, dijeron: Esto es pura magia.

* [Ahmad es uno de los nombre del Profeta Muhammad, que Allah le dé Su gracia y paz, y significa "El que más alaba".]

فَلَمَّا جَاءَهُم بِٱلْبَيِّنَٰتِ قَالُوا۟ هَٰذَا سِحْرٌ مُّبِينٌ ۝

(7) ¿Pero quién es más injusto que quien inventa mentiras sobre Allah habiendo sido llamado al Islam?

Allah no guía a la gente injusta.

وَمَنْ أَظْلَمُ مِمَّنِ ٱفْتَرَىٰ عَلَى ٱللَّهِ ٱلْكَذِبَ وَهُوَ يُدْعَىٰ إِلَى ٱلْإِسْلَٰمِ وَٱللَّهُ لَا يَهْدِي ٱلْقَوْمَ ٱلظَّٰلِمِينَ ۝

(8) Quieren apagar la luz de Allah con lo que sale de sus bocas, pero Allah siempre hace culminar Su luz por mucho que les pese a los incrédulos.

يُرِيدُونَ لِيُطْفِئُوا۟ نُورَ ٱللَّهِ بِأَفْوَٰهِهِمْ وَٱللَّهُ مُتِمُّ نُورِهِ وَلَوْ كَرِهَ ٱلْكَٰفِرُونَ ۝

(9) El es Quien ha enviado a Su mensajero con la guía y la verdadera práctica de Adoración para hacerla prevalecer sobre todas las demás, por mucho que les pese a los asociadores.

هُوَ ٱلَّذِىٓ أَرْسَلَ رَسُولَهُۥ بِٱلْهُدَىٰ وَدِينِ ٱلْحَقِّ لِيُظْهِرَهُۥ عَلَى ٱلدِّينِ كُلِّهِۦ وَلَوْ كَرِهَ ٱلْمُشْرِكُونَ ۝

(10) ¡Vosotros que creéis! ¿Queréis que os diga un negocio que os salvará de un doloroso castigo?

يَٰٓأَيُّهَا ٱلَّذِينَ ءَامَنُوا۟ هَلْ أَدُلُّكُمْ عَلَىٰ تِجَٰرَةٍ تُنجِيكُم مِّنْ عَذَابٍ أَلِيمٍ ۝

(11) Que creáis en Allah y en Su mensajero y que luchéis en el camino de Allah con vuestros bienes y personas.

Eso es lo mejor para vosotros, si queréis saberlo.

تُؤْمِنُونَ بِٱللَّهِ وَرَسُولِهِۦ وَتُجَٰهِدُونَ فِى سَبِيلِ ٱللَّهِ بِأَمْوَٰلِكُمْ وَأَنفُسِكُمْ ذَٰلِكُمْ خَيْرٌ لَّكُمْ إِن كُنتُمْ تَعْلَمُونَ ۝

(12) El os perdonará vuestras faltas y os hará entrar en jardines por cuyo suelo corren los ríos y en buenas estancias en los jardines de Adn.

Y ese es el gran triunfo.

يَغْفِرْ لَكُمْ ذُنُوبَكُمْ وَيُدْخِلْكُمْ جَنَّتٍ تَجْرِى مِن تَحْتِهَا الْأَنْهَارُ وَمَسَاكِنَ طَيِّبَةً فِى جَنَّتِ عَدْنٍ ذَلِكَ الْفَوْزُ الْعَظِيمُ ۞

(13) Y otra ganancia que amáis: Una ayuda de Allah y una próxima victoria. Anuncia buenas nuevas a los creyentes.

وَأُخْرَى تُحِبُّونَهَا نَصْرٌ مِّنَ اللَّهِ وَفَتْحٌ قَرِيبٌ وَبَشِّرِ الْمُؤْمِنِينَ ۞

(14) ¡Vosotros que creéis! Sed auxiliares de Allah; tal y como dijo Isa, el hijo de Maryam, a los discípulos: Quién me ayudará en favor de Allah?

Y dijeron los discípulos: Nosotros somos los auxiliares de Allah. Hubo una parte de los hijos de Israel que creyó, pero otros descreyeron.

Dimos apoyo a los que habían creído contra sus enemigos y fueron los vencedores.

يَا أَيُّهَا الَّذِينَ ءَامَنُوا كُونُوا أَنصَارَ اللَّهِ كَمَا قَالَ عِيسَى ابْنُ مَرْيَمَ لِلْحَوَارِيِّينَ مَنْ أَنصَارِى إِلَى اللَّهِ قَالَ الْحَوَارِيُّونَ نَحْنُ أَنصَارُ اللَّهِ فَآمَنَت طَّائِفَةٌ مِّن بَنِى إِسْرَاءِيلَ وَكَفَرَت طَّائِفَةٌ فَأَيَّدْنَا الَّذِينَ ءَامَنُوا عَلَى عَدُوِّهِمْ فَأَصْبَحُوا ظَاهِرِينَ ۞

62. SURA DEL VIERNES (AL-YUMUA).

En el nombre de Allah, el Misericordioso, el Compasivo.

(1) Todo lo que hay en el cielo y en la tierra glorifica a Allah, el Rey, el Purísimo, el Poderoso, el Sabio.

يُسَبِّحُ لِلَّهِ مَا فِي ٱلسَّمَوَٰتِ وَمَا فِي ٱلْأَرْضِ ٱلْمَلِكِ ٱلْقُدُّوسِ ٱلْعَزِيزِ ٱلْحَكِيمِ ۝

(2) El es Quien ha hecho surgir para los iletrados* un Mensajero que es uno de ellos; y que les recita Sus signos, los purifica y les enseña el Libro y la sabiduría, cuando antes estaban en un claro extravío.

* [Alusión a los árabes que no escribían ni leían.]

هُوَ ٱلَّذِي بَعَثَ فِي ٱلْأُمِّيِّينَ رَسُولًا مِّنْهُمْ يَتْلُواْ عَلَيْهِمْ ءَايَٰتِهِۦ وَيُزَكِّيهِمْ وَيُعَلِّمُهُمُ ٱلْكِتَٰبَ وَٱلْحِكْمَةَ وَإِن كَانُواْ مِن قَبْلُ لَفِي ضَلَٰلٍ مُّبِينٍ ۝

(3) Y para otros que aún no han venido*.

El es el Poderoso, el Sabio.

* [En un hadiz de Abu Huraira, recogido por el Bujari, se dice: estábamos sentados junto al Profeta, que Allah le dé Su gracia y paz, cuando le descendió la sura de "Al Yumua", y al recitar "y para otros que aún no han venido", un hombre preguntó: ¿quiénes son éstos, oh mensajero de Allah? Y el Profeta, que Allah le dé Su gracia y paz, poniendo sus manos sobre Salman el persa, dijo: "Si la creencia estuviera junto a Zoraya (las Pléyades), hombres como éstos la alcanzarían".]

وَءَاخَرِينَ مِنْهُمْ لَمَّا يَلْحَقُواْ بِهِمْ وَهُوَ ٱلْعَزِيزُ ٱلْحَكِيمُ ۝

(4) Ese es el favor de Allah que El da a quien quiere.

Allah es Dueño del Favor inmenso.

ذَٰلِكَ فَضْلُ ٱللَّهِ يُؤْتِيهِ مَن يَشَآءُ وَٱللَّهُ ذُو ٱلْفَضْلِ ٱلْعَظِيمِ ۝

(5) Aquellos a quienes les fue encomendada la Torá y no actuaron conforme a ella, se parecen a un asno que lleva una carga de libros. Qué mala es la semejanza de la gente que negó los signos de Allah.

Allah no guía a la gente injusta.

مَثَلُ ٱلَّذِينَ حُمِّلُوا ٱلتَّوْرَىٰةَ ثُمَّ لَمْ يَحْمِلُوهَا كَمَثَلِ ٱلْحِمَارِ يَحْمِلُ أَسْفَارًا بِئْسَ مَثَلُ ٱلْقَوْمِ ٱلَّذِينَ كَذَّبُوا بِآيَاتِ ٱللَّهِ وَٱللَّهُ لَا يَهْدِي ٱلْقَوْمَ ٱلظَّالِمِينَ ۝

(6) Di: ¡Vosotros que practicáis el judaísmo! Si pretendéis que sois los amigos exclusivos de Allah frente al resto de los hombres, pedid la muerte si es verdad lo que decís.

قُلْ يَٰٓأَيُّهَا ٱلَّذِينَ هَادُوٓا إِن زَعَمْتُمْ أَنَّكُمْ أَوْلِيَآءُ لِلَّهِ مِن دُونِ ٱلنَّاسِ فَتَمَنَّوُا ٱلْمَوْتَ إِن كُنتُمْ صَٰدِقِينَ ۝

(7) Pero jamás la desearán por lo que muestran sus manos.

Allah conoce a los injustos.

وَلَا يَتَمَنَّوْنَهُۥٓ أَبَدًۢا بِمَا قَدَّمَتْ أَيْدِيهِمْ وَٱللَّهُ عَلِيمٌۢ بِٱلظَّالِمِينَ ۝

(8) Di: Tened por seguro que la muerte, de la que huís, os encontrará y luego regresaréis al Conocedor del No-Visto y de lo Aparente que os hará saber lo que hayáis hecho.

قُلْ إِنَّ ٱلْمَوْتَ ٱلَّذِي تَفِرُّونَ مِنْهُ فَإِنَّهُۥ مُلَٰقِيكُمْ ثُمَّ تُرَدُّونَ إِلَىٰ عَٰلِمِ ٱلْغَيْبِ وَٱلشَّهَٰدَةِ فَيُنَبِّئُكُم بِمَا كُنتُمْ تَعْمَلُونَ ۝

(9) ¡Vosotros que creéis! Cuando se llame a la oración del Viernes, acudid con prontitud al recuerdo de Allah y dejad toda compraventa; eso es mejor para vosotros si sabéis.

يَٰٓأَيُّهَا ٱلَّذِينَ ءَامَنُوٓا إِذَا نُودِيَ لِلصَّلَوٰةِ مِن يَوْمِ ٱلْجُمُعَةِ فَٱسْعَوْا إِلَىٰ ذِكْرِ ٱللَّهِ وَذَرُوا ٱلْبَيْعَ ذَٰلِكُمْ خَيْرٌ لَّكُمْ إِن كُنتُمْ تَعْلَمُونَ ۝

(10) Pero una vez concluida la Oración, id y repartíos por la tierra y buscad el favor de Allah. Y recordad mucho a Allah para que podáis tener éxito.

فَإِذَا قُضِيَتِ الصَّلَوٰةُ فَانتَشِرُوا۟ فِى الْأَرْضِ وَابْتَغُوا۟ مِن فَضْلِ اللَّهِ وَاذْكُرُوا۟ اللَّهَ كَثِيرًا لَّعَلَّكُمْ تُفْلِحُونَ ۝

(11) Y cuando ven un negocio o alguna distracción corren hacia ello y te dejan plantado. Di: Lo que hay junto a Allah es mejor que la diversión y el negocio. Y Allah es el mejor de los que proveen.

وَإِذَا رَأَوْا۟ تِجَٰرَةً أَوْ لَهْوًا انفَضُّوٓا۟ إِلَيْهَا وَتَرَكُوكَ قَآئِمًا قُلْ مَا عِندَ اللَّهِ خَيْرٌ مِّنَ اللَّهْوِ وَمِنَ التِّجَٰرَةِ وَاللَّهُ خَيْرُ الرَّٰزِقِينَ ۝

63. SURA DE LOS HIPOCRITAS.

بِسْمِ ٱللَّهِ ٱلرَّحْمَنِ ٱلرَّحِيمِ

En el nombre de Allah, el Misericordioso, el Compasivo.

(1) Cuando vienen a ti los hipócritas, dicen: Atestiguamos que tú eres el Mensajero de Allah. Allah sabe que tú eres Su mensajero y Allah atestigua que los hipócritas son mentirosos.

إِذَا جَآءَكَ ٱلْمُنَافِقُونَ قَالُوا۟ نَشْهَدُ إِنَّكَ لَرَسُولُ ٱللَّهِ وَٱللَّهُ يَعْلَمُ إِنَّكَ لَرَسُولُهُۥ وَٱللَّهُ يَشْهَدُ إِنَّ ٱلْمُنَافِقِينَ لَكَاذِبُونَ ١

(2) Toman sus juramentos como tapadera y desvían del camino de Allah. ¡Qué malo es lo que hacen!

ٱتَّخَذُوا۟ أَيْمَانَهُمْ جُنَّةً فَصَدُّوا۟ عَن سَبِيلِ ٱللَّهِ إِنَّهُمْ سَآءَ مَا كَانُوا۟ يَعْمَلُونَ ٢

(3) Eso es porque han renegado después de haber creído y sus corazones han sido sellados, de manera que no entienden.

ذَلِكَ بِأَنَّهُمْ ءَامَنُوا۟ ثُمَّ كَفَرُوا۟ فَطُبِعَ عَلَى قُلُوبِهِمْ فَهُمْ لَا يَفْقَهُونَ ٣

(4) Cuando los ves, te gusta su aspecto y si hablan, sus palabras captan tu atención. Son como maderos que no sostienen nada. Creen que cualquier grito va dirigido contra ellos.
Ellos son el enemigo, tened cuidado. ¡Mátelos Allah! ¡Cómo mienten!

وَإِذَا رَأَيْتَهُمْ تُعْجِبُكَ أَجْسَامُهُمْ وَإِن يَقُولُوا۟ تَسْمَعْ لِقَوْلِهِمْ كَأَنَّهُمْ خُشُبٌ مُّسَنَّدَةٌ يَحْسَبُونَ كُلَّ صَيْحَةٍ عَلَيْهِمْ هُمُ ٱلْعَدُوُّ فَٱحْذَرْهُمْ قَاتَلَهُمُ ٱللَّهُ أَنَّى يُؤْفَكُونَ ٤

(5) Y cuando se les dice: Venid para que el Mensajero pida perdón por vosotros, vuelven la cabeza y los ves que se apartan con soberbia.

وَإِذَا قِيلَ لَهُمْ تَعَالَوْا۟ يَسْتَغْفِرْ لَكُمْ رَسُولُ ٱللَّهِ لَوَّوْا۟ رُءُوسَهُمْ وَرَأَيْتَهُمْ يَصُدُّونَ وَهُم مُّسْتَكْبِرُونَ ٥

(6) Es igual que pidas perdón por ellos o que no, Allah no los va a perdonar.
Es cierto que Allah no guía a la gente descarriada.

سَوَآءٌ عَلَيْهِمْ أَسْتَغْفَرْتَ لَهُمْ أَمْ لَمْ تَسْتَغْفِرْ لَهُمْ لَن يَغْفِرَ ٱللَّهُ لَهُمْ إِنَّ ٱللَّهَ لَا يَهْدِى ٱلْقَوْمَ ٱلْفَٰسِقِينَ ۝

(7) Ellos son los que dicen: No gastéis en favor de los que están con el Mensajero hasta que no se separen de él.
A Allah pertenecen los tesoros de los cielos y de la tierra, sin embargo los hipócritas no comprenden.

هُمُ ٱلَّذِينَ يَقُولُونَ لَا تُنفِقُوا عَلَىٰ مَنْ عِندَ رَسُولِ ٱللَّهِ حَتَّىٰ يَنفَضُّوا وَلِلَّهِ خَزَآئِنُ ٱلسَّمَٰوَٰتِ وَٱلْأَرْضِ وَلَٰكِنَّ ٱلْمُنَٰفِقِينَ لَا يَفْقَهُونَ ۝

(8) Dicen: Si regresamos a Medina, los más poderosos expulsarán a los más débiles.
De Allah es el poder y de Su mensajero y de los creyentes, pero los hipócritas no saben.

يَقُولُونَ لَئِن رَّجَعْنَآ إِلَى ٱلْمَدِينَةِ لَيُخْرِجَنَّ ٱلْأَعَزُّ مِنْهَا ٱلْأَذَلَّ وَلِلَّهِ ٱلْعِزَّةُ وَلِرَسُولِهِۦ وَلِلْمُؤْمِنِينَ وَلَٰكِنَّ ٱلْمُنَٰفِقِينَ لَا يَعْلَمُونَ ۝

(9) ¡Vosotros que creéis! Que ni vuestras riquezas ni vuestros hijos os distraigan del recuerdo de Allah.
Y quien lo haga...Esos son los perdedores.

يَٰٓأَيُّهَا ٱلَّذِينَ ءَامَنُوا لَا تُلْهِكُمْ أَمْوَٰلُكُمْ وَلَآ أَوْلَٰدُكُمْ عَن ذِكْرِ ٱللَّهِ وَمَن يَفْعَلْ ذَٰلِكَ فَأُوْلَٰٓئِكَ هُمُ ٱلْخَٰسِرُونَ ۝

(10) Gastad de la provisión que os damos antes de que le llegue la muerte a cualquiera de vosotros y diga: ¡Señor mío! Si me dieras un poco más de plazo, podría dar con generosidad y ser de los rectos.

وَأَنفِقُوا مِن مَّا رَزَقْنَٰكُم مِّن قَبْلِ أَن يَأْتِىَ أَحَدَكُمُ ٱلْمَوْتُ فَيَقُولَ رَبِّ لَوْلَآ أَخَّرْتَنِىٓ إِلَىٰٓ أَجَلٍ قَرِيبٍ فَأَصَّدَّقَ وَأَكُن مِّنَ ٱلصَّٰلِحِينَ ۝

(11) Pero Allah no va a dar ningún plazo a nadie cuando le llegue su fin. Allah conoce perfectamente lo que hacéis.

وَلَن يُؤَخِّرَ ٱللَّهُ نَفْسًا إِذَا جَآءَ أَجَلُهَا وَٱللَّهُ خَبِيرٌۢ بِمَا تَعْمَلُونَ ۝

| **64. SURA DEL DESENGAÑO.** | سُورَةُ ٱلتَّغَابُنِ |

بِسْمِ ٱللَّهِ ٱلرَّحْمَٰنِ ٱلرَّحِيمِ

En el nombre de Allah, el Misericordioso, el Compasivo.

(1) A Allah glorifica todo cuanto hay en los cielos y en la tierra. Suya es la soberanía y Suyas son las alabanzas.

El es Poderoso sobre todas las cosas.

يُسَبِّحُ لِلَّهِ مَا فِي ٱلسَّمَٰوَٰتِ وَمَا فِي ٱلْأَرْضِ لَهُ ٱلْمُلْكُ وَلَهُ ٱلْحَمْدُ وَهُوَ عَلَىٰ كُلِّ شَيْءٍ قَدِيرٌ ۝

(2) El es Quien os ha creado. Y entre vosotros unos son incrédulos y otros creyentes. Allah ve lo que hacéis.

هُوَ ٱلَّذِي خَلَقَكُمْ فَمِنكُمْ كَافِرٌ وَمِنكُم مُّؤْمِنٌ وَٱللَّهُ بِمَا تَعْمَلُونَ بَصِيرٌ ۝

(3) Creó los cielos y la tierra con la verdad, os dio forma e hizo que fuera la mejor. A El se ha de retornar.

خَلَقَ ٱلسَّمَٰوَٰتِ وَٱلْأَرْضَ بِٱلْحَقِّ وَصَوَّرَكُمْ فَأَحْسَنَ صُوَرَكُمْ وَإِلَيْهِ ٱلْمَصِيرُ ۝

(4) Conoce lo que hay en los cielos y en la tierra y sabe lo que guardáis en secreto y lo que mostráis.

Allah sabe lo que encierran los pechos.

يَعْلَمُ مَا فِي ٱلسَّمَٰوَٰتِ وَٱلْأَرْضِ وَيَعْلَمُ مَا تُسِرُّونَ وَمَا تُعْلِنُونَ وَٱللَّهُ عَلِيمٌ بِذَاتِ ٱلصُّدُورِ ۝

(5) ¿No os han llegado las noticias de los anteriores a vosotros? Se negaron a creer y gustaron las consecuencias de su acción. Tendrán un doloroso castigo.

أَلَمْ يَأْتِكُمْ نَبَؤُاْ ٱلَّذِينَ كَفَرُواْ مِن قَبْلُ فَذَاقُواْ وَبَالَ أَمْرِهِمْ وَلَهُمْ عَذَابٌ أَلِيمٌ ۝

(6) Eso es porque habiéndoles llegado sus mensajeros con las pruebas claras dijeron: ¿Es que nos van a guiar simples humanos? Y se negaron a creer y se desentendieron; y Allah prescindió de ellos.

Allah es Rico, en Sí mismo alabado.

ذَٰلِكَ بِأَنَّهُۥ كَانَت تَّأْتِيهِمْ رُسُلُهُم بِٱلْبَيِّنَٰتِ فَقَالُوٓاْ أَبَشَرٌ يَهْدُونَنَا فَكَفَرُواْ وَتَوَلَّواْۚ وَّٱسْتَغْنَى ٱللَّهُۚ وَٱللَّهُ غَنِيٌّ حَمِيدٌ ۝

(7) Los que se niegan a creer pretenden que no van a ser devueltos a la vida. Di: Por el contrario. ¡Por tu Señor! que seréis levantados y luego se os hará saber lo que hicísteis.

Eso es simple para Allah.

زَعَمَ ٱلَّذِينَ كَفَرُوٓاْ أَن لَّن يُبْعَثُواْۚ قُلْ بَلَى وَرَبِّي لَتُبْعَثُنَّ ثُمَّ لَتُنَبَّؤُنَّ بِمَا عَمِلْتُمْۚ وَذَٰلِكَ عَلَى ٱللَّهِ يَسِيرٌ ۝

(8) Creed pues en Allah y en Su mensajero y en la luz que ha hecho descender.

Allah está perfectamente informado de lo que hacéis.

فَـَٔامِنُواْ بِٱللَّهِ وَرَسُولِهِۦ وَٱلنُّورِ ٱلَّذِيٓ أَنزَلْنَاۚ وَٱللَّهُ بِمَا تَعْمَلُونَ خَبِيرٌ ۝

(9) El día en que os reúna con motivo del Día de la Reunión, ése será el Día del Desengaño. Quien haya creído en Allah y haya actuado con rectitud, le cubriremos sus maldades y lo haremos entrar en jardines por cuyo suelo corren los ríos. En ellos serán inmortales para siempre. Ese es el gran triunfo.

يَوْمَ يَجْمَعُكُمْ لِيَوْمِ ٱلْجَمْعِۖ ذَٰلِكَ يَوْمُ ٱلتَّغَابُنِۗ وَمَن يُؤْمِنۢ بِٱللَّهِ وَيَعْمَلْ صَٰلِحًا يُكَفِّرْ عَنْهُ سَيِّـَٔاتِهِۦ وَيُدْخِلْهُ جَنَّٰتٍ تَجْرِي مِن تَحْتِهَا ٱلْأَنْهَٰرُ خَٰلِدِينَ فِيهَآ أَبَدًاۚ ذَٰلِكَ ٱلْفَوْزُ ٱلْعَظِيمُ ۝

(10) Y los que se hayan negado a creer y hayan tachado de mentira Nuestros signos, ésos son los compañeros del Fuego

وَٱلَّذِينَ كَفَرُواْ وَكَذَّبُواْ بِـَٔايَٰتِنَآ أُوْلَٰٓئِكَ أَصْحَٰبُ ٱلنَّارِ خَٰلِدِينَ فِيهَاۖ وَبِئْسَ ٱلْمَصِيرُ ۝

donde serán inmortales. ¡Qué mal lugar de destino!

(11) Nada de lo que sobreviene es sin permiso de Allah.

El que crea en Allah, habrá guiado su corazón.

Allah es Conocedor de cada cosa.

مَآ أَصَابَ مِن مُّصِيبَةٍ إِلَّا بِإِذْنِ اللَّهِ وَمَن يُؤْمِنۢ بِاللَّهِ يَهْدِ قَلْبَهُ وَاللَّهُ بِكُلِّ شَىْءٍ عَلِيمٌ ۝

(12) Obedeced a Allah y obedeced al Mensajero.

Y si dais la espalda... Ciertamente a Nuestro mensajero sólo le incumbe transmitir con claridad.

وَأَطِيعُوا اللَّهَ وَأَطِيعُوا الرَّسُولَ فَإِن تَوَلَّيْتُمْ فَإِنَّمَا عَلَىٰ رَسُولِنَا الْبَلَٰغُ الْمُبِينُ ۝

(13) Allah, no hay dios sino Él; en Allah se abandonan los creyentes.

اللَّهُ لَا إِلَٰهَ إِلَّا هُوَ وَعَلَى اللَّهِ فَلْيَتَوَكَّلِ الْمُؤْمِنُونَ ۝

(14) ¡Vosotros que creéis! Es cierto que entre vuestras esposas e hijos hay enemigos para vosotros*, guardaos de ellos.

Pero si sois indulgentes, pasáis por alto y perdonáis... Es verdad que Allah es Perdonador y Compasivo.

يَٰٓأَيُّهَا الَّذِينَ ءَامَنُوٓا إِنَّ مِنْ أَزْوَٰجِكُمْ وَأَوْلَٰدِكُمْ عَدُوًّا لَّكُمْ فَاحْذَرُوهُمْ وَإِن تَعْفُوا وَتَصْفَحُوا وَتَغْفِرُوا فَإِنَّ اللَّهَ غَفُورٌ رَّحِيمٌ ۝

* [Esta aleya descendió en relación a un grupo de musulmanes de Meca que al querer emigrar a Medina se encontraron con la oposición de sus esposas e hijos y esto los retrasó. También se relaciona con un hombre que quiso ir a luchar en el camino de Allah y ante las quejas de su familia decidió no separarse de ellos y luego se arrepintió de haberlo hecho.]

(15) Realmente vuestras riquezas e hijos no son sino una prueba, pero Allah tiene a Su lado una enorme recompensa.

إِنَّمَآ أَمْوَٰلُكُمْ وَأَوْلَٰدُكُمْ فِتْنَةٌ ۚ وَٱللَّهُ عِندَهُۥٓ أَجْرٌ عَظِيمٌ ﴿١٥﴾

(16) Así pues temed a Allah cuanto podáis, escuchad, obedeced y dad con sinceridad, que será para vosotros mismos.

Aquel que está libre de su propia avaricia... Esos son los que tendrán éxito.

فَٱتَّقُوا۟ ٱللَّهَ مَا ٱسْتَطَعْتُمْ وَٱسْمَعُوا۟ وَأَطِيعُوا۟ وَأَنفِقُوا۟ خَيْرًا لِّأَنفُسِكُمْ ۗ وَمَن يُوقَ شُحَّ نَفْسِهِۦ فَأُو۟لَٰٓئِكَ هُمُ ٱلْمُفْلِحُونَ ﴿١٦﴾

(17) Si le hacéis un hermoso préstamo a Allah, El os lo devolverá doblado y os perdonará. Allah es Agradecido, Benévolo.

إِن تُقْرِضُوا۟ ٱللَّهَ قَرْضًا حَسَنًا يُضَٰعِفْهُ لَكُمْ وَيَغْفِرْ لَكُمْ ۚ وَٱللَّهُ شَكُورٌ حَلِيمٌ ﴿١٧﴾

(18) El Conocedor del No-Visto y de lo Aparente, el Poderoso, el Sabio.

عَٰلِمُ ٱلْغَيْبِ وَٱلشَّهَٰدَةِ ٱلْعَزِيزُ ٱلْحَكِيمُ ﴿١٨﴾

65. SURA DEL DIVORCIO.

بِسْمِ اللَّهِ الرَّحْمَنِ الرَّحِيمِ

En el nombre de Allah, el Misericordioso, el Compasivo.

(1) ¡Profeta! Cuando divorciéis a las mujeres, hacedlo de manera que estén en disposición de empezar su período de espera*. Guardad el período de espera y temed a Allah, vuestro Señor.

No las hagáis salir de sus casas ni tampoco salgan ellas, a menos que hayan cometido una indecencia evidente.

Estos son los límites de Allah; quien traspase los límites de Allah, habrá sido injusto consigo mismo. Tú no sabes si Allah dispondrá otra cosa después.

* [Es decir, dentro de un período de pureza y no durante la menstruación, y sin haber mantenido relación sexual con ellas.]

(2) Y cuando hayan alcanzado su período de espera, o bien os quedáis con ellas como es debido u os separáis de ellas como es debido*. Y haced que dos de vosotros, que sean rectos, sean testigos. Cumplid el testimonio por Allah.

A eso se exhorta a quien crea

en Allah y en el Ultimo Día.

Y quien teme a Allah, El le da una salida.

*[Lit. según lo reconocido]

(3) Y le provee desde donde no lo espera. Quien se abandone en Allah, El le bastará.

Es cierto que la orden de Allah llega hasta donde El quiere.

Allah le ha dado a cada cosa un término y una medida.

وَيَرْزُقْهُ مِنْ حَيْثُ لَا يَحْتَسِبُ وَمَن يَتَوَكَّلْ عَلَى ٱللَّهِ فَهُوَ حَسْبُهُۥٓ إِنَّ ٱللَّهَ بَٰلِغُ أَمْرِهِۦ قَدْ جَعَلَ ٱللَّهُ لِكُلِّ شَيْءٍ قَدْرًا ٣

(4) Y aquellas de vuestras mujeres que hayan llegado a la menopausia, si dudáis de su período de espera, éste son tres meses; así como para la que aún no haya tenido la menstruación.

Y las que estén embarazadas, su período de espera será hasta que den a luz.

Quien teme a Allah, El le dará facilidad en lo suyo.

وَٱلَّٰٓئِي يَئِسْنَ مِنَ ٱلْمَحِيضِ مِن نِّسَآئِكُمْ إِنِ ٱرْتَبْتُمْ فَعِدَّتُهُنَّ ثَلَٰثَةُ أَشْهُرٍ وَٱلَّٰٓئِي لَمْ يَحِضْنَ وَأُوْلَٰتُ ٱلْأَحْمَالِ أَجَلُهُنَّ أَن يَضَعْنَ حَمْلَهُنَّ وَمَن يَتَّقِ ٱللَّهَ يَجْعَل لَّهُۥ مِنْ أَمْرِهِۦ يُسْرًا ٤

(5) Ese es Su mandato, el que Allah ha hecho descender para vosotros. Y quien tema a Allah, El le cubrirá sus maldades y le aumentará su recompensa.

ذَٰلِكَ أَمْرُ ٱللَّهِ أَنزَلَهُۥٓ إِلَيْكُمْ وَمَن يَتَّقِ ٱللَّهَ يُكَفِّرْ عَنْهُ سَيِّـَٔاتِهِۦ وَيُعْظِمْ لَهُۥٓ أَجْرًا ٥

(6) Alojadlas donde os alojais, según vuestros medios, pero no las perjudiquéis haciéndoles pasar estrechez.

Y si estuvieran embarazadas ocuparos de su manutención hasta que den a luz. Y si dan

أَسْكِنُوهُنَّ مِنْ حَيْثُ سَكَنتُم مِّن وُجْدِكُمْ وَلَا تُضَآرُّوهُنَّ لِتُضَيِّقُواْ عَلَيْهِنَّ وَإِن كُنَّ أُوْلَٰتِ حَمْلٍ فَأَنفِقُواْ عَلَيْهِنَّ حَتَّىٰ يَضَعْنَ حَمْلَهُنَّ فَإِنْ أَرْضَعْنَ لَكُمْ فَـَٔاتُوهُنَّ أُجُورَهُنَّ وَأْتَمِرُواْ بَيْنَكُم

سُورَةُ الطَّلَاقِ _ الجُزْءُ الثَّامِنُ وَالعِشْرُونَ

de mamar a vuestros hijos*, dadles la remuneración que corresponda y llegad a un acuerdo entre vosotros como es debido.

Y si tenéis dificultades, que amamante a su hijo otra.

* [Lit. "para vosotros", es decir, vosotros los padres; puesto que el padre es el responsable de los gastos de sus hijos y no puede obligar a la madre a amamantar al hijo si ella no quiere.]

بِمَعْرُوفٖ ۖ وَإِن تَعَاسَرْتُمْ فَسَتُرْضِعُ لَهُۥٓ أُخْرَىٰ ۝

(7) Quien posea con holgura, que gaste de acuerdo a su holgura; y a quien se le haya dado una provisión restringida, que gaste de acuerdo a lo que Allah le haya dado.

Allah no le impone a nadie sino en la medida de lo que le da.

Allah da facilidad después de la dificultad.

لِيُنفِقْ ذُو سَعَةٖ مِّن سَعَتِهِۦ ۖ وَمَن قُدِرَ عَلَيْهِ رِزْقُهُۥ فَلْيُنفِقْ مِمَّآ ءَاتَىٰهُ ٱللَّهُ ۚ لَا يُكَلِّفُ ٱللَّهُ نَفْسًا إِلَّا مَآ ءَاتَىٰهَا ۚ سَيَجْعَلُ ٱللَّهُ بَعْدَ عُسْرٖ يُسْرًا ۝

(8) A cuántas ciudades que desobedecieron la orden de su Señor y la de Sus mensajeros, las hicimos rendir cuentas con dureza y las castigamos con un terrible castigo.

وَكَأَيِّن مِّن قَرْيَةٍ عَتَتْ عَنْ أَمْرِ رَبِّهَا وَرُسُلِهِۦ فَحَاسَبْنَٰهَا حِسَابًا شَدِيدًا وَعَذَّبْنَٰهَا عَذَابًا نُّكْرًا ۝

(9) Gustaron las malas consecuencias de su actitud y su fin fue la perdición.

فَذَاقَتْ وَبَالَ أَمْرِهَا وَكَانَ عَٰقِبَةُ أَمْرِهَا خُسْرًا ۝

(10) Allah les ha preparado un fuerte castigo. Así pues, temed a Allah, vosotros que sabéis reconocer lo esencial, vosotros

أَعَدَّ ٱللَّهُ لَهُمْ عَذَابًا شَدِيدًا ۖ فَٱتَّقُوا ٱللَّهَ يَٰٓأُولِي ٱلْأَلْبَٰبِ ٱلَّذِينَ ءَامَنُوا ۚ قَدْ أَنزَلَ ٱللَّهُ إِلَيْكُمْ ذِكْرًا ۝

que creéis. Allah ha hecho descender para vosotros un recuerdo.

(11) Un Mensajero que os lee los signos de Allah clarificados, para sacar a los que creen y practican las acciones de bien de la tiniebla a la luz.

A quien crea en Allah y obre con rectitud le haremos entrar en jardines por cuyo suelo corren los ríos en los que será inmortal para siempre.

Allah le habrá hecho buena la provisión.

رَّسُولًا يَتْلُواْ عَلَيْكُمْ ءَايَتِ ٱللَّهِ مُبَيِّنَتٍ لِيُخْرِجَ ٱلَّذِينَ ءَامَنُواْ وَعَمِلُواْ ٱلصَّلِحَتِ مِنَ ٱلظُّلُمَتِ إِلَى ٱلنُّورِ وَمَن يُؤْمِنۢ بِٱللَّهِ وَيَعْمَلْ صَلِحًا يُدْخِلْهُ جَنَّتٍ تَجْرِى مِن تَحْتِهَا ٱلْأَنْهَرُ خَلِدِينَ فِيهَآ أَبَدًا قَدْ أَحْسَنَ ٱللَّهُ لَهُۥ رِزْقًا ۝

(12) Allah es Quien ha creado los siete cielos y otro tanto de tierra.

La orden desciende a través de ellos para que sepáis que Allah tiene poder sobre todas las cosas y que el conocimiento de Allah todo lo abarca.

ٱللَّهُ ٱلَّذِى خَلَقَ سَبْعَ سَمَوَتٍ وَمِنَ ٱلْأَرْضِ مِثْلَهُنَّ يَتَنَزَّلُ ٱلْأَمْرُ بَيْنَهُنَّ لِتَعْلَمُوٓاْ أَنَّ ٱللَّهَ عَلَىٰ كُلِّ شَىْءٍ قَدِيرٌ وَأَنَّ ٱللَّهَ قَدْ أَحَاطَ بِكُلِّ شَىْءٍ عِلْمًۢا ۝

66. SURA DE LA PROHIBICION.

سُورَةُ ٱلتَّحْرِيمِ

بِسْمِ ٱللَّهِ ٱلرَّحْمَٰنِ ٱلرَّحِيمِ

En el nombre de Allah, el Misericordioso, el Compasivo.

(1) ¡Profeta! ¿Por qué te prohíbes lo que Allah ha hecho lícito para ti, buscando el agrado de tus esposas, cuando Allah es Perdonador y Compasivo?

يَٰٓأَيُّهَا ٱلنَّبِيُّ لِمَ تُحَرِّمُ مَآ أَحَلَّ ٱللَّهُ لَكَ تَبْتَغِي مَرْضَاتَ أَزْوَٰجِكَ وَٱللَّهُ غَفُورٌ رَّحِيمٌ ۝

* [Entre las transmisiones sobre la razón del descenso de esta aleya destacan dos. La primera, que está re- cogida en el Bujari, es que el Men- sajero de Allah, que El le dé Su gracia y paz, solía ir donde su esposa Zaynab para beber miel, entonces Aisha, Hafsa y Sauda bint Zama, acordaron que la que se acercara a él, dijera: ¿Has tomado Magafir?, —una resina dulce pero de muy mal olor. Así lo hicieron y él dijo: No, he bebido miel. Le dijeron: ¿No has bebido tal resina? Y dijo: Nunca la bebo; y a él le disgustaba que le hallaran mal olor. Cuando volvió a entrar donde Zaynab y ésta le ofreció miel, él la rechazó diciendo: No tengo necesidad de ella.

La segunda es, que el Profeta, que Allah le dé Su gracia y paz, fue un día al aposento de Hafsa y encontró que se había marchado a visitar a su padre, Umar Ibn al-Jattab. Entonces llamó a su esclava Maria; y cuando Hafsa regresó, dijo: ¡Mensajero de Allah! ¿Es que no hay entre tus mujeres ninguna a la que desprecies más que a mí; cómo has podido entrar con ella en mi aposento? Y el Profeta, tratando de complacerla, le dijo: ¿Te quedarías satisfecha si la

hiciera ilícita para mí (refiriéndose a
Maria)? Y contestó: Sí. Entonces el Profeta la declaró ilícita para sí y le pidió a
Hafsa que no lo contara a nadie.
Cuando Hafsa se quedo sola, llamó a
Aisha, cuyos aposentos eran contiguos
a los suyos, y le contó el secreto del
Profeta, que Allah le dé Su gracia y
paz. El se enfadó y juró no visitar a sus
esposas durante un mes, y entonces
descendió esta aleya.

Esta última versión es la que se estudia
cuando se consideran los efectos
legales de la sura.]

(2) Allah os ha prescrito cómo debéis
compensar los juramentos.

Allah es vuestro Dueño y El es
el Conocedor, el Sabio.

فَقَدْ فَرَضَ ٱللَّهُ لَكُمْ تَحِلَّةَ أَيْمَٰنِكُمْ وَٱللَّهُ مَوْلَىٰكُمْ وَهُوَ ٱلْعَلِيمُ ٱلْحَكِيمُ ۝

(3) Y cuando el Profeta confió un
secreto a una de su esposas y
ella lo contó*. Allah hizo que se
enterara de ello y él después
refirió una parte y omitió otra.
Cuando se lo hizo saber a ella,
ésta dijo: ¿Quién te lo ha dado
a conocer? Dijo: Me lo ha dado
a conocer el Omnisciente,
Aquel al que nada se le oculta.

وَإِذْ أَسَرَّ ٱلنَّبِيُّ إِلَىٰ بَعْضِ أَزْوَٰجِهِ حَدِيثًا فَلَمَّا نَبَّأَتْ بِهِ وَأَظْهَرَهُ ٱللَّهُ عَلَيْهِ عَرَّفَ بَعْضَهُ وَأَعْرَضَ عَنۢ بَعْضٍ فَلَمَّا نَبَّأَهَا بِهِ فَالَتْ مَنْ أَنۢبَأَكَ هَٰذَا قَالَ نَبَّأَنِيَ ٱلْعَلِيمُ ٱلْخَبِيرُ ۝

* [Sobre el contenido de este secreto
hay tres opiniones. Una lo refiere a la
prohibición de la esclava, según lo cual
el Profeta, que Allah le dé Su gracia y
paz, le habría pedido a Hafsa que no
contara su decisión al respecto. Otra lo
refiere a que dijo que Abu Bakr y
Umar le seguirían en el mando tras su
muerte. Y la tercera lo refiere al episodio de la miel. Lo primero parece
más obvio, según Ibn Yuzay, y en cualquier caso, la esposa a la que le refirió
el secreto fue Hafsa.]

(4) Si ambas* os volvéis a Allah en arrepentimiento, ya que vuestros corazones se habían torcido... Pero si os confabuláis contra él... Allah es su defensor y Yibril y los creyentes justos. Y además de ello lo asisten los ángeles.

*[Se refiere a Hafsa y Aisha. Hafsa sería la que contó el secreto a Aisha.]

إِن تَتُوبَآ إِلَى اللَّهِ فَقَدْ صَغَتْ قُلُوبُكُمَا وَإِن تَظَـٰهَرَا عَلَيْهِ فَإِنَّ اللَّهَ هُوَ مَوْلَـٰهُ وَجِبْرِيلُ وَصَـٰلِحُ الْمُؤْمِنِينَ وَالْمَلَـٰٓئِكَةُ بَعْدَ ذَٰلِكَ ظَهِيرٌ ۝

(5) Puede que si las divorciara, su Señor le diera a cambio esposas mejores que ellas. Musulmanas, creyentes, obedientes, de fácil arrepentimiento, adoradoras fervientes y ayunantes, ya hubieran estado casadas antes o fueran vírgenes.

عَسَىٰ رَبُّهُ إِن طَلَّقَكُنَّ أَن يُبْدِلَهُ أَزْوَٰجًا خَيْرًا مِّنكُنَّ مُسْلِمَـٰتٍ مُّؤْمِنَـٰتٍ قَـٰنِتَـٰتٍ تَـٰٓئِبَـٰتٍ عَـٰبِدَٰتٍ سَـٰٓئِحَـٰتٍ ثَيِّبَـٰتٍ وَأَبْكَارًا ۝

(6) ¡Vosotros que creéis! Guardaos a vosotros mismos y a vuestra gente de un fuego cuyo combustible serán los hombres y las piedras. Sobre él habrá ángeles duros y violentos que no desobedecerán a Allah en lo que les ordene, sino que harán lo que se les ordene.

يَـٰٓأَيُّهَا الَّذِينَ ءَامَنُوا قُوٓا أَنفُسَكُمْ وَأَهْلِيكُمْ نَارًا وَقُودُهَا النَّاسُ وَالْحِجَارَةُ عَلَيْهَا مَلَـٰٓئِكَةٌ غِلَاظٌ شِدَادٌ لَّا يَعْصُونَ اللَّهَ مَآ أَمَرَهُمْ وَيَفْعَلُونَ مَا يُؤْمَرُونَ ۝

(7) ¡Vosotros que os negáis a creer! No os excuséis hoy, no se os pagará sino por lo que hicísteis.

يَـٰٓأَيُّهَا الَّذِينَ كَفَرُوا لَا تَعْتَذِرُوا الْيَوْمَ إِنَّمَا تُجْزَوْنَ مَا كُنتُمْ تَعْمَلُونَ ۝

(8) ¡Vosotros que creéis! Volveos a Allah sinceramente para que vuestro Señor cubra vuestras maldades y os haga entrar en jardines por cuyo suelo corren los ríos.

El día en que Allah no humi-

يَـٰٓأَيُّهَا الَّذِينَ ءَامَنُوا تُوبُوٓا إِلَى اللَّهِ تَوْبَةً نَّصُوحًا عَسَىٰ رَبُّكُمْ أَن يُكَفِّرَ عَنكُمْ سَيِّـَٔاتِكُمْ وَيُدْخِلَكُمْ جَنَّـٰتٍ تَجْرِي مِن تَحْتِهَا الْأَنْهَـٰرُ يَوْمَ لَا يُخْزِي اللَّهُ النَّبِيَّ وَالَّذِينَ

llará ni al Profeta ni a los que hayan creído con él.

Su propia luz correrá delante de ellos y a su derecha. Dirán: ¡Señor nuestro! Colma nuestra luz y perdónanos, realmente Tú tienes poder sobre todas las cosas.

ءَامَنُوا مَعَهُۥ نُورُهُمْ يَسْعَىٰ بَيْنَ أَيْدِيهِمْ وَبِأَيْمَٰنِهِمْ يَقُولُونَ رَبَّنَآ أَتْمِمْ لَنَا نُورَنَا وَاغْفِرْ لَنَآ إِنَّكَ عَلَىٰ كُلِّ شَىْءٍ قَدِيرٌ ۝

(9) ¡Profeta! Lucha contra los que se niegan a creer y contra los hipócritas y sé duro con ellos.

Su refugio es Yahannam. ¡Qué mal lugar de destino!

يَٰٓأَيُّهَا النَّبِىُّ جَٰهِدِ الْكُفَّارَ وَالْمُنَٰفِقِينَ وَاغْلُظْ عَلَيْهِمْ وَمَأْوَىٰهُمْ جَهَنَّمُ وَبِئْسَ الْمَصِيرُ ۝

(10) Allah les pone un ejemplo a los que se niegan a creer: La mujer de Nuh y la mujer de Lut, ambas estuvieron bajo dos de nuestros siervos justos y ambas los traicionaron.

Pero no les sirvió de nada ante Allah y se dijo: Entrad en el Fuego en compañía de los que han de entrar.

ضَرَبَ اللَّهُ مَثَلًا لِّلَّذِينَ كَفَرُوا امْرَأَتَ نُوحٍ وَامْرَأَتَ لُوطٍ كَانَتَا تَحْتَ عَبْدَيْنِ مِنْ عِبَادِنَا صَٰلِحَيْنِ فَخَانَتَاهُمَا فَلَمْ يُغْنِيَا عَنْهُمَا مِنَ اللَّهِ شَيْئًا وَقِيلَ ادْخُلَا النَّارَ مَعَ الدَّٰخِلِينَ ۝

(11) Y Allah les pone un ejemplo a los que creen: La mujer de Firaún cuando dijo: ¡Señor mío! Haz para mí una casa, junto a Ti, en el Jardín, y sálvame de Firaún y de sus actos; y sálvame de la gente injusta.

وَضَرَبَ اللَّهُ مَثَلًا لِّلَّذِينَ ءَامَنُوا امْرَأَتَ فِرْعَوْنَ إِذْ قَالَتْ رَبِّ ابْنِ لِى عِندَكَ بَيْتًا فِى الْجَنَّةِ وَنَجِّنِى مِن فِرْعَوْنَ وَعَمَلِهِۦ وَنَجِّنِى مِنَ الْقَوْمِ الظَّٰلِمِينَ ۝

(12) Y Maryam, la hija de Imrán, la que guardó su vientre, e insuflamos en él parte de Nuestro espíritu.

Y la que creyó en la verdad de las palabras de su Señor y en Su libro y fue de las obedientes.

وَمَرْيَمَ ابْنَتَ عِمْرَٰنَ الَّتِى أَحْصَنَتْ فَرْجَهَا فَنَفَخْنَا فِيهِ مِن رُّوحِنَا وَصَدَّقَتْ بِكَلِمَٰتِ رَبِّهَا وَكُتُبِهِۦ وَكَانَتْ مِنَ الْقَٰنِتِينَ ۝

67. SURA DE LA SOBERANIA.

سُورَةُ ٱلْمُلْكِ

بِسْمِ ٱللَّهِ ٱلرَّحْمَـٰنِ ٱلرَّحِيمِ

En el nombre de Allah, el Misericordioso, el Compasivo.

(1) Bendito sea Aquel en cuyas manos está la Soberanía y es Poderoso sobre todas las cosas.

تَبَـٰرَكَ ٱلَّذِى بِيَدِهِ ٱلْمُلْكُ وَهُوَ عَلَىٰ كُلِّ شَىْءٍ قَدِيرٌ ۝

(2) Quien creó la muerte y la vida para probaros y ver cuál de vosotros sería mejor en obras. Y es el Irresistible, el Perdonador.

ٱلَّذِى خَلَقَ ٱلْمَوْتَ وَٱلْحَيَوٰةَ لِيَبْلُوَكُمْ أَيُّكُمْ أَحْسَنُ عَمَلًا وَهُوَ ٱلْعَزِيزُ ٱلْغَفُورُ ۝

(3) El que creó siete cielos, uno sobre el otro.

No verás en la creación del Misericordioso ninguna imperfección. Vuelve la vista: ¿Ves algún fallo?

ٱلَّذِى خَلَقَ سَبْعَ سَمَـٰوَٰتٍ طِبَاقًا مَّا تَرَىٰ فِى خَلْقِ ٱلرَّحْمَـٰنِ مِن تَفَـٰوُتٍ فَٱرْجِعِ ٱلْبَصَرَ هَلْ تَرَىٰ مِن فُطُورٍ ۝

(4) Vuelve a mirar una y otra vez, la vista regresará a ti derrotada y exhausta.

ثُمَّ ٱرْجِعِ ٱلْبَصَرَ كَرَّتَيْنِ يَنقَلِبْ إِلَيْكَ ٱلْبَصَرُ خَاسِئًا وَهُوَ حَسِيرٌ ۝

(5) Hemos adornado el cielo de este mundo con luceros, dispuestos para lapidar a los demonios. Y a ellos les hemos preparado el castigo del Sair.

وَلَقَدْ زَيَّنَّا ٱلسَّمَاءَ ٱلدُّنْيَا بِمَصَـٰبِيحَ وَجَعَلْنَـٰهَا رُجُومًا لِّلشَّيَـٰطِينِ وَأَعْتَدْنَا لَهُمْ عَذَابَ ٱلسَّعِيرِ ۝

(6) Y los que se niegan a creer en su Señor, tendrán el castigo de Yahannam. ¡Qué mal lugar de destino!

وَلِلَّذِينَ كَفَرُوا بِرَبِّهِمْ عَذَابُ جَهَنَّمَ وَبِئْسَ ٱلْمَصِيرُ ۝

(7) Cuando sean arrojados en él le escucharán como un horrible rebuzno y estará hirviendo.

إِذَآ أُلْقُوا فِيهَا سَمِعُوا لَهَا شَهِيقًا وَهِيَ تَفُورُ ۝

(8) A punto de reventar de rabia.

Cada vez que algún grupo sea arrojado en él, les preguntarán sus guardianes: ¿Acaso no os llegó uno que os advirtió?

تَكَادُ تَمَيَّزُ مِنَ الْغَيْظِ كُلَّمَآ أُلْقِىَ فِيهَا فَوْجٌ سَأَلَهُمْ خَزَنَتُهَآ أَلَمْ يَأْتِكُمْ نَذِيرٌ ۝

(9) Dirán: Sí, nos llegó un advertidor, pero negamos la verdad y dijimos: Allah no ha hecho descender nada; no estáis sino en un extravío.

قَالُوا بَلَى قَدْ جَآءَنَا نَذِيرٌ فَكَذَّبْنَا وَقُلْنَا مَا نَزَّلَ اللَّهُ مِن شَىْءٍ إِنْ أَنتُمْ إِلَّا فِى ضَلَلٍ كَبِيرٍ ۝

(10) Y dirán: Si hubiéramos escuchado o hubiéramos tenido juicio, no estaríamos entre los compañeros del Sair.

وَقَالُوا لَوْ كُنَّا نَسْمَعُ أَوْ نَعْقِلُ مَا كُنَّا فِى أَصْحَبِ السَّعِيرِ ۝

(11) Y reconocerán sus faltas. ¡Fuera con los compañeros de Sair!

فَاعْتَرَفُوا بِذَنبِهِمْ فَسُحْقًا لِّأَصْحَبِ السَّعِيرِ ۝

(12) Es cierto que los que temen a Allah, cuando nadie los ve*, tendrán perdón y una gran recompensa.

* [También cabe entender: "Temen a Allah aunque no Lo ven..."]

إِنَّ الَّذِينَ يَخْشَوْنَ رَبَّهُم بِالْغَيْبِ لَهُم مَّغْفِرَةٌ وَأَجْرٌ كَبِيرٌ ۝

(13) Y tanto si guardáis en secreto lo que decís como si lo divulgáis... El es Conocedor de lo que encierran los pechos.

وَأَسِرُّوا قَوْلَكُمْ أَوِ اجْهَرُوا بِهِ إِنَّهُ عَلِيمٌ بِذَاتِ الصُّدُورِ ۝

(14) ¿No habría de tener conocimiento Aquel que ha creado y es el Sutil, al que nada se Le oculta?

أَلَا يَعْلَمُ مَنْ خَلَقَ وَهُوَ اللَّطِيفُ الْخَبِيرُ ۝

(15) El es Quien ha hecho la tierra dócil para vosotros, caminad pues por sus confines y comed de Su provisión.
A El es el retorno.

هُوَ الَّذِي جَعَلَ لَكُمُ الْأَرْضَ ذَلُولًا فَامْشُوا فِي مَنَاكِبِهَا وَكُلُوا مِن رِّزْقِهِ ۖ وَإِلَيْهِ النُّشُورُ ۝

(16) ¿Es que estáis a salvo de que Quien está en el cielo no haga que la tierra se hunda con vosotros en un temblor?

ءَأَمِنتُم مَّن فِي السَّمَاءِ أَن يَخْسِفَ بِكُمُ الْأَرْضَ فَإِذَا هِيَ تَمُورُ ۝

(17) ¿O estáis a salvo acaso de que Quien está en el cielo no envíe una pedrisca sobre vosotros? Entonces sabríais cómo es Mi advertencia.

أَمْ أَمِنتُم مَّن فِي السَّمَاءِ أَن يُرْسِلَ عَلَيْكُمْ حَاصِبًا ۖ فَسَتَعْلَمُونَ كَيْفَ نَذِيرِ ۝

(18) Ya habían negado la verdad los que os precedieron. Y cómo fue Mi reprobación.

وَلَقَدْ كَذَّبَ الَّذِينَ مِن قَبْلِهِمْ فَكَيْفَ كَانَ نَكِيرِ ۝

(19) ¿Es que no han visto las aves sobre ellos y cómo mueven sus alas? No las sostiene sino el Misericordioso.
Realmente El todo lo ve.

۞ أَوَلَمْ يَرَوْا إِلَى الطَّيْرِ فَوْقَهُمْ صَافَّاتٍ وَيَقْبِضْنَ ۚ مَا يُمْسِكُهُنَّ إِلَّا الرَّحْمَنُ ۚ إِنَّهُ بِكُلِّ شَيْءٍ بَصِيرٌ ۝

(20) ¿En quién tendréis un soporte que os auxilie, sino en el Misericordioso? Los incrédulos no están seducidos sino por un engaño.

أَمَّنْ هَذَا الَّذِي هُوَ جُندٌ لَّكُمْ يَنصُرُكُم مِّن دُونِ الرَّحْمَنِ ۚ إِنِ الْكَافِرُونَ إِلَّا فِي غُرُورٍ ۝

(21) ¿Y quién será el que os provea, si El retiene Su provisión?
Sin embargo persisten en la insolencia y en el rechazo.

أَمَّنْ هَذَا الَّذِي يَرْزُقُكُمْ إِنْ أَمْسَكَ رِزْقَهُ ۚ بَل لَّجُّوا فِي عُتُوٍّ وَنُفُورٍ ۝

(22) ¿Acaso quien camina cabizbajo y tropezando de frente es como el que camina derecho por un camino recto?

أَفَمَن يَمْشِي مُكِبًّا عَلَى وَجْهِهِ أَهْدَىٰ أَمَّن يَمْشِي سَوِيًّا عَلَى صِرَاطٍ مُّسْتَقِيمٍ ۝

(23) Di: El es Quien os ha creado y os ha dado el oído, la vista y el corazón. ¡Qué poco es lo que agradecéis!

قُلْ هُوَ ٱلَّذِىٓ أَنشَأَكُمْ وَجَعَلَ لَكُمُ ٱلسَّمْعَ وَٱلْأَبْصَٰرَ وَٱلْأَفْـِٔدَةَ قَلِيلًا مَّا تَشْكُرُونَ ۝

(24) Di: El es Quien os ha repartido por la tierra y para El seréis reunidos.

قُلْ هُوَ ٱلَّذِى ذَرَأَكُمْ فِى ٱلْأَرْضِ وَإِلَيْهِ تُحْشَرُونَ ۝

(25) Y dicen: ¿Cuándo se cumplirá esta promesa si es verdad lo que decís?

وَيَقُولُونَ مَتَىٰ هَٰذَا ٱلْوَعْدُ إِن كُنتُمْ صَٰدِقِينَ ۝

(26) Di: El conocimiento está junto a Allah; yo sólo soy un advertidor explícito.

قُلْ إِنَّمَا ٱلْعِلْمُ عِندَ ٱللَّهِ وَإِنَّمَآ أَنَا۠ نَذِيرٌ مُّبِينٌ ۝

(27) Cuando la vean próxima, el mal se reflejará en el rostro de los que se negaron a creer y alguien dirá: Esto es lo que estabais pidiendo.

فَلَمَّا رَأَوْهُ زُلْفَةً سِيٓـَٔتْ وُجُوهُ ٱلَّذِينَ كَفَرُوا۟ وَقِيلَ هَٰذَا ٱلَّذِى كُنتُم بِهِۦ تَدَّعُونَ ۝

(28) Di: Decidme: ¿Y si Allah me destruyera a mí y a los que conmigo están o se apiadara de nosotros? ¿Quién librará a los incrédulos de un doloroso castigo?

قُلْ أَرَءَيْتُمْ إِنْ أَهْلَكَنِىَ ٱللَّهُ وَمَن مَّعِىَ أَوْ رَحِمَنَا فَمَن يُجِيرُ ٱلْكَٰفِرِينَ مِنْ عَذَابٍ أَلِيمٍ ۝

(29) Di: El es el Misericordioso, en El creemos y en El nos abandonamos.
Ya sabréis quién es el que está en un claro extravío.

قُلْ هُوَ ٱلرَّحْمَٰنُ ءَامَنَّا بِهِۦ وَعَلَيْهِ تَوَكَّلْنَا فَسَتَعْلَمُونَ مَنْ هُوَ فِى ضَلَٰلٍ مُّبِينٍ ۝

(30) Di: ¿Qué haríais si vuestra agua se quedara en la profundidad de la tierra? ¿Quién podría traeros agua de manantial?

قُلْ أَرَءَيْتُمْ إِنْ أَصْبَحَ مَآؤُكُمْ غَوْرًا فَمَن يَأْتِيكُم بِمَآءٍ مَّعِينٍۭ ۝

68. SURA DEL CALAMO.

بِسْـــــمِ ٱللَّهِ ٱلرَّحْمَـٰنِ ٱلرَّحِيـــــمِ

En el nombre de Allah, el Misericordioso, el Compasivo.

(1) Nun. ¡Por el cálamo y lo que escriben!

نٓ وَٱلْقَلَمِ وَمَا يَسْطُرُونَ ۟

> * [Puede referirse al Cálamo al que Allah ordenó escribir todo lo que habría de ser hasta el Día del Levantamiento, y en este sentido los que escriben son los ángeles, o puede referirse al cálamo con el que los hombres en general escriben.]

(2) Que tú, por la gracia de tu Señor, no eres un poseso.

مَآ أَنتَ بِنِعْمَةِ رَبِّكَ بِمَجْنُونٍ ۟

(3) Y tendrás por cierto una recompensa que no cesará.

وَإِنَّ لَكَ لَأَجْرًا غَيْرَ مَمْنُونٍ ۟

(4) Y estás hecho de un carácter magnánimo*.

وَإِنَّكَ لَعَلَىٰ خُلُقٍ عَظِيمٍ ۟

> * [En palabras de Aisha, su carácter era el Corán.]

(5) Verás y verán

فَسَتُبْصِرُ وَيُبْصِرُونَ ۟

(6) quién es el trastornado.

بِأَييِّكُمُ ٱلْمَفْتُونُ ۟

(7) En verdad tu Señor sabe mejor quién se extravía de Su camino y conoce mejor a los que están guiados.

إِنَّ رَبَّكَ هُوَ أَعْلَمُ بِمَن ضَلَّ عَن سَبِيلِهِۦ وَهُوَ أَعْلَمُ بِٱلْمُهْتَدِينَ ۟

(8) No obedezcas a los que niegan la verdad.

فَلَا تُطِعِ ٱلْمُكَذِّبِينَ ۟

(9) Querrían que te mostraras transigente y así ellos también lo harían.

وَدُّواْ لَوۡ تُدۡهِنُ فَيُدۡهِنُونَ ٩

(10) Pero no obedezcas a ningún vil jurador,

وَلَا تُطِعۡ كُلَّ حَلَّافٍ مَّهِينٍ ١٠

(11) difamador que extiende la maledicencia,

هَمَّازٍ مَّشَّآءِۭ بِنَمِيمٍ ١١

(12) que se niega a dar del bien y es un malvado transgresor,

مَّنَّاعٍ لِّلۡخَيۡرِ مُعۡتَدٍ أَثِيمٍ ١٢

(13) embrutecido y además bastardo;

عُتُلٍّ بَعۡدَ ذَٰلِكَ زَنِيمٍ ١٣

(14) sólo porque tenga riqueza e hijos.

أَن كَانَ ذَا مَالٍ وَبَنِينَ ١٤

(15) Cuando se le recitan Nuestros signos, dice: leyendas de los primitivos.

إِذَا تُتۡلَىٰ عَلَيۡهِ ءَايَٰتُنَا قَالَ أَسَٰطِيرُ ٱلۡأَوَّلِينَ ١٥

(16) Le marcaremos con fuego en el hocico.

سَنَسِمُهُۥ عَلَى ٱلۡخُرۡطُومِ ١٦

(17) Les hemos puesto a prueba como hicimos con los dueños del vergel cuando juraron que recogerían sus frutos de amanecida.

إِنَّا بَلَوۡنَٰهُمۡ كَمَا بَلَوۡنَآ أَصۡحَٰبَ ٱلۡجَنَّةِ إِذۡ أَقۡسَمُواْ لَيَصۡرِمُنَّهَا مُصۡبِحِينَ ١٧

(18) Pero no manifestaron ninguna excepción*.

* [Diciendo: Lo haremos, si Allah quiere. O puede referirse también a que no pensaron en dejar nada para darlo a los pobres.]

وَلَا يَسۡتَثۡنُونَ ١٨

(19) Y de noche, mientras dormían, un visitante de tu Señor cayó sobre él.

فَطَافَ عَلَيۡهَا طَآئِفٌ مِّن رَّبِّكَ وَهُمۡ نَآئِمُونَ ١٩

سُورَةُٱلۡقَلَمِ ـ ٱلۡجُزۡءُٱلتَّاسِعُۚوَٱلۡعِشۡرُونَ

(20) Y amaneció como la noche oscura.

فَأَصۡبَحَتۡ كَٱلصَّرِيمِ ﴿٢٠﴾

(21) Y cuando amanecieron se avisaron unos a otros:

فَتَنَادَوۡاْ مُصۡبِحِينَ ﴿٢١﴾

(22) Id temprano a vuestro sembrado si habéis de recoger la cosecha.

أَنِ ٱغۡدُواْ عَلَىٰ حَرۡثِكُمۡ إِن كُنتُمۡ صَٰرِمِينَ ﴿٢٢﴾

(23) Y partieron diciéndose en voz baja:

فَٱنطَلَقُواْ وَهُمۡ يَتَخَٰفَتُونَ ﴿٢٣﴾

(24) Hoy no entrará a costa nuestra ningún mendigo en él.

أَن لَّا يَدۡخُلَنَّهَا ٱلۡيَوۡمَ عَلَيۡكُم مِّسۡكِينٌ ﴿٢٤﴾

(25) Y salieron de mañana sintiéndose seguros en su propósito,

وَغَدَوۡاْ عَلَىٰ حَرۡدٍ قَٰدِرِينَ ﴿٢٥﴾

(26) pero al verlo dijeron: ¡Nos hemos perdido!*.

  * [Creyendo que se habían perdido al no reconocer el lugar]

فَلَمَّا رَأَوۡهَا قَالُوٓاْ إِنَّا لَضَآلُّونَ ﴿٢٦﴾

(27) Pero no, lo hemos perdido todo.

بَلۡ نَحۡنُ مَحۡرُومُونَ ﴿٢٧﴾

(28) Dijo el más razonable de ellos: ¿No os dije que glorificárais?

قَالَ أَوۡسَطُهُمۡ أَلَمۡ أَقُل لَّكُمۡ لَوۡلَا تُسَبِّحُونَ ﴿٢٨﴾

(29) Dijeron: ¡Gloria a nuestro Señor! Realmente hemos sido injustos.

قَالُواْ سُبۡحَٰنَ رَبِّنَآ إِنَّا كُنَّا ظَٰلِمِينَ ﴿٢٩﴾

(30) Y comenzaron a hacerse reproches unos a otros.

فَأَقۡبَلَ بَعۡضُهُمۡ عَلَىٰ بَعۡضٍ يَتَلَٰوَمُونَ ﴿٣٠﴾

(31) Dijeron: ¡Ay de nosotros! Hemos desobedecido.

قَالُواْ يَٰوَيۡلَنَآ إِنَّا كُنَّا طَٰغِينَ ﴿٣١﴾

(32) Quizás nuestro Señor nos dé en su lugar algo mejor; a nuestro Señor suplicamos.

عَسَىٰ رَبُّنَآ أَن يُبۡدِلَنَا خَيۡرٗا مِّنۡهَآ إِنَّآ إِلَىٰ رَبِّنَا رَٰغِبُونَ ﴿٣٢﴾

(33) Así es el castigo; pero el castigo de la Ultima Vida es mayor, si supieran.

كَذَلِكَ ٱلْعَذَابُ وَلَعَذَابُ ٱلْآخِرَةِ أَكْبَرُ لَوْ كَانُوا۟ يَعْلَمُونَ ۝

(34) Es cierto que los temerosos tendrán, junto a su Señor, los Jardines del Deleite.

إِنَّ لِلْمُتَّقِينَ عِندَ رَبِّهِمْ جَنَّٰتِ ٱلنَّعِيمِ ۝

(35) ¿Es que vamos a tratar a los sometidos como a los malhechores?

أَفَنَجْعَلُ ٱلْمُسْلِمِينَ كَٱلْمُجْرِمِينَ ۝

(36) ¿Qué os pasa?, ¿cómo juzgáis?

مَا لَكُمْ كَيْفَ تَحْكُمُونَ ۝

(37) ¿O es que tenéis un libro que os dice*

    * [Lit. "en el que leéis"]

أَمْ لَكُمْ كِتَٰبٌ فِيهِ تَدْرُسُونَ ۝

(38) que tendréis lo que elijáis?

إِنَّ لَكُمْ فِيهِ لَمَا تَخَيَّرُونَ ۝

(39) ¿O es que tenéis un juramento favorable de Nuestra parte, y que alcanza hasta el Día del Levantamiento, de que tendréis lo que suponéis?

أَمْ لَكُمْ أَيْمَٰنٌ عَلَيْنَا بَٰلِغَةٌ إِلَىٰ يَوْمِ ٱلْقِيَٰمَةِ إِنَّ لَكُمْ لَمَا تَحْكُمُونَ ۝

(40) Pregúntales cuál de ellos puede garantizar eso.

سَلْهُمْ أَيُّهُم بِذَٰلِكَ زَعِيمٌ ۝

(41) ¿O es que tienen asociados? Que traigan a ésos que (Me) asocian, si es verdad lo que dicen.

أَمْ لَهُمْ شُرَكَآءُ فَلْيَأْتُوا۟ بِشُرَكَآئِهِمْ إِن كَانُوا۟ صَٰدِقِينَ ۝

(42) El día que se ponga de manifiesto la gravedad de la situación, se les llamará a postrarse pero no podrán.

يَوْمَ يُكْشَفُ عَن سَاقٍ وَيُدْعَوْنَ إِلَى ٱلسُّجُودِ فَلَا يَسْتَطِيعُونَ ۝

(43) La mirada rendida, les cubrirá la humillación. Ya se les llamó a

خَٰشِعَةً أَبْصَٰرُهُمْ تَرْهَقُهُمْ ذِلَّةٌ وَقَدْ كَانُوا۟

que se postraran cuando gozaban de bienestar.

يُدۡعَوۡنَ إِلَى ٱلسُّجُودِ وَهُمۡ سَٰلِمُونَ ﴿٤٣﴾

(44) ¡Déjame con quien niega la verdad de este relato!
Los agarraremos, sin prisa, cuando menos lo esperen.

فَذَرۡنِي وَمَن يُكَذِّبُ بِهَٰذَا ٱلۡحَدِيثِ سَنَسۡتَدۡرِجُهُم مِّنۡ حَيۡثُ لَا يَعۡلَمُونَ ﴿٤٤﴾

(45) Y los dejaré un tiempo; realmente Mi plan es sólido.

وَأُمۡلِي لَهُمۡۚ إِنَّ كَيۡدِي مَتِينٌ ﴿٤٥﴾

(46) ¿O es que les pide alguna recompensa y semejante impuesto les agobia?

أَمۡ تَسۡـَٔلُهُمۡ أَجۡرًا فَهُم مِّن مَّغۡرَمٍ مُّثۡقَلُونَ ﴿٤٦﴾

(47) ¿O acaso tienen acceso a lo desconocido y toman nota?

أَمۡ عِندَهُمُ ٱلۡغَيۡبُ فَهُمۡ يَكۡتُبُونَ ﴿٤٧﴾

(48) Ten paciencia con el juicio de tu Señor y no seas como el del pez* cuando suplicó mientras estaba en la más completa indefensión.
* [Alusión al profeta Yunus.]

فَٱصۡبِرۡ لِحُكۡمِ رَبِّكَ وَلَا تَكُن كَصَاحِبِ ٱلۡحُوتِ إِذۡ نَادَىٰ وَهُوَ مَكۡظُومٌ ﴿٤٨﴾

(49) Si no le hubiera alcanzado una gracia de tu Señor, habría quedado abandonado en la soledad, reprobado.

لَّوۡلَآ أَن تَدَٰرَكَهُۥ نِعۡمَةٌ مِّن رَّبِّهِۦ لَنُبِذَ بِٱلۡعَرَآءِ وَهُوَ مَذۡمُومٌ ﴿٤٩﴾

(50) Pero su Señor lo había escogido y lo hizo de los justos.

فَٱجۡتَبَٰهُ رَبُّهُۥ فَجَعَلَهُۥ مِنَ ٱلصَّٰلِحِينَ ﴿٥٠﴾

(51) Casi te tumban con sus miradas los que se niegan a creer, cuando oyen el Recuerdo, y dicen: Es un poseso.

وَإِن يَكَادُ ٱلَّذِينَ كَفَرُواْ لَيُزۡلِقُونَكَ بِأَبۡصَٰرِهِمۡ لَمَّا سَمِعُواْ ٱلذِّكۡرَ وَيَقُولُونَ إِنَّهُۥ لَمَجۡنُونٌ ﴿٥١﴾

(52) Sin embargo, no es sino un recuerdo para los mundos.

وَمَا هُوَ إِلَّا ذِكۡرٌ لِّلۡعَٰلَمِينَ ﴿٥٢﴾

69. SURA DE LA VERDAD INDEFECTIBLE.

سُورَةُ الْحَاقَّةِ

En el nombre de Allah, el Misericordioso, el Compasivo.

(1) La verdad indefectible. ¿Qué es la verdad indefectible?

ٱلْحَآقَّةُ مَا ٱلْحَآقَّةُ ۝

(2) ¿Y cómo sabrás qué es la verdad indefectible?

وَمَآ أَدْرَىٰكَ مَا ٱلْحَآقَّةُ ۝

(3) Los Zamud y los Ad negaron la veracidad de lo que ha de causar conmoción.

كَذَّبَتْ ثَمُودُ وَعَادٌ بِٱلْقَارِعَةِ ۝

(4) En cuanto a los Zamud, fueron destruidos por el Grito que todo lo traspasaba*.

فَأَمَّا ثَمُودُ فَأُهْلِكُوا۟ بِٱلطَّاغِيَةِ ۝

* [También puede entenderse... "fueron destruidos por el Grito, a causa de haber traspasado los limites", referido a ellos.]

(5) Y los Ad fueron destruidos por un viento gélido y tempestuoso.

وَأَمَّا عَادٌ فَأُهْلِكُوا۟ بِرِيحٍ صَرْصَرٍ عَاتِيَةٍ ۝

(6) Lo hizo soplar contra ellos siete noches y ocho días consecutivos, durante los cuales veías a la gente caída como troncos huecos de palmera.

سَخَّرَهَا عَلَيْهِمْ سَبْعَ لَيَالٍ وَثَمَٰنِيَةَ أَيَّامٍ حُسُومًا فَتَرَى ٱلْقَوْمَ فِيهَا صَرْعَىٰ كَأَنَّهُمْ أَعْجَازُ نَخْلٍ خَاوِيَةٍ ۝

(7) ¿Y ves que haya quedado algo de ellos?

فَهَلْ تَرَىٰ لَهُم مِّنۢ بَاقِيَةٍ ۝

(8) Y Firaún, los que hubo antes de él y las ciudades que fueron puestas del revés. Todos cometieron transgresiones.

وَجَآءَ فِرْعَوْنُ وَمَن قَبْلَهُۥ وَٱلْمُؤْتَفِكَٰتُ بِٱلْخَاطِئَةِ ۝

(9) Desobedecieron al mensajero de su Señor y El los agarró con un castigo cada vez mayor.

فَعَصَوْا رَسُولَ رَبِّهِمْ فَأَخَذَهُمْ أَخْذَةً رَّابِيَةً ۝

(10) Así fue, como cuando el agua se desbordó, os llevamos en la embarcación.

إِنَّا لَمَّا طَغَا الْمَاءُ حَمَلْنَاكُمْ فِي الْجَارِيَةِ ۝

(11) Con el fin de hacer de ello un recuerdo para vosotros y para que todo oído consciente lo retuviera.

لِنَجْعَلَهَا لَكُمْ تَذْكِرَةً وَتَعِيَهَا أُذُنٌ وَاعِيَةٌ ۝

(12) Y cuando se sople en el cuerno una vez.

فَإِذَا نُفِخَ فِي الصُّورِ نَفْخَةٌ وَاحِدَةٌ ۝

(13) Y la tierra y las montañas sean alzadas en el aire y pulverizadas de una vez.

وَحُمِلَتِ الْأَرْضُ وَالْجِبَالُ فَدُكَّتَا دَكَّةً وَاحِدَةً ۝

(14) Ese día tendrá lugar el Acontecimiento.

فَيَوْمَئِذٍ وَقَعَتِ الْوَاقِعَةُ ۝

(15) El cielo se rasgará y no tendrá ese día consistencia.

وَانْشَقَّتِ السَّمَاءُ فَهِيَ يَوْمَئِذٍ وَاهِيَةٌ ۝

(16) Los ángeles estarán en sus confines y ocho de ellos, llevarán ese día el trono de tu Señor.

وَالْمَلَكُ عَلَى أَرْجَائِهَا وَيَحْمِلُ عَرْشَ رَبِّكَ فَوْقَهُمْ يَوْمَئِذٍ ثَمَانِيَةٌ ۝

(17) Ese día seréis puestos al descubierto y no quedará nada oculto de vosotros.

يَوْمَئِذٍ تُعْرَضُونَ لَا تَخْفَى مِنْكُمْ خَافِيَةٌ ۝

(18) Al que se le dé su libro en la derecha, dirá: ¡Venid! ¡Leed mi libro!

فَأَمَّا مَنْ أُوتِيَ كِتَابَهُ بِيَمِينِهِ فَيَقُولُ هَاؤُمُ اقْرَءُوا كِتَابِيَهْ ۝

(19) Supe con certeza que habría de hallar mi cuenta.

إِنِّي ظَنَنْتُ أَنِّي مُلَاقٍ حِسَابِيَهْ ۝

(20) Estará en una vida satisfactoria.

فَهُوَ فِي عِيشَةٍ رَاضِيَةٍ ۝

(21) En un jardín elevado

فِي جَنَّةٍ عَالِيَةٍ ۝

(22) cuyos frutos estarán próximos.

فُطُوفُهَا دَانِيَةٌ ۝

(23) ¡Comed y bebed alegremente por lo que adelántasteis en los días pasados!

كُلُوا۟ وَاشْرَبُوا۟ هَنِيٓـًٔا بِمَآ أَسْلَفْتُمْ فِي الْأَيَّامِ الْخَالِيَةِ ۝

(24) Pero a quien se le dé su libro en la izquierda

وَأَمَّا مَنْ أُوتِيَ كِتَـٰبَهُۥ بِشِمَالِهِۦ ۝

(25) dirá: ¡Ay de mí! Ojalá no me hubieran dado mi libro,

فَيَقُولُ يَـٰلَيْتَنِى لَمْ أُوتَ كِتَـٰبِيَهْ ۝

(26) y no hubiera sabido cuál era mi cuenta.

وَلَمْ أَدْرِ مَا حِسَابِيَهْ ۝

(27) ¡Ay de mí, ojalá hubiera acabado del todo!

يَـٰلَيْتَهَا كَانَتِ الْقَاضِيَةَ ۝

(28) De nada me ha servido mi riqueza

مَآ أَغْنَىٰ عَنِّى مَالِيَهْ ۝

(29) y mi poder se ha desvanecido.

هَلَكَ عَنِّى سُلْطَـٰنِيَهْ ۝

(30) ¡Prendedlo y encadenadlo!

خُذُوهُ فَغُلُّوهُ ۝

(31) Luego haced que entre en el Yahim

ثُمَّ الْجَحِيمَ صَلُّوهُ ۝

(32) y apresadlo con una cadena de setenta codos.

ثُمَّ فِى سِلْسِلَةٍ ذَرْعُهَا سَبْعُونَ ذِرَاعًا فَاسْلُكُوهُ ۝

(33) El no creía en Allah, el Inmenso.

إِنَّهُۥ كَانَ لَا يُؤْمِنُ بِاللَّهِ الْعَظِيمِ ۝

(34) Y no exhortaba a alimentar al pobre.

وَلَا يَحُضُّ عَلَىٰ طَعَامِ الْمِسْكِينِ ۝

(35) Hoy no tendrá aquí quien lo proteja,

فَلَيْسَ لَهُ الْيَوْمَ هَـٰهُنَا حَمِيمٌ ۝

(36) ni comida que no sea pus,

وَلَا طَعَامٌ إِلَّا مِنْ غِسْلِينٍ ۝

(37) la cual sólo comerán los que transgredieron.

لَا يَأْكُلُهُۥٓ إِلَّا الْخَاطِـُٔونَ ۝

(38) Y juro por lo que veis

فَلَآ أُقْسِمُ بِمَا تُبْصِرُونَ ۝

(39) y por lo que no veis

وَمَا لَا تُبْصِرُونَ ۞

(40) que es de verdad la palabra de
un noble mensajero*
* [Yibril]

إِنَّهُ لَقَوْلُ رَسُولٍ كَرِيمٍ ۞

(41) y no la palabra de un poeta.
¡Qué poco creéis!

وَمَا هُوَ بِقَوْلِ شَاعِرٍ قَلِيلًا مَّا تُؤْمِنُونَ ۞

(42) Ni es la palabra de un adivino.
¡Qué poco recapacitáis!

وَلَا بِقَوْلِ كَاهِنٍ قَلِيلًا مَّا تَذَكَّرُونَ ۞

(43) Es una revelación descendida
desde el Señor de los mundos.

تَنزِيلٌ مِّن رَّبِّ الْعَالَمِينَ ۞

(44) Si él lo hubiera inventado y Nos
hubiera atribuido parte de lo
que dice

وَلَوْ تَقَوَّلَ عَلَيْنَا بَعْضَ الْأَقَاوِيلِ ۞

(45) lo habríamos agarrado con fuerza*.
* [Lit con la derecha]

لَأَخَذْنَا مِنْهُ بِالْيَمِينِ ۞

(46) Y le habríamos cortado la yugular.

ثُمَّ لَقَطَعْنَا مِنْهُ الْوَتِينَ ۞

(47) Y ninguno de vosotros lo habría
podido impedir.

فَمَا مِنكُم مِّنْ أَحَدٍ عَنْهُ حَاجِزِينَ ۞

(48) Es un recuerdo para los que se
guardan.

وَإِنَّهُ لَتَذْكِرَةٌ لِّلْمُتَّقِينَ ۞

(49) Sabemos que ciertamente entre
vosotros hay quienes niegan la
verdad.

وَإِنَّا لَنَعْلَمُ أَنَّ مِنكُم مُّكَذِّبِينَ ۞

(50) Y es cierto que él* es un motivo
de pesar para los incrédulos,
* [Se refiere al Corán]

وَإِنَّهُ لَحَسْرَةٌ عَلَى الْكَافِرِينَ ۞

(51) pero es la pura verdad.

وَإِنَّهُ لَحَقُّ الْيَقِينِ ۞

(52) Así pues glorifica el nombre de
tu Señor, el Inmenso.

فَسَبِّحْ بِاسْمِ رَبِّكَ الْعَظِيمِ ۞

70. SURA DE LOS GRADOS DE ELEVACION.

En el nombre de Allah, el Misericordioso, el Compasivo.

(1) Alguien está pidiendo un castigo que ha de llegar

سَالَ سَآئِلُۢ بِعَذَابٍ وَاقِعٍ ۝

* [Alusión a Nadr b. al-Hariz que dijo: ¡Oh Allah! Si esto —refiriéndose al Corán— es la verdad que viene de Ti, haz que caigan piedras del cielo sobre nosotros o mándanos un castigo doloroso.]

(2) para los incrédulos, y no habrá quien lo impida,

لِّلْكَٰفِرِينَ لَيْسَ لَهُۥ دَافِعٌ ۝

(3) procedente de Allah, el Poseedor de los grados de elevación.*

مِّنَ ٱللَّهِ ذِى ٱلْمَعَارِجِ ۝

* [Hay comentaristas que entienden que se refiere a las vias de ascenso de los ángeles.]

(4) Los ángeles y el espíritu suben hasta El en un día cuya medida son cincuenta mil años.

تَعْرُجُ ٱلْمَلَٰٓئِكَةُ وَٱلرُّوحُ إِلَيْهِ فِى يَوْمٍ كَانَ مِقْدَارُهُۥ خَمْسِينَ أَلْفَ سَنَةٍ ۝

(5) Así pues persevera con una paciencia ejemplar.

فَٱصْبِرْ صَبْرًا جَمِيلًا ۝

(6) Ellos lo ven lejano.

إِنَّهُمْ يَرَوْنَهُۥ بَعِيدًا ۝

(7) Pero Nosotros lo vemos cercano.

وَنَرَىٰهُ قَرِيبًا ۝

(8) El día en que el cielo sea como cobre fundido

يَوْمَ تَكُونُ ٱلسَّمَآءُ كَٱلْمُهْلِ ۝

(9) y las montañas como lana teñida.

وَتَكُونُ ٱلْجِبَالُ كَٱلْعِهْنِ ٩

(10) Los amigos íntimos no preguntarán el uno por el otro.

وَلَا يَسْـَٔلُ حَمِيمٌ حَمِيمًا ١٠

(11) Los verán*. El malhechor querrá librarse del castigo ofreciendo a sus hijos como rescate,

*[Los hombres estarán tan preocupados consigo mismos que aunque verán a los suyos no querrán saber nada de ellos. Ibn Abbas dijo, se reconocerán por un momento y luego dejarán de reconocerse.]

يُبَصَّرُونَهُمْ يَوَدُّ ٱلْمُجْرِمُ لَوْ يَفْتَدِى مِنْ عَذَابِ يَوْمِئِذٍ بِبَنِيهِ ١١

(12) y a su compañera y a su hermano,

وَصَاحِبَتِهِ وَأَخِيهِ ١٢

(13) y a su tribu, la que le daba asilo.

وَفَصِيلَتِهِ ٱلَّتِى تُـْٔوِيهِ ١٣

(14) Y a todos los que hubiera en la tierra con tal de salvarse.

وَمَن فِى ٱلْأَرْضِ جَمِيعًا ثُمَّ يُنجِيهِ ١٤

(15) Pero no. Está ardiendo.

كَلَّا إِنَّهَا لَظَى ١٥

(16) Arrancará la piel de la cabeza.

نَزَّاعَةً لِّلشَّوَىٰ ١٦

(17) Llamará al que dió la espalda y se apartó

تَدْعُوا۟ مَنْ أَدْبَرَ وَتَوَلَّىٰ ١٧

(18) y acumuló con avaricia.

وَجَمَعَ فَأَوْعَىٰ ١٨

(19) Es cierto que el hombre fue creado de insatisfacción.

إِنَّ ٱلْإِنسَٰنَ خُلِقَ هَلُوعًا ١٩

(20) Cuando el daño le afecta está angustiado

إِذَا مَسَّهُ ٱلشَّرُّ جَزُوعًا ٢٠

(21) Pero cuando le toca el bien se niega a dar;

وَإِذَا مَسَّهُ ٱلْخَيْرُ مَنُوعًا ٢١

(22) salvo los que rezan.

إِلَّا ٱلْمُصَلِّينَ ۝

(23) Aquéllos que son constantes en su salat

ٱلَّذِينَ هُمْ عَلَىٰ صَلَاتِهِمْ دَآئِمُونَ ۝

(24) y de sus riquezas dan un derecho correspondiente

وَٱلَّذِينَ فِىٓ أَمْوَٰلِهِمْ حَقٌّ مَّعْلُومٌ ۝

(25) al mendigo y al indigente.

لِّلسَّآئِلِ وَٱلْمَحْرُومِ ۝

(26) Los que afirman la verdad del Día de la Retribución.

وَٱلَّذِينَ يُصَدِّقُونَ بِيَوْمِ ٱلدِّينِ ۝

(27) Y los que tienen temor del castigo de su Señor.

وَٱلَّذِينَ هُم مِّنْ عَذَابِ رَبِّهِم مُّشْفِقُونَ ۝

(28) El castigo de su Señor no tendrá fin.

إِنَّ عَذَابَ رَبِّهِمْ غَيْرُ مَأْمُونٍ ۝

(29) Y aquéllos que preservan sus partes privadas,

وَٱلَّذِينَ هُمْ لِفُرُوجِهِمْ حَٰفِظُونَ ۝

(30) excepto con sus esposas o aquéllas que sus diestras poseen, en cuyo caso no son censurables.

إِلَّا عَلَىٰٓ أَزْوَٰجِهِمْ أَوْ مَا مَلَكَتْ أَيْمَٰنُهُمْ فَإِنَّهُمْ غَيْرُ مَلُومِينَ ۝

(31) Pero quien busque algo que esté más allá de esto… Esos son los transgresores.

فَمَنِ ٱبْتَغَىٰ وَرَآءَ ذَٰلِكَ فَأُوْلَـٰٓئِكَ هُمُ ٱلْعَادُونَ ۝

(32) Y los que cumplen sus juramentos y compromisos,

وَٱلَّذِينَ هُمْ لِأَمَٰنَٰتِهِمْ وَعَهْدِهِمْ رَٰعُونَ ۝

(33) son firmes en el testimonio

وَٱلَّذِينَ هُم بِشَهَٰدَٰتِهِمْ قَآئِمُونَ ۝

(34) y cuidan su salat.

وَٱلَّذِينَ هُمْ عَلَىٰ صَلَاتِهِمْ يُحَافِظُونَ ۝

(35) A estos se les honrará en jardines.

أُوْلَـٰٓئِكَ فِى جَنَّٰتٍ مُّكْرَمُونَ ۝

(36) ¿Qué les pasa a los que se niegan a creer, que corren a tu alrededor

فَمَالِ الَّذِينَ كَفَرُوا قِبَلَكَ مُهْطِعِينَ ۝

(37) formando corros a derecha e izquierda?

عَنِ الْيَمِينِ وَعَنِ الشِّمَالِ عِزِينَ ۝

(38) ¿Es que cada uno de ellos espera entrar en un jardín de deleite?

أَيَطْمَعُ كُلُّ امْرِئٍ مِّنْهُمْ أَن يُدْخَلَ جَنَّةَ نَعِيمٍ ۝

(39) ¡Pero no! Es cierto que los hemos creado de lo que ya saben.

كَلَّا إِنَّا خَلَقْنَاهُم مِّمَّا يَعْلَمُونَ ۝

(40) Y ¡Juro por el Señor de los orientes y de los occidentes! Que tenemos poder

فَلَا أُقْسِمُ بِرَبِّ الْمَشَارِقِ وَالْمَغَارِبِ إِنَّا لَقَادِرُونَ ۝

(41) para reemplazarlos por otros mejores que ellos, sin que nadie Nos lo pueda impedir.

عَلَىٰ أَن نُّبَدِّلَ خَيْرًا مِّنْهُمْ وَمَا نَحْنُ بِمَسْبُوقِينَ ۝

(42) Déjalos que discutan y jueguen hasta que se encuentren con su día; ése que se les ha prometido.

فَذَرْهُمْ يَخُوضُوا وَيَلْعَبُوا حَتَّىٰ يُلَاقُوا يَوْمَهُمُ الَّذِي يُوعَدُونَ ۝

(43) El día en que salgan apresuradamente de las tumbas como si corrieran hacia una meta.

يَوْمَ يَخْرُجُونَ مِنَ الْأَجْدَاثِ سِرَاعًا كَأَنَّهُمْ إِلَىٰ نَصُبٍ يُوفِضُونَ ۝

(44) La mirada rendida, los cubrirá la humillación.
Ese es el día que se les había prometido.

خَاشِعَةً أَبْصَارُهُمْ تَرْهَقُهُمْ ذِلَّةٌ ذَٰلِكَ الْيَوْمُ الَّذِي كَانُوا يُوعَدُونَ ۝

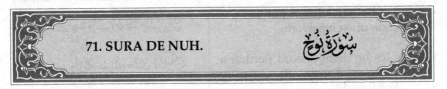

71. SURA DE NUH.

سُورَةُ نُوحٍ

بِسْمِ اللَّهِ الرَّحْمَنِ الرَّحِيمِ

En el nombre de Allah, el Misericordioso, el Compasivo.

(1) Enviamos a Nuh a su gente: ¡Advierte a tu gente antes de que les llegue un doloroso castigo!.

إِنَّا أَرْسَلْنَا نُوحًا إِلَىٰ قَوْمِهِ أَنْ أَنذِرْ قَوْمَكَ مِن قَبْلِ أَن يَأْتِيَهُمْ عَذَابٌ أَلِيمٌ ۝

(2) Dijo: ¡Gente mía! He venido a vosotros para advertiros con claridad

قَالَ يَٰقَوْمِ إِنِّي لَكُمْ نَذِيرٌ مُّبِينٌ ۝

(3) que adoréis a Allah, Le temáis y me obedezcáis.

أَنِ اعْبُدُوا اللَّهَ وَاتَّقُوهُ وَأَطِيعُونِ ۝

(4) El os perdonará vuestras faltas y os dejará hasta un plazo fijado, pero cuando el plazo de Allah llegue a su fin, no habrá más demora. ¡Si supierais!

يَغْفِرْ لَكُم مِّن ذُنُوبِكُمْ وَيُؤَخِّرْكُمْ إِلَىٰ أَجَلٍ مُّسَمًّى إِنَّ أَجَلَ اللَّهِ إِذَا جَاءَ لَا يُؤَخَّرُ لَوْ كُنتُمْ تَعْلَمُونَ ۝

(5) Dijo: ¡Señor mío! He llamado a mi gente noche y día

قَالَ رَبِّ إِنِّي دَعَوْتُ قَوْمِي لَيْلًا وَنَهَارًا ۝

(6) pero mi llamada no ha hecho sino aumentarles su rechazo.

فَلَمْ يَزِدْهُمْ دُعَاءِي إِلَّا فِرَارًا ۝

(7) Cada vez que les he llamado a Tu perdón, se han puesto los dedos en los oídos y se han tapado con los vestidos, aferrándose a lo suyo con gran soberbia.

وَإِنِّي كُلَّمَا دَعَوْتُهُمْ لِتَغْفِرَ لَهُمْ جَعَلُوا أَصَٰبِعَهُمْ فِي آذَانِهِمْ وَاسْتَغْشَوْا ثِيَابَهُمْ وَأَصَرُّوا وَاسْتَكْبَرُوا اسْتِكْبَارًا ۝

(8) Los he llamado de viva voz

ثُمَّ إِنِّي دَعَوْتُهُمْ جِهَارًا ۝

(9) y les he hablado en público y a cada uno en privado.

ثُمَّ إِنِّى أَعْلَنتُ لَهُمْ وَأَسْرَرْتُ لَهُمْ إِسْرَارًا ۝

(10) Y les he dicho: Pedid perdón a vuestro Señor, El es muy Perdonador.

فَقُلْتُ اسْتَغْفِرُوا رَبَّكُمْ إِنَّهُ كَانَ غَفَّارًا ۝

(11) Enviará sobre vosotros el cielo con lluvias abundantes

يُرْسِلِ السَّمَآءَ عَلَيْكُم مِّدْرَارًا ۝

(12) y os dará más riquezas e hijos, así como jardines y ríos.

وَيُمْدِدْكُم بِأَمْوَلٍ وَبَنِينَ وَيَجْعَل لَّكُمْ جَنَّتٍ وَيَجْعَل لَّكُمْ أَنْهَارًا ۝

(13) ¿Pero qué os pasa que no podéis concebir grandeza en Allah

مَّا لَكُمْ لَا تَرْجُونَ لِلَّهِ وَقَارًا ۝

(14) cuando El os creó en fases sucesivas?

وَقَدْ خَلَقَكُمْ أَطْوَارًا ۝

(15) ¿Es que no véis cómo Allah creó siete cielos uno sobre otro

أَلَمْ تَرَوْا كَيْفَ خَلَقَ اللَّهُ سَبْعَ سَمَوَتٍ طِبَاقًا ۝

(16) y puso en ellos una luna a modo de luz y un sol a modo de lámpara,

وَجَعَلَ الْقَمَرَ فِيهِنَّ نُورًا وَجَعَلَ الشَّمْسَ سِرَاجًا ۝

(17) y os originó a partir de la tierra, cual plantas?

وَاللَّهُ أَنبَتَكُم مِّنَ الْأَرْضِ نَبَاتًا ۝

(18) Luego os hará regresar a ella y os hará salir de nuevo.

ثُمَّ يُعِيدُكُمْ فِيهَا وَيُخْرِجُكُمْ إِخْرَاجًا ۝

(19) Allah os ha puesto la tierra extendida

وَاللَّهُ جَعَلَ لَكُمُ الْأَرْضَ بِسَاطًا ۝

(20) para que en ella recorriérais amplios caminos.

لِتَسْلُكُوا مِنْهَا سُبُلًا فِجَاجًا ۝

(21) Dijo Nuh: ¡Señor mío! Me han desobedecido y han seguido a quien no les procura ni más

قَالَ نُوحٌ رَّبِّ إِنَّهُمْ عَصَوْنِي وَاتَّبَعُوا مَن لَّمْ يَزِدْهُ مَالُهُ وَوَلَدُهُ إِلَّا خَسَارًا ۝

riquezas ni más hijos, sólo perdición.

(22) Y urdieron una gran estratagema

وَمَكَرُوا۟ مَكْرًا كُبَّارًا ۝

(23) Dijeron: No abandonéis a nuestros dioses, no abandonéis a
Wudd ni a Suwa'a

وَقَالُوا۟ لَا تَذَرُنَّ ءَالِهَتَكُمْ وَلَا تَذَرُنَّ وُدًّا
وَلَا سُوَاعًا ۝

(24) ni a Yaghuz ni a Ya'uq ni a Nasr.

وَلَا يَغُوثَ وَيَعُوقَ وَنَسْرًا ۝

(25) (Dijo Nuh:) Ellos han extraviado
a muchos: ¡No acrecientes a los
injustos sino en extravío!

وَقَدْ أَضَلُّوا۟ كَثِيرًا وَلَا تَزِدِ الظَّالِمِينَ إِلَّا ضَلَالًا ۝

(26) Y así fueron ahogados a causa
de sus transgresiones y fueron
introducidos en un fuego*;
* [Debe referirse al fuego de Yahannam. La expresión "fueron introducidos", está en pasado porque es
algo que ya se había hecho realidad.]

مِّمَّا خَطِيٓـَٔاتِهِمْ أُغْرِقُوا۟ فَأُدْخِلُوا۟ نَارًا ۝

(27) y no encontraron para ellos
quien los defendiera aparte de
Allah.

فَلَمْ يَجِدُوا۟ لَهُم مِّن دُونِ اللَّهِ أَنصَارًا ۝

(28) Y dijo Nuh: ¡Señor mío! No dejes
en pie sobre la tierra ningún
hogar de incrédulos.

وَقَالَ نُوحٌ رَّبِّ لَا تَذَرْ عَلَى الْأَرْضِ مِنَ الْكَافِرِينَ
دَيَّارًا ۝

(29) Pues si los dejas, extraviarán a
Tus siervos y no engendrarán
sino libertinos e incrédulos.

إِنَّكَ إِن تَذَرْهُمْ يُضِلُّوا۟ عِبَادَكَ وَلَا يَلِدُوٓا۟ إِلَّا فَاجِرًا
كَفَّارًا ۝

(30) ¡Señor mío! Perdóname a mí y a
mis padres y a todo aquel que
entre creyente en mi casa, así
como a todos los creyentes y a
todas las creyentes. Y no acrecientes a los injustos sino en
destrucción.

رَّبِّ اغْفِرْ لِى وَلِوَالِدَىَّ وَلِمَن دَخَلَ بَيْتِىَ مُؤْمِنًا
وَلِلْمُؤْمِنِينَ وَالْمُؤْمِنَاتِ وَلَا تَزِدِ الظَّالِمِينَ
إِلَّا تَبَارًا ۝

72. SURA DE LOS GENIOS.   سُورَةُ الْجِنِّ

بِسْمِ اللَّهِ الرَّحْمَنِ الرَّحِيمِ

En el nombre de Allah, el Misericordioso, el Compasivo.

(1) Di: Se me ha inspirado que unos genios han escuchado y han dicho: Hemos oído una Recitación maravillosa

قُلْ أُوحِيَ إِلَيَّ أَنَّهُ اسْتَمَعَ نَفَرٌ مِنَ الْجِنِّ فَقَالُوٓاْ إِنَّا سَمِعْنَا قُرْءَانًا عَجَبًا ۝

(2) que conduce a la guía recta, así que hemos creído en ella y no asociamos a ningún otro con nuestro Señor.

يَهْدِيٓ إِلَى الرُّشْدِ فَـَٔامَنَّا بِهِۦ وَلَن نُّشْرِكَ بِرَبِّنَآ أَحَدًا ۝

(3) Y en verdad que Él, ensalzada sea la majestad de nuestro Señor, no ha tomado ni compañera ni hijo.

وَأَنَّهُۥ تَعَلَىٰ جَدُّ رَبِّنَا مَا اتَّخَذَ صَٰحِبَةً وَلَا وَلَدًا ۝

(4) Sino que nuestro necio* decía una enorme mentira contra Allah.
   * [Alusión a Iblis, el padre de los genios.]

وَأَنَّهُۥ كَانَ يَقُولُ سَفِيهُنَا عَلَى اللَّهِ شَطَطًا ۝

(5) Cuando pensábamos que ni los hombres ni los genios eran capaces de decir mentiras contra Allah.

وَأَنَّا ظَنَنَّآ أَن لَّن تَقُولَ الْإِنسُ وَالْجِنُّ عَلَى اللَّهِ كَذِبًا ۝

(6) Y algunos hombres de los humanos buscaban refugio en hombres de los genios con lo cual no hacían sino aumentarles su osadía en el mal.

وَأَنَّهُۥ كَانَ رِجَالٌ مِّنَ الْإِنسِ يَعُوذُونَ بِرِجَالٍ مِّنَ الْجِنِّ فَزَادُوهُمْ رَهَقًا ۝

(7) Y pensaron, como pensásteis, que Allah no levantaría a nadie*.

* [De las tumbas. O también puede entenderse: "...no enviaría a nadie..." es decir, a ningún mensajero.]

وَأَنَّهُمْ ظَنُّوا۟ كَمَا ظَنَنتُمْ أَن لَّن يَبْعَثَ ٱللَّهُ أَحَدًا ۝

(8) Quisimos acceder al cielo pero lo encontramos lleno de una fuerte vigilancia y de estrellas fugaces.

وَأَنَّا لَمَسْنَا ٱلسَّمَآءَ فَوَجَدْنَٰهَا مُلِئَتْ حَرَسًا شَدِيدًا وَشُهُبًا ۝

(9) Solíamos tomar posiciones en él para escuchar, pero ahora quien intenta escuchar encuentra una estrella fugaz que lo persigue.

وَأَنَّا كُنَّا نَقْعُدُ مِنْهَا مَقَٰعِدَ لِلسَّمْعِ فَمَن يَسْتَمِعِ ٱلْءَانَ يَجِدْ لَهُۥ شِهَابًا رَّصَدًا ۝

(10) Y no sabemos si se quiere mal para quien hay en la tierra o si su Señor quiere guiarlos.

وَأَنَّا لَا نَدْرِىٓ أَشَرٌّ أُرِيدَ بِمَن فِى ٱلْأَرْضِ أَمْ أَرَادَ بِهِمْ رَبُّهُمْ رَشَدًا ۝

(11) Entre nosotros los hay que son rectos y los hay que no lo son; somos caminos distintos.

وَأَنَّا مِنَّا ٱلصَّٰلِحُونَ وَمِنَّا دُونَ ذَٰلِكَ كُنَّا طَرَآئِقَ قِدَدًا ۝

(12) Supimos que no podríamos escapar de Allah en la tierra y que tampoco podríamos salir huyendo

وَأَنَّا ظَنَنَّآ أَن لَّن نُّعْجِزَ ٱللَّهَ فِى ٱلْأَرْضِ وَلَن نُّعْجِزَهُۥ هَرَبًا ۝

(13) Y realmente cuando oímos la guía, creímos en ella.

Quien crea en su Señor, no tendrá que temer ni menoscabo ni opresión.

وَأَنَّا لَمَّا سَمِعْنَا ٱلْهُدَىٰٓ ءَامَنَّا بِهِۦ فَمَن يُؤْمِنۢ بِرَبِّهِۦ فَلَا يَخَافُ بَخْسًا وَلَا رَهَقًا ۝

(14) Entre nosotros los hay musulmanes y los hay injustos.

El que se somete...Esos están en la buena dirección.

وَأَنَّا مِنَّا ٱلْمُسْلِمُونَ وَمِنَّا ٱلْقَٰسِطُونَ فَمَنْ أَسْلَمَ فَأُو۟لَٰٓئِكَ تَحَرَّوْا۟ رَشَدًا ۝

(15) Pero los injustos...Son leña de Yahannam.

وَأَمَّا الْقَاسِطُونَ فَكَانُوا لِجَهَنَّمَ حَطَبًا ۝

(16) Si fueran con rectitud por el camino, les daríamos a beber agua en abundancia.*

* [Metáfora que alude al incremento de la provisión en general]

وَأَن لَّوِ اسْتَقَامُوا عَلَى الطَّرِيقَةِ لَأَسْقَيْنَاهُم مَّاءً غَدَقًا ۝

(17) Para con ello ponerlos a prueba. A quien se aparte del recuerdo de su Señor, le haremos entrar en un penoso castigo.

لِّنَفْتِنَهُمْ فِيهِ وَمَن يُعْرِضْ عَن ذِكْرِ رَبِّهِ يَسْلُكْهُ عَذَابًا صَعَدًا ۝

(18) Y puesto que las mezquitas son de Allah*, no invoquéis a nadie junto a Allah.

* [Es decir, y puesto que las mezquitas o lugares de oración son para adorar a Allah, no adoréis a nadie más. También se puede entender conectado con la primera aleya de la sura, cuando dice: "Se me ha inspirado que...," es decir, y (se me ha inspirado también) que les mezquitas son de Allah...]

وَأَنَّ الْمَسَاجِدَ لِلَّهِ فَلَا تَدْعُوا مَعَ اللَّهِ أَحَدًا ۝

(19) Y cuando el siervo de Allah se ponía a invocarlo a punto estaban de venírsele encima*.

* [Es decir, cuando el Profeta, que Allah le dé Su gracia y paz, recitaba el Corán, los genios se agolpaban a su alrededor para escuchar.]

وَأَنَّهُ لَمَّا قَامَ عَبْدُ اللَّهِ يَدْعُوهُ كَادُوا يَكُونُونَ عَلَيْهِ لِبَدًا ۝

(20) Decía*: Sólo invoco a mi Señor sin asociarle a nadie.

* [En otra lectura: Di: Sólo invoco...]

قَالَ إِنَّمَا أَدْعُو رَبِّي وَلَا أُشْرِكُ بِهِ أَحَدًا ۝

(21) Di: No tengo poder ni para perjudicaros ni para conduciros a ningún bien.

قُلْ إِنِّي لَا أَمْلِكُ لَكُمْ ضَرًّا وَلَا رَشَدًا ۝

(22) Di: Nadie me librará de Allah y fuera de El no encontraré ningún refugio.

قُلْ إِنِّي لَن يُجِيرَنِي مِنَ ٱللَّهِ أَحَدٌ وَلَنْ أَجِدَ مِن دُونِهِۦ مُلْتَحَدًا ۝

(23) No es sino una transmisión, de parte de Allah, de Sus mensajes. Y quien desobedece a Allah y a Su mensajero tendrá el fuego de Yahannam donde será inmortal para siempre.

إِلَّا بَلَٰغًا مِّنَ ٱللَّهِ وَرِسَٰلَٰتِهِۦ ۚ وَمَن يَعْصِ ٱللَّهَ وَرَسُولَهُۥ فَإِنَّ لَهُۥ نَارَ جَهَنَّمَ خَٰلِدِينَ فِيهَآ أَبَدًا ۝

(24) Hasta que llegue el momento en que vean lo que se les prometió y sepan quién tiene el más débil auxilio y cuenta con menor número de fuerzas.

حَتَّىٰٓ إِذَا رَأَوْاْ مَا يُوعَدُونَ فَسَيَعْلَمُونَ مَنْ أَضْعَفُ نَاصِرًا وَأَقَلُّ عَدَدًا ۝

(25) Di: No sé si lo que se os promete está cerca o si mi Señor me dará algún plazo más.

قُلْ إِنْ أَدْرِيٓ أَقَرِيبٌ مَّا تُوعَدُونَ أَمْ يَجْعَلُ لَهُۥ رَبِّيٓ أَمَدًا ۝

(26) El Conocedor del No-Visto, a nadie le da acceso a Su No-Visto.

عَٰلِمُ ٱلْغَيْبِ فَلَا يُظْهِرُ عَلَىٰ غَيْبِهِۦٓ أَحَدًا ۝

(27) A excepción de aquel mensajero que goza de Su beneplácito.
Y es cierto que despliega vigilancia delante y detrás de él

إِلَّا مَنِ ٱرْتَضَىٰ مِن رَّسُولٍ فَإِنَّهُۥ يَسْلُكُ مِنۢ بَيْنِ يَدَيْهِ وَمِنْ خَلْفِهِۦ رَصَدًا ۝

(28) para saber si ha transmitido los mensajes de su Señor.
El abarca lo que ellos poseen y toma en cuenta con detalle cada cosa.

لِّيَعْلَمَ أَن قَدْ أَبْلَغُواْ رِسَٰلَٰتِ رَبِّهِمْ وَأَحَاطَ بِمَا لَدَيْهِمْ وَأَحْصَىٰ كُلَّ شَىْءٍ عَدَدًا ۝

73. SURA DEL ENVUELTO EN EL MANTO.

En el nombre de Allah, el Misericordioso, el Compasivo.

(1) ¡Oh tú que te envuelves en el manto!*

    ¡Permanece rezando por la noche a excepción de un poco!

    * [Alusión al Profeta, que Allah le dé Su gracia y paz, el cual, al regreso de su primer encuentro con Yibril, al comienzo de la Revelación, le pidió a su esposa Jadiya que lo enviera con un manto en un intento de mitigar su estado de excitación y sobrecogimiento.]

يَٰٓأَيُّهَا ٱلْمُزَّمِّلُ ١ قُمِ ٱلَّيْلَ إِلَّا قَلِيلًا ١

(2) La mitad o algo menos,

نِّصْفَهُۥٓ أَوِ ٱنقُصْ مِنْهُ قَلِيلًا ٢

(3) o algo más. Y recita el Corán pausadamente.

أَوْ زِدْ عَلَيْهِ وَرَتِّلِ ٱلْقُرْءَانَ تَرْتِيلًا ٣

(4) Realmente vamos a depositar en ti palabras de peso.

إِنَّا سَنُلْقِى عَلَيْكَ قَوْلًا ثَقِيلًا ٤

(5) Y en el seno de la noche hay mayor quietud y es más certera la dicción.

إِنَّ نَاشِئَةَ ٱلَّيْلِ هِىَ أَشَدُّ وَطْـًٔا وَأَقْوَمُ قِيلًا ٥

(6) Durante el día llevas a cabo una larga actividad.

إِنَّ لَكَ فِى ٱلنَّهَارِ سَبْحًا طَوِيلًا ٦

(7) Recuerda el nombre de tu Señor y concéntrate de lleno en El.

وَٱذْكُرِ ٱسْمَ رَبِّكَ وَتَبَتَّلْ إِلَيْهِ تَبْتِيلًا ٧

(8) El Señor del oriente y del occidente, no hay dios sino El; tomadlo como Protector.

رَّبُّ الْمَشْرِقِ وَالْمَغْرِبِ لَآ إِلَـٰهَ إِلَّا هُوَ فَاتَّخِذْهُ وَكِيلًا ۞

(9) Ten paciencia con lo que dicen y aléjate de ellos con delicadeza*.

* [Aleya abrogada en su contenido jurídico por la aleya n.° 5 de la sura 9.]

وَاصْبِرْ عَلَىٰ مَا يَقُولُونَ وَاهْجُرْهُمْ هَجْرًا جَمِيلًا ۞

(10) Y déjame con los que niegan la verdad, ésos que gozan de bienestar. Dales un poco de plazo.

وَذَرْنِي وَالْمُكَذِّبِينَ أُو۟لِي النَّعْمَةِ وَمَهِّلْهُمْ قَلِيلًا ۞

(11) Cierto es que junto a Nos hay cadenas y un fuego inflamado,

إِنَّ لَدَيْنَآ أَنكَالًا وَجَحِيمًا ۞

(12) un alimento que se atraganta y un doloroso castigo.

وَطَعَامًا ذَا غُصَّةٍ وَعَذَابًا أَلِيمًا ۞

(13) El día en que la tierra y las montañas se estremezcan y sean como arena esparcida.

يَوْمَ تَرْجُفُ الْأَرْضُ وَالْجِبَالُ وَكَانَتِ الْجِبَالُ كَثِيبًا مَّهِيلًا ۞

(14) Os hemos enviado un mensajero que es testigo sobre vosotros, al igual que a Firaún le enviamos otro mensajero.

إِنَّآ أَرْسَلْنَآ إِلَيْكُمْ رَسُولًا شَـٰهِدًا عَلَيْكُمْ كَمَآ أَرْسَلْنَآ إِلَىٰ فِرْعَوْنَ رَسُولًا ۞

(15) Firaún desobedeció al mensajero y lo agarramos con un fuerte castigo.

فَعَصَىٰ فِرْعَوْنُ الرَّسُولَ فَأَخَذْنَـٰهُ أَخْذًا وَبِيلًا ۞

(16) ¿Y cómo habríais de tener temor, si os habéis negado a creer, del día en que los recién nacidos encanecerán?

Por su causa el cielo se partirá y Su promesa será un hecho.

فَكَيْفَ تَتَّقُونَ إِن كَفَرْتُمْ يَوْمًا يَجْعَلُ الْوِلْدَٰنَ شِيبًا ۞ السَّمَآءُ مُنفَطِرٌ بِهِۦ كَانَ وَعْدُهُۥ مَفْعُولًا ۞

(17) Realmente esto es un recuerdo; quien quiera, que tome un camino hacia su Señor.

إِنَّ هَٰذِهِ تَذْكِرَةٌ فَمَن شَآءَ اتَّخَذَ إِلَىٰ رَبِّهِ سَبِيلًا ۞

(18) Tu Señor sabe que permaneces por la noche rezando durante algo menos de dos tercios o durante la mitad o un tercio, así como una parte de los que están contigo.

Allah, que mide la noche y el día, sabe que no podréis ser constantes en ello y se ha vuelto a vosotros con indulgencia, así pues recitad del Corán lo que os sea fácil.

El sabe que entre vosotros hay enfermos, que algunos viajan por la tierra buscando el favor de Allah y que otros luchan en el camino de Allah, de modo que recitad de él lo que os sea fácil, estableced el salat, entregad el zakat y hacedle a Allah un generoso préstamo.

El bien que adelantéis en vuestro favor lo encontraréis junto a Allah. Eso es mejor y posee más recompensa.

Y pedid perdón a Allah, realmente Allah es Perdonador y Compasivo.*

* [Esta aleya abroga el contenido preceptivo de la sura en relación a la oración en el seno de la noche.]

۞ إِنَّ رَبَّكَ يَعْلَمُ أَنَّكَ تَقُومُ أَدْنَىٰ مِن ثُلُثَيِ الَّيْلِ وَنِصْفَهُ وَثُلُثَهُ وَطَآئِفَةٌ مِّنَ الَّذِينَ مَعَكَ وَاللَّهُ يُقَدِّرُ الَّيْلَ وَالنَّهَارَ عَلِمَ أَن لَّن تُحْصُوهُ فَتَابَ عَلَيْكُمْ فَاقْرَءُوا مَا تَيَسَّرَ مِنَ الْقُرْءَانِ عَلِمَ أَن سَيَكُونُ مِنكُم مَّرْضَىٰ وَءَاخَرُونَ يَضْرِبُونَ فِي الْأَرْضِ يَبْتَغُونَ مِن فَضْلِ اللَّهِ وَءَاخَرُونَ يُقَٰتِلُونَ فِي سَبِيلِ اللَّهِ فَاقْرَءُوا مَا تَيَسَّرَ مِنْهُ وَأَقِيمُوا الصَّلَوٰةَ وَءَاتُوا الزَّكَوٰةَ وَأَقْرِضُوا اللَّهَ قَرْضًا حَسَنًا وَمَا تُقَدِّمُوا لِأَنفُسِكُم مِّنْ خَيْرٍ تَجِدُوهُ عِندَ اللَّهِ هُوَ خَيْرًا وَأَعْظَمَ أَجْرًا وَاسْتَغْفِرُوا اللَّهَ إِنَّ اللَّهَ غَفُورٌ رَّحِيمٌ ۞

74. SURA DEL ARROPADO.

سُورَةُ الْمُدَّثِّرِ

بِسْمِ اللَّهِ الرَّحْمَنِ الرَّحِيمِ

En el nombre de Allah, el Misericordioso, el Compasivo.

(1) ¡Oh tú que te arropas!*

> * [Al primer momento de la Revelación le sucedió un intervalo de tiempo en el que no descendió nada. Un día, mientras caminaba, el Profeta, que Allah le dé Su gracia y paz, oyó una voz desde lo alto y al levantar la cabeza encontró a Yibril sentado entre el cielo y la tierra y una vez más corrió hacia su casa sobrecogido y en estado de temor y excitación y volvió a pedir a Jadiya que lo tapara, y entonces descendieron estas aleyas.]

يَا أَيُّهَا الْمُدَّثِّرُ ۝

(2) ¡Levántate y advierte!

قُمْ فَأَنذِرْ ۝

(3) Y a tu Señor engrandece.

وَرَبَّكَ فَكَبِّرْ ۝

(4) Y tu vestido purifícalo*.

> * [Esto se ha interpretado, además del sentido exterior, de otras ,maneras: Purifica tus obras, tu corazón, tu alma, tu cuerpo, tu familia, tu adoración...]

وَثِيَابَكَ فَطَهِّرْ ۝

(5) De lo abominable aléjate.*

> * [Alusión a los ídolos]

وَالرِّجْزَ فَاهْجُرْ ۝

(6) No des esperando recibir más*.

> * [Esta aleya tiene varios sentidos posibles: Uno es el expresado en la traducción.
>
> Otro es: "No des nada considerando que es mucho", porque el generoso

وَلَا تَمْنُن تَسْتَكْثِرُ ۝

considera siempre que lo que da es poco.

Otro, referido en particular al Profeta: "No eches en cara tu profecía buscando algún beneficio por ello".

Y otro: "No te admires o no creas que haces mucho ante Allah", tanto en sentido positivo como negativo.]

(7) Y sé constante con tu Señor.

وَلِرَبِّكَ فَاصْبِرْ ۝

(8) Cuando se sople en el cuerno;

فَإِذَا نُقِرَ فِي ٱلنَّاقُورِ ۝

(9) ése será un día difícil,

فَذَٰلِكَ يَوْمَئِذٍ يَوْمٌ عَسِيرٌ ۝

(10) nada fácil para los incrédulos.

عَلَى ٱلْكَٰفِرِينَ غَيْرُ يَسِيرٍ ۝

(11) Déjame con el que creé, solo*.

ذَرْنِي وَمَنْ خَلَقْتُ وَحِيدًا ۝

* [Se refiere a al-Walid b. al Mughira, uno de los peores enemigos del Profeta, que Allah le dé Su gracia y paz, y uno de los hombres más ricos e influyentes de los Quraysh.

En cuanto a la expresión "el que creé solo" puede entenderse en el sentido de "aquel que creé sin nada", o en el sentido de "aquel a quien creé Yo sólo", o "aquel a quien creé haciéndolo único por todas las riquezas que le dí" y de hecho al-Walid era llamado al-wahid, el único.

Y también puede entenderse así: "Déjame a solas con el que creé".]

(12) Y le dí grandes riquezas.

وَجَعَلْتُ لَهُ مَالًا مَّمْدُودًا ۝

(13) E hijos presentes.

وَبَنِينَ شُهُودًا ۝

(14) Le dimos de todo con holgura.

وَمَهَّدتُّ لَهُ تَمْهِيدًا ۝

(15) Sin embargo él ambiciona aún más.

ثُمَّ يَطْمَعُ أَنْ أَزِيدَ ۝

(16) ¡Pero no! Se ha enfrentado a Nuestros signos.

كَلَّآإِنَّهُۥكَانَ لِإَيَٰتِنَاعَنِيدًا ۝

(17) Le haré subir a Suud*

* [Suud, significa subida o cuesta difícil. Pero se ha transmitido del Profeta, que Allah le dé Su gracia y paz, que es una cuesta o una montaña de Yahannam que cada vez que alguien la sube se derrite y vuelve formarse.]

سَأُرْهِقُهُۥصَعُودًا ۝

(18) Ha reflexionado y ha meditado su respuesta.

إِنَّهُۥفَكَّرَوَقَدَّرَ ۝

(19) ¡Muera! ¿Pero cómo ha podido premeditar así?

فَقُتِلَ كَيْفَ قَدَّرَ ۝

(20) ¡Que muera por cómo ha premeditado!

ثُمَّ قُتِلَ كَيْفَ قَدَّرَ ۝

(21) Y después ha examinado.

ثُمَّ نَظَرَ ۝

(22) Y luego ha fruncido el ceño y se le ha mudado el semblante.

ثُمَّ عَبَسَ وَبَسَرَ ۝

(23) Y luego ha dado la espalda y se ha llenado de soberbia.

ثُمَّ أَدْبَرَ وَاسْتَكْبَرَ ۝

(24) Y ha dicho: Esto no es mas que magia aprendida.

فَقَالَ إِنْ هَٰذَآ إِلَّا سِحْرٌ يُؤْثَرُ ۝

(25) Es sólo lo que dice un ser humano.

إِنْ هَٰذَآ إِلَّا قَوْلُ الْبَشَرِ ۝

(26) Le haré entrar en Saqar*.

* [Nombre del sexto nivel de Yahannam. La palabra tiene que ver con la quemazón del sol en la cara y la insolación.]

سَأُصْلِيهِ سَقَرَ ۝

(27) ¿Y cómo sabrá qué es Saqar?

وَمَآ أَدْرَىٰكَ مَا سَقَرُ ۝

(28) No deja nada ni cesa.

لَا تُبْقِي وَلَا تَذَرُ ۝

(29) Abrasa la piel.

لَوَّاحَةٌ لِّلْبَشَرِ ۝

(30) Sobre él hay diecinueve.*
   * [Angeles]

عَلَيْهَا تِسْعَةَ عَشَرَ ۝

(31)   No hemos designado como encargados del Fuego sino a ángeles cuyo número hemos hecho una tribulación para los que se niegan a creer.

Para que aquéllos a los que les fue dado el Libro tengan certeza y los que creen aumenten en creencia y para que los que recibieron el Libro y los creyentes no duden. Y para que los que tienen una enfermedad en el corazón y los incrédulos digan: ¿Qué pretende Allah poniendo este ejemplo?

Así es como Allah extravía a quien quiere y guía a quien quiere y sólo tu Señor conoce Sus ejército, que no son sino un recuerdo para el género humano.

وَمَا جَعَلْنَا أَصْحَٰبَ ٱلنَّارِ إِلَّا مَلَٰٓئِكَةً ۝ وَمَا جَعَلْنَا عِدَّتَهُمْ إِلَّا فِتْنَةً لِّلَّذِينَ كَفَرُوا۟ لِيَسْتَيْقِنَ ٱلَّذِينَ أُوتُوا۟ ٱلْكِتَٰبَ وَيَزْدَادَ ٱلَّذِينَ ءَامَنُوٓا۟ إِيمَٰنًا وَلَا يَرْتَابَ ٱلَّذِينَ أُوتُوا۟ ٱلْكِتَٰبَ وَٱلْمُؤْمِنُونَ وَلِيَقُولَ ٱلَّذِينَ فِى قُلُوبِهِم مَّرَضٌ وَٱلْكَٰفِرُونَ مَاذَآ أَرَادَ ٱللَّهُ بِهَٰذَا مَثَلًا كَذَٰلِكَ يُضِلُّ ٱللَّهُ مَن يَشَآءُ وَيَهْدِى مَن يَشَآءُ وَمَا يَعْلَمُ جُنُودَ رَبِّكَ إِلَّا هُوَ وَمَا هِىَ إِلَّا ذِكْرَىٰ لِلْبَشَرِ ۝

(32) ¡Pero no! ¡Por la luna!

كَلَّا وَٱلْقَمَرِ ۝

(33) ¡Por la noche cuando retrocede!

وَٱلَّيْلِ إِذْ أَدْبَرَ ۝

(34) ¡Por la mañana cuando brilla!

وَٱلصُّبْحِ إِذَآ أَسْفَرَ ۝

(35) Que es una de las grandes cosas que han de ocurrir.

إِنَّهَا لَإِحْدَى ٱلْكُبَرِ ۝

(36)   Advertencia para el género humano.

نَذِيرًا لِّلْبَشَرِ ۞

(37)   Para quien de vosotros quiera adelantar o retrasar.

لِمَن شَآءَ مِنكُمْ أَن يَتَقَدَّمَ أَوْ يَتَأَخَّرَ ۞

(38)   Cada uno será rehén de lo que se ganó.

كُلُّ نَفْسٍ بِمَا كَسَبَتْ رَهِينَةٌ ۞

(39)   Pero no así los compañeros de la derecha,

إِلَّآ أَصْحَٰبَ ٱلْيَمِينِ ۞

(40)   que en jardines harán preguntas acerca de los que hicieron el mal:

فِى جَنَّٰتٍ يَتَسَآءَلُونَ عَنِ ٱلْمُجْرِمِينَ ۞

(41)   ¿Qué os ha traído a Saqar?

مَا سَلَكَكُمْ فِى سَقَرَ ۞

(42)   Dirán: No fuimos de los que rezaban

قَالُوا لَمْ نَكُ مِنَ ٱلْمُصَلِّينَ ۞

(43)   ni de los que daban de comer al pobre.

وَلَمْ نَكُ نُطْعِمُ ٱلْمِسْكِينَ ۞

(44)   Y discutimos vanamente con los charlatanes,

وَكُنَّا نَخُوضُ مَعَ ٱلْخَآئِضِينَ ۞

(45)   y negamos la verdad del día de la Retribución

وَكُنَّا نُكَذِّبُ بِيَوْمِ ٱلدِّينِ ۞

(46)   hasta que nos llegó la certeza.

حَتَّىٰٓ أَتَىٰنَا ٱلْيَقِينُ ۞

(47)   No les servirá de nada la intercesión de ningún intercesor.

فَمَا تَنفَعُهُمْ شَفَٰعَةُ ٱلشَّٰفِعِينَ ۞

(48)   ¿Qué les pasa que se apartan de aquello que les hace recordar

فَمَا لَهُمْ عَنِ ٱلتَّذْكِرَةِ مُعْرِضِينَ ۞

(49)   como si fueran asnos espantados

كَأَنَّهُمْ حُمُرٌ مُّسْتَنفِرَةٌ ۞

(50) que huyen de un león?

فَرَّتْ مِن قَسْوَرَةٍ ۝

(51) Sin embargo cada uno de sus
hombres querría que les traje-
ras páginas abiertas*.

بَلْ يُرِيدُ كُلُّ امْرِئٍ مِنْهُمْ أَن يُؤْتَى صُحُفًا مُّنَشَّرَةً ۝

* [Alude a las palabras que le dijeron al
Profeta, que Allah le dé Su gracia y
paz, los incrédulos: No te creeremos
hasta que no nos traigas a cada uno de
nosotros un libro del cielo que diga:
Del Señor de los mundos a Fulano hijo
de Fulano, en el que se nos ordene que
te sigamos.]

(52) Pero no es eso, es que no tienen
temor de la Otra Vida.

كَلَّا بَل لَّا يَخَافُونَ الْآخِرَةَ ۝

(53) Realmente es un Recuerdo.

كَلَّا إِنَّهُ تَذْكِرَةٌ ۝

(54) Y quien quiera recordará.

فَمَن شَاءَ ذَكَرَهُ ۝

(55) Pero no recordaréis, excepto que
Allah quiera; El es el Digno de
ser temido y el Digno de
perdonar*.

وَمَا يَذْكُرُونَ إِلَّا أَن يَشَاءَ اللَّهُ هُوَ أَهْلُ

التَّقْوَى وَأَهْلُ الْمَغْفِرَةِ ۝

*[Es decir, es propio de El perdonar]

75. SURA DEL LEVANTAMIENTO.

سُوْرَةُ الْقِيَمَةِ

En el nombre de Allah, el Misericordioso, el Compasivo.

(1) ¡Juro por el Día del Levantamiento!

لَاۤ أُقْسِمُ بِيَوْمِ الْقِيَمَةِ ١

(2) ¡Y juro por el alma que se reprocha*!

* [La que se reprocha a sí misma sus faltas]

وَلَاۤ أُقْسِمُ بِالنَّفْسِ اللَّوَّامَةِ ٢

(3) ¿Es que piensa el hombre que no vamos a recomponer sus huesos?

أَيَحْسِبُ الْاِنسَنُ أَلَّن نَّجْمَعَ عِظَامَهُ ٣

(4) Muy al contrario. Fuimos capaces de conformar sus falanges.

بَلَىٰ قَدِرِينَ عَلَىٰٓ أَن نُّسَوِّيَ بَنَانَهُ ٤

(5) Sin embargo el hombre quiere negar lo que tiene delante.

بَلْ يُرِيدُ الْاِنسَنُ لِيَفْجُرَ أَمَامَهُ ٥

(6) Pregunta: ¿Cuándo será el Día del Levantamiento?

يَسْـَٔلُ أَيَّانَ يَوْمُ الْقِيَمَةِ ٦

(7) Sin embargo cuando la vista se quede aturdida

فَإِذَا بَرِقَ الْبَصَرُ ٧

(8) Y la luna se eclipse

وَخَسَفَ الْقَمَرُ ٨

(9) y sol y luna sean fundidos,

وَجُمِعَ الشَّمْسُ وَالْقَمَرُ ٩

(10) ese día el hombre dirá: ¿Por dónde se puede escapar?

يَقُولُ الْاِنسَنُ يَوْمَئِذٍ أَيْنَ الْمَفَرُّ ١٠

(11) ¡Pero no! No habrá donde esconderse.

كَلَّا لَا وَزَرَ ١١

(12) Ese día todos irán a parar hacia tu Señor.

إِلَى رَبِّكَ يَوْمَئِذٍ الْمُسْتَقَرُّ ۝

(13) Y el hombre será informado de lo que adelantó y de lo que atrasó.

يُنَبَّؤُا الْإِنسَـٰنُ يَوْمَئِذٍ بِمَا قَدَّمَ وَأَخَّرَ ۝

(14) Y eso será una evidencia contra sí mismo a su pesar,

بَلِ الْإِنسَـٰنُ عَلَىٰ نَفْسِهِ بَصِيرَةٌ ۝

(15) aun dando rienda suelta a su pretextos.

وَلَوْ أَلْقَىٰ مَعَاذِيرَهُ ۝

(16) No muevas tu lengua para ir más deprisa*. Realmente a Nosotros nos corresponde reunirlo y que sea recitado.

لَا تُحَرِّكْ بِهِ لِسَانَكَ لِتَعْجَلَ بِهِ إِنَّ عَلَيْنَا جَمْعَهُ وَقُرْآنَهُ ۝

* [Es decir, no recites con precipitación el Corán cuando recibes la inspiración pretendiendo acelerar su memorización por temor de que algo se te escape.]

(17) De manera que cuando lo recitemos sigue la Recitación.

فَإِذَا قَرَأْنَاهُ فَاتَّبِعْ قُرْآنَهُ ۝

(18) Luego a Nos, nos corresponde hacerlo claro.

ثُمَّ إِنَّ عَلَيْنَا بَيَانَهُ ۝

(19) ¡Pero no! Por el contrario amáis la vida fugaz

كَلَّا بَلْ تُحِبُّونَ الْعَاجِلَةَ ۝

(20) y dejáis en abandono la Ultima.

وَتَذَرُونَ الْآخِرَةَ ۝

(21) Ese día habrá rostros resplandecientes

وُجُوهٌ يَوْمَئِذٍ نَّاضِرَةٌ ۝

(22) en la contemplación de su Señor.

إِلَىٰ رَبِّهَا نَاظِرَةٌ ۝

(23) Y ese día habrá rostros ensombrecidos

وَوُجُوهٌ يَوْمَئِذٍ بَاسِرَةٌ ۝

(24) que darán por seguro una desgracia que les quebrará las vértebras...

تَظُنُّ أَن يُفْعَلَ بِهَا فَاقِرَةٌ ۝

(25) Y cuando llegue a la altura de las clavículas*.

* [El aliento vital]

كَلَّا إِذَا بَلَغَتِ التَّرَاقِيَ ۞

(26) Y se diga: ¿Hay algún hechicero?

وَقِيلَ مَنْ رَاقٍ ۞

(27) Y se tenga certeza de que es el momento de la separación,

وَظَنَّ أَنَّهُ الْفِرَاقُ ۞

(28) y una pierna se una con la otra*.

* [Por la agonía de la muerte]

وَالْتَفَّتِ السَّاقُ بِالسَّاقِ ۞

(29) Ese día el rumbo será hacia tu Señor.

إِلَى رَبِّكَ يَوْمَئِذٍ الْمَسَاقُ ۞

(30) Sin embargo no confirmó la verdad ni rezó,

فَلَا صَدَّقَ وَلَا صَلَّى ۞

(31) sino que la negó y se desentendió.

وَلَكِنْ كَذَّبَ وَتَوَلَّى ۞

(32) Y luego se marchó con su gente mostrando arrogancia.

ثُمَّ ذَهَبَ إِلَى أَهْلِهِ يَتَمَطَّى ۞

(33) ¡Ay de ti! ¡Ay!

أَوْلَى لَكَ فَأَوْلَى ۞

(34) Y ¡Ay de ti! ¡Ay!

ثُمَّ أَوْلَى لَكَ فَأَوْلَى ۞

(35) ¿Cree acaso el hombre que se le dejará olvidado?

أَيَحْسَبُ الْإِنسَانُ أَنْ يُتْرَكَ سُدًى ۞

(36) ¿Acaso no fue una gota de esperma eyaculada?

أَلَمْ يَكُ نُطْفَةً مِنْ مَنِيٍّ يُمْنَى ۞

(37) ¿Y fue luego un coágulo?, ¿y lo creó dándole forma completa?

ثُمَّ كَانَ عَلَقَةً فَخَلَقَ فَسَوَّى ۞

(38) ¿E hizo a partir de él a la pareja: varón y hembra?

فَجَعَلَ مِنْهُ الزَّوْجَيْنِ الذَّكَرَ وَالْأُنثَى ۞

(39) ¿Acaso no es Ese capaz de devolver la vida a los muertos?

أَلَيْسَ ذَلِكَ بِقَادِرٍ عَلَى أَنْ يُحْيِيَ الْمَوْتَى ۞

76. SURA DEL HOMBRE.

بِسْمِ اللَّهِ الرَّحْمَنِ الرَّحِيمِ

En el nombre de Allah, el Misericordioso, el Compasivo.

(1) ¿Acaso no hubo un tiempo para el hombre en el que no fue nada, ni siquiera un recuerdo?

هَلْ أَتَى عَلَى الإنسَنِ حِينٌ مِّنَ الدَّهْرِ لَمْ يَكُن شَيْئًا مَّذْكُورًا ۞

(2) Es verdad que creamos al hombre a partir de una gota de esperma eyaculada, como una prueba para él, y lo hicimos con capacidad de ver y oir.

إِنَّا خَلَقْنَا الإنسَنَ مِن نُّطْفَةٍ أَمْشَاجٍ نَّبْتَلِيهِ فَجَعَلْنَهُ سَمِيعًا بَصِيرًا ۞

(3) Y lo guiamos al camino: agradecido o ingrato.

إِنَّا هَدَيْنَهُ السَّبِيلَ إِمَّا شَاكِرًا وَإِمَّا كَفُورًا ۞

(4) Y para los incrédulos hemos preparado cadenas, argollas y un fuego ardiente.

إِنَّا أَعْتَدْنَا لِلْكَفِرِينَ سَلَسِلَا وَأَغْلَلَا وَسَعِيرًا ۞

(5) Los creyentes sinceros beberán de una copa cuya mezcla será kafur*.

* [Agua de una fuente del Jardín]

إِنَّ الأَبْرَارَ يَشْرَبُونَ مِن كَأْسٍ كَانَ مِزَاجُهَا كَافُورًا ۞

(6) Fuente de la que beberán los siervos de Allah y a la que harán manar cuando y como quieran.

عَيْنًا يَشْرَبُ بِهَا عِبَادُ اللَّهِ يُفَجِّرُونَهَا تَفْجِيرًا ۞

(7) Ellos cumplían las promesas y temían un día cuyo mal se desatará.

يُوفُونَ بِالنَّذْرِ وَيَخَافُونَ يَوْمًا كَانَ شَرُّهُ مُسْتَطِيرًا ۞

(8) Y daban de comer, a pesar de su propia necesidad y apego a ello, al pobre, al huérfano y al cautivo.

وَيُطْعِمُونَ ٱلطَّعَامَ عَلَىٰ حُبِّهِۦ مِسْكِينًا وَيَتِيمًا وَأَسِيرًا ۝

(9) No os alimentamos sino por la faz de Allah, no buscamos en vosotros recompensa ni agradecimiento.

إِنَّمَا نُطْعِمُكُمْ لِوَجْهِ ٱللَّهِ لَا نُرِيدُ مِنكُمْ جَزَآءً وَلَا شُكُورًا ۝

(10) Realmente tememos de nuestro Señor un día largo, penoso.

إِنَّا نَخَافُ مِن رَّبِّنَا يَوْمًا عَبُوسًا قَمْطَرِيرًا ۝

(11) Allah los habrá librado del mal de ese día y les dará resplandor y alegría.

فَوَقَىٰهُمُ ٱللَّهُ شَرَّ ذَٰلِكَ ٱلْيَوْمِ وَلَقَّىٰهُمْ نَضْرَةً وَسُرُورًا ۝

(12) Su recompensa por haber tenido paciencia es un jardín y seda.

وَجَزَىٰهُم بِمَا صَبَرُواْ جَنَّةً وَحَرِيرًا ۝

(13) En él estarán recostados sobre lechos y no verán solana ni helada.

مُّتَّكِئِينَ فِيهَا عَلَى ٱلْأَرَآئِكِ لَا يَرَوْنَ فِيهَا شَمْسًا وَلَا زَمْهَرِيرًا ۝

(14) La sombras estarán sobre ellos, cercanas, y sus frutos bajarán sumisamente.

وَدَانِيَةً عَلَيْهِمْ ظِلَٰلُهَا وَذُلِّلَتْ قُطُوفُهَا تَذْلِيلًا ۝

(15) Se circulará en torno a ellos con vasijas de plata y copas que serán cristal,

وَيُطَافُ عَلَيْهِم بِـَٔانِيَةٍ مِّن فِضَّةٍ وَأَكْوَابٍ كَانَتْ قَوَارِيرَا۠ ۝

(16) cristal de plata*, cuyas proporciones habrán medido con exactitud.
*[Es decir, tendrán la transparencia del cristal, siendo de plata.]

قَوَارِيرَا۠ مِن فِضَّةٍ قَدَّرُوهَا تَقْدِيرًا ۝

(17) En él se les dará de beber un vino cuya substancia será gengibre.

وَيُسْقَوْنَ فِيهَا كَأْسًا كَانَ مِزَاجُهَا زَنجَبِيلًا ۝

(18) Y habrá una fuente llamada Salsabil*.

* [Que significa la de dulce y fácil bebida.]

عَيْنًا فِيهَا تُسَمَّىٰ سَلْسَبِيلًا ﴿١٨﴾

(19) Y circularán en torno a ellos muchachos que tendrán para siempre la misma edad; al verlos los tomarás por perlas esparcidas.

۞ وَيَطُوفُ عَلَيْهِمْ وِلْدَانٌ مُّخَلَّدُونَ إِذَا رَأَيْتَهُمْ حَسِبْتَهُمْ لُؤْلُؤًا مَّنثُورًا ﴿١٩﴾

(20) Y cuando veas a los que allí están, verás deleite y un gran reino.

وَإِذَا رَأَيْتَ ثَمَّ رَأَيْتَ نَعِيمًا وَمُلْكًا كَبِيرًا ﴿٢٠﴾

(21) Llevarán vestidos de raso verde y de brocado, irán adornados con brazaletes de plata y su Señor les dará de beber una bebida pura.

عَالِيَهُمْ ثِيَابُ سُندُسٍ خُضْرٌ وَإِسْتَبْرَقٌ وَحُلُّوٓا أَسَاوِرَ مِن فِضَّةٍ وَسَقَاهُمْ رَبُّهُمْ شَرَابًا طَهُورًا ﴿٢١﴾

(22) Esto es una recompensa que os corresponde; vuestro esfuerzo ha sido agradecido.

إِنَّ هَٰذَا كَانَ لَكُمْ جَزَآءً وَكَانَ سَعْيُكُم مَّشْكُورًا ﴿٢٢﴾

(23) Hemos hecho que descendiera el Corán sobre ti gradualmente.

إِنَّا نَحْنُ نَزَّلْنَا عَلَيْكَ الْقُرْءَانَ تَنزِيلًا ﴿٢٣﴾

(24) Así pues ten paciencia con el juicio de tu Señor y no obedezcas al que de ellos es malvado e ingrato.

فَاصْبِرْ لِحُكْمِ رَبِّكَ وَلَا تُطِعْ مِنْهُمْ ءَاثِمًا أَوْ كَفُورًا ﴿٢٤﴾

(25) Y recuerda el nombre de tu Señor mañana y tarde.

وَاذْكُرِ اسْمَ رَبِّكَ بُكْرَةً وَأَصِيلًا ﴿٢٥﴾

(26) Y por la noche póstrate ante El glorificándolo un largo período de ella.

وَمِنَ الَّيْلِ فَاسْجُدْ لَهُ وَسَبِّحْهُ لَيْلًا طَوِيلًا ﴿٢٦﴾

(27) Es cierto que éstos aman la Vida Fugaz dejando a sus espaldas un día grave.

إِنَّ هَٰؤُلَاءِ يُحِبُّونَ الْعَاجِلَةَ وَيَذَرُونَ وَرَاءَهُمْ يَوْمًا ثَقِيلًا ۝

(28) Nosotros los hemos creado y hemos fortalecido su constitución y cuando queramos, pondremos en su lugar a otros semejantes a ellos.

نَّحْنُ خَلَقْنَاهُمْ وَشَدَدْنَا أَسْرَهُمْ وَإِذَا شِئْنَا بَدَّلْنَا أَمْثَالَهُمْ تَبْدِيلًا ۝

(29) Esto es un recuerdo, quien quiera que tome un camino hacia su Señor.

إِنَّ هَٰذِهِ تَذْكِرَةٌ فَمَن شَاءَ اتَّخَذَ إِلَىٰ رَبِّهِ سَبِيلًا ۝

(30) Pero no querréis a menos que Allah quiera, es cierto que Allah es Conocedor y Sabio.

وَمَا تَشَاءُونَ إِلَّا أَن يَشَاءَ اللَّهُ إِنَّ اللَّهَ كَانَ عَلِيمًا حَكِيمًا ۝

(31) Introduce en Su misericordia a quien quiere.
Los injustos tendrán un doloroso castigo.

يُدْخِلُ مَن يَشَاءُ فِي رَحْمَتِهِ وَالظَّالِمِينَ أَعَدَّ لَهُمْ عَذَابًا أَلِيمًا ۝

77. SURA DE LOS QUE SON ENVIADOS.

En el nombre de Allah, el Misericordioso, el Compasivo.

(1) ¡Por los que son enviados sucesivamente!*

    * [Según la mayoría de los comentaristas se refiere a los vientos; otros dicen que a los ángeles y otros que a los mensajeros.]

وَٱلۡمُرۡسَلَتِ عُرۡفًا ١

(2) ¡Por los que soplan tempestuosamente!*

    * [Aquí se refiere a los vientos, sin discordancia entre los comentaristas.]

فَٱلۡعَصِفَتِ عَصۡفًا ٢

(3) ¡Por los que impulsan propagando!*

    * [Se refiere a los ángeles encargados de las nubes. Y hay quien dice que a los vientos]

وَٱلنَّشِرَتِ نَشۡرًا ٣

(4) ¡Por los que separan con discernimiento,

فَٱلۡفَرِقَتِ فَرۡقًا ٤

(5) y depositan un Recuerdo*

    * [Los ángeles]

فَٱلۡمُلۡقِيَتِ ذِكۡرًا ٥

(6) con disculpa o advertencia!

عُذۡرًا أَوۡ نُذۡرًا ٦

(7) Que lo que se os promete va a suceder de verdad.

إِنَّمَا تُوعَدُونَ لَوَاقِعٌ ٧

(8) Cuando los astros se apaguen

فَإِذَا ٱلنُّجُومُ طُمِسَتۡ ٨

(9) y el cielo se raje

وَإِذَا السَّمَاءُ فُرِجَتْ ۝

(10) y las montañas se conviertan en polvo,

وَإِذَا الْجِبَالُ نُسِفَتْ ۝

(11) y los mensajeros sean emplazados.

وَإِذَا الرُّسُلُ أُقِّتَتْ ۝

(12) ¿Para qué día se les emplazará?

لِأَيِّ يَوْمٍ أُجِّلَتْ ۝

(13) Para el Día de la Distinción.

لِيَوْمِ الْفَصْلِ ۝

(14) ¿Y cómo hacerte entender qué será la Distinción?

وَمَا أَدْرَاكَ مَا يَوْمُ الْفَصْلِ ۝

(15) ¡Perdición ese día para los que negaron la verdad!

وَيْلٌ يَوْمَئِذٍ لِلْمُكَذِّبِينَ ۝

(16) ¿Acaso no destruimos a los primitivos

أَلَمْ نُهْلِكِ الْأَوَّلِينَ ۝

(17) e hice que otros vinieran después?

ثُمَّ نُتْبِعُهُمُ الْآخِرِينَ ۝

(18) Así es como actuamos con los que hacen el mal.

كَذَلِكَ نَفْعَلُ بِالْمُجْرِمِينَ ۝

(19) ¡Perdición ese día para los que negaron la verdad!

وَيْلٌ يَوْمَئِذٍ لِلْمُكَذِّبِينَ ۝

(20) ¿Acaso no os creamos de un agua insignificante,

أَلَمْ نَخْلُقْكُمْ مِنْ مَاءٍ مَهِينٍ ۝

(21) que pusimos en un recipiente seguro*
    * [La matriz]

فَجَعَلْنَاهُ فِي قَرَارٍ مَكِينٍ ۝

(22) hasta un término conocido,

إِلَى قَدَرٍ مَعْلُومٍ ۝

(23) y decretamos?; y ¡qué excelentes decretadores!

فَقَدَرْنَا فَنِعْمَ الْقَادِرُونَ ۝

(24) ¡Perdición ese día para los que negaron la verdad!

وَيْلٌ يَوْمَئِذٍ لِّلْمُكَذِّبِينَ ۝

(25) ¿Acaso no hemos hecho de la tierra lugar común

أَلَمْ نَجْعَلِ ٱلْأَرْضَ كِفَاتًا ۝

(26) para vivos y muertos,

أَحْيَآءً وَأَمْوَٰتًا ۝

(27) y hemos puesto en ella cordilleras elevadas y os hemos dado de beber un agua dulce?

وَجَعَلْنَا فِيهَا رَوَٰسِىَ شَٰمِخَٰتٍ وَأَسْقَيْنَٰكُم مَّآءً فُرَاتًا ۝

(28) ¡Perdición ese día para los que negaron la verdad!

وَيْلٌ يَوْمَئِذٍ لِّلْمُكَذِّبِينَ ۝

(29) ¡Id hacia aquello cuya veracidad negábais!

ٱنطَلِقُوٓاْ إِلَىٰ مَا كُنتُم بِهِۦ تُكَذِّبُونَ ۝

(30) ¡Id hacia una sombra de humo con tres ramificaciones!

ٱنطَلِقُوٓاْ إِلَىٰ ظِلٍّ ذِى ثَلَٰثِ شُعَبٍ ۝

(31) Que no dará sombra ni protegerá de las llamas.

لَّا ظَلِيلٍ وَلَا يُغْنِى مِنَ ٱللَّهَبِ ۝

(32) Desprenderá chispas como alcázares,

إِنَّهَا تَرْمِى بِشَرَرٍ كَٱلْقَصْرِ ۝

(33) parecidas a camellos pardos.

كَأَنَّهُۥ جِمَٰلَتٌ صُفْرٌ ۝

(34) ¡Perdición ese día para los que negaron la verdad!

وَيْلٌ يَوْمَئِذٍ لِّلْمُكَذِّبِينَ ۝

(35) Ese día no hablarán

هَٰذَا يَوْمُ لَا يَنطِقُونَ ۝

(36) ni se les permitirá excusarse.

وَلَا يُؤْذَنُ لَهُمْ فَيَعْتَذِرُونَ ۝

(37) ¡Perdición ese día para los que negaron la verdad!

وَيْلٌ يَوْمَئِذٍ لِّلْمُكَذِّبِينَ ۝

(38) Este es el día de la Distinción, os

هَٰذَا يَوْمُ ٱلْفَصْلِ جَمَعْنَٰكُمْ وَٱلْأَوَّلِينَ ۝

reuniremos a vosotros y a los
que hubo antes de vosotros.

(39) Y si tenéis alguna estratagema,
llevadla a cabo.

فَإِن كَانَ لَكُمْ كَيْدٌ فَكِيدُونِ ۝

(40) ¡Perdición ese día para los que
negaron la verdad!

وَيْلٌ يَوْمَئِذٍ لِّلْمُكَذِّبِينَ ۝

(41) Los temerosos estarán en una
sombra fresca y fuentes.

إِنَّ الْمُتَّقِينَ فِي ظِلَالٍ وَعُيُونٍ ۝

(42) Y frutas de las que apetezcan.

وَفَوَاكِهَ مِمَّا يَشْتَهُونَ ۝

(43) ¡Comed y bebed alegremente
por lo que hicísteis!

كُلُوا وَاشْرَبُوا هَنِيئًا بِمَا كُنتُمْ تَعْمَلُونَ ۝

(44) Así es como recompensamos a
los que hicieron el bien.

إِنَّا كَذَٰلِكَ نَجْزِي الْمُحْسِنِينَ ۝

(45) ¡Perdición ese día para los que
negaron la verdad!

وَيْلٌ يَوْمَئِذٍ لِّلْمُكَذِّبِينَ ۝

(46) ¡Comed y disfrutad un poco,
ciertamente sois malhechores!

كُلُوا وَتَمَتَّعُوا قَلِيلًا إِنَّكُم مُّجْرِمُونَ ۝

(47) ¡Perdición ese día para los que
negaron la verdad!

وَيْلٌ يَوْمَئِذٍ لِّلْمُكَذِّبِينَ ۝

(48) Y cuando se les dice: Inclinaos,
no se inclinan.

وَإِذَا قِيلَ لَهُمُ ارْكَعُوا لَا يَرْكَعُونَ ۝

(49) ¡Perdición ese día para los que
negaron la verdad!

وَيْلٌ يَوْمَئِذٍ لِّلْمُكَذِّبِينَ ۝

(50) ¿En qué relato después de él*
creerán?
* [El Corán]

فَبِأَيِّ حَدِيثٍ بَعْدَهُ يُؤْمِنُونَ ۝

78. SURA DE LA NOTICIA.

En el nombre de Allah, el Misericordioso, el Compasivo.

(1) ¿Sobre qué se preguntan?

(2) Sobre la Gran Noticia

(3) acerca de la cual difieren.

(4) ¡Pero no! Ya sabrán,

(5) sabrán de verdad.

(6) ¿Acaso no hemos hecho de la tierra un lecho,

(7) hemos puesto las montañas como estacas,

(8) os hemos creado en parejas,

(9) hemos hecho de vuestro sueño reposo,

(10) hemos hecho de la noche un vestido,

(11) hemos hecho del día un medio de vida,

(12) hemos edificado sobre vosotros siete firmamentos,

وَبَنَيْنَا فَوْقَكُمْ سَبْعًا شِدَادًا ۞

(13) hemos puesto una lámpara reluciente,

وَجَعَلْنَا سِرَاجًا وَهَّاجًا ۞

(14) y hacemos caer de las nubes agua de lluvia

وَأَنزَلْنَا مِنَ الْمُعْصِرَاتِ مَآءً ثَجَّاجًا ۞

(15) con la que hacemos que broten granos y plantas

لِّنُخْرِجَ بِهِۦ حَبًّا وَنَبَاتًا ۞

(16) y vergeles de espeso arbolado?

وَجَنَّاتٍ أَلْفَافًا ۞

(17) El Día de la Distinción es una cita con un momento fijado.

إِنَّ يَوْمَ الْفَصْلِ كَانَ مِيقَاتًا ۞

(18) El día en que se sople en el cuerno y vengan en grupos.

يَوْمَ يُنفَخُ فِي الصُّورِ فَتَأْتُونَ أَفْوَاجًا ۞

(19) El cielo se abrirá y será todo puertas.

وَفُتِحَتِ السَّمَآءُ فَكَانَتْ أَبْوَابًا ۞

(20) Y las montañas serán transportadas cual espejismo.

وَسُيِّرَتِ الْجِبَالُ فَكَانَتْ سَرَابًا ۞

(21) Yahannam es un lugar acechante,

إِنَّ جَهَنَّمَ كَانَتْ مِرْصَادًا ۞

(22) un lugar de retorno para los que se excedieron,

لِّلطَّاغِينَ مَآبًا ۞

(23) que en él permanecerán eternidades.

لَّابِثِينَ فِيهَآ أَحْقَابًا ۞

(24) Y donde no probarán ni frescor ni bebida,

لَّا يَذُوقُونَ فِيهَا بَرْدًا وَلَا شَرَابًا ۞

(25) tan sólo agua hirviendo y pus.

الاَّ حَمِيمًا وَغَسَّاقًا ۝

(26) Apropiada recompensa.

جَزَآءً وِفَاقًا ۝

(27) Ellos no esperaban tener que rendir cuentas

اِنَّهُمْ كَانُوا لاَ يَرْجُونَ حِسَابًا ۝

(28) y negaron rotundamente la veracidad de Nuestros signos.

وَكَذَّبُوا بِاٰيَاتِنَا كِذَّابًا ۝

(29) Pero cada cosa la registramos en un libro.

وَكُلَّ شَيْءٍ اَحْصَيْنَاهُ كِتَابًا ۝

(30) Así pues, gustad. Sólo habrá aumento en el castigo.

فَذُوقُوا فَلَنْ نَزِيدَكُمْ اِلاَّ عَذَابًا ۝

(31) Los temerosos tendrán un lugar de triunfo:

اِنَّ لِلْمُتَّقِينَ مَفَازًا ۝

(32) Jardines y viñedos

حَدَآئِقَ وَاَعْنَابًا ۝

(33) y doncellas de senos formados y edad invariable.

وَكَوَاعِبَ اَتْرَابًا ۝

(34) Y una copa rebosante.

وَكَأْسًا دِهَاقًا ۝

(35) Allí no oirán vanidad ni mentira.

لاَ يَسْمَعُونَ فِيهَا لَغْوًا وَلاَ كِذَّابًا ۝

(36) Recompensa de tu Señor, regalo idóneo.

جَزَآءً مِنْ رَبِّكَ عَطَآءً حِسَابًا ۝

(37) El Señor de los cielos, de la tierra y de lo que entre ambos hay, el Misericordioso, no tienen el poder de dirigirle la palabra.

رَبِّ السَّمٰوَاتِ وَالاَرْضِ وَمَا بَيْنَهُمَا الرَّحْمٰنِ لاَ يَمْلِكُونَ مِنْهُ خِطَابًا ۝

(38) El día en que el espíritu* y los ángeles se pongan en filas, no hablarán sino aquéllos a los que el Misericordioso autorice y hablen con verdad.

* [Es decir, Yibril]

يَوْمَ يَقُومُ ٱلرُّوحُ وَٱلْمَلَٰٓئِكَةُ صَفًّا لَّا يَتَكَلَّمُونَ إِلَّا مَنْ أَذِنَ لَهُ ٱلرَّحْمَٰنُ وَقَالَ صَوَابًا ۝

(39) Ese es el día de la verdad. Quien quiera, que tome refugio en su Señor.

ذَٰلِكَ ٱلْيَوْمُ ٱلْحَقُّ فَمَن شَآءَ ٱتَّخَذَ إِلَىٰ رَبِّهِ مَـَٔابًا ۝

(40) Os hemos advertido de un castigo próximo.

El día en que el hombre contemple lo que sus manos presentaron y diga el incrédulo: ¡Ay de mí! Ojalá fuera tierra.

إِنَّآ أَنذَرْنَٰكُمْ عَذَابًا قَرِيبًا يَوْمَ يَنظُرُ ٱلْمَرْءُ مَا قَدَّمَتْ يَدَاهُ وَيَقُولُ ٱلْكَافِرُ يَٰلَيْتَنِى كُنتُ تُرَٰبًۢا ۝

79. SURA DE LOS QUE ARRANCAN.

سُورَةُ النَّازِعَتِ

بِسْمِ اللَّهِ الرَّحْمَنِ الرَّحِيمِ

En el nombre de Allah, el Misericordioso, el Compasivo.

(1) ¡Por los que arrancan violentamente*!

* [Los ángeles al llevarse las almas de los incrédulos.]

وَالنَّازِعَتِ غَرْقًا ۝

(2) ¡Por los que toman con suavidad*!

* [Los ángeles al llevarse las almas de los creyentes.]

وَالنَّاشِطَتِ نَشْطًا ۝

(3) ¡Por los que bajan deprisa

وَالسَّابِحَتِ سَبْحًا ۝

(4) y se adelantan con ventaja

فَالسَّابِقَتِ سَبْقًا ۝

(5) y se encargan de llevar un asunto!

فَالْمُدَبِّرَتِ أَمْرًا ۝

(6) El día en que se haga sonar el primer toque de cuerno

يَوْمَ تَرْجُفُ الرَّاجِفَةُ ۝

(7) y le siga el segundo;

تَتْبَعُهَا الرَّادِفَةُ ۝

(8) ese día habrá corazones palpitando.

قُلُوبٌ يَوْمَئِذٍ وَاجِفَةٌ ۝

(9) Sus miradas estarán humilladas.

أَبْصَرُهَا خَشِعَةٌ ۝

(10) Decían: ¿Acaso se nos devolverá al estado del que vinimos

يَقُولُونَ أَئِنَّا لَمَرْدُودُونَ فِي الْحَافِرَةِ ۝

(11) cuando ya seamos huesos descompuestos?

إِذَا كُنَّا عِظَامًا نَّخِرَةً ۝

(12) Decían: Será entonces un regreso absurdo.

قَالُوا تِلْكَ إِذًا كَرَّةٌ خَاسِرَةٌ ۝

(13) Habrá un solo toque,

فَإِنَّمَا هِيَ زَجْرَةٌ وَاحِدَةٌ ۝

(14) y aparecerán en la superficie de la tierra.

فَإِذَا هُم بِالسَّاهِرَةِ ۝

(15) ¿Te ha llegado la historia de Musa?

هَلْ آتَاكَ حَدِيثُ مُوسَى ۝

(16) Cuando tu Señor lo llamó en el valle purificado de Tuwa:

إِذْ نَادَاهُ رَبُّهُ بِالْوَادِ الْمُقَدَّسِ طُوًى ۝

(17) ¡Ve a Firaún que ha ido más allá de los límites!

اذْهَبْ إِلَى فِرْعَوْنَ إِنَّهُ طَغَى ۝

(18) Y díle: Te llamo a que te purifiques,

فَقُلْ هَل لَّكَ إِلَى أَن تَزَكَّى ۝

(19) y a que te dejes guiar hacia tu Señor y tengas temor de El!

وَأَهْدِيَكَ إِلَى رَبِّكَ فَتَخْشَى ۝

(20) Y le hizo ver el mayor de los signos.

فَأَرَاهُ الْآيَةَ الْكُبْرَى ۝

(21) Pero negó la realidad y desobedeció,

فَكَذَّبَ وَعَصَى ۝

(22) luego se desentendió y siguió con lo suyo.

ثُمَّ أَدْبَرَ يَسْعَى ۝

(23) Y convocó y proclamó

فَحَشَرَ فَنَادَى ۝

(24) diciendo: Yo soy vuestro señor supremo.

فَقَالَ أَنَا رَبُّكُمُ الْأَعْلَى ۝

(25) Pero Allah lo agarró con el castigo ejemplar de la Ultima Vida y de la Primera.

فَأَخَذَهُ اللَّهُ نَكَالَ الْآخِرَةِ وَالْأُولَى ۝

(26) En eso hay un aviso para quien tenga temor.

إِنَّ فِي ذَلِكَ لَعِبْرَةً لِّمَن يَخْشَى ۝

(27) ¿Sois vosotros más difíciles de crear o el cielo que El edificó?

ءَأَنتُمْ أَشَدُّ خَلْقًا أَمِ السَّمَاءُ بَنَاهَا ۝

(28) Elevó su techo y lo hizo armonioso.

رَفَعَ سَمْكَهَا فَسَوَّاهَا ۝

(29) Cubrió su noche y mostró su claridad diurna.

وَأَغْطَشَ لَيْلَهَا وَأَخْرَجَ ضُحَاهَا ۝

(30) Y después de eso extendió la tierra,

وَالْأَرْضَ بَعْدَ ذَلِكَ دَحَاهَا ۝

(31) e hizo salir de ella su agua y su pasto,

أَخْرَجَ مِنْهَا مَاءَهَا وَمَرْعَاهَا ۝

(32) y fijó las montañas.

وَالْجِبَالَ أَرْسَاهَا ۝

(33) Como disfrute para vosotros y para vuestros rebaños.

مَتَاعًا لَّكُمْ وَلِأَنْعَامِكُمْ ۝

(34) Así cuando llegue la gran Calamidad,

فَإِذَا جَاءَتِ الطَّامَّةُ الْكُبْرَى ۝

(35) el día en que el hombre recuerde aquello por lo que se esforzó

يَوْمَ يَتَذَكَّرُ الْإِنسَانُ مَا سَعَى ۝

(36) y el Yahim sea mostrado a todo el que vea.

وَبُرِّزَتِ الْجَحِيمُ لِمَن يَرَى ۝

(37) El que traspasó los límites y prefirió la vida inmediata,

فَأَمَّا مَن طَغَىٰ وَءَاثَرَ ٱلْحَيَوٰةَ ٱلدُّنْيَا ۞

(38) tendrá como morada el Yahim.

فَإِنَّ ٱلْجَحِيمَ هِيَ ٱلْمَأْوَىٰ ۞

(39) Pero quien temió que habría de comparecer ante su Señor y refrenó su alma del deseo,

وَأَمَّا مَنْ خَافَ مَقَامَ رَبِّهِۦ وَنَهَى ٱلنَّفْسَ عَنِ ٱلْهَوَىٰ ۞

(40) tendrá como morada el Jardín.

فَإِنَّ ٱلْجَنَّةَ هِيَ ٱلْمَأْوَىٰ ۞

(41) Te preguntan sobre la Hora y su llegada.

يَسْـَٔلُونَكَ عَنِ ٱلسَّاعَةِ أَيَّانَ مُرْسَىٰهَا ۞

(42) ¿Y quién eres tú para hablar de ella?

فِيمَ أَنتَ مِن ذِكْرَىٰهَآ ۞

(43) A tu Señor corresponde que llegue su momento.

إِلَىٰ رَبِّكَ مُنتَهَىٰهَآ ۞

(44) Tú no eres más que un advertidor para el que tenga temor.

إِنَّمَآ أَنتَ مُنذِرُ مَن يَخْشَىٰهَا ۞

(45) El día que la vean les parecerá que no permanecieron* sino una tarde o su mañana.

* [En la tumba]

كَأَنَّهُمْ يَوْمَ يَرَوْنَهَا لَمْ يَلْبَثُوٓا۟ إِلَّا عَشِيَّةً أَوْ ضُحَىٰهَا ۞

80. SURA FRUNCIO EL CEÑO.

سُورَةُ عَبَسَ

بِسْمِ اللَّهِ الرَّحْمَنِ الرَّحِيمِ

En el nombre de Allah, el Misericordioso, el Compasivo.

* [La causa del descenso de las primeras aleyas de esta sura, es que en una ocasión, estando el Profeta, que Allah le dé Su gracia y paz, con un grupo de influyentes de los Quraysh, en los que tenía un gran interés por atraerlos al Islam para que pudieran arrastrar a otros con su posición e influencia, vino a él un ciego llamado Abdullah b. Maktum que sin advertir que el Profeta estaba ocupado, lo interrumpió para decirle: ¡Oh Mensajero de Allah! Enséñame algo de lo que Allah te ha enseñado.

Entonces al Profeta, que Allah le dé Su gracia y paz, le disgustó su interrupción y frunció el ceño apartándose de él.

Y a raíz de esto descendieron las primeras aleyas de esta sura. Desde aquel momento, cada vez que se encontraba con él, le decía: "Sea bienvenido aquel por quien Mi Señor me reprendió".

Y en Medina, en dos ocasiones, lo dejó de lugarteniente suyo durante su ausencia.]

(1) Frunció el ceño y se apartó

عَبَسَ وَتَوَلَّىٰ ۞

(2) porque vino a él el ciego.

أَن جَآءَهُ ٱلْأَعْمَىٰ ۞

(3) ¿Pero quién sabe?, tal vez se purifique,

وَمَا يُدْرِيكَ لَعَلَّهُۥ يَزَّكَّىٰٓ ۞

(4) o recuerde y le beneficie el Recuerdo.

أَوْ يَذَّكَّرُ فَتَنفَعَهُ ٱلذِّكْرَىٰٓ ۞

(5) Al que es rico,

أَمَّا مَنِ ٱسْتَغْنَىٰ ۞

(6) le dedicas atención;

فَأَنتَ لَهُۥ تَصَدَّىٰ ۞

(7) cuando no es responsabilidad tuya que se purifique.

وَمَا عَلَيْكَ أَلَّا يَزَّكَّىٰ ۞

(8) Mientras quien viene a ti con afán   وَأَمَّا مَن جَآءَكَ يَسْعَىٰ ۝

(9) y es temeroso,   وَهُوَ يَخْشَىٰ ۝

(10) te despreocupas de él.   فَأَنتَ عَنْهُ تَلَهَّىٰ ۝

(11) ¡Pero no! Es un Recuerdo*.   كَلَّا إِنَّهَا تَذْكِرَةٌ ۝
    * [El Corán]

(12) Así pues, quien quiera que recuerde.   فَمَن شَآءَ ذَكَرَهُ ۝

(13) Contenido en páginas veneradas,   فِى صُحُفٍ مُّكَرَّمَةٍ ۝

(14) elevadas, purificadas,   مَّرْفُوعَةٍ مُّطَهَّرَةٍ ۝

(15) por manos de mediadores   بِأَيْدِى سَفَرَةٍ ۝

(16) nobles y virtuosos.   كِرَامٍ بَرَرَةٍ ۝

(17) ¡Que muera el hombre! ¡Qué ingrato es!   قُتِلَ ٱلْإِنسَٰنُ مَآ أَكْفَرَهُ ۝

(18) ¿De qué cosa lo creó?   مِنْ أَىِّ شَىْءٍ خَلَقَهُ ۝

(19) De una gota de esperma lo creó y lo determinó,   مِن نُّطْفَةٍ خَلَقَهُ فَقَدَّرَهُ ۝

(20) luego le propició el camino   ثُمَّ ٱلسَّبِيلَ يَسَّرَهُ ۝

(21) y luego le hace morir y entrar en la tumba.   ثُمَّ أَمَاتَهُ فَأَقْبَرَهُ ۝

(22) Y después, cuando quiera, lo devolverá a la vida.   ثُمَّ إِذَا شَآءَ أَنشَرَهُ ۝

(23) ¡Pero no! No ha cumplido lo que
El le ordenó.

كَلَّا لَمَّا يَقْضِ مَا أَمَرَهُ ۝

(24) Que se fije el hombre en lo que
come:

فَلْيَنظُرِ الْإِنسَانُ إِلَى طَعَامِهِ ۝

(25) Es cierto que hacemos que
caiga agua en forma de
precipitaciones,

إِنَّا صَبَبْنَا الْمَاءَ صَبًّا ۝

(26) y seguidamente hendimos la
tierra en surcos,

ثُمَّ شَقَقْنَا الْأَرْضَ شَقًّا ۝

(27) y hacemos que en ella broten
granos,

فَأَنبَتْنَا فِيهَا حَبًّا ۝

(28) viñedos y hierbas comestibles,

وَعِنَبًا وَقَضْبًا ۝

(29) olivos y palmeras,

وَزَيْتُونًا وَنَخْلًا ۝

(30) frondosos vergeles,

وَحَدَائِقَ غُلْبًا ۝

(31) fruta y pastos.

وَفَاكِهَةً وَأَبًّا ۝

(32) Como disfrute para vosotros y
vuestros rebaños.

مَّتَاعًا لَّكُمْ وَلِأَنْعَامِكُمْ ۝

(33) Y cuando el Grito ensordecedor
llegue,

فَإِذَا جَاءَتِ الصَّاخَّةُ ۝

(34) el día en que el hombre huya de
su hermano,

يَوْمَ يَفِرُّ الْمَرْءُ مِنْ أَخِيهِ ۝

(35) de su madre y de su padre,

وَأُمِّهِ وَأَبِيهِ ۝

(36) de su compañera y de sus hijos.

وَصَاحِبَتِهِ وَبَنِيهِ ۝

(37) Ese día, cada uno tendrá una preocupación.

لِكُلِّ امْرِئٍ مِّنْهُمْ يَوْمَئِذٍ شَأْنٌ يُغْنِيهِ ۝

(38) Ese día habrá rostros resplandecientes

وُجُوهٌ يَوْمَئِذٍ مُّسْفِرَةٌ ۝

(39) que reirán gozosos.

ضَاحِكَةٌ مُّسْتَبْشِرَةٌ ۝

(40) Y ese día habrá rostros polvorientos,

وَوُجُوهٌ يَوْمَئِذٍ عَلَيْهَا غَبَرَةٌ ۝

(41) cubiertos de negrura.

تَرْهَقُهَا قَتَرَةٌ ۝

(42) Esos eran los encubridores, farsantes.

اُوْلَئِكَ هُمُ الْكَفَرَةُ الْفَجَرَةُ ۝

81. SURA DEL
ARROLLAMIENTO.

En el nombre de Allah, el Misericordioso, el Compasivo.

(1) Cuando el sol, como un rollo, se pliegue.

إِذَا ٱلشَّمْسُ كُوِّرَتْ ۝

(2) Cuando los astros caigan.

وَإِذَا ٱلنُّجُومُ ٱنكَدَرَتْ ۝

(3) Cuando las montañas echen a andar.

وَإِذَا ٱلْجِبَالُ سُيِّرَتْ ۝

(4) Cuando las camellas preñadas sean desatendidas.

وَإِذَا ٱلْعِشَارُ عُطِّلَتْ ۝

(5) Cuando las fieras sean juntadas.

وَإِذَا ٱلْوُحُوشُ حُشِرَتْ ۝

(6) Cuando los mares se desborden.

وَإِذَا ٱلْبِحَارُ سُجِّرَتْ ۝

(7) Cuando las almas formen grupos*.

* [Los compañeros de la derecha, los compañeros de la izquierda y los adelantados.]

وَإِذَا ٱلنُّفُوسُ زُوِّجَتْ ۝

(8) Cuando la niña enterrada viva sea preguntada

وَإِذَا ٱلْمَوْءُۥدَةُ سُئِلَتْ ۝

(9) por qué crimen la mataron*.

* [Alude a la práctica de la ignorancia anterior al Islam por la que algunos árabes enterraban vivas a sus hijas al nacer.]

بِأَيِّ ذَنۢبٍ قُتِلَتْ ۝

(10) Cuando las páginas sean desplegadas.

وَإِذَا ٱلصُّحُفُ نُشِرَتْ ۝

(11) Cuando el cielo sea arrancado.
   * [Como la piel de un animal al desollarlo.]

وَإِذَا ٱلسَّمَآءُ كُشِطَتْ ۝

(12) Cuando el Yahim sea avivado.

وَإِذَا ٱلْجَحِيمُ سُعِّرَتْ ۝

(13) Cuando el Jardían sea acercado.

وَإِذَا ٱلْجَنَّةُ أُزْلِفَتْ ۝

(14) Cada uno sabrá lo que presenta.

عَلِمَتْ نَفْسٌ مَّآ أَحْضَرَتْ ۝

(15) Y ¡Juro por los astros cuando se ocultan,

فَلَآ أُقْسِمُ بِالْخُنَّسِ ۝

(16) cuando siguen su curso y desaparecen!

ٱلْجَوَارِ ٱلْكُنَّسِ ۝

(17) Y ¡Por la noche cuando trae su oscuridad!

وَٱلَّيْلِ إِذَا عَسْعَسَ ۝

(18) Y ¡Por la aurora cuando respira!

وَٱلصُّبْحِ إِذَا تَنَفَّسَ ۝

(19) Que es realmente la palabra de un noble mensajero*
   * [El Corán y Yibril.]

إِنَّهُ لَقَوْلُ رَسُولٍ كَرِيمٍ ۝

(20) Dotado de fortaleza y con rango ante el Dueño del Trono.

ذِي قُوَّةٍ عِندَ ذِي ٱلْعَرْشِ مَكِينٍ ۝

(21) Allí obedecido y digno de confianza.

مُّطَاعٍ ثَمَّ أَمِينٍ ۝

(22) Y que vuestro compañero no es ningún poseso.

وَمَا صَاحِبُكُم بِمَجْنُونٍ ۝

سُورَةُ التَّكْوِيرِ ـ الْجُزْءُ الثَّلَاثُونَ

(23) Fue así que lo vió en el claro horizonte

وَلَقَدْ رَءَاهُ بِالْأُفُقِ الْمُبِينِ ۝

(24) y él no es mezquino con el No-Visto.

وَمَا هُوَ عَلَى الْغَيْبِ بِضَنِينٍ ۝

(25) Ni es la palabra de ningún demonio maldito.

وَمَا هُوَ بِقَوْلِ شَيْطَانٍ رَّجِيمٍ ۝

(26) ¿Pero donde vais?

فَأَيْنَ تَذْهَبُونَ ۝

(27) No es sino un recuerdo para todos los mundos,

إِنْ هُوَ إِلَّا ذِكْرٌ لِّلْعَالَمِينَ ۝

(28) para el que de vosotros quiera seguir la verdad.

لِمَن شَآءَ مِنكُمْ أَن يَسْتَقِيمَ ۝

(29) Pero no querréis a menos que Allah, el Señor de todos los mundos, quiera.

وَمَا تَشَآءُونَ إِلَّا أَن يَشَآءَ اللَّهُ رَبُّ الْعَالَمِينَ ۝

82. SURA DE LA HENDIDURA.   سُورَةُ الاٍنفِطَارِ

بِسْمِ اللهِ الرَّحْمَنِ الرَّحِيمِ

En el nombre de Allah, el Misericordioso, el Compasivo.

(1) Cuando el cielo se hienda.

إِذَا السَّمَاءُ انْفَطَرَتْ ۝

(2) Cuando los astros se precipiten.

وَإِذَا الْكَوَاكِبُ انْتَثَرَتْ ۝

(3) Cuando los mares se mezclen.

وَإِذَا الْبِحَارُ فُجِّرَتْ ۝

(4) Cuando las tumbas sean revueltas.

وَإِذَا الْقُبُورُ بُعْثِرَتْ ۝

(5) Cada alma sabrá lo que adelantó y lo que atrasó.

عَلِمَتْ نَفْسٌ مَّا قَدَّمَتْ وَأَخَّرَتْ ۝

(6) ¡Hombre! ¿Qué te engañó apartándote de tu Señor, el Generoso?

يَا أَيُّهَا الإِنسَانُ مَا غَرَّكَ بِرَبِّكَ الْكَرِيمِ ۝

(7) El que te creó, te conformó y te equilibró,

الَّذِي خَلَقَكَ فَسَوَّاكَ فَعَدَلَكَ ۝

(8) dándote la forma que quiso.

فِي أَيِّ صُورَةٍ مَّا شَاءَ رَكَّبَكَ ۝

(9) ¡Pero no! Negais la veracidad de la Rendición de Cuentas.

كَلَّا بَلْ تُكَذِّبُونَ بِالدِّينِ ۝

(10) Cuando tenéis dos guardianes pendientes de vosotros,

وَإِنَّ عَلَيْكُمْ لَحَافِظِينَ ۝

(11) nobles escribas

كِرَامًا كَاتِبِينَ ۝

(12) que saben lo que hacéis.

يَعْلَمُونَ مَا تَفْعَلُونَ ۝

(13) Es cierto que los creyentes sinceros estarán en deleite.

إِنَّ ٱلْأَبْرَارَ لَفِي نَعِيمٍ ۝

(14) Y los farsantes estarán en un infierno;*

* [Yahim]

وَإِنَّ ٱلْفُجَّارَ لَفِي جَحِيمٍ ۝

(15) allí irán a abrasarse el Día de la Retribución.

يَصْلَوْنَهَا يَوْمَ ٱلدِّينِ ۝

(16) Y no podrán dejar de estar en él.

وَمَا هُمْ عَنْهَا بِغَآئِبِينَ ۝

(17) Pero ¿cómo podrás entender qué es el Día de la Retribución?

وَمَآ أَدْرَىٰكَ مَا يَوْمُ ٱلدِّينِ ۝

(18) ¿Cómo podrás entender qué es el Día de la Retribución?

ثُمَّ مَآ أَدْرَىٰكَ مَا يَوْمُ ٱلدِّينِ ۝

(19) Es el día en el que nadie podrá hacer nada por nadie.

Y ese día el mandato será de Allah.

يَوْمَ لَا تَمْلِكُ نَفْسٌ لِّنَفْسٍ شَيْئًا وَٱلْأَمْرُ يَوْمَئِذٍ لِّلَّهِ ۝

83. SURA DE LOS DEFRAUDADORES.   سُورَةُ ٱلْمُطَفِّفِينَ

En el nombre de Allah, el Misericordioso, el Compasivo.

(1) ¡Perdición para los defraudadores!

وَيْلٌ لِّلْمُطَفِّفِينَ ۝

(2) Que cuando le compran a la gente le exigen la medida y el peso cumplidos,

ٱلَّذِينَ إِذَا ٱكْتَالُوا عَلَى ٱلنَّاسِ يَسْتَوْفُونَ ۝

(3) pero cuando son ellos los que miden o pesan, cometen fraude.

وَإِذَا كَالُوهُمْ أَو وَّزَنُوهُمْ يُخْسِرُونَ ۝

(4) ¿Es que no tienen certeza de que serán devueltos a la vida

أَلَا يَظُنُّ أُوْلَٰٓئِكَ أَنَّهُم مَّبْعُوثُونَ ۝

(5) para un día trascendente?

لِيَوْمٍ عَظِيمٍ ۝

(6) El día en que los hombres se levantarán ante el Señor de los mundos.

يَوْمَ يَقُومُ ٱلنَّاسُ لِرَبِّ ٱلْعَٰلَمِينَ ۝

(7) Realmente el libro de los farsantes estará en Siyyin.

كَلَّآ إِنَّ كِتَٰبَ ٱلْفُجَّارِ لَفِي سِجِّينٍ ۝

(8) ¿Y cómo podrás saber qué es Siyyin?

وَمَآ أَدْرَىٰكَ مَا سِجِّينٌ ۝

(9) Es un libro marcado*.
* [Se encuentra en la séptima tierra y en él están escritas las acciones de los demonios y de los incrédulos.]

كِتَٰبٌ مَّرْقُومٌ ۝

(10) ¡Perdición ese día para los que niegan la verdad!

وَيْلٌ يَوْمَئِذٍ لِّلْمُكَذِّبِينَ ۝

(11) Los que negaron el día de la Rendición de Cuentas.

الَّذِينَ يُكَذِّبُونَ بِيَوْمِ الدِّينِ ۝

(12) Porque sólo niega la verdad el transgresor malvado,

وَمَا يُكَذِّبُ بِهِ إِلَّا كُلُّ مُعْتَدٍ أَثِيمٍ ۝

(13) que cuando se le recitan Nuestros signos dice: Son leyendas de los primitivos.

إِذَا تُتْلَى عَلَيْهِ ءَايَٰتُنَا قَالَ أَسَٰطِيرُ الْأَوَّلِينَ ۝

(14) ¡Pero no! Lo que han adquirido se ha apoderado de sus corazones.

كَلَّا بَلْ رَانَ عَلَى قُلُوبِهِم مَّا كَانُوا يَكْسِبُونَ ۝

(15) Ese día ellos estarán velados de su Señor;

كَلَّا إِنَّهُمْ عَن رَّبِّهِمْ يَوْمَئِذٍ لَّمَحْجُوبُونَ ۝

(16) después entrarán en el Yahim.

ثُمَّ إِنَّهُمْ لَصَالُوا الْجَحِيمِ ۝

(17) Y se dirá: Esto es aquello cuya veracidad negábais.

ثُمَّ يُقَالُ هَٰذَا الَّذِي كُنتُم بِهِ تُكَذِّبُونَ ۝

(18) Realmente el Libro de los creyentes estará en Il-liyyun*.
* [Nombre de una parte del séptimo cielo o de todo él.]

كَلَّا إِنَّ كِتَٰبَ الْأَبْرَارِ لَفِي عِلِّيِّينَ ۝

(19) ¿Y cómo sabrás qué es Il-liyyun?

وَمَا أَدْرَىٰكَ مَا عِلِّيُّونَ ۝

(20) Es un libro marcado.

كِتَٰبٌ مَّرْقُومٌ ۝

(21) Darán testimonio de él los de proximidad*.
* [Parece aludir a los ángeles de proximidad.]

يَشْهَدُهُ الْمُقَرَّبُونَ ۝

(22) Es cierto que los creyentes sinceros estarán en un deleite.

إِنَّ الْأَبْرَارَ لَفِي نَعِيمٍ ۝

(23) Observando, reclinados sobre los lechos.

عَلَى الْأَرَائِكِ يَنظُرُونَ ۝

(24) En sus rostros reconocerás el resplandor de la dicha.

تَعۡرِفُ فِى وُجُوهِهِمۡ نَضۡرَةَ ٱلنَّعِيمِ ۝

(25) Se les dará de beber de un vino puro, sellado;

يُسۡقَوۡنَ مِن رَّحِيقٍ مَّخۡتُومٍ ۝

(26) cuyo sello será almizcle. ¡Que en ello pongan su anhelo los que anhelan!

خِتَٰمُهُۥ مِسۡكٌۚ وَفِى ذَٰلِكَ فَلۡيَتَنَافَسِ ٱلۡمُتَنَٰفِسُونَ ۝

(27) Y su mezcla será de Tasnim*.

   * [La más noble de las bebidas del Jardín que manará desde lo alto.]

وَمِزَاجُهُۥ مِن تَسۡنِيمٍ ۝

(28) Un manantial del que beberán los que tengan proximidad.

عَيۡنٗا يَشۡرَبُ بِهَا ٱلۡمُقَرَّبُونَ ۝

(29) Ciertamente los que cometían maldades se reían de los que eran creyentes.

إِنَّ ٱلَّذِينَ أَجۡرَمُواْ كَانُواْ مِنَ ٱلَّذِينَ ءَامَنُواْ يَضۡحَكُونَ ۝

(30) Y cuando pasaban a su lado se hacían guiños entre ellos.

وَإِذَا مَرُّواْ بِهِمۡ يَتَغَامَزُونَ ۝

(31) Y cuando regresaban a su familia lo hacían divertidos.

وَإِذَا ٱنقَلَبُوٓاْ إِلَىٰٓ أَهۡلِهِمُ ٱنقَلَبُواْ فَكِهِينَ ۝

(32) Y al verlos decían: Estos están extraviados.

وَإِذَا رَأَوۡهُمۡ قَالُوٓاْ إِنَّ هَٰٓؤُلَآءِ لَضَآلُّونَ ۝

(33) Pero ellos no habían sido enviados como guardianes suyos.

وَمَآ أُرۡسِلُواْ عَلَيۡهِمۡ حَٰفِظِينَ ۝

(34) Y hoy los que creen se reirán de los incrédulos.

فَٱلۡيَوۡمَ ٱلَّذِينَ ءَامَنُواْ مِنَ ٱلۡكُفَّارِ يَضۡحَكُونَ ۝

(35) Los observarán reclinados sobre los lechos.

عَلَى ٱلۡأَرَآئِكِ يَنظُرُونَ ۝

(36) ¿No han sido recompensados los incrédulos por lo que hacían?

هَلۡ ثُوِّبَ ٱلۡكُفَّارُ مَا كَانُواْ يَفۡعَلُونَ ۝

84. SURA DEL RESQUEBRAJAMIENTO.

En el nombre de Allah, el Misericordioso, el Compasivo.

(1) ¡Cuando el cielo se resquebraje

(2) y oiga a su Señor y tenga que obedecer!

(3) ¡Y cuando la tierra se dilate

(4) y expulse lo que hay en su seno vaciándose,

(5) y oiga a su Señor y tenga que obedecer!

(6) ¡Hombre! Te diriges inevitablemente hacia tu Señor, llevando tus obras, y habrás de encontrarte con El.

(7) Así pues al que reciba su libro en la derecha,

(8) se le tomará una cuenta fácil

(9) y volverá a su gente contento.

(10) Pero a quien se le dé el libro detrás de la espalda,

(11) pedirá que se acabe con él,

(12) y será introducido en un fuego ardiente.

(13) Había estado entre su gente contento,

إِنَّهُ كَانَ فِى أَهْلِهِۦ مَسْرُورًا ﴿١٣﴾

(14) pensando que no habría ningún retorno.

إِنَّهُۥ ظَنَّ أَن لَّن يَحُورَ ﴿١٤﴾

(15) ¡Pero no! Su Señor lo estaba viendo.

بَلَىٰٓ إِنَّ رَبَّهُۥ كَانَ بِهِۦ بَصِيرًا ﴿١٥﴾

(16) Y ¡Juro por el rojo del crepúsculo!

فَلَآ أُقْسِمُ بِالشَّفَقِ ﴿١٦﴾

(17) Y por la noche y lo que encierra.

وَالَّيْلِ وَمَا وَسَقَ ﴿١٧﴾

(18) Y por la luna cuando se hace llena,

وَالْقَمَرِ إِذَا اتَّسَقَ ﴿١٨﴾

(19) que iréis pasando estadio tras estadio.

لَتَرْكَبُنَّ طَبَقًا عَن طَبَقٍ ﴿١٩﴾

(20) ¿Qué les pasa pues que no creen

فَمَا لَهُمْ لَا يُؤْمِنُونَ ﴿٢٠﴾

(21) y que cuando leen el Corán no se postran?

وَإِذَا قُرِئَ عَلَيْهِمُ الْقُرْءَانُ لَا يَسْجُدُونَ ۩ ﴿٢١﴾

(22) Sin embargo los que no creen niegan la verdad;

بَلِ الَّذِينَ كَفَرُوا۟ يُكَذِّبُونَ ﴿٢٢﴾

(23) aunque Allah sabe bien lo que ocultan.

وَاللَّهُ أَعْلَمُ بِمَا يُوعُونَ ﴿٢٣﴾

(24) Anúnciales un doloroso castigo.

فَبَشِّرْهُم بِعَذَابٍ أَلِيمٍ ﴿٢٤﴾

(25) Pero no así a los que creen y practican las acciones de bien, porque ésos tendrán una recompensa incesante.

إِلَّا الَّذِينَ ءَامَنُوا۟ وَعَمِلُوا۟ الصَّالِحَاتِ لَهُمْ أَجْرٌ غَيْرُ مَمْنُونٍ ﴿٢٥﴾

85. SURA DE LAS CONSTELACIONES.

سُورَةُ الْبُرُوج

En el nombre de Allah, el Misericordioso, el Compasivo.

(1) ¡Por el cielo de constelaciones!

وَالسَّمَاءِ ذَاتِ الْبُرُوجِ ۝

(2) ¡Por el día prometido!

وَالْيَوْمِ الْمَوْعُودِ ۝

(3) ¡Por un testigo y un atestiguado!

وَشَاهِدٍ وَمَشْهُودٍ ۝

(4) ¡Que mueran los Dueños del Foso*!

قُتِلَ أَصْحَابُ الْأُخْدُودِ ۝

* [Sobre la historia de los dueños del Foso hay distintas versiones; pero en un largo hadiz del Profeta, que Allah le dé Su gracia y paz, se habla de un rey incrédulo cuyo pueblo era creyente y unitario y mandó cavar fosas en las que hizo encender fuegos y a las que fue arrojando a todos los que se negaban a renegar de su fe. Así hasta que llegó una mujer que llevaba un niño y se echó atrás no queriendo caer en el fuego, entonces el niño le dijo: "No temas, la verdad está contigo".]

(5) El fuego bien alimentado.

النَّارِ ذَاتِ الْوَقُودِ ۝

(6) Cuando ellos estaban a su alrededor sentados

إِذْ هُمْ عَلَيْهَا قُعُودٌ ۝

(7) y eran testigos de lo que hacían con los creyentes.

وَهُمْ عَلَى مَا يَفْعَلُونَ بِالْمُؤْمِنِينَ شُهُودٌ ۝

(8) Y sólo se vengaron de ellos por creer en Allah, el Poderoso, el Digno de alabanza.

وَمَا نَقَمُوا مِنْهُمْ إِلَّا أَن يُؤْمِنُوا بِٱللَّهِ ٱلْعَزِيزِ ٱلْحَمِيدِ ۞

(9) Aquel a Quien pertenece el dominio de los cielos y de la tierra. Y Allah es Testigo de todas las cosas.

ٱلَّذِي لَهُۥ مُلْكُ ٱلسَّمَٰوَٰتِ وَٱلْأَرْضِ وَٱللَّهُ عَلَىٰ كُلِّ شَىْءٍ شَهِيدٌ ۞

(10) Los que pusieron a prueba con el tormento a los creyentes y no se volvieron en arrepentimiento, tendrán el castigo de Yahannam y tendrán el castigo del Hariq.

إِنَّ ٱلَّذِينَ فَتَنُوا ٱلْمُؤْمِنِينَ وَٱلْمُؤْمِنَٰتِ ثُمَّ لَمْ يَتُوبُوا فَلَهُمْ عَذَابُ جَهَنَّمَ وَلَهُمْ عَذَابُ ٱلْحَرِيقِ ۞

(11) Los que creen y practican las acciones de bien, tendrán jardines por cuyo suelo corren los ríos. Ese es el gran triunfo.

إِنَّ ٱلَّذِينَ ءَامَنُوا وَعَمِلُوا ٱلصَّٰلِحَٰتِ لَهُمْ جَنَّٰتٌ تَجْرِى مِن تَحْتِهَا ٱلْأَنْهَٰرُ ذَٰلِكَ ٱلْفَوْزُ ٱلْكَبِيرُ ۞

(12) Realmente la violencia de tu Señor es grande.

إِنَّ بَطْشَ رَبِّكَ لَشَدِيدٌ ۞

(13) El es el que da origen y lo repite de nuevo.

إِنَّهُۥ هُوَ يُبْدِئُ وَيُعِيدُ ۞

(14) Y El es el Perdonador, el Amoroso.

وَهُوَ ٱلْغَفُورُ ٱلْوَدُودُ ۞

(15) Dueño del Trono sublime.

ذُو ٱلْعَرْشِ ٱلْمَجِيدُ ۞

(16) El que hace lo que quiere.

فَعَّالٌ لِّمَا يُرِيدُ ۞

(17) ¿Te ha llegado la historia de los ejércitos,

هَلْ أَتَىٰكَ حَدِيثُ ٱلْجُنُودِ ۞

(18) Firáun y los Zamud?

وَفِرْعَوْنَ وَثَمُودَ ۝

(19) Por cierto que los que se niegan a creer están negando la verdad

بَلِ ٱلَّذِينَ كَفَرُواْ فِي تَكْذِيبٍ ۝

(20) y Allah los rodea por detrás.

وَٱللَّهُ مِن وَرَآئِهِم مُّحِيطٌ ۝

(21) Sin embargo es una Recitación sublime

بَلْ هُوَ قُرْءَانٌ مَّجِيدٌ ۝

(22) contenida en una Tabla Protegida.

فِي لَوْحٍ مَّحْفُوظٍ ۝

86. SURA DEL QUE VIENE DE NOCHE.

سُورَةُ ٱلطَّارِقِ

En el nombre de Allah, el Misericordioso, el Compasivo.

(1) ¡Por el cielo y el que viene de noche!

وَٱلسَّمَآءِ وَٱلطَّارِقِ ١

(2) ¿Y cómo hacerte saber qué es el que viene de noche?

وَمَآ أَدۡرَىٰكَ مَا ٱلطَّارِقُ ٢

(3) Es el astro fulgurante.

ٱلنَّجۡمُ ٱلثَّاقِبُ ٣

(4) Que cada alma tiene un protector*.

إِن كُلُّ نَفۡسٍ لَّمَّا عَلَيۡهَا حَافِظٌ ٤

　　* [Es el segundo término del juramento de la primera aleya. Es como si dijera: "Juro por el cielo y el que viene de noche... que cada alma tiene un protector"]

(5) Que mire el hombre de qué ha sido creado.

فَلۡيَنظُرِ ٱلۡإِنسَٰنُ مِمَّ خُلِقَ ٥

(6) Ha sido creado de agua eyaculada

خُلِقَ مِن مَّآءٍ دَافِقٍ ٦

(7) que sale de entre la espina dorsal y las costillas.

يَخۡرُجُ مِنۢ بَيۡنِ ٱلصُّلۡبِ وَٱلتَّرَآئِبِ ٧

(8) El tiene poder para hacerlo volver.

إِنَّهُۥ عَلَىٰ رَجۡعِهِۦ لَقَادِرٌ ٨

(9) El día en que los secretos queden al descubierto,

يَوۡمَ تُبۡلَى ٱلسَّرَآئِرُ ٩

(10) no tendrá fuerza ni nadie que lo auxilie.

فَمَالَهُۥمِن قُوَّةٍ وَلَا نَاصِرٍ ۝

(11) ¡Por el cielo con sus ciclos de lluvia!

وَٱلسَّمَاءِ ذَاتِ ٱلرَّجْعِ ۝

(12) ¡Por la tierra que se abre para dar fruto!

وَٱلْأَرْضِ ذَاتِ ٱلصَّدْعِ ۝

(13) Que es una palabra que encierra discriminación

إِنَّهُۥ لَقَوْلٌ فَصْلٌ ۝

(14) y no es ninguna ligereza.

وَمَاهُوَ بِٱلْهَزْلِ ۝

(15) Ellos traman algo,

إِنَّهُمْ يَكِيدُونَ كَيْدًا ۝

(16) pero Yo también tramo.

وَأَكِيدُ كَيْدًا ۝

(17) Deja que les llegue su momento a los incrédulos, dáles un poco de tiempo.

فَمَهِّلِ ٱلْكَٰفِرِينَ أَمْهِلْهُمْ رُوَيْدًا ۝

87. SURA DEL ALTISIMO. سُورَةُ الأَعْلَى

بِسْمِ اللَّهِ الرَّحْمَنِ الرَّحِيمِ

En el nombre de Allah, el Misericordioso, el Compasivo.

(1) Glorifica el nombre de tu Señor, el Altísimo,

سَبِّحِ إِسْمَ رَبِّكَ الأَعْلَى ۝

(2) que ha creado y ha conformado,

الَّذِي خَلَقَ فَسَوَّى ۝

(3) que ha decretado y ha encaminado

وَالَّذِي قَدَّرَ فَهَدَى ۝

(4) y que hace crecer el pasto verde

وَالَّذِي أَخْرَجَ الْمَرْعَى ۝

(5) y lo convierte en deshecho ennegrecido.

فَجَعَلَهُ غُثَاءً أَحْوَى ۝

(6) Haremos que recites y no olvidarás, excepto lo que Allah quiera.

سَنُقْرِئُكَ فَلَا تَنْسَى ۝

(7) El conoce lo que se muestra y lo que se esconde.

إِلَّا مَا شَاءَ اللَّهُ إِنَّهُ يَعْلَمُ الْجَهْرَ وَمَا يَخْفَى ۝

(8) Te haremos propicia la facilidad.

وَنُيَسِّرُكَ لِلْيُسْرَى ۝

(9) Así pues llama al Recuerdo, porque recordar beneficia.

فَذَكِّرْ إِن نَّفَعَتِ الذِّكْرَى ۝

(10) Recordará quien sea temeroso

سَيَذَّكَّرُ مَن يَخْشَى ۝

(11) y se desentenderá el más miserable,

وَيَتَجَنَّبُهَا الأَشْقَى ۝

(12) que será arrojado al mayor de los fuegos,

الَّذِي يَصْلَى النَّارَ الْكُبْرَى ۝

(13) donde ni vivirá ni morirá.

ثُمَّ لَا يَمُوتُ فِيهَا وَلَا يَحْيَى ۝

(14) Habrá triunfado quien se purifique

قَدْ أَفْلَحَ مَن تَزَكَّى ۝

(15) recuerde el nombre de su Señor y rece.

وَذَكَرَ اسْمَ رَبِّهِ فَصَلَّى ۝

(16) Sin embargo preferís la vida de este mundo,

بَلْ تُؤْثِرُونَ الْحَيَوٰةَ الدُّنْيَا ۝

(17) cuando la Ultima es mejor y de mayor permanencia.

وَالْآخِرَةُ خَيْرٌ وَأَبْقَى ۝

(18) Realmente esto ya estaba en las primeras escrituras,

إِنَّ هَٰذَا لَفِي الصُّحُفِ الْأُولَى ۝

(19) las páginas de Ibrahim y de Musa.

صُحُفِ إِبْرَاهِيمَ وَمُوسَى ۝

88. SURA DEL ENVOLVENTE.

سُورَةُ ٱلْغَاشِيَةِ

بِسْمِ ٱللَّهِ ٱلرَّحْمَٰنِ ٱلرَّحِيمِ

En el nombre de Allah, el Misericordioso, el Compasivo.

(1) ¿No te ha llegado el relato del Envolvente*?
* [Nombre dado al Día del Levantamiento que envolverá a todos con sus horrores.]

هَلْ أَتَىٰكَ حَدِيثُ ٱلْغَٰشِيَةِ ۝

(2) Ese día habrá rostros humillados;

وُجُوهٌ يَوْمَئِذٍ خَٰشِعَةٌ ۝

(3) abrumados, fatigados.

عَامِلَةٌ نَّاصِبَةٌ ۝

(4) Sufrirán el ardor de un fuego abrasador.

تَصْلَىٰ نَارًا حَامِيَةً ۝

(5) Se les dará de beber de un manantial en máxima ebullición.

تُسْقَىٰ مِنْ عَيْنٍ ءَانِيَةٍ ۝

(6) No tendrán más alimento que un espino ponzoñoso,

لَّيْسَ لَهُمْ طَعَامٌ إِلَّا مِن ضَرِيعٍ ۝

(7) que ni nutre ni sacia el hambre.

لَّا يُسْمِنُ وَلَا يُغْنِى مِن جُوعٍ ۝

(8) Ese día habrá rostros dichosos,

وُجُوهٌ يَوْمَئِذٍ نَّاعِمَةٌ ۝

(9) por su esfuerzo satisfechos

لِّسَعْيِهَا رَاضِيَةٌ ۝

(10) en un jardín elevado;

فِى جَنَّةٍ عَالِيَةٍ ۝

(11) en el que no oirán ninguna frivolidad.

لَّا تَسْمَعُ فِيهَا لَٰغِيَةً ۝

(12) Donde habrá un manantial fluyendo

فِيهَا عَيْنٌ جَارِيَةٌ ۝

(13) y lechos elevados,

فِيهَا سُرُرٌ مَّرْفُوعَةٌ ۝

(14) copas a disposición,

وَأَكْوَابٌ مَّوْضُوعَةٌ ۝

(15) cojines alineados

وَنَمَارِقُ مَصْفُوفَةٌ ۝

(16) y alfombras extendidas.

وَزَرَابِيُّ مَبْثُوثَةٌ ۝

(17) ¿Es que no se fijan en los camellos y cómo han sido creados?

۞ أَفَلَا يَنظُرُونَ إِلَى ٱلْإِبِلِ كَيْفَ خُلِقَتْ ۝

(18) ¿Y en el cielo y cómo ha sido elevado?

وَإِلَى ٱلسَّمَاءِ كَيْفَ رُفِعَتْ ۝

(19) ¿Y en las montañas, cómo han sido erigidas?

وَإِلَى ٱلْجِبَالِ كَيْفَ نُصِبَتْ ۝

(20) ¿Y en la tierra, cómo ha sido extendida?

وَإِلَى ٱلْأَرْضِ كَيْفَ سُطِحَتْ ۝

(21) Así pues, llama al Recuerdo, pues sólo eres alguien que despierta el recuerdo.

فَذَكِّرْ إِنَّمَا أَنتَ مُذَكِّرٌ ۝

(22) No tienes potestad sobre ellos*.

   * [Abrogada en su contenido legal por la aleya 5 de la sura 9, aleya de la espada.]

لَّسْتَ عَلَيْهِم بِمُصَيْطِرٍ ۝

(23) Sin embargo a quien dé la espalda y se niegue a creer,

إِلَّا مَن تَوَلَّى وَكَفَرَ ۝

(24) Allah lo castigará con el mayor de los castigos.

فَيُعَذِّبُهُ ٱللَّهُ ٱلْعَذَابَ ٱلْأَكْبَرَ ۝

(25) Realmente han de volver a Nos.

إِنَّ إِلَيْنَا إِيَابَهُمْ ۝

(26) Y a Nosotros nos corresponde pedir cuentas.

ثُمَّ إِنَّ عَلَيْنَا حِسَابَهُم ۝

89. SURA DE LA AURORA. سُورَةُ الْفَجْرِ

بِسْمِ اللَّهِ الرَّحْمَنِ الرَّحِيمِ

En el nombre de Allah, el Misericordioso, el Compasivo.

(1) ¡Por la Aurora!

وَالْفَجْرِ ۝

(2) ¡Por diez noches!

وَلَيَالٍ عَشْرٍ ۝

(3) ¡Por lo par y lo impar!

وَالشَّفْعِ وَالْوَتْرِ ۝

(4) ¡Por la noche cuando transcurre!

وَاللَّيْلِ إِذَا يَسْرِ ۝

(5) ¿No es eso un juramento para el que tiene intelecto?

هَلْ فِي ذَلِكَ قَسَمٌ لِذِي حِجْرٍ ۝

(6) ¿No has visto lo que hizo tu Señor con los Ad?

أَلَمْ تَرَ كَيْفَ فَعَلَ رَبُّكَ بِعَادٍ ۝

(7) Iram, la de las columnas*

* [Iram puede ser, o el nombre la ciudad de los Ad, o el de uno de sus antepasados, del que tomarían el nombre como colectivo. Si se refiere a la ciudad, la expresión "la de las columnas" es clara y haría mención al tamaño, abundancia o belleza de las mismas. Pero si se refiere a la gente, aludiría, según Ibn Abbas, a la longitud de sus cuerpos.]

إِرَمَ ذَاتِ الْعِمَادِ ۝

(8) como la que no se creó otra igual en todo el país*.

* [Si se entiende por Iram el nombre de la tribu, habría, que traducir: "con cuya complexión nadie, en todo el país había sido creado."]

الَّتِي لَمْ يُخْلَقْ مِثْلُهَا فِي الْبِلَادِ ۝

(9) Y los Zamud que socavaban las rocas en el valle.

وَثَمُودَ ٱلَّذِينَ جَابُواْ ٱلصَّخْرَ بِٱلْوَادِ ﴿٩﴾

(10) Y Firaún el de las estacas*.
* [Ver la sura 38, aleya 11.]

وَفِرْعَوْنَ ذِي ٱلْأَوْتَادِ ﴿١٠﴾

(11) Que cometieron abusos en la tierra

ٱلَّذِينَ طَغَوْاْ فِي ٱلْبِلَٰدِ ﴿١١﴾

(12) y sembraron en ella la corrupción.

فَأَكْثَرُواْ فِيهَا ٱلْفَسَادَ ﴿١٢﴾

(13) Y tu Señor envió contra ellos el azote de un castigo.

فَصَبَّ عَلَيْهِمْ رَبُّكَ سَوْطَ عَذَابٍ ﴿١٣﴾

(14) Es cierto que tu Señor está Vigilante.

إِنَّ رَبَّكَ لَبِٱلْمِرْصَادِ ﴿١٤﴾

(15) Sin embargo el hombre cuando su Señor lo pone a prueba honrándolo y favoreciéndolo,

فَأَمَّا ٱلْإِنسَٰنُ إِذَا مَا ٱبْتَلَٰهُ رَبُّهُۥ فَأَكْرَمَهُۥ وَنَعَّمَهُۥ ﴿١٥﴾

(16) dice: He sido honrado por Mi Señor.

فَيَقُولُ رَبِّيٓ أَكْرَمَنِ ﴿١٦﴾

(17) Pero cuando lo pone a prueba restringiéndole la provisión,

وَأَمَّآ إِذَا مَا ٱبْتَلَٰهُ فَقَدَرَ عَلَيْهِ رِزْقَهُۥ ﴿١٧﴾

(18) dice: Mi Señor me ha abandonado.

فَيَقُولُ رَبِّيٓ أَهَٰنَنِ ﴿١٨﴾

(19) ¡Pero no! Es que no tratáis con generosidad al huérfano,

كَلَّا بَل لَّا تُكْرِمُونَ ٱلْيَتِيمَ ﴿١٩﴾

(20) ni os exhortáis a alimentar al pobre.

وَلَا تَحَٰضُّونَ عَلَىٰ طَعَامِ ٱلْمِسْكِينِ ﴿٢٠﴾

(21) Acaparáis las herencias con voracidad

وَتَأۡكُلُونَ ٱلتُّرَاثَ أَكۡلٗا لَّمّٗا ۝

(22) y amáis la riqueza en demasía.

وَتُحِبُّونَ ٱلۡمَالَ حُبّٗا جَمّٗا ۝

(23) ¡Pero no! Cuando la tierra se convulsione una y otra vez hasta quedar plana.

كَلَّآ إِذَا دُكَّتِ ٱلۡأَرۡضُ دَكّٗا دَكّٗا ۝

(24) Y venga tu Señor y vengan los ángeles en filas y filas,

وَجَآءَ رَبُّكَ وَٱلۡمَلَكُ صَفّٗا صَفّٗا ۝

(25) y se haga venir, ese día, a Yahannam.

وَجِاْىٓءَ يَوۡمَئِذِۭ بِجَهَنَّمَ ۝

(26) Entonces el hombre recordará. ¿Pero de qué le servirá recordar?

يَوۡمَئِذٖ يَتَذَكَّرُ ٱلۡإِنسَٰنُ وَأَنَّىٰ لَهُ ٱلذِّكۡرَىٰ ۝

(27) Dirá: ¡Ay de mí!, ojalá y hubiera adelantado algo en favor de mi vida.

يَقُولُ يَٰلَيۡتَنِي قَدَّمۡتُ لِحَيَاتِي ۝

(28) Ese día, nadie infligirá Su castigo

فَيَوۡمَئِذٖ لَّا يُعَذِّبُ عَذَابَهُۥٓ أَحَدٞ ۝

(29) y nadie prenderá con Su firmeza.

وَلَا يُوثِقُ وَثَاقَهُۥٓ أَحَدٞ ۝

(30) ¡Oh alma sosegada!

يَٰٓأَيَّتُهَا ٱلنَّفۡسُ ٱلۡمُطۡمَئِنَّةُ ۝

(31) Regresa a tu Señor, satisfecha y satisfactoria.

ٱرۡجِعِيٓ إِلَىٰ رَبِّكِ رَاضِيَةٗ مَّرۡضِيَّةٗ ۝

(32) Y entra con Mis siervos, entra en Mi Jardín.

فَٱدۡخُلِي فِي عِبَٰدِي وَٱدۡخُلِي جَنَّتِي ۝

90. SURA DEL TERRITORIO.

En el nombre de Allah, el Misericordioso, el Compasivo.

(1) ¡Juro por esta tierra*!
> * [Meca]

لَآ أُقْسِمُ بِهَٰذَا ٱلْبَلَدِ ۝

(2) Esta tierra que se hará lícita para ti.

وَأَنتَ حِلٌّ بِهَٰذَا ٱلْبَلَدِ ۝

(3) Y por un padre y lo que ha engendrado.

وَوَالِدٍ وَمَا وَلَدَ ۝

(4) Que hemos creado al hombre en penalidad.*
> * [Es decir, siendo la vida para él un dominio de acción, esfuerzo y fatiga.]

لَقَدْ خَلَقْنَا ٱلْإِنسَٰنَ فِى كَبَدٍ ۝

(5) Se cree que nadie tiene poder sobre él.

أَيَحْسَبُ أَن لَّن يَقْدِرَ عَلَيْهِ أَحَدٌ ۝

(6) Dice: He disipado grandes riquezas.

يَقُولُ أَهْلَكْتُ مَالًا لُّبَدًا ۝

(7) ¿Cree que nadie lo ha visto?

أَيَحْسَبُ أَن لَّمْ يَرَهُۥ أَحَدٌ ۝

(8) ¿Acaso no le hemos dado dos ojos

أَلَمْ نَجْعَل لَّهُۥ عَيْنَيْنِ ۝

(9) una lengua y dos labios?

وَلِسَانًا وَشَفَتَيْنِ ۝

(10) ¿Y no le hemos señalado las dos vías?

وَهَدَيْنَٰهُ ٱلنَّجْدَيْنِ ۝

(11) Sin embargo no ha emprendido la cuesta.

فَلَا اقْتَحَمَ الْعَقَبَةَ ۝

(12) ¿Y cómo hacerte saber qué es la cuesta?

وَمَا أَدْرَىٰكَ مَا الْعَقَبَةُ ۝

(13) Es liberar a un siervo,

فَكُّ رَقَبَةٍ ۝

(14) o alimentar en un día de necesidad

أَوْ إِطْعَامٌ فِي يَوْمٍ ذِي مَسْغَبَةٍ ۝

(15) a un pariente huérfano,

يَتِيمًا ذَا مَقْرَبَةٍ ۝

(16) o a un mendigo polvoriento.

أَوْ مِسْكِينًا ذَا مَتْرَبَةٍ ۝

(17) Y es ser de los que creen, se aconsejan la paciencia y se aconsejan la piedad.

ثُمَّ كَانَ مِنَ الَّذِينَ ءَامَنُوا وَتَوَاصَوْا بِالصَّبْرِ وَتَوَاصَوْا بِالْمَرْحَمَةِ ۝

(18) Esos son los compañeros de la derecha.

أُوْلَٰئِكَ أَصْحَٰبُ الْمَيْمَنَةِ ۝

(19) Pero los que se niegan a creer en Nuestros signos, ésos son los compañeros de la izquierda.

وَالَّذِينَ كَفَرُوا بِئَايَٰتِنَا هُمْ أَصْحَٰبُ الْمَشْـَٔمَةِ ۝

(20) Sobre ellos habrá un fuego cerrado.

عَلَيْهِمْ نَارٌ مُّوصَدَةٌ ۝

91. SURA DEL SOL.　　　　　سُورَةُ الشَّمْسِ

بِسْمِ اللَّهِ الرَّحْمَنِ الرَّحِيمِ

En el nombre de Allah, el Misericordioso, el Compasivo.

(1) ¡Por el sol y su claridad matinal!　　　　وَالشَّمْسِ وَضُحَيهَا ۝

(2) ¡Por la luna cuando lo sigue!　　　　وَالْقَمَرِ إِذَا تَلَيهَا ۝

(3) ¡Por el día cuando lo descubre!　　　　وَالنَّهَارِ إِذَا جَلَّيهَا ۝

(4) ¡Por la noche cuando lo cubre!　　　　وَالَّيْلِ إِذَا يَغْشَيهَا ۝

(5) ¡Por el cielo y cómo fue edificado!　　　　وَالسَّمَاءِ وَمَا بَنَيهَا ۝

(6) ¡Por la tierra y cómo fue extendida!　　　　وَالْأَرْضِ وَمَا طَحَيهَا ۝

(7) ¡Por un alma y Quien la modeló!　　　　وَنَفْسٍ وَمَا سَوَّيهَا ۝

(8) Y le infundió su rebeldía y su obediencia*.

*[Lit. su taqwa, su temor de Allah]

فَأَلْهَمَهَا فُجُورَهَا وَتَقْوَيهَا ۝

(9) Que habrá triunfado el que la purifique　　　　قَدْ أَفْلَحَ مَن زَكَّيهَا ۝

(10) y habrá perdido quien la lleve al extravío.　　　　وَقَدْ خَابَ مَن دَسَّيهَا ۝

(11) Los Zamud, por su exceso, negaron la verdad.　　　　كَذَّبَتْ ثَمُودُ بِطَغْوَيهَا ۝

(12) Cuando el más miserable de ellos tuvo la osadía.

إِذِ انْبَعَثَ أَشْقَىٰهَا ۝

(13) Y el Mensajero de Allah les dijo: ¡La camella de Allah y su turno de bebida!

فَقَالَ لَهُمْ رَسُولُ اللَّهِ نَاقَةَ اللَّهِ وَسُقْيَاهَا ۝

(14) Pero lo negaron y la desjarretaron.

Y su Señor los aniquiló por su atrocidad, arrasándolos.

فَكَذَّبُوهُ فَعَقَرُوهَا فَدَمْدَمَ عَلَيْهِمْ رَبُّهُم بِذَنبِهِمْ فَسَوَّىٰهَا ۝

(15) Y no temió sus consecuencias.

فَلَا يَخَافُ عُقْبَاهَا ۝

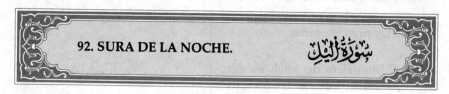

92. SURA DE LA NOCHE.

بِسْمِ اللَّهِ الرَّحْمَنِ الرَّحِيمِ

En el nombre de Allah, el Misericordioso, el Compasivo.

(1) ¡Por la noche cuando cubre!

وَالَّيْلِ إِذَا يَغْشَى ۝

(2) ¡Por el día cuando se descubre!

وَالنَّهَارِ إِذَا تَجَلَّى ۝

(3) ¡Por Quien creó al varón y a la hembra!

وَمَا خَلَقَ الذَّكَرَ وَالْأُنثَى ۝

(4) Que en verdad las acciones de unos y de otros difieren.

إِنَّ سَعْيَكُمْ لَشَتَّى ۝

(5) Así pues, al que dé con sinceridad, sea temeroso

فَأَمَّا مَنْ أَعْطَى وَاتَّقَى ۝

(6) y crea en la verdad de lo más Hermoso,

وَصَدَّقَ بِالْحُسْنَى ۝

(7) le haremos propicia la facilidad.

فَسَنُيَسِّرُهُ لِلْيُسْرَى ۝

(8) Pero al que sea tacaño, se considere autosuficiente

وَأَمَّا مَنْ بَخِلَ وَاسْتَغْنَى ۝

(9) y niegue la verdad de lo más Hermoso,

وَكَذَّبَ بِالْحُسْنَى ۝

(10) le haremos propicia la dificultad.

فَسَنُيَسِّرُهُ لِلْعُسْرَى ۝

(11) Y de nada le servirán sus riquezas cuando haya perecido.

وَمَا يُغْنِي عَنْهُ مَالُهُ إِذَا تَرَدَّى ۝

(12) Es cierto que a Nosotros nos corresponde la guía

إِنَّ عَلَيْنَا لَلْهُدَى ﴿١٢﴾

(13) y que la Ultima Vida, como la Primera, nos pertenecen.

وَإِنَّ لَنَا لَلْآخِرَةَ وَالْأُولَى ﴿١٣﴾

(14) Ya os he advertido de un fuego que llamea.

فَأَنذَرْتُكُمْ نَارًا تَلَظَّى ﴿١٤﴾

(15) No sufrirá su ardor sino el más miserable.

لَا يَصْلَاهَا إِلَّا الْأَشْقَى ﴿١٥﴾

(16) El que niegue la verdad y se aparte.

الَّذِى كَذَّبَ وَتَوَلَّى ﴿١٦﴾

(17) Y será librado de él quien se guarde

وَسَيُجَنَّبُهَا الْأَتْقَى ﴿١٧﴾

(18) y dé su riqueza para purificarse,

الَّذِى يُؤْتِى مَالَهُ يَتَزَكَّى ﴿١٨﴾

(19) no para que nadie tenga un favor que pagarle

وَمَا لِأَحَدٍ عِندَهُ مِن نِّعْمَةٍ تُجْزَى ﴿١٩﴾

(20) sino buscando la faz de su Señor, el Altísimo.

إِلَّا ابْتِغَاءَ وَجْهِ رَبِّهِ الْأَعْلَى ﴿٢٠﴾

(21) Y por cierto que quedará satisfecho.

وَلَسَوْفَ يَرْضَى ﴿٢١﴾

93. SURA DE LA CLARIDAD DE LA MAÑANA.

En el nombre de Allah, el Misericordioso, el Compasivo.

(1) ¡Por la luz de la mañana!

وَالضُّحَىٰ ١

(2) ¡Por la noche cuando está en calma!

وَالَّيْلِ إِذَا سَجَىٰ ٢

(3) Que tu Señor no ha prescindido de ti ni te desdeña.

مَا وَدَّعَكَ رَبُّكَ وَمَا قَلَىٰ ٣

(4) La Ultima Vida será mejor para ti que la primera.

وَلَلْآخِرَةُ خَيْرٌ لَّكَ مِنَ الْأُولَىٰ ٤

(5) Tu Señor te dará y quedarás satisfecho.

وَلَسَوْفَ يُعْطِيكَ رَبُّكَ فَتَرْضَىٰ ٥

(6) ¿Acaso no te halló huérfano y te amparó?

أَلَمْ يَجِدْكَ يَتِيمًا فَآوَىٰ ٦

(7) ¿Y no te halló perdido* y te guió?

وَوَجَدَكَ ضَالًّا فَهَدَىٰ ٧

> * [Es decir, te encontró perdido con respecto al conocimiento de la Shari'ah y te guió a ella. De manera que la expresión "perdido" alude aquí al estado anterior al conocimiento de la ley Revelada. Y esta es la opinión de Ibn 'Atiya.
>
> También se puede entender: "Te encontró entre una gente perdida o extraviada y te guió.]

(8) ¿Y no te halló pobre y te enriqueció?

وَوَجَدَكَ عَآئِلًا فَأَغْنَىٰ ۝

(9) Por eso, no abuses del huérfano.

فَأَمَّا الْيَتِيمَ فَلَا تَقْهَرْ ۝

(10) Ni ahuyentes al mendigo.

وَأَمَّا السَّآئِلَ فَلَا تَنْهَرْ ۝

(11) Y habla del favor que tu Señor te ha dado.

وَأَمَّا بِنِعْمَةِ رَبِّكَ فَحَدِّثْ ۝

94. SURA "¿NO TE HEMOS ABIERTO?"

بِسْمِ اللهِ الرَّحْمَنِ الرَّحِيمِ

En el nombre de Allah, el Misericordioso, el Compasivo.

(1) ¿Acaso no te hemos abierto el pecho?

أَلَمْ نَشْرَحْ لَكَ صَدْرَكَ ۝

(2) ¿Y te hemos librado de la carga,

وَوَضَعْنَا عَنكَ وِزْرَكَ ۝

(3) que pesaba sobre tu espalda

ٱلَّذِىٓ أَنقَضَ ظَهْرَكَ ۝

(4) y hemos puesto tu mención en un lugar elevado?

وَرَفَعْنَا لَكَ ذِكْرَكَ ۝

(5) Porque es cierto que junto a la dificultad hay facilidad.

فَإِنَّ مَعَ ٱلْعُسْرِ يُسْرًا ۝

(6) Sí, junto a la dificultad hay facilidad.

إِنَّ مَعَ ٱلْعُسْرِ يُسْرًا ۝

(7) Así pues, cuando hayas acabado, esfuérzate por más

فَإِذَا فَرَغْتَ فَٱنصَبْ ۝

(8) y a tu Señor anhela.

وَإِلَىٰ رَبِّكَ فَٱرْغَب ۝

95. SURA DE LOS HIGOS.

بِسْمِ اللَّهِ الرَّحْمَنِ الرَّحِيمِ

En el nombre de Allah, el Misericordioso, el Compasivo.

(1) ¡Por el fruto de la higuera y del olivo!

وَالتِّينِ وَالزَّيْتُونِ ۝

(2) ¡Por el monte Sinin*!

> * [Sinin significa bendito y se corresponde con Sinaí, el monte donde Allah le habló a Musa.]

وَطُورِ سِينِينَ ۝

(3) ¡Por esta tierra segura!

وَهَذَا الْبَلَدِ الْأَمِينِ ۝

(4) Que en verdad creamos al hombre en la mejor armonía,

لَقَدْ خَلَقْنَا الْإِنسَانَ فِي أَحْسَنِ تَقْوِيمٍ ۝

(5) y luego lo convertimos en uno de los más bajos.

ثُمَّ رَدَدْنَاهُ أَسْفَلَ سَافِلِينَ ۝

(6) Excepto los que creen y llevan a cabo las acciones de bien, porque ellos tendrán una recompensa que no cesa.

إِلَّا الَّذِينَ ءَامَنُوا وَعَمِلُوا الصَّالِحَاتِ فَلَهُمْ أَجْرٌ غَيْرُ مَمْنُونٍ ۝

(7) ¿Y cómo podrás, después de ésto, negar la Rendición de Cuentas?

فَمَا يُكَذِّبُكَ بَعْدُ بِالدِّينِ ۝

(8) ¿Acaso no es Allah el más justo de los jueces?

أَلَيْسَ اللَّهُ بِأَحْكَمِ الْحَاكِمِينَ ۝

96. SURA DEL COAGULO.

سُورَةُ الْعَلَقِ

بِسْمِ اللَّهِ الرَّحْمَنِ الرَّحِيمِ

En el nombre de Allah, el Misericordioso, el Compasivo.

(1) ¡Lee en el nombre de tu Señor que ha creado!

اقْرَأْ بِاسْمِ رَبِّكَ الَّذِي خَلَقَ ۝

(2) Ha creado al hombre de un coágulo.

خَلَقَ الْإِنسَانَ مِنْ عَلَقٍ ۝

(3) ¡Lee, que tu Señor es el más Generoso!

اقْرَأْ وَرَبُّكَ الْأَكْرَمُ ۝

(4) El que enseñó por medio del cálamo,

الَّذِي عَلَّمَ بِالْقَلَمِ ۝

(5) enseñó al hombre lo que no sabía.

عَلَّمَ الْإِنسَانَ مَا لَمْ يَعْلَمْ ۝

(6) Sin embargo el hombre se rebela

كَلَّا إِنَّ الْإِنسَانَ لَيَطْغَى ۝

(7) al verse enriquecer.

أَن رَّآهُ اسْتَغْنَى ۝

(8) Es cierto que a tu Señor has de volver.

إِنَّ إِلَى رَبِّكَ الرُّجْعَى ۝

(9) ¿Qué opinión te merece quien* entorpece

* [Alude a Abu Yahal y el siervo al que se refiere es el Profeta, que Allah le dé Su gracia y paz.]

أَرَأَيْتَ الَّذِي يَنْهَى ۝

(10) a un siervo mientras reza?

عَبْدًا إِذَا صَلَّى ۝

(11) ¿Y si éste estuviera bien guiado, أَرَءَيْتَ إِن كَانَ عَلَى الْهُدَىٰٓ ۝

(12) o estuviera ordenando la temerosidad? أَوْ أَمَرَ بِالتَّقْوَىٰٓ ۝

(13) ¿No ves cómo niega la verdad y se aparta? أَرَءَيْتَ إِن كَذَّبَ وَتَوَلَّىٰٓ ۝

(14) ¿Es que no sabe que Allah ve? أَلَمْ يَعْلَم بِأَنَّ اللَّهَ يَرَىٰ ۝

(15) Si no deja de hacerlo, كَلَّا لَئِن لَّمْ يَنتَهِ ۝

(16) lo agarraremos por un mechón de su frente, لَنَسْفَعًۢا بِالنَّاصِيَةِ ۝

(17) de su frente mentirosa y transgresora. نَاصِيَةٍ كَاذِبَةٍ خَاطِئَةٍ ۝

(18) Y que llame a los suyos, فَلْيَدْعُ نَادِيَهُ ۝

(19) que nosotros llamaremos a los ángeles rudos. سَنَدْعُ الزَّبَانِيَةَ ۝

(20) ¡Pero no! No le obedezcas, póstrate y busca proximidad. كَلَّا لَا تُطِعْهُ وَاسْجُدْ وَاقْتَرِب ۩ ۝

97. SURA DEL DECRETO.

En el nombre de Allah, el Misericordioso, el Compasivo.

(1) Es cierto que lo hicimos descender en la noche del Decreto.

اِنَّآ أَنزَلْنَـٰهُ فِى لَيْلَةِ ٱلْقَدْرِ ۝

(2) ¿Y cómo hacerte saber qué es la noche del Decreto?

وَمَآ أَدْرَىٰكَ مَا لَيْلَةُ ٱلْقَدْرِ ۝

(3) La noche del Decreto es mejor que mil meses.

لَيْلَةُ ٱلْقَدْرِ خَيْرٌ مِّنْ أَلْفِ شَهْرٍ ۝

(4) En ella descienden los ángeles y el espíritu* con las órdenes de tu Señor para cada asunto.
* [Yibril]

تَنَزَّلُ ٱلْمَلَـٰٓئِكَةُ وَٱلرُّوحُ فِيهَا بِإِذْنِ رَبِّهِم مِّن كُلِّ أَمْرٍ ۝

(5) Paz, ella dura hasta el despuntar del alba.

سَلَـٰمٌ هِىَ حَتَّىٰ مَطْلَعِ ٱلْفَجْرِ ۝

98. SURA DE LA EVIDENCIA.

سُورَةُ الْبَيِّنَةِ

بِسْمِ اللَّهِ الرَّحْمَنِ الرَّحِيمِ

En el nombre de Allah, el Misericordioso, el Compasivo.

(1) La gente del Libro que había caído en incredulidad y los asociadores, no han desistido hasta que no les ha llegado la Evidencia.

لَمْ يَكُنِ الَّذِينَ كَفَرُوا مِنْ أَهْلِ الْكِتَابِ وَالْمُشْرِكِينَ مُنفَكِّينَ حَتَّى تَأْتِيَهُمُ الْبَيِّنَةُ ۝

(2) Un Mensajero que recita páginas purificadas.

رَسُولٌ مِنَ اللَّهِ يَتْلُوا صُحُفًا مُطَهَّرَةً ۝

(3) Que contienen escritos de rectitud.

فِيهَا كُتُبٌ قَيِّمَةٌ ۝

(4) Así como aquéllos a los que se les dió el Libro no se dividieron sino después de haberles llegado la Evidencia.

وَمَا تَفَرَّقَ الَّذِينَ أُوتُوا الْكِتَابَ إِلَّا مِنْ بَعْدِ مَا جَاءَتْهُمُ الْبَيِّنَةُ ۝

(5) A pesar de que no se les había ordenado sino que adorasen a Allah, rindiéndole sinceramente la adoración, como hanifes* y que establecieran el salat y entregaran el zakat.

Y esta es la práctica de Adoración auténtica.

*[Seguidores de la inclinación natural, la tendencia innata del hombre por la que reconoce a su Señor sin asociar nada con El]

وَمَا أُمِرُوا إِلَّا لِيَعْبُدُوا اللَّهَ مُخْلِصِينَ لَهُ الدِّينَ حُنَفَاءَ وَيُقِيمُوا الصَّلَاةَ وَيُؤْتُوا الزَّكَاةَ وَذَلِكَ دِينُ الْقَيِّمَةِ ۝

(6) Y realmente los que de la gente del Libro y los asociadores, se hayan negado a creer, estarán en el fuego de Yahannam donde serán inmortales. Esos son lo peor de todas las criaturas.

إِنَّ ٱلَّذِينَ كَفَرُواْ مِنْ أَهْلِ ٱلْكِتَٰبِ وَٱلْمُشْرِكِينَ فِي نَارِ جَهَنَّمَ خَٰلِدِينَ فِيهَآ أُوْلَٰٓئِكَ هُمْ شَرُّ ٱلْبَرِيَّةِ ٦

(7) Pero los que creen y llevan a cabo las acciones de bien, son lo mejor de todas las criaturas.

إِنَّ ٱلَّذِينَ ءَامَنُواْ وَعَمِلُواْ ٱلصَّٰلِحَٰتِ أُوْلَٰٓئِكَ هُمْ خَيْرُ ٱلْبَرِيَّةِ ٧

(8) La recompensa que junto a su Señor les espera, son los Jardines de Adn por cuyo suelo corren los ríos.

En ellos serán inmortales para siempre.

Allah estará satisfecho de ellos y ellos lo estarán de El.

Esto es para quien tema a su Señor.

جَزَآؤُهُمْ عِندَ رَبِّهِمْ جَنَّٰتُ عَدْنٍ تَجْرِي مِن تَحْتِهَا ٱلْأَنْهَٰرُ خَٰلِدِينَ فِيهَآ أَبَدًا رَّضِيَ ٱللَّهُ عَنْهُمْ وَرَضُواْ عَنْهُ ذَٰلِكَ لِمَنْ خَشِيَ رَبَّهُ ٨

99. SURA DEL TEMBLOR.

En el nombre de Allah, el Misericordioso, el Compasivo.

(1) Cuando la tierra sea sacudida por su propio temblor.

إِذَا زُلْزِلَتِ ٱلْأَرْضُ زِلْزَالَهَا ۝

(2) Y cuando la tierra expulse lo que pesa en su seno.

وَأَخْرَجَتِ ٱلْأَرْضُ أَثْقَالَهَا ۝

(3) Y diga el hombre: ¿Qué tiene?

وَقَالَ ٱلْإِنسَٰنُ مَا لَهَا ۝

(4) Ese día contará lo que sabe

يَوْمَئِذٍ تُحَدِّثُ أَخْبَارَهَا ۝

(5) porque tu Señor le inspirará.

بِأَنَّ رَبَّكَ أَوْحَىٰ لَهَا ۝

(6) Ese día los hombres saldrán en grupos

يَوْمَئِذٍ يَصْدُرُ ٱلنَّاسُ أَشْتَاتًا ۝

(7) para ver sus obras:

لِّيُرَوْا۟ أَعْمَٰلَهُمْ ۝

(8) Y el que haya hecho el peso de una brizna de bien, lo verá;

فَمَن يَعْمَلْ مِثْقَالَ ذَرَّةٍ خَيْرًا يَرَهُۥ ۝

(9) y el que haya hecho el peso de una brizna de mal, lo verá.

وَمَن يَعْمَلْ مِثْقَالَ ذَرَّةٍ شَرًّا يَرَهُۥ ۝

100. SURA DE LOS QUE GALOPAN.

سُورَةُ الْعَادِيَاتِ

بِسْمِ اللَّهِ الرَّحْمَنِ الرَّحِيمِ

En el nombre de Allah, el Misericordioso, el Compasivo.

(1) ¡Por los que galopan resoplando

وَالْعَادِيَاتِ ضَبْحًا ۝

(2) y hacen saltar chispas!

فَالْمُورِيَاتِ قَدْحًا ۝

(3) ¡Por los que salen de algarada al alba,

فَالْمُغِيرَاتِ صُبْحًا ۝

(4) levantando una polvareda

فَأَثَرْنَ بِهِ نَقْعًا ۝

(5) y adentrándose en una tropa!

فَوَسَطْنَ بِهِ جَمْعًا ۝

(6) Que es cierto que el hombre es ingrato con su Señor,

إِنَّ الْإِنسَانَ لِرَبِّهِ لَكَنُودٌ ۝

(7) siendo El testigo de ello.

وَإِنَّهُ عَلَى ذَلِكَ لَشَهِيدٌ ۝

(8) Y es tenaz en su amor por los bienes.

وَإِنَّهُ لِحُبِّ الْخَيْرِ لَشَدِيدٌ ۝

(9) ¿Es que no sabe que cuando se descubra lo que hay en las tumbas

۞ أَفَلَا يَعْلَمُ إِذَا بُعْثِرَ مَا فِي الْقُبُورِ ۝

(10) y aparezca lo que encerraban los pechos,

وَحُصِّلَ مَا فِي الصُّدُورِ ۝

(11) ese día, su Señor, estará perfectamente informado de ellos?

إِنَّ رَبَّهُم بِهِمْ يَوْمَئِذٍ لَخَبِيرٌ ۝

101. SURA DE LA CONMOCION. سُورَةُٱلْقَارِعَة

En el nombre de Allah, el Misericordioso, el Compasivo.

(1) La conmoción. ¿Y qué es la conmoción?

ٱلْقَارِعَةُ مَاٱلْقَارِعَةُ ۝

(2) ¿Y cómo hacerte saber qué es la conmoción?

وَمَآأَدْرَىٰكَ مَاٱلْقَارِعَةُ ۝

(3) Es el día en que los hombres estarán como polillas dispersas.

يَوْمَ يَكُونُ ٱلنَّاسُ كَٱلْفَرَاشِ ٱلْمَبْثُوثِ ۝

(4) Y las montañas como lana cardada.

وَتَكُونُ ٱلْجِبَالُ كَٱلْعِهْنِ ٱلْمَنفُوشِ ۝

(5) Entonces, aquel cuyas acciones tengan peso en la Balanza,

فَأَمَّا مَن ثَقُلَتْ مَوَازِينُهُۥ ۝

(6) estará en una vida satisfactoria.

فَهُوَ فِى عِيشَةٍ رَّاضِيَةٍ ۝

(7) Pero aquel cuyas acciones sean ligeras en la Balanza,

وَأَمَّا مَنْ خَفَّتْ مَوَازِينُهُۥ ۝

(8) tendrá por madre a un abismo.

فَأُمُّهُۥ هَاوِيَةٌ ۝

(9) ¿Y qué te hará entender lo que eso es?

وَمَآأَدْرَىٰكَ مَاهِيَهْ ۝

(10) Es un fuego abrasador.

نَارٌ حَامِيَةٌۢ ۝

102. SURA DE LA RIVALIDAD. سُورَةُ ٱلتَّكَاثُرِ

بِسْمِ ٱللَّهِ ٱلرَّحْمَٰنِ ٱلرَّحِيمِ

En el nombre de Allah, el Misericordioso, el Compasivo.

(1) La rivalidad por tener más os mantiene ocupados

أَلْهَىٰكُمُ ٱلتَّكَاثُرُ ۝

(2) hasta que visitáis los cementerios.

حَتَّىٰ زُرْتُمُ ٱلْمَقَابِرَ ۝

(3) ¡Pero no! Ya sabréis.

كَلَّا سَوْفَ تَعْلَمُونَ ۝

(4) Sí, luego sabréis.

ثُمَّ كَلَّا سَوْفَ تَعْلَمُونَ ۝

(5) Si supierais a ciencia cierta.

كَلَّا لَوْ تَعْلَمُونَ عِلْمَ ٱلْيَقِينِ ۝

(6) Tened por seguro que veréis el Yahim.

لَتَرَوُنَّ ٱلْجَحِيمَ ۝

(7) Lo veréis con el ojo de la certeza.

ثُمَّ لَتَرَوُنَّهَا عَيْنَ ٱلْيَقِينِ ۝

(8) Y ese día, se os preguntará por los momentos de dicha que hayáis tenido.

ثُمَّ لَتُسْـَٔلُنَّ يَوْمَئِذٍ عَنِ ٱلنَّعِيمِ ۝

103. SURA DEL TIEMPO.   سُورَةُٱلۡعَصۡرِ

بِسۡمِٱللَّهِٱلرَّحۡمَٰنِٱلرَّحِيمِ

En el nombre de Allah, el Misericordioso, el Compasivo.

(1) ¡Por el Tiempo*! Que es cierto que el hombre está en pérdida*.

وَٱلۡعَصۡرِ إِنَّ ٱلۡإِنسَٰنَ لَفِي خُسۡرٍ ۝

> * [Este juramento puede entenderse también: ¡Por la tarde!; o, ¡Por el tiempo de 'Asr! (la oración de la tarde), de acuerdo con las acepciones del término árabe.]
>
> * [Es decir: Está en un devenir de disminución, de mengua; va perdiendo progresivamente todo lo que tiene mientras se acerca a la muerte.
>
> Algunos comentaristas entienden otro sentido, en cierta forma complementario: "el hombre camina hacia la perdición, excepto los que creen, etc..."

(2) Pero no así los que creen, llevan a cabo las acciones de bien, se encomiendan la verdad

إِلَّا ٱلَّذِينَ ءَامَنُواْ وَعَمِلُواْ ٱلصَّٰلِحَٰتِ وَتَوَاصَوۡاْ بِٱلۡحَقِّ ۝

(3) y se encomiendan la paciencia.

وَتَوَاصَوۡاْ بِٱلصَّبۡرِ ۝

104. SURA DEL MURMURADOR.

En el nombre de Allah, el Misericordioso, el Compasivo.

(1) ¡Perdición para todo el que murmura y difama!

وَيْلٌ لِّكُلِّ هُمَزَةٍ لُّمَزَةٍ ۝

(2) Ese que acumula riqueza y la cuenta.

الَّذِى جَمَعَ مَالًا وَعَدَّدَهُ ۝

(3) Cree que su riqueza lo va a hacer inmortal.

يَحْسَبُ أَنَّ مَالَهُ أَخْلَدَهُ ۝

(4) ¡Pero no! Será arrojado en al-Hutama*.

كَلَّا لَيُنۢبَذَنَّ فِى الْحُطَمَةِ ۝

    * [Es un nombre del fuego de Yahannam, llamado así porque destroza o devora, —significados que están en la raíz de la palabra—, todo lo que es arrojado en él.]

(5) ¿Y cómo podrás saber qué es al-Hutama?

وَمَآ أَدْرَىٰكَ مَا الْحُطَمَةُ ۝

(6) Es el Fuego de Allah encendido.

نَارُ اللَّهِ الْمُوقَدَةُ ۝

(7) Que llega hasta el fondo del corazón.

الَّتِى تَطَّلِعُ عَلَى الْأَفْئِدَةِ ۝

(8) Se cerrará en torno a ellos

إِنَّهَا عَلَيْهِم مُّؤْصَدَةٌ ۝

(9) en elevadas columnas.

فِى عَمَدٍ مُّمَدَّدَةٍ ۝

105. SURA DEL ELEFANTE.   سُورَةُ ٱلْفِيلِ

بِسْـــــمِ ٱللَّهِ ٱلرَّحْمَنِ ٱلرَّحِيـــــمِ

En el nombre de Allah, el Misericordioso, el Compasivo.

(1) ¿No has visto lo que hizo tu Señor con los del elefante?	أَلَمْ تَرَ كَيْفَ فَعَلَ رَبُّكَ بِأَصْحَابِ ٱلْفِيلِ ۝
(2) ¿Acaso no hizo que su estratagema fracasara,	أَلَمْ يَجْعَلْ كَيْدَهُمْ فِي تَضْلِيلٍ ۝
(3) enviando contra ellos pájaros en sucesivas bandadas,	وَأَرْسَلَ عَلَيْهِمْ طَيْرًا أَبَابِيلَ ۝
(4) que les arrojaban piedras de arcilla,*	تَرْمِيهِم بِحِجَارَةٍ مِّن سِجِّيلٍ ۝

* [En las que estaban escritas los nombres de aquéllos a quienes iban destinadas. En la raíz de la palabra "siyyil", traducida como arcilla, está el significado de grabar o inscribir.]

(5) dejándolos como paja carcomida?	فَجَعَلَهُمْ كَعَصْفٍ مَّأْكُولٍ ۝

106. SURA DE LOS QURAYSH.

سُورَةُ قُرَيْشٍ

En el nombre de Allah, el Misericordioso, el Compasivo.

(1) Por la Alianza de los Quraysh.*

لِإِيلَٰفِ قُرَيْشٍ ١

> * [Según la mayor parte de los comentaristas, esta sura está conectada con la anterior, siendo como una continuación de ella.]

(2) Sus alianzas para el viaje de invierno y de verano.

إِۦلَٰفِهِمْ رِحْلَةَ ٱلشِّتَآءِ وَٱلصَّيْفِ ٢

(3) Que adoren pues al Señor de esta Casa.

فَلْيَعْبُدُوا رَبَّ هَٰذَا ٱلْبَيْتِ ٣

(4) Que los ha alimentado salvándolos del hambre

ٱلَّذِيٓ أَطْعَمَهُم مِّن جُوعٍ ٤

(5) y los ha librado del temor.

وَءَامَنَهُم مِّنْ خَوْفٍ ٥

107. SURA DE LA AYUDA IMPRESCINDIBLE.

En el nombre de Allah, el Misericordioso, el Compasivo.

(1) ¿Has visto a quien niega la Rendición de Cuentas?

أَرَءَيْتَ ٱلَّذِى يُكَذِّبُ بِٱلدِّينِ ۝

(2) Ese es el que desprecia al huérfano.

فَذَٰلِكَ ٱلَّذِى يَدُعُّ ٱلْيَتِيمَ ۝

(3) Y no exhorta a dar de comer al mendigo.

وَلَا يَحُضُّ عَلَىٰ طَعَامِ ٱلْمِسْكِينِ ۝

(4) Pero ¡ay de aquellos que rezan!

فَوَيْلٌ لِّلْمُصَلِّينَ ۝

(5) Siendo negligentes con su Oración.

ٱلَّذِينَ هُمْ عَن صَلَاتِهِمْ سَاهُونَ ۝

(6) Esos que hacen ostentación y niegan la ayuda imprescindible.

ٱلَّذِينَ هُمْ يُرَآءُونَ وَيَمْنَعُونَ ٱلْمَاعُونَ ۝

108. SURA DE LA ABUNDANCIA.   سُورَةُ الْكَوْثَرِ

بِسْمِ اللَّهِ الرَّحْمَٰنِ الرَّحِيمِ

En el nombre de Allah, el Misericordioso, el Compasivo.

(1) Es cierto que te hemos dado la Abundancia.*

إِنَّا أَعْطَيْنَاكَ الْكَوْثَرَ ۝

 * [Al-Kawzar, nombre también de uno de los ríos del Jardín.]

(2) Por eso reza a tu Señor y ofrece sacrificios.

فَصَلِّ لِرَبِّكَ وَانْحَرْ ۝

(3) Porque es quien te detesta, el que no tendrá posteridad.*

إِنَّ شَانِئَكَ هُوَ الْأَبْتَرُ ۝

 * [Esta aleya descendió acerca de al-Asi b. Wail, que llamó al Profeta, que Allah le dé Su gracia y paz, "abtar", que en árabe se aplica al que no tiene posteridad, es decir, al que carece de hijos varones, en alusión a la muerte de uno de sus hijos. La raíz de la palabra significa cortar, y a un animal sin cola se le llama "abtar". También significa el que está privado o separado de todo bien, de modo que la aleya podría haberse traducido también así: "Porque es quien te detesta, el que está separado de todo bien."]

109. SURA DE LOS INCREDULOS.

سُورَةُ ٱلْكَفِرُونَ

En el nombre de Allah, el Misericordioso, el Compasivo.

(1) Di: ¡Incrédulos!

قُلْ يَـٰٓأَيُّهَا ٱلْكَفِرُونَ ۝

(2) Yo no adoro lo que adoráis

لَآ أَعْبُدُ مَا تَعْبُدُونَ ۝

(3) ni vosotros adoráis lo que yo adoro.

وَلَآ أَنتُمْ عَـٰبِدُونَ مَآ أَعْبُدُ ۝

(4) Yo no adoraré lo que vosotros adoráis,

وَلَآ أَنَا۠ عَابِدٌ مَّا عَبَدتُّمْ ۝

(5) ni vosotros adoraréis lo que yo adoro.

وَلَآ أَنتُمْ عَـٰبِدُونَ مَآ أَعْبُدُ ۝

(6) Para vosotros vuestra adoración y para mí la mía.

لَكُمْ دِينُكُمْ وَلِىَ دِينِ ۝

110. SURA DE LA VICTORIA.

En el nombre de Allah, el Misericordioso, el Compasivo.

(1) Cuando llegue la victoria de Allah y la conquista,

اِذَاجَاءَ نَصْرُ ٱللَّهِ وَٱلْفَتْحُ ۝

(2) y veas a la gente entrar por grupos en la adoración de Allah.

وَرَأَيْتَ ٱلنَّاسَ يَدْخُلُونَ فِى دِينِ ٱللَّهِ أَفْوَاجًا ۝

(3) Glorifica a tu Señor con Su alabanza y pídele perdón.

El siempre acepta a quien a El se vuelve.

فَسَبِّحْ بِحَمْدِ رَبِّكَ وَٱسْتَغْفِرْهُ إِنَّهُ كَانَ تَوَّابًا ۝

111. SURA DE LA FIBRA O DE ABU LAHAB.

En el nombre de Allah, el Misericordioso, el Compasivo.

(1) ¡Que se pierdan las manos de Abu Lahab! Y perdido está.

تَبَّتْ يَدَآ أَبِى لَهَبٍ وَتَبَّ ۝

(2) De nada le servirá su riqueza ni todo lo que ha adquirido.

مَآ أَغْنَىٰ عَنْهُ مَالُهُۥ وَمَا كَسَبَ ۝

(3) Se abrasará en un fuego inflamado.

سَيَصْلَىٰ نَارًا ذَاتَ لَهَبٍ ۝

(4) Y su mujer acarreará la leña.

وَامْرَأَتُهُۥ حَمَّالَةَ الْحَطَبِ ۝

(5) Llevando al cuello una soga de fibra.

فِى جِيدِهَا حَبْلٌ مِّن مَّسَدٍ ۝

112. SURA DE LA ADORACION PURA.

En el nombre de Allah, el Misericordioso, el Compasivo.

(1) Di: El es Allah, Uno.

قُلْ هُوَ اللَّهُ أَحَدٌ ۝

(2) Allah, el Señor Absoluto.*

اللَّهُ الصَّمَدُ ۝

   * [A Quien todos se dirigen en sus necesidades]

(3) No ha engendrado ni ha sido engendrado.

لَمْ يَلِدْ وَلَمْ يُولَدْ ۝

(4) Y no hay nadie que se Le parezca.

وَلَمْ يَكُن لَّهُ كُفُوًا أَحَدٌ ۝

113. SURA DE "EL RAYAR DEL ALBA".

سُورَةُ الْفَلَقِ

بِسْمِ اللَّهِ الرَّحْمَٰنِ الرَّحِيمِ

En el nombre de Allah, el Misericordioso, el Compasivo.

(1) Di: Me refugio en el Señor del rayar del alba.*

قُلْ أَعُوذُ بِرَبِّ الْفَلَقِ ١

* [En árabe "falaq". Sobre el sentido de esta palabra, hay toda una variedad de opiniones entre los comentaristas. Unos, la interpretan con el significado aquí traducido. Otros dicen que es una prisión, una edificación, un río de Yahannam e incluso un árbol.

La raíz de la palabra tiene que ver con hender o henderse, habiendo algún comentarista que la explica como refiriéndose a todo aquello, en la creación, que se hiende, como el óvulo al fecundarse, el alba al despuntar y la semilla al germinar.]

(2) Del mal de lo que ha creado.

مِن شَرِّ مَا خَلَقَ ٢

(3) Del mal de la noche cuando se hace oscura.

وَمِن شَرِّ غَاسِقٍ إِذَا وَقَبَ ٣

(4) Y del mal de las que soplan en los nudos.

وَمِن شَرِّ النَّفَّاثَاتِ فِي الْعُقَدِ ٤

(5) Y del mal del envidioso cuando envidia.

وَمِن شَرِّ حَاسِدٍ إِذَا حَسَدَ ٥

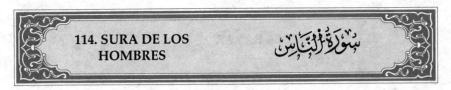

114. SURA DE LOS HOMBRES — سُورَةُ النَّاسِ

بِسْمِ اللَّهِ الرَّحْمَٰنِ الرَّحِيمِ

En el nombre de Allah, el Misericordioso, el Compasivo.

(1) Di: Me refugio en el Señor de los hombres.

قُلْ أَعُوذُ بِرَبِّ النَّاسِ ۝

(2) El Rey de los hombres.

مَلِكِ النَّاسِ ۝

(3) El Dios de los hombres.

إِلَٰهِ النَّاسِ ۝

(4) Del mal del susurro* que se esconde*.

مِن شَرِّ الْوَسْوَاسِ الْخَنَّاسِ ۝

> * [Muchos comentaristas explican que lo que está expresado como el acto de susurrar, se refiere a Shaytán, sujeto de ese acto, pudiendo traducirse en consecuencia como "susurrador".]
>
> * [En árabe " al-jannas", uno de los nombres de Shaytán. En la raíz de la palabra está el significado de retroceder, puesto que Shaytán retrocede cuando el hombre recuerda a Allah, volviendo a susurrarle cuando éste lo olvida.]

(5) Ese que susurra en los pechos de los hombres

الَّذِي يُوَسْوِسُ فِي صُدُورِ النَّاسِ ۝

(6) y existe entre los genios y entre los hombres.

مِنَ الْجِنَّةِ وَالنَّاسِ ۝

INDICE

فِهْرِسٌ بِأَسْمَاءِ السُّوَرِ وَبَيَانِ الْمَكِّيِّ وَالْمَدَنِيِّ مِنْهَا

INDICE

فِهْرِسٌ بِأَسْمَاءِ السُّوَرِ وَبَيَانِ الْمَكِّيِّ وَالْمَدَنِيِّ مِنْهَا

INDICE

فِهْرِسْ بِأَسْمَاءِ ٱلسُّوَرِ وَبَيَانِ ٱلْمُكِّيِّ وَٱلْمُدَنِّ مِنْهَا

INDICE

فَهْرَسٌ بِأَسْمَاءِ ٱلسُّوَرِ وَبَيَانِ ٱلْمَكِّيِّ وَٱلْمَدَنِيِّ مِنْهَا

INDICE

فِهْرِسٌ بِأَسْمَاءِ السُّوَرِ وَبَيَانِ الْمَكِّيِّ وَالْمَدَنِيِّ مِنْهَا

INDICE

إِنَّ وِزَارَةَ الشُّؤُونِ الإِسْلامِيَّةِ وَالأَوْقَافِ وَالدَّعْوَةِ وَالإِرْشَادِ

فِي المَمْلَكَةِ العَرَبِيَّةِ السُّعُودِيَّةِ

المُشْرِفَةَ عَلَى مَجْمَعِ المَلِكِ فَهْدٍ

لِطِبَاعَةِ المُصْحَفِ الشَّرِيفِ فِي المَدِينَةِ المُنَوَّرَةِ

إِذْ يَسَّرَهَا أَنْ يُصْدِرَ المَجْمَعُ هَذِهِ الطَّبْعَةَ مِنَ القُرْآنِ الكَرِيمِ

وَتَرْجَمَةَ مَعَانِيهِ إِلَى اللُّغَةِ الإِسْبَانِيَّةِ

تَسْأَلُ اللَّهَ أَنْ يَنْفَعَ بِهِ عُمُومَ المُسْلِمِينَ

وَأَنْ يَجْزِيَ

خَادِمَ الحَرَمَيْنِ الشَّرِيفَيْنِ المَلِكَ فَهْدَ بْنَ عَبْدِ العَزِيزِ آلِ سُعُودٍ

أَحْسَنَ الجَزَاءِ عَلَى جُهُودِهِ العَظِيمَةِ فِي نَشْرِ كِتَابِ اللَّهِ الكَرِيمِ

وَاللَّهُ وَلِيُّ التَّوْفِيقِ

El ministerio de Asuntos Islámicos, Habices, Propagación y

Orientación del Reino de Arabia Saudita,

del que depende el Complejo del rey Fahd

para la edición del Noble Corán en Medina al-Munawwara;

tiene a bien que el Complejo publique esta edición del Noble

Corán y su traducción en lengua española.

Le pedimos a Allah que beneficie con ello a los musulmanes en

general y que recompense al Servidor de los dos Nobles Haram,

el rey Fahd b. Abdel Aziz Al-Saud

con la mejor de las recompensas por sus ingentes esfuerzos

en divulgar el Noble Libro de Allah.

Y Allah es el Garante del Buen Fin.

بعون الله وتوفيقه
تم طبع هذا المصحف الشريف
وترجمة معانيه في مجمع الملك فهد
لطباعة المصحف الشريف بالمدينة المنورة
بإشراف وزارة الشؤون الإسلامية
والأوقاف والدعوة والإرشاد في
المملكة العربية السعودية
عام ١٤١٧ هـ

مصحف الملك فهد لطباعة المصحف الشريف
المراقبة النهائية
١٣٩

حقوق الطبع محفوظة
لمجمع الملك فهد لطباعة المصحف الشريف
ص.ب ٦٢٦٢ - المدينة المنورة

Con
la ayuda de Allah y
Su encauzamiento
se ha concluido la impresión de
este noble ejemplar del Corán,
así como su traducción en lengua
española, en el Complejo del rey Fahd
para la edición del Noble Corán en
Medina al-Munawwara;
bajo la supervisión del Ministerio de
Asuntos Islámicos, Habices,
Propagación y Orientación
del Reino de Arabia Saudita
Año 1417 de
la Hégira.

Reservados los derechos de esta edición
por el Complejo del rey Fahd para la edición del texto del Noble Corán.
Apartado Postal 6262. Medina al-Munawwara.
Reino de Arabia Saudita.

SP 297.122 NOB
El noble Coran y su traduccion
comentario en langua Espanola
31994014300815

(ح) مجمع الملك فهد لطباعة المصحف الشريف ، ١٤١٧هـ

فهرسة مكتبة الملك فهد الوطنية أثناء النشر

القرآن الكريم وترجمة معانيه إلى اللغة الإسبانية / ترجمة مجمـع
الملك فهد لطباعة المصحف الشريف – المدينة المنورة .

١٠٨٨ ص ، ١٤×٢١ سم

ردمك ٦-١٧-٧٧٠-٩٩٦٠

١- القرآن – ترجمة – اللغة الإسبانية   ٢-القرآن – تفسير
أ- مجمع الملك فهد لطباعة المصحف الشريف (مترجم)
ديوي ٢٢١،٤٦   ١٧/١٠٤٩

رقم الإيداع : ١٧/١٠٤٩

ردمك : ٦-١٧-٧٧٠-٩٩٦٠

١٧٤

ردمك : ٦ – ١٧ – ٧٧٠ – ٩٩٦٠

٢٤/د٤٠٠٠ (٥) (٠٣)

1/09

SANTA AN

D0941576

13.00